Hentschel
Trunkenheit
Fahrerlaubnisentziehung
Fahrverbot

Trunkenheit Fahrerlaubnisentziehung Fahrverbot

im Straf- und Ordnungswidrigkeitenrecht

Von

Peter Hentschel
Richter am Amtsgericht Köln

8., neubearbeitete und erweiterte Auflage

Werner Verlag

1. Auflage 1977
2. Auflage 1980
3. Auflage 1984
4. Auflage 1986
5. Auflage 1990
6. Auflage 1992
7. Auflage 1996
8. Auflage 2000

Die Deutsche Bibliothek – CIP-Einheitsaufnahme
Trunkenheit – Fahrerlaubnisentziehung – Fahrverbot im Straf- und Ordnungswidrigkeitenrecht
von Peter Hentschel, 8., neubearb. u. erw. Aufl.
Düsseldorf: Werner, 2000. 7. Aufl. u. d. T.: Trunkenheit im Straßenverkehr.
ISBN 3-8041-2090-3

DK 656.1 : 343.57 + 343.2 : 343.346 : 347.51 : 368.86
© Werner Verlag GmbH & Co. KG · Düsseldorf · 2000
Alle Rechte, auch das der Übersetzung, vorbehalten.
Ohne ausdrückliche Genehmigung des Verlages ist es auch nicht gestattet, dieses Buch oder Teile daraus auf fotomechanischem Wege (Fotokopie, Mikrokopie) zu vervielfältigen sowie die Einspeicherung und Verarbeitung in elektronischen Systemen vorzunehmen.
Printed in Germany.
Zahlenangaben ohne Gewähr.
Satz: KompetenzCenter Josefine Urban, Düsseldorf
Druck: betz-Druck, Darmstadt
Archiv-Nr.: 157/8–12.99

Vorwort zur 8. Auflage

Die vorliegende 8. Auflage des Buches unterscheidet sich inhaltlich wesentlich von den Vorauflagen. Der Umstand, daß sich die bisherige Mitautorin, Frau Rechtsanwältin Renate Born, von ihrer schriftstellerischen Tätigkeit zurückgezogen hat, um sich ausschließlich ihrer anwaltlichen Arbeit zu widmen, führte zur Kürzung des Werkes um den bisherigen zweiten Teil haftungs- und versicherungsrechtlichen Inhalts. Da andererseits die beiden Teile des Buches »Fahrverbot – Führerscheinentzug« schon seit der 7. Auflage in Form von zwei völlig selbständigen Bänden getrennte Wege gehen, lag es nahe, das Werk um die bisher in Band I des Buches »Fahrverbot – Führerscheinentzug« behandelte Thematik zu erweitern. Die Neubearbeitung ist also, soweit das Straf- und Ordnungswidrigkeitenrecht behandelt wird, zugleich eine Zusammenfügung der bisherigen Bücher »Trunkenheit im Straßenverkehr« und »Fahrverbot – Führerscheinentzug«, Band I zu einem einzigen Band.

Die Zusammenlegung erscheint auch sachlich angebracht, weil die Alkoholproblematik mit ihren vielfältigen rechtsmedizinischen Aspekten und rechtlichen Zweifelsfragen zusammen mit der Problematik von Fahrerlaubnisentziehung und Fahrverbot nicht nur die beiden zentralen Bereiche des Verkehrsstraf- und -ordnungswidrigkeitenrechts bilden, sondern auch insofern unmittelbar miteinander zusammenhängen, als Führerscheinmaßnahmen die regelmäßige Folge von Trunkenheitsfahrten sind. Für eine Darstellung der beiden Themenbereiche in einem Band sprach schließlich auch die gute Resonanz, die dem zuletzt im Jahre 1994 in 3. Auflage erschienenen Leitfaden »Fahrerlaubnis und Alkohol« zuteil geworden ist.

Das vorliegende Werk ist daher nicht nur die 8. Auflage von »Trunkenheit im Straßenverkehr« – beschränkt auf den strafrechtlichen Teil –, sondern gewissermaßen zugleich die 9. Auflage von Band I des Buches »Fahrverbot – Führerscheinentzug«. Im ersten Teil werden die rechtlichen Auswirkungen der Teilnahme am Straßenverkehr nach Alkoholgenuß unter allen Gesichtspunkten des Straf- und Ordnungswidrigkeitenrechts mit ausführlicher Erläuterung der rechtsmedizinischen Grundlagen dargestellt, während den zweiten Teil eine eingehende Erörterung aller Fragen im Zusammenhang mit der strafgerichtlichen Fahrerlaubnisentziehung und des Fahrverbots als Nebenstrafe und Nebenfolge bei Verkehrsordnungswidrigkeiten bildet. Dabei wurden beide Bücher Satz für Satz gelesen, überarbeitet und in weiten Teilen völlig neu gefaßt.

Wie stets, wurden Rechtsprechung und Schrifttum vollständig und kritisch unter Erörterung der vielfach kontroversen Rechtsansichten mit umfangreichen Quellenangaben ausgewertet.

Die in die Neuauflage einzuarbeitenden Novellen betreffen diesmal – weit über das Maß bei früheren Auflagen hinausgehend – besonders wesentliche rechtliche Neugestaltungen wichtiger Bereiche beider Themenkreise. Es handelt sich im einzelnen um folgende Gesetze und Verordnungen:

1) das 32. Strafrechtsänderungsgesetz vom 1. 6. 1995:
   - Änderung der Voraussetzungen für die Entziehung der Fahrerlaubnis und für die Anordnung eines Fahrverbots gem. § 44 StGB bei Inhabern ausländischer Fahrerlaubnisse,
2) das Gesetz zur Änderung des Gesetzes über Ordnungswidrigkeiten und anderer Gesetze vom 26. 1. 1998:
   - Einführung einer Viermonatsfrist für das Wirksamwerden von Fahrverboten gem. § 25 StVG bei erstmaliger Verhängung,
3) das Gesetz zur Änderung des StVG und anderer Gesetze vom 24. 4. 1998:
   - Neufassung der Bestimmungen über Erteilung und Entziehung der Fahrerlaubnis,
   - gesetzliche Definition der Eignung zum Führen von Kraftfahrzeugen,
   - gesetzliche Regelung der »bedingten Eignung« zum Führen von Kraftfahrzeugen,
   - Neuregelung der Vollstreckung von Fahrverboten bei Inhabern ausländischer Fahrerlaubnisse,
   - Verkürzung der Mindestfrist für die vorzeitige Aufhebung einer Fahrerlaubnissperre,
   - Neuregelung der Wirkung und Vollstreckung der Entziehung einer ausländischen Fahrerlaubnis,
   - Änderung der Bestimmung über die vorläufige Entziehung ausländischer Fahrerlaubnisse,
   - Neuregelung der Voraussetzungen für die Verwertbarkeit getilgter oder tilgungsreifer Verurteilungen im Verfahren über die Entziehung der Fahrerlaubnis,
4) das Gesetz zur Änderung des StVG vom 27. 4. 1998:
   - Einführung der 0,5-Promille-Grenze in § 24 a StVG,
   - Einführung von Atemalkoholgrenzwerten in § 24 a StVG,
5) die Verordnung über die Zulassung von Personen zum Straßenverkehr und zur Änderung straßenverkehrsrechtlicher Vorschriften vom 18. 8. 1998:
   - Fahrerlaubnisverordnung mit vollständiger Neuregelung der Vorschriften über Erteilung und Entziehung der Fahrerlaubnis,
   - neue Bestimmungen über die Eignung zum Führen von Kraftfahrzeugen,
   - Neuregelung der Anerkennung ausländischer Fahrerlaubnisse,
   - Neufassung der Vorschriften der IntVO über die Berechtigung zur Teilnahme am inländischen Kraftfahrzeugverkehr mit ausländischen Fahrerlaubnissen.

Aber auch die Entwicklung durch Rechtsprechung und Schrifttum führten zu umfangreichen Änderungen, Ergänzungen und Neubearbeitungen beider Buchteile. Stichwortartig sind hier vor allem zu nennen:
- die aktuelle Entwicklung der naturwissenschaftlichen Forschung zur Atemalkoholmessung,
- Fehlerquellen bei der Atemalkoholmessung,
- die Voraussetzungen für die Verwertbarkeit einer Atemalkoholmessung,
- die Bedeutung der Atemalkoholkonzentration für die Feststellung von Fahrunsicherheit,
- die Bedeutung der Harnalkoholkonzentration für die Beurteilung von Nachtrunkbehauptungen,

- der aktuelle Stand der obergerichtlichen Rechtsprechung zur Vorsatzfrage in bezug auf die Fahrunsicherheit,
- die Abschaffung der actio libera in causa durch den 4. Strafsenat des BGH bei bestimmten Verkehrsstraftaten,
- die Entwicklung der (uneinheitlichen) Rechtsprechung der Strafsenate des BGH zur Frage erheblich verminderter Schuldfähigkeit durch Alkoholeinfluß,
- die neue Rechtsprechung des BGH zur Entziehung ausländischer Fahrerlaubnisse,
- die Fahrerlaubnisentziehung im Jugendstrafrecht,
- die Fahrerlaubnisentziehung im Berufungsverfahren,
- aktuelle Probleme des Beschwerdeverfahrens bei vorläufiger Entziehung der Fahrerlaubnis,
- die Aufgabe der früheren Rechtsprechung zum Fahrverbot nach § 25 StVG durch das Bundesverfassungsgericht,
- die neueste Entwicklung der Rechtsprechung zum Regelfahrverbot nach der BKatV bei Verkehrsordnungswidrigkeiten,
- der aktuelle Stand der Judikatur zum Absehen vom nach der BKatV indizierten Fahrverbot,
- die Dauer des Fahrverbots bei mehrfacher Indizierung durch die BKatV,
- die Anforderungen an die Darlegungspflicht im Urteil zur Begründung des Fahrverbots,
- die Kontroverse in der obergerichtlichen Rechtsprechung zur Viermonatsfrist gem. § 25 Abs. 2 a StVG,
- die Vollstreckung mehrerer einander überschneidender Fahrverbote,
- die Zulässigkeit von Wohnungsdurchsuchungen zur Vollstreckung von Fahrverboten.

Das Buch befindet sich auf dem Stand vom 1. 11. 1999.

Köln, im November 1999   Peter Hentschel

Inhaltsübersicht

	Seite	Rdnr.
Abkürzungsverzeichnis	XXXI	

1. Teil: Trunkenheit im Straßenverkehr 1

A. Alkoholbedingte Fahr-(Verkehrs-)Unsicherheit ... 1

    I. Begriff der Fahrunsicherheit 1   1
   II. Feststellung von Blutalkoholkonzentration, Atemalkoholkonzentration und Ausfallerscheinungen .. 3
      1. Körperliche Untersuchung, Blutprobenentnahme, § 81 a StPO 3
         a) Hinreichender Anhalt für Alkoholbeeinflussung 3   7
         b) Blutentnahme durch den Arzt 4   8
         c) Sofortige Vollziehbarkeit und Erzwingung mit Gewalt 5   11
         d) Verhältnismäßigkeit 5   13
         e) Beschränkung der Freiheit 6   16
         f) Abgeordnetenimmunität 8   23
         g) Blutentnahme durch Nichtärzte 9
            aa) Einwilligung des Betroffenen 9   24
            bb) Ausgebildete, noch nicht approbierte Mediziner 9   25
            cc) Sonstige Nichtärzte 9   26
            dd) Verwertbarkeit einer unter Verletzung des § 81 a StPO entnommenen Blutprobe 10   27
         h) Untersuchungen und Tests bei Gelegenheit der Blutentnahme 13
            aa) Freiwilligkeit 13   34
            bb) Vornahme der Tests durch Nichtärzte 15   41
            cc) Negativer klinischer Befund 15   42
            dd) Vernehmung der die Blutprobe entnehmenden Person als Zeuge 16   45
            ee) Trinkversuche 17   47
      2. Alcotest und Atemalkoholprobe 18   51
      3. Ermittlung der Blutalkoholkonzentration aus der Blutprobe 19
         a) Gewinnung und Behandlung der Blutprobe 21   54

	Seite	Rdnr.
b) Anforderungen an die Untersuchungsmethoden	22	
aa) Untersuchungen nach Widmark und ADH-Verfahren	22	56
bb) Andere Untersuchungsmethoden	24	65
cc) Verwertbarkeit unzureichender Blutuntersuchungen und Nachuntersuchung	25	70
dd) Zweite Blutprobe	27	74
c) Analysenmittelwert	29	79
d) Sicherheitszuschlag	32	87
e) Rückrechnung auf die Tatzeit	34	
aa) Bedeutung von Resorptions- und Eliminationsphase	34	90
bb) Abschluß der Resorption	36	98
cc) Nachtrunk	39	107
dd) Rückrechnung durch das Gericht	41	111
f) Die »Vorausrechnung«	41	114
g) Einfluß von Verletzungen und ärztlicher Behandlung von Unfallfolgen auf die BAK	42	115
4. Ermittlung der Blutalkoholkonzentration ohne Blutuntersuchung und Atemalkoholanalyse	42	
a) Berechnung der BAK aus der genossenen Alkoholmenge	43	116
b) Atemalkoholanalyse	45	121
5. Das Sachverständigengutachten	51	
a) Verlesbarkeit	51	129
b) Anforderungen an die Grundlagen des Gutachtens	52	131
c) Zugrundelegung der in einem fremden Gutachten festgestellten Werte durch den Sachverständigen	52	132
d) Diskrepanz zwischen der ermittelten Blutalkoholkonzentration und Zeugenaussagen oder klinischem Befund	52	134
e) Mitteilung der Anknüpfungstatsachen des Sachverständigengutachtens im Urteil	53	137
f) Unangreifbarkeit der Befundtatsachen	55	143
g) Beweis der Identität des untersuchten Blutes	55	144
III. Die absolute Fahr-(Verkehrs-)Unsicherheit	56	
1. Der allgemeine Beweisgrenzwert von 1,1 ‰	57	
a) Grundsatz	57	145
b) Fahren ohne Motorkraft	59	149
c) Aufrundung	60	151

Inhaltsübersicht

	Seite	Rdnr.
2. Bedeutung der Anflutungsphase	60	154
3. Kraftradfahrer	62	159
4. Mofafahrer	62	161
5. Radfahrer	63	164
6. Fußgänger	64	165
7. Andere Verkehrsteilnehmer	65	166
8. Fahren unter erschwerten Bedingungen	65	167
9. Hinzutreten leistungsmindernder Umstände in der Person des Kraftfahrers	65	168
10. Anpassung der Rechtsprechung zum allgemeinen Grenzwert an neue wissenschaftliche Erkenntnisse und verbesserte Methoden	66	169
IV. Die relative Fahr-(Verkehrs-)Unsicherheit	70	
1. Begriff	71	182
2. Beweisanzeichen für relative Fahrunsicherheit	72	
a) Sache des Tatrichters	72	184
b) An die Beweisanzeichen zu stellende Anforderungen	72	185
c) Gesamtwürdigung aller Umstände und Berücksichtigung der Verkehrsaufgaben	73	188
d) Vergleich zwischen dem Verhalten in nüchternem Zustand und nach Alkoholgenuß	73	190
e) Besonderheiten bei Kraftradfahrern	74	192
f) Fahrweise	75	
aa) Regelwidrige Fahrweise	75	193
bb) Andere Besonderheiten des Fahrverhaltens	76	198
g) Sonstige Verhaltensweisen und Ausfallerscheinungen	77	
aa) Grundsatz	77	201
bb) Hinzuziehung eines Sachverständigen	78	203
cc) Ausfallerscheinungen beim Gehen	78	204
dd) Ausfallerscheinungen beim Sehvermögen	78	205
ee) Trinkverhalten des Angeklagten	79	206
h) Klinischer Befund des Entnahmearztes	80	
aa) Grundsatz	80	214
bb) Drehnachnystagmus und Pupillenreaktion	82	220
cc) Romberg-Test	83	224
i) Zum Alkoholgenuß hinzutretende Ermüdung oder Medikamenteneinnahme	83	225
k) Feststellung relativer Fahrunsicherheit ohne Kenntnis der Blutalkoholkonzentration	84	226

	Seite	Rdnr.
V. Ursächlichkeit des Alkoholgenusses für die Fahrunsicherheit	84	228
B. Beeinträchtigung der Schuldfähigkeit durch Alkoholgenuß	87	
I. Actio libera in causa	87	
1. Anwendbarkeit bei Verkehrsstraftaten	87	233
2. Vorsätzliche actio libera in causa	89	
a) Begriff	89	237
b) Vorsätzliche Herbeiführung der Beeinträchtigung der Schuldfähigkeit	90	243
c) Vorsatz hinsichtlich der begangenen Tat	91	244
3. Fahrlässige actio libera in causa	91	
a) Begriff	91	245
b) Fahrlässige Herbeiführung der Beeinträchtigung der Schuldfähigkeit	92	246
c) Fahrlässigkeit hinsichtlich der begangenen Tat	93	
aa) Grundsatz	93	248
bb) Vorhersehbarkeit der Fahrzeugbenutzung und der daraus entstehenden Folgen	93	249
cc) Bestandteil des Schuldspruchs	95	256
4. Verminderte Schuldfähigkeit im Zeitpunkt der vorverlegten Schuld	95	257
5. Tateinheit zwischen actio libera in causa und § 323 a StGB	95	258
II. Verminderte Schuldfähigkeit und Schuldunfähigkeit, §§ 21, 20 StGB	96	
1. Die Rückrechnung	97	260
2. Das Sachverständigengutachten	99	264
3. Verminderte Schuldfähigkeit, § 21 StGB	100	
a) Bestandteil der Strafzumessung	100	268
b) Umstände des Einzelfalles	101	269
c) Pflicht zur Prüfung der Voraussetzungen des § 21 StGB ab 2 ‰	101	270
d) Blutalkoholkonzentrationen unter 2 ‰	104	274
4. Schuldunfähigkeit, § 20 StGB	105	
a) Regelmäßiges Vorliegen ab 3 ‰	105	277
b) Blutalkoholkonzentrationen unter 3 ‰	106	280
c) Alkoholgewöhnung	107	284
d) Fehlen typischer Ausfallserscheinungen	107	285
e) Planmäßiges Verhalten des Angeklagten	108	287
III. Vollrausch, § 323 a StGB	108	
1. Auffangtatbestand	109	289

Inhaltsübersicht

	Seite	Rdnr.

2. Zusammenwirken der alkoholischen Getränke oder sonstigen berauschenden Mittel mit anderen Ursachen .... 111 — 296
3. Vorsatz und Fahrlässigkeit hinsichtlich des Tatbestands des § 323 a StGB .... 114 — 305
4. Rauschtat als objektive Bedingung der Strafbarkeit .... 116 — 312
5. Innerer Tatbestand der Rauschtat .... 118 — 320

C. Fahrlässige Körperverletzung und fahrlässige Tötung infolge Trunkenheit 120

    I. Verantwortlichkeit des Fahrzeugführers .... 120 — 322
   II. Strafrechtliche Verantwortlichkeit des Gastwirts oder privaten Gastgebers .... 122 — 330
  III. Verantwortlichkeit des Fahrzeughalters .... 123 — 331
  IV. Alternative Sachverhaltsfeststellung .... 123 — 332

D. Die Straftatbestände der §§ 316 und 315 c I Nr. 1 a (III) StGB 124

    I. § 316 StGB 124
      1. Dauerstraftat .... 124 — 333
      2. Äußerer Tatbestand 125
        a) Führen eines Fahrzeugs im Verkehr 125
          aa) Verkehr .... 125 — 334
          bb) Begriff des Führens .... 126 — 338
          cc) In-Bewegung-Setzen .... 127 — 340
          dd) Willentliches Handeln .... 128 — 346
          ee) Arbeitsteiliges Führen .... 129 — 347
          ff) Führen von Kraftfahrzeugen ..... 129 — 348
        b) Alkoholbedingte Fahrunsicherheit ..... 132 — 358
      3. Rechtswidrigkeit .... 132 — 359
      4. Innerer Tatbestand 132
        a) Vorsatz hinsichtlich der Fahrunsicherheit .. 132
          aa) Grundsatz .... 132 — 362
          bb) Bedeutung der Höhe der Blutalkoholkonzentration .... 133 — 363
          cc) Umstände des Einzelfalles .... 137 — 367
          dd) Belehrung nach § 265 I StPO ...... 138 — 369
        b) Fahrlässigkeit hinsichtlich der Fahrunsicherheit 138
          aa) Pflicht des Kraftfahrers zur Kontrolle seiner Fahrsicherheit .... 138 — 370
          bb) Bedeutung der Höhe der Blutalkoholkonzentration .... 140 — 374

		Seite	Rdnr.
cc) Bedeutung der Anstiegsphase		141	379
dd) Auswirkung körperlicher Beeinträchtigungen anderen Ursprungs auf die Erkennbarkeit der Fahrunsicherheit		142	380
ee) Restalkohol		142	382
ff) Zusammenwirken von Alkohol und anderen Ursachen		143	385
gg) Regelmäßig vorhandene Fahrlässigkeit		144	389
c) Angabe der Schuldform im Urteil		144	390
5. Tatbegehung durch Unterlassen		145	392
6. Teilnahme		145	393
7. Wahlfeststellung		145	394
II. § 315 c I Nr. 1 a (III) StGB		146	
1. Keine Dauerstraftat		147	395
2. Äußerer Tatbestand		147	
a) Führen eines Fahrzeugs im Straßenverkehr		147	
aa) Straßenverkehr		147	396
bb) Führen		147	397
b) Alkoholbedingte Fahrunsicherheit		147	398
c) Gefährdung		148	
aa) Begriff		148	399
bb) Unmittelbarkeit der Gefahr		149	400
cc) Leib oder Leben eines anderen Menschen		150	404
dd) Fremde Sachen von bedeutendem Wert		151	405
ee) Unbedeutende Sachgefährdung		153	413
ff) Ursächlichkeit der Fahrunsicherheit für die Gefährdung		153	414
3. Rechtswidrigkeit		154	417
4. Innerer Tatbestand		157	
a) Maßgeblicher Zeitpunkt für die Beurteilung der Schuldfähigkeit		157	429
b) Vorsatz		157	
aa) hinsichtlich der Fahrunsicherheit		157	430
bb) hinsichtlich der Gefährdung		157	431
cc) Belehrung nach § 265 I StPO		158	432
c) Fahrlässigkeit		158	
aa) Absatz III Nr. 1		158	433
bb) Absatz III Nr. 2		158	435
5. Versuch		158	436
6. Teilnahme		159	437
7. Wahlfeststellung		159	438

		Seite	Rdnr.
E.	**Das Verhältnis der §§ 316, 315 c I Nr. 1 a (III), 323 a StGB zueinander und zu anderen Tatbeständen** ...	160	
	I. Die sog. Polizeiflucht	160	439
	II. Mehrere Begehungsformen des § 315 c StGB; Gefährdung mehrerer Personen zugleich	161	441
	III. Mehrere Verstöße gegen § 315 c I Nr. 1 a (III) StGB ..	161	
	1. Tatmehrheit	161	443
	2. Nur ein Vergehen nach § 315 c StGB	161	444
	3. Fortsetzungszusammenhang	162	445
	IV. Verhältnis von § 316 StGB zu § 315 c I Nr. 1 a (III) StGB	162	446
	V. Verhältnis zwischen Gefährdung des Straßenverkehrs (§ 315 c I Nr. 1 a, III StGB) und gefährlichem Eingriff in den Straßenverkehr gem. § 315 b StGB ..	163	447
	VI. Mehrere Taten i.S.d. § 264 StPO bei einer Trunkenheitsfahrt	163	448
	VII. Trunkenheitsfahrt (§ 316, § 315 c I Nr. 1 a, III StGB) und unerlaubtes Entfernen vom Unfallort (§ 142 StGB)	163	
	1. Tatidentität i.S.d. § 264 StPO	163	449
	2. Tatmehrheit i.S.d. § 53 StGB	165	451
	3. Tateinheit	166	
	a) Polizeiflucht	166	457
	b) Mit dem unerlaubten Entfernen vom Unfallort zusammentreffende Trunkenheitsfahrt	167	458
	c) Actio libera in causa und unerlaubtes Entfernen vom Unfallort als Rauschtat i.S.d. § 323 a StGB	167	459
	4. Rechtsmittelbeschränkung auf die Entscheidung über das Vergehen nach § 142 StGB	167	460
	VIII. Fortdauernder Vollrausch	169	464
	IX. Konkurrenz zwischen Vollrausch und Trunkenheitsfahrt	169	465
F.	**Strafzumessung bei Trunkenheit im Verkehr**	170	
	I. Strafzumessungsgesichtspunkte	170	
	1. Allgemeine Strafzumessungsregeln	170	466
	2. Richterliche Absprachen und Empfehlungen ..	170	467
	3. Ausmaß der alkoholischen Beeinträchtigung ..	172	471
	4. Trinken in Fahrbereitschaft	173	473
	5. Bedeutung der von der Fahrt ausgehenden Gefahr	173	474
	6. Soziale Stellung und Beruf des Angeklagten ..	173	475

		Seite	Rdnr.

7. Das Verhalten des Angeklagten nach der Tat ... 174 477
8. Berücksichtigung der gleichzeitig auszusprechenden Fahrerlaubnisentziehung 176 481
9. Generalpräventive Gesichtspunkte 176 482
10. Tateinheitliches Zusammentreffen eines Trunkenheitsdelikts mit anderen Tatbeständen 177 483
11. Strafschärfung bei vorsätzlicher Begehung des Vergehens nach § 316 StGB 177 484
12. Berücksichtigung der »Einwilligung« des Verletzten in Fällen des § 315 c I Nr. 1 a (III) StGB . 177 485
13. Strafschärfende Berücksichtigung des Alkoholgenusses bei Bestrafung wegen anderer Straftaten 178 486

II. Verhängung von Freiheitsstrafe 178
   1. Grundsätzlicher Ausschluß kurzer Freiheitsstrafen 178 488
   2. Bedeutung des § 47 I StGB bei Alkoholstraftaten im Verkehr 178
      a) Uneingeschränkte Geltung auch bei Trunkenheitsdelikten 178 489
      b) Anstieg von Trunkenheitsdelikten 179 490
      c) Wiederholungstäter 180
         aa) Keine allgemeine Regel 180 493
         bb) Mehrfach rückfälliger Trunkenheitstäter 180 494
         cc) Tatbegehung innerhalb einer Bewährungszeit 181 495
      d) Folgenlose Trunkenheitsfahrt eines Ersttäters 181 496
      e) Schwere Unfallfolgen 181 497
      f) Leichte Unfallfolgen 182 498

III. Strafaussetzung zur Bewährung 182
   1. Strafaussetzung als Regel 182 499
   2. Bedeutung einschlägiger Vorstrafen 182 500
   3. Tatbegehung innerhalb einer Bewährungszeit wegen einschlägiger Verurteilung 183 502
   4. Schwere Unfallfolgen 183 503
   5. Begehung schwerwiegender Straftaten zur Verhinderung der Strafverfolgung wegen der Trunkenheitsfahrt 185 506
   6. Widerruf 185 507

IV. Absehen von Strafe 186 508
V. Strafzumessung bei Vollrausch 186 509
VI. Einziehung (§ 74 StGB) 187 512
VII. Rechtsmittelbeschränkung auf das Strafmaß 187 513

	Seite	Rdnr.
G. Ordnungswidrigkeiten	188	
I. § 24 a StVG	188	
1. Motive für die Konstruktion des § 24 a Abs. 1 StVG	188	514
2. Objektiver Tatbestand	189	
a) Kraftfahrzeug	189	515
b) Führen im Straßenverkehr	189	516
c) Alkoholkonzentration	191	
aa) Maßgeblicher Zeitpunkt für das Erreichen des Grenzwertes	191	519
bb) Anforderungen an die Art und Weise der BAK-Feststellung	191	520
cc) Aufrundung	192	526
dd) Rückrechnung	193	527
ee) Atemalkoholkonzentration	193	528
ff) Vorliegen von BAK- und AAK-Wert bei derselben Tat	193	529
3. Subjektiver Tatbestand	194	
a) Vorsatz	194	531
b) Fahrlässigkeit	195	532
4. Beteiligung	196	533
5. Verjährung	196	534
6. Blutuntersuchung, Atemalkoholtest	197	535
II. § 2 FeV i. V. m. §§ 75 Nr. 1 FeV, 24 StVG	197	536
III. § 31 II StVZO i. V. m. §§ 69 a V Nr. 3 StVZO, 24 StVG	198	541
IV. Actio libera in causa und Vollrausch	198	542
V. Bußgeldbemessung	199	
1. Grundsatz	199	543
2. Regelsätze des Bußgeldkataloges	199	544
3. Höhe der Blutalkoholkonzentration	200	547
4. Berücksichtigung der wirtschaftlichen Verhältnisse des Betroffenen	201	548
VI. Fahrverbot	201	549
H. Jugendstrafrecht	202	
I. Trunkenheitsfahrt als Hinweis auf mangelnde Reife	202	550
II. Erziehungsmaßregeln	202	551
III. Jugendstrafe bei Trunkenheitsdelikten	202	552
J. Kosten und Auslagen	204	
I. Verurteilung nur wegen Ordnungswidrigkeit nach § 24 StVG oder wegen einer nicht auf Trunkenheit beruhenden Verkehrsstraftat	204	

Inhaltsübersicht

	Seite	Rdnr.
1. Kosten der Blutuntersuchung	204	554
2. Durch Hinzuziehung eines Sachverständigen in der Hauptverhandlung entstandene Kosten	205	560
3. Auslagen des Angeklagten	206	561
II. Kosten der bei einem Dritten durchgeführten Blutuntersuchung	206	562
III. Nebenklagekosten	206	
1. bei Verurteilung nur nach § 316 StGB	206	563
2. bei Verurteilung nach § 323 a StGB	207	564

2. Teil: Fahrerlaubnisentziehung und Fahrverbot 209

A. Entziehung der Fahrerlaubnis 209

	Seite	Rdnr.
I. Rechtsnatur	209	565
II. Zweck	210	566
III. Verfahren	211	
1. Zulässigkeit einer Maßnahme nach § 69 StGB	211	
a) durch Strafbefehl (§ 407 II Nr. 2 StPO)	211	568
b) im beschleunigten Verfahren (§ 417 StPO)	211	569
c) im Abwesenheitsverfahren (§ 232 StPO)	211	570
d) bei Entbindung von der Pflicht zum Erscheinen (§ 233 StPO)	211	571
e) im Sicherungsverfahren (§ 413 StPO, § 71 StGB)	212	572
2. Jugendverfahren	212	573
3. Hinweispflicht nach § 265 StPO	212	576
IV. Voraussetzungen für die Entziehung	213	
1. Führen eines Kraftfahrzeugs	214	
a) Begriff des Kraftfahrzeugs	214	577
b) Führerscheinfreie Kraftfahrzeuge	214	578
c) Begriff des Führens	214	579
2. »Zusammenhang mit dem Führen eines Kraftfahrzeugs«	215	
a) Zeitlicher Zusammenhang	215	580
b) Innerer Zusammenhang	216	581
c) Beziehung des Führens zur Tat	216	582
d) Eigenhändiges Führen	218	587
e) Zusammenhang mit dem Besitz eines Kraftfahrzeugs	220	591
f) Durch strafbare Handlung erlangter Treibstoffbesitz	221	593
g) Führerscheinfälschung	221	594
3. Verletzung der Pflichten eines Kraftfahrzeugführers	222	595
4. Verurteilung oder Nichtverurteilung wegen möglicher Schuldunfähigkeit	222	

		Seite	Rdnr.

a) Absehen von Strafe 222   596
b) Begriff der Schuldunfähigkeit 223   597
c) Verwarnung mit Strafvorbehalt (§ 59 III 2 StGB) 223   598

5. Ungeeignetheit zum Führen von Kraftfahrzeugen 223
   a) Begriff 223   599
   b) Arten der zur Ungeeignetheit führenden Mängel 224   600
   c) Charakterliche Mängel im besonderen . . . 224   601
   d) Technisches Nichtkönnen 226   604
   e) Sich aus der Tat ergebende Ungeeignetheit 226
      aa) Persönlichkeitswürdigung 226   605
      bb) Nach der Tat aufgetretene Mängel . . . 228   609
      cc) Alkoholgenuß ohne Auswirkung im Tatgeschehen 229   610
   f) Auf mehreren Taten beruhende Ungeeignetheit 229   611
   g) Maßgeblicher Zeitpunkt für die Beurteilung 229   612
      aa) Berücksichtigung vorläufiger Maßnahmen 231   616
      bb) Berücksichtigung unbeanstandeter Teilnahme am Kraftfahrzeugverkehr bis zur Hauptverhandlung 232   619
      cc) Uneinsichtigkeit in der Hauptverhandlung 233   620
   h) In dubio pro reo 233   621
   i) Indizierung der Ungeeignetheit in den Fällen des § 69 II StGB 234   622
      aa) Ausnahmefälle von der Regel des § 69 II StGB 237   630
      bb) Begründung der Maßregel in den Fällen des § 69 II StGB 246   644

6. Künftige Gefährdung der Allgemeinheit 247
   a) Entbehrlichkeit einer besonderen Prüfung des Erfordernisses 247   646
   b) Fahrerlaubnisentziehung trotz Sicherungsverwahrung 247   647
   c) Fahrerlaubnisentziehung bei gleichzeitiger Strafaussetzung zur Bewährung 248   648
   d) Verhältnismäßigkeit 249   650

V. Begründungspflicht bei Nichtentziehung 249   651
VI. Verjährung 250   654
VII. Wirkung 250   655

Inhaltsübersicht

	Seite	Rdnr.
VIII. Rechtsmittel	251	
1. Rechtsmißbräuchliche Berufung	251	657
2. Beschränkung des Rechtsmittels	252	
a) Ausklammerung der Entscheidung gem. § 69 StGB bei Anfechtung des Schuldspruchs	252	658
b) Beschränkung auf den Strafausspruch	252	659
c) Anfechtung der Entscheidung über Strafaussetzung	253	662
d) Beschränkung auf die Verurteilung wegen einer von mehreren Taten	254	663
e) Beschränkung auf die Entscheidung nach § 69 StGB	254	664
3. Verschlechterungsverbot	257	669
4. Entscheidung nach § 69 StGB durch das Revisionsgericht	259	676
IX. Wiederaufnahme des Verfahrens	260	678
B. Einziehung des Führerscheins (§ 69 III 2 StGB)	**261**	
I. Anwendungsbereich	261	679
II. Verlust des Führerscheins	261	680
III. Vollzugsmaßnahme polizeilicher Art	261	681
IV. Verschlechterungsverbot	261	682
V. Vollstreckung	262	683
C. Sperre für die Erteilung einer Fahrerlaubnis	**263**	
I. Tenorierung	263	
1. Kalendermäßige Bestimmung	263	684
2. Angaben über den Fristbeginn	263	685
3. Kleinstmögliche Maßeinheit	264	686
4. Anschlußsperre	264	687
5. Urteilsformel	265	688
II. Mindest- und Höchstmaß	265	
1. Mindestmaß (§ 69 a I 1 StGB)	265	689
2. Erhöhtes Mindestmaß (§ 69 a III StGB)	265	690
3. Verkürztes Mindestmaß (§ 69 a IV StGB)	267	694
4. Höchstmaß	268	698
5. Sperre für immer (§ 69 a I 2 StGB)	269	700
III. Anrechnung vorläufiger Maßnahmen	269	701
IV. Bemessungsgrundsätze	269	
1. Voraussichtliche Dauer der Ungeeignetheit	270	703
2. Unterschiedliche Bemessung für einzelne Kraftfahrzeugarten	270	704
3. Feststellung der voraussichtlichen Dauer der Ungeeignetheit	271	705

	Seite	Rdnr.
4. Berücksichtigung der Persönlichkeit des Täters	272	706
5. Berücksichtigung des Verschuldens	273	707
6. Offensichtlich unbegründete Berufung als Anlaß für faktische Sperrfristverlängerung	273	708
7. Generalisierende Erwägungen, feste Taxen	274	709
8. Wirtschaftliche Gesichtspunkte	274	710
9. Generalprävention	275	712
10. Anwendung des zeitigen Höchstmaßes	275	713
11. Sperre für immer	276	714
V. Begründung der im Urteil erkannten Sperre	277	719
VI. Beginn und Berechnung der erkannten Sperre	278	
1. Rechtskraft des Urteils (§ 69 a V 1 StGB)	278	725
2. Einrechnung nach § 69 a V 2 StGB	278	726
3. Berechnung der Sperre durch Vollstreckungs- und Verwaltungsbehörde	280	730
4. Mehrere Sperren	280	732
5. Beginn bei nachträglicher Gesamtstrafenbildung	280	733
VII. Isolierte Sperre (§ 69 a I 3 StGB)	281	
1. Voraussetzungen und Wirkung	281	734
2. Anwendbarkeit von § 69 a IV und VI StGB	282	737
3. Anwendbarkeit von § 69 a V 2 und VI StGB	283	739
4. Absehen von der Verhängung einer isolierten Sperre	284	740
VIII. Nachträgliche Gesamtstrafenbildung	285	
1. Durch Urteil (§ 55 StGB)	285	
a) »Aufrechterhalten« im Sinne des § 55 II StGB	285	741
aa) Fehlen der Voraussetzungen des § 69 StGB bei der neuen Tat	286	742
bb) Beginn der Sperre bei Aufrechterhaltung der Maßnahme	286	744
b) Neubemessung der Sperre	286	745
c) Erneute Bemessung auf 5 Jahre	288	748
d) Beginn der Sperre bei Neufestsetzung	288	749
e) Rechtsmittel zugunsten des Verurteilten und Gesamtstrafenbildung	290	752
2. Gesamtstrafenbildung durch Beschluß (§ 460 StPO)	290	
a) Verweisung auf § 55 StGB	290	753
b) Fehlen der Voraussetzungen des § 69 StGB in den einzelnen Urteilen	290	754
c) Neubemessung der Sperre, Beginn der Frist	290	755
d) Berücksichtigung der bereits abgelaufenen Sperrfrist	291	757

Inhaltsübersicht

	Seite	Rdnr.
e) Überschreiten des bisherigen Maßes	291	758
f) Irrtümliches Unterlassen einer Entscheidung nach §§ 460 StPO, 55 II StGB	293	761
IX. Ausnahmen von der Sperre (§ 69 a II StGB)	293	
1. Bestimmte Arten von Kraftfahrzeugen – Begriff	293	
a) § 6 Satz 2 FeV	293	762
b) Führerscheinklasse als Kraftfahrzeugart im Sinne des § 69 a II StGB	294	763
c) Verwendungszweck	294	764
d) Unzulässigkeit der Individualisierung	294	
aa) Fabrikat	294	765
bb) Einzelheiten konstruktiver Art	295	766
cc) Fahrzweck	295	767
dd) Halter	295	768
ee) Eigentum	296	769
ff) Benutzungszeit	296	770
gg) Benutzungsort	296	771
hh) Berufs- und Privatsphäre	296	772
ii) Ausnahme eines bestimmten Fahrzeugs von der Sperre	297	773
2. Ausnahme der Fahrzeuge derjenigen Klasse, deren Inhaber der Täter ist	297	774
3. Besondere Umstände – Entscheidungsgesichtspunkte	297	
a) Art und Umfang der besonderen Umstände	297	775
b) Anwendung des § 69 a II StGB bei charakterlichen Mängeln	298	776
c) Wirtschaftliche Gesichtspunkte	300	781
d) Bedeutung der von der Fahrzeugart ausgehenden Gefahr	301	782
e) In dubio pro reo	301	783
f) Generalpräventive Gesichtspunkte	302	784
g) Verhältnismäßigkeit	302	785
4. Wirkung	303	786
5. Nachträgliche Ausnahme	303	787
X. Vorzeitige Aufhebung der Sperre (§ 69 a VII StGB) .	303	
1. Zulässigkeit nach Ablauf der Mindestfristen; Zuständigkeit	304	788
a) Einrechnung vorläufiger Maßnahmen	305	789
b) Zu früh gestellte Anträge	305	790
2. Ermittlungen des Gerichts	306	791
3. Entscheidungsgesichtspunkte	306	
a) Entbehrlichkeit der Feststellung wieder bestehender Eignung	306	792

	Seite	Rdnr.
b) Neue Tatsachen	306	793
c) Aussetzung des Strafrestes (§ 57 StGB)	309	797
4. Beschränkung der vorzeitigen Aufhebung auf bestimmte Kraftfahrzeugarten	309	798
5. Eintragung in das Bundeszentralregister	310	799
XI. Rechtsmittel	310	
1. Beschränkung auf die Sperre	310	800
2. Verschlechterungsverbot	311	802
3. Revision	313	805
4. Sofortige Beschwerde	315	810

D. Maßnahmen nach §§ 69, 69 a StGB und internationaler Kraftfahrzeugverkehr (§ 69 b StGB) 316

	Seite	Rdnr.
I. Anwendungsbereich	316	811
1. Inhaber einer EU/EWR-Fahrerlaubnis	317	
a) Berechtigung nach §§ 4 I IntVO, 28 FeV	317	814
b) Die Bedeutung des »ordentlichen Wohnsitzes«	318	817
2. Inhaber einer Fahrerlaubnis aus Drittstaaten	319	
a) Ordentlicher Wohnsitz im Ausland	319	819
b) Begründung eines ordentlichen Wohnsitzes im Inland	319	820
c) Wohnsitz im In- und Ausland	320	822
d) Wohnsitz im Inland zur Zeit der Erteilung der ausländischen Fahrerlaubnis	321	823
e) Ausschluß der Berechtigung bei Fahrerlaubnisentziehung, Versagung und Verzicht, Führerscheinsicherstellung und Fahrverbot	322	825
f) Fristbeginn nach § 4 I S. 3 und 4 IntVO	323	826
3. Nicht oder nicht mehr bestehende Berechtigung nach § 4 I IntVO	323	828
4. In Deutschland stationierte ausländische Streitkräfte	324	830
II. Voraussetzungen für die Entziehung bei Inhabern ausländischer Fahrerlaubnisse	325	831
III. Wirkung	325	832
IV. Vollstreckung	326	
1. Inhaber von EU/EWR-Führerscheinen mit ordentlichem Wohnsitz im Inland	326	834
2. Führerscheininhaber ohne ordentlichen Wohnsitz im Inland	326	
a) Eintragung eines Vermerks (§ 69 b II StGB)	326	835
b) Beschlagnahme (§ 463 b II StPO)	327	836

	Seite	Rdnr.
V. Entsprechende Anwendung des § 69 b StGB	327	837

E. Vorläufige Entziehung der Fahrerlaubnis (§ 111 a StPO) ... 328

	Seite	Rdnr.
I. Verfassungsmäßigkeit	328	839
II. Zuständigkeit	329	
1. Sachliche Zuständigkeit	329	
a) Grundsatz	329	840
b) Revisionsinstanz	329	841
c) Im vorbereitenden Verfahren	331	844
d) Zuständigkeit des Landgerichts	331	845
2. Örtliche Zuständigkeit	333	847
III. Entscheidungsgrundsätze	333	
1. »Dringende Gründe«	333	849
2. Verhältnismäßigkeit	334	851
3. In dubio pro reo	335	852
4. Rechtliches Gehör	335	853
5. Freiwillige Herausgabe des Führerscheins	336	855
IV. Ausnahme bestimmter Kraftfahrzeugarten (§ 111 a I 2 StPO)	337	857
V. Entsprechende Anwendung von § 69 a I 3 StGB	338	859
VI. Begründung des Beschlusses nach § 111 a StPO	338	860
VII. Wirksamwerden	339	861
VIII. Vollstreckung	339	863
IX. Aufhebung (§ 111 a II StPO)	339	864
1. Wegfall des Grundes	340	865
2. Nichtentziehung der Fahrerlaubnis im Urteil	342	871
3. Entsprechende Anwendung des § 111 a II StPO	342	872
X. Vorläufige Entziehung in der Rechtsmittelinstanz	345	875
XI. Rückgabe des Führerscheins (§ 111 a V StPO)	346	878
XII. Ausländische Führerscheine	347	879
XIII. Rechtsmittel	348	
1. Beschwerde	348	880
2. Auslagenerstattung	350	884

F. Sicherstellung und Beschlagnahme ... 352

	Seite	Rdnr.
I. Rechtsgrundlage für die Führerscheinbeschlagnahme	352	886
II. Schlichte Sicherstellung	352	887
III. Beschlagnahme	352	
1. Begriff	352	889
2. Gefahr im Verzug	352	891
3. Rechtmäßigkeit der Beschlagnahme	354	895

		Seite	Rdnr.
4. Entscheidung nach §§ 98 II, 111 a StPO		354	896
5. Ausländische Führerscheine		354	898
6. Aufhebung der Beschlagnahme		355	899

G. Fahrverbot nach § 44 StGB 356

    I. Rechtsnatur 356   900
   II. Verfahren 357
       1. Zulässigkeit der Verhängung eines Fahrverbots . 357
           a) im beschleunigten Verfahren (§ 417 StPO) . 357   901
           b) im Abwesenheitsverfahren (§ 232 StPO) . . 357   902
           c) bei Entbindung von der Pflicht zum Erscheinen (§ 233 StPO) 357   903
           d) durch Strafbefehl (§ 407 II Nr. 1 StPO) . . . 357   904
           e) im vereinfachten Jugendverfahren (§ 76 JGG) 357   905
       2. Hinweispflicht nach § 265 StPO 357   906
  III. Voraussetzungen für die Anordnung eines Fahrverbots 358
       1. Verurteilung zu Freiheits- oder Geldstrafe . . . 358
           a) Unzulässigkeit bei Freispruch und Absehen von Strafe 358   908
           b) Unzulässigkeit neben Verwarnung mit Strafvorbehalt (§ 59 III StGB) 358   909
           c) Unzulässigkeit bei Anwendung von § 27 JGG 359   910
           d) Zulässigkeit neben Erziehungsmaßregel und Zuchtmittel 360   911
       2. »Zusammenhang mit dem Führen eines Kraftfahrzeuges« 360   912
       3. Verletzung der Pflichten eines Kraftfahrzeugführers 361   913
       4. Notwendigkeit der Anordnung zur Erreichung des Strafzwecks 361   914
           a) Spezialprävention 361   915
           b) Generalprävention 362   916
           c) Umfang der Pflichtverletzung 362   917
           d) Wiederholte geringfügige Zuwiderhandlungen 364   919
  IV. Die Regelfälle des § 44 I 2 StGB 364   920
   V. Tatmehrheit 366   924
  VI. Beschränkung auf bestimmte Kraftfahrzeugarten . . 367   927
 VII. Wirksamwerden (§ 44 II 1 StGB) 368   928
VIII. Vollstreckung 368
       1. Amtliche Verwahrung des Führerscheins (§ 44 II 2 StGB) 368   930

			Seite	Rdnr.
	2.	Beschlagnahme nach § 463 b I StPO	369	931
	3.	Eidesstattliche Versicherung über den Verbleib des Führerscheins (§ 463 b III StPO)	369	932
	4.	Vollstreckungsaufschub	369	933
	5.	Aushändigung des Führerscheins nach Fristablauf	370	934
	6.	Mehrere Fahrverbote	370	935
IX.	Frist		372	
	1.	Beginn mit der amtlichen Verwahrung (§ 44 III 1 StGB)	372	938
	2.	Beginn mit der Rechtskraft	373	941
	3.	Fristbeginn bei gleichzeitiger oder nachträglicher Entziehung der Fahrerlaubnis vor Vollstreckung des Fahrverbots	373	942
	4.	Fristbeginn bei Verlust des Führerscheins	374	943
	5.	Verwahrung des Täters in einer Anstalt (§ 44 III 2 StGB)	374	944
	6.	Anrechnung vorläufiger Maßnahmen (§ 51 I, V StGB)	375	945
	7.	Belehrung nach § 268 c StPO	378	952
X.	Internationaler Kraftfahrzeugverkehr (§ 44 II StGB)		379	
	1.	Außerdeutsche Fahrzeugführer	379	953
	2.	Vollstreckung		379	
		a) Inhaber von EU/EWR-Führerscheinen mit ordentlichem Wohnsitz im Inland	379	954
		b) Inhaber ausländischer Führerscheine ohne ordentlichen Wohnsitz im Inland	379	
		aa) Eintragung eines Vermerks (§ 44 II 3 StGB)	379	955
		bb) Beschlagnahme (§ 463 b II StPO)	380	956
		cc) Eidesstattliche Versicherung über den Verbleib des Führerscheins (§ 463 b III StPO)	380	957
XI.	Rechtsmittel		380	
	1.	Beschränkung auf das Fahrverbot	380	958
	2.	Beschränkung auf die Verurteilung wegen einer von mehreren Taten	381	959
	3.	Freispruch hinsichtlich einer von mehreren Taten in der Rechtsmittelinstanz	381	960
	4.	Verschlechterungsverbot	381	961
	5.	Anfechtung der Nichtanrechnung	383	966
	6.	Rechtsmittelverzicht	383	967

H. Das Verhältnis von § 69 StGB zu § 44 StGB 384

I.	Priorität der Prüfung nach § 69 StGB		384	968

	Seite	Rdnr.
II. Nebeneinander von Maßregel und Nebenstrafe . . .	384	
1. Grundsätzliche Unzulässigkeit gleichzeitiger Verhängung	384	969
2. Ausnahmen	385	971
III. Beschränkung des Rechtsmittels auf die Nichtentziehung der Fahrerlaubnis	385	973
IV. Austauschbarkeit in der Rechtsmittelinstanz	386	
1. Ersetzen des Fahrverbots durch Fahrerlaubnisentzug	386	974
2. Übergang vom Fahrerlaubnisentzug zum Fahrverbot	386	975
J. Fahrverbot nach § 25 StVG	388	
I. Rechtsnatur	388	977
II. Verfahren	389	
1. Hinweispflicht entsprechend § 265 StPO . . .	389	978
2. Erhöhung der Geldbuße unter gleichzeitigem Wegfall des Fahrverbots bei Entscheidung durch Beschluß und bei zugunsten des Betroffenen eingelegter Rechtsbeschwerde	389	979
III. Voraussetzungen für die Anordnung des Fahrverbots	390	
1. Verurteilung zu Geldbuße wegen einer Ordnungswidrigkeit nach § 24 StVG	390	980
2. Kraftfahrzeugführer	390	981
3. Grobe oder beharrliche Pflichtverletzung	390	
a) Grobe Pflichtverletzung	390	982
b) Beharrliche Pflichtverletzung	396	994
4. Nichtausreichen der Geldbuße allein	399	998
5. Verhältnismäßigkeit	401	1001
6. Bedeutung des Bußgeldkataloges für die Anordnung des Fahrverbots	401	
a) Indizierung des Fahrverbots	401	1002
b) Absehen vom indizierten Fahrverbot	406	1008
c) Fahrverbot bei gem. § 21 I S. 1 OWiG subsidiärer Ordnungswidrigkeit	409	1013
7. Das Regelfahrverbot nach § 25 I 2 StVG	409	1014
8. Bemessung der Fahrverbotsdauer und ihre Begründung im Urteil	412	1019
IV. Tatmehrheit	413	1022
V. Beschränkung auf bestimmte Arten von Kraftfahrzeugen	413	1024
VI. Wirksamwerden (§ 25 II 1, II a StVG)	414	1025
VII. Vollstreckung (§ 25 II, IV StVG)	416	
1. Amtliche Verwahrung des Führerscheins (§ 25 II 2 StVG)	416	1031

XXVII

	Seite	Rdnr.
2. Beschlagnahme (§ 25 II 4 StVG)	416	1032
3. Eidesstattliche Versicherung über den Verbleib des Führerscheins (§ 25 IV StVG)	417	1034
4. Aushändigung nach Fristablauf	417	1035
5. Mehrere Fahrverbote	417	1036
VIII. Frist	418	
1. Beginn mit der amtlichen Verwahrung (§ 25 V 1 StVG)	418	1038
2. Beginn mit der Rechtskraft	418	1039
3. Verwahrung des Täters in einer Anstalt (§ 25 V 2 StVG)	419	1040
4. Anrechnung vorläufiger Maßnahmen (§ 25 VI StVG)	419	1041
5. Belehrung nach § 25 VIII StVG	420	1045
IX. Internationaler Kraftfahrzeugverkehr (§ 25 II 3, III StVG)	420	
1. Anwendungsbereich	420	1046
2. Vollstreckung	420	
a) Inhaber von EU/EWR-Führerscheinen mit ordentlichem Wohnsitz im Inland	420	1047
b) Inhaber ausländischer Fahrerlaubnisse ohne ordentlichen Wohnsitz im Inland	421	
aa) Eintragung eines Vermerks (§ 25 III 1 StVG)	421	1048
bb) Beschlagnahme (§ 25 III 2 StVG)	421	1049
X. Rechtsmittel	421	
1. Beschränkung auf das Fahrverbot	421	1050
2. Verschlechterungsverbot	422	1051
3. Anfechtung der Nichtanrechnung	422	1052
K. Entschädigung für vorläufige Führerscheinmaßnahmen	423	
I. Grundsatz der Entschädigungspflicht nach § 2 StrEG	423	1054
II. Ausnahmen	424	1055
1. Entschädigung nur nach Billigkeit (§§ 3, 4 StrEG)	424	1056
2. Ausschluß der Entschädigung (§ 5 StrEG)	425	
a) Ausschluß bei Nichtanrechnung der vorläufigen Entziehung der Fahrerlaubnis auf ein Fahrverbot (§ 5 I Nr. 1 StrEG)	425	1058
b) Ausschluß bei endgültiger Verhängung der Maßregel oder Absehen von der Maßregel nur wegen Wegfall ihrer Voraussetzungen (§ 5 I Nr. 3 StrEG)	426	1059

Inhaltsübersicht

	Seite	Rdnr.
c) Ausschluß bei vorsätzlicher oder grob fahrlässiger Verursachung der Maßnahme (§ 5 II 1 StrEG)	426	1060
aa) Begriff der Fahrlässigkeit in § 5 II StrEG	427	1061
bb) Grobe Fahrlässigkeit	427	1063
cc) Ausschluß der Entschädigung nur bis zu dem Zeitpunkt, bis zu dem den Beschuldigten der Vorwurf überwiegender Verursachung trifft	432	1075
dd) Bedeutung leichter Fahrlässigkeit	435	1081
3. Vorrang der Prüfung nach § 5 StrEG gegenüber § 6 StrEG	436	1082
4. Versagung der Entschädigung (§ 6 StrEG)	436	1083
III. Umfang des Entschädigungsanspruchs (§ 7 StrEG)	437	
1. Wirtschaftliche Nachteile durch Ausschluß vom fahrerlaubnispflichtigen Verkehr	437	1085
2. Anwaltskosten	438	1089
IV. Verfahren	439	
1. Zuständigkeit des das Verfahren abschließenden Gerichts (§ 8 I 1 StrEG)	439	1090
2. Entscheidung in dem Urteil oder dem Beschluß, der das Verfahren abschließt (§ 8 I 1 StrEG)	439	1091
3. Entscheidung durch isolierten Beschluß (§ 8 I 2 StrEG)	439	1092
4. Verfahren nach Einstellung durch die Staatsanwaltschaft (§ 9 StrEG)	441	1095
5. Verzicht des Betroffenen	442	1096
6. Betragsverfahren	442	1097
7. Rechtsmittel	443	1098
8. Kosten und Auslagen	444	1104

Anhang
Feststellung von Alkohol-, Medikamenten- und Drogeneinfluß bei Straftaten und Ordnungswidrigkeiten; Sicherstellung und Beschlagnahme von Führerscheinen 445

Stichwortverzeichnis 463

Abkürzungsverzeichnis

a. A.	anderer Ansicht
AAK	Atemalkoholkonzentration
a.a.O.	am angegebenen Ort
abl.	ablehnend
ABl.	Amtsblatt
Abs.	Absatz
abw.	abweichend
a. E.	am Ende
a. F.	alte Fassung
AG	Amtsgericht
a. M.	anderer Meinung
amtl.	amtlich
Anm.	Anmerkung
AnwBl.	Anwaltsblatt (Zeitschrift; zitiert nach Jahr und Seite)
Arndt/Guelde	*Dietrich Arndt, Hermann Guelde,* Gesetz zur Sicherung des Straßenverkehrs, Düsseldorf 1953
Art.	Artikel
Aufl.	Auflage
BA	Blutalkohol (Zeitschrift; zitiert nach Jahr und Seite)
BA-Festschrift	Festschrift zum 25jährigen Bestehen des Bundes gegen Alkohol im Straßenverkehr e. V. – Landessektion Berlin, 1982
BAK	Blutalkoholkonzentration
BAnz.	Bundesanzeiger
Bär/Hauser/Lehmpuhl	*Hanns Bär, Josef Hauser, Horst Lehmpuhl,* Unfallflucht, Loseblattkommentar, Stand Dez. 1997, Percha-Kempfenhausen (Starnberger See)
BASt	Unfall- und Sicherheitsforschung Straßenverkehr, Schriftenreihe der Bundesanstalt für das Straßenwesen (zitiert nach Heft und Seite)
BayObLG	Bayerisches Oberstes Landesgericht
BaySt	Entscheidungen des Bayerischen Obersten Landesgerichts in Strafsachen, Neue Folge (amtliche Sammlung; zitiert nach Jahr und Seite)
BB	Der Betriebs-Berater (Zeitschrift; zitiert nach Jahr und Seite)
Bd.	Band
Begr.	Begründung
Beitr. gerichtl. Med.	Beiträge zur gerichtlichen Medizin (Zeitschrift; zitiert nach Band und Seite)
Betr.	Der Betrieb (Zeitschrift; zitiert nach Jahr und Seite)
Berg	*Steffen P. Berg,* Grundriß der Rechtsmedizin, 12. Aufl., München 1984
BGB	Bürgerliches Gesetzbuch
BGBl.	Bundesgesetzblatt
BGH	Bundesgerichtshof
BGHSt	Entscheidungen des Bundesgerichtshofs in Strafsachen (zitiert nach Band und Seite)

Abkürzungsverzeichnis

BGHZ	Entscheidungen des Bundesgerichtshofs in Zivilsachen (zitiert nach Band und Seite)
Bialas	Barbara *Bialas*, Promille-Grenzen, Vorsatz und Fahrlässigkeit, Diss. Frankfurt 1996
BKatV	Bußgeldkatalog-Verordnung
Bockelmann-Festschrift	Festschrift für *Paul Bockelmann* zum 70. Geburtstag, herausgegeben von *Arthur Kaufmann, Günter Bemmann, Detlef Kraus* und *Klaus Volk*, München 1979
Bode/Winkler	*Hans Jürgen Bode, Werner Winkler*, Fahrerlaubnis, 2. Aufl., Bonn 1997
BOKraft	Verordnung über den Betrieb von Kraftfahrtunternehmen im Personenverkehr
Bouska, Fahrerlaubnisrecht	*Wolfgang Bouska*, Fahrerlaubnisrecht, München 1987
Bringewat	*Peter Bringewat*, Die Bildung der Gesamtstrafe, Berlin/New York 1987
Brunner/Dölling	*Rudolf Brunner* und *Dieter Dölling*, Jugendgerichtsgesetz, Kommentar, 10. Aufl., Berlin/New York 1996
Bruns-Festschrift	Festschrift für *Hans-Jürgen Bruns* zum 70. Geburtstag, herausgegeben von *Wolfgang Frisch* und *Werner Schmid*, Köln/Berlin/Bonn/München 1978
Bruns, Strafzumessung	*Hans-Jürgen Bruns*, Das Recht der Strafzumessung, 2. Aufl., Köln/Berlin/Bonn/München 1985
Bruns, Strafzumessungsrecht	*Hans-Jürgen Bruns*, Strafzumessungsrecht, 2. Aufl., Köln/Berlin/Bonn/München 1974
BSG	Bundessozialgericht
BT-Drucks.	Bundestagsdrucksache
BVerfG	Bundesverfassungsgericht
BVerfGE	Entscheidungen des Bundesverfassungsgerichts (amtliche Sammlung; zitiert nach Band und Seite)
BVerfGG	Gesetz über das Bundesverfassungsgericht
BVerwG	Bundesverwaltungsgericht
BZRG	Gesetz über das Zentralregister und das Erziehungsregister
bzw.	beziehungsweise
Cramer	*Peter Cramer*, Straßenverkehrsrecht, Kommentar, 2. Aufl., München 1977
Cramer, Unfallprophylaxe	*Peter Cramer*, Unfallprophylaxe durch Strafen und Geldbußen?, Paderborn 1975
DAR	Deutsches Autorecht (Zeitschrift; zitiert nach Jahr und Seite)
Denkschrift »Atemalkoholprobe«	Denkschrift der Deutschen Gesellschaft für Rechtsmedizin zur Frage der Einführung einer »Beweissicheren Atemkoholprobe«, BA 1992, S. 108
d. h.	das heißt
Diss.	Dissertation
D. Meyer	*Dieter Meyer*, Strafrechtsentschädigung und Auslagenerstattung, Kommentar, 4. Aufl., Neuwied/Kriftel/Berlin 1997
DMW	Deutsche Medizinische Wochenschrift (zitiert nach Jahr und Seite)

DNP	Die Neue Polizei (Zeitschrift; zitiert nach Jahr und Seite)
DÖV	Die Öffentliche Verwaltung (Zeitschrift; zitiert nach Jahr und Seite)
Dreher-Festschrift	Festschrift für *Eduard Dreher* zum 70. Geburtstag, herausgegeben von *Hans-Heinrich Jeschke* und *Hans Lüttger,* Berlin/New York 1977
DRiZ	Deutsche Richterzeitung (zitiert nach Jahr und Seite)
DtZ	Deutsch-Deutsche Rechts-Zeitschrift (zitiert nach Jahr und Seite)
Eb. Schmidt	siehe *Schmidt, Eb.*
EGOWiG	Einführungsgesetz zum Gesetz über Ordnungswidrigkeiten
EGStGB	Einführungsgesetz zum Strafgesetzbuch
Eisenberg	*Ulrich Eisenberg,* Jugendgerichtsgesetz, Kommentar, 7. Aufl., München 1997
EU	Europäische Union
EWR	Europäischer Wirtschaftsraum
Festschrift für *E. Hirsch*	Berliner Festschrift für *Ernst E. Hirsch,* Berlin 1968
Festschrift für *H. J. Hirsch*	Festschrift für *Hans Joachim Hirsch,* hrsg. v. *T. Weigend* und *G. Küpper,* Berlin/New York, 1999
FeV	Fahrerlaubnis-Verordnung
ff.	folgende
Fn.	Fußnote
Forensia	Interdisziplinäre Zeitschrift für Psychiatrie, Psychologie, Kriminologie und Recht (zitiert nach Jahr und Seite)
Forster/Joachim	*Balduin Forster* und *Hans Joachim,* Blutalkohol und Straftat, Stuttgart 1975
Full/Möhl/Rüth	*Werner Full, Wolfgang Möhl, Karl Rüth,* Straßenverkehrsrecht, Kommentar, Berlin/New York 1980
GA	Goltdammer's Archiv für Strafrecht (Zeitschrift; zitiert nach Jahr und Seite)
gem.	gemäß
Geppert, Sperrfrist	*Klaus B. Geppert,* Die Bemessung der Sperrfrist bei der strafgerichtlichen Entziehung der Fahrerlaubnis, Strafrechtliche Abhandlungen, Neue Folge, Band 3, Berlin 1968
GG	Grundgesetz
Göhler	*Erich Göhler,* Gesetz über Ordnungswidrigkeiten, Kommentar, 12. Aufl., München 1998
Greger	*Reinhard Greger,* Zivilrechtliche Haftung im Straßenverkehr, Großkommentar, 2. Aufl., Berlin/New York 1990
GrS	Großer Senat
Grüner, Alkoholnachweis	*Oskar Grüner,* Der gerichtsmedizinische Alkoholnachweis, 2. Aufl., Köln/Berlin/Bonn/München 1967
Grüner, Atemalkoholprobe	*Oskar Grüner,* Die Atemalkoholprobe, Köln/Berlin/Bonn/München 1985
Grüner/Rentschler	*Oskar Grüner* und *Elsbeth Rentschler,* Manual zur Blutalkohol-Berechnung, Köln/Berlin/Bonn/München 1976
Gutachten BGA	Gutachten des Bundesgesundheitsamtes zur Frage Alkohol bei Verkehrsstraftaten, Bad Godesberg 1966

Abkürzungsverzeichnis

Gutachten BGA »Atemalkohol«	Gutachten des Bundesgesundheitsamtes »Prüfung der Beweissicherheit der Atemalkoholanalyse«, 1991, bearbeitet von *Günter Schoknecht* und Mitarbeitern, hrsg. vom Bundesgesundheitsamt, Institut für Sozialmedizin und Epidemiologie (SozEp-Hefte)
Gutachten BGA 1989	Gutachten des Bundesgesundheitsamtes zum Sicherheitszuschlag auf die Blutalkoholbestimmung (1989), NZV 1990, 104
2. Gutachten BGA	Alkohol und Straßenverkehr, Zweites Gutachten des Bundesgesundheitsamtes, Schriftenreihe des Bundesministers für Verkehr, H. 52, 1977
GVG	Gerichtsverfassungsgesetz
H.	Heft
HAK	Harnalkoholkonzentration
Herlan/Schmidt-Leichner	Wilhelm Herlan, Erich Schmidt-Leichner, Entziehung der Fahrerlaubnis und Fahrverbot durch Strafrichter und Verwaltungsbehörden, Schriftenreihe der NJW, Heft 10, München 1972
Himmelreich/Hentschel	Klaus Himmelreich, Fahrverbot – Führerscheinentzug, Band II, Verwaltungsrecht, 7. Aufl., Düsseldorf 1992
h. M.	herrschende Meinung
hrsg.	herausgegeben
i. d. F.	in der Fassung
i. d. R.	in der Regel
Iffland	Rolf Iffland, Begleitalkoholanalyse und andere Beweismittel bei Nachtrunkeinreden, in: Kriminalprognose – Alkoholbeeinträchtigung – Rechtsfragen und Begutachtungsprobleme, Forensia-Jahrbuch, Band 3, 1992, S. 139
insbes.	insbesondere
IntAbk.	Internationales Abkommen über Kraftfahrzeugverkehr vom 24. April 1926
IntVerkW	Internationales Verkehrswesen (Zeitschrift; zitiert nach Jahr und Seite)
IntVO	Verordnung über internationalen Kraftfahrzeugverkehr
i. S. d.	im Sinne des (der)
i. S. v.	im Sinne von
i. V. m.	in Verbindung mit
Jagusch/Hentschel	Peter Hentschel, Straßenverkehrsrecht, Kommentar, 35. Aufl., München 1999
Janiszewski	Horst Janiszewski, Verkehrsstrafrecht, 4. Aufl., München 1994
JBeitrO	Justizbeitreibungsordnung
JbVerkR	Himmelreich (Hrsg.), Jahrbuch Verkehrsrecht (zitiert nach Jahr und Seite)
Jessnitzer/Frieling	Kurt Jessnitzer, Der gerichtliche Sachverständige, fortgeführt von *Günter Frieling*, 10. Aufl., Köln/Berlin/Bonn/München 1992
JGG	Jugendgerichtsgesetz
JMBl.	Justizministerialblatt
JMBl. NRW	Justizministerialblatt für das Land Nordrhein-Westfalen (zitiert nach Jahr und Seite)

Abkürzungsverzeichnis

JR	Juristische Rundschau (Zeitschrift; zitiert nach Jahr und Seite)
JurBüro	Das Juristische Büro (Zeitschrift; zitiert nach Jahr und Spalte)
JuS	Juristische Schulung (Zeitschrift; zitiert nach Jahr und Seite)
Justiz	Die Justiz (Amtsblatt des Justizministeriums Baden-Württemberg; zitiert nach Jahr und Seite)
JW	Juristische Wochenschrift (Zeitschrift; zitiert nach Jahr und Seite)
JZ	Juristenzeitung (zitiert nach Jahr und Seite)
Kap.	Kapitel
Kerner	*Hans-Jürgen Kerner*, Untersuchungen zu »Alkohol und Fahren«, Band 11, Gesetzgebung, polizeiliche Überwachung und Strafgerichtsbarkeit in der Bundesrepublik Deutschland, hrsg. von der Bundesanstalt für Straßenwesen, 1985
Kfz(e)	Kraftfahrzeug(e)
KG	Kammergericht
Kirschbaum	*Klaus Kirschbaum*, Der Vertrauensschutz im deutschen Straßenverkehrsrecht, Strafrechtliche Abhandlungen, Neue Folge Band 37, Berlin 1980
KK	Karlsruher Kommentar zur Strafprozeßordnung und zum Gerichtsverfassungsgesetz, hrsg. v. *Gerd Pfeiffer*, mehrere Verfasser, 4. Aufl., München 1999
KK/OWiG	Karlsruher Kommentar zum OWiG, hrsg. von *Karlheinz Boujong*, München 1989
Kleinknecht/Meyer-Goßner	*Lutz Meyer-Goßner*, Strafprozeßordnung, Kommentar, 44. Aufl., München 1999
km/h	Kilometer in der Stunde
KMR	KMR, *Müller/Sax/Paulus*, Kommentar zur Strafprozeßordnung, mehrere Verfasser, Loseblattkommentar, Stand April 1999
KreisG	Kreisgericht
Kriminalistik	Kriminalistik (Zeitschrift; zitiert nach Jahr und Seite)
krit.	kritisch, mit Kritik
Kuckuk/Werny	*Günter Kuckuk* und *Karl J. Werny*, Straßenverkehrsrecht, Kommentar, 8. Aufl., Münster 1996
Kulemeier	*Ralf Kulemeier*, Fahrverbot (§ 44 StGB) und Entzug der Fahrerlaubnis (§§ 69 ff. StGB), Lübeck 1991
Kunkel, Rückfallprognose	*Eberhard Kunkel*, Biographische Daten und Rückfallprognose bei Trunkenheitstätern im Straßenverkehr, Köln 1977
k + v	kraftfahrt + verkehrsrecht (Zeitschrift; zitiert nach Jahr und Seite)
KVR	Kraftverkehrsrecht von A bis Z, Loseblatt-Handlexikon, herausgegeben von *Werner Weigelt*, Berlin/Bielefeld/München
Lackner/Kühl	*Karl Lackner* und *Kristian Kühl*, StGB, Kommentar, 23. Aufl., München 1999

Abkürzungsverzeichnis

Lackner-Festschrift	Festschrift für *Karl Lackner* zum 70. Geburtstag, herausgegeben von *Wilfried Küper*, Berlin/New York 1987
Lackner, Gefährdungsdelikt	*Karl Lackner*, Das konkrete Gefährdungsdelikt im Verkehrsstrafrecht, Berlin 1967
LG	Landgericht
LK	Strafgesetzbuch, Leipziger Kommentar, hrsg. v. *Burkhard Jähnke, Heinrich-Wilhelm Laufhütte* und *Walter Odersky*, Berlin/New York, 11. Aufl., 1992 ff., soweit nicht anders vermerkt
LK^{10}	Strafgesetzbuch, Leipziger Kommentar, herausgegeben von *Paulheinz Baldus* und *Günter Willms*, mehrere Verfasser, 10. Aufl., Berlin 1978–1989
LM	Nachschlagewerk des Bundesgerichtshofs, herausgegeben von *Lindenmaier/Möhring*, (zitiert nach Paragraph und Nr.)
Löwe/Rosenberg	*E. Löwe* und *Werner Rosenberg*, Die Strafprozeßordnung und das Gerichtsverfassungsgesetz, mehrere Verfasser, 24. Aufl., Berlin/New York 1984–1993
Löwe/Rosenberg^{25}	*E. Löwe, Werner Rosenberg*, Die Strafprozeßordnung und das Gerichtsverfassungsgesetz, 25. Aufl., Berlin/New York 1997 ff.
Lütkes/Meier/Wagner	*Hermann Lütkes, Hans Meier, Helmut Wagner*, Straßenverkehr, Loseblattkommentar, 2. Aufl., Frankfurt 1991, Stand: Mai 1999
Macri	*Pierre Mario Macri*, Schluß- und Nachtrunk beim Fahren in angetrunkenem Zustand, Zürcher Dissertation, 1976
Mallach/Hartmann/Schmidt	*Hans Joachim Mallach, Hanspeter Hartmann* und *Volker Schmidt*, Alkoholwirkung beim Menschen, Stuttgart/New York 1987
Maunz/Dürig/Herzog	*Theodor Maunz, Günter Dürig* und *Roman Herzog*, Grundgesetz, Loseblattkommentar, München, Stand Mai 1999
MBl. NRW	Ministerialblatt für das Land Nordrhein-Westfalen
MDR	Monatsschrift für Deutsches Recht (Zeitschrift: zitiert nach Jahr und Seite)
Meyer	*Heinrich Meyer*, Bundestag und Immunität, Bonn 1953
Meyer-Gedächtnisschrift	Gedächtnisschrift für *Karlheinz Meyer*, Berlin/New York 1990
Mittelbach	*Hans Mittelbach*, Die Entziehung der Fahrerlaubnis, Berlin 1966
Möhl/Rüth	*Wolfgang Möhl, Karl Rüth*, Straßenverkehrsordnung und verkehrsrechtliche Bestimmungen des Strafgesetzbuches, Kommentar, Berlin/New York 1973
MRK	Konvention zum Schutz der Menschenrechte und Grundfreiheiten vom 4. November 1950
Mueller	*Berthold Mueller*, Gerichtliche Medizin, mehrere Verfasser, 2. Aufl., Berlin/Heidelberg/New York, 1975 (zitiert *Mueller* + jew. Verfasser)
Mühlhaus/Janiszewski	*Mühlhaus/Janiszewski*, Straßenverkehrs-Ordnung, Kommentar von *Hermann Mühlhaus*, fortgeführt von *Horst Janiszewski*, 15. Aufl., München 1998

Müller	Fritz Müller, Werner Full, Wolfgang Möhl, Karl Rüth, Straßenverkehrsrecht, Kommentar, 22. Aufl., 1969–1973
m. w. Nw.	mit weiteren Nachweisen
Naucke u. a.	Wolfgang Naucke u. a. (mehrere Verfasser), »Verteidigung der Rechtsordnung« (§§ 14, 23 StGB), Schriften zum Strafrecht, Bd. 3, Berlin 1971
NdsRpfl	Niedersächsische Rechtspflege (Zeitschrift; zitiert nach Jahr und Seite)
n. F.	neue Fassung
NJW	Neue Juristische Wochenschrift (Zeitschrift; zitiert nach Jahr und Seite)
NJW-RR	NJW-Rechtsprechungs-Report (Zeitschrift; zitiert nach Jahr und Seite)
NStZ	Neue Zeitschrift für Strafrecht (zitiert nach Jahr und Seite)
NStZ-RR	NStZ-Rechtsprechungs-Report (Zeitschrift; zitiert nach Jahr und Seite)
NVwZ	Neue Zeitschrift für Verwaltungsrecht (zitiert nach Jahr und Seite)
NZV	Neue Zeitschrift für Verkehrsrecht (zitiert nach Jahr und Seite)
o.	oben
o. ä.	oder ähnliche
OLG	Oberlandesgericht
OLGSt	Entscheidungen der Oberlandesgerichte zum Straf- und Strafverfahrensrecht, hrsg. v. *Max Kohlhaas* u. *Wolfgang Ullrich* (zitiert nach Paragraph und Seite)
OVG	Oberverwaltungsgericht
OWiG	Gesetz über Ordnungswidrigkeiten
Pfeiffer-Festschrift	Festschrift für *Gerd Pfeiffer*, herausgegeben von *v. Gramm, Raisch, Tiedemann*, Köln/Berlin/Bonn/München, 1988
PflVG	Gesetz über die Pflichtversicherung für Kraftfahrzeughalter
Pohlmann/Jabel/Wolf	Hans Pohlmann, Hans-Peter Jabel, Thomas Wolf, Strafvollstreckungsordnung, 7. Aufl., Bielefeld 1996
Ponsold	Albert Ponsold, Lehrbuch der gerichtlichen Medizin, mehrere Verfasser, 3. Aufl., Stuttgart 1967
Puhm	Günther Puhm, Strafbarkeit gemäß § 315 c StGB bei Gefährdung des Mitfahrers, Diss., Passau 1990
PVT	Polizei, Verkehr + Technik (Zeitschrift; zitiert nach Jahr und Seite)
RdK	Das Recht des Kraftfahrers (Zeitschrift; zitiert nach Jahr und Seite)
Rebmann-Festschrift	Festschrift für *Kurt Rebmann* zum 65. Geburtstag, hrsg. von *Eyrich, Odersky* und *Säcker*, München 1989
Rebmann/Roth/Herrmann	OWiG, Loseblattkommentar, mehrere Verfasser, 3. Aufl., Stuttgart/Berlin/Köln, Stand: April 1998
RG	Reichsgericht
RGBl.	Reichsgesetzblatt
RGSt	Entscheidungen des Reichsgerichts in Strafsachen (zitiert nach Band und Seite)

Abkürzungsverzeichnis

Richtlinien »Alkohol- und Drogeneinfluß«	Feststellung von Alkohol-, Medikamenten- und Drogeneinfluß bei Straftaten und Ordnungswidrigkeiten; Sicherstellung von Führerscheinen (von den Bundesländern vereinbarte Richtlinien), 1999
Rn	Randnummer
Rpfleger	Der Deutsche Rechtspfleger (Zeitschrift; zitiert nach Jahr und Seite)
r + s	Recht und Schaden (Zeitschrift; zitiert nach Jahr und Seite)
Rspr.	Rechtsprechung
Rüth/Berr, KVR	*Karl Rüth* und *Wolfgang Berr*, Das Fahrverbot, in: KVR, Stichwort: »Fahrverbot; Erläuterungen 1«
Rüth/Berr/Berz	*Karl Rüth, Wolfgang Berr, Ulrich Berz*, Straßenverkehrsrecht, Kommentar, 2. Aufl., Berlin/New York 1987
Rüth/Molketin, KVR	*Karl Rüth* und *Rüdiger Molketin*, Trunkenheit im Verkehr, in: KVR, Stichwort »Trunkenheit; Erläuterungen 1«
Rüth/Reinken, KVR, Führerschein	*Karl Rüth* und *Werner Reinken*, Fahren ohne Führerschein, in: KVR, Stichwort: »Führerschein, Fahren ohne Führerschein, Erläuterungen 1«
S.	Seite, Satz
s.	siehe
Salger-Festschrift	Festschrift für *Hannskarl Salger* zum Abschied aus dem Amt als Vizepräsident des Bundesgerichtshofes, hrsg. von *Albin Eser* u. a., Köln/Berlin/Bonn/München 1995
Schaffstein/Beulke	*Friedrich Schaffstein, Werner Beulke*, Jugendstrafrecht, 12. Aufl., Stuttgart/Berlin/Köln 1995
Schätzler	*Johann-Georg Schätzler*, StrEG, 2. Aufl., München 1982
Schendel	*Frank Andreas Schendel*, Doppelkompetenz von Strafgericht und Verwaltungsbehörde zur Entziehung der Fahrerlaubnis, Hamburg 1974
SchlHA	Schleswig-Holsteinische Anzeigen (Zeitschrift; zitiert nach Jahr und Seite)
Schmidhäuser	*Eberhard Schmidhäuser*, Die actio libera in causa: ein symptomatisches Problem der deutschen Strafrechtswissenschaft, Hamburg 1992.
Schmidt, Eb., Lehrkommentar	*Eberhard Schmidt*, Lehrkommentar zur Strafprozeßordnung und zum Gerichtsverfassungsgesetz, Teil II, Göttingen 1957; Nachträge und Ergänzungen zu Teil II, 1967; Nachtragsband II, 1970
Schmidt-Festschrift	Fortschritte der Medizin, Festschrift für *Georg Schmidt*, hrsg. v. *J. Barz* u. a., Berlin/Heidelberg/New York 1983
Schönke/Schröder	*Adolf Schönke* und *Horst Schröder*, Strafgesetzbuch, Kommentar, mehrere Verfasser, 25. Aufl., München 1997
Schröder-Gedächtnisschrift	Gedächtnisschrift für *Horst Schröder*, hrsg. von *Walter Stree, Theodor Lenckner, Peter Cramer, Albin Eser*, München 1978
Schütz	*Harald Schütz*, Alkohol im Blut, Weinheim/Deerfield Beach/Basel 1983
Schwerd, Rechtsmedizin	*Wolfgang Schwerd* u. a. (mehrere Verfasser), Rechtsmedizin, 5. Aufl., Köln 1992

Abkürzungsverzeichnis

Seiler, Diss.	*Viktor Seiler,* Fahren ohne Fahrerlaubnis, Dissertation, Regensburg 1982
SK	Systematischer Kommentar zum Strafgesetzbuch, mehrere Verfasser, Loseblattkommentar, Frankfurt, Stand Mai 1999
sog.	sogenannt
Spendel-Festschrift	Festschrift für *Günter Spendel* zum 70.Geburtstag, hrsg. von *Manfred Seebode,* Berlin/New York 1992
StGB	Strafgesetzbuch
StPO	Strafprozeßordnung
str.	streitig
StrEG	Gesetz über die Entschädigung für Strafverfolgungsmaßnahmen
1. StrRG	Erstes Gesetz zur Reform des Strafrechts
2. StrRG	Zweites Gesetz zur Reform des Strafrechts
StrSen.	Strafsenat
StVG	Straßenverkehrsgesetz
StVO	Straßenverkehrsordnung
StVollstrO	Strafvollstreckungsordnung
StVZO	Straßenverkehrs-Zulassungs-Ordnung
Tröndle/Fischer	*Herbert Tröndle* und *Thomas Fischer,* Strafgesetzbuch, Kommentar, 49. Aufl., München 1999
u. a.	und andere, unter anderem
ÜbStrV	Übereinkommen über den Straßenverkehr vom 8. November 1968 (»Wiener Abkommen«)
u. U.	unter Umständen
v.	von, vom
VD	Verkehrsdienst (Zeitschrift; zitiert nach Jahr und Seite)
Verkehrsunfall	Verkehrsunfall und Fahrzeugtechnik (Zeitschrift; zitiert nach Jahr und Seite)
VerkSichG	Gesetz zur Sicherung des Straßenverkehrs
2. VerkSichG	Zweites Gesetz zur Sicherung des Straßenverkehrs
VersR	Versicherungsrecht (Zeitschrift; zitiert nach Jahr und Seite)
vgl.	vergleiche
VGT	Deutscher Verkehrsgerichtstag; Veröffentlichung der dort gehaltenen Referate und erarbeiteten Entschließungen, hrsg. v. der Deutschen Akademie für Verkehrswissenschaft e. V., Hamburg (zitiert nach Jahr und Seite)
VkBl	Verkehrsblatt
VM	Verkehrsrechtliche Mitteilungen (Zeitschrift; zitiert nach Jahr und Seite)
VO	Verordnung
VOR	Zeitschrift für Verkehrs- und Ordnungswidrigkeitenrecht (zitiert nach Jahr und Seite)
VRS	Verkehrsrechtssammlung (Entscheidungssammlung; zitiert nach Band und Seite)
Vwv	Verwaltungsvorschrift
ZAP	Zeitschrift für die Anwaltspraxis (zitiert nach Fach und Seite)

Abkürzungsverzeichnis

z. B.	zum Beispiel
ZfS	Zeitschrift für Schadensrecht (zitiert nach Jahr und Seite)
Ziff.	Ziffer
ZPO	Zivilprozeßordnung
ZRP	Zeitschrift für Rechtspolitik (zitiert nach Jahr und Seite)
ZStW	Zeitschrift für die gesamte Strafrechtswissenschaft (zitiert nach Band und Seite)
z. T.	zum Teil
zust.	zustimmend
ZVS	Zeitschrift für Verkehrssicherheit (zitiert nach Jahr und Seite)

1. Teil: Trunkenheit im Straßenverkehr

A. Alkoholbedingte Fahr-(Verkehrs-)Unsicherheit

I. Begriff der Fahrunsicherheit

Literatur:

Forster/Joachim, Blutalkohol und Straftat, Stuttgart 1975; *Heifer,* Alkoholbedingte, akute Störungen der psychophysischen Leistungsverfügbarkeit und ihre verkehrsmedizinische Relevanz, in: BA 1986, 364; *Krüger,* Alkohol: Konsum, Wirkungen, Gefahren für die Verkehrssicherheit, in: ZVS 1992, 10; *Lockemann/Püschel,* Veränderungen straßenverkehrsrelevanter vestibulärer Reaktionen bei 0,4 Promille Blutalkoholkonzentration, in: BA 1997, 241; *Richter/Hobi,* Der Einfluß niedriger Alkoholmengen auf Psychomotorik und Aufmerksamkeit, in: BA 1979, 384; *Schwerd,* Alkohol und Fahrsicherheit, in: *Spendel*-Festschrift S. 583.

Der Gesetzeswortlaut kennt weder den Begriff der Fahruntüchtigkeit noch den der Fahrunsicherheit[1]. Um den in §§ 315 c und 316 StGB beschriebenen Zustand zu bezeichnen, in dem der Fahrzeugführer »nicht in der Lage ist, das Fahrzeug sicher zu führen«, hatte sich zunächst der Terminus »Fahruntüchtigkeit« in Rechtsprechung und Literatur weitgehend durchgesetzt. Der Begriff ist indessen ungenau, ja mißverständlich, wenn nicht gar falsch und daher infolge der Gefahr von Fehlinterpretation durch den Kraftfahrer für die Verkehrssicherheit schädlich. Denn nicht erst, wer *überhaupt* außerstande ist, ein Fahrzeug zu führen, erfüllt das erwähnte Tatbestandsmerkmal in §§ 315 c, 316 StGB, sondern schon derjenige, der es nicht mehr *sicher* führen kann. Es ist daher zu begrüßen, daß inzwischen häufiger der zutreffendere Begriff *Fahrunsicherheit* verwendet wird.[2]   1

Fahrunsicherheit i. S. d. §§ 315 c, 316 StGB setzt nicht voraus, daß bestimmte   2
schwerwiegende psychophysische Ausfallerscheinungen festgestellt werden.[3] Insbesondere bei *Kraftfahrern* tritt dieser Zustand wesentlich früher ein. Sie sind nicht etwa erst dann »nicht in der Lage, das Fahrzeug sicher zu führen«, wenn sie den regelmäßigen Verkehrspflichten nicht mehr zu genügen vermögen.[4] Nach ständiger Rechtsprechung ist ein Kraftfahrer vielmehr fahrunsicher, wenn seine **Gesamtleistungsfähigkeit,** besonders infolge Enthemmung sowie geistig-seelischer und körperlicher (psychophysischer) Leistungsausfälle, **so weit herabgesetzt** ist, daß er nicht mehr fähig ist, sein Fahrzeug im Straßenverkehr eine längere Strecke, und zwar auch bei plötzlichem Auftreten schwieriger Verkehrslagen, sicher zu steuern.[5]

---

1 Vgl. dazu auch *Götz* ZRP 95, 246 (247).
2 Vgl. z. B. *Janiszewski* Rn 332; *Mühlhaus/Janiszewski* zu § 316 StGB Rn 1; *Schneble* VGT 83, 35 = BA 83, 177; *Heifer* BA 86, 364 (368); *Hentschel* VGT 81, 103 (107) = DAR 81, 79 (80); Entschließung des 19. Deutschen Verkehrsgerichtstages, VGT 81, 9.
3 Vgl. z. B. OLG Hamm NJW 67, 1524; VRS 36, 49; *Heifer* BA 86, 364; *Janiszewski* NStZ 89, 258.
4 Vgl. BayObLG NJW 57, 1372.
5 Vgl. BGH NJW 59, 1047; NZV 99, 48; BayObLG NJW 73, 566; DAR 89, 427; OLG Hamm NJW 67, 1524; VRS 36, 49; DAR 69, 188; OLG Karlsruhe VRS 49, 107; OLG Düsseldorf VRS 49, 38; vgl. auch *Eckert* NJW 68, 1390; *Möhl* DAR 71, 4.

Neben dem Ausmaß der alkoholbedingten Leistungsminderung und der Beeinträchtigung der Gesamtpersönlichkeit des Fahrzeugführers ist hierbei auch die Steigerung der von ihm dadurch für andere ausgehenden Gefahren von entscheidender Bedeutung.[6]

3 Zutreffend berücksichtigt diese Begriffsbestimmung auch die insbesondere durch Alkoholgenuß bewirkte **Enthemmung**, die beim Fahrzeugführer zur Veränderung seiner Persönlichkeit führen kann und oft durch den Verlust von Umsicht und Besonnenheit infolge Selbstüberschätzung sowie durch Rücksichtslosigkeit, erhöhte Risikobereitschaft und Leichtsinn gekennzeichnet ist.[7] Die hierauf beruhende Fahrunsicherheit kann sich auch in bewußt verkehrswidriger Fahrweise offenbaren.[8]

4 Wer in dem oben geschilderten Sinn nicht in der Lage ist, sein Fahrzeug sicher zu führen, ist immer »absolut« fahrunsicher. Es gibt keine »relative« Fahrunsicherheit in dem Sinne, daß zur Fahrunsicherheit führende Ausfallerscheinungen etwa durch besonders vorsichtige Fahrweise oder geringe Geschwindigkeit ausgeglichen werden könnten.[9] Die nicht sehr glücklich gewählten **Begriffe der »absoluten« und »relativen« Fahrunsicherheit**[10] unterscheiden vielmehr nur verschiedene Arten des *Nachweises* der Fahrunsicherheit.[11]

5 Bereits eine BAK von 0,5 ‰ bewirkt eine deutliche **Erhöhung der Risikobereitschaft** gegenüber dem Verhalten des nüchternen Menschen.[12] Leistungseinbußen, die die Verkehrssicherheit beeinflussen können, sind nach rechtsmedizinischen Untersuchungen ab 0,4 ‰ nachweisbar.[13] Bei einem Kraftfahrer kann schon bei 0,5 ‰, vielfach sogar schon bei 0,3 ‰,[14] Fahrunsicherheit eintreten. Regelmäßig erlischt die Fahrsicherheit des Kraftfahrers bei einer BAK zwischen 0,5 und 1,0 ‰.[15]

6 Fahrunsicherheit i. S. d. §§ 315 c, 316 StGB ist ein unbestimmter Begriff. Für das **Revisionsverfahren** bedeutet dies: Das Revisionsgericht muß sich im Rahmen der Prüfung, ob der Tatrichter von rechtlich zutreffenden Erwägungen ausgegangen ist, nicht darauf beschränken, die Tatsachen auszuscheiden, die der Tatrichter rechtsfehlerhaft für die Feststellung der Fahrunsicherheit herangezogen hat, sondern es kann aufgrund der verbleibenden Tatsachen eine Wertung vornehmen und diese Tatsachen als ausreichend für die Beurteilung des Täters als fahrunsicher ansehen.[16]

---

6 Vgl. Gutachten BGA S. 49 f.; *Heifer* in 2. Gutachten BGA S. 63 ff.; BGH NVZ 90, 157.
7 Vgl. OLG Düsseldorf VRS 49, 38; *Forster/Joachim* S. 133; Gutachten BGA S. 44, 175.
8 Vgl. OLG Düsseldorf VRS 49, 38; VM 77, 28 Nr. 37.
9 Vgl. BayObLG NJW 57, 1372; *Janiszewski* Rn 358.
10 Vgl. hierzu unten Rn 145 ff., 182 ff.
11 Vgl. BGH VRS 63, 121; BayObLG NZV 93, 239; 97, 127; OLG Frankfurt NZV 95, 116; *Peters* MDR 91, 487.
12 Vgl. z. B. *Forster/Joachim* S. 133.
13 Vgl. *Lockemann/Püschel* BA 97, 241 (255).
14 Vgl. *Heifer* BA 86, 364 (368); 91, 121 (138); zur Auswirkung niedriger BAK s. auch *Krüger* ZVS 92, 10.
15 Vgl. BGH VRS 20, 244; 24, 369; 26, 298; OLG Hamm NJW 67, 1524; VRS 36, 49; 37, 48; KG VRS 27, 116; *Lackner/Kühl* zu § 315 c Rn 6; vgl. hierzu auch *Richter/Hobi* BA 79, 384.
16 Vgl. OLG Hamburg MDR 74, 772.

II. Feststellung von Blutalkoholkonzentration, Atemalkoholkonzentration und Ausfallerscheinungen

1. Körperliche Untersuchung, Blutprobenentnahme, § 81 a StPO

Literatur:

Blank, Verpflichtung des Arztes zur Blutentnahme nach § 81 a StPO?, in: BA 1992, 81; *Dahs/ Wimmer,* Unzulässige Untersuchungsmethoden bei Alkoholverdacht, in: NJW 1960, 2217; *Franz,* Blutentnahme und Freiheitsentziehung, in: NJW 1966, 1850; *Geppert,* Die Stellung des medizinischen Sachverständigen im Verkehrsstrafprozeß, in: DAR 1980, 315; *Gerchow,* Unzumutbarkeit der Blutentnahme, in: BA 1976, 392; *Grünwald,* Beweisverbote und Verwertungsverbote im Strafverfahren, in: JZ 1966, 489; *Händel,* Unzumutbarkeit der Blutprobenentnahme, in: BA 1976, 389; *derselbe,* Verweigerung von Blutentnahmen durch Ärzte, in: BA 1977, 193; *Jessnitzer,* Zur zivilrechtlichen Haftung bei fehlerhaften Maßnahmen nach §§ 81 a, 81 c StPO, insbesondere bei Zwangsblutentnahmen, in: BA 1983, 301; *Kaiser,* Zwangsmaßnahmen der Polizei gemäß § 81 a StPO, in: NJW 1964, 580; *Kleinknecht,* Die Anwendung unmittelbaren Zwangs bei der Blutentnahme nach § 81 a StPO, in: NJW 1964, 2181; *derselbe,* Die Beweisverbote im Strafprozeß, in: NJW 1966, 1537; *Kohlhaas,* Verfahrensfragen bei der Blutentnahme, in: DAR 1956, 201; *derselbe,* Zur zwangsweisen Blutentnahme durch Ärzte und Nichtärzte gemäß § 81 a StPO, in: DAR 1973, 10; *Maase,* Die Verletzung der Belehrungspflicht nach §§ 163 a Abs. 4, 136 Abs. 1 StPO gelegentlich der Blutentnahme und deren rechtliche Folgen, in: DAR 1966, 44; *Messmer,* Besteht eine Belehrungspflicht des Arztes bei Befragungen und Testungen gelegentlich der Blutentnahme?, in: DAR 1966, 153; *Nau,* Beschlagnahme des Führerscheins und Blutentnahme bei Abgeordneten, in: NJW 1958, 1668; *Naucke,* Festnahmerecht aus § 81 a StPO, in: SchlHA 1963, 183; *Peters,* Zwangsbefugnisse nach § 81 a StPO, in: BA 1963/64, 241; *Eb. Schmidt,* Ärztliche Mitwirkung bei Untersuchungen und Eingriffen nach StPO §§ 81 a und 81 c, in: MDR 1970, 461; *derselbe,* Zur Lehre von den strafprozessualen Zwangsmaßnahmen, in: NJW 1962, 664; *Schöneborn,* Verwertungsverbot bei nichtärztlicher Blutentnahme?, in: MDR 1971, 713; *Waldschmidt,* Zwangsweise Verbringung eines Beschuldigten zur Blutentnahme, in: NJW 1979, 1920.

a) Hinreichender Anhalt für Alkoholbeeinflussung

Wichtigstes Beweismittel für den Nachweis der alkoholbedingten Fahrunsicherheit ist die im Blut des Täters festgestellte Alkoholkonzentration (BAK). Eine Ermittlung der BAK auf mittelbarem Wege, nämlich ohne Blutentnahme durch Verwendung eines **Atemalkohol-Testgerätes**, ist nach wir vor mangels Konvertierbarkeit von Atemalkoholkonzentration (AAK) in BAK nicht möglich.[17] Der Einsatz von Atemalkoholmeßgeräten dürfte daher – jedenfalls im strafrechtlichen Bereich (§§ 315 c, 316 StGB) – noch nicht geeignet sein, eine **Blutentnahme** zu ersetzen.[18] Rechtliche Grundlage für die Blutprobenentnahme bildet § 81 a I 2 StPO, der bei

---

[17] Siehe unten Rn 122.
[18] Vgl. Rn 52, 109 ff. mit Nachweisen. Die Bedenken von *Arbab-Zadeh* NJW 84, 2615 gegen die Verfassungsgemäßheit von Blutentnahmen im Hinblick auf die Möglichkeit der Atemalkoholanalyse sind wegen deren geringerer Genauigkeit und im Hinblick auf die fehlende Konvertierbarkeit (s. Rn 109 ff.) nach wie vor nicht überzeugend; gegen ihn: *Grüner/Penners* NJW 85, 1377.

Verdacht einer Ordnungswidrigkeit nach § 24 a StVG gem. § 46 IV OWiG entsprechende Anwendung findet.[19] Nach § 81 a I 1 StPO ist jedoch immer Voraussetzung, daß der Eingriff zur Feststellung prozessual bedeutsamer Tatsachen erforderlich ist.[20] Die Entnahme einer Blutprobe zur Ermittlung der BAK ist daher nur zulässig, wenn ein hinreichender Anhalt für eine merkbare Alkoholbeeinflussung gegeben ist,[21] wofür z. b. schon Alkoholgeruch bei einem von der Polizei kontrollierten Kraftfahrer ausreicht,[22] u. U. auch ohne vorherige Durchführung eines vom Beschuldigten verlangten Alcotests.[23] Zwar dürfen Polizeibeamte nunmehr nach § 36 V S. 1 StVO i. d. F. vom 19. 3. 1992 Verkehrskontrollen ausdrücklich auch zur »Kontrolle der Verkehrstüchtigkeit« durchführen; die Vorschrift ermächtigt aber nicht etwa zur Anordnung von Blutprobenentnahmen ohne konkreten Tatverdacht.[24]

b) Blutentnahme durch den Arzt

8   Körperliche Eingriffe wie Entnahmen von Blutproben dürfen nach § 81 a I 2 StPO ohne Einwilligung des Beschuldigten nur durch einen **Arzt** vorgenommen werden.

9   Der **freiberufliche Arzt** kann jedoch zur Blutentnahme nicht durch polizeiliches Ersuchen oder durch die Staatsanwaltschaft gezwungen werden.[25] Ein solches Ersuchen ist keine Ernennung zum Sachverständigen i. S. d. § 75 StPO.[26]

10 In aller Regel wird der die Blutprobe entnehmende Arzt später das eigentliche Gutachten über den Grad der alkoholischen Beeinträchtigung des Verkehrsteilnehmers nicht erstatten. Das schließt nicht aus, daß er im Verlaufe des Verfahrens als Zeuge benötigt wird. Ein **Zeugnisverweigerungsrecht** nach § 53 I Nr. 3 StPO steht ihm nicht zu.[27] In derartigen Fällen fehlt es nämlich an einem Vertrauensverhältnis, das nur besteht, wenn jemand dem Arzt als Patient gegenübertritt und das die innere Rechtfertigung für das Zeugnisverweigerungsrecht des § 53 I Nr. 3 StPO bildet.[28] Entgegen einer früher vereinzelt vertretenen Ansicht[29] gilt auch nichts anderes in den Fällen, in denen etwa einem auf dem Lande praktizierenden Arzt ein Kraftfahrer vorgeführt wird, der in dem gleichen Bezirk wohnt, in dem der Arzt seine Praxis ausübt. Denn allein durch diesen Umstand wird nicht das für die Anwendung des § 53 I Nr. 3 StPO erforderliche Arzt-Patient-Verhältnis begründet.[30]

---

19 Zur Haftung für Schäden infolge zwangsweiser Blutentnahme s. *Jessnitzer* BA 83, 301.
20 Vgl. auch *Kohlhaas* DAR 73, 10 (12).
21 Vgl. OLG Schleswig NJW 64, 2215; *Rüth* DAR 74, 57 (62).
22 Vgl. auch *Rüth* DAR 74, 57 (62); s. dazu auch OLG Köln NStZ 86, 234.
23 Vgl. OLG Köln NStZ 86, 234.
24 Vgl. *Salger* DRiZ 93, 311 (313); *Hentschel* NJW 92, 2062 (2063 f.) sowie die amtliche Begründung des § 35 V S. 1 StVO, VkBl 92, 187.
25 Vgl. *Löwe/Rosenberg (Dahs)* zu § 81 a Rn 32; *Geppert* DAR 80, 315 (318); *Kohlhaas* DAR 56, 201; 73, 10 (11); *Hiendl* NJW 58, 2100; ausführlich zur Verweigerung von Blutentnahmen durch Ärzte: *Händel* BA 77, 193; *Blank* BA 92, 81.
26 Vgl. *Kohlhaas* DAR 56, 201; vgl. auch *Kohlhaas* DAR 73, 10 (11); *Hiendl* NJW 58, 2100.
27 Vgl. auch *Kohlhaas* DAR 68, 69 (74); einschränkend: *Hiendl* NJW 58, 2100.
28 Vgl. *Kohlhaas* DAR 68, 69 (74); *Hiendl* NJW 58, 2100.
29 Vgl. z. B. *Hiendl* NJW 58, 2100.
30 Vgl. auch *Kohlhaas* DAR 68, 69 (74).

c) Sofortige Vollziehbarkeit und Erzwingung mit Gewalt

Die Anordnung der Blutprobenentnahme gem. § 81 a StPO ist sofort vollziehbar.[31] Weigert sich der Beschuldigte, die Blutentnahme zu dulden, so kann er mit körperlicher Gewalt zur Duldung gezwungen werden.[32]

Die **Anwendung von Zwang** setzt jedoch immer eine nach § 81 a II StPO bereits wirksam getroffene Anordnung voraus, für die denjenigen Polizeibeamten, die nicht Hilfsbeamte der Staatsanwaltschaft sind (vgl. § 152 GVG), die Zuständigkeit fehlt.[33] § 81 a StPO bietet daher einem Polizeibeamten, der nicht Hilfsbeamter der Staatsanwaltschaft ist, keine rechtliche Grundlage für die zwangsweise Vorführung des Beschuldigten vor einen solchen Beamten, der die Blutprobenentnahme nach § 81 a II StPO anordnen kann. Daß es sich hierbei um eine Maßnahme handeln würde, die die Anordnung nach § 81 a StPO ermöglichen soll, rechtfertigt die teilweise vertretene abweichende Meinung[34] nicht. Vielmehr gestattet § 81 a StPO nur Zwangsmaßnahmen zur Vollziehung einer zuvor ordnungsgemäß angeordneten Blutentnahme,[35] nicht dagegen – worauf *Kleinknecht*[36] zutreffend hinweist – einen Zwang zur Durchsetzung noch nicht getroffener Anordnungen.[37]

d) Verhältnismäßigkeit

Bei allen im Rahmen des § 81 a StPO zu treffenden Maßnahmen ist der Grundsatz der Verhältnismäßigkeit zu beachten.[38] Dieser Grundsatz gebietet z. B. die Durchführung der **Blutentnahme durch den nächsten Arzt,** der hierzu bereit und in der Lage ist, sofern nicht besondere Umstände die Vorführung des Beschuldigten vor einen anderen, weiter entfernten Arzt erforderlich machen.[39]

Das Gebot der Verhältnismäßigkeit ist verletzt, wenn Anordnungen getroffen werden, die über das zur Durchführung der Blutentnahme erforderliche Maß hinausgehen.[40] So darf der Beschuldigte zwar mit den geeigneten Mitteln dazu angehalten werden, die Blutentnahme zu dulden und die hierbei notwendigen Verrichtungen nicht zu stören. Unverhältnismäßig sind jedoch alle darüber hinausgehenden, nicht zur Beseitigung von Störungen erforderlichen **Disziplinierungsmaßnahmen** wie z. B. Vorhaltungen und Androhung von Gegenmaßnahmen, weil der Beschuldigte etwa die Hände nicht aus den Taschen nimmt, soweit dies nicht zur Durchführung der Blutentnahme nötig ist, Widerreden führt oder sich weigert, sich während der Wartezeit hinzusetzen. Solange selbst Störungen des Dienstbe-

---

31 Vgl. OLG Koblenz VRS 54, 357.
32 Vgl. z. B. OLG Hamm NJW 67, 1524; OLG Koblenz VRS 54, 357; *Kohlhaas* DAR 56, 201 (204).
33 Vgl. OLG Düsseldorf NJW 91, 580.
34 A.M. *Kaiser* NJW 64, 580.
35 Vgl. OLG Schleswig NJW 64, 2215; vgl. auch *Dünnebier* JR 64, 149.
36 *Kleinknecht* NJW 64, 2181 (2186).
37 Vgl. hierzu auch *Kohlhaas* DAR 68, 69 (72).
38 Vgl. hierzu z. B. BayObLG NJW 64, 459; OLG Schleswig NJW 64, 2215; VRS 30, 344; OLG Köln NJW 66, 417; VRS 71, 183; OLG Bremen NJW 66, 743; *Kleinknecht* NJW 64, 2181 (2183 f.); *Kohlhaas* DAR 73, 10 (12).
39 Vgl. auch *Kleinknecht* NJW 64, 2181 (2183 f.).
40 Vgl. hierzu OLG Hamburg VRS 28, 196; OLG Schleswig VRS 30, 344.

15 Aus dem Grundsatz der Verhältnismäßigkeit folgt auch die durch § 81 a I S. 2 StPO ausdrücklich erklärte Unzulässigkeit der Blutentnahme in allen Fällen, in denen **Nachteile für die Gesundheit** des Beschuldigten zu befürchten sind.[42] Zu denken ist hier z. B. an sog. »Bluter« (Hämophilie). Bei Beschuldigten, die angeben, es bestehe die Gefahr des Kollabierens, wird der Arzt zumeist die Durchführung der Blutentnahme vertreten können, wenn ihnen ermöglicht wird, sich niederzulegen. Auch wenn psychische Schäden zu befürchten sind, ist die Blutentnahme unzulässig. In den seltensten Fällen wird der Beschuldigte allerdings mit dem Einwand gehört werden können, er leide an einer sog. »Spritzen-Phobie«.[43] In der Regel wird es sich – abgesehen von der Möglichkeit einer bloßen Schutzbehauptung – nur um eine normale Furcht vor dem Eingriff handeln, die gegenüber dem Aufklärungsinteresse unberücksichtigt bleiben muß.[44] Ärzte mit forensischer Blutentnahme-Erfahrung werden zumeist feststellen können, ob sie es mit einem der äußerst seltenen Fälle echter phobischer Reaktion zu tun haben, in denen psychische Schäden zu erwarten sind.[45]

e) Beschränkung der Freiheit

16 Jede zwangsweise durchgeführte Blutentnahme bedeutet notwendig eine Beschränkung der Freiheit des Beschuldigten. Streitig ist, wie weit § 81 a StPO eine solche Freiheitsbeschränkung gestattet. Wenn diese Vorschrift jedoch Zwangsmaßnahmen zur Durchführung der Blutentnahme zuläßt, so folgt daraus ohne weiteres, daß sie auch die rechtliche Grundlage für die während der eigentlichen Blutentnahme dauernde Entziehung der Freiheit des Beschuldigten bildet.

17 Die Gegenansicht, wonach aus § 81 a StPO nicht die Befugnis herzuleiten sei, den Beschuldigten gegen seinen Willen an den Ort zu bringen, an dem die Blutentnahme vorgenommen werden kann,[46] würde die Vorschrift des § 81 a I S. 2 StPO weitgehend aushöhlen und die Durchführung von Blutentnahmen bei Beschuldigten, die der Teilnahme am Verkehr trotz alkoholbedingter Fahrunsicherheit, bzw. bei Betroffenen, die der Ordnungswidrigkeit nach § 24 StVG verdächtig sind, in den weitaus meisten Fällen illusorisch machen. Denn dann dürfte die Blutentnahme nur dort erfolgen, wo sich der Beschuldigte freiwillig aufhält. Eine sinnvolle Auslegung muß daher zu dem Ergebnis führen, daß § 81 a StPO zugleich die Rechtsgrundlage für die zur Vollziehung der Blutentnahme notwendigen Zwangsmaßnahmen bildet, zu denen auch die zwangsweise Verbringung des Beschuldigten an

---

41 Vgl. OLG Hamburg VRS 28, 196.
42 Vgl. hierzu *Kohlhaas* DAR 73, 10 (12).
43 Vgl. hierzu *Händel* BA 76, 389; *Gerchow* BA 76, 392.
44 Vgl. *Händel* BA 76, 389.
45 Vgl. *Gerchow* BA 76, 392. Gerchow geht von nur 0,5 bis 2 ‰ solcher Fälle aus.
46 So z. B. *Naucke* SchlHA 63, 183; *Geerds* SchlHA 64, 57.

den Ort gehört, an dem die Blutentnahme durchführbar ist.[47] Es ist also mit der ganz überwiegend vertretenen Auffassung davon auszugehen, daß § 81 a StPO bei Gefahr im Verzug auch Freiheitsbeschränkungen in Form einer Festnahme gestattet.[48] § 81 a StPO ist das förmliche Gesetz i. S. d. Art. 104 I 1 GG, aufgrund dessen die Freiheit des Beschuldigten beschränkt wird.[49]

Aus den bisherigen Ausführungen folgt, daß es auch zulässig sein kann, den Beschuldigten nicht unmittelbar zu einem Arzt, sondern **zur Polizeiwache zu bringen.**[50] Dies ist jedoch nicht unstreitig. So wird z. B. die Auffassung vertreten, § 81 a StPO erlaube nur die unmittelbare Zuführung zur Untersuchung.[51] Die Verbringung zur Polizeiwache dagegen sei die typische Form einer Festnahme, zu der diese Bestimmung nicht berechtige. Sie bedeute eine Verletzung des verfassungsmäßigen Grundsatzes der Verhältnismäßigkeit und widerspreche dem Charakter der ärztlichen Handlung, weil die Polizeiwache nicht der übliche Ort ärztlichen Handelns sei.

Diese Auffassung verdient jedoch keine Zustimmung, weil Fälle denkbar sind, in denen die Verbringung des Beschuldigten zur Polizeiwache nicht nur als notwendige vorbereitende Maßnahme der Durchführung der Blutentnahme dient, sondern darüber hinaus sogar dazu beitragen kann, den Eingriff in der für den Beschuldigten bequemsten Weise vorzunehmen. Das ist z. B. der Fall, wenn vom Polizeirevier aus geklärt werden soll, ob ein Arzt zur Blutentnahme bereit ist, von dem aus der Beschuldigte möglichst rasch sein ursprüngliches Ziel erreicht,[52] aber auch dann, wenn die Blutentnahme in den Räumen der Polizeiwache schneller durchgeführt werden kann als bei Aufsuchen eines möglicherweise fernen Arztes.

Obwohl jede zwangsweise durchgeführte Blutentnahme für den Beschuldigten eine Beschränkung seiner Freiheit bedeutet, ist nicht etwa gem. Art. 104 II GG eine **richterliche Entscheidung** herbeizuführen; denn es handelt sich nicht um eine auf länger andauernden Gewahrsam des Beschuldigten, also auf Fortdauer gerichtete Freiheitsentziehung.[53]

Die im Rahmen des § 81 a StPO ausschließlich der Durchführung einer Blutentnahme dienende kurzfristige Freiheitsbeschränkung ist keine der Untersuchungshaft vergleichbare Freiheitsentziehung i. S. d. § 51 I StGB und daher auf die

---

47 Vgl. BayObLG NJW 57, 272; OLG Schleswig NJW 64, 2215; VRS 30, 344; OLG Celle MDR 71, 506; OLG Koblenz VRS 54, 357; OLG Köln NStZ 86, 234; VRS 71, 183; *Löwe/Rosenberg (Dahs)* zu § 81 a Rn 60; *Kleinknecht* NJW 64, 2181 ff.; *Kaiser* NJW 64, 580; *Peters* BA 63/64, 241; *Dünnebier* JR 64, 149; *Waldschmidt* NJW 79, 1920.
48 Vgl. OLG Koblenz VRS 54, 357; OLG Frankfurt MDR 79, 694; BayObLG DAR 84, 155; *Löwe/Rosenberg (Dahs)* zu § 81 a Rn 60; *Händel* BA 84, 451.
49 Vgl. *Löwe/Rosenberg (Dahs)* zu § 81 a Rn 60; *Kleinknecht* NJW 64, 2181 (2183); *Waldschmidt* NJW 79, 1920.
50 Vgl. OLG Köln NJW 66, 417; VRS 71, 183; OLG Bremen NJW 66, 743; OLG Hamburg VRS 28, 196; *Händel* BA 84, 451; *Kleinknecht* NJW 64, 2181 (2184); *Kaiser* NJW 64, 580.
51 So z. B. *Peters* BA 63/64, 241.
52 Vgl. *Kleinknecht* NJW 64, 2181 (2184).
53 Vgl. *Löwe/Rosenberg (Dahs)* zu § 81 a Rn 60; *Kleinknecht* NJW 64, 2181 (2183); *Peters* BA 63/64, 241;
  a. M. *Franz* NJW 66, 1850.

erkannte zeitige Freiheitsstrafe oder Geldstrafe **nicht anrechenbar.**[54] Der zum Zwecke der Blutentnahme von der Polizei festgehaltene Beschuldigte ist auch nicht »**Gefangener**« i. S. d. § 120 I StGB.[55]

22 **Festnahme nach § 127 I StPO** setzt voraus, daß die alkoholbedingte Fahrunsicherheit hinreichend zuverlässig beurteilt werden kann. Dies wird ohne Kenntnis der BAK nur selten der Fall sein. Ordnungswidrigkeit nach § 24 a StVG rechtfertigt niemals die Festnahme nach § 127 I StPO. Der Laie wird aber kaum mit genügender Sicherheit beurteilen können, ob bei erkennbarer alkoholischer Beeinflussung eines Fahrzeugführers eine Straftat (§ 316, § 315 c I Nr. 1 a, III StGB) vorliegt. Dies wird allenfalls bei ganz offenkundigen schweren alkoholtypischen Ausfallerscheinungen möglich sein.[56]

f) Abgeordnetenimmunität

23 Die Immunität eines Abgeordneten steht der Sistierung zum Zwecke einer Blutentnahme ohne voraufgegangene Genehmigung des Bundestages (oder Landesparlamentes) nicht entgegen.[57] Die Festnahme des Abgeordneten, die dem Ziel dient, eine Blutentnahme durchzuführen, ist »**Festnahme**« i. S. d. Art. 46 II GG und der entsprechenden Vorschriften der Landesverfassungen,[58] zumindest steht sie einer solchen gleich.[59] Nach anderer Auffassung dagegen sollen unter Art. 46 II GG nur die Untersuchungshaft und die vorläufige Festnahme nach § 127 StPO fallen, während für alle anderen Arten von Freiheitsbeschränkungen Art. 46 III GG gelte.[60] Dem ist jedoch entgegenzuhalten, daß sich der Verfassungsgeber mit der in Art. 46 II GG getroffenen Regelung zwar für eine *zeitweise* Aufhebung der Strafverfolgung im Interesse der Funktionsfähigkeit des Parlaments entschieden hat, nicht aber den Abgeordneten *endgültig* der Bestrafung entziehen wollte.[61] Eine sinnvolle Auslegung des Art. 46 II GG führt ferner dazu, daß nach Durchführung der Sistierung und der Blutentnahme auch das weitere Verfahren genehmigungsfrei ist.[62]

---

54 Vgl. *Kleinknecht/Meyer-Goßner* zu § 81 a Rn 28; *Waldschmidt* NJW 79, 1920.
55 Vgl. BayObLG DAR 84, 155 (zust. Anm. *Händel* BA 84, 451).
56 Vgl. BGH GA 74, 177; OLG Zweibrücken NJW 81, 2016 = BA 81, 367 mit krit. Anm. *Händel.*
57 Vgl. OLG Bremen NJW 66, 743; VRS 31, 114; OLG Oldenburg NJW 66, 1764; *Löwe/Rosenberg (Dahs)* zu § 81 a Rn 82; *Kleinknecht/Meyer-Goßner* zu § 81 a Rn 35; LK[10] (*Rüth*) zu § 316 Rn 86; *Janiszewski* Rn 371; *Meyer,* Bundestag und Immunität, S. 16; *Nau* NJW 58, 1668.
58 Vgl. OLG Bremen NJW 66, 743; VRS 31, 114; OLG Oldenburg NJW 66, 1764; LK[10] (*Rüth*) zu § 316 Rn 84; *Janiszewski* Rn 60.
59 Vgl. *Löwe/Rosenberg (Dahs)* zu § 81 a Rn 82.
60 So z. B. *Maunz/Dürig/Herzog* zu Art. 46 Rn 50; *Dünnebier* bei *Löwe/Rosenberg,* 22. Aufl., zu § 111 a Anm. V 5.
61 Vgl. *Nau* NJW 58, 1668.
62 Vgl. OLG Bremen NJW 66, 743; VRS 31, 114; LK[10] (*Rüth*) zu § 316 Rn 86;
   a. M. *Meyer,* Bundestag und Immunität, S. 16.

g) Blutentnahme durch Nichtärzte

aa) Einwilligung des Betroffenen

Ohne Einwilligung des Beschuldigten darf nur ein Arzt die Blutentnahme vornehmen. Dazu bedarf es entweder der Approbation (§§ 2 I, 3 Bundesärzteordnung) oder der Erlaubnis zur vorübergehenden Ausübung des ärztlichen Berufes (§§ 2 II, 10 Bundesärzteordnung). Dies folgt aus dem klaren Wortlaut des § 81 a I 2 StPO. Umgekehrt ist aus dieser Vorschrift aber auch herzuleiten, daß natürlich *mit* Einwilligung auch Nichtärzte wie z. b. ausgebildete, aber noch nicht approbierte Mediziner, medizinisch-technische Assistentinnen oder Krankenschwestern Blut entnehmen dürfen, zumal dies für den Betroffenen unter Umständen zu einer Verkürzung der Wartezeit führen kann.[63] Nicht überzeugend ist die z. B. von *Eb. Schmidt*[64] vertretene Ansicht, wonach eine derartige Blutprobe für die gerichtliche Wahrheitsfindung kein verwertbares Beweismittel liefere, weil ihr die notwendige Qualität fehle; denn die bloße Entnahme durch einen Arzt macht die Probe kaum verläßlicher.[65]

bb) Ausgebildete, noch nicht approbierte Mediziner

Nach nahezu allgemeiner Meinung dürfen Mediziner ohne Approbation und ohne Erlaubnis i. S. von §§ 2 II, 10 Bundesärzteordnung, auch wenn sie ausgebildet sind, ohne Einwilligung des Beschuldigten keine Blutentnahme durchführen, es sei denn, sie stünden dabei unter Anleitung, Aufsicht und Verantwortung eines hauptamtlich tätigen Arztes.[66] Soweit ersichtlich, wurde im Schrifttum lediglich von *Sax*[67] hinsichtlich des früheren »Medizinalassistenten« die Meinung vertreten, dieser sei »Arzt« i. S. d. § 81 a StPO. Indessen spricht nichts dafür, daß diese Bestimmung den *angehenden* Arzt dem approbierten Arzt gleichstellen will.[68] Wenn § 81 a StPO die Blutentnahme ohne Einwilligung des Betroffenen nur durch einen Arzt zuläßt, dann geschieht dies im Interesse von dessen Gesundheit, weil nur ein Arzt die größtmögliche Sicherheit dafür bietet, daß bei diesem körperlichen Eingriff Schädigungen vermieden werden.[69] Arzt i. S. d. § 81 a I 2 StPO ist somit nur derjenige, der die Approbation besitzt oder (etwa als »Arzt im Praktikum«, § 10 IV Bundesärzteordnung) die Erlaubnis zur vorübergehenden Ausübung des ärztlichen Berufes hat.

cc) Sonstige Nichtärzte

Während ein ausgebildeter Mediziner, dem lediglich die Approbation noch fehlt, immerhin ohne Einwilligung des Betroffenen die Blutentnahme durchführen darf,

---

63 Vgl. auch BayObLG NJW 65, 1088; *Löwe/Rosenberg (Dahs)* zu § 81 a Rn 9; *Kohlhaas* DAR 56, 201 (203); 68, 69 (73); 73, 10; JR 66, 187.
64 *Eb. Schmidt* MDR 70, 461 (465).
65 Vgl. BGH NJW 71, 1097; OLG Zweibrücken VRS 86, 64; *Kohlhaas* DAR 73, 10 (13, 14).
66 Vgl. z. B. BGH NJW 71, 1097; BayObLG NJW 65, 1088; 66, 415; OLG Hamm NJW 70, 1986; OLG Köln NJW 66, 416; *Löwe/Rosenberg (Dahs)* zu § 81 a Rn 30; *Kleinknecht/Meyer-Goßner* zu § 81 a Rn 19; *Eb. Schmidt* MDR 70, 461; *Kohlhaas* DAR 73, 10; *Schlichting* BA 65/66, 591.
67 *Sax* in KMR, 6. Aufl., zu § 81 a Anm. 6.
68 Vgl. auch *Schlichting* BA 65/66, 591.
69 Vgl. *Schlichting* BA 65/66, 591; *Kohlhaas* DAR 73, 10.

solange er unter Anleitung, Aufsicht und Verantwortung eines bestallten Arztes handelt, gilt diese Einschränkung für alle anderen Nichtärzte wie medizinisch-technische Assistentinnen oder Krankenschwestern nicht. Stimmt der Beschuldigte nicht ausdrücklich zu, so darf durch sie der Eingriff auch nicht unter Aufsicht eines Arztes erfolgen.[70]

dd) Verwertbarkeit einer unter Verletzung des § 81 a StPO entnommenen Blutprobe

27 Umstritten ist, ob eine unter Verstoß gegen § 81 a I 2 StPO gegen den Willen des Beschuldigten von einem Nichtarzt entnommene Blutprobe als Beweismittel verwertet werden darf. Nach ganz überwiegender Auffassung ist der aus einer solchen Blutprobe gewonnene Untersuchungsbefund grundsätzlich verwertbar.[71]

28 Nach anderer Meinung soll eine unter Verstoß gegen § 81 a StPO gewonnene Blutprobe stets unverwertbar sein. Es wird geltend gemacht, § 81 a StPO enthalte ein Beweisverbot in dem Sinne, daß ein unter Nichtbeachtung der Bestimmung erlangtes Beweisergebnis niemals verwertet werden dürfe.[72] Ohne unmittelbare Sanktion sei § 81 a StPO ein Torso; die Blutentnahme durch einen Nichtarzt sei verfassungswidrig, so daß dem Interesse des Beschuldigten der Vorrang gebühre.[73] Der Unrechtsgehalt der Erzwingung einer unzulässigen Blutentnahme sei nicht geringer als derjenige eines Eingriffs nach § 136 a StPO.[74] Nach Ansicht von *Eb. Schmidt*[75] besitzt nur die durch einen Arzt gewonnene Blutprobe die für die Verwertung durch das Gericht erforderliche Qualität. Konsequenterweise hält *Schmidt* daher sogar die mit Einwilligung des Beschuldigten von einem Nichtarzt durchgeführte Blutentnahme für nicht geeignet, um den daraus gewonnenen Untersuchungsbefund vor Gericht als Beweismittel zu verwenden. Er sieht eine wesentliche Funktion des § 81 a StPO in der Gewährleistung verläßlicher Beweismittel für die Wahrheitsfindung.[76]

29 Diese Meinung vermag indessen nicht zu überzeugen. So hat z. B. zutreffend schon das OLG Oldenburg[77] in einer älteren Entscheidung darauf hingewiesen, daß § 81 a StPO nach seinem Wortlaut zwar eine Regelung des Verfahrens zur Beschaffung des Beweismittels der Blutprobe enthalte, damit jedoch nichts über die Frage besage, ob ein unter Verstoß gegen diese Regelung erlangtes Beweismittel im Strafprozeß verwertet werden darf. Es kann daher nicht ohne weiteres ange-

---

70 Vgl. auch *Kohlhaas* DAR 73, 10 (13).
71 Vgl. z. B. BGH NJW 71, 1097; BayObLG NJW 56, 415; OLG Zweibrücken VRS 86, 64; OLG Hamm DAR 69, 276; OLG Celle NJW 69, 567; OLG Stuttgart NJW 60, 2257; OLG Köln NJW 66, 416; VRS 60, 201 (203); OLG Oldenburg NJW 55, 683; OLG Düsseldorf VRS 39, 211; *Rogall* NStZ 88, 385 (386, 392); *Löwe/Rosenberg (Dahs)* zu § 81 a Rn 74, 77; *Kleinknecht/Meyer-Goßner* zu § 81 a Rn 32.
72 Vgl. KMR *(Sax)*, 6. Aufl., zu § 81 a Anm. 11.
73 Vgl. *Schellhammer* NJW 72, 319.
74 Vgl. *Wedemeyer* NJW 71, 1902.
75 *Eb. Schmidt* MDR 70, 461 (463 ff.); Lehrkommentar, Nachträge und Ergänzungen zu Teil II, zu § 81 a Rn 3.
76 *Eb. Schmidt* MDR 70, 461 (464).
77 OLG Oldenburg NJW 55, 683.

nommen werden, daß die Vorschrift neben dem in ihr enthaltenen Beweisgewinnungsverbot auch ein Beweisverwertungsverbot enthält.[78] Entgegen der Auffassung von *Eb. Schmidt*[79] wird man den Zweck der in § 81 a I 2 StPO getroffenen Regelung auch nicht in einer Qualitätsgarantie bezüglich des Beweismittels, sondern in dem Schutz des Beschuldigten vor gesundheitlichen Nachteilen zu sehen haben.[80] Die gegenteilige Ansicht müßte auch zu dem wenig sinnvollen Ergebnis führen, daß selbst die mit Einverständnis des Betroffenen durch einen Nichtarzt, etwa einen ausgebildeten, aber noch nicht approbierten Mediziner, vorgenommene Blutentnahme unverwertbar wäre.[81]

Ob ein Verstoß gegen ein Beweisgewinnungsverbot ein Beweisverwertungsverbot begründet, hängt von einer Abwägung der Interessen der Einzelperson einerseits und der Strafrechtspflege andererseits ab.[82] Ein **Verwertungsverbot** kann hierbei nur dann angenommen werden, wenn schutzwürdige Belange des Beschuldigten in so schwerwiegender Weise beeinträchtigt werden, daß das staatliche Interesse an der Strafverfolgung demgegenüber zurücktreten muß.[83] Ein solcher Fall liegt insbesondere dann vor, wenn bei der Gewinnung des Beweismittels die Rechte des Beschuldigten in besonders krasser Weise verletzt wurden.[84] Unverwertbar ist daher die von einem Nichtarzt gewonnene Blutprobe, wenn hierbei solche Mittel angewendet wurden, die nach § 136 a StPO unzulässig sind,[85] etwa, wenn der Beschuldigte darüber getäuscht wurde, daß der die Blutprobe Entnehmende kein Arzt ist[86] (wobei das bloße Verschweigen der fehlenden Approbation noch keine Täuschung ist, also nicht zur Unverwertbarkeit führt).[87] Nur in solchen Ausnahmefällen ist ein Verbot, bekannte Tatsachen als Beweismittel zu verwerten – mögen sie auch auf unzulässige Weise erlangt sein –, vertretbar, sofern es sich nicht unmittelbar aus dem Gesetz ergibt.[88]

Von derartigen Ausnahmefällen abgesehen, muß jedoch das Interesse des einzelnen bei Verstößen gegen § 81 a StPO gegenüber den Interessen der Strafrechtspflege und der hierbei notwendigen Wahrheitsfindung zurücktreten.[89] Die Tatsache, daß etwas anderes gilt, wenn Methoden angewendet werden, die nach § 136 a StPO verboten sind, bedeutet nicht, daß etwa bei Verstößen gegen § 81 a StPO überhaupt eine – zumindest analoge – Anwendung des § 136 a III StPO geboten

---

78 Vgl. auch *Schlichting* BA 65/66, 591.
79 *Eb. Schmidt* MDR 70, 461 (464).
80 Vgl. BGH NJW 71, 1097; OLG Zweibrücken VRS 86, 64; OLG Hamm NJW 70, 1986; *Löwe/Rosenberg (Dahs)* zu § 81 a Rn 77; *Händel* BA 72, 230 (236); *Schöneborn* MDR 71, 713 (715); *Jessnitzer* MDR 70, 797; *Rogall* NStZ 88, 385 (386, 392).
81 Hierauf weisen z. B. auch OLG Hamm NJW 70, 1986 und *Schöneborn* MDR 71, 713 (715) hin.
82 Vgl. OLG Köln NJW 66, 416; VRS 60, 201, 203 (für den Fall der irrtümlichen rechtswidrigen Festnahme auf ausländischem Gebiet zum Zwecke der Blutentnahme); OLG Celle NJW 69, 567.
83 Vgl. OLG Düsseldorf VRS 39, 211.
84 Vgl. OLG Hamm NJW 70, 528; 70, 1986; *Rogall* NStZ 88, 385 (392).
85 Vgl. BayObLG NJW 66, 415; OLG Celle NJW 69, 567; OLG Hamm NJW 65, 1089.
86 Vgl. *Löwe/Rosenberg (Dahs)* zu § 81 a Rn 79; *Händel* BA 72, 230 (237); *Jessnitzer* MDR 70, 797 (798); vgl. auch BGH NJW 71, 1097; *Kohlhaas* JR 66, 187.
87 Vgl. OLG Hamm NJW 70, 228; LK[10] (*Rüth*) zu § 316 Rn 88.
88 Vgl. OLG Hamm NJW 70, 528.
89 Vgl. BGH NJW 71, 1097; OLG Celle NJW 69, 567; OLG Köln NJW 66, 416; *Schlichting* BA 65/66, 591.

wäre. Soweit von den Gegnern der herrschenden Meinung auf das Verwertungsverbot des § 136 a III StPO hingewiesen wird, ist dem entgegenzuhalten, daß eine entsprechende Anwendung dieser Bestimmung auf Verstöße gegen § 81 a StPO angesichts der verschiedenen Zweckrichtungen beider Vorschriften nicht in Betracht kommt. Während die in § 81 a I 2 StPO getroffene Regelung die Vermeidung von gesundheitlichen Nachteilen für den Betroffenen gewährleisten will, schützt § 136 a StPO die Willensfreiheit des Betroffenen.[90] Im übrigen beruht das Verwertungsverbot auf dem Umstand, daß eine mit den von § 136 a StPO mißbilligten Mitteln erlangte Aussage auch inhaltlich beeinflußt und daher zur Wahrheitsfindung ungeeignet sein kann.[91] Dagegen wird der Beweiswert einer unter Verstoß gegen § 81 a StPO gewonnenen Blutprobe – worauf bereits hingewiesen wurde[92] – nicht beeinträchtigt.[93] Ein weiterer wesentlicher Unterschied zu § 136 a StPO besteht darin, daß die nur durch Anwendung verbotener Mittel erlangte Aussage auf legalem Wege gar nicht erreicht werden konnte, während die unter Verstoß gegen § 81 a I 2 StPO durch einen Nichtarzt vorgenommene Blutentnahme auch durch einen Arzt – ohne Verletzung dieser Vorschrift – *legal* hätte erfolgen können.[94] Daher unterliegt auch eine von einer Krankenschwester im Rahmen einer Operationsvorbereitung entnommene, später der Polizei ausgehändigte Blutprobe nicht dem Verwertungsverbot, wenn die Voraussetzungen des § 81 a StPO vorlagen.[95] Entsprechendes gilt für zu Behandlungszwecken entnommenes Blut, das später wegen Verdachts der Trunkenheit im Verkehr beschlagnahmt wurde, zumal anderenfalls eine den Beschuldigten unverhältnismäßig belastende weitere Blutentnahme notwendig wäre.[96]

32 Abgesehen von den erwähnten Ausnahmefällen, ist die durch einen Nichtarzt gewonnene Blutprobe als Beweismittel selbst dann verwertbar, **wenn Gewalt angewendet wurde,** sofern die den Zwang ausübenden Polizeibeamten der Überzeugung waren, der die Blutprobe Entnehmende sei approbierter Arzt.[97] Nach anderer Auffassung soll es dagegen auf die Gutgläubigkeit der Polizeibeamten nicht ankommen; vielmehr soll eine Blutprobe, die einem Beschuldigten unter Anwendung polizeilicher Gewalt von einem Nichtarzt entnommen wurde, stets unverwertbar sein, auch wenn die Polizeibeamten diesen für einen Arzt hielten.[98] In einem Urteil des 1. Strafsenats des OLG Hamm[99] wird hierbei allerdings ein-

---

90 Vgl. BGH NJW 71, 1097; OLG Düsseldorf VRS 39, 211; OLG Hamm NJW 65, 1089; *Kleinknecht* NJW 64, 2181 (2185); *Schöneborn* MDR 71, 713 (715).
91 Vgl. OLG Oldenburg NJW 55, 683; *Kleinknecht* NJW 64, 2181 (2185).
92 Oben Rn 24.
93 Vgl. auch BGH NJW 71, 1097; OLG Düsseldorf VRS 39, 211; OLG Oldenburg NJW 55, 683; *Schöneborn* MDR 71, 713 (715).
94 Vgl. BayObLG NJW 66, 415; OLG Hamm NJW 65, 1089; 70, 528; OLG Düsseldorf VRS 39, 211; *Kleinknecht* NJW 66, 1537; *Grünwald* JZ 66, 489.
95 Vgl. OLG Celle NZV 89, 485 (abl. Anm. *Mayer* JZ 89, 908); OLG Zweibrücken VRS 86, 64; *Kleinknecht/Meyer-Goßner* zu § 81 a Rn 33;
a. M. *Weiler* MDR 94, 1163.
96 Vgl. OLG Frankfurt NStZ-RR 99, 246.
97 Vgl. BGH NJW 71, 1097; OLG Düsseldorf VRS 39, 211; OLG Hamm NJW 65, 1089; *Löwe/Rosenberg (Dahs)* zu § 81 a Rn 79; *Kleinknecht/Meyer-Goßner* zu § 81 a Rn 32, 33; LK[10] (*Rüth*) zu § 316 Rn 88; *Jessnitzer* MDR 70, 797; *Händel* BA 72, 230 (237).
98 Vgl. OLG Hamm NJW 65, 2019; DAR 64, 221; *Kohlhaas* DAR 56, 201 (204).
99 OLG Hamm NJW 70, 1986.

schränkend ausgeführt, dies müsse jedenfalls dann gelten, wenn der Betroffene sich gegen die Blutentnahme gewehrt hat, weil er den Verdacht hegte, bei der die Blutentnahme durchführenden Person handele es sich nicht um einen Arzt. Zur Begründung wird darauf hingewiesen, daß anderenfalls die Gefahr eines Anreizes zur gewaltsamen Beschaffung sachlicher Beweismittel ohne vorherige sorgfältige Prüfung ihrer Zulässigkeitsvoraussetzungen erhöht würde.

Da aber § 81 a StPO im Gegensatz zu § 136 a StPO grundsätzlich die Erzwingung mit Gewalt erlaubt, ist mit der überwiegenden Meinung davon auszugehen, daß nur dann, wenn die Polizeibeamten die fehlende Approbation *kennen*, Gewaltanwendung die Rechte des Betroffenen in so krasser Weise verletzt, daß der Untersuchungsbefund nicht verwertet werden darf. Weiß der die Blutentnahme Anordnende, daß die Person, die den Eingriff durchführen soll, kein Arzt ist, so muß allerdings schon die bloße *Androhung* von Gewalt zur Unverwertbarkeit dieses durch unzulässige Androhung erlangten Beweismittels führen.[100] 33

h) Untersuchungen und Tests bei Gelegenheit der Blutentnahme

aa) Freiwilligkeit

In aller Regel beschränkt sich der Arzt, dem der Beschuldigte zugeführt wird, nicht auf die bloße Blutentnahme. Im Zusammenhang mit der Entnahme der Blutprobe wird vielmehr unter Verwendung eines Formblattes[101] ein ärztlicher Bericht gefertigt, der u. a. Angaben über die Ergebnisse verschiedener **Tests** enthält, wie z. B. Gang, plötzliche Kehrtwendung, Finger-Finger-Probe, Nasen-Finger-Probe und Feststellung des Drehnachnystagmus. 34

Vereinzelt ist der Standpunkt vertreten worden, nicht nur die eigentliche Blutentnahme, sondern auch die Mitwirkung an den im Zusammenhang mit ihrer Durchführung vorgesehenen Tests sei erzwingbar.[102] Die übliche Befragung und Testung des alkoholisierten Verkehrsteilnehmers gehöre zu der nach § 81 a I 1 StPO zulässigen »körperlichen Untersuchung« und müsse als deren Bestandteil angesehen werden. 35

Dieser Auffassung ist jedoch nicht zu folgen. Es kann nicht angenommen werden, daß der Gesetzgeber über das bloße Duldenmüssen hinaus in § 81 a StPO auch zu einem aktiven Tun verpflichten wollte, ohne dies ausdrücklich zu bestimmen.[103] Dem Wortlaut des § 81 a StPO kann aber nur eine Duldungs-, nicht eine Mitwirkungspflicht entnommen werden. Mit der ganz überwiegenden Ansicht in Rechtsprechung und Literatur ist daher festzustellen, daß dem Beschuldigten die **Mitwirkung** an den ihm bei Gelegenheit der Blutentnahme angesonnenen Tests **völlig freisteht**, er also keineswegs hierzu gezwungen werden darf.[104] 36

---

100 Vgl. BayObLG BA 71, 67.
101 Siehe Anhang S. 460/461
102 Vgl. etwa OLG Köln NJW 62, 692.
103 Vgl. *Dahs/Wimmer* NJW 60, 2217.
104 Vgl. auch BayObLG NJW 63, 772; OLG Hamm NJW 67, 1524; MDR 74, 508; *Löwe/Rosenberg (Dahs)* zu § 81 a Rn 17, 19; *Kleinknecht/Meyer-Goßner* zu § 81 a Rn 11; *Eb. Schmidt* NJW 62, 664 (665); *Geppert* DAR 80, 315 (318); *Kleinknecht* NJW 64, 2181 (2187); *Kohlhaas* DAR 68, 69 (71); *Klinkhammer/Stürmann* DAR 68, 43.

37 Umstritten ist die Frage, ob der Beschuldigte, der bereit ist, die bei der Blutentnahme üblicherweise vorgesehenen Tests durchzuführen, vom Arzt über die Freiwilligkeit ausdrücklich belehrt werden muß. Nach einer teilweise unter Hinweis auf §§ 163 a IV, 136 I StPO geäußerten Ansicht[105] soll sich die **Belehrungspflicht** aus der Eigenschaft des Arztes als Hilfsperson der Strafverfolgungsbehörde ergeben. Dem ist jedoch mit der Gegenmeinung[106] entgegenzuhalten, daß die Belehrungspflicht des § 136 StPO ausdrücklich nur für Vernehmungen gilt und nur auf die Ermittlungsorgane und den Richter Anwendung findet.[107] Der Beschuldigte sollte allerdings in entsprechender Anwendung von § 136 I StPO von dem ihn befragenden *Polizeibeamten* auch darauf hingewiesen werden, daß seine Teilnahme an solchen Tests freiwillig ist.[108] In der Mehrzahl der Fälle wird er zur Mitwirkung bereit sein, nicht zuletzt, um seine geringe alkoholische Beeinträchtigung unter Beweis zu stellen.

38 Die Frage nach der **prozessualen Verwertbarkeit** der Ergebnisse solcher Tests, die ohne vorherige Belehrung des Beschuldigten über die Freiwilligkeit an deren Mitwirkung gewonnen werden, stellt sich nur für denjenigen, der entgegen der wohl überwiegend vertretenen Meinung die Belehrung für zwingend geboten hält. Folgt man der Ansicht, wonach die Durchführung dieser Untersuchungen auch ohne Belehrung zulässig ist, so ergibt sich ohne weiteres auch die Zulässigkeit ihrer Würdigung bei der Urteilsfindung.[109] In der Literatur sind allerdings Bedenken geäußert worden, ob der die Blutprobe entnehmende Arzt *überhaupt*, selbst wenn der Beschuldigte nach entsprechender Belehrung ausdrücklich sein Einverständnis erklärt hat, zur Durchführung der üblichen Tests berechtigt ist.[110] Es bestehe nämlich die Gefahr, daß der Beschuldigte infolge des mutmaßlich genossenen Alkohols nicht völlig in der Lage sei, die Bedeutung einer solchen Einverständniserklärung zu erkennen und die vor Erteilung erforderlichen Überlegungen anzustellen, vielmehr einer mehr oder minder starken Hemmungs- und Kritiklosigkeit, oft auch einem gesteigerten Selbstbewußtsein unterliege. In solchen Fällen sei daher die Durchführung von Untersuchungen, die ein Mitwirken des Beschuldigten notwendig machten, schlechthin verboten mit der Folge, daß der Angeklagte später der Verwertung der gewonnenen Ergebnisse widersprechen könne.

39 Diese Auffassung erscheint jedoch als zu weitgehend. Selbst wenn man die Bedenken hinsichtlich der Beachtlichkeit eines Einverständnisses, das von einer unter Alkoholeinfluß stehenden Person erklärt wird, teilen würde, so müßte man doch die Verwertbarkeit der Untersuchungsergebnisse aus den gleichen Gründen bejahen, die zur Verwertbarkeit auch der unter Verstoß gegen § 81 a StPO gewonnenen Blutprobe führen.[111] Im übrigen aber wird man wohl die unter freiwilliger Mitwirkung

---

[105] Vgl. z. B. *Maase* DAR 66, 44; *Kleinknecht/Meyer-Goßner* zu § 81 a Rn 12.
[106] Vgl. OLG Hamm NJW 67, 1524; BA 80, 171; *Löwe/Rosenberg (Dahs)* zu § 81 a Rn 21; *Janiszewski* Rn 380 a; *Geppert* DAR 80, 315 (319); *Rüth/Molketin*, KVR, S. 65; *Messmer* DAR 66, 153.
[107] Vgl. OLG Hamm NJW 67, 1524; BA 80, 171.
[108] Vgl. *Geppert* DAR 80, 315 (319), der bei unterlassener Belehrung durch die Polizei zu einem Beweisverwertungsverbot neigt.
[109] Vgl. OLG Hamm NJW 67, 1524; *Janiszewski* Rn 380 a; *Kleinknecht/Meyer-Goßner* zu § 81 a Rn 32 (trotz Annahme einer Belehrungspflicht).
[110] Vgl. *Dahs/Wimmer* NJW 60, 2217.
[111] Vgl. oben Rn 27 ff.

des Beschuldigten erlangten Testergebnisse in aller Regel auch für auf rechtlich zulässigem Wege gewonnen ansehen müssen, ähnlich wie die Blutentnahme durch einen Nichtarzt entgegen § 81a I 2 StPO mit Einwilligung des Betroffenen zulässig ist.[112] Will man die Anforderungen an die rechtlich einwandfreie Beschaffung von Beweismitteln nicht überspitzen, so sind die erhobenen Bedenken[113] doch wohl allenfalls dann gerechtfertigt, wenn die Alkoholisierung des Betroffenen einen Grad erreicht hat, der ihn erkennbar zu einer wirklichen Willensentschließung unfähig macht.

Was über die im Zusammenhang mit der Blutentnahme üblichen Tests gesagt wurde, gilt auch für die hierbei an den Beschuldigten gerichteten Fragen. D. h., es steht ihm völlig frei, diese **Fragen zu beantworten** oder ihre Beantwortung abzulehnen.[114] Freiwillig gemachte Angaben aber sind als Beweismittel auch verwertbar, selbst wenn Belehrung unterblieb.[115] Der Beschuldigte kann der Verwertung seiner Angaben im Prozeß nur erfolgreich widersprechen, wenn sie mit den in § 136a StPO genannten verbotenen Mitteln herbeigeführt wurden. Die durch den voraufgegangenen Alkoholgenuß möglicherweise bewirkte Beeinträchtigung seiner Kritikfähigkeit führt entgegen einer z. B. von *Dahs* und *Wimmer*[116] vertretenen Ansicht nicht zu einem Beweisverwertungsverbot nach § 136a III 2 StPO.[117]

bb) Vornahme der Tests durch Nichtärzte

Aus der Tatsache, daß § 81a StPO zwar für die Blutentnahme, nicht aber auch für die im Zusammenhang damit üblichen Untersuchungen und Tests gilt, die eine aktive Mitwirkung des Beschuldigten erfordern,[118] folgt, daß derartige Tests auch von Nichtärzten wie z. B. ausgebildeten, noch nicht approbierten Medizinern durchgeführt werden dürfen.[119] Je nach dem Grad der medizinischen Vorbildung des Untersuchenden unterliegt der Beweiswert der Ergebnisse natürlich der Würdigung durch das Gericht.

cc) Negativer klinischer Befund

Ein negativer klinischer Befund ist kein Argument für das Fehlen alkoholischer Beeinflussung.[120] Zu berücksichtigen ist nämlich, daß der durch einen Unfall oder auch nur durch eine polizeiliche Kontrolle hervorgerufene Schreck und auch die während der ärztlichen Untersuchung für den Betroffenen völlig veränderte Situation zu einer **scheinbaren Ernüchterung** führen können.[121] Hinzu kommt,

---

112 Vgl. oben Rn 24.
113 Vgl. *Dahs/Wimmer* NJW 60, 2217.
114 Vgl. *Löwe/Rosenberg (Dahs)* zu § 81a Rn 17, 18; *Kleinknecht* NJW 64, 2181 (2187); *Eb. Schmidt* NJW 62, 664 (665); *Kohlhaas* DAR 68, 69 (71); *Geppert* DAR 80, 315 (318).
115 Vgl. BGH BA 84, 94.
116 *Dahs/Wimmer* NJW 60, 2217.
117 Vgl. oben Rn 38 f.; vgl. auch *Pluisch* NZV 94, 52; *Eb. Schmidt* NJW 62, 664 (665).
118 Vgl. oben Rn 36.
119 Vgl. OLG Hamm NJW 69, 567.
120 Vgl. OLG Hamm NJW 69, 570; BA 63/64, 236; *Ponsold* S. 219 f.; *Mueller (Grüner)* S. 999.
121 Vgl. *Ponsold* S. 219; *Englert*, BASt H. 16, S. 373 ff.; *Mueller (Grüner)* S. 999; OLG Zweibrücken VRS 82, 33.

daß das Gelingen einer zutreffenden Feststellung der qualitativen Alkoholwirkung in erheblichem Maße von der einschlägigen praktischen Erfahrung und Übung des untersuchenden Arztes abhängt.[122] Die anläßlich der Kontrolle eines Fahrzeugführers oder auch gelegentlich der Blutentnahme getroffene Feststellung, dieser stehe nur leicht oder kaum merkbar unter Alkoholeinfluß, rechtfertigt also in der Regel keine Zweifel an der bei Auswertung der Blutprobe ermittelten BAK. Dies gilt besonders, wenn die Feststellung der fehlenden oder nur geringfügigen äußerlich merkbaren alkoholischen Beeinflussung durch medizinische Laien, etwa die kontrollierenden Polizeibeamten, getroffen wurde.[123]

43 Selbst **erhebliche Unterschiede zwischen dem klinischen Befund und dem Ergebnis der Blutalkoholbestimmung** sprechen daher nicht gegen die Richtigkeit der festgestellten BAK mit der Folge, daß der Untersuchungsbefund der Blutprobe durch das Gericht etwa nur nach besonderer Überprüfung dem Urteil zugrunde gelegt werden dürfte.[124]

44 Dies gilt allerdings nicht ohne weiteres, wenn zwischen dem Befund des Entnahmearztes und dem Ergebnis der Blutuntersuchung extreme Diskrepanzen bestehen, der untersuchende Arzt den Beschuldigten etwa als »leicht unter Alkoholeinfluß stehend« eingestuft und die Blutprobe z. B. Werte von über 3 ‰ ergeben hat. Bei derart krassen Unterschieden muß auch mit der Möglichkeit eines Fehlers gerechnet werden. Der Tatrichter darf daher eine so ungewöhnliche Diskrepanz nicht einfach übergehen, sondern muß sich mit der Frage auseinandersetzen, ob die Bestimmung der BAK sachgemäß vorgenommen wurde und eine Verwechslung der Blutprobe ausgeschlossen werden kann.[125] Zu beachten ist jedoch, daß Konzentrationen von 3,0 ‰ und mehr in den meisten Fällen nur von Personen erreicht werden, die regelmäßig in erheblichem Maße dem Alkohol zusprechen. Solche Menschen zeigen – insbesondere auch gegenüber ungeübten Ärzten – ein Erscheinungsbild, das als »leicht unter Alkoholeinfluß stehend« bezeichnet wird. Im umgekehrten Fall – niedrige BAK und erhebliche Ausfallerscheinungen – ist an den **Einfluß von Medikamenten oder Drogen** sowie an Alkoholunverträglichkeit oder Stoffwechselentgleisungen (z. B. bei Diabetikern) zu denken.

dd) Vernehmung der die Blutprobe entnehmenden Person als Zeuge

45 Hat sich der Tatrichter mit Fragen einer ordnungsgemäßen BAK-Bestimmung und einer möglichen Blutprobenverwechslung oder dem klinischen Befund auseinanderzusetzen, so kann die **Vernehmung des Arztes** erforderlich sein, der die Blutprobe durchgeführt hat.[126] Umstritten ist, ob der zu vernehmende Arzt dann Sachverständiger oder **sachverständiger Zeuge (§ 85 StPO)** ist, wie vor allem in

---

122 Vgl. *Heifer* BA 63/64, 244 (256); *Mueller (Grüner)* S. 999.
123 Vgl. OLG Hamm BA 63/64, 236.
124 Vgl. OLG Hamm NJW 69, 570.
125 Vgl. OLG Hamm NJW 69, 570; zur Einholung eines Identitätsgutachtens vgl. Rn 144 sowie *Haubrich* NJW 81, 2507.
126 Vgl. OLG Hamm NJW 69, 570.

der älteren Rechtsprechung[127] angenommen wird. Bei der Feststellung über das Vorhandensein oder Fehlen alkoholbedingter Ausfallerscheinungen handelt es sich um die Wahrnehmung von Tatsachen,[128] mögen es auch solche sein, die der Arzt nur aufgrund seiner Sachkunde erkennen konnte.[129] So hat etwa das OLG Hamm[130] in diesem Zusammenhang darauf hingewiesen, daß gerade die Nichtersetzbarkeit des die Blutprobe entnehmenden Arztes bei der Würdigung der von ihm festgestellten Ausfallerscheinungen dafür spricht, ihn als sachverständigen Zeugen, nicht aber als Sachverständigen anzusehen. Ein Sachverständiger ist nämlich, anders als der Zeuge, regelmäßig ersetzbar.[131]

Nach anderer, jetzt wohl überwiegender Meinung soll der die Blutentnahme und die damit im Zusammenhang stehenden Untersuchungen durchführende Arzt dagegen **Sachverständiger** sein, weil er seine Feststellungen aufgrund seiner Fachkunde und aufgrund eines gerichtlichen, staatsanwaltschaftlichen oder polizeilichen Auftrags getroffen habe.[132]   46

ee) Trinkversuche

Trinkversuche, um die Alkoholempfindlichkeit des Beschuldigten und seine Ausfallerscheinungen oder dessen »individuellen« Abbauwert festzustellen, dürfen gegen seinen Willen nicht angeordnet werden.[133] Der Angeklagte kann es also ablehnen, sich einem solchen Versuch zu unterziehen. Insbesondere ist § 81 a StPO keine geeignete Rechtsgrundlage für die Durchführung von Trinkversuchen ohne Einwilligung des Beschuldigten. Auch dies folgt aus der Tatsache, daß diese Vorschrift für den Beschuldigten nur die Pflicht begründet, bestimmte ärztliche Untersuchungshandlungen zu dulden, nicht dagegen, selbst aktiv tätig zu werden oder mitzuwirken.[134]   47

Eine gerichtliche **Anordnung eines Trinkversuchs** kann aber auch dann unzulässig sein, wenn der Beschuldigte mit dem Versuch einverstanden ist. Dies gilt jedenfalls, wenn aufgrund der mit dem Trinkversuch verbundenen alkoholischen Intoxikation gesundheitliche Nachteile nicht ausgeschlossen werden können, für die das Gericht auch im Falle der Einwilligung nicht die Mitverantwortung übernehmen könnte.[135]   48

Ordnet das Gericht gegen den Willen des Beschuldigten die Durchführung eines Trinkversuchs an, so ist dagegen die **Beschwerde** zulässig.[136] § 305 S. 1 StPO steht   49

---

127 Vgl. OLG Köln VRS 37, 35; OLG Hamm NJW 69, 567; KG VRS 31, 273; ebenso *Kleinknecht*, 35. Aufl., zu § 85 Rn 1; *Hartung* BA 75, 162 (164); *Hiendl* NJW 58, 2100.
128 Vgl. auch *Hartung* BA 75, 162 (164).
129 Vgl. OLG Hamm NJW 69, 567.
130 OLG Hamm NJW 69, 567.
131 Vgl. RGSt 57, 158.
132 So z. B. OLG Saarbrücken BA 95, 302; *Jessnitzer* BA 70, 175 (177); *Kleinknecht/Meyer-Goßner* vor § 72 Rn 4 sowie zu § 85 Rn 3; ähnlich *Geppert* DAR 80, 315 (320 f.) unter Hinweis auf die nur dann bestehende Ablehnungsmöglichkeit (§ 74 StPO).
133 Vgl. BGH VRS 29, 203; LG Bremen NJW 68, 208; *Löwe/Rosenberg (Dahs)* zu § 81 a Rn 17, 20, 50; *Kleinknecht/Meyer-Goßner* zu § 81 a Rn 11.
134 Vgl. LG Bremen NJW 68, 208; *Löwe/Rosenberg (Dahs)* zu § 81 a Rn 50; vgl. hierzu oben Rn 52, 36.
135 Vgl. OLG Hamm NJW 68, 1205; OLG Oldenburg VRS 46, 198.
136 Vgl. LG Bremen NJW 68, 208; *Rüth/Molketin*, KVR, S. 66.

dem nicht entgegen. Nach inzwischen wohl allgemeiner Meinung ist nämlich die Anordnung ärztlicher Untersuchungsmaßnahmen, auch wenn sie von dem erkennenden Gericht getroffen wird, selbständig anfechtbar, sofern die Anordnung der Untersuchung oder des körperlichen Eingriffs einer der in § 305 S. 2 StPO genannten Zwangsmaßnahmen gleichkommt.[137] Das aber ist bei – nicht ganz unwesentlichen – Eingriffen in das Recht auf körperliche Unversehrtheit immer der Fall.[138] Die selbständige Anfechtbarkeit folgt in diesen Fällen aus dem Zweck der in § 305 StPO getroffenen Regelung.

50 Trinkversuche sind aber in aller Regel auch **kein geeignetes Beweismittel**.[139] Denn die Alkoholtoleranz ist bei einer Person keine feste Größe. Sie hängt vielmehr von wechselnden, zumeist nicht wiederholbaren dispositionellen und situationsbedingten Faktoren ab,[140] so daß sich aus einem Trinkversuch immer nur die augenblickliche Alkoholempfindlichkeit herleiten ließe. Dies gilt auch für den Abbauwert.[141]

2. Alcotest und Atemalkoholprobe

Literatur: s. vor Rn 121.

51 In der Regel führt Alkoholverdacht bei einem Verkehrsteilnehmer nicht sogleich zur Anordnung einer Blutprobenentnahme, sondern zunächst zu der Aufforderung, einen sog. Alcotest durchzuführen. Nur selten werden hierzu mitunter noch **Alcotestprüfröhrchen** verwandt, die eine Schicht gelber Kristalle – Kieselgel, benetzt mit Dichromatschwefelsäure – enthalten.[142] Bläst der Beschuldigte einen an das Röhrchen angeschlossenen Beutel auf, so bewirkt alkoholhaltige Atemluft eine Grünverfärbung der in dem Prüfröhrchen enthaltenen Kristallschicht, deren Ausdehnung von der Stärke der Alkoholkonzentration abhängt. Die Ausdehnung der Verfärbung läßt bei ordnungsgemäßer Anwendung Schlüsse auf den ungefähren Grad der BAK zu. Erreicht die Grünfärbung die auf dem Röhrchen befindliche Strichmarke (sog. Stufe 4), so ist mit einer BAK um 0,7 ‰ zu rechnen.[143] Seit 1983 wurden jene Prüfröhrchen zunehmend durch **Atemalkohol-Vortestgeräte** ersetzt, die die BAK aufgrund des gemessenen Atemalkoholwertes digital anzeigen. Auch diese Geräte führen jedoch, wie verschiedene Vergleichsstudien[144] ge-

---

137 Vgl. BayObLG NJW 57, 272; OLG Koblenz NStZ 94, 355; OLG Hamm MDR 72, 165; *Löwe/Rosenberg (Dahs)* zu § 81 a Rn 68; KMR (Paulus) zu § 81 a Rn 52; *Eb. Schmidt*, Lehrkommentar, zu § 81 a Rn 23; Nachträge und Ergänzungen zu Teil II, zu § 81 a Rn 32 ff.; *Kleinknecht/Meyer-Goßner* zu § 81 a Rn 30.
138 Vgl. KMR (Paulus) zu § 81 a Rnr. 52.
139 Vgl. BGH VRS 50, 115; OLG Hamm NJW 58, 1199; OLG Oldenburg VRS 46, 198; *Jagusch/Hentschel* zu § 316 StGB Rn 54; *Löwe/Rosenberg (Dahs)* zu § 81 a Rn 50.
140 Vgl. auch *Wiethold/Grüner* NJW 55, 371.
141 Siehe dazu Rn 261.
142 Vgl. Richtlinien »Alkohol- und Drogeneinfluß« 6.1.2. i.d.F. 1995 (s. Anhang der 7. Aufl.).
143 Vgl. *Forster/Joachim* S. 10; *Grüner*, Atemalkoholprobe, S. 14; zur Zuverlässigkeit des Alcotests vgl. *Althoff/Leymann* BA 81, 83; *Mueller (Grüner)* S. 997.
144 *Bohn u. a.* BA 83, 221; *Grühn-Schultek/Pribilla* BA 83, 356; *Staak/Iffland* BA 84, 131; *Iffland/Staak* BA 86, 77; *Huckenbeck/Schweitzer* BA 85, 417; *Heifer* BA 86, 229; *Huckenbeck/Barz/Huch* BA 87, 1.

zeigt haben, häufig noch zu beachtlichen Abweichungen von der tatsächlichen BAK.[145] Die auf Atemalkohol-Vortestgeräten angezeigten Werte einer Blutalkohol- oder Atemalkoholkonzentration dürfen daher einer Verurteilung wegen einer Straftat (z. B. § 316 StGB) oder Ordnungswidrigkeit (§ 24 a StVG) nicht zugrunde gelegt werden.[146] Zu den **Voraussetzungen einer forensisch verwertbaren Atemalkoholmessung** mittels geeichter, von der Physikalisch-Technischen Bundesanstalt zugelassener »beweissicherer« Atemalkoholmeßgeräte sowie zur Frage der **Feststellung alkoholbedingter Fahrunsicherheit** mittels Atemalkoholanalyse ohne Blutuntersuchung wird auf die Ausführungen unter II. 3.[147] verwiesen.

Der Alcotest mittels Vortestgerätes und die Atemalkoholmessung unter Verwendung eines geeichten Atemalkoholmeßgerätes dürfen **nicht erzwungen** werden, denn dabei handelt es sich nicht um eine körperliche Untersuchung i. S. d. § 81 a StPO.[148] Aus § 81 a StPO folgen für den Beschuldigten nur Duldungs-, nicht jedoch Mitwirkungspflichten. Die Durchführung des Alcotests setzt aber aktive Mitwirkung des Betroffenen voraus. Auch aus anderen Bestimmungen läßt sich eine Pflicht, sich dem Alcotest zu unterziehen, nicht herleiten.[149] Das gilt auch für § 36 V StVO i. d. F. vom 19. 3. 1992, wonach Polizeibeamte Verkehrsteilnehmer auch zur Kontrolle der Verkehrstüchtigkeit anhalten dürfen und diese den Anweisungen der Polizeibeamten zu folgen haben.[150]

Vielfach wird sich der des Alkoholgenusses verdächtige Fahrzeugführer allerdings freiwillig diesem Test bzw. der Atemalkoholmessung unterziehen, um eine Blutentnahme zu vermeiden. Verweigert er nämlich die Mitwirkung, so bleibt der aufgrund konkreter Umstände gegen ihn gerichtete Verdacht bestehen[151], so daß hinreichender Anlaß für eine Blutprobenentnahme vorhanden ist.[152]

3. Ermittlung der Blutalkoholkonzentration aus der Blutprobe

Literatur:

Bär, Zur Auswertung von Doppelblutentnahmen mit kurzen Entnahmeintervallen, in: BA 1986, 304; *Beier*, Über die »Standardabweichung« im Gutachten 1989 des Bundesgesundheitsamtes zur Blutalkoholbestimmung, in: NZV 1996, 343; *Bonte/Hey*, Zur Frage der Lage-

---

145 Vgl. *Bilzer/Grüner* BA 93, 225; *Grüner/Penners* NJW 85, 1377; *Grüner*, Atemalkoholprobe, S. 39 ff.; *derselbe*, JR 89, 80; *Wilske/Eisenmenger* DAR 92, 41; zum Gerät »Alcotest 7310®«: *Bohn u. a.* BA 83, 221; *Huckenbeck/Schweitzer* BA 85, 417 (428); *Staak/Iffland* BA 84, 131; vgl. auch OLG Köln VRS 67, 246; zum Gerät »Alcotest 7410®«: *Clasing u. a.* BA 92, 130; zum Gerät »Alcomat: *Wilske u. a.* BA 91, 224; *Urban u. a.* BA 91, 304; vgl. auch OLG Karlsruhe VRS 85, 347 (349 f.).
146 Vgl. auch Rn 123.
147 Unten Rn 121 ff.
148 Vgl. BayObLG NJW 63, 772; OLG Schleswig VRS 30, 344; *Höfle* VGT 92, 314 (321); *Geppert*, *Spendel*-Festschrift S. 659.
149 Vgl. OLG Schleswig VRS 30, 344.
150 Vgl. *Geppert*, *Spendel*-Festschrift S. 664 ff.; *Salger* DRiZ 93, 311 (313); *Hentschel* NJW 92, 2062 (2064) sowie die amtliche Begründung zu § 35 V StVO, VkBl 92, 187.
151 Die in den Vorauflagen gebrauchte Formulierung, der bestehende Verdacht der Polizeibeamten könne durch die Weigerung *erhärtet* werden, ist vereinzelt mißverstanden worden.
152 Vgl. hierzu oben Rn 7.

Feststellung von BAK, AAK und Ausfallerscheinungen

rungsveränderungen von Begleitstoffbefunden in Blut- und Urinproben, in: BA 1983, 109; *Bonte u. a.,* Begleitstoffspiegel im Blut nach dem Konsum alkoholischer Getränke, in: BA 1983, 313; *Bonte u. a.,* Die Begleitstoffanalyse, in: NJW 1982, 2109; *Brettel,* Ein Sonderfall der Alkoholbegutachtung: der Sturztrunk auf vollen Magen, in: NJW 1976, 353; *derselbe,* Die Alkoholbegutachtung bei Traumatisierten und Narkotisierten, in: BA 1974, 1; *Brettel/Henrich,* Die Rückrechnung auf die sog. Tatzeitalkoholkonzentration bei Schockfällen, in: BA 1979, 145; *Brzezinka/Heifer,* Möglichkeiten einer Qualitätssicherung (Richtigkeit, Präzision) in der forensischen Blutalkoholuntersuchung bei Einhaltung des reduzierten Sicherheitszuschlages von 0,1 g Promille, in: BA 1991, 108; *Englert,* Totale, prolongierte Situationsernüchterung bei sehr hoher Blutalkoholkonzentration, in: BASt, H. 16, S. 373; *Grüner,* Zur forensischen Verwertbarkeit der Blutalkoholbefunde (Analysenmittelwerte), in: BA 1977, 215; *derselbe,* Zur Qualitätssicherung der Blutalkoholbestimmung, in: BA 1991, 360; *derselbe,* Der gerichtsmedizinische Alkoholnachweis, 2. Aufl., Köln/Berlin/Bonn/München 1967; *Grüner/Ludwig,* Zur forensischen Verwertbarkeit der Analysenergebnisse von weniger als fünf (vier) Blutalkoholbestimmungen aus einer Blutprobe, in: BA 1990, 316; *Grüner/Ludwig/Rockenfeller,* Die Bedeutung der Doppelblutentnahmen für die Beurteilung von Nachtrunkbehauptungen, in: BA 1980, 26; *Haffke,* Mittelwert der Blutalkoholkonzentration und Grundsatz »in dubio pro reo«, in: NJW 1971, 1874; *Hausmann/Martus,* Zur forensischen Verwertbarkeit offen gelagerter Blutproben für die Alkoholbegutachtung, in: BA 1996, 281; *Heifer,* Untersuchungen zur Rückrechnung der Blutalkoholkonzentration nach »normalem Trinkverlauf«, in: BA 1976, 305; *Hoppe/Haffner,* Doppelblutentnahme und Blutalkoholflutungsgeschwindigkeit in der Bewertung von Nachtrunkbehauptungen, in: NZV 1998, 265; *Iffland,* Zum Problem der Nachuntersuchung länger gelagerter Blutproben, in: BA 1974, 189; *derselbe,* Bedeutung polizeilicher Ermittlungen für die Bewertung von Nachtrunkbehauptungen, in: Kriminalistik 1984, 446; *derselbe,* Zur Problematik fehlerhafter Blutentnahmen für forensische Blutalkoholbestimmungen, in: BA 1991, 150; *derselbe,* Nachtrunk und Harnprobe, in: BA 1999, 99; *Iffland/Staak/Rieger,* Experimentelle Untersuchungen zur Überprüfung von Nachtrunkbehauptungen, in: BA 1982, 235; *Iffland u. a.,* Untersuchungen zur Bewertung hoher Methanolspiegel bei Begleitalkoholanalysen, in: Beitr. gerichtl. Med. Band 42 (1984) 231; *Jessnitzer,* Eigene Sachkunde des Richters bei der Rückrechnung, in: BA 1978, 315; *Klug/Krauland/Vidic,* Über den Beweiswert einer zweiten Blutalkoholbestimmung in länger gelagerten Blutproben, in: BA 1970, 119; *dieselben,* Zum Beweiswert einer zweiten Blutalkoholuntersuchung in länger gelagerten Blutproben, in: BA 1973, 24; *Köhler/Schleyer,* Über die Treffsicherheit von Rückrechnung auf Blutalkohol-Tatzeitwerte, in: BA 1975, 52; *Krauland/Schmidt,* Zum Beweiswert der Blutalkoholbestimmung, in: BA-Festschrift, S. 91; *Lötterle u. a.,* Tageszeitliche Unterschiede der Alkoholresorption, in: BA 1989, 369; *Macri,* Schluß- und Nachtrunk bei Fahren in angetrunkenem Zustand, Zürcher Dissertation, 1976; *Martin,* »Richter und Rückrechnung?«, in: BA 1970, 89; *Mayr,* Die »Rückrechnung« in der Rechtsprechung des BGH, in: DAR 1974, 64; *Naeve,* Zur Problematik einer »exakten Rückrechnung« auf den Blutalkohol-Tatzeitwert bei ungewöhnlichem Trinkverhalten (Sturztrunk), in: k + v 1971, 42; *derselbe,* Untersuchungen unter lebensnahen Bedingungen über den Verlauf der Blutalkoholkurve in den ersten 90 Minuten nach Trinkende, in: BA 1973, 366; *Pohl/Schmidle,* Serumkonzentration und Leistungsänderung durch Inhalation von elf technisch häufig verwandten organischen Lösungsmitteln, in: BA 1973, 95; *Püschel,* Identitätsprüfungen an gelagerten Blutproben, in: BA 1994, 315; *Reinhardt/Zink,* Die forensische Beurteilung von Nachtrunkbehauptungen, in: NJW 1982, 2108; *Sachs,* Die Beweiskraft von Blutalkoholergebnissen bei Abweichungen von den Richtlinien zur Blutentnahme und zur Bestimmung des Alkohols, in: NJW 1987, 2915; *Salger,* Zur korrekten Berechnung der Tatzeit-BAK, in: DRiZ 1989, 174; *Sammler u. a.,* Zur Präzisionskontrolle der Blutalkoholbestimmung, in: BA 1992, 205; *Schoknecht,* Beurteilungen von Blutalkohol-

54 Ermittlung der Blutalkoholkonzentration aus der Blutprobe

bestimmungen nach dem ADH- und GC-Verfahren, in: NZV 1996, 217; *Schöllkopf/Jainz,* Zum Beweiswert von Doppelentnahmen in der forensischen Praxis, in: BA 1973, 397; *Schütz,* Alkohol im Blut, Weinheim/Deerfield Beach/Basel 1983; *Schwerd/Hillermeier,* Veränderungen des Alkoholgehalts in Blutproben zwischen Entnahme und Untersuchung, in: BA 1979, 453; *Staak/Springer/Baum,* Vergleichende Untersuchungen über den Aussagewert des Harnalkohol-Blutalkoholquotienten unter experimentellen Bedingungen sowie im Probenmaterial, in: BA 1976, 100; *Zink,* Zur Blutalkoholbestimmung mit weniger als fünf Einzelanalysen, in: BA 1986, 144; *Zink/Blauth,* Zur Frage der Beeinflussung der Alkoholkonzentration im Cubitalvenenblut durch die Blutnahmetechnik, in: BA 1982, 75; *Zink/Reinhardt,* Über die Ermittlung der Tatzeit-BAK bei noch nicht abgeschlossener Resorption, in: BA 1972, 353; *dieselben,* Zur Dauer der Resorptionsphase, in: BA 1975, 100; *dieselben,* Der Beweiswert von Doppelblutentnahmen, in: BA 1981, 377; *dieselben,* Der Verlauf der Blutalkoholkurve bei großen Trinkmengen, in: BA 1984, 422; *Zink/Wendler,* Der Widmark-Faktor und seine Streubreite, in: BA 1978, 409; *Zink u. a.,* Zur Genauigkeit der forensischen Blutalkoholbestimmung, in: BA 1985, 21.

Literatur zur **BAK-Bestimmung bei Leichen:** *Brettel* BA 1969, 141; 1969, 439; 1970, 54; *Brettel/Franz* BA 1970, 126; *Falconer/Falconer* BA 1973, 328; *Weiler/Reh* BA 1974, 402; *Joachim u. a.* BA 1975, 217; *Trela/Bogusz* BA 1980, 198; *Iffland/Staak* BA 1986, 15.

Literatur zur Atemalkoholbestimmung: vor Rn 121.

a) Gewinnung und Behandlung der Blutprobe

Die Blutprobe ist möglichst bald nach der Tat durch **Venenpunktion** mittels 54 Vakuumvenüle zu entnehmen, und zwar regelmäßig aus der Ellenbeugenvene.[153] Unterschiedliche Bedingungen bei der Blutentnahme können die BAK nur unwesentlich beeinflussen. Für die gerichtliche Praxis ohne Bedeutung ist es daher z. B., ob die Blutprobe vom rechten oder linken Arm, nach längerem Stehen des Beschuldigten, nach körperlicher Belastung oder Kälteeinwirkung entnommen wurde. Dies hat eine Untersuchung von *Zink* und *Blauth*[154] über den Einfluß von Stauzeit, Staudruck, körperlicher Belastung, lokaler Kälteeinwirkung und Orthostasereaktionen durch Liegen oder Stehen ergeben. Um zu vermeiden, daß bei Verletzten, bei denen Infusionen angelegt sind, Infusionslösung mit in die Venüle gelangt, empfiehlt es sich, die Blutentnahme am anderen Arm oder nach Unterbrechung der Infusion und einigen Minuten Wartezeit aus einer nicht unmittelbar an der Infusionsstelle gelegenen Vene vorzunehmen.[155] Die gefüllten Venülen sind bruchsicher zu verpacken und auf dem schnellsten Weg der nächsten (zuständigen) Untersuchungsstelle zu übermitteln.[156] **Mehrtägige Aufbewahrung** der Blutprobe kann zu Veränderungen der BAK führen, insbesondere bei offener Lagerung einen Konzentrationsabfall zur Folge haben.[157] Bei Zimmertemperatur lassen sich schon in den ersten Tagen Abnahmen bis zu 0,3 ‰ feststellen. Bei **höheren Temperaturen** (Einfluß von Heizung auf dem Postversand, Sonneneinwir-

---

153 Vgl. Richtlinien »Alkohol- und Drogeneinfluß« 3.5.1 (»Vene der oberen Extremitäten«).
154 *Zink/Blauth* BA 82, 75.
155 Vgl. *Iffland* BA 91, 150; vgl. dazu auch unten Rn 115.
156 Vgl. Richtlinien »Alkohol- und Drogeneinfluß« (oben Fn. 153) 3.5.5.
157 Vgl. *Hausmann/Martus* BA 96, 281.

kung) ist mit stärkeren Abweichungen der BAK bezogen auf den Zeitpunkt der Blutentnahme – und zwar auch mit Zunahme – zu rechnen.[158] Die Auswertung der entnommenen Blutprobe sollte daher alsbald erfolgen.[159]

55 Die **Leichenblutentnahme** soll, soweit möglich, aus der Oberschenkelvene erfolgen.[160] Kann auf diese Weise kein Untersuchungsmaterial gewonnen werden, so sind andere Körperflüssigkeiten oder Gewebe zu entnehmen.[161] Bei der Beurteilung des Ausmaßes etwaiger Alkoholisierung des Verstorbenen ist zu berücksichtigen, daß sich einerseits die BAK nach dem Tode allmählich verringert,[162] andererseits Fäulnis und Gärung innerhalb des Blutgefäßes zur Bildung von Äthanol führen können.[163]

b) **Anforderungen an die Untersuchungsmethoden**

aa) **Untersuchungen nach Widmark und ADH-Verfahren**

56 Bis etwa Anfang der siebziger Jahre wurden zur Feststellung der BAK aus der entnommenen Blutprobe hauptsächlich das Verfahren nach Widmark oder auf dem gleichen Prinzip beruhende Methoden und das ADH-Verfahren angewendet. Seither findet vor allem auch die gaschromatographische Methode Anwendung. Wegen der größeren Spezifität und der möglichen Automatisierung werden heute das ADH-Verfahren und die gaschromatographische Methode bevorzugt.

57 Sowohl das Widmark- als auch das ADH-Verfahren führen zu einer Oxydation des Äthanols, und zwar beim Widmark-Verfahren durch anorganische Oxydationsmittel und beim ADH-Verfahren mittels einer durch Enzyme katalysierten Reaktion.[164]

58 Bei der **Blutalkoholbestimmung nach Widmark** wird der Alkohol nach Destillation in Dichromatschwefelsäure oxydiert und die Alkoholkonzentration aufgrund der Menge des bei der Oxydation reduzierten Dichromats ermittelt.[165]

59 Bei der enzymatischen Methode (**ADH-Verfahren**) wird durch das Enzym ADH (= Alkoholdehydrogenase) die Oxydation des Äthanols zu Acetaldehyd katalysiert. Der hierbei frei werdende Wasserstoff wird auf das Coenzym NAD (= Nicotinsäureamidadenin-dinucleotid) übertragen, dessen hydrierte Form NADH im

---

158 Vgl. *Schwerd/Hillermeier* BA 79, 453 (458), die Veränderungen zwischen – 0,08 und + 0,07 ‰ gemessen haben.
159 Zur Untersuchung länger gelagerter Blutproben vgl. auch Rn 72 mit weiteren Nachweisen.
160 Vgl. Richtlinien »Alkohol- und Drogeneinfluß« 3.5.1; *Schütz* S. 13; *Iffland/Staak* BA 86, 15; Entnahme aus der Vena subclavia (s. *Brettel* BA 69, 141) wurde als forensisch verwertbar anerkannt: OLG Stuttgart VersR 89, 1037.
161 Vgl. *Iffland/Staak* BA 86, 15 (z. B. Oberschenkelmuskulatur); *Krauland u. a.* BA 79, 290 (Bestimmung von Organalkoholkonzentrationen).
162 Vgl. *Brettel* BA 70, 54.
163 Vgl. *Weiler/Reh* BA 74, 402; *Joachim u. a.* BA 75, 217 (vor allem bei diabetischem Leichenblut); *Trela/Bogusz* BA 80, 198; *Felby/Nielsen* BA 93, 244 (248); *Schütz* S. 32; *Mallach/Hartmann/Schmidt* S. 63.
164 Vgl. *Ponsold* S. 224; *Mueller (Grüner)* S. 1002; s. dazu *Iffland* BASt H. 65 (1988), 86 (87).
165 Vgl. hierzu *Schütz* S. 17 ff.; *Ponsold* S. 224; *Berg* S. 119; *Grüner*, Alkoholnachweis, S. 65; *Forster/Joachim* S. 29 ff.; *Mueller (Grüner)* S. 1002; Gutachten BGA S. 148.

UV-Bereich photometrisch gemessen wird. Daraus läßt sich die Alkoholmenge ermitteln.[166]

Für den forensischen Alkoholnachweis kommen nur solche Methoden in Frage, die **hinreichend spezifisch** sind, d. h. weitestgehend nur den für eine Alkoholisierung in Betracht kommenden Äthylalkohol (Äthanol) ermitteln.

Zwar werden im **Widmark-Verfahren** neben Alkohol auch andere flüchtige reduzierende Substanzen erfaßt.[167] Mittels des ADH-Verfahrens läßt sich aber feststellen, ob das Ergebnis der Widmark-Analyse durch andere Substanzen beeinflußt worden ist.[168] Im übrigen kommen derartige Stoffe im Blut praktisch auch nur sehr selten vor.[169] Soweit bei Diabetikern eine Beeinflussung des Widmark-Ergebnisses durch erhöhten Acetongehalt im Blut in Betracht kommt,[170] muß dies jedenfalls in den Fällen unberücksichtigt bleiben, in denen diese Beeinflussung nicht wenigstens die 2. Dezimale des Analysenwertes betrifft.[171]

Das **ADH-Verfahren** ist zwar alkoholspezifisch, aber nicht streng äthanolspezifisch.[172] Die enzymatische Reaktionsfähigkeit ist jedoch für andere Alkohole deutlich niedriger. Ihre Erfassung ist für die forensische Praxis in der Regel auch bedeutungslos, weil sie im Blut nicht in solchen Konzentrationen auftreten, daß sie zu einer Verfälschung des Ergebnisses führen könnten;[173] außerdem würde eine auffallende Divergenz zu einem anderen Verfahren auf das Vorliegen anderer Alkohole hinweisen.

In dem von *P. V. Lundt* und *E. Jahn* bearbeiteten, im Jahre 1966 herausgegebenen Gutachten des Bundesgesundheitsamtes zur Frage Alkohol bei Verkehrsstraftaten (im folgenden: Gutachten BGA), das nach wie vor die Grundlage für die Rechtsprechung zur Frage der Blutalkoholkonzentration bildet, wird festgestellt, daß sich die dreimalige Untersuchung nach Widmark und die zweimalige nach ADH als für forensische Zwecke ausreichend erwiesen haben. Diesem Gutachten folgend, verlangt die Rechtsprechung daher zur Ermittlung der BAK stets die Untersuchung der entnommenen Blutprobe durch **zwei verschiedene Untersuchungsmethoden**,[174] und zwar z. B. mindestens 3 Analysen nach dem Widmark- und mindestens 2 Analysen nach dem ADH-Verfahren, sofern noch ausschließlich diese Methoden angewendet werden.[175] Gegenüber einer Mitanwendung der

---

166 Vgl. hierzu *Schütz* S. 20 ff.; *Ponsold* S. 224 ff.; *Berg* S. 119; *Grüner*, Alkoholnachweis, S. 154 ff.; *Forster/Joachim* S. 40 ff.; *Mueller (Grüner)* S. 1003; Gutachten BGA S. 152.
167 Vgl. *Ponsold* S. 225; *Forster/Joachim* S. 34; *Schütz* S. 20; *Grüner* BA 91, 360.
168 Vgl. Gutachten BGA S. 14.
169 Vgl. *Ponsold* S. 225; *Mueller (Grüner)* S. 1006.
170 Vgl. *Forster/Joachim* S. 35; *Schütz* S. 75; *Mueller (Grüner)* S. 1006.
171 Vgl. OLG Hamm VRS 58, 443.
172 Vgl. *Ponsold* S. 225; *Forster/Joachim* S. 45; *Schütz* S. 20; *Krauland/Schmidt*, BA-Festschrift S. 91 (92); *Grüner* BA 91, 360 (361).
173 Vgl. *Ponsold* S. 225; Gutachten BGA S. 15.
174 Vgl. BayObLG NZV 96, 75 (76); OLG Düsseldorf NZV 97, 445; VRS 94, 352 (Anm. *Heifer* BA 98, 159); OLG Hamm NJWE-VHR 97, 81 (auch im Versicherungsrecht).
175 Vgl. BGH NJW 67, 116; BayObLG VRS 62, 461; OLG Hamm NJWE-VHR 97, 81; OLG Koblenz NJW 74, 1433; OLG Hamburg DAR 68, 334; OLG Düsseldorf NJW 73, 572; BA 79, 61; OLG Bremen VRS 49, 105; OLG Karlsruhe NJW 77, 1111.

gaschromatographischen Methode[176] ist diese Kombination jedoch in der Praxis inzwischen weitgehend in den Hintergrund getreten.[177] Die danach durchgeführten **5 Analysen** sind aber *jedenfalls* ausreichend, auch wenn die Werte einer der beiden Methoden höher liegen als die nach der anderen Methode, es sei denn, es liege ein systematischer Analysenfehler vor.[178] Einer geringeren Anzahl von Einzelanalysen kommt für das Strafverfahren nicht ohne weiteres dieselbe Bedeutung zu.[179]

64 Selbstverständlich handelt es sich hierbei um **Mindestanforderungen**, so daß die Ermittlung der BAK aus mehr als 5 Einzelanalysen natürlich unschädlich ist.[180]

bb) Andere Untersuchungsmethoden

65 Wie schon erwähnt, wird von den Laboratorien zum Alkoholnachweis seit langem auch eine **gaschromatographische Methode** mit automatischer Probeneingabe angewandt.[181] Gaschromatographen sind nicht eichfähig und unterliegen nach den Bestimmungen des EichG und der Eichordnung nicht der Eichpflicht; vielmehr genügt es, daß genaue Meßwerte auf andere Weise (z. B. Ringversuche) sichergestellt sind.[182]

66 Untersuchungen haben ergeben, daß die gaschromatographische Methode den herkömmlichen Verfahren (Widmark und ADH) überlegen ist, insbesondere, weil die Genauigkeit größer und je nach Wahl der Trennsäule eine Unterscheidung von anderen Substanzen, die den Alkoholnachweis beeinflussen können, möglich ist.[183] Dies ist auch in der Rechtsprechung und im juristischen Schrifttum anerkannt.[184]

67 Der unter Mitanwendung der Gaschromatographie ermittelte Untersuchungsbefund ist daher für forensische Zwecke in gleicher Weise verwertbar wie das aus 3 Widmark- und 2 ADH-Analysen ermittelte Ergebnis.[185] Schon das Gutachten BGA ging ausdrücklich von der Zulässigkeit neuer Methoden aus, »wenn die wissenschaftliche Nachprüfung keine Bedenken in bezug auf Genauigkeit, Reproduzierbarkeit und Spezifität ergeben hat«.[186]

---

176 Vgl. Rn 65 ff.
177 Vgl. auch *Krauland/Schmidt*, BA-Festschrift S. 91 (93).
178 Vgl. OLG Hamm VRS 51, 445; OLG Hamburg BA 69, 368; vgl. hierzu *Grüner* BA 77, 189; 77, 215 (223); zum Begriff des systematischen Fehlers vgl. auch Gutachten BGA S. 23.
179 Vgl. hierzu unten Rn 70 f.
180 Vgl. OLG Hamm BA 75, 279; OLG Düsseldorf VRS 57, 445; 67, 35; BA 80, 174; *Dotzauer/Berghaus* BA 79, 63; offengelassen von OLG Düsseldorf BA 79, 61.
181 Vgl. zu diesem Verfahren z. B. *Grüner*, Alkoholnachweis, S. 183 ff.; *Forster/Joachim* S. 47 ff.; *Schütz* S. 20 ff.
182 Vgl. OLG Düsseldorf NZV 95, 365; OLG Schleswig BA 96, 54; LG Gießen DAR 95, 209.
183 Vgl. *Kisser* BA 75, 204; *Greiner* BA 73, 236; *Göke* BA 73, 281; *Berg* S. 299; *Grüner*, Alkoholnachweis, S. 187; BA 91, 360 (361); 2. Gutachten BGA S. 8, 59; vgl. auch *Forster/Joachim* S. 50; *Klug/Vidic* BA 70, 52; *Krauland/Schmidt*, BA-Festschrift, S. 91 (92 f.); *Iffland* BASt H. 65 (1988), 86 (87 f.).
184 Vgl. BayObLG DAR 76, 164; OLG Hamm NJW 74, 2064; OLG Hamburg NJW 76, 1161; OLG Karlsruhe NJW 77, 1111; *Held* NJW 73, 2243; vgl. auch OLG Hamm NJW 75, 2251.
185 Vgl. BayObLG NJW 76, 1802; OLG Hamm BA 75, 279; OLG Düsseldorf NJW 73, 572; BA 79, 61; OLG Hamburg NJW 76, 1161.
186 Gutachten BGA S. 147; vgl. auch 2. Gutachten BGA S. 8.

Da aber selbst die Einzelwerte der automatisierten gaschromatographischen 68
Methode voneinander abweichen können, muß auch hier eine gewisse Streuung
berücksichtigt werden. Ihre Anwendung erlaubt daher nach Ansicht der Rechtsprechung noch nicht den Verzicht auf die zusätzliche BAK-Feststellung nach
einer anderen Methode.[187]

Soweit die Untersuchungsstelle allerdings die Gaschromatographie unter Ver- 69
wendung von Apparaten mit **automatischer Probeneingabe** durchgeführt hat,
genügt es, wenn neben zwei Analysen nach dem gaschromatographischen Verfahren zwei weitere nach ADH oder Widmark vorliegen; d. h., eine aufgrund von insgesamt **nur 4 Analysen** ermittelte BAK kann dem Urteil unbedenklich zugrunde
gelegt werden,[188] wobei der Kombination zwischen ADH-Verfahren und Gaschromatographie der Vorzug zu geben ist.[189] Die Durchführung von je 2 Analysen
nach ADH und Gaschromatographie bildet in der forensischen Praxis inzwischen
die weitaus häufigste Untersuchungsmethode. Die Verminderung der Zahl der
Einzelanalysen von 5 auf 4 bedeutet keine Vergrößerung der Fehlerbreite, weil die
größere Genauigkeit der Gaschromatographie den entsprechenden Ausgleich
schafft.[190] *Krauland* und *Schmidt*[191] schlagen unter Hinweis auf die bis jetzt erfolgte Fortentwicklung der Gaschromatographie die ausschließliche Anwendung dieser allen anderen überlegenen Methode vor und empfehlen, in Zukunft Doppelbestimmungen an je 2 Gaschromatographen vorzunehmen.

cc) Verwertbarkeit unzureichender Blutuntersuchungen und Nachuntersuchung

Beruht der Untersuchungsbefund der Blutprobe bei Anwendung von Widmark- 70
und ADH-Verfahren auf weniger als den erforderlichen 5 Analysen oder bei Mitverwendung der gaschromatographischen Methode auf weniger als insgesamt
4 Analysen, so erhöht sich die Fehlerbreite. Das gilt erst recht, wenn etwa statt
zweier Verfahren nur eines angewandt wird.[192]

Das Ergebnis einer solchen, den forensischen Erfordernissen nicht entsprechen- 71
den Blutuntersuchung ist aber nicht etwa schlechthin unverwertbar. Nur muß in
derartigen Fällen ein **höherer Sicherheitszuschlag**[193] berücksichtigt werden, so
daß also von einer – möglicherweise erheblich – niedrigeren BAK auszugehen
ist.[194] Wie hoch der Sicherheitszuschlag in solchen Fällen zu bemessen ist, hat der
Tatrichter unter Berücksichtigung gesicherter wissenschaftlicher Erkenntnisse –

---

187 Vgl. OLG Hamburg NJW 76, 1161; 76, 1162; OLG Stuttgart VRS 66, 451.
188 Vgl. BGH VRS 54, 452; BayObLG NJW 76, 1802; VRS 62, 461; OLG Düsseldorf NZV 97, 445;
 VRS 94, 352; OLG Hamm NJWE-VHR 97, 81; OLG Köln DAR 76, 274; BA 77, 125; OLG Karlsruhe NJW 77, 1111; 2. Gutachten BGA S. 7, 8.
189 Vgl. *Krauland/Schmidt*, BA-Festschrift, S. 91 (93).
190 Vgl. *Heifer* in seinem für BayObLG NJW 76, 1802 erstatteten Gutachten; 2. Gutachten BGA S. 8.
191 *Krauland/Schmidt*, BA-Festschrift, S. 91 (95); ebenso *Heifer/Brzezinka* BA 90, 215 (216 f.); dagegen ausdrücklich: OLG Düsseldorf VRS 94, 352 (354) – Anm. *Heifer* BA 98, 159 –.
192 Vgl. BayObLG NJW 76, 1802; VRS 62, 461; OLG Hamm BA 81, 261; 85, 484.
193 Vgl. hierzu unten Rn 87 ff.
194 Vgl. OLG Hamm NJW 74, 2064; VRS 41, 41; ZfS 95, 308 (zu § 2 AUB); OLG Hamm NJWE-VHR 97, 81 (zu § 2 AUB); OLG Hamburg DAR 68, 334

Feststellung von BAK, AAK und Ausfallerscheinungen

in der Regel nach Hinzuziehung eines Sachverständigen – in freier Beweiswürdigung zu entscheiden.[195] Nach OLG Stuttgart[196] erlaubt ein nur nach *einer* Untersuchungsmethode ermitteltes Analysenergebnis überhaupt nicht die Feststellung einer bestimmten BAK, sondern allenfalls dessen Mitberücksichtigung im Rahmen relativer Fahrunsicherheit. Indessen ist nicht einzusehen, warum nicht auch in einem solchen Fall der Tatrichter in der Lage sein sollte, unter Hinzuziehung eines Sachverständigen und Berücksichtigung eines erhöhten Sicherheitszuschlags eine bestimmte BAK festzustellen, die den Angeklagten nicht benachteiligt. Eine zusätzliche Gefahr der Fehlmessung könnte nämlich nur darauf beruhen, daß das verwendete Gerät, etwa der zur Analyse eingesetzte Gaschromatograph, unzuverlässig gearbeitet hat, was durch Vergleich mit anderen, vor und nach der betreffenden Messung durchgeführten Untersuchungen mit demselben Gaschromatographen unschwer nachprüfbar sein wird.[197] Dies entspricht auch der überwiegend in der Rechtsprechung vertretenen Ansicht.[198] Die nur aus zwei Einzelanalysen nach dem ADH-Verfahren gewonnenen Ergebnisse von 1,10 und 1,02 ‰ hat das BayObLG[199] zur Feststellung einer BAK von 0,8 ‰ nicht ausreichen lassen, ebenso der BGH[200] bei zwei ADH-Werten von 1,01 und 1,02 ‰, anders dagegen mit Recht das AG Langen[201] bei zwei gaschromatographisch ermittelten Einzelwerten von 1,08 und 1,04 ‰ nach Überprüfung der gesamten Probenserie auf systematische Abweichungen mit negativem Ergebnis. Nach OLG Hamm[202] rechtfertigt selbst ein aus zwei gaschromatographischen Untersuchungen gewonnener Mittelwert von 0,93 ‰ die Feststellung einer BAK von mindestens 0,8 ‰.

72 Unter Umständen, insbesondere wenn Zweifel hinsichtlich der ordnungsgemäßen Durchführung der Untersuchung bestehen, kann eine **Nachuntersuchung** der Blutprobe erforderlich werden. Dabei ist zu beachten, daß Abweichungen zwischen den Ergebnissen der alten und der neuen Untersuchung nicht zwingend auf die Fehlerhaftigkeit einer der beiden Untersuchungen schließen lassen; denn ein gewisser Alkoholschwund kann bei längerer Lagerung der Blutprobe immer auftreten.[203] Hierbei sind die Lagerungsdauer, die Lagerungstemperatur und auch die Füllmenge der Venüle von Bedeutung.[204] Ein nur geringfügiger Konzentrationsabfall spricht durchaus für die Richtigkeit des bei der Erstuntersuchung ermittelten Wertes.[205] Aber selbst stärkere Konzentrationsminderungen müssen kein Indiz für die Fehlerhaftigkeit der älteren Untersuchung sein, weil z. B. eine zwischenzeitlich wirksam gewesene, im Zeitpunkt der Nachuntersuchung jedoch abgestorbene Bak-

---

195 Vgl. OLG Hamm BA 81, 261; zur Berechnung des erhöhten Sicherheitszuschlags in solchen Fällen *Zink* BA 86, 144 (145); *Grüner/Ludwig* BA 90, 316.
196 OLG Stuttgart VRS 66, 450.
197 Vgl. auch *Zink* – BA 86, 144 (145); *Sachs* NJW 87, 2915 (2916); *Grüner* BA 89, 210 (211).
198 Vgl. OLG Hamm NJW 74, 2064; ZfS 95, 308 (zu § 2 AUB); LG Mönchengladbach MDR 85, 428; LG Langen NZV 88, 233; vgl. auch LG Kiel SchlHA 83, 196.
199 BayObLG VRS 62, 461.
200 BGH NJW-RR 88, 1376.
201 AG Langen NZV 88, 233 (mit Anm. *Hentschel;* zust. *Grüner* BA 89, 210).
202 OLG Hamm NJW 74, 2064.
203 Vgl. *Klug u. a.* BA 70, 119; 73, 24; *Püschel u. a.* BA 94, 315 (317); *Grüner,* Alkoholnachweis, S. 253 f.; *Schewe u. a.* BA 72, 315; vgl. auch *Schewe* BA 82, 381.
204 Vgl. *Iffland* BA 74, 189; *Schwerd/Hillermeier* BA 79, 453.
205 Vgl. *Grüner,* Alkoholnachweis, S. 254.

terienflora oder – bei geringer Venülenfüllung – eine sauerstoffabhängige katalytische Reaktion den Alkoholabbau verursacht haben kann.[206] Gleichwohl darf der Antrag auf Einholung eines weiteren Sachverständigengutachtens mit dem Ziel, die Unrichtigkeit des bisherigen Untersuchungsergebnisses festzustellen, nicht unter Hinweis auf diese Erkenntnisse ohne weiteres abgelehnt werden.[207]

Auch bei den **Begleitalkoholen,** die für die Beurteilung von Nachtrunkbehauptungen von wesentlicher Bedeutung sein können,[208] sind nach mehrmonatiger Lagerung Veränderungen beobachtet worden.[209] Sie betragen sowohl bei Blut- als auch bei Urinproben im Falle der Kühlschranklagerung in der Regel bis zu 10 % entsprechend dem gleichzeitigen Wasserverlust, während unsachgemäße Lagerung bei Zimmertemperatur zu starken Verlusten (bis zu 70 %), daneben aber auch zur Neubildung von Begleitalkoholen führen kann.[210]

dd) Zweite Blutprobe

Im Gutachten BGA[211] wurde empfohlen, immer dann im Abstand von 45 Minuten eine zweite Blutprobe zu entnehmen, wenn vom Sistierten ein Nachtrunk angegeben oder behauptet wird, daß er innerhalb einer Stunde vor der Blutentnahme noch Alkohol genossen habe. Bis zu dem Gemeinsamen Erlaß der Bundesländer über die Feststellung von Alkohol im Blut bei Straftaten und Ordnungswidrigkeiten von 1977[212] lagen dem Gericht daher häufig die Ergebnisse zweier im Abstand von 45 Minuten entnommener Blutproben vor.

Der **Wert der zweiten Blutprobe** ist in der gerichtsmedizinischen Literatur allerdings umstritten. *Schöllkopf* und *Jainz*[213] z. B. halten sie für völlig nutzlos, weil sich mit ihrer Hilfe weder die Größe des tatsächlichen individuellen Abbaus noch die Phase der Blutalkoholkurve (Resorption, Elimination) ablesen lasse. *Naeve*[214] weist darauf hin, daß sich durch zweifache Blutentnahme jedenfalls die Behauptung eines Sturztrunks weder ausschließen noch nachweisen lasse.

Einigkeit scheint darüber zu bestehen, daß die Doppelblutentnahme nicht geeignet ist, die Höhe des individuellen Abbauwertes zu ermitteln.[215] Auch die Frage, ob sich der Beschuldigte im Zeitpunkt der ersten Blutentnahme noch in der Resorptionsphase oder schon in der Eliminationsphase befand, kann mit Hilfe einer zweiten Blutprobe nicht immer sicher beantwortet werden. Es ist nämlich denkbar, daß der

---

206 Vgl. *Grüner,* Alkoholnachweis, S. 254; vgl. insbesondere *Schwerd u. a.* BA 72, 315 (328); vgl. auch *Schewe* BA 82, 381; *Krauland/Schmidt,* BA-Festschrift, S. 91 (101).
207 Vgl. OLG Köln BA 82, 380 mit zust. Anm. *Schewe.*
208 Siehe dazu Rn 107.
209 Vgl. *Bonte/Hey* BA 83, 109.
210 Vgl. *Bonte/Hey* BA 83, 109.
211 Gutachten BGA S. 63; vgl. auch *Mayr* DAR 74, 64.
212 Siehe 6. Aufl. S. 335 sowie z. B. JMBl NRW 77, 205 (jetzt ersetzt durch die Richtlinien »Alkohol- und Drogeneinfluß«, s. Anhang); vgl. hierzu *Berghaus/Althoff* BA 79, 375; *Grüner u. a.* BA 80, 26.
213 *Schöllkopf/Jainz* BA 73, 397.
214 *Naeve* k + v 71, 42.
215 Vgl. z. B. *Schöllkopf/Jainz* BA 73, 397; *Forster/Joachim* S. 25; *Grüner u. a.* BA 80, 26 (32); ebenso BGH DAR 79, 180 (bei *Spiegel*); MDR 91, 657; OLG Köln VRS 61, 140; zum »individuellen« und »aktuellen« Abbauwert s. Rn 97.

Gipfelpunkt der Alkoholkurve zwischen den beiden Blutentnahmen liegt.[216] In einem solchen Fall kann die erste Blutprobe eine höhere BAK ergeben als die zweite, obgleich die Resorption bei Entnahme der ersten Probe noch nicht abgeschlossen war.[217] Zu berücksichtigen ist auch, daß die Alkoholkurve nicht geradlinig verläuft, sondern Schwankungen unterworfen ist.[218] Andererseits haben Untersuchungen[219] ergeben, daß – in Ausnahmefällen[220] – eine **im Abstand von etwa 30 Minuten**[221] entnommene zweite Blutprobe u. U. Rückschlüsse auf den Kurvenverlauf zulassen und geeignet sein kann, die Behauptung eines Nachtrunks zu widerlegen.[222] Eine positive Differenz zwischen beiden Proben kann vielfach auch die Nachtrunkbehauptung stützen,[223] ebenso gleich hohe BAK beider Proben.[224] Insgesamt wird jedoch der Wert der zweiten Blutentnahme für die Überprüfung von Nachtrunkbehauptungen in der Rechtsmedizin[225] als recht gering eingeschätzt.[226]

77 Zu berücksichtigen ist hierbei zunächst immer, daß die **Differenz der Ergebnisse** beider Proben nicht der tatsächlichen Veränderung des Blutalkoholspiegels entsprechen muß. Den Methoden zum Nachweis der BAK haftet nämlich eine Fehlerbreite an, die einen Sicherheitszuschlag von 0,1 ‰ bis 0,15 ‰[227] erforderlich macht,[228] d. h., der »wahre« Wert kann im Extremfall den Untersuchungsbefund um 0,1 bis 0,15 ‰ übersteigen oder unterschreiten. Bei Differenzen bis zu 0,3 ‰ zwischen beiden Blutprobenergebnissen ist es daher rein theoretisch denkbar, daß in Wahrheit kein Alkoholabbau (bzw. -anstieg) stattgefunden hat,[229] weil z. B. ein Fall einer sog. »Plateaubildung« vorliegt.[230] Nach *Zink/Reinhardt*[231] kann indessen davon ausgegangen werden, daß bei Abweichungen von mindestens 5 % zwischen beiden Untersuchungsergebnissen mit an Sicherheit grenzender Wahrscheinlichkeit ein wirklicher Unterschied zwischen den gemessenen Blutalkohol-

---

216 Vgl. Gutachten BGA S. 61; *Macri* S. 114.
217 Vgl. *Macri* S. 114.
218 Vgl. *Forster/Joachim* S. 78 ff.; *Macri* S. 114; *Reinhardt/Zink* NJW 82, 2108; zum linearen Verlauf des abfallenden Teils der Kurve (Eliminationsphase) s. Rn 96.
219 Vgl. *Grüner u. a.* BA 80, 26; *Zink/Reinhardt* BA 81, 377; kritisch dazu aber *Iffland u. a.* BA 82, 235 (245); vgl. auch *Bär* BA 86, 304.
220 Vgl. *Hoppe/Haffner* NZV 98, 265, 267 (nur bei Vorliegen bestimmter, nur selten erfüllter Bedingungen).
221 Vgl. dazu Richtlinien »Alkohol- und Drogeneinfluß« 3.5.4 (krit. *Iffland* NZV 96, 129, 130).
222 Vgl. *Zink/Reinhardt* BA 81, 377; *Berg* S. 125; *Mallach/Hartmann/Schmidt* S. 54; *Iffland*, Begleitalkoholanalyse, S. 142 f.; vgl. auch *Iffland* Kriminalistik 84, 446 (450) sowie *Grüner u. a.* BA 80, 26, wonach eine solche zweite Blutprobe jedenfalls eine erhebliche Entscheidungshilfe bildet; ferner *Bär* BA 86, 304 (20–30 Min.);
a. M. grundsätzlich *Forster/Joachim* S. 26; *Macri* S. 114.
223 Vgl. *Macri* S. 114; *Schütz* S. 54; *Zink/Reinhardt* BA 81, 377; *Hoppe/Haffner* NZV 98, 265 (268).
224 Vgl. *Reinhardt/Zink* NJW 82, 2108; *Schütz* S. 54.
225 Vgl. *Iffland* NZV 96, 129 (130).
226 Anders bei Sturztrunk mit der Folge erkennbarer Verstärkung der Trunkenheitssymptome (s. *Iffland* NZV 96, 129, 130).
227 Siehe dazu Rn 87 ff.
228 Siehe dazu *Grüner* BA 91, 360 (361 ff.).
229 Vgl. BayObLG NJW 76, 382; DAR 77, 204 (bei *Rüth*); OLG Karlsruhe NZV 97, 128; vgl. auch *Schöllkopf/Jainz* BA 73, 397; *Berghaus/Althoff* BA 79, 375 (378); *Grüner u. a.* BA 80, 32 f.; *Reinhardt/Zink* NJW 82, 2108.
230 Vgl. hierzu z. B. *Forster/Joachim* S. 79, 81; *Brettel* NJW 76, 353.
231 *Zink/Reinhardt* BA 81, 377; NJW 82, 2108; ebenso *Hoppe/Haffner* NZV 98, 265 (266).

konzentrationen gegeben ist. Dies gilt insbesondere im Hinblick auf die Genauigkeit der heute verwendeten Methoden, nämlich der Gaschromatographie und des ADH-Verfahrens.

Nach Nr. 3.5.4 der Richtlinien über die Feststellung von Alkohol-, Medikamenten- und Drogeneinfluß bei Straftaten und Ordnungswidrigkeiten[232] ist die Entnahme einer zweiten Blutprobe nur in Ausnahmefällen, insbesondere bei Alkoholaufnahme innerhalb einer Stunde vor der ersten Blutentnahme oder bei Nachtrunkbehauptung anzuordnen, und zwar frühestens 30 Minuten nach der ersten Blutentnahme. Zur Überprüfung von Nachtrunkbehauptungen sind Doppelblutentnahmen in diesen Intervallen, von Ausnahmefällen abgesehen, weitestgehend ungeeignet.[233] Auch zur Feststellung einer im Anstieg befindlichen Alkoholkurve bei Alkoholaufnahme innerhalb einer Stunde vor der Blutentnahme wird einer zweiten Blutentnahme in der Rechtsmedizin nur geringer Beweiswert beigemessen.[234]

c) Analysenmittelwert

Bei der Feststellung der BAK ist nicht von dem niedrigsten der gemessenen Einzelwerte auszugehen, sondern es ist das arithmetische Mittel, der sog. Analysenmittelwert, zugrunde zu legen. Das entspricht der überwiegenden Meinung in Rechtsprechung und Schrifttum.[235] Maßgebend ist der **Mittelwert aller Einzelanalysen,** nicht etwa das arithmetische Mittel zwischen den Mittelwerten beider angewandten Untersuchungsmethoden.[236]

Der Gegenmeinung, wonach im Hinblick auf den Grundsatz »in dubio pro reo« immer der niedrigste Einzelwert maßgebend sein soll,[237] kann nicht gefolgt werden.

Da es sich nämlich bei den gemessenen Werten angesichts der ihnen anhaftenden Fehlerbreite nur um Annäherungswerte handelt, ist derjenige Wert zu ermitteln, der dem tatsächlichen Wert am nächsten kommt. Dies ist aber nach mathematisch-logischen Grundsätzen keinesfalls der niedrigste, sondern der dem arithmetischen Mittel entsprechende Wert.[238]

---

232 Von den Bundesländern mit im wesentlichen gleichem Inhalt vereinbart; für Niedersachsen veröffentlicht in NdsRpfl 99, 332; krit. dazu *Iffland* NZV 96, 129.
233 Vgl. *Berghaus/Althoff* BA 79, 375 (379); *Grüner u. a.* BA 80, 26 (34); *Bär* BA 86, 304 (310 ff.); *Iffland* NZV 96, 129 (130); *Hoppe/Haffner* NZV 98, 265 (267).
234 Vgl. *Iffland* NZV 96, 129 (130)
235 Vgl. z. B. BayObLG NJW 76, 1802; OLG Düsseldorf VRS 94, 352; NZV 97, 445; OLG Köln DAR 76, 274; VRS 67, 459; OLG Hamburg DAR 68, 334; BA 69, 368; OLG Bremen BA 70, 159; OLG Hamm NJW 69, 566; VRS 48, 51; BA 85, 484; OLG Koblenz NJW 74, 1433; OLG Stuttgart NJW 81, 2525; LG Göttingen NdsRpfl 91, 276; *Tröndle/Fischer* zu § 316 Rn 8 c; *Schönke/Schröder (Cramer)* zu § 316 Rn 17; *Janiszewski* Rn 378; *Lackner/Kühl* zu § 315 c Rn 8; LK10 (*Rüth*) zu § 316 Rn 63; *Haffke* NJW 71, 1874.
236 Vgl. OLG Düsseldorf BA 80, 174; VRS 67, 35; vgl. auch OLG Düsseldorf VRS 57, 445, das die Frage allerdings letztlich offenläßt.
237 So z. B. OLG Neustadt DAR 59, 137; *Cramer* zu § 316 StGB Rn 21; *Weigelt* DAR 62, 359.
238 Vgl. BGH NZV 99, 386; OLG Koblenz NJW 74, 1433; OLG Hamburg VRS 28, 306; OLG Hamm NJW 69, 566; vgl. auch *Janiszewski* Rn 378; Gutachten BGA S. 20 ff.

82 Nun könnte man natürlich den Standpunkt vertreten, der **Grundsatz »in dubio pro reo«** verpflichte den Richter, sich auch über naturwissenschaftliche Erkenntnisse hinwegzusetzen. Dem ist jedoch entgegenzuhalten, daß die Zugrundelegung des niedrigsten Analysenwertes den Angeklagten doppelt begünstigen würde, indem man eine Fehlerquelle zu seinen Gunsten zweimal ausgleicht: Entscheidende Bedeutung erhält die Streitfrage nur, wenn es darum geht, ob der Angeklagte die entscheidenden Grenzwerte, z. B. von 0,5 bzw. 0,8 ‰ (Gefahrengrenzwerte des § 24 a StVG) oder 1,1 ‰ (Beweisgrenzwert für absolute Fahrunsicherheit von Kraftfahrern), erreicht hat. Bei der Festsetzung des Grenzwertes für die absolute Fahrunsicherheit ist die Fehlerbreite der Alkoholnachweisverfahren in der Weise bereits berücksichtigt, daß einem Grundwert von 1,0 ‰, bei dem absolute Fahrunsicherheit für gegeben erachtet wird, ein sog. Sicherheitszuschlag von 0,1 ‰ hinzugerechnet wird.[239] Entsprechendes gilt für die Gefahrengrenzwerte von 0,5 bzw. 0,8 ‰ in § 24 a StVG. Auch diese setzen sich aus dem eigentlichen Grenzwert von 0,4 bzw. 0,65 ‰ und einem zum Ausgleich der Fehlerbreite bei der Messung hinzugefügten Sicherheitszuschlag von 0,1 bis 0,15 ‰ zusammen.[240] Würde man nun außerdem zum Ausgleich dieser Fehlerbreite auch noch von dem niedrigsten Wert ausgehen, so würde dies eine doppelte Korrektur bedeuten.[241]

83 Neben den erörterten naturwissenschaftlich-mathematischen Überlegungen zeigt also auch diese rechtliche Erwägung, daß die Zugrundelegung des niedrigsten statt des Mittelwertes falsch wäre. Bei den in naturwissenschaftlichen Kategorien zu denken gewohnten Autoren der gerichtsmedizinischen Literatur stößt die Meinung, wonach der niedrigste Analysenwert entscheidend sei, ohnehin auf völliges Unverständnis. So meint z. B. *Berg*,[242] selbstverständlich sei in einer Gruppe verfahrensbedingt streuender Einzelwerte der mathematische Mittelwert derjenige, welcher der wirklich vorliegenden BAK, also »der Wahrheit« im juristischen Sinne am nächsten kommt. Trotzdem gebe es Juristen, die in einer mehr mystischen Art der Wahrheitssuche lieber den niedrigsten Einzelwert zugrunde legten.[243]

84 Von dem Mittelwert *aller* Analysen ist auch dann auszugehen, wenn neben dem Widmark- oder ADH-Verfahren die gaschromatographische Methode Anwendung gefunden hat. Auch dann ist nicht etwa im Hinblick auf die größere Genauigkeit des gaschromatographischen Verfahrens nur der Mittelwert der beiden gaschromatographischen Analysen zugrunde zu legen oder gar überhaupt der niedrigste Analysenwert.[244]

85 Der Analysenmittelwert ist aber nur dann zur Feststellung der BAK des Angeklagten oder Betroffenen geeignet, wenn die **Variationsbreite**, d. h. die Differenz zwischen dem niedrigsten und dem höchsten Einzelwert,[245] nicht mehr als 10 % des

---

239 Vgl. hierzu unten Rn 87.
240 Vgl. hierzu unten Rn 524.
241 Vgl. OLG Hamm NJW 69, 566; LG Göttingen NdsRpfl 91, 276; *Haffke* NJW 71, 1874; Gutachten BGA S. 21.
242 *Berg*, 11. Aufl., S. 299.
243 Vgl. auch *Ponsold* S. 228; *Lundt/Jahn* in Gutachten BGA S. 21.
244 Vgl. OLG Hamburg NJW 76, 1161; 76, 1162; OLG Köln DAR 76, 274; OLG Düsseldorf VRS 57, 445; *Schoknecht* NZV 96, 217 (218).
245 Siehe dazu *Grüner* BA 91, 360 (362 f.).

Probenmittelwertes, bei Mittelwerten unter 1,0 ‰ nicht mehr als 0,1 ‰, beträgt.²⁴⁶ Die Überprüfung der Variationsbreite ermöglicht die Aufdeckung möglicherweise vorhandener systematischer Fehler der verschiedenen angewandten Untersuchungsmethoden.²⁴⁷ Meßwerte, die die genannten Variationsbreiten übersteigen, erfüllen nicht die für die forensische Praxis zu fordernde Genauigkeit und dürfen nicht zur Feststellung der BAK dienen.²⁴⁸ Das Gericht darf insbesondere auch nicht unter Zugrundelegung des fehlerhaften Mittelwertes den Beweisgrenzwert für absolute Fahrunsicherheit heraufsetzen.²⁴⁹ In solchen Fällen ist, soweit noch möglich, eine Zweituntersuchung erforderlich.²⁵⁰ Werden diese Grenzen nicht überschritten, so ist der Mittelwert regelmäßig auch dann forensisch verwertbar, wenn die **Standardabweichung,** bezogen nur auf die vorliegenden vier (oder fünf) Einzelanalysen des konkreten Falles, über derjenigen liegt, die im Gutachten BGA 1989²⁵¹ als Obergrenze für die Herabsetzung des Sicherheitszuschlags auf 0,1 ‰²⁵² zugrunde gelegt ist;²⁵³ denn die Meßpräzision eines Labors kann nicht nur aus einer Stichprobe von nur vier (bzw. fünf) Einzelwerten ermittelt werden.²⁵⁴ Die statistische Größe der Standardabweichung beschreibt die Präzision *wiederholter* Messungen, bezieht sich auf eine größere Meßreihe *verschiedener* Blutproben und ist daher nicht geeignet, den Wert der Variationsbreite zwischen den vier oder fünf Analysen *einer* Blutprobe zu ersetzen.²⁵⁵ Daraus folgt, daß die hier wiedergegebenen Grundsätze des Gutachtens BGA (1966) über die höchstzulässige Variationsbreite nach wie vor gelten.²⁵⁶ Ohnehin wäre es im übrigen jedenfalls unzulässig, bei Vorliegen der erforderlichen Werte aus unterschiedlichen Untersuchungsmethoden zur Berechnung der Standardabweichung die Formel zu verwenden, die der Ermittlung der Standardabweichung der aus nur *einem* Untersuchungsverfahren gewonnenen Werte dient.²⁵⁷ Liegen nur drei von vier Meßwerten innerhalb der zulässigen Streubreite, so darf das Gericht nicht ohne Hinzuziehung eines Sachverständigen einen aus diesen drei Werten errechneten Mittelwert zugrunde legen.²⁵⁸

---

246 Vgl. BGH NZV 99, 386; BayObLG NZV 96, 75; OLG Düsseldorf NZV 97, 445; VRS 94, 352 (355); *Beier* NZV 96, 343.
247 Vgl. BGH NZV 99, 386; *Brzezinka/Heifer* BA 91, 108 (114); zu den Begriffen der »Meßpräzision« (negativ: Streuung, Standardabweichung) einerseits und des »systematischen Fehlers« (Abweichung des Mittelwertes vom »wahren« Wert, positiv: Richtigkeit) s. *Grüner* BA 91, 360 (362).
248 Vgl. BayObLG VRS 62, 461 (464); NZV 96, 75; OLG Nürnberg NJW-RR 94, 97; OLG Hamburg DAR 75, 220; OLG Bremen VRS 49, 105; OLG Köln BA 77, 125; OLG Karlsruhe NJW 77, 1111; OLG Hamm BA 85, 484; OLG Düsseldorf DAR 87, 293; LG Göttingen NdsRpfl 91, 276; Gutachten BGA S. 25.
249 Vgl. BayObLG NZV 96, 75
250 Vgl. BayObLG NZV 96, 75; vgl. hierzu oben Rn 72.
251 Gutachten BGA 1989, NVZ 90, 104 (106).
252 Vgl. Rn 87.
253 Vgl. BGH NZV 99, 386; BayObLG NZV 96, 75 (Anm. *Hentschel* JR 96, 388); *Beier* NZV 96, 343.
254 Vgl. BGH NZV 99, 386; BayObLG NZV 96, 75 (Anm. *Heifer/Brzezinka* BA 96, 106; *Hentschel* JR 96, 388); LG Göttingen NdsRpfl 91, 276; *Sammler u. a.* BA 92, 205; vgl. auch *Rüdell/Rüdell* BA 91, 252; **a. M.** AG Bernkastel-Kues ZfS 94, 465; LG Hamburg NZV 94, 45; LG München I NZV 96, 378 und möglicherweise BGH NZV 91, 375.
255 Vgl. BGH NZV 99, 386; BayObLG NZV 96, 75 (Anm. *Hentschel* JR 96, 388); einschränkend *Schoknecht* NZV 96, 217 (218).
256 Vgl. *Sammler u. a.* BA 92, 205 (208).
257 Vgl. BayObLG NZV 96, 75 (76 f.).
258 Vgl. BayObLG DAR 80, 266 (bei *Rüth*).

86 Zur Feststellung absoluter Fahrunsicherheit von Kraftfahrern (1,1 ‰) hatte der BGH[259] nicht nur eine Versicherung des Untersuchungsinstituts verlangt, daß es an einem Ringversuch teilgenommen hat, nach dessen Ergebnis die bei einem Sicherheitszuschlag von nur 0,1 ‰ eingeräumten Meßtoleranzen bei dem Institut nicht überschritten werden, sondern darüber hinaus die **Mitteilung der Analyseneinzelwerte,** damit eine Nachprüfung der maximalen Standardabweichung entsprechend den im Gutachen BGA 1989[260] angegebenen Werten möglich sei. Darauf, daß die statistische Größe der Standardabweichung aber gar nicht geeignet ist, um aus nur vier bis fünf Einzelwerten die Laborpräzision zu ermitteln, wurde indessen bereits hingewiesen.[261] Im übrigen hat die Rechtsprechung die Bekanntgabe der Einzelwerte – mag sich diese auch stets empfehlen[262] – auch nicht als notwendig erachtet, es vielmehr ausreichen lassen, wenn die Untersuchungsstelle dem Gericht nur den Mittelwert mitteilt und darüber hinaus lediglich angibt, daß dieser entsprechend den Richtlinien des Bundesgesundheitsamtes[263] ermittelt worden ist[264] und auch nicht auf aufgerundeten Werten beruht.[265] Allerdings kann es die richterliche Aufklärungspflicht (§ 244 II StPO) gebieten, von Amts wegen festzustellen, ob der mitgeteilte Mittelwert nach Art, Zahl und Ergebnis der durch das Institut ermittelten Einzelwerte zutreffend und den forensischen Anforderungen entsprechend (vgl. Rn 63 ff., 85, 151, 526) berechnet ist.[266] Bei Ablehnung eines zu diesem Zweck gestellten **Beweisantrags** auf Feststellung der Analysenanzahl, der angewandten Methoden und der Einzelwerte kann ein Verfahrensfehler vorliegen.[267]

d) Sicherheitszuschlag

87 Es wurde bereits erwähnt, daß allen Alkoholnachweisverfahren eine gewisse Fehlerbreite anhaftet, die größer oder geringer sein kann, je nach Ausstattung der Untersuchungsinstitute und nach Qualifikation und Sorgfalt des Personals der Laboratorien. In Übereinstimmung mit dem Gutachten BGA 1989[268] geht die neuere Rechtsprechung davon aus, daß bei einer BAK von 1,0 ‰ jeder Mensch alkoholbedingte Leistungsminderungen und Persönlichkeitsveränderungen aufweist, die ihn als Kraftfahrer fahrunsicher machen.[269] Würde man nun den Grenzwert für die absolute Fahrunsicherheit z. B. auf 1,0 ‰ festsetzen, so könnte die Fehlerbreite der Blutprobenergebnisse zu einer Benachteiligung des Angeklagten führen, dann nämlich, wenn sich der Fehler zu seinen Ungunsten in der Weise aus-

---

259 BGH NZV 90, 357 (358); 93, 485 (486).
260 Gutachten BGA 1989, NZV 90, 104 (106).
261 Vgl. oben Rn 85.
262 Vgl. BGH NJW 79, 609.
263 Vgl. oben Rn 63 ff.
264 Vgl. BGH NJW 79, 609; OLG Schleswig NJW 78, 1209; OLG Düsseldorf NJW 78, 1207; *Händel* BA 78, 214; JR 78, 427; vgl. auch *Grüner* BA 77, 215 (218 ff.); a. M. OLG Bremen VRS 49, 105 (= BA 75, 329 mit abl. Anm. *Gerchow*); *Strate* BA 78, 405.
265 Vgl. dazu Rn 151 ff., insoweit offenbar a. M. *Staak/Berghaus* NJW 81, 2500 (2502).
266 Vgl. BGH NJW 79, 609; OLG Düsseldorf NJW 78, 1207.
267 Vgl. OLG Karlsruhe NJW 77, 1111; OLG Bremen VRS 49, 105; OLG Düsseldorf NJW 78, 1207; OLG Schleswig NJW 78, 1209; vgl. auch BGH NJW 79, 609.
268 Gutachten BGA 1989, NZV 90, 104.
269 Vgl. BGH NZV 90, 357 (Anm. *Berz*).

gewirkt hat, daß der festgestellte Wert höher liegt als der wahre Wert. Um Nachteile zu vermeiden und solche Fehler auszugleichen, wird daher dem Wert von 1,0 ‰ ein sog. **Sicherheitszuschlag von 0,1 ‰** hinzugerechnet. Das heißt, daß immer dann, wenn eine BAK von 1,1 ‰ ermittelt worden ist, der »wahre« Wert auch unter Berücksichtigung aller möglichen Fehlerquellen mindestens 1,0 ‰ beträgt, der Grenzwert der absoluten Fahrunsicherheit also zweifelsfrei erreicht ist. Der Grenzwert von 1,1 ‰ setzt sich also aus dem Grundwert von 1,0 ‰ und einem Sicherheitszuschlag von 0,1 ‰ zusammen.[270]

Bis zu dem Beschluß des BGH vom 9. 12. 1966[271] hielt die Rechtsprechung einen Sicherheitszuschlag von 0,5 ‰ für geboten. Ausgehend von einem Grundwert von 1,0 ‰, setzte sie daher für die absolute Fahrunsicherheit einen Grenzwert von 1,5 ‰ fest.[272] In dem erwähnten Beschluß hat der BGH diesen Sicherheitszuschlag erstmals auf 0,2 ‰ herabgesetzt, den Grundwert jedoch auf 1,1 ‰ angehoben.

Dem Gutachten BGA 1989[273] folgend, hat der BGH mit Beschluß vom 28. 6. 1990[274] den Grundwert für absolute Fahrunsicherheit von Kraftfahrern auf 1,0 ‰ und den Sicherheitszuschlag auf 0,1 ‰ gesenkt.[275] Der Sicherheitszuschlag sollte nach dem Gutachten des Bundesgesundheitsamtes aus dem Jahre 1966 dem dreifachen Wert des mittleren Fehlers von 0,05 ‰, also 0,15 ‰ (sog. 3-s-Bereich), entsprechen.[276] Das »Gutachten des Bundesgesundheitsamtes zum Sicherheitszuschlag auf die Alkoholbestimmung« aus dem Jahre 1989,[277] in dem die Analysenergebnisse von verschiedenen Untersuchungsinstitutionen ausgewertet worden sind, die an einem Ringversuch teilgenommen haben, stellt jedoch fest, daß sich die Meßgenauigkeit seither deutlich verbessert habe. Danach liegen die maximal zu erwartenden positiven Abweichungen der Ergebnisse von Blutalkoholbestimmungen bei allen Verfahrenskombinationen im Bereich von 1,0 bis 1,5 ‰ unter 0,05 ‰. Eine Verdoppelung dieses Wertes führt zu einem für diesen Bereich jedenfalls als ausreichend erachteten Sicherheitszuschlag von 0,1 ‰. Voraussetzung für den auf 0,1 ‰ gesenkten Sicherheitszuschlag ist allerdings die nach dem Gutachten BGA 1989 für eine ausreichende *allgemeine* Meßpräzision gebotene Einhaltung der Grenzwerte maximaler Standardabweichung, die durch die Versicherung erfolgter Teilnahme an Ringversuchen durch das Untersuchungsinstitut nachgewiesen wird.[278] Institute, die auch heute die im Gutachten BGA 1989 geschilderten Anforderungen noch nicht erfüllen, können keine Blutalkoholbestimmungen für forensische Zwecke mehr durchführen.[279]

---

270 Siehe dazu *Hentschel* NZV 91, 329 (331 ff.).
271 BGH NJW 67, 116.
272 Vgl. hierzu BGH NJW 67, 116.
273 Gutachten BGA 1989, NZV 90, 104.
274 BGH NZV 90, 357 (Anm. *Berz*); s. dazu auch *Janiszewski* NStZ 90, 493; *Heifer* NZV 90, 374 = BA 90, 373; *Schneble* BA 90, 374; *Mutius* BA 90, 375.
275 Dies war im rechtsmedizinischen Schrifttum zunächst auf Kritik gestoßen; vgl. z. B. *Heifer/Brzezinka* NZV 90, 134; *Heifer* NZV 90, 374; BA 91, 121; *Grüner/Bilzer* BA 90, 175 (179); 90, 222 (225); *Grüner* BA 91, 360 (366).
276 Gutachten BGA (1966) S. 49.
277 Gutachten 1989, NZV 90, 104 (106).
278 Vgl. BGH NZV 90, 357; 93, 486; NZV 99, 386.
279 Vgl. BGH NZV 90, 357.

e) Rückrechnung auf die Tatzeit

aa) Bedeutung von Resorptions- und Eliminationsphase

90 Soweit es auf die Höhe der BAK zur Tatzeit ankommt, ist zu berücksichtigen, daß sich der Blutalkoholgehalt in der Zeit bis zur Blutentnahme in der Regel verändert hat, sei es, weil er infolge fortschreitender Resorption weiter angestiegen, sei es, weil die BAK aufgrund inzwischen erfolgten Alkoholabbaus geringer geworden ist. In diesen Fällen muß das Gericht vom Entnahmewert auf den Tatzeitwert zurückrechnen. Diese Rückrechnung ist nur dann eine Hochrechnung, wenn sie in die Zeit der Eliminationsphase (Phase des Alkoholabbaus) fällt.[280]

91 Lag die Tatzeit nur kurze Zeit nach Trinkende, so kann es sein, daß die Resorption zu dieser Zeit noch nicht abgeschlossen war. In derartigen Fällen ist, wenn die BAK zur Tatzeit festgestellt werden muß, unter Umständen ein Abzug von der festgestellten BAK vorzunehmen, z. B. immer dann, wenn auch die Entnahme der Blutprobe noch in die **Anstiegsphase** der Blutalkoholkurve fällt.[281] Liegt nur die Tatzeit in der ansteigenden Phase, so ist zunächst vom Blutentnahmewert bis zum Kurvengipfel (Abschluß der Resorption) hochzurechnen und von dem so errechneten Wert ein Abzug zu machen, um den Tatzeitwert zu ermitteln.[282]

92 Ist bei nicht abgeschlossener Resorption in der Weise auf den Tatzeitwert zurückzurechnen, daß vom Entnahmewert ein Abzug zu machen ist, so muß zugunsten des Angeklagten von einem **linearen Verlauf des Anstiegs** der BAK ausgegangen werden, obwohl die tatsächliche Alkoholinvasion nach den Gesetzen einer Exponentialfunktion verläuft. Der Anstieg ist also zu Beginn steiler als am Ende der Resorption mit der Folge, daß die wahre BAK stets höher liegt als bei Annahme eines linearen Verlaufs. Da der wirkliche Verlauf der Blutalkoholkurve jedoch im konkreten Fall nicht sicher zu ermitteln ist, muß für die Rückrechnung vom Entnahmewert auf einen niedrigeren Tatzeitwert zur Vermeidung von Nachteilen für den Angeklagten ein linearer Verlauf zugrunde gelegt werden.[283]

93 Mitunter ist zugunsten des Angeklagten mit dem **statistisch höchstmöglichen stündlichen Alkoholabbauwert** zurückzurechnen.[284] In der medizinischen Literatur werden hierzu unterschiedliche Werte angegeben.[285] Der in der früheren Rechtsprechung[286] angenommene höchstmögliche Abbauwert von 0,29 ‰ ist

---

280 Vgl. BGH NJW 74, 246; OLG Düsseldorf VRS 73, 470; *Mayr* DAR 74, 64; vgl. zum Thema Rückrechnung auch: *Martin* BA 70, 89; *Zink/Reinhardt* BA 72, 353; *Naeve* k + v 71, 42; 2. Gutachten BGA S. 17 ff.
281 Vgl. BGH NJW 74, 246; OLG Düsseldorf VRS 73, 470; *Mayr* DAR 74, 64; *Martin* BA 70, 89.
282 Vgl. hierzu auch *Martin* BA 70, 89 (100).
283 Vgl. OLG Hamm NJW 73, 1423.
284 Vgl. hierzu unten Rn 119, 261 f.
285 Vgl. z. B. *Schwerd* BA 76, 289 (0,24 ‰); *Forster/Joachim* S. 77 (0,25–0,29 ‰); vgl. hierzu insbesondere *Zink/Reinhardt* BA 76, 327.
286 Vgl. BGH DAR 71, 115, 116; DAR 74, 117 (jeweils bei *Martin*); BayObLG NJW 74, 1432 (0,2 ‰, in seltenen Einzelfällen bis zu 0,29 ‰); OLG Hamm NJW 77, 344; DAR 72, 132; BA 79, 318; VM 84, 86; OLG Koblenz VRS 49, 433; 54, 429; 66, 133; BA 77, 429; OLG Köln BA 76, 239; 77, 56; VRS 65, 21; OLG Düsseldorf VRS 63, 345; OLG Zweibrücken VRS 63, 445; ZfS 83, 8; BA 82, 92; OLG Stuttgart BA 76, 288; vgl. auch *Jessnitzer* BA 70, 175.

überholt. Vielmehr gilt ein Wert von 0,2 ‰ zuzüglich eines Sicherheitszuschlags von weiteren 0,2 ‰.[287]

Ist die BAK des Angeklagten zur Tatzeit zu ermitteln, um festzustellen, ob seine Fahrsicherheit beeinträchtigt, ob insbesondere der Grenzwert von 1,1 ‰ erreicht war oder ob seine BAK mindestens 0,5 bzw. 0,8 ‰ betrug (§ 24 a StVG), so ist bei der Rückrechnung ein **gleichbleibender Abbauwert von 0,1 ‰/h** zugrunde zu legen, von dem das Gericht ohne Hinzuziehung eines Sachverständigen nicht abweichen darf.[288] Dies hat auch nach Genuß großer Alkoholmengen zu gelten.[289]

94

Vor dem richtungweisenden Beschluß des BGH vom 11. 12. 1973[290] wurde demgegenüber in der Rechtsprechung zumeist eine **gestaffelte Rückrechnung** angewandt in der Weise, daß für die erste Stunde ein Abbauwert von 0,1 ‰ und für die ersten beiden Stunden von je 0,12 ‰[291] oder auch für die erste Stunde ein Wert von 0,1 ‰, für die zweite ein solcher von 0,12 ‰ und für die dritte Stunde ein Abbauwert von 0,14 ‰ zugrunde gelegt wurde.[292]

95

Eine solche gestaffelte Rückrechnung steht zwar nicht im Einklang mit der Tatsache, daß jedenfalls der abfallende Teil der Blutalkoholkurve (nach evtl. Plateaubildung oder Diffusionssturz),[293] also die Eliminationsphase (anders als die Atemalkoholkurve[294]), in der Regel geradlinig verläuft.[295] Sie würde jedoch – vor allem bei Rückrechnung über längere Zeiten – dem »wahren« BAK-Wert näherkommen als eine lineare Rückrechnung mit einem gleichbleibenden Abbauwert von 0,1 ‰, bei der sich, insbesondere, wenn sie sich über viele Stunden erstreckt, eine zu geringe BAK ergibt,[296] zumal die Abfallgeschwindigkeit hoher Blutalkoholkonzentrationen deutlich höher ist als diejenige niedriger Konzentrationen.[297] Um jedoch eine Benachteiligung des Angeklagten auszuschließen, ist es gerechtfertigt und geboten, in einem solchen Falle mit einem gleichbleibenden Abbauwert von 0,1 ‰/h zurückzurechnen.[298] Bei diesem handelt es sich um den **statistisch gesicherten Mindestwert**.[299] So ist denn auch der genannte Beschluß des BGH vom

96

---

287 Siehe dazu Rn 262.
288 Vgl. BGH NJW 74, 246; BayObLG NJW 74, 1432; OLG Hamm NJW 74, 1433; OLG Köln VRS 61, 140; *Mayr* DAR 74, 64; *Rüth* DAR 74, 57 (60); *Salger* DRiZ 89, 174; *Tröndle/Fischer* zu § 316 Rn 8 d; vgl. hierzu auch BGH VRS 50, 115; 2. Gutachten BGA S. 25, 26.
289 Vgl. *Zink/Reinhardt* BA 84, 322 (438 f.).
290 BGH NJW 74, 246.
291 Vgl. BGH VRS 20, 444; 34, 212; OLG Düsseldorf NJW 70, 1984.
292 Vgl. z. B. OLG Hamm VRS 30, 118; vgl. auch *Jessnitzer* BA 70, 175 (181).
293 Vgl. dazu z. B. *Schütz* S. 50 f.; BGH MDR 91, 657.
294 Siehe Rn 127.
295 Vgl. *Schütz* S. 48 ff.; *Mallach/Hartmann/Schmidt* S. 55; *Schwerd*, Rechtsmedizin Nr. 4.4.3; *Mueller (Grüner)* S. 1013; *Grüner* JR 92, 117; BGH MDR 91, 657; geringfügige Abweichungen nach Genuß großer Trinkmengen wurden von *Zink/Reinhardt* BA 84, 422 beobachtet.
296 Vgl. Gutachten BGA S. 54; *Schütz* S. 57; *Elbel* BA 74, 139; *Köhler/Schleyer* BA 75, 52; *Schwerd* BA 74, 140; vgl. auch 2. Gutachten BGA S. 24.
297 Vgl. *Gerchow u. a.* BA 85, 77 (87).
298 Vgl. BGH NJW 74, 246; OLG Zweibrücken VRS 87, 435; vgl. auch *Martin* BA 70, 89; 2. Gutachten BGA S. 25, 26.
299 Vgl. BGH NJW 74, 246; 91, 852; NStZ 89, 473; vgl. hierzu: *Schütz* S. 57; *Berg* S. 123; *Forster/Joachim* S. 77.

11.12.1973 nur teilweise auf Kritik in der medizinischen Literatur gestoßen.³⁰⁰ Zum Beispiel *Elbel*³⁰¹ hingegen erkennt an, daß das naturwissenschaftlich richtigere Verfahren der gestaffelten Rückrechnung hinsichtlich einer Beschwerung des Angeklagten riskanter ist.

97 Zwar wäre es grundsätzlich zulässig – und geboten –, statt mit einem gleichbleibenden Abbauwert von 0,1 ‰/h (bzw. 0,2 ‰ bei Rückrechnung mit dem Höchstwert) auch mit anderen Größen zurückzurechnen, wenn ein medizinischer Sachverständiger im Einzelfall einen **abweichenden Rückrechnungsfaktor** nachweisen kann.³⁰² Allerdings ist nach derzeitigem medizinischen Erkenntnisstand ein auf eine bestimmte Person bezogener »*individueller*« Abbauwert, der auch für den konkreten Fall Gültigkeit beanspruchen könnte, nicht nachweisbar.³⁰³ Auch ein »*aktueller*« Abbauwert kann sich nur auf eine konkrete experimentelle Untersuchung beziehen und wäre auf die Vergangenheit nicht übertragbar.³⁰⁴ Leberfunktionsstörungen, außer allerschwerste, haben nach für die Rechtsprechung verbindlichen medizinisch-naturwissenschaftlichen Erfahrungen keinen forensisch relevanten Einfluß auf den Alkoholabbau.³⁰⁵ β-Rezeptorenblocker beschleunigen die Alkoholelimination nicht.³⁰⁶

bb) Abschluß der Resorption

98 Aus dem Vorstehenden folgt, daß jede Rückrechnung von der BAK zur Zeit der Blutentnahme auf einen früheren Zeitpunkt voraussetzt, daß das Ende der Resorptionsphase feststeht.³⁰⁷ Insbesondere kann nur dann vom Entnahmewert auf den Tatzeitwert ausschließlich in Form einer **Hochrechnung** – also durch Erhöhung des Entnahmewertes ohne daneben vorzunehmende Abzüge – zurückgerechnet werden, wenn die Resorption zur Tatzeit abgeschlossen war.³⁰⁸

99 Der **Zeitpunkt des Resorptionsabschlusses** hängt von zahlreichen Variablen ab. Auch die Berechnung einer »durchschnittlichen« Resorptionsdauer ist nicht möglich. Magenfüllung und Trinkgeschwindigkeit etwa spielen eine entscheidende Rolle. Selbst tageszeitliche Unterschiede wurden beobachtet.³⁰⁹ Oft fällt der Gip-

---

300 Vgl. z. B. *Köhler/Schleyer* BA 75, 52; *Schwerd* BA 74, 140.
301 *Elbel* BA 74, 139.
302 Vgl. BGH NStZ 85, 452 (zum Höchstwert); OLG Zweibrücken VRS 63, 445; vgl. auch *Mayr* DAR 74, 64; *Jessnitzer* BA 78, 315 (318).
303 Vgl. *Gerchow* BA 83, 540 (541); 85, 77 (78 f.); 85, 152 (155); BGH DAR 86, 91; 86, 297; VRS 71, 22; 71, 360; 72, 359; MDR 91, 657; OLG Jena DAR 97, 324; *Salger* DRiZ 89, 174 (175).
304 Vgl. *Gerchow* BA 85, 77 (79); BGH VRS 70, 207; DAR 86, 297.
305 Vgl. BGH DAR 85, 197 (bei *Spiegel*); OLG Düsseldorf DAR 81, 29; s. dazu *Mallach/Hartmann/Schmidt* S. 44 ff.; *Mueller (Grüner)* S. 1022.
306 Vgl. *Dittmann u. a.* BA 85, 364; *Grüner u. a.* BA 86, 28.
307 Vgl. auch BGH NJW 74, 246; BayObLG NZV 95, 117; OLG Köln VRS 65, 426; OLG Düsseldorf VRS 73, 470; OLG Hamm DAR 89, 429; *Grüner* JR 92, 117 (118); *Salger* DRiZ 89, 174; *Mayr* DAR 74, 64; Gutachten BGA S. 53; 2. Gutachten BGA S. 17; *Forster/Joachim* S. 73; *Schütz* S. 56; *Naeve* k + v 71, 42.
308 Vgl. Gutachten BGA S. 53.
309 Kürzere Resorptionsdauer und höherer Gipfel der Alkoholkurve in den Morgenstunden: *Lötterle u. a.* BA 89, 369.

felpunkt der Alkoholkurve mit dem Trinkende zusammen.[310] In extremen Fällen dagegen ist das Ende der Resorption erst nach zwei Stunden oder mehr, gerechnet ab Trinkende, erreicht.[311] Eine Schematisierung bei der Ermittlung des Resorptionsabschlusses ist daher grundsätzlich unzulässig. Bei normalem Trinkverlauf kann jedoch für die gerichtliche Beurteilung der Zeitraum, in dem der Abschluß der Resorption anzunehmen ist, eingegrenzt werden, wenn kein Anlaß für das Wirken resorptionshemmender Einflüsse besteht.[312] In diesem Rahmen ist also ein gewisser Schematismus erlaubt, sofern dadurch keine Nachteile für den Angeklagten entstehen.[313]

Von einem »**normalen Trinkverlauf**« kann dann gesprochen werden, wenn eine Alkoholbelastung von 0,5 bis 0,8 Gramm Alkohol pro Kilogramm Körpergewicht innerhalb einer Stunde nicht überschritten wird.[314] Ist die stündliche Alkoholbelastung höher, die Trinkmenge also im Verhältnis zur Trinkzeit sehr groß, so wird von »forciertem Trinken« gesprochen.

Bei normalem Trinkverlauf darf das Gericht nach der obergerichtlichen Rechtsprechung ohne Benachteiligung des Angeklagten grundsätzlich die **ersten beiden Stunden nach Trinkende** nicht in die Hochrechnung einbeziehen, wenn nicht im konkreten Fall ein früherer Abschluß der Resorption nachweisbar ist,[315] und zwar nicht nur bei Aufnahme großer Alkoholmengen.[316] Das heißt, in Fällen normalen Trinkens wird zugunsten des Angeklagten angenommen, daß die Resorption erst frühestens 120 Minuten nach Trinkende abgeschlossen war. Hierbei handelt es sich um einen Richtwert, der zwar in der Regel im konkreten Fall nicht erreicht wird, der aber, um jeden Nachteil für den Angeklagten zu vermeiden, einen gewissen Sicherheitszuschlag enthält.[317] Es ist also durchaus berücksichtigt, daß in der medizinischen Forschung zum Teil für den Normalfall geringere Resorptionszeiten ermittelt worden sind.[318] Daher ist auch die Kritik an dem Beschluß des BGH,[319] der diese Rechtsprechung einleitete, nicht ganz berechtigt, soweit sie darauf hinweist, daß die schematische Annahme eines Richtwertes der Resorptionsdauer von maximal 120 Minuten biologisch nicht ausreichend zu begründen sei, die Wahrscheinlichkeit vielmehr für kürzere Resorptionszeiten spreche.[320]

Für den Strafprozeß ist vielmehr entscheidend, daß bei normalem Trinkverlauf ohne resorptionshemmende Einflüsse mit einem hohen Grad an Sicherheit der

---

310 Nach *Zink/Reinhardt* BA 81, 377 (383), NJW 82, 2108 z. B. in der Regel bei geselligem Trinken; siehe auch Rn 105.
311 Vgl. Gutachten BGA S. 60; *Berg* S. 302; *Forster/Joachim* S. 60 ff.; *Zink/Reinhardt* BA 72, 353; vgl. auch BGH NJW 74, 246.
312 Vgl. BGH NJW 74, 246.
313 Vgl. auch *Schwerd* BA 74, 140; vgl. hierzu auch 2. Gutachten BGA S. 22, 26.
314 Vgl. BGH NJW 74, 246; vgl. hierzu *Heifer* BA 76, 158; 2. Gutachten BGA S. 21.
315 Vgl. BGH NJW 74, 246; BayOblG NZV 95, 117; OLG Zweibrücken VRS 87, 435; DAR 89, 429; OLG Düsseldorf VRS 73, 470; OLG Köln VRS 65, 440; 66, 352; VersR 97, 1222 (zu § 61 VVG).
316 Vgl. BayOblG NZV 95, 118 (0,72 ‰ bei Blutentnahme).
317 Vgl. BGH NJW 74, 246; OLG Hamm NJW 74, 1433; *Mayr* DAR 74, 64; vgl. hierzu 2. Gutachten BGA S. 22 f.
318 Vgl. z. B. *Naeve* BA 73, 366, nach dessen Untersuchungen unter »normalen«, »lebensnahen« Bedingungen der Alkoholspiegel bis zu ca. 90 Minuten nach Trinkende ansteigen kann.
319 BGH NJW 74, 246.
320 Vgl. *Köhler/Schleyer* BA 75, 52.

Gipfel der Alkoholkurve jedenfalls 2 Stunden nach Trinkende überschritten ist.[321] Immerhin sind bei Alkoholbelastungen von 0,6 g/kg/h auch Resorptionszeiten von 120 Minuten beobachtet worden,[322] was die Richtigkeit der genannten Rechtsprechung beweist. *Heifer*[323] kam aufgrund von Untersuchungen zu der Empfehlung, bei einem Alkoholkonsum von 0,5 g/kg/h 60 bis 90 Minuten »Karenzzeit« nach Trinkende zu berücksichtigen, und stellte fest, daß bei 0,8 g/kg/h Alkoholbelastung ein Anstieg oder ein plateauartiges Verhalten der BAK bis zu etwa 2 Stunden nach Trinkende nicht mit an Sicherheit grenzender Wahrscheinlichkeit ausgeschlossen werden kann. Da die genaue Alkoholbelastung im Bereich von 0,5 g/kg/h und 0,8 g/kg/h im konkreten Fall kaum je festgestellt werden kann, ist der Richtwert von 120 Minuten daher durchaus notwendig, um die höchste Sicherheit für das Strafverfahren zu gewährleisten.

103 Wenn zweifelsfrei feststeht, daß zwischen Trinkende und Tatzeit mindestens zwei Stunden verstrichen sind, darf daher, solange mangels entsprechender Anknüpfungstatsachen ein anderer (»aktueller«) Abbauwert für den konkreten Fall nicht festgestellt werden kann, mit einem Faktor von 0,1 ‰ pro Stunde zurückgerechnet werden.[324]

104 Auch nach dieser Rechtsprechung besteht natürlich **kein allgemeines Rückrechnungsverbot für die ersten zwei Stunden.** Ergibt sich aufgrund der konkreten Umstände des Falles eine kürzere Resorptionszeit, so ist vielmehr diese für die Rückrechnung maßgebend.[325] Will das Gericht von einer kürzeren Resorptionszeit ausgehen, so wird es sich allerdings in der Regel dazu eines Sachverständigen bedienen müssen.[326] Die Anknüpfungstatsachen des Sachverständigen sind dann im Urteil anzugeben.[327]

105 Dies kommt z. B. in Betracht, wenn die Alkoholbelastung niedriger ist als 0,5 bis 0,8 g/kg/h; denn je geringer die Trinkmenge im Verhältnis zur Trinkzeit ist, desto früher ist die Resorption abgeschlossen.[328] Oft ist das Ende der **Resorption** sogar **mit dem Trinkende erreicht.**[329] Der Richter muß jedoch, wenn er eine kürzere Resorptionsdauer zugrunde legen will, die dafür maßgeblichen Gesichtspunkte in der Weise im Urteil darlegen, daß dem Revisionsgericht die rechtliche Nachprüfung möglich ist.[330]

---

321 Vgl. *Zink/Reinhardt* BA 75, 100.
322 Vgl. hierzu *Elbel* BA 74, 139 mit Nachweis.
323 *Heifer* BA 76, 305.
324 Vgl. auch *Mayr* DAR 74, 64; *Salger* DRiZ 89, 174; vgl. dagegen *Forster/Joachim* S. 94, die in jedem Falle eine individuelle Berechnung für geboten halten; zum Rückrechnungsfaktor 0,1 ‰/h vgl. oben Rn 94.
325 Vgl. BGH NJW 74, 246 (247, linke Spalte); OLG Köln VRS 64, 294; 65, 217; OLG Düsseldorf VRS 73, 470; *Janiszewski* Rn 374 a.
326 Vgl. OLG Hamm DAR 89, 429; *Mayr* DAR 74, 64; *Jessnitzer* BA 78, 315 (318); vgl. in diesem Zusammenhang auch OLG Hamm VRS 43, 110; OLG Köln VRS 64, 294; 2. Gutachten BGA S. 22 f.
327 Vgl. OLG Köln VRS 65, 367; 66, 352; OLG Düsseldorf VRS 73, 470.
328 Vgl. *Schütz* S. 44; *Berg* S. 123; Gutachten BGA S. 60; vgl. auch BGH NJW 74, 246; *Mayr* DAR 74, 64.
329 Vgl. Gutachten BGA S. 60; *Zink/Reinhardt* BA 81, 377 (383); NJW 82, 2108 (bei geselligem Trinken in der Regel); *Schwerd*, Rechtsmedizin Nr. 4.4.1.1; vgl. auch BGH NJW 74, 246; OLG Köln VRS 64, 294; 65, 217; 65, 367; *Mayr* DAR 74, 64; *Schütz* S. 44; bei geselligem Trinken i. d. R. auch nach Genuß großer Alkoholmengen: *Zink/Reinhardt* BA 81, 377 (383).
330 Vgl. OLG Hamm NJW 74, 1433; OLG Köln VRS 64, 294; 65, 217.

Umgekehrt ist bei **forciertem Trinken** häufig eine Rückrechnung überhaupt nicht 106
möglich, weil besonders lange Resorptionszeiten nicht auszuschließen sind. Dies
gilt insbesondere bei einem Sturztrunk auf vollen Magen, bei dem mit einer sich
über Stunden erstreckenden Resorption und mit einer Plateaubildung der Alkoholkurve gerechnet werden muß.[331]

cc) Nachtrunk

Hat die Resorption von Alkohol, der nach der Tat aufgenommen wurde, das Ergebnis der Blutuntersuchung durch Erhöhung der BAK beeinflußt, so kann die Tatzeit- 107
BAK nur ermittelt werden, wenn von dem festgestellten Mittelwert ein entsprechender Abzug gemacht wird.[332] In solchen Fällen muß das Urteil erkennen lassen, wie dieser Abzug berechnet worden ist.[333] Wenn die Frage eines Nachtrunks für die rechtliche Beurteilung von Bedeutung ist, darf das Gericht auch in Fällen, in denen Zeugen für den behaupteten Nachtrunk fehlen, im Hinblick auf seine Aufklärungspflicht nicht ohne weiteres die Behauptung des Angeklagten als wahr unterstellen. Auch wenn **Beweismöglichkeiten fehlen**, braucht es keineswegs Behauptungen des Angeklagten zum Trinkverhalten als unwiderlegt hinzunehmen; vielmehr kann es seine Überzeugung von der Unrichtigkeit einer Nachtrunkbehauptung auf ein nach der Lebenserfahrung ausreichendes Maß an Sicherheit stützen, das vernünftige Zweifel nicht rechtfertigt.[334] Ist der Angeklagte bei der Blutentnahme über einen etwaigen Nachtrunk befragt worden, so kann die Anhörung der Person geboten sein, die die Befragung durchgeführt hat.[335] Auch mit Hilfe des medizinischen Sachverständigen lassen sich häufig entscheidende Rückschlüsse im Rahmen der Bewertung von Nachtrunkbehauptungen ziehen. So spricht z. B. das Fehlen signifikanter Veränderungen der Trunkenheitssymptome im Zeitpunkt des Vorfalls und der Blutentnahme gegen die Richtigkeit der Behauptung eines erheblichen Nachtrunks.[336] Nur in Ausnahmefällen kann auch der Vergleich der Ergebnisse zweier in zeitlichem Abstand entnommener Blutproben hilfreich sein.[337]

Vielfach ist die Asservierung einer **Harnprobe** und Messung der Harnalkohol- 108
konzentration (HAK) ein gut geeignetes Mittel zur Überprüfung von Nachtrunkbehauptungen, sofern festgestellt werden kann, daß der asservierte Harn in der Zeit des angeblichen Nachtrunks in der Blase gesammelt wurde. Etwa 1 % des in der Niere als Filtrat des Blutes gebildeten Primärharns sammelt sich in der Blase als Sammelharn. Während die HAK des Sammelharns in der Resorptionsphase der BAK zeitlich »nachhinkt«[338], verläuft die Primärharn-Alkoholkurve parallel zur BAK, allerdings um einen Faktor 1,32 höher als die jeweilige BAK. Einer BAK

---

331 Vgl. *Brettel* NJW 76, 353; vgl. auch *Forster/Joachim* S. 61.
332 Vgl. OLG Frankfurt NZV 97, 239; OLG Köln VRS 66, 352; 67, 459.
333 Vgl. OLG Frankfurt NZV 97, 239; OLG Hamm BA 78, 379; OLG Köln VRS 66, 352.
334 Vgl. auch BGH NJW 86, 2384.
335 Vgl. OLG Koblenz VRS 55, 130.
336 Vgl. *Iffland u. a.* BA 82, 235 (243); *Iffland* Kriminalistik 84, 446 (451); *derselbe*, Begleitalkoholanalyse, S. 143; krit. gegenüber diesem Beurteilungskriterium aber *Hoppe/Haffner* NZV 98, 265 (268).
337 Vgl. oben Rn 76 ff.
338 Vgl. *Staak u. a.* BA 76, 100; *Mallach/Hartmann/Schmidt* S. 57; *Mueller (Grüner)* S. 1010; *Iffland* NVZ 96, 129 (131); *derselbe* BA 99, 99 (102); vgl. dazu auch *Iffland*, Begleitalkoholanalyse, S. 147.

von 1,0 ‰ entspricht also eine HAK des Primärharns von 1,32 ‰. Die HAK des Sammelharns ergibt sich aus den jeweiligen Alkoholkonzentrationen der während der Sammelphase an die Blase abgegebenen und dort gesammelten Anteile des Primärharns. Ob ein Nachtrunk stattgefunden hat oder nicht, läßt sich am besten graphisch ermitteln, indem die Blutalkoholkurven zwischen der Tat und der Blutentnahme sowohl mit als auch ohne den behaupteten Nachtrunk aufgezeichnet werden.[339] Erstreckt sich die Sammelphase des Blasenharns über den gesamten Zeitraum des behaupteten Nachtrunks, so erweist sich eine Nachtrunkbehauptung als falsch, wenn die durch den angeblichen Nachtrunk erreichten Alkoholkonzentrationen der Primärharne stets unter der festgestellten HAK des Sammelharns liegen.[340] Beschuldigte, die Nachtrunk behaupten, sollten auf die Möglichkeit, diese Behauptung durch eine Harnprobe zu erhärten, hingewiesen werden.[341] Die Asservierung einer Harnprobe setzt allerdings die freiwillige Mitwirkung des Beschuldigten voraus.

109 Wichtigstes Hilfsmittel bei der Beurteilung von Nachtrunkbehauptungen ist jedoch die Untersuchung der Blutprobe auf **Begleitalkohole** (z. B. Methanol, n-Propanol, Isobutanol und 2-Butanol), die in verschiedenen alkoholischen Getränken unterschiedlich und ggf. in unterschiedlichen Mengen vorkommen. Hohe Methanolspiegel z. B. weisen auf einen ständigen, über Tage andauernden Alkoholkonsum hin, wie er für Alkoholiker typisch ist.[342] Begleitalkohole können mittels der Gaschromatographie festgestellt werden und häufig die Angabe über den Nachtrunk bestimmter Arten und Mengen von Getränken als möglich bestätigen oder als unmöglich widerlegen.[343] Die gaschromatographische Begleitstoffanalyse ist in der Rechtsprechung anerkannt.[344]

110 Bei der Errechnung des auf den Nachtrunk zurückzuführenden BAK-Anteils ist hinsichtlich des **Reduktionsfaktors »r«**[345] mit dem für den Angeklagten (Betroffenen) jeweils günstigsten möglichen Wert zu rechnen, wenn ein aktueller Wert nicht feststellbar ist. Dies ist im Rahmen der §§ 315 c I Nr. 1 a (III), 316 StGB, 24 a StVG der niedrigste Wert.[346] Zur Berücksichtigung eines **Resorptionsdefizits** wird auf Rn 119 hingewiesen.

---

339 Siehe die Beispiele bei *Iffland* BA 99, 99 (100 f.).
340 Vgl. *Iffland* BA 99, 99 (mit anschaulicher graphischer Demonstration); NZV 96, 129 (131).
341 Vgl. *Iffland* NVZ 96, 129 (131); *Iffland u. a.* BA 82, 235 (245 f.).
342 Vgl. *Iffland u. a.* Beitr. gerichtl. Med. Band 42 (1984), 231; *Iffland,* Begleitalkoholanalyse, S. 145.
343 Vgl. *Iffland u. a.* BA 82, 235 (246 ff.); *Iffland* Kriminalistik 84, 446 (451); *derselbe,* Begleitalkoholanalyse, S. 143 ff.; *Schütz u. a.* BA 92, 336; *Bonte u. a.* NJW 82, 2109; einschränkend *Bonte u. a.* BA 83, 313; zur gaschromatographischen Begleitstoffanalyse s. auch *Schütz* S. 28 ff.
344 Vgl. OLG Karlsruhe NZV 97, 128; OLG Celle DAR 84, 121.
345 Vgl. hierzu Rn 117.
346 Vgl. BayObLG DAR 79, 235 Nr. III (bei *Rüth*); OLG Frankfurt NZV 97, 239; OLG Köln VRS 66, 352; 67, 459.

dd) Rückrechnung durch das Gericht

Im Normalfall kann das Gericht die Rückrechnung aufgrund eigener Sachkunde ohne Hinzuziehung eines Sachverständigen selbst vornehmen.[347]

Bei schwierigen Fragen allerdings – z. B., wenn die BAK in der Nähe der Grenzwerte (0,5, 0,8 oder 1,1 ‰) liegt, bei nicht abgeschlossener Resorption oder der Behauptung eines Nach- oder Sturztrunks – muß der Richter i. d. R. zur Rückrechnung einen Sachverständigen hinzuziehen.[348]

Ergibt sich aus den Urteilsgründen nicht, daß unter Ausklammerung der ersten zwei Stunden nach Trinkende[349] mit 0,1 ‰ pro Stunde zurückgerechnet wurde,[350] so sind im Urteil regelmäßig das Trinkende, der vom Gericht angenommene Zeitpunkt des Resorptionsabschlusses und der zugrunde gelegte Abbauwert mitzuteilen.[351]

f) Die »Vorausrechnung«

Die Formulierung des § 24 a StVG und die auf den Beschluß des BGH vom 11. 12. 1973[352] zurückgehende Rechtsprechung führen dazu, daß unter Umständen nicht eine gegenüber dem Entnahmewert in der Vergangenheit liegende BAK berechnet werden muß (Rückrechnung), sondern daß die BAK zu einem späteren Zeitpunkt als dem der Blutentnahme zu ermitteln ist. Danach kann es nämlich entscheidend darauf ankommen, ob der Betroffene (Angeklagte) eine Alkoholmenge im Körper hat, die zu einer BAK von 0,5 bzw. 0,8 oder 1,1 ‰ führt. Dies aber kann immer dann der Fall sein, wenn die Resorption im Zeitpunkt der Blutentnahme noch nicht abgeschlossen war. Bei genauer Kenntnis der Trinkmenge und Trinkzeit ist die Berechnung der BAK im Gipfelpunkt der Alkoholkurve, ausgehend von derjenigen zur Zeit der Blutentnahme, durch einen Sachverständigen denkbar.[353] Ohne Hinzuziehung eines Sachverständigen darf das Gericht nicht ohne weiteres von den festgestellten 0,7 ‰ auf 0,8 ‰ »vorausrechnen«, weil der 35 Minuten vor der Blutentnahme durch Sturztrunk aufgenommene Alkohol im Zeitpunkt der Blutentnahme noch nicht vollständig resorbiert gewesen sei.[354]

---

347 Vgl. BGH VRS 21, 54; 65, 128; OLG Stuttgart NJW 81, 2525; OLG Koblenz VRS 49, 374; 51, 38; 55, 130 (131); BA 73, 279; *Jessnitzer/Frieling* Rn 114; *Jessnitzer* BA 70, 175 (181); BA 78, 315 (ausführlich hierzu mit zahlreichen Nachweisen); vgl. auch OLG Hamm BA 69, 243; *Hartung* BA 75, 162.
348 Vgl. OLG Koblenz VRS 49, 374; 55, 130; OLG Hamburg VRS 45, 43; OLG Stuttgart NJW 81, 2525; *Martin* BA 70, 89 (95); *Jessnitzer/Frieling* Rn 114; vgl. auch BGH VRS 29, 185.
349 Vgl. oben Rn 101.
350 Vgl. Rn 94 ff.
351 Vgl. OLG Köln VRS 61, 140.
352 BGH NJW 74, 246.
353 Vgl. hierzu *Dieter Hartung* BA 75, 162 (163), der dies treffend »Vorausrechnung« nennt; vgl. auch *Rüth* DAR 74, 57 (59 f.).
354 Vgl. OLG Düsseldorf VRS 63, 62.

g) Einfluß von Verletzungen und ärztlicher Behandlung von Unfallfolgen auf die BAK

115 **Wundbehandlung** mit alkoholhaltigen **Desinfektionsmitteln** führt, insbesondere wegen der raschen Verdunstung, nicht zu einer Erhöhung der BAK.[355] Werden zur **Narkotisierung** eines Unfallverletzten Inhalationsanästhetica verwendet, so kann zwar die BAK-Messung nach dem Widmark-Verfahren verfälscht werden, nicht aber das Untersuchungsergebnis einer enzymatischen Methode wie z. B. des ADH-Verfahrens oder der gaschromatographisch ermittelte Wert.[356] Die Alkoholelimination wird durch eine Narkose nach rechtsmedizinischen Erkenntnissen nicht beeinflußt, so daß für die Rückrechnung keine Besonderheiten gelten.[357] **Infusionsbehandlungen** können zu einer Verfälschung des Alkoholwertes führen, nicht wegen des in Infusionslösungen enthaltenen geringen Äthylalkoholanteils, aber infolge der Erhöhung des Blutwassergehaltes.[358] Das kann eine Begünstigung des Angeklagten zur Folge haben, u. U. jedoch, im Rahmen der Prüfung der Schuldfähigkeit, auch eine Benachteiligung. **Bewußtlosigkeit** bei Schädel-Hirnverletzungen hat keinen Einfluß auf den Alkoholabbau und damit keine Auswirkungen auf die Rückrechnung.[359] Nach bisher vorliegenden Untersuchungen beeinflußt selbst ein höherer **Blutverlust**, bis zu 18 %, den Kurvenverlauf nicht[360], so daß mit den allgemein anerkannten Werten auf die Tatzeit zurückgerechnet werden kann. Allerdings können noch größere Blutverluste zu einem **Schockzustand** führen (»hämorrhagischer Schock«), dessen Auswirkungen auf den Kurvenverlauf wohl noch nicht vollständig erforscht sind.[361] *Brettel/Henrich*[362] haben aber in Fällen eines *traumatischen* Schocks einen von der Norm abweichenden Verlauf des Alkoholabbaus festgestellt, der dadurch gekennzeichnet war, daß es in der Spätphase der Alkoholisierung zu einer mehrere Stunden andauernden »Plateau«-Bildung[363] kam, also zu einer Zeit gleichbleibender BAK. Eine Rückrechnung unter Einbeziehung dieser Zeiten ergäbe somit einen zu hohen BAK-Wert.

4. Ermittlung der Blutalkoholkonzentration ohne Blutuntersuchung und Atemalkoholanalyse

Literatur:

Grüner/Rentschler, Manual zur Blutalkohol-Berechnung, Köln/Berlin/Bonn/München 1976; *Heifer/Wehner,* Zur Frage des Ethanol-»Resorptionsdefizits«, in: BA 1988, 299; *Klug/ Hopfenmüller,* Zur Berechnung der Blutalkoholkonzentration aus dem Harnalkoholgehalt in forensischen Fällen, in: *Schmidt*-Festschrift, S. 229; *Seidl u. a.,* Berechnung eines individuellen Widmark-Faktors durch Messung des Körperwassergehaltes und des Blutwassergehal-

---

355 Vgl. *Brettel* BA 74, 1 (5).
356 Vgl. *Brettel* BA 74, 1 (6).
357 Vgl. *Brettel* BA 74, 1 (6).
358 Vgl. *Brettel* BA 74, 1 (7).
359 Vgl. *Brettel* BA 74, 1 (2); *Mallach/Hartmann/Schmidt* S. 37.
360 Vgl. *Brettel* BA 74, 1 (2); *Mallach/Hartmann/Schmidt* S. 38 f.
361 Siehe dazu *Brettel* BA 74, 1 (5).
362 *Brettel/Henrich* BA 79, 145.
363 Siehe dazu oben Rn 77, 106.

tes, in: BA 1997, 396; *Ulrich u. a.,* Die Berücksichtigung individueller Parameter bei der Errechnung des Blutalkoholgehaltes aus der Trinkmenge, in: BA 1987, 192.
Literatur zur Atemalkoholanalyse s. vor Rn 121.

a) Berechnung der BAK aus der genossenen Alkoholmenge

Bei genauer Kenntnis des genossenen Alkohols, der Trinkzeit und des Körpergewichts des Betroffenen kann die BAK auch ohne Untersuchung einer Blutprobe errechnet werden.[364] Man bedient sich zu diesem Zweck der sog. Widmark-Formel:

$$c_t = \frac{A}{p \cdot r} - \beta \cdot t$$

c_t ist die Alkoholkonzentration in Promille zu einem bestimmten Zeitpunkt. A ist das Gewicht des genossenen Alkohols in Gramm; p ist das Körpergewicht in Kilogramm, r der Faktor zur Errechnung des sog. »reduzierten Körpergewichts«. Der Buchstabe β bezeichnet den Eliminationsfaktor (Alkoholabbau) in Promille pro Stunde und der Buchstabe t in dem Produkt $\beta \cdot t$ die Abbauzeit in Stunden, die ab Trinkbeginn berücksichtigt werden muß. Der **Reduktionsfaktor** r trägt dem Umstand Rechnung, daß sich der resorbierte Alkohol im Körper nicht gleichmäßig, sondern abhängig vom Wassergehalt des Gewebes und der Körperflüssigkeiten, verteilt.[365] Seine Größe hängt vom Körperbau (insbesondere Anteil des Fettgewebes) ab. Bei Übergewichtigen ist er niedriger, bei Untergewichtigen höher.[366] Der r-Wert wird ferner entscheidend von der Höhe der Alkoholbelastung (g Alkohol pro Kilogramm Körpergewicht) beeinflußt.[367] Auch die Nahrungszufuhr kann eine Rolle spielen.[368] Im Durchschnitt wird r in der rechtsmedizinischen Literatur überwiegend mit 0,7 bei Männern und 0,6 bei Frauen angegeben.[369] Nach Untersuchungen von *Seidl u. a.*[370] sind diese Werte allerdings zu niedrig angesetzt. Soweit der Reduktionsfaktor r für die Errechnung der BAK bedeutsam ist, darf indessen, wenn der individuelle Wert r nicht bekannt ist, nicht ohne weiteres mit dem Durchschnittswert gerechnet werden, vielmehr ist der dem Angeklagten (Betroffenen) günstigste mögliche Wert zugrunde zu legen.[371] In der Regel wird das Gericht hierzu einen Sachverständigen hinzuziehen müssen.[372]

---

364 Vgl. hierzu: *Berg* S. 124; *Forster/Joachim* S. 75, 96; *Schütz* S. 59 ff.; *Gaisbauer* NJW 68, 1206; vgl. auch BGH VRS 22, 121; 65, 359; OLG Hamburg NJW 68, 215; OLG Köln VRS 66, 352.
365 Vgl. hierzu *Berg* S. 122; *Forster/Joachim* S. 74 ff.; *Schewe, Salger*-Festschrift S. 715 (723); *Joachim/ Schulte* BA 83, 11; *Seidl u. a.* BA 97, 396.
366 Vgl. *Schmidt/Oehmichen* BA 85, 224; *Ulrich u. a.* BA 87, 192.
367 Vgl. *Zink/Wendler* BA 78, 409 (414); *Zink/Reinhardt* BA 84, 422 (437).
368 Vgl. *Schmidt/Oehmichen* BA 85, 224.
369 Vgl. BGH NStZ 92, 32; *Berg* S. 125; *Forster/Joachim* S. 75; *Gaisbauer* NJW 68, 1206; zur Streubreite von r vgl. im übrigen *Zink/Wendler* BA 78, 409; Berechnungsformel für einen individuellen Reduktionsfaktor bei *Ulrich u. a.* BA 87, 192.
370 *Seidl u. a.* BA 97, 396.
371 Vgl. BGH NJW 91, 852; NStZ 91, 126; BayObLG DAR 79, 235 Nr. III (bei *Rüth*); VRS 58, 391; OLG Stuttgart NJW 81, 2525; OLG Köln VRS 67, 459; NZV 89, 357.
372 Vgl. OLG Stuttgart NJW 81, 2525; vgl. auch BGH VRS 65, 359.

118 Beispiel: Ein Mann mit einem Körpergewicht von 70 kg trinkt auf nahrungsnüchternen Magen ein alkoholisches Getränk, das 30 g Alkohol enthält.[373] Unter Berücksichtigung seines Körperbaus läßt sich der Faktor r mit 0,7 in Ansatz bringen. Geht man einmal theoretisch davon aus, daß sich der gesamte genossene Alkohol sofort gleichmäßig im Körper verteilt, dann ergibt sich eine BAK von

$$\frac{30}{70 \cdot 0{,}7} \approx 0{,}61\ \text{\textperthousand}$$

Um die Alkoholkonzentration zu einem bestimmten Zeitpunkt (z. B. Tatzeit) zu ermitteln, ist von diesem Wert sodann die seit Trinkbeginn eliminierte Menge Alkohol $= \beta \cdot t$ in Abzug zu bringen. Soweit es um die Frage der Fahrunsicherheit oder um den Grenzwert nach § 24 a StVG geht, ist hierbei mit dem *höchstmöglichen* Abbauwert zurückzurechnen, und zwar unter Einbeziehung der ersten beiden Stunden nach Trinkende.[374] Dies gebietet der Grundsatz »in dubio pro reo«. Denn je größer das Produkt $\beta \cdot t$ ist, desto geringer ist der Tatzeitwert (bzw. der für § 24 a StVG erhebliche Wert des Kurvengipfels).[375] Fällt in die Zeit des Abbaus aus einer ersten Trinkphase weiterer Alkoholgenuß in einer zweiten Trinkphase, so darf dieser nicht unberücksichtigt bleiben.[376] »Leerlaufende« Abbauzeiten zwischen dem Abbau des Alkohols aus einer ersten Trinkphase und dem Beginn einer zweiten dürfen – für die Frage der Schuldfähigkeit – nicht zu Lasten des Angeklagten nach Addition der Gesamttrinkmenge mit der Abbauzeit der zweiten Trinkmenge verrechnet werden.[377] Sonst ergibt sich eine dem Angeklagten ungünstige zu niedrige BAK.

119 Unter Umständen entspricht die im Blut ermittelte Alkoholmenge nicht der tatsächlich oral aufgenommenen. Dies gilt vor allem bei langsamer Resorption,[378] insbesondere bei (forcierter) Nahrungsaufnahme vor oder während des Alkoholgenusses.[379] Diese Differenz kann entweder auf einem inkorrekten Extrapolationsvorgang beruhen[380] oder darauf, daß ein Teil des genossenen Alkohols nicht als Äthanol resorbiert wird. Obwohl diese Frage bisher in der Naturwissenschaft ungeklärt ist,[381] spricht man von einem sog. **Resorptionsdefizit**. Dieses kann zwischen 10 und 30 % der genossenen Alkoholmenge betragen,[382] unter besonderen Umständen in Fällen forcierter Nahrungsaufnahme nach *Heifer/Wehner*[383] sogar bis zu 70 %, und ist bei der Berechnung der BAK aus der genossenen Alkoholmenge in Abzug zu bringen. Auch hierbei ist der dem Angeklagten günstigste Wert zugrunde zu legen.[384] Das ist

---

373 Zum Alkoholgehalt verschiedener Getränke und Medikamente, zu den Größenstufen von Flaschen und Ausschankgläsern vgl. z. B. *Grüner/Rentschler*, Manual zur Blutalkoholberechnung.
374 Vgl. OLG Köln NZV 89, 357.
375 Vgl. BGH VRS 22, 121; OLG Köln NZV 89, 357; *Forster/Joachim* S. 98.
376 Vgl. BGH NStZ 88, 404.
377 Vgl. BGH NStZ 94, 334
378 Vgl. *Forster/Joachim* S. 63.
379 Vgl. *Schütz* S. 45; *Heifer/Wehner* BA 88, 299 (303, 308).
380 Vgl. *Heifer/Wehner* BA 88, 299 (308).
381 Vgl. *Heifer/Wehner* BA 88, 299 (303); *Heifer* BA 90, 58; *Mallach/Hartmann/Schmidt* S. 27 ff.; *Schwerd*, Rechtsmedizin Nr. 4.4.1.
382 Vgl. *Schütz* S. 45; vgl. auch BGH NStZ 88, 119 (bei *Janiszewski*).
383 *Heifer/Wehner* BA 88, 299 (307).
384 Vgl. BGH DAR 87, 194; 88, 221 (jeweils bei *Spiegel*); DAR 86, 326; NStZ 88, 119 (bei *Janiszewski*); 91, 126; NJW 91, 852; BayObLG DAR 94, 383 (bei *Bär*); OLG Köln NZV 89, 357.

bei Ermittlung der Mindest-BAK bei Prüfung der Fahrunsicherheit der höchste Wert (30%),[385] im Rahmen der Feststellung zur Schuldfähigkeit, wenn maximale BAK zugrunde zu legen ist, dagegen der niedrigste Wert, d. h. 10%.[386] Jeweils umgekehrt ist bei Abzug der durch Nachtrunk erreichten BAK zu verfahren.[387] Bei durch Blutuntersuchung ermittelter BAK spielt das Resorptionsdefizit keine Rolle.[388]

b) Atemalkoholanalyse

Literatur:

Aderjan u. a., Klebstoff-Lösemittel als Ursache eines »Atemalkohol-Wertes« von »1,96 Promille«, in: BA 1992, 360; *Bilzer/Hatz,* Vergleichende Untersuchungen zwischen der Blutalkoholkonzentration, der Speichel- und Atemalkoholkonzentration zur Frage der Einführung einer »beweissicheren Atemalkoholanalyse«, in: BA 1998, 321; *Bilzer u. a.,* Experimentelle Untersuchungen mit dem Evidential 7110 Mk II von Dräger im standardisierten Trinkversuch bei gleichzeitiger Gabe von Fructose und Ascorbinsäure, in: BA 1997, 89; *Bilzer u. a.,* Zur Frage der forensischen Beweissicherheit der Atemalkoholanalyse, in: BA 1994, 1; Denkschrift der Deutschen Gesellschaft für Rechtsmedizin zur Frage der Einführung einer »Beweissicheren Atemalkoholprobe«, in: BA 1992, 108; *Geppert,* Zur Einführung verdachtsfreier Atemalkoholkontrollen aus rechtlicher Sicht, in: *Spendel*-Festschrift S. 655; *Gilg/ Eisenmenger,* Zur Beweissicherheit und forensischen Akzeptanz von Atemalkoholanalysen mit neuen »beweissicheren« Geräten, in: DAR 1997, 1; *Grüner/Bilzer,* Untersuchungen zur Beeinflußbarkeit der Alcomat-Atemalkoholmessungen durch verschiedene Stoffe des täglichen Gebrauchs, in: BA 1990, 119; *dieselben,* Zum gegenwärtigen Stand der forensischen Atemalkoholanalyse, in: BA 1992, 98; *dieselben,* Zur Parallelität von BAK- und AAK-Grenzwerten und zu den Folgen einer »Zweigleisigkeit« bei der forensischen Begutachtung, in: BA 1992, 161; *Grüner/Penners,* Beweiswert der Atemalkoholkurve, in: NJW 1985, 1377; *Heifer,* Atemalkoholkonzentration/Blutalkoholkonzentration: Utopie eines forensisch brauchbaren Beweismittels, in: BA 1986, 229; *Höfle,* Atemanalyse zur Feststellung der Alkoholfahrt, in: VGT 1992, 314; *Hümpfner/Hein,* Untersuchungen zur Beeinflußbarkeit der Alcomat-Atemalkoholmessung durch Benzin, in: BA 1992, 365; *Iffland,* Beweissichere Atemalkoholanalyse, in: NZV 1995, 244; *Iffland/Bilzer,* Zweifel an dem beweissicheren Atemalkoholnachweisverfahren mit dem »Alcotest 7110 Evidential«, in: DAR 1999, 1; *dieselben,* Wurden Politiker und Öffentlichkeit über die Beweissicherheit der Atemalkoholanalyse im allgemeinen und der des »Alcotest 7110 Evidential« im Besonderen getäuscht?, in: JbVerkR 99, 266; *Iffland/Hentschel,* Sind nach dem Stand der Forschung Atemalkoholmessungen gerichtsverwertbar?, in: NZV 1999, H. 12; *Iffland u. a.,* Bedenken gegen die Verwertbarkeit des Atemalkoholspiegels in der forensischen Praxis, in: NJW 1999, 1379; *Kijewski u. a.,* Zur Verfälschung der Messung der Atemalkoholkonzentration, in: BA 1991, 243; *Penners/Bilzer,* Aufstoßen (Fruktation) und Atemalkoholkonzentration, in: BA 1987, 172; *Pluisch/Heifer,* Rechtsmedizinische Überlegungen zum forensischen Beweiswert von Atemalkoholproben, in: NZV 1992, 337; *Schewe,* Aktuelle Fragen der Alkoholbestimmung und -berechnung – Medizinische und juristische Aspekte, in: *Salger*-Festschrift S. 715; *Schneble,*

---

385 Vgl. BGH NJW 98, 3427; DAR 87, 194; 88, 221 (jeweils bei *Spiegel*); NStZ 88, 119 (bei *Janiszewski*); BayObLG DAR 94, 383 (bei *Bär*); OLG Köln NZV 89, 357.
386 Vgl. BGH DAR 87, 194; 88, 221 (jeweils bei *Spiegel*); DAR 86, 326; NJW 90, 778; 91, 852; NStZ 91, 126; 92, 32; DAR 99, 194 (bei *Tolksdorf*).
387 Vgl. BGH NStZ 88, 119 (bei *Janiszewski*).
388 Vgl. BGH NStZ 88, 119 (bei *Janiszewski*).

Zur Verwertbarkeit der Ergebnisse einer Atemalkoholbestimmung in der forensischen Praxis, in: BA 1986, 315; *derselbe,* Zur Anerkennung von Atemtestgeräten, in: PVT 1990, 178; *Schoknecht,* Praxiserprobung der Atemalkoholanalyse, in: BA 1990, 145; *derselbe,* Atemalkohol und Beweissicherheit, in: DAR 1991, 225; *derselbe,* Grundlagen und Grenzwerte der beweissicheren Atemalkoholmessung, in: VGT 1992, 331; *derselbe,* Beweissichere Atemalkoholanalyse, in: PVT 1993, 313; *Schoknecht u. a.,* Vorschlag zur Realisierung einer beweissicheren Atemalkoholmessung, in: BA 1991, 210; *Schoknecht u. a.,* Temperaturmessung bei der Atemalkoholanalyse, in: BA 1989, 137; *Staak/Berghaus,* Systematischer Vergleich der Verfahren zur Blut- und Atemalkoholbestimmung, in: BA 1986, 418; *Tsokos/Bilzer,* Zum Einfluß von Hypersalivation auf die Atemalkoholkonzentration, in: BA 1997, 405; *Urban u. a.,* Das Atemalkoholtestgerät »Alkomat« im kontrollierten Trinkversuch, in: BA 1991, 304; *Wilske u. a.,* Atemalkohol gegenüber Blutalkohol: Probleme mit »Ausreißern«, in: BA 1991, 224; *Wilske/Eisenmenger,* Die Atemalkoholprobe: Möglichkeiten und Grenzen, in: DAR 1992, 41.

120 Die Atemalkoholanalyse ist unter zwei Aspekten zu erörtern. Zum einen stellt sich die Frage, ob die Feststellung eines bestimmten *Atemalkoholwertes* den gerichtlich verwertbaren Schluß auf das Vorliegen einer bestimmten *Blutalkoholkonzentration* rechtfertigt. Zum anderen ist auf die *unmittelbare Bedeutung* einer beweissicher festgestellten *Atemalkoholkonzentration* einzugehen.

121 Das Ergebnis eines **Alcotests** unter Verwendung eines **Prüfröhrchens**[389] darf nur *zugunsten* des Angeklagten berücksichtigt werden, etwa im Rahmen der Feststellungen zur Schuldfähigkeit.[390] Im übrigen ist es zur Ermittlung der BAK ungeeignet.[391] Der Alcotest ist zwar ein brauchbares Mittel zur ungefähren Feststellung etwaiger Alkoholbeeinflussung,[392] reicht jedoch als Beweismittel für den Nachweis einer bestimmten BAK zum Nachteil des Angeklagten (Betroffenen) im Strafprozeß oder Bußgeldverfahren nicht aus. Das gleiche gilt für die mittels eines **Atemalkohol-Testgerätes** gemessenen Alkoholwerte.[393] Dies folgt zunächst daraus, daß ein **Rückschluß von dem gemessenen AAK-Wert auf eine bestimmte BAK** mit der für forensische Zwecke gebotenen Genauigkeit nicht möglich ist. Eine unmittelbare Konvertierbarkeit von AAK-Werten in BAK-Werte scheidet nach den Erkenntnissen der Rechtsmedizin aus.[394] Die bei der Umrechnung notwendige Hochrechnung hat zur Folge, daß selbst eine geringfügige Beeinflussung

---

389 Siehe dazu oben Rn 51.
390 Vgl. BGH NStZ 95, 96; a. M. OLG Karlsruhe VRS 85, 347
391 Vgl. BGH DAR 72, 120 (bei *Martin*); OLG Köln VRS 52, 367; OLG Zweibrücken NJW 89, 2765.
392 Vgl. oben Rn 51.
393 Vgl. BGH NStZ 95, 539; OLG Hamm NZV 94, 237; OLG Köln VRS 67, 246; BayObLG VRS 75, 211 (zust. *Heifer* NZV 89, 13); OLG Düsseldorf VM 90, 14; OLG Karlsruhe VRS 85, 347–351 – (auch für die Frage der verminderten Schuldfähigkeit); AG Westerburg NJW 95, 41; *Bilzer u. a.* BA 94, 1; *Bilzer/Grüner* BA 93, 225 (230); *Pluisch/Heifer* NZV 92, 337; *Schneble* BA 86, 315 (326); PVT 90, 178; *Heifer* BA 86, 229 (232); 91, 121 (123 f.); *Spiegel* BASt 42, 37; *Iffland/Staak* BA 86, 77 (88); *Staak/Berghaus* BA 86, 418 (426, 431); *Grüner/Penners* NJW 85, 1377; *Huckenbeck/Schweitzer* BA 85, 417; *Wilske/Eisenmenger* DAR 92, 41; *Wilske u. a.* BA 91, 224; *Grüner/Bilzer* BA 92, 98; *Grüner,* Atemalkoholprobe, S. 87, 100; Gutachten BGA »Atemalkohol« S. 32 f.; vgl. auch *Schütz* S. 37 f.; *Penners/Bilzer* BA 87, 172; a. M. AG Hannover BA 85, 338.
394 Vgl. OLG Karlsruhe VRS 85, 347; Gutachten BGA »Atemalkohol« S. 32 f.; *Schoknecht* PVT 91, 225; 93, 313; VGT 92, 331 (332); *Aderjan u. a.* BA 92, 360; *Schewe,* Salger-Festschrift S. 715 (717); *Grüner/Bilzer* BA 92, 161 (162); *Gilg/Eisenmenger* DAR 97, 1.

121 Ermittlung der BAK ohne Blutuntersuchung, Atemalkoholanalyse

des AAK-Wertes zu einer erheblichen Verfälschung des BAK-Wertes führt.[395] Bei den mit Hilfe von **Atemalkohol-Vortestgeräten** durchgeführten AAK-Prüfungen kommt hinzu, daß diese nicht das grundsätzlich von der Rechtsprechung[396] verlangte Erfordernis einer Untersuchung nach mehreren verschiedenen Verfahren erfüllen.[397] Vor allem ist aber zu berücksichtigen, daß die AAK-Meßwerte unter Verwendung der bisher zur Verfügung stehenden Atemalkohol-Testgeräte durch eine **Vielzahl verschiedener physiologischer Einflüsse**, etwa auch die unterschiedliche Verteilung des Alkohols im Organismus oder die Luftfeuchtigkeit,[398] verfälscht werden können. Falsche Meßergebnisse entstehen insbesondere dadurch, daß Temperatureinflüsse nicht ausreichend berücksichtigt werden.[399] Das Hinzutreten von Mundrestalkohol[400], auch in Zahnfleischtaschen oder aus Zahnprothesenhaftmitteln[401], oder Magenluft (Aufstoßen) kann zu einer Erhöhung des gemessenen AAK-Wertes führen.[402] Bei vermehrter Speichelbildung (Hypersalivation) wurden deutlich niedrigere AAK-Werte gemessen.[403] Eine weitere Fehlerquelle bei der Atemalkoholanalyse liegt in der mangelnden analytischen Spezifität der Atemalkohol-Testgeräte; d. h., neben Äthanol werden auch andere flüchtige Substanzen, z. B. Aceton, Lösungsmittel (etwa nach sog. »Schnüffeln«), Benzin usw., erfaßt.[404] So kann beispielsweise auch die Benutzung von Mundwässern und Rachensprays und selbst die Verwendung bestimmter Toiletten- und Rasierwässer zur Verschiebung der Meßergebnisse um bis zu 0,3 ‰ zu Lasten des Betroffenen führen.[405] Schließlich spielen auch Atemkapazität[406] und Atemtechnik eine wesentliche Rolle. Durch Hyperventilation (verstärkte Atmung) kann der angezeigte AAK-Wert erheblich gegenüber der tatsächlichen AAK verringert werden.[407] Umgekehrt führt Hypoventilation (Atmungsverminderung) zu einer erheblichen Erhöhung der AAK (und damit der daraus durch Hochrechnung ermittelten BAK).[408] Auch Lungenkrankheiten oder Rauchen beeinflussen möglicherweise die Meßergebnisse.[409] Nach *Wilske/Eisenmenger*[410] kann es zu erhöhten Meßwerten gegenüber dem Sollwert auch während der Resorptionsphase kommen.

---

395 Vgl. *Wilske/Eisenmenger* DAR 92, 41 (42).
396 Vgl. Rn 63 ff.
397 Vgl. *Grüner* JR 89, 80 (81); Gutachten BGA »Atemalkohol« S. 26, 28.
398 Vgl. *Grüner/Penners* NJW 85, 1377; *Grüner*, Atemalkoholprobe, S. 39 ff.; *derselbe*, JR 89, 80.
399 Vgl. Gutachten BGA »Atemalkohol« S. 20 f., 55; *Schoknecht* PVT 91, 225; BA 89, 137; *Bilzer/Grüner* BA 93, 225 (228); *Wilske/Eisenmenger* DAR 92, 41 (43); *Gilg/Eisenmenger* DAR 97, 1 (4); vgl. auch *Heifer* BA 91, 121 (123).
400 Vgl. *Pluisch/Heifer* NZV 92, 337 (340); Denkschrift »Atemalkoholprobe« BA 92, 113.
401 Vgl. *Gilg/Eisenmenger* DAR 97, 1 (5, 6).
402 Vgl. *Penners/Bilzer* BA 87, 172; *Wilske/Eisenmenger* DAR 92, 41 (45); Denkschrift »Atemalkoholprobe« BA 92, 113.
403 Vgl. *Tsokos/Bilzer* BA 97, 405; vgl. auch *Bilzer/Hatz* BA 98, 321.
404 Vgl. *Kijewski u. a.* BA 91, 243; *Kijewski/Sprung* BA 92, 350; *Aderjan u. a.* BA 92, 360 (Klebstoff-Lösemittel); *Hümpfner/Hein* BA 92, 365 (Benzin); *Wilske/Eisenmenger* – DAR 92, 41 (43); *Bilzer/Grüner* BA 93, 225 (228); Gutachten BGA »Atemalkohol« S. 27 f.
405 Vgl. *Grüner/Bilzer* BA 90, 119 (127 f.); *Wilske/Eisenmenger* DAR 92, 41 (43); *Gilg/Eisenmenger* DAR 97, 1 (5); einschränkend insoweit aber *Pluisch/Heifer* NZV 92, 337 (349).
406 Vgl. *Pluisch/Heifer* NZV 92, 337 (340).
407 Vgl. Gutachten BGA »Atemalkohol« S. 21, 55; *Mulder/Neuteboom* BA 87, 341; *Wilske/Eisenmenger* DAR 92, 41 (44, 46): im Versuch bei Konvertierung der AAK in BAK von 1,32 ‰ auf 0,92 ‰.
408 Vgl. Gutachten BGA »Atemalkohol« S. 21, 55; *Wilske/Eisenmenger* DAR 92, 41 (45).
409 Vgl. *Bilzer u. a.* BA 97, 89 (90); *Heifer u. a.* BA 95, 218.
410 *Wilske/Eisenmenger* DAR 92, 41 (44); vgl. auch *Pluisch/Heifer* NZV 92, 337 (342).

122 Da eine Konvertierbarkeit von Atemalkoholwerten in Blutalkoholwerte nicht möglich ist,[411] bedarf es der **Festlegung eigener Atemalkoholwerte** als Tatbestandsmerkmal durch das Gesetz oder als Beweisanzeichen für Fahrunsicherheit durch die Rechtsprechung. Für den Ordnungswidrigkeitentatbestand des § 24 a StVG ist dies mit der Einfügung bestimmter AAK-Grenzwerte inzwischen geschehen.[412] Gegen die Anerkennung der Atemalkoholmessung durch Gesetzgeber und Rechtsprechung sind indessen im rechtsmedizinischen Schrifttum seit Jahren zahlreiche Bedenken erhoben worden.[413] Auf Kritik gestoßen sind insbesondere die im »*Gutachten Prüfung der Beweissicherheit der Atemalkoholanalyse*« (im folgenden: BGA-G Atemalkohol)[414] erarbeiteten Atemalkoholgrenzwerte von 0,25 mg/l bzw. 0,40 mg/l. Die Kritik[415] stützt sich auf Untersuchungen, deren Ergebnisse Anlaß zu der Befürchtung geben, daß diese Werte zu einer Ungleichbehandlung der Atemalkoholanalysen- und Blutuntersuchungsprobanden führen. In diesen Untersuchungen wurden im Verhältnis zur festgestellten BAK erhebliche Abweichungen bei der jeweils gemessenen AAK festgestellt,[416] die auf Ungenauigkeiten der Atemalkoholmessung beruhen.[417] Vor allem ist danach **in der Resorptionsphase eine Schlechterstellung** derjenigen nicht auszuschließen, die sich dem Atemalkoholtest statt der Blutuntersuchung unterziehen.[418] Nach Untersuchungen von *Wilske* und *Eisenmenger*[419] kann es während der Resorptionsphase zu erhöhten Meßwerten kommen,[420] vor allem in Fällen lang anhaltender Resorptionsvorgänge.[421] Experimentelle Untersuchungen von *Bilzer* und Mitarbeitern[422] mit Prototypen des Gerätes »Evidential 7110« haben in der postresorptiven Phase in 40 % der Fälle überhöhte Atemalkoholkonzentrationen ergeben. Dennoch hatte die Bundesregierung demgegenüber in Beantwortung einer Kleinen Anfrage[423] auf einen in den Jahren 1993 und 1994 durchgeführten Feldversuch verwiesen, in dem vier Prototypen dieses Gerätes erfolgreich erprobt worden seien.

123 Nach Ansicht von *Heifer*[424] kann eine gemessene AAK nur als Richtgröße, nicht aber als zuverlässige Meßgröße verstanden werden; der Gesetzestext des § 24 a StVG gehe insofern von falschen Voraussetzungen aus. In diesem Zusammenhang

---

411 Vgl. oben Rn 121.
412 Gesetz zur Änderung des StVG vom 27. 4. 1998 (BGBl I S. 795); s. dazu *Hentschel* NJW 98, 2385.
413 Vgl. insbesondere Denkschrift »Atemalkoholprobe« BA 1992, 108; *Iffland/Bilzer* JbVerkR 99, 266; *Iffland u. a.* NJW 99, 1379; *Grüner/Bilzer* BA 92, 161 (164, 169 f.); *Iffland* NZV 95, 249; *Heifer* BA 98, 231; vgl. auch *Iffland/Hentschel* NZV 99, H. 12.
414 Gutachten des Bundesgesundheitsamtes »Prüfung der Beweissicherheit der Atemalkoholanalyse« von *Günter Schoknecht* unter Mitarbeit von *Klaus Fleck* und *Bernd Kophamel-Röder*, 1991 (BGA-G Atemalkohol).
415 Vgl. insbes. *Iffland/Bilzer* DAR 99, 1 (4) sowie JbVerkR 99, 266.
416 Vgl. *Köhler u. a.* BA 97, 36 (42); *Bilzer u. a.* BA 97, 89 (93); *Bilzer/Hatz* BA 98, 321, vgl. auch *Iffland/Bilzer* JbVerkR 99, 266 (273, 292).
417 Vgl. *Iffland/Bilzer* JbVerkR 99, 266 (275).
418 Vgl. *Grüner/Bilzer* BA 92, 161 (164, 169 f.); *Iffland u. a.* NJW 99, 1379.
419 *Wilske/Eisenmenger* DAR 92, 41 (44).
420 Vgl. auch *Pluisch/Heifer* NZV 92, 337 (342).
421 Vgl. *Gilg/Eisenmenger* DAR 97, 1 (5).
422 *Bilzer u. a.* BA 97, 89.
423 BTDrucks. 13/9094.
424 *Heifer* BA 1998, 231.

wird im naturwissenschaftlichen Schrifttum[425] darauf hingewiesen, daß für die Beeinträchtigung der Hirnleistung und damit der Fahrsicherheit nicht die AAK, sondern ausschließlich die BAK entscheidend ist. Schon dies spricht entscheidend gegen die Festlegung eines **Beweisgrenzwertes von 0,55 bis 0,60 mg/l AAK für absolute Fahrunsicherheit** durch die Rechtsprechung, obwohl nach den Ausführungen von *Schoknecht* im BGA-G Atemalkohol[426] ein solcher AAK-Wert grundsätzlich einem BAK-Wert von 1,1 ‰ entsprechen soll. Beruhen die erwähnten Abweichungen zwischen dem durch die BAK einerseits und die AAK andererseits angezeigten Grad der alkoholischen Beeinträchtigung eines Fahrzeugführers auf Ungenauigkeiten bei der Atemalkoholmessung,[427] so scheidet die Einführung von AAK-Beweisgrenzwerten durch die Rechtsprechung jedenfalls aus. Im übrigen fußen die bisherigen, auf die *BAK* bezogenen Beweisgrenzwerte für absolute Fahrunsicherheit entweder auf statistischen Untersuchungen über die stochastische Abhängigkeit des Gefährlichkeitsgrades alkoholbeeinflußter Kraftfahrer von der Höhe der *BAK*[428] oder auf experimentellen Untersuchungen über die Leistungseinbuße, bezogen auf eine bestimmte *BAK*.[429] Derartige Untersuchungen, bezogen auf die *AAK*, liegen jedoch bisher nicht vor.[430] Sollte dennoch eine Festlegung von Grenzwerten für die Feststellung alkoholbedingter Fahrunsicherheit im Rahmen der §§ 316, 315 c StGB erwogen werden, wird schließlich zu berücksichtigen sein, daß die Mitteilung der **Einzelwerte der Atemalkoholmessung** zur Überprüfung der Standardabweichung oder höchstzulässiger Variationsbreiten, wie sie von der Rechtsprechung für die BAK-Messung gefordert wird,[431] z. B. bei Verwendung des bisher technisch besonders ausgereiften Gerätes *»Evidential 7110 Mk III«* nicht uneingeschränkt möglich ist.[432]

Für die **forensische Verwertbarkeit der AAK** gelten jedenfalls folgende Anforderungen: Will das Gericht die mit einem Atemalkoholmeßgerät festgestellte Atemalkoholkonzentration einer Verurteilung zugrunde legen, so muß sichergestellt sein, daß eine Beeinflussung des Meßergebnisses durch die oben[433] genannten möglichen **Fehlerquellen ausgeschlossen** werden kann. Insbesondere setzt z. B. eine Verurteilung nach § 24 a I Nr. 1 oder Nr. 2 StVG aufgrund der festgestellten Atemalkoholkonzentration zunächst zwingend voraus, daß es sich bei dem Atemalkoholmeßgerät um ein **geeichtes Gerät** handelt. Nach § 3 I Nr. 4 Eichordnung i. d. F. vom 24. 9. 1992[434] unterliegen Atemalkoholmeßgeräte für die amtliche Überwachung des Straßenverkehrs der Eichpflicht.[435] **Meßgerät und angewendete Meßmethode** müssen ferner stets die im Gutachten des Bundesgesundheitsamtes »Prüfung der Beweissicherheit der Atemalkoholanalyse« (BGA-G Atemalkohol)

---

425 *Bilzer u. a.* Blutalkohol 97, 89; *Iffland/Bilzer* DAR 99, 1 (5) und JbVerkR 99, 266 (270, 277).
426 BGA-G Atemalkohol S. 53.
427 So *Iffland/Bilzer* JbVerkR 99, 266 (275); *Iffland u. a.* NJW 99, 1379 (1380).
428 Siehe dazu unten Rn 146.
429 So der Beweisgrenzwert für Radfahrer, s. unten Rn 164.
430 Vgl. auch *Iffland u. a.* NJW 99, 1379 (1381).
431 Vgl. Rn 85 f.
432 Vgl. *Iffland/Bilzer* DAR 99, 1 (2), JbVerkR 99, 266 (280).
433 Vgl. Rn 109.
434 BGBl I S. 1653.
435 Zur Eichung von Atemalkoholmeßgeräten: *Schoknecht/Barduhn* BA 99, 159.

gestellten Erfordernisse erfüllen. Die amtliche Begründung zur Einführung der Atemalkoholgrenzwerte in § 24 a StVG zeigt, daß davon auch der Gesetzgeber ausgeht:

»Bei der Atemalkoholbestimmung dürfen nur Meßgräte eingesetzt und Meßmethoden angewendet werden, die den im Gutachten gestellten Anforderungen genügen.«[436]

125 Nach dem BGA-G Atemalkohol werden als Grundanforderungen verlangt:

1. Einhaltung der OIML-Empfehlungen, Bauartzulassung durch die Physikalisch-Technische Bundesanstalt, Eichung und Nacheichung durch die Eichbehörden. OIML ist die Abkürzung für die *»Organisation Internationale de Métrologie Légale«.*
2. Weitere Erfordernisse sind nach dem Gutachten die Vorgabe von Mindestvolumina in Abhängigkeit von Geschlecht und Alter zur Erfassung von Alveolarluft, ferner Messung des Exspirationsvolumens und Messung der Exspirationsdauer. Bei der zu erfassenden Alveolarluft handelt es sich um denjenigen Anteil der exspirierten Atemluft, der aus den Lungenbläschen stammt, in denen der Gasaustausch zwischen dem Kapillarblut der Lunge und der Atemluft stattgefunden hat.
3. Einflüsse der Körpertemperatur und der Umgebungstemperatur sowie Einflüsse der Atemtechnik (Hyper- und Hypoventilation) sind durch Messung der Atemtemperatur und Umrechnung auf die Bezugstemperatur zu vermeiden.
4. Um eine Meßwertbeeinflussung durch Mundrestalkohol oder Mundalkohol auszuschließen, sind Doppelmessung und Beurteilung der Meßwertdifferenz sowie eine Wartezeit von 20 Minuten nach Trinkende notwendig.
5. Zum Ausschluß von die Messung beeinflussenden Substanzen durch Rauchen oder die Benutzung von Mundwasser oder Spray bedarf es einer Kontrollzeit von 10 Minuten, die in der Wartezeit von 20 Minuten enthalten sein kann.
6. Die Messung muß mit zur Funktions- und Kalibrierungskontrolle bei jeder Messung zwei voneinander unabhängigen Meßsystemen mit elektronischer Selbstkontrolle erfolgen.
7. Als weitere Anforderung nennt das Gutachten schließlich zur Gewährleistung des Ethanolnachweises und der Erkennung von Fremdgasen die Messung in zwei Wellenlängenbereichen bei der Infrarotmessung.

126 In dem genannten Gutachten (1991) kommt der Verfasser (*Schoknecht*) zu dem Ergebnis, daß die technischen Voraussetzungen für die Einführung der Atemalkoholmessung *»in Zukunft«* gegeben sind. Allerdings stellt auch der Verfasser des Gutachtens in einem Beitrag aus dem gleichen Jahr fest, daß es – jedenfalls zum damaligen Zeitpunkt – keine Atemalkoholtestgeräte gab, die den im Gutachten geschilderten technischen Anforderungen an die forensische Verwertbarkeit einer Atemalkoholanalyse entsprachen.[437] Auch nach den weiteren, in den folgenden Jahren bis Ende 1998 veröffentlichten Untersuchungsergebnissen hatte keines der getesteten Atemalkoholmeßgeräte den an eine »beweissichere« Atemalkoholanalyse zu stellenden Anforderungen genügt.[438] Inzwischen hat allerdings das Atemalkoholmeßgerät »Alcotest 7110 Evidential, Typ Mk III« (*Dräger*) am 17. 12. 1998 die **Bauartzulassung der Physikalisch-Technischen Bundesanstalt** erhalten.

---

436 BTDrucks. 13/1439 S. 4.
437 *Schoknecht* PVT 91, 225 (226).
438 Vgl. *Bilzer* Blutalkohol 1994, 1; *Bilzer u. a.* Blutalkohol 97, 96; *Gilg/Eisenmenger* DAR 1997, 6.

Nach Nr. 5 der Bauartzulassung gelten folgende Bedingungen, Auflagen und Beschränkungen: jährliche Wartung des Gerätes, eichtechnische Prüfung, dauerhafte Anbringung eines Schildes mit Angaben über die zulässigen Umgebungstemperaturen und den zulässigen Meßbereich. Entsprechend den Anforderungen des BGA-G »Atemalkohol« (s. Rn 124 f.) erfolgt die Messung durch dieses Gerät zweimal in zeitlichem Abstand, und zwar mit zwei verschiedenen Meßsystemen, nämlich mittels eines Infrarot-Detektors (IR) und eines elektrochemischen Detektors (EC). Es werden aber nicht sämtliche Meßwerte ausgedruckt, was eine Überprüfung der Variationsbreite und der zulässigen Standardabweichung unmöglich macht.[439] Auch fehlt auf dem Ausdruck ein Hinweis auf die Art des Meßverfahrens (IR bzw. EC); vielmehr heißt es dort nur »Probandenmessung 1«, »Probandenmessung 2« und »Meßergebnis«, wobei es sich bei dem »Meßergebnis« offensichtlich um das arithmetische Mittel zwischen den »Probandenmessungen« 1 und 2 handelt.[440]

Bei einer etwaigen Rückrechnung ist zu beachten, daß die AAK-Kurve in der Eliminationsphase, anders als die BAK-Kurve[441], nicht linear verläuft, sondern eine exponentiellem Verlauf angenäherte Linie beschreibt.[442]

Nach einer Untersuchung von Klug und Hopfenmüller[443] ist unter günstigen Umständen ein **Rückschluß aus der HAK** auf die Mindest-BAK möglich. Klug und Hopfenmüller schlagen nach Auswertung von 155 Blut- und Harnalkoholkonzentrationen folgende Gleichung vor:

$$BAK = 0{,}788 \cdot HAK - 0{,}96 \; (‰)$$

5. Das Sachverständigengutachten

Literatur:

Haubrich, »Vergleichende Blutprobe« als Prozeßverschleppung, in: NJW 1981, 2507; *Molketin*, Blutentnahmeprotokoll, ärztlicher Befundbericht und Blutalkoholgutachten im Strafverfahren, in: BA 1989, 124; *Strate*, Zur Mitteilung der Blutalkoholbefunde im strafrichterlichen Urteil, in: BA 1978, 405.

a) Verlesbarkeit

Gutachten über die Bestimmung des Blutalkoholgehalts einschließlich seiner Rückrechnung sowie ärztliche Berichte zur Entnahme von Blutproben können in der Hauptverhandlung verlesen werden (§ 256 StPO), vorausgesetzt, das Schriftstück läßt erkennen, von welchem Arzt es verfaßt wurde.[444] Die Verlesung kann,

---

439 Vgl. *Iffland/Bilzer* DAR 99, 1 (2) sowie JbVerkR 99, 266 (280); *Iffland u. a.* NJW 99, 1379 (1380).
440 Siehe dazu auch *Iffland/Hentschel* NZV 99, H. 12.
441 Vgl. Rn 96.
442 Vgl. *Bilzer/Hatz* BA 98, 321 (322); zur Rückrechnung der AAK s. auch die Empfehlung der Alkoholkommission der deutschen Gesellschaft für Rechtsmedizin BA 99, 177.
443 *Klug/Hopfenmüller*, Schmidt-Festschrift S. 229.
444 Andernfalls keine Verlesbarkeit nach § 256 StPO, vgl. BayObLG VM 88, 69.

Feststellung von BAK, AAK und Ausfallerscheinungen 130–134

wenn niemand widerspricht, auch in abgekürzter Form erfolgen, wobei es einer Bekanntgabe im Protokoll nicht bedarf. Wird nicht ausdrücklich durch einen Beteiligten die wörtliche Verlesung beantragt, so kann der Inhalt derartiger Gutachten auch in anderer Weise vom Vorsitzenden festgestellt und bekanntgemacht werden.[445] Von dieser Möglichkeit wird in der tatrichterlichen Praxis insbesondere dann regelmäßig Gebrauch gemacht, wenn die einzelnen Meßwerte der Blutprobenanalysen in die Hauptverhandlung eingeführt werden.

130 Sobald allerdings Zweifel über die Frage einer möglicherweise erfolgten Vertauschung der Blutprobe entstehen, reicht die Verlesung nicht aus. In solchen Fällen wird i. d. R. die Vernehmung des Gutachters geboten sein.[446]

b) Anforderungen an die Grundlagen des Gutachtens

131 Ein Sachverständigengutachten zur BAK kann der Entscheidung nur zugrunde gelegt werden, wenn eine Verwechslung der Blutprobe ausgeschlossen ist und keine Zweifel an der richtigen Durchführung der Untersuchungen bestehen.[447]

c) Zugrundelegung der in einem fremden Gutachten festgestellten Werte durch den Sachverständigen

132 Es ist nicht erforderlich, daß das Gutachten über die Fahrsicherheit des Angeklagten oder die BAK des Betroffenen von demselben Gutachter erstattet wird, der das Blut untersucht hat. Es verstößt insbesondere nicht gegen den Grundsatz der Unmittelbarkeit der Beweisaufnahme, wenn in der Hauptverhandlung ein anderer Mitarbeiter des betreffenden Instituts an die Feststellungen dessen anknüpft, der die Analysen durchgeführt hat.[448]

133 In derartigen Fällen liegt allerdings ein Verfahrensverstoß vor, wenn das fremde Gutachten, auf das Bezug genommen werden muß, nicht ordnungsgemäß, etwa durch Verlesung oder der Verlesung gleichwertige Bekanntgabe,[449] in die Hauptverhandlung eingeführt worden ist.[450]

d) Diskrepanz zwischen der ermittelten Blutalkoholkonzentration und Zeugenaussagen oder klinischem Befund

134 Ist die aufgrund der Blutuntersuchung vom Sachverständigen ermittelte BAK mit den Aussagen von Zeugen über den vom Angeklagten oder Betroffenen genossenen Alkohol unvereinbar, so wird das Gericht seiner Aufklärungspflicht nur

---

445 Vgl. OLG Köln BA 76, 366; VRS 73, 136 (ärztlicher Bericht); 73, 203 (210); OLG Hamm BA 69, 243; enger (nicht durch bloßen Vorhalt) OLG Celle NStZ 87, 271 (bei *Janiszewski*); OLG Düsseldorf NZV 90, 42; VRS 85, 452; s. dazu auch *Molketin* BA 89, 124.
446 Vgl. OLG Hamm VRS 37, 290.
447 Vgl. AG Mannheim NJW 68, 2309.
448 Vgl. BGH NJW 67, 299; OLG Köln NJW 64, 2218; KG VRS 29, 124; OLG Koblenz VRS 39, 202; a. M.: OLG Celle NJW 64, 462.
449 Vgl. hierzu oben Rn 129.
450 Vgl. BGH NJW 67, 299; OLG Hamburg BA 69, 160; OLG Köln NJW 64, 2218; KG VRS 29, 124.

gerecht, wenn es prüft, ob die Blutprobe ordnungsgemäß gewonnen, behandelt und fehlerfrei untersucht worden ist. Ferner hat es sorgfältig die Glaubwürdigkeit des Angeklagten und vor allem der Zeugen zu prüfen. Sodann muß die Beweiswürdigung ergeben, welchem Beweismittel der größere Beweiswert zukommt.[451] Im Berufungsverfahren reicht bei solcher Unvereinbarkeit zwischen Sachverständigengutachten und Zeugenaussagen die bloße Verlesung der Zeugenaussagen zumeist nicht aus, so daß Vernehmung der Zeugen erforderlich sein wird.[452]

Dagegen rechtfertigt das Bestehen der Nüchternheitsproben bei der Blutentnahme oder gar der Eindruck, den medizinische Laien von dem Trunkenheitsgrad des Angeklagten haben, grundsätzlich keine Zweifel an der Richtigkeit der von dem Sachverständigen ermittelten BAK.[453] 135

Bei ganz extremen Diskrepanzen ist allerdings auch hier Aufklärung geboten.[454] Rechtsfehlerhaft, weil unvereinbar, wäre daher z. B. die Feststellung des Gerichts, der Angeklagte habe gegen 0 Uhr eine BAK von 4 ‰ aufgewiesen, gleichwohl seien die Aussagen von Zeugen glaubhaft, wonach der Angeklagte um 7.30 Uhr keinerlei alkoholische Beeinflussung gezeigt habe.[455] 136

e) Mitteilung der Anknüpfungstatsachen des Sachverständigengutachtens im Urteil

Der Umfang der Pflicht zur Darlegung von Anknüpfungstatsachen des Sachverständigengutachtens im Urteil richtet sich nach der jeweiligen Beweislage und der Bedeutung, die der Beweisfrage für die Wahrheitsfindung zukommt.[456] Solche Anknüpfungstatsachen sind z. B. die gemessenen Einzelwerte der Blutuntersuchung, der Rückrechnungsfaktor, das Trinkende, die Trinkmenge, das Körpergewicht des Angeklagten usw. Insbesondere, wenn Unvereinbarkeiten zwischen der ermittelten BAK und Zeugenaussagen vorliegen, kann die lückenlose Mitteilung solcher Tatsachen, an die das Sachverständigengutachten anknüpft, geboten sein.[457] Regelmäßig bedarf es nicht der **Mitteilung der Analyseneinzelwerte** im Urteil, vielmehr ist es sachlich-rechtlich nicht zu beanstanden, wenn das Urteil nur die Angabe des BAK-Mittelwertes enthält.[458] 137

Bei zahlreichen einfach gelagerten Fällen wird es einer Mitteilung der Anknüpfungstatsachen und der Darlegungen des Sachverständigen und ihrer Würdigung 138

---

451 Vgl. BayObLG NJW 67, 312; OLG Hamm VRS 25, 348; BSG NZV 90, 45 (im Ergebnis zweifelhaft; krit. Anm. *Schneble* BA 89, 359); *Mühlhaus* DAR 54, 121.
452 Vgl. BayObLG NJW 67, 312.
453 Vgl. hierzu oben Rn 42 f.
454 Vgl. oben Rn 44.
455 Vgl. OLG Hamm VRS 25, 471.
456 Vgl. BGH NJW 59, 780; OLG Köln BA 76, 238; VRS 61, 140; 64, 294; 65, 367; 66, 352; OLG Hamburg VRS 28, 196; BA 75, 275; OLG Bremen VRS 48, 272; OLG Hamm NJW 72, 1526.
457 Vgl. hierzu oben Rn 134.
458 Vgl. BGH NJW 79, 609; NZV 93, 485 (486); OLG Schleswig NJW 78, 1209; OLG Düsseldorf NJW 78, 1207; *Händel* BA 78, 214; JR 78, 427;
   a. M. *Strate* BA 78, 405. OLG Köln VRS 57, 23; BA 76, 238; OLG Karlsruhe NJW 77, 1111 und OLG Düsseldorf VRS 56, 292 halten die Angabe der Einzelwerte im Urteil für erforderlich, wenn sich die BAK in Grenzwertnähe (0,8 oder 1,1 ‰) bewegt.

Feststellung von BAK, AAK und Ausfallerscheinungen

in den Urteilsgründen im einzelnen nicht bedürfen, immer dann nämlich, wenn die Bestimmung der BAK keine besonderen Probleme aufwirft.[459] Zu eng erscheint die Auffassung, aus der Tatsache, daß sich das Gericht überhaupt zur Feststellung der Tatzeit-BAK eines Sachverständigen bediene, lasse sich schließen, daß es sich nicht um einen einfach gelagerten Fall handele mit der Folge, daß die Anknüpfungstatsachen im Urteil mitzuteilen und zu würdigen seien.[460] Hat ein als zuverlässig bekannter Sachverständiger ein sorgfältig erarbeitetes Gutachten über die BAK zur Tatzeit erstattet, so ist, wenn nicht besondere Schwierigkeiten hierzu Anlaß geben, die Angabe der Anknüpfungstatsachen durch den Tatrichter entbehrlich.[461] Das gilt vor allem auch dann, wenn der festgestellte Analysenmittelwert den für die Feststellung der Tatbestandsverwirklichung entscheidenden Wert von 0,5 bzw. 0,8 oder 1,1 ‰ *jedenfalls* erreicht hat. Zeitpunkt der Blutentnahme oder Trinkende etwa brauchen dann, wenn sie nicht in anderem Zusammenhang (z. B. §§ 20, 21 StGB) von Bedeutung sind, nicht mitgeteilt zu werden.[462]

139 Das Gericht darf sich niemals darauf beschränken, das Ergebnis des Gutachtens eines Sachverständigen kritiklos zu übernehmen und seinem Urteil zugrunde zu legen. Es hat das Gutachten vielmehr einer **selbständigen Prüfung,** insbesondere hinsichtlich der Schlüssigkeit der vom Sachverständigen gezogenen Folgerungen, zu unterziehen.[463] Schließt sich das Gericht in schwierig gelagerten Fällen dem Gutachten in vollem Umfang einfach an, ohne eigene Erwägungen im Urteil darzulegen, so muß es alle wesentlichen Anknüpfungstatsachen des Gutachtens und die hieraus gezogenen Schlüsse so weit mitteilen, als sie zum Verständnis des Gutachtens und des Urteils erforderlich sind.[464] Wenn etwa die Errechnung der Tatzeit-BAK im Hinblick auf Nachtrunk oder andere Besonderheiten des Falles mit Schwierigkeiten verbunden war, so ist es nicht ausreichend, wenn der Tatrichter z. B. in den Urteilsgründen lediglich schreibt, aufgrund des ausführlichen und überzeugenden Gutachtens des medizinischen Sachverständigen, dem er sich in vollem Umfang anschließe, stehe fest, daß die BAK des Angeklagten zur Tatzeit 1,1 ‰ betragen habe.[465] Unter Umständen kann es jedoch auch in solchen Fällen ausreichen, im Urteil die zur Errechnung der Tatzeit-BAK erforderlichen Anknüpfungstatsachen anzugeben, ohne darüber hinaus die tragenden Erwägungen des Sachverständigen mitzuteilen.[466]

---

459 Vgl. BGH DAR 84, 197 Nr. 3 (bei *Spiegel*); OLG Hamm NJW 72, 1526; OLG Hamburg VRS 28, 196; BA 75, 275; OLG Köln NJW 82, 2613; so offenbar auch BGH NJW 59, 780; vgl. hierzu auch OLG Köln BA 77, 125.
460 So aber OLG Hamm DAR 71, 274.
461 Vgl. OLG Hamburg BA 75, 275; *vgl. dagegen* BGH VRS 31, 107 sowie OLG Köln VRS 60, 373; BA 70, 76; 70, 159, das offenbar weitestgehend die Mitteilung von Anknüpfungstatsachen verlangt; zur Mitteilungspflicht bei Rückrechnung vgl. Rn 113.
462 Vgl. dagegen OLG Köln VRS 60, 373.
463 Vgl. hierzu *Jessnitzer/Frieling* Rn 239.
464 Vgl. BGH VRS 31, 107; NStZ 86, 114; NJW 86, 2384; OLG Frankfurt NZV 97, 239; OLG Zweibrücken VRS 87, 435; OLG Köln VRS 65, 367; NJW 82, 2613; OLG Düsseldorf VRS 64, 208; OLG Hamburg MDR 79, 693; OLG Hamm DAR 71, 274; OLG Koblenz VRS 56, 360; DAR 74, 134; vgl. auch *Jessnitzer/Frieling* Rn 239.
465 Vgl. hierzu für den Fall des Nachtrunks OLG Hamm BA 78, 379; OLG Düsseldorf VRS 64, 208; OLG Frankfurt NZV 97, 239.
466 Vgl. OLG Köln VRS 56, 446.

Erst recht muß sich das Gericht im Urteil natürlich eingehend mit dem Gutachten des Sachverständigen auseinandersetzen, wenn es diesem nicht folgen will. Die Gründe müssen dann erkennen lassen, daß das Gericht die erforderliche Sachkunde selbst besitzt, um zu einer vom Sachverständigen abweichenden Beurteilung zu kommen.[467] 140

Liegt der im Sachverständigengutachten ermittelte Wert der BAK, auf den es für das Urteil entscheidend ankommt, nahe bei 1,1 ‰ (oder bei 0,5 bzw. 0,8 ‰) und sind bei der Ermittlung dieses Wertes besondere Schwierigkeiten aufgetreten (etwa wegen der Behauptung eines Nachtrunks oder wegen Besonderheiten des Trinkverhaltens), so sind im tatrichterlichen Urteil die Anknüpfungstatsachen lückenlos anzugeben.[468] Der Mitteilung der Anknüpfungstatsachen bedarf es auch in den Fällen, in denen die BAK unter Zugrundelegung eines höheren Sicherheitszuschlags aus Blutuntersuchungen ermittelt wurde, die nicht den grundsätzlich zu stellenden Anforderungen[469] entsprechen (weniger als die erforderliche Anzahl von Einzelanalysen, nur *eine* Untersuchungsmethode u. ä.).[470] 141

Wird die BAK **ohne Blutuntersuchung aufgrund der Trinkmenge** errechnet,[471] so gehören zu den wesentlichen, im Urteil mitzuteilenden Anknüpfungstatsachen vor allem diejenigen, aus denen sich die einzelnen Faktoren der Berechnung ergeben,[472] also Gewicht des genossenen Alkohols, Körpergewicht, Reduktionsfaktor r,[473] Abbauwert und Trinkzeit. Sind diese Tatsachen im Urteil bis auf das Körpergewicht mitgeteilt, so ist das Fehlen der Körpergewichtsangabe allerdings dann unschädlich, wenn das aus den übrigen Anknüpfungstatsachen errechenbare Körpergewicht etwa dem entspricht, was bei dem Angeklagten nach den übrigen Feststellungen des Urteils zu erwarten ist.[474] 142

f) Unangreifbarkeit der Befundtatsachen

Die durch den Sachverständigen aufgrund seiner Sachkunde ermittelten sog. »Befundtatsachen« wie reduziertes Körpergewicht[475] oder Dauer der Resorptionsphase dürfen vom Gericht aus dem mündlich erstatteten Gutachten ohne weitere Beweisaufnahme übernommen werden und sind der Nachprüfung durch das Revisions-(Rechtsbeschwerde-)Gericht entzogen.[476] 143

g) Beweis der Identität des untersuchten Blutes

Angesichts der zahlreichen Sicherheitsvorkehrungen in den Untersuchungsinstituten gegen eine Vertauschung von Blutproben ist es weitestgehend ausgeschlos- 144

---

467 Vgl. auch *Jessnitzer/Frieling* Rn 111.
468 Vgl. OLG Hamm NJW 72, 1526; vgl. auch OLG Köln BA 76, 238.
469 Vgl. dazu Rn 56 ff.
470 Vgl. OLG Hamm BA 81, 261.
471 Vgl. hierzu oben Rn 116 ff.
472 Vgl. auch BGH DAR 84, 197 (bei *Spiegel*); NJW 86, 2384.
473 Vgl. hierzu oben Rn 117.
474 Vgl. OLG Hamburg NJW 68, 215.
475 Vgl. hierzu oben Rn 117.
476 Vgl. OLG Bremen VRS 54, 65; vgl. hierzu auch *Jessnitzer/Frieling* Rn 554 m. w. Nw.

sen, daß das untersuchte Blut von einer anderen Person als vom Angeklagten (Betroffenen) stammt.[477] Auch wenn keine entsprechenden Anhaltspunkte vorliegen, darf das Gericht einen Beweisantrag, gerichtet auf die Einholung eines Sachverständigengutachtens zur Frage der Identität des untersuchten Blutes mit dem des Angeklagten, aber nicht nach § 244 IV 2 StPO ablehnen, weil das Gutachten zur Höhe der BAK diese Frage bereits mitumfasse. Liegen Gründe i. S. d. § 244 III StPO nicht vor, so ist auf Antrag vielmehr ein Gutachten auf der Grundlage einer vergleichenden Untersuchung der Blutmerkmale einzuholen.[478] Wird die **Vernehmung eines bestimmten Zeugen** zum Beweis der Behauptung beantragt, die untersuchte Blutprobe stamme nicht von dem Angeklagten, sondern sei verwechselt worden, so kann der Antrag als Beweisermittlungsantrag abzulehnen sein, wenn nicht mitgeteilt wird, bei welcher Gelegenheit sich die Verwechslung ereignet haben soll; es kann dann nämlich nicht geprüft werden, ob der Zeuge überhaupt als geeignetes Beweismittel in Frage kommt.[479] Im übrigen ist die Einholung eines Identitätsgutachtens als das bessere Beweismittel geeignet, eine Zeugenvernehmung zur Verwechslung entbehrlich zu machen.[480]

III. Die absolute Fahr-(Verkehrs-)Unsicherheit

Literatur:

Boers, Rückwirkende Anwendung der 1,3-Promille-Grenze, in: NJW 1967, 1310; *Forster/Joachim*, Blutalkohol und Straftat, Stuttgart 1975; *Grüner/Bilzer*, Zur Senkung des Grenzwerts der absoluten Fahruntüchtigkeit wegen verbesserter Meßqualität bei der forensischen Blutalkoholbestimmung, in: BA 1990, 175; *dieselben*, Vergleichende Betrachtung der Gutachten des Bundesgesundheitsamtes »Zur Frage Alkohol bei Verkehrsstraftaten« (1966) und »Zum Sicherheitszuschlag auf die Blutalkoholbestimmung« (1989), in: BA 1990, 222; *Haffke*, Promille-Grenze und Rückwirkungsverbot, in: BA 1972, 32; *Händel*, Anwendung des Beweisgrenzwertes von 1,3 Promille auf vor dem 9. 12. 1966 begangene Taten, in: NJW 1967, 537; *Heifer*, Rechtsmedizinische Probleme beim Übergang zur 1,1 ‰-Grenze, in: NZV 1990, 374 = BA 1990, 373; *Hentschel*, Die sog. absolute Fahruntüchtigkeit nach dem Beschluß des BGH vom 28. 6. 1990, in: NZV 1991, 329; *Hüting/Konzak*, Die Senkung des Grenzwertes der absoluten Fahrunsicherheit und das Rückwirkungsverbot des Art. 103 II GG, in: NZV 1991, 255; *Krüger*, Absolute Fahruntüchtigkeit bei 1,0 Promille – die falsche Grenze, in: BA 1990, 182; *Messmer/Bergschneider*, Rückwirkende Anwendung der Entscheidung des BGH über die 1,3-Promille-Grenze?, in: DAR 1967, 45; *Mollenkott*, Absolute Fahruntüchtigkeit von Radfahrern bei einer Blutalkoholkonzentration von 1,5 ‰, in: NJW 1985, 666; *von Mutius*, Zu den verfassungsrechtlichen Grenzen höchstrichterlicher Norminterpretation und Rechtsfortbildung, in: BA 1990, 375; *Naucke*, Juristische Entwicklungen an den Promille-Grenzen zur Bewertung der Fahrtüchtigkeit von Kraftfahrern, in: *Bockelmann*-Festschrift, S. 699; *derselbe*, Rückwirkende Senkung der Promille-Grenze und Rückwirkungsverbot (Art. 103 Abs. 2 GG), in: NJW 1968, 2321; *Ranft*, Herabsetzung des Grenzwertes der

---

477 Anders allenfalls bei bewußter Täuschung durch die untersuchte Person, s. *Püschel u. a.* BA 94, 315 (316).
478 Vgl. BayObLG VRS 61, 40; OLG Köln NZV 91, 397; vgl. dazu auch *Püschel u. a.* BA 94, 315; *Haubrich* NJW 81, 2507.
479 Vgl. OLG Köln VRS 73, 203; 93, 436 (439).
480 Vgl. OLG Köln VRS 73, 203; 93, 436 (439).

»absoluten Fahruntüchtigkeit« und Rückwirkungsverbot, in: JuS 1992, 468; *Riese,* Rückwirkende Senkung der Promillegrenze und Rückwirkungsverbot (Art. 103 Abs. 2 GG), in: NJW 1969, 549; *Salger,* Die Zerstörung des Vertrauens in eine gefestigte Rechtsprechung – 1,1 Promille als neuer Grenzwert der absoluten Fahrunsicherheit?, in: BA 1990, 1 = NZV 90, 1 = DRiZ 90, 16; *Schewe u. a.,* Experimentelle Untersuchungen zur Frage der alkoholbedingten Fahruntüchtigkeit von Fahrrad- und Mofafahrern, in: BA 1980, 298; *dieselben,* Untersuchungen über alkoholbedingte Leistungseinbußen bei Fahrrad- und Mofa-Fahrern, in: Beitr. gerichtl. Med. XXXVI, 239; *dieselben,* Experimentelle Untersuchungen zur Frage des Grenzwertes der alkoholbedingten absoluten Fahruntüchtigkeit bei Fahrradfahrern, in: BA 1984, 97; *Schuster u. a.,* Pkw-Fahrversuche der alkoholbedingten Fahrunsicherheit bei Dunkelheitsfahrten, in: BA 1991, 287; *Staak/Berghaus,* Aktuelle Aspekte der Grenzwertdiskussion in der rechtsmedizinischen Alkoholbegutachtung, in: NJW 1981, 2500; *Tröndle,* Rückwirkungsverbot bei Rechtsprechungswandel?, in: *Dreher-Festschrift,* S. 117; *Weidemann,* Unkenntnis geänderter Rechtsprechung als Entschuldigungsgrund?, in: DAR 1984, 310.

1. Der allgemeine Beweisgrenzwert von 1,1 ‰

a) Grundsatz

Es wurde schon erwähnt, daß die Begriffe »absolute« und »relative« Fahrunsicherheit nur verschiedene Arten des *Nachweises* der Fahrunsicherheit, nicht aber verschiedene Stufen im Sinne eines unterschiedlichen Ausmaßes der Fahrunsicherheit bezeichnen.[481] Absolute Fahrunsicherheit bedeutet nur, daß die Höhe der BAK zur Feststellung der Fahrunsicherheit *allein* ausreicht, ohne daß es weiterer Beweisanzeichen bedürfte.[482]

Absolut fahrunsicher sind *Kraftfahrer* bei einer BAK von 1,1 ‰.[483] Das heißt, daß ein Kraftfahrer, wenn er diese BAK erreicht hat, in keinem Falle mehr »in der Lage ist, das Fahrzeug sicher zu führen« (vgl. §§ 315 c I Nr. 1, 316 I StGB). Dies entspricht einem den Tatrichter bindenden wissenschaftlichen Erfahrungssatz, der einen Gegenbeweis nicht zuläßt.[484] Bis zu dem grundlegenden Beschluß des BGH vom 28. 6. 1990[485] nahm die Rechtsprechung absolute Fahrunsicherheit von Kraftfahrern bei 1,3 ‰ an. Dieser Wert setzte sich aus einem Grundwert von 1,1 ‰ und einem Sicherheitszuschlag von 0,2 ‰ zusammen.[486] In dem genannten Beschluß senkte der BGH, dem Gutachten BGA 1989[487] folgend, nicht nur den Sicherheitszuschlag von 0,2 ‰ auf 0,1 ‰, sondern darüber hinaus auch den Grundwert von 1,1 ‰ auf 1,0 ‰. Die Gründe für die Herabsetzung des Sicherheitszuschlags wurden bereits an anderer Stelle erörtert.[488] Der bis zu dem Beschluß des BGH vom

---

481 Vgl. oben Rn 4.
482 Vgl. hierzu *Hentschel* BA 80, 221.
483 Vgl. BGH NJW 90, 2393 = NZV 90, 357 (mit Anm. *Berz* NZV 90, 359; *Janiszewski* NStZ 90, 493; *Heifer* BA 90, 373 = NZV 90, 374; *Schneble* BA 90, 374; *v.Mutius* BA 90, 375); NZV 99, 48; BayObLG NZV 90, 400; 96, 75; OLG Düsseldorf VRS 79, 423; 91, 179; OLG Köln NZV 95, 454; ebenso im Versicherungsrecht: BGH NZV 92, 27; OLG Koblenz ZfS 90, 421; OLG Hamm VersR 91, 539; ZfS 93, 313; OLG Köln VersR 97, 1222; BSG NZV 93, 267; Sozialgericht Lübeck BA 92, 395.
484 Vgl. BVerfG NJW 95, 125.
485 BGH NJW 90, 2393 = NZV 90, 357.
486 Siehe dazu oben Rn 87 ff.
487 Gutachten BGA 1989, NZV 90, 104.
488 Siehe oben Rn 89.

Die absolute Fahr-(Verkehrs-)Unsicherheit 147

28.6. 1990 geltende Grundwert für absolute Fahrunsicherheit von 1,1 ‰, zu dem der Sicherheitszuschlag von 0,2 ‰ addiert wurde, beruhte auf statistischen Erwägungen des Gutachtens BGA (1966), wonach »bei einer BAK zwischen 1,0 bis 1,1 Promille die Gefährlichkeit in bezug auf Unfälle mit Getöteten ebenso wie in bezug auf die Verletzten etwa doppelt so hoch wie bei 0,6 bis 0,7 Promille«[489] lag. Unter Berücksichtigung des Zweifelssatzes legte die Rechtsprechung der Bestimmung des Beweisgrenzwertes die höhere BAK von 1,1 ‰ zugrunde. Demgegenüber vertritt der BGH nunmehr den Standpunkt, praktischen Fahrversuchen komme für die Feststellung eines Grundwertes für absolute Fahrunsicherheit gegenüber statistischen Erhebungen größeres Gewicht zu.[490] Der Grundwert von 1,0 ‰ entspreche später (nach dem Gutachten 1966) bei Fahrversuchen gewonnenen Erkenntnissen. Der BGH bezieht sich dabei erstmals auf zum Teil fast 20 Jahre zurückliegende Untersuchungen mittels Fahrsimulators.[491] Überdies – so der BGH – hätten sich die Verkehrsverhältnisse seit 1966 so stark verändert, daß die Leistungsanforderungen an den einzelnen Kraftfahrer gestiegen seien.[492] Neuere Untersuchungen auf der Grundlage praktischer Fahrversuche mit Pkw bestätigen die hohe Leistungseinbuße bei 1,1 ‰ BAK: *Schuster u. a.*[493] stellten im Tageslicht-Fahrversuch bei einer solchen BAK eine durchschnittliche Leistungsminderung auf 45 % der Nüchternleistung, im Dunkelheits-Fahrversuch sogar eine Herabsetzung auf nur 30 % der Tagesnüchternleistung fest. Diese Leistungsminderung erhöht sich um weitere 5 %, wenn neben den Fahrfehlern noch die unter Alkoholeinfluß benötigte zusätzliche Zeit für die Bewältigung des Fahrversuchs berücksichtigt wird.

147 Nach gesicherten Erkenntnissen der medizinischen Forschung ist die alkoholische Beeinträchtigung in der Phase des Anstiegs der BAK auf den genannten Grenzwert mindestens ebenso stark wie nach Erreichen dieser Konzentration. Befindet sich der Kraftfahrer also noch in der Resorptionsphase, so sind seine alkoholbedingten Ausfallerscheinungen, wenn der Grenzwert von 1,1 ‰ später jedenfalls erreicht wird, nicht geringer als nach Ansteigen der BAK auf 1,1 ‰; die zwischen Trinkende und Invasionsgipfel liegende Schädigung entspricht derjenigen im Gipfelbereich der Alkoholkurve.[494] Unter Berücksichtigung dieser Erkenntnis nimmt die Rechtsprechung[495] im Anschluß an einen Beschluß des BGH vom 11.12. 1973[496] absolute Fahrunsicherheit stets auch in Fällen an, in denen der Fahrzeugführer eine **Alkoholmenge im Körper** hat, **die zu einer BAK in Höhe des Beweisgrenzwertes führt**.[497]

---

489 Gutachten BGA (1966) S. 50.
490 Zu den weiteren Konsequenzen dieser veränderten Sicht für die strafrechtliche Beurteilung menschlichen Verhaltens s. *Lange* JZ 91, 1071.
491 *Strasser* BA 72, 112,; *Gerlach* BA 72, 239; *Heppner* BA 73, 166; *Lewrenz u. a.* BA 74, 104; zur Feststellung alkoholbedingter Leistungseinbußen mittels Fahrsimulators eingehend: *Krüger* BA 90, 182 (186 ff.).
492 Kritisch zu dieser Überlegung im Hinblick auf verbesserte Straßen und Fahrzeugtechnik LG Mönchengladbach ZfS 90, 248; AG Höxter DAR 90, 190; *Janiszewski* NStZ 90, 493 (494).
493 *Schuster u. a.* BA 91, 287.
494 Vgl. insbesondere *Heifer* BA 70, 383 ff.; 70, 472; k + v 72, 69 ff.
495 Vgl. BGH NJW 74, 246; BayObLG NJW 76, 1802; OLG Köln VRS 49, 422; OLG Hamm NJW 74, 1433; zustimmend: *Elbel* BA 74, 139; kritisch: *Kaufmann* BA 75, 39; *Naucke*, Bockelmann-Festschrift, S. 707.
496 BGH NJW 74, 246.
497 Näher dazu unten Rn 154 ff.

Für die strafgerichtliche Praxis bedeutet dies, daß immer dann, wenn die BAK zur Zeit **148**
der Blutentnahme 1,1 ‰ erreicht hatte, eine **Rückrechnung entbehrlich** ist. Auch
wenn der Tatzeitwert geringer gewesen sein sollte, ist Fahrunsicherheit ohne weiteres
gegeben; denn es ist gleichgültig, ob der vor Antritt der Fahrt genossene Alkohol,
wenn er zu irgendeinem Zeitpunkt nach Beginn der Fahrt zu einer BAK von mindestens 1,1 ‰ führt, *vor*, *während* oder *nach* der Fahrt resorbiert worden ist.[498] Wird der
Beweisgrenzwert auch nach Abschluß der Resorption nicht erreicht, so rechtfertigt
die Tatsache, daß sich der Angeklagte zur Tatzeit in ansteigender BAK befand, für sich
allein allerdings nicht die Feststellung von (absoluter) Fahrunsicherheit.[499]

b) Fahren ohne Motorkraft

Da der allgemeine Grenzwert von 1,1 ‰ nur für die absolute Fahrunsicherheit von **149**
Kraftfahrern gilt, findet er grundsätzlich nur Anwendung, wenn der Täter sein
Fahrzeug auch **als Kraftfahrer** geführt hat.[500] Das setzt voraus, daß die Motorkraft entweder wirksam ist oder alsbald – z. B. durch Anschieben, »Anschleppen«,
Abrollenlassen – zur Wirkung gebracht werden kann und soll.[501] Daher gilt der
Grenzwert weder, wenn der Täter ein von einer anderen Person geschobenes
Kraftfahrzeug führt, dessen Motorkraft nicht eingesetzt werden soll,[502] noch
dann, wenn er das Fahrzeug ohne Motorkraft auf einer kurzen Gefällestrecke
abrollen läßt.[503] Grund für die Annahme absoluter Fahrunsicherheit von Kraftfahrern bei einer BAK von 1,1 ‰ ist nämlich die größere Gefährlichkeit der mit
motorischer Antriebskraft fortbewegten Kraftfahrzeuge gegenüber anderen Fahrzeugen, die dann entfällt, wenn der Motor nicht eingesetzt wird.[504]

Hat der Führer eines Kraftfahrzeugs, das ohne Motorkraft, also nicht *als Kraftfahr-* **150**
zeug geführt wird, allerdings hinsichtlich Aufmerksamkeit, Wahrnehmungs- und
Reaktionsvermögens **mindestens ebenso hohe Anforderungen** zu erfüllen **wie ein
Kraftfahrer** und gehen von ihm bei 1,1 ‰ mindestens ebenso große Gefahren für
andere Verkehrsteilnehmer aus wie von einem Kraftfahrer bei solcher BAK, so ist er
aber ebenfalls bei 1,1 ‰ absolut fahrunsicher.[505] Die neuere Rechtsprechung[506]
nimmt dies z. B. für den Lenker eines mittels Abschleppseils gezogenen Pkws an.
Für das Abschleppen mittels Abschleppstange wird das gleiche zu gelten haben.[507]
Die Rechtsprechung des BGH hierzu erging zwar noch zum früheren Beweisgrenzwert von 1,3 ‰. Jedoch treffen alle Erwägungen des BGH,[508] die zur Herab-

---

498 Vgl. BGH NJW 74, 246; OLG Hamm NJW 74, 1433.
499 Vgl. OLG Zweibrücken VRS 80, 347.
500 Siehe dazu auch Rn 348 ff.
501 Vgl. OLG Hamm DAR 57, 367; 59, 54; 60, 55; *Janiszewski* Rn 327; *Huppertz* DNP 89, 583 (584).
502 Vgl. OLG Koblenz VRS 49, 366; *Mühlhaus/Janiszewski* zu § 2 StVO Rn 10, 11.
503 Vgl. OLG Hamm DAR 57, 367; 60, 55.
504 Vgl. OLG Hamm DAR 57, 367; 60, 55.
505 Vgl. BGH NZV 90, 157 (Anm. *Hentschel* JR 91, 113).
506 Vgl. BGH NZV 90, 157; OLG Hamm DAR 99, 178; OLG Celle NZV 89, 317; LG Hannover NdsRpfl 89, 62; vgl. auch BayObLG NJW 84, 878;
   a. M.: OLG Bremen DAR 67, 306; OLG Frankfurt NJW 85, 2961; *Cramer* zu § 316 StGB Rn 10; *Greuel* DAR 80, 322.
507 Vgl. auch *Janiszewski* NStZ 90, 273.
508 BGH NJW 90, 2393 = NZV 90, 357.

setzung des Beweisgrenzwertes von 1,3 ‰ auf 1,1 ‰ geführt haben, auch auf den Lenker eines abgeschleppten Kraftfahrzeugs zu[509] mit der Folge, daß nunmehr der Führer eines abgeschleppten Kraftfahrzeugs bereits bei Erreichen einer BAK von mindestens 1,1 ‰ als absolut fahrunsicher anzusehen ist.[510]

c) Aufrundung

151 Der festgestellte Mittelwert der BAK darf nicht aufgerundet werden. Beträgt er z. B. 1,096 ‰, so ist eine Aufrundung auf 1,1 ‰ unzulässig.[511] Selbst wer eine BAK von 1,099 ‰ aufweist, ist daher nicht absolut fahrunsicher. Die früher vereinzelt vertretene abweichende Auffassung[512] ist überholt.

152 In diesem Zusammenhang weist *Lundt*[513] zutreffend darauf hin, daß die Wahrscheinlichkeitsrechnung lediglich angibt, welche Abweichungen vom wahrscheinlichsten Wert zu erwarten sind, eine solche Aufrundung daher mathematisch unzulässig ist. Hinzu kommt, daß schon die 2. Dezimale angesichts der hier auftretenden Unterschiede bei den Einzelbestimmungen nur einen beschränkten Aussage- und Sicherheitswert hat[514] und die von Dezimale zu Dezimale zunehmende Meßungenauigkeit daher eine Aufrundung unter Berücksichtigung der 3. Dezimale ausschließt.[515]

153 Die Überlegung etwa, daß eine BAK von 1,099 ‰ einer solchen von 1,1 ‰ in ihren tatsächlichen Auswirkungen auf die Fahrsicherheit praktisch gleich zu erachten ist,[516] ginge an der Tatsache vorbei, daß das Strafrecht zur Vermeidung von Nachteilen für den Angeklagten nun einmal auf die Anwendung von *Grenzwerten* angewiesen ist.[517] Daß das Aufrundungsverbot in gleicher Weise für die Analyseneinzelwerte gilt, versteht sich von selbst.[518]

2. Bedeutung der Anflutungsphase

154 In seinem Beschluß vom 19. 8. 1971 (NJW 71, 1997) hatte der BGH die Rechtsprechung, wonach bereits eine Tatzeit-BAK von (damals noch) 1,3 ‰ bei *allen* Kraft-

---

509 Vgl. *Hentschel* JR 91, 113 (116).
510 Ebenso *Berz* NZV 90, 359.
511 Vgl. OLG Hamm NJW 75, 2251; VRS 56, 147; BayObLG DAR 74, 179 (bei *Rüth*); *Lundt* BA 75, 400; *Krauland/Schmidt*, BA-Festschrift, S. 91 (96); ebenso zur Aufrundung auf 0,8 ‰ im Rahmen des § 24 a StVG: BGH NJW 78, 1930; BayObLG MDR 77, 690; OLG Düsseldorf BA 79, 61; OLG Hamm NJW 76, 2309; OLG Köln DAR 76, 81; *Lundt* BA 76, 158, 78, 298; *vgl.* dagegen *Grüner* BA 77, 215 (222); BASt H. 16, S. 327.
512 Zum Beispiel OLG Hamm NJW 76, 382 – im Rahmen des § 24 a StVG – (inzwischen aufgegeben: VRS 56, 147); *Grüner* BA 77, 215 (222); BASt H. 16, S. 327 ff.
513 *Lundt* BA 76, 158; ihm folgend: OLG Hamm NJW 76, 2309.
514 Insoweit krit. aber *Sachs/Zink* BA 91, 321.
515 Vgl. BGH NJW 78, 1930; OLG Hamm NJW 76, 2309.
516 So offenbar *Brettel* BA 75, 400 (zum früheren Beweisgrenzwert von 1,3 ‰).
517 Vgl. auch *Heifer* BA 76, 305; *Krauland/Schmidt*, BA-Festschrift, S. 91 (96); *Lundt* BA 76, 158; 78, 298.
518 Die Mitteilung lediglich eines nach Aufrundung der Einzelwerte errechneten Mittelwertes durch die Untersuchungsstelle genügt daher entgegen der wohl von *Staak/Berghaus* NJW 81, 2500 (2502) vertretenen Auffassung nicht forensischen Anforderungen.

fahrern zur absoluten Fahrunsicherheit führt, fortentwickelt: Nach einem Schluß-Sturztrunk (hastige Einnahme erheblicher Mengen von Alkohol kurz vor Antritt der Fahrt) sollte alkoholbedingte Fahrunsicherheit jedenfalls auch dann vorliegen, wenn die für die Zeit der Fahrt errechnete BAK geringfügig unter dem Beweisgrenzwert lag, dieser Wert danach aber nicht unerheblich überschritten wurde.

Dieser Rechtsprechung lag die Erkenntnis zugrunde, daß 155

a) das Maximum der Hirnleistungsstörungen und auch der überwiegenden Anzahl der psycho-sensorischen und psycho-motorischen Leistungsausfälle dem Gipfel der BAK vorauseilt,[519]

b) bei gleicher BAK alkoholbedingte Ausfallserscheinungen in der aufsteigenden Phase der Blutalkoholkurve im allgemeinen stärker sind als im Bereich der abfallenden Kurve.[520]

Der BGH ließ dabei zunächst ausdrücklich offen, ob absolute Fahrunsicherheit 156 auch dann vorliegt, wenn die BAK zur Zeit der Tat *wesentlich* unter dem Beweisgrenzwert liegt und/oder der Grenzwert nach der Fahrt nur erreicht oder *nur unerheblich* überschritten wird. Später wurden die von der Rechtsprechung entwickelten Grundsätze über den sog. Schluß-Sturztrunk auch auf Fälle eines länger dauernden, beschleunigten Trinkens[521] sowie auf den Sturztrunk eines noch nicht Angetrunkenen[522] ausgedehnt.

Die Entwicklung der Rechtsprechung führte dahin, daß man – verschiedenen 157 Gutachten *Heifers*[523] folgend – absolute Fahrunsicherheit immer dann für gegeben erachtete, wenn sich der Täter bei der Fahrt in der Anflutungsphase von einem Basiswert von 0,8 ‰ auf oder über den Beweisgrenzwert befand, sofern die Alkoholkurve eine gewisse Anstiegssteilheit aufwies.[524] Schließlich setzte sich die Auffassung durch, wonach es **allein auf das Erreichen des Grenzwertes** nach Abschluß der Resorption ankommt, unabhängig von einem bestimmten Anstiegsgradienten.[525]

Nach der inzwischen erfolgten Senkung des Grundwertes für absolute Fahrunsi- 158 cherheit auf 1,0 ‰[526] und des Sicherheitszuschlags auf 0,1 ‰[527] bedeutet dies, daß

---

519 Vgl. BGH NJW 71, 1997; OLG Hamm NJW 73, 567; vgl. hierzu: *Ponsold* S. 211; *Heifer* k + v 72, 70; *Wilhelmi u. a.* BA 72, 473; *Kaufmann* NJW 68, 1172; *Gerchow* BA 83, 540 (541).
520 Vgl. BGH DAR 71, 116 und 117 (bei *Martin*); OLG Hamm NJW 73, 567; vgl. hierzu: *Ponsold* S. 211; *Berg* S. 127; *Forster/Joachim* S. 66, 102, 130; *Heifer* BA 70, 383 ff.; 70, 472; 73, 1; k + v 72, 70; *Mangelsdorf u. a.* BA 70, 103; *Naeve/Brinkmann* BA 71, 42; *Naeve u. a.* BA 74, 145; *Gerchow* BA 83, 540 (541).
521 So z. B. BayObLG NJW 73, 570.
522 So z. B. OLG Hamm NJW 73, 1423.
523 Zum Beispiel *Heifer*, Gutachten für OLG Hamm NJW 72, 1526 (1528); Gutachten für BayObLG NJW 73, 570.
524 Vgl. z. B. BayObLG NJW 73, 570; OLG Hamm NJW 73, 567; vgl. auch OLG Hamm NJW 72, 1529; 72, 2233; *Händel* NJW 71, 1997.
525 So wohl erstmals BayObLG NJW 72, 2234; grundlegend für die jetzige Rechtsprechung: BGH NJW 74, 246.
526 Siehe oben Rn 146.
527 Siehe oben Rn 89.

nunmehr jeder Kraftfahrer fahrunsicher ist, der **zur Tatzeit oder zu einem späteren Zeitpunkt** aufgrund des vor der Tat genossenen Alkohols eine BAK von mindestens 1,1 ‰ aufweist.[528]

3. Kraftradfahrer

159 Bis zu der Entscheidung des BGH vom 9. 12. 1966[529], in der der Grenzwert für die absolute Fahrunsicherheit von Kraftfahrern erstmals von 1,5 auf 1,3 ‰ gesenkt wurde, galt für Kraftradfahrer ein um 0,2 ‰ niedrigerer Grenzwert.[530] Der genannte Beschluß des BGH erwähnt den Kraftradfahrer nicht ausdrücklich. Mit einem späteren Beschluß des BGH[531] ist jedoch von einem **einheitlichen Grenzwert für alle Kraftfahrer** einschließlich Kraftradfahrern auszugehen. Denn nach den augenblicklichen wissenschaftlichen Erkenntnissen läßt sich für Kraftradfahrer ein unter 1,1 ‰ liegender Wert für die absolute Fahrunsicherheit nicht feststellen.[532] Der Grenzwert von 1,1 ‰ für die absolute Fahrunsicherheit eines Kraftfahrers gilt auch für **Mopedfahrer**.[533]

160 In dem von *P. V. Lundt* und *E. Jahn* bearbeiteten Gutachten des Bundesgesundheitsamtes zur Frage Alkohol bei Verkehrsstraftaten (Bad Godesberg 1966) heißt es hierzu:[534]

»Die Festsetzung spezieller Grenzwerte für Motorradfahrer und/oder für besondere Verkehrssituationen würde als logische Folgerung die Notwendigkeit nach sich ziehen, eine ganze Skala von Grenzwerten für die verschiedenen Verkehrsteilnehmer sowie für besondere Verkehrslagen aufzustellen. Die Empfehlung solcher gestaffelten Grenzwerte könnte zu erheblichen Schwierigkeiten in der Rechtsprechung führen und Verwirrung stiften. Außerdem reichen die z. Z. vorliegenden wissenschaftlichen Erkenntnisse nicht aus, um eine ins einzelne gehende Staffelung der Grenzwerte wissenschaftlich hinreichend zu begründen...«

4. Mofafahrer

161 Auch **Mofafahrer** sind bei einer BAK von 1,1 ‰ absolut fahrunsicher.[535] **Leichtmofas** sind Kraftfahrzeuge; für sie gelten die gleichen Grundsätze wie für Mofas:[536] Werden sie mit Motorkraft gefahren oder soll durch Treten der Pedale

---

528 Siehe dazu oben Rn 147.
529 BGH NJW 67, 116.
530 Vgl. z. B. BGH NJW 59, 1046; 63, 2083.
531 BGH NJW 69, 1578; ebenso BGH NZV 90, 357 (359).
532 Vgl. BGH NJW 69, 1578 zum früheren Beweisgrenzwert von 1,3 ‰; Entsprechendes hat auch für den jetzt aktuellen Wert von 1,1 ‰ zu gelten, s. BGH NZV 90, 357 (359).
533 Vgl. BayObLG NJW 73, 566; OLG Hamm NJW 76, 1161; OLG Koblenz DAR 72, 50; vgl. hierzu auch OLG Frankfurt NJW 55, 1330; OLG Stuttgart VM 60, 64 Nr. 97 (alle noch zum früheren Beweisgrenzwert von 1,3 ‰); BGH NZV 90, 357 (359): »... *gilt für alle Führer von Kraftfahrzeugen*«.
534 Gutachten BGA S. 51 f.
535 Vgl. BGH DAR 82, 21 (Anm. *Hentschel* ZfS 82, 27); BSG MDR 82, 877; OLG Bremen VRS 63, 124; OLG Köln VRS 60, 373; LG Krefeld NJW 83, 2099; *Mollenkott* NJW 81, 1307; *Hentschel* VGT 81, 103 = DAR 81, 79.
536 Vgl. auch *Huppertz* DNP 89, 583 (584).

der Motor in Gang gesetzt werden, so gilt der Wert von 1,1 ‰ für absolute Fahrunsicherheit.[537]

Lange Zeit fehlten ausreichende wissenschaftliche Erkenntnisse für die Bestimmung eines Grenzwertes, der zur absoluten Fahrunsicherheit von Fahrern eines Mofas führte. Ganz überwiegend wurde daher zunächst angenommen, daß für Mofafahrer der allgemeine Beweisgrenzwert für absolute Fahrunsicherheit von Kraftfahrern nicht gelte.[538] Entscheidend für diese Auffassung war zum einen die Tatsache, daß das Gesetz das Mofa, obwohl es ein Kraftfahrzeug ist, weitgehend einem Fahrrad gleichstellt, zum anderen der Umstand, daß die Grundlagen des im Gutachten BGA vorgeschlagenen Beweisgrenzwertes, auf dem die Rechtsprechung des BGH[539] zur absoluten Fahrunsicherheit von Kraftfahrern bei (früher) 1,3 ‰ beruhte, nicht ohne weiteres auch auf Mofas übertragbar sind.[540] Demgegenüber verwies die Gegenmeinung,[541] auf die im Verhältnis zum Fahrrad höhere Gefährlichkeit des Mofas. **162**

In einer Untersuchung, der **Fahrversuche von Rad- und Mofafahrern** zugrunde lagen, haben jedoch *Schewe* und Mitarbeiter[542] ermittelt, daß der Leistungsabfall bei Mofafahrern mit 1,3 ‰ BAK durchschnittlich 87 % gegenüber der Nüchternleistung beträgt, m. a. W., daß die Fahrsicherheit des Mofafahrers bei 1,3 ‰ im Durchschnitt auf nur noch 13 % seiner durch Alkohol unbeeinflußten Leistungsfähigkeit herabgesetzt ist. Stellt man nicht mehr allein auf das Kriterium erhöhter Gefährlichkeit ab,[543] so rechtfertigen die Untersuchungsergebnisse von *Schewe u. a.* daher die Anwendung eines Beweisgrenzwertes auch auf Mofafahrer. Nach inzwischen erfolgter Senkung des für alle Kraftfahrer geltenden[544] Beweisgrenzwertes für absolute Fahrunsicherheit auf 1,1 ‰ sind nunmehr auch Mofafahrer wie alle anderen Kraftfahrer bei 1,1 ‰ als absolut fahrunsicher anzusehen. **163**

5. Radfahrer

Untersuchungen von *Schewe u. a.*[545] haben bei Radfahrern mit einer BAK von 1,3 ‰ eine Leistungseinbuße von durchschnittlich 81,8 % gegenüber der Nüchternleistung ergeben. Bei 1,5 ‰ erhöhte sich der Leistungsabfall sogar auf 96,5 %.[546] Unter ausdrücklicher Bezugnahme auf diese Erkenntnisse hat der BGH mit Beschluß vom 17. 7. 1986[547] absolute Fahrunsicherheit von Radfahrern bei **164**

---

537 Vgl. *Mühlhaus/Janiszewski* zu § 316 StGB Rn 22; *Janiszewski* NStZ 90, 273; a. M.: LG Oldenburg DAR 90, 72, das den Beweisgrenzwert für Radfahrer anwendet.
538 Vgl. z. B. BGH NJW 74, 2056; BSG NJW 73, 1822; OLG Hamm NJW 74, 1667; 76, 1161; VRS 49, 270; BA 80, 172; OLG Düsseldorf VM 76, 46; OLG Celle VRS 50, 286; OLG Oldenburg NJW 74, 920; OLG Koblenz VRS 55, 47 (49).
539 BGH NJW 67, 116.
540 Vgl. Gutachten BGA S. 49 f.; *Lundt* BA 74, 423; *Heifer* in 2. Gutachten BGA S. 63 ff.
541 Vgl. BayObLG NJW 73, 566; OLG Hamm NJW 68, 998; DAR 68, 164; OLG Koblenz DAR 72, 50; *Händel* NJW 74, 2292; BA 74, 424; vgl. auch *Cramer* zu § 316 Rn 10.
542 *Schewe u. a.* BA 80, 298; vgl. auch *Schewe u. a.* Beitr. gerichtl. Med. XXXVI, 239.
543 Siehe dazu BGH NZV 90, 357.
544 Vgl. BGH NZV 90, 357 (359).
545 *Schewe u. a.* BA 80, 298; vgl. auch *Schewe u. a.* Beitr. gerichtl. Med. XXXVI, 239.
546 Vgl. *Schewe u. a.* BA 84, 97.
547 BGH NJW 86, 2650.

1,7 ‰ angenommen, und zwar unter Zugrundelegung eines Grundwertes von 1,5 ‰ zuzüglich eines Sicherheitszuschlags von 0,2 ‰. In seinem Beschluß vom 28. 6. 1990, in dem allerdings ausdrücklich nur von *Kraftfahrern* die Rede ist, hat der BGH[548] den Sicherheitszuschlag von früher 0,2 ‰ auf nunmehr 0,1 ‰ gesenkt. Nach inzwischen wohl **überwiegender Meinung** wird daher **absolute Fahrunsicherheit von Radfahrern** bei **1,6 ‰** angenommen.[549] Andererseits spricht der Umstand, daß sich der BGH in seinem Beschluß vom 28. 6. 1990 ausdrücklich nur mit der Frage absoluter Fahrunsicherheit von *Kraftfahrern* beschäftigt und auf seine Entscheidung aus dem Jahr 1986 zum Beweisgrenzwert bei Radfahrern nicht eingeht, dafür, daß eine Änderung des Beweisgrenzwertes von 1,7 ‰ für Radfahrer nicht beabsichtigt war.[550] Hierfür könnte ferner sprechen, daß der Grundwert von 1,5 ‰ auf nicht sehr repräsentativem Untersuchungsmaterial beruht.[551] Da sich der Beweisgrenzwert auch beim Radfahrer aus Grundwert und Sicherheitszuschlag zusammensetzt, bedarf eine Änderung – ebenso wie beim Kraftfahrer geschehen – jedenfalls einer Überprüfung *beider* Komponenten.[552] Für eine Herabsetzung des Grundwertes von 1,5 ‰ fehlen jedoch bisher neuere Untersuchungen und damit gesicherte wissenschaftliche Erkenntnisse.[553] Jedenfalls abzulehnen ist daher eine Herabsetzung des Beweisgrenzwertes für Radfahrer auf einen Wert unter 1,6 ‰, etwa – wie teilweise für richtig gehalten[554] – auf 1,5 ‰.[555] Der Beweisgrenzwert für absolute Fahrunsicherheit von Radfahrern wird auch für die Führer von **Mofas** und **Leichtmofas** zu gelten haben, die das Fahrzeug durch **Treten der Pedale** fortbewegen, ohne dadurch den Motor in Gang bringen zu wollen.

6. Fußgänger

165 Auf Fußgänger wird mit Recht ein Beweisgrenzwert für »absolute Verkehrsunsicherheit« nicht angewendet.[556] Diese ist also im konkreten Fall individuell festzustellen. Dies gilt auch, wenn der Fußgänger im Straßenverkehr etwa ein Moped oder Motorrad schiebt.[557]

---

548 BGH NJW 90, 2393 = NZV 90, 357.
549 Vgl. BayObLG BA 93, 254; OLG Karlsruhe NZV 97, 486; OLG Hamm NZV 92, 198; OLG Celle NJW 92, 2169; OLG Zweibrücken NZV 92, 372; LG Hildesheim NZV 92, 44; *Berz* NZV 90, 359; *Tröndle/Fischer* zu § 316 Rn 6; *Janiszewski* NStZ 90, 493 (494).
550 Für Fortgeltung der Grenzwerte von 1,7 ‰ z. B. auch AG Karlsruhe DAR 96, 246.
551 S. auch *Hentschel* NZV 91, 329 (333).
552 Offengelassen von BayObLG NZV 92, 290.
553 Vgl. BayObLG NZV 92, 290 (Anm. *Molketin* BA 92, 284); OLG Celle ZfS 92, 175.
554 Vgl. z. B. LG Verden NZV 92, 292; BA 92, 279.
555 Vgl. BayObLG NZV 92, 290; OLG Celle NJW 92, 2169; OLG Karlsruhe NZV 97, 486.
556 Vgl. BayObLG VRS 28, 65; DAR 82, 246 – bei *Rüth*- (keine »absolute« Verkehrsunsicherheit bei 3,28 ‰); OLG Köln NJW 66, 1879; VRS 27, 476; OLG Hamburg NJW 54, 813; OLG Saarbrücken VRS 22, 69; vgl. insbesondere KG VRS 12, 360; vgl. auch *Jagusch/Hentschel* zu § 316 StGB Rn 20; Gutachten BGA S. 52, 53; *Gaisbauer* NJW 67, 313; vgl. *dagegen:* LSG Essen NJW 58, 765 (Verkehrsunsicherheit jedenfalls bei 1,7 ‰). Das OLG Stuttgart VRS 25, 462 nimmt den Grenzwert alkoholbedingter Verkehrsunsicherheit bei Fußgängern bei Tage zwischen 2,0–2,5 ‰, bei Nacht zwischen 1,7–2,0 ‰ an, erklärt jedoch einschränkend, daß im Regelfalle eine individuelle Feststellung der Verkehrsunsicherheit notwendig sei.
557 Vgl. OLG Köln VM 64, 90; OLG Düsseldorf VM 62, 60 Nr. 95.

7. Andere Verkehrsteilnehmer

Auch für andere Verkehrsteilnehmer, wie z. B. Soziusfahrer, läßt sich kein allgemeiner, in jedem Falle zur Verkehrsunsicherheit führender Grenzwert feststellen.[558] Das gilt auch für den Führer einer Lokomotive oder Straßenbahn.[559] Der für Radfahrer geltende Beweisgrenzwert ist nicht auf den Lenker eines Pferdefuhrwerks übertragbar.[560] **166**

8. Fahren unter erschwerten Bedingungen

Der Grenzwert von 1,1 ‰ für die absolute Fahrunsicherheit eines Kraftfahrers gilt für alle Verkehrsbedingungen, also auch bei ungünstigen und erschwerten äußeren Verhältnissen wie z. B. Großstadtverkehr, Dunkelheit, Nebel, Glatteis usw.[561] **167**

9. Hinzutreten leistungsmindernder Umstände in der Person des Kraftfahrers

Bei Hinzutreten leistungsmindernder Umstände wie Krankheit, Ermüdung u. ä. kann zwar im Einzelfall Fahrunsicherheit bei geringeren Alkoholkonzentrationen eintreten als ohne das Zusammenwirken von Alkohol mit solchen Umständen. Nach derzeitigen wissenschaftlichen Erkenntnissen fehlt jedoch ein allgemeiner Erfahrungssatz, daß in solchen Fällen bei einer bestimmten BAK unter 1,1 ‰ *jeder* Kraftfahrer fahrunsicher ist. Auch bei Vorliegen derartiger zusätzlicher Leistungsminderungen gilt daher kein niedrigerer Grenzwert als 1,1 ‰.[562] Das gilt auch bei **Hinzutreten von Medikamenteneinfluß**. Dieser kann bei Werten unter 1,1 ‰ allenfalls als zusätzliches Beweisanzeichen zur Feststellung *relativer* Fahrunsicherheit herangezogen werden.[563] **168**

---

558 Vgl. OLG Hamm VRS 22, 479; Gutachten BGA S. 53; vgl. auch OLG Karlsruhe DAR 59, 137; *vgl. dagegen:* OLG Hamm DAR 63, 218, das absolute Verkehrsunsicherheit eines Soziusfahrers ab 2 ‰ annimmt, sowie *Ponsold* S. 250, nach dessen Auffassung der Grenzwert für den Soziusfahrer etwa in der Höhe desjenigen für den Motorradfahrer liegen sollte.
559 Vgl. BayObLG NZV 93, 239.
560 Vgl. AG Köln NJW 89, 921.
561 Vgl. BGH VRS 33, 118; BSG NJW 60, 2263; OLG Frankfurt DAR 61, 121; OLG Düsseldorf VM 76, 13 Nr. 18; OLG Zweibrücken VRS 80, 347; LK[10] (*Rüth*) zu § 316 Rn 12; vgl. hierzu insbesondere auch Gutachten BGA S. 51, 52, auszugsweise abgedruckt bei Rn 160.
562 Vgl. BGH VRS 63, 121; BayObLG NJW 68, 1200; OLG Hamm NJW 73, 569; OLG Düsseldorf VM 76, 13 Nr. 18; OLG Zweibrücken VRS 80, 347; *vgl. dagegen: Ponsold* S. 211, der die Auffassung vertritt, ein Kraftfahrer, der z. B. um 3.00 Uhr nachts 1 ‰ aufweise, sei infolge des Zusammenwirkens von Ermüdung und Alkohol absolut fahrunsicher.
563 Vgl. dagegen BayObLG BA 80, 220: es seien Fälle denkbar, in denen trotz einer BAK von (damals) unter 1,3 ‰ durch zusätzlich eingenommene Medikamente – je nach Art und Menge – eine derartige Leistungsminderung eintrete, daß von *absoluter* Fahrunsicherheit auszugehen sei; s. dazu Rn 190, 225.

10. Anpassung der Rechtsprechung zum allgemeinen Grenzwert an neue wissenschaftliche Erkenntnisse und verbesserte Methoden

169 Die Entwicklung der Rechtsprechung der vergangenen Jahre zur absoluten Fahrunsicherheit ist die Folge einer immer wieder erforderlich gewordenen Anpassung an neue wissenschaftliche Erkenntnisse über die Wirkungen des Alkohols und an verbesserte Methoden zur Feststellung der BAK. Die Berücksichtigung einer geringeren Fehlerbreite von nur 0,2 ‰ bei der Blutuntersuchung hat zunächst zur Herabsetzung des Grenzwertes von 1,5 ‰ auf 1,3 ‰ geführt.[564] Gesicherte medizinische Erfahrungssätze über die Wirkung des Alkohols in der Anflutungsphase hatten zur Folge, daß zunächst bei sog. Schluß-Sturztrunk des Angeklagten absolute Fahrunsicherheit auch dann angenommen wurde, wenn der Beweisgrenzwert erst nach der Fahrt erreicht wurde,[565] und führten schließlich zu der Auffassung, wonach absolute Fahrunsicherheit immer auch dann gegeben ist, wenn der Angeklagte zur Tatzeit eine Alkoholmenge im Körper hatte, die jedenfalls zu irgendeinem Zeitpunkt eine BAK in Höhe des Beweisgrenzwertes bewirkte.[566] Mofafahrer wurden in den Beweisgrenzwert für absolute Fahrunsicherheit von Kraftfahrern einbezogen; für Radfahrer wurde erstmalig ein Beweisgrenzwert anerkannt. Schließlich wurde der Beweisgrenzwert für absolute Fahrunsicherheit von Kraftfahrern von 1,3 ‰ auf 1,1 ‰ BAK gesenkt.

170 Auch in Zukunft muß die Rechtsprechung bei der Frage, ab welcher BAK absolute Fahrunsicherheit eines Fahrzeugführers anzunehmen ist, den aktuellen Stand naturwissenschaftlicher, insbesondere rechtsmedizinischer Erkenntnisse berücksichtigen.[567] Die Gerichte sind an der Erfüllung ihrer Verpflichtung, den Beweisgrenzwert entsprechend solchen für sie bindenden Erkenntnissen festzusetzen, nicht durch den Ordnungswidrigkeiten-Tatbestand des § 24 a StVG gehindert.[568] Mit dem Ordnungswidrigkeitentatbestand des § 24 a I Nr. 1 StVG hat der Gesetzgeber keineswegs etwa bestimmt, daß die Teilnahme eines Kraftfahrers am Straßenverkehr mit einer BAK zwischen 0,8 und (damals) 1,3 ‰ nur als Ordnungswidrigkeit geahndet werden könne. Dies galt nämlich von vornherein ganz zweifelsfrei nur dann, wenn eine solche BAK nicht zur Fahrunsicherheit führte, wie sich ohne weiteres aus der dem Gesetzgeber bekannten Tatsache ergibt, daß Fahrunsicherheit i. S. d. § 316 StGB schon bei einer BAK von nur 0,3 ‰ vorliegen kann (sog. »relative« Fahrunsicherheit).[569]

171 Ändert sich die Rechtsprechung zu der Frage, bei welcher BAK ein Verkehrsteilnehmer absolut fahrunsicher ist, aufgrund neuer wissenschaftlicher Erkenntnisse oder zuverlässigerer Untersuchungsmethoden bei der Feststellung der BAK aus der Blutprobe, so ist die **neue Rechtsprechung auch auf solche Taten anzuwen-**

---

564 Vgl. hierzu oben Rn 87 ff.
565 Vgl. hierzu oben Rn 154 ff.
566 Vgl. oben Rn 147; zur Entwicklung dieser Rechtsprechung vgl. oben Rn 154 ff.
567 Vgl. BGH NZV 90, 357; vgl. auch BayObLG NZV 94, 285.
568 Vgl. dazu v. *Mutius* BA 90, 375; *Schneble* BA 90, 374; *Janiszewski* NStZ 90, 493 (494); DAR 90, 415 (417); *Hüting/Konzak* NZV 92, 136.
569 Siehe dazu Rn 172.

den, die vor der Änderung dieser Rechtsprechung begangen wurden. Hierin liegt kein Verstoß gegen § 2 StGB, Art. 103 II GG.[570]
Dies ist jedoch nicht unbestritten. Gegen die Meinung, wonach eine Änderung der Rechtsprechung zur Frage der absoluten Fahrunsicherheit, insbesondere eine Herabsetzung des Grenzwertes oder die erstmalige Anerkennung eines Grenzwertes für bestimmte Fahrzeugarten, schon auf solche Taten anzuwenden ist, die vor dieser Anpassung der Rechtsprechung begangen sind, werden verschiedene Einwände erhoben: **172**

Korrektes Fahren mit einer BAK unterhalb des alten, durch die neue Rechtsprechung nicht mehr für richtig gehaltenen Grenzwertes bzw. trotz Erreichens eines neu festgelegten, früher nicht anerkannten BAK-Wertes sei zur Zeit der Tatbegehung noch nicht strafbar gewesen.[571] Wenn sich die Rechtsprechung zur Frage der Fahrunsicherheit an eine bestimmte BAK binde, so komme dem eine gesetzesergänzende Wirkung zu,[572] so daß die Änderung dieser Rechtsprechung einer Gesetzesänderung gleichkomme mit der Folge des Rückwirkungsverbotes nach § 2 StGB, Art. 103 II GG.[573] Art. 103 GG sei zumindest entsprechend anzuwenden.[574] Die Promillegrenze sei wie jedes Tatbestandsmerkmal zu behandeln, denn eine Beweisregel, die ständig und für jedermann voraussehbar zur Nichtbestrafung führe, unterscheide sich in nichts von einem Tatbestandsmerkmal. Der Grenzwert zur absoluten Fahrunsicherheit unterstehe daher dem Rückwirkungsverbot.[575] Anderenfalls werde auch das Gebot der Gleichbehandlung verletzt, weil dann gleichartige Fälle je nach Verfahrensstand zu verschiedener strafrechtlicher Beurteilung führten.[576] Schließlich müßte, wenn man die Promillegrenze nur als Beweisregel, also Prozeßrecht betrachte, auch eine Senkung der Promillegrenze des § 24 a StVG durch die Rechtsprechung gegen die ausdrückliche Formulierung dieser Vorschrift möglich sein.[577] **173**

Diese **Einwände gegen die herrschende Meinung** vermögen indessen nicht zu überzeugen. Falsch ist insbesondere die Auffassung, korrektes Fahren mit einer BAK unterhalb des vor Änderung der Rechtsprechung geltenden Grenzwertes sei straflos gewesen. Auch wer z. B. vor der Herabsetzung des Grenzwertes von 1,3 **174**

---

570 Vgl. BVerfG NZV 90, 481; BGH VRS 32, 229; 34, 212; BayObLG NZV 90, 400 (abl. *Ranft* JuS 92, 468); DAR 92, 366 (bei *Bär*); OLG Düsseldorf VRS 79, 423; OLG Bremen VRS 63, 124; OLG Köln VRS 49, 422; OLG Frankfurt NJW 69, 1634; OLG Karlsruhe NJW 67, 2167; KG VRS 32, 264; OLG Hamm VRS 21, 201; NZV 92, 198; LG Landau NZV 90, 243; LK[10] (*Rüth*) zu § 316 Rn 14; *Tröndle/Fischer* zu § 316 Rn 6 a; *Lackner/Kühl* zu § 315 c Rn 6 d; *Cramer* zu § 316 StGB Rn 8; *Janiszewski* Rn 353; *Händel* NJW 67, 537; 74, 247; *Eckert* NJW 68, 1390; *Haffke* BA 72, 32; *Salger* BA 90, 1 (6) = NZV 90, 1 (4); *Werny* NZV 90, 137; ausführlich dazu: *Tröndle*, Dreher-Festschrift, S. 117 ff.; vgl. auch *Sarstedt*, Festschrift für *E. Hirsch*, S. 184.
571 So z. B. *Naucke* NJW 68, 758.
572 Vgl. *Schönke/Schröder (Eser)* zu § 2 Rn 9.
573 Vgl. OLG Düsseldorf NJW 73, 1054.
574 Vgl. OLG Düsseldorf NJW 73, 1054.
575 So *Naucke* NJW 68, 2321; *Bialas* S. 106, 110 ff.; ähnlich *Ranft* JuS 92, 468, 471 (jedenfalls bezüglich des Grundwertes); *Hüting/Konzak* NZV 91, 255 (257 f.).
576 Vgl. z. B. *Messmer/Bergschneider* DAR 67, 45; *Boers* NJW 67, 1310; *Naucke*, Bockelmann-Festschrift, S. 704.
577 Vgl. *Naucke* NJW 68, 2321.

auf 1,1 ‰ als Kraftfahrer am Straßenverkehr mit 1,2 ‰ teilgenommen hat, ohne durch konkrete Ausfallerscheinungen aufzufallen, hatte sich natürlich strafbar gemacht, indem er den Tatbestand des § 316 StGB verwirklichte. Nur konnte ihm die Tat nach damaliger Einschätzung des wissenschaftlichen Erkenntnisstandes nicht *nachgewiesen* werden.[578] Nicht beweisbar war nämlich nach der alten Rechtsprechung das Tatbestandsmerkmal »nicht in der Lage..., das Fahrzeug sicher zu führen«, also die Fahrunsicherheit. Die Rechtsprechung, wonach ein Kraftfahrer bei einer bestimmten BAK in jedem Falle als fahrunsicher anzusehen ist, betrifft also **nicht etwa ein Tatbestandsmerkmal, sondern eine Beweisregel**; eine Änderung dieser Rechtsprechung ist somit keine Gesetzesänderung,[579] sondern die Änderung dieser Beweisregel aufgrund neuer, verbesserter Beweismittel.[580] Insoweit kennt das Gesetz aber kein Rückwirkungsverbot. Zutreffend führt z. B. *Riese*[581] in diesem Zusammenhang aus, es sei kein rechtsstaatlicher Grund erkennbar, dem Täter zu garantieren, daß bei der Würdigung der Beweislage nur solche Methoden angewandt werden, die zur Zeit der Tat bereits bekannt waren.

175 Hierdurch wird auch das **Gebot der Gleichbehandlung** nicht verletzt.[582] Soweit Strafverfahren im Zeitpunkt der Änderung der Rechtsprechung noch anhängig sind, gilt der neue Grenzwert für *alle* diese Verfahren. Sind andere Täter, die nach der neuen Rechtsprechung verurteilt worden wären, bereits rechtskräftig freigesprochen, so hindert – worauf *Händel*[583] mit Recht hinweist – nur die Rechtskraft des freisprechenden Urteils eine Verurteilung in gleicher Weise wie in den noch nicht abgeschlossenen Verfahren.

176 Soweit endlich geltend gemacht wird, die herrschende Auffassung, die in dem Grenzwert eine nicht zum Tatbestand gehörende Beweisregel sieht, müsse in ihrer Konsequenz dazu führen, daß man auch die Herabsetzung der in § 24 a StVG ausdrücklich genannten BAK durch die Rechtsprechung für möglich halten müsse, so geht dieser Einwand ganz einfach an der Tatsache vorbei, daß die Tatbestände der §§ 315 c, 316 StGB eben eine bestimmte BAK als Tatbestandsmerkmal nicht kennen, während es sich bei § 24 a StVG um ein echtes Merkmal des äußeren Tatbestands handelt, das selbstverständlich durch die Rechtsprechung niemals geändert werden darf.

177 Auch ein **Irrtum des Täters** über den Beweisgrenzwert wird in Fällen einer geänderten Rechtsprechung über die zur absoluten Fahrunsicherheit führende BAK in aller Regel nicht zur Straflosigkeit führen.

---

578 Vgl. OLG Köln Ss 418/90–197; *Eckert* NJW 68, 1390; *Haffke* BA 72, 32 (35 f.).
579 Vgl. BVerfG NZV 90, 481; NJW 95, 125 (Beweisgrenzwert keine »Quasi-Norm«); BayObLG DAR 92, 366 (bei *Bär*); OLG Düsseldorf VRS 79, 423; OLG Köln VRS 49, 422; Ss 418/90–197; KG VRS 32, 264; LG Landau NZV 90, 243; vgl. auch *Weidemann* DAR 84, 310 (312); *Salger* BA 90, 1 (6) = NZV 90, 1 (4).
580 Vgl. BVerfG NZV 90, 481; OLG Hamm VRS 21, 201; OLG Köln Ss 418/90–197; AG Osterholz-Scharmbeck BA 90, 229 (231); *Sarstedt*, Festschrift für *E. Hirsch*, S. 184; *Händel* NJW 67, 537; *Riese* NJW 69, 549.
581 *Riese* NJW 69, 549.
582 Vgl. BVerfG NZV 90, 481; BayObLG NZV 90, 400; DAR 92, 366 (bei *Bär*).
583 *Händel* NJW 67, 537.

Ein **Irrtum über Tatumstände** (§ 16 StGB) würde voraussetzen, daß der Täter **178** über das Merkmal der Fahrunsicherheit geirrt hat. Ein solcher Irrtum könnte also z. B. bei Tatbegehung vor der durch die Rechtsprechung vorgenommenen Senkung des Grenzwertes auf 1,1 ‰ dann vorgelegen haben, wenn der Täter geglaubt hat, bei der ihm nachgewiesenen BAK von z. B. mindestens 1,25 ‰ (aber unter 1,3 ‰) noch fahrsicher zu sein. Ein solcher Irrtum ist indessen nur schwer vorstellbar; denn er würde voraussetzen, daß der Angeklagte beim Trinken überhaupt entsprechende Überlegungen angestellt und seine Trinkmenge gewissermaßen auf das Nichterreichen einer BAK von 1,3 ‰ abgestimmt hat, was kaum je möglich sein wird,[584] weil niemand während des Trinkens genau vorausberechnen kann, welche BAK er zu irgendeinem späteren Zeitpunkt haben wird.[585] Im übrigen wäre ein solcher Irrtum über das Vorliegen der Fahrunsicherheit aber **jedenfalls fahrlässig**, so daß der Angeklagte wegen fahrlässigen Vergehens nach § 316 II oder § 315 c I Nr. 1 a, III StGB zu bestrafen wäre (§ 16 I 2 StGB).[586]

Auch auf die Möglichkeit eines **Verbotsirrtums** (§ 17 StGB) des Täters wurde im **179** Schrifttum[587] für die Fälle einer Änderung des Grenzwertes der absoluten Fahrunsicherheit durch die Rechtsprechung hingewiesen, sofern dieser den früheren Grenzwert für verbindlich gehalten hat. Angesichts immer wieder auftauchender Tabellen zur Schätzung der eigenen BAK und verschiedener Aufklärungen in der Öffentlichkeit könne auch nicht eingewandt werden, daß eine Kontrollmöglichkeit nicht bestehe.

Gerade die ständige Aufklärung der Kraftfahrer durch einschlägige Beiträge in **180** den Medien ist indessen eher geeignet, jedem klarzumachen, daß jegliche annähernd genaue Kontrollmöglichkeit hinsichtlich der BAK fehlt.[588] Es ist daher kaum anzunehmen, daß der Täter beim Trinken überhaupt Erwägungen über seine BAK angestellt hat.[589] Selbst wenn aber der Angeklagte versucht haben sollte, sich gewissermaßen an den alten Grenzwert »heranzutrinken«, so wäre ein Verbotsirrtum kaum denkbar; denn er würde – worauf etwa *Haffke*[590] in diesem Zusammenhang zutreffend hinweist – die völlig unwahrscheinliche Vorstellung des Angeklagten voraussetzen, zwar fahrunsicher zu sein (anderenfalls Irrtum über Tatumstände = § 16 StGB!), gleichwohl aber kein Unrecht zu tun, wenn er trotz seiner Fahrunsicherheit ein Kraftfahrzeug führe, sofern er nur eine bestimmte BAK nicht überschreite.[591]

---

584 Vgl. OLG Frankfurt NJW 69, 1634; OLG Karlsruhe NJW 67, 2167; *Tröndle, Dreher*-Festschrift, S. 122; vgl. hierzu auch *Messmer/Bergschneider* DAR 67, 45; *Eckert* NJW 68, 1390.
585 Vgl. *Heifer* BA 72, 69 (72); dies verkennt LG Düsseldorf VM 90, 56.
586 Vgl. OLG Karlsruhe NJW 67, 2167; LG Düsseldorf VM 90, 56; *Haffke* BA 72, 32; str., s. dazu Rn 181.
587 Vgl. *Messmer/Bergschneider* DAR 67, 45.
588 Vgl. auch *Boers* NJW 67, 1310; KG NJW 67, 1766 = VRS 32, 264; vgl. insbesondere *Heifer* BA 72, 69 (72).
589 Vgl. auch *Boers* NJW 67, 1310.
590 *Haffke* BA 72, 32.
591 Vgl. zur Frage eines Verbotsirrtums des Täters bei Änderung der Rechtsprechung zum Grenzwert auch: OLG Frankfurt NJW 69, 1634; OLG Karlsruhe NJW 67, 2167; *Eckert* NJW 68, 1390; *Händel* NJW 67, 537.

181 Auch die **Feststellung fahrlässigen Verhaltens** dürfte in Fällen der hier erörterten Art keine besonderen Schwierigkeiten bereiten.[592] Für den Fall der Anwendung des früheren Beweisgrenzwertes von 1,3 ‰ auch auf Mofafahrer bei einer vor Änderung der Rechtsprechung des BGH hierzu[593] begangenen Tat hatte allerdings das OLG Bremen[594] die gegenteilige Ansicht vertreten: Da die Strafkammer bei der Berufungsverhandlung in Unkenntnis der neuen Rechtsprechung des BGH Fahrunsicherheit nicht habe feststellen können, müsse wohl davon ausgegangen werden, daß auch der Angeklagte sich hinsichtlich eines Mofas habe für fahrsicher halten dürfen. Diese Überlegung überzeugt nicht. Da sich »relative« und »absolute« Fahrunsicherheit nur hinsichtlich ihres Nachweises voneinander unterscheiden,[595] hat nicht etwa mangelnde *Erkennbarkeit* der bei dem Angeklagten vorliegenden Fahrunsicherheit zur Verurteilung nur wegen Ordnungswidrigkeit geführt, sondern allein die vor der neuen Rechtsprechung des BGH überwiegend vertretene Auffassung, diese sei bei Mofafahrern selbst bei BAK-Werten über 1,3 ‰ ohne konkrete Ausfallerscheinungen nicht *nachweisbar*. Daß für den Angeklagten im Zeitpunkt der Tatbegehung nicht erkennbar gewesen sein mag, daß man seine Fahrunsicherheit aufgrund neuer wissenschaftlicher Erkenntnisse nun doch werde nachweisen können, ist aber im Rahmen der Schuldfeststellung unbeachtlich. Insoweit gelten vielmehr die allgemeinen Grundsätze; danach ist aber die Nichtkenntnis objektiv gegebener Fahrunsicherheit in aller Regel vorwerfbar.[596] Aus diesen Gründen kann auch der Erwägung des LG Krefeld[597] nicht gefolgt werden, das die Vorwerfbarkeit verneint, weil der vor Änderung der genannten Rechtsprechung bei 1,35 ‰ BAK nur wegen Ordnungswidrigkeit verurteilte Mofafahrer aufgrund dieser Verurteilung habe annehmen dürfen, daß er bei einer BAK bis 1,3 ‰ nicht »absolut« fahrunsicher sei.

IV. Die relative Fahr-(Verkehrs-)Unsicherheit

Literatur:

Boetzinger, Fahrfehler als Indiz für Fahrunsicherheit?, in: MDR 1989, 511; *Gilg u. a.*, Alkoholbedingte Wahrnehmungsstörungen im peripheren Gesichtsfeld, in: BA 1984, 235; *Groth*, Vorsätzliche Ordnungswidrigkeiten als Indizien für die alkoholbedingte Fahruntüchtigkeit?, in: NJW 1986, 759; *Haffner u. a.*, Alkoholtypische Verkehrsunfälle als zusätzliche Beweisanzeichen für relative Fahrunsicherheit, in: NZV 1995, 301; *Heifer*, Untersuchungen über den Alkoholeinfluß auf die optokinetische Erregbarkeit im Fahrversuch, in: BA 1971, 385; *derselbe*, Blutalkoholkonzentration und Wirkung: verkehrsmedizinische Charakterisierung und verkehrsrechtliche Relevanz von Alkoholgrenzwerten im Straßenverkehr, in: BA 1991, 121; *Heifer/Sellier/Kutzner*, Experimentelle und statistische Untersuchungen über den alkoholbedingten postrotatorischen Fixationsnystagmus, in: BA 1965/66, 537; *Klinkham-*

---

592 Vgl. OLG Karlsruhe NJW 67, 2167; *Haffke* BA 72, 32.
593 BGH DAR 82, 21.
594 OLG Bremen VRS 63, 124 (abl. Anm. *Hentschel* NJW 84, 350).
595 Vgl. oben Rn 4 sowie BGH VRS 63, 121.
596 Vgl. Rn 370 ff., 389.
597 LG Krefeld NJW 83, 2099 (abl. Anm. *Hentschel* NJW 84, 350, *Weidemann* DAR 84, 310; abl. auch *Allgaier* DAR 90, 50).

mer/Stürmann, Die Verwertbarkeit des Drehnachnystagmus zum Nachweis der Fahruntüchtigkeit, in: DAR 1968, 43; *Koch,* Der klinische Befund des Blutprobearztes in der Hauptverhandlung, in: NJW 1966, 1154; *Mayer,* Zum Beweis der Fahruntüchtigkeit bei Blutalkoholgehalten unter dem Grenzwert, in: BA 1965/66, 277; *Möhl,* Beweis der »relativen« Fahruntüchtigkeit, in: DAR 1971, 4; *Penttilä u. a.,* Die klinischen Befunde der Trunkenheitsuntersuchung bei Personen mit Blutalkohol 0,00–0,15 ‰, in: BA 1971, 99; *Peters,* Der Nachweis der »relativen« Fahruntüchtigkeit durch regelwidriges Fahrverhalten, in: MDR 1991, 487; *Rasch,* Wert und Verwertbarkeit der sogenannten klinischen Trunkenheitsuntersuchung, in: BA 1969, 129; *Ropohl,* Alkohol und Dunkelheitsunfälle, in: Verkehrsunfall 1984, 236; *Schneider,* Zur Beurteilung zusätzlicher Beweisanzeichen, in: BA 1972, 489.

1. Begriff

Ist »absolute« Fahrunsicherheit nicht gegeben, beträgt also die BAK des Angeklagten weniger als 1,1 ‰ (bei Radfahrern weniger als 1,6 bzw. 1,7 ‰[598]), so kann das Gericht die Überzeugung, der Angeklagte sei fahrunsicher gewesen, nur aufgrund weiterer Tatsachen neben der festgestellten BAK gewinnen.[599]

Bereits eine BAK von 0,3 ‰ kann das psychophysische Leistungsvermögen beeinträchtigen.[600] Insbesondere treten bei Alkoholkonzentrationen ab 0,3 ‰ oft schon deutliche Bewegungs- und Koordinationsstörungen der Augen auf.[601] Aber auch geistig-seelische Störungen, die sich auf die Fahrsicherheit auswirken, sind häufig Folge selbst geringer Blutalkoholgehalte.[602] Daneben wirkt sich Alkoholbeeinflussung insbesondere auch dadurch erheblich auf die Fahrsicherheit aus, daß sie zu einer Fehleinstellung des Kraftfahrers zur Umwelt und zu einer Nichtwahrnehmung von Gefahrensituationen und Risiken führt, d. h. zu fehlender Adaption an die unterschiedliche Beanspruchung seiner Aufmerksamkeit durch Verkehrsvorgänge. Nach *Gerchow*[603] liegt eine für die Leistungsfähigkeit unerhebliche BAK – sofern es eine solche überhaupt gebe – jedenfalls unter 0,3 ‰. Alkoholbedingte Fahr-(Verkehrs-)Unsicherheit kann daher bei Blutalkoholkonzentrationen ab 0,3 ‰ gegeben sein. Der Bereich der sog. »relativen« Fahrunsicherheit liegt also bei Kraftfahrern zwischen 0,3 und 1,1 ‰.[604] Dagegen rechtfertigen Konzentrationen unter 0,3 ‰ niemals die Annahme alkoholbedingter (relativer) Fahrunsicherheit.[605]

---

598 Siehe oben Rn 164.
599 Vgl. BGH DAR 67, 280; VRS 63, 121; BayObLG NJW 73, 566; 73, 570; vgl. hierzu ausführlich: *Mayer* BA 65/66, 277 ff.
600 Vgl. z. B. *Forster/Joachim* S. 119; *Gerchow* k + v 69, 56 (60); vgl. auch BayObLG DAR 89, 427; OLG Koblenz VRS 45, 118; OLG Hamm BA 80, 224; *Krüger* ZVS 92, 10 (11 ff.).
601 Vgl. z. B. *Forster/Joachim* S. 119; vgl. zu optischen alkoholbedingten Ausfallserscheinungen: unten Rn 205 mit Nachweisen aus der medizinischen Literatur.
602 Vgl. *Forster/Joachim* S. 134.
603 *Gerchow* k + v 69, 56 (60).
604 Vgl. BGH NJW 74, 2056; VRS 21, 54; 47, 178; 49, 429; OLG Köln NZV 95, 454; KG VRS 48, 204; OLG Hamm VRS 49, 270; NJW 67, 1332; BA 78, 377; OLG Koblenz VRS 45, 118; 63, 359; *Mayer* BA 65/66, 277; *Rocke* k + v 69, 64; *Rüth* DAR 74, 57 (59).
605 Vgl. OLG Schleswig VM 70, 23; OLG Köln NZV 89, 357; OLG Saarbrücken ZfS 99, 356; LK[10] (*Rüth*) zu § 316 Rn 16; vgl. auch *Schwerd, Spendel*-Festschrift S. 585, 589.

2. Beweisanzeichen für relative Fahrunsicherheit

a) Sache des Tatrichters

184 Die Entscheidung darüber, ob bestimmte Beweisanzeichen den Schluß auf alkoholbedingte Fahrunsicherheit zulassen, ist in erster Linie Sache des Tatrichters. Die tatrichterliche Würdigung dieser Frage ist einer Nachprüfung durch das Revisionsgericht weitestgehend entzogen; denn dieses darf in die Beweiswürdigung des Tatrichters nur insoweit eingreifen, als sie auf Rechtsfehlern beruht, insbesondere auf Verstößen gegen Denkgesetze oder allgemeine Erfahrungssätze.[606]

b) An die Beweisanzeichen zu stellende Anforderungen

185 Beim Nachweis der relativen Fahrunsicherheit handelt es sich um einen Indizienbeweis.[607] Wichtigstes Indiz (Beweisanzeichen) ist die Höhe der festgestellten BAK.[608] Ihre Beweiskraft ist um so größer, je näher sie an den Grenzwert von 1,1 ‰ für die absolute Fahrunsicherheit heranreicht, und um so geringer, je weiter sie unterhalb dieses Grenzwertes liegt. Das Gericht bildet sich die Überzeugung über das Vorliegen der Fahrunsicherheit, indem es daneben alle zusätzlichen Beweisanzeichen (wie z. B. Ausfallerscheinungen des Angeklagten) würdigt. Entsprechend der Bedeutung der BAK-Höhe sind an diese zusätzlichen Beweisanzeichen **desto geringere Anforderungen** zu stellen, **je näher die BAK zur Tatzeit bei dem Grenzwert von 1,1 ‰ liegt**.[609] Bei einer BAK knapp unter 1,1 ‰ kann daher zur Feststellung relativer Fahrunsicherheit schon ein nur schwaches weiteres Beweisanzeichen genügen.[610] Umgekehrt müssen die zusätzlichen Indizien um so gewichtiger sein, je geringer die festgestellte BAK ist.[611]

186 Die Tatsache, daß an die zusätzlichen Beweisanzeichen bei Alkoholkonzentrationen in der Nähe des Grenzwertes von 1,1 ‰ keine allzu hohen Anforderungen zu stellen sind, bedeutet allerdings nicht, daß der Tatrichter in solchen Fällen immer genötigt wäre, bei einem – auch groben – Fahrfehler auf Fahrunsicherheit zu schließen. Vielmehr kommt es entscheidend auf die Art des Fahrfehlers an.[612]

187 Wurde die BAK aufgrund von nur 2 Untersuchungen nach Widmark und 2 weiteren nach ADH oder nur nach *einer* Untersuchungsmethode festgestellt, so ist ein solches Untersuchungsergebnis zwar nicht in gleicher Weise verwertbar wie ein

---

606 Vgl. BGH DAR 69, 105; BayObLG NJW 73, 566; 73, 570; DAR 91, 368 (bei *Bär*); OLG Köln NZV 95, 454; OLG Hamburg MDR 68, 686; OLG Hamm DAR 69, 188; OLG Koblenz VRS 43, 181; vgl. auch *Möhl* DAR 71, 4.
607 Vgl. OLG Köln NZV 95, 454; *Mayer* BA 65/66, 277 ff.
608 Vgl. OLG Koblenz VRS 78, 448.
609 Vgl. BGH DAR 69, 105; BayObLG NJW 73, 570; NZV 88, 110; DAR 90, 186; OLG Hamm NJW 75, 2251; OLG Hamm NZV 94, 117; OLG Köln DAR 73, 21; NZV 95, 454; OLG Koblenz VRS 78, 448; OLG Düsseldorf VM 91, 77; NZV 97, 184; OLG Karlsruhe VRS 58, 140 (143); *von Below* BA 69, 378 (387); *Möhl* DAR 71, 4.
610 Vgl. BGH DAR 69, 105; BayObLG NJW 73, 566; 73, 570; OLG Köln DAR 73, 21; OLG Hamburg MDR 68, 686; vgl. auch *von Below* BA 69, 378 (387); *Peters* MDR 91, 487 (491).
611 Vgl. z. B. BayObLG DAR 74, 179 (bei *Rüth*); NZV 88, 110; OLG Köln NZV 95, 454; OLG Karlsruhe VRS 49, 107; 58, 140 (143); OLG Düsseldorf DAR 80, 190.
612 Vgl. BGH DAR 69, 105; vgl. hierzu ausführlich unten Rn 203 ff.

Untersuchungsbefund aufgrund ausreichender Einzelanalysen aus 2 verschiedenen Untersuchungsmethoden.[613] Je nach dem Ausmaß der **Abweichung von den grundsätzlich zu stellenden Anforderungen an die Blutuntersuchung**[614] kann eine so ermittelte BAK von 1,1 oder knapp unter 1,1 ‰ aber durchaus die Feststellung erlauben, die alkoholische Belastung des Angeklagten liege jedenfalls nur geringfügig unter 1,1 ‰, so daß zur Annahme relativer Fahrunsicherheit nur geringe zusätzliche Beweisanzeichen ausreichen.[615]

c) Gesamtwürdigung aller Umstände und Berücksichtigung der Verkehrsaufgaben

Bei der Prüfung der Frage, ob weitere Beweisanzeichen neben der BAK die Feststellung rechtfertigen, der Angeklagte sei (relativ) fahrunsicher gewesen, ist eine Gesamtwürdigung aller Umstände des Falles vorzunehmen unter Berücksichtigung der körperlichen Verfassung des Angeklagten zur Tatzeit und insbesondere der von ihm während der Fahrt zu bewältigenden Verkehrsaufgaben.[616] Bei **besonders auffälligem Verhalten** und ungewöhnlichen Fahrfehlern sind jedoch nähere Feststellungen über die Gesamtleistungsfähigkeit des Angeklagten und seine körperliche Konstitution entbehrlich.[617]

Da die Gesamtwürdigung entscheidend ist, muß nicht etwa jedes zur Höhe der BAK hinzutretende zusätzliche Beweisanzeichen für sich allein schon geeignet sein, die Annahme relativer Fahrunsicherheit zu begründen. Vielmehr dürfen und müssen auch solche Umstände mitberücksichtigt werden, die erst im Zusammenwirken mit anderen zur Überzeugung des Gerichts führen können, der Angeklagte sei fahrunsicher gewesen.[618]

d) Vergleich zwischen dem Verhalten in nüchternem Zustand und nach Alkoholgenuß

Unter allen neben der BAK die Feststellung relativer Fahrunsicherheit rechtfertigenden Beweisanzeichen kommt dem körperlichen und psychischen Erscheinungsbild des Angeklagten zur Tatzeit insofern besondere Bedeutung zu, als eine – wie auch immer geartete – **alkoholbedingte Ausfallerscheinung** nach der neueren Rechtsprechung[619] immer nachgewiesen sein muß, um die Annahme relativer Fahrunsicherheit zu begründen. Fehlt es daran, so kann bei einer weniger als 1,1 ‰ betragenden BAK niemals alkoholbedingte Fahrunsicherheit festgestellt werden. Soweit hierbei das Verhalten des Angeklagten eine entscheidende Rolle spielt, ist

---

613 Vgl. oben Rn 70 f.
614 Vgl. hierzu oben Rn 56 ff.
615 Vgl. OLG Hamm NJW 75, 2251; VRS 41, 41.
616 Vgl. BGH NJW 69, 1579; BayObLG NJW 73, 566; 73, 570; OLG Karlsruhe VRS 49, 107.
617 Vgl. OLG Koblenz BA 77, 432.
618 Vgl. OLG Köln DAR 73, 21; OLG Koblenz VRS 43, 181; OLG Düsseldorf VM 77, 29 Nr. 38; *Peters* MDR 91, 487 (491).
619 Vgl. BGH VRS 63, 121; NZV 99, 48; BayObLG DAR 89, 427; 91, 368; 93, 372 (bei *Bär*); OLG Düsseldorf NZV 93, 276; 94, 326; OLG Zweibrücken VRS 66, 204; 80, 347; OLG Koblenz VRS 78, 448; *Salger* DAR 86, 383 (389); krit. zu dieser Rechtsprechung: *Ranft* Forensia 86, 59 (62 ff.).

zu prüfen, ob dieses alkoholbedingt war.[620] Entscheidend ist also die Überzeugung des Tatrichters, der Angeklagte hätte sich **in nüchternem Zustand anders verhalten**, als er es tatsächlich getan hat.[621] Ist dies der Fall, so kommt dieses Verhalten als Beweisanzeichen für Fahrunsicherheit in Betracht. Zu beachten ist aber immer, daß eine solche alkoholbedingte Verhaltensweise nur *eines* von möglicherweise mehreren Indizien ist, die neben der BAK zu würdigen sind.[622]

191 Mitunter wird ein Angeklagter, der unter Alkoholeinfluß durch besonders riskante Fahrweise aufgefallen ist, einwenden, er pflege **auch in nüchternem Zustand** so zu fahren. Es erscheint bedenklich, dieser Behauptung einer angeblich auch ohne Alkoholgenuß forschen und riskanten Fahrweise mit der Argumentation zu begegnen, dann könne es als ein Zeichen alkoholbedingter Enthemmung und Kritiklosigkeit angesehen werden, wenn der Angeklagte diese Fahrweise *trotz* des Alkoholgenusses beibehalten hat.[623] Diese Überlegung würde außer acht lassen, daß es entscheidend auf die Überzeugung ankommt, der Angeklagte hätte sich in nüchternem Zustand *anders* verhalten als im zu beurteilenden Fall.[624] Sie würde auch – worauf z. B. *Rocke*[625] in diesem Zusammenhang mit Recht hinweist – an der Tatsache vorbeigehen, daß die besonderen Merkmale des individuellen Fahrstils regelmäßig nach Alkoholgenuß die gleichen sind wie ohne Alkoholeinfluß (wenn auch eine ohnehin vorhandene Risikobereitschaft durch Alkoholeinfluß noch verstärkt wird). Schließlich würde eine solche Erwägung vielfach auch in Fällen nur geringfügiger Alkoholbeeinflussung die Annahme relativer Fahrunsicherheit rechtfertigen können.

e) Besonderheiten bei Kraftradfahrern

192 Bei der zum Nachweis der relativen Fahrunsicherheit erforderlichen Würdigung der vom Angeklagten bei seiner Fahrt zu bewältigenden Verkehrsaufgaben sind die erhöhten verkehrstechnischen Anforderungen, die an einen Kraftradfahrer gestellt sind, besonders zu berücksichtigen. Dies kann dazu führen, daß bei einem Kraftradfahrer schon in solchen Fällen relative Fahrunsicherheit festzustellen sein kann, in denen die vorhandenen Beweisanzeichen bei Autofahrern den Schluß auf Fahrunsicherheit noch nicht zulassen.[626]

---

620 Vgl. OLG Köln NZV 95, 454; VRS 89, 446; *von Below* k + v 69, 48 (52).
621 Vgl. BayObLG NJW 73, 566; 73, 570; NZV 88, 110; DAR 91, 368; 93, 372 (bei *Bär*); OLG Hamburg MDR 68, 686; OLG Koblenz VRS 43, 181; OLG Köln VRS 89, 446; NZV 95, 454; OLG Düsseldorf VRS 49, 38; LG Hamburg DAR 84, 126; so trotz Hinweises auf die Schwierigkeit einer entsprechenden Überzeugungsbildung im Ergebnis wohl auch *Peters* MDR 91, 487 (488 f.).
622 Vgl. *Mayer* BA 65/66, 277 (280).
623 So aber OLG Hamburg MDR 68, 686; OLG Köln VRS 42, 364; *von Below* k + v 69, 48; BA 69, 378 (385); *Peters* MDR 91, 487 (490).
624 Vgl. oben Rn 190.
625 *Rocke* k + v 69, 64; vgl. auch Gutachten BGA S. 43.
626 Vgl. BGH NJW 69, 1579; vgl. auch Gutachten BGA S. 51.

f) Fahrweise

aa) Regelwidrige Fahrweise

Bei der Prüfung der Frage, ob relative Fahrunsicherheit gegeben ist, ist die Regelwidrigkeit der Fahrweise zwar nicht unbedingt ausschlaggebend – denn nicht jedes fehlerhafte Verhalten eines unter Alkoholeinfluß stehenden Kraftfahrers rechtfertigt den Schluß auf alkoholbedingte Fahrunsicherheit –, sie kann aber ein wesentliches Beweisanzeichen für Fahrunsicherheit sein,[627] und zwar auch dann, wenn der Täter vor dem Fahrfehler zunächst unauffällig und richtig gefahren ist.[628]

Nicht ganz zutreffend ist die Formulierung, relative Fahrunsicherheit dürfe nur aus einem solchen Fahrfehler geschlossen werden, der *einem nüchternen* Fahrer nicht unterlaufen wäre.[629] Es wurde schon erwähnt, daß es bei der Würdigung des Verhaltens des Angeklagten, wenn es als zusätzliches Beweisanzeichen für relative Fahrunsicherheit herangezogen werden soll, entscheidend auf die Überzeugung des Richters ankommt, daß sich der Angeklagte nüchtern *anders* verhalten hätte.[630] Auch fehlerhaftes Verhalten im Verkehr rechtfertigt daher nur dann die Annahme relativer Fahrunsicherheit, wenn die Umstände, unter denen das Versagen erfolgte, erkennen lassen, daß gerade bei *diesem* Angeklagten der Fehler ohne Alkoholeinfluß unterblieben wäre.[631]

Hierbei ist zu berücksichtigen, daß es wohl kaum eine Fahrweise gibt, die nicht auch bei einem nüchternen Fahrer beobachtet werden könnte.[632] Daher darf zwar einerseits das Vorliegen relativer Fahrunsicherheit nicht allein mit der Begründung verneint werden, der dem Angeklagten unterlaufene Fahrfehler werde auch von nüchternen Fahrern begangen.[633] Andererseits bedarf es aber einer besonders gründlichen Prüfung und besonderer Erörterungen, wenn der Tatrichter aus einem Fahrfehler, der besonders häufig auch bei nüchternen Fahrern vorkommt, auf relative Fahrunsicherheit schließen will.[634]

Je seltener ein bestimmter Fahrfehler bei nüchternen Fahrern vorkommt und je häufiger er erfahrungsgemäß von alkoholisierten Fahrern begangen wird, desto

---

627 Vgl. BGH DAR 68, 123 (bei *Martin*); BayObLG NJW 73, 566; 73, 570; KG NJW 62, 1783; OLG Koblenz VRS 52, 350; vgl. auch *Möhl* DAR 71, 4 (5 f.); vgl. hierzu: *Biechteler u. a.* DAR 66, 203.
628 Vgl. BGH VRS 55, 186.
629 So z. B. KG NJW 62, 1783; VRS 27, 116; OLG Karlsruhe DAR 58, 252; ähnlich *Möhl* DAR 71, 4 (6).
630 Vgl. oben Rn 190 f.
631 Vgl. BGH DAR 68, 123 (bei *Martin*); BayObLG DAR 91, 368; 93, 372 (bei *Bär*); OLG Köln VRS 89, 446; NZV 95, 454; OLG Düsseldorf VM 72, 63; DAR 80, 190; BVerfG VM 95, 73; *Janiszewski* Rn 363; *Mayer* BA 65/66, 277 (280); *von Below* k + v 69, 48 (54); im Ergebnis ebenso *Peters* MDR 91, 487 (488 f.).
632 Vgl. OLG Düsseldorf VM 72, 63; 77, 29 Nr. 38; *Biechteler u. a.* DAR 66, 203.
633 Vgl. OLG Düsseldorf VM 72, 63.
634 Vgl. BGH DAR 68, 114 (Verletzung des Vorfahrtsrechts); DAR 68, 123 – bei *Martin* – (zu schnelles Durchfahren einer Kurve); DAR 69, 105 (Verschätzung der Entfernung eines herannahenden Fahrzeugs bei Dunkelheit); VRS 31, 37 (Überholen eines Fußgängers mit zu geringem Abstand); NZV 95, 80 – zust. *Hauf* – (Überschreiten der zulässigen Höchstgeschwindigkeit); BayObLG VRS 60, 384 (Fahren bei Dunkelheit mit einer Geschwindigkeit, die ein Anhalten innerhalb der durch Abblendlicht ausgeleuchteten Strecke nicht ermöglicht); DAR 91, 368 – bei *Bär* – (»Kavaliersstart«); LG Osnabrück VRS 67, 122 (Auffahren auf ein abbiegendes Fahrzeug auf leicht abschüssiger Straße bei Dunkelheit und Nässe, BAK: 0,82 ‰); *Boetzinger* MDR 89, 511; s. auch BVerfG VM 95, 73.

eher wird der Schluß gerechtfertigt sein, der Fehler wäre auch dem Angeklagten in nüchternem Zustand nicht unterlaufen.[635] Insoweit erlangt also die Frage, wie sich wohl die Mehrzahl der nüchternen Kraftfahrer in der gleichen Situation verhalten haben würde, durchaus eine nicht unerhebliche *mittelbare* Bedeutung auch für die Überzeugungsbildung des Richters darüber, wie sich gerade der *Angeklagte* ohne Alkoholeinfluß verhalten hätte.[636] Immer muß der Richter aber aufgrund der Gesamtumstände des Falles zu der Überzeugung gelangen, daß der konkrete vom Angeklagten begangene Fehler auch bei diesem auf den Alkohol zurückzuführen ist. Die Tatsache, daß ein Fahrfehler häufiger von angetrunkenen als von nüchternen Fahrern begangen wird, nötigt also keineswegs in jedem Falle zu dem Schluß, die Fahrweise sei alkoholbedingt gewesen.[637] So können z. B. Schlangenlinien eines Radfahrers auf durch hohes Alter und starke Steigung bedingtes Langsamfahren zurückzuführen sein.[638]

197 Auch eine **bewußt verkehrswidrige Fahrweise** kann auf alkoholbedingte Enthemmung zurückzuführen sein und die Annahme relativer Fahrunsicherheit rechtfertigen;[639] denn wer infolge alkoholbedingter Enthemmung bewußt verkehrswidrig fährt, ist aufgrund seiner sich in diesem Verhalten offenbarenden alkoholischen Beeinträchtigung ebensowenig in der Lage, sein Fahrzeug sicher zu führen, wie derjenige, der das Fahrzeug nicht mehr beherrscht.[640] Das gilt nicht ohne weiteres, wenn die bewußt begangenen Verkehrsverstöße ausschließlich auf dem Entschluß beruhen, vor der Polizei zu flüchten.[641]

bb) Andere Besonderheiten des Fahrverhaltens

198 Die durch den Alkoholgenuß verursachte Enthemmung muß aber nicht zu regelwidrigem Fahrverhalten führen. Die Fahrweise eines angetrunkenen Kraftfahrers ist insbesondere auch durch **Unbekümmertheit** und **erhöhte Risikobereitschaft** gekennzeichnet.[642] Vor allem bei schwierigen Verkehrssituationen fehlt dem Kraftfahrer infolge alkoholbedingter Persönlichkeitsveränderungen oft die innere Bereitschaft zu einem der Verkehrslage entsprechenden besonnenen Verhalten und zur gebotenen Vorsicht.[643] Sorglose und leichtsinnige Fahrweise können daher alkoholbedingte Fahrunsicherheit erkennen lassen.[644]

199 Auffälliges Fahrverhalten muß nicht in jedem Falle ein Beweisanzeichen für relative Fahrunsicherheit sein. Dies gilt insbesondere für ein **ungewöhnlich langsames**

---

635 Vgl. OLG Köln NZV 95, 454.
636 Vgl. OLG Köln VRS 89, 446; *Biechteler u. a.* DAR 66, 203; *Rocke* k + v 69, 64 (67); *Schneider* BA 72, 489; vgl. auch *Peters* MDR 91, 487 (489).
637 Vgl. BGH DAR 69, 105.
638 Vgl. BayObLG DAR 89, 366 (bei *Bär*).
639 Vgl. BGH VRS 32, 40; OLG Düsseldorf NZV 97, 184; VRS 49, 38; VM 77, 28 Nr. 37; OLG Hamm VRS 35, 360; OLG Celle DAR 84, 121 (aggressives, nötigendes Fahrverhalten); OLG Köln NZV 95, 454; *von Below* BA 69, 378 (385); *Rüth/Molketin*, KVR, S. 20.
640 Vgl. auch OLG Koblenz NJW 57, 233; einschränkend *Groth* NJW 86, 759.
641 Vgl. BGH DAR 95, 166;
a. M. OLG Düsseldorf NZV 97, 184 (krit. Anm. *Bode* ZfS 97, 114).
642 Vgl. *Ponsold* S. 210; Gutachten BGA S. 44, 175.
643 Vgl. OLG Koblenz NJW 57, 233; Gutachten BGA S. 44, 175.
644 Vgl. BGH DAR 67, 280; VRS 32, 40; 63, 121; OLG Düsseldorf DAR 99, 81; OLG Köln NZV 95, 454; VRS 89, 446; vgl. auch *Mühlhaus* DAR 70, 125.

und vorsichtiges Fahren. Denn dieses kann dadurch erklärt werden, daß der Fahrer dem voraufgegangenen Alkoholgenuß durch besondere Vorsicht Rechnung tragen will.[645] Ebensowenig muß wesentliches **Überschreiten der zulässigen Höchstgeschwindigkeit** alkoholbedingt sein,[646] etwa bei Flucht vor einer Polizeikontrolle.[647]

Überfahren der Fahrbahnmittellinie durch einen Lkw-Fahrer auf kurvenreicher Strecke muß nicht auf alkoholischer Beeinträchtigung beruhen.[648] Auch reaktionsloses Verhalten nach Aufleuchten des Grünlichts einer Verkehrsampel in den ersten Sekunden muß nicht Folge alkoholbedingter Verlangsamung der Wahrnehmung und damit Indiz für Fahrunsicherheit sein.[649]

g) Sonstige Verhaltensweisen und Ausfallerscheinungen

aa) Grundsatz

Zusätzliche Beweisanzeichen für relative Fahrunsicherheit werden zwar besonders häufig aus der Fahrweise des Angeklagten herzuleiten sein. Jedoch kann sich alkoholbedingte Fahrunsicherheit auch in sonstigem Verhalten und anderen Ausfallerscheinungen offenbaren.[650] Enthemmung und Kritiklosigkeit können zu völlig unvernünftigen Entschlüssen und Reaktionen sowie zu Gedankenlosigkeit oder Verwirrung solchen Ausmaßes führen, daß der Angeklagte auch die Fähigkeit, ein Fahrzeug sicher zu führen, verloren haben kann. In solchen Fällen ist relative Fahrunsicherheit auch dann gegeben, wenn der Angeklagte durch andere Auffälligkeiten als seine Fahrweise in Erscheinung getreten ist oder aber ein Fahrfehler nicht mit ausreichender Sicherheit auf den Alkoholgenuß zurückgeführt werden kann. Der Entschluß zur Fahrt als solcher trotz schwieriger Witterungsbedingungen wird aber für sich allein in der Regel nicht als alkoholbedingte Ausfallerscheinung zu würdigen sein.[651]

Die bloße Tatsache, daß der Angeklagte nach positivem Alcotest oder auch ohne Beachten des Haltegebots eines Polizeibeamten **die Flucht ergriffen hat,** wird in der Regel allerdings als Beweisanzeichen für alkoholbedingte Fahrunsicherheit

---

645 Vgl. OLG Hamm DAR 75, 249; OLG Düsseldorf VM 68, 81; *Peters* MDR 91, 487 (490); *Mühlhaus* DAR 70, 125.
646 Vgl. BGH NZV 95, 80.
647 Vgl. BGH ZfS 94, 464; NZV 95, 80; DAR 95, 166; OLG Saarbrücken VRS 72, 377; OLG Köln NZV 95, 454; LG Osnabrück DAR 94, 128; LG Hamburg DAR 84, 126; s. aber OLG Düsseldorf NZV 97, 184 (krit. Anm. *Bode* ZfS 97, 114); s. auch Rn 197, 202.
648 Vgl. LG Zweibrücken NZV 94, 450.
649 Vgl. BayObLG DAR 74, 179 (bei *Rüth*).
650 Vgl. BGH NZV 99, 48; VRS 63, 121; BayObLG NZV 97, 127; OLG Hamm VRS 37, 48; OLG Köln VRS 89, 446; OLG Düsseldorf DAR 99, 81 (Verhalten gegenüber der Polizei); VRS 67, 246 (Verhalten vor und nach der Fahrt); VRS 37, 35 (Entschluß, nach erheblichem Alkoholgenuß einen völlig unbekannten Fahrzeugtyp zu benutzen, um ein Mädchen nach Hause zu fahren); VRS 42, 364 (grob unvernünftige Motivation für einen Fahrfehler); OLG Celle VRS 50, 286 (Unfähigkeit, die Gedanken zusammenzuhalten); LK[10] (*Rüth*) zu § 316 Rn 26; *von Below* k + v 69, 48 (53); BA 69, 378 (385); *Rüth/Molketin,* KVR, S. 34.
651 Vgl. BayObLG DAR 89, 427.

nicht ausreichen.[652] Insbesondere kann aus solchem Verhalten auch nicht etwa geschlossen werden, der Täter sei sich seiner Fahrunsicherheit bewußt und fürchte gerade deswegen die Blutuntersuchung.[653] Vielmehr kommt als Motiv für die Flucht auch die Furcht des Angeklagten in Betracht, er könne einer Ordnungswidrigkeit nach § 24 a StVG überführt werden.[654] Man wird daher aus einer derartigen Handlungsweise nicht ohne weiteres auf eine die Fahrsicherheit beeinträchtigende alkoholbedingte Enthemmung schließen können, wenn nicht weitere Anhaltspunkte hierfür vorliegen (wie z. B. deutlich unsichere, waghalsige fehlerhafte Fahrweise, die nicht allein auf dem Fluchtentschluß beruht).[655] Auch sofortiges Anhalten aufgrund Mißverständnisses anstelle des von der Polizei signalisierten Folgens bis zum nächsten Parkplatz läßt für sich allein nicht den Schluß auf relative Fahrunsicherheit zu.[656]

bb) Hinzuziehung eines Sachverständigen

203 Zur Klärung der Frage, ob festgestellte Ausfallerscheinungen alkoholbedingt sind, kann das Gericht einen medizinischen Sachverständigen heranziehen, zu dessen Aufgabenbereich auch Aussagen hierzu gehören.[657]

cc) Ausfallerscheinungen beim Gehen

204 Auch Schwierigkeiten beim Gehen, wie z. B. Stolpern und Schwanken, können den Schluß auf entsprechende Ausfallerscheinungen beim Fahren und mithin auf Fahrunsicherheit zulassen.[658]

dd) Ausfallerscheinungen beim Sehvermögen

205 Durch Alkoholgenuß kann das Sehvermögen erheblich beeinträchtigt werden. Es tritt eine Verlangsamung der Rückstellung der Augen auf zu fixierende Gegenstände ein,[659] die Gegenstände erscheinen unscharf;[660] das räumliche Sehen wird gestört,[661] desgleichen die optokinetische Erregbarkeit;[662] die Hellanpassung wird verzögert;[663] auch Einengung des peripheren Gesichtsfeldes (»Tunnelblick«) und

---

652 Vgl. OLG Düsseldorf VM 90, 14; OLG Köln NZV 95, 454; *Peters* MDR 91, 487 (491); vgl. auch OLG Saarbrücken VRS 72, 377; a. M. LG Gera DAR 96, 156.
653 Vgl. OLG Hamm BA 78, 376; vgl. auch AG Gengenbach ZfS 82, 220; a. M. *Krüger* DAR 84, 47 (52).
654 Vgl. OLG Düsseldorf VM 90, 14.
655 Vgl. BGH DAR 95, 166; vgl. dagegen OLG Koblenz VRS 45, 118; OLG Hamm BA 80, 225; OLG Düsseldorf BA 80, 231; vgl. hierzu auch *von Below* BA 69, 378 (385); k + v 69, 48; *Groth* NJW 86, 759.
656 Vgl. OLG Hamm BA 82, 191.
657 Vgl. OLG Koblenz VRS 71, 195.
658 Vgl. OLG Düsseldorf DAR 99, 78; OLG Köln DAR 73, 21; BA 73, 135; OLG Köln Ss 418/90–197; OLG Hamm VRS 37, 48; *Möhl* DAR 71, 4 (5).
659 Vgl. *Ropohl* Verkehrsunfall 84, 236 (237); *Ponsold (Jatho)* S. 207 ff.
660 Vgl. *Ropohl* Verkehrsunfall 84, 236 (237); *Ponsold (Jatho)* S. 207 ff.
661 Vgl. *Ponsold (Jatho)* S. 207 ff.; *Forster/Joachim* S. 120.
662 Vgl. *Heifer* BA 71, 385 ff.; 86, 364 (366 ff.); 91, 121 (125).
663 Vgl. *Forster/Joachim* S. 121; *Ropohl* Verkehrsunfall 84, 236 (237); *Wilhelmi u. a.* BA 72, 473.

Minderung der Lichtempfindlichkeit sind Folgen steigender BAK;[664] Schädigungen des Farbsinns treten auf;[665] die Dämmerungssehschärfe nimmt erheblich ab.[666] Grobe Sehfehler des Angeklagten können daher die Annahme relativer Fahrunsicherheit rechtfertigen.[667]

ee) Trinkverhalten des Angeklagten

Bei der Prüfung der Frage nach dem Vorliegen relativer Fahrunsicherheit ist auch das Trinkverhalten des Angeklagten zu würdigen.[668] 206

Insbesondere kann ein kurz vor Antritt der Fahrt genossener **Sturztrunk** eines bereits Angetrunkenen den Schluß auf eine nachhaltige Beeinträchtigung der Persönlichkeitsstruktur und daraus resultierende relative Fahrunsicherheit zulassen.[669] Denn die besonderen Gefahren eines Schluß-Sturztrunks sind inzwischen auch bei Laien weitgehend bekannt.[670] Die Tatsache, daß sich ein Kraftfahrer, der diese Gefahren kennt, darüber hinwegsetzt und durch den Sturztrunk kurz vor Antritt der Fahrt die Gefährdung seiner eigenen Sicherheit und die Sicherheit anderer Verkehrsteilnehmer riskiert, rechtfertigt die Annahme einer bereits aufgrund des vorher genossenen Alkohols eingetretenen weitgehenden Enthemmung und Kritiklosigkeit, deren Ausmaß im Einzelfall relative Fahrunsicherheit begründen kann.[671] 207

Daß der Gefahrengrenzwert von 0,8 ‰ (§ 24 a I Nr. 1 StVG) zur Tatzeit erreicht war, ist hierbei nicht entscheidend. Auch wenn die BAK zur Tatzeit unter 0,8 ‰ lag, kann der Schluß-Sturztrunk des Angeklagten ein Beweisanzeichen für relative Fahrunsicherheit sein.[672] Bei Werten unter 0,8 ‰ zu Beginn des Schluß-Sturztrunks wird allerdings sorgfältig zu prüfen sein, ob sie schon geeignet waren, einen so weitgehenden Abbau der natürlichen Hemmungen herbeizuführen, daß die Einnahme des Sturztrunks auf eine erhebliche zur Fahrunsicherheit führende alkoholbedingte Persönlichkeitsveränderung zurückgeführt werden kann. 208

Schluß-Sturztrunk ist die hastige Einnahme erheblicher Mengen von Alkohol kurz vor Antritt der Fahrt.[673] *Naeve*[674] definiert den Begriff des Sturztrunks als ein Trinken von 0,5 oder mehr Gramm Alkohol pro kg Körpergewicht in der Zeiteinheit von 0 bis 15 Minuten. 209

---

664 Vgl. *Gilg u. a.* BA 84, 235; *Ropohl* Verkehrsunfall 84, 236; *Mallach/Hartmann/Schmidt* S. 80; *Strohbeck-Kühner* BA 98, 434 (438, 442); *StrohbeckKühner/Thieme* BA 98, 183.
665 Vgl. *Forster/Joachim* S. 122.
666 Vgl. *Wilhelmi u. a.* BA 72, 473; *Forster/Joachim* S. 122; *Ropohl* Verkehrsunfall 84, 236 (237); vgl. zur Störung des Sehens durch Alkoholgenuß auch: *Gerchow* k + v 69, 56.
667 Vgl. BGH VRS 32, 40.
668 Vgl. z. B. BGH NJW 71, 1997; BayObLG NJW 73, 570; *Mayer* NJW 73, 1468.
669 Vgl. BGH NJW 71, 1997; OLG Hamm NJW 72, 1526; 73, 567; 73, 569; 73, 1423; DAR 73, 106; VRS 46, 134; OLG Celle BA 74, 61; OLG Oldenburg BA 71, 142; vgl. auch *Spiegel* k + v 72, 76; *Ponsold* S. 211.
670 Vgl. zu den Wirkungen des Sturztrunks z. B. die Untersuchung von *Naeve/Brinkmann* BA 71, 42.
671 Vgl. z. B. BGH NJW 71, 1997; OLG Oldenburg BA 71, 142; *Ponsold* S. 211.
672 Vgl. OLG Hamm NJW 73, 1423.
673 Vgl. BGH NJW 71, 1997; OLG Hamm NJW 73, 567; 73, 569; vgl. auch *Brettel* NJW 76, 353.
674 *Naeve* k + v 71, 42.

210 In der Rechtsprechung ist z. B. Sturztrunk angenommen worden bei Alkoholmengen, die zu folgenden BAK führten: 0,7–0,8 ‰ (BGH NJW 71, 1997), 0,82 ‰ (OLG Hamm NJW 73, 567), 0,5–0,58 ‰ (OLG Hamm NJW 72, 1145), 0,36 ‰ (OLG Hamm NJW 72, 1525), aber auch schon bei 0,3 ‰ (OLG Hamm NJW 72, 1145).

211 Sturztrunk wurde z. B. auch angenommen beim Trinken von 3 Korn in 5 Minuten,[675] bei rascher Einnahme von 2 Glas Whisky mit Cola, von denen das zweite mehr als normal mit Whisky gefüllt war,[676] bei Trinken von 2 kleinen Fläschchen Underberg unmittelbar vor Antritt der Fahrt[677] oder beim Genuß von 3 Glas doppelten Whiskys mit Cola innerhalb der letzten 15–20 Minuten vor Fahrtbeginn.[678] Alkoholmengen, die zu einer BAK von weniger als 0,3 ‰ führen, reichen für die Annahme eines Sturztrunks nicht aus.[679]

212 Bei Vorliegen besonderer Umstände kann aber auch die Einnahme eines geringeren Schlußtrunks unmittelbar vor Antritt der Fahrt, der noch nicht als eine erhebliche Menge Alkohol i. S. der Sturztrunk-Definition angesehen werden kann, in Verbindung mit dem übrigen Trinkverhalten des Angeklagten die Annahme relativer Fahrunsicherheit rechtfertigen.[680]

213 Hat der Angeklagte keinen Schluß-Sturztrunk zu sich genommen, so reicht dagegen die bloße Tatsache, daß er sich während der Fahrt in der Resorptionsphase befand, allein als zusätzliches Beweisanzeichen für relative Fahrunsicherheit nicht aus,[681] zumal eine irgendwie geartete konkrete alkoholbedingte Ausfallerscheinung in seinem Verhalten für deren Feststellung unerläßlich ist.[682]

h) Klinischer Befund des Entnahmearztes

aa) Grundsatz

214 Die Ansichten darüber, welcher Wert dem klinischen Befund des die Blutprobe entnehmenden Arztes zukommt, weichen erheblich voneinander ab. So hat es z. B. das OLG Hamm[683] nicht beanstandet, daß der Tatrichter die Überzeugung, der Angeklagte sei relativ fahrunsicher gewesen, nur auf die von dem Entnahmearzt festgestellten und bekundeten körperlichen Ausfallerscheinungen gestützt hatte. *Rüth*[684] etwa beurteilt den Wert des klinischen Befundes wesentlich vorsichtiger und hält die Untersuchungsergebnisse des die Blutentnahme durchführenden Arztes für »nicht bedeutungslos«. *Jagusch*[685] dagegen erachtete die klinische

---

675 Vgl. OLG Hamm DAR 73, 106.
676 Vgl. OLG Hamm VRS 46, 134.
677 Vgl. OLG Celle BA 74, 61.
678 Vgl. OLG Oldenburg BA 71, 142.
679 Vgl. OLG Hamm NJW 72, 1145; *Ponsold* S. 211; vgl. auch OLG Hamm NJW 73, 569, das eine Menge, die 0,24 ‰ BAK entsprach, nicht für ausreichend erachtete.
680 Vgl. *Mayer* NJW 73, 1468.
681 Vgl. BayObLG VRS 40, 445; OLG Hamburg NJW 70, 1982; MDR 71, 320; OLG Koblenz VRS 46, 443; OLG Köln BA 70, 76; 73, 417; *Möhl* DAR 71, 4 (6).
682 Vgl. Rn 190.
683 OLG Hamm VRS 33, 440; 36, 49.
684 *Rüth* in LK[10] zu § 316 Rn 29.
685 *Jagusch*, 25. Aufl., zu § 316 StGB Rn 65.

Trunkenheitsbeurteilung durch Ärzte mangels einheitlicher nachprüfbarer Maßstäbe in der Regel als unzuverlässig; das OLG Hamburg[686] endlich hielt sie wegen »absoluter Subjektivität« für unbrauchbar.

Skepsis hinsichtlich der forensischen Verwertbarkeit des ärztlichen Untersuchungsbefundes ist sicherlich gerechtfertigt, wenn man die Ergebnisse der von Gerichtsmedizinern durchgeführten Untersuchungen über die Brauchbarkeit ärztlicher Trunkenheitsbeurteilungen berücksichtigt.[687] 215

So hat z. B. *Heifer*[688] festgestellt, daß der Wert des Untersuchungsbefundes weitgehend von der Übung des Arztes abhängt. Danach gelingt die rein qualitative Feststellung der Alkoholwirkung den weniger häufig untersuchenden Ärzten bei Konzentrationen bis 1,5 ‰ auffallend seltener als geübten Untersuchern. Die größten Unterschiede in der Bewertung hat *Heifer* im Bereich bis zu 1,0 ‰ beobachtet. 216

Eine ältere, von *Rasch*[689] durchgeführte Untersuchung stützte sich auf 600 Stichproben, die aus 4500 Fällen entnommen wurden. *Rasch* kam zu dem Ergebnis, daß die Befunderhebung ganz überwiegend durch die persönlichen Maßstäbe des Untersuchers bestimmt werde und beweiskräftige oder auch nur sinnvolle Resultate nicht zu erwarten seien. 217

Bemerkenswert sind die Ergebnisse einer älteren Untersuchung von *Penttilä u. a.*[690] Dieser lagen die Untersuchungsbefunde solcher Personen zugrunde, die eine BAK von 0,00 bis 0,15 ‰ aufwiesen, also praktisch nicht unter Alkoholeinfluß standen. Dabei wurde festgestellt, daß z. B. ein Arzt 80 % dieser Personen als alkoholbeeinflußt beurteilt hat. In dem untersuchten Material fanden sich Fälle, in denen die Untersuchten als leicht bis mittelstark, mittelstark bis stark, ja sogar als stark unter Alkoholeinfluß stehend bewertet wurden. Die untersuchenden Ärzte hatten trotz der später festgestellten BAK von 0,00 bis 0,15 ‰ eine fehlerhafte Leistung des Untersuchten in 77,1 % bei der Romberg-Probe[691] mit geschlossenen Augen, in 58 % bei der Fingerprobe, in 40,8 % beim Rückwärtszählen, in 31,5 % bei der Gangprobe mit geschlossenen Augen und in 27,6 % beim Romberg-Test mit offenen Augen festgestellt. Zwar ist hier auch an die Möglichkeit von Drogeneinfluß zu denken, jedoch hatte diese Problematik zur Zeit der Untersuchung vor 30 Jahren in Europa, gemessen an heutigen Verhältnissen, eine eher geringe Bedeutung. Über knapp 40 % Fehlbeurteilungen in Fällen von Medikamenteneinnahme berichten *Schuster/Bodem* aufgrund einer jüngeren Untersuchung.[692] 218

Dennoch ist der klinische Befund des die Blutprobe entnehmenden Arztes nicht schlechthin ohne jede Bedeutung für den Nachweis der relativen Fahrunsicher- 219

---

686 OLG Hamburg MDR 74, 772.
687 Vgl. auch OLG Hamm BA 80, 171 (172).
688 *Heifer* BA 63/64, 244 ff. (256); vgl. auch *Mueller (Grüner)* S. 999.
689 *Rasch* BA 69, 129.
690 *Penttilä u. a.* BA 71, 99.
691 Stehen mit vorgestreckten Armen und parallel aneinandergestellten Füßen; s. dazu *Seidl u. a.* BA 94, 186 (191, 193).
692 *Schuster/Bodem* BA 97, 54 (61).

heit. Er kann mit der gebotenen Vorsicht und Zurückhaltung mitberücksichtigt werden.[693] Nur muß je nach dem Grad der festgestellten Ausfallerscheinungen sorgfältig geprüft werden, ob die Tests von einem geübten Arzt durchgeführt wurden, wie sie vorgenommen wurden und um welche Art von Tests es sich im einzelnen handelte. Der die Blutprobe entnehmende Arzt ist in derartigen Fällen als Zeuge zu vernehmen.[694] Zu weitgehend erscheint also die Meinung, der klinische Untersuchungsbefund sei in jedem Falle unbrauchbar. Stellt z. B. der Arzt fest, daß der Untersuchte bei der Gangprobe in starkem Maße schwankte und torkelte, so kann eine so deutliche Ausfallerscheinung natürlich ohne weiteres als zusätzliches Beweisanzeichen für relative Fahrunsicherheit berücksichtigt werden.[695]

bb) Drehnachnystagmus und Pupillenreaktion

220 Ein verlängerter Drehnachnystagmus reicht allein als zusätzliches zur BAK-Höhe hinzutretendes Beweisanzeichen zum Nachweis der Fahrunsicherheit nicht aus.[696] Der Drehnachnystagmus ist ein mehr oder weniger lange dauerndes Augenzittern beim Fixieren eines Gegenstands nach vorheriger mehrfacher Drehung des zu Untersuchenden um die eigene Achse (Fixationsnystagmus), das auch bei Nüchternen zu beobachten ist, sich unter Alkoholeinfluß jedoch regelmäßig verlängert und verstärkt.[697]

221 Teilweise wird der Drehnachnystagmus als geeignetes Indiz für relative Fahrunsicherheit angesehen, wenn ein Elektronystagmograph verwendet wurde und dabei ein über dem individuellen Nüchternwert liegender sog. »grobschlägiger, regelmäßiger und frequenter« Nystagmus ermittelt wurde.[698] Noch fehlen jedoch ausreichende wissenschaftlich abgesicherte Erfahrungssätze, die es rechtfertigen, bei einer bestimmten Abweichung von Dauer oder Intensität (Grobschlägigkeit) des Nystagmus gegenüber den Nüchternwerten mit Gewißheit auf Fahrunsicherheit zu schließen.[699] Außerdem besteht zwar Einigkeit darüber, daß nur ein grobschlägiger Drehnachnystagmus von Bedeutung sein kann;[700] es gibt jedoch keinen objektiven Maßstab zur Abgrenzung des grobschlägigen vom mittel- oder feinschlägigen Nystagmus.[701] Zu berücksichtigen ist ferner, daß ein auffällig langer Drehnachnystagmus auch auf anderen Ursachen als auf alkoholbedingter Störung des Zentralnervensystems beruhen kann (Krankheit, Medikamenteneinnahme).[702]

---

693 Vgl. auch OLG Hamm VRS 37, 48; BA 80, 171; 80, 172; OLG Köln VRS 37, 35; LG Bonn NJW 68, 208; vgl. zur Problematik des klinischen Befundes auch: *Koch* NJW 66, 1154; *Penttilä u. a.* BA 75, 24; *Forster/Joachim* S. 22 ff.
694 Vgl. OLG Hamm BA 80, 171; 80, 172.
695 Zur Bedeutung von Ausfallerscheinungen beim Gehen vgl. oben Rn 204.
696 Vgl. z. B. OLG Köln NJW 67, 310; DAR 67, 27; VRS 47, 187; 48, 103; 65, 440; *Klinkhammer/Stürmann* DAR 68, 43; vgl. in diesem Zusammenhang auch OLG Hamm VRS 53, 117.
697 Vgl. hierzu: *Heifer u. a.* BA 65/66, 537; *Ponsold* S. 222 f.; *Forster/Joachim* S. 22 ff.
698 Vgl. z. B. LG Bonn NJW 68, 208; vgl. auch OLG Hamm VRS 33, 442; *Heifer* BA 91, 121 (124); *Heifer u. a.* BA 65/66, 537 (554); *Forster/Joachim* S. 24.
699 Vgl. auch OLG Köln NJW 67, 310; OLG Zweibrücken VRS 66, 204.
700 Vgl. *Ponsold* S. 223; *Forster/Joachim* S. 24; *Heifer u. a.* BA 65/66, 537 (546, 554); OLG Koblenz NZV 93, 444; OLG Hamm VRS 33, 442; OLG Zweibrücken VRS 66, 204; LG Bonn NJW 68, 208.
701 Vgl. auch *Klinkhammer/Stürmann* DAR 68, 43 (45).
702 Vgl. *Heifer* BA 84, 535.

Schließlich wäre in jedem Falle ein Vergleich mit dem Nüchternbefund erforderlich,[703] der nur mit Einwilligung des Angeklagten erlangt werden könnte.

Dem Drehnachnystagmus kommt daher für den Nachweis relativer Fahrunsicherheit allenfalls in Verbindung mit anderen Beweisanzeichen eine nur bedingte ergänzende Bedeutung zu.[704]

Das gleiche gilt für die Pupillenreaktion.[705] Auch Pupillenerweiterung oder Pupillenverengung (Miosis) sind, selbst wenn sie nachweislich rauschmittelbedingt sind, für sich noch kein geeignetes Beweisanzeichen, um neben festgestellter Rauschmittelkonzentration die Annahme relativer Fahrunsicherheit zu rechtfertigen; vielmehr müssen konkrete, darauf beruhende Sehbeeinträchtigungen festgestellt sein.[706]

cc) Romberg-Test

Bei der sog. Rombergschen Probe muß der Proband mit parallel aneinandergestellten Füßen und ausgestreckten Armen, zumeist mit geschlossenen Augen, stehen. Hierbei zeigen auch Nüchterne häufig Unsicherheiten.[707] Als Beweisanzeichen für relative Fahrunsicherheit ist das Ergebnis dieses Tests ungeeignet.[708]

i) Zum Alkoholgenuß hinzutretende Ermüdung oder Medikamenteneinnahme

Eine zu dem Alkoholgenuß hinzutretende Ermüdung reicht *allein* als zusätzliches Indiz zum Nachweis relativer Fahrunsicherheit nicht aus.[709] Im Zusammenhang mit anderen Beweisanzeichen, etwa Fahrfehlern, kann starke Ermüdung jedoch ins Gewicht fallen und diese Beweisanzeichen selbst bei verhältnismäßig geringen Alkoholkonzentrationen für die Annahme relativer Fahrunsicherheit ausreichend erscheinen lassen, wo dies ohne Hinzutreten der Ermüdung nicht der Fall wäre.[710] Im Hinblick auf die Rechtsprechung, vor allem des BGH, wonach die Feststellung relativer Fahrunsicherheit in jedem Falle eine – wenn auch geringe – durch Alkohol oder andere berauschende Mittel (mit)verursachte *konkrete* Ausfallerscheinung beim Angeklagten voraussetzt,[711] wird auch das Hinzutreten einer *allgemeinen* – selbst erheblichen – Leistungsminderung durch Medikamente als zusätzli-

---

703 Vgl. OLG Koblenz NZV 93, 444; OLG Hamm VRS 33, 442; BA 80, 172; OLG Köln VRS 65, 440; OLG Zweibrücken VRS 66, 204; ZfS 90, 33; *Heifer u. a.* BA 65/66, 537 (556); *Heifer* BA 84, 535; *Forster/Joachim* S. 24.
704 Abzulehnen daher: AG Tecklenburg NZV 89, 83.
705 Vgl. OLG Hamm VM 61, 54 Nr. 78; vgl. auch *Forster/Joachim* S. 22; vgl. ferner zur Pupillenreaktion: OLG Hamm VRS 53, 117.
706 Vgl. BGH NZV 99, 48 (49 f.); OLG Düsseldorf DAR 99, 81.
707 Vgl. *Forster/Joachim* S. 22.
708 Vgl. OLG Köln DAR 67, 27; vgl. auch OLG Hamm VRS 33, 440; zur Häufigkeit von Fehlbeurteilungen nüchterner und fast nüchterner Personen mittels Romberg-Probe vgl. *Penttilä u. a.* BA 71, 99 (111).
709 Vgl. z. B. OLG Hamm NJW 73, 569; OLG Düsseldorf VM 76, 13 Nr. 18.
710 Vgl. OLG Köln VRS 51, 35; OLG Koblenz BA 76, 367.
711 Vgl. Rn 190.

ches Beweisanzeichen allein die Annahme relativer Fahrunsicherheit nicht rechtfertigen.[712]

k) Feststellung relativer Fahrunsicherheit ohne Kenntnis der Blutalkoholkonzentration

226 In Ausnahmefällen kann, wenn eindeutige Beweisanzeichen vorliegen, alkoholbedingte Fahrunsicherheit auch dann angenommen werden, wenn eine BAK nicht festgestellt werden konnte (etwa, weil eine Blutprobenentnahme nicht möglich war). Dies gilt z. B., wenn glaubwürdige Zeugen einwandfrei unverwechselbare, auf Alkohol zurückzuführende Verhaltensweisen (Torkeln, Lallen) und andere Symptome (starke Alkoholfahne) wahrgenommen haben.[713] Jedoch sind an einen Nachweis der Fahrunsicherheit auf solche Weise strengste Anforderungen zu stellen.[714] Die bloße, durch konkrete Tatsachen nicht im einzelnen belegte subjektive Einschätzung des Kraftfahrers durch Zeugen reicht hierzu nicht aus, ebensowenig die Tatsache, daß dieser nach einem auf grobem Versagen beruhenden Unfall die Unfallstelle verlassen hat.[715]

227 Zur Feststellung alkoholbedingter Fahrunsicherheit nur aufgrund der **Atemalkoholkonzentration** siehe oben unter Rn 123.

V. Ursächlichkeit des Alkoholgenusses für die Fahrunsicherheit

Literatur:

Dotzauer/Lewrenz, Medikamente, Alkohol und Kraftfahreignung, in: DAR 1962, 137; *Joó*, Einfluß von Alkohol und Medikamenten auf die Verkehrssicherheit, in: arzt + auto 1981, H. 8, S. 2.

228 Die §§ 316 und 315 c I Nr. 1 a StGB setzen voraus, daß der Täter *infolge* des Genusses alkoholischer Getränke (oder anderer berauschender Mittel) nicht in der Lage ist, das Fahrzeug sicher zu führen. Das bedeutet, soweit der hier allein interessierende Alkoholgenuß in Frage kommt, daß die Fahrunsicherheit alkoholbedingt, mit anderen Worten, daß der Alkohol für die Fahrunsicherheit ursächlich ist. »Genuß« i. S. d. genannten Bestimmungen ist dabei nichts anderes als *Einnahme* von Alkohol.[716]

229 Der erforderliche ursächliche Zusammenhang zwischen Alkoholgenuß und Fahrunsicherheit ist immer schon dann gegeben, wenn der Alkohol *eine* der Ursachen ist. Das Zusammenwirken von alkoholischer Beeinträchtigung mit anderen Ursa-

---

712 Vgl. dagegen BayObLG BA 80, 220 (Anm. *Hentschel* BA 80, 221), das allerdings mißverständlich von *absoluter* Fahrunsicherheit spricht.
713 Vgl. OLG Zweibrücken VM 99, 38; OLG Koblenz VRS 54, 282; 67, 256; OLG Hamm VRS 59, 40; OLG Düsseldorf ZfS 82, 188; NZV 92, 81; OLG Köln VRS 61, 365; NZV 89, 357.
714 Vgl. OLG Koblenz VRS 50, 288; 54, 282; 67, 256; OLG Düsseldorf ZfS 82, 188; VM 90, 14; einschränkend insoweit OLG Zweibrücken VM 99, 38.
715 Vgl. OLG Düsseldorf ZfS 82, 188 = BA 82, 378 mit krit. Anm. *Middendorff*.
716 Vgl. dazu *Burmann* DAR 87, 134 (137).

chen bei der Herbeiführung der Fahrunsicherheit in dem Sinne, daß der Alkohol allein nicht ausgereicht hätte, die Fahrunsicherheit zu bewirken, genügt also zur Feststellung *alkoholbedingter* Fahrunsicherheit.[717]

Führt der Alkoholgenuß z. B. nur zur Fahrunsicherheit, weil die besondere körperliche oder seelische Verfassung den Angeklagten zur Tatzeit besonders anfällig für die Alkoholwirkung machte oder weil Krankheit oder Übermüdung hinzutrat, so ist die Fahrunsicherheit gleichwohl alkoholbedingt, der Angeklagte mithin »*infolge* des Genusses alkoholischer Getränke... nicht in der Lage..., das Fahrzeug sicher zu führen« (vgl. §§ 315 c I Nr. 1 a, 316 I StGB). Dies gilt insbesondere auch für den besonders häufigen Fall des **Zusammenwirkens von Alkohol und Medikamenten**.[718] Dieses kann sich in unterschiedlicher Weise äußern, nämlich durch Verstärkung der Alkoholwirkung (Addition oder gar Potenzierung), durch Alkoholunverträglichkeit oder durch Verzögerung des Alkoholabbaus.[719] Derartige Wirkungen können namentlich von allen das Zentralnervensystem beeinträchtigenden Medikamenten ausgehen.[720] Die Alkoholverträglichkeit kann vor allem durch Schmerzmittel, z. B. Pyrazolonderivate, verringert werden.[721] Psychopharmaka, Narkotika und Schlafmittel, besonders alle Barbiturate, aber auch Sulfonamide und Phenacetinpräparate verstärken die Alkoholwirkung.[722] Zu beachten ist hierbei, daß das Zusammenwirken von Medikamenten und Alkohol nicht nur dann eine die Fahrsicherheit beeinträchtigende Rolle spielen kann, wenn gleichzeitige Einnahme erfolgt, sondern angesichts der oft langen Eliminationsdauer einzelner Medikamente auch bei Alkoholgenuß, der viele Stunden nach Medikamenteneinnahme erfolgt.[723] 230

Führt der Alkoholgenuß die Fahrunsicherheit erst durch das Hinzutreten weiterer Ursachen herbei, so fehlt es allerdings für die §§ 315 c I Nr. 1 a und 316 StGB am **inneren Tatbestand**, wenn der Angeklagte die zusätzlichen Umstände nicht kennen oder vorhersehen mußte.[724] 231

---

717 Vgl. BGH VRS 63, 121; 14, 282 – zu § 315 a I Nr. 2 a. F. – (für Hinzutreten von Ermüdung); BayObLG NJW 68, 1200 (Hinzutreten von Krankheit und Ermüdung); NJW 69, 1583 (Mitursächlichkeit von niedrigem Blutdruck und dadurch mitverursachter vorübergehender Bewußtseinsstörung); OLG Hamburg NJW 67, 1522; OLG Hamm BA 78, 454 (Zusammenwirken von Alkohol und Medikamenten); NJW 67, 1332 (Hinzutreten von Übermüdung); OLG Köln BA 72, 139 (Mitursächlichkeit von Diabetes und Tabletteneinnahme); BA 74, 131 (Zusammenwirken mit der besonderen körperlichen und seelischen Verfassung); NZV 89, 357 (Zusammenwirken mit Ermüdung); DAR 73, 21; OLG Celle NJW 63, 2385 zu § 315 a I Nr. 2 a. F.; *Schönke/Schröder (Cramer)* zu § 315 c Rn 12; *Lackner/Kühl* zu § 315 c Rn 5; *Cramer* zu § 316 StGB Rn 7; *einschränkend Schröder* NJW 66, 488, nach dessen Auffassung bei einem Zusammenwirken von Alkohol und anderen Ursachen für die Fahrunsicherheit § 316 StGB nur dann anwendbar ist, wenn der Alkoholgenuß die überwiegende Ursache ist.
718 Vgl. hierzu die Rechtsprechung in Fn. 717; vgl. in diesem Zusammenhang auch OLG Köln BA 77, 124; eingehend: *Joó* arzt + auto 81 H. 8 S. 2 ff.
719 Vgl. *Joó* arzt + auto 81 H. 8 S. 9.
720 Vgl. *Joó* arzt + auto 81 H. 8 S. 8 f.
721 Vgl. *Dotzauer/Lewrenz* DAR 62, 137 (139); *Joó* arzt + auto 81 H. 8 S. 9.
722 Vgl. *Dotzauer/Lewrenz* DAR 62, 137 (139); *Forster/Joachim* S. 142 f.; *Joó* arzt + auto 81 H. 8 S. 9.
723 Vgl. *Joó* arzt + auto 81 H. 8 S. 9; vgl. zum Thema Zusammenwirken auch *Meyer/Drasch/Kohler*, BASt H. 16 S. 412 ff.; *Schütz* S. 77 f.; zum Arzneimittelmißbrauch vgl. auch *Jäckle u. a.* BA 80, 133.
724 Vgl. BayObLG NJW 68, 1200.

232 Wer nicht die geringste Ahnung vom Führen eines Kraftfahrzeugs hat oder aus sonstigen Gründen auch in nüchternem Zustand keinerlei Fahrfähigkeit besitzt, kann nicht *infolge* Alkoholgenusses fahrunsicher sein.[725] Daß der des Fahrens unkundige Täter sich nur aufgrund der enthemmenden Wirkung des Alkohols in den Verkehr gewagt hat,[726] macht den Alkohol nicht ursächlich für seine *Fahrunsicherheit*.

---

725 Vgl. OLG Hamm VRS 29, 58; 30, 452; *Schönke/Schröder (Cramer)* zu § 315 c Rn 36.
726 So z. B. *Cramer* zu § 315 c StGB Rn 67.

B. Beeinträchtigung der Schuldfähigkeit durch Alkoholgenuß

I. Actio libera in causa

Literatur:

Geilen, Sukzessive Zurechnungsfähigkeit, Unterbringung und Rücktritt – BGHSt 23, 356, in: JuS 1972, 73; *Hardtung,* Die »Rechtsfigur« der actio libera in causa beim strafbaren Führen eines Fahrzeugs und anderen Delikten: Möglichkeiten und Grenzen einer Bestrafung, in NZV 1997, 97; *Hettinger,* Zur Strafbarkeit der »fahrlässigen actio libera in causa«, in: GA 1989, 1; *Horn,* Actio libera in causa – eine notwendige, eine zulässige Rechtsfigur?, in: GA 1969, 289; *Hruschka,* Der Begriff der actio libera in causa und die Begründung ihrer Strafbarkeit – BGHSt 21, 381, in: JuS 1968, 554; *derselbe,* Die actio libera in causa – speziell bei § 20 StGB mit zwei Vorschlägen für die Gesetzgebung, in: JZ 1996, 64; *derselbe,* Die actio libera in causa bei Vorsatztaten und bei Fahrlässigkeitstaten, in: JZ 1997, 22; *Maurach,* Fragen der actio libera in causa, in: JuS 1961, 373; *Roxin,* Bemerkungen zu actio libera in causa, in: *Lackner*-Festschrift, S. 307; *Salger/Mutzbauer,* Die actio libera in causa – eine rechtswidrige Rechtsfigur, in: NStZ 1993, 561; *Schlüchter,* Zur vorsätzlichen actio libera in causa bei Erfolgsdelikten, Festschrift für *H. J. Hirsch,* S. 345; *Schmidhäuser,* Die actio libera in causa: ein symptomatisches Problem der deutschen Strafrechtswissenschaft, Hamburg 1992; *Spendel,* Actio libera in causa und Verkehrsstraftaten, in: JR 1997, 133; *Streng,* Der neue Streit um die »actio libera in causa«, in: JZ 1994, 709.

1. Anwendbarkeit bei Verkehrsstraftaten

Erheblicher Alkoholgenuß kann zur Verminderung der Schuldfähigkeit (§ 21 StGB) oder zur Schuldunfähigkeit (§ 20 StGB) führen. Begeht der Täter dann eine Straftat, deren Tatbestandsverwirklichung er vorher, in noch verantwortlichem Zustand in Gang gesetzt hat, so bleiben Schuldunfähigkeit und verminderte Schuldfähigkeit außer Betracht (vorsätzliche oder fahrlässige actio libera in causa). Dies entspricht, obwohl die »*Rechtsfigur*« der actio libera in causa immer umstritten war, h. M., und ist im Grundsatz (bis vor wenigen Jahren auch für den Bereich des Verkehrsstrafrechts), vor allem in der Rechtsprechung, anerkannt.[1]

Die Grundsätze der actio libera in causa schließen also nicht nur die Anwendung des § 20 StGB und damit des § 323 a StGB aus, sondern auch die des § 21 StGB. Für die Anwendung der straßenverkehrsrechtlichen Trunkenheitsdelikte war aller-

---

[1] Vgl. z. B. BGH NStZ 95, 282; 99, 448; BayObLG NZV 93, 239; NJW 68, 2299; 69, 1583; OLG Köln NJW 67, 306; OLG Hamburg DAR 57, 18; OLG Hamm NJW 56, 274; OLG Koblenz NZV 89, 240; *Schönke/Schröder (Cramer)* zu § 316 Rn 30, *(Lenckner)* zu § 20 Rn 33; *Schmidhäuser,* a. l. i. c. S. 50; *Ranft* Forensia 86, 59 (69);
a. M. z. B. *Roxin, Lackner*-Festschrift S. 307 (317), weil bei den Vergehen der §§ 316, 315 c StGB mittelbare Täterschaft ausscheide; *Hettinger* GA 89, 1 (13 f.) sowie *Salger/Mutzbauer* NStZ 93, 561 (563), weil nicht die Verursachung des Fahrzeugführens, sondern erst das Führen selbst strafbar sei, ein Abstellen auf die Verursachung von den Strafbestimmungen nicht erfaßt sei und daher gegen Art. 103 II GG verstoße; *Hruschka* JZ 96, 64 (68), weil § 20 StGB, anders als z. B. §§ 17 und 35 StGB, keine entsprechende Ausnahme vorsehe und eine Bestrafung der Tat als actio libera daher gegen Art. 103 II GG verstoße; *Herzberg, Spendel*-Festschrift S. 203 (222 f., 232).

dings zu beachten: Hatte der Täter ein *vorsätzliches* Vergehen nach § 316 I oder § 315 c I Nr. 1 a StGB im Zustand erheblich verminderter Schuldfähigkeit begangen, so konnte nur *vorsätzliche* actio libera in causa (= Bestrafung wegen vorsätzlicher Tat) zur Unanwendbarkeit des § 21 StGB führen. Kam nur fahrlässige actio libera in causa in Betracht (= Bestrafung wegen fahrlässiger Tat), so blieb die Tatsache des fahrlässigen Ingangsetzens des Geschehnisablaufs in derartigen Fällen unberücksichtigt. D. h., der im Zustand der verminderten Schuldfähigkeit vorsätzlich handelnde Täter wurde nicht etwa nur wegen fahrlässiger Trunkenheit im Verkehr oder fahrlässiger Gefährdung des Straßenverkehrs bestraft, sondern wegen vorsätzlicher Tatbegehung im Zustand verminderter Schuldfähigkeit (§ 21 StGB).[2] Hatte der Angeklagte dagegen den Tatbestand des § 316 oder des § 315 c I Nr. 1 a StGB *fahrlässig* im Zustand verminderter Schuldfähigkeit verwirklicht, so blieb bei Vorliegen der Voraussetzungen einer actio libera in causa – die dann notwendig eine fahrlässige ist – die verminderte Schuldfähigkeit unberücksichtigt.[3]

235 Neuerdings ist die Rechtsprechung des BGH zur Anerkennung der Strafbarkeit aus dem Gesichtspunkt vorverlegter Schuld uneinheitlich. Während etwa der 3. Strafsenat des BGH in seinem Beschluß vom 19. 2. 1997[4] ausdrücklich an den Grundsätzen der actio libera in causa festhält, **lehnt der 4. Strafsenat** (Urteil vom 22. 8. 1996)[5] unter Aufgabe seiner früheren Rechtsprechung eine **Bestrafung aus vorverlegter Verantwortlichkeit** jedenfalls **für Verkehrsstraftaten ab,** die tatbestandsmäßig das *Führen* eines Fahrzeugs voraussetzen.[6] Zur Begründung wird ausgeführt, die sog. »Tatbestandslösung« (bereits das zur Fahrunsicherheit führende Trinken ist die eigentliche Tatbestandshandlung) scheide bei diesen Delikten aus, weil »Führen« eines Fahrzeugs nicht gleichbedeutend mit »Verursachen der Bewegung« des Fahrzeugs sei. Das gleiche gelte, wenn man die actio libera in causa als Sonderfall der mittelbaren Täterschaft betrachte. Abzulehnen sei auch die Ausdehnung des Begriffs der Tatbegehung in § 20 StGB in dem Sinne, daß auch vorbereitendes Verhalten vom Schuldtatbestand erfaßt werde (»Ausdehnungsmodell«), was zu einer nicht zu rechtfertigenden Einschränkung des § 20 StGB führe. Schließlich scheide auch eine Vorverlagerung des Schuldvorwurfs auf das Sichberauschen als schuldhafte Tatbegehung in Ausnahme von § 20 StGB (»Ausnahmemodell«) als mit Art. 103 II GG nicht in Einklang stehende Abweichung vom eindeutigen Wortlaut des § 20 StGB aus.

236 Die Ablehnung der actio libera in causa für die genannten Tatbestände durch den 4. Strafsenat des BGH ist im Schrifttum teilweise auf Zustimmung[7], zum Teil aber auch auf entschiedene Ablehnung[8] gestoßen. Insbesondere *Hirsch*[9] macht geltend,

---

2 Vgl. BayObLG DAR 85, 239 (bei *Rüth*); OLG Hamm NJW 70, 1614; DAR 72, 133; OLG Koblenz VRS 51, 201; BA 77, 272.
3 Vgl. BayObLG DAR 85, 239 (bei *Rüth*).
4 BGH NStZ 97, 230 (Anm. *Hirsch* ebenda und JR 97, 391); ebenso – ohne auf die Frage ausdrücklich einzugehen – der 2. StrSen.: BGH NStZ 99, 448.
5 BGHSt 42, 235 = NZV 96, 500 (zust. *Hruschka* JZ 97, 22, *Hardtung* NZV 97, 97, abl. *Spendel* JR 97, 133, *Hirsch* NStZ 97, 230).
6 Ebenso: OLG Jena DAR 97, 324; OLG Celle NZV 98, 123; LG Münster ZfS 96, 236.
7 Vgl. *Hruschka* JZ 97, 22; *Hardtung* NZV 97, 97.
8 Vgl. *Spendel* JR 97, 133; *Hirsch* NStZ 97, 230; JR 97, 392.
9 *Hirsch* NStZ 97, 231; JR 97, 392.

die Qualifizierung der actio libera in causa als besonderer Fall mittelbarer Begehung sei auch bei eigenhändigen Delikten (wie z. B. § 316 StGB) möglich, weil bei ihnen zwar die Täterschaft Dritter ausscheide, nicht aber auch mittelbare Begehung durch den Täter selbst, der daher durchaus auch das *Führen* eines Fahrzeugs bereits vor dem Beginn der eigentlichen Bewegung des Fahrzeugs verantwortlich in Gang gesetzt haben könne.[10] Da die »*Rechtsfigur*« im übrigen nach wie vor für andere Tatbestände in der Rechtsprechung anerkannt ist, und auch im Verkehrsstrafrecht außer den erwähnten, das Fahrzeugführen als Tatbestandsmerkmal enthaltenden Delikten verschiedene andere Straftaten bedeutsam sind, wie z. B. fahrlässige und vorsätzliche Erfolgsdelikte, aber auch unerlaubtes Entfernen vom Unfallort, kann auf eine nähere Erörterung der actio libera in causa nicht verzichtet werden.

2. Vorsätzliche actio libera in causa

a) Begriff

Vorsätzliche actio libera in causa (= Bestrafung wegen vorsätzlicher Tatbegehung) liegt nur dann vor, wenn der Täter im Bewußtsein der späteren Straftat (mindestens dolus eventualis) vorsätzlich den Zustand verminderter Schuldfähigkeit oder der Schuldunfähigkeit herbeigeführt hat. Der Vorsatz muß sich also sowohl auf den Zustand der Schuldunfähigkeit (bzw. verminderten Schuldfähigkeit) als auch auf die in diesem Zustand begangene Tat erstrecken.[11]

Nach anderer Auffassung soll vorsätzliche actio libera in causa dagegen nur Vorsatz bezüglich der Tat voraussetzen, während es nicht erforderlich sein soll, daß der Täter auch den Zustand der Schuldunfähigkeit vorsätzlich herbeigeführt hat.[12]

Zur Begründung wird im wesentlichen geltend gemacht: Eine Beschränkung der vorsätzlichen actio libera in causa auf Fälle vorsätzlicher Herbeiführung der Schuldunfähigkeit würde an einen Nebenumstand anknüpfen mit der Folge, daß Fälle zur Bestrafung wegen nur fahrlässiger Tat oder nach § 323 a StGB führen würden oder gar ganz straflos blieben, die angesichts des auf die Tat bezogenen Vorsatzes das wesentliche Merkmal einer actio libera in causa aufweisen.[13] Da bei der actio libera in causa im Gegensatz zu § 323 a StGB der Strafgrund ausschließlich auf dem im Zustand beeinträchtigter Schuldfähigkeit verwirklichten Tatbestand beruhe, sei allein die Einstellung des Täters zum tatbestandsmäßigen Erfolg der unfreien Handlung entschei-

---

10 Vgl. auch *Spendel* JR 97, 136; *Schlüchter*, Festschrift für *H. J. Hirsch*, S. 345 (359).
11 Vgl. RGSt 73, 177 (182); BGH NJW 77, 590; BayObLG DAR 82, 250; 85, 239 (jeweils bei *Rüth*); 89, 364; 93, 370 (bei *Bär*); VRS 64, 189; NZV 89, 318; OLG Hamm NJW 70, 1614; OLG Oldenburg DAR 63, 304; OLG Koblenz VRS 75, 34; OLG Schleswig DAR 89, 191; LK *(Spendel)* zu § 323 a Rn 38; *Schönke/Schröder (Lenckner)* zu § 20 Rn 36; *Lackner/Kühl* zu § 20 Rn 26; *Tröndle/Fischer* zu § 20 Rn 20; *Horn* GA 69, 289 (293); *Oehler* JuS 72, 380; *Rudolphi* JuS 69, 461 (465); *Geilen* JuS 72, 73; *Ranft* Forensia 86, 59 (68); *Roxin*, Lackner-Festschrift, S. 307 (320); so wohl auch BGH NJW 52, 354; MDR 68, 253; offenbar ebenso: BGH NJW 70, 715.
12 So z. B. *Rüth* in LK[10] zu § 316 Rn 76; *Maurach* JuS 61, 373 (376); *Cramer* zu § 316 StGB Rn 42; *Cramer* JZ 68, 273; *Hruschka* JuS 68, 554; so wohl auch BGH NJW 68, 658; ebenso offenbar: BGH NJW 62, 1830; OLG Zweibrücken DAR 70, 105.
13 Vgl. *Hruschka* JuS 68, 554.

dend.[14] Wer vorsätzliche Herbeiführung der Schuldunfähigkeit fordere, verkenne die psychologische Situation, in der sich der Täter befinde, der unter dem Einfluß von Alkohol eine Straftat begehen will; wer sich Mut antrinke, suche im Alkohol eher »Kraft« als Betäubung und mache sich in der Regel keine Gedanken über die Beeinträchtigung seiner intellektuellen und emotionalen Fähigkeiten.[15]

240 Demgegenüber ist jedoch einzuwenden, daß niemals die Entschlußfassung allein zur Bestrafung führen kann, sondern immer nur die Betätigung dieses Entschlusses durch Ingangsetzen einer Kausalkette.[16] Dieses Erfordernis ist aber in Fällen, in denen die unmittelbare Tatausführung im Zustand der Schuldunfähigkeit erfolgt, nur dann erfüllt, wenn der Eintritt der Schuldunfähigkeit, der ja ein Glied dieser Kausalkette ist, vom Vorsatz mit umfaßt ist, wenn also der Täter – wie etwa *Oehler*[17] treffend formuliert – diesen Zustand als Transformator seines Entschlusses für die Herbeiführung des strafrechtlichen Erfolges vorsätzlich benutzt. Hat der im übrigen zur Tat entschlossene Täter den Eintritt der Schuldunfähigkeit nicht vorausgesehen, so weicht der Kausalverlauf von der Vorstellung des Täters so erheblich ab, daß vorsätzliche Tatbegehung abgelehnt werden muß.[18] Die gegenteilige Auffassung, die den Täter auch dann wegen vorsätzlicher Tat bestraft wissen will, wenn er den Verlust der Schuldfähigkeit nicht vorhergesehen hat, übersieht, daß der Täter, wäre er schuldfähig geblieben, möglicherweise doch noch von der Tatausführung Abstand genommen hätte.

241 Im Grunde hat *Horn*[19] durchaus recht, wenn er meint, das Institut der vorsätzlichen[20] actio libera in causa sei, da sich der Vorsatz auch auf die Herbeiführung der Schuldunfähigkeit erstrecken muß, überflüssig, denn es kennzeichne lediglich Fälle mit zeitlich besonders weit auseinandergezogenen Sachverhaltsteilen.[21]

242 Der Angeklagte, der im Zustand der alkoholbedingten Schuldunfähigkeit eine Straftat im Zusammenhang mit seiner Teilnahme am Straßenverkehr begeht, kann also nur dann wegen *vorsätzlicher* Tat bestraft werden, wenn sich sein vor Eintritt der Schuldunfähigkeit gefaßter Vorsatz nicht nur auf die eigentliche Tatbestandsverwirklichung erstreckte, sondern wenn er auch zumindest damit gerechnet hat, daß er durch den Alkoholgenuß schuldunfähig werde. Hat er an die Möglichkeit des Verlustes seiner Schuldfähigkeit nicht gedacht, so kann allenfalls Bestrafung wegen *fahrlässiger* Tat erfolgen.[22]

b) Vorsätzliche Herbeiführung der Beeinträchtigung der Schuldfähigkeit

243 Vorsätzlich ist die Beeinträchtigung der Schuldfähigkeit nur dann herbeigeführt, wenn der Täter diese Möglichkeit zumindest in Kauf genommen hat. Dolus even-

---

14 Vgl. *Maurach* JuS 61, 373 (376).
15 Vgl. *Cramer* JZ 68, 273 (274).
16 Vgl. auch *Oehler* JZ 70, 380; *Horn* GA 69, 289 (293).
17 *Oehler* JZ 70, 380 (381).
18 Vgl. auch *Horn* GA 69, 289 (301).
19 *Horn* GA 69, 289 (290); vgl. auch BGH NZV 96, 500.
20 Gleiches gilt für die fahrlässige actio libera in causa; vgl. BGH NZV 96, 500; *Roxin*, *Lackner*-Festschrift, S. 307 (312).
21 Vgl. auch *Schmidhäuser*, a. l. i. c. S. 31 ff., 49.
22 Vgl. BayObLG DAR 93, 370 (bei *Bär*).

tualis genügt also, wobei sich der Vorsatz auch auf den wesentlichen Kausalverlauf hinsichtlich des Eintritts der Schuldunfähigkeit bzw. der Verminderung der Schuldfähigkeit erstrecken muß. Tritt also die Beeinträchtigung der Schuldfähigkeit durch Umstände ein, an die der Täter überhaupt nicht gedacht hat, so liegt eine so erhebliche Abweichung vom vorgestellten Kausalverlauf vor, daß eine Verurteilung wegen vorsätzlicher vollendeter Tat nicht möglich ist. Hat der Täter allerdings damit gerechnet, daß er durch den Alkoholgenuß schuldunfähig werden und in diesem Zustand eine bestimmte Straftat begehen werde, und hat er dies in Kauf genommen und die Tat dann auch nach Verlust der Schuldfähigkeit begangen, so ist es unbeachtlich, wenn nicht mit Sicherheit ausgeschlossen werden kann, daß die Schuldunfähigkeit möglicherweise tatsächlich erst durch die hinzutretende Wirkung eines bewußt eingenommenen Medikamentes oder Aufputschmittels eingetreten ist, sofern auch die Menge des genossenen Alkohols *allein* schon geeignet war, diesen Zustand herbeizuführen.[23] Der Täter ist also unter Anwendung der Grundsätze der vorsätzlichen actio libera in causa wegen vorsätzlicher Tat zu bestrafen.

c) Vorsatz hinsichtlich der begangenen Tat

Vorsatz hinsichtlich der im Zustand der Schuldunfähigkeit begangenen Tat ist gegeben, wenn der Täter sich *vor Verlust der Schuldfähigkeit*[24] in seiner Laiensphäre die Ausführung einer bestimmten Tat vorgestellt hat, die alle Merkmale des Tatbestands erfüllt, den er später nach Eintritt der Schuldunfähigkeit auch verwirklicht (etwa einen gefährlichen Eingriff in den Straßenverkehr). Weicht die spätere Tatausführung von dieser Vorstellung in wesentlichen Merkmalen des Tatbestands ab, begeht der Täter also eine ganz andere Tat als die ursprünglich vorgestellte (z. B. statt eines gefährlichen Eingriffs in den Straßenverkehr unerlaubtes Entfernen vom Unfallort nach fahrlässig verursachtem Unfall), oder hatte er sich in noch schuldfähigem Zustand nur ganz allgemein vorgestellt, er könne später irgendeine oder nur der Art nach näher bestimmbare Straftat oder Ordnungswidrigkeit begehen, so genügt dies für vorsätzliches Ingangsetzen der Ursachenreihe in verantwortlichem Zustand nicht.[25] Der Täter ist dann wegen Vollrausches gem. § 323 a StGB zu bestrafen (bzw. nach § 122 OWiG zu belangen).[26] Wer bei Trinkbeginn zwar mit späterer Fahrzeugbenutzung rechnet, wird in aller Regel aber nicht darüber hinaus auch das anschließende **unerlaubte Entfernen vom Unfallort** von vornherein in seine Vorstellung mit einbezogen haben.[27]

3. Fahrlässige actio libera in causa

a) Begriff

Fahrlässige actio libera in causa (= Bestrafung wegen fahrlässiger Tatbegehung) liegt vor, wenn der Täter vorsätzlich oder fahrlässig den Zustand der Schuldunfä-

---

23 Vgl. OLG Hamm NJW 72, 2232.
24 Vgl. OLG Schleswig DAR 89, 191.
25 Vgl. BGH NStZ 92, 536.
26 Vgl. BGH NJW 57, 996; 68, 658; vgl. auch BGH NJW 62, 1578.
27 Vgl. BGH VRS 69, 118; DAR 85, 387.

higkeit oder der verminderten Schuldfähigkeit herbeigeführt und gegen die Tat keine geeigneten Vorsorgemaßnahmen getroffen hat, obwohl er mit der Begehung der Straftat hätte rechnen müssen.[28] Die Verurteilung des bei Fahrtantritt schuldunfähigen Angeklagten wegen einer im Zusammenhang mit der Fahrt begangenen Straftat nach den Grundsätzen der fahrlässigen actio libera in causa setzt demnach voraus, daß er sich schuldhaft in den Zustand der Schuldunfähigkeit versetzt und bei Trinkbeginn die Möglichkeit der auf der Fahrt begangenen Straftat (z. B. fahrlässige Körperverletzung) nicht bedacht hat.[29]

b) Fahrlässige Herbeiführung der Beeinträchtigung der Schuldfähigkeit

246 Wird die Schuldfähigkeit erst durch das **Zusammenwirken von Alkohol mit anderen Ursachen** ausgeschlossen, so kann dem Täter der Vorwurf, die Schuldunfähigkeit fahrlässig herbeigeführt zu haben, nur dann gemacht werden, wenn er die Beeinträchtigung der Schuldfähigkeit durch dieses Zusammenwirken voraussah oder voraussehen konnte.[30]

247 Von praktischer Bedeutung ist hier insbesondere das **Zusammenwirken von Alkohol und Medikamenten**.[31] Wird die Beeinträchtigung der Schuldfähigkeit erst dadurch verursacht, daß zum Alkoholgenuß die kumulierende Wirkung eines Medikamentes hinzutritt, so trifft den Angeklagten insoweit der Vorwurf der Fahrlässigkeit dann, wenn er verpflichtet war, sich über die Wirkungen und die Verträglichkeit des Medikamentes bei gleichzeitigem, voraufgegangenem oder nachfolgendem Alkoholgenuß Gewißheit zu verschaffen. Ob diese Pflicht bestand, wird oft von den Umständen des Einzelfalles abhängen – z. B. Art des Fahrzeugs, Art des Medikamentes, Verordnung durch den Arzt oder Selbstbeschaffung, Bildungsgrad des Angeklagten, einschlägige Vorbelastung usw. Von *Kraftfahrern* allerdings wird man allgemein verlangen müssen, daß sie sich anhand des der Packung beiliegenden Hinweiszettels über die Alkoholverträglichkeit vergewissern.[32] Nach Ansicht des OLG Hamburg[33] muß überhaupt jeder, der Alkohol- und Medikamenteneinnahme kombiniert, regelmäßig mit einer erheblichen Steigerung der Alkoholwirkung rechnen.

---

28 Vgl. BayObLG VRS 60, 369; DAR 91, 363 (bei *Bär*); NZV 89, 318; OLG Celle NJW 68, 1938; OLG Hamm BA 74, 283; OLG Koblenz VRS 75, 34; LG Bad Kreuznach NZV 92, 420; LK *(Spendel)* zu § 323 a Rn 38; vgl. auch BGH NJW 71, 254; **a. M.** *(Fahrlässigkeit braucht sich nicht auch auf den Eintritt der Schuldunfähigkeit zu beziehen)* z. B. *Cramer* JZ 68, 273; vgl. zu der entsprechenden Kontroverse beim Vorsatz oben Rn 237 ff.; vgl. zur fahrlässigen actio libera in causa auch: *Horn* GA 69, 289.
29 Vgl. z. B. OLG Hamm BA 74, 283; BayObLG NZV 89, 318 (beide noch zu § 316 StGB, s. dazu aber jetzt Rn 235).
30 Vgl. BayObLG NJW 68, 2299 (bei Hinzutreten einer Gehirnerschütterung).
31 Vgl. hierzu auch oben Rn 230.
32 Vgl. OLG Braunschweig DAR 64, 170; OLG Frankfurt VM 76, 14; *Händel* PVT 95, 43 (44); vgl. auch OLG Köln DAR 67, 195; OLG Hamm VRS 42, 281; OLG Oldenburg OLGSt zu § 316 StGB S. 17 (hinsichtlich der Pflicht, sich über etwaigen Alkoholgehalt eines Medikamentes zu vergewissern); vgl. hierzu ferner: OLG Hamm NJW 74, 614, das die Frage, ob auch Bildungsgrad und sonstige persönliche Umstände entscheidend sind, ausdrücklich offenläßt, die Pflicht zur Vergewisserung jedoch bei dem angeklagten einschlägig vorbelasteten Versicherungskaufmann bejaht; OLG Frankfurt DAR 70, 162, das gegen eine allgemeine Vergewisserungspflicht des Kraftfahrers Bedenken erhebt, im entschiedenen Falle diese Pflicht angesichts der Vorbelastung des Angeklagten und seines Bildungsgrades als Journalist jedoch bejahte.
33 OLG Hamburg JZ 82, 160.

c) Fahrlässigkeit hinsichtlich der begangenen Tat

aa) Grundsatz

Für die Fahrlässigkeit hinsichtlich der begangenen Tat gilt bei fahrlässiger actio libera in causa folgendes: Erforderlich ist nur, daß der Täter infolge Fahrlässigkeit nicht bedacht (nicht vorhergesehen) hat, daß er entgegen der ursprünglichen Absicht noch fahren und dabei den begangenen Straftatbestand verwirklichen werde, wobei die Vorhersehbarkeit nur ausgeschlossen ist, wenn der Geschehnisablauf außerhalb der dem Täter bekannten Lebenserfahrung lag. War der Geschehnisablauf so außergewöhnlich, daß der Angeklagte mit ihm nicht rechnen konnte, so entfällt die Vorhersehbarkeit mit der Folge, daß der Vorwurf fahrlässigen Verhaltens nicht erhoben werden kann.[34]

bb) Vorhersehbarkeit der Fahrzeugbenutzung und der daraus entstehenden Folgen

Dem von der bisherigen Rechtsprechung aufgestellten Grundsatz, daß im allgemeinen jeder, der eine größere Menge Alkohol zu sich nimmt, von vornherein mit der Möglichkeit rechnen muß, daß er durch den Alkoholgenuß fahrunsicher wird,[35] kommt im Hinblick auf die oben[36] geschilderte neue Rechtsprechung des BGH zur actio libera in causa bei Verkehrsstraftaten nur noch geringe Bedeutung zu. Dagegen bleibt die Frage der Vorhersehbarkeit der späteren Fahrzeugbenutzung nach Alkoholgenuß auch unter Zugrundelegung der neuen Rechtsprechung des 4. Strafsenats des BGH zur Nichtanwendbarkeit der Grundsätze der actio libera in causa bei den Tatbeständen der §§ 316, 315 c StGB, 21 StVG[37] bedeutsam, und zwar in bezug auf die Straftatbestände, bei denen das *Führen* eines Fahrzeugs nicht Tatbestandsmerkmal ist, die der Täter aber *infolge* der Fahrzeugbenutzung verwirklicht hat. Jeder, der damit rechnen muß, nach erheblichem Alkoholgenuß ein Kfz zu führen, muß rechtzeitig **Vorsorge gegen die Benutzung des Fahrzeugs** nach späterem Verlust der vollen Schuldfähigkeit treffen. Ergreift er, solange er noch schuldfähig ist, keine geeigneten Vorsorgemaßnahmen gegen die spätere Benutzung des Kfz, so trifft ihn, wenn er das Fahrzeug dann im Zustand der Schuldunfähigkeit führt, der Vorwurf der Fahrlässigkeit.[38]

Wie schon erwähnt,[39] darf allerdings der konkrete Geschehnisablauf nicht so sehr außerhalb jeglicher Lebenserfahrung liegen, daß der Täter ihn unter keinen Umständen ins Auge zu fassen brauchte. In derartigen Fällen entfällt die Vorhersehbarkeit der Fahrzeugbenutzung und damit der Vorwurf fahrlässigen Verhaltens. Dies gilt z.B. auch dann, wenn der Täter Vorkehrungen gegen die spätere

---

34 Vgl. BayObLG MDR 67, 943; OLG Oldenburg DAR 63, 304; OLG Celle NJW 68, 1938; VRS 40, 16; OLG Hamm VRS 15, 362; BA 78, 454; OLG Köln VRS 34, 127.
35 Vgl. BayObLG NJW 69, 1583; OLG Hamm NJW 56, 274; VRS 17, 61; VM 68, 29; OLG Oldenburg DAR 63, 304; OLG Hamburg VM 70, 23 Nr. 26.
36 Oben Rn 235 f.
37 Siehe dazu oben Rn 235.
38 Vgl. BayObLG NJW 69, 1583; MDR 67, 943; NZV 89, 318; OLG Oldenburg DAR 63, 304; OLG Hamm NJW 83, 2456; OLG Zweibrücken BA 91, 343; vgl. hierzu auch OLG Köln VRS 34, 127.
39 Vgl. oben Rn 248.

Fahrzeugbenutzung getroffen hat, die sich nur aufgrund völlig ungewöhnlicher und daher für ihn unvorhersehbarer Umstände wider Erwarten als unzureichend erwiesen haben.[40]

251 Die Tatsache allein, daß die *allgemeine* Möglichkeit bestand, der zu Hause trinkende Täter werde das ihm verfügbare (etwa vor dem Haus oder in der Garage stehende) Fahrzeug entgegen seiner ursprünglichen Absicht doch benutzen, reicht zur Bejahung der Vorhersehbarkeit und damit zur Bestrafung wegen fahrlässiger actio libera in causa nicht aus. In einem solchen Falle kann der Vorwurf der Fahrlässigkeit vielmehr nur erhoben werden, wenn *besondere* Umstände die Möglichkeit des Entschlusses, das Fahrzeug zu benutzen, nahelegten.[41] Entsprechendes gilt bei Alkoholgenuß in einer nahe der Wohnung gelegenen, zu Fuß aufgesuchten Gaststätte.[42] Ebenso ist der Fall zu beurteilen, in dem der in der Nähe seiner Unterkunft trinkende Soldat entgegen seiner ursprünglichen Absicht die für den folgenden Tag geplante Heimfahrt schon am Abend unmittelbar nach dem Alkoholgenuß antritt.[43]

252 Dagegen muß derjenige, der, etwa in einer Gaststätte, auf einer Veranstaltung außerhalb seines Hauses, z. B. auch bei Bekannten, alkoholische Getränke zu sich nimmt, falls er ein Fahrzeug bei sich hat, in der Regel mit der Möglichkeit rechnen, daß er das Fahrzeug später auch benutzen werde.[44] Der vor dem Trinken – oder entgegen der ursprünglichen Absicht während des Trinkens – gefaßte Entschluß, nicht mehr zu fahren, reicht dann allein nicht aus, die Vorhersehbarkeit der später doch durchgeführten Fahrt zu verneinen. Vielmehr sind vorsorgliche Maßnahmen erforderlich, die den Täter nach menschlicher Voraussicht an der Benutzung des Fahrzeugs hindern mußten. In solchen Fällen sind also besondere Umstände, die dem Täter nahelegen, er werde später entgegen seinem Entschluß doch fahren, im Hinblick auf die mit steigendem Alkoholgenuß abnehmenden Hemmungen nicht zu fordern.[45] Die Vorhersehbarkeit entfällt auch nicht allein durch bis dahin gezeigte jahrelange Zuverlässigkeit.[46]

253 Als **ausreichende Vorsorgemaßnahme** ist es z. B. anzusehen, wenn der Angeklagte sämtliche ihm zur Verfügung stehenden Fahrzeugschlüssel einer zuverlässigen Person ausgehändigt hat, von der er annehmen durfte, daß sie nüchtern bleiben werde, und die ihm zugesagt hatte, ihm die Schlüssel nicht wieder zurückzugeben.[47] Auch die Beschaffung einer Übernachtungsmöglichkeit kann ausreichen, wenn sie in einer Weise erfolgt, die es ausgeschlossen erscheinen läßt, daß der

---

40 Vgl. OLG Hamm VRS 15, 362; BA 74, 283; OLG Celle VRS 40, 16; OLG Köln VRS 34, 127.
41 Vgl. BayObLG DAR 71, 203; 73, 206 (jeweils bei *Rüth*); VRS 60, 369; 61, 339; NStZ 88, 264 (bei *Janiszewski*); *Janiszewski* NStZ 82, 108.
42 Vgl. BayObLG NStZ 88, 264 (bei *Janiszewski*).
43 Vgl. BayObLG VRS 61, 339.
44 Vgl. z. B. OLG Oldenburg DAR 63, 304; BayObLG VM 86, 75; NStZ 87, 546 (bei *Janiszewski*); NZV 89, 318; OLG Hamm BA 78, 454; VRS 75, 34.
45 Vgl. OLG Celle NJW 68, 1938; OLG Hamm VRS 42, 197; VM 68, 29; BayObLG NZV 89, 318; DAR 91, 363 (bei *Bär*); vgl. auch OLG Oldenburg DAR 63, 304.
46 Vgl. BayObLG VM 86, 75.
47 Vgl. BayObLG NJW 69, 1583; OLG Celle NJW 68, 1938; OLG Hamm VRS 15, 362; 42, 197; 42, 281.

Betroffene später womöglich von ihr keinen Gebrauch machen wird.[48] Unter Umständen kann sogar schon die feste Zusage eines nahen Angehörigen, den Betroffenen abzuholen, ausreichen,[49] nicht jedoch die bloße an einen Kollegen gerichtete telefonische Bitte, in der Gaststätte abgeholt zu werden.[50]

Die Vorhersehbarkeit der Fahrt entfällt auch nicht dadurch, daß der Angeklagte 254 sich vor Trinkbeginn vorgenommen hatte, anschließend ein Taxi, einen Mietwagen oder ein öffentliches Verkehrsmittel zu benutzen,[51] die nahe gelegene Wohnung unter Zurücklassung seines Fahrzeugs zu Fuß aufzusuchen[52] oder daß er auf einer Reise in einem Gasthof zu trinken beginnt in der Absicht, dort zu übernachten, ohne sich zuvor jedoch Gewißheit zu verschaffen, ob Übernachtungsmöglichkeit besteht.[53] Denn die bloße Absicht bei Trinkbeginn, später nicht mehr zu fahren, reicht niemals aus, wenn der Angeklagte aus besonderen Gründen damit rechnen mußte, daß er dies später möglicherweise doch tun werde.[54]

Auch eine infolge der Fahrt eingetretene **Gefährdung oder etwaige Unfallfolgen** 255 einschließlich der Tötung eines Menschen sind, soweit sie nicht außerhalb jeder Erfahrung liegen, regelmäßig vorhersehbar.[55]

cc) Bestandteil des Schuldspruchs

Die Feststellung, daß der Angeklagte in noch verantwortlichem Zustand mit der 256 nach Eintritt der Schuldunfähigkeit durchgeführten Fahrt rechnen mußte, gehört zu den Schuldfeststellungen und wird daher von der Rechtskraft des Schuldspruchs erfaßt.[56]

4. Verminderte Schuldfähigkeit im Zeitpunkt der vorverlegten Schuld

Einer Verurteilung nach den Grundsätzen der actio libera in causa steht es nicht 257 entgegen, daß die Schuldfähigkeit des Angeklagten bereits in dem Zeitpunkt i.S.d. § 21 StGB vermindert war, in dem er die Ursachenkette in Gang setzte. Es besteht dann die Möglichkeit der Strafmilderung (§ 21 StGB).[57]

5. Tateinheit zwischen actio libera in causa und § 323 a StGB

Grundsätzlich ist Tateinheit zwischen dem durch verantwortliches Ingangsetzen 258 der Ursachenreihe (actio libera in causa) erfüllten Tatbestand und § 323 a StGB nicht möglich, weil bei Anwendung der Grundsätze der actio libera in causa

---

48 Vgl. BayObLG NJW 69, 1583; VRS 61, 339; vgl. auch OLG Koblenz VRS 74, 29.
49 Vgl. OLG Köln VRS 34, 127.
50 Vgl. OLG Hamm VRS 32, 17.
51 Vgl. BayObLG NJW 68, 2299.
52 Vgl. BayObLG NStZ 87, 546 (bei *Janiszewski*).
53 Vgl. BayObLG MDR 67, 943.
54 Vgl. BayObLG NJW 68, 2299; MDR 67, 943; NZV 89, 318.
55 Vgl. OLG Köln BA 77, 355.
56 Vgl. BayObLG NJW 68, 2299.
57 Vgl. OLG Düsseldorf NJW 62, 684; OLG Hamm NJW 74, 614; LK *(Spendel)* zu § 323 a Rn 26.

Schuldunfähigkeit außer Betracht bleibt, § 323 a StGB dagegen Schuldunfähigkeit voraussetzt. Die actio libera in causa schließt jedoch nur dann die Anwendung des § 323 a StGB aus, wenn sie *den* Straftatbestand verwirklicht, unter dessen Strafdrohung die Rauschtat fällt.[58] Dies ist z. B. nicht der Fall, wenn der Täter etwa in verantwortlichem Zustand *fahrlässig* nicht bedacht hat, daß er eine gefährliche Körperverletzung begehen könne. Mit Recht hat sich der BGH[59] gegen die Auffassung des RG[60] gewandt, in einem solchen Fall sei der Täter nach § 229 StGB wegen fahrlässiger Körperverletzung zu bestrafen. Zur Begründung führt er aus: Wer sich nicht nur schuldhaft berausche, sondern hierbei außerdem noch aus Fahrlässigkeit nicht bedenke, daß er in der Trunkenheit eine Körperverletzung begehen könne, lade zweifellos eine höhere Schuld auf sich, als zur Anwendung des § 323 a StGB nötig sei, könne aber, wenn man nicht § 323 a StGB anwende, nur gem. § 229 StGB bestraft werden.[61] In derartigen Fällen entspreche daher nur die Verurteilung aus beiden Strafbestimmungen dem Gesetz. Es besteht ausnahmsweise also Tateinheit zwischen der actio libera in causa (im Beispiel also § 229 StGB) und § 323 a StGB.

259 Diese Ausnahme wird allerdings nunmehr, unter Zugrundelegung der Rechtsprechung des 4. Strafsenats des BGH[62] zur Nichtanwendbarkeit der actio libera in causa bei den Straftatbeständen der Trunkenheit im Verkehr und damit auch in Fällen der Gefährdung des Straßenverkehrs, nur noch in seltenen Fällen bedeutsam sein.

II. Verminderte Schuldfähigkeit und Schuldunfähigkeit, §§ 21, 20 StGB

Literatur:

Blau, Promillegrenze und verminderte Schuld, in: BA 1989, 1; *Detter,* Zur Schuldfähigkeitsbegutachtung aus revisionsrechtlicher Sicht, in: BA 1999, 3; *Fahl,* Neues zu den Promillegrenzen im Strafrecht: Zum Zusammenhang von Steuerungsfähigkeit und Steuerfähigkeit (§§ 20, 21 StGB), in: JbVerkR 1999, 197; *Foth,* Einige Bemerkungen zur verminderten Schuldfähigkeit bei alkoholisierten Straftätern, in: *Salger*-Festschrift, S. 31; *Gerchow u. a.,* Die Berechnung der medizinischen Blutalkoholkonzentration und ihr Beweiswert für die Beurteilung der Schuldfähigkeit, in: BA 1985, 77; *von Gerlach,* Blutalkoholwert und Schuldfähigkeit in der Rechtsprechung des Bundesgerichtshofs, in: BA 1990, 82; *Haffner u. a.,* Die Äthanol-Eliminationsgeschwindigkeit bei Alkoholikern unter besonderer Berücksichtigung der Maximalvariante der forensischen BAK-Rückrechnung, in: BA 1991, 46; *Kurz,* Schuldunfähigkeit und verminderte Schuldfähigkeit nach neuem Strafrecht, in: MDR 1975, 893; *Maatz,* Die Beurteilung alkoholisierter Straftäter in der Rechtsprechung des Bundesgerichtshofes, in: BA 1996, 233; *Rengier/Forster,* Die sogenannten »Promillegrenzen« zur alkoholbedingten Schuldunfähigkeit aus juristisch-medizinischer Sicht, in: BA 1987, 161; *Salger,* Die Bedeutung des Tatzeit-Blutalkoholwertes für die Beurteilung der erheblich verminderten Schuldfähigkeit, in: *Pfeiffer*-Festschrift, S. 379; *Schewe,* Zur beweisrechtlichen Relevanz

---

58 Vgl. BGH NJW 52, 354; LK *(Spendel)* zu § 323 a Rn 43.
59 BGH NJW 52, 354.
60 RGSt 70, 85.
61 Zum unterschiedlichen Unrechtsgehalt vgl. die unterschiedliche Strafdrohung (s. allerdings § 323 a Abs. II).
62 Siehe oben Rn 235.

berechneter maximaler Blutalkoholwerte für die Beurteilung der Schuldfähigkeit, in: BA-Festschrift, S. 171; *derselbe,* Die »mögliche« Blutalkoholkonzentration von 2 ‰ als »Grenzwert der absoluten verminderten Schuldfähigkeit«?, in: JR 1987, 179; *Schröter u. a.,* Trinkversuche zur Rückrechnung mit langen Rückrechnungszeiten, in: BA 1995, 344; *Zink/Reinhardt,* Die Berechnung der Tatzeit-BAK zur Beurteilung der Schuldfähigkeit, in: BA 1976, 327.

1. Die Rückrechnung

Soweit die Frage der Beeinträchtigung der Schuldfähigkeit des Angeklagten durch den Alkoholgenuß zu prüfen ist, gelten für die Rückrechnung[63] einige Besonderheiten gegenüber der Rückrechnung in den Fällen, in denen aufgrund des Blutprobenergebnisses die Frage der Fahrunsicherheit zu beurteilen ist. Auch bei sog. »normalen Trinkverlauf«[64] dürfen, wenn das Ende der Resorptionsphase nicht feststeht, die ersten beiden Stunden nach Trinkende nicht von der Rückrechnung ausgenommen werden.[65] Denn anders als bei den Feststellungen zur Fahrsicherheit ist hier in Zweifelsfällen zugunsten des Angeklagten von einer möglichst hohen Tatzeit-BAK auszugehen.[66] Ließe man die ersten beiden Stunden nach Trinkende unberücksichtigt, so würde sich jedoch eine niedrigere Tatzeit-BAK ergeben, so daß eine Benachteiligung des Angeklagten nicht ausgeschlossen werden könnte.[67] Im Zweifel ist also eine zur Tatzeit abgeschlossene Resorption zugrunde zu legen.[68] Dieses Verfahren ist indessen insofern nicht unproblematisch,[69] als die alkoholbedingten Ausfallerscheinungen nicht nur von der Höhe der BAK abhängig sind, sondern ganz wesentlich auch von der Phase der Alkoholkurve; insbesondere sind die alkoholischen Beeinträchtigungen regelmäßig in der Resorptionsphase stärker als nach Überschreiten des Kurvengipfels.[70]

Ein »individueller« Abbauwert im strengen Wortsinn läßt sich grundsätzlich nicht ermitteln.[71] Die vielfältigen hierfür entscheidenden Faktoren, bezogen auf den konkreten Fall, sind regelmäßig unbekannt. Selbst eine nachträgliche experimentelle Feststellung ließe sich nicht verallgemeinern und könnte daher nicht mit ausreichender Sicherheit auf den zu beurteilenden Fall angewendet werden.[72] Soweit die Rechtsprechung gleichwohl für die Rückrechnung in erster Linie die Zugrundelegung eines »individuellen« Abbauwertes fordert,[73] ist der Wert gemeint, der unter Berücksichtigung der bekannten Anknüpfungstatsachen dem Abbauwert

---

63 Vgl. hierzu oben Rn 90 ff.
64 Vgl. oben Rn 100.
65 Vgl. hierzu oben Rn 101 ff.
66 Vgl. OLG Jena DAR 97, 324; OLG Köln VRS 80, 34; DAR 97, 499; OLG Celle NZV 92, 247; ZfS 97, 152; vgl. auch *Mayr* DAR 74, 64.
67 Vgl. BayObLG NJW 74, 1432; OLG Zweibrücken VRS 63, 445; OLG Köln VRS 65, 426; *Hartung* BA 75, 162 (164); 2. Gutachten BGA S. 23.
68 Vgl. OLG Köln DAR 97, 499; VRS 86, 279 (283); NStZ 89, 24; OLG Hamm DAR 90, 308; OLG Celle NZV 92, 247; OLG Zweibrücken NJW 83, 1386.
69 Vgl. *Gerchow* BA 83, 540 (541); *Gerchow u. a.* BA 85, 77 (96).
70 Vgl. Rn 147, 155.
71 Vgl. Rn 97.
72 Vgl. Rn 97.
73 Vgl. z. B. BGH NStZ 85, 452; OLG Köln VRS 65, 426.

im konkreten Fall ohne Benachteiligung des Angeklagten am nächsten kommt. Kann ein solcher aktueller, auf die Umstände des konkreten Falles bezogener Wert nicht ermittelt werden,[74] ist daher bei Prüfung der Schuldfähigkeit des Angeklagten zur Tatzeit vom Ergebnis der Blutuntersuchung mit dem höchstmöglichen stündlichen Abbauwert zurückzurechnen.[75]

262 Die in der älteren Rechtsprechung[76] vertretene Annahme eines höchstmöglichen stündlichen Abbauwertes von 0,29 ‰ war sowohl in der gerichtsmedizinischen als auch in der juristischen Literatur auf Kritik gestoßen[77] und ist inzwischen überholt. Da ein Abbauwert von 0,29 ‰ für lange Rückrechnungszeiten zu hoch, für kurze jedoch etwas zu niedrig ist,[78] folgt die Rechtsprechung[79] nunmehr der von *Zink/Reinhardt*[80] entwickelten und in der Rechtsmedizin[81] anerkannten Rückrechnungsformel zur Ermittlung der maximalen Tatzeit-BAK:

$$\text{max. Tatzeit-BAK} = \text{BAK (Blutentnahme)} + 0{,}2\,‰ \cdot t + 0{,}2\,‰$$

Danach ist also zurückzurechnen mit 0,2 ‰ pro Stunde (*t*) zuzüglich eines einmaligen Korrekturzuschlages von 0,2 ‰. Die Formel wurde unter Auswertung von 1486 Einzelkurven ermittelt, ist also hoch gesichert und erlaubt nach *Zink/Reinhardt* sowie *Gerchow u. a.*[82] eine Berechnung der maximalen Tatzeit-BAK mit einer Sicherheit von 99 %, und zwar auch nach Genuß großer Trinkmengen.[83] Dies gilt nicht nur bei Rückrechnung über mehr als zwei Stunden,[84] sondern bereits von der ersten Stunde ab Resorptionsabschluß.[85] Der sich hierbei ergebende Wert darf nicht allein im Hinblick auf den deutlich niedrigeren Wert eines unmittelbar nach der Tat durchgeführten Atemalkohol-Tests in Frage gestellt werden.[86] Im übrigen ist aber immer zu prüfen, ob unter Berücksichtigung der Sym-

---

74 Vgl. Rn 97.
75 Vgl. z. B. BGH NJW 91, 852; MDR 91, 657; BayObLG NJW 74, 1432; OLG Hamm NJW 77, 344; DAR 90, 308; BA 79, 318; OLG Koblenz BA 77, 429; VRS 66, 133; OLG Düsseldorf ZfS 98, 33; VRS 63, 345; OLG Köln DAR 97, 499; VRS 69, 38; OLG Zweibrücken DAR 99, 132; NJW 83, 1386; *Jessnitzer* BA 70, 175 (181); *Händel* NJW 74, 247; *Hartung* BA 75, 162 (164); *Salger* DRiZ 89, 174 (175).
76 Vgl. oben Rn 93 Fn. 286; vgl. hierzu auch 2. Gutachten BGA S. 27.
77 Vgl. z. B. *Schwerd* BA 76, 289; *Händel* NJW 74, 247.
78 Vgl. *Zink/Reinhardt* BA 76, 327.
79 Vgl. BGH DAR 86, 91; 86, 297; VRS 71, 361; 72, 275; NJW 91, 852; NZV 91, 117; MDR 91, 657; NStZ 95, 539; BayObLG NZV 94, 197; OLG Hamburg DAR 93, 395; OLG Zweibrücken DAR 99, 132; NZV 93, 488; VRS 87, 435; OLG Frankfurt NJW 96, 1358; NStZ-RR 99, 246; OLG Jena DAR 97, 324; OLG Köln DAR 97, 499; VRS 86, 279 (283); NStZ 89, 24; KG VRS 80, 448; OLG Karlsruhe VRS 80, 440; OLG Hamm DAR 90, 308; OLG Düsseldorf BA 89, 367; OLG Celle NZV 92, 247; ZfS 97, 152; vgl. auch *Salger* DRiZ 89, 174 (175).
80 *Zink/Reinhardt* BA 76, 327.
81 *Zink/Reinhardt* BA 76, 327; *Gerchow* BA 83, 540; *Gerchow u. a.* BA 85, 77 (88, 91); *Schwerd*, Rechtsmedizin, Nr. 4.5.3.; *Haffner u. a.* BA 91, 46 halten allerdings bei Alkoholikern wegen höherer Eliminationsgeschwindigkeit eine Benachteiligung bei Anwendung dieser Formel für nicht ausgeschlossen; ähnlich *Schröter u. a.* BA 95, 344 bei langen Rückrechnungszeiten (8–9 Std.).
82 Siehe oben Fn. 81.
83 Vgl. *Zink/Reinhardt* BA 84, 422 (438 f.); *Gerchow u. a.* BA 85, 77 (89).
84 Insoweit einschränkend noch BGH DAR 86, 191 (bei *Spiegel*); VRS 69, 431; 71, 363; 75, 451; OLG Düsseldorf BA 88, 343 (Anwendung der Formel *jedenfalls* bei Rückrechnung über mehr als zwei Stunden).
85 Vgl. BGH NJW 91, 852; NZV 91, 117; BayObLG DAR 89, 231; OLG Celle ZfS 97, 152; OLG Frankfurt NJW 96, 1358; OLG Jena DAR 97, 324; OLG Düsseldorf VRS 77, 119.
86 Vgl. BGH NStZ 95, 539.

ptomatik der Alkoholintoxikation für den konkreten Fall ein anderer maximaler Abbauwert feststellbar ist, wobei **Tatverhalten und äußere Tatumstände** heranzuziehen sind.[87]

Daß bei der Errechnung der Tatzeit-BAK, soweit die Frage der Schuldfähigkeit zu prüfen ist, der höchstmögliche stündliche Abbauwert zugrunde gelegt werden muß, gilt allerdings dann nicht, **wenn die BAK** nicht aufgrund einer Blutprobe, sondern **nach der Trinkmenge ermittelt wird**.[88] Steht eine Blutprobe nicht zur Verfügung, so sind für die Beurteilung der Schuldfähigkeit etwaige Angaben des Angeklagten zu voraufgegangenem Alkoholgenuß zu prüfen und ggf. zu berücksichtigen,[89] es sei denn, die Angaben ermöglichten keinerlei zeitliche und mengenmäßige Eingrenzung.[90] Sodann ist zugunsten des Angeklagten mit dem geringstmöglichen Abbauwert zu rechnen.[91] Von dem Wert, der sich als BAK aus der Trinkmenge errechnen läßt, ist nämlich die Alkoholmenge abzuziehen, die seit Trinkbeginn eliminiert (abgebaut) worden ist. Diese ist um so geringer, die Tatzeit-BAK also um so höher, je niedriger der stündliche Abbauwert ist.

2. Das Sachverständigengutachten

Ob die Alkoholbelastung im Einzelfall zu einer Verminderung der Schuldfähigkeit i.S.d. § 21 StGB oder gar zur Schuldunfähigkeit geführt hat, hängt von so vielen Umständen ab,[92] daß der Tatrichter zur Beurteilung dieser Frage in der Regel der Hilfe eines Sachverständigen bedürfen wird,[93] insbesondere bei Zusammenwirken von Alkohol und Medikamenten.[94] Bei weit über 2,0 ‰ liegenden BAK (z. B. 2,5 ‰) wird das Gericht allerdings oft auch ohne Sachverständigengutachten zugunsten des Angeklagten davon ausgehen dürfen, daß jedenfalls das Vorliegen verminderter Schuldfähigkeit (§ 21 StGB) nicht auszuschließen ist.[95]

Die Feststellung der Voraussetzungen des § 20 oder des § 21 StGB trifft aber auch nach Anhörung eines Sachverständigen jedenfalls das *Gericht.* Der Sachverständige ist immer nur *Helfer* des Richters. Ihm darf das Gericht die Entscheidung der *Rechtsfrage,*[96] ob § 20 oder § 21 StGB anzuwenden ist, nicht überlassen. Aufgabe

---

87 Vgl. BGH DAR 77, 143 f.; 81, 189 (jeweils bei *Spiegel*); NStZ 85, 452; OLG Köln NJW 82, 2613; BA 82, 95; vgl. auch *Spiegel* DAR 83, 193; *Schewe,* BA-Festschrift, S. 171 (186); *Gerchow u. a.* BA 85, 77 (102); s. aber Rn 272.
88 Vgl. hierzu oben Rn 116 ff.
89 Vgl. BGH NStZ 92, 32.
90 Vgl. BGH NStZ 94, 334.
91 Vgl. BGH DAR 99, 194 (bei *Tolksdorf*); 86, 297; NStZ 85, 452; 86, 114; 88, 404; 89, 473; NJW 86, 2384; 90, 778; 91, 852; 92, 32; OLG Köln VRS 65, 426; *Salger* DRiZ 89, 174 (176).
92 Vgl. hierzu unten Rn 269, 277.
93 Vgl. OLG Koblenz VRS 74, 29; 75, 40; 70, 14 (3,09 ‰ 35 Min. nach der Tat); OLG Düsseldorf VRS 63, 345 (2,18 ‰ zwei Stunden nach der Tat); VRS 96, 98; KG VRS 80, 448; OLG Celle NZV 92, 247; *Hartung* BA 75, 162 (164); *Jessnitzer* BA 78, 315 (316); vgl. auch OLG Düsseldorf NZV 94, 324.
94 Vgl. OLG Köln VRS 65, 21.
95 Vgl. auch *Jessnitzer* BA 70, 175 (181); BA 78, 315 (316).
96 Vgl. BGH NJW 97, 2469 (2463); DAR 93, 161 (bei *Nehm*); *Salger, Pfeiffer*-Festschrift, S. 379 (381); *Detter* BA 99, 3 (4).

des Sachverständigen ist es lediglich, dem Gericht die Tatsachen zu unterbreiten, zu deren Feststellung es einer besonderen Sachkunde bedarf, und ihm die zur Entscheidung der Beweisfrage notwendigen wissenschaftlichen Grundlagen und Erfahrungssätze zu vermitteln.[97] Die vom Sachverständigen in seinem Gutachten aufgrund der von ihm festgestellten Tatsachen gezogenen Schlußfolgerungen **hat der Richter jedoch zu überprüfen** und die Entscheidung darüber, ob und in welchem Umfang die Schuldfähigkeit des Angeklagten infolge des Alkoholgenusses beeinträchtigt war, in *eigener* Verantwortung zu treffen.[98] Auch wenn der Sachverständige in seinem Gutachten zu der Rechtsfrage selbst Stellung nimmt, darf sich daher der Richter dem nicht einfach »anschließen«.[99]

266 Schließt sich der Richter gleichwohl ohne eigene Erwägungen dem Sachverständigen an, so muß das Urteil in der Regel wenigstens die wesentlichen tatsächlichen Grundlagen, an die die Schlußfolgerungen des Gutachtens anknüpfen, und die Art dieser Folgerungen mitteilen, soweit dies zum Verständnis des Gutachtens und des Urteils erforderlich ist; denn nur dann kann das Revisionsgericht beurteilen, ob die dem angefochtenen Urteil zugrundeliegende Auffassung rechtsfehlerfrei ist.[100] Wenn allerdings schon die Höhe der BAK allein ohne weiteres Schuldunfähigkeit oder verminderte Schuldfähigkeit nahelegt, kann die Mitteilung der Anknüpfungstatsachen im Urteil entbehrlich sein.[101]

267 Will das Gericht zur Frage der Schuldfähigkeit von dem Ergebnis des Sachverständigengutachtens abweichen, so muß es im Urteil die Darlegungen des Sachverständigen im einzelnen wiedergeben.[102] Darüber hinaus bedarf es im Urteil einer eingehenden Auseinandersetzung mit den Gründen des Gutachtens, die erkennen läßt, daß das Gericht über die notwendige Sachkunde verfügt.[103] Dies gilt auch dann, wenn das Gericht von diesem Ergebnis nur durch Unterstellung *zugunsten* des Angeklagten abweichen will.[104]

3. Verminderte Schuldfähigkeit, § 21 StGB

a) Bestandteil der Strafzumessung

268 Die verminderte Schuldfähigkeit i.S.d. § 21 StGB ist nur *ein* Strafzumessungsgesichtspunkt neben anderen. Die Entscheidung über die Frage, ob die Voraussetzungen des § 21 StGB erfüllt sind, gehört daher zur Strafzumessung.[105]

---

97 Vgl. hierzu *Spann* DAR 80, 309.
98 Vgl. BGH NJW 97, 2460 (2463); KG VRS 12, 360 (366); OLG Hamm NJW 67, 690; OLG Köln NJW 67, 1521; vgl. auch *Jessnitzer/Frieling* Rn 239; *Hartung* BA 75, 162 (167); *Kurz* MDR 75, 893 (896).
99 Vgl. BGH NJW 55, 840; KG VRS 12, 360 (366); OLG Hamm NJW 67, 690.
100 Vgl. BGH NJW 55, 840; BayObLG NJW 68, 2299; OLG Düsseldorf BA 89, 365; OLG Hamm NJW 67, 690; OLG Köln NJW 67, 691; VRS 69, 38; 74, 23; OLG Saarbrücken ZfS 95, 473.
101 Vgl. z. B. OLG Oldenburg VRS 23, 46.
102 Vgl. BGH BA 97, 450.
103 Vgl. BGH DAR 72, 120 (bei *Martin*); VRS 17, 187; DAR 84, 191 Nr. 5 (bei *Spiegel*); OLG Köln NJW 67, 1521; *Jessnitzer/Frieling* Rn 111; vgl. hierzu auch BGH VRS 21, 289; MDR 89, 902.
104 Vgl. BGH DAR 72, 120 (bei *Martin*).
105 Vgl. BayObLG DAR 75, 203 (bei *Rüth*); OLG Köln VRS 66, 457; NStZ 89, 24; *Foth, Salger*-Festschrift, S. 32.

b) Umstände des Einzelfalles

Für die alkoholbedingte Beeinträchtigung der Schuldfähigkeit gibt es keine feste **269** Grenze hinsichtlich der Höhe der BAK. Ein allgemeiner Grenzwert, bei dem in jedem Falle verminderte Schuldfähigkeit oder gar Schuldunfähigkeit anzunehmen wäre, existiert nicht. Denn nicht durch die BAK als solche wird die Schuldfähigkeit unmittelbar beeinträchtigt, sondern durch die von ihr verursachten neurologischen und psychopathologischen Symptome.[106] Inwieweit die Alkoholisierung zu Leistungseinbußen und psychischen Auffälligkeiten führt, hängt von individuellen Faktoren, insbesondere dem Maß der Alkoholgewöhnung ab.[107] Für die Frage, ob die Voraussetzungen des § 21 StGB vorliegen, sind daher die Umstände des Einzelfalles und die Persönlichkeit des Täters entscheidend. Von Bedeutung können hierbei z. B. neben der Höhe der BAK sein: die Trinkgeschwindigkeit, Art, Menge und Zeitpunkt der letzten Nahrungsaufnahme, die körperliche Verfassung des Angeklagten, der Einfluß etwa vorhanden gewesener Ermüdungserscheinungen, Alkoholverträglichkeit, seine psychische Verfassung, etwaige Erregung, allgemeine Stimmungslage[108] sowie die Frage, inwieweit die Tat dem Angeklagten persönlichkeitsfremd oder wesenseigen ist.[109] Alle objektiven und subjektiven Umstände, die neben der BAK wesentlichen Einfluß auf die Befindlichkeit und das Verhalten des Täters hatten, sind zu würdigen.[110]

c) Pflicht zur Prüfung der Voraussetzungen des § 21 StGB ab 2 ‰

Erheblich verminderte Schuldfähigkeit liegt schon dann vor, wenn das Hem- **270** mungsvermögen des Täters so stark herabgesetzt ist, daß seine Fähigkeit, der Tatausführung zu widerstehen, erheblich geringer ist als bei normalen, in der Schuldfähigkeit nicht beeinträchtigten Personen.[111] Denn nicht nur eine erhebliche Verminderung der Fähigkeit, das Unrecht der Tat einzusehen, rechtfertigt nach dem Wortlaut des § 21 StGB eine Strafmilderung, sondern schon eine entsprechende Verminderung der Fähigkeit, nach dieser Einsicht zu handeln.[112] Diese kann durch Aufnahme größerer Alkoholmengen auch bei einem alkoholverträglichen, trinkgewohnten Täter hervorgerufen werden, der sich im übrigen unauffällig verhält.[113] Überhaupt schließt **motorisch noch kontrolliertes und äußerlich geordnetes Verhalten** eine zur Anwendung des § 21 StGB führende Herabsetzung des Hemmungsvermögens nicht aus.[114] Auch gutes **Erinnerungsvermögen** hinsichtlich der Einzelheiten der Tat oder zielstrebiges Verhalten bei ihrer Begehung sprechen

---

106 Vgl. *Kröber* NStZ 96, 569.
107 Vgl. *Kröber* NStZ 96, 569 (572).
108 Vgl. BGH VRS 17, 187; OLG Hamm VRS 42, 281; BA 81, 58; OLG Karlsruhe NJW 65, 361.
109 Vgl. BGH NStZ 81, 298.
110 Vgl. BGH VRS 73, 132; NJW 90, 778; NStZ 95, 96; 96, 592 (593); NStZ-RR 97, 162; OLG Frankfurt NStZ-RR 99, 246; *Kröber* NStZ 96, 569.
111 Vgl. OLG Saarbrücken NJW 71, 1904; vgl. auch *Tröndle/Fischer* zu § 21 Rn 4.
112 Zur Bedeutung dieser beiden Alternativen s. BGH NStZ 95, 226 (Anm. *Pluisch* NStZ 95, 330).
113 Vgl. BGH DAR 82, 197 III 4 (bei *Spiegel*); NStZ 84, 506; VRS 71, 25; NJW 88, 779.
114 Vgl. BGH VRS 72, 275; 75, 201; 75, 451; DAR 89, 31; 89, 243 (bei *Spiegel*); NJW 88, 779; NStZ 92, 78; 97, 384; OLG Karlsruhe VRS 85, 347; OLG Koblenz VRS 75, 40; *Salger*, *Pfeiffer*-Festschrift, S. 379 (388); *von Gerlach* BA 90, 305 (308); krit. *Kröber* NStZ 96, 569 (575).

allein nicht entscheidend gegen eine i.s.d. § 21 StGB erhebliche Verminderung des Hemmungsvermögens.[115] Das bedeutet andererseits indessen nicht, daß derartige Umstände unbeachtet zu bleiben hätten; vielmehr kann natürlich die Gesamtwürdigung von hoher BAK und Alkoholgewöhnung, zielstrebigem Verhalten sowie unbeeinträchtigter Erinnerungsfähigkeit im Einzelfall zur Verneinung von § 21 StGB führen.[116]

271 Mit einer die Schuldfähigkeit erheblich vermindernden Herabsetzung des Hemmungsvermögens ist **regelmäßig bei Blutalkoholkonzentrationen ab 2‰** zu rechnen,[117] so daß die Voraussetzungen des § 21 StGB ab 2‰ naheliegen,[118] und zwar nach Ansicht des 4. Strafsenats des BGH[119] i. S. einer – widerlegbaren – Vermutung. Immer, wenn eine BAK von mindestens 2‰ festgestellt werden kann, muß das Gericht daher prüfen, ob möglicherweise die Schuldfähigkeit des Angeklagten zur Tatzeit i.S.d. § 21 StGB vermindert war.[120] Trinkgewohntheit, Alkoholverträglichkeit oder Unauffälligkeiten beim Fahren sind für sich allein keine ausreichenden Kriterien gegen die Annahme erheblich verminderter Schuldfähigkeit, die eine Erörterung des § 21 StGB entbehrlich machen würden.[121] Bei Konzentrationen ab 2‰ bedarf die Verneinung verminderter Schuldfähigkeit einer eingehenden Begründung.[122] Liegen für die Beurteilung der Schuldfähigkeit außer einer festgestellten BAK von mindestens 2,0‰ keinerlei weitere Anhaltspunkte vor, so ist nach neuerer Rechtsprechung des BGH zugunsten des Angeklagten von erheblich verminderter Schuldfähigkeit auszugehen.[123] Zumindest in Fällen der Alltagskriminalität, also auch im Rahmen der §§ 316, 315c StGB,[124] können Gründe der Prozeßökonomie insoweit eine eher schematische Handhabung rechtfertigen.[125]

---

115 Vgl. BGH NStZ 81, 298; 84, 506; 92, 32; 98, 295; VRS 69, 432; 72, 275; NJW 88, 779; DAR 87, 191 (bei *Spiegel*); BA 89, 59; OLG Köln VRS 69, 38; *Salger, Pfeiffer*-Festschrift, S. 379 (385); vgl. auch OLG Stuttgart VRS 65, 354.
116 Vgl. BGH NJW 90, 778; 97, 2460; *Kröber* NStZ 96, 569 (575).
117 Vgl. BayObLG NJW 74, 1432; DAR 74, 179 (bei *Rüth*); OLG Stuttgart VRS 65, 354; OLG Köln VRS 74, 23; *Salger, Pfeiffer*-Festschrift, S. 379 (383); vgl. auch OLG Hamm VM 84, 86.
118 Vgl. BGH NJW 88, 779 (bei 2,6‰ besonders naheliegend); 91, 852; NStZ 96, 384; 97, 384; DAR 89, 31; VRS 72, 275; 75, 201; OLG Düsseldorf NZV 96, 46; OLG Köln VRS 80, 34; BayObLG DAR 89, 231; OLG Zweibrücken ZfS 90, 33 (bei 2,2‰ sehr naheliegend); OLG Hamm DAR 90, 308; vgl. auch *Ponsold* S. 256 (ab 2‰ in der Regel in Betracht zu ziehen); vgl. auch BGH NStZ 84, 506 (»liegt bei 2,5‰ *sehr* nahe«).
119 BGH NStZ-RR 97, 162
120 Vgl. BGH NJW 91, 852; 97, 2460; NStZ 98, 295 (ab 2,2‰); NStZ-RR 97, 162; BayObLG DAR 83, 395; OLG Hamm NZV 98, 510; DAR 99, 466; OLG Naumburg DAR 99, 228; ZfS 99, 401; OLG Karlsruhe NZV 99, 301; OLG Dresden NZV 95, 236; OLG Frankfurt NJW 96, 1358; OLG Köln VRS 86, 279 (283); NStZ 89, 24; *Bode* DAR 90, 431; vgl. auch *Ponsold* S. 256; ähnlich (Prüfungspflicht bei BAK von *mehr* als 2‰): BayObLG DAR 72, 203; 75, 203 (jeweils bei *Rüth*); OLG Koblenz BA 77, 272; 77, 429 (430); VRS 54, 429; OLG Karlsruhe NZV 90, 277 (ab 2,5‰).
121 Vgl. BGH DAR 89, 243 (bei *Spiegel*); *Salger, Pfeiffer*-Festschrift, S. 379 (386); vgl. dagegen OLG Hamburg VRS 61, 341; *Grüner* BA 94, 398.
122 Vgl. BGH DAR 72, 115 (bei *Martin*), BAK im entschiedenen Fall: 2,8‰; OLG Hamm DAR 70, 329 (2,07‰); OLG Koblenz VRS 54, 429 (2,43‰); vgl. auch *Ponsold* S. 256; OLG Hamm BA 81, 58.
123 Vgl. BGH NJW 91, 852 (krit. Anm. *Schewe* BA 91, 264); NStZ 92, 78; NStZ-RR 97, 162; krit. gegenüber schematischen Kriterien *Grüner* BA 94, 398; *Maatz* BA 96, 233 (237 f.).
124 Vgl. *Fahl* JbVerkR 99, 197 (208).
125 Vgl. BGH NStZ 96, 592 (595).

Insbesondere bei Ermittlung der höchstmöglichen BAK durch **Rückrechnung** 272
über viele Stunden wird sich der »wahre« Wert mit der Anzahl der Stunden von
dem für den Angeklagten günstigsten möglichen Höchstwert immer mehr entfernen[126] und nur in den seltensten Fällen realistisch sein.[127] Entsprechendes gilt bei
Errechnung der maximalen BAK aus der Trinkmenge unter Zugrundelegung
der jeweils günstigsten Faktoren (Abbauwert, Reduktionsfaktor, Resorptionsdefizit).[128] Rein mathematische Ermittlung der »in dubio pro reo« günstigsten BAK
kann u. U. bei ein und demselben Sachverhalt sowohl eine hohe BAK als auch
Nüchternheit[129] ergeben oder nicht ausschließbare Schuldunfähigkeit bei nicht
nachweisbarer alkoholbedingter Fahrunsicherheit.[130] Verschiedene Stimmen aus
der Rechtsmedizin[131] und einige Strafsenate des BGH[132] sprechen sich daher für
den prinzipiellen Vorrang **psychodiagnostischer Kriterien** gegenüber einer möglichen maximalen BAK von 2,0 ‰ als Grundlage für die Annahme erheblich verminderter Schuldfähigkeit aus. Danach kommt in Fällen der genannten Art neben
dem Beweisanzeichen der BAK verstärkt allen übrigen Indizien, insbesondere
dem Gesamtverhalten des Täters, seinem Erscheinungsbild und der Zielstrebigkeit seines Vorgehens bei der Tatbegehung, Bedeutung zu, während das recht unsichere Indiz der errechneten höchstmöglichen BAK gegenüber diesen Indizien im
Einzelfall in den Hintergrund zu treten hat.[133] Dem Richter darf also bei Unvereinbarkeit der zugunsten des Angeklagten rechnerisch ermittelten höchstmöglichen BAK mit seinem psycho-physischen Leistungsbild nicht die Feststellung
verwehrt sein, die Tatzeit-BAK müsse tatsächlich niedriger gewesen sein.[134]

Demgegenüber haben insbesondere der 4. Strafsenat des BGH[135] und *Salger*[136] gel- 273
tend gemacht, daß hierdurch letztlich der zugunsten des Angeklagten festzustellende höchstmögliche BAK-Wert durch den wahrscheinlichen ersetzt würde, was
gegen den Zweifelssatz verstoße. Wendet man allerdings den Zweifelssatz nicht isoliert auf die BAK an, sondern berücksichtigt man ihn erst im Rahmen der bei Beurteilung der Schuldfähigkeit vorzunehmenden Gesamtwürdigung aller Beweisanzeichen, so greift dieser Einwand nicht.[137] Den im übrigen vom 4. Strafsenat des

---

126 Vgl. BGH VRS 75, 451; *Schewe* JR 87, 179.
127 Vgl. *Schewe* JR 87, 179; *Detter* NStZ 90, 173 (176).
128 Vgl. *Schewe* JR 87, 179.
129 Vgl. *Schewe* JR 87, 179; *Kröber* NStZ 96, 569–574 – (das indizielle Gewicht der so errechneten BAK liege bei Null).
130 Vgl. BGH VRS 75, 451; *Blau* BA 89, 1; *Salger* DRiZ 89, 174 (175).
131 Vgl. *Schewe* JR 87, 179 (krit. dazu BGH NJW 91, 852); BA 91, 264; *Pluisch* NZV 96, 98 (100); *Foth, Salger*-Festschrift, S. 38; *Grüner* JR 92, 117 (118); *Kröber* NStZ 96, 569; *Heifer* BA 99, 139.
132 BGH VRS 75, 451 (zust. Anm. *Blau* BA 89, 1); NJW 90, 778 (zust. *Blau* JR 90, 294; *Heifer/Pluisch* BA 90, 436); NStZ 95, 226; 96, 592 (594) – jeweils 1. StrSen. –; NJW 98, 3427 – 3. StrSen. –; *Kröber* NStZ 96, 569.
133 Vgl. BGH VRS 75, 451; DAR 89, 246 (bei *Spiegel*); NJW 90, 778 (zust. *Blau* JR 90, 294; *Heifer/ Pluisch* BA 90, 436); NJW 98, 3427; NStZ 95, 226; vgl. auch *Detter* NStZ 90, 173 (176); *Pluisch* NStZ 95, 330.
134 Vgl. *Maatz* BA 96, 233 (242); *Foth* NStZ 96, 423 (424); *Heifer* BA 99, 139; a. M. *Detter* BA 99, 3 (12).
135 BGH DAR 89, 31; NJW 91, 852; ebenso im Ergebnis OLG Frankfurt NJW 96, 1358; abl. BGH NJW 90, 778 (1. Strafsen.); *Blau* JR 90, 294.
136 *Salger, Pfeiffer*-Festschrift, S. 379 (394); DRiZ 89, 174 (176); ebenso *Detter* BA 99, 3 (12).
137 Vgl. *Dreher/Tröndle*, 47. Aufl. zu § 20 Rn 9 m; *Foth, Salger*-Festschrift, S. 34; NStZ 96, 423; s. dazu auch *von Gerlach* BA 90, 305 (309, 311 ff.).

BGH[138] geäußerten Zweifeln an der Existenz wissenschaftlich ausreichend gesicherter Beurteilungskriterien, die eine Verneinung der Voraussetzungen des § 21 StGB trotz einer BAK von 2,0‰ und mehr rechtfertigen könnten, widersprechen insbesondere *Schewe*[139] und *Kröber*[140] unter Hinweis auf Erkenntnisse der forensischen Psychiatrie und der Rechtsmedizin sowie auf die Tatsache, daß nicht ein Promillewert als solcher, sondern die durch ihn indizierten psychischen Ausfälle die Schuldfähigkeit beeinträchtigen. An seiner früheren Annahme eines »*Erfahrungssatzes*«, wonach eine BAK von 2,0‰ für sich allein auf das Vorliegen erheblich verminderter Schuldfähigkeit hindeute,[141] hält der 4. Strafsenat des BGH allerdings nicht mehr fest.[142] Das Bestehen eines solchen Erfahrungssatzes wird sowohl in der Rechtsmedizin[143] als auch von anderen Strafsenaten des BGH[144] ausdrücklich verneint.

d) Blutalkoholkonzentrationen unter 2‰

274 Bei Blutalkoholgehalten unter 2‰ ist im allgemeinen eine besondere Auseinandersetzung mit der Frage verminderter Schuldfähigkeit nicht erforderlich, weil bei geringeren Alkoholbelastungen nach ärztlicher Erfahrung eine für die Anwendung des § 21 StGB beachtliche Herabsetzung des Hemmungsvermögens regelmäßig nicht in Betracht kommt.[145]

275 Natürlich kann auch eine zugunsten des Angeklagten feststellbare BAK von ganz knapp unter 2‰ eine Prüfung der Voraussetzungen des § 21 StGB erforderlich machen.[146] Im übrigen jedoch ist das Gericht im Rahmen seiner Aufklärungspflicht, wenn die BAK unter 2‰ liegt, ohne ausdrücklichen Beweisantrag nur dann zu einer Erörterung der Frage verminderter Schuldfähigkeit gehalten, wenn besondere Umstände hierzu Anlaß bieten (z. B. Ausfallerscheinungen, Trinkungewohntheit, Krankheit, Medikamenteneinnahme).[147] Dies gilt z. B. auch bei **Jugendlichen und Heranwachsenden**, bei denen auch Blutalkoholkonzentrationen von weniger als 2,0‰ zur erheblichen Verminderung der Schuldfähigkeit führen können.[148]

276 Wendet das Gericht bei einer BAK, die deutlich unter 2‰ liegt, zugunsten des Angeklagten § 21 StGB an, so müssen die Urteilsgründe erkennen lassen, ob ein

---

138 BGH NJW 91, 852 (krit. Anm. *Schewe* BA 91, 264; *Mayer* NStZ 91, 526); krit. *Lange* JZ 91, 1071; einschränkend neuerdings aber NStZ-RR 97, 162 (Beschl. v. 3.12.96).
139 *Schewe* BA 91, 264.
140 *Kröber* NStZ 96, 569 (572).
141 BGH NJW 91, 852.
142 BGH NStZ-RR 97, 162.
143 Vgl. *Schewe* BA 91, 264; *Grüner* JR 92, 117 (118); *Kröber* NStZ 96, 569 (572); *Rösler/Blocher* BA 96, 329.
144 BGH NStZ 96, 592 (594); NJW 97, 2460 (Anm. *Loos* JR 97, 514); BGH NJW 98, 3427; ebenso *Mayer* NStZ 91, 526; *Maatz* BA 96, 233 (237 f.).
145 Vgl. BGH DAR 70, 116 (bei *Martin*), Tatzeitwert: 1,91‰; VRS 30, 277; NStZ 90, 384; KG BA 69, 80; OLG Hamm NJW 74, 614; OLG Köln VRS 73, 203 (206), Tatzeitwert: 1,8‰; *Salger*, Pfeiffer-Festschrift, S. 379 (391).
146 Vgl. BGH NStZ-RR 97, 162; OLG Hamm DAR 69, 302 (1,93‰); s. aber BGH DAR 70, 116 (Prüfungspflicht bei 1,91‰ verneint).
147 Vgl. BGH NStZ 90, 384; KG BA 69, 80.
148 Vgl. BGH DAR 84, 193 Nr.5 (bei *Spiegel*); NStZ 97, 384; NStZ-RR 97, 162; BGH ZfS 93, 210 (1,9‰).

Sachverständiger hinzugezogen worden ist; gegebenenfalls sind die Anknüpfungstatsachen des Gutachtens im Urteil anzugeben.[149]

4. Schuldunfähigkeit, § 20 StGB
a) Regelmäßiges Vorliegen ab 3 ‰

Auch für das Vorliegen von Schuldunfähigkeit i.S.d. § 20 StGB gibt es keinen festen Grenzwert. Ein allgemeiner Erfahrungssatz, daß etwa jeder Mensch bei einer bestimmten, über 3 ‰ liegenden BAK schuldunfähig ist, existiert nicht; vielmehr kommt es auf die **jeweiligen Umstände des Einzelfalles** an,[150] wobei – wie auch bei der Frage verminderter Schuldfähigkeit – alle objektiven und subjektiven Gegebenheiten von wesentlichem Einfluß auf Befindlichkeit und Verhalten des Täters[151] von Bedeutung sind, namentlich: die allgemeine körperliche und seelische Verfassung des Angeklagten zur Tatzeit, seine Stimmungslage, etwaige Erregung, der Grad seiner Ermüdung, seine Alkoholverträglichkeit, die Trinkgeschwindigkeit sowie Zeit, Menge und Art der voraufgegangenen Nahrungsaufnahme.[152] Vorrangig vor jeder schematischen Bezugnahme auf die Höhe der BAK sind stets – soweit möglich – Feststellungen über die Befindlichkeit des Täters bei der Tat und sein Tatverhalten.[153] Das hat vor allem dann zu gelten, wenn die BAK unter Zugrundelegung der jeweils günstigsten Faktoren »in dubio pro reo« errechnet wurde.[154]

277

Die Beurteilung wird jedoch **in der Regel bei Blutalkoholkonzentrationen ab 3 ‰** ergeben, daß die Schuldfähigkeit aufgehoben war.[155] Die Wahrscheinlichkeit spricht bei Alkoholbelastungen von mindestens 3 ‰ für das Vorliegen von Schuldunfähigkeit.[156]

278

Eine BAK von 3 ‰ und mehr schließt indessen nicht aus, daß im Einzelfall Schuldfähigkeit noch gegeben war.[157] An den Beweis noch vorhandener Schuldfähigkeit bei einer derart hohen BAK sind jedoch strenge Anforderungen zu stellen.[158] Ausnah-

279

---

149 Vgl. BGH DAR 73, 147 (bei *Martin*).
150 Vgl. BGH NStZ 95, 96; BA 97, 450; VRS 23, 209; BayObLG NJW 74, 1432; OLG Düsseldorf NZV 98, 418; VRS 96, 98; OLG Jena DAR 97, 324; OLG Koblenz VRS 79, 13; OLG Karlsruhe VRS 80, 440; OLG Köln BA 75, 278; vgl. auch *Kurz* MDR 75, 893.
151 Vgl. BGH VRS 73, 132; NStZ 91, 126; 95, 96; BA 97, 450; BayObLG NZV 99, 482; OLG Düsseldorf VRS 96, 98; OLG Schleswig BA 92, 78.
152 Vgl. z. B. BGH DAR 71, 115 (bei *Martin*); 78, 147; 79, 176 (jeweils bei *Spiegel*); NJW 69, 1581; VRS 23, 209; OLG Jena DAR 97, 324; OLG Karlsruhe VRS 80, 440; OLG Köln NJW 82, 2613; OLG Hamm BA 81, 58; OLG Koblenz VRS 74, 29; 74, 273; BA 85, 487; *Ponsold* S. 256.
153 Vgl. BGH DAR 77, 143 f. (bei *Spiegel*); OLG Köln NJW 82, 2613; *Gerchow* BA 85, 152 (156); *Rengier/Forster* BA 87, 161 (168); *Schewe* BA 91, 264; *Foth*, *Salger*-Festschrift, S. 38; siehe hierzu aber andererseits *Salger*, *Pfeiffer*-Festschrift, S. 379; *von Gerlach* BA 90, 305 (309).
154 Vgl. BGH DAR 88, 219 (220) – bei *Spiegel* –; s. aber Rn 273.
155 Vgl. BGH DAR 73, 144; 74, 116 (jeweils bei *Martin*); NStZ 95, 539 (ab 3,0 ‰ naheliegend); OLG Jena DAR 97, 324; OLG Koblenz DAR 74, 245; OLG Hamm BA 81, 58; OLG Köln NJW 82, 2613; OLG Hamburg DAR 93, 395 (»Indizwirkung«); *Salger*, *Pfeiffer*-Festschrift, S. 379 (383); *Seib* BA 88, 135; *von Gerlach* BA 90, 305 (307); vorsichtiger BGH DAR 88, 219 – bei *Spiegel* – (»oft«); vgl. auch für Werte von »mehr als 3 ‰« OLG Zweibrücken VRS 63, 445; ZfS 83, 28; BA 83, 92; OLG Koblenz BA 85, 487.
156 Vgl. BGH DAR 70, 117 (bei *Martin*); OLG Hamm NJW 60, 397.
157 Vgl. BGH DAR 70, 117; 73, 144; 74, 116 (jeweils bei *Martin*); 77, 143; 79, 176; 88, 219 (jeweils bei *Spiegel*); NStZ 91, 126; OLG Düsseldorf VRS 96, 98; OLG Koblenz DAR 74, 245; VRS 49, 433; vgl. auch BGH NStZ 82, 376.
158 Vgl. BGH NStZ 89, 119; OLG Koblenz DAR 74, 245.

men kommen nur in Betracht, wenn sich aus besonderen Umständen eindeutige Beweisanzeichen für Schuldfähigkeit herleiten lassen. Zu denken ist etwa an außergewöhnliche körperliche Beschaffenheit, ausgeprägte Alkoholgewöhnung oder vorherige Aufnahme einer besonders großen Nahrungsmenge.[159] Zur Bejahung der Schuldfähigkeit eines Fahrzeugführers bedarf es daher in solchen Fällen eingehender Erwägungen des Gerichts zur Persönlichkeit des Angeklagten, seiner Körperkonstitution, seinen Trinkgewohnheiten und den Umständen der Fahrt.[160] Will der Tatrichter den Ausschluß der Schuldfähigkeit bei einer BAK von mindestens 3 ‰ verneinen, so wird er in aller Regel einen medizinischen Sachverständigen hinzuziehen müssen.[161]

280 Ist die Schuldfähigkeit bei Blutalkoholkonzentrationen ab 3 ‰ regelmäßig ausgeschlossen, so führen umgekehrt Konzentrationen unter 3 ‰ in der Regel nicht zur Schuldunfähigkeit.[162] Das bedeutet indessen nicht, daß diese bei solchen Werten von vornherein ausscheidet.[163] So können z. B. bei nicht trinkgewohnten Jugendlichen oder Heranwachsenden auch niedrigere Alkoholkonzentrationen zur Schuldunfähigkeit führen.[164] Will der Tatrichter bei Werten unter 3 ‰ Schuldunfähigkeit bejahen, so bedarf dies aber einer besonderen Begründung im Urteil.[165]

281 Selbstverständlich können aber die Umstände des Einzelfalles ausnahmsweise auch bei einer Tatzeit-BAK um 2,5 ‰ zum Ausschluß der Schuldfähigkeit führen.[166] Das gilt u. a. beispielsweise bei besonderer Alkoholempfindlichkeit,[167] bei zum Alkoholeinfluß hinzutretender Einwirkung von Medikamenten[168] oder im Falle einer Magenresektion beim Angeklagten.[169]

282 Im Gegensatz zur älteren Rechtsprechung[170] verlangt die jüngere obergerichtliche Judikatur daher bereits bei **Überschreiten einer Tatzeit-BAK von 2,5 ‰** regelmäßig eine Auseinandersetzung mit der Frage der Schuldunfähigkeit.[171] Vor allem bei einer BAK von knapp unter 3,0 ‰ muß das Gericht das Vorliegen der Voraussetzungen des § 20 StGB regelmäßig in Erwägung ziehen.[172]

---

159 Vgl. BGH BA 97, 450; DAR 73, 144 (bei *Martin*); 79, 176 (bei *Spiegel*).
160 Vgl. BGH DAR 73, 144; 74, 116 (jeweils bei *Martin*).
161 Vgl. OLG Koblenz VRS 49, 433; 70, 14; 79, 13; vgl. auch BGH DAR 84, 188 Nr. 5 (bei *Spiegel*); NStZ 89, 119.
162 Vgl. BGH NJW 69, 1581; DAR 71, 115; 74, 116 (jeweils bei *Martin*); BayObLG NJW 74, 1432; OLG Karlsruhe VRS 80, 440; OLG Hamm DAR 72, 132; OLG Düsseldorf NZV 94, 367; OLG Koblenz DAR 73, 137; OLG Hamburg VRS 23, 43; KG VRS 20, 50.
163 Vgl. BGH NStZ 89, 365; OLG Düsseldorf NZV 94, 324.
164 Vgl. OLG Düsseldorf ZfS 98, 33.
165 Vgl. KG VRS 20, 50.
166 Vgl. z. B. OLG Koblenz VRS 75, 40.
167 Vgl. z. B. OLG Hamm NJW 67, 690; DAR 72, 132.
168 Vgl. z. B. OLG Köln BA 75, 278; VRS 65, 21.
169 Vgl. OLG Köln BA 77, 56.
170 Vgl. BGH NJW 69, 1581; VRS 23, 209; OLG Köln NJW 67, 691.
171 So z. B. OLG Köln ZfS 82, 379; BA 83, 463; VRS 69, 38; OLG Koblenz VRS 74, 273; 75, 40 (jeweils unter Hinweis auf die Notwendigkeit der Hinzuziehung eines Sachverständigen); OLG Köln VRS 80, 34; ebenso *Seib* BA 88, 135; *von Gerlach* BA 90, 305 (306); teilweise sogar bei geringeren Werten: OLG Düsseldorf NZV 91, 477 (2,23 ‰ BAK 25 Min. nach der Tat).
172 Vgl. BGH DAR 71, 116 (bei *Martin*) – im entschiedenen Fall: 2,7–2,8 ‰ –; OLG Düsseldorf VRS 63, 345 – über 2,7 ‰ bei Rückrechnung mit 0,29 ‰/h –; BA 88, 343 – 2,86 ‰ –; OLG Koblenz VRS 66, 133 – über 2,7 ‰.

Besondere Umstände können dazu führen, daß selbst bei Blutalkoholkonzentrationen von weniger als 2,5 ‰ – in seltenen Fällen sogar schon bei 2 ‰ – die Schuldfähigkeit völlig aufgehoben ist.[173] Bei **Hinzutreten von Anfallsleiden** (z. B. Epilepsie) ist der geringeren Alkoholverträglichkeit Rechnung zu tragen.[174] 283

c) Alkoholgewöhnung

Auch bei trinkgewohnten Menschen wird eine BAK von 3 ‰ und mehr in der Regel zum Ausschluß der Schuldfähigkeit führen.[175] Ausgeprägte, seit langem bestehende Alkoholgewöhnung kann jedoch selbst bei Konzentrationen von 3 ‰ und mehr dafür sprechen, daß Schuldunfähigkeit zur Tatzeit nicht gegeben war.[176] 284

d) Fehlen typischer Ausfallerscheinungen

Zwar können gewisse Ausfallerscheinungen für den Ausschluß der Schuldfähigkeit sprechen; umgekehrt ist aber das Fehlen typischer Ausfallerscheinungen allein nicht ohne weiteres geeignet, die Schuldfähigkeit zu beweisen. Auch das Fehlen motorischer Ausfallerscheinungen spricht nicht zwingend gegen das Vorliegen von Schuldunfähigkeit.[177] Schon der **Ausschluß des Hemmungsvermögens** führt nach § 20 StGB zur Schuldunfähigkeit. Das Hemmungsvermögen (die sog. Steuerungsfähigkeit) kann aufgrund alkoholischer Beeinträchtigung bei Begehung der Tat gefehlt haben, obwohl sich der Täter später gut an Einzelheiten der Tat zu erinnern vermag.[178] Das gilt auch bei einem alkoholgewohnten Täter.[179] Auch »Ansprechbarkeit« und geordneter Denkablauf zwei Stunden nach der Tat können daher bei einer BAK, die regelmäßig zur Schuldunfähigkeit führt, allein nicht die Annahme zur Tatzeit vorhandener Schuldfähigkeit rechtfertigen.[180] 285

Bewältigt ein unter Alkoholeinfluß stehender Kraftfahrer allerdings eine lange Wegstrecke unter **außergewöhnlich ungünstigen Fahrbedingungen** (Nacht, dichter Nebel, schwieriges, dem Fahrer unbekanntes Gelände – Steigungen, unwegsame Forstabfahrt –, verkehrsunsicheres Fahrzeug), so wäre mit einer derartigen Fahrleistung die Annahme der Schuldunfähigkeit i.S.d. § 20 StGB unvereinbar.[181] Besitzt die hohe BAK infolge **Rückrechnung über viele Stunden** mit dem günstigsten denkbaren Wert oder infolge Zugrundelegung aller denkbar günstigen Faktoren bei Ermittlung aus der Trinkmenge nur geringe Indizwirkung, so kommt allen übrigen 286

---

173 Vgl. OLG Düsseldorf NJW 66, 1175; OLG Zweibrücken DAR 70, 107; OLG Celle VRS 25, 347; OLG Köln NJW 82, 2613.
174 Vgl. OLG Köln VRS 68, 351.
175 Vgl. BGH NStZ 82, 376; OLG Hamburg DAR 93, 395; OLG Schleswig BA 92, 78; vgl. auch BGH DAR 78, 158 (bei *Spiegel*).
176 Vgl. BGH BA 97, 450; DAR 70, 117; 74, 116 (jeweils bei *Martin*); OLG Düsseldorf NZV 98, 418; VRS 96, 98.
177 Vgl. BayObLG VRS 89, 128; OLG Koblenz VRS 75, 40.
178 Vgl. BGH NStZ 96, 227; DAR 73, 144; 74, 116; 74, 117 (jeweils bei *Martin*); 78, 147; 79, 177 (jeweils bei *Spiegel*); BayObLG DAR 75, 203 (bei *Rüth*); OLG Koblenz DAR 74, 245; *Forster/Joachim* S. 198.
179 Vgl. BGH DAR 84, 188 Nr. 4 (bei *Spiegel*); BayObLG VRS 89, 128.
180 Vgl. OLG Hamm BA 81, 58.
181 Vgl. BGH DAR 73, 144 (bei *Martin*).

Tatumständen erhöhte Bedeutung zu.[182] Ähnlich wie im Rahmen der Voraussetzungen des § 21 StGB[183] hält allerdings der 4. Strafsenat des BGH[184] auch hier eine Relativierung des so errechneten BAK-Wertes für fehlerhaft.[185]

e) Planmäßiges Verhalten des Angeklagten

287 Planmäßiges, zielstrebiges und zweckgerichtetes Verhalten des Täters bei der Tat, insbesondere auch *nach* Erkennen der Folgen seiner Handlung, etwa zum Zwecke der Verschleierung der Tat oder zu seiner Verteidigung (z. B. nach einem Unfall), schließt die Annahme eines Vollrausches nicht *zwingend* aus. Es spricht zwar für weitgehend unbeeinträchtigte Verstandestätigkeit und das Vorliegen der *Einsichtsfähigkeit* i.S.d. § 20 StGB, also dafür, daß der Täter die Tragweite seines Handelns überschaut hat, ist jedoch mit der Unfähigkeit zur freien Willensbestimmung durchaus vereinbar. Die Fälle alkoholbedingter Schuldunfähigkeit sind nämlich oft dadurch gekennzeichnet, daß zwar die Einsichtsfähigkeit noch vorhanden, die Steuerungsfähigkeit (das Hemmungsvermögen) jedoch beseitigt ist, der Täter mithin nicht mehr in der Lage ist, nach dieser Einsicht zu handeln.[186]

288 Planmäßiges Handeln (ebenso das Fehlen von bedeutenden Erinnerungslücken) ist jedoch ein Umstand, den der Tatrichter als Beweisanzeichen dafür verwenden darf, daß die Schlußfolgerung des Sachverständigen, der Angeklagte sei *nicht* schuldunfähig gewesen, zutrifft.[187]

III. Vollrausch, § 323 a StGB

Literatur:

Dencker, Vollrausch und »der sichere Bereich des § 21 StGB«, in: NJW 1980, 2159; *derselbe*, § 323 a StGB – Tatbestand oder Schuldform?, in: JZ 1984, 453; *Forster/Rengier*, Alkoholbedingte Schuldunfähigkeit und Rauschbegriff des § 323 a StGB aus medizinischer und juristischer Sicht, in: NJW 1986, 2869; *Gollner*, »Zurüstungen« bei § 330 a StGB, in: MDR 1976, 182; *Heiß*, Verurteilung nach § 323 a StGB trotz Zweifel über das Vorliegen eines Vollrausches?, in: NStZ 1983, 67; *Laubichler/Kühberger*, Zur Nosologie und Pathophysiologie von pathologischem Rausch, alkoholischem Dämmerzustand, idiosynkratischer Alkoholintoxikation, in: BA 1997, 260; *Montenbruck*, Zum Tatbestand des Vollrausches, in: GA 1978, 225; *Paeffgen*, Die Ausweitung des »Rausch«-Begriffs (§ 323 a) – ein unaufhaltsamer Prozeß?, in: NStZ 1985, 8; *Ranft*, Strafgrund der Berauschung und Rücktritt von der Rauschtat, in: MDR 1972, 737; *Schewe*, Definitions- und Beweisprobleme an der »unteren Rauschgrenze«?, in: BA 1983, 369; *Schnei-*

---

182 Vgl. auch *Maatz* BA 96, 233 (242) unter kritischer Würdigung der insoweit zum Teil abweichenden Rechtsprechung des BGH; *Detter* BA 99, 3 (9).
183 Siehe dazu Rn 272.
184 BGH NStZ 91, 126.
185 Einschränkend auch BGH (2. Strafsen.) NStZ 95, 539.
186 Vgl. BGH NJW 69, 1581; DAR 71, 115; 72, 115 (jeweils bei *Martin*); 78, 147; 84, 188 Nr. 4 (bei *Spiegel*); NStZ 82, 376; BayObLG VRS 82, 182; 89, 128; OLG Koblenz DAR 74, 245; VRS 79, 13; OLG Karlsruhe VRS 80, 440; 85, 347; OLG Schleswig BA 92, 78; OLG Zweibrücken DAR 70, 107; BA 82, 92; OLG Hamburg DAR 93, 395; OLG Köln NJW 82, 2613; VRS 65, 21.
187 Vgl. BGH DAR 71, 115 (bei *Martin*); vgl. auch BGH VRS 20, 47.

dewin, Vollrausch und Wahlfeststellung, in: JZ 1957, 324; *Schröder*, Der subjektive Tatbestand des § 330a StGB, in: DRiZ 1958, 219; *Schuppner/Sippel*, Nochmals: Verurteilung nach § 323a StGB trotz Zweifels über das Vorliegen eines Vollrausches?, in: NStZ 1984, 67; *Schwarz*, Rauschtat und Wahlschuldfeststellung, in: NJW 1957, 401; *Streng*, Unterlassene Hilfeleistung als Rauschtat?, in: JZ 1984, 114; *Wolter*, Vollrausch mit Januskopf, in: NStZ 1982, 54.

1. Auffangtatbestand

Schon vor der Neufassung des § 330a (a. F. = § 323a n. F.) StGB durch Art. 19 Nr. 185 EGStGB wendete die Rechtsprechung diese Vorschrift als sog. Auffangtatbestand auch in Fällen an, in denen zweifelhaft blieb, ob der Angeklagte schuldunfähig war oder nicht.[188] Hiergegen wurde allerdings im Schrifttum Kritik erhoben.[189] Durch das Anfügen des Halbsatzes »oder weil dies nicht auszuschließen ist« in Absatz I ist die Streitfrage im Sinne der genannten Rechtsprechung erledigt. 289

Das Gericht darf sich allerdings im Urteil nicht auf die bloße Feststellung beschränken, es sei nicht auszuschließen, daß der Täter schuldunfähig gewesen sei. Das Urteil muß vielmehr erkennen lassen, daß eine *sichere* Beurteilung des Täters als schuldunfähig nicht möglich war. In den Gründen des Urteils muß mitgeteilt werden, aus welchen Tatsachen die Möglichkeit, der Täter habe im Zustand der Schuldunfähigkeit gehandelt, geschlossen wird. Anderenfalls kann das Revisionsgericht die rechtsfehlerfreie Anwendung des § 323a StGB nicht prüfen.[190] 290

Soweit die Rechtsprechung schon vor der Änderung des früheren § 330a StGB durch Art. 19 EGStGB den Täter auch dann wegen Vollrausches bestrafte, wenn seine Schuldunfähigkeit nicht sicher feststellbar war, verlangte sie allerdings, daß feststand, der Täter habe jedenfalls **den sicheren Bereich des § 21 StGB** (n. F., früher: § 51 II) überschritten.[191] Dagegen sollte eine Bestrafung nicht möglich sein, wenn die Frage der alkoholischen Beeinflussung so wenig aufgeklärt werden konnte, daß sowohl Zurechnungsunfähigkeit (§ 51 I a. F.) oder erheblich verminderte Zurechnungsfähigkeit (§ 51 II a. F.) als auch bloßes Angetrunkensein möglich war. 291

Zweifelhaft ist, ob diese von der früheren Rechtsprechung gemachte Einschränkung auch nach der Neufassung des § 323a StGB gilt. Dem Regierungsentwurf[192] zum EGStGB ist für diese Frage nichts zu entnehmen. 292

Wohl noch überwiegend – jedenfalls in der Rechtsprechung – wird die Ansicht vertreten, § 323a StGB könne auch in der neuen Fassung nur Anwendung finden, wenn feststeht, daß der Täter den sicheren Bereich des § 21 StGB überschritten hat.[193] Die- 293

---

[188] Vgl. z. B. BGHSt 9, 390 = NJW 57, 71; 61, 2028.
[189] Vgl. z. B. *Schwarz* NJW 57, 401; *Heinitz* JR 57, 126; *Lange* JR 57, 242; *Schneidewin* JZ 57, 324.
[190] Vgl. OLG Hamburg VRS 23, 43.
[191] Vgl. z. B. BGHSt 16, 187 = NJW 61, 2028; 75, 2250; MDR 67, 369 (bei *Dallinger*).
[192] BT-Drucks. 7/550 S. 268.
[193] Vgl. BGH VRS 56, 447; BayObLG VRS 56, 449; NJW 78, 957; OLG Zweibrücken NZV 93, 488; OLG Köln VRS 60, 41; 68, 38 (abl. Anm. *Seib* BA 85, 245); OLG Karlsruhe NJW 79, 1945; OLG Hamm NJW 77, 344; BA 78, 460; OLG Schleswig MDR 77, 247; *Dencker* NJW 80, 2159; JZ 84, 453 (459); *Forster/Rengier* NJW 86, 2869 (die andererseits ausdrücklich einräumen, daß ein Rausch auch unterhalb der Stufe des § 21 StGB vorstellbar ist); *Ranft* Forensia 86, 59 (71 f.); *einschränkend* jedoch BGH NJW 83, 2889 (s. Rn 295).

se Ansicht wird vor allem darauf gestützt, daß anderenfalls das **Tatbestandsmerkmal des »Rausches«** nicht festgestellt werden könne. Von einem Rausch könne insbesondere dann nicht gesprochen werden, wenn nicht wenigstens der Grad erreicht sei, bei dem erheblich verminderte Schuldfähigkeit eintrete.[194]

294 Daß das Kriterium einer »Überschreitung des sicheren Bereichs des § 21 StGB« zur Feststellung des Tatbestandsmerkmals »Rausch« – vor allem wegen der notwendigen Bezogenheit des § 21 auf eine bestimmte rechtswidrige Tat – unbrauchbar ist, hat indessen *Horn*[195] überzeugend nachgewiesen. Dem Text des § 323 a StGB ist das Erfordernis einer solchen Einschränkung nicht zu entnehmen,[196] sofern man anerkennt, daß ein »Rausch« i. S. dieser Bestimmung auch dann schon gegeben sein kann, wenn der sichere Bereich des § 21 StGB noch nicht überschritten ist.[197] Daß der Rausch einen Grad erreicht haben müßte, der jedenfalls zu einer erheblichen Verminderung der Schuldfähigkeit i.S.d. § 21 StGB führt, verlangt der Wortlaut des § 323 a StGB nicht.[198] »Nicht auszuschließen« ist die Schuldunfähigkeit auch in den Fällen, in denen Tatsachen die *Möglichkeit* der Schuldunfähigkeit begründen, mit Sicherheit aber auch die Voraussetzungen des § 21 StGB nicht feststellbar sind. Immer dann aber, wenn die Möglichkeit einer Schuldunfähigkeit nur auf der Einnahme alkoholischer Getränke oder anderer berauschender Mittel beruht, nicht dagegen aufgrund anderer Ursachen in Betracht kommt, ist die nicht auszuschließende Schuldunfähigkeit – worauf *Schewe*[199] zu Recht hinweist – rauschbedingt und das Tatbestandsmerkmal »Rausch« gegeben. In einem Urteil vom 11. 9. 1975[200] führt der BGH aus, der Täter, der sich schuldhaft durch »Sich-Berauschen« mindestens in den Zustand der verminderten Zurechnungsfähigkeit, möglicherweise – nicht ausschließbar (auf jeden Fall aber ebenfalls schuldhaft) – in den Zustand der Zurechnungsunfähigkeit versetzt und dann eine mit Strafe bedrohte Handlung begangen habe, sei in jeder der in Betracht kommenden Fallgestaltungen strafbar geworden: entweder – mit verminderter Zurechnungsfähigkeit – nach dem Tatbestand der mit Strafe bedrohten Handlung oder nach § 323 a StGB; da er sich schuldhaft bis zu dem Grade, wo der sichere Bereich des § 51 II StGB[201] überschritten ist, in einen Rausch versetzt habe, geschehe ihm kein Unrecht und der Gerechtigkeit kein Abbruch, wenn er nach dem »Auffangtatbestand« des § 323 a StGB verurteilt werde.

295 Dieser Gedanke trifft ohne weiteres auch auf den Fall zu, in dem sich der Täter schuldhaft bis zu einem Grad in einen Rausch versetzt hat, in dem sowohl die Möglichkeit des § 20 als auch die des § 21 StGB nicht auszuschließen ist, keine der Möglichkeiten jedoch sicher festgestellt werden kann. Auch hier widerfährt dem Täter bei Bestrafung nach § 323 a StGB kein Unrecht, weil er sich nach jeder der

---

194 Vgl. z. B. BayObLG VRS 56, 449; NJW 78, 957; *Dencker* NJW 80, 2159 (2164); s. auch *Paeffgen* NStZ 85, 8 (13).
195 *Horn* JR 80, 1 (2 f.); gegen ihn: *Dencker* NJW 80, 2159 (2162).
196 Vgl. BGH NJW 83, 2889.
197 Vgl. *Mueller (Grüner)* S. 1031 f.
198 Eingehend hierzu: *Montenbruck* GA 78, 225; *Horn* JR 80, 1.
199 *Schewe* BA 83, 369 (382 f.); 526 (529).
200 BGH NJW 75, 2250.
201 Jetzt: § 21 StGB.

drei möglichen Fallgestaltungen strafbar gemacht hat: nämlich nach der im Zustand zumindest des Angetrunkenseins begangenen Straftat oder nach dem gleichen Straftatbestand in Verbindung mit § 21 StGB oder aber nach § 323 a StGB.[202] Anderenfalls würde im übrigen der Zweifelssatz in bezug auf das Ausmaß der alkoholischen Beeinflussung des Angeklagten zu dessen Gunsten doppelt berücksichtigt, und zwar in einander widersprechender Weise.[203] Dem **kriminalpolitischen Bedürfnis**, das zur Anwendung des § 323 a StGB schon vor der Neufassung der Vorschrift in Fällen geführt hat, in denen zweifelhaft blieb, ob der Angeklagte schuldunfähig war oder nicht und dem der Gesetzgeber durch den Wortlaut der Neufassung Rechnung getragen hat, wäre nicht entsprochen, wenn in einem solchen Falle Freispruch erfolgen müßte. Diese Auffassung setzt sich inzwischen im Schrifttum mehr und mehr durch.[204] In einem späteren Beschluß zu dieser Problematik hat der BGH[205] die Frage offengelassen, ob ein i.S.d. § 323 a StGB tatbestandsmäßiger Rausch auch schon dann vorliegen kann, wenn selbst erhebliche Verminderung der Schuldfähigkeit nicht sicher feststellbar ist; er hat aber jedenfalls die vom OLG Karlsruhe[206] vertretene Auffassung abgelehnt, wonach die Anwendbarkeit des § 323 a StGB davon abhängig sei, daß der Täter bei jeder in Frage kommenden (nicht ausschließbaren) BAK schuldunfähig gewesen sein kann, wonach also ein Überschreiten der Grenze zwischen § 21 und § 20 StGB verlangt wird.[207]

2. Zusammenwirken der alkoholischen Getränke oder sonstigen berauschen den Mittel mit anderen Ursachen

Daß die Schuldunfähigkeit nicht allein durch alkoholische Getränke oder sonstige berauschende Mittel, sondern erst durch das Wirksamwerden anderer Ursachen herbeigeführt wurde, muß nicht zur Unanwendbarkeit des § 323 a StGB führen. Zu dieser Frage wurden und werden jedoch die unterschiedlichsten Auffassungen vertreten. In den letzten Jahren zeichnet sich indessen zunehmend eine einheitliche Tendenz zur Lösung dieser Problematik ab.

Das RG[208] verlangte für die Anwendbarkeit des § 323 a StGB zunächst, daß die Zurechnungsunfähigkeit *allein* auf die berauschenden Mittel zurückzuführen war. Später schränkte das RG[209] dieses Erfordernis ein: Nur das Hinzutreten solcher Umstände zum Alkoholgenuß, die durch *äußere* Tatsachen herbeigeführt worden sind, sollte die Anwendbarkeit des § 323 a StGB berühren. Dagegen schied nach Ansicht des RG § 323 a StGB nicht schon dann aus, wenn die Volltrunkenheit, d. h.

---

202 Vgl. auch *Montenbruck* GA 78, 225 (235).
203 Vgl. *Spendel* in LK zu § 323 a Rn 149.
204 Vgl. *Tröndle/Fischer* zu § 323 a Rn 5 a; *Schönke/Schröder (Cramer)* zu § 323 a Rn 8 a; LK *(Spendel)* zu § 323 a Rn 154; LK *(Gribbohm)* zu § 1 Rn 119; SK *(Horn)* zu § 323 a Rn 16; *Montenbruck* GA 78, 225; JR 78, 209; *Heiß* NStZ 83, 67 (gegen ihn: *Schuppner/Sippel* NStZ 84, 67); *Seib* BA 85, 245; vgl. auch *Schewe* BA 83, 526 (531).
205 BGH NJW 83, 2889; kritisch dazu *Dencker* JZ 84, 453.
206 OLG Karlsruhe NJW 79, 1945.
207 Ebenso BGH NStZ 89, 365; gegen BGH NJW 83, 2889 insoweit *Paeffgen* NStZ 85, 8 (der allerdings grundsätzlich überhaupt jede Definition des Rauschbegriffes mit Hilfe der §§ 20, 21 StGB ablehnt).
208 RGSt 70, 85.
209 RGSt 73, 132.

die Zurechnungsunfähigkeit, die auf den Alkoholgenuß hin eintrat, auf eine besondere Veranlagung des Täters wie z. B. besonders starke Alkoholempfindlichkeit zurückzuführen war.

298 Der **aktuelle Meinungsstand** ist noch wesentlich durch die zuletzt geschilderte Auffassung des RG geprägt. Während eine der Meinungen fordert, der Rausch müsse die Schuldunfähigkeit »in erster Linie« bewirkt haben,[210] unterscheidet die andere, dem RG folgend, zwischen vom Rausch völlig unabhängigen, von außen hinzutretenden Umständen und solchen, die ihren Ursprung in der Person des Täters haben. Nur dann, wenn die Schuldunfähigkeit erst durch das Hinzutreten weiterer Umstände von *außen* (z. B. Schläge, die eine Gehirnerschütterung verursachen) bewirkt werde, sei eine Bestrafung nach § 323 a StGB nicht möglich. Dagegen stehe es der Anwendung des § 323 a StGB nicht entgegen, wenn der Alkohol den Täter auf der Grundlage einer besonderen körperlichen oder seelischen Verfassung schuldunfähig mache (z. B. hinzukommende Erregung), wobei es auf den Grad der Alkoholverträglichkeit nicht ankomme.[211]

299 Eine Weiterentwicklung gegenüber der zuletzt genannten Meinung ist die vom BGH in seinem Urteil vom 13. 12. 1973[212] vertretene Auffassung, wonach die Anwendung des § 323 a StGB auch nicht dadurch gehindert werde, daß die besondere körperliche oder seelische Verfassung des Täters, die im Zusammenwirken mit den berauschenden Mitteln erst zur Schuldunfähigkeit führe, ihrerseits etwa durch äußere Umstände hervorgerufen wurde.

300 Noch weiter geht ein inzwischen schon älteres Urteil des OLG Celle[213]: Habe der stark angetrunkene Angeklagte einen anderen angegriffen, der ihm in berechtigter Gegenwehr Schläge verabreicht habe, die zu einer Gehirnerschütterung und dadurch erst zur Zurechnungsunfähigkeit geführt haben, so stehe dies der Anwendung des § 323 a StGB nicht entgegen; denn der Angeklagte habe selbst die Ursache für Schläge und Gehirnerschütterung in schuldhaft vorwerfbarer Weise gesetzt, auch wenn es sich dabei um »von außen her hinzutretende Umstände« gehandelt habe.

301 Die zitierte Entscheidung des OLG Celle macht besonders deutlich, worauf die Differenzierungen bei der Frage, welche zum Alkohol hinzutretenden Umstände die Anwendung des § 323 a StGB hindern und welche nicht, letztlich beruhen: Der Täter soll nicht für Handlungen verantwortlich gemacht werden, die er im Zustand einer nicht vorhersehbaren (verschuldeten) Schuldunfähigkeit begeht.[214] Daß die Unterscheidung zwischen inneren und äußeren Mitursachen in Wahrheit für den äußeren Tatbestand ohne jede Bedeutung ist, hat besonders klar *Willms*[215] zum Ausdruck gebracht, indem er zutreffend darauf hinweist, daß die *Vorsehbarkeit* der hinzutretenden Ursachen für die Schuldunfähigkeit der einzige

---

210 Vgl. z. B. OLG Hamm NJW 73, 1424; *Schröder* in *Schönke/Schröder*, 17. Aufl., zu § 330 a Rn 9.
211 Vgl. z. B. BGHSt 1, 196; NJW 53, 913; 67, 298; 68, 1197.
212 BGH DAR 74, 117 (bei *Martin*).
213 OLG Celle MDR 71, 860.
214 Vgl. auch BayObLG VRS 15, 202.
215 *Willms* LM zu § 330 a StGB Nr. 19.

Gesichtspunkt ist, auf den es in diesem Zusammenhang rechtlich ankommt. Zum *Tatsächlichen* gehöre allein, daß die Voraussehbarkeit bei von außen kommenden Einwirkungen häufiger zu verneinen sein werde, während sie bei der Einwirkung sog. innerer Tatsachen meist zu bejahen sei.

Nach richtiger – sich in letzter Zeit mehr und mehr durchsetzender – Auffassung sind **alle zum Alkoholgenuß oder zu den anderen berauschenden Mitteln hinzutretenden Mitursachen** für den äußeren Tatbestand **gleichwertig**, mag es sich nun um »innere« oder »äußere« Umstände handeln. Ist also der Alkohol jedenfalls *eine* der Ursachen für die Schuldunfähigkeit, wäre diese also ohne den Alkoholgenuß nicht eingetreten, so ist er auch kausal für die Schuldunfähigkeit.[216] Eine Unterscheidung zwischen einzelnen Mitursachen ist für die Beurteilung der Kausalität ohne Einfluß. Daraus folgt, daß auch die Ansicht unzutreffend ist, wonach es darauf ankommen soll, ob der Alkoholrausch (oder der durch andere Mittel verursachte Rausch) die Schuldunfähigkeit »in erster Linie« bewirkt hat; denn der Begriff der Ursächlichkeit läßt sich nicht abstufen.[217]

Zu beachten ist allerdings, daß § 323 a StGB nicht nur verlangt, daß der Alkoholgenuß für die Schuldunfähigkeit kausal ist, sondern daß dieser zunächst einen *Rausch* herbeigeführt haben muß, der seinerseits wiederum zur Schuldunfähigkeit oder aber dazu geführt hat, daß diese nicht auszuschließen ist. Wird dieser Zustand also durch Alkohol *und* andere Ursachen bewirkt, so ist der äußere Tatbestand des § 323 a StGB dann **nicht erfüllt, wenn nicht ein Rauschzustand vorlag.** § 323 a StGB findet daher – insbesondere beim Zusammenwirken von Rauschmitteln mit anderen Ursachen – nur dann Anwendung, wenn der Zustand des Täters nach seinem ganzen Erscheinungsbild als »Rausch« anzusehen ist.[218]

Auch ein abnormer oder komplizierter Rausch infolge quantitativer Steigerung der Alkoholwirkung schließt die Anwendung von § 323 a StGB nicht aus. Hirnschädigungen oder schwere körperliche Krankheiten können jedoch **in äußerst seltenen Fällen** zu derartig ausgeprägter Alkoholunverträglichkeit führen, daß selbst niedrige Alkoholkonzentrationen[219] einen anfallartigen sog. **pathologischen Rausch** bewirken, der bei erstmaligem Auftreten in der Regel nicht vorhersehbar ist.[220]

---

216 Vgl. BGH NStZ 82, 116 (Zusammenwirken von Rausch und Erregungszustand); NJW 76, 1901; 79, 1370; BayObLG VRS 15, 202; NJW 68, 1201 (für den Fall, daß der Alkoholgenuß nur deshalb zur Schuldunfähigkeit geführt hat, weil der Täter bereits unter dem Einfluß geringer Alkoholmengen zu extremer Schlaftrunkenheit neigt); OLG Frankfurt DAR 70, 162 (Zusammenwirken mit Medikamenten); OLG Düsseldorf VRS 23, 443 (Tabletteneinnahme); OLG Zweibrücken VRS 54, 113 (Hinzutreten von Schlaftrunkenheit); *Schönke/Schröder (Cramer)* zu § 323 a Rn 9; LK (*Spendel*) zu § 323 a Rn 138; *Tröndle/Fischer* zu § 323 a Rn 6; *Salger* DAR 86, 383 (390).
217 Vgl. BGH NJW 76, 1901; LK (*Spendel*) zu § 323 a Rn 141, 145; so auch schon BGH NJW 53, 913; OLG Hamburg JZ 82, 160.
218 Vgl. BGH NJW 76, 1901; DAR 74, 117 (bei *Martin*); 79, 180; 84, 188 Nr. 6 (bei *Spiegel*); 93, 166 (bei *Nehm*); BayObLG NZV 90, 317; OLG Zweibrücken VRS 54, 113; LK (*Spendel*) zu § 323 a Rn 146; *Tröndle/Fischer* zu § 323 a Rn 6; so auch schon BayObLG VRS 15, 202; kritisch zum Rauschbegriff des BGH *Forster/Rengier* NJW 86, 2869.
219 Vgl. aber *Laubichler/Kühberger* BA 97, 260 (266), die den pathologischen Rausch als in der Regel nur bei sehr hoher Berauschung auftretenden Dämmerzustand definieren.
220 Vgl. BGH NJW 94, 2426; *Ponsold* S. 257; *Mallach/Hartmann/Schmidt* S. 78; *Detter* BA 99, 3 (8).

3. Vorsatz und Fahrlässigkeit hinsichtlich des Tatbestands des § 323 a StGB

305 Für die Frage, ob der Angeklagte wegen vorsätzlichen oder wegen fahrlässigen Vollrausches zu bestrafen ist, kommt es auf sein Verschulden hinsichtlich der Herbeiführung des Rauschzustands an, nicht etwa darauf, ob er die Rauschtat vorsätzlich oder fahrlässig begangen hat.[221] Das Urteil muß die Schuldform angeben.[222]

306 In dem Wortlaut des § 330 a StGB a. F. kam – anders als in der Neufassung – deutlich zum Ausdruck, daß sich das Verschulden nicht nur auf den Rausch, sondern auch auf den Zustand der beeinträchtigten Zurechnungsfähigkeit erstrecken mußte. Da die Rechtsprechung es für die Anwendung des § 330 a a. F. genügen ließ (allerdings auch als Mindesterfordernis verlangte), daß der sichere Bereich des § 51 II StGB (a. F. = § 21 n. F.) überschritten war,[223] forderte sie folgerichtig auch für die innere Tatseite nicht, daß sich das Verschulden auf eine durch das Sichberauschen verursachte Zurechnungsunfähigkeit erstreckte; vielmehr reichte es für den inneren Tatbestand aus, daß sich der Täter schuldhaft in einen so schweren Rausch versetzte, daß der sichere Bereich des § 51 II StGB überschritten war.[224]

307 Auch nach der Neufassung des § 323 a StGB **muß sich das Verschulden** des Täters jedoch **auf den** durch den Rausch verursachten **Zustand nicht auszuschließender Schuldunfähigkeit erstrecken.** Dies folgt nicht nur aus dem Sinnzusammenhang der Vorschrift, sondern auch aus der Begründung des Regierungsentwurfs,[225] dem zu entnehmen ist, daß insoweit eine Änderung nicht beabsichtigt war. Da § 323 a StGB – wie nunmehr im Text der Vorschrift klargestellt ist – auch die Fälle erfassen will, in denen Schuldunfähigkeit nicht sicher feststellbar ist, können – worauf der BGH schon für § 330 a a. F. hingewiesen hat[226] – die Voraussetzungen für die Erfüllung des *inneren* Tatbestands allerdings nicht über die Anforderungen hinausgehen, die an die Verwirklichung des *äußeren* Tatbestands zu stellen sind.[227] Es genügt mithin für den inneren Tatbestand des § 323 a n. F., daß sich der Täter schuldhaft in einen solchen Rauschzustand versetzt, der Schuldunfähigkeit als Folge nicht ausschließbar erscheinen läßt.

308 **Vorsätzlich i.S.d. § 323 a StGB** handelt also der Täter, der weiß oder zumindest in Kauf nimmt, daß er durch den Rausch in einen Zustand gerät, in dem seine Schuldfähigkeit nicht mehr sicher festgestellt werden kann.[228] Das ist nicht stets ab einer bestimmten BAK anzunehmen, ein entsprechender Erfahrungssatz existiert nicht.[229]

309 Tritt der Ausschluß der Schuldfähigkeit nicht durch den Alkohol allein ein, sondern erst durch das **Zusammenwirken des Alkohols mit hinzutretenden weiteren Umständen,** so ist die Frage des Verschuldens an der Herbeiführung der

---

221 Vgl. *Schönke/Schröder (Cramer)* zu § 323 a Rn 10.
222 Vgl. OLG Düsseldorf NZV 98, 418.
223 Vgl. hierzu oben Rn 291.
224 Vgl. z. B. BGHSt 16, 187 = NJW 61, 2028; VRS 38, 333.
225 BT-Drucks. 7/550 S. 268.
226 BGHSt 16, 187 = NJW 61, 2028.
227 Hiervon geht auch der Regierungsentwurf aus (BT-Drucks. 7/550 S. 268).
228 Vgl. BayObLG DAR 93, 372 (bei *Bär*); OLG Düsseldorf VRS 82, 449; 96, 98 (102); vgl. auch BGH NJW 67, 579 für § 330 a a. F.
229 Vgl. OLG Düsseldorf NZV 98, 418 (4,17 ‰); VRS 96, 98 (102).

Schuldunfähigkeit besonders sorgfältig zu prüfen.[230] Denn nur wenn der Angeklagte diesen zusätzlichen Umstand kannte oder nach seinen persönlichen Kenntnissen und Fähigkeiten kennen mußte, kann er die Schuldunfähigkeit in solchen Fällen vorsätzlich oder fahrlässig verursacht haben.[231] Ist der Ausschluß der Schuldfähigkeit nach Alkoholgenuß z. B. erst dadurch eingetreten, daß der Täter infolge eines ihm beigebrachten Schlages eine Gehirnerschütterung erlitt, so trifft ihn der Vorwurf der Fahrlässigkeit nur dann, wenn er mit einem derartigen Ereignis rechnen konnte,[232] etwa, wenn er durch sein alkoholbedingtes voraufgegangenes Verhalten in vorwerfbarer Weise die Ursache für die Schläge und deren Folgen gesetzt hat.[233] Bewirkt erst eine zum Alkoholeinfluß hinzutretende Erregung die Schuldunfähigkeit, so kann dem Angeklagten regelmäßig nur dann fahrlässige Herbeiführung dieses Zustands vorgeworfen werden, wenn er auch hätte voraussehen können und müssen, er werde in derartige Erregung geraten, daß die alkoholische Beeinträchtigung hierdurch zur Schuldunfähigkeit gesteigert werde.[234] Ist der Täter bei Eintritt des Erregungszustands bereits stark angetrunken und sind die Erregung und ihre Ursachen typische Folgen des Alkoholgenusses, so liegt allerdings eine so unbedeutende Abweichung vom vorhersehbaren Geschehnisablauf vor, daß sich der Schuldvorwurf ausnahmsweise nicht auch auf das Hinzutreten der Erregung zu erstrecken braucht.[235] Wird die Schuldfähigkeit erst dadurch ausgeschlossen, daß zur Wirkung des Alkohols diejenige eines Medikamentes hinzutritt, so fehlt es an einer schuldhaften Verursachung der Schuldunfähigkeit, wenn der Täter nicht vorsätzlich oder fahrlässig die **kumulierende Wirkung des Medikamentes** außer acht gelassen hat.[236]

In diesem Zusammenhang kann nun die für den äußeren Tatbestand des § 323 a StGB bedeutungslose[237] Differenzierung zwischen von außen hinzutretenden Umständen und solchen, die ihren Ursprung in der Person des Täters haben, insofern eine Rolle spielen, als Mitursachen, die von außen einwirken, seltener vorhersehbar sein werden als Einflüsse, die in der Person des Täters begründet sind.[238]

Wird die Schuldfähigkeit durch das Zusammenwirken von Medikamenten und Alkohol ausgeschlossen, so gilt das oben unter B I 3 (Rn 247) Gesagte. Ein Kraftfahrer ist also in der Regel verpflichtet, sich vor Medikamenteneinnahme darüber zu vergewissern, ob die Alkoholverträglichkeit beeinflußt oder die Wirkung des Alkohols durch das Medikament verstärkt wird.[239] Keine Rolle spielt die Vorher-

---

230 Vgl. BGH NJW 76, 1901; *Schönke/Schröder (Cramer)* zu § 323 a Rn 9; LK (*Spendel*) zu § 323 a Rn 145; *Salger* DAR 86, 383 (390).
231 Vgl. BGH NJW 67, 298; 75, 2250; 76, 1901; 80, 1806; NStZ 82, 116; DAR 81, 187 (bei *Spiegel*); OLG Karlsruhe VRS 80, 440; OLG Frankfurt DAR 70, 162; OLG Zweibrücken VRS 54, 113 (114); OLG Hamburg JZ 82, 160; *Willms* LM zu § 330 a StGB Nr. 19.
232 Vgl. BGH NJW 75, 2250.
233 Vgl. OLG Celle MDR 71, 860; OLG Zweibrücken VRS 81, 16.
234 Vgl. BGH NJW 67, 298; 79, 1370; NStZ 82, 116; BayObLG DAR 93, 372 (bei *Bär*).
235 Vgl. BGH NJW 79, 1370.
236 Vgl. OLG Frankfurt DAR 70, 162; OLG Karlsruhe VRS 80, 440; OLG Hamm BA 78, 460.
237 Vgl. oben Rn 297 ff.
238 Vgl. BGH NJW 76, 1901; 80, 1806; DAR 81, 187 (bei *Spiegel*); so auch schon *Willms* in seiner Anmerkung zu BGH v. 1. 12. 67 in LM zu § 330 a StGB Nr. 19.
239 In dieser Allgemeinheit nicht unbestritten. Vgl. oben Rn 247 Fn. 32. Nach Ansicht des OLG Hamburg (JZ 82, 160) muß überhaupt jeder, der Alkohol- und Medikamenteneinnahme kombiniert, regelmäßig mit einer erheblichen Steigerung der Alkoholwirkung rechnen.

sehbarkeit der die alkoholische Beeinträchtigung verstärkenden Wirkung einer Medikamenteneinnahme, die erst nach Eintritt der allein auf dem Alkoholgenuß beruhenden Schuldunfähigkeit erfolgt, diesen Zustand jedoch dann verlängert.[240]

4. Rauschtat als objektive Bedingung der Strafbarkeit

312 Voraussetzung einer Bestrafung nach § 323 a StGB ist, daß der Täter im Rausch eine rechtswidrige Tat (sog. Rauschtat) begeht. Die Rauschtat ist kein Tatbestandsmerkmal, sondern eine objektive Bedingung der Strafbarkeit.[241] Sie braucht daher von der Schuld des Täters nicht umfaßt zu werden.[242]

313 Dies ist allerdings äußerst umstritten. Nach anderer Auffassung muß sich das Verschulden auch auf die Rauschtat erstrecken, wobei die Meinungen darüber, in welcher Weise diese von der Schuld mitumfaßt sein muß, wieder auseinandergehen.

314 Teilweise wird die Ansicht vertreten, die Rauschtat sei nicht bloße objektive Bedingung der Strafbarkeit; vielmehr müßten sich Vorsatz und Fahrlässigkeit auch auf sie beziehen. Verurteilung wegen vorsätzlichen Vollrausches nach § 323 a z. B. setze voraus, daß sich der Vorsatz des Täters auch darauf erstreckt habe, er werde im Rausch irgendeine rechtswidrige Tat begehen.[243]

315 Nach anderer Auffassung muß die innere Beziehung zwischen dem schuldhaften Sich-Berauschen und der Rauschtat wie folgt beschaffen sein: Der Täter muß allgemein im Rausch zu Ausschreitungen neigen. Eine Bestrafung nach § 323 a soll nur möglich sein, wenn der Täter diese Neigung kannte oder doch hätte erkennen können, als er sich in den Zustand der Schuldunfähigkeit versetzte.[244]

316 Eine weitere Meinung geht dahin, daß sich zwar Vorsatz und Fahrlässigkeit nicht auf die Rauschtat zu erstrecken brauchen, der Sich-Berauschende auch nicht zu wissen oder vorauszusehen brauche, daß er im Rausch zu Straftaten irgendwelcher Art neige;[245] es müsse aber »ein Verschulden vorliegen, das sich in irgendeiner, wenn auch noch so losen Form auf die im Rausch begangene Tat beziehe«.[246] Zu denken sei hierbei nicht an Vorsatz oder Fahrlässigkeit mit Bezug auf den vom Recht mißbilligten Erfolg, sondern nur an eine »Schuld« im allgemeinen Sinne einer gewissen »Vorwerfbarkeit«.[247] Es müsse für den Täter mindestens vorhersehbar sein, daß er im Rausch irgendwelche Ausschreitungen strafbarer Art bege-

---

240 Vgl. OLG Oldenburg BA 85, 254.
241 Vgl. z. B. RGSt 73, 11; 73, 177; BGH NZV 96, 500 (501); NJW 52, 193; 61, 1733; 62, 1830; DAR 66, 55; BayObLG VRS 56, 449 (453); 70, 446; NJW 89, 1685; OLG Zweibrücken NZV 93, 488; OLG Stuttgart NJW 71, 1815; *Tröndle/Fischer* zu § 323 a Rn 9; *Janiszewski* Rn 439, 441.
242 Vgl. BGH NJW 51, 533; 52, 354; 54, 1048; OLG Braunschweig NJW 66, 679; OLG Koblenz VRS 49, 185; OLG Stuttgart VRS 37, 121; OLG Zweibrücken VRS 32, 454; OLG Hamm BA 78, 460; OLG Hamburg JZ 82, 160; *Schönke/Schröder (Cramer)* zu § 323 a Rn 1, 11, 13; *Lackner/Kühl* zu § 323 a Rn 5, 14; *Janiszewski* Rn 439, 441; *Schröder* DRiZ 58, 219.
243 So z. B. BGH NJW 57, 996; VRS 7, 309; BayObLG NJW 68, 1897; OLG Köln NJW 66, 412; *Ranft* MDR 72, 737; ähnlich LK *(Spendel)* zu § 323 a Rn 53, 61 f., 230.
244 So z. B. OLG Oldenburg JZ 51, 460.
245 Vgl. BayObLG NJW 74, 1520.
246 Vgl. BGH VRS 17, 340.
247 Vgl. z. B. BayObLG NJW 74, 1520.

hen könne.²⁴⁸ Gleichzeitig wird allerdings betont, diese Vorhersehbarkeit sei so selbstverständlich, daß sie vom Tatrichter in der Regel nicht besonders festgestellt zu werden brauche, weil auch Menschen von geringer Lebenserfahrung durchaus wüßten, daß ein Rausch sie zu irgendwelchen Straftaten führen könne.²⁴⁹ Im Sinne dieser allgemeinen Vorhersehbarkeit sei daher die Rauschtat regelmäßig dann »verschuldet«, wenn der Rausch verschuldet sei.²⁵⁰ Nur ausnahmsweise soll nach der geschilderten Auffassung diese Vorwerfbarkeit der Rauschtat dann entfallen, wenn der Täter vor dem Sich-Berauschen **Vorkehrungen (sog. »Zurüstungen«)** getroffen hat, die ihn nach menschlicher Voraussicht daran hindern mußten, während des Rausches irgendwelche mit Strafe bedrohten Handlungen zu begehen.²⁵¹ Ist die Vorhersehbarkeit nicht ausnahmsweise ausgeschlossen, so soll allerdings bei Vorliegen der übrigen Voraussetzungen auch Bestrafung wegen *vorsätzlichen* Vollrausches möglich sein.²⁵²

Zur Begründung der verschiedenen Auffassungen, die ein Verschulden – welcher Art auch immer – hinsichtlich der Rauschtat fordern, wird im wesentlichen vorgebracht: Mache man die Bestrafung nach § 323 a nicht davon abhängig, daß die Rauschtat vom Verschulden mitumfaßt werde, so verlasse man den Boden des Schuldstrafrechts, indem man den Täter für den bloßen Eintritt eines Erfolges bestrafe.²⁵³ Das Sich-Berauschen allein sei nicht unrechtsbegründend, bedeute noch keine strafbare Schuld.²⁵⁴

Die hier vertretene Meinung, wonach die Rauschtat **objektive Bedingung der Strafbarkeit** ist, auf die sich das Verschulden – auch in einer »noch so losen« Form«²⁵⁵ – nicht zu erstrecken braucht, ist indessen durchaus mit dem Schuldprinzip vereinbar.²⁵⁶ Denn das Sich-Berauschen ist keineswegs wertneutral, sondern stellt angesichts der erheblichen Gefahren, die ein die Schuldfähigkeit ausschließender Rausch für andere hervorrufen kann, bereits materielles Unrecht dar.²⁵⁷ Da der Rauschzustand zu unvorhersehbaren und unberechenbaren Handlungen füh-

---

248 So z. B. BGH VRS 17, 340; JR 58, 28; BayObLG NJW 74, 1520 (das gleichwohl ausdrücklich die Ansicht teilt, daß die Rauschtat eine objektive Bedingung der Strafbarkeit ist); NZV 90, 317; OLG Celle NJW 69, 1588; 69, 1916.
249 Vgl. BGH VRS 17, 340; JR 58, 28; BayObLG NZV 90, 317; OLG Celle NJW 69, 1916.
250 Vgl. z. B. BayObLG NJW 74, 1520.
251 Vgl. z. B. BGH VRS 17, 340; OLG Celle NJW 69, 1588; vgl. auch BayObLG NZV 90, 317; OLG Düsseldorf VRS 82, 449 (451); *Gollner* MDR 76, 182; zur rechtlichen Bedeutung sog. »Zurüstungen« vgl. *Horn* JR 82, 347.
252 Vgl. OLG Celle NJW 69, 1916.
253 Vgl. z. B. OLG Oldenburg JZ 51, 460; *Lange* JZ 51, 460.
254 Vgl. BGH NJW 57, 996; VRS 17, 340; *Ranft* MDR 72, 737; vgl. dazu *Wolter* NStZ 82, 54, der durch Aufteilung des § 323 StGB in einen »engen« und »weiten« Vollrauschtatbestand mit unterschiedlichem Strafrahmen (de lege lata!) zwischen den Meinungen vermitteln will.
255 Vgl. BGH VRS 17, 340.
256 Vgl. *Tröndle/Fischer* zu § 323 a Rn 9; *Schröder* DRiZ 58, 219.
257 Vgl. BGH NStZ 93, 81; DAR 89, 249 (bei *Spiegel*); MDR 92, 504; BayObLG VRS 56, 449 (453); OLG Zweibrücken VRS 32, 454; OLG Hamburg JZ 82, 160; *Tröndle/Fischer* zu § 323 a Rn 9; *Schönke/Schröder (Cramer)* zu § 323 a Rn 1; *Foth, Salger*-Festschrift S. 37; so aber auch BayObLG NJW 74, 1520, nach dessen Ansicht dennoch eine Bestrafung nach § 323 a davon abhängen soll, daß es für den Täter vorhersehbar gewesen sei, er könne im Rausch irgendwelche strafbaren Handlungen begehen; **a. M.** *Streng* JZ 84, 114 (116); *Hruschka* JZ 96, 64 (71); LK *(Spendel)* zu § 323 a Rn 225.

ren kann, ist die Sicherheit der Allgemeinheit schon durch den Rausch an sich gefährdet. Ohne in Widerspruch mit dem Schuldstrafrecht zu geraten, durfte der Gesetzgeber daher schon das schuldhafte Herbeiführen dieser abstrakten Gefahr als selbständiges Unrecht zum Gegenstand eines strafrechtlichen Vorwurfs machen. Da das durch § 323 a StGB geschützte Rechtsgut nicht etwa dasjenige ist, das der Täter durch die im Rausch begangene rechtswidrige Tat verletzt, sondern der Schutz der Allgemeinheit vor den Gefahren, die von Betrunkenen und solchen Personen ausgehen, die sich durch andere Mittel in einen Rauschzustand versetzt haben,[258] wird der Täter auch nicht für den bloßen Eintritt eines Erfolges bestraft, wenn der Gesetzgeber seine Bestrafung von dem zusätzlichen Erfordernis einer – wenn auch von ihm nicht vorhersehbaren – Rauschtat abhängig macht.

319 Auch die Auffassung, wonach die für § 323 a StGB zu fordernde Vorhersehbarkeit der Möglichkeit, im Rausch irgendwelche Ausschreitungen strafbarer Art zu begehen, regelmäßig gegeben, ausnahmsweise jedoch durch besondere »Zurüstungen« ausgeschlossen sein soll, entspricht im übrigen nicht dem kriminalpolitischen Zweck der Vorschrift und führt mitunter zu unbilligen Ergebnissen. Dann müßte es nämlich notwendigerweise auch Rauschtaten geben, bei denen angesichts der getroffenen »Zurüstungen« die Vorhersehbarkeit entfällt, der Täter also trotz schuldhaften Sich-Berauschens und der im Rausch begangenen Tat straflos bleiben müßte.[259] Vorkehrungen, die der Täter in nüchternem Zustand, etwa vor Trinkbeginn, gegen eine später begangene Rauschtat – z. B. die Fahrzeugbenutzung in fahrunsicherem Zustand – getroffen hat, die sich dann aber als unzureichend erwiesen haben, können daher nur im Strafmaß Berücksichtigung finden.[260]

5. Innerer Tatbestand der Rauschtat

320 Kann die Rauschtat vorsätzlich oder fahrlässig begangen werden, so muß das Urteil grundsätzlich Feststellungen zum subjektiven Tatbestand der Rauschtat treffen.[261] Daß der Täter aufgrund des Rausches unfähig ist, das Unrecht der Tat einzusehen oder nach dieser Einsicht zu handeln, i.S.d. § 20 StGB also schuldunfähig ist, bedeutet nicht, daß er in jedem Falle überhaupt außerstande wäre, einen Willen und eine Vorstellung zu haben.[262] Handelt der Täter trotz fehlenden Einsichts- oder Hemmungsvermögens aufgrund von Vorstellungen aus der Außenwelt willentlich, so handelt er mit sog. »natürlichen Vorsatz«.[263] Tatbegehung mit natürlichem Vorsatz genügt für die Bestrafung nach § 323 a StGB, soweit die Rauschtat Vorsatz voraussetzt.[264] Da Trunkenheit im Verkehr (§ 316 StGB) bei

---
258 Vgl. BayObLG NJW 74, 1520; vermittelnd *Spendel* in LK zu § 323 a Rn 70.
259 Vgl. OLG Braunschweig NJW 66, 679.
260 Vgl. OLG Karlsruhe NStZ-RR 96, 198; OLG Braunschweig NJW 66, 679; OLG Hamburg JZ 82, 160; *Horn* JR 82, 347 (349);
  a. M. *Spendel* in LK zu § 323 a Rn 240.
261 Vgl. BayObLG NStZ 86, 541 (bei *Janiszewski*).
262 Zur Streitfrage, inwieweit für die Rauschtat die Erfüllung des subjektiven Tatbestands zu verlangen ist, eingehend: *Spendel* in LK zu § 323 a Rn 185 ff. mit Nachweisen.
263 Vgl. RGSt 73, 11; 73, 177; BGH NJW 67, 579; MDR 71, 722 (bei *Dallinger*); OLG Hamm NJW 67, 1523.
264 Vgl. BGH NJW 67, 579; MDR 71, 722 (bei *Dallinger*).

fahrlässiger und vorsätzlicher Tatbegehung in gleicher Weise mit Strafe bedroht ist und beide Begehungsformen dem gleichen Strafrahmen unterliegen, ist das Fehlen diesbezüglicher Angaben im Urteil hier unschädlich.[265]

Soweit man der Ansicht folgt, daß der rauschbedingt schuldunfähige Unfallbeteiligte, der die **Unfallstelle verläßt**, sich nicht i.S.d. § 142 II StGB »entschuldigt« entfernt, sondern nach § 323 a StGB – in Verbindung mit § 142 I StGB als Rauschtat – bestraft werden kann,[266] genügt es, wenn sich der Täter wenigstens undeutlich des Unfalls bewußt geworden ist und sich mit natürlichem Vorsatz den Feststellungen entziehen wollte.[267] Das Gericht wird jedoch unter Berücksichtigung der Art des Unfalls (etwa nur leichte Berührung oder heftiger Zusammenstoß) zu prüfen haben, ob im Einzelfall das Ausmaß der alkoholischen Belastung das Wahrnehmungsvermögen des Angeklagten möglicherweise derart beeinträchtigt hat, daß er nicht einmal eine nur undeutliche Vorstellung von einem Verkehrsunfall haben konnte. Hat der Täter nämlich den Unfall überhaupt nicht wahrgenommen, so fehlt es hinsichtlich der Rauschtat (§ 142 I StGB) am natürlichen Vorsatz mit der Folge, daß eine Bestrafung nach § 323 a StGB nicht erfolgen kann. Daß die fehlende Kenntnis von dem Unfall gerade auf dem Rauschzustand beruht, ist hierbei ohne Bedeutung.[268]

---

265 Vgl. BayObLG NJW 89, 1685 (insoweit unter Aufgabe der abweichenden Ansicht in NStZ 86, 541).
266 Sehr streitig! Siehe dazu *Jagusch/Hentschel* zu § 142 StGB Rn 52 m. w. Nw.
267 Vgl. z. B. OLG Hamm NJW 67, 1523.
268 Vgl. OLG Hamm NJW 67, 1523; vgl. in diesem Zusammenhang auch BGH NJW 63, 667.

C. Fahrlässige Körperverletzung und fahrlässige Tötung infolge Trunkenheit

I. Verantwortlichkeit des Fahrzeugführers

Literatur:

Foth, Die Ursächlichkeit der Trunkenheit für den Unfall, in: DAR 1974, 156; *Mühlhaus*, Fahrgeschwindigkeit nach Alkoholgenuß und ihre Ursächlichkeiten für den Unfall, in: DAR 1970, 125; *derselbe*, Die Ursächlichkeit von Verkehrsverstößen und Trunkenheit für den Unfall, in: DAR 1972, 169; *Puppe*, Kausalität der Sorgfaltspflichtverletzung, in: JuS 1982, 660.

322   Bei der im Rahmen der §§ 229 und 222 StGB zu prüfenden Frage, ob der Unfall für den alkoholbedingt fahrunsicheren Angeklagten vermeidbar war, ist, sofern die von ihm eingehaltene Geschwindigkeit bei einem nüchternen Fahrer nicht zu beanstanden wäre, darauf abzustellen, ob der Fahrer in nüchternem Zustand den Unfall bei Einhaltung derselben Geschwindigkeit hätte vermeiden können.[1]

323   In der Rechtsprechung wird allerdings überwiegend eine andere Auffassung vertreten. Danach soll zu prüfen sein, bei welcher geringeren Geschwindigkeit der Angeklagte – abgesehen davon, daß er als Fahrunsicherer überhaupt nicht am Verkehr teilnehmen durfte – noch seiner durch den Alkoholeinfluß herabgesetzten Wahrnehmungs- und Reaktionsfähigkeit bei Eintritt der kritischen Verkehrslage hätte Rechnung tragen können und ob es auch bei dieser Geschwindigkeit zu dem Unfall gekommen wäre.[2]

324   Diese Auffassung vertritt auch der BGH[3] und führt zur Begründung im wesentlichen aus: Bei der Frage nach dem verkehrsgerechten Verhalten des Täters sei von dem wirklichen, nicht von einem nur gedachten Sachverhalt auszugehen. Für die Beantwortung dieser Frage sei entscheidend, welche Verkehrswidrigkeit als unmittelbare Unfallursache in Betracht komme, während im übrigen von dem tatsächlichen Geschehnisablauf auszugehen sei. In welchem Maße die Wahrnehmungs- und Reaktionsfähigkeit des unter Alkoholeinfluß stehenden Fahrers herabgesetzt sei und welche verminderte Geschwindigkeit dieser herabgesetzten Wahrnehmungs- und Reaktionsfähigkeit entspreche, lasse sich – erforderlichenfalls mit Hilfe eines Sachverständigen – ermitteln. Sei diese Geschwindigkeit nicht eingehalten worden, so sei gerade dies die unmittelbare Unfallursache.

325   Diese Begründung überzeugt nicht. Zunächst ist darauf hinzuweisen, daß die möglicherweise nur im Hinblick auf die Trunkenheit zu hohe Geschwindigkeit

---

1 Vgl. BayObLG bei *Mühlhaus* DAR 70, 125 (127); *Mühlhaus* DAR 70, 125 (127); 72, 169; *Maiwald*, *Dreher*-Festschrift, S. 437 ff.; *Knauber* NJW 71, 627; *Lehmann* NJW 71, 1142; *Foth* DAR 74, 156; *Händel* BA 72, 70; *Möhl* JR 71, 249; *Hofmann* VersR 71, 1103; *Puppe* JuS 82, 660 (664); JZ 85, 295 (296); NStZ 97, 389; so wohl auch OLG Zweibrücken VRS 48, 97; vgl. hierzu auch BayObLG NJW 57, 1372.
2 Vgl. BGH NJW 71, 388; BayObLG NZV 94, 283 (abl. *Puppe* NStZ 97, 389; Anm. *Schmid* BA 94, 330); OLG Celle MDR 69, 158; OLG Koblenz DAR 74, 25; VRS 71, 281; OLG Zweibrücken VRS 41, 113; OLG Hamm BA 78, 294.
3 BGH NJW 71, 388.

für den Unfall keine unmittelbarere Ursache ist als die im Hinblick auf die an sich zulässige Geschwindigkeit verhängnisvolle Fahrunsicherheit. Vielmehr kommen beide Umstände als *gleichwertige* Ursachen für den Unfall in Betracht.[4] Stellt man die Frage, ob der Angeklagte, wäre er nüchtern gewesen, den Unfall bei gleicher Geschwindigkeit hätte vermeiden können, so geht man dabei nicht, wie der BGH meint, von einem gedachten Sachverhalt aus, sondern stellt die Frage nach der Kausalität der alkoholbedingten Fahrunsicherheit, indem man prüft, ob der Erfolg entfiele, wenn man sich diesen Umstand hinwegdenkt. Entsprechend geht auch der BGH vor, indem er umgekehrt fragt, ob der Erfolg entfiele, wenn die im Hinblick auf die Trunkenheit zu hohe Geschwindigkeit hinweggedacht wird.[5] Eine derartige Überlegung ist bei jeder Ursächlichkeitsprüfung unerläßlich. Würde sie bedeuten, daß man unzulässigerweise statt vom wirklichen von einem gedachten Sachverhalt ausgeht, so träfe dieser Vorwurf auch diejenigen, die allein die vom BGH für richtig gehaltene Fragestellung als zulässig erachten. Allerdings berücksichtigt der BGH bei seiner Kausalitätsprüfung nur das Verhalten, das in der kritischen Verkehrssituation überhaupt noch steuerbar war. Dem hält *Puppe*[6] mit Recht entgegen, daß nicht danach zu fragen ist, wie sich der Täter *in der kritischen Situation* noch sorgfältig hätte verhalten *können*, sondern allein danach, wie er sich hätte verhalten *dürfen*.

Fragt man, der Auffassung des BGH folgend, nach *der* Geschwindigkeit, die der Fahrer unter Berücksichtigung seiner Alkoholbeeinflussung hätte einhalten dürfen, so erkennt man damit an, daß es eine Geschwindigkeit gibt, bei der selbst der absolut fahrunsichere Kraftfahrer sein Fahrzeug noch sicher führen kann. Mit Recht weist daher die Kritik[7] an dieser Rechtsprechung darauf hin, daß es ein sachlicher Widerspruch sei, einen Kraftfahrer einerseits bei einer BAK von 1,1 ‰ für absolut fahrunsicher zu erklären, ihm andererseits aber einen Geschwindigkeitsbereich nach Maßgabe seiner Trunkenheit vorzuhalten, bei dem er eigentlich sein Fahrzeug doch hätte sicher führen können, und daß man folgerichtig dann auch im Rahmen der §§ 316, 315c I Nr. 1a StGB den Gegenbeweis gegen die Annahme absoluter Fahrunsicherheit bei Einhaltung dieser Geschwindigkeit zulassen müßte.[8] Im übrigen ist Fehleinschätzung der im Straßenverkehr gebotenen Verhaltensweisen (insbesondere auch der vertretbaren Geschwindigkeit) eine typische alkoholbedingte Ausfallerscheinung, weswegen ja auch letztlich die Teilnahme des Kraftfahrers am Straßenverkehr im Zustand alkoholbedingter Fahrunsicherheit mit Strafe bedroht ist. Man kann daher dem durch Alkohol in seiner Kritikfähigkeit Beeinträchtigten bei der Frage fahrlässiger Unfallverursachung nicht zum Vorwurf machen, eine im Hinblick auf diese Beeinträchtigung zu hohe Geschwindigkeit gewählt zu haben. Denn hierzu war er ja eben aufgrund seiner Alkoholisierung nicht hinreichend in der Lage.[9] Diese »absurde Notwendigkeit«[10], unerfüllbare

---

4 Vgl. auch *Lehmann* NJW 71, 1142.
5 Vgl. auch *Maiwald*, Dreher-Festschrift, S. 445.
6 *Puppe* JZ 85, 295 (296).
7 Vgl. *Knauber* NJW 71, 627; *Hofmann* VersR 71, 1103; *Puppe* JuS 82, 660 (662); JZ 85, 295 (296); NStZ 97, 389.
8 Vgl. auch BayObLG bei *Mühlhaus* DAR 70, 125 (127); *Händel* BA 72, 70.
9 Vgl. auch *Maiwald*, Dreher-Festschrift, S. 446 f.
10 *Puppe* JZ 85, 295 (296).

Sorgfaltsmaßstäbe für fahruntüchtige Fahrzeugführer aufstellen zu müssen, ist die Folge der unrichtigen Fragestellung durch die hier abgelehnte Auffassung.

327 Die – insbesondere auch vom BGH vertretene – in der Rechtsprechung überwiegende Ansicht stößt aber auch *praktisch* auf unüberwindbare Schwierigkeiten. Kein Gericht, aber auch kein Sachverständiger (Mediziner oder Verkehrsingenieur?) wäre je imstande, eine Geschwindigkeit zu ermitteln, die gewährleisten würde, daß die durch die Trunkenheit bedingten Ausfallserscheinungen (z. B. Verminderung des Wahrnehmungs- und Reaktionsvermögens) vollständig ausgeglichen wären.[11]

328 Schließlich hätte die hier abgelehnte Meinung aber auch noch eine zivilrechtliche Ungereimtheit zur Konsequenz, auf die *Mühlhaus*[12] aufmerksam macht, indem er ausführt, daß ein Fußgänger oder Radfahrer, der unachtsam die Fahrbahn überquert habe, zwar alleinschuldig wäre, wenn er durch sein Verhalten einem nüchternen Kraftfahrer in die Fahrbahn geraten wäre, dagegen möglicherweise Schadensersatzansprüche stellen könnte, wenn er das »Glück« gehabt hätte, daß in dem Fahrzeug ein angetrunkener Fahrer saß.

329 Hat der alkoholbedingt fahrunsichere Angeklagte also die nach § 3 StVO – unabhängig von seinem Zustand – zulässige Geschwindigkeit nicht überschritten, so ist er dann für die Körperverletzung oder den Tod eines anderen verantwortlich und nach § 229 bzw. § 222 StGB zu bestrafen, wenn er den Unfall bei gleicher Geschwindigkeit, wäre er nüchtern gewesen, hätte vermeiden können.[13]

II. Strafrechtliche Verantwortlichkeit des Gastwirts oder privaten Gastgebers

Literatur:

Geilen, Zur Mitverantwortung des Gastwirts bei Trunkenheit am Steuer, in: JZ 1965, 469.

330 Für Körperverletzung oder Tötung infolge alkoholbedingter Fahrunsicherheit kann auch derjenige strafrechtlich verantwortlich sein, der als Gastwirt oder privater Gastgeber die Fahrunsicherheit des Fahrzeugführers (mit)herbeigeführt hat. Angesichts der Tatsache, daß Alkoholausschank jedoch grundsätzlich als sozial übliches und von der Allgemeinheit gebilligtes Verhalten anzusehen ist,[14] sind an die Bejahung einer Rechtspflicht solcher Personen, einen Schaden nach Kräften abzuwenden (»Garantenpflicht«), strenge Anforderungen zu stellen. Nach der Rechtsprechung ist der Gastwirt nur dann verpflichtet, das anschließende Fahrzeugführen des Gastes mit angemessenen und ihm möglichen Mitteln zu verhindern, wenn dieser offensichtlich so betrunken ist, daß er zu eigenverantwortlichem Verhalten nicht mehr in der Lage ist, d. h. wenn er einen zur Schuldunfähig-

---

11 Vgl. BayObLG NJW 57, 1372; bei *Mühlhaus* DAR 70, 125 (127); *Knauber* NJW 71, 627; *Foth* DAR 74, 156; *Mühlhaus* DAR 70, 125 (127); *Händel* BA 72, 70; *Möhl* JR 71, 249.
12 *Mühlhaus* DAR 70, 125 (127).
13 Eingehend hierzu: *Maiwald*, Dreher-Festschrift, S. 437 ff.
14 Vgl. BGH NJW 64, 412; 75, 1175; siehe aber *Geilen* JZ 65, 469.

keit führenden Zustand erreicht hat.[15] Entsprechendes wird für den privaten Gastgeber zu gelten haben.

III. Verantwortlichkeit des Fahrzeughalters

Der für das Fahrzeug verantwortliche Halter darf dessen Führung durch eine 331 infolge Alkoholgenusses (oder sonstiger Umstände) fahrunsichere Person nicht zulassen.[16] Überläßt er das Fahrzeug einem für ihn erkennbar fahrunsicheren Fahrer und verursacht dieser infolge seiner Fahrunsicherheit einen Unfall, so sind ihm dessen Auswirkungen als Folge schuldhafter Verletzung seiner Halterpflichten zuzuordnen. Bei Unfällen mit Körperverletzung oder tödlichem Ausgang kann er daher neben dem Fahrer nach § 229 bzw. § 222 StGB bestraft werden.[17] Dies gilt auch, wenn er vor eigenem Alkoholgenuß der erkennbaren Gefahr späterer Fahrzeugbenutzung durch eine alkoholbedingt fahrunsichere Person nicht durch entsprechende Vorkehrungen wirksam begegnet ist.[18]

IV. Alternative Sachverhaltsfeststellung

Ist die alkoholbedingte Fahrunsicherheit des die Körperverletzung oder Tötung 332 verursachenden Fahrzeugführers festgestellt, läßt sich aber nicht sicher nachweisen, ob der Angeklagte der Fahrer war oder pflichtwidrig als Halter die Fahrzeugführung durch eine andere, für ihn erkennbar infolge Alkohols fahrunsichere Person zugelassen hat, so ist eine Verurteilung wegen fahrlässiger Körperverletzung oder fahrlässiger Tötung aufgrund alternativer Sachverhaltsfeststellung zulässig.[19] Soweit demgegenüber das OLG Koblenz[20] eine *eindeutige* Verurteilung aufgrund mehrdeutiger Sachverhaltsfeststellung mit dem Hinweis auf rechtsethische und psychologische Unvergleichbarkeit der Ausführungsarten abgelehnt hat, ist einzuwenden, daß eine solche Vergleichbarkeit nur für den Fall wahlweiser Verurteilung nach *verschiedenen gesetzlichen Tatbeständen* zu verlangen ist, nicht jedoch für die Verurteilung wegen Verstoßes gegen *ein* Gesetz durch verschiedene Möglichkeiten konkreter Handlungen.[21]

---

15 Vgl. BGH NJW 64, 412; 75, 1175; OLG Saarbrücken NJW-RR 95, 986; kritisch *Geilen* JZ 65, 469; zur Bedeutung sozialadäquaten Verhaltens für die Garantenpflicht vgl. auch BGH NJW 73, 1706.
16 Zur Frage hierdurch verwirklichter Ordnungswidrigkeiten vgl. Rn 540 f.
17 Vgl. OLG Karlsruhe NJW 80, 1859; OLG Hamm NJW 83, 2456.
18 Vgl. OLG Hamm NJW 83, 2456.
19 Vgl. OLG Karlsruhe NJW 80, 1859.
20 OLG Koblenz NJW 65, 1926.
21 Vgl. auch *Möhl* NJW 65, 1926

D. Die Straftatbestände der §§ 316 und 315 c I Nr. 1 a (III) StGB

I. § 316 StGB

Literatur:

Bialas, Promille-Grenzen, Vorsatz und Fahrlässigkeit, Diss., Frankfurt 1996; *Blank*, Vorsatz und Fahrlässigkeit bei Trunkenheitsfahrten – eine medizinisch-juristische Kontroverse?, in: BA 1997, 116; *Eisenmenger*, Anmerkungen aus rechtsmedizinischer Sicht zu Vorsatz und Fahrlässigkeit bei Trunkenheitsfahrten, in: *Salger*-Festschrift, S. 619; *Haubrich*, Zum Nachweis der vorsätzlichen Trunkenheitsfahrt, in: DAR 1982, 285; *Hentschel*, Mangelnde Vorwerfbarkeit alkoholbedingter Fahrunsicherheit nach Schluß-Sturztrunk?, in: DAR 1983, 261; *derselbe*, Die Feststellung von Vorsatz in bezug auf Fahrunsicherheit bei den Vergehen der §§ 316 und 315 c Abs.I Nr. 1 a StGB durch den Tatrichter, in: DAR 1993, 449; *Kernbichler/Röpke*, Veränderung von Geschmacks- und Geruchsqualität von Bier und Kaffee durch Hinzufügen hochprozentigen Wodkas?, in: BA 1979, 399; *Koch*, Nachweis der subjektiven Tatseite bei relativer Fahruntüchtigkeit, in: DAR 1974, 37; *Krüger*, Zur Frage des Vorsatzes bei Trunkenheitsdelikten, in: DAR 1984, 47; *Maiwald*, Zum Maßstab der Fahrlässigkeit bei trunkenheitsbedingter Fahruntüchtigkeit, in: *Dreher*-Festschrift, S. 334; *Nehm*, Kein Vorsatz bei Trunkenheitsfahrten?, in: *Salger*-Festschrift, S. 115; *Reinhardt/Zink*, Veränderungen des subjektiven Befindens durch Alkohol, in: BA 1972, 129; Rudolphi, Strafbarkeit der Beteiligung an den Trunkenheitsdelikten im Straßenverkehr, in: GA 1970, 353; *Salger*, Zum Vorsatz der Trunkenheitsfahrt, in: DRiZ 1993, 311; *Schmid*, Zum Vorsatz bei der Trunkenheitsfahrt, in: BA 1999, 262; *Schneble*, Verschulden bei Trunkenheitsdelikten aus juristischer Sicht, in: BA 1984, 281; *Seidl u. a.*, Die Selbsteinschätzung der Höhe der BAK bei akuter Alkoholisierung, in: BA 1996, 23; *Stephan*, Kriterien von Vorsatz und Schuldfähigkeit: Zur diagnostischen Bedeutung der Promillegrenzen, in: JbVerkR 1998, 121; *Sunder*, Zum Begriff des »Führens eines Kraftfahrzeugs«, in: BA 1989, 297; *Teige/Niermeyer*, Zur Frage der »kritischen Selbstüberprüfung« alkoholisierter Verkehrsteilnehmer, in: BA 1976, 415; *Teyssen*, Vorsatz oder Fahrlässigkeit bei Trunkenheitsfahrten mit höheren Promillewerten aus der Sicht des Strafrechtlers, in: BA 1984, 175; *Tolksdorf*, Vorsatz und Fahrlässigkeit bei Trunkenheits- und Drogenfahrt, in: VGT 1995, 79; *Zink u. a.*, Vorsatz oder Fahrlässigkeit im Verkehr – medizinische und juristische Aspekte, in: BA 1983, 503.

1. Dauerstraftat

333 Das Vergehen der Trunkenheit im Verkehr nach § 316 StGB ist eine Dauerstraftat, die mit dem Antritt der Fahrt im Zustand der Fahrunsicherheit beginnt und regelmäßig erst endet, wenn entweder die Fahrt endgültig beendet ist oder der Täter infolge Alkoholabbaus während der Fahrt wieder fahrsicher wird.[1] Das gilt auch bei grenzüberschreitender Fahrt.[2] Sucht der alkoholbedingt fahrunsichere Täter mit dem Fahrzeug ein bestimmtes Ziel auf und tritt er die Rückfahrt entsprechend seiner Absicht oder auch, ohne sich vorher Gedanken darüber gemacht zu haben, im fortdauernden Zustand der Fahrunsicherheit mit dem gleichen Fahrzeug an, so

---

1 Vgl. z. B. BGH NJW 67, 942; 73, 335; 83, 1744; VRS 48, 354; 49, 177; 49, 185; BayObLG VRS 59, 195; Seier NZV 90, 129; Tröndle/Fischer zu § 316 Rn 4 b.
2 Vgl. OLG Karlsruhe NStZ 87, 371 (für die Ordnungswidrigkeit des § 24 a StVG).

kann daher Verurteilung wegen nur *einer* Dauerstraftat nach § 316 StGB in Frage kommen.[3] Erst recht wird die Dauerstraftat nicht durch kurze Haltezeiten, etwa zum Zwecke des Tankens, unterbrochen.[4] Sie zerfällt auch dann nicht in zwei rechtlich selbständige Teile, wenn der Täter nach zunächst fahrlässiger Tatbegehung von seiner Fahrunsicherheit Kenntnis erlangt und die Fahrt fortsetzt (selbst nach kurzer Fahrtunterbrechung[5]) oder wenn er sich während der Fahrt von Polizeibeamten verfolgt sieht und nunmehr mit dem Ziel weiterfährt, der Polizei zu entkommen.[6] Dies gilt selbst dann, wenn er, einem Haltgebot eines Polizeibeamten folgend, zunächst angehalten hat, dann aber plötzlich mit dem Ziel, einer Kontrolle zu entgehen, wieder losfährt.[7] Die Dauerstraftat des § 316 StGB wird jedoch dadurch beendet, daß der Fahrer nach einem Unfall mit dem Fahrzeug ein Vergehen nach § 142 StGB (unerlaubtes Entfernen vom Unfallort) begeht,[8] es sei denn, es liegt ein Fall sog. Polizeiflucht vor.[9]

2. Äußerer Tatbestand

a) Führen eines Fahrzeugs im Verkehr

aa) Verkehr

Zur Erläuterung des Begriffs »Verkehr« verweist die Vorschrift des § 316 StGB ausdrücklich auf die §§ 315 bis 315 d StGB. Sie betrifft mithin nicht nur den Straßenverkehr, sondern alle Bereiche des öffentlichen Verkehrs wie z. B. auch Eisenbahn-, Schiffs- und Luftverkehr. Größte praktische Bedeutung hat sie jedoch für den Straßenverkehr gewonnen. Die Vorschrift findet nur Anwendung, wenn es sich um **öffentlichen Verkehr** handelt.[10] Die Öffentlichkeit einer Straße, eines Weges, eines Platzes oder sonstigen Verkehrsraumes hängt nicht von den Eigentumsverhältnissen ab. Um öffentlichen Verkehrsraum handelt es sich vielmehr immer dann, wenn dieser, sei er auch Privateigentum, zur Benutzung für jedermann zugelassen ist.[11] 334

Danach gehört z. B. auch ein der Allgemeinheit offenstehendes Parkhaus zum öffentlichen Verkehrsraum,[12] es sei denn, die Benutzung erfolgt außerhalb der normalen Betriebszeit.[13] Das gleiche gilt grundsätzlich für ein Tankstellengelände[14], den 335

---

3 Vgl. BayObLG – 1 St 231/82 – (Unterbrechung von 2 Stunden!); NStZ 87, 114 (bei *Janiszewski*); abweichend OLG Köln VRS 75, 336 (zu § 24 a StVG) bei Unterbrechung von 1 Stunde (zwei Taten im prozessualen Sinn).
4 Vgl. BayObLG DAR 82, 250 (bei *Rüth*); *Seier* NZV 90, 129 (130) nimmt hier natürliche Handlungseinheit an.
5 Vgl. BayObLG VRS 59, 195.
6 Vgl. BGH VRS 49, 177; 49, 185; NJW 83, 1744.
7 Vgl. OLG Koblenz VRS 56, 38; BayObLG DAR 79, 238 Nr. 11 b (bei *Rüth*).
8 Vgl. hierzu ausführlich unten Rn 451 ff.
9 Vgl. hierzu unten Rn 439 f., 457.
10 Vgl. z. B. auch LK[10] *(Rüth)* zu § 316 Rn 3, 8.
11 Vgl. BGH VersR 85, 835; BayObLG VRS 58, 216; 70, 53; OLG Bremen MDR 80, 421; LK[10] *(Rüth)* zu § 142 Rn 8; vgl. zum Begriff der öffentlichen Wege und Plätze auch *Jagusch/Hentschel* zu § 1 StVO Rn 13 ff.
12 Vgl. OLG Düsseldorf VRS 39, 204.
13 Vgl. OLG Stuttgart VRS 57, 418.
14 Vgl. OLG Hamm VRS 30, 452; OLG Hamburg VRS 37, 278; OLG Düsseldorf VRS 59, 282; KG VM 83, 60.

für Kundenfahrzeuge vorgesehenen Bereich einer automatischen Waschanlage[15] oder einen Gaststättenparkplatz[16], wobei allerdings auch die Tageszeit von Bedeutung sein kann. Der dem Kundenbetrieb, also einem unbestimmten und nicht durch persönliche Beziehungen zum Inhaber gekennzeichneten Personenkreis offenstehende Teil derartiger Anlagen kann nämlich die Eigenschaft als öffentlicher Verkehrsraum verlieren, wenn der Inhaber in eindeutiger Weise seinen Willen erkennbar gemacht hat, für bestimmte Zeiten, etwa während der Nachtstunden, auf diesem Gelände keinen öffentlichen Verkehr zu dulden.[17] Selbst ein Werksgelände, das zwar nur nach Anmeldung bei einem Pförtner, aber auch von Außenstehenden betreten werden darf, kann öffentlich i.S.d. Verkehrsrechts sein.[18]

336 Nicht jedes Gelände, das zwar von jedermann betreten werden kann, ist aber öffentlicher Verkehrsraum. Es muß vielmehr auch zum *Verkehr* bestimmt sein. Dies ist z. B. nicht der Fall bei einem Straßengraben, der der Aufnahme von Wasser oder auch nur der Abgrenzung des zum Verkehr bestimmten Teils eines Straßengeländes dient, nicht aber dem Verkehr selbst. Wer also in alkoholbedingt fahrunsicherem Zustand versucht, ein in den Graben geratenes Kfz mit dessen Motorkraft wieder auf die Fahrbahn zu bringen, kann nicht nach § 316 StGB bestraft werden.[19]

337 Dient das Gelände überhaupt dem Verkehr, so ist es allerdings bedeutungslos, für welche Art von Verkehr es bestimmt ist. Auch wer z. B. ein Fahrzeug auf einem nur Fußgängern zur Benutzung erlaubten Weg lenkt, führt es daher im öffentlichen Verkehr.[20]

bb) Begriff des Führens

338 Ein Fahrzeug führt i.S.d. § 316 StGB, wer es selbst unmittelbar unter bestimmungsgemäßer Anwendung seiner Antriebskraft und eigener Allein- oder Mitverantwortung in Bewegung setzt, um es unter Handhabung seiner technischen Vorrichtungen während der Fahrbewegung durch den öffentlichen Verkehrsraum ganz oder wenigstens zum Teil zu leiten.[21]

339 Zum Führen eines **Pferdefuhrwerks** gehören die Ausübung der für die Fortbewegung wesentlichen Verrichtungen wie Zügelführung und Betätigung der Bremse, aber auch die Benutzung der Peitsche und die typischen Zurufe zur Einwirkung auf die Pferde. Wer sich unter erheblicher Alkoholeinwirkung, um die Pferde anzutreiben, lediglich an diesen Zurufen beteiligt, nimmt aber noch nicht an der verantwortlichen Leitung des Fuhrwerks teil, kann somit nicht nach § 316 StGB bestraft werden.[22]

---

15 Vgl. BayObLG VRS 58, 216.
16 Vgl. OLG Düsseldorf JR 92, 300 (Anm. *Hentschel*) = NZV 92, 120 (Anm. *Pasker*).
17 Vgl. OLG Hamburg VRS 37, 278; KG VRS 60, 130; einschränkend OLG Düsseldorf JR 92, 300 (abl. Anm. *Hentschel*, zust. Anm. *Pasker* NZV 92, 120), das dazu Absperrungsmaßnahmen verlangt.
18 Vgl. OLG Bremen MDR 80, 421.
19 Vgl. OLG Hamm VRS 39, 270;
 a. M. BGHSt 6, 100 (103).
20 Vgl. OLG Schleswig VM 71, 66; OLG Hamm VRS 62, 47.
21 Vgl. z. B. BGH NJW 62, 2069; NZV 89, 32; OLG Celle NJW 65, 1773; OLG Oldenburg MDR 75, 421; KG VRS 8, 140; OLG Düsseldorf VRS 62, 193; vgl. hierzu auch *Bödecker* DAR 70, 309.
22 Vgl. OLG Hamm VRS 19, 367.

cc) In-Bewegung-Setzen

Nach nunmehr herrschender Meinung setzt der Begriff des Führens voraus, daß 340 das Fahrzeug tatsächlich in Bewegung gesetzt wird; erst **mit dem Bewegungsvorgang** beginnt danach das Führen und vollendet sich somit die Tatbestandsverwirklichung. Nach h. M.[23] genügt es also nicht, daß der Täter Maßnahmen trifft, um die bestimmungsgemäßen Triebkräfte des Fahrzeugs alsbald in Bewegung zu setzen. Allein diese Ansicht entspricht nach Auffassung der neueren Rechtsprechung dem Sinngehalt des Wortes »Führen« und auch dem Gesetzeszweck, weil ein stehendes Fahrzeug der Beherrschung durch den Fahrzeugführer nicht bedürfe und von ihm keine Gefährdung ausgehen könne. Die gegenteilige Ansicht läuft nach der jetzt h. M. auf eine Bestrafung des nach § 316 StGB nicht mit Strafe bedrohten Versuchs hinaus.

Die bis zu dem Beschluß des BGH vom 27. 10. 1988[24] überwiegende Meinung, 341 wonach jedenfalls solche **vorbereitenden Bedienungsmaßnahmen** das Tatbestandsmerkmal des Führens erfüllten, die der alsbaldigen Abfahrt dienen, ist überholt. Sie beruhte auf der Annahme, daß schon das Anlassen des Motors, das Lösen der Handbremse oder die Bedienung der Beleuchtungseinrichtungen eine Fahrzeugbeherrschung erfordern.[25] Danach genügte schon das Einführen des Zündschlüssels, das Lösen der Handbremse oder die Betätigung der Gangschaltung.[26] Auch **vergebliche Versuche,** ein in einem Graben, Loch, in weichem Boden oder Schnee steckengebliebenes Fahrzeug frei zu bekommen, erfüllen nach jetzt h.M. nicht das Tatbestandsmerkmal des Führens.[27]

Erst recht erfüllen vergebliche Versuche, eine **Handlung** vorzunehmen, **die ihrer-** 342 **seits erst unmittelbar dazu dient, das Fahrzeug in Bewegung zu setzen,** (auch nach der früheren Definition) nicht den Begriff des Führens. So kann z. B. nicht nach § 316 StGB bestraft werden, wer infolge seiner Trunkenheit mehrere Minuten lang vergeblich versucht, den Schlüssel in das Zündschloß einzuführen[28] oder sich auf den Sattel seines Kraftrades oder Mofas zu setzen.[29] Ebenso ist es, wenn Bedienungsmaßnahmen ungeeignet sind, das Fahrzeug in Bewegung zu setzen, z. B. wegen eines Defektes oder weil das Fahrzeug aus anderen Gründen mit eigener Kraft nicht bewegt werden kann.[30]

---

23 Vgl. BGH NZV 89, 32 (krit. Anm. *Hentschel* JR 90, 32; abl. *Sunder* BA 89, 297); OLG Celle NZV 88, 72; OLG Düsseldorf NZV 89, 202 (zu § 24 a StVG); 89, 204; BayObLG NZV 89, 242; 92, 197; OLG Karlsruhe NZV 92, 493; *Cramer* zu § 315 c StGB Rn 13, zu § 316 StGB Rn 32; *Cramer* in *Schönke/ Schröder* zu § 316 Rn 20; *Janiszewski* NStZ 84, 113; 87, 546; vgl. auch OLG Hamm VRS 65, 437.
24 BGH NZV 89, 32.
25 Vgl. z. B. BGH NJW 55, 1040; 64, 1911; BayObLG VRS 32, 127; 48, 207; OLG Koblenz VRS 46, 352; OLG Celle VRS 44, 342; OLG Düsseldorf VM 75, 20 (zu § 24 a StVG); LG Frankfurt VM 86, 7; AG Homburg VRS 72, 184 sowie nach wie vor *Sunder* BA 89, 297.
26 Vgl. z. B. BGH NJW 55, 1040; 64, 1911; BayObLG VRS 32, 127; 48, 207; 66, 202; OLG Celle VRS 44, 342; OLG Düsseldorf VM 71, 16 Nr. 24; 75, 20; OLG Koblenz DAR 72, 50; VRS 46, 352; OLG Braunschweig VRS 74, 363.
27 Vgl. OLG Karlsruhe NZV 92, 493.
28 Vgl. OLG Hamm VRS 22, 384 (allerdings zu § 2 StVZO a. F. = § 2 FeV); vgl. auch BayObLG VRS 48, 207.
29 Vgl. BayObLG VRS 48, 207.
30 Vgl. BayObLG VRS 70, 442 (auf Betonsockel aufsitzendes Fahrzeug).

343 Das gleiche gilt – solange das Fahrzeug nicht in Bewegung gesetzt ist – für das Antreten eines **Kraftrades**.[31] Beim Besteigen eines **Fahrrades** beginnt das »Führen« in dem Augenblick, in dem der Täter bei rollendem Rad mit beiden Füßen den Kontakt mit dem Boden gelöst hat.[32] Wer ein Kraftrad mit laufendem Motor lediglich mit den Füßen aus einer Parklücke dirigiert, um es dann einem anderen zu überlassen, führt das Fahrzeug noch nicht.[33]

344 Die Problematik der h. M. zeigt sich vor allem in Fällen, in denen sich das Fahrzeug ohne den Willen dessen in Bewegung setzt, der vorbereitende Bedienungsmaßnahmen trifft.[34] Gerade beim Fahruntüchtigen wird es vorkommen, daß er infolge mangelnder Fahrzeugbeherrschung ungewollt beim Motorstarten (z. B. bei eingelegtem Gang) oder beim Lösen der Handbremse (z. B. bei Gefälle) das Fahrzeug in Bewegung setzt. Diese Fälle zeigen zum einen, daß vorbereitende Bedienungsmaßnahmen auch bei stehendem Fahrzeug u. U. durchaus dessen Beherrschung erfordern, und zum anderen, daß bereits aus solchen Maßnahmen eine abstrakte Gefahr erwachsen kann. Hatte der Bewegungsvorgang gerade erst begonnen, so wird sich der Tatrichter häufig mit der Einlassung auseinanderzusetzen haben, das Fahrzeug sei ungewollt ins Rollen geraten.[35]

345 Der Begriff des Fahrzeugführens war im übrigen schon nach der früher überwiegenden Ansicht zur Definition dieses Tatbestandsmerkmals enger als derjenige der Teilnahme am Verkehr i.S.d. § 2 FeV. Wer z. B. das Trieb- oder Schwenkwerk eines Baggers in Betrieb setzt, um den Ausleger zu drehen, nimmt zwar dadurch i.S.d. § 2 FeV am Verkehr teil, selbst wenn es zu der beabsichtigten Drehbewegung nicht mehr kommt, »führt« den Bagger jedoch nicht i.S.d. § 316 StGB.[36]

dd) Willentliches Handeln

346 »Führen« setzt schon nach der Bedeutung des Wortes willentliches Handeln voraus. Gerät ein Fahrzeug ohne Willen des Insassen ins Rollen, so liegt daher kein Führen i.S.d. § 316 StGB vor.[37] Unterläßt der fahrunsichere Fahrer, der bis zum Stillstand seines Fahrzeugs keine konkrete Gefahr herbeigeführt hat, infolge seiner Fahrunsicherheit die erforderlichen Vorkehrungen gegen ein unbeabsichtigtes Rollen des Fahrzeugs und gerät dieses dadurch in Bewegung, so kann er jedoch nach § 315c I Nr. 1a, III StGB bestraft werden, wenn hierdurch unmittelbar eine konkrete Gefahr verursacht wird. Das Rollen selbst ist dann, weil unbeabsichtigt, kein Führen; noch zum voraufgegangenen Fahrzeugführen gehört aber das zum unbeabsichtigten Rollen führende Versäumnis einer ausreichenden Sicherung bei Beendigung der Fahrt.[38]

---

31 Vgl. dagegen *Rüth* DAR 74, 57 (58).
32 Vgl. dazu auch LG Frankfurt VM 86, 7.
33 Vgl. BayObLG DAR 88, 244.
34 Vgl. dazu Rn 346.
35 Siehe dazu Rn 346.
36 Vgl. BayObLG VRS 32, 127.
37 Vgl. BayObLG DAR 70, 331; 80, 266 (bei *Rüth*); OLG Frankfurt NZV 90, 277; OLG Düsseldorf NZV 92, 197; *Schönke/Schröder (Cramer)* zu § 316 Rn 20.
38 Vgl. BGH NJW 64, 1911 (zu § 315a a. F.); OLG Celle NJW 69, 1184; *Mühlhaus/Janiszewski* zu § 2 StVO Rn 15;
   a. M. offenbar OLG Stuttgart NJW 60, 1484.

ee) Arbeitsteiliges Führen

Führen eines Fahrzeugs setzt nicht voraus, daß eine Person alle hierzu erforderlichen Handgriffe selbst durchführt. Ein arbeitsteiliges Führen mehrerer Personen ist denkbar. Erledigen zwei Fahrzeuginsassen in gemeinsamer Verantwortung einverständlich die wesentlichen Bedienungsmaßnahmen in der Weise, daß jeder einen Teil davon übernimmt, so sind beide Führer des Fahrzeugs.[39] Gemeinsames Führen liegt auch dann vor, wenn die Fahrkenntnisse dessen, der am Steuer sitzt, so mangelhaft sind, daß er sich im wesentlichen nach den technischen Anweisungen des mitfahrenden Halters richtet. Nimmt der Mitfahrende auf solche Weise weitestgehend Einfluß auf alle Einzelheiten des Fahrtverlaufs, so ist auch er Führer des Fahrzeugs.[40] Übernimmt der Beifahrer, nicht nur für einen Augenblick, gegen den Willen des Fahrers allein die Lenkung, um das Fahrzeug an einen von ihm gewünschten Ort zu steuern, so ist nur er Führer.[41] Wer dagegen dem Fahrer ohne dessen Willen nur kurz ins Steuer greift, führt damit das Fahrzeug noch nicht, kann also nicht nach § 316 StGB bestraft werden.[42]

347

ff) Führen von Kraftfahrzeugen

Als *Kraftfahrer* (mit der Folge, daß der allgemeine Beweisgrenzwert für die absolute Fahrunsicherheit in jedem Falle Anwendung findet) führt der Täter ein Fahrzeug nur, wenn die Motorkraft wirksam ist oder alsbald zur Wirkung gebracht werden kann und soll. Vgl. hierzu oben A III 1 b (Rn 149 f.).

348

Danach gelten folgende Grundsätze: Wer ein Auto oder Kraftrad bei abgestelltem Motor **auf einer Gefällestrecke abrollen** läßt, führt zwar ein Kraftfahrzeug i.S.d. §§ 21 StVG,[43] 24 a StVG[44] und 69 StGB.[45] Als *Kraftfahrer* i.S.d. allgemeinen Grenzwertes von 1,1 ‰ führt er es jedoch nur dann, wenn er versucht, hierdurch den Motor in Gang zu bringen.[46] Ist dies nicht der Fall, so kann er zwar ebenfalls bei einer BAK von 1,1 ‰ absolut fahrunsicher sein, jedoch nur dann, wenn er hinsichtlich der von ihm zu erfüllenden Anforderungen und der von ihm ausgehenden Gefahren einem Kraftfahrer gleich zu erachten ist.[47]

349

Führt der Täter ein **Moped oder Mofa durch Treten der Pedale,** um dadurch den Motor zum Anspringen zu bringen, so führt er es als Kraftfahrer, ist also hinsichtlich der Fahrunsicherheit wie ein Kraftfahrer zu behandeln, mithin ab 1,1 ‰ abso-

350

---

39 Vgl. BGH NJW 59, 1883; VM 60, 43 Nr. 65 (jeweils zu § 24 a. F. StVG = § 21 n. F.); NZV 90, 157; BayObLG DAR 79, 238 Nr. 12 a (bei *Rüth*); OLG Hamm NJW 69, 1975; VRS 37, 281; *Schönke/Schröder (Cramer)* zu § 316 Rn 23.
40 Vgl. OLG Hamm VRS 37, 281.
41 Vgl. OLG Köln DAR 82, 30.
42 Vgl. OLG Köln NJW 71, 670; OLG Hamm NJW 69, 1975; *Schönke/Schröder (Cramer)* zu § 316 Rn 23.
43 Vgl. BGH NJW 60, 1211; BayObLG NJW 59, 111 (jeweils zu § 24 a. F. StVG); VRS 67, 373.
44 Vgl. OLG Celle DAR 77, 219.
45 Vgl. Rn 579 mit weiteren Nachweisen.
46 Vgl. OLG Hamm DAR 57, 367; 60, 55.
47 Vgl. oben Rn 150.

lut fahrunsicher.[48] Werden solche Kraftfahrzeuge dagegen ohne die Absicht, den Motor in Gang zu setzen, wie ein Fahrrad gefahren, so wird zwar ein »Fahrzeug« i.S.d. § 316 StGB geführt – auch ein Kraftfahrzeug i.s.d. §§ 24 a StVG[49] und 69 StGB[50] –; jedoch gilt der Beweisgrenzwert von 1,1 ‰ nicht, so daß es zur Verurteilung nach § 316 StGB der Feststellung sog. relativer Fahrunsicherheit bedarf (soweit nicht 1,6 ‰ bzw. 1,7 ‰ – Beweisgrenzwert für Radfahrer – erreicht sind, s. Rn 164). Ebensowenig gilt der Beweisgrenzwert, wenn der Täter ein Mofa, auf dem Sattel sitzend, durch Abstoßen mit den Füßen fortbewegt; er führt dann zwar ein Fahrzeug, jedoch nicht *als Kraftfahrer.*[51]

351 Der Lenker eines Kraftfahrzeugs, das von Menschenhand **angeschoben** wird, um den Motor in Betrieb zu setzen, führt es *als Kraftfahrer,* ist also ab einer BAK von 1,1 ‰ absolut fahrunsicher.[52]

352 Wird das vom Täter gelenkte Fahrzeug dagegen von einer anderen Person geschoben, ohne daß beabsichtigt ist, hierdurch den Motor anzulassen, so *führt* er zwar ein Fahrzeug i.S.d. § 316 StGB, nicht jedoch als *Kraftfahrer* i.S.d. Grenzwertes für absolute Fahrunsicherheit.[53] Soweit hierbei von der Rechtsprechung teilweise eine Einschränkung dahin gehend gemacht wird, daß die Fahrunsicherheit des Lenkers in solchen Fällen dennoch wie die eines Kraftfahrers zu beurteilen sein soll, sobald das Fahrzeug aufgrund des erhaltenen Schwunges selbständig einige Meter weiterrollt,[54] kann dem nicht gefolgt werden.[55] Es kann nämlich hier nichts anderes gelten als beim Abrollenlassen auf einer Gefällestrecke,[56] weil es eben für die Anwendbarkeit des allgemeinen Grenzwerts von 1,1 ‰ grundsätzlich entscheidend darauf ankommt, daß die Motorkraft alsbald eingesetzt werden kann und soll.[57]

353 Wer ein Kraftfahrzeug mit eigener Körperkraft schiebt, ohne dabei den Führersitz einzunehmen und von dort aus die mit der Lenkung verbundenen Verrichtungen ausüben zu können, »führt« das Fahrzeug überhaupt nicht i.S.d. § 316 StGB; denn diese Art der Fortbewegung geschieht nicht, wie für den Begriff des Führens erforderlich,[58] unter bestimmungsgemäßer Anwendung der technischen Vorrichtungen des Fahrzeugs.[59] Auch derjenige, der unter erheblichem Alkoholeinfluß seinen PKW schiebt, indem er z. B. durch das geöffnete Fenster von außen das Lenk-

---

48 Vgl. OLG Hamm DAR 59, 54;
a. M. *Huppertz* DNP 89, 583 (584 Fn. 23).
49 Vgl. Rn 516.
50 Vgl. Rn 579 m. w. Nw.
51 Vgl. OLG Düsseldorf VRS 62, 193.
52 Vgl. auch OLG Oldenburg MDR 75, 241; *Rüth* DAR 74, 57 (58) – zu § 24 a StVG –; vgl. ferner OLG Celle NJW 65, 63 zu § 2 StVZO a. F. (= § 2 FeV), § 24 StVG a. F. (= § 21 n. F.).
53 Vgl. OLG Koblenz VRS 49, 366; LK[10] *(Rüth)* zu § 315 c Rn 8; *Mühlhaus/Janiszewski* zu § 2 StVO Rn 10, 11; ebenso BGH VRS 52, 408 im Rahmen des § 18 StGB.
54 So z. B. OLG Koblenz VRS 49, 366.
55 Wie hier im Ergebnis auch OLG Celle DAR 77, 219, allerdings zur Frage des Führens eines Kraftfahrzeugs i.S.d. § 24 a StVG.
56 Vgl. oben Rn 349.
57 Vgl. oben Rn 149 f.
58 Vgl. oben Rn 338.
59 Vgl. OLG Oldenburg MDR 75, 421; OLG Düsseldorf VRS 50, 426; *Lackner/Kühl* zu § 315 c Rn 3;
a. M. OLG Karlsruhe DAR 83, 365 und offenbar OLG Koblenz VRS 49, 366.

rad bedient, kann daher nicht nach § 316 StGB bestraft werden, sondern nur gem. § 2 FeV i. V. m. § 75 FeV einer Ordnungswidrigkeit schuldig sein.[60]

Nutzt der Täter allerdings beim Schieben des Fahrzeugs die Motorkraft aus, um sich das Schieben zu erleichtern, indem er z. B. beim Schieben eines Mofas ohne Gangschaltung den Motor laufen läßt, so »führt« er das Fahrzeug i.S.d. § 316 StGB,[61] allerdings nicht als Kraftfahrer i.S.d. Beweisgrenzwertes.[62] 354

Will der Täter durch das Schieben den Motor in Gang bringen (»Anschieben«), so führt er ein Kraftfahrzeug.[63] Da er hierdurch unmittelbar die Motorkraft zur Wirkung bringen will, ist er hinsichtlich seiner Verkehrssicherheit auch wie ein Kraftfahrer zu beurteilen; für ihn gilt mithin der allgemeine Grenzwert von 1,1 ‰. 355

Ob auch der Lenker eines betriebsunfähigen, **abgeschleppten Kraftfahrzeugs** dieses i.S.d. § 316 StGB *führt*, wurde früher überwiegend verneint,[64] weil ein wesentliches Merkmal des »Führens« die eigenverantwortliche Beherrschung des Fahrzeugs ist. Der in dem gezogenen Fahrzeug Sitzende kann jedoch weder Fahrtrichtung noch Geschwindigkeit bestimmen. Auch die für arbeitsteiliges Führen durch mehrere Personen notwendige Kommunikationsmöglichkeit fehlt zwischen Abschleppendem und Abgeschlepptem weitgehend. Im übrigen handelt der Lenker des abgeschleppten betriebsunfähigen Kraftfahrzeugs, wenn er keine Fahrerlaubnis besitzt, nur ordnungswidrig gem. § 33 II Nr. 1 S. 2 StVZO, macht sich dagegen nicht nach § 21 I Nr. 1 StVG wegen Fahrens ohne Fahrerlaubnis strafbar. 356

Dennoch *führt* **nach inzwischen herrschender Ansicht** der Lenker des abgeschleppten Fahrzeugs dieses i. S. von § 316 StGB.[65] Danach handelt es sich um arbeitsteiliges Führen,[66] wobei jeder die Vornahme der vom jeweils anderen ausgeführten notwendigen Bedienungsfunktionen ergänzt. Die neuere Rechtsprechung stützt sich im übrigen auf die Erwägung, daß z. B. die Möglichkeit der Beeinflussung des Bewegungsvorgangs durch Bremsen Eigenbeherrschung des Fahrzeugs durch den Abgeschleppten bedeutet[67] und es von der Fahrzeugbedienung durch den Lenker des gezogenen Fahrzeugs abhängt, ob dieses der Spur des ziehenden Fahrzeugs folgt.[68] Danach ist auch derjenige Führer eines Fahrzeugs i.S.d. § 316 StGB, der sich »anschleppen« läßt, um dadurch den Motor in Gang zu bringen.[69] Die neuere Rechtsprechung wendet auf den Lenker des abgeschleppten Fahrzeugs 357

---

60 **A. M.** OLG Karlsruhe DAR 83, 365.
61 Vgl. OLG Düsseldorf VRS 50, 426; BayObLG VRS 66, 202.
62 Vgl. BayObLG VRS 66, 202.
63 Vgl. OLG Oldenburg MDR 75, 421; OLG Karlsruhe DAR 83, 365.
64 Vgl. BGH VRS 65, 140; KG VRS 67, 154 (zu § 6 PflVG, jedoch mit dem ausdrücklichen Hinweis, daß für § 316 StGB das gleiche zu gelten habe); BayObLG – 2 b St 227/68 –; *Bouska* DAR 86, 16; offengelassen von BayObLG VRS 62, 42.
65 Vgl. BGH NZV 90, 157 (Anm. *Hentschel* JR 91, 113); OLG Celle NZV 89, 317; OLG Bremen DAR 87, 306; OLG Frankfurt NJW 85, 2961; BayObLG NJW 84, 878; LG Hannover NdsRpfl 89, 62; *Janiszewski* Rn 327 sowie NStZ 84, 11; *Rüth* in LK[10] zu § 315 c Rn 7; *Greuel* DAR 80, 33.
66 Vgl. BGH NZV 90, 157; BayObLG NJW 84, 878.
67 Vgl. BGH NZV 90, 157.
68 Vgl. BayObLG NJW 84, 878.
69 Vgl. OLG Frankfurt VRS 58, 145;
 a. M. *Rüth/Reinken*, KVR, Führerschein, S. 6.

in Fällen der geschilderten Art auch den Beweisgrenzwert für absolute Fahrunsicherheit an.[70]

b) Alkoholbedingte Fahrunsicherheit

358 Vgl. hierzu oben A (Rn 1 ff.).

3. Rechtswidrigkeit

359 In der Regel ist die ärztliche Hilfspflicht (§ 323 c StGB) kein Rechtfertigungsgrund für die Trunkenheitsfahrt eines Arztes. Die Voraussetzungen des § 34 StGB werden hier zumeist nicht vorliegen, weil in aller Regel angemessenere Mittel zur Hilfeleistung zur Verfügung stehen werden.[71] Solange andere Möglichkeiten, wie z. B. telefonische Anforderung eines Krankenwagens, bestehen, ist auch eine Trunkenheitsfahrt, um eine Person zur Versorgung einer schweren Verletzung zum Arzt zu bringen, nicht gem. § 34 StGB gerechtfertigt.[72]

360 Es sind jedoch Ausnahmefälle denkbar, in denen die Tat des § 316 StGB durch § 34 StGB gerechtfertigt sein kann, wenn die Trunkenheitsfahrt – etwa, um an der Unfallstelle Hilfe zu leisten – das einzige oder doch sicherste Mittel zur Rettung eines Verletzten ist.[73] Durch Notstand gerechtfertigt sein kann u. U. auch die Einsatzfahrt eines alkoholbedingt fahrunsicheren Angehörigen der freiwilligen Feuerwehr, wenn die Fahrt das einzige Mittel der Gefahrabwendung ist und der vorausgegangene Alkoholgenuß nicht schon für sich pflichtwidrig war.[74]

361 Die Tat des § 316 StGB ist nicht gem. § 32 StGB gerechtfertigt, weil der fahrunsichere Kraftfahrer einen Rechtsbrecher verfolgt; denn Notwehr (Nothilfe) nach § 32 StGB kommt nur dann als Rechtfertigungsgrund in Betracht, wenn die Handlung sich gegen den Angreifer richtet, nicht dagegen, wenn sie *ausschließlich* die Sicherheit anderer oder der Allgemeinheit beeinträchtigt.[75]

4. Innerer Tatbestand

a) Vorsatz hinsichtlich der Fahrunsicherheit

aa) Grundsatz

362 Daraus, daß sich die Schuld auf alle Tatbestandsmerkmale erstrecken muß, folgt für § 316 StGB, daß Vorsatz nicht schon dann gegeben ist, wenn der Täter bewußt und gewollt im Verkehr ein Fahrzeug geführt hat, sondern daß seine Fahrunsi-

---

70 Vgl. dazu oben Rn 150.
71 Vgl. OLG Koblenz MDR 72, 885; *Schönke/Schröder (Cramer)* zu § 316 Rn 29; *Jagusch/Hentschel* zu § 316 StGB Rn 33.
72 Vgl. OLG Koblenz VRS 73, 287.
73 Vgl. OLG Hamm VRS 20, 232; OLG Düsseldorf VM 67, 38; *Schönke/Schröder (Cramer)* zu § 316 Rn 29.
74 Vgl. OLG Celle VRS 63, 449.
75 Vgl. OLG Celle NJW 69, 1775; vgl. hierzu auch *Horn* NJW 69, 2156

cherheit vom Vorsatz umfaßt sein muß.[76] Bestrafung wegen vorsätzlichen Vergehens nach § 316 StGB setzt somit voraus, daß der Angeklagte seine Fahrunsicherheit kannte oder zumindest mit ihr rechnete, sie aber bei seiner Fahrt[77] in Kauf nahm.[78] Das Bewußtsein, angesichts des voraufgegangenen Alkoholgenusses *nicht mehr fahren zu dürfen*, steht dabei der Kenntnis der *Fahrunsicherheit* nicht gleich.[79] Zur Annahme des Vorsatzes ist es nicht erforderlich, daß der Angeklagte etwa auch wußte, bei welcher BAK er fahrunsicher würde, noch gar, daß er die bei ihm festgestellte BAK kannte.[80]

bb) Bedeutung der Höhe der Blutalkoholkonzentration

Die Höhe der BAK ist für die Prüfung der Frage, ob der Täter hinsichtlich seiner Fahrunsicherheit vorsätzlich gehandelt hat, nicht ohne Bedeutung, sondern – neben anderen Tatumständen – ein wichtiges Indiz für (bedingten) Vorsatz.[81] Bei hohen Blutalkoholkonzentrationen werden die Ausfallerscheinungen häufig so unübersehbar sein, daß die Annahme von Vorsatz gerechtfertigt sein kann.[82] Liegt die BAK *weit* über dem Beweisgrenzwert für absolute Fahrunsicherheit von Kraftfahrern, so wird vorsätzliche Tatbegehung häufig naheliegen.[83] Zu berücksichtigen ist jedoch andererseits, daß gerade hohe Blutalkoholkonzentrationen oft zur Kritiklosigkeit führen, die den Täter seine Fahrunsicherheit nicht wahrnehmen läßt.[84] Dies gilt auch bei sehr hohen Blutalkoholkonzentrationen (z. B. 3 ‰), weil auch diese oft durch derart unkontrolliertes Trinken erreicht werden, daß die

---

76 Vgl. OLG Saarbrücken NJW 71, 1904; 74, 1391; BayObLG DAR 91, 368 (bei *Bär*); OLG Köln DAR 87, 157; OLG Frankfurt ZfS 89, 140; DAR 92, 226; OLG Zweibrücken VRS 82, 33; LK[10] (*Rüth*) zu § 316 Rn 95; vgl. auch OLG Frankfurt NJW 53, 597 und OLG Karlsruhe NJW 65, 361 zu § 2 StVZO (a. F. = § 2 FeV).
77 Nicht etwa nur zu irgendeinem früheren Zeitpunkt, s. Rn 365.
78 Vgl. BayObLG ZfS 93, 174; OLG Koblenz NZV 93, 444; OLG Hamm NZV 98, 291; 99, 92; OLG Köln DAR 87, 157; 97, 499; OLG Frankfurt ZfS 89, 140; NJW 96, 1358; OLG Zweibrücken 82, 33; *Hentschel* DAR 93, 449; insoweit a. M. *Ranft* Forensia 86, 59 (66).
79 Vgl. BayObLG DAR 84, 242 (bei *Rüth*); OLG Köln DAR 87, 126; anders aber wohl *Ranft* Forensia 86, 59 (66); *Nehm, Salger*-Festschrift, S. 115 (123).
80 Vgl. OLG Frankfurt NJW 53, 597.
81 Vgl. BayObLG ZfS 93, 174; OLG Köln DAR 87, 126; OLG Celle NZV 92, 247; OLG Hamm NZV 98, 291; OLG Naumburg ZfS 99, 401.
82 Vgl. OLG Düsseldorf VM 74, 60; VRS 85, 322; OLG Oldenburg ZfS 94, 346; OLG Hamm BA 76, 295; VRS 54, 44; OLG Celle VM 81, 53; OLG Köln ZfS 82, 379; DAR 87, 126; *Seib* BA 78, 60 (61).
83 Vgl. BGH VRS 65, 359; OLG Jena DAR 97, 324; OLG Celle NZV 98, 123; OLG Zweibrücken NZV 93, 277; OLG Düsseldorf VRS 86, 110; NZV 94, 324; OLG Köln VRS 67, 226; DAR 97, 499; KG VRS 80, 448; OLG Frankfurt ZfS 89, 140.
84 Vgl. BGH NZV 91, 117; BayObLG VRS 59, 336; ZfS 93, 174; OLG Jena DAR 97, 324; OLG Karlsruhe NZV 91, 239; 93, 117; KG VRS 80, 448; OLG Düsseldorf NZV 94, 324; VRS 86, 110; OLG Dresden NZV 95, 236; OLG Köln ZfS 82, 379; VRS 67, 226; DAR 97, 499; OLG Koblenz VRS 70, 11 (Anm. *Schultz* BA 86, 152); NZV 93, 444; OLG Saarbrücken ZfS 95, 432; OLG Hamm ZfS 96, 233; NZV 98, 291; 98, 333; OLG Celle NZV 92, 247; 98, 123; OLG Frankfurt NJW 96, 1358; DAR 92, 226; OLG Oldenburg ZfS 94, 346; OLG Zweibrücken NZV 93, 240; DAR 99, 132; VRS 87, 435 (zust. *Schmid* BA 95, 236, 238); *Teyssen* BA 84, 175 (178); *Stephan* BA 88, 201 (221 f.); *Hentschel* DAR 93, 449 (450); *Schneble* BA 94, 264 (265); *Seidl u. a.* BA 96, 23; vgl. hierzu insbesondere auch *Teige/Niermeyer* BA 76, 415; *Zink u. a.* BA 83, 503; *Eisenmenger, Salger*-Festschrift, S. 619 (623, 628); vgl. dagegen *Seib* BA 78, 60 (61).

Alkoholwirkung häufig infolge der zuvor schon beeinträchtigten Kritikfähigkeit nicht mehr richtig beurteilt werden kann.[85] Bei erheblicher Alkoholgewöhnung wird der Vorwurf vorsätzlicher Tat vielfach deswegen ausscheiden, weil der Täter aufgrund seiner Gewöhnung die Wirkungen des Alkohols nicht mehr wahrnimmt.[86] *Middendorff*[87] hält *fahrlässige* Tatbegehung für den Regelfall und mahnt zur Vorsicht bei der Annahme von (Eventual-)Vorsatz, weil dieser mehr in der juristischen Theorie als in der Praxis bestehe. Dieser Standpunkt wird auch im neueren rechtsmedizinischen Schrifttum geteilt, indem etwa *Eisenmenger*[88] empfiehlt, *grundsätzlich* von Fahrlässigkeit (i. S. eines Auffangtatbestands) auszugehen. Die Rechtsprechung der Tatgerichte ist – offenbar im Hinblick auf die geschilderte Wirkung des Alkohols – recht zurückhaltend mit der Annahme von Vorsatz. Der BGH hat schon vor Jahren, in einem Beschluß vom 19. 7. 1968[89], festgestellt, daß die Tatrichter selbst bei einem den Grenzwert der unbedingten Fahrunsicherheit weit überschreitenden Blutalkoholgehalt des Täters und bei Trunkenheitsfahrten im Rahmen einer sog. Zechtour vorsätzliches Handeln auffallend selten für erwiesen erachten. Andererseits reicht aber die Feststellung einer hohen BAK allein nicht zur Annahme des Vorsatzes aus.[90] Es gibt nämlich **keinen allgemeinen Erfahrungssatz** des Inhalts, daß sich ein Kraftfahrer bei einer BAK bestimmter Höhe seiner Fahrunsicherheit bewußt ist.[91]

364 Die **Ergebnisse von Trinkversuchen** sowie Befragungen von Versuchspersonen nach deren Verurteilung scheinen im Gegenteil eher für die Richtigkeit der zurückhaltenden tatrichterlichen Judikatur hinsichtlich der Annahme von Vorsatz selbst bei hoher Blutalkoholkonzentration zu sprechen. So berichten z. B. *Teige* und *Niermeyer,*[92] daß sich Versuchspersonen, nach einem »üblicher Trinksitte« entsprechenden Trinkverhalten über die Einschätzung ihres Trunkenheitsgrades befragt, bei BAK von 1,1 bis 1,6 ‰ als »kaum merkbar« bis »leicht« beeinflußt und als durchaus fahrsicher bezeichneten, obwohl objektiv Fahrsicherheit nicht mehr gegeben war. Bei einem Versuch von *Seidl u. a.*[93] hielten sich zwei Drittel der Probanden bei Alkoholkonzentrationen bis 2,1 ‰ für fahrtüchtig. *Stephan*[94] schildert eine Befra-

---

85 Vgl. OLG Köln DAR 97, 499; ZfS 82, 379; VRS 67, 226 (2,0‰); OLG Hamm NZV 99, 92; OLG Dresden NZV 95, 236 (2,7‰); vgl. auch *Zink u. a.* BA 83, 503.
86 Vgl. *Stephan* JbVerkR 98, 121 (133).
87 *Middendorff,* BA-Festschrift, S. 123 (132).
88 *Eisenmenger, Salger*-Festschrift, S. 619 (630)
89 BGH NJW 68, 1787.
90 Vgl. OLG Hamm NZV 98, 471; ZfS 99, 217; OLG Düsseldorf DAR 99, 81; 99, 88; VRS 86, 110; OLG Jena DAR 97, 324; OLG Zweibrücken VRS 87, 435; ZfS 94, 465; OLG Saarbrücken ZfS 95, 432; OLG Köln DAR 97, 499; OLG Karlsruhe NZV 99, 301; KG VRS 80, 448; OLG Celle NZV 92, 247; ZfS 97, 152.
91 Vgl. BGH VRS 65, 359; BayObLG VRS 59, 336; OLG Hamm NZV 98, 291; 98, 333; 98, 471 (unter Aufhebung von AG Coesfeld BA 98, 319); ZfS 99, 217; OLG Oldenburg ZfS 94, 346; OLG Celle NZV 92, 247; 98, 123; DAR 97, 324; ZfS 97, 152; OLG Naumburg ZfS 99, 401; OLG Karlsruhe NZV 91, 239; 93, 117; KG VRS 80, 448; OLG Schleswig BA 92, 78; OLG Zweibrücken NZV 93, 240; 93, 277; VRS 87, 435 (zust. *Schmid* BA 95, 236, 238); OLG Düsseldorf NZV 94, 324; VRS 86, 110; OLG Koblenz VRS 70, 11 (Anm. *Schultz* BA 86, 152); NZV 93, 444; OLG Köln DAR 97, 499; OLG Frankfurt NJW 96, 1358; DAR 92, 226; *Zink u. a.* BA 83, 64; *Teyssen* BA 84, 175 (179 f.); *Schneble* BA 94, 264 (265); **a. M.** AG Rheine NStZ-RR 97, 87 (ab 1,5‰); AG Coesfeld BA 98, 319 (aufgehoben durch OLG Hamm NZV 98, 471 mit krit. Anm. *Schmid* BA 99, 262).
92 *Teige/Niermeyer* BA 76, 415.
93 *Seidl u. a.* BA 96, 23.
94 *Stephan* ZVS 86, 2 (4); s. auch *Stephan* JbVerkR 98, 121 (134).

gung von Versuchspersonen, bei der sich die Hälfte der Befragten trotz einer BAK von mehr als 1,3 ‰ für »voll fahrtüchtig« hielt. *Zink u. a.*[95] sowie *Eisenmenger*[96] teilen die sich daraus ergebenden Bedenken bezüglich der Eignung der subjektiven Wahrnehmbarkeit der Alkoholwirkung für die Feststellung des Vorsatzes, soweit dieser sich auf die Fahrunsicherheit erstreckt. Sie machen auf die Tatsache aufmerksam, daß z. B. während der Eliminationsphase die subjektiven Phänomene der Alkoholeinwirkung nachlassen mit der Folge, daß die objektiv vorhandene Fahrunsicherheit oft nicht wahrgenommen wird.[97] Eine gewisse Zeit nach Trinkende paßt sich nämlich der Körper an die toxische Wirkung des Alkohols an.[98] Im übrigen sei wegen der alkoholbedingten Euphorie, der mit wachsender BAK sich verstärkenden **Vortäuschung eigener Leistungsfähigkeit** und Lähmung der Willensbildung Vorsatz eher bei *niedrigeren* als bei hohen Alkoholwerten zu diskutieren.[99] Insbesondere bei Fahrtantritt mehrere Stunden nach Trinkende, in Fällen sog. »Restalkohols«,[100] wird zu berücksichtigen sein, daß sich der Angeklagte oft der noch vorhandenen alkoholischen Beeinträchtigung nicht mehr bewußt sein wird.[101]

Mangels eines entsprechenden Erfahrungssatzes kann – wie die oben geschilderten Untersuchungen zeigen – auch bei einer BAK von mehr als 2,0 ‰ entgegen einer vom OLG Celle[102] und neuerdings vom OLG Düsseldorf[103] vertretenen Ansicht nicht ohne weiteres davon ausgegangen werden, der Täter habe hinsichtlich seiner Fahrunsicherheit vorsätzlich gehandelt.[104] Das AG Hannover[105] versucht, die einer Vorsatzfeststellung häufig entgegenstehende Möglichkeit eigener Fehleinschätzung des alkoholisierten Täters dadurch auszuklammern, daß es, statt auf den Zeitpunkt der Tat, auf den Trinkbeginn abstellt: Ein Kraftfahrer, der mit einem PKW eine Gaststätte aufsuche, um dort alkoholische Getränke zu sich zu nehmen, nehme bereits zu diesem Zeitpunkt billigend in Kauf, daß er anschließend fahrunsicher fahren werde (dolus eventualis).[106] Ob dem in dieser Allge-

---

95 *Zink u. a.* BA 83, 503; kritisch dazu: *Schneble* BA 84, 281.
96 *Eisenmenger, Salger*-Festschrift, S. 619 (628)
97 Vgl. OLG Köln DAR 97, 499 (500).
98 Vgl. *Reinhardt* BA 84, 274.
99 Ebenso im Anschluß an *Zink u. a.* OLG Koblenz VRS 70, 11; vgl. auch *Schneble* BA 94, 264 (265); zur Bemerkbarkeit der Auswirkungen niedriger BAK s. auch *Krüger* ZVS 92, 10 (11). *Zink u. a.* berichten in diesem Zusammenhang von einem Trinkversuch, in dem eine Versuchsperson es nach Erreichen von 1,3 ‰ als verantwortungslos bezeichnete, jetzt noch ein Kraftfahrzeug zu führen, nach weiterem Anstieg der BAK auf 1,5 ‰ dagegen nach einem Auto verlangte, um ihre Fahrtüchtigkeit unter Beweis zu stellen.
100 Vgl. dazu Rn 382 ff.
101 Vgl. OLG Zweibrücken BA 84, 273 (zust. Anm. *Reinhardt*); *Stephan* JbVerkR 98, 121 (134); siehe dazu Rn 382.
102 OLG Celle NJW 69, 1588.
103 OLG Düsseldorf NZV 94, 367 unter Bezugnahme auf AG Rheine DRiZ 94, 101
104 Vgl. auch OLG Köln VRS 67, 124 (2,0 ‰); OLG Koblenz VRS 70, 11; *Salger* DRiZ 93, 311 (313). Nicht zu billigen ist auch eine von *Haubrich* DAR 82, 285 (287) vorgeschlagene »Faustregel«, ab 2,0 ‰ von Vorsatz auszugehen; gegen *Haubrich* insoweit ausdrücklich auch OLG Köln ZfS 82, 379.
105 AG Hannover BA 83, 169.
106 Im Ergebnis ähnlich *Krüger* DAR 84, 47; *Salger* DRiZ 93, 311 (312 f.); dagegen mit Recht OLG Karlsruhe NZV 93, 117.

meinheit gefolgt werden kann, bedarf keiner Erörterung, weil es auf den Vorsatz *bei Tatbegehung* ankommt,[107] eine solche der actio libera in causa zugrundeliegende Überlegung daher ausscheidet. Die actio libera in causa ist, soweit *Einsichtsfähigkeit* und *Hemmungsvermögen*, bezogen auf das Unrecht der Tat i.s.d. §§ 20, 21 StGB, nicht in der dort umschriebenen Weise beeinträchtigt sind, keine geeignete Konstruktion zur Herbeiführung der Unbeachtlichkeit von *Tatbestandsirrtümern* i.s.d. § 16 StGB.[108] *Krüger*[109] hält die Frage nach der Kritikfähigkeit und der davon abhängigen Frage nach der subjektiven Wahrnehmbarkeit der alkoholischen Wirkungen überhaupt für den falschen Ansatzpunkt bei der Vorsatzfeststellung und stellt statt dessen auf die vom Angeklagten wahrnehmbare Menge des genossenen Alkohols ab.[110] Wer in Fahrbereitschaft so viel trinke, daß er eine BAK von mindestens 1,3 ‰ erreiche, handele in der Regel vorsätzlich. Auch die Überlegung, gerade bei höheren Blutalkoholkonzentrationen könne die ihnen zwangsläufig zugrundeliegende bedeutende Trinkmenge, die dem Täter bekannt sei, den Schluß auf (Eventual-)Vorsatz hinsichtlich seiner Fahrunsicherheit rechtfertigen, ist jedoch problematisch.[111] *Zink u. a.*[112] berichten in diesem Zusammenhang von Trinkversuchen, die gezeigt hätten, daß selbst Verkehrsjuristen und Mediziner als Versuchspersonen fast regelmäßig die Menge der genossenen Getränke falsch eingeschätzt hätten.[113]

366 Die Diskussion um die Vorsatzfrage ist in den letzten Jahren durch verschiedene Beiträge im Schrifttum[114] neu belebt worden, ohne daß sich diese allerdings auf neuere, vom bisherigen Kenntnisstand abweichende rechtsmedizinische Erkenntnisse stützen könnten.[115] Zur Begründung der Forderung nach häufigerer Annahme von Vorsatz in bezug auf die Fahrunsicherheit durch den Tatrichter wird im wesentlichen wie folgt argumentiert: Ein Beweisanzeichen für Vorsatz sei Trinken in Fahrbereitschaft.[116] Von vornherein vorsätzlich handelten »fahrende Trinker« (»Pegel«- oder »Spiegel«-Trinker).[117] Ferner könne zumindest bedingter Vorsatz nicht zweifelhaft sein, wenn **Verschleierungsversuche** des Täters in bezug auf seine alkoholische Beeinflussung festgestellt seien wie etwa Flucht vor der Polizei, besonders vorsichtige Fahrweise oder das Benutzen von Schleichwegen.[118] Erneut wird auch auf die **dem Täter bekannte Trinkmenge** als wesentliches Beweisanzei-

---

107 Vgl. BayObLG DAR 84, 242 (bei *Rüth*); 91, 368 (bei *Bär*); OLG Hamm NZV 98, 471; OLG Koblenz NZV 93, 444; OLG Dresden NZV 95, 236; vgl. auch OLG Karlsruhe NZV 93, 117.
108 Offengelassen von OLG Karlsruhe NZV 93, 117.
109 *Krüger* DAR 84, 47 (50); ähnlich Schneble BA 84, 281 (295); *Nehm, Salger*-Festschrift, S. 115 (126); *Seib* BA 88, 135 (136).
110 Vgl. auch *Salger* DRiZ 93, 311 (312 f.); s.dagegen aber OLG Düsseldorf VRS 86, 110; *Janker* DAR 95, 148; *Tolksdorf* VGT 95, 79 (82).
111 Vgl. auch OLG Frankfurt NJW 96, 1358.
112 *Zink u. a.* BA 83, 503; vgl. auch *Teyssen* BA 84, 175 (178).
113 Vgl. auch *Eisenmenger, Salger*-Festschrift, S. 619 (627).
114 *Salger* DRiZ 93, 311; *Tolksdorf* VGT 95, 79; *Nehm, Salger*-Festschrift, S. 115 (i. S. einer häufigeren Annahme von Vorsatz); dagegen aus rechtsmedizinischer Sicht: *Eisenmenger, Salger*-Festschrift, S. 619
115 Vgl. *Eisenmenger, Salger*-Festschrift, S. 619
116 *Salger* DRiZ 93, 311 (312 f.).
117 *Nehm, Salger*-Festschrift, S. 115 (127); dagegen ausdrücklich aus rechtsmedizinischer Sicht: *Eisenmenger, Salger*-Festschrift, S. 619 (629).
118 *Salger* DRiZ 93, 311 (313); *Nehm, Salger*-Festschrift, S. 115 (126)

chen für Vorsatz hingewiesen.[119] Werde der Beweisgrenzwert für absolute Fahrunsicherheit überschritten und habe der Täter Kenntnis von der genossenen Trinkmenge, so habe grundsätzlich Verurteilung wegen Vorsatzes zu erfolgen.[120] Diese Überlegung läuft allerdings darauf hinaus, die für die Vorsatzfeststellung notwendige Kenntnis von der gegebenen *Fahrunsicherheit* durch die Kenntnis von der konsumierten Menge alkoholischer Getränke zu ersetzen.[121] Denn ein Erfahrungssatz des Inhalts, daß ein Fahrzeugführer nach Konsum erheblicher Alkoholmengen in jedem Fall mit der darauf beruhenden Fahrunsicherheit rechnet und diese *bei der Fahrt*[122] in Kauf nimmt, existiert ebenfalls nicht.[123] Auch aus der Absicht, eine **Blutalkoholfeststellung zu verhindern,** kann nicht ohne weiteres geschlossen werden, der Täter sei sich seiner Fahrunsicherheit bewußt gewesen.[124] Denn ein solches Verhalten kann auch durch die Furcht vor Blutentnahme, vorübergehender Führerscheinbeschlagnahme oder Verurteilung wegen Ordnungswidrigkeit gem. § 24 a StVG bestimmt sein.[125] Das gleiche gilt für die Benutzung von Schleichwegen[126] oder besonders vorsichtige Fahrweise.[127]

cc) Umstände des Einzelfalles

Die Frage der Kenntnis vorhandener Fahrunsicherheit läßt sich demnach vielmehr nur von Fall zu Fall aufgrund der Umstände des Einzelfalles unter Berücksichtigung der Persönlichkeit des Angeklagten, insbesondere seiner Intelligenz und seiner Fähigkeit zur Selbstkritik, beurteilen.[128] Das bedeutet indessen nicht, daß das tatrichterliche Urteil in allen Fällen der Annahme von Vorsatz nachprüfbare Ausführungen zur geistigen Beschaffenheit des Täters enthalten müßte, auch wenn ein konkreter Anlaß hierzu nicht besteht.[129] Insbesondere **nach nicht lange zurückliegender einschlägiger Vorstrafe** wird Vorsatz in der Regel eher nachweisbar sein als bei einem Ersttäter und es u. U. einer Auseinandersetzung mit Intelligenz und Kritikfähigkeit nicht bedürfen.[130] Von wesentlicher Bedeutung für die Fest-

---

119 *Salger* DRiZ 93, 311 (312); *Nehm*, *Salger*-Festschrift, S. 115 (126); *Tolksdorf* VGT 95, 79; AG Rheine NStZ-RR 97, 87 (Vorsatz ab 1,5 ‰).
120 *Nehm*, *Salger*-Festschrift, S. 115 (126); ähnlich *Tolksdorf* VGT 95, 79 (84, 87) für deutlich über dem Grenzwert liegende Werte.
121 Vgl. auch OLG Frankfurt NJW 96, 1358.
122 Siehe Rn 345, 348.
123 Vgl. OLG Hamm NZV 99, 92.
124 Vgl. OLG Köln DAR 87, 126; OLG Hamm BA 77, 122; 78, 376; BayObLG DAR 85, 242 (bei *Rüth*); OLG Zweibrücken ZfS 94, 465; *Teyssen* BA 84, 175 (181); *Hentschel* DAR 93, 449 (452).
125 Vgl. OLG Zweibrücken VM 99, 38.
126 Insoweit a. M. auch *Krüger* DAR 84, 47 (52).
127 Vgl. OLG Köln DAR 87, 157.
128 Vgl. BayObLG NZV 93, 174; OLG Koblenz NZV 93, 444; OLG Oldenburg ZfS 94, 346; OLG Karlsruhe NZV 91, 239; KG VRS 80, 448; OLG Frankfurt NJW 96, 1358; DAR 92, 226; OLG Saarbrücken ZfS 96, 234; OLG Hamm NZV 98, 291; ZfS 99, 217; OLG Düsseldorf VRS 85, 322; 86, 110; NZV 94, 324; OLG Köln DAR 97, 499; VRS 67, 226; *Blank* BA 97, 116 (126); a. M. *Krüger* DAR 84, 47 (49).
129 Vgl. OLG Celle VM 81, 53; OLG Köln DAR 87, 126; *Salger* DRiZ 93, 311 (312); *Haubrich* DAR 82, 285.
130 Vgl. BayObLG DAR 82, 251 (bei *Rüth*); OLG Celle NZV 96, 204; 98, 123; OLG Köln DAR 97, 499; *Salger* DRiZ 93, 311 (313); *Krüger* DAR 84, 47 (52); *Teyssen* BA 84, 175 (181 f.); vgl. auch OLG Karlsruhe NZV 91, 239.

stellung können auch die **Einzelheiten zum Trinkverhalten** sein.[131] Ausfallerscheinungen wie z. B. **Fahrfehler** (Schlangenlinien usw.) rechtfertigen die Annahme von Vorsatz hinsichtlich alkoholbedingter Fahrunsicherheit nur, wenn festgestellt ist, daß sich der Angeklagte der Ausfallerscheinungen bewußt geworden ist.[132] Vorsätzlich wird zumeist derjenige handeln, der nach einem auf seiner hohen BAK beruhenden **Unfall** die Fahrt fortsetzt.[133] Dagegen kann die Tatsache, daß sich der Fahrzeugführer eines alkoholbedingten Fahrfehlers bewußt wird, niemals zur Feststellung von Vorsatz bezüglich der Fahrunsicherheit auf der bis dahin gefahrenen Strecke herangezogen werden.[134] War der Angeklagte vor Antritt der Fahrt ausdrücklich auf den genossenen Alkohol hingewiesen und im Hinblick auf möglicherweise darauf beruhende Beeinträchtigung seiner Fahrfähigkeit vor der Fahrt gewarnt worden, so wird häufig zumindest bedingter Vorsatz feststellbar sein.[135] Die bloße Feststellung, es sei mit Sicherheit auszuschließen, daß der Angeklagte nicht mehr wußte, was er tat, reicht natürlich nicht aus, um den Vorwurf bedingten Vorsatzes zu rechtfertigen.[136]

368 Im Hinblick auf die Vielzahl der Umstände, die für die Frage des Vorsatzes zu berücksichtigen sind, scheidet Verurteilung wegen Vorsatzes **im Wege des Strafbefehls** weitestgehend aus[137] und wird vor allem in Fällen in Betracht kommen, in denen der Beschuldigte die Kenntnis seiner Fahrunsicherheit einräumt oder in denen andere eindeutige Umstände für diese Kenntnis sprechen.

dd) Belehrung nach § 265 I StPO

369 Wird die Tat in der Anklage oder dem Strafbefehl als fahrlässiges Vergehen nach § 316 StGB gewürdigt, so muß das Gericht den Angeklagten, wenn es Vorsatz annehmen will, gem. § 265 I StPO auf die Veränderung dieses rechtlichen Gesichtspunktes hinweisen.[138]

b) Fahrlässigkeit hinsichtlich der Fahrunsicherheit

aa) Pflicht des Kraftfahrers zur Kontrolle seiner Fahrsicherheit

370 Jeder Kraftfahrer hat die Pflicht, vor Antritt, aber auch während der Fahrt, sorgfältig und gewissenhaft unter Berücksichtigung aller ihm bekannten Umstände zu prüfen, ob seine Fahrsicherheit – etwa infolge Alkoholgenusses – beeinträchtigt sein könnte. Nimmt er in fahrunsicherem Zustand mit einem Kfz am Straßenverkehr teil, weil er diese Prüfung unterlassen hat, so trifft ihn der Vorwurf der Fahr-

---

131 Vgl. BayObLG NZV 93, 174; OLG Celle NZV 98, 123; OLG Naumburg ZfS 99, 401; OLG Koblenz NZV 93, 444; OLG Düsseldorf VRS 86, 110; NZV 94, 324; OLG Köln ZfS 82, 379; DAR 97, 499.
132 Vgl. OLG Köln DAR 97, 499; OLG Hamm NZV 98, 291; OLG Karlsruhe NZV 91, 239; OLG Koblenz NZV 93, 444; *Salger* DRiZ 93, 311 (313).
133 Vgl. BayObLG DAR 83, 395; OLG Zweibrücken ZfS 90, 33; OLG Koblenz VRS 71, 195.
134 Vgl. OLG Zweibrücken ZfS 90, 33.
135 Vgl. *Salger* DRiZ 93, 311 (313).
136 Vgl. OLG Hamm DAR 71, 190.
137 Vgl. auch *Zink u. a.* BA 83, 503 (511).
138 Vgl. BGH VRS 49, 184 (zu der entsprechenden Frage im Rahmen des § 315 c StGB).

lässigkeit.[139] Die **Pflicht zur Selbstbeobachtung** und Prüfung hinsichtlich der Fahrsicherheit besteht ganz allgemein,[140] insbesondere aber nach Genuß alkoholischer Getränke oder Einnahme von Medikamenten sowie in Fällen, in denen aufgrund sonstiger Umstände (Krankheit, Ermüdung) Bedenken hinsichtlich der Fahrsicherheit gerechtfertigt sein können.

Wer im Zustand alkoholbedingter Fahrunsicherheit ein Kfz führt, handelt fahrlässig, wenn ihm auch nur Zweifel oder Bedenken hinsichtlich seiner Fahrsicherheit kommen mußten.[141] 371

In der Regel beruht der Vorwurf der Fahrlässigkeit aber nicht darauf, daß der Angeklagte, der nach Alkoholgenuß im Zustand der Fahrunsicherheit ein Kfz geführt hat, nicht aus den äußeren Symptomen der alkoholischen Beeinträchtigung auf seine Fahrunsicherheit geschlossen hat. Auf das subjektive Gefühl der Fahrunsicherheit kommt es regelmäßig nicht an. Vielmehr wird die Fahrlässigkeit im Regelfall schon darin gesehen werden müssen, daß der Angeklagte **trotz Kenntnis des voraufgegangenen Alkoholgenusses** das Fahrzeug geführt hat.[142] Dies gilt erst recht, wenn etwa ein erst unmittelbar vor Fahrtantritt genossener, in seinen Auswirkungen noch nicht spürbarer Schluß-Sturztrunk die Anflutung auf den Beweisgrenzwert bewirkte.[143] 372

Ein Kraftfahrer ist verpflichtet, sich bei Genuß ihm **unbekannter Getränke** darüber zu vergewissern, ob sie Alkohol enthalten. Unterläßt er dies, so handelt er fahrlässig, wenn er mit einem Kfz am Straßenverkehr teilnimmt, obwohl er aufgrund des Genusses dieser Getränke fahrunsicher ist. Er kann sich also vor Gericht nicht mit Erfolg darauf berufen, er habe nicht gewußt, daß die Getränke Alkohol enthielten.[144] Entsprechendes gilt, wenn er aufgrund seines Trinkverhaltens keine sichere Kenntnis über die Menge des genossenen Alkohols hat.[145] Die sehr geringen Alkoholmengen, die in sog. »**alkoholfreien**« **Bier** enthalten sind (unter 0,5 Gewichtsprozent), führen nicht zu meßbaren Blutalkoholkonzentrationen.[146] Gibt der Angeklagte an, größere Mengen eines stark alkoholhaltigen Hausmittels wie **Melissengeist** zu sich genommen zu haben, dessen Alkoholhal- 373

---

139 Vgl. BGH DAR 52, 43; OLG Hamm NJW 74, 2058; DAR 70, 192; VRS 69, 221; OLG Koblenz DAR 73, 106; VRS 44, 199; OLG Frankfurt DAR 66, 106; OLG Braunschweig DAR 60, 270; OLG Köln BA 78, 302; KG VRS 5, 477; OLG Hamburg VM 66, 61; BA 71, 71; vgl. auch OLG Hamm NJW 75, 660; vgl. hierzu auch *Gaisbauer* NJW 64, 2198; *Rüth* DAR 74, 57 (60) zu § 24 a StVG.
140 Vgl. z. B. OLG Hamburg VM 66, 61.
141 Vgl. OLG Hamm NJW 74, 2058; VRS 40, 447; KG VRS 5, 477; OLG Oldenburg OLGSt zu § 316 S. 17.
142 Vgl. OLG Zweibrücken NZV 93, 240; OLG Saarbrücken NJW 63, 1685; OLG Frankfurt NJW 53, 597; DAR 66, 106; OLG Hamm VRS 40, 447; VM 68, 29; OLG Hamburg VM 70, 23 Nr. 26; *Grüner* BA 84, 279; *Bode* DAR 90, 431. Dies wird von *Zink u. a.* BA 83, 503 (510) offenbar nicht hinreichend berücksichtigt, soweit sie besondere Schwierigkeiten nicht nur für die Feststellung von *Vorsatz*, sondern auch von *Fahrlässigkeit* sehen.
143 Vgl. dazu *Hentschel* DAR 83, 261; s. aber OLG Düsseldorf VRS 64, 436 (Schlußtrunk mit heimlich hinzugeschüttetem Schnaps) mit kritischer Besprechung von *Janiszewski* NStZ 83, 404 und *Grüner* BA 84, 279.
144 Vgl. OLG Hamm BA 70, 153.
145 Vgl. BayObLG VRS 66, 280.
146 Vgl. *Schuster u. a.* BA 85, 304 (306); *Markwalder u. a.* BA 83, 25; *Luff/Lutz* BA 83, 252; vgl. auch *Schütz* S. 71.

tigkeit er nicht gekannt habe, so ist darüber hinaus zu berücksichtigen, daß es angesichts der Hochprozentigkeit solcher Mittel kaum wahrscheinlich ist, daß ihm der konzentrierte Alkoholgeschmack verborgen geblieben ist.[147] Bei tropfenweise einzunehmenden Mitteln wie Baldriantinktur können nennenswerte Blutalkoholkonzentrationen nur erreicht werden, wenn an die Stelle sinnvollen Gebrauchs der Konsum größerer Mengen getreten ist. Bei derartigem Mißbrauch wird der infolge des Baldrians fehlende Alkoholgeschmack den Kraftfahrer in der Regel wohl nicht entlasten können.[148] **Einatmen** von Äthanoldämpfen oder von Dämpfen anderer organischer Lösungsmittel ist nicht geeignet, die BAK in forensisch relevanter Höhe zu beeinflussen.[149]

bb) Bedeutung der Höhe der Blutalkoholkonzentration

374 In Ausnahmefällen kann die festgestellte Tatzeit-BAK bei der Prüfung der Frage, ob der Angeklagte fahrlässig gehandelt hat, von Bedeutung sein, dann nämlich, wenn der Angeklagte unwiderlegt erklärt, **man habe ihm Alkohol zugeführt**, ohne daß er dies bemerkt habe.[150] Das Gericht wird derartige Einlassungen zunächst sorgfältig auf ihre Glaubhaftigkeit zu prüfen haben. In vielen Fällen wird es sich um Schutzbehauptungen handeln.[151] So erscheint es z. B. kaum möglich, daß dem Angeklagten während einer Ohnmacht – von diesem unbemerkt – Melissengeist »eingeflößt« worden ist, wie dies in einem vom OLG Hamm[152] entschiedenen Fall behauptet worden war.

375 Im übrigen führt zwar zunehmende Alkoholbeeinflussung oft zur Kritiklosigkeit und darauf beruhender Fehleinschätzung der eigenen Fahrsicherheit mit der Folge, daß aus der Höhe der BAK allein nicht ohne weiteres auf Vorsatz geschlossen werden darf.[153] Diese Tatsache bedeutet jedoch nicht, daß eine derartige Fehleinschätzung nicht auf *Fahrlässigkeit* beruhen kann. Es entspricht der Lebenserfahrung, daß die **Wirkung des Alkohols spürbar** ist.[154] In einer Untersuchung über Veränderungen des subjektiven Befindens durch Alkohol haben z. B. *Reinhardt* und *Zink*[155] festgestellt, daß bereits bei Blutalkoholwerten von 0,1 bis 0,2 ‰ von den Versuchspersonen Wirkungen des Alkohols wahrgenommen wurden. Von den am Versuch beteiligten Personen wurden im Verlauf des Trinkens – wie von den Autoren der Arbeit angegeben wird[156] – als häufigste Phänomene genannt:

---

147 Vgl. OLG Hamm BA 70, 153; 79, 501.
148 Vgl. *Recktenwald* BA 81, 178;
 a. M. OLG Celle BA 81, 176.
149 Vgl. *Pohl/Schmidle* BA 73, 95 (100, 117: höchstens 0,055 ‰ bei um das 20- bis 50 fache erhöhter maximaler Arbeitsplatzkonzentration); OLG Hamm NJW 78, 1210; *Mueller (Grüner)* S. 1007; *Groth/Freundt* BA 91, 166.
150 Zur geschmacklichen Wahrnehmbarkeit von Spirituosen in anderen Getränken vgl. *Kernbichler/Röpke* BA 79, 399.
151 Vgl. hierzu OLG Hamm VRS 52, 446 = BA 77, 186 mit Anm. *Seib;* OLG Hamm VRS 56, 112; OLG Oldenburg DAR 83, 90; *Schneble* BA 78, 460; vgl. auch BGH NJW 86, 2384.
152 OLG Hamm BA 70, 153.
153 Vgl. oben Rn 363 ff.
154 Vgl. hierzu z. B. BayObLG DAR 77, 204 (bei *Rüth*); OLG Hamm VRS 52, 446; OLG Hamburg VM 66, 61; OLG Köln BA 78, 302; OLG Oldenburg DAR 83, 90; *Reinhardt/Zink* BA 72, 129 ff.; *Naeve u. a.* BA 74, 145.
155 *Reinhardt/Zink* BA 72, 129 ff.
156 *Reinhardt/Zink* BA 72, 131.

Wärme- bis Hitzegefühl, gesteigertes Wohlbefinden, Schweregefühl, Druckgefühl, Sehstörungen, erschwerte Motorik, Benommenheit, Müdigkeit und Apathie, Übelkeit und Schwindel.

Auch die Rechtsprechung geht nahezu einhellig davon aus, daß bei einer BAK bestimmter Höhe jeder allein schon aufgrund der von ihm selbst feststellbaren Auswirkungen des genossenen Alkohols in der Lage ist, bei gewissenhafter Prüfung seine alkoholische Beeinträchtigung zu erkennen, so daß ihn bei einer entsprechend hohen BAK selbst dann der Vorwurf trifft, zumindest fahrlässig seine Fahrunsicherheit nicht erkannt zu haben, wenn ihm aufgrund besonderer Umstände die Zuführung der seine BAK bewirkenden Alkoholmenge verborgen geblieben ist.[157] Allerdings ist natürlich auch hier die Gefahr eigener Fehleinschätzung, etwa nach Abklingen der subjektiven Phänomene der Alkoholwirkung in der postresorptiven Phase (Eliminationsphase), zu beachten.[158] 376

Soweit sich die Behauptung **heimlicher Alkoholzuführung** nicht als unwahre Schutzbehauptung herausstellt, kann sich aber u. U. für das Gericht auch die Notwendigkeit ergeben, zur Beantwortung der Frage nach der Fahrlässigkeit einen Sachverständigen hinzuzuziehen.[159] Oft ist jedoch der Vorwurf der Fahrlässigkeit begründet, ohne daß es der Feststellung bedürfte, ob nicht schon aufgrund der vom Angeklagten wahrnehmbaren Wirkungen des Alkohols die Fahrunsicherheit für diesen erkennbar war. Hierauf kommt es dann nicht an, wenn er außer dem ihm unbemerkt zugeführten Alkohol bewußt alkoholische Getränke in einer Menge zu sich genommen hat, die allein schon Zweifel hinsichtlich seiner Fahrsicherheit aufkommen lassen mußten.[160] Das gleiche gilt, wenn er aufgrund der Situation und der Art seiner Gesellschaft mit heimlicher Alkoholzuführung rechnen mußte.[161] 377

Völlig bedeutungslos indessen ist der Umstand, daß dem Täter ohne sein Wissen weiterer Alkohol zugeführt wurde, auch in den Fällen nicht, in denen er für die Frage, ob überhaupt Fahrlässigkeit vorliegt, unbeachtlich ist. Er kann für das *Ausmaß* der Fahrlässigkeit und damit für die Höhe der Strafe eine Rolle spielen.[162] 378

cc) Bedeutung der Anstiegsphase

Nicht nur die Höhe der BAK kann für den Vorwurf fahrlässigen Nichterkennens der Fahrunsicherheit bedeutsam sein, sondern auch die Phase der Blutalkoholkurve. In der Anstiegsphase ist das subjektive Alkoholgefühl nämlich regelmäßig stär- 379

---

157 Vgl. BayObLG DAR 77, 204 (bei *Rüth*); OLG Köln BA 78, 302; 79, 229; OLG Hamm NJW 74, 2058; 75, 660; VRS 52, 446; DAR 73, 23; BA 71, 71; VM 66, 61; vgl. auch OLG Koblenz DAR 73, 106; OLG Braunschweig DAR 60, 270; OLG Hamm BA 65/66, 158; 70, 153;
 a. M. OLG Saarbrücken NJW 63, 1685; kritisch auch *Teige/Niermeyer* BA 76, 415.
158 Vgl. *Zink u. a.* BA 83, 503 (510); s. auch oben Rn 364.
159 Vgl. OLG Hamburg VRS 54, 438 (1,42 ‰ Tatzeit-BAK, davon 0,4 ‰ hervorgerufen durch unbewußt genossenen Alkohol); vgl. aber andererseits OLG Hamburg VM 66, 61 (Fahrlässigkeit ohne weiteres bejaht bei 2,0–2,1 ‰ Tatzeit-BAK, davon hervorgerufen durch unbewußt genossenen Alkohol 1,2–1,4 ‰).
160 Vgl. OLG Hamburg VRS 54, 438; vgl. auch OLG Hamburg VM 66, 61; 73, 69; OLG Köln BA 78, 302.
161 Vgl. OLG Oldenburg DAR 83, 90; OLG Düsseldorf VRS 66, 148.
162 Vgl. OLG Braunschweig DAR 60, 270.

ker als in der Eliminationsphase.¹⁶³ Der Vorwurf der Fahrlässigkeit wird daher – sofern er nicht schon allein im Hinblick auf die Kenntnis vom genossenen Alkohol erhoben werden kann¹⁶⁴ – in der Anstiegsphase schon bei geringeren Blutalkoholkonzentrationen gerechtfertigt sein als nach Überschreiten des Kurvengipfels.

dd) Auswirkung körperlicher Beeinträchtigungen anderen Ursprungs auf die Erkennbarkeit der Fahrunsicherheit

380 Erkältungskrankheiten wie Grippe oder Angina beeinträchtigen die Wahrnehmung der Wirkungen des Alkohols nicht.¹⁶⁵

381 Die Feststellung, der Angeklagte habe die alkoholbedingte Veränderung seines subjektiven Befindens erkennen können, kann jedoch dann schwierig sein, wenn nicht auszuschließen ist, daß gewisse körperliche Anzeichen auf Krankheit und (oder) Tabletteneinnahme beruhten.¹⁶⁶

ee) Restalkohol

382 Erheblicher Alkoholgenuß kann zu Eliminationszeiten (sog. Alkoholabbau) von vielen Stunden führen. Nach einem durchzechten Abend erreicht daher trotz mehrerer Stunden Schlaf am darauffolgenden Morgen die BAK häufig noch Werte, die zur Fahrunsicherheit führen. Oft wirkt auch dieser sog. »Restalkohol« mit alkoholischen Getränken zusammen, die der Täter erst später, etwa am nächsten Tag nach mehrstündiger Trinkpause, zu sich genommen hat. Die Wirkung dieses Restalkohols wird in vielen Fällen vom Betroffenen verkannt. *Reinhardt* und *Zink*¹⁶⁷ berichten von einer Untersuchung, in der mehreren Versuchspersonen alkoholische Getränke verabreicht wurden, die zu Blutalkoholkonzentrationen zwischen 1,0 und 1,6 ‰ führten. Hierbei konnte festgestellt werden, daß die subjektiven Empfindungen der Alkoholwirkung nach Überschreiten des Gipfels der Alkoholkurve nachließen. Die subjektive Erholung sei – so die Autoren der Arbeit – meist vier bis fünf Stunden nach Trinkbeginn angegeben worden. Hinsichtlich der Wahrnehmbarkeit der Alkoholwirkung könne festgestellt werden, daß sich im absteigenden Teil der Alkoholkurve die subjektiven Veränderungen meist rascher zurückbilden als die objektiven Ausfälle.

383 Käme es im Regelfall für die Frage, ob der Täter seine Fahrunsicherheit fahrlässig nicht erkannt hat, entscheidend darauf an, ob ihm die Wirkungen des Alkohols bei kritischer Selbstbeobachtung erkennbar sein mußten, so würde die Einlassung des Angeklagten, er habe keinerlei alkoholische Beeinträchtigung mehr feststellen können, häufig entweder zur Verneinung der Fahrlässigkeit oder – wenn nach längerer Trinkpause erneut Alkohol genossen wurde – zu der Notwendigkeit führen, die Höhe des Restalkohols zu ermitteln. Hierzu, aber auch zur Frage der Erkenn-

---

163 Vgl. *Reinhardt/Zink* BA 72, 129 (134); *Zink u. a.* BA 83, 503; OLG Hamm NJW 75, 660.
164 Vgl. oben Rn 372.
165 Vgl. OLG Hamm NJW 75, 660.
166 Vgl. OLG Hamm DAR 73, 23.
167 *Reinhardt/Zink* BA 72, 129 ff.

barkeit des Vorhandenseins von Restalkohol, bedürfte das Gericht zumeist eines medizinischen Sachverständigengutachtens.[168]

Da jedoch der Vorwurf der Fahrlässigkeit regelmäßig nicht darauf beruht, daß der Täter nicht aus den Symptomen der alkoholischen Beeinträchtigung auf seine Fahrunsicherheit geschlossen hat, sondern auf der Tatsache, daß er *trotz Kenntnis* des voraufgegangenen Alkoholgenusses sein Fahrzeug geführt hat,[169] wird es hierauf in aller Regel nicht ankommen. Sind nach erheblichem Alkoholgenuß zwischen Trinkende und Tatzeit keine extrem langen Zeiten verstrichen, so **kommt es auch auf die Kenntnis der Wirkung des sog. Restalkohols nicht an**, weil schon die allgemein vorhandene Kenntnis von der Beeinträchtigung der Fahrsicherheit durch Alkohol in solchen Fällen ohne weiteres den Vorwurf fahrlässigen Verhaltens rechtfertigen wird.[170] Im übrigen muß aber heute davon ausgegangen werden, daß die Gefahren des Restalkohols so allgemein bekannt sind, daß sich der Täter nicht mit Erfolg auf Nichtkenntnis berufen kann.[171] Insbesondere bei *Kraftfahrern* ist diese Kenntnis vorauszusetzen; jedenfalls sind sie verpflichtet, sich über die Bedeutung des Restalkohols zu vergewissern.[172] 384

ff) Zusammenwirken von Alkohol und anderen Ursachen

Für den äußeren Tatbestand des § 316 StGB genügt es, wenn der Alkohol *eine* der Ursachen für die Fahrunsicherheit ist.[173] Führt erst das Hinzutreten weiterer Umstände zur Fahrunsicherheit, so fehlt es allerdings am inneren Tatbestand des § 316 StGB, wenn der Täter diesen zusätzlichen Umstand nicht kennen oder vorhersehen konnte. Das gilt z. B. für den Fall, daß nicht der Alkohol allein, sondern erst eine – allerdings durch den Alkoholgenuß mitverursachte – Bewußtseinsstörung die Fahrunsicherheit herbeigeführt hat. Nur wenn der Angeklagte auch diese Bewußtseinsstörung hätte vorhersehen müssen, kann ihm der Vorwurf der Fahrlässigkeit gemacht werden.[174] Ist die Fahrunsicherheit auf das Zusammenwirken von **Alkohol und Krankheit** zurückzuführen, so ist zu beachten, daß den Kraftfahrer je nach Art der Erkrankung eine erhöhte Sorgfaltspflicht treffen kann. Dies gilt etwa für einen Diabetiker, bei dem ein verhältnismäßig geringer Alkoholgenuß in Verbindung mit seiner Krankheit zur Fahrunsicherheit geführt hat.[175] 385

Bedeutet das Hinzutreten einer weiteren Ursache zum Alkohol nur eine **unwesentliche Abweichung vom vorhersehbaren Kausalverlauf,** so braucht diese 386

---

168 Vgl. OLG Karlsruhe NJW 65, 361.
169 Vgl. oben Rn 372 mit Nachweisen.
170 Vgl. OLG Saarbrücken DAR 63, 22 (Trinkmenge: 16 Glas Bier und 5 Glas Cognac, Zeitraum zwischen Trinkende und Fahrtantritt: 10 1/2 Stunden); OLG Hamburg DAR 57, 54 (BAK: 2,5 ‰, Zeit zwischen Ende der Alkoholaufnahme und Fahrt: 7 1/2 Stunden); vgl. auch OLG Hamburg VM 61, 59 (BAK bei Trinkende: 2,4 ‰, Fahrtantritt: 6 Stunden danach) sowie OLG Köln VRS 5, 78; OLG Zweibrücken ZfS 84, 61.
171 Vgl. OLG Koblenz VRS 45, 450; OLG Hamm DAR 70, 192; LK[10] *(Rüth)* zu § 316 Rn 100; *Rüth* DAR 74, 57 (60) – zu § 24 a StVG –;
 a. M. z. B. noch OLG Frankfurt NJW 53, 1885.
172 Vgl. OLG Hamm DAR 70, 192; *Tröndle/Fischer* zu § 316 Rn 9 c; *Gaisbauer* NJW 64, 2198.
173 Vgl. oben Rn 228 ff.
174 Vgl. BayObLG NJW 68, 1200; DAR 71, 203, 204 (bei *Rüth*).
175 Vgl. OLG Köln BA 72, 139; OLG Düsseldorf DAR 81, 29.

zusätzliche Ursache nicht von der Schuld mitumfaßt zu sein. Die fehlende Vorhersehbarkeit eines solchen Umstands reicht zur Verneinung der im übrigen gegebenen Fahrlässigkeit nicht aus.[176]

387 Ein Kraftfahrer handelt fahrlässig, wenn ihm bei **Medikamenteneinnahme** infolge Nichtbeachtens der Gebrauchsanweisung verborgen bleibt, daß das Präparat Alkohol enthält.[177]

388 Tritt die Fahrunsicherheit dadurch ein, daß zum Alkoholgenuß die Wirkung eines Medikamentes hinzutritt, das zwar keinen Alkohol enthält, die Auswirkungen des Alkohols jedoch verstärkt, so kann sich ein Kraftfahrer ebenfalls nicht mit Erfolg darauf berufen, diese Eigenschaft des Medikamentes nicht gekannt zu haben, sofern seine Unkenntnis darauf beruht, daß er es unterlassen hat, sich hierüber – insbesondere durch Lesen des der Packung beiliegenden Hinweiszettels – zu vergewissern. Insoweit gilt entsprechend, was zur fahrlässigen Herbeiführung der Beeinträchtigung der Schuldfähigkeit ausgeführt wurde (oben Rn 247).

gg) Regelmäßig vorhandene Fahrlässigkeit

389 Die Nichtkenntnis objektiv vorhandener Fahrunsicherheit ist in aller Regel vorwerfbar, auch wenn der Täter den Eindruck hatte, noch fahrsicher zu sein. Dies entspricht fast einhelliger Meinung in Rechtsprechung und Schrifttum[178] und bedeutet auch in den Fällen keine »Erfolgshaftung« und kein »Ausufern der Tendenz, Alkohol aus dem Straßenverkehr zu eliminieren«, in denen die BAK unter 1,1 ‰ liegt.[179] Denn die Kenntnis der Auswirkungen des Alkohols ist inzwischen weitgehend Allgemeingut.[180] Wer daher **wissentlich Alkohol** in einer Menge zu sich genommen hat, die zu absoluter oder auch nur relativer Fahrunsicherheit[181] führt, und dann mit einem Fahrzeug am öffentlichen Verkehr teilnimmt, handelt **regelmäßig fahrlässig.**[182] Das gilt auch bei Alkoholkonzentrationen unter 0,8 ‰.[183]

c) Angabe der Schuldform im Urteil

390 Das Urteil muß im Tenor erkennen lassen, ob vorsätzliche oder fahrlässige Trunkenheit im Verkehr angenommen worden ist.[184] Nach § 260 IV StPO gibt die

---

176 Vgl. BayObLG NJW 69, 1583.
177 Vgl. OLG Hamm VM 69, 18; OLG Braunschweig DAR 64, 170; OLG Oldenburg OLGSt § 316 StGB S. 17; vgl. zu der Pflicht des Kraftfahrers, die Gebrauchsanweisung von Medikamenten zu lesen, auch oben Rn 247 mit weiteren Nachweisen; Übersicht über alkoholhaltige Kräftigungsmittel und Medikamente: *Pohl*, Verkehrsunfall 84, 13; s. auch *Grüner/Rentschler*, Manual zur Blutalkoholberechnung.
178 Vgl. BGH DAR 52, 43; OLG Koblenz DAR 73, 106; VRS 44, 199; OLG Köln VRS 5, 78; BA 78, 302; OLG Hamburg VM 70, 23 Nr. 26; BA 71, 71; OLG Hamm VM 68, 29; *Tröndle/Fischer* zu § 316 Rn 9 c; *Lackner/Kühl* zu § 316 Rn 5; *Cramer* zu § 316 StGB Rn 39; *Haubrich* DAR 82, 285; *Bode* DAR 90, 431.
179 So aber *Koch* DAR 74, 37; ähnlich *Bialas* S. 130 ff., 153, 170.
180 Vgl. KG VRS 5, 477; OLG Hamburg BA 71, 71; OLG Koblenz VRS 44, 199.
181 Zu den Begriffen absolute und relative Fahrunsicherheit vgl. oben Rn 145 ff., 182 ff.
182 Vgl. BayObLG VRS 66, 280; OLG Zweibrücken NZV 93, 240; OLG Hamburg VM 70, 23 Nr. 26.
183 Vgl. BayObLG VRS 66, 280.
184 Vgl. BGH VRS 65, 359; *Kleinknecht/Meyer-Goßner* zu § 260 Rn 24.

Urteilsformel die rechtliche Bezeichnung der Tat an. Es genügt die Angabe der gesetzlichen Überschrift des Tatbestands (vgl. § 260 IV 2 StPO). Diese lautet für beide Schuldformen »Trunkenheit im Verkehr«.[185] Wird diese Bezeichnung nicht durch das Wort »vorsätzliche« oder »fahrlässige« ergänzt, so muß sich jedenfalls aus der nach der Urteilsformel gem. § 260 V StPO aufzuführenden Vorschrift (§ 316 I oder § 316 I, II StGB) ergeben, ob Verurteilung wegen vorsätzlicher oder fahrlässiger Tatbegehung erfolgt ist. Läßt das Urteil nicht erkennen, ob der Angeklagte die Tat vorsätzlich oder fahrlässig begangen hat, so kann eine Berufung nicht auf die Straffrage beschränkt werden.[186]

Hat das Gericht Vorsatz angenommen, so müssen die Urteilsgründe die Tatumstände angeben, aus denen es das Vorliegen zumindest bedingten Vorsatzes geschlossen hat.[187]

5. Tatbegehung durch Unterlassen

Der Tatbestand des § 316 StGB kann auch durch Unterlassen (§ 13 StGB) begangen werden. Wer etwa infolge völliger Alkoholabhängigkeit nicht mehr in der Lage ist, sich des Alkohols zu enthalten und daher auch für den Eintritt alkoholbedingter Schuldunfähigkeit nicht verantwortlich ist[188], kann eines Vergehens nach § 316 StGB dadurch schuldig sein, daß er in Phasen der Nüchternheit keine Vorkehrungen gegen die Kraftfahrzeugbenutzung getroffen hat.[189]

6. Teilnahme

Soweit der Täter vorsätzlich handelt, ist Beihilfe oder Anstiftung zu § 316 StGB möglich, z. B., indem der Täter, der seine Fahrunsicherheit kennt, bestimmt wird, sich hierüber hinwegzusetzen und trotz der Fahrunsicherheit ein Fahrzeug zu führen (Anstiftung) oder indem ihm ein Fahrzeug zur Verfügung gestellt wird (Beihilfe).[190] Immer aber ist erforderlich, daß der Täter seine Fahrunsicherheit kennt oder wenigstens mit ihr rechnet und sie in Kauf nimmt, also vorsätzlich handelt; denn Teilnahme an unvorsätzlicher Haupttat kennt das StGB nicht (vgl. §§ 26, 27).[191] Fälle der Teilnahme am Vergehen nach § 316 (das gleiche gilt für § 315 c I Nr. 1 a) StGB spielen daher in der Praxis eine nur geringe Rolle.[192]

7. Wahlfeststellung

Da der Anstifter nach § 26 StGB »gleich einem Täter« bestraft wird, können **vorsätzliche Trunkenheit im Verkehr und Anstiftung dazu** als in ihrem Unrechts-

---

185 Eingefügt durch Art. 19 Nr. 207 EGStGB.
186 Vgl. OLG Koblenz VRS 53, 337.
187 Vgl. OLG Saarbrücken NJW 71, 1904.
188 Vgl. LG Frankfurt ZfS 92, 391; LG Saarbrücken BA 92, 281.
189 Vgl. BayObLG VRS 56, 185.
190 Vgl. OLG Koblenz NJW 88, 152.
191 Vgl. hierzu *Rudolphi* GA 70, 353.
192 Vgl. *Rudolphi* GA 70, 353 (356 f.).

gehalt vergleichbar angesehen werden. Beide Beteiligungsformen sind auch als rechtsethisch und psychologisch gleichwertig zu erachten. Kann nicht aufgeklärt werden, ob der Angeklagte ein Fahrzeug in fahrunsicherem Zustand selbst geführt oder aber eine andere fahrunsichere Person hierzu angestiftet hat, so ist daher Wahlfeststellung zwischen Trunkenheit im Verkehr (§ 316 I StGB) und Anstiftung zur Trunkenheit im Verkehr (§§ 316 I, 26 StGB) möglich.[193] Wahlfeststellung ist auch zulässig zwischen **vorsätzlicher Trunkenheit im Verkehr und vorsätzlichem Vergehen gegen § 21 I Nr. 2 StVG** (Dulden des Fahrens ohne Fahrerlaubnis), ebenso zwischen fahrlässiger Begehungsform beider Delikte. Kommt bei einer dieser Taten Vorsatz, bei der anderen dagegen nur Fahrlässigkeit in Betracht, so ist im Wege der Wahlfeststellung wegen fahrlässiger Trunkenheit im Verkehr oder fahrlässigen Gestattens des Fahrens ohne Fahrerlaubnis zu verurteilen. Ebenso ist zu verurteilen, wenn entweder eine fahrlässige Gefährdung des Straßenverkehrs (§ 315 c I Nr. 1 a, III Nr. 1 StGB) oder ein fahrlässiges Dulden des Fahrens ohne Fahrerlaubnis begangen wurde. Die Berücksichtigung der nicht wahlfeststellungsfähigen Qualifikation der Gefährdung hat dann also zugunsten des Angeklagten in der Weise zu unterbleiben, daß für die Wahlfeststellung neben dem Vergehen gegen § 21 I Nr. 2 StVG nur Trunkenheit im Verkehr (§ 316 I, II StGB) übrigbleibt.[194]

II. § 315 c I Nr. 1 a (III) StGB

Literatur:

Berz, Zur konkreten Gefahr im Verkehrsstrafrecht, in: NZV 1989, 409; *Bickelhaupt,* Einwilligung in die Trunkenheitsfahrt, in: NJW 1967, 713; *Demuth,* Zur Bedeutung der »konkreten Gefahr« im Rahmen der Straßenverkehrsdelikte, in: VOR 1973, 436; *Geppert,* Rechtfertigende »Einwilligung« des verletzten Mitfahrers bei Fahrlässigkeitsstraftaten im Straßenverkehr?, in: ZStW 1983, 947; *Hartung,* »Fremde Sachen von bedeutendem Wert« in den §§ 315 a, 315 c und 315 d StGB n. F., in: NJW 1966, 15; *derselbe,* Nochmals: »Fremde Sachen von bedeutendem Wert« in den §§ 315 a, 315 c und 315 d StGB n. F., in: NJW 1967, 909; *Hauf,* Gefährdung des Straßenverkehrs bei bloßer Mitnahme eines Beifahrers durch fahruntüchtigen Fahrer, in: DAR 1994, 59; *derselbe,* Konkrete Gefährdung des Mitfahrers bei absoluter Fahruntüchtigkeit des Fahrers, in: NZV 1995, 469; *Jähnke,* Fließende Grenzen zwischen abstrakter und konkreter Gefahr im Verkehrsstrafrecht, in: DRiZ 1990, 425; *Lackner,* Das konkrete Gefährdungsdelikt im Verkehrsstrafrecht, Berlin 1967; *Langrock,* Zur Einwilligung in die Verkehrsgefährdung – BGH, MDR 1970, 689, in: MDR 1970, 982; *Otto,* Zur Möglichkeit der Teilnahme eines ausschließlich gefährdeten Beifahrers bei § 315 c I Nr. 1 a StGB, in: NZV 1992, 309; *Peters,* Zur Sorgfaltsnorm und ihrem Schutzbereich bei der alkoholbedingten Straßenverkehrsgefährdung, in: NZV 1990 260; *Puhm,* Strafbarkeit gemäß § 315 c StGB bei Gefährdung des Mitfahrers, Diss. Passau, 1990; *Rengier,* Zum Gefährdungsmerkmal »(fremde) Sachen von bedeutendem Wert« im Umwelt- und Verkehrsstrafrecht, in: *Spendel-Festschrift,* S. 559.

---

193 Vgl. OLG Düsseldorf NJW 76, 579; *Cramer* zu § 316 StGB Rn 50 a; vgl. auch BGHSt 1, 127 zur Wahlfeststellung zwischen Diebstahl und Anstiftung hierzu.
194 Vgl. OLG Hamm VRS 62, 33 (Anm. *Schulz* NJW 83, 265); vgl. auch AG St. Wendel DAR 80, 53, das auch Wahlfeststellung zwischen fahrlässiger Trunkenheit im Verkehr und vorsätzlichem Dulden des Fahrens ohne Fahrerlaubnis für möglich hält.

1. Keine Dauerstraftat

§ 315 c StGB ist durch das 2. VerkSichG vom 26. 11. 1964 an die Stelle des früheren 395
§ 315 a StGB getreten. Das Vergehen des § 315 a a. F. wurde von der Rechtsprechung als Dauerstraftat betrachtet.[195] Auch hinsichtlich des § 315 c n. F. wird teilweise die Auffassung vertreten, es handele sich um ein Dauerdelikt, das zwar mit der Herbeiführung der Gefahr *vollendet*, jedoch erst mit dem Ende der Fahrt in fahrunsicherem Zustand *beendet* sei.[196] Diese Auffassung wurde vom BGH zunächst geteilt,[197] später jedoch aufgegeben.[198] Da die Tat, anders als § 316 StGB, den Eintritt einer konkreten Gefahr voraussetzt, ist der nunmehr vom BGH vertretenen Auffassung der Vorzug zu geben. Im Gegensatz zu § 316 StGB ist das Vergehen des § 315 c StGB also keine Dauerstraftat; vielmehr ist es mit dem Eintritt der Gefahr *vollendet* und mit dem Ende der konkreten Gefahr *beendet*.[199]

2. Äußerer Tatbestand

a) Führen eines Fahrzeugs im Straßenverkehr

aa) Straßenverkehr

Während § 316 StGB alle Bereiche des öffentlichen Verkehrs betrifft,[200] gilt § 315 c 396
StGB nur für den Straßenverkehr. Voraussetzung ist allerdings ebenso wie für § 316 StGB, daß es sich um *öffentlichen* Verkehr handelt. Wegen der Einzelheiten wird auf die Ausführungen unter D I 2 a aa (Rn 334 ff.) Bezug genommen.

bb) Führen

Bestrafung nach § 315 c StGB setzt voraus, daß der Täter das Fahrzeug selbst 397 geführt hat.[201] Zum Begriff des Fahrzeugführens s. oben D I 2 a, bb bis ff (Rn 338 ff.).

b) Alkoholbedingte Fahrunsicherheit

Vgl. hierzu oben A (Rn 1 ff.). 398

---

195 Vgl. z. B. BGH VRS 9, 350; 13, 120; OLG Oldenburg NJW 65, 117; OLG Braunschweig NJW 54, 933; OLG Köln MDR 64, 525.
196 So z. B. BayObLG NJW 73, 1657; OLG Düsseldorf NZV 99, 388; OLG Köln DAR 67, 139; *Rüth* in LK[10] zu § 315 c Rn 74; *Cramer* zu § 315 c StGB Rn 102; *Cramer* bei *Schönke/Schröder* zu § 315 c Rn 53; offenbar auch OLG Celle VRS 61, 345.
197 Vgl. BGH NJW 68, 1244.
198 Vgl. BGH NJW 70, 255.
199 Vgl. BGH NZV 95, 196; NJW 70, 255; VRS 62, 192; *Tröndle/Fischer* zu § 315 c Rn 23; *Lackner/Kühl* zu § 315 c Rn 4; *Mühlhaus/Janiszewski* zu § 315 c StGB Rn 4, 10.
200 Vgl. hierzu oben Rn 334.
201 Vgl. BGH NZV 95, 364.

c) Gefährdung

aa) Begriff

399 Nach § 315 c I Nr. 1 (III) StGB kann der alkoholbedingt fahrunsichere Täter nur bestraft werden, wenn durch das Fahrzeugführen Leib oder Leben eines anderen oder fremde Sachen von bedeutendem Wert gefährdet werden. Hierzu reicht die allgemeine Gefährlichkeit des Fahrzeugführens in fahrunsicherem Zustand nicht aus. Vielmehr verlangt § 315 c StGB den **Eintritt einer konkreten Gefahr**. Dieses Erfordernis ist dann erfüllt, wenn die Sicherheit eines bestimmten Menschen oder einer bestimmten Sache in der Weise beeinträchtigt ist, daß es nur vom Zufall abhängt, ob eine Verletzung bzw. ein Schaden eintritt oder nicht.[202] Dies setzt nicht voraus, daß der Nichteintritt des Schadens aus nachträglicher Sicht unerklärbar ist, vielmehr genügt es, daß dessen Ausbleiben auf einer nach allgemeiner Erfahrung ungewöhnlich günstigen Entwicklung des Geschehens beruht.[203] An die tatrichterlichen Feststellungen zum Eintritt einer konkreten Gefahr sind keine zu hohen Anforderungen zu stellen.[204] Das Urteil ist daher nicht allein deswegen zu beanstanden, weil unter **Verwendung wertender Begriffe** neben der festgestellten Notwendigkeit einer Vollbremsung nicht präzise auch Geschwindigkeiten und Entfernungen mitgeteilt werden.[205] Die früher vom BGH[206] mehrfach vertretene Ansicht, eine konkrete Gefährdung sei regelmäßig schon dann gegeben, wenn ein fahrunsicherer Fahrzeugführer eine Person befördert, auch wenn es zu einer konkreten gefährlichen Verkehrssituation gar nicht kommt, ist zu weitgehend und geeignet, die Grenze zwischen dem abstrakten Gefährdungsdelikt des § 316 StGB und dem konkreten Gefährdungsdelikt des § 315 c StGB zu verwischen.[207] Würde allein die Nähe einer Person oder einer Sache von bedeutendem Wert zu dem *abstrakt* gefährlichen Fahrzeug ausreichen,[208] so wäre die Anwendung des § 316 StGB im wesentlichen auf Fälle beschränkt, in denen der fahrunsichere Fahrer

---

202 Vgl. BGH NZV 95, 325; 97, 276; DAR 85, 63; 85, 258; BayObLG DAR 96, 152; OLG Karlsruhe VRS 57, 415; OLG Düsseldorf VRS 88, 35; NZV 90, 80 (krit. Anm. *Booß* VM 90, 53); NZV 94, 37; OLG Köln VRS 82, 39; NZV 91, 358; 92, 371; LK[10] (*Rüth*) zu § 315 b Rn 6; *Jagusch/Hentschel* zu § 315 b StGB Rn 2; *Cramer* zu § 315 c StGB Rn 52; *Demuth* VOR 73, 436 (455); weniger eng (konkrete Gefahr, wenn der Eintritt eines Schadens wahrscheinlich ist als dessen Ausbleiben): BayObLG NZV 88, 70 (71); OLG Düsseldorf NJW 89, 2763; OLG Köln DAR 92, 469; NZV 95, 159 (160); ähnlich *Lackner/Kühl* zu § 315 c Rn 22; näher dazu *Geppert* NStZ 85, 264; vgl. hierzu auch *Cramer*, Unfallprophylaxe, S. 154 f.; zum Begriff »hochgradige Existenzkrise« als Kriterium s. BGH NZV 95, 325; OLG Frankfurt NZV 94, 365
203 Vgl *Berz* NZV 89, 409 (411);
a.M. OLG Schleswig NZV 89, 481.
204 Vgl. BGH NZV 95, 325
205 Vgl. BGH NZV 95, 325;
a.M. OLG Hamm NZV 91, 158; OLG Düsseldorf NZV 94, 37; 94, 406.
206 BGH DAR 85, 63 (abl. *Janiszewski* NStZ 85, 257; *Geppert* NStZ 85, 264; *Hentschel* JR 85, 434); NZV 89, 31 (abl. *Ströber* DAR 89, 414; *Werle* JR 90, 74; *Janiszewski* NStZ 89, 258; *Becker* NStZ 90, 125); offengelassen von BGH NZV 92, 370 (bei 2,0 ‰ jedoch »naheliegend«).
207 Vgl. auch BayObLG NZV 88, 70; 89, 479; 94, 283 (Anm. *Schmid* BA 94, 330); OLG Köln NZV 91, 358 sowie die Kritik im Schrifttum: *Janiszewski* NStZ 85, 257; 88, 544; 89, 258; *Geppert* NStZ 85, 264; *Hentschel* JR 85, 434; *Berz* NZV 89, 409 (414); NZV 90, 237; *Ströber* DAR 89, 414; *Puhm* S. 112 ff.; *Hauf* DAR 94, 59; *Dreher/Tröndle*, 47. Aufl., zu § 315 c Rn 15; *Lackner/Kühl* zu § 315 c Rn 23; krit. auch *Jähnke* DRiZ 90, 425 (430).
208 Abl. insoweit auch BGH NZV 95, 80; 95, 325; OLG Düsseldorf NZV 90, 80 (krit. Anm. *Booß* VM 90, 53).

allein im Fahrzeug auf einsamer Landstraße fährt.[209] Die Rechtsprechung, wonach selbst der Eintritt eines Schadens an bedeutendem Sachwert, wenn dieser ganz unbedeutend ist, u. U. zur Verneinung einer konkreten Gefährdung dieser Sache führen kann,[210] erwiese sich als falsch. Der BGH hält inzwischen auch nicht mehr an der hier kritisierten Auffassung uneingeschränkt fest und will nunmehr eine konkrete Gefahr ohne konkrete kritische Situation allein aufgrund der Alkoholisierung des Fahrers nur noch in den Fällen annehmen, in denen dieser alkoholbedingt überhaupt nicht mehr in der Lage ist, kontrollierte Fahrmanöver auszuführen.[211]

bb) Unmittelbarkeit der Gefahr

Der Tatbestand des § 315 c StGB ist nur dann verwirklicht, wenn die konkrete Gefahr die unmittelbare Folge der Tathandlung ist. Eine Gefahr, die erst als weitere Folge eines zuvor verursachten Unfalls eintritt, reicht nicht aus.[212] Daher kann der Täter z. B. nicht nach § 315 c StGB bestraft werden, wenn durch sein Fahrverhalten ein Baum[213], Baken[214] oder Leitpfosten[215] auf die Fahrbahn geraten, die ein Hindernis bilden und dadurch nachfolgende Fahrzeugführer gefährden (vorausgesetzt, daß diese Gegenstände nicht Sachen von bedeutendem Wert sind, deren Gefährdung allein schon ausreicht). Ebensowenig ist § 315 c StGB erfüllt, wenn etwa der Täter infolge seiner Fahrunsicherheit mit seinem Kraftrad stürzt, auf der Fahrbahn liegenbleibt und hierdurch einen später die Unfallstelle erreichenden Kraftfahrer zu einem Ausweichmanöver zwingt.[216] Das gleiche gilt für den Fall, daß das vom Täter geführte Fahrzeug auf der Fahrbahn liegenbleibt und später als Hindernis einen anderen Fahrer gefährdet.[217]

Es wird allerdings auch die Ansicht vertreten, daß es auf die Unmittelbarkeit der Herbeiführung der Gefahr in dem geschilderten Sinne nicht ankomme. Denn auch wenn die Gefahr erst dadurch entstehe, daß der Täter infolge seiner alkoholbedingten Fahrunsicherheit stürze und bewußtlos liegenbleibe oder daß ein schleudernder PKW an einer Leitplanke zum Stillstand komme und als Hindernis andere Verkehrsteilnehmer gefährde, resultiere die hieraus entstehende Gefahr noch unmittelbar aus einem Fehlverhalten im Verkehr. Es könne daher nichts ausmachen, ob sich das Fahrzeug noch bewege oder bereits zum Stillstand gekommen sei.[218]

Für die herrschende Meinung sprechen jedoch Sinn und Zweck des § 315 c StGB, ganz bestimmte Verkehrsverstöße wegen der typischen durch sie entstehenden

---

209 Vgl. auch BayObLG NZV 88, 70 (72); *Berz* NStZ 90, 237.
210 Vgl. Rn 413.
211 BGH NZV 95, 325 (zust. *Hauf* NZV 95, 470; Anm. *Berz* NStZ 96, 85); ähnlich in Fällen besonders schwieriger Verhältnisse OLG Köln NZV 91, 358.
212 Vgl. BayObLG NJW 69, 2026; OLG Celle NJW 69, 1184; 70, 1091; OLG Stuttgart NJW 60, 1484 und VRS 18, 442 (jeweils zu § 315 a a. F.); DAR 74, 106; OLG Hamm DAR 73, 247; KG DAR 61, 145 (zu § 315 a a. F.); LK[10] *(Rüth)* zu § 315 c Rn 58; *Tröndle/Fischer* zu § 315 c Rn 15.
213 Vgl. OLG Celle NJW 69, 1184.
214 Vgl. BayObLG NJW 69, 2026.
215 Vgl. OLG Stuttgart DAR 74, 106.
216 Vgl. OLG Stuttgart NJW 60, 1484.
217 Vgl. OLG Hamm DAR 73, 104.
218 Vgl. *Cramer* zu § 315 c StGB Rn 71; *Cramer* bei *Schönke/Schröder* zu § 315 c Rn 38.

Gefahren unter erhöhte Strafandrohung zu stellen. Diese erhöhte Strafe erscheint nur dann gerechtfertigt, wenn durch den Verkehrsverstoß gerade eine dieser besonderen Gefahren realisiert wird. Die typische Gefährlichkeit eines alkoholbedingt fahrunsicheren Kraftfahrers z. B. besteht nicht darin, daß sein stehendes Fahrzeug ein Hindernis bereiten könnte, sondern darin, daß er es, während er es führt, nicht sicher beherrscht. Betroffen wird von ihr daher nur die Person oder Sache, die dem Gefahrenbereich des in Bewegung befindlichen Fahrzeugs und damit dem Fehlverhalten des fahrunsicheren Fahrzeugführers unmittelbar ausgesetzt ist.[219] Eine durch ein bewegungsloses Fahrzeug oder einen auf der Fahrbahn liegenden Fahrer hervorgerufene Gefahr geht nicht mehr – wie es nach Sinn und Zweck des § 315 c I Nr. 1 a StGB erforderlich ist – vom »Führen« des Fahrzeugs aus. Die von § 315 c StGB erfaßte Gefahr hört daher in dem Augenblick auf, in dem eine Schädigung anderer durch den Bewegungsvorgang nicht mehr in Betracht kommt.[220]

403 Von einem **zum Stillstand gekommenen Fahrzeug** kann eine den Tatbestand des § 315 c I Nr. 1 a StGB erfüllende Gefahr daher nur dann ausgehen, wenn diese noch in einem unmittelbaren zeitlichen und räumlichen Zusammenhang mit dem alkoholbedingten Fehlverhalten des Täters steht, z. B., wenn ein in geringem Abstand folgender Fahrzeugführer auf das plötzlich vor ihm an der Leitplanke zum Stehen kommende Fahrzeug des Täters auffährt, weil er nicht mehr rechtzeitig bremsen oder ausweichen kann.[221]

cc) Leib oder Leben eines anderen Menschen

404 Ein »anderer Mensch« i.S.d. § 315 c StGB kann zwar auch ein Fahrzeuginsasse sein,[222] nach h. M. nicht jedoch ein **Teilnehmer der Tat.** Der Tatbestand des § 315 c StGB setzt also voraus, daß ein nicht an der Tat Beteiligter gefährdet wird. Dies entspricht nicht nur dem Zweck der Vorschrift, sondern auch dem Sinn des Wortes »anderer«. Das kriminalpolitische Argument, daß hierdurch die Schutzfunktion des § 315 c StGB beeinträchtigt werde, weil dann ein Zweifel darüber, ob der gefährdete Mitfahrer Teilnehmer ist, eine Bestrafung nach dieser Vorschrift ausschließe, rechtfertigt allein nicht die Annahme, § 315 c StGB wolle nicht nur *andere* Personen, sondern die Teilnehmer selbst schützen.[223] Wird somit ausschließlich der Täter selbst, der Anstifter oder der Gehilfe gefährdet, so betrifft die Gefahr nicht Leib oder Leben eines »anderen Menschen« i.S.d. § 315 c StGB mit der Folge, daß diese Bestimmung keine Anwendung findet.[224]

---

219 Vgl. BayObLG NJW 69, 2026; OLG Hamm DAR 73, 247.
220 Vgl. OLG Stuttgart NJW 60, 1484 (zu § 315 a a. F.).
221 Vgl. OLG Celle NJW 70, 1091.
222 Vgl. BGH NZV 89, 31; 95, 80.
223 So aber z. B. OLG Stuttgart NJW 76, 1904; *Saal* NZV 98, 49 (50).
224 Vgl. BGHSt 6, 100; 6, 232; NJW 59, 637 (zu § 315 a a. F.); NStZ 92, 233; OLG Karlsruhe NJW 67, 2321; OLG Düsseldorf VRS 37, 109; *Schönke/Schröder (Cramer)* vor § 306 Rn 12; *Tröndle/Fischer* zu § 315 c Rn 17; *Mühlhaus/Janiszewski* zu § 315 c StGB Rn 5; *Janiszewski* Rn 289; vgl. hierzu auch *Hartung* NJW 65, 86 (90).

dd) Fremde Sachen von bedeutendem Wert

Für das Merkmal »bedeutender Wert« kommt es nur auf den **materiellen (stofflichen) Wert** der Sache an, nicht etwa auf ihren Wert im Hinblick auf ihren Zweck und ihre Bedeutung für die Allgemeinheit.²²⁵ Wer also z. B. eine verkehrstechnische Einrichtung von geringem wirtschaftlichen Wert, aber von großer Bedeutung für die Verkehrssicherheit gefährdet, erfüllt dadurch nicht den Tatbestand des § 315 c StGB. 405

In der Rechtsprechung finden sich selten Aussagen darüber, von welchem Betrag an eine Sache nach Auffassung der Gerichte einen bedeutenden Wert verkörpert. Häufiger sind indessen veröffentlichte Entscheidungen zu der im Rahmen des § 69 II Nr. 3 StGB bedeutsamen Frage, wann ein »bedeutender Schaden« an fremden Sachen i. S. dieser Vorschrift vorliegt. Dort ist in letzter Zeit eine Tendenz der Rechtsprechung zu beobachten, einen solchen erst bei 2000 DM anzunehmen.²²⁶ Man wird heute den Wert einer Sache jedenfalls dann nicht als i.s.d. § 315 c StGB bedeutend anzusehen haben, wenn er nicht einem Betrag von **mindestens 1500 DM** entspricht.²²⁷ 406

Da es auf den stofflichen Wert ankommt und nicht auf die Funktion der Sache, hat dies auch für fahrbereite Kraftwagen zu gelten. Dennoch wird teilweise die Auffassung vertreten, ein gebrauchsfähiges Auto sei, sofern es nicht nahezu schrottreif sei, stets ein bedeutender Sachwert i.s.d. § 315 c StGB.²²⁸ Da aber ein Anlaß, hier eine Ausnahme von den im übrigen geltenden Grundsätzen zu machen, nicht ersichtlich ist, sind mithin auch **geringwertige Kraftfahrzeuge** keine Sachen »von bedeutendem Wert« i.s.d. § 315 c StGB.²²⁹ 407

Bei der Gefährdung von Sachen ist im Rahmen des § 315 c StGB immer der Wert der Sache selbst entscheidend, **nicht der Wiederherstellungsaufwand**.²³⁰ 408

Handelt es sich um Sachen von größerer Länge (Zäune, Leitplanken usw.), so ist, wenn sie nicht in ihrer Gesamtheit gefährdet wurden, auf den Wert des **gefährdeten Teilstücks** abzustellen.²³¹ Sind z. B. drei Teilstücke und zwei Pfosten einer Leitplanke eingedrückt worden, so ist auch unter Berücksichtigung konkreter Gefährdung der benachbarten Teile bei einem weit unter der genannten Wertgrenze²³² liegenden 409

---

225 Vgl. BayObLG NJW 69, 2026; OLG Bremen NJW 62, 1408; OLG Hamm DAR 64, 25; 73, 104; VRS 32, 451; OLG Celle VRS 17, 350; OLG Düsseldorf VM 77, 25.
226 Vgl. hierzu die Nachweise bei Rn 625.
227 Vgl. BayObLG NZV 98, 164 (1400 DM nicht als ausreichend erachtet); *Tröndle/Fischer* zu § 315 Rn 16; *Janiszewski* Rn 291; *Kuckuk/Werny* zu § 315 c StGB Rn 26.
228 So z. B. OLG Karlsruhe NJW 61, 133; DAR 62, 302 (zu §§ 315 a, 315 III a. F.); OLG Hamm VRS 18, 437, das in dieser Entscheidung aus dem Jahre 1959 aber folgerichtig entgegen der heute wohl einhelligen Meinung ganz allgemein die Ansicht vertritt, die Formulierung des Gesetzes (damals § 315 III StGB) schließe es nicht aus, statt auf den Geldwert auch auf andere Umstände abzustellen.
229 Vgl. OLG Stuttgart NJW 76, 1904; KG DAR 59, 269; VRS 12, 356; 13, 43; OLG Celle VRS 6, 381; Rn 437, *Schönke/Schröder* (*Cramer*) vor § 306 Rn 15; *Cramer* zu § 315 c StGB Rn 26; *Rüth/Molketin*, KVR, S. 61 f.; offengelassen von OLG Hamburg VM 68, 61 Nr. 85, das bei einem Fahrzeug mit einem Zeitwert von 400,– DM im entschiedenen Fall jedoch das Erfordernis des bedeutenden Wertes als nicht gegeben ansah.
230 Vgl. BGH NStZ 99, 351; OLG Hamm DAR 64, 25; 73, 104.
231 Vgl. OLG Hamm DAR 73, 104.
232 Siehe oben Rn 406.

Gesamtschaden keine Sache von bedeutendem Wert gefährdet worden,[233] soweit im Hinblick auf den Gesamtwert der betreffenden Teile nicht die *Gefahr* eines bedeutenden Schadens[234] bestand.

410 Nach ganz überwiegender Meinung ist **das vom Täter geführte Fahrzeug** auch dann *keine* fremde Sache von bedeutendem Wert i.S.d. § 315 c StGB, wenn es in fremdem Eigentum steht; denn als notwendiges Mittel zur Verwirklichung des Tatbestands ist es nicht gleichzeitig Schutzobjekt der Vorschrift.[235] Das gleiche gilt für das vom Tatteilnehmer geführte Fahrzeug (etwa bei zu Betrugszwecken »gestellten« Unfällen).[236]

411 Nach vor allem früher vertretener anderer Ansicht dagegen soll für die Anwendbarkeit des § 315 c StGB die Gefährdung des vom Täter geführten, ihm aber nicht gehörenden Fahrzeugs genügen.[237] Zur Begründung wurde vor allem geltend gemacht, daß es bei § 315 a StGB unzweifelhaft ist, daß zur Tatbestandsverwirklichung die Gefährdung des vom Täter geführten, ihm nicht gehörenden Schienenbahn- oder Schwebebahnfahrzeugs, Schiffs- oder Luftfahrzeugs ausreiche. Es sei daher nicht einzusehen, warum für § 315 c StGB etwas anderes gelten solle. Die konsequente Anwendung der überwiegend vertretenen Meinung müsse aber dazu führen, auch den Führer eines Flugzeugs, einer Lokomotive usw. von der Strafe des § 315 a StGB freizustellen, wenn nur das Fahrzeug gefährdet wird.

412 Zu berücksichtigen ist indessen, daß die in § 315 a StGB genannten Fahrzeuge regelmäßig nicht im Eigentum des Fahrzeugführers stehen und als öffentliche Verkehrsmittel zumeist einen besonders hohen Wert verkörpern und daher nach dem Schutzzweck des § 315 a StGB in erster Linie nicht als Mittel, sondern wie in § 315 StGB als Objekt der Gefährdung erscheinen.[238] Schließlich würde diese Auffassung aber auch oft in Fällen des Eigentumsvorbehalts an dem vom Täter geführten Fahrzeug zu ganz unerträglichen Ergebnissen führen: Wer die letzte Rate des Kaufpreises für das Fahrzeug noch nicht bezahlt hat, müßte, wenn er das Fahrzeug infolge alkoholbedingter Fahrunsicherheit gefährdet, nach § 315 c I Nr. 1 a (III) StGB bestraft werden, obwohl nach den Vereinbarungen zwischen Verkäufer und Käufer der Verkäufer in aller Regel das wirtschaftliche Risiko insoweit nicht trägt. Es hinge in Fällen des Kaufs unter Eigentumsvorbehalt vom Zufall ab, ob der Täter nach § 315 c StGB oder nach der milderen Vorschrift des § 316 StGB zu bestrafen wäre.[239]

---

233 Vgl. OLG Hamm VRS 63, 51.
234 Vgl. dazu oben Rn 406.
235 Vgl. BGH NZV 98, 211; NJW 77, 1109; DAR 95, 190 (bei *Tolksdorf*); VRS 50, 95; NStZ 92, 233; 99, 351; BayObLG DAR 78, 209 (bei *Rüth*); OLG Celle NJW 70, 1091; OLG Hamm DAR 73, 104; OLG Stuttgart NJW 66, 2280; OLG Schleswig NJW 65, 1727; OLG Braunschweig VRS 32, 443; OLG Hamburg VM 68, 61 Nr. 85; *Lackner/Kühl* zu § 315 c Rn 25; *Lackner* JZ 65, 120; *Cramer* zu § 315 c StGB Rn 47, 58; *Cramer* bei *Schönke/Schröder* vor § 306 Rn 11; *Mühlhaus/Janiszewski* zu § 315 c StGB Rn 6; *Janiszewski* Rn 290; einschränkend *Rüth* JR 77, 432, der § 315 c StGB dann anwenden will, wenn das Fahrzeug unbefugt in Gebrauch genommen wurde;
   a. M. z. B. *Saal* NZV 98, 49 (50).
236 Vgl. BGH NStZ 92, 233.
237 Vgl. z. B. KG VRS 13, 43; *Hartung* JR 58, 265 (266); NJW 65, 86 (89); 66, 15; 67, 909.
238 Vgl. BGH NJW 77, 1109 (1110); OLG Celle NJW 67, 1667; vgl. auch BGH VRS 42, 97.
239 Vgl. BGH NJW 58, 469; OLG Stuttgart NJW 66, 2280; *Schönke/Schröder (Cramer)* vor § 306 Rn 11.

ee) Unbedeutende Sachgefährdung

Wird eine Sache von bedeutendem Wert nur in unbedeutendem Umfang gefährdet, so erfüllt das den Tatbestand der Gefährdung fremder Sachen von bedeutendem Wert i.S.d. § 315 c StGB nicht.[240] Dies ist insbesondere zu beachten, wenn nur ein geringfügiger Schaden entstanden ist. Zu berücksichtigen ist allerdings, daß das Merkmal der Gefährdung den Eintritt eines Schadens überhaupt nicht voraussetzt.[241] Ist ein Schaden verursacht worden, so ist jedoch in der Regel eine Gefährdung der beschädigten Sache i.S.d. § 315 c StGB wenigstens naheliegend.[242] Ist dieser Schaden bedeutend, so ist auch die Gefährdung ohne weiteres festgestellt.[243] Handelt es sich dagegen um eine unbedeutende Beschädigung, so ist zu prüfen, ob die Gefahr eines bedeutenden Schadens gegeben war; nur dann kann Bestrafung nach § 315 c StGB erfolgen.[244] Dies kann insbesondere bei solchen Schäden zweifelhaft sein, die beim **Rangieren in Parklücken** entstanden sind. Hat der Angeklagte infolge alkoholbedingter Fahrunsicherheit hierbei ein anderes Fahrzeug nur leicht berührt und ihm dadurch eine geringfügige Delle zugefügt, so wird regelmäßig eine Gefährdung dieses Fahrzeugs in seinem bedeutenden Wert durch die Gefahr eines entsprechend hohen Schadens nicht gegeben sein,[245] eine Bestrafung daher nicht nach § 315 c, sondern nach § 316 StGB in Betracht kommen. Entsprechendes gilt bei Verursachung von Lackschäden durch einen fahrunsicheren Radfahrer.[246]

413

ff) Ursächlichkeit der Fahrunsicherheit für die Gefährdung

§ 315 c I Nr. 1 a StGB setzt eine Kausalität in doppelter Hinsicht voraus: »Infolge« des Genusses alkoholischer Getränke oder anderer berauschender Mittel muß der Täter fahrunsicher sein.[247] »Dadurch« (durch das Fahrzeugführen in fahrunsicherem Zustand) muß die Gefährdung herbeigeführt worden sein. Zwischen dem Führen des Fahrzeugs im Zustand der Fahrunsicherheit und der Gefährdung muß also ein ursächlicher Zusammenhang bestehen.[248]

414

Soweit im Rahmen der §§ 229, 222 StGB zu prüfen ist, ob der Unfall für den alkoholbedingt fahrunsicheren Angeklagten vermeidbar war, ist es streitig, wie die Fragestellung lauten muß. Während u.a. der BGH die Meinung vertritt, es sei zu ermitteln, bei welcher geringeren Geschwindigkeit der Angeklagte seiner herabgesetzten

415

---

240 Vgl. BayObLG NZV 98, 164; DAR 74, 178; 75, 204 (jeweils bei *Rüth*); OLG Schleswig NJW 65, 1727; OLG Koblenz DAR 73, 48; VRS 51, 284; OLG Zweibrücken DAR 70, 105; VRS 32, 277; OLG Hamm VRS 34, 445; OLG Bremen VRS 62, 275; *Rengier, Spendel*-Festschrift, S. 562.
241 Vgl. BGH DAR 85, 63; NZV 95, 325; *Geppert* NStZ 85, 264.
242 Vgl. OLG Koblenz DAR 73, 104.
243 Vgl. OLG Hamm VRS 34, 445; OLG Koblenz DAR 73, 48; OLG Bremen VRS 62, 275; *Geppert* NStZ 85, 264.
244 Vgl. BayObLG NZV 98, 164; OLG Koblenz DAR 73, 48; OLG Hamm VRS 49, 201.
245 Vgl. BayObLG DAR 75, 204; 85, 241 (bei *Rüth*); vgl. hierzu aber auch OLG Koblenz VRS 39, 201.
246 Vgl. BayObLG NZV 98, 164 (Gefahr bedeutenden Schadens bei 1400 DM verneint).
247 Vgl. hierzu oben Rn 228 ff.
248 Vgl. BGH NJW 55, 1329; VRS 13, 204; 65, 359; DAR 86, 194 (bei *Spiegel*); BayObLG VRS 64, 368; NZV 89, 359; 94, 283; OLG Koblenz VRS 73, 57; OLG Karlsruhe VRS 58, 140; AG Bochum BA 90, 234 (Anm. *Benz*); *Schönke/Schröder (Cramer)* zu § 315 c Rn 36; vgl. hierzu auch *Schmidt-Leichner* NJW 55, 1297.

Wahrnehmungs- und Reaktionsfähigkeit hätte Rechnung tragen können und ob es auch bei dieser Geschwindigkeit zu dem Unfall gekommen wäre, ist nach einer anderen Auffassung, die den Vorzug verdient, zu fragen, ob der Fahrer in nüchternem Zustand den Unfall bei gleicher Geschwindigkeit hätte vermeiden können.[249]

416 Im Rahmen des § 315 c StGB kann es nicht zweifelhaft sein, wie die Frage nach der Ursächlichkeit zu stellen ist. Es muß ein **Ursachenzusammenhang zwischen dem vorwerfbaren Verhalten und dem Erfolg (der Gefährdung)** bestehen. § 315 c I Nr. 1 a StGB wirft Fahrzeugführern aber nicht etwa vor, im Hinblick auf ihre Verfassung *mit zu hohen Geschwindigkeiten*, sondern *alkoholbedingt fahrunsicher* zu fahren. Also muß die alkoholbedingte Fahrunsicherheit ursächlich für die Gefährdung sein. Das ist der Fall, wenn sich die Fahrunsicherheit auf den konkreten Verkehrsvorgang ausgewirkt hat[250] und dies zu der Gefährdung führte, diese also bei Nüchternheit des Täters nicht eingetreten wäre.[251] Soweit in diesem Zusammenhang teilweise die Formulierung gebraucht wird, die Ursächlichkeit sei zu verneinen, wenn eine gleiche Gefahr auch von »einem« nüchternen Fahrer gedroht hätte,[252] so ist dies zumindest unscharf. Entscheidend ist nämlich, ob die Gefahr auch *von dem Angeklagten* in nüchternem Zustand ausgegangen wäre.[253] Zwar muß die konkrete Gefahr darüber hinaus vom Schutzzweck des § 315 c StGB umfaßt sein, nicht erforderlich ist jedoch, daß sie bei trunkenheitsbedingter Verletzung einer Verkehrsregel auch in *deren* Schutzbereich liegt.[254]

3. Rechtswidrigkeit

417 Hinsichtlich der Frage, inwieweit ärztliche Hilfspflicht, Notwehr (Nothilfe) und rechtfertigender Notstand geeignet sind, die Rechtswidrigkeit auszuschließen, wird auf die entsprechenden Ausführungen im Rahmen des § 316 StGB (oben Rn 359 ff.) Bezug genommen.

418 Umstritten ist, ob der **Einwilligung des Mitfahrers** in eine Gefährdung seiner körperlichen Unversehrtheit durch den wegen Trunkenheit fahrunsicheren Fahrzeugführer rechtfertigende Wirkung zukommt.

419 Die Frage wurde schon während der Geltung des § 315 a a. F., an dessen Stelle § 315 c n. F. getreten ist, nicht einheitlich beantwortet. Während überwiegend die Auffassung vertreten wurde, die Vorschrift bezwecke vor allem die Sicherung des Straßenverkehrs und damit der Allgemeinheit, ein Rechtsgut, über das der einzelne nicht wirksam durch Einwilligung verfügen könne,[255] war nach anderer Auffas-

---

249 Vgl. oben Rn 322 ff.
250 Vgl. BGH NJW 55, 1329; BayObLG NZV 89, 359; 94, 283; vgl. dazu auch *Schmidt-Leichner* NJW 55, 1297.
251 Vgl. BGH VRS 13, 204; BayObLG NJW 54, 730; OLG Neustadt NJW 61, 2223; *Schönke/Schröder (Cramer)* zu § 315 c Rn 36; *Mühlhaus/Janiszewski* zu § 315 c StGB Rn 8 a, 12.
252 So z. B. BGH VRS 13, 204; BayObLG NZV 94, 283.
253 Vgl. BayObLG NJW 54, 730; OLG Neustadt NJW 61, 2223; *Mühlhaus/Janiszewski* zu § 315 c StGB Rn 8 a, 12; vgl. hierzu auch oben Rn 194 ff.
254 Vgl. *Deutscher* NZV 89, 360; *Hentschel* NJW 90, 1454 (1461);
a. M. BayObLG NVZ 89, 359 (zust. *Janiszewski* NStZ 89, 566; *Peters* NZV 90, 260).
255 Vgl. z. B. BGH NJW 54, 1255.

sung ein Verzicht des Verletzten auf den Schutz möglich, weil dieser Schutz auch ihm als Repräsentanten der Allgemeinheit zugedacht sei.[256]

Vielfach wird die rechtfertigende Wirkung der Einwilligung für § 315 c StGB aus der Neufassung dieser Bestimmung durch das 2. VerkSichG v. 26. 11. 1964 hergeleitet. § 315 a a. F. stellte ausdrücklich die Beeinträchtigung der »Sicherheit des Straßenverkehrs« unter Strafandrohung, während § 315 c n. F. nur noch ein Handeln »im Straßenverkehr« voraussetzt. Nach § 315 a a. F. war für die Bestrafung die Herbeiführung einer »Gemeingefahr« erforderlich, während nach § 315 c n. F. die Gefährdung von Leib oder Leben »eines anderen Menschen« ausreicht. Daraus sei zu schließen, daß der Schutz der neuen Vorschrift in erster Linie individuellen Rechtsgütern gelte mit der Folge, daß eine rechtfertigende Einwilligung möglich sei.[257] Zumindest sei der Neufassung zu entnehmen, daß die Vorschrift trotz ihrer Schutzrichtung auf die Sicherheit des Straßenverkehrs *auch* eine Individualgefahr verlange, über die der Betroffene verfügen könne.[258]

Auch andere Argumente werden zur Begründung für die Auffassung herangezogen, die Einwilligung des Mitfahrers schließe die Rechtswidrigkeit seiner Gefährdung im Rahmen des § 315 c StGB aus. *Oellers*[259] etwa betrachtet § 315 c StGB als »gesetzestechnische Zusammenziehung von § 229 und § 316« und meint, es sei nicht einzusehen, daß die Einwilligung auch für § 229 StGB insofern ihre Wirkung verlieren solle, als trotz dieser Einwilligung nicht allein § 316 StGB übrigbleibe, sondern eine Bestrafung nach § 315 c StGB möglich sein solle.

Teilweise wird differenziert zwischen Leibes- und Lebensgefahr. Danach soll die Einwilligung des Mitfahrers in die Trunkenheitsfahrt jedenfalls dann die Bestrafung nach § 315 c StGB ausschließen, wenn es nur zu einer Leibesgefährdung, nicht dagegen zu einer Lebensgefährdung gekommen ist.[260] *Geppert*[261] unterscheidet zwischen § 315 c I Nr. 1 a und den übrigen Fällen des § 315 c StGB und hält eine rechtfertigende Einwilligung des allein Gefährdeten bei § 315 c I Nr. 1 a für möglich, in allen anderen Fällen des § 315 c StGB dagegen mangels ausschließlicher Verfügungsbefugnis für unbeachtlich.

Den Vorzug verdient die Ansicht, wonach die Einwilligung des gefährdeten Mitfahrers die Rechtswidrigkeit der Gefährdung nicht ausschließt, eine Bestrafung nach § 315 c StGB mithin in allen Fällen möglich bleibt, weil nämlich der Einwilligende über das durch § 315 c StGB geschützte Rechtsgut nicht wirksam verfügen kann.[262]

---

256 Vgl. z. B. *Hoffmann* NJW 54, 1076.
257 Vgl. OLG Hamburg NJW 69, 336; *Bickelhaupt* NJW 67, 713; vgl. auch *Tröndle/Fischer* zu § 315 c Rn 2.
258 Vgl. *Cramer* zu § 315 c Rn 86; *Cramer* bei *Schönke/Schröder* zu § 315 c Rn 43.
259 *Oellers* NJW 70, 2121.
260 So z. B. *Bickelhaupt* NJW 67, 713; vgl. dagegen *Langrock* MDR 70, 982, der auch einer Einwilligung in die Lebensgefährdung rechtfertigende Wirkung beimißt.
261 *Geppert* ZStW 83, 947.
262 Vgl. BGH NJW 70, 1380; NZV 92, 370; 95, 80; OLG Hamm NJW 69, 816; OLG Karlsruhe NJW 67, 2321; 74, 1006; OLG Düsseldorf VRS 36, 109; OLG Stuttgart NJW 76, 1904; *Saal* NZV 98, 49 (50); *Rüth* in LK[10] zu § 315 c Rn 61; *Lackner/Kühl* zu § 315 c Rn 32; *Lackner*, Gefährdungsdelikt, S. 12 f.; *Mühlhaus/Janiszewski* zu § 315 c StGB Rn 1, 35; *Janiszewski* Rn 121, 297; *Rüth/Molketin*, KVR, S. 86.

424 Nach wie vor schützt die Bestimmung über die Gefährdung des Straßenverkehrs (früher: § 315 a, jetzt: § 315 c) in erster Linie nicht den einzelnen, sondern die Sicherheit des Straßenverkehrs, während der Schutz des einzelnen nur eine Nebenwirkung ist.[263] Das 2. VerkSichG hat insoweit keine Änderung gebracht. Entgegen der hier abgelehnten Auffassung läßt sich weder aus dem Wegfall der Worte »Sicherheit des Straßenverkehrs« noch aus der Ersetzung des Wortes »Gemeingefahr« durch die Neuformulierung des § 315 c n. F. etwas anderes herleiten. Daß insoweit vom Gesetzgeber eine Änderung nicht beabsichtigt war, zeigt die Begründung des Regierungsentwurfs zum 2. VerkSichG.[264]

425 Aus der Begründung folgt, daß mit dem Wegfall des Erfordernisses einer Beeinträchtigung der »Sicherheit des Straßenverkehrs« lediglich beabsichtigt war, den Schutz außerhalb der Straße befindlicher Personen und Sachen einzubeziehen.[265] Mit dem Verzicht auf das Merkmal der Herbeiführung einer »Gemeingefahr« sollte zum Ausdruck gebracht werden, daß die Tatbestandsverwirklichung nicht im Einzelfall die Gefährdung einer Vielzahl von Menschen und Sachen voraussetzt.[266]

426 Daß das von § 315 c StGB geschützte Rechtsgut in erster Linie der Schutz der Allgemeinheit ist, läßt auch – worauf der BGH[267] zutreffend hinweist – die Tatsache erkennen, daß der Tatbestand auch nach Neufassung durch das 2. VerkSichG im 28. Abschnitt des StGB »gemeingefährliche Straftaten« belassen wurde.

427 Da mithin der Verstoß gegen § 315 c StGB das Rechtsgut der allgemeinen Verkehrssicherheit beeinträchtigt, die Einwilligung jedoch nur dort rechtfertigende Wirkung haben kann, wo sich die Handlung allein gegen den Einwilligenden richtet,[268] vermag die Einwilligung des Mitfahrers in seine Gefährdung die Rechtswidrigkeit eines Verstoßes gegen § 315 c StGB nicht auszuschließen.

428 Gegen die Argumentation von *Oellers*[269] ist einzuwenden, daß entgegen seiner Auffassung die Vorschrift des § 315 c StGB auch insoweit, als ihr Tatbestand durch eine Verletzung des Mitfahrers verwirklicht wird, keine »gesetzestechnische Zusammenziehung von § 229 und § 316« ist, zumal § 315 c StGB eine Körperverletzung überhaupt nicht voraussetzt, sondern eben eine *Gefährdung* von Leib oder Leben eines anderen ausreichen läßt.

---

263 Vgl. BGH NJW 70, 1380; OLG Karlsruhe NJW 67, 2321; OLG Düsseldorf VRS 36, 109; LK[10] (*Rüth*) zu § 315 c Rn 61; *Lackner*, Gefährdungsdelikt, S. 12 f.; *Puhm* S. 126, 139; *Mühlhaus/Janiszewski* zu § 315 c StGB Rn 1; *Janiszewski* Rn 262.
264 Vgl. BT-Drucks. IV/651 S. 23, 28; vgl. auch BGH NJW 70, 1380; *Mühlhaus/Janiszewski* zu § 315 c StGB Rn 1.
265 BT-Drucks. IV/651 S. 28.
266 BT-Drucks. IV/651 S. 23.
267 BGH NJW 70, 1380.
268 Vgl. OLG Karlsruhe NJW 67, 2321.
269 Vgl. oben Rn 421.

4. Innerer Tatbestand

a) Maßgeblicher Zeitpunkt für die Beurteilung der Schuldfähigkeit

Für die Beurteilung der Schuldfähigkeit kommt es nicht auf den Zeitpunkt des Fahrtantritts, sondern auf den Eintritt der konkreten Gefahr an. Dies kann bei mehrstündigen Fahrten unter Alkoholeinfluß von Bedeutung sein, bei denen eine bei Fahrtantritt vorhandene Beeinträchtigung der Schuldfähigkeit infolge Alkoholabbaus im Zeitpunkt der Gefährdung beseitigt sein kann.[270]

429

b) Vorsatz

aa) hinsichtlich der Fahrunsicherheit

Bestrafung wegen vorsätzlicher Gefährdung des Straßenverkehrs (§ 315 c I Nr. 1 a StGB) setzt voraus, daß der Angeklagte seine Fahrunsicherheit entweder kannte oder zumindest mit ihr rechnete und sie billigend in Kauf nahm. Wegen der Einzelheiten hierzu wird auf die Ausführungen zum gleichen Thema bei § 316 StGB Bezug genommen (oben Rn 362 ff.).

430

bb) hinsichtlich der Gefährdung

Der Vorsatz muß sich auch auf die Gefährdung erstrecken. Das heißt, der Täter muß den Eintritt der (konkreten) Gefahrenlage zumindest billigend in Kauf genommen haben.[271] Das Bewußtsein der *abstrakten* Gefährlichkeit des Tatverhaltens genügt nicht.[272] Auch die Ursächlichkeit der alkoholbedingten Fahrunsicherheit für die Gefährdung[273] muß vom Vorsatz erfaßt sein.[274] In der Rechtsprechung wird zum Teil angenommen, es sei als ein Ausnahmefall anzusehen, daß der Täter die Gefährdung anderer Menschen oder bedeutender Sachwerte billige, weil er damit auch die eigene Gefährdung in Kauf nehme.[275] Die Feststellungen zum inneren Tatbestand müßten daher erkennen lassen, aufgrund welcher besonderen Umstände der Tatrichter auf den Willen des Täters geschlossen habe, sich der ernsthaften Gefahr der Selbstgefährdung auszusetzen.[276] Zu berücksichtigen ist jedoch, daß der Täter durchaus auch einen ihm im Grunde unerwünschten Erfolg billigen kann.[277] Im übrigen erfordert Vorsatz nach § 315 c StGB, selbst wenn es zu einem Unfall gekommen ist, keineswegs, daß sich der Vorsatz auch auf den Eintritt eines Schadens erstreckte.[278] Mit Recht weisen z. B. *Tröndle/Fischer* in diesem Zusammenhang darauf hin, daß, wer darauf vertraue, den Schaden vermeiden zu

431

---

270 Vgl. BGH VRS 62, 191.
271 Vgl. BGH NZV 95, 495; 96, 458; 98, 211; DAR 86, 194 (bei *Spiegel*); OLG Hamm DAR 72, 334; OLG Schleswig BA 92, 78; KG VRS 80, 448; OLG Köln NJW 60, 1213 (zu § 315 a a. F.).
272 Vgl. BGH NZV 95, 495; 98, 211.
273 Vgl. dazu Rn 414.
274 Vgl. BayObLG VRS 64, 368; KG VRS 80, 448.
275 Vgl. z. B. BayObLG NJW 55, 1448; OLG Köln NJW 60, 1213; OLG Düsseldorf NJW 56, 1043 (alle noch zu § 315 a a. F.); ebenso zu § 315 b StGB OLG Köln NZV 92, 80; VRS 82, 39.
276 Vgl. OLG Köln NJW 60, 1213.
277 Vgl. BGH NZV 96, 458; NJW 55, 1688.
278 Vgl. OLG Hamm DAR 72, 334.

können, sehr wohl auch mit einer Gefahr für sich selbst einverstanden sein könne.[279] Hinzu kommt, daß es für den Vorsatz genügt, wenn der Täter sich der Umstände bewußt ist, aus denen sich die Gefahr ergibt.[280]

cc) Belehrung nach § 265 I StPO

432 Ist *fahrlässige* Gefährdung des Straßenverkehrs angeklagt, so bedeutet die Verurteilung wegen *vorsätzlicher* Tat einen Verstoß gegen § 265 I StPO, wenn eine entsprechende Belehrung des Angeklagten unterblieben ist.[281]

c) Fahrlässigkeit
aa) Absatz III Nr. 1

433 Nach Absatz III Nr. 1 des § 315 c StGB wird bestraft, wer zwar die Gefahr fahrlässig verursacht, im übrigen aber vorsätzlich handelt. Voraussetzung ist also, daß sich der Vorsatz auch auf die Fahrunsicherheit erstreckte.[282]

434 Nach § 11 II StGB ist eine Tat auch dann vorsätzlich i.S.d. StGB, wenn sie einen gesetzlichen Tatbestand verwirklicht, der hinsichtlich der Handlung Vorsatz voraussetzt, hinsichtlich einer dadurch verursachten besonderen Folge jedoch Fahrlässigkeit ausreichen läßt. Das Vergehen gegen § 315 c I Nr. 1 a, III Nr. 1 StGB ist daher eine vorsätzliche Tat.[283]

bb) Absatz III Nr. 2

435 Absatz III Nr. 2 des § 315 c StGB betrifft den Fall fahrlässiger Tatbegehung. Er findet Anwendung, wenn der Täter nicht nur die Gefahr fahrlässig herbeigeführt hat, sondern auch fahrlässig seine Fahrunsicherheit nicht erkannt hat. Für die Fahrlässigkeit hinsichtlich der Fahrunsicherheit gilt das gleiche, was zu der entsprechenden Frage im Rahmen des § 316 II StGB im Abschnitt D I 4 b (Rn 370 ff.) ausgeführt wurde. Hierauf wird verwiesen.

5. Versuch

436 Nach Absatz II des § 315 c StGB ist der Versuch in den Fällen des Abs. I Nr. 1, mithin auch der Versuch der Gefährdung des Straßenverkehrs durch Trunkenheit, strafbar. Versuch ist nur gegeben, wenn sich der Vorsatz des Täters auch auf die Gefährdung erstreckt, der Täter also den Eintritt einer Gefahr i.S.d. § 315 c StGB in sein Vorstellungsbild aufgenommen und billigend in Kauf genommen hat.[284]

---

279 *Tröndle/Fischer* zu § 315 c Rn 18.
280 Vgl. *Cramer* zu § 315 c StGB Rn 76, 78.
281 Vgl. BGH VRS 49, 184; OLG Koblenz VRS 63, 50.
282 Vgl. hierzu BGH NJW 68, 1244.
283 Vgl. BGH DAR 97, 177 (bei *Tolksdorf*); NZV 89, 31; 91, 117; VRS 57, 271; OLG Hamm VRS 62, 33; vgl. auch OLG Stuttgart NJW 76, 1904.
284 Vgl. OLG Düsseldorf NJW 56, 1043; VRS 35, 29; LK[10] *(Rüth)* zu § 315 c Rn 64; *Lackner/Kühl* zu § 315 c Rn 33.

Hierzu reicht die allgemeine Vorstellung irgendeiner möglichen Gefahr nicht aus. Voraussetzung ist vielmehr die Vorstellung einer konkreten, bei einem bestimmten Verkehrsvorgang eintretenden Gefährdung.[285] Dieses Erfordernis wird kaum je erfüllt sein, so daß die praktische Bedeutung des § 315 c II StGB gering ist.[286]

6. Teilnahme

Teilnahme an vorsätzlicher Gefährdung des Straßenverkehrs nach § 315 c I Nr. 1 a StGB wird ebenfalls ein seltener Ausnahmefall sein, weil das erforderliche Zusammenwirken zwischen Täter und Teilnehmer hinsichtlich der konkreten Gefahr regelmäßig nicht gegeben sein wird.[287] Da aber gem. § 11 II StGB auch die Gefährdung des Straßenverkehrs nach § 315 c I Nr. 1 a, III Nr. 1 StGB, zu deren Verwirklichung hinsichtlich der Gefährdung Fahrlässigkeit genügt, eine Vorsatztat ist,[288] kann auch hierzu angestiftet und Beihilfe geleistet werden.[289] Zur strafrechtlichen Verantwortlichkeit eines Dritten für eine infolge Trunkenheit des Fahrers verursachte fahrlässige Körperverletzung oder Tötung siehe Rn 330 f.

7. Wahlfeststellung

Wahlfeststellung zwischen Gefährdung des Straßenverkehrs und Gestatten des Fahrens ohne Fahrerlaubnis (§ 21 I Nr. 2 StVG) scheidet aus, weil das konkrete Gefährdungsdelikt des § 315 c I Nr. 1 a (III) StGB mit dem abstrakten Gefährdungsdelikt des § 21 StVG rechtlich und psychologisch nicht vergleichbar ist. In Betracht kommt in solchen Fällen jedoch Wahlfeststellung zwischen Trunkenheit im Verkehr (§ 316 StGB) und Gestatten des Fahrens ohne Fahrerlaubnis.[290]

---

285 Vgl. auch *Janiszewski* Rn 303.
286 Vgl. auch *Hartung* NJW 65, 86 (90); *Cramer* zu § 315 c StGB Rn 96.
287 Vgl. *Hartung* NJW 65, 86.
288 Vgl. oben Rn 434.
289 Vgl. hierzu auch *Cramer* zu § 315 c StGB Rn 93; zur Frage einer möglichen Anstiftung durch den gefährdeten Beifahrer vgl. *Otto* NZV 92, 309.
290 Vgl. OLG Hamm VRS 62, 33; näher dazu oben Rn 394.

E. Das Verhältnis der §§ 316, 315 c I Nr. 1 a (III), 323 a StGB zueinander und zu anderen Tatbeständen

Literatur:

Brückner, Auswirkungen auf die materiell-rechtliche und prozessuale Tat bei Straßenverkehrsdelikten gemäß §§ 315 c, 316 StGB durch die Verwirklichung des § 142 I StGB nach höchstrichterlicher Rechtsprechung, in: NZV 1996, 266; *Krüger,* Tatmehrheit oder Tateinheit bei Trunkenheitsfahrt mit Unfallflucht?, in: NJW 1966, 489; *Seier,* Die Handlungseinheit von Dauerdelikten im Straßenverkehr, NZV 1990, 129.

I. Die sog. Polizeiflucht

439 Bevor das Verhältnis der §§ 315 c I Nr. 1 a (III), 316, 323 a StGB zueinander und zu anderen Tatbeständen erläutert wird, sind die Besonderheiten zu erwähnen, die dieses Verhältnis in Fällen der sog. »Polizeiflucht« kennzeichnen. Häufig versuchen Kraftfahrer, sich einer polizeilichen Kontrolle durch die Flucht zu entziehen, weil sie eine Blutentnahme und die nach Ermittlung der BAK mögliche Überführung wegen eines Vergehens der Trunkenheit im Verkehr fürchten. Während einer solchen Fahrt – in der Rechtsprechung »Polizeiflucht« genannt – werden vielfach mehrere Straftatbestände verwirklicht wie z. B. die des § 315 b, des § 315 c, des § 142 StGB und andere. Auch derartige Tatbestände, die im Regelfall im Verhältnis der Tatmehrheit zueinander stünden, bilden, wenn sie während einer solchen Polizeiflucht begangen wurden, zumeist ein in sich geschlossenes, zusammenhängendes Verhalten und damit eine natürliche Handlungseinheit.[1] Auch bei Straftatbeständen, die im Normalfall im Verhältnis der Tatmehrheit zueinander stehen würden, ist daher zu berücksichtigen, daß in Fällen der Tatbestandsverwirklichung während einer Polizeiflucht in der Regel nur *eine* Tat im Rechtssinne (§ 52 StGB) vorliegen wird.[2]

440 Regelmäßig dauert auch das vor der Polizeiflucht begonnene Dauerdelikt der Trunkenheit im Verkehr (§ 316 StGB) während der Flucht fort und steht daher mit den bei der Durchführung des Fluchtplans verwirklichten Straftatbeständen im Verhältnis der Tateinheit. Allein durch die Tatsache, daß sich der fahrunsichere Täter entschließt, seine Fahrt nunmehr mit einem geänderten Ziel, nämlich dem der Flucht vor der Polizei, fortzusetzen, wird diese Dauerstraftat nicht in zwei rechtlich selbständige Teile aufgespalten.[3] Das gilt auch dann, wenn der Täter den ursprünglich eingeschlagenen Weg verläßt[4] oder wenn er bei dem Versuch, der Polizei zu entkommen, einen Unfall verursacht und sich von der Unfallstelle entfernt (§ 142 StGB).[5]

---

1 Vgl. BGH NStZ-RR 97, 331; DAR 78, 148; 79, 182; 85, 190 (jeweils bei *Spiegel*); 94, 180 (bei *Nehm*); 95, 334; VRS 65, 428; 66, 20; krit. bezüglich der dogmatischen Konstruktion *Seier* NZV 90, 129 (132); *Sowada* NZV 95, 466.
2 Im Ergebnis ebenso *Seier* NZV 90, 129 (132).
3 Vgl. BGH DAR 72, 118; 75, 117 (jeweils bei *Martin*); VRS 49, 177; 49, 185; OLG Koblenz VRS 56, 38.
4 Vgl. BGH VRS 48, 354.
5 Vgl. BGH VRS 56, 141; DAR 75, 117 (bei *Martin*).

II. Mehrere Begehungsformen des § 315 c StGB; Gefährdung mehrerer Personen zugleich

Wird durch mehrere Begehungsformen des § 315 c StGB nur *eine* konkrete Gefahr herbeigeführt, so werden hierdurch die verschiedenen Arten der Tatbestandsverwirklichung in der Weise zu einer Einheit verbunden, daß zwischen ihnen nicht Tateinheit besteht, sondern nur *eine* Straftat nach § 315 c StGB vorliegt.[6] Auch bei vorsätzlicher Gefährdung mehrerer Personen gleichzeitig durch ein und dasselbe tatbestandsmäßige Verhalten liegt nach nunmehr herrschender Meinung nicht gleichartige Tateinheit, sondern nur *ein* Vergehen nach § 315 c StGB vor,[7] weil diese Vorschrift nicht in erster Linie den einzelnen, sondern die Sicherheit des Straßenverkehrs schützt.[8]

§ 315 c I Nr. 1 a ist gegenüber § 315 c I Nr. 1 b StGB lex specialis.[9] Tateinheit zwischen Nr. 1 a und Nr. 1 b ist also nicht möglich.

III. Mehrere Verstöße gegen § 315 c I Nr. 1 a (III) StGB

1. Tatmehrheit

Führt der Täter auf ein und derselben Fahrt infolge seiner alkoholbedingten Fahrunsicherheit mehrere konkrete Gefahren herbei, so kann jede Gefährdung ein selbständiges Vergehen nach § 315 c I Nr. 1 a (III) StGB darstellen. Das gilt jedenfalls bei neuem Tatentschluß (z. B. Fortsetzung der Fahrt nach Unfall).[10] Sofern nicht natürliche Handlungseinheit vorliegt, besteht in solchen Fällen also Tatmehrheit.[11] Nach anderer Ansicht soll stets Handlungseinheit vorliegen, weil nämlich § 315 c I Nr. 1 a StGB ein Dauerdelikt sei.[12] Zu der hier vertretenen Auffassung, wonach es sich bei diesem Vergehen nicht um eine Dauerstraftat handelt, vgl. oben Rn 395.

2. Nur ein Vergehen nach § 315 c StGB

Je nach den Umständen des Falles kann allerdings eine Trunkenheitsfahrt mit mehreren Gefährdungen auch eine natürliche Handlungseinheit bilden mit der Folge, daß der Täter nur wegen *eines* Vergehens nach § 315 c I Nr. 1 a (III) StGB zu bestrafen ist.[13] Das gilt z. B. bei mehreren Gefährdungen auf *einer* Trunkenheits-

---

6 Vgl. BayObLG JZ 87, 788; OLG Hamm VRS 41, 40; *Cramer* bei *Schönke/Schröder* zu § 315 c Rn 50; *Cramer* zu § 315 c StGB Rn 101; *Lackner/Kühl* zu § 315 c Rn 35; *Mühlhaus/Janiszewski* zu § 315 c StGB Rn 10;
a. M. *Tröndle/Fischer* zu § 315 c Rn 22; *Rüth* in LK[10] zu § 315 c Rn 75.
7 Vgl. BGH NZV 89, 31; BayObLG VRS 65, 366; JZ 87, 788; *Lackner/Kühl* zu § 315 c Rn 35; *Mühlhaus/Janiszewski* zu § 315 c StGB Rn 10; *Engelhardt* DRiZ 82, 106 (zu § 315 b StGB); *Werle* JR 90, 74;
a. M. *Schönke/Schröder (Cramer)* zu § 315 c Rn 54.
8 Vgl. oben Rn 405.
9 Vgl. BGH VM 71, 81 Nr. 100; *Schönke/Schröder (Cramer)* zu § 315 c Rn 11, 50; *Tröndle/Fischer* zu § 315 c Rn 22.
10 Vgl. BGH NJW 70, 255; OLG Düsseldorf NZV 99, 388; OLG Koblenz VRS 37, 190.
11 Vgl. dazu auch *Lackner/Kühl* zu § 315 c Rn 35; *Mühlhaus/Janiszewski* zu § 315 c Rn 10.
12 Vgl. *Cramer* zu § 315 c StGB Rn 102; *Cramer* bei *Schönke/Schröder* zu § 315 c Rn 53.
13 Vgl. BGH NJW 70, 255; *Lackner/Kühl* zu § 315 c Rn 35; vgl. auch BayObLG DAR 75, 204 (bei *Rüth*).

Verhältnis von § 316 StGB zu § 315 c I Nr. 1 a (III) StGB

fahrt ohne neuen Tatentschluß. In solchen Fällen liegt nur *eine* einheitliche Tat vor, bei der sich allerdings die Gefahr durch mehrere Gefahrenlagen konkretisiert hat.[14]

3. Fortsetzungszusammenhang

445 Zwischen mehreren Verstößen gegen § 315 c I Nr. 1 a StGB wurde früher Fortsetzungszusammenhang als möglich erachtet.[15] Da gem. § 11 II StGB das Vergehen des § 315 c I Nr. 1 a, *III Nr. 1* StGB Vorsatztat ist, galt dies auch für mehrere Verstöße gegen diese Begehungsform des § 315 c StGB.[16] Unter Zugrundelegung der neuen Rechtsprechung des BGH zum Fortsetzungszusammenhang[17], nach der diese Rechtsfigur praktisch abgeschafft ist,[18] scheidet aber Bestrafung wegen fortgesetzter Tat nicht nur bei Vergehen nach § 315 c StGB, sondern auch bei anderen Verkehrsstraftaten praktisch aus.[19]

IV. Verhältnis von § 316 StGB zu § 315 c I Nr. 1 a (III) StGB

446 § 316 StGB ist gegenüber § 315 c I Nr. 1 a (III) StGB subsidiär.[20] Dies gilt auch dann, wenn der Täter nach einem Unfall weiterfährt, ohne hierdurch jedoch den Tatbestand des § 142 StGB zu erfüllen – etwa, weil er nur beabsichtigt, an geeigneter Stelle zu wenden;[21] der nach dem Unfall liegende Teil der Fahrt wird von der voraufgegangenen Gefährdung des Straßenverkehrs mitumfaßt, weil die Weiterfahrt in solchen Fällen keinen neuen Tatentschluß voraussetzt, die weitere Trunkenheitsfahrt mithin in § 315 c I Nr. 1 a (III) StGB aufgeht.[22] Auch hier tritt das schon gleichzeitig mit der Unfallverursachung verwirklichte, über diese hinausreichende Dauerdelikt des § 316 StGB gegenüber § 315 c I Nr. 1 a StGB zurück. Entsprechendes gilt, wenn die Fahrt vor der Gefährdung kurz zum Zwecke des Tankens unterbrochen war.[23]

---

14 Vgl. BGH NZV 89, 31; (krit. *Werle* JR 90, 74, 77); OLG Koblenz VRS 37, 190; *Seier* NZV 90, 129 (130).
15 Vgl. BGH NJW 68, 1244; 70, 255.
16 Vgl. auch *Mühlhaus/Janiszewski* zu § 315 c StGB Rn 33, zu § 315 b Rn 13.
17 Vgl. BGH NJW 94, 1663; 94, 2368.
18 Vgl. *Hamm* NJW 94, 1636 (1637); *Geppert* NStZ 96, 57 (59), 118; *Tolksdorf* DAR 95, 183.
19 Vgl. auch *Geppert* NStZ 96, 57 (60), 118.
20 Vgl. BGH NJW 70, 255; 83, 1744; VRS 49, 185; 62, 192; OLG Düsseldorf VRS 94, 265; *Hartung* NJW 65, 86 (90); *Schönke/Schröder (Cramer)* zu § 316 Rn 33.
21 Vgl. z. B. BayObLG NJW 73, 1657.
22 Vgl. BGH NJW 73, 335; BayObLG NJW 73, 1657; VRS 41, 26; 59, 195; KG VRS 60, 107; OLG Hamm VRS 48, 266; OLG Stuttgart VRS 67, 356;
a. M. OLG Hamm VRS 41, 21, das Tatmehrheit annimmt.
23 Vgl. BayObLG DAR 82, 250 (bei *Rüth*); siehe auch Rn 315.

V. Verhältnis zwischen Gefährdung des Straßenverkehrs (§ 315 c I Nr. 1 a, III StGB) zum gefährlichen Eingriff in den Straßenverkehr gem. § 315 b StGB

§ 315 b StGB erfaßt grundsätzlich nicht solche Eingriffe, die ein Fahrzeugführer im fließenden Verkehr vornimmt, vielmehr fallen diese regelmäßig unter § 315 c StGB.[24] Etwas anderes kann jedoch gelten, wenn der Täter sein Fahrzeug bewußt zweckentfremdet,[25] indem er etwa einem anderen mit seinem Fahrzeug den Weg abschneidet oder auf einen Polizeibeamten zufährt, um eine Kontrolle zu vereiteln. In solchen Fällen, in denen der Täter andere durch gewolltes verkehrswidriges Fahrverhalten in Gefahr bringt, kann § 315 b StGB ausnahmsweise in Tateinheit zu § 315 c I Nr. 1 a (III) StGB stehen.[26] Es genügt nämlich für die Verwirklichung der Gefährdung des Straßenverkehrs, daß die durch den gefährlichen Eingriff in den Straßenverkehr herbeigeführte konkrete Gefahr durch die bestehende Fahrunsicherheit vergrößert wird.[27] Hat die alkoholbedingte Fahrunsicherheit die durch den gefährlichen Eingriff verursachte Gefahr nicht beeinflußt, so kommt Tateinheit mit § 316 StGB in Frage.[28]

VI. Mehrere Taten i.S.d. § 264 StPO bei einer Trunkenheitsfahrt

Eine einheitliche Trunkenheitsfahrt ist regelmäßig materiell-rechtlich eine einzige Tat nach § 316 oder § 315 c I Nr. 1 a (III) StGB, es sei denn, es tritt eine Unterbrechung durch einen völlig neuen Tatentschluß (z. B. § 142 StGB) ein. Eine einheitliche Tat i.S.d. StGB ist auch prozeßrechtlich *eine* Tat (§ 264 StPO).[29]

VII. Trunkenheitsfahrt (§ 316, § 315 c I Nr. 1 a, III StGB) und unerlaubtes Entfernen vom Unfallort (§ 142 StGB)

1. Tatidentität i.S.d. § 264 StPO

Zwischen der Trunkenheitsfahrt (§ 316, § 315 c I Nr. 1 a, III StGB) und dem nachfolgenden unerlaubten Entfernen vom Unfallort besteht Tatidentität i.S.d. § 264 StPO. Es handelt sich um einen einheitlichen geschichtlichen Lebensvorgang.[30]

---

24 Vgl. BGH NZV 99, 430; NJW 67, 2167; 69, 1444; VRS 57, 271; 64, 267; BayObLG JZ 89, 704; OLG Düsseldorf VRS 68, 449.
25 Vgl. BGH NZV 99, 430; NJW 69, 1444; 83, 1624; VRS 57, 271; 64, 267; 65, 428; NStZ 85, 267; DAR 85, 258; VM 88, 33; NZV 90, 35 (Anm. *Molketin*); OLG Köln NZV 91, 319; 92, 80; VRS 82, 39; OLG Karlsruhe VRS 68, 452; OLG Koblenz DAR 85, 356; VRS 73, 58.
26 Vgl. BGH NJW 68, 1244; DAR 77, 145 (bei *Spiegel*); BayObLG VRS 64, 368; *Rüth* in LK[10] zu § 315 b Rn 33; *Tröndle/Fischer* zu § 315 b Rn 10; *Jagusch/Hentschel* zu § 315 b StGB Rn 22; a. M. (§ 315 b geht vor) *Cramer* zu § 315 b StGB Rn 29; *Cramer* bei *Schönke/Schröder* zu § 315 c I Rn 50, zu § 315 b Rn 16.
27 Vgl. BayObLG VRS 64, 368.
28 Vgl. BGH NZV 95, 196; OLG Koblenz VRS 73, 58.
29 Vgl. hierzu auch *Oppe* NJW 67, 1768. OLG Düsseldorf NJW 67, 1768 vertritt nur scheinbar einen abweichenden Standpunkt, weil es sich im entschiedenen Fall nicht um *eine* Trunkenheitsfahrt handeln dürfte.
30 Vgl. BGH NJW 70, 255; 70, 1427; 73, 335; VRS 63, 39 (42); KG DAR 68, 244; OLG Saarbrücken NJW 74, 375; OLG Celle VRS 54, 38; OLG Stuttgart VRS 67, 356; *Janiszewski* Rn 557.

Der vor allem in der älteren Rechtsprechung[31] zum Teil vertretenen Gegenmeinung ist nicht zu folgen. Überzeugend weist der BGH[32] in diesem Zusammenhang darauf hin, daß beide Straftatbestände nicht nur äußerlich ineinander übergehen, sondern auch innerlich – strafrechtlich – eng miteinander verknüpft seien, da der Unrechts- und Schuldgehalt des unerlaubten Entfernens vom Unfallort nicht ohne Berücksichtigung der Umstände, unter denen es zum Unfall gekommen ist, beurteilt werden könne. Die natürliche Betrachtungsweise, auf die es entscheidend ankomme, lasse ihre getrennte Würdigung und Aburteilung in verschiedenen Verfahren nicht zu und müsse als unnatürliche Aufspaltung eines einheitlichen Lebensvorgangs empfunden werden. Auch wenn in der Anklageschrift oder dem Strafbefehl z. B. die Gefährdung des Straßenverkehrs nur geschildert ist, die Verfolgung sich jedoch nur gegen das unerlaubte Entfernen vom Unfallort richtete, ist daher die Gefährdung des Straßenverkehrs Gegenstand der Urteilsfindung. Ebensowenig bedarf es zur Verurteilung wegen Vergehens nach § 142 StGB einer Nachtragsanklage, wenn die Anklage zwar die Tatsachen erwähnt, aus denen sich das unerlaubte Entfernen vom Unfallort ergibt, im übrigen aber in ihr ausdrücklich nur das Vergehen gegen § 316 oder § 315 c StGB verfolgt wird. In beiden Fällen genügt also der Hinweis nach § 265 I StPO.[33] Unerheblich ist hierbei, ob der Angeklagte gegen Abs. I oder Abs. II des § 142 StGB verstoßen hat.[34]

450 Eine nicht nur nach Vollendung, sondern nach *Beendigung* eines Vergehens gem. § 142 StGB während der weiteren Trunkenheitsfahrt begangene Verkehrsgefährdung bildet einen neuen Lebensvorgang. Auf ihn erstreckt sich die Tatidentität i.S.d. § 264 StPO nicht. Dem steht nicht entgegen, daß das mit dem unerlaubten Entfernen vom Unfallort tateinheitlich begangene Dauerdelikt nach § 316 StGB mit der späteren Gefährdung des Straßenverkehrs in Gesetzeseinheit steht.[35] Denn, da die Dauerstraftat des § 316 StGB mit einer geringeren Strafe bedroht ist als die Vergehen gegen § 142 und § 315 c StGB, kann sie auch materiell-rechtlich aus diesen beiden selbständigen Handlungen nicht eine rechtliche Einheit (§ 52 StGB) bilden. Daß zwei schwerere Straftaten durch eine minderschwere Dauerstraftat nicht i.S.d. § 52 StGB zur Tateinheit verbunden werden können, schließt zwar nicht aus, daß es sich gleichwohl um *eine* Tat i.S.d. § 264 StPO handeln kann. Ist aber z. B. ein unerlaubtes Entfernen vom Unfallort dadurch beendet, daß der Täter die Ortschaft, in der sich der Unfall ereignete, verlassen hat und mehrere Kilometer weitergefahren ist, so bildet die später in einem anderen Ort begangene Gefährdung des Straßenverkehrs nach natürlicher Betrachtungsweise mit dem früheren Unfallgeschehen und dem daran anschließenden Vergehen nach § 142 StGB keinen einheitlichen Lebensvorgang; vielmehr handelt es sich um zwei selbständige, in sich abgeschlossene Vorgänge, deren getrennte rechtliche Würdigung und selbständige Aburteilung ohne weiteres möglich ist.[36]

---

31 Vgl. z. B. OLG Hamm NJW 69, 80.
32 BGH NJW 70, 255.
33 Vgl. OLG Saarbrücken NJW 74, 375.
34 Vgl. OLG Celle VRS 54, 38.
35 Subsidiarität, vgl. hierzu oben Rn 425.
36 Vgl. BGH NJW 70, 255; *Brückner* NZV 96, 266 (268).

2. Tatmehrheit i.S.d. § 53 StGB

Umstritten ist, ob zwischen der Trunkenheitsfahrt (§ 316, § 315 c I Nr. 1 a StGB) und dem nachfolgenden unerlaubten Entfernen vom Unfallort (§ 142 I StGB) Tateinheit oder Tatmehrheit besteht. Soweit Tateinheit angenommen wird,[37] wird zur Begründung angeführt, die Fluchtfahrt sei die unmittelbare Fortsetzung der Trunkenheitsfahrt;[38] der Handlungswille des Täters werde durch den Verkehrsunfall nicht unterbrochen.[39]

Nach heute **herrschender Meinung** stehen dagegen Trunkenheitsfahrt und daran anschließendes unerlaubtes Entfernen vom Unfallort im Verhältnis der **Tatmehrheit** zueinander.[40] Diese Auffassung verdient aus den folgenden Gründen Zustimmung: Ein wesentliches Merkmal der Tateinheit ist es, daß zumindest ein Teil einer Handlung zugleich zur Erfüllung mehrerer Tatbestände beigetragen hat. Der Tatbestand einer der Flucht voraufgegangenen Trunkenheit im Verkehr (§ 316 StGB) oder Gefährdung des Straßenverkehrs (§ 315 c StGB) ist jedoch vollständig erfüllt, wenn die Tatbestandsverwirklichung des § 142 StGB beginnt.[41] Insbesondere bildet der Entschluß zur Weiterfahrt nach dem Unfall aber auch eine Zäsur im subjektiven Bereich.[42] Zutreffend weist der BGH[43] darauf hin, daß sich der Täter nach dem Unfall nicht nur im äußeren Geschehen, sondern auch in seiner geistig-seelischen Verfassung vor eine völlig neue Lage gestellt sieht. Nachdem die Trunkenheitsfahrt durch den Unfall zum Abschluß gekommen ist, bedarf es zur Durchführung der Flucht eines neuen und selbständigen Willensentschlusses. Das unerlaubte Entfernen vom Unfallort ist eine gegenüber der vorangegangenen Fahrt rechtlich selbständige Handlung, die auf diesem neuen, von anderen Beweggründen getragenen Willensentschluß beruht.[44]

Unerheblich ist, ob der Täter nach dem Unfall zunächst anhält oder ob er ohne Halt weiterfährt. Das unerlaubte Entfernen vom Unfallort steht also auch in den Fällen im Verhältnis der Tatmehrheit zu dem zuvor verwirklichten Vergehen des § 316 oder § 315 c StGB, in denen der Täter, ohne anzuhalten, nach dem Unfall die Fahrt fortsetzt.[45] Die Tatsache einer mehr oder weniger kurzen Unterbrechung der Fahrt ist für die Frage, ob Tateinheit oder Tatmehrheit vorliegt, ohne Bedeu-

---

37 Vgl. BGH VRS 9, 350; BayObLG NJW 63, 168; KG DAR 61, 145; OLG Köln MDR 64, 525; DAR 67, 139; OLG Oldenburg NJW 65, 117; OLG Braunschweig NJW 54, 933.
38 Vgl. OLG Oldenburg NJW 65, 117; OLG Köln DAR 67, 139 (allerdings jeweils für den Fall, daß der Täter nach dem Unfall ohne Halt weiterfuhr).
39 Vgl. OLG Braunschweig NJW 54, 933.
40 Vgl. BGH NJW 67, 942; 70, 255; 73, 335; VRS 13, 120; 48, 191; 48, 354; BayObLG VRS 59, 336; 61, 351; OLG Düsseldorf NZV 99, 388, OLG Celle VRS 61, 345; OLG Saarbrücken NJW 74, 375; OLG Karlsruhe NJW 71, 157; OLG Stuttgart NJW 64, 1913; VRS 67, 356; KG DAR 68, 244; LK[10] *(Rüth)* zu § 142 Rn 103; *Jagusch/Hentschel* zu § 142 StGB Rn 72; *Janiszewski* Rn 557; *Krüger* NJW 66, 489; krit. *Seier* NZV 90, 129 (133 f.).
41 Vgl. OLG Saarbrücken NJW 74, 375.
42 Vgl. auch *Krüger* NJW 66, 489.
43 BGH NJW 67, 942; VRS 13, 120; 48, 354.
44 Vgl. BGH NJW 67, 942; 73, 335; VRS 13, 120; OLG Düsseldorf NZV 99, 388, OLG Stuttgart NJW 64, 1913; ähnlich OLG Celle VRS 61, 345.
45 Vgl. BGH NJW 67, 942; OLG Düsseldorf NZV 99, 388, LK[10] *(Rüth)* zu § 142 Rn 103; *Janiszewski* Rn 557; offengelassen: OLG Stuttgart NJW 64, 1913.

tung. Eine einseitig auf das äußere Verhalten des Täters am Unfallort abstellende Betrachtungsweise würde nämlich – wie der BGH[46] schon 1967 überzeugend ausgeführt hat – übersehen, daß es weitgehend vom Zufall, z. B. vom Ausmaß des eigenen Fahrzeugschadens, abhängig ist, ob der Fluchtwillige die Fahrt vorher unterbricht oder nicht. Ausschlaggebend für die rechtliche Einordnung der Fluchthandlung kann vielmehr regelmäßig nur seine innere Willensrichtung sein.

454 **Bemerkt der Unfallbeteiligte den Unfall zunächst nicht,** wird er aber noch innerhalb eines zeitlich und räumlich engen Zusammenhangs vom Geschädigten auf diesen aufmerksam gemacht, so scheidet Bestrafung nach § 142 I StGB aus; der Unfallbeteiligte ist aber, da unvorsätzliches Entfernen vom Unfallort dem berechtigten oder entschuldigten gleichzusetzen ist,[47] nach § 142 II StGB zu bestrafen, wenn er nicht unverzüglich die erforderlichen Feststellungen ermöglicht. Dem Gebot der Unverzüglichkeit kann er in einem solchen Falle nur gerecht werden, wenn er dem Berechtigten die Feststellungen sofort an Ort und Stelle ermöglicht.[48] Fährt er statt dessen weiter, so beruht diese Weiterfahrt ebenfalls auf einem neuen Tatentschluß, so daß es sich um eine neue Tat im materiellen Sinne handelt (§ 316 StGB in Tateinheit mit § 142 II StGB).[49]

455 In den häufigen Fällen, in denen der Täter die Unfallstelle nach trunkenheitsbedingtem Unfall am Steuer seines Fahrzeugs verläßt, hat **kein Teilfreispruch** zu erfolgen, wenn nur ein Vergehen nach §§ 316, 315 c I Nr. 1 a StGB festgestellt wird, nicht jedoch das daneben angeklagte Vergehen nach § 142 StGB in Tateinheit mit § 316 StGB. Denn der erste Tatkomplex umfaßt dann die übrigbleibende Weiterfahrt im Zustand der Fahrunsicherheit mit.[50]

456 Auch eine nach einem Unfall ohne Unterbrechung der Fahrt, aber **nach Beendigung der** anschließenden **Unfallflucht begangene weitere Gefährdung** des Straßenverkehrs (§ 315 c StGB) steht zu dem beendeten unerlaubten Entfernen vom Unfallort im Verhältnis der Tatmehrheit.[51]

3. Tateinheit

a) Polizeiflucht

457 Ausnahmsweise ist das Vergehen nach § 142 StGB dann gegenüber der zeitlich vor dem Unfall liegenden Trunkenheitsfahrt keine selbständige Handlung i.S.d. § 53 StGB, wenn beide Straftatbestände während einer sog. Polizeiflucht begangen werden. In einem derartigen Fall besteht vielmehr Tateinheit (§ 52 StGB).[52]

---

46 BGH NJW 67, 942.
47 H. M.; vgl. dazu *Jagusch/Hentschel* zu § 142 StGB Rn 52 mit Nachweisen.
48 Vgl. *Jagusch/Hentschel* zu § 142 StGB Rn 53 a (str.).
49 Vgl. BayObLG VRS 61, 351 = JR 82, 249 mit Anm. *Hentschel;* zur Tateinheit vgl. Rn 436.
50 Vgl. OLG Zweibrücken VRS 85, 206; KG VRS 60, 107; OLG Stuttgart VRS 67, 356; siehe auch oben Rn 425.
51 Vgl. BGH NJW 70, 255; Näheres hierzu oben Rn 430.
52 Vgl. BGH DAR 75, 117 (bei *Martin*); vgl. auch BGH DAR 79, 182 (bei *Spiegel*); vgl. im einzelnen hierzu: oben Rn 439 f.

b) Mit dem unerlaubten Entfernen vom Unfallort zusammentreffende Trunkenheitsfahrt

Das nach einem Unfall begangene Vergehen nach § 142 I StGB steht zu den gleichzeitig verwirklichten Straftaten des § 316 oder des § 315 c StGB im Verhältnis der Tateinheit.[53] Wird der alkoholbedingt fahrunsichere Unfallbeteiligte, der den Unfall zunächst nicht bemerkt hat, alsbald in der Nähe der Unfallstelle vom Geschädigten auf den Unfall hingewiesen, und fährt er gleichwohl weiter, so steht diese neue Trunkenheitsfahrt[54] zu dem Unterlassungsdelikt des § 142 II StGB in Tateinheit, weil gerade durch sie das Gebot unverzüglichen Ermöglichens der Feststellungen verletzt wird.[55]

c) Actio libera in causa und unerlaubtes Entfernen vom Unfallort als Rauschtat i.S.d. § 323 a StGB

Zwischen einer in Form der actio libera in causa[56] begangenen Verkehrsstraftat[57] und einem als Rauschtat i.S.d. § 323 a StGB anschließend verwirklichten unerlaubten Entfernen vom Unfallort[58] besteht Tateinheit.[59] Dieselbe Handlung – das Sich-Berauschen – stellt nämlich die vorwerfbare innere Beziehung zu der später im Zustand der Schuldunfähigkeit begangenen Verkehrsstraftat her und ist zugleich die nach § 323 a StGB mit Strafe bedrohte eigentliche Tatbestandshandlung,[60] während die Rauschtat (§ 142 StGB) nur objektive Bedingung der Strafbarkeit ist.[61]

4. Rechtsmittelbeschränkung auf die Entscheidung über das Vergehen nach § 142 StGB

Ist der Angeklagte wegen Trunkenheit im Verkehr (§ 316 StGB) oder wegen Gefährdung des Straßenverkehrs nach § 315 c I Nr. 1 a (III) StGB und wegen eines im Anschluß daran begangenen Vergehens gem. § 142 StGB (unerlaubtes Entfernen vom Unfallort) in Tateinheit mit Trunkenheit im Verkehr verurteilt worden, so kann das Rechtsmittel nicht auf die Verurteilung wegen unerlaubten Entfernens vom Unfallort in Tateinheit mit Trunkenheit im Verkehr beschränkt

---

53 Vgl. OLG Hamm VRS 53, 125; OLG Düsseldorf NZV 99, 388; vgl. auch BGH NJW 70, 255; BayObLG VRS 41, 26; vgl. hierzu aber oben Rn 434.
54 Vgl. oben Rn 454.
55 Vgl. BayObLG VRS 61, 351 = JR 82, 249 mit Anm. *Hentschel*.
56 Vgl. hierzu oben Rn 233 ff.
57 Soweit diese nach der neuen Rechtsprechung des 4. Strafsenats des BGH noch in Frage kommt (s. oben Rn 235 f).
58 Ob Verlassen der Unfallstelle im Zustand rauschbedingter Schuldunfähigkeit nach § 323 a StGB in Verbindung mit § 142 I StGB als Rauschtat zu bestrafen ist oder der Täter statt dessen nach Wiedererlangung der Schuldfähigkeit den Pflichten des § 142 II StGB unterliegt, ist sehr umstritten; vgl. dazu *Jagusch/Hentschel* zu § 142 StGB Rn 52 m. w. Nw.
59 Vgl. BGH NJW 62, 1830; VRS 23, 435; BayObLG DAR 72, 203; 73, 207 (jeweils bei *Rüth*); OLG Hamm DAR 74, 23; VRS 40, 191; 42, 281; *Lay* in LK, 9. Aufl., zu § 330 a Rn 109; *Schönke/Schröder (Cramer)* zu § 323 a Rn 31 b;
a. M. offenbar OLG Köln NJW 60, 1264.
60 Vgl. BGH NJW 62, 1830.
61 Vgl. hierzu oben Rn 312 ff.

werden.[62] Die Tatsache, daß beide Tatkomplexe *eine* Tat i.S.d. § 264 StPO bilden,[63] würde allein der Beschränkung des Rechtsmittels nicht entgegenstehen.[64] Die Rechtsmittelbeschränkung ist jedoch aus anderen Gründen nicht möglich:

461 Das Rechtsmittelgericht müßte sich neben der Frage des unerlaubten Entfernens vom Unfallort auch mit derjenigen der Fahrunsicherheit befassen; denn in Tateinheit zu § 142 StGB steht das Vergehen gem. § 316 StGB. Eine abweichende Beurteilung der Fahrunsicherheit auf der Fahrt nach dem Unfall gegenüber der Fahrt bis zu dem Unfall wäre also nicht auszuschließen, obwohl angesichts des unmittelbaren zeitlichen Zusammenhangs beider Fahrtteile natürlich nur eine einheitliche Entscheidung über diese Frage möglich ist.[65]

462 Eine Rechtsmittelbeschränkung müßte aber auch dazu führen, daß bei Freispruch wegen des Vergehens gegen § 142 StGB der Unrechtsgehalt der Tat nicht voll ausgeschöpft wäre. Wie an anderer Stelle erörtert,[66] endet eine Trunkenheitsfahrt (§ 316 oder § 315c I Nr. 1a StGB) regelmäßig, wenn sich der Täter nach einem Unfall zur Flucht entschließt. Die weitere Trunkenheitsfahrt bildet daher tateinheitlich mit dem Vergehen nach § 142 StGB eine gegenüber der Fahrt bis zum Unfall selbständige Handlung. Sie geht dagegen in der Trunkenheitsfahrt bis zum Unfall auf, wenn der Täter weiterfährt, ohne hierdurch den Tatbestand des § 142 StGB zu erfüllen.[67] Wenn daher auf das beschränkte Rechtsmittel hin die Voraussetzungen des § 142 StGB verneint werden, so bliebe dieser zweite Teil der Trunkenheitsfahrt im Urteil unberücksichtigt. Von dem rechtskräftigen Ausspruch über den ersten Tatkomplex wäre er nicht erfaßt, als selbständiger zweiter Tatkomplex entfiele er, weil er ohne die tateinheitliche Verknüpfung mit § 142 StGB seine rechtliche Selbständigkeit einbüßte. Auch diese Konsequenz muß zur Unzulässigkeit der Rechtsmittelbeschränkung auf die Verurteilung wegen eines im Anschluß an die Trunkenheitsfahrt mit dem Fahrzeug begangenen Vergehens nach § 142 StGB führen.[68]

463 Entsprechende Schwierigkeiten stehen der Beschränkung des Rechtsmittels auf den hinsichtlich des Vergehens gem. § 142 StGB unrichtigerweise[69] erfolgten Freispruch entgegen, wenn der Angeklagte nur wegen Trunkenheit im Verkehr (§ 316 StGB) oder Gefährdung des Straßenverkehrs (§ 315c I Nr. 1a StGB) verurteilt wurde.[70] Auch hier wären widersprechende Entscheidungen zur einheitlichen

---

62 Vgl. BGH NJW 73, 335; BayObLG VRS 59, 336; NStZ 88, 267 (bei *Janiszewski*); KG VRS 60, 107; OLG Köln VRS 62, 283; OLG Karlsruhe NJW 71, 157; OLG Hamm NJW 70, 1244; OLG Stuttgart VRS 67, 356; 72, 186;
 a. M. OLG Stuttgart NJW 71, 2248.
63 Vgl. oben Rn 429.
64 Vgl. BGH NJW 71, 1948; 73, 335; OLG Düsseldorf VRS 63, 462; OLG Stuttgart VRS 72, 186.
65 Vgl. BayObLG VRS 59, 336; OLG Karlsruhe NJW 71, 157; OLG Düsseldorf VRS 63, 462; ebenso für den umgekehrten Fall (Unzulässigkeit der Rechtsmittelbeschränkung auf die Verurteilung wegen schuldhafter Herbeiführung des Unfalls unter Alkoholeinfluß) OLG Karlsruhe VRS 58, 140.
66 Oben Rn 451 ff.
67 Vgl. hierzu oben Rn 446.
68 Vgl. BGH NJW 73, 335; BayObLG NStZ 88, 267 (bei *Janiszewski*); OLG Stuttgart VRS 72, 186.
69 Siehe dazu Rn 455.
70 Vgl. BayObLG VRS 41, 26.

Frage der Fahrunsicherheit möglich, weil das Rechtsmittelgericht bei Bejahung des unerlaubten Entfernens vom Unfallort im Rahmen des dann möglicherweise tateinheitlich verwirklichten Vergehens nach § 316 StGB die Frage der Fahrunsicherheit erneut zu prüfen hätte. Würde es auch die Fahrunsicherheit feststellen, so wäre eine Verurteilung wegen der tateinheitlich mit dem Vergehen nach § 142 StGB begangenen Trunkenheit im Verkehr nur möglich, wenn dieser nach dem angefochtenen Urteil in der bereits abgeurteilten Tat aufgegangene Teil der Fahrt wieder herausgelöst werden könnte. Auch diese Überlegung führt zur Unzulässigkeit der Rechtsmittelbeschränkung auf den Freispruch.

VIII. Fortdauernder Vollrausch

Bei fortdauerndem Vollrausch liegt nur *ein* Vergehen nach § 323 a StGB vor, auch wenn mehrere Rauschtaten begangen werden; denn Tatbestandshandlung ist das Sich-Berauschen; die mehrfache Erfüllung der objektiven Bedingung der Strafbarkeit durch mehrere Rauschtaten ist insoweit ohne Bedeutung.[71] Zwei Vergehen gegen § 323 a StGB liegen nur dann vor, wenn der Angeklagte zwischen den beiden Rauschtaten – etwa infolge Abklingens der Trunkenheit vor erneutem Trinken – die Schuldfähigkeit zeitweise wiedererlangt hat.[72] Waren allerdings mehrere Taten als selbständige Handlungen angeklagt (z. B. § 315 c StGB in Tatmehrheit mit § 142 StGB) und wird der Angeklagte dann wegen Vollrausches verurteilt, wobei aber nur eine der beiden Taten als Rauschtat festgestellt wird (etwa nur § 315 c StGB, während ein unerlaubtes Entfernen verneint wird), so ist neben der Verurteilung wegen Vollrausches im übrigen Freispruch erforderlich.[73]

IX. Konkurrenz zwischen Vollrausch und Trunkenheitsfahrt

Tritt der Täter eine mehrstündige Trunkenheitsfahrt (§ 316 StGB) im Zustand der Schuldunfähigkeit an und erlangt er während der Fahrt die Schuldfähigkeit wieder, so kommt Tateinheit zwischen Vollrausch und § 316 StGB in Frage.[74]

---

71 Vgl. RGSt 73, 11; BGH DAR 74, 120 (bei *Martin*); OLG Hamm VRS 42, 281; 53, 125; OLG Köln VRS 64, 207; im Ergebnis ebenso LK *(Spendel)* zu § 323 a Rn 326.
72 Vgl. BGH DAR 74, 120 (bei *Martin*).
73 Vgl. OLG Köln VRS 64, 207.
74 Vgl. BGH VRS 62, 191 (192).

F. Strafzumessung bei Trunkenheit im Verkehr

Literatur:

Dede, Zur Strafaussetzung bei Trunkenheitsfahrt, in: MDR 1970, 721; *Dünnebier*, Die Strafzumessung bei Trunkenheitsdelikten im Straßenverkehr nach dem Ersten Gesetz zur Reform des Strafrechts als Beispiel für die Verwendung der kurzen Freiheitsstrafe, in: JR 1970, 241; *Eickhoff*, Das Verhältnis von Fahrerlaubnisentziehung und kurzfristiger Freiheitsstrafe, in: NJW 1971, 272; *Haubrich*, Zur Strafzumessung bei Vollrausch-Verkehrsstraftaten, in: DAR 1980, 359; *Jagusch*, Strafzumessungsempfehlungen von Richtern im Bereich der Straßenverkehrsgefährdung?, in: NJW 1970, 401; *derselbe*, Gegen Strafzumessungskartelle im Straßenverkehrsrecht, in: NJW 1970, 1865; *Janiszewski*, Bietet unser Strafrecht noch ausreichende Möglichkeiten zur wirksamen Bekämpfung der Alkoholdelikte im Straßenverkehr?, in: BA 1971, 179; *Kruse*, Sind Strafzumessungsempfehlungen zulässig?, in: BA 1971, 15; *Leonhard*, Einheitsstrafe und Maßregel für Trunkenheitstäter?, in: DAR 1979, 89; *Martin*, Geldstrafe oder Freiheitsstrafe bei Trunkenheit am Steuer?, in: BA 1970, 13; *Middendorff*, Das Maß des Richters, in: BA 1970, 257; *derselbe*, Strafzumessung in Vergangenheit und Zukunft, in: BA 1971, 26; *Molketin*, Zum Widerruf der Strafaussetzung zur Bewährung bei erneuter Trunkenheitsfahrt, in: BA 1981, 242; *derselbe*, Zur Verteidigung der Rechtsordnung bei folgenschweren Trunkenheitsfahrten, in: NZV 1990, 289; *Schultz*, Zum Strafmaß bei Trunkenheitsdelikten im Straßenverkehr, in: BA 1977, 307; *Seib*, Die strafrechtliche Behandlung des Täters bei extrem schnellem Rückfall, in: BA 1970, 409; *derselbe*, Gleichmäßigkeit des Strafens, ein Prüfstein der Gerechtigkeit, in: BA 1971, 18; *Tröndle*, Das Problem der Strafzumessungsempfehlungen, in: BA 1971, 73; *Zabel u. a.*, Einige Schwerpunkte für die Strafzumessung und Strafaussetzung zur Bewährung bei Alkoholdelikten im Straßenverkehr, in: BA 1990, 260.

I. Strafzumessungsgesichtspunkte

1. Allgemeine Strafzumessungsregeln

466 Für die Trunkenheitsstraftaten der §§ 316, 315 c I Nr. 1 a (III), 323 a StGB gelten – wie auch für andere Verkehrsstraftaten – die allgemeinen Strafzumessungsregeln.[1] Es wird daher auf die einschlägige Literatur zum Strafzumessungsrecht verwiesen.[2] Im folgenden werden nur einige Fragen aus diesem umfangreichen Gebiet kurz erörtert, soweit sie speziell das Verkehrsstrafrecht betreffen oder doch gerade für diesen Teilbereich des Strafrechts von besonderer Bedeutung sind.[3]

2. Richterliche Absprachen und Empfehlungen

467 Die zunehmende Motorisierung hat die Trunkenheit im Verkehr zu einem Massendelikt werden lassen. Das Bestreben, diese Straftaten hinsichtlich der Strafzu-

---

[1] Vgl. z. B. OLG Hamburg NJW 63, 2387; *Jagusch* NJW 70, 401.
[2] Vgl. z. B. *Bruns*, Strafzumessungsrecht, 2. Aufl. 1974; *derselbe*, Das Recht der Strafzumessung, 2. Aufl. 1985.
[3] Zur Strafzumessung im Verkehrsstrafrecht s. *Schneble* BA 82, 385; zur Frage der Wirksamkeit von Strafe und Fahrerlaubnisentziehung bei Trunkenheit im Verkehr vgl. *Kunkel/Menken* BA 78, 431 (444 f.).

messung möglichst gleichmäßig zu behandeln, hatte schon vor Jahrzehnten verschiedentlich zu richterlichen Absprachen und Empfehlungen geführt wie etwa zu den Empfehlungen der Berliner Verkehrsrichter[4] oder den in der Entschließung des 3. Arbeitskreises des 8. Deutschen Verkehrsgerichtstages 1970 enthaltenen Empfehlungen[5], die jeweils ein lebhaftes, wenn auch z. T. kritisches und auch ablehnendes Echo gefunden haben.

Hinsichtlich der Bedeutung derartiger Empfehlungen für die gerichtliche Praxis ist zunächst darauf hinzuweisen, daß jede rein schematische Strafzumessung auch im Bereich der Trunkenheitsstraftaten mit dem Gesetz (§ 46 StGB) unvereinbar und daher unzulässig ist.[6]

Andererseits gebietet die Gerechtigkeit möglichste Gleichmäßigkeit des Strafens, insbesondere bei den besonders häufig auftretenden Verkehrsstraftaten, also die weitgehend gleiche Behandlung etwa gleichgelagerter Fälle.[7] Obwohl einheitliches Strafen unerreichbar ist[8] und das Gericht grundsätzlich selbständig und nach eigener Überzeugung unter Berücksichtigung der Prinzipien des § 46 StGB die im Einzelfall angemessene Strafe ermitteln muß,[9] ist doch ein Erfahrungsaustausch unter Richtern wünschenswert, ja notwendig.[10] Die Erarbeitung von Richtlinien schafft ein in der richterlichen Praxis hilfreiches Vergleichsmaterial,[11] das geeignet ist, zur Gleichmäßigkeit des Strafens beizutragen. Bei einem derart häufig abzuurteilenden Vergehen wie dem des § 316 StGB läßt sich – worauf z. B. *Middendorff*[12] hinweist – eine große Anzahl von Fällen aufgrund im wesentlichen gleichartiger Tatumstände als Gruppe der Regelfälle[13] oder als Gruppe der Durchschnittsfälle charakterisieren,[14] eine Tatsache, ohne die die in der Praxis häufige Ahndung im Strafbefehlsverfahren im augenblicklichen Umfang gar nicht möglich wäre.[15]

Absprachen und Empfehlungen von Richtern über die Strafzumessung in Regelfällen sind daher nicht nur zulässig,[16] sondern durchaus als nützlich anzuerkennen.[17] Unzulässig und mit § 46 StGB unvereinbar wäre allerdings ihre Anwendung

---

4 Abgedruckt z. B. bei *Granicky* BA 69, 456; kritisch zu deren Inhalt und Entstehungshintergrund *Bruns*, Strafzumessung, S. 294.
5 k + v 70, 39 sowie bei *Seib* BA 74, 18.
6 Vgl. OLG Hamburg NJW 63, 2387; OLG Hamm VRS 38, 178; *Jagusch* NJW 70, 401; LK (*Gribbohm*) zu § 46 Rn 40; *Tröndle/Fischer* zu § 46 Rn 36 b; *Scherer* BA 80, 159 = DAR 80, 107.
7 Vgl. *Koffka* in LK, 9. Aufl., zu § 13 Rn 19; *Bruns*, Strafzumessungsrecht, S. 187 f.; *Tröndle* BA 71, 73 (78); *Schultz* BA 77, 307 ff.
8 Vgl. *Jagusch* NJW 70, 401; 70, 1865 (1866).
9 Vgl. auch *Jagusch* NJW 70, 401.
10 Vgl. auch *Janiszewski* Rn 397; *Tröndle* BA 71, 73 (78).
11 Vgl. auch *Tröndle/Fischer* zu § 46 Rn 36 b; LK (*Gribbohm*) zu § 46 Rn 44; *Koffka* in LK, 9. Aufl., zu § 13 Rn 20; vgl. dazu auch *Bruns*, Strafzumessung, S. 10; ablehnend: *Jagusch* NJW 70, 1865.
12 *Middendorff* BA 71, 26 (28 f.).
13 Zur Definition der beiden (unterschiedlichen) Begriffe »Regelfall« und »Durchschnittsfall« s. *Bruns* JZ 88, 1053.
14 Vgl. auch *Bruns*, Strafzumessungsrecht, S. 188; *Händel* BA 70, 204 (207); *Tröndle* BA 71, 73; *Kruse* BA 71, 15.
15 Vgl. auch *Händel* BA 70, 204; *Kruse* BA 71, 15.
16 a. M. *Jagusch* NJW 70, 401; *Leonhard* DAR 79, 89.
17 Vgl. *Bruns*, Strafzumessung, S. 293 f.; *Kulemeier* S. 245; vgl. hierzu auch *Seib* BA 71, 18; *Middendorff* BA 70, 257; *Schultz* BA 77, 307 (309).

durch den Richter ohne Berücksichtigung der besonderen Gestaltungen des jeweiligen Falles.[18] Der Richter darf daher nicht etwa derartige Empfehlungen als Strafenkatalog handhaben, dem er für gewisse Fallgruppierungen feste Taxen der Strafzumessung entnimmt. Er darf sie vielmehr nur mit der gebotenen Vorsicht und ausreichendem Spielraum zum Vergleich heranziehen;[19] er muß sich stets bewußt sein, daß ihn solche Absprachen und Richtlinien in keiner Weise binden, auch wenn er an ihrer Erarbeitung mitgewirkt hat.[20]

3. Ausmaß der alkoholischen Beeinträchtigung

471 Zwar sind die alkoholbedingten Ausfallerscheinungen in der aufsteigenden Phase der Blutalkoholkurve regelmäßig stärker als nach Überschreiten des Kurvengipfels.[21] Da der Täter aber in der Regel zwar die Wirkungen des Alkohols wahrnehmen kann,[22] zumeist auch bei Fahrtantritt etwa die Menge des genossenen Alkohols, regelmäßig jedoch nicht das Stadium der Alkoholkurve kennt, darf die Tatsache, daß der Angeklagte das Fahrzeug während der Resorptionsphase geführt hat, nicht strafschärfend berücksichtigt werden.[23]

472 Dagegen darf die **Höhe der BAK**, die auf der dem Täter bekannten oder jedenfalls erkennbaren Menge des genossenen Alkohols beruht und infolge ihrer Bedeutung für den Grad der Fahrunsicherheit auch für das Ausmaß der Schuld entscheidend ist, bei der Bemessung der Strafe Berücksichtigung finden.[24] Führt die alkoholische Beeinträchtigung zu einer erheblichen **Verminderung der Schuldfähigkeit** i.S.d. § 21 StGB, so steht es in tatrichterlichem Ermessen, ob Strafmilderung zu gewähren ist.[25] Auch bei schuldhaftem Sich-Berauschen wird aber bei Vorliegen der Voraussetzungen des § 21 StGB *regelmäßig* Strafrahmenmilderung geboten sein, wenn der Angeklagte nicht mit der Begehung einer mit der vorgeworfenen Straftat nach Ausmaß und Intensität vergleichbaren Tat rechnen mußte.[26] Dagegen hat etwa das OLG Hamm[27] wiederholt den Standpunkt vertreten, die dort vorgesehene Möglichkeit der Strafmilderung komme nur ausnahmsweise in Betracht, z. B., wenn dem Angeklagten die enthemmende Wirkung des Alkohols unbekannt war oder er besondere Vorkehrungen gegen die Kfz-Benutzung getroffen hatte. Eine Regel, wonach bei Trunkenheit im Verkehr die Strafmilderung grundsätzlich zu unterbleiben habe, besteht

---

18 Vgl. auch LK (*Gribbohm*) zu § 46 Rn 43; *Scherer* BA 80, 159 = DAR 80, 107.
19 Vgl. auch *Dünnebier* JR 70, 241.
20 Vgl. auch *Tröndle* BA 71, 73.
21 Vgl. hierzu oben Rn 155 mit Nachweisen.
22 Vgl. hierzu Rn 375 f.
23 So im Ergebnis auch BayObLG VRS 28, 31.
24 Vgl. OLG Hamm NJW 67, 1332; VM 66, 83; OLG Zweibrücken DAR 70, 106; OLG Stuttgart NZV 91, 80; *Bruns*, Strafzumessungsrecht, S. 630; *Koch* NJW 70, 842;
  a. M. *Middendorff* BA 78, 95 (107).
25 Vgl. BGH NJW 93, 2544; BayObLG NZV 93, 174; s. dazu *Foth*, *Salger*-Festschrift, S. 31; OLG Köln DAR 87, 126.
26 Vgl. BGH DAR 87, 199 (bei *Spiegel*); vgl. auch BGH NJW 93, 2544; OLG Koblenz VRS 76, 424; OLG Karlsruhe NZV 90, 277; BA 91, 268; einschränkend BGH NJW 97, 2460 (2463).
27 OLG Hamm BA 80, 294; VM 84, 86.

nicht.[28] War allerdings für den Täter schon bei Trinkbeginn die spätere Benutzung des Fahrzeugs vorhersehbar, so ist es nicht zu beanstanden, wenn das Gericht von der Möglichkeit der Strafmilderung gem. § 21 StGB keinen Gebrauch macht.[29]

4. Trinken in Fahrbereitschaft

Zwar entspricht es durchaus dem regelmäßigen Erscheinungsbild eines Vergehens nach § 316 StGB, daß der außer Hause trinkende Kraftfahrer weiß, er werde anschließend noch fahren.[30] Dennoch kann die Frage, ob der Täter während des Trinkens mit der späteren Fahrt rechnete oder nicht, für die Höhe der Strafe von Bedeutung sein. Das Trinken in Fahrbereitschaft kann u. U., vor allem bei sog. »Zechtour«, zur Strafschärfung führen.[31]

5. Bedeutung der von der Fahrt ausgehenden Gefahr

Das Ausmaß der von der Fahrt ausgehenden Gefahr kann Einfluß auf das Strafmaß haben. Daher sind neben dem Grad der Fahrunsicherheit auch Art und Länge der gefahrenen Strecke für die Strafzumessung von Bedeutung,[32] soweit hierbei nicht nur Umstände gewürdigt werden, die schon Merkmale des gesetzlichen Tatbestands sind.[33] Auch die im Vergleich zu anderen Kfz-Führern geringere Gefahr, die etwa ein alkoholbedingt **fahrunsicherer Mofafahrer** im Straßenverkehr für andere darstellt, kann sich bei der Strafzumessung auswirken.[34]

6. Soziale Stellung und Beruf des Angeklagten

Unterschiedliche Auffassungen werden zu der Frage vertreten, welche Rolle die soziale Stellung des Angeklagten für die Strafzumessung in Verkehrsstrafsachen spielt. Mit dem Hinweis darauf, daß im Straßenverkehr jeder ohne Rücksicht auf seine soziale Stellung die gleichen Pflichten hat, wird teilweise angenommen, dieser Aspekt habe bei Verkehrsdelikten als Strafschärfungsgrund auszuscheiden.[35] Die gehobene soziale Stellung als solche kann in der Regel tatsächlich etwa bei Trunkenheit im Straßenverkehr eine Straferhöhung nicht begründen. Zu beachten ist allerdings, daß sie *mittelbar* insofern bei der Strafzumessung von Bedeutung sein kann, als sie Rückschlüsse auf die Persönlichkeit des

---

28 Vgl. OLG Stuttgart VRS 65, 354; OLG Karlsruhe NZV 99, 301; VRS 81, 19; vgl. auch BGH MDR 85, 979 (bei *Holtz*) sowie BGH BA 87, 70, wonach die Strafrahmenmilderung unangemessen sein kann, wenn sich der Täter der Neigung zu Straftaten nach Alkoholgenuß bewußt war oder hätte bewußt sein können.
29 Vgl. BGH VRS 69, 118; DAR 87, 199 (bei *Spiegel*); OLG Naumburg DAR 99, 228 (Anm. *Bode* ZfS 99, 216); OLG Jena VM 95, 88; OLG Köln Ss 63/91.
30 Vgl. BGH NJW 68, 1787.
31 Vgl. OLG Koblenz VRS 51, 428; BA 78, 62; *Koch* NJW 70, 842; vgl. auch BayObLG NZV 97, 244; OLG Koblenz BA 80, 228.
32 Vgl. BayObLG NZV 97, 244; OLG Karlsruhe VRS 81, 19.
33 Vgl. BayObLG NZV 92, 453
34 Vgl. OLG Hamm NJW 68, 998.
35 Vgl. z. B. OLG Hamm NJW 56, 1849; DAR 59, 324; *Weigelt* DAR 58, 184.

Täters und seine individuellen Fähigkeiten und damit auf den Grad der Schuld zulassen kann.[36]

476 Ähnliches gilt für den **Beruf des Angeklagten,** der zwar als solcher kein Strafzumessungsgesichtspunkt ist,[37] aber für die Beurteilung der Schuld eine Rolle spielen kann, auch wenn die Tat nicht in Ausübung der berufsspezifischen Tätigkeit begangen wurde.[38] Auch die bessere Kenntnis der Folgeerscheinungen des Alkohols und seiner Auswirkungen auf die Fahrsicherheit wird indessen nicht im Hinblick auf die darauf gestützte Annahme höherer Schuld bei Straftaten nach §§ 316, 315 c I Nr. 1 a (III) StGB eine Strafschärfung rechtfertigen.[39] Andererseits ist es nicht rechtsfehlerhaft, in der Trunkenheitsfahrt eines Taxifahrers selbst dann ein gegenüber anderen Kraftfahrern erhöhtes Verschulden zu sehen, wenn er bei dieser Fahrt keine Fahrgäste befördert hat; denn § 8 III Nr. 1, V BOKraft verpflichtet den Taxifahrer, sich während des Dienstes und der Dienstbereitschaft jeglichen Alkoholgenusses zu enthalten.[40] Nach vor allem früher vielfach vertretener, aber abzulehnender Meinung in Rechtsprechung und Schrifttum soll sogar allgemein die Zugehörigkeit des Täters zu einer Gruppe bestimmter Berufe wie z. B. Fahrlehrer, Verkehrsrichter, Verkehrsstaatsanwalt, Verkehrspolizist eine höhere Bestrafung bei Verkehrsstraftaten rechtfertigen können, weil sich aus solchen Berufen die besondere Pflicht ergebe, anderen ein Vorbild zu sein.[41]

7. Das Verhalten des Angeklagten nach der Tat

477 Nach § 46 II StGB kommt bei der Strafzumessung auch das Verhalten des Täters nach der Tat in Betracht. In den hier interessierenden Fällen der Trunkenheit im Verkehr ist daher insbesondere die Frage von Bedeutung, ob Handlungen mit dem Ziel, **die Höhe der BAK zu verschleiern,** zur Erhöhung der Strafe führen dürfen. Dies wird teilweise bejaht.[42] So wurde etwa die strafschärfende Berücksichtigung

---

36 Vgl. *Bruns,* Strafzumessungsrecht, S. 491 f.; Strafzumessung, S. 196; *von Gerkan* MDR 63, 269; vgl. auch OLG Hamm NJW 57, 1003 (Trunkenheitsfahrt eines Beamten).
37 Vgl. *Hanack* NJW 72, 2228; vgl. auch BGH NJW 96, 3089.
38 Vgl. z. B. *Bruns,* Strafzumessungsrecht, S. 491 f.; Strafzumessung, S. 196; *von Gerkan* MDR 63, 269; vgl. auch OLG Hamburg BA 77, 428 (Trunkenheitsfahrt eines Beamten der Wasserschutzpolizei); vgl. dagegen *Hanack* NJW 72, 2228.
39 Vgl. LK *(Gribbohm)* zu § 46 Rn 106; *Hanack* NJW 72, 2228; anders aber z. B. noch OLG Frankfurt NJW 72, 1524.
40 Vgl. OLG Oldenburg NJW 64, 13; vgl. hierzu auch LK *(Gribbohm)* zu § 46 Rn 177; kritisch dazu *Stree* bei *Schönke/Schröder* zu § 46 Rn 35.
41 So z. B. OLG Hamm NJW 56, 1849; 57, 1449; DAR 59, 324; OLG Stuttgart DAR 56, 227; *Koffka* in LK, 9. Aufl., zu § 13 Rn 48; kritisch *Hirsch* LK (10. Aufl.) zu § 46 Rn 62; *von Gerkan* MDR 63, 269; vgl. auch *Weigelt* DAR 58, 184; zustimmend wohl auch OLG Hamburg BA 77, 428; noch weitergehend: OLG Hamm NJW 57, 1003, wonach dieser Gesichtspunkt bei Beamten allgemein in Fällen von Trunkenheit im Verkehr eine Strafschärfung rechtfertigen kann; **ablehnend:** LK *(Gribbohm)* zu § 46 Rn 191; *Stree* bei *Schönke/Schröder* zu § 46 Rn 35; *Middendorff* BA 78, 95 (107); gegen strafschärfende Berücksichtigung des Anwaltsberufs BayObLG DAR 81, 243 Nr. 3 b (bei *Rüth).*
42 Vgl. OLG Frankfurt NJW 72, 1524; OLG Oldenburg NJW 68, 1293; LK *(Gribbohm)* zu § 46 Rn 191; *Bruns,* Strafzumessungsrecht, S. 610; KMR *(Paulus)* zu § 267 Rn 79; vgl. auch *Stree* bei *Schönke/Schröder* zu § 46 Rn 41 (für den Fall der versuchten Zeugenbeeinflussung).

des vom Angeklagten unternommenen Versuchs, die Blutprobe nachträglich verfälschen zu lassen, nicht als rechtsfehlerhaft beanstandet.[43] Der angeklagte Arzt hatte den mit der Blutalkoholbestimmung befaßten Gerichtsmediziner gebeten, die Blutprobe durch eine nach kontrolliertem Alkoholgenuß neu zu entnehmende zu ersetzen. Diese Handlungsweise sei – so wurde argumentiert – besonders verwerflich und unkollegial. Auch strafschärfende Berücksichtigung des **Nachtrunks** des Täters nach einem Unfall – nicht nur hinsichtlich des Vergehens nach § 142 StGB, sondern auch bezüglich der voraufgegangenen Verkehrsstraftat – wurde als zulässig erachtet, wenn er in Kenntnis der Tatsache erfolgt, daß dadurch die Feststellung der Art der Unfallbeteiligung erschwert oder vereitelt werde.[44] Ein derartiges Verhalten offenbare nämlich eine Rücksichtslosigkeit zu Lasten der anderen Unfallbeteiligten, die wohl ganz überwiegend wesensbedingt sei und den Schluß rechtfertige, dem Täter fehle die Einsicht in das Verwerfliche seines vorangegangenen Tuns.

Dagegen darf nach anderer Auffassung der Versuch des Angeklagten, durch Nachtrunk oder andere Handlungen seine Fahrunsicherheit zu verschleiern, nicht ohne weiteres zur Strafschärfung führen.[45] Dieser Ansicht ist zuzustimmen. Den Angeklagten trifft keine Prozeßförderungspflicht, so daß ein auf Vereitelung des Strafverfahrens gerichtetes Verhalten, sofern es nicht selbst einen Straftatbestand erfüllt, bei der Strafzumessung grundsätzlich unberücksichtigt bleiben muß.[46] Wie schon *Hanack*[47] hierzu überzeugend ausgeführt hat, läßt ein Verhalten des Angeklagten, das als typische Verdeckungshandlung zu würdigen ist, aber nicht den Unrechtsgehalt des § 316 StGB charakterisiert, keine Schlüsse auf eine verwerfliche Einstellung (etwa: »fehlende Reue«) gegenüber der Tat zu.[48]

Nur wenn das Verhalten nach der Tat Schlüsse auf deren Unrechtsgehalt ermöglicht oder Einblick in eine zu mißbilligende Einstellung des Täters zu seiner Tat gewährt, darf es strafschärfend ins Gewicht fallen.[49] Dem steht die Rechtsprechung des BGH[50], wonach bei der Strafzumessung für unerlaubtes Entfernen vom Unfallort (§ 142 StGB) ein Nachtrunk straferhöhende Berücksichtigung finden darf, nicht entgegen; denn das Verschleiern der Art der Beteiligung am Unfall verstärkt unmittelbar die Beeinträchtigung des durch § 142 StGB geschützten Rechtsgutes, so daß das Verhalten des Täters hier eine Erhöhung des Unrechtsgehalts bedeutet.[51]

---

43 Vgl. OLG Frankfurt NJW 72, 1524.
44 Vgl. OLG Oldenburg NJW 68, 1293.
45 Vgl. BGH NStZ 89, 468 (bei *Detter*); BayObLG DAR 74, 176 (bei *Rüth*); *Cramer* zu § 316 StGB Rn 49; *Spiegel* k + v 72, 76; *Sax* in KMR, 6. Aufl., zu § 267 Anm. 9 A b (IV); *Hanack* NJW 72, 2228; *Kulemeier* S. 207.
46 Vgl. BGH NStZ 82, 151 (bei *Mösl*); BayObLG DAR 74, 176 (bei *Rüth*); *Bruns*, Strafzumessung, S. 232.
47 *Hanack* NJW 72, 2228.
48 Vgl. auch BGH NJW 71, 1758 für den Fall eines Tötungsdelikts und den Versuch des Täters, durch Beseitigung des Leichnams die Tat zu verheimlichen.
49 Vgl. BGH NJW 54, 1416; 71, 1758; DAR 81, 191 (bei *Spiegel*); NStZ 83, 493 (bei *Mösl*); 89, 468 (bei *Detter*); BayObLG DAR 74, 176 (bei *Rüth*); OLG Hamm NJW 60, 61; OLG Celle NZV 92, 247; vgl. auch BGH NStZ 81, 257; vgl. hierzu auch *Baumann* NJW 62, 1793.
50 BGH NJW 62, 1829.
51 Vgl. auch LK (*Gribbohm*) zu § 46 Rn 191; *Spiegel* k + v 72, 76.

480 Hat der Täter nach der Tat erfolgreich an einem Kursus zur Behandlung alkoholauffälliger Kraftfahrer (**Aufbauseminar**, sog. Nachschulung) teilgenommen, so kann dies die Strafzumessung günstig beeinflussen, soweit spezialpräventive Aufgaben der Strafe durch die Nachschulung erfüllt worden sind (siehe auch § 46 II StGB).[52] Da die Nachschulung vor allem bei der Frage der Fahrerlaubnisentziehung und der Fahrerlaubnissperre bedeutsam ist, wird an dieser Stelle auf die Ausführungen im 2. Teil des Buches verwiesen.[53]

8. Berücksichtigung der gleichzeitig auszusprechenden Fahrerlaubnisentziehung

481 Die neben der Strafe nach § 69 II Nr. 1, 2, 4 StGB auszusprechende Entziehung der Fahrerlaubnis nach §§ 69, 69a StGB ist keine Strafe, sondern eine Maßregel der Besserung und Sicherung (§ 61 Nr. 5 StGB).[54] Sie wird jedoch vom Verurteilten oft als Strafe empfunden und verfolgt – wenn auch ihr eigentliches Ziel allein der Schutz der Allgemeinheit ist[55] – ähnliche spezialpräventive Zwecke wie eine Strafe.[56] Die Wechselwirkungen zwischen Strafe und Fahrerlaubnisentziehung können bei der Strafzumessung berücksichtigt werden. Soweit spezialpräventive Wirkungen, die von der Strafe ausgehen sollen, auch durch die Entziehung der Fahrerlaubnis erreicht werden können, darf diesem Umstand bei der Zumessung der Strafe mildernd Rechnung getragen werden.[57] Der in einer älteren Entscheidung des BGH[58] vertretene Standpunkt, wonach der Verlust der Fahrerlaubnis trotz der sich für den Angeklagten möglicherweise daraus ergebenden erheblichen Nachteile nicht als besonderer Umstand i.S.d. § 56 II StGB (Strafaussetzung zur Bewährung bei Freiheitsstrafe von mehr als 1 Jahr) angesehen werden kann, steht einer generellen Berücksichtigung der Fahrerlaubnisentziehung bei der Strafzumessung nicht entgegen.

9. Generalpräventive Gesichtspunkte

482 Bei der Berücksichtigung generalpräventiver Gesichtspunkte, die in der Rechtsprechung grundsätzlich anerkannt ist,[59] darf nicht außer acht gelassen werden, daß Kraftfahrer nach Alkoholgenuß zumeist die Möglichkeit einer Bestrafung gar nicht in Betracht ziehen, weil sie sich entweder für fahrsicher halten oder davon

---

52 Vgl. AG Homburg DAR 81, 230; ZfS 83, 283; BA 84, 187; AG Ratingen DAR 91, 156 (Geldstrafe statt Freiheitsstrafe); *Bode* DAR 90, 431 (432); LG Hannover VRS 72, 360 (Strafaussetzung zur Bewährung); LG Mönchengladbach ZfS 84, 317 (im Ergebnis bedenklich);
a. M. *Tröndle/Fischer* zu § 46 Rn 27 b (ohne Begründung); *Bode* BA 84, 31 (32); vgl. auch OLG Hamm VRS 61, 42.
53 Vgl. unten (2. Teil) Rn 635 ff..
54 Vgl. hierzu unten (2. Teil) Rn 565 ff.; zur Frage des Strafcharakters dieser Maßregel vgl. auch *Koch* DAR 73, 14; *Hentschel* ZRP 75, 209; DAR 76, 289.
55 Vgl. unten (2. Teil) Rn 566 f.; *Hentschel* ZRP 75, 209 (210).
56 Vgl. unten (2. Teil) Rn 565, 710 f.; *Hentschel* ZRP 75, 209 (210).
57 Vgl. OLG Zweibrücken MDR 70, 434; OLG Frankfurt NJW 71, 669; LK *(Geppert)* zu § 69 Rdnr. 3; *Bruns*, Strafzumessungsrecht, S. 221 ff., 342, der jedoch an anderer Stelle – Strafzumessung, S. 87 – Bedenken äußert; *Tröndle/Fischer* zu § 69 Rn 2; *Koch* DAR 73, 14.
58 BGH VRS 44, 266
59 Vgl. z. B. BGH NStZ 92, 275.

ausgehen, nicht entdeckt zu werden.⁶⁰ Problematisch ist insbesondere der Hinweis auf generalpräventive Ziele zur Begründung besonders hoher Strafen bei Trunkenheitsfahrten mit schweren Unfallfolgen, weil andere Täter, die abgeschreckt werden sollen, in aller Regel bei Antritt der Fahrt mit solchen Folgen nicht rechnen.⁶¹

10. Tateinheitliches Zusammentreffen eines Trunkenheitsdelikts mit anderen Tatbeständen

Hat der Angeklagte tateinheitlich zu einer Trunkenheitsstraftat i.S.d. §§ 316, 315 c I Nr. 1 a (III) StGB einen anderen Straftatbestand erfüllt, für den das Gesetz schwerere Strafe androht, so braucht die Trunkenheitsfahrt bei der Strafzumessung nicht unberücksichtigt zu bleiben. Nach § 52 II StGB wird die Strafe in solchen Fällen zwar nach dem schwerere Strafe androhenden Gesetz bestimmt; das tateinheitlich begangene Trunkenheitsdelikt darf jedoch straferhöhend ins Gewicht fallen.⁶²

11. Strafschärfung bei vorsätzlicher Begehung des Vergehens nach § 316 StGB

Der Strafrahmen des § 316 StGB ist für vorsätzliche (Abs. I) und fahrlässige (Abs. II) Tatbegehung der gleiche. Bei der Strafzumessung ist die Schuldform jedoch von Bedeutung; Vorsatz rechtfertigt höhere Bestrafung als fahrlässige Verwirklichung dieses Tatbestands.⁶³

12. Berücksichtigung der »Einwilligung« des Verletzten in Fällen des § 315 c I Nr. 1 a (III) StGB

Der Tatsache, daß der infolge der Fahrunsicherheit des Angeklagten zu Schaden gekommene Mitfahrer das Risiko einer Verletzung bewußt in Kauf genommen hat, kommt zwar für § 315 c I Nr. 1 a (III) StGB keine rechtfertigende Wirkung zu;⁶⁴ die Strafzumessung kann dieser Umstand jedoch mildernd beeinflussen.⁶⁵

---

60 Vgl. auch *Baumann* DAR 62, 93; *Bialas* S. 167 f.; zur Generalprävention bei Verkehrsstraftaten vgl. auch *Horstkotte* NJW 69, 1601 (1604); *Tröndle* MDR 72, 461 (464).
61 Vgl. hierzu *Eickhoff* NJW 71, 272; *Dede* MDR 70, 721.
62 Vgl. BGH VRS 37, 365; 41, 186; OLG Hamm NJW 73, 1891; OLG Schleswig BA 81, 370; *Bruns*, Strafzumessungsrecht, S. 468; *Schönke/Schröder (Stree)* zu § 52 Rn 47; LK (*Gribbohm*) zu § 46 Rn 307; ebenso für den Fall der Gesetzeskonkurrenz: RGSt 63, 423; BGHSt 1, 152; BGH NJW 64, 559.
63 Vgl. OLG Saarbrücken NJW 74, 1391; OLG Schleswig BA 81, 370; *Cramer* zu § 316 StGB Rn 34; LK¹⁰ (*Rüth*) zu § 316 Rn 141.
64 Vgl. oben Rn 418 ff.
65 Vgl. BGH NZV 89, 400; OLG Dresden DAR 99, 36; OLG Karlsruhe NJW 74, 1006; *Geppert* ZStW 83, 947 (997, 1000); vgl. auch *Molketin* NZV 90, 290.

13. Strafschärfende Berücksichtigung des Alkoholgenusses bei Bestrafung wegen anderer Straftaten

486 Ist alkoholbedingte Fahrunsicherheit nicht nachweisbar und kommt § 24 a StVG gem. § 21 I OWiG nicht zur Anwendung, weil die Tat einen anderen Straftatbestand erfüllt (z. B. § 21 StVG), so kann die gem. § 21 I OWiG verdrängte Ordnungswidrigkeit des § 24 a StVG strafschärfend berücksichtigt werden.[66]

487 Hat der Täter den Grenzwert von 0,5 ‰ nicht erreicht (auch nicht nach der Tat aufgrund des vor Fahrtantritt genossenen Alkohols, vgl. § 24 a StVG), so darf der Alkoholgenuß *als solcher* nicht strafschärfend wegen einer auf der Fahrt begangenen Verkehrsstraftat ins Gewicht fallen, weil das Gesetz dem Kraftfahrer nicht gebietet, vor Antritt der Fahrt jeglichen Alkohol zu meiden.[67] Dennoch kann ein diesen Wert nicht erreichender Alkoholgenuß *mittelbar* zur Strafschärfung führen, dann nämlich, wenn die Führung des Fahrzeugs auch unter geringem Alkoholeinfluß nachteilige Schlüsse auf das Verantwortungsbewußtsein des Angeklagten als Kraftfahrer, auf persönliche Unzuverlässigkeit oder vorwerfbares leichtfertiges Verhalten zuläßt.[68]

II. Verhängung von Freiheitsstrafe

1. Grundsätzlicher Ausschluß kurzer Freiheitsstrafen

488 Gem. § 47 I StGB dürfen Freiheitsstrafen unter sechs Monaten nur noch in Ausnahmefällen, gewissermaßen als »ultima ratio«[69] verhängt werden.

2. Bedeutung des § 47 I StGB bei Alkoholstraftaten im Verkehr

a) Uneingeschränkte Geltung auch bei Trunkenheitsdelikten

489 Trotz der erheblichen Gefahren, die von Trunkenheitsfahrten regelmäßig ausgehen, scheidet Freiheitsstrafe bei Durchschnittsfällen der §§ 316, 315 c StGB aus. Diese Gefahren etwa als »besondere Umstände« i.S.d. § 47 I StGB anzusehen, liefe nicht nur dem Willen des Gesetzgebers zuwider, sondern wäre auch mit dem Wortlaut des § 47 I StGB unvereinbar. Bestimmte Tatbestandsgruppen wie etwa die §§ 316, 315 c I Nr. 1 a (III) StGB dürfen nicht allgemein von der Einschränkung der Verhängung kurzer Freiheitsstrafen ausgeschlossen werden.[70] Nur wenn in

---

66 Vgl. BGH NJW 54, 810; OLG Hamm NJW 73, 1891; OLG Bremen NJW 54, 1213 (sämtlich vor Inkrafttreten des § 24 a StVG zu anderen Fällen der Subsidiarität ergangen); *Bruns*, Strafzumessungsrecht, S. 465, 467; *Göhler* zu § 21 Rn 12; *Janiszewski* Rn 427.
67 Vgl. BGH DAR 63, 353; s. hierzu hinsichtlich der bis zum 31. 12. 1992 geltenden Rechtslage in den neuen Bundesländern: 6. Aufl. Rn 508 a.
68 Vgl. BGH MDR 73, 16 (bei *Dallinger*); BayObLG MDR 73, 153; vgl. auch *Tröndle/Fischer* zu § 316 Rn 7 d.
69 Vgl. *Tröndle/Fischer* zu § 47 Rn 1.
70 Vgl. OLG Frankfurt NJW 71, 666; OLG Hamm NJW 70, 1384; DAR 70, 328; OLG Düsseldorf NJW 70, 767; *Bruns*, Strafzumessungsrecht, S. 340; *Horstkotte* NJW 69, 1601; *Dünnebier* JR 70, 241; *Martin* BA 70, 13; vgl. auch OLG Köln NJW 70, 258; vgl. dagegen die Beiträge von *Koch* NJW 70, 842; *Behnke* BA 69, 335; *Krüger* BA 69, 352, in denen bei Trunkenheit im Verkehr weitgehend die Verhängung von Freiheitsstrafen für unerläßlich erachtet wird.

der Tat oder der Persönlichkeit des Täters Umstände vorhanden sind, die den Fall als eine Abweichung vom Normalfall erscheinen lassen, ihn also von der Masse gleichartiger Tatbestandsverwirklichungen durch Durchschnittstäter unterscheiden, kann § 47 I StGB Anwendung finden.[71]

b) Anstieg von Trunkenheitsdelikten

Die vor allem unmittelbar nach der Einschränkung kurzer Freiheitsstrafen durch das 1. StrRG im Jahre 1969[72] vereinzelt vertretene Auffassung, gem. § 47 I StGB könne die Verhängung kurzer Freiheitsstrafen »zur Verteidigung der Rechtsordnung« unerläßlich sein, wenn eine allgemeine Zunahme bedrohlichen Ausmaßes bei einer bestimmten Deliktsgruppe wie etwa der Tatbestände der Trunkenheit im Verkehr zu beobachten sei,[73] ist ganz überwiegend auf Ablehnung gestoßen.[74]

Allerdings war zum Teil angenommen worden, daß unter gewissen Voraussetzungen die Häufung einer bestimmten Tatbestandsgruppe die Verhängung kurzer Freiheitsstrafen unerläßlich erscheinen lassen könne, falls der Anstieg erfahrungswissenschaftlich überzeugend festgestellt und der Nachweis erbracht werden könne, daß die überwiegende Ahndung der Taten mit Geldstrafe für diesen Anstieg infolge einer durch die milde Bestrafung bedingten Fehleinstellung der Bevölkerung ursächlich ist.[75]

Schon die Tatsache, daß dieser Nachweis wohl kaum je erbracht werden kann, führt jedoch dazu, daß die allgemeine Zunahme von Trunkenheitsstraftaten im Verkehr praktisch als »besonderer Umstand« i.S.d. § 47 I StGB ausscheidet. Überzeugend hat schon *Janiszewski*[76] in diesem Zusammenhang darauf hingewiesen, daß wohl nur eine verschwindend geringe Zahl von Kraftfahrern einige Monatseinkommen als zusätzliche Ausgabe und den Verlust der Fahrerlaubnis für eine Trunkenheitsfahrt einkalkuliere und daß die kriminologischen Erkenntnisse gegen die Annahme sprächen, eine Häufung solcher Straftaten sei Folge der Spekulation auf eine Geldstrafe. Dies belegt auch statistisches Material aus der Zeit vor Inkrafttreten des 1. StrRG[77] über den Einfluß der Strafzumessungspraxis auf Zunahme oder Rückgang von Trunkenheitsstraftaten.[78] Auch eine außergewöhnliche, den Bundesdurchschnitt erheblich übersteigende Zunahme der Trunkenheitsdelikte in einem bestimmten Amtsgerichtsbezirk für sich allein ist daher kein »besonderer Umstand« i.S.d. § 47 I StGB, der die Verhängung kurzer Freiheitsstrafen »zur Verteidigung der Rechtsordnung« rechtfertigen könnte.[79]

---

71 Vgl. hierzu *Bruns*, Strafzumessungsrecht, S. 339 ff. (340).
72 Jetzt: § 47 StGB.
73 Vgl. z. B. *Martin* BA 70, 13; *Schneble* BA 71, 147; s. in diesem Zusammenhang auch BGH NStZ 92, 275.
74 Vgl. BayObLG DAR 74, 176 (bei *Rüth*); OLG Hamm DAR 70, 328; OLG Frankfurt NJW 71, 666; KG VRS 44, 94; *Rüth* in LK[10] zu § 316 Rn 150; *Janiszewski* Rn 645 sowie BA 71, 179 (200).
75 Vgl. z. B. BayObLG DAR 74, 176 (bei *Rüth*); OLG Frankfurt NJW 71, 666; OLG Hamm DAR 70, 328; KG VRS 44, 94; ähnlich *Janiszewski* Rn 645.
76 *Janiszewski* BA 71, 179 (190, 201); ähnlich *Tröndle* MDR 72, 461 (464).
77 Vgl. *Janiszewski* BA 68, 27; *Middendorff* BA 78, 95 (109).
78 Vgl. auch *Kerner* S. 178, 254; *Schöch* NStZ 91, 11 (16).
79 Vgl. hierzu OLG Frankfurt NJW 71, 666; 71, 669; 72, 298; DAR 72, 49; vgl. dagegen OLG Hamm DAR 70, 328; *Martin* BA 70, 13.

c) Wiederholungstäter

aa) Keine allgemeine Regel

493 Soweit das Gericht Vorstrafen bei der Strafzumessung entscheidend mitberücksichtigt, muß es im Urteil wenigstens Zeitpunkt, Strafgesetz und Strafe näher bezeichnen.[80] Eine allgemeine Regel, wonach im ersten Wiederholungsfall *immer* die Voraussetzungen für die Verhängung einer Freiheitsstrafe vorliegen,[81] wäre mit § 47 I StGB unvereinbar und daher gesetzwidrig.[82] Vielmehr kommt es auch beim rückfälligen Täter auf die Umstände des Einzelfalles an.[83] Von Bedeutung ist insbesondere auch der zeitliche Abstand der Tat von der Vorverurteilung. Je größer dieser Abstand ist, desto weniger wird die Vorstrafe bei der Frage, ob zur Einwirkung auf den Angeklagten eine Freiheitsstrafe unerläßlich ist, ins Gewicht fallen.[84] Auch das Bemühen um eine Einstellungsänderung durch Teilnahme an einem Aufbauseminar kann trotz Wiederholungstat die Ahndung nur mit Geldstrafe rechtfertigen.[85] Vielfach wird sich die Verhängung einer Freiheitsstrafe bei einem einschlägig bestraften Angeklagten jedoch zur Einwirkung auf ihn als unerläßlich erweisen.[86] Hält das Gericht trotz der einschlägigen Vorstrafe eine Geldstrafe für ausreichend, so muß es u. U. die von ihm getroffene günstige Prognose im Urteil begründen.[87] Liegt die einschlägige Vorstrafe nur kurz zurück, so kann eine Erörterung der Frage erforderlich sein, ob nicht die Verteidigung der Rechtsordnung die Verhängung einer Freiheitsstrafe gebietet.[88]

bb) Mehrfach rückfälliger Trunkenheitstäter

494 Auch beim mehrfach rückfälligen Täter darf nicht schematisch auf Freiheitsstrafe erkannt werden. Vielmehr sind auch hier die konkreten Umstände des Falles zu berücksichtigen, insbesondere auch der zeitliche Abstand zwischen den Taten.[89] In Einzelfällen kann eine hohe Geldstrafe ausreichen.[90] In der Regel wird die Wür-

---

80 Vgl. OLG Hamm BA 81, 261.
81 So aber offenbar z. B. *Behnke* BA 69, 335; *Krüger* BA 69, 352 (358).
82 Vgl. BayObLG DAR 77, 202 (bei *Rüth*); OLG Frankfurt NJW 70, 956; OLG Köln MDR 70, 1026; OLG Karlsruhe DAR 71, 188; VRS 38, 331; OLG Hamm VRS 38, 257; 39, 414; 41, 410; OLG Düsseldorf VM 71, 58; OLG Schleswig BA 70, 396; vgl. auch OLG Schleswig NJW 82, 116 (wiederholter Diebstahl geringwertiger Sachen).
83 Vgl. BayObLG DAR 77, 202 (bei *Rüth*); 92, 184; OLG Hamm VRS 38, 257; 39, 414; 40, 9; 41, 410; OLG Düsseldorf VM 71, 58; OLG Schleswig BA 70, 396; NJW 82, 116.
84 Vgl. OLG Hamm VRS 38, 257; OLG Düsseldorf VM 71, 58.
85 Vgl. AG Homburg ZfS 83, 283; AG Westerstede VRS 72, 369; vgl. auch *Bode* BA 84, 31 (33); s. dazu auch Rn 480.
86 Vgl. OLG Frankfurt NJW 70, 956; vgl. ferner OLG Koblenz MDR 70, 693; VRS 40, 9; 51, 428; *Martin* BA 70, 13 (18); *Granicky* BA 69, 449, wonach dies »zumeist« oder »regelmäßig« der Fall sein wird; vgl. auch *Behnke* BA 69, 335 und *Krüger* BA 69, 352 (358), die bei Wiederholungstätern offenbar immer Freiheitsstrafe für geboten halten.
87 Vgl. OLG Köln MDR 70, 1026.
88 Vgl. BayObLG DAR 78, 207 (bei *Rüth*).
89 Vgl. BayObLG DAR 92, 184; OLG Hamm DAR 72, 244; VRS 38, 257; OLG Koblenz BA 77, 435 (das die Unerläßlichkeit einer kurzen Freiheitsstrafe bei einem mehrfachen Wiederholungstäter bejahte, dem erst 12 Tage vor der Tat die Anklageschrift für eine weitere einschlägige Straftat zugestellt worden war).
90 Vgl. OLG Celle NJW 70, 872; zu weitgehend wohl LG Waldshut BA 70, 323 mit ablehnender Anmerkung von *Mayer* BA 70, 326.

digung der Person des Angeklagten und der Tat bei wiederholter einschlägiger Verurteilung allerdings ergeben, daß die Verhängung einer Freiheitsstrafe unerläßlich ist.[91] Ein Absehen von Freiheitsstrafe läßt sich in solchen Fällen nicht mit dem Hinweis begründen, Freiheitsstrafen seien, wie das Verhalten des Angeklagten zeige, nicht geeignet, diesen zu beeindrucken.[92]

cc) Tatbegehung innerhalb einer Bewährungszeit

Der rasche Rückfall rechtfertigt im allgemeinen eine ungünstige Prognose für das künftige Verhalten des Angeklagten. Dies gilt um so mehr, wenn die Tat innerhalb einer Bewährungszeit wegen einer einschlägigen Verurteilung begangen wurde. Ist der Angeklagte wegen Trunkenheit im Verkehr oder Gefährdung des Straßenverkehrs infolge Trunkenheit zu einer Freiheitsstrafe verurteilt worden und hat er erneut eine dieser Taten innerhalb der ihm seinerzeit zugebilligten Bewährungsfrist begangen, so ist grundsätzlich die Verhängung einer Freiheitsstrafe unerläßlich. Wird dennoch auf Geldstrafe erkannt, so ist im Urteil eingehend zu begründen, warum trotz der Erfolglosigkeit der früheren Verurteilung eine Freiheitsstrafe *nicht* unerläßlich ist.[93] Dies gilt auch dann, wenn die Trunkenheitsfahrt bei der früheren Tat oder in dem Wiederholungsfall sog. Rauschtat i.S.d. § 323 a StGB war.[94]

d) Folgenlose Trunkenheitsfahrt eines Ersttäters

In seltenen Ausnahmefällen kann auch bei einer folgenlosen Trunkenheitsfahrt eines bisher unbestraften Kraftfahrers die Verhängung einer Freiheitsstrafe geboten sein. So hat z. B. das OLG Frankfurt[95] die Verhängung einer Freiheitsstrafe bei einem Ersttäter für rechtsfehlerfrei erachtet, der mit seinem PKW zu einer Zechtour aufgebrochen war, vor der Polizei flüchtete, indem er innerorts 100 km/h fuhr, Rotlicht zeigende Signalanlagen mißachtete, andere auf seiner »Amokfahrt« erheblich gefährdete und den Tatbestand des § 113 StGB erfüllte.

e) Schwere Unfallfolgen

Bei Trunkenheitsfahrten mit schweren, nicht wiedergutzumachenden Unfallfolgen wird die Verteidigung der Rechtsordnung auch bei Ersttätern häufiger als bei anderen Straftaten die Verhängung einer Freiheitsstrafe unter sechs Monaten unerläßlich erscheinen lassen.[96] Hat der Angeklagte infolge schweren Alkoholmiß-

---

91 Vgl. OLG Hamm NJW 71, 670; vgl. auch BayObLG NJW 70, 871; vgl. hierzu auch *Mayer* BA 70, 326.
92 Vgl. BayObLG VRS 76, 130 (mit abl. Anm. *Köhler* JZ 89, 697); OLG Düsseldorf NZV 96, 46; vgl. auch BayObLG DAR 91, 363 (bei *Bär*).
93 Vgl. OLG Hamm DAR 71, 204; 74, 176 (jeweils bei *Rüth*); KG VRS 38, 330; OLG Koblenz VRS 45, 173; *Seib* BA 70, 409; 74, 11 (24); vgl. hierzu auch: BayObLG DAR 70, 263 (bei *Rüth*); OLG Köln DAR 70, 246; vgl. dagegen LG Waldshut BA 70, 323 mit ablehnender Anmerkung von *Mayer* BA 70, 326.
94 Vgl. BayObLG DAR 74, 176 (bei *Rüth*); OLG Koblenz VRS 45, 173.
95 OLG Frankfurt DAR 72, 48.
96 Vgl. BayObLG MDR 72, 339; OLG Hamm VRS 40, 342; *Janiszewski* Rn 645.

brauchs einen tödlichen Unfall verursacht, so muß das Gericht, wenn es auf Geldstrafe erkennt, in den Urteilsgründen in der Regel darlegen, warum es die Voraussetzungen für eine Freiheitsstrafe *nicht* als gegeben erachtet.[97]

f) Leichte Unfallfolgen

498 Leichte, durch Trunkenheit hervorgerufene Unfallfolgen rechtfertigen bei Ersttätern, wenn nicht andere erschwerende Umstände hinzutreten, dagegen nicht ohne weiteres die Verhängung einer kurzen Freiheitsstrafe »zur Verteidigung der Rechtsordnung«.[98]

III. Strafaussetzung zur Bewährung

1. Strafaussetzung als Regel

499 Nach der Neufassung des § 56 StGB durch das 1. StrRG vom 25. 6. 1996 ist die Strafaussetzung bei sog. »kurzen« Freiheitsstrafen bis zu 1 Jahr (anders als nach § 23 alt) die Regel. Bei **günstiger Prognose** *muß* die Vollstreckung einer Freiheitsstrafe unter 6 Monaten gem. § 56 I, III StGB zur Bewährung ausgesetzt werden, die Vollstreckung einer Freiheitsstrafe von 6 Monaten bis zu 1 Jahr dann, wenn nicht die Verteidigung der Rechtsordnung die Vollstreckung gebietet. Die Annahme einer günstigen Prognose ist bereits gerechtfertigt, wenn die Wahrscheinlichkeit künftigen straffreien Verhaltens größer ist als die Wahrscheinlichkeit erneuter Straffälligkeit.[99]

2. Bedeutung einschlägiger Vorstrafen

500 Auch einschlägige Vorstrafen schließen nicht schlechthin eine Strafaussetzung zur Bewährung aus.[100] Dies gilt insbesondere, wenn es sich um nur eine einzige Vorstrafe wegen eines Trunkenheitsdelikts handelt, die in der Regel allein noch keine ungünstige Täterprognose rechtfertigt.[101] Einschlägige Vorstrafen können jedoch von erheblicher Bedeutung für die Prognose sein und je nach Anzahl, zeitlichem Abstand voneinander sowie den Umständen der früheren Verfehlungen und der abzuurteilenden Tat die eingehende Begründung einer positiven Zukunftserwartung erforderlich machen[102] oder trotz günstiger Sozialprognose die Strafvollstreckung gem. § 56 III StGB geboten erscheinen lassen.[103] Eingehende Begrün-

---

97 Vgl. OLG Stuttgart NJW 71, 2181; vgl. in diesem Zusammenhang auch OLG Düsseldorf VRS 41, 22.
98 Vgl. OLG Hamm MDR 70, 693.
99 Vgl. BGH NStZ 97, 594.
100 Vgl. BayObLG DAR 70, 263; 73, 207 (jeweils bei *Rüth*); OLG Koblenz MDR 71, 235; VRS 53, 337 (339); 55, 47 (51); 56, 145; 70, 145; 71, 446; OLG Köln MDR 70, 1026; OLG Hamm DAR 72, 245; NZV 88, 230; OLG Karlsruhe VRS 38, 331; OLG Frankfurt NJW 77, 2175.
101 Vgl. BayObLG DAR 70, 263 (bei *Rüth*).
102 Vgl. z. B. OLG Koblenz MDR 71, 235; VRS 51, 429; 53, 337 (339); 55, 47 (51); 62, 184; 70, 145; BA 77, 60; OLG Stuttgart VRS 39, 420; BayObLG DAR 71, 205 (bei *Rüth*).
103 Vgl. OLG Düsseldorf VRS 91, 355; OLG Frankfurt NJW 77, 2175 (2176 f.).

dung im Urteil erfordert z. B. die Bewilligung von Strafaussetzung trotz zahlreicher, vor allem einschlägiger Vorstrafen, weil in solchen Fällen eine ungünstige Prognose naheliegt.[104] Selbst eine einzige einschlägige Vortat kann in besonders gelagerten Fällen Strafaussetzung zur Bewährung ausschließen. So wurden z. B. bei *zwei* rasch aufeinanderfolgenden Trunkenheitsfahrten nur etwa 1 Jahr nach einer einschlägigen Verurteilung zu Geldstrafe eingehende Darlegungen des Tatrichters zu der dennoch angenommenen günstigen Prognose verlangt.[105] Auch bei einem Mehrfachtäter kann andererseits das Bemühen um eine Verhaltensänderung durch Nachschulungsmaßnahmen (Aufbauseminar) u. U. eine günstige Prognose rechtfertigen.[106]

Hat der Angeklagte bereits eine Freiheitsstrafe wegen einer Trunkenheitsstraftat 501 verbüßt, so wird eine günstige Prognose nur möglich sein, wenn ganz besondere Gründe vorliegen, die dann im Urteil im einzelnen darzulegen sind.[107]

3. Tatbegehung innerhalb einer Bewährungszeit wegen einschlägiger Verurteilung

Wurde die Tat innerhalb einer Bewährungszeit wegen einer einschlägigen Verur- 502 teilung begangen, so hat sich die der früheren Strafaussetzung zugrundeliegende günstige Erwartung als falsch erwiesen. Die erneute Straftat deutet dann auf eine schlechte Prognose hinsichtlich des zukünftigen Verhaltens des Angeklagten hin. In solchen Fällen kommt daher eine nochmalige Strafaussetzung nur unter besonderen Umständen in Betracht.[108] Jedoch schließt Tatbegehung innerhalb der Bewährungszeit nicht *grundsätzlich* erneute Strafaussetzung aus.[109]

4. Schwere Unfallfolgen

Bei Verurteilung wegen einer Trunkenheitsfahrt mit schweren Unfallfolgen – 503 selbst wenn die Fahrt zu einem tödlichen Unfall geführt hat – ist die Aussetzung der mindestens sechsmonatigen Freiheitsstrafe nicht schon »in aller Regel« nach § 56 III StGB ausgeschlossen.[110] Vielmehr kommt es auch hier auf die Einzelheiten des konkreten Falles an. Von Bedeutung kann z. B. sein, ob Unbeteiligte oder aber

---

104 Vgl. OLG Köln BA 81, 470; OLG Koblenz VRS 70, 145; 71, 446; OLG Hamm NZV 88, 230.
105 Vgl. OLG Koblenz VRS 56, 145.
106 Vgl. LG Hannover VRS 72, 360 mit kritischer Anmerkung *Molketin* BA 87, 354.
107 Vgl. OLG Stuttgart DAR 71, 270; vgl. auch OLG Koblenz VRS 51, 429; vgl. dagegen OLG Frankfurt NJW 70, 956, das umgekehrt meint, in einem solchen Fall bedürfe die Nichtaussetzung einer besonders sorgfältigen Begründung, weil der spezialpräventive Erfolg mit der Vollstreckung einer Freiheitsstrafe nicht erzielt worden sei.
108 Vgl. BayObLG VRS 86, 453 (457); DAR 92, 363, 364 (jeweils bei *Bär*); KG VRS 38, 330; BA 72, 276; OLG Hamm DAR 72, 245; VRS 54, 28; OLG Saarbrücken VRS 49, 351; OLG Koblenz MDR 71, 235; VRS 60, 33; BA 81, 50; vgl. hierzu auch OLG Karlsruhe VRS 50, 98; 55, 341; OLG Koblenz BA 77, 60; VRS 71, 446; OLG Hamm NZV 88, 230.
109 Vgl. BGH NStZ-RR 97, 68; OLG Köln MDR 70, 1026.
110 Vgl. BGH NJW 71, 664; DAR 72, 119 (bei *Martin*); VRS 47, 14; BayObLG NJW 71, 107; MDR 72, 339; DAR 71, 49; 75, 203 (bei *Rüth*); OLG Hamm NJW 70, 1614; VRS 40, 342; OLG Stuttgart NJW 70, 258; OLG Frankfurt NJW 70, 957; OLG Celle NJW 70, 1152; OLG Koblenz DAR 71, 106; BA 71, 375; 78, 62; vgl. auch OLG Karlsruhe NStZ-RR 96, 198 (§ 323 a StGB); *Dede* MDR 70, 721; *Tröndle* MDR 72, 461 (463);
a. M. OLG Oldenburg MDR 70, 435.

Mitfahrer, die in Kenntnis des Alkoholgenusses des Angeklagten an der Fahrt teilgenommen haben, Opfer des Unfalls waren[111] oder die schweren Unfallfolgen durch Verletzung der Gurtanlegepflicht mitverschuldet haben.[112] Gemäß § 56 III StGB ist die Strafaussetzung jedoch zu versagen, wenn diese angesichts der Umstände des Falles auf das Unverständnis der Bevölkerung stoßen und deren Rechtstreue ernstlich beeinträchtigen würde.[113] Entscheidend ist dabei die Gesamtbevölkerung, nicht ein bestimmter Personenkreis.[114]

504 Diese Befürchtung liegt allerdings bei Trunkenheitsstraftaten im Straßenverkehr mit schwersten, nicht wiedergutzumachenden Unfallfolgen – wozu auch schwerwiegende Dauerschäden bei Verletzten gehören können[115] – näher als bei anderen Verfehlungen, so daß die Voraussetzungen des § 56 III StGB für eine Versagung der Strafaussetzung zur Bewährung häufiger gegeben sein werden als bei weniger folgenschweren Rechtsverletzungen.[116] Sind Unrecht und Schuld des Angeklagten, der infolge seiner Fahrunsicherheit einen Unfall mit derartigen Folgen herbeigeführt hat, so schwerwiegend, daß eine Freiheitsstrafe von mehr als 6 Monaten erforderlich erscheint, so wird die Prüfung der näheren Umstände in den meisten Fällen ergeben, daß die Aussetzung der Vollstreckung dieser Strafe von der Bevölkerung nicht verstanden würde und deren Rechtsgefühl und Rechtstreue gefährden könnte.[117] Dies gilt insbesondere auch in Fällen, in denen sich der Angeklagte in Kenntnis des Unfalls anschließend von der Unfallstelle entfernte (§ 142 StGB).[118] Trotz tödlicher Folgen werden die Voraussetzungen des § 56 III StGB für die Vollstreckung der mehr als sechsmonatigen Freiheitsstrafe allerdings bei extrem langer Verfahrensdauer oft nicht mehr gegeben sein.[119]

505 **§ 56 II StGB (Strafaussetzung von Freiheitsstrafe von mehr als 1 Jahr)** rechtfertigt die Aussetzung einer Freiheitsstrafe von bis zu zwei Jahren, wenn Milderungsgründe vorliegen, die im Vergleich zu durchschnittlichen Milderungsgründen von besonderem Gewicht sind.[120] Umstände mit Ausnahmecharakter, die die Tat zugunsten des Täters als außergewöhnlich erscheinen lassen, oder eine beson-

---

111 Vgl. z.B. OLG Dresden DAR 99, 36; OLG Stuttgart NJW 70, 258; AG Alzey DAR 78, 166; s. auch Rn 485.
112 Vgl. LG Koblenz MDR 87, 602.
113 Vgl. BGH NJW 71, 664; NStZ 87, 21; 94, 336 (Anm. *Horn* BA 95, 62); DAR 87, 199 (bei *Spiegel*); BayObLG VRS 69, 283; OLG Celle BA 99, 188; OLG Hamm NZV 93, 317 (Anm. *Molketin* BA 94, 133); DAR 90, 308; OLG Koblenz NZV 92, 451; VRS 59, 33; 59, 339; OLG Karlsruhe VRS 57, 189; DAR 93, 397.
114 Vgl. OLG Koblenz VRS 75, 37 (39); OLG Karlsruhe DAR 93, 397.
115 Vgl. OLG Karlsruhe VRS 57, 189.
116 Vgl. BGH NJW 71, 664; NStZ 94, 336; BayObLG MDR 72, 339; VRS 59, 188; 69, 283; OLG Koblenz BA 80, 463; OLG Düsseldorf VRS 41, 22; OLG Köln VRS 53, 264; NZV 93, 357; OLG Karlsruhe VRS 57, 189; DAR 93, 397; vgl. dazu *Molketin* NZV 90, 289.
117 Vgl. BGH NJW 71, 664; OLG Koblenz VRS 52, 21; NZV 92, 451; OLG Köln VRS 53, 264; vgl. hierzu auch OLG Koblenz VRS 52, 179; 59, 339; BA 80, 463; OLG Hamm NZV 93, 317 (Anm. *Molketin* BA 94, 133); s. aber BGH NStZ 94, 336 (Anm. *Horn* BA 95, 62).
118 Vgl. BayObLG DAR 71, 206 (bei *Rüth*); OLG Koblenz VRS 48, 182.
119 Vgl. BayObLG VRS 69, 283 (mehr als 4 Jahre).
120 Vgl. BGH NStZ 87, 21; DAR 87, 199; 88, 226 (jeweils bei *Spiegel*); NZV 89, 400; BayObLG DAR 90, 364; 91, 365 (jeweils bei *Bär*); OLG Frankfurt NStZ-RR 96, 213; OLG Celle BA 99, 188; OLG Hamm DAR 90, 308; NZV 93, 317; OLG München NStZ 87, 74.

dere Konfliktlage sind nicht Voraussetzung.[121] Auch etwa bei Verletzungen des Täters mit schweren Dauerschäden kann Strafaussetzung einer mehr als einjährigen Freiheitsstrafe gem. § 56 II StGB u. U. gerechtfertigt sein,[122] bei Trunkenheitsfahrten mit schwersten Unfällen dagegen nur selten.[123]

5. Begehung schwerwiegender Straftaten zur Verhinderung der Strafverfolgung wegen der Trunkenheitsfahrt

Versucht der Täter, sich einer strafrechtlichen Verfolgung wegen der Trunkenheitsfahrt dadurch zu entziehen, daß er eine weitere schwerwiegende Straftat begeht, etwa, indem er ohne Rücksicht auf die möglichen Folgen auf einen Polizeibeamten zufährt, so wird zumeist die Aussetzung der Vollstreckung einer für erforderlich gehaltenen Freiheitsstrafe von mindestens 6 Monaten an § 56 III StGB scheitern.[124]

6. Widerruf

Wurde die Vollstreckung einer wegen eines Trunkenheitsdelikts im Straßenverkehr verhängten Freiheitsstrafe zur Bewährung ausgesetzt, so rechtfertigt in der Regel eine erneute innerhalb der Bewährungszeit begangene Trunkenheitsstraftat den Widerruf der Strafaussetzung[125] auch dann, wenn diese fahrlässig[126] oder im Zustand verminderter Schuldfähigkeit[127] begangen wurde. Das kann auch dann gelten, wenn die Vollstreckung der wegen der Wiederholungstat verhängten Freiheitsstrafe erneut zur Bewährung ausgesetzt wurde, nämlich dann, wenn die günstige Prognose des Gerichts, das das Urteil wegen der Wiederholungstat gefällt hat, inhaltlich nicht nachvollziehbar ist.[128] Ebenso kann der Widerruf notwendig sein, wenn die neue Fahrt im Zustand der Fahrunsicherheit Rauschtat i.S.d. § 323 a StGB ist[129] oder der Verurteilte innerhalb der Bewährungszeit mehrmals ohne Fahrerlaubnis gefahren ist.[130]

---

121 Vgl. OLG Frankfurt NStZ-RR 96, 213; anders aber die ältere Rechtsprechung zu § 56 II a. F. StGB, die jedenfalls durch die Neufassung überholt ist (z. B. BGH NJW 77, 639; MDR 71, 146; VRS 46, 106; OLG Hamm NStZ 81, 351).
122 Vgl. BayObLG VRS 65, 279.
123 Vgl. auch BGH NStZ 91, 331; *Tröndle* MDR 72, 461 (463); Aussetzung zur Bewährung bejaht: BGH NZV 89, 400 (BAK unter dem Beweisgrenzwert von damals 1,3 ‰, Mitschuld eines Dritten, Mitfahrt des Getöteten nach gemeinsamem Zechen); bedenklich LG Mönchengladbach ZfS 84, 317 (Aussetzung einer 2jährigen Freiheitsstrafe wegen fahrlässiger Tötung infolge alkoholbedingter Fahrunsicherheit nach zwei Vorstrafen wegen Trunkenheit im Verkehr ca. 3 Jahre vor der Tat im Hinblick auf das Bemühen der Täterin um zukünftige straffreie Führung; zust. *Molketin* NZV 90, 296); vgl. dazu auch OLG Stuttgart NZV 91, 80.
124 Vgl. OLG Hamm NJW 73, 1891.
125 Vgl. dazu OLG Koblenz BA 82, 288; VRS 71, 180; 72, 440; 73, 275.
126 Vgl. LG Göttingen NJW 73, 769; vgl. auch OLG Hamm MDR 71, 942.
127 Vgl. OLG Koblenz VRS 60, 428.
128 Vgl. OLG Düsseldorf NZV 98, 163.
129 Vgl. OLG Koblenz VRS 54, 192; 60, 428; vgl. dazu auch *Molketin* BA 81, 242.
130 Vgl. OLG Koblenz BA 81, 468.

IV. Absehen von Strafe

508 Auch bei Trunkenheitsstraftaten kann unter den Voraussetzungen des § 60 StGB von Strafe abgesehen werden, und zwar auch im Jugendstrafrecht.[131] Bestimmte Straftatbestände wie etwa die der Trunkenheit im Straßenverkehr allgemein von der Möglichkeit des § 60 StGB auszunehmen wäre rechtsfehlerhaft.[132] Jedoch kann es gerechtfertigt sein, angesichts des Grades der Gefährdung anderer bei einer Trunkenheitsfahrt strenge Maßstäbe anzulegen.[133] Vom Täter erlittene Verletzungen mit schweren Dauerschäden können die Anwendung des § 60 StGB rechtfertigen.[134] Eine Strafe ist z. B. als offensichtlich verfehlt angesehen worden bei einer Angeklagten, die infolge der Trunkenheitsfahrt erhebliche Gesichts- und Augenverletzungen davongetragen hatte.[135] Trotz tödlicher Verletzungen der Ehefrau wurden andererseits die Voraussetzungen des § 60 StGB bei einem Täter verneint, der mit dem PKW zu einem nur 2 km entfernten Straßenfest gefahren war, um dort alkoholische Getränke zu sich zu nehmen, und dem Alkohol im Übermaß zusprach (2,5 ‰ BAK).[136]

V. Strafzumessung bei Vollrausch

509 Ist der Angeklagte wegen nicht auszuschließender Schuldunfähigkeit nach § 323 a StGB zu bestrafen, die Rauschtat jedoch eine Verkehrsstraftat, so dürfen die besonderen Erwägungen, die bei der Strafzumessung für Verkehrsdelikte eine Rolle spielen können, auch für die Bestrafung wegen des Vollrausches Berücksichtigung finden.[137]

510 Die Strafe wegen Vollrausches darf nicht deshalb verschärft werden, weil es der Angeklagte bei Trinkbeginn unterlassen hat, Vorkehrungen gegen die spätere Benutzung seines Fahrzeugs zu treffen.[138] Mildernde Berücksichtigung solcher Vorkehrungen ist allerdings möglich.[139]

511 Bei der Bestrafung einer im Vollrausch begangenen Trunkenheitsfahrt (§ 323 a StGB) können Vorstrafen nach §§ 316, 315 c I Nr. 1 a (III) StGB als symptomatisch strafschärfend berücksichtigt werden.[140]

---

131 Vgl. BayObLG NJW 92, 1520 – Tod der Schwester – (zust. *Brunner* JR 92, 389; *Scheffler* NStZ 92, 491).
132 Vgl. z. B. OLG Karlsruhe NJW 74, 1006; OLG Celle NZV 89, 485; OLG Köln NJW 71, 2036; LK[10] *(Rüth)* zu § 316 Rn 160.
133 Vgl. OLG Karlsruhe NJW 74, 1006; OLG Köln NJW 71, 2036; *Seib* DAR 71, 225; vgl. hierzu auch OLG Koblenz VRS 44, 415.
134 Vgl. BayObLG VRS 65, 279; OLG Celle NZV 89, 485; AG Freiburg VRS 83, 50.
135 Vgl. LG Frankenthal DAR 79, 337.
136 Vgl. AG Köln BA 82, 191.
137 Vgl. OLG Karlsruhe NStZ-RR 96, 198; OLG Oldenburg VRS 23, 46; *Schönke/Schröder (Cramer)* zu § 323 a Rn 30 a; vgl. hierzu auch *Middendorff* BA 78, 95 (107), der sich bei Trunkenheitsfahrt unter Anwendung des § 323 a StGB für die gleiche Bestrafung einsetzt wie in Fällen des § 316 StGB; vgl. dagegen *Haubrich* DAR 80, 359; zur Strafzumessung bei Vollrausch allgemein: *Bruns, Lackner*-Festschrift, S. 439.
138 Vgl. OLG Stuttgart NJW 71, 1815; zur Frage der Vorhersehbarkeit der Rauschtat und der Bedeutung der sog. »Zurüstungen« vgl. oben Rn 312 ff.
139 Vgl. OLG Braunschweig NJW 66, 679.
140 Vgl. OLG Hamm VRS 36, 176.

VI. Einziehung (§ 74 StGB)

Das bei vorsätzlicher Trunkenheit im Verkehr benutzte Kfz unterliegt nicht der Einziehung gem. § 74 StGB.[141]

VII. Rechtsmittelbeschränkung auf das Strafmaß

Eine Beschränkung des Rechtsmittels auf das Strafmaß ist nur wirksam, wenn das angefochtene Urteil die wesentlichen für die Strafzumessung maßgebenden Tatsachen zur Schuldfeststellung mitteilt. Dazu gehören in Fällen der §§ 315 c I Nr. 1 a (III) und 316 StGB auch diejenigen Feststellungen, aus denen sich die Höhe der BAK bei Fahrtantritt ergibt.[142]

---

[141] Vgl. OLG Hamm BA 74, 282; *Geppert* DAR 88, 12 (14).
[142] Vgl. OLG Köln VRS 60, 445.

G. Ordnungswidrigkeiten

I. § 24 a StVG

Literatur:

von Below, Der Gefahrengrenzwert 0,8 Promille als subsidiärer Tatbestand und seine Abgrenzung zu den Alkoholdelikten im Straßenverkehr (§§ 316, 315 c StGB), in: BA 1969, 378; *Bode*, Neue Regelungen für Fahren unter Alkohol und Drogen im deutschen Ordnungswidrigkeitenrecht, in: BA 1998, 220; *derselbe*, Rechtliche Probleme der Atemalkohol-Nachweisverfahren, in: BA 99, 249; *Bürgel*, Das neue 0,8-Promille-Gesetz, in: NJW 1973, 1356; *derselbe*, Nochmals: Der Gefahrengrenzwert im 0,8-Promille-Gesetz, in: NJW 1974, 594; *Händel*, Anwendung und Auswirkungen des 0,8-Promille-Gesetzes, in: BA 1973, 353; *Heifer*, Der Gefahrengrenzwert von 0,8 ‰, in: BA 1973, 1; *Held*, Der Gefahrengrenzwert im 0,8-Promille-Gesetz, in: NJW 1973, 2243; *Hentschel*, Die Neufassung des § 24 a StVG durch Änderungsgesetze v. 27. und 28. 4. 1998, in: NJW 1998, 2385; *Iffland/Hentschel*, Sind nach dem Stand der Forschung Atemalkoholmessungen gerichtsverwertbar?, in: NZV 1999, H. 12; *Janiszewski*, Die Fahrt unter Alkoholeinfluß als Ordnungswidrigkeit und als Vergehen, in: BA 1974, 155; *Krüger/Schöch*, Absenkung der Promillegrenze – Ein zweifelhafter Beitrag zur Verkehrssicherheit, in: DRiZ 1993, 334; *Rüth*, Rechtsfragen zum 0,8-Promille-Gesetz, in: DAR 1974, 57; *Weidemann*, Sicherheitsabschlag im Rahmen des § 24 a StVG?, in: DAR 1975, 176.

1. Motive für die Konstruktion des § 24 a Abs. 1 StVG

514 Nach der Formulierung des § 24 a I StVG kommt es nicht allein entscheidend auf die Blut- oder Atemalkoholkonzentration zur Tatzeit an, sondern auch auf die Alkoholmenge im Körper. Der Tatbestand dieser Ordnungswidrigkeit ist nicht nur erfüllt, wenn die BAK oder AAK zur Tatzeit einen der in Abs. I Nr. 1 oder 2 genannten Grenzwerte erreicht hat, sondern auch dann, wenn ein solcher Wert zwar im Zeitpunkt der Fahrt noch nicht erreicht war, der Betroffene jedoch eine Alkoholmenge im Körper hatte, die zu einem späteren, nach der Tat liegenden Zeitpunkt zu einer solchen Konzentration führt. Mit dieser Gesetzesfassung wurde zweierlei bezweckt: Zum einen sollte dem Umstand Rechnung getragen werden, daß die zwischen Trinkende und Invasionsgipfel in der sog. Anflutungsphase liegende Schädigung derjenigen im Gipfelbereich der Alkoholkurve entspricht, die alkoholbedingten Ausfallerscheinungen z. B. während der Resorptionsphase im Anstieg auf 0,8 ‰ also genauso stark sind wie nach Erreichen dieses Wertes.[1] Zum anderen sollte dem Betroffenen die Möglichkeit genommen werden, sich darauf zu berufen, daß im Zeitpunkt der Fahrt wegen eines angeblich kurz vor Fahrtantritt genossenen Schluß-Sturztrunks die Resorption noch nicht abgeschlossen, der Grenzwert mithin noch nicht erreicht gewesen sei.[2] Im Bericht des Ausschusses für Verkehr vom 6. 6. 1973 heißt es hierzu:

---

1 Vgl. auch *Janiszewski* BA 74, 155 (161); *Bürgel* NJW 73, 1356; *Heifer* BA 73, 1 (7 f.); zur Wirkung des Alkohols in der Anflutungsphase vgl. oben Rn 147, 155 mit Nachweisen.
2 Vgl. auch *Janiszewski* VOR 73, 348 (353); *Bürgel* NJW 73, 1356; *Heifer* BA 73, 1 (7 f.).

»In dem Regierungsentwurf wird nach straf- und verfassungsrechtlichen Grundsätzen auf den Alkoholgehalt im Blut während des Führens eines Kraftfahrzeuges abgestellt. Diese Regelung wurde von den Sachverständigen übereinstimmend als nicht sachgerecht angesehen. Nach ihrer Darstellung soll der Tatbestand auch erfüllt sein, wenn die Blutalkoholgrenze von 0,8 Promille erst nach Beendigung der Fahrt erreicht wird, da in der Anflutungsphase die Alkoholwirkung ungleich stärker ist als in der Abflutungsphase. Außerdem ist es bei entsprechenden Einlassungen kundiger Kraftfahrer nicht zuverlässig möglich, rückwirkend festzustellen, wann der Alkohol vom Magen-Darm-Trakt ins Blut übergetreten ist und wann somit die maßgebende Blutalkoholgrenze erreicht wurde. Häufig bleiben Zweifel darüber übrig, ob dies noch während der Fahrt oder erst nach Fahrtbeendigung der Fall gewesen war. Um das Gesetz praktikabel zu machen, wurde daher vorgeschlagen, auch auf den Alkoholgehalt im Körper (Magen-Darm-Trakt) abzustellen.«[3]

Daß diese in § 24 a I, 2. Alternative StVG getroffene Regelung mit dem Grundgesetz in Einklang steht, hat das BVerfG in einem Beschluß vom 2. 11. 1977[4] festgestellt.

2. Objektiver Tatbestand

a) Kraftfahrzeug

Für den Begriff des »Kraftfahrzeugs« in § 24 a StVG ist die Definition des § 1 II StVG zu verwenden.[5] Kraftfahrzeuge sind danach Landfahrzeuge, die durch Maschinenkraft bewegt werden, ohne an Bahngleise gebunden zu sein. Auch das führerscheinfreie Mofa ist daher ein Kraftfahrzeug i.S.d. § 24 a StVG.[6] Das gleiche gilt für Leichtmofas sowie für einen Bagger, selbst wenn er sonst nur auf Baustellen mit eigener Kraft geführt wird und seine Höchstgeschwindigkeit nur 5 km/h beträgt.[7]

b) Führen im Straßenverkehr

Für den **Begriff des Führens** gilt das gleiche wie für §§ 316, 315 c StGB.[8] Auf die Erläuterungen unter D I 2 a bb bis ff (Rn 338 ff.) wird daher Bezug genommen. Kommt es allerdings für die Frage, ob der Beweisgrenzwert von 1,1 ‰ für absolute Fahrunsicherheit gilt, im Rahmen der Straftatbestände der §§ 316, 315 c StGB grundsätzlich entscheidend darauf an, ob die Motorkraft wirksam ist oder alsbald zur Wirkung gebracht werden kann und soll,[9] so führt ein Kraftfahrzeug i.S.d. § 24 a StVG auch derjenige, der es ohne Motorkraft **auf einer Gefällestrecke abrollen** läßt, ohne damit das Ingangsetzen des Motors zu bezwecken.[10] Entschei-

---

3 BT-Drucks. 7/962 S. 2.
4 BVerfG NJW 78, 882.
5 Vgl. OLG Düsseldorf VM 75, 20; *Janiszewski* BA 74, 155 (158); VOR 73, 348 (350); *Händel* BA 73, 353 (357); *Rüth* DAR 74, 57.
6 Vgl. OLG Frankfurt NJW 76, 1161; OLG Düsseldorf VRS 92, 266; VM 75, 20; *Janiszewski* Rn 407 sowie BA 74, 155 (158); VOR 73, 348 (351); *Händel* BA 73, 353 (357); 74, 424; *Rüth* DAR 74, 57.
7 Vgl. OLG Hamm VRS 51, 300.
8 Vgl. OLG Düsseldorf NZV 89, 202; *Janiszewski* BA 74, 155 (159); VOR 73, 348 (351); vgl. hierzu *Rüth* DAR 74, 57 (58).
9 Vgl. oben Rn 149 f., 348.
10 Vgl. OLG Celle DAR 77, 219; vgl. auch oben Rn 349.

dend für das Merkmal des »Kraftfahrzeugführens« ist hier, daß das Fahrzeug jedenfalls nicht mit fremder Hilfe bewegt wird.[11] Nicht um das »Führen eines Kraftfahrzeugs« i.S.d. § 24 a StVG handelt es sich, wenn die Motorkraft nicht eingesetzt werden soll und das Fahrzeug von einer anderen Person geschoben wird.[12] Das gilt auch dann, wenn es vorübergehend so viel Schwung erhält, daß es selbständig einige Meter weiterrollt.[13] Andererseits ist die Vorschrift des § 24 a StVG wieder anwendbar, wenn mit dem **Schieben** der Motor zum Anspringen gebracht werden soll (sog. »Anschieben«).[14] Ein Kraftfahrzeug führt auch, wer ein Fahrrad mit Hilfsmotor durch **Treten der Pedale** ohne Motorkraft fortbewegt[15] oder mit dem Ziel, dadurch den Motor in Gang zu setzen,[16] nach Ansicht des OLG Düsseldorf[17] dagegen nicht, wer das Fahrzeug, auf dem Sattel sitzend, mit den Füßen abstößt oder mit eigener Körperkraft schiebt, ohne den Führersitz einzunehmen und von dort aus die mit der Lenkung verbundenen Verrichtungen ausüben zu können.[18] Wer ein abgeschlepptes Kraftfahrzeug lenkt, führt dieses jedenfalls nicht *als Kraftfahrzeug*;[19] auf ihn kann die Vorschrift des § 24 a StVG daher ebensowenig Anwendung finden wie die des § 21 StVG.[20] Anderes muß jedoch vom Standpunkt der h. M., wonach Lenken eines abgeschleppten Fahrzeugs »Führen« ist,[21] dann gelten, wenn ein Kraftfahrzeug *»angeschleppt«* wird, um dadurch den Motor in Gang zu setzen.

517 Das **Tatbestandsmerkmal des** »**Straßenverkehrs**« entspricht dem des § 315 c StGB. Wegen der Einzelheiten wird auf die Abschnitte D II 2 aa (Rn 396) und D I 2 a aa (Rn 334 ff.) verwiesen.

518 Die **Dauer-Ordnungswidrigkeit** des § 24 a beginnt mit dem Antritt der Fahrt unter Alkoholeinfluß und ist erst beendet, wenn das Ziel der Fahrt endgültig erreicht ist oder die BAK infolge Alkoholabbaus unter die in § 24 a I Nr. 1 oder 2 StVG genannte BAK oder AAK sinkt. Das gilt auch bei grenzüberschreitender Fahrt.[22] Die gesamte Fahrt, über die sich die Dauer-Ordnungswidrigkeit erstreckt, ist *eine* Tat im prozessualen Sinn.[23] Hin- und Rückfahrt können u. U. als *eine* Dauer-Ordnungswidrigkeit zu würdigen sein.[24]

---

11 Vgl. BayObLG NJW 59, 111 (zum Fahren ohne Fahrerlaubnis).
12 Vgl. BGH VRS 52, 408 (allerdings im Rahmen des § 18 StVG); OLG Celle DAR 77, 219.
13 Vgl. OLG Celle DAR 77, 219;
 a. M. im Rahmen des § 316 StGB zur Frage der Anwendbarkeit des Beweisgrenzwertes für absolute Fahrunsicherheit: OLG Koblenz VRS 49, 366.
14 Vgl. OLG Celle DAR 77, 219; OLG Oldenburg MDR 75, 421.
15 Vgl. OLG Düsseldorf VM 74, 13 Nr. 16.
16 Vgl. OLG Düsseldorf VM 75, 20 Nr. 24.
17 OLG Düsseldorf VRS 62, 193 (zweifelhaft).
18 Vgl. auch OLG Oldenburg MDR 75, 421.
19 Vgl. BGH NZV 90, 157 (Anm. *Hentschel* JR 91, 113).
20 Vgl. BayObLG DAR 83, 395.
21 Siehe dazu oben Rn 357.
22 Vgl. OLG Karlsruhe NStZ 87, 371; OLG Düsseldorf VRS 73, 470.
23 Vgl. OLG Düsseldorf VRS 73, 470.
24 Bei Unterbrechung von einer Stunde nach Ansicht von OLG Köln VRS 75, 336 allerdings zwei Taten im prozessualen Sinn; s. hierzu oben Rn 333.

c) Alkoholkonzentration

aa) Maßgeblicher Zeitpunkt für das Erreichen des Grenzwertes

§ 24 a StVG setzt nicht voraus, daß der Betroffene – hätte er seine Fahrt nicht infolge der Kontrolle durch die Polizei abbrechen müssen – einen der in § 24 a I StVG genannten Blut- oder Atemalkoholwerte noch während der Fahrt erreicht haben würde. Immer, wenn er sich aufgrund des in seinem Körper befindlichen Alkohols auf der Fahrt im Anstieg auf einen solchen Wert befindet, ist der objektive Tatbestand des § 24 a I StVG erfüllt.[25]

bb) Anforderungen an die Art und Weise der BAK-Feststellung

An die Durchführung der Blutuntersuchung zur Ermittlung der BAK sind die gleichen Anforderungen zu stellen wie im Rahmen der §§ 316 und 315 c I Nr. 1 a (III) StGB.[26] Es wird daher insoweit auf die Ausführungen unter A II 3 b (Rn 56 ff.) hingewiesen.

Der Wortlaut des § 24 a StVG »0,8 (bzw. 0,5) Promille oder mehr Alkohol im Blut« könnte zu der Auffassung Anlaß geben, diesem Wert sei ein **Sicherheitszuschlag** von 0,1 ‰ hinzuzufügen. Das hätte zur Folge, daß der Tatbestand dieser Ordnungswidrigkeit immer erst dann erfüllt wäre, wenn der Analysenmittelwert 0,9 bzw. 0,6 ‰ beträgt. Angesichts der den Alkoholnachweisverfahren anhaftenden Fehlerbreite[27] kann es nämlich durchaus sein, daß der Betroffene trotz des festgestellten Analysenmittelwertes von z. B. 0,5 ‰ weniger als 0,5 ‰ Alkohol »im Blut« hatte. Diese Tatsache hat z. B. zur Festsetzung des Grenzwertes für die absolute Fahrunsicherheit durch die gerichtliche Praxis auf 1,1 ‰ geführt. Die Rechtsprechung geht dabei davon aus, daß absolute Fahrunsicherheit immer gegeben ist, wenn der Täter 1,0 ‰ Alkohol im Blut hat. Einen solchen Wert hält sie jedoch erst dann für sicher nachgewiesen, wenn der Analysenmittelwert mindestens 1,1 ‰ beträgt.[28]

Diese Überlegungen haben denn auch vereinzelt zu der Ansicht geführt, im Rahmen des § 24 a StVG sei ebenfalls ein Sicherheitszuschlag erforderlich.[29]

Nach fast einhelliger Meinung bedarf es zur Feststellung des objektiven Tatbestands des § 24 a StVG indessen nicht der Hinzurechnung eines Sicherheitszuschlags, weil dieser nämlich vom Gesetzgeber bei der Festsetzung der Blutalkohol-Grenzwerte bereits berücksichtigt ist. Der äußere Tatbestand des § 24 a I StVG ist somit erfüllt, wenn der Analysenmittelwert 0,5 bzw. 0,8 ‰ beträgt.[30]

---

25 Vgl. OLG Köln BA 75, 401; VRS 69, 231; vgl. auch *Händel* BA 73, 353 (355); s. auch Rn 514.
26 Vgl. auch OLG Bremen VRS 48, 372.
27 Vgl. hierzu oben Rn 77, 81 ff.
28 Vgl. hierzu oben Rn 79 ff., 87 ff.
29 So z. B. *Held* NJW 73, 2243; *Weidemann* DAR 75, 176.
30 Vgl. BayObLG MDR 74, 1042; OLG Düsseldorf VRS 94, 352 (355); OLG Hamm NJW 76, 382; VRS 52, 55; OLG Braunschweig NJW 75, 227; OLG Koblenz NJW 75, 1433; OLG Köln MDR 75, 76; OLG Celle MDR 74, 777; OLG Hamburg DAR 75, 220; *Cramer* zu § 316 StGB Rn 53; *Bürgel* NJW 73, 1356; 74, 594; *Rüth* DAR 74, 57 (58); *Janiszewski* BA 74, 155 (160); VOR 73, 348 (352); *Mayr* DAR 74, 64.

524 Daß eine andere Auslegung dem Willen des Gesetzgebers zuwiderlaufen würde, zeigt die Entstehungsgeschichte. Schon im Regierungsentwurf zur ursprünglichen Fassung des § 24 a StVG heißt es z. B.:

»Wenngleich, wie oben ausgeführt, der Bereich der Alkoholkonzentration zwischen 0,6 und 0,7 ‰ als naturwissenschaftlicher Gefahrengrenzwert nicht überschritten werden sollte, schlägt der Entwurf einen gesetzlichen Gefahrengrenzwert von 0,8 ‰ vor. Hierbei ist gleich von vornherein ein sog. ›Sicherheitszuschlag‹ von 0,15 ‰ für etwaige Abweichungen des festgestellten von dem tatsächlichen Alkoholgehalt mit einbezogen worden, so daß später in der Praxis kein Anlaß dazu bestehen wird, den gesetzlich festgelegten Wert nochmals um einen ›Sicherheitszuschlag‹ zu verschieben.«[31]

Auch die amtliche Begründung zur Einführung eines weiteren Grenzwertes von 0,5 ‰ in § 24 a StVG (Abs. I Nr. 2) geht davon aus, daß in diesem Wert der Sicherheitszuschlag bereits enthalten ist:

»Nach allgemein gesicherten medizinischen Erkenntnissen beginnt eine verminderte Fahrtüchtigkeit bei einer forensisch nachweisbaren Blutalkoholkonzentration (BAK) von 0,3 ‰ bis 0,4 ‰. Unter Berücksichtigung eines Sicherheitszuschlags von 0,1 ‰ ergibt sich ein Gefährdungs-Grenzwert von 0,5 ‰.«[32]

525 Obwohl der Wortlaut der Bestimmung für die Gegenmeinung zu sprechen scheint,[33] ist er doch nicht so eindeutig, daß sich jede Auslegung verbieten würde.[34] Hielte man dennoch einen nochmaligen Sicherheitszuschlag für erforderlich, so würde dies eine nicht vertretbare Doppelkorrektur und damit eine ungerechtfertigte Begünstigung des Betroffenen bedeuten.[35]

cc) Aufrundung

526 Nach früher z. T. vertretener Auffassung[36] sollte die Feststellung einer BAK von z. B. 0,8 ‰ rechtlich unangreifbar sein, wenn das aus mehreren Einzelanalysen errechnete arithmetische Mittel einen Wert von mehr als 0,795 ‰ ergeben hat. Danach sollte also im Rahmen des § 24 a StVG eine Aufrundung von mehr als 0,795 ‰ auf 0,8 ‰ zulässig sein. Schon bei den Ausführungen zur absoluten Fahrunsicherheit wurden die Gründe dargelegt, aus denen sich die Unzulässigkeit einer Aufrundung von mehr als 1,095 ‰ auf 1,1 ‰ ergibt. Entsprechendes hat für die BAK-Werte des § 24 a I StVG zu gelten. Es wird daher auf den Abschnitt A III 1 c (Rn 151 ff.) Bezug genommen. Bei § 24 a StVG kommt allerdings noch eine weitere Schranke hinzu, die einer Aufrundung entgegensteht: Würde man § 24 a I StVG schon bei einer BAK von mehr als 0,495 bzw. 0,795 ‰ anwenden, so würde

---

31 BT-Drucks. 7/133 S. 5; s. dazu auch die Stellungnahme des Bundesrates BT-Drucks. 7/133 S. 7 sowie den Bericht des Verkehrsausschusses v. 6. 6. 73, BT-Drucks. 7/692 S. 2.
32 BRDrucks. 13/1439 S. 4.
33 Vgl. auch OLG Koblenz NJW 74, 1433;
  a. M. *Schneble* BA 81, 197 (215, 229), der die Notwendigkeit des Sicherheitszuschlages bei Werten unterhalb 1,0 ‰ ohnehin verneint.
34 Vgl. BVerfG BA 76, 240; BayObLG MDR 74, 1042; OLG Köln MDR 75, 76; OLG Celle MDR 74, 777; *Bürgel* NJW 74, 594.
35 Vgl. auch *Janiszewski* BA 74, 155 (160).
36 So z. B. früher der 2. Strafsenat des OLG Hamm in NJW 76, 382 (inzwischen aufgegeben: OLG Hamm – 2 Ss 327/77 – VRS 56, 147); ebenso *Grüner* BA 77, 215 (222); BASt H. 16, S. 327 ff.

dies eine gegen Art. 103 II GG verstoßende Ausweitung des gesetzlichen Tatbestands bedeuten.[37]

dd) Rückrechnung

Beträgt der Mittelwert 0,5 bzw 0,8 ‰ oder mehr, so bedarf es keiner Rückrechnung.[38] Eine solche kommt nur in Betracht, wenn die BAK im Zeitpunkt der Blutentnahme weniger als 0,5 ‰ betrug und die Resorption abgeschlossen war.[39] Hierbei sind die von der Rechtsprechung entwickelten Grundsätze zu beachten.[40] War die Resorption noch nicht beendet, so kann u. U. von einer BAK unter 0,5 ‰ durch sog. Vorausrechnung[41] der sich infolge der noch im Magen-Darm-Trakt befindlichen Alkoholmenge ergebende Wert nach Erreichen des Kurvengipfels errechnet werden.

ee) Atemalkoholkonzentration

Eine beim Betroffenen festgestellte Atemalkoholkonzentration (AAK) in Höhe der in § 24 a I Nr. 1 und 2 StVG genannten Werte (0,25 mg/l bzw. 0,40 mg/l) darf nur dann einer Verurteilung nach § 24 a StVG zugrunde gelegt werden, wenn die Messung mit einem **geeichten Atemalkoholmeßgerät** durchgeführt worden ist und sowohl Meßgerät als auch **Meßmethoden** den Erfordernissen des Gutachtens BGA »Atemalkohol« genügen.[42] Solange das verwendete Gerät und die angewandten Meßmethoden von der Rechtsprechung noch nicht als sog. *»standardisierte Verfahren«* i.S.d. Rechtsprechung des BGH zur Zuverlässigkeit von Meßverfahren im Rahmen der Verfolgung von Verkehrsordnungswidrigkeiten[43] anerkannt sind, wird das Vorliegen dieser Voraussetzungen durch Hinzuziehung eines Sachverständigen festzustellen sein.[44]

ff) Vorliegen von BAK- und AAK-Wert bei derselben Tat

Nach dem Gesetz sind **beide Meßverfahren gleichwertig**. Die alkoholische Beeinflussung des Betroffenen kann also sowohl durch Atemalkoholmessung als auch durch Blutuntersuchung ermittelt werden. Bei Anwendung beider Verfahren kommt im Falle von Abweichungen der Ergebnisse grundsätzlich keiner der beiden Messungen ein höherer Beweiswert zu. Das folgt schon aus der fehlenden Konvertierbarkeit der AAK-Werte in BAK-Werte[45] und gilt um so mehr, als darüber hinaus

---

37 Vgl. OLG Hamm NJW 76, 2309; gegen die Zulässigkeit der Aufrundung auch: BGH NJW 78, 1930; BayObLG MDR 77, 690; OLG Hamm VRS 56, 147; OLG Köln DAR 76, 81; OLG Düsseldorf BA 79, 61; *Cramer* zu § 316 Rn 53; weitere Nachweise – allerdings zu der entsprechenden Frage beim Grenzwert von 1,1 ‰ – oben Rn 152 f.
38 Vgl. auch *Rüth* DAR 74, 57 (59); vgl. hierzu auch *Heifer* BA 73, 1 (7 f.); zum Thema Rückrechnung vgl. oben Rn 90 ff.
39 Vgl. auch *Rüth* DAR 74, 57 (60); *Janiszewski* VOR 73, 348; *Händel* BA 73, 353 (355).
40 Siehe oben Rn 98 ff.; vgl. OLG Köln BA 81, 57.
41 Vgl. hierzu oben Rn 114.
42 Siehe dazu oben Rn 124 ff.
43 BGH NZV 93, 485; 98, 120; s. auch *Jagusch/Hentschel* zu § 3 StVO Rn 59.
44 Siehe dazu *Iffland/Hentschel*, NZV 99, H. 12.
45 Siehe oben Rn 121.

zwischen Atemalkoholmessung und Blutentnahme regelmäßig eine gewisse Zeit verstrichen sein wird, so daß sich die Alkoholbelastung des Betroffenen je nach dem Stadium der Alkoholkurve (Anflutungsphase oder Abbauphase) geändert haben kann. Trotz fehlender Konvertierbarkeit ist andererseits zu berücksichtigen, daß das Gesetz, dem Gutachten BGA »Atemalkohol« folgend, von einer gewissen Entsprechung zwischen einer Alkoholbelastung von 0,5 ‰ BAK und einer solchen von 0,25 mg/l AAK bzw. einer Belastung von 0,8 ‰ BAK und einer solchen von 0,40 mg/l AAK ausgeht. Ergeben sich trotz etwa zeitgleicher Messung signifikante **Abweichungen zwischen AAK und BAK,** so wird daher die Frage der Zuverlässigkeit der Meßergebnisse zu überprüfen sein. Dabei wird zu berücksichtigen sein, daß der Blutuntersuchung – insbesondere bei Mitverwendung der alle anderen Verfahren an Genauigkeit übertreffenden Gaschromatographie – im Hinblick auf die mindestens vierfache Analyse mit unterschiedlichen Untersuchungsmethoden ein besonders hoher Grad an Zuverlässigkeit zukommt. Von Bedeutung wird auch der Umstand sein, daß bei verbleibenden Zweifeln die festgestellte BAK durch eine Nachuntersuchung der asservierten Blutprobe überprüft werden kann, was im Falle einer Atemalkoholmessung mangels überprüfbaren Materials ausgeschlossen ist.[46]

530 Zwischen den Tatbeständen des § 24 a Abs. I (Fahren unter Alkoholeinfluß) und Abs. II (Fahren unter Rauschmittelwirkung) ist **Tateinheit** möglich.[47] Innerhalb von Abs. I geht die Nummer 1 der Nummer 2 vor; **Nr. 2 ist subsidiär.** Das hat auch in den Fällen zu gelten, in denen beim Betroffenen sowohl eine Blutalkohol- als auch eine Atemalkoholmessung durchgeführt worden ist und z. B. das Meßergebnis bezüglich der *BAK* den Tatbestand der Nr. 1, das Ergebnis der *AAK*-Messung aber nur den weniger schwerwiegenden Tatbestand der Nr. 2 erfüllt. Denn Atemalkoholkonzentration und Blutalkoholkonzentration sind nur zwei unterschiedliche Nachweisformen zur Feststellung ein und derselben bei dem Betroffenen vorliegenden alkoholischen Beeinflussung. In derartigen Fällen kann der Betroffene daher nicht etwa wegen tateinheitlich begangener Zuwiderhandlungen sowohl gegen Abs. I Nr. 1 als auch gegen Abs I Nr. 2 verurteilt werden.[48] Bestehen gegen die Zuverlässigkeit der die schwerere Tatbestandsalternative erfüllenden Messung keine Zweifel, so ist entgegen *Bode*[49] auch nicht der Zweifelssatz (»in dubio pro reo«) berührt. Bei erheblichen Abweichungen, die auch nicht mit der zwischen Atemalkoholmessung und Blutentnahme verstrichenen Zeit erklärt werden können, ist – wie erwähnt[50] – die Zuverlässigkeit der Messungen zu überprüfen.

3. Subjektiver Tatbestand

a) Vorsatz

531 Vorsatz ist nur gegeben, wenn der Täter zumindest mit der Möglichkeit rechnete, eine dem § 24 a StVG entsprechende Alkoholmenge im Körper zu haben, und die-

---

46 Siehe dazu *Kruse* BA 1998, 229.
47 Vgl. auch *Bode* BA 1998, 228.
48 **A. M.** insoweit *Bode* BA 98, 225; 99, 249 (250); ZAP Fach 15 S. 477 (487).
49 *Bode* ZAP Fach 15 S. 477 (488).
50 Siehe oben Rn 529.

se Möglichkeit in Kauf nahm.[51] Daß der Betroffene mit der Möglichkeit alkoholbedingter Fahrunsicherheit rechnete, rechtfertigt nicht ohne weiteres die Annahme von Vorsatz; denn (relative) Fahrunsicherheit setzt eine BAK in der in § 24 a I StVG bestimmten Höhe nicht voraus.[52] Von der nach der Tat festgestellten Höhe der BAK kann nicht ohne weiteres auf Vorsatz geschlossen werden.[53] Nach Ansicht des OLG Celle[54] ist »in aller Regel« bedingter Vorsatz gegeben, wenn in einem überschaubaren Zeitraum vor Fahrtantritt alkoholische Getränke in nicht ganz unerheblichem Umfang getrunken wurden (BAK im entschiedenen Fall 0,95 ‰). Dies erscheint bedenklich, weil danach fahrlässige Tatbegehung in Fällen des § 24 a I Nr. 1 StVG nur noch ein seltener Ausnahmefall wäre, obwohl dem Täter häufig nur (bewußte) Fahrlässigkeit vorzuwerfen sein wird, und zwar wohl auch dann, wenn er aus Furcht vor drohender Blutentnahme und Führerscheinsicherstellung vor einer Polizeikontrolle die Flucht ergreift.[55] Auch der allgemeine Hinweis auf einschlägige Vorverurteilungen genügt zur Begründung einer Verurteilung wegen vorsätzlicher Tat nicht.[56] Das Urteil muß angeben, ob die Ordnungswidrigkeit vorsätzlich oder fahrlässig begangen wurde.[57]

b) Fahrlässigkeit

Denjenigen, der in Kenntnis des genossenen Alkohols, nach Genuß ihm unbekannter Getränke oder jedenfalls unter Nichtbeachtung der für ihn wahrnehmbaren Wirkungen einer ihm möglicherweise verborgen gebliebenen Alkoholeinnahme ein Kfz führt, obwohl er die in § 24 a I StVG bezeichnete Alkoholmenge im Körper hat, trifft **regelmäßig der Vorwurf der Fahrlässigkeit.**[58] Fahrlässig handelt auch, wer sich anhand von Tabellen über den Alkoholgehalt der genossenen Getränke und die sich daraus angeblich ergebende BAK an die Grenze von 0,5 ‰ »herantrinkt« und diese dann ungewollt erreicht oder überschreitet.[59] Dagegen kann der Vorwurf der Fahrlässigkeit entfallen, wenn der Betroffene neben einer bewußt getrunkenen Alkoholmenge, die nicht zu einer BAK von 0,5 ‰ führen konnte, eine weitere Alkoholmenge unbewußt zu sich genommen hat und mit dieser Alkoholaufnahme auch nicht zu rechnen brauchte.[60] Die Einlassung des Betroffenen, man habe ihm **heimlich Alkohol zugeführt,** wird indessen in vielen Fällen als Schutzbehauptung zu werten sein.[61] Soweit dies nicht der Fall ist, kann der Vorwurf fahrlässigen Verhaltens im Hinblick darauf gerechtfertigt sein, daß

---

51 Vgl. OLG Zweibrücken VRS 76, 453; *Rüth* DAR 74, 57 (60); *Janiszewski* Rn 416 sowie VOR 73, 348 (354 f.); vgl. hierzu ferner: *Bürgel* NJW 73, 1356.
52 Vgl. OLG Zweibrücken VRS 76, 453.
53 Vgl. auch *Rüth* DAR 74, 57 (60); vgl. hierzu auch oben Rn 363 ff.
54 OLG Celle NZV 97, 320.
55 Anders insoweit aber OLG Celle NZV 97, 320.
56 Vgl. BayObLG DAR 87, 304 (bei *Bär*).
57 Vgl. OLG Koblenz VRS 70, 224; 78, 362.
58 Vgl. auch *Cramer* zu § 316 StGB Rn 57; *Janiszewski* VOR 73, 348 (356); *Rüth* DAR 74, 57 (60 f.); vgl. hierzu auch oben Rn 370 ff., 389.
59 Vgl. auch *Bürgel* NJW 73, 1356.
60 Vgl. OLG Köln NStZ 81, 105; BA 79, 229 mit krit. Anm. *Dittmer;* zur geschmacklichen Wahrnehmbarkeit von Spirituosen in anderen Getränken vgl. *Kernbichler/Röpke* BA 79, 399.
61 Vgl. hierzu oben Rn 374.

der Betroffene die Unvereinbarkeit der wahrnehmbaren Wirkungen des Alkohols mit der geringen *bewußt* genossenen Alkoholmenge nicht bemerkt hat[62] oder daß er im Hinblick auf die Situation und die Art seiner Gesellschaft mit heimlicher Alkoholzuführung rechnen mußte.[63] Entspricht die von dem bewußt aufgenommenen Alkohol herrührende BAK einem Wert von knapp 0,5 ‰, so kann allerdings zur Klärung der Frage, ob der Betroffene fahrlässig gehandelt hat, die Hinziehung eines medizinischen Sachverständigen erforderlich sein.[64] Gibt der Betroffene an, eine größere Menge eines Hausmittels wie etwa **Melissengeist** zu sich genommen zu haben, dessen hochprozentigen Alkoholanteil er nicht gekannt habe, so wird zu berücksichtigen sein, daß der konzentrierte Alkoholgeschmack derartiger Produkte in aller Regel ohne weiteres wahrnehmbar ist.[65]

4. Beteiligung

533 Beteiligung (§ 14 OWiG) an der Ordnungswidrigkeit des § 24 a StVG ist in Form der Anstiftung oder Beihilfe denkbar, praktisch jedoch von geringer Bedeutung, weil diese Beteiligungsformen Vorsatz bei dem Fahrzeugführer voraussetzen.[66] Handelt dieser vorsätzlich, so genügt zur Verurteilung dessen, der ihm das Fahrzeug dazu überlassen hat, nach §§ 24 a StVG, 14 OWiG, daß er dies in der Erwartung tat, der Fahrzeugführer werde die Ordnungswidrigkeit des § 24 a StVG begehen.[67] Daß diese nach § 21 OWiG gegenüber einer festgestellten fahrlässigen Trunkenheit im Verkehr (§ 316 I, II StGB) subsidiär ist, hindert die Verurteilung wegen Beteiligung an der Ordnungswidrigkeit nicht.[68]

5. Verjährung

534 § 26 III StVG verkürzt die Verjährungsfrist auf drei Monate nur für Ordnungswidrigkeiten nach § 24 StVG. Die Bestimmung findet mithin auf die Ordnungswidrigkeit nach § 24 a StVG keine Anwendung. Es gilt vielmehr § 31 II Nr. 3 und Nr. 4 OWiG. Die Verjährungsfrist beträgt also in Fällen des § 24 a I Nr. 1 StVG bei vorsätzlicher Zuwiderhandlung 1 Jahr[69] und bei fahrlässigem Verstoß[70] sowie in Fällen von § 24 a I Nr. 2 StVG 6 Monate. Ist die angeklagte Straftat nach §§ 316, 315 c I Nr. 1 a (III) StGB nicht nachweisbar, die Ordnungswidrigkeit gem. § 24 a StVG jedoch verjährt, so hat nicht Einstellung nach § 260 III StPO, sondern Frei-

---

62 Vgl. OLG Hamm VRS 52, 446; BA 79, 501.
63 Vgl. OLG Oldenburg DAR 83, 90; OLG Düsseldorf VRS 66, 148.
64 Vgl. OLG Hamm VRS 56, 112.
65 Vgl. OLG Hamm BA 70, 153; 79, 501.
66 Vgl. BGH VRS 65, 147; OLG Hamm DAR 81, 228; JMBl. NRW 82, 212 (213); OLG Köln NJW 79, 826; VRS 63, 283; KG VRS 70, 294; OLG Stuttgart DAR 90, 188; *Dreher* NJW 71, 121; *Rüth* DAR 74, 57 (61);
a. M. (Beteiligung an unvorsätzlicher Ordnungswidrigkeit möglich) z. B. OLG Koblenz VRS 63, 281.
67 Vgl. OLG Köln VRS 63, 283; vgl. auch OLG Hamm NJW 81, 2269.
68 Vgl. OLG Köln VRS 63, 283.
69 Vgl. OLG Hamm VRS 49, 444; OLG Düsseldorf VRS 47, 378; DAR 83, 366; OLG Koblenz VRS 71, 209; vgl. auch *Rüth* DAR 74, 57 (62); *Janiszewski* VOR 73, 348 (358).
70 Vgl. BayObLG NZV 99, 476.

spruch zu erfolgen.[71] Erfolgt statt dessen Einstellung durch Urteil, so kann dieses mit der Revision angefochten werden.[72]

6. Blutuntersuchung, Atemalkoholtest

Die Zulässigkeit einer **Blutentnahme** bei Verdacht der Ordnungswidrigkeit nach § 24 a StVG folgt aus § 46 IV OWiG i. V. m. § 81 a StPO. Voraussetzung ist begründeter Anlaß für die Annahme nennenswerten Alkoholgenusses.[73] Wegen der Einzelheiten wird auf die Ausführungen zum Thema »körperliche Untersuchung, Blutprobenentnahme« (oben Rn 7 ff.) verwiesen. Auch eine in einem Strafverfahren entnommene Blutprobe darf verwendet werden, wenn ihre Entnahme auch im Bußgeldverfahren zulässig gewesen wäre (§ 46 IV S. 2 OWiG). Der **Atemalkoholtest** ist freiwillig, darf also nicht erzwungen werden.[74]

II. § 2 FeV i. V. m. §§ 75 Nr. 1 FeV, 24 StVG

Literatur:

Bödecker, Strafrechtliche Verantwortlichkeit Dritter bei Verkehrsdelikten betrunkener Kraftfahrer, in: DAR 1969, 281; *derselbe,* Strafrechtliche Verantwortlichkeit Dritter bei Verkehrsdelikten betrunkener Kraftfahrer, in: DAR 1970, 309.

Nach Einfügung des § 316 StGB durch das 2. VerkSichG bleibt § 2 FeV i. V. m. §§ 75 Nr. 1 FeV, 24 StVG für alkoholbedingt verkehrsunsichere Fußgänger und andere Verkehrsteilnehmer, die nicht Fahrzeugführer sind, anwendbar.[75]

Der in § 2 I S. 1 FeV gebrauchte Begriff der Teilnahme am Verkehr ist – auch soweit er Fahrzeuge betrifft – wesentlich weiter als der des Führens eines Fahrzeugs i.S.d. §§ 316, 315 c I Nr. 1 a (III) StGB. Jeder, der sich verkehrserheblich verhält, d. h. körperlich unmittelbar auf den Ablauf eines Verkehrsvorgangs einwirkt, nimmt i.S.d. § 2 I S. 1 FeV am Verkehr teil.[76] Dies gilt z. B. für den Baggerführer, der das Trieb- oder Schwenkwerk des Baggers lediglich zu dem Zweck in Betrieb setzt, den Ausleger zu drehen.[77]

Verkehrsteilnehmer i.S.d. § 2 I S. 1 FeV ist auch der Soziusfahrer eines Kraftrades. Ist er infolge Alkoholgenusses verkehrsunsicher, so erfüllt er den objektiven Tatbestand einer Ordnungswidrigkeit nach §§ 2 I S. 1, 75 Nr. 1 FeV.[78]

---

71 Vgl. OLG Oldenburg VRS 68, 277.
72 Vgl. OLG Oldenburg VRS 68, 277; *Kleinknecht/Meyer-Goßner* vor § 296 Rn 14, zu § 269 Rn 44.
73 Vgl. auch *Rüth* DAR 74, 57 (62).
74 Siehe dazu oben Rn 52.
75 Vgl. auch *Hartung* NJW 65, 86 (90); *Warda* MDR 65, 1 (5).
76 Vgl. BayObLG VRS 32, 127; KG VRS 20, 40; *Janiszewski* Rn 431; vgl. auch BGHSt 7, 315; OLG Hamm VRS 7, 213; OLG Stuttgart NJW 60, 1484; OLG Saarbrücken VM 67, 5; *Bödecker* DAR 70, 309 (312).
77 Vgl. BayObLG VRS 32, 127.
78 Vgl. BGH VRS 7, 68; OLG Hamm DAR 63, 218; VRS 22, 479; OLG Karlsruhe DAR 59, 137; OLG Stuttgart VRS 18, 471; vgl. hierzu *Bödecker* DAR 70, 309; zur Frage der zur Verkehrsunsicherheit eines Soziusfahrers führenden BAK vgl. oben Rn 166.

539 Da Teilnahme am Verkehr i.S.d. § 2 I S. 1 FeV eine Einwirkung auf einen Verkehrsvorgang voraussetzt,[79] nimmt der Insasse eines Fahrzeugs, der sich lediglich befördern läßt, ohne daß hierzu – anders als beim Soziusfahrer – irgendein aktives Verhalten erforderlich wäre, grundsätzlich nicht i. S. dieser Bestimmung am Verkehr teil.[80] Er kann jedoch als Verkehrsteilnehmer dann der Ordnungswidrigkeit nach §§ 2 I S. 1, 75 Nr. 1 FeV schuldig sein, wenn er auf den Fahrzeugführer unmittelbar einwirkt, etwa, indem er diesen behindert[81] oder dessen Aufmerksamkeit durch aktives Verhalten beeinflußt.[82]

540 Auch wer als Halter eines Kfz oder als Inhaber der tatsächlichen Verfügungsgewalt eines Kfz das Fahrzeug einem fahrunsicheren Fahrer überläßt, dessen Fahrunsicherheit er aufgrund eigener Alkoholbeeinflussung nicht erkennt, verstößt, wenn er Mitfahrer ist, gegen die Vorschrift des § 2 I S. 1 FeV.[83] Indem er selbst an der Fahrt teilnimmt und der Pflicht, das Fahrzeug keiner fahrunsicheren Person zu überlassen, durch sein Tun oder Unterlassen zuwiderhandelt, wirkt er unmittelbar auf einen Verkehrsvorgang ein und erfüllt damit die Voraussetzungen des Merkmals der »Teilnahme am Verkehr« in § 2 I S. 1 FeV.[84]

III. § 31 II StVZO i. V. m. §§ 69 a V Nr. 3 StVZO, 24 StVG

541 Nimmt der Halter an der Fahrt nicht teil, so kann er sich, wenn er die Inbetriebnahme des Fahrzeugs durch eine Person anordnet oder zuläßt, die unter Alkoholeinfluß steht, der Ordnungswidrigkeit durch Verstoß gegen § 31 II StVZO schuldig machen.[85] »Nicht zur selbständigen Leitung geeignet« i. S. dieser Bestimmung ist ein Fahrzeugführer nicht erst, wenn er fahrunsicher ist, sondern schon dann, wenn er die in § 24 a StVG bezeichnete Alkoholmenge im Körper hat.[86]

IV. Actio libera in causa und Vollrausch

542 Die Grundsätze der sog. actio libera in causa gelten grundsätzlich auch für den Bereich der Ordnungswidrigkeiten,[87] z. B. – soweit man diese unter Zugrundelegung der neuen Rechtsprechung des 4. Strafsenats des BGH zur actio libera in causa bei Verkehrsstraftaten[88] auf einen derartigen Fall noch für anwendbar hält – für einen Fußgänger, der in schuldunfähigem Zustand am Verkehr teilnimmt, obwohl

---

79 Vgl. oben Rn 537.
80 Vgl. BayObLG VRS 27, 221; *Janiszewski* Rn 431; *Bödecker* DAR 70, 309 (312); vgl. auch OLG Hamm VM 60, 59 zu der entsprechenden Frage im Rahmen des § 1 StVO.
81 Vgl. BGH VRS 4, 527 (zu § 1 StVO).
82 Vgl. OLG Saarbrücken VM 67, 5 (zu § 1 StVO).
83 Vgl. BGH NJW 62, 924; OLG Hamburg NJW 64, 2027; VRS 21, 305; OLG Neustadt VRS 21, 374; OLG Celle NJW 65, 1773; *Hartung* NJW 64, 924;
a. M. OLG Celle VRS 15, 417; *Bödecker* DAR 70, 309 (313 f.).
84 Vgl. OLG Hamburg VRS 21, 305.
85 Vgl. OLG Hamburg VRS 49, 460; BA 79, 502; OLG Hamm BA 78, 299; LK[10] *(Rüth)* zu § 315 c Rn 10; *Janiszewski* Rn 422.
86 Vgl. OLG Hamburg VRS 49, 460; BA 79, 502; OLG Hamm BA 78, 299; *Janiszewski* Rn 422.
87 Vgl. z. B. auch *Göhler* zu § 122 Rn 14; vgl. zum Thema actio libera in causa oben Rn 237 ff.
88 Siehe dazu oben Rn 235 f.

er sich infolge Alkoholgenusses nicht mehr sicher bewegen kann.[89] Der **Vollrausch** – im Strafrecht § 323 a StGB – ist für den Fall, daß der Täter als Rauschtat eine Ordnungswidrigkeit begeht, in § 122 OWiG mit Geldbuße bedroht.

V. Bußgeldbemessung

Literatur:

Jagow, Bußgeldkatalog, Verwarnungsgeldkatalog und Mehrfachtäter-Punktsystem, in: NZV 1990, 13; *Janiszewski*, Die Neue Bußgeldkatalog-Verordnung, in: NJW 1989, 3113; *Kaiser*, Zur richtigen Bemessung der Geldbuße im Bußgeldverfahren, in: NJW 1979, 1533; *Schall*, Die richterliche Zumessung der Geldbuße bei Verkehrsordnungswidrigkeiten, in: NStZ 1986, 1.

1. Grundsatz

Nach § 17 III 1 OWiG sind Grundlage für die Zumessung der Geldbuße die Bedeutung der Ordnungswidrigkeit und der Vorwurf, der den Täter trifft. Bei der Bemessung der Buße können alle konkreten Umstände des Einzelfalles berücksichtigt werden.[90]

2. Regelsätze des Bußgeldkataloges

Bei Bußgeldkatalogen, die nicht auf der Grundlage des § 26 a StVG beruhen, handelt es sich um interne, für die Gerichte unverbindliche Weisungen an die Verwaltungsbehörde.[91] Sie dürfen vom Gericht zwar als Orientierungshilfe herangezogen,[92] niemals jedoch schematisch angewendet werden.[93] Nach überwiegender Ansicht[94] soll es allerdings dem Richter gleichwohl verwehrt sein, die Regelsätze solcher Kataloge völlig außer acht zu lassen. Die h. M. nimmt vielmehr eine besondere Begründungspflicht des Gerichts bei wesentlichem Abweichen derartiger Katalogsätze an.[95]

---

89 Vgl. OLG Celle VRS 25, 33.
90 Vgl. OLG Düsseldorf NZV 96, 78; OLG Koblenz VRS 49, 444; vgl. auch OLG Hamm VRS 48, 51; vgl. hierzu *Kaiser* NJW 79, 1533; *Schall* NStZ 86, 1.
91 Vgl. z. B. OLG Hamm NJW 72, 1150; OLG Düsseldorf VRS 66, 359; 69, 229; OLG Koblenz VRS 70, 224; *Göhler* zu § 17 Rn 27; *Jagusch/Hentschel* zu § 24 StVG Rn 64.
92 Vgl. BayObLG NJW 74, 2245; VRS 37, 296; OLG Hamm NJW 72, 1150; VRS 56, 289; OLG Koblenz VRS 70, 224; *Bruns*, Strafzumessungsrecht, S. 68.
93 Vgl. auch *Kohlhaas* DAR 71, 281 (282).
94 Vgl. BayObLG NJW 74, 2245; OLG Hamm NJW 72, 1150; 73, 255; VRS 56, 289; OLG Celle NdsRpfl 72, 122; OLG Schleswig SchlHA 71, 225; OLG Frankfurt VRS 54, 290; OLG Düsseldorf VRS 61, 454; 68, 228; *Janiszewski* Rn 191; *Bruns*, Strafzumessungsrecht, S. 68; vgl. hierzu *Kaiser* NJW 79, 1533 (1534);
a. M. BayObLG VRS 37, 296; s. auch *Jagusch* NJW 70, 401; 70, 1865.
95 Vgl. OLG Hamburg NJW 72, 1149; OLG Köln NJW 72, 1152; OLG Celle MDR 71, 69; OLG Braunschweig VRS 56, 44; OLG Hamm VRS 56, 289; OLG Düsseldorf VRS 61, 454; 66, 359; 69, 229; 70, 35; OLG Koblenz VRS 68, 371; *Janiszewski* Rn 191; *Rüth* DAR 74, 57 (62); *Kohlhaas* DAR 71, 281 (282); *Schall* NStZ 86, 1 (3).

Bußgeldbemessung

545 Dagegen handelt es sich bei dem am 1. 1. 1990 in Kraft getretenen, aufgrund der Ermächtigung des § 26 a StVG erlassenen bundeseinheitlichen Bußgeldkatalog[96] um eine auch die Gerichte bindende Rechtsverordnung.[97] Weicht das Gericht von den Regelsätzen des jetzt geltenden Bußgeldkataloges ab, so kann es daher nicht zweifelhaft sein, daß dies im Urteil besonders zu begründen ist.[98]

546 Auch die Regelsätze der aufgrund des § 26 a StVG erlassenen BKatV sind jedoch nur Zumessungsrichtlinien.[99] Diese entbinden den Richter nicht von einer Überprüfung der Berechtigung des Katalogsatzes im Einzelfall. Der Richter muß also prüfen, ob ein Regelfall gegeben ist[100] und durchschnittliche wirtschaftliche Verhältnisse vorliegen. Die BKatV sieht bei **Zuwiderhandlungen gegen § 24 a StVG** für fahrlässige Tatbegehung folgende Regelsätze vor: in Fällen einer Ordnungswidrigkeit nach § 24 a I Nr. 1 (0,8 ‰ BAK oder 0,4 mg/l AAK) beim ersten Verstoß 500 DM und 1 Monat Fahrverbot, beim zweiten Verstoß 1000 DM und 3 Monate Fahrverbot und beim dritten Verstoß 1500 DM und 3 Monate Fahrverbot.[101] Für fahrlässige Verstöße gegen § 24 a I Nr. 2 (0,5 ‰ BAK oder 0,25 mg/l AAK) beträgt die Regelbuße nach der BKatV 200 DM ohne Fahrverbot; Regelsätze für Wiederholungstäter enthält die BKatV insoweit nicht. Ein Wiederholungsfall i.S.d. BKatV liegt auch bei voraufgegangener Verurteilung gem. § 316 oder § 315 c I Nr. 1 a StGB vor.[102] Auch Ordnungswidrigkeiten gem. § 24 StVG, soweit sie im Verkehrszentralregister eingetragen und nicht tilgungsreif sind, können eine Erhöhung der Geldbuße begründen.[103]

3. Höhe der Blutalkoholkonzentration

547 In Fällen des § 2 I S. 1 FeV darf auch die Höhe der BAK bei der Bußgeldzumessung berücksichtigt werden. Dies gilt zwar grundsätzlich auch für die Ordnungswidrigkeit des § 24 a I StVG.[104] Das nur knappe Unterschreiten des Beweisgrenzwertes von 1,1 ‰ dürfte indessen für sich allein nicht ausreichen, um einen Regelfall i.S.d. BKatV zu verneinen,[105] so daß auch in diesen Fällen, wenn fahrlässige Begehung bei gewöhnlichen Tatumständen (§ 1 II 1 BKatV) festgestellt ist, unabhängig von der Höhe der BAK die im Katalog vorgesehene Buße festzusetzen ist. Erst recht kann geringes Überschreiten des Gefahrengrenzwertes eine Erhöhung nicht rechtfertigen.[106]

---

96 BGBl I 89, 1305.
97 Vgl. BGH NJW 92, 446; BayObLG NZV 91, 360; OLG Hamm DAR 91, 392; NZV 94, 79; OLG Düsseldorf VRS 96, 294; 96, 386; DAR 91, 111; NZV 94, 41; 96, 78; OLG Stuttgart VRS 80, 383; DAR 91, 468; OLG Karlsruhe NZV 93, 277; 94, 237; DAR 95, 337; OLG Koblenz NZV 92, 495; OLG Saarbrücken NZV 91, 399; *Janiszewski* Rn 192 sowie NStZ 83, 111; *Jagow* NZV 90, 13 (14); *Heck* NZV 91, 173 (177); *Göhler* zu § 17 Rn 27, 31.
98 Vgl. auch *Göhler* zu § 17 Rn 34; *Schall* NStZ 86, 1 (8); *Janiszewski* NJW 89, 3113 (3119); *Jagow* NZV 90, 15; s. dazu auch *Jagusch/Hentschel* zu § 24 StVG Rn 64.
99 Vgl. *Göhler* zu § 17 Rn 31.
100 Vgl. *Göhler* zu § 17 Rn 34; vgl. dazu auch *Jagusch/Hentschel* zu § 24 StVG Rn 64.
101 Zum Fahrverbot s. unten Rn 1014.
102 Vgl. OLG Düsseldorf NZV 93, 405.
103 Vgl. OLG Düsseldorf VRS 81, 462.
104 Vgl. OLG Hamm VRS 48, 51; OLG Koblenz VRS 49, 444.
105 Vgl. auch OLG Köln NZV 89, 404; *Janiszewski* NStZ 89, 567.
106 Vgl. OLG Oldenburg ZfS 97, 36.

4. Berücksichtigung der wirtschaftlichen Verhältnisse des Betroffenen

Die Frage, wann bei der Zumessung der Geldbuße den wirtschaftlichen Verhältnissen des Betroffenen Beachtung zu schenken ist, wird nicht einheitlich beantwortet.[107] Jedenfalls bei der Ordnungswidrigkeit des § 24 a I Nr. 1 StVG dürfte es sich nicht um eine »geringfügige« i.S.d. § 17 III 2 OWiG handeln, bei der die wirtschaftlichen Verhältnisse des Täters unberücksichtigt bleiben.[108] Bei der Bemessung der Geldbuße sind daher in Fällen des § 24 a I Nr. 1 StVG die wirtschaftlichen Verhältnisse des Betroffenen zu berücksichtigen.[109] Ihrer detaillierten Erörterung in den Urteilsgründen bedarf es jedoch bei durchschnittlichen Verhältnissen und Bußgeldfestsetzung entsprechend dem Katalog regelmäßig nicht.[110]

548

VI. Fahrverbot

Wird gegen den Betroffenen wegen einer Ordnungswidrigkeit nach § 24 a I Nr. 1 StVG (0,8 ‰ BAK oder 0,40 mg/l AAK) eine Geldbuße festgesetzt, so ist gem. § 25 I 2 StVG regelmäßig auch ein Fahrverbot anzuordnen. Das gilt gem. § 21 I 2 OWiG auch für die Fälle, daß Verurteilung nach § 24 a StVG wegen Subsidiarität im Verhältnis zu tateinheitlich begangener Straftat (etwa § 21 StVG) unterbleibt.[111] In Fällen des § 24 a I Nr. 2 (0,5 ‰ BAK oder 0,25 mg/l AAK) sieht das Gesetz in der derzeitigen Fassung kein Regelfahrverbot vor.

549

---

107 Vgl. hierzu *Jagusch/Hentschel* zu § 24 StVG Rn 48 mit Nachweisen.
108 Vgl. OLG Düsseldorf NZV 93, 405; OLG Bremen NJW 75, 1043; OLG Koblenz VRS 70, 224; OLG Hamm VRS 59, 440;
   abw. aber OLG Zweibrücken DAR 99, 181 (bis 500 DM).
109 Vgl. OLG Bremen NJW 75, 1043; OLG Frankfurt VRS 54, 290; OLG Hamm VRS 59, 440.
110 Vgl. OLG Frankfurt VRS 54, 290; OLG Hamm NZV 96, 246, DAR 97, 285, OLG Düsseldorf DAR 98, 204, NZV 98, 384.
111 Näheres hierzu unten Rn 977 ff., insbesondere 1014 f.

H. Jugendstrafrecht

Literatur:

Bußmann/Gerhardt, Die Nachschulung alkoholauffälliger Kraftfahrer als Weisung nach dem Jugendrecht, in: BA 1980, 117; *dieselben,* Der Alkoholverkehrstäter in der jugendgerichtlichen Praxis, in: BA 1984, 199; *Petersen,* Feststellungen zur Jugendverfehlung bei Verkehrsdelikten Heranwachsender, in: NJW 1961, 493.

I. Trunkenheitsfahrt als Hinweis auf mangelnde Reife

550 Die Tatsache, daß die Tatbestände der Trunkenheit im Straßenverkehr (§§ 316, 315 c I Nr. 1 a, III StGB) häufig von Erwachsenen begangen werden, im allgemeinen also keine typischen Jugendverfehlungen sind,[1] schließt nicht ohne weiteres aus, daß eine Trunkenheitsfahrt im konkreten Fall aus pubertärer motorischer Enthemmung, jugendlichem Geltungsdrang oder einem Mangel an Verantwortungsbewußtsein unternommen worden ist, der darauf hindeutet, daß die soziale Reife noch nicht eingetreten ist. Auch bei Trunkenheitsdelikten Heranwachsender im Straßenverkehr kann daher im Einzelfall gem. § 105 JGG Jugendstrafrecht anzuwenden sein.[2] Das gleiche gilt für einen Vollrausch i.S.d. § 323 a StGB.[3] Die tatrichterliche Praxis trägt dem Rechnung, indem sie zum Teil sogar ganz überwiegend Jugendrecht anwendet.[4]

II. Erziehungsmaßregeln

551 Zur erzieherischen Einwirkung auf jugendliche Trunkenheitstäter bietet sich vor allem auch die Weisung zur Teilnahme an einem Aufbauseminar (Kursus für alkoholauffällige Kraftfahrer) an (§§ 9 Nr. 1, 10 JGG).[5]

III. Jugendstrafe bei Trunkenheitsdelikten

552 Bei fahrlässiger Tatbegehung scheidet die Verhängung von Jugendstrafe regelmäßig aus.[6] Auch bei tateinheitlich zur Trunkenheitsfahrt (§ 315 c I Nr. 1 a StGB) begangener fahrlässiger Tötung durch einen unbewußt fahrlässig handelnden Ersttäter ist die schwere Tatfolge regelmäßig bei der Frage, ob Strafe wegen der Schwere der Schuld erforderlich ist (§ 17 II JGG), nicht von ausschlaggebender Bedeutung.[7] Fahrlässige Tötung in Tateinheit mit fahrlässiger Gefährdung des

---

1 Vgl. z. B. OLG Düsseldorf VRS 30, 175; *Petersen* NJW 61, 493.
2 Vgl. OLG Frankfurt NJW 70, 957; OLG Hamm VRS 18, 113; BayObLG NStZ 88, 112 (bei *Janiszewski*); AG Saalfeld DAR 94, 77; vgl. hierzu auch OLG Zweibrücken NZV 89, 442; *Eisenberg* zu § 105 Rn 35; *Brunner* zu § 105 Rn 6 b; *Janiszewski* Rn 62.
3 Vgl. OLG Zweibrücken VRS 54, 113.
4 Vgl. *Bußmann/Gerhardt* BA 84, 199 (205) bezüglich des Jugendgerichts München.
5 Vgl. hierzu *Bußmann/Gerhardt* BA 80, 117; 84, 199; 84, 214.
6 Vgl. z. B. *Brunner* zu § 17 Rn 16; *Eisenberg* zu § 17 Rn 32.
7 Vgl. BayObLG VRS 67, 121.

Straßenverkehrs kann jedoch – insbesondere im Wiederholungsfall einer schweren Verfehlung im Straßenverkehr – dann Jugendstrafe als notwendig erscheinen lassen, wenn bewußte Fahrlässigkeit vorliegt.[8]

Während bei erwachsenen Tätern Strafaussetzung einer wegen eines Trunkenheitsdelikts verhängten Freiheitsstrafe von mehr als 1 Jahr Milderungsgründe von besonderem Gewicht voraussetzt,[9] wird gem. § 21 II JGG[10] auch eine Jugendstrafe von mehr als 1 Jahr, die 2 Jahre nicht übersteigt, unter den Voraussetzungen von § 21 I JGG zur Bewährung ausgesetzt, wenn die Vollstreckung nicht im Hinblick auf die Entwicklung des Jugendlichen geboten ist.

---

8 Vgl. OLG Hamm NJW 68, 462; OLG Celle VRS 36, 415; AG Dillenburg NStZ 87, 409; vgl. auch *Brunner* zu § 17 Rn 16; näher dazu: *Böhm* NStZ 87, 412; *Eisenberg* NStZ 87, 413.
9 Vgl. oben Rn 505.
10 In der Fassung des 1. JGGÄndG v. 30. 8. 1990 (BGBl I 1853).

J. Kosten und Auslagen

Literatur:

D. Meyer, Die Entscheidung über die Kosten (§ 464 a I StPO) und die notwendigen Auslagen (§ 464 a II StPO) – Gedanken zur Auslegung des § 465 II StPO, in: MDR 1971, 357; *derselbe*, Kosten der Blutuntersuchung bei mehreren Verdächtigen, in: DAR 1989, 397.

I. Verurteilung nur wegen Ordnungswidrigkeit nach § 24 StVG oder wegen einer nicht auf Trunkenheit beruhenden Verkehrsstraftat

1. Kosten der Blutuntersuchung

554 Ist eine Blutuntersuchung durchgeführt worden, der Täter jedoch nicht wegen einer Trunkenheitsstraftat (§§ 316, 315 c I Nr. 1 a, III, 323 a StGB) oder einer Ordnungswidrigkeit nach § 24 a StVG oder § 2 I S. 1 FeV verurteilt worden, sondern wegen einer anderen Verkehrsstraftat oder Verkehrsordnungswidrigkeit, so gilt für die Kosten der Blutuntersuchung § 465 II StPO.[1]

555 Trotz nicht erfolgter Verurteilung wegen einer Trunkenheitstat sind die Kosten der Blutuntersuchung z. B. dann dem wegen anderer Taten Verurteilten aufzuerlegen, wenn ihn hinsichtlich der Verursachung dieser Kosten der Vorwurf grober Fahrlässigkeit trifft.[2] Die Frage, wann der Verurteilte die **Blutuntersuchung** in einem Grade **grobfahrlässig** verursacht hat, der die Auferlegung der hierdurch entstandenen Kosten auf ihn nicht unbillig erscheinen läßt, wird ähnlich zu beurteilen sein wie die Frage nach der grobfahrlässigen Verursachung einer vorläufigen Führerscheinmaßnahme (Sicherstellung des Führerscheins, vorläufige Entziehung der Fahrerlaubnis) im Rahmen des § 5 II StrEG. Dazu sind zahlreiche gerichtliche Entscheidungen veröffentlicht, auf die verwiesen wird.[3]

556 Die Belastung des Verurteilten mit den durch die Blutuntersuchung entstandenen Kosten ist also z. B. in der Regel dann *nicht* i.S.d. § 465 II StPO unbillig, wenn er als Kraftfahrer nach so beträchtlichem Alkoholgenuß am Verkehr teilgenommen hatte, daß ein ordnungsgemäß sowie mit der gebotenen Sorgfalt durchgeführter **Alcotest positiv** verlaufen war und der Polizeibeamte davon ausgehen durfte, einen erheblich unter Alkoholeinfluß stehenden Fahrzeugführer vor sich zu haben.[4] Das gleiche gilt, wenn der Verurteilte nach Alkoholgenuß durch seine Fahrweise **alkoholverdächtig aufgefallen** war[5] oder wenn er sich, obwohl er – etwa wegen eines Unfalls – mit polizeilichen Ermittlungen rechnen mußte, durch

---

1 Vgl. z. B. LG Osnabrück DAR 76, 194; zur Anwendung des § 465 II StPO vgl. auch *D. Meyer* MDR 71, 357.
2 Vgl. OLG Celle DAR 72, 136; LG Osnabrück DAR 76, 194; vgl. auch *D. Meyer* MDR 71, 357.
3 Vgl. hierzu unten Rn 1063 ff.
4 Vgl. LG Hannover NdsRpfl 70, 167, berichtigt S. 182; vgl. auch OLG Celle DAR 72, 136 (für den Fall einer BAK von 1,03 ‰); *D. Meyer* MDR 71, 357 (grobe Fahrlässigkeit, wenn die BAK knapp unter der Grenze zur absoluten Fahrunsicherheit liegt).
5 Vgl. OLG Celle DAR 72, 136; LG Osnabrück DAR 76, 194.

Nachtrunk in einen alkoholisierten Zustand versetzt hatte, der zu einer Blutentnahme Anlaß bot.

In allen den Fällen, in denen sich für die Polizei angesichts der von dem Verurteilten zu vertretenden Umstände die Pflicht ergibt, eine Blutprobenentnahme herbeizuführen, ist es nicht unbillig, die Kosten der Blutuntersuchung auch dann dem Verurteilten aufzuerlegen, wenn er lediglich wegen einer anderen Verkehrsstraftat oder einer Ordnungswidrigkeit nach § 24 StVG verurteilt wurde.[6] 557

Nichts anderes wird zu gelten haben, wenn der Verurteilte die Kosten der Blutuntersuchung durch eine schuldhafte Säumnis verursacht (vgl. § 467 II StPO) oder dadurch veranlaßt hat, daß er **wahrheitswidrig Angaben gemacht** hat, die die Annahme erheblicher Alkoholbeeinflussung nahelegten (vgl. § 467 III StPO).[7] 558

War die Tat, wegen der die Blutentnahme erfolgte, allerdings nicht Gegenstand des Hauptverfahrens (§ 264 StPO), weil z. B. die Staatsanwaltschaft trotz ursprünglichen Verdachtes insoweit **keine Anklage** erhob, so braucht der Verurteilte die Kosten der Blutuntersuchung auch dann nicht zu tragen, wenn eine Entscheidung nach § 465 II StPO nicht ergangen ist.[8] Erfolgt überhaupt keine Ahndung des der Blutentnahme zugrundeliegenden Verhaltens als Straftat oder Ordnungswidrigkeit, so besteht wegen der Blutuntersuchung selbst dann keine Kostenerstattungspflicht des Betroffenen, wenn dieser die Blutprobe mutwillig veranlaßt hat; da sich die Kostentragungspflicht ausschließlich nach den §§ 464 ff. StPO richtet, kann der Erstattungsanspruch nicht auf andere Gesetze gestützt werden.[9] 559

2. Durch Hinzuziehung eines Sachverständigen in der Hauptverhandlung entstandene Kosten

Entgegen einer in einer älteren Entscheidung vom OLG Celle[10] vertretenen Auffassung entspricht es durchaus der Billigkeit, den Verurteilten neben den Kosten für die Blutuntersuchung auch mit denen zu belasten, die durch die Hinzuziehung eines medizinischen Sachverständigen in der Hauptverhandlung entstanden sind, wenn im Zeitpunkt der Anklageerhebung ein Blutalkoholgutachten vorlag, aus dem sich ergab, daß absolute Fahrunsicherheit nicht bestand, und wenn der Angeklagte nur wegen Ordnungswidrigkeit nach § 24 StVG verurteilt worden ist. Denn abgesehen davon, daß im Gegensatz zu der Zeit der genannten Entscheidung nunmehr auch im Hinblick auf § 24 a StVG die Hinzuziehung eines Sachverständigen in der Hauptverhandlung geboten sein kann, ist zu berücksichtigen, daß häufig nur mit Hilfe eines Sachverständigen geklärt werden kann, inwieweit insbesondere bei geringen, möglicherweise unter 0,5 ‰ liegenden Alkoholkonzentrationen bestimmte Ausfallerscheinungen des Angeklagten und sonstige Umstände als zusätzliche Beweisanzeichen die Annahme relativer Fahrunsicherheit rechtferti- 560

---

6 Vgl. auch LG Osnabrück DAR 76, 194; LG Hannover NdsRpfl 70, 167, berichtigt S. 182; *D. Meyer* MDR 71, 357.
7 Vgl. auch *D. Meyer* MDR 71, 357.
8 Vgl. LG Braunschweig DAR 71, 51.
9 Vgl. VGH München DVBl 98, 840.
10 OLG Celle DAR 72, 136.

gen.[11] Grobfahrlässige Verursachung der Blutuntersuchung durch den Verurteilten kann auch für die Hinzuziehung eines Sachverständigen in der Hauptverhandlung ursächlich sein. Wurde ein Sachverständiger hinzugezogen, um die Frage zu klären, ob der von dem Angeklagten behauptete Nachtrunk zu einer Tatzeit-BAK von weniger als 1,1 ‰ führt, und wird der Angeklagte aufgrund des ihm günstigen Ergebnisses dieses Gutachtens nur nach § 24 a StVG verurteilt, so ist es allerdings unbillig, ihn mit den durch das Gutachten entstandenen Kosten zu belasten.[12]

3. Auslagen des Angeklagten

561 Wird der wegen einer Trunkenheitsstraftat Angeklagte nur wegen Ordnungswidrigkeit nach § 24 StVG verurteilt, so fallen seine notwendigen Auslagen, soweit sie wegen des Vorwurfs der Trunkenheit entstanden sind, unter den Voraussetzungen des § 465 II 1, 2 StPO der Staatskasse zur Last (vgl. § 465 II 3 StPO).[13]

II. Kosten der bei einem Dritten durchgeführten Blutuntersuchung

562 Hat der wegen Alkoholdeliktes Verurteilte zunächst bestritten, das Fahrzeug geführt zu haben, so hat er nicht auch die Kosten der daraufhin **beim Beifahrer durchgeführten Blutuntersuchung** zu tragen; denn Kosten aufgrund von Maßnahmen gegenüber Dritten gehören dann nicht zu den durch die Vorbereitung der öffentlichen Klage entstehenden Kosten (§ 464 a I 2 StPO), wenn der Dritte selbst *Beschuldigter* der gleichen Tat war.[14]

III. Nebenklagekosten

1. bei Verurteilung nur nach § 316 StGB

563 Wird der Angeklagte nur wegen Vergehens nach § 316 StGB verurteilt, so braucht er dem Nebenkläger nicht gem. § 472 I StPO dessen notwendige Auslagen zu erstatten.[15] Zwar trifft ihn die Erstattungspflicht nicht nur, wenn er wegen eines Nebenklagedelikts verurteilt wurde; vielmehr ist Verurteilung »wegen einer Tat, die den Nebenkläger betrifft« (§ 472 I S. 1 StPO) stets dann gegeben, wenn sie wegen einer sich gegen den Nebenkläger gerichteten Tat erfolgte, die denselben Lebensvorgang betrifft (§ 264 StPO), der zur Nebenklage führte.[16] § 316 StGB ist jedoch ein abstraktes Gefährdungsdelikt. Die Vorschrift schützt nur mittelbar auch Leben, Gesundheit und Eigentum anderer, setzt hingegen den Eintritt einer Individualgefahr nicht voraus. Dieser mittelbare Schutz reicht nicht aus, um bei

---

11 Vgl. hierzu oben Rn 188 ff.
12 Vgl. OLG Oldenburg DAR 77, 137.
13 Vgl. hierzu OLG Celle DAR 72, 136.
14 Vgl. *D. Meyer* DAR 89, 397;
   a. M. LG Göttingen NdsRpfl 89, 64.
15 Vgl. BayObLG NJW 68, 1732; KG VRS 44, 119; LG Krefeld DAR 72, 76.
16 Vgl. *Kleinknecht/Meyer-Goßner* zu § 472 Rn 6.

Verurteilung nach § 316 StGB die Erstattungspflicht des Verurteilten gem. § 472 I StPO zu begründen.[17]

2. bei Verurteilung nach § 323 a StGB

Der wegen Vollrausches (§ 323 a StGB) Verurteilte hat dem Nebenkläger die notwendigen Auslagen zu erstatten, wenn sich die Rauschtat gegen diesen gerichtet hatte.[18] Ist der Schuldspruch rechtskräftig, entfällt die Nebenklagebefugnis; bei zugunsten des Verurteilten wirksam auf die Rechtsfolgen beschränktem Rechtsmittel braucht dieser daher dem Nebenkläger weitere Auslagen nicht zu erstatten.[19]

---

17 Vgl. BayObLG NJW 68, 1732.
18 Vgl. BGH DAR 66, 55.
19 Vgl. BayObLG VRS 70, 446.

2. Teil:
Fahrerlaubnisentziehung und Fahrverbot

A. Entziehung der Fahrerlaubnis

I. Rechtsnatur

Literatur zur Frage der Reformbedürftigkeit der Fahrerlaubnisentziehung als Maßregel der Besserung und Sicherung:

Beine, Zur Reform des Rechts der Entziehung der Fahrerlaubnis unter besonderer Berücksichtigung der Grundgedanken des § 69 Abs. 2 Ziff. 2 StGB, in: BA 1978, 261: *derselbe,* Entziehung und Wiedererteilung der Fahrerlaubnis, in: ZRP 1977, 295; *Berz,* Wie kann die Maßregel der Entziehung der Fahrerlaubnis für die Praxis verbessert werden?, in: VGT 1980, 305; *Cramer,* Unfallprophylaxe durch Strafen und Geldbußen?, Paderborn 1975; *derselbe,* Zur Reform von Fahrerlaubnisentziehung und Fahrverbot, in: Schröder-Gedächtnisschrift, S. 533 ff.; *Gontard,* Die Reform der Entziehung der Fahrerlaubnis – Argumente für eine Mindestlösung, in: Rebmann-Festschrift, S. 211; *Hentschel,* Aussetzung der Fahrerlaubnisentziehung zur Bewährung?, in: ZRP 1975, 209; *derselbe,* Probleme der Praxis des Führerscheinentzugs in der Bundesrepublik Deutschland, in: BA 1986, 1; *derselbe,* Reform der strafgerichtlichen Fahrerlaubnisentziehung durch Auslegung und Analogie?, in: DAR 1986, 248; *Himmelreich,* Reformbedürftigkeit von Fahrerlaubnisentzug und Fahrverbot?, in: DAR 1977, 85 = VGT 1977, 48; *Janiszewski,* Keine Reformbedürftigkeit von Fahrerlaubnisentziehung und Fahrverbot, in: DAR 1977, 312 = VGT 1977, 62; *derselbe,* Entziehung der Fahrerlaubnis – und kein Ende, in: GA 1981, 385; *derselbe,* Sinnvollere Behandlung der Fahrerlaubnis, in: DAR 1989, 135 = VGT 1989, 124; *Koch,* Zur faktischen Strafwirkung des Entzugs der Fahrerlaubnis, in: DAR 1973, 14; *derselbe,* Reformbedürftigkeit von Fahrerlaubnisentzug und Fahrverbot?, in: DAR 1977, 90 = VGT 1977, 37; *derselbe,* Nochmals: »Führerschein auf Bewährung«, in: DAR 1977, 316; *Kulemeier,* Fahrverbot (§ 44 StGB) und Entzug der Fahrerlaubnis (§§ 69 ff. StGB), Lübeck 1991; *Kürschner,* Praxis und Reform des Fahrerlaubnisentzuges nach §§ 69, 69 a StGB, in: ZRP 1986, 305; *Menken,* Die Aussetzung der Fahrerlaubnisentziehung zur Bewährung – ein juristisches Scheinproblem, in: DAR 1978, 40; *Müller-Metz,* Zur Reform von Vergehenstatbeständen und Rechtsfolgen im Bereich der Verkehrsdelikte, in: NZV 1994, 89 (93); *Preisendanz,* Die »Große Reform« von Fahrerlaubnisentziehung und Fahrverbot aus der Sicht der Praxis, in: DAR 1981, 307; *Rebmann,* Aktuelle Probleme und neue Tendenzen im Deutschen Verkehrsstrafrecht, in: DAR 1978, 296; *Schultz,* Überlegungen zur Aussetzung der Entziehung der Fahrerlaubnis zur Bewährung, in: BA 1980, 1; *derselbe,* Möglichkeiten und Grenzen des bisherigen verkehrsrechtlichen Sanktionensystems, in: BA 1982, 315; *Sunder,* Muß den Richtern die Befugnis zum Entzug der Fahrerlaubnis entzogen werden?, in: BA 1979, 65.

Die Entziehung der Fahrerlaubnis nach § 69 StGB ist eine **Maßregel der Besserung und Sicherung.** Als solche wird sie in § 61 Nr. 5 StGB ausdrücklich genannt. In der Amtlichen Begründung[1] zu Art. 2 Nr. 1, 2 des VerkSichG vom 19. 12. 1952 heißt es:

»Die Entziehung der Fahrerlaubnis in der Hand des Strafrichters ist nicht eine Nebenstrafe, sondern eine Maßregel der Sicherung und Besserung.«

---

[1] Zitiert nach *Arndt/Guelde,* S. 64.

Obwohl die Entziehung der Fahrerlaubnis vom Verurteilten häufig als Strafe empfunden wird und insofern in die Nähe einer Strafe tritt, als auch diese (neben anderen Zwecken) das Ziel der Besserung des Verurteilten durch Abschreckung verfolgt,[2] unterliegt es keinem Zweifel, daß die Entziehung der Fahrerlaubnis als Maßregel der Besserung und Sicherung zu handhaben ist. Zwar wird im Schrifttum[3] teilweise die Auffassung vertreten, der Sache nach sei die gerichtliche Entziehung der Fahrerlaubnis nur bei körperlichen und geistigen Mängeln eine Maßregel, im übrigen aber Strafe; dennoch hat z. B. schon *Jagusch*[3a] – obwohl ebenfalls Vertreter dieser Auffassung – darauf hingewiesen, daß Verhängung und Dauer angesichts der gesetzlichen Konstruktion als Maßregel ausschließlich von der Prognose bezüglich der Kraftfahreignung abhängen.

II. Zweck

Literatur:

Geppert, Die Bemessung der Sperrfrist bei der strafgerichtlichen Entziehung der Fahrerlaubnis, Strafrechtliche Abhandlungen, Neue Folge, Band 3, Berlin 1968; *Hentschel*, Aussetzung der Fahrerlaubnisentziehung zur Bewährung, in: ZRP 1975, 209; *Wimmer*, Entziehung der Fahrerlaubnis, Strafe und Strafaussetzung zur Bewährung, in: NJW 1959, 1513. Siehe ferner die Literaturangaben vor Rn 577.

566 Zweck der Maßregel des § 69 StGB ist es, Kraftfahrer, die durch eine rechtswidrige Tat ihre mangelnde Eignung bewiesen haben, vom Verkehr auszuschalten.[4]

567 Sie dient allein der **Sicherung der Allgemeinheit** vor weiteren Gesetzesverletzungen durch den Täter.[5] Sie verfolgt insbesondere nicht über das Ziel der Sicherung der Allgemeinheit hinaus den Zweck, den Täter zu bessern.[6] Zwar soll die Maßregel, wenn sie wegen charakterlicher Mängel verhängt wird, bessernd wirken, indem sie den Täter durch ihre für diesen unangenehme Wirkung positiv zu beeinflussen vermag,[7] doch darf diese Besserung niemals als Endziel ihrer Verhängung, sondern nur als ein Mittel gesehen werden, um das eigentliche Ziel, die Sicherung, zu erreichen.[8] Im Sinne des § 69 StGB als einer Maßregel der Besserung und Siche-

---

2 Vgl. OLG Koblenz VRS 47, 416; vgl. auch *Geppert*, Sperrfrist, S. 86; *Bruns*, Strafzumessungsrecht, S. 225, 228; *Wimmer* NJW 1959, 1513; zum Einfluß der Fahrerlaubnisentziehung auf die gleichzeitig zu verhängende Strafe vgl. oben Rn 481
3 *Cramer* NJW 68, 1764; *Jagusch*, Straßenverkehrsrecht, 25. Aufl., zu § 69 StGB Rn 1; vgl. auch *Cramer*, Unfallprophylaxe, S. 54 ff.; *Schünemann* DAR 98, 422 (430); s. hierzu ferner *Kulemeier* S. 275 ff.
3a *Jagusch*, Straßenverkehrsrecht, 25. Aufl., zu § 69 StGB Rn 1.
4 Vgl. BGH NJW 62, 1211; BayObLG BA 72, 279; DAR 92, 364 Nr. 6 (bei *Bär*); OLG Schleswig DAR 67, 21; *Wimmer* NJW 59, 1513; *Geppert*, Sperrfrist, S. 63, 81.
5 Vgl. BGH NJW 54, 1167; 54, 1536; 55, 557; 61, 683; 61, 1269; BGH bei *Martin* DAR 69, 141; VRS 29, 14; vgl. auch OLG Düsseldorf NJW 61, 979; OLG Köln NJW 60, 2255; *Geppert*, Sperrfrist, S. 83; *Krehl* DAR 86, 33 (34); *Bode* ZVS 87, 50 (57); *Gontard*, Rebmann-Festschrift S. 211 (223); *Schmidt-Leichner* NJW 53, 1849; *Schmid* DAR 68, 1.
6 Vgl. auch *Geppert*, Sperrfrist, S. 42, 77.
7 Gegen die Annahme einer wesentlichen verhaltensändernden Wirkung der Fahrerlaubnisentziehung: *Winkler*, BA-Festschrift 82, S. 239 (241); *Kunkel/Menken* BA 78, 431 (438 f.); *Menken*, Fahreignungsbegutachtung, S. 37, sowie BA 79, 233 (235); *Stephan* DAR 89, 125 (130 f.); vgl. dagegen aber *Müller* BA 79, 357 (359, 361); *Seib* BA 80, 43; *Janiszewski* DAR 89, 135 (138).
8 Vgl. auch *Geppert*, Sperrfrist, S. 42, 77, 81, 83.

rung ist der Täter immer schon dann »gebessert«, wenn sein Zustand eine Sicherung der Allgemeinheit nicht mehr erfordert.[9] Die Aufrechterhaltung der Maßregel über diesen Zeitpunkt hinaus, etwa zum Zwecke weiterer Erziehung (Besserung) des Täters, widerspräche dem Sinn der Maßregel und wäre unzulässig.[10] Hieran hat die rein redaktionelle Änderung des Begriffes durch das 2. StrRG vom 4. 7. 1969 (Maßregel der Besserung und Sicherung statt früher: Sicherung und Besserung) nichts geändert.[11]

III. Verfahren

1. Zulässigkeit einer Maßnahme nach § 69 StGB

a) durch Strafbefehl (§ 407 II Nr. 2 StPO)

Nach § 407 II Nr. 2 StPO kann auch **durch Strafbefehl** auf Entziehung der Fahrerlaubnis erkannt werden, allerdings nur dann, wenn die nach § 69 a StGB festzusetzende Sperre nicht mehr als 2 Jahre beträgt.

b) im beschleunigten Verfahren (§ 417 StPO)

Obwohl im **beschleunigten Verfahren** nach §§ 417 ff. StPO Maßregeln der Besserung und Sicherung grundsätzlich nicht verhängt werden dürfen, läßt § 212 b I 3 StPO eine Ausnahme für die Entziehung der Fahrerlaubnis ohne Beschränkung hinsichtlich der Sperrfrist zu.

c) im Abwesenheitsverfahren (§ 232 StPO)

Liegen die Voraussetzungen des § 232 I 1 StPO für eine **Hauptverhandlung ohne den Angeklagten** vor, so ist die Entziehung der Fahrerlaubnis nach Absatz I Satz 3 dieser Vorschrift zulässig, wenn der Angeklagte in der Ladung auf die Möglichkeit des Fahrerlaubnisentzugs hingewiesen worden ist. Hat der Angeklagte keine Fahrerlaubnis, so ist erst recht die Anordnung einer sog. »isolierten Sperre« (§ 69 a I 3 StGB) zulässig, weil diese dann nämlich die eigentliche Maßregel bildet.[12]

d) bei Entbindung von der Pflicht zum Erscheinen (§ 233 StPO)

§ 233 I 3 StPO läßt die Verhängung der Maßregel des § 69 StGB zu, wenn der Angeklagte von der Verpflichtung zum Erscheinen in der Hauptverhandlung entbunden worden ist.

---

9 Vgl. *Geppert*, Sperrfrist, S. 78; *Berz* VGT 80, 305.
10 Vgl. auch *Geppert*, Sperrfrist, S. 77; *Gontard*, Rebmann-Festschrift, S. 211 (224).
11 Vgl. auch *Geppert*, Sperrfrist, S. 76, für den StGB-Entwurf von 1962, der in seinem 5. Titel die Formulierung »Maßregel der Besserung und Sicherung« gebraucht.
12 Vgl. OLG Köln NJW 65, 2309.

Verfahren

e) im Sicherungsverfahren (§ 413 StPO, § 71 StGB)

572 § 71 II StGB eröffnet die Möglichkeit der selbständigen Anordnung der Entziehung der Fahrerlaubnis durch das Gericht, wenn das Strafverfahren **wegen Schuldunfähigkeit oder Verhandlungsunfähigkeit** des Täters undurchführbar ist. § 413 StPO gibt daher der Staatsanwaltschaft die Möglichkeit, in einem derartigen Fall den Antrag auf selbständige Anordnung der Maßregel zu stellen. Immer ist jedoch Voraussetzung, daß eine rechtswidrige Tat, jedenfalls also eine *Handlung* im strafrechtlichen Sinne vorliegt. § 71 StGB ermöglicht daher nicht die Entziehung der Fahrerlaubnis eines Kraftfahrers, der den tatbestandsmäßigen Erfolg durch unwillkürliches Verhalten – etwa aufgrund unvorhersehbaren epileptischen Anfalls – herbeigeführt hat.[13]

2. Jugendverfahren

573 Die Entziehung der Fahrerlaubnis gehört zu den Maßregeln der Besserung und Sicherung, die nach § 7 JGG im Jugendverfahren ausdrücklich als zulässig genannt werden. Zur streitigen Frage der Anwendbarkeit der Regelvermutung des § 69 II StGB im Jugendstrafrecht siehe unter A. IV. 5. i) (Rn 622).

574 Nach § 39 JGG fällt die Anordnung der Maßregel auch in die **Zuständigkeit des Jugendrichters.**

575 Nicht zulässig ist die **Weisung** (§ 10 JGG) an den Jugendlichen, den Führerschein für eine bestimmte Zeit zu den Akten zu reichen, wenn sie ganz oder überwiegend der Sicherung des Straßenverkehrs dient.[14] Zwar wirkt auch die Entziehung der Fahrerlaubnis in dem Sinne erzieherisch, als sie geeignet ist, den Kraftfahrer für die Zukunft zu verantwortungsvollerem Verhalten im Straßenverkehr zu veranlassen. § 10 JGG meint aber nicht die Erziehung zum sorgfältigen, verantwortungsbewußten Kraftfahrer, damit die Sicherheit der Allgemeinheit nicht gefährdet werde, sondern gerade jene weitergehende Erziehung, die – wie bereits dargelegt[15] – nicht Ziel der Maßregel des § 69 StGB sein darf. Die Weisung wäre daher, wenn sie etwa deswegen erteilt wird, weil sich der Jugendliche als leichtsinniger Kraftfahrer erwiesen hat,[16] eine unzulässige Umgehung der §§ 44, 69 StGB. Das gilt nicht, wenn mit der Weisung ausschließlich der Zweck verfolgt wird, einen Jugendlichen erzieherisch zu beeinflussen, der im Zusammenhang mit dem Besitz eines Kraftfahrzeugs zum Schuldenmachen, Stehlen, Betrügen oder anderen Straftaten neigt, und daher Verwahrlosungsgefahr besteht.

3. Hinweispflicht nach § 265 StPO

576 Will das Gericht dem Angeklagten die Fahrerlaubnis entziehen, so hat es ihn in der Hauptverhandlung auf die Möglichkeit der Entziehung **hinzuweisen,** wenn der

---

13 Vgl. OLG Schleswig VRS 64, 429.
14 Vgl. OLG Düsseldorf NJW 68, 2156; LK (*Geppert*) zu § 69 Rn 5; *van Els* NJW 68, 2156; *Mrozynski* JR 83, 397 (402); zum gleichen Thema vgl. auch OLG Köln MDR 64, 617.
15 Siehe oben Rn 567.
16 Vgl. OLG Köln MDR 64, 617.

Eröffnungsbeschluß die ihm zur Last gelegte Straftat nicht als Voraussetzung für die Entziehung gekennzeichnet hat. Dies gilt nicht nur, wenn in der Hauptverhandlung neue Tatsachen hinzutreten, die erst die Anordnung der Maßregel ermöglichen, sondern auch dann, wenn das Gericht bei gleichbleibendem Sachverhalt infolge anderer Beurteilung als im Eröffnungsbeschluß beabsichtigt, die Maßregel anzuordnen.[17] Die Hinweispflicht entfällt nicht dadurch, daß andere Prozeßbeteiligte (Staatsanwalt oder Verteidiger) die Möglichkeit der Fahrerlaubnisentziehung erörtert haben.[18]

IV. Voraussetzungen für die Entziehung

Literatur:

Bode, Bedingte Fahreignung und Fahrerlaubnis, in: DAR 1989, 444; *Bußmann/Gerhardt,* Legalbewährung junger Verkehrsstraftäter, in: BA 1984, 214; *Cramer,* Voraussetzung für eine gerichtliche Entziehung der Fahrerlaubnis nach § 42 m StGB, in: MDR 1972, 558; *Hentschel,* Fahrerlaubnisentziehung als Strafe für Prozeßverschleppung?, in: DAR 1976; 150; *Himmelreich,* »Bedeutender« Sachschaden i.S.d. §§ 69 Abs. 2 Nr. 3, 142 StGB, in: DAR 1997, 82; *Hruby,* Die Entziehung der Fahrerlaubnis in der Berufungsinstanz, in: NJW 1979, 854; *Krehl,* Regel und Ausnahme bei der Entziehung der Fahrerlaubnis (§ 69 II StGB), in: DAR 1986, 33; *Kulemeier,* Fahrverbot und Fahrerlaubnisentzug – Sanktionen zur Bekämpfung allgemeiner Kriminalität?, in: NZV 1993, 212; *Mögele,* Langandauernde vorläufige Entziehung der Fahrerlaubnis und Reichweite der Regelvermutung des § 69 II StGB, in: ZRP 1982, 101; *Molketin,* Maßnahmen zur Besserung und Sicherung, insbesondere die Entziehung der Fahrerlaubnis bei Jugendlichen und Heranwachsenden, in: BA 1988, 310; *Mollenkott,* Wann rechtfertigt ein »bedeutender Schaden« bei der Verkehrsunfallflucht die Entziehung der Fahrerlaubnis?, in: DAR 1980, 328; *derselbe,* Fahrlässige Rücksichtslosigkeit bei § 315 c StGB und Entziehung der Fahrerlaubnis, in: BA 1985, 298; *Molketin,* Entziehung der Fahrerlaubnis wegen Tätlichkeiten gegenüber anderen Verkehrsteilnehmern, in: DAR 1981, 380; *Nettesheim,* Führerscheinentzug und Fahrverbot bei DDR-Führerscheinen nach Vollendung der Deutschen Einheit, in: DtZ 1991, 363; *Schäfer,* Ist auch dann vom Regelbeispiel des § 69 II Nr. 3 StGB auszugehen, wenn die Anwendung des § 142 IV n. F. StGB ausschließlich daran scheitert, daß ein »bedeutender Sachschaden« vorliegt?, in: NZV 1999 190; *Scherer,* Ausnahmen vom Fahrerlaubnisentzug für »bewährte« Kraftfahrer, in: BA 1983, 123; *W. Schmidt,* Fahrerlaubnisentzug beim Beifahrer, in: DAR 1965, 153; *Schmidt-Leichner,* Alkohol und Kraftfahrer – insbesondere die Entziehung der Fahrerlaubnis, in: NJW 1953, 1849; *Schulz,* Wegfall der Ungeeignetheit i.S.d. § 69 StGB durch Zeitablauf, in: NZV 1997, 62; *Stephan,* Die Rückfallwahrscheinlichkeit bei alkoholauffälligen Kraftfahrern in der Bundesrepublik Deutschland, in: ZVS 1984, 28; *Suhren,* Wie kann Fehlentwicklungen bei der Entziehung der Fahrerlaubnis begegnet werden?, in: VGT 1989, 136; *Werner,* Die dreimonatige Mindestsperrfrist nach § 69 a Abs. 4 StGB, in: DAR 1976, 7; *derselbe,* Die Sperrfristlänge gemäß § 42 n StGB in der Berufungsentscheidung, in: NJW 1974, 484; *Wölfl,* Die Geltung der Regelvermutung des § 69 II StGB im Jugendstrafrecht, in: NJW 1999, 69; *Zabel,* »Unbeanstandete« Fahrpraxis und Regelvermutung, in: BA 1982, 269; *Zabel/Noss,* Langjährige unbeanstandete Fahrpraxis – ein Bonus für Alkoholtäter und Unfallflüchtige und seine Begrenzung, in: BA 1989, 258.

Literatur zur **Nachschulung** siehe Rn 643.

---

17 Vgl. BGH NJW 63, 1115; ZfS 92, 102; BayObLG VRS 62, 129.
18 Vgl. BGH ZfS 93, 355; BayObLG VRS 62, 129; OLG Koblenz VRS 50, 30.

1. Führen eines Kraftfahrzeugs

a) Begriff des Kraftfahrzeugs

577 Nur wenn die Tat bei oder im Zusammenhang mit dem Führen eines **Kraftfahrzeugs** begangen wurde, eröffnet § 69 StGB die Möglichkeit der strafgerichtlichen Entziehung der Fahrerlaubnis.[19] Der Begriff *»Kraftfahrzeug«* ist im StGB nur in § 248 b definiert und gilt nur für diese Vorschrift.[20] Für das übrige Strafrecht und damit auch für § 69 StGB gilt daher die Definition des § 1 II StVG.[21] Kraftfahrzeuge sind danach alle Landfahrzeuge, die durch Maschinenkraft bewegt werden, ohne an Bahngleise gebunden zu sein. Die in der Rechtsprechung vereinzelt vertretene abweichende Ansicht, wonach auch eine Lokomotive ein Kraftfahrzeug i. S. d. § 69 StGB sein soll,[22] vernachlässigt Sinn und Zweck sowie Entstehungsgeschichte des § 69 StGB. Da die Vorschrift die Sicherung ausschließlich des Straßenverkehrs bezweckt, muß die Zusammenhangstat einen Bezug zum *Straßenverkehr* aufweisen,[23] so daß sich zur Definition des Begriffes nur die für den Straßenverkehr geltende Legaldefinition des § 1 II StVG eignet.

b) Führerscheinfreie Kraftfahrzeuge

578 Aus der oben[24] gegebenen Begriffsbestimmung folgt, daß auch **führerscheinfreie Fahrzeuge** »Kraftfahrzeuge« im Sinne des § 69 StGB sind, wenn sie im übrigen die Voraussetzungen des § 1 II StVG erfüllen.[25] Nur dies wird dem Zweck des § 69 StGB gerecht. Entscheidend ist die Betriebsgefährlichkeit auch führerscheinfreier Kraftfahrzeuge.[26] Es wäre mit dem Zweck des § 69 StGB kaum in Einklang zu bringen, wenn einem Täter, der durch eine im Zusammenhang mit dem Führen eines **Mofas** begangene Straftat erhebliche charakterliche Mängel offenbart hat, die Möglichkeit erhalten bliebe, wesentlich gefährlichere führerscheinpflichtige Kraftfahrzeuge zu führen.[27]

c) Begriff des Führens

579 Für das **Führen** eines Kraftfahrzeugs kommt es im Rahmen des § 69 StGB nicht darauf an, daß die Motorkraft im Einzelfall in Betrieb gesetzt worden ist, um das

---

[19] Daher keine Fahrerlaubnisentziehung oder isolierte Sperre bei einem Radfahrer: LG Mainz DAR 85, 390; unzutreffend AG Salzgitter 11 Ds 223 Js 30252/81.
[20] Vgl. BayObLG NZV 93, 239; OLG Oldenburg NJW 69, 199; OLG Stuttgart NJW 56, 1081; *Obert* DAR 66, 183.
[21] Vgl. BayObLG NZV 93, 239; OLG Düsseldorf VM 74, 13 Nr. 16; OLG Oldenburg NJW 69, 199; *Obert* DAR 66, 183; *Schönke/Schröder/Stree* zu § 69 Rn 11; *Rüth/Berr*, KVR, Fahrverbot, S. 6; vgl. aber OLG Stuttgart NJW 56, 1081 (Auslegung des Begriffes nach Wortlaut, Sinn und Zweck des § 69 StGB).
[22] So LG München II NZV 93, 83 (abl. Anm. *Hentschel;* abl. auch *Janiszewski* NStZ 93, 274).
[23] Vgl. BayObLG NZV 93, 239; *Kulemeier* S. 93.
[24] Rn 577.
[25] Vgl. BGH VM 72, 25 Nr. 25; BayObLG NJW 55, 561; OLG Oldenburg NJW 69, 199; OLG Düsseldorf VM 70, 68 Nr. 82; 74, 16; 75, 20 Nr. 24; *Obert* DAR 66, 183; *Schönke/Schröder/Stree* zu § 69 Rn 11.
[26] Vgl. auch *Obert* DAR 66, 183.
[27] Vgl. BayObLG NJW 55, 561.

Fahrzeug zu bewegen.[28] Entscheidend ist allein, daß das Kraftfahrzeug nicht mit fremder Hilfe (Schieben, Ziehen usw.) bewegt wird.[29] Auch dies folgt aus dem Zweck des § 69 StGB. Daß die Sicherheit anderer Verkehrsteilnehmer erheblich gefährdet sein kann, wenn etwa ein alkoholbedingt fahrunsicherer Kraftfahrer einen Pkw oder Lkw auf einer abschüssigen Fahrbahn führt, indem er ihn, ohne den Motor in Betrieb zu setzen, abrollen läßt, steht außer Zweifel.[30] Die gebotene Einheitlichkeit der rechtlichen Bestimmung des Begriffes »Führen eines Kraftfahrzeugs« schließt eine abweichende Beurteilung auch in den Fällen aus, in denen von dem Lenken eines Kraftfahrzeugs ausnahmsweise nur weniger große Gefahren ausgehen. Daher führt auch ein Kraftfahrzeug, wer ein Fahrrad mit Hilfsmotor durch **Treten der Pedale** fortbewegt, ohne den Motor in Betrieb zu setzen[31] und ohne die Absicht, den Motor zum Anspringen zu bringen.[32] **Leichtmofas** sind Kraftfahrzeuge; für sie gilt daher nichts anderes. Wer dagegen ein Kfz **mit eigener Körperkraft schiebt**, ohne den Führersitz einzunehmen und von dort aus die mit der Lenkung verbundenen Verrichtungen ausüben zu können, führt kein Kraftfahrzeug i. S. d. § 69 StGB.[33] Das gleiche gilt für den Beifahrer, der ohne Willen des Fahrzeugführers diesem einmal kurz ins Steuer greift.[34] Auch derjenige, der am Steuer eines Kraftfahrzeugs sitzt und dieses lediglich nach den Anweisungen des verantwortlichen Fahrers bedient, während dieser das Fahrzeug schiebt, ist nicht Kraftfahrzeugführer i. S. d. § 69 StGB.[35] Nicht Führer eines *Kraftfahrzeugs* i. S. d. § 69 StGB ist auch der Lenker eines abgeschleppten Kfz, weil er es nicht ohne fremde Hilfe bewegt.[36] § 69 StGB setzt nicht voraus, daß die Straftat im öffentlichen Straßenverkehr begangen ist; vielmehr kann auch Führen eines Kraftfahrzeugs **auf nichtöffentlichem Gelände** die Maßregel rechtfertigen.[37]

2. »Zusammenhang mit dem Führen eines Kraftfahrzeugs«

a) Zeitlicher Zusammenhang

Für das Merkmal »Zusammenhang mit dem Führen eines Kraftfahrzeugs« in § 69 StGB genügt jeder Zusammenhang zwischen rechtswidriger Tat und Führen eines Kraftfahrzeugs, gleich ob die Tat der Führung des Fahrzeugs nachfolgte, vorausging oder gleichzeitig mit ihr begangen wurde.[38]

---

28 Vgl. BGH NJW 60, 1211; BayObLG VRS 67, 373 (alle zum Tatbestand des § 21 I Nr. 1 StVG); OLG Karlsruhe DAR 83, 365; OLG Düsseldorf VM 74, 13 Nr. 16; 75, 20 Nr. 24; *Rüth/Berr*, KVR, Fahrverbot, S. 6; *Bär/Hauser/Lehmpuhl* III 1 S. 86 (2); *Herlan/Schmidt-Leichner* Rn 67.
29 Vgl. BGH NJW 59, 111 (zu § 24 StVG a. F. = § 21 StVG n. F).
30 Vgl. hierzu BGH NJW 60, 1211; BayObLG NJW 59, 111; OLG Karlsruhe DAR 83, 365; *Herlan/Schmidt-Leichner* Rn 67; vgl. auch *Rüth/Berr*, KVR, Fahrverbot, S. 6; das gleiche gilt für Abrollenlassen eines Motorrades, BayObLG VRS 67, 373.
31 Vgl. OLG Düsseldorf VM 74, 13 Nr. 16.
32 Vgl. OLG Düsseldorf VM 75, 20 Nr. 24.
33 Vgl. OLG Karlsruhe DAR 83, 365; vgl. auch OLG Oldenburg MDR 75, 421.
34 Vgl. OLG Köln NJW 71, 670; zum Begriff des »Führens« in §§ 315 c, 316 StGB vgl. oben Rn 338 ff.
35 Vgl. BGH VRS 52, 408.
36 Vgl. *Hentschel* JR 91, 113 (116).
37 Vgl. OLG Oldenburg VRS 55, 120; LG Stuttgart NZV 96, 213.
38 Vgl. BGH NJW 62, 1211; 69, 1125; OLG Stuttgart NJW 73, 2213.

b) Innerer Zusammenhang

581 Es muß allerdings ein *innerer* Zusammenhang sein. Bloßes äußeres Zusammentreffen genügt nicht.[39] Ein nur äußerer örtlicher oder zeitlicher Zusammenhang zwischen Straftat und dem Führen eines Kraftfahrzeugs reicht für die Anwendung des § 69 StGB nicht aus.[40]

c) Beziehung des Führens zur Tat

582 Der Zusammenhang mit dem Führen eines Kraftfahrzeugs ist nur gegeben, wenn die Tat entweder die Betriebsgefahr des Fahrzeugs steigert[41] oder wenn das Fahrzeug als Fortbewegungsmittel zur Vorbereitung,[42] Durchführung,[43] Ermöglichung,[44] Verdeckung[45] oder Ausnutzung[46] der Straftat dient.[47] Diese Abgrenzung des Begriffes des Zusammenhangs im Sinne des § 69 StGB ist durch den Zweck der Vorschrift[48] geboten. Da die Maßregel nicht der allgemeinen Verbrechensbekämpfung, sondern ausschließlich der Sicherung des Straßenverkehrs dient, setzt der nach § 69 StGB erforderliche Zusammenhang zwischen Straftat und dem Führen eines Kraftfahrzeugs voraus, daß durch das Verhalten des Täters eine **erhöhte Gefahr für andere Verkehrsteilnehmer** eintritt.[49] Das ist aber nicht nur dann der Fall, wenn die Tat die Betriebsgefahr des Fahrzeugs steigert, sondern auch in den anderen oben erwähnten Fällen, in denen die Gefahr besteht, der Täter werde seine kriminellen Ziele über die im Verkehr gebotene Sorgfalt und Rücksichtnahme stellen.[50]

583 Am erforderlichen Zusammenhang fehlt es, wenn ein Kraftfahrzeug **nur bei Gelegenheit einer Straftat** benutzt wird, ohne daß die Straftat vom Führen oder das Führen von der Straftat in irgendeiner Weise abhängt[51] oder der Täter, ohne vorher

---

39 Vgl. BGH NJW 69, 1125; OLG Stuttgart NJW 73, 2213.
40 Vgl. BGH NJW 69, 1125; NZV 95, 156.
41 Vgl. *Cramer* MDR 72, 558.
42 Vgl. BGH NJW 69, 1125; VRS 36, 265; BayObLG VRS 69, 281; *Cramer* MDR 72, 558; *Rüth/Berr,* KVR, Fahrverbot, S. 9.
43 Vgl. BGH NJW 69, 1125; VRS 36, 265; BayObLG VRS 69, 281; *Cramer* MDR 72, 558; *Rüth/Berr,* KVR, Fahrverbot, S. 9.
44 Vgl. BGH VM 67, 1 Nr. 1.
45 Vgl. BGH NJW 69, 1125; BayObLG VRS 69, 281; *Cramer* MDR 72, 558; *Rüth/Berr,* KVR, Fahrverbot, S. 9.
46 Vgl. BGH NJW 69, 1125; BayObLG VRS 69, 281; OLG Hamm DAR 99, 178; OLG Stuttgart NJW 73, 2213.
47 Vgl. hierzu auch die Amtliche Begründung zu Art. 2 Nr. 1, 2 des Gesetzes zur Sicherung des Straßenverkehrs vom 19. 12. 1952 (zitiert nach *Arndt/Guelde,* S. 65): »Eine Tat steht beispielsweise dann im Zusammenhang mit der Führung eines Kraftfahrzeugs, wenn der Täter sich mit dem Kraftfahrzeug an den Tatort begeben oder wenn er es benutzt hat, um nach der Tat die Beute wegzuschaffen«; ebenso OLG Düsseldorf VRS 67, 255; krit. zu dieser Definition *Kulemeier* S. 69; NZV 93, 212 (213), a. M. OLG Hamm VRS 57, 184, wonach ein Zusammenhang i.S.d. § 69 StGB auch gegeben sein kann zwischen dem Führen eines Kfz und einer falschen Diebstahlsanzeige zur Vertuschung eines während der Fahrt geschehenen Unfalls.
48 Vgl. oben Rn 566 und 567.
49 Vgl. LK (*Geppert*) zu § 69 Rn 34.
50 Vgl. auch *Cramer* zu § 44 StGB Rn 29 sowie MDR 72, 558; zu eng daher *Kulemeier* NZV 93, 212 (214).
51 Vgl. OLG Stuttgart NJW 73, 2213.

eine entsprechende Absicht verfolgt zu haben, eine durch die vorausgegangene Fahrt geschaffene Lage ausnutzt.[52]

Bei Einsatz eines Kraftfahrzeugs durch den Täter als Kraftfahrzeugführer zum **Beutetransport** steht die Straftat im Zusammenhang mit dem Führen eines Kraftfahrzeugs i.S.d. § 69 I StGB.[53] Bei **Hehlerei** setzt der nach § 69 StGB erforderliche Zusammenhang voraus, daß das Hehlergut mit dem Fahrzeug transportiert wurde. Das bloße Ablegen der Ware in dem Kraftfahrzeug genügt nicht,[54] weil dadurch kein Zusammenhang mit dem *Führen* des Fahrzeugs hergestellt wäre. Ein Zusammenhang mit dem Führen eines Kraftfahrzeugs, der zur Fahrerlaubnisentziehung führen kann, besteht auch bei **Transport von Rauschgift** zum Zwecke der illegalen Veräußerung[55] oder des Eigenverbrauchs.[56] Im Zusammenhang mit dem Führen eines Kraftfahrzeugs ist ferner ein Betrug gegenüber der Versicherung nach **vorsätzlich herbeigeführtem »Unfall«** begangen, weil das Verfolgen krimineller Ziele unter Mißbrauch des Straßenverkehrs Unfallbeteiligte gefährden kann.[57]

Ein Kraftfahrer, der einen ihn wegen verkehrswidrigen Fahrverhaltens zur Rede stellenden anderen Verkehrsteilnehmer **tätlich angreift**, begeht eine mit der Führung eines Kraftfahrzeugs in Zusammenhang stehende Straftat.[58] Dies folgt aber nicht daraus, daß etwa schon der Zusammenhang der Straftat mit dem *Besitz* eines Kraftfahrzeugs genügte,[59] sondern daraus, daß der Kraftfahrer in unmittelbarem Zusammenhang mit seiner durch einen anderen Verkehrsteilnehmer gerügten Fahrweise, also mit dem *Führen* des Fahrzeugs, derart unbeherrscht reagiert, daß Zweifel hinsichtlich seiner Eignung als Kraftfahrer berechtigt erscheinen. Trotz der gebotenen Abgrenzung des Begriffes »Zusammenhang« in § 69 StGB darf nicht verkannt werden, daß das Gesetz eben nicht verlangt, die rechtswidrige Tat müsse *bei* dem Führen des Fahrzeugs begangen sein, sondern daß es ausdrücklich als Alternative hierzu den *Zusammenhang* mit dem Führen genügen läßt.

Ebenso ist der in § 69 StGB für die Entziehung der Fahrerlaubnis erforderliche Zusammenhang gegeben, wenn ein Kraftfahrer einen anderen Verkehrsteilnehmer wegen einer von diesem (vermeintlich) begangenen Behinderung angreift.[60] Eine derartige Tätlichkeit steht nämlich in so enger Verbindung zum Fahrzeugführen, daß der erforderliche Zusammenhang nicht verneint werden kann.[61]

---

52 Vgl. BGH NJW 69, 1125 (kein Zusammenhang zwischen Tat und Führen des Kraftfahrzeugs, wenn der Täter sich zur Vergewaltigung erst nach Beendigung der Fahrt entschließt und das Fahrzeug auch nicht zur Flucht benutzt); NZV 95, 156 (Vergewaltigungsentschluß nach Erreichen des Fahrtziels, Fluchtentschluß nach der Tat).
53 Vgl. OLG Düsseldorf VRS 96, 268.
54 Vgl. OLG Köln MDR 72, 621; vgl. auch *Cramer* MDR 72, 558; vgl. hierzu auch BGH VM 67, 1.
55 Vgl. BGH VRS 81, 369; NZV 93, 35; NStZ-RR 98, 43; OLG Düsseldorf DAR 92, 187.
56 Vgl. OLG Düsseldorf NZV 97, 364.
57 Vgl. BGH VRS 82, 19; OLG München NJW 92, 2776; LG Köln 105 Qs 49/86.
58 Vgl. OLG Köln NJW 63, 2379; OLG Karlsruhe Justiz 80, 53; OLG Hamm VRS 28, 260; LK *(Geppert)* zu § 69 Rn 39; vgl. hierzu auch OLG Hamm VRS 25, 186, a. M. *Kulemeier* S. 269.
59 So z. B. OLG Köln NJW 63, 2379.
60 Vgl. BayObLG NJW 59, 2126 = JR 59, 470 mit Anm. *Hartung;* LG Zweibrücken DAR 95, 502; LG Koblenz NStZ-RR 96, 117 (zu § 44 StGB).
61 Vgl. BayObLG NJW 59, 2126.

d) Eigenhändiges Führen

587 Kein Zusammenhang mit dem Führen im Sinne des § 69 StGB liegt vor, wenn der Täter in Fällen der oben[62] geschilderten Art das Fahrzeug **nicht selbst führt.** Da § 69 StGB einen Zusammenhang der Straftat mit dem *Führen* des Kraftfahrzeugs erfordert, kann es nicht als ausreichend angesehen werden, wenn ein anderer als derjenige, der die rechtswidrige Tat begangen hat, das Fahrzeug geführt hat, mag auch die Tat mit dem Führen des Kraftfahrzeugs durch den anderen in Zusammenhang stehen.[63] Voraussetzung für die Anwendung von § 69 StGB ist vielmehr, daß der Täter eine Straftat im Zusammenhang mit dem **eigenen Führen** eines Kraftfahrzeugs begangen hat.[64] Dies entspricht auch der Absicht des Gesetzgebers, wie die Amtliche Begründung zeigt:

»Die Tat muß ferner in Beziehung zu der Führung eines Kraftfahrzeugs durch den *Täter*[65] stehen...«[66]

588 Nicht gefolgt werden kann daher der Auffassung, wonach **bei Beteiligung mehrerer an der rechtswidrigen Tat** ein Teilnehmer diese auch dann im Zusammenhang mit dem Führen eines Kraftfahrzeugs begangen haben könne, wenn er dieses nicht eigenhändig gelenkt habe.[67] Zur Begründung einer derartigen Ansicht hat der BGH[68] in einer älteren Entscheidung ausgeführt, die Entziehung der Fahrerlaubnis sei nicht darauf zu beschränken, daß sich der Täter als ungeeignet zum verkehrssicheren Fahren erwiesen habe, vielmehr könne ein allgemeiner Charaktermangel, der sich in der Tat offenbare, die Entziehung oder Versagung der Fahrerlaubnis rechtfertigen. Da für die Entziehung der Fahrerlaubnis die charakterliche Unzuverlässigkeit entscheidend sei und **schon die Benutzung eines Kraftfahrzeugs** zur Begehung von Straftaten als Grundlage für die Entziehung in Betracht komme, gehe es nicht an, einem Teilnehmer an einer Straftat nur deswegen die Fahrerlaubnis zu belassen, weil nicht er, sondern sein Mittäter das Fahrzeug gelenkt habe. Dem ist jedoch entgegenzuhalten, daß jede vorsätzliche Straftat charakterliche Unzuverlässigkeit offenbart, so daß mit dieser Begründung auf die Voraussetzung eines Zusammenhangs mit dem Führen eines Kraftfahrzeugs verzichtet werden könnte.[69] Nach Sinn und Zweck der Maßregel des § 69 StGB kann

---

62 Rn 585, 586.
63 In solchen Fällen kommt aber Verletzung der Pflichten eines Kraftfahrzeugführers in Betracht; vgl. auch *Jagusch/Hentschel* zu § 69 StGB Rn 6.
64 Vgl. LG Köln NZV 90, 445; *Tröndle/Fischer* zu § 44 Rn 6; LK *(Geppert)* zu § 69 Rn 45; *Janiszewski* Rn 655; *Mühlhaus/Janiszewski* zu § 69 StGB Rn 7; *Kulemeier* S. 70, 285; *Körfer* NZV 93, 326 (unter Hinweis auf die Amtl. Begr.); ähnlich *Hartung* JZ 54, 137 (vom Gesetz seien nur Fälle gemeint, die irgendwelche Beziehungen gerade zur Betätigung der Fahrerlaubnis erkennen lassen); **a. M.** BGH NJW 57, 1287; VM 79, 4 Nr. 5; 4 StR 719/80 (unveröffentlicht); BayObLG bei *W. Schmidt* DAR 65, 153; OLG München NJW 92, 2777; OLG Stuttgart NJW 61, 690; OLG Koblenz NJW 88, 152; LG Zweibrücken VRS 88, 436; LG Ravensburg NZV 93, 325 (abl. *Körfer)*; LG Memmingen NZV 89, 82; *W. Schmidt* DAR 65, 153; *Rüth/Berr*, KVR, Fahrverbot, S. 11.
65 Hervorhebung vom Verfasser!
66 Zitiert nach *Arndt/Guelde* S. 65.
67 Vgl. z. B. BGH NJW 57, 1287; VM 79, 4 Nr. 5; OLG Koblenz DAR 87, 297; NJW 88, 152; OLG München NJW 92, 2777; *Rüth/Berr*, KVR, Fahrverbot, S. 11.
68 BGH NJW 57, 1287; ähnlich BGH VM 79, 4 Nr. 5.
69 Vgl. auch *Cramer* zu § 44 StGB Rn 29; *Cramer*, Unfallprophylaxe, S. 57.

»Zusammenhang mit dem Führen eines Kraftfahrzeugs«

aber nur ein solcher Charaktermangel eine ausreichende Grundlage für eine Führerscheinmaßnahme sein, der sich im Umgang mit einem Kraftfahrzeug erweist,[70] weil sich gerade beim *Führen* eines Kraftfahrzeugs diejenigen Charaktermängel zeigen, die für den Verkehr gefährlich werden können, indem der Täter seine kriminellen Ziele über die im Verkehr erforderliche Rücksichtnahme stellt.[71] Mit dem Gesetz nicht vereinbar erscheint die in der erwähnten Entscheidung des BGH vertretene Auffassung, wonach schon die *Benutzung* eines Kraftfahrzeugs als Grundlage der Entziehung in Betracht kommen soll.[72] Der Gesetzgeber hat sicher nicht ohne Grund den Begriff des *Führens* gewählt. Eine andere Auffassung müßte auch zu einer Ausuferung der Anwendung von § 69 StGB führen, die – wenn Benutzen eines Kraftfahrzeugs ausreichen würde – immer schon dann möglich wäre, wenn der Täter, ohne ein Kraftfahrzeug zu führen, in irgendeiner Form dessen Vorteile im Zusammenhang mit der Tat nutzen würde.

Aus der hier geschilderten Eingrenzung der »Zusammenhangstat« folgt, daß es an einem Zusammenhang zwischen Straftat und Führen eines Kraftfahrzeugs im Sinne des § 69 StGB auch fehlt, wenn der **Halter** die **Inbetriebnahme eines vorschriftswidrigen Fahrzeugs** anordnet.[73] Das ist aber nicht unbestritten. So hat etwa das OLG Stuttgart[74] seinen abweichenden Standpunkt mit folgender Erwägung zu begründen versucht: Wenn ein Zusammenhang schon dadurch begründet werde, daß der Kraftfahrer sein Fahrzeug nur mittelbar zum Begehen einer Straftat benutze, die an sich mit dem Straßenverkehr nichts zu tun habe, so müsse er erst recht dann angenommen werden, wenn das strafbare Verhalten des Täters gerade darin bestehe, daß auf seine Veranlassung mit seinem Fahrzeug unmittelbar eine Verkehrsstraftat im eigentlichen Sinne begangen werde. Diese Argumentation ist indessen nicht schlüssig. Die Fälle unterscheiden sich eben dadurch, daß einmal die Straftat im Zusammenhang mit dem *eigenen* Führen des Fahrzeugs, bei der vom OLG Stuttgart beurteilten Sachlage dagegen mit der Führung eines Kraftfahrzeugs durch einen *anderen* in Zusammenhang steht. Entsprechendes gilt für das Zulassen des Fahrzeugführens ohne Fahrerlaubnis.[75] Ebenso ist es beim **Versicherungsbetrug** durch gestellte oder provozierte »Unfälle«;[76] vom Fahrzeugführer geht die Gefahr für andere im Verkehr unmittelbar aus, nicht vom Sachverständigen, der als Mittäter anschließend das Gutachten fertigt. Seine Tat ist entgegen OLG München[77] nicht im Zusammenhang mit dem Führen eines Kraftfahrzeugs i. S. d. § 69 I StGB begangen. Schließlich ist auch das Beeinträchtigen der Verkehrssicherheit durch **Manipulationen am Fahrzeug** (etwa an der Bremsanlage), um

---

70 Vgl. BVerwG VM 81, 50; vgl. auch *Janiszewski* Rn 712;
  insoweit ausdrücklich a. M. BGH VM 79, 4 Nr. 5: Die Bedeutung schwerwiegender Straftaten der allgemeinen Kriminalität sei im Zusammenhang mit der Entscheidung nach § 69 StGB allein im Fehlen der charakterlichen Zuverlässigkeit zu finden, welche sich beim alltäglichen Verhalten im Straßenverkehr nicht nachteilig auszuwirken brauche.
71 Überzeugend in diesem Sinne insbesondere *Cramer* zu § 44 StGB Rn 29 sowie in Unfallprophylaxe S. 57.
72 Vgl. auch *Cramer,* Unfallprophylaxe, S. 56.
73 Vgl. auch *Hartung* NJW 61, 690; *Herlan/Schmidt-Leichner* Rn 70;
  a. M. z. B. OLG Stuttgart NJW 61, 690; OLG Schleswig VM 64, 90; *Rüth/Berr,* KVR, Fahrverbot, S. 11.
74 OLG Stuttgart NJW 61, 690.
75 Vgl. LG Köln NZV 90, 445.
76 Siehe dazu Rn 584, 603.
77 OLG München NJW 92, 2777.

den Fahrer verunglücken zu lassen, keine im Zusammenhang mit dem Führen eines Kraftfahrzeugs begangene Tat.[78]

590 Ebensowenig ist aus den dargelegten Gründen ein Zusammenhang im Sinne des § 69 StGB zu bejahen, wenn der **Beifahrer** – sei er auch der Halter – einen anderen Verkehrsteilnehmer tätlich angreift.[79]

e) Zusammenhang mit dem Besitz eines Kraftfahrzeugs

591 Der bloße Zusammenhang mit dem **Besitz** eines Kraftfahrzeugs erfüllt nicht die Voraussetzungen des § 69 StGB.[80] Der gegenteiligen Meinung[81] steht der eindeutige Wortlaut des § 69 StGB entgegen, der eben einen Zusammenhang mit dem *Führen* und nicht mit dem *Besitz* eines Kraftfahrzeugs verlangt. Das gleiche gilt für die noch weiter gehende Auffassung, ein Zusammenhang sei schon dann gegeben, wenn die Straftat der **Erlangung des Besitzes** eines Kraftfahrzeugs dient.[82] Begründet wird diese Meinung wieder mit dem Argument, der durch die Tat erwiesene Eignungsmangel dürfe nicht so verstanden werden, daß nur ein Mangel in der Fähigkeit, ein Kraftfahrzeug verkehrssicher zu führen, in Betracht käme; auch charakterliche Mängel, die sich in der Tat offenbaren, könnten und müßten zur Entziehung der Fahrerlaubnis führen, sofern wegen dieser Mängel die für die Führung eines Kraftfahrzeugs allgemein erforderliche Zuverlässigkeit nicht mehr gegeben sei.[83] Diese Begründung wurde auch für die Auffassung angeführt, § 69 StGB verlange nicht das eigenhändige Führen eines Kraftfahrzeugs, vielmehr reiche das Benutzen des Fahrzeugs (etwa als Mitfahrer) aus. Sowenig wie die Begründung dort als stichhaltig angesehen werden konnte, vermag sie die Ansicht zu rechtfertigen, für § 69 StGB genüge ein Zusammenhang der Straftat mit dem Besitz eines Kraftfahrzeugs oder der Umstand, daß die Straftat der Erlangung des Besitzes an dem Fahrzeug dient. Zur Vermeidung von Wiederholungen wird auf die zu jener Streitfrage gemachten Ausführungen verwiesen.[84] Wer einen Betrug begeht, indem er sich durch den Besitz eines Kraftfahrzeugs Kreditwürdigkeit verschafft (**Tankstellenbetrug, Zechprellereien**),[85] begeht die Tat daher ebensowenig im Zusammenhang mit dem Führen eines Kraftfahrzeugs[86] wie derjenige, der sich unter Vorlage seines Führerscheins mit der Behauptung, einen Unfall erlitten zu haben, ein Darlehen erschwindelt[87] oder sich auf betrügerische Weise den Besitz an einem Kraftfahrzeug verschafft.[88]

---

78 Vgl. OLG Celle NZV 98, 170.
79 A. M. BayObLG bei *W. Schmidt* DAR 65, 153 (allerdings nur für den Halter) sowie *W. Schmidt* DAR 65, 153.
80 Ganz überwiegende Meinung im Schrifttum: vgl. *Tröndle/Fischer* zu § 44 Rn 6; *Schönke/Schröder/Stree* zu § 69 Rn 16; LK *(Geppert)* zu § 69 Rn 40; *Cramer* zu § 44 StGB Rn 29 sowie MDR 72, 558; *Kulemeier* S. 283; *Hartung* JZ 54, 137; *Schmidt-Leichner* NJW 54, 159; *Mittelbach* S. 20.
81 Zum Beispiel BGH NJW 54, 163; OLG Köln NJW 63, 2379; *Herlan/Schmidt-Leichner* Rn 70.
82 So BGH NJW 62, 1211; OLG Köln MDR 72, 621.
83 Vgl. BGH NJW 54, 163; 62, 1211.
84 Vgl. oben Rn 588.
85 Siehe aber BGH NJW 54, 163.
86 Vgl. *Tröndle/Fischer* zu § 44 Rn 6; *Schönke/Schröder/Stree* zu § 69 Rn 16; *Cramer* MDR 72, 558; *Hartung* JZ 54, 137; *Mittelbach* S. 20.
87 Vgl. *Cramer* MDR 72, 558; *Schmidt-Leichner* NJW 54, 159; *Hartung* JZ 54, 137; *Mittelbach* S. 20.
88 Vgl. *Cramer* MDR 72, 558; *Mittelbach* S. 20; *Hartung* JZ 54, 137; *Schmidt-Leichner* NJW 54, 159.

Das vom BGH[89] in verschiedenen älteren Entscheidungen zur Begründung des gegenteiligen Standpunkts herangezogene Argument, für die Frage des Zusammenhangs einer Straftat mit der Führung eines Kraftfahrzeugs könne es keinen Unterschied bedeuten, ob das Fahrzeug Mittel zur Begehung der Straftat war oder ob die Straftat dazu diente, dem Täter die Führung eines Kraftfahrzeugs zu ermöglichen, müßte in der Konsequenz dazu führen, daß jede Straftat, deren Ziel die Erlangung der Möglichkeit ist, ein Kraftfahrzeug zu führen, die Anwendung des § 69 StGB rechtfertigen würde. Der erforderliche Zusammenhang läge z. B. vor, wenn der Täter Kraftfahrzeugteile stiehlt, um ein Fahrzeug fahrbereit zu machen, wenn er bei Erteilung eines Auftrags zur Reparatur eines Kraftfahrzeugs über seine Zahlungsfähigkeit täuscht, ja selbst dann, wenn er sich auf strafbare Weise Geld verschafft, um sich das Führen eines Kraftfahrzeugs zu ermöglichen. Es kann keinem Zweifel unterliegen, daß der Gesetzgeber bei der Schaffung des § 42 m a. F. (= § 69 StGB n. F.) eine so weit gehende Konsequenz nicht beabsichtigt hat.[90]

f) Durch strafbare Handlung erlangter Treibstoffbesitz

Aus diesen Überlegungen ergibt sich, daß auch der Ansicht des BGH in seinem Urteil vom 11. 1. 1966[91] nicht gefolgt werden kann, wonach ein Zusammenhang im Sinne des § 69 StGB zwischen Straftat und Führen eines Kraftfahrzeugs bestehen soll, wenn sich der Täter **durch strafbare Handlung Treibstoff verschafft,**[92] eine Auffassung, die der BGH wieder mit dem Hinweis darauf zu rechtfertigen sucht, daß die mangelnde Eignung auch auf Charaktermängeln beruhen könne.[93]

g) Führerscheinfälschung

Das Sichverschaffen oder Herstellen eines **falschen Führerscheins** schafft den für die Anwendung des § 69 StGB erforderlichen Zusammenhang zum Führen eines Kraftfahrzeugs auch dann nicht, wenn der Täter die Absicht verfolgt, sich bei der Führung von Kraftfahrzeugen durch die Fälschung als Inhaber einer Fahrerlaubnis zu legitimieren.[94] Das OLG Köln[95] hat den Zusammenhang allerdings schon dann als gegeben erachtet, wenn die Fälschung dazu Verwendung gefunden hat, mit ihrer Hilfe von einem gewerblichen Vermieter ein Kraftfahrzeug zu mieten. Daß diese Ansicht zu weitgehend ist, ergibt sich bereits aus den Ausführungen weiter oben.[96] *Cramer*[97] bejaht den erforderlichen Zusammenhang, wenn ein Autofahrer selbst einen Führerschein fälsche oder einen anderen hierzu anstifte, um bei einer möglichen Verkehrskontrolle das falsche Papier zum Nachweis einer

---

89 Vgl. BGH NJW 62, 1211; VRS 30, 275.
90 Vgl. auch *Hartung* JZ 54, 137.
91 BGH VRS 30, 275.
92 Vgl. hierzu *Hartung* JZ 54, 137.
93 Vgl. hierzu oben Rn 588, 591.
94 Vgl. OLG Köln MDR 72, 621; *Tröndle/Fischer* zu § 44 Rn 6; *Schönke/Schröder/Stree* zu § 69 Rn 16; LK *(Geppert)* zu § 69 Rn 41.
95 OLG Köln MDR 72, 621.
96 Rn 588.
97 *Cramer* MDR 72, 558.

Voraussetzungen für die Entziehung

angeblich bestehenden Fahrerlaubnis gebrauchen zu können. Auch diese Auffassung erscheint als zu weitgehend. Der Zusammenhang im Sinne des § 69 StGB ist vielmehr in derartigen Fällen nur gegeben, wenn der gefälschte Führerschein in unmittelbarem Zusammenhang mit dem Führen eines Kraftfahrzeugs im öffentlichen Straßenverkehr vorgezeigt wird.[98] Auch eine Urkundenfälschung oder Bestechung zum Zwecke der Erlangung einer gültigen Fahrerlaubnis ist nicht im Zusammenhang mit dem Führen eines Kraftfahrzeugs begangen.[99]

3. Verletzung der Pflichten eines Kraftfahrzeugführers

595 Zur Alternative »**Verletzung der Pflichten eines Kraftfahrzeugführers**« in § 69 StGB sagt die Amtliche Begründung zu Art. 2 Nr. 1, 2 des VerkSichG vom 19. 12. 1952:[100]

»Gegen die dem Führer eines Kraftfahrzeugs obliegenden Pflichten kann der Täter auch durch Zuwiderhandlungen gegen die Vorschriften verstoßen, die sich auf die verkehrssichere Beschaffenheit oder auf das Aufstellen des Fahrzeugs vor oder nach der Tat beziehen.«

In Betracht kommt **jede Außerachtlassung der dem Kraftfahrzeugführer obliegenden Sorgfalt**.[101] Dazu kann auch das Überlassen eines Kraftfahrzeugs an eine Person ohne Fahrerlaubnis oder an einen fahruntüchtigen Kraftfahrer gehören,[102] soweit es sich dabei nicht um bloße Verletzung von Halterpflichten handelt.[103] Wer alkoholbedingt fahrunsicher ein Kraftfahrzeug schiebt, ohne damit den Motor in Gang bringen zu wollen, verletzt nicht i. S. d. § 69 StGB die Pflichten eines Kraftfahrzeugführers.[104]

4. Verurteilung oder Nichtverurteilung wegen möglicher Schuldunfähigkeit

a) Absehen von Strafe

596 Da § 69 StGB nur Verurteilung, nicht aber Verurteilung *zu Strafe* (im Gegensatz zu der Fassung des § 42 m a. F. vor Inkrafttreten des 2. VerkSichG vom 26. 11. 1964) verlangt, kann die Fahrerlaubnis auch dann durch das Gericht entzogen werden, wenn von Strafe abgesehen wird (vgl. § 60 StGB).[105] Dies ergibt sich aber nicht nur aus der genannten Änderung des Wortlauts der Vorschrift,[106] sondern auch aus Sinn und Zweck des § 69 StGB, der eben nicht Nebenstrafe, sondern Maßregel der Besserung und Sicherung ist.[107]

---

98 Vgl. *Schönke/Schröder/Stree* zu § 69 Rn 16 unter ausdrücklichem Hinweis auf die weitergehende Ansicht *Cramers;* LK *(Geppert)* zu § 69 Rn 41; OLG Köln MDR 72, 621, das ebenfalls ein Gebrauchmachen von der Urkunde verlangt; vgl. dazu auch OLG Hamm VRS 63, 346.
99 A. M. OVG Bremen VRS 62, 230 (Urkundenfälschung); LG Mannheim 6 Qs 18/96 (Bestechung).
100 Zitiert nach *Arndt/Guelde* S. 65.
101 Vgl. auch *Rüth/Berr,* KVR, Fahrverbot, S. 13.
102 Vgl. auch */Tröndle/Fischer* zu § 44 Rn 7.
103 Vgl. LG Köln NZV 90, 445 (im entschiedenen Fall Maßregel wegen reinen Halterverstoßes zutreffend abgelehnt); s. aber LK *(Geppert)* zu § 69 Rn 47.
104 Vgl. OLG Karlsruhe DAR 83, 365.
105 Vgl. BayObLG BA 72, 279; OLG Hamm VRS 43, 19.
106 Vgl. OLG Hamm VRS 43, 19.
107 Vgl. BayObLG BA 72, 279; siehe hierzu oben Rn 565.

b) Begriff der Schuldunfähigkeit

Soweit nach § 69 StGB einem wegen (nicht auszuschließender) **Schuldunfähigkeit** freigesprochenen Angeklagten die Fahrerlaubnis zu entziehen ist, ist der Begriff der Schuldunfähigkeit kein anderer als in §§ 20, 63 StGB, 3 JGG.[108] Der Strafrichter ist daher im Gegensatz zur Verwaltungsbehörde[109] nicht befugt, die Fahrerlaubnis einem unfallbeteiligten Kraftfahrer zu entziehen, der infolge altersbedingter, ihm bisher nicht erkennbarer Fahruntüchtigkeit nicht imstande war, sich auf die Verkehrslage einzustellen.[110] Auch bei Nichtverurteilung nur wegen Schuldunfähigkeit setzt die Anordnung der Maßregel natürlich in jedem Fall voraus, daß das Gericht eine rechtswidrige Tat i. S. d. § 69 StGB festgestellt hat.[111]

c) Verwarnung mit Strafvorbehalt (§ 59 III 2 StGB)

Nach der durch das 2. StrRG vom 4. 7. 1969 in das Strafgesetzbuch neu aufgenommenen Vorschrift über die **Verwarnung mit Strafvorbehalt** ist die Verwarnung neben Maßregeln der Besserung und Sicherung nicht zulässig. Liegen die Voraussetzungen des § 69 StGB vor, so kann also von der Möglichkeit des § 59 I StGB kein Gebrauch gemacht werden. Nicht zulässig ist es, wenn im übrigen die Erfordernisse des § 59 I StGB vorliegen, von der Verhängung der Maßregel nur abzusehen, um das nach § 59 III 2 StGB unzulässige Nebeneinander von Verwarnung und Maßregel auszuschließen. Der Prüfung des § 69 StGB kommt gegenüber der Frage, ob die Voraussetzungen für eine Verwarnung mit Strafvorbehalt erfüllt sind, Priorität zu. Erst wenn feststeht, daß die Fahrerlaubnis nicht nach § 69 StGB zu entziehen ist, kann das Gericht in die Prüfung der Frage eintreten, ob gemäß § 59 I StGB verwarnt werden kann.[112]

5. Ungeeignetheit zum Führen von Kraftfahrzeugen

a) Begriff

Das Merkmal der **Ungeeignetheit** entspricht dem auch in § 3 I StVG für die verwaltungsbehördliche Fahrerlaubnisentziehung verwendeten gleichlautenden Begriff, der mit der in § 2 IV StVG getroffenen Legaldefinition der *Eignung* zum Führen von Kraftfahrzeugen korrespondiert.[113] Die Feststellung der Ungeeignetheit i.S.d. § 69 StGB setzt eine auf die Tat bezogene[114] Würdigung der Eigenschaften, Fähigkeiten und Verhaltensweisen des Täters voraus, die für die Beurteilung seiner künftigen Gefährlichkeit bedeutsam sind. Die Feststellung der Ungeeignetheit hängt nicht davon ab, daß der Fahrerlaubnisinhaber bereits eine Gefahr verursacht hat;[115] denn die von einem ungeeigneten Kraftfahrer ausgehende **latente Gefahr** kann sich selbst

---

108 Vgl. OLG Hamm VRS 26, 279.
109 Vgl. hierzu *Himmelreich/Hentschel* Bd. II Rn 36.
110 Vgl. OLG Hamm VRS 26, 279.
111 Vgl. BayObLG VRS 67, 443.
112 Vgl. AG Homburg VRS 72, 184.
113 Siehe dazu *Jagusch/Hentschel* zu § 2 StVG Rn 7 ff.; zu § 3 StVG Rn 3 ff.
114 Siehe dazu unten Rn 605.
115 So z. B. (im Rahmen des § 3 StVG) BVG JZ 70, 67.

nach jahrelanger Unauffälligkeit im Verkehr jederzeit verwirklichen.[116] Für den Begriff der Ungeeignetheit im Rahmen des § 69 StGB hat der BGH[117] schon vor Jahrzehnten eine Definition formuliert, wonach das Merkmal erfüllt ist, wenn vom Täter »*nach sorgfältiger Prüfung des Tathergangs, seiner Persönlichkeit und Lebensführung nicht erwartet werden kann, daß er gewillt und fähig ist, den Lockungen zu widerstehen und den besonderen Gefahren zu begegnen, die sich aus der Führung des Kraftfahrzeugs für ihn bzw. für ihn und die Allgemeinheit ergeben.*« Offenbart die Verletzung von Verkehrsvorschriften Mängel im verantwortungsbewußten Verhalten als Kraftfahrer, so ist der Täter zum Führen von Kraftfahrzeugen ungeeignet, wenn der Verstoß die Befürchtung rechtfertigt, er werde erneut solche Vorschriften in schwerwiegender Weise mißachten und dadurch eine Gefahr für die Allgemeinheit darstellen.[118]

b) Arten der zur Ungeeignetheit führenden Mängel

600 Der Eignungsmangel kann auf **körperlichen, geistigen** oder **charakterlichen** Mängeln beruhen.[119]

c) Charakterliche Mängel im besonderen

601 Daß der Eignungsmangel nicht nur auf der (körperlich oder geistig bedingten) Unfähigkeit zum verkehrssicheren Führen von Kraftfahrzeugen, sondern auch auf **charakterlichen Unzulänglichkeiten** beruhen kann, ist vom BGH wiederholt ausgesprochen worden[120] und – soweit ersichtlich – unbestritten. Der charakterliche Mangel bildet in der gerichtlichen Praxis den weitaus häufigsten Fall der Anwendung von § 69 StGB.[121] Es muß sich jedoch um einen Charaktermangel handeln, der sich im Umgang mit einem Kraftfahrzeug erweist[122] und der sich bei der Teilnahme am Kraftverkehr verhängnisvoll auswirken kann.[123] Sinn und Zweck des § 69 StGB erfordern eine solche Eingrenzung des im Rahmen dieser Vorschrift beachtlichen Bereichs von charakterlichen Mängeln, denn charakterliche Mängel offenbart – worauf oben[124] bereits hingewiesen wurde – jede vorsätzliche Straftat.

602 Im Bereich des Verkehrsstrafrechts sind es vor allem die Fälle der **Trunkenheit** im Verkehr (§ 316 StGB), der Verkehrsgefährdung (§ 315 c StGB) und der übrigen in § 69 II StGB besonders genannten Straftaten, die zur Annahme charakterlicher Ungeeignetheit führen. Aber auch das Führen eines Kraftfahrzeugs **trotz Fahrverbots** oder **trotz Entziehung der Fahrerlaubnis** kann die Annahme charakter-

---

116 Vgl. VGH Mannheim NZV 93, 45; 94, 248; 97, 199; ZfS 97, 399.
117 BGH NJW 54, 1167; vgl. auch OLG Saarbrücken NJW 65, 2313.
118 Vgl. *Himmelreich/Hentschel* Bd. II Rn 53 ff.
119 Vgl. auch *Lackner/Kühl* zu § 69 Rn 6.
120 Vgl. BGH NJW 54, 163; 54, 1167; 57, 1287; VRS 30, 275; ebenso OLG München NJW 92, 2776.
121 Vgl. auch *Geppert* NJW 71, 2154 (2155).
122 Vgl. OLG Düsseldorf VRS 96, 268; *Cramer* zu § 44 StGB Rn 29 sowie MDR 72, 558; *Janiszewski* Rn 712.
123 Vgl. BGH DAR 94, 179 (bei *Nehm*); *Cramer* MDR 72, 558.
124 Rn 588.

licher Ungeeignetheit rechtfertigen.[125] Denn wer gegenüber diesen gerichtlichen oder behördlichen Maßnahmen so gleichgültig ist, daß er sie ignoriert, dem wird oft die Zuverlässigkeit zum Führen von Kraftfahrzeugen fehlen.[126] Einen charakterlichen Eignungsmangel kann aber z. B. auch ein Kraftfahrer offenbaren, der aus »erzieherischen« Gründen den Überhol-Fahrstreifen der Autobahn durch grundloses Langsamfahren **absichtlich blockiert**, um andere Verkehrsteilnehmer zu zwingen, sich entsprechend seinen eigenen verkehrspolitischen Überzeugungen zu verhalten. Wer den öffentlichen Straßenverkehr zur gewaltsamen Durchsetzung solcher Überzeugungen mißbraucht und dadurch bewußt Aggressionen, Kurzschlußhandlungen und Vergeltungsmaßnahmen der von ihm Genötigten provoziert, ist als Kraftfahrer gefährlich und damit ungeeignet. Charakterlich ungeeignet ist in der Regel auch ein Kraftfahrer, der einen anderen Verkehrsteilnehmer im Zusammenhang mit einem Verkehrsvorgang **tätlich angreift**.[127] Denn derartige Aggressivität wird sich regelmäßig auch im Verhalten als Kraftfahrer offenbaren. In diesem Zusammenhang wird z. B. aus dem Bereich der Unfallforschung auf die statistisch gesicherte Wechselbeziehung zwischen krimineller Aggressivität und Verkehrsdelinquenz hingewiesen.[128]

Wer vorsätzlich zu Betrugszwecken[129] Unfälle herbeiführt, ist charakterlich ungeeignet zum Führen von Kraftfahrzeugen.[130] An der charakterlichen Zuverlässigkeit zum Führen von Kraftfahrzeugen fehlt es regelmäßig auch bei Beschaffung von **Betäubungsmitteln** zum Zwecke unerlaubten Handels unter Benutzung eines Kraftfahrzeugs als Fahrzeugführer,[131] nicht stets allerdings bei einmaligem, weniger schwerem Fall.[132] Auch der Einsatz eines Kraftfahrzeugs beim Erwerb von Drogen in nicht geringer Menge zur Deckung des Eigenbedarfs kann u. U. die Feststellung charakterlicher Ungeeignetheit zum Führen von Kraftfahrzeugen rechtfertigen.[133] Dagegen begründet der Einsatz eines Kraftfahrzeugs zum Beutetransport nach Einbruchsdiebstahl nicht stets ohne weiteres Kraftfahrungeeignetheit.[134] In Fällen des unerlaubten Entfernens vom Unfallort, die nicht die Voraussetzungen des § 69 II Nr. 3 StGB erfüllen, können erschwerende Tatumstände die Annahme charakterlicher Ungeeignetheit rechtfertigen, z. B. Rückkehr zur Unfallstelle zum Zwecke der Spurenbeseitigung.[135]

---

125 Vgl. BayObLG DAR 90, 365 – bei *Bär* – (»in der Regel«); OLG Schleswig VM 66, 93 Nr. 164; OLG Hamburg VRS 10, 355; OLG Hamm VRS 63, 346; OLG Koblenz VRS 69, 298; vgl. hierzu im Rahmen der verwaltungsbehördlichen Fahrerlaubnisentziehung *Himmelreich/Hentschel* Bd. II Rn 61.
126 Vgl. OLG Schleswig VM 66, 93 Nr. 164; OLG Hamm VRS 63, 346.
127 Vgl. OLG Karlsruhe Justiz 80, 53; KG NZV 97, 126; LG Zweibrücken DAR 95, 502; LG Hannover VM 91, 48; *Molketin* DAR 81, 380;
 a. M. *Kulemeier* S. 269.
128 Vgl. auch *Schöch* NStZ 91, 11 (12).
129 Siehe dazu auch Rn 584.
130 Vgl. BGH VRS 82, 19; OLG Köln NZV 91, 243; OLG München NJW 92, 2776.
131 Vgl. BGH VRS 81, 369; NZV 93, 35; StV 99, 18.
132 Vgl. OLG Düsseldorf NZV 96, 47.
133 Vgl. OLG Düsseldorf NZV 97, 364.
134 Vgl. OLG Düsseldorf VRS 96, 268.
135 Vgl. LG Köln ZfS 84, 315 (krit. Anm. *Berr*).

d) Technisches Nichtkönnen

604 Die Ungeeignetheit kann sich auch aus **mangelnder Fertigkeit, technischem Nichtkönnen** und **mangelndem Reaktionsvermögen** ergeben.[136] Bei der Annahme von Ungeeignetheit aus diesen Gründen ist zwar Zurückhaltung geboten; ein einmaliges, nicht allzu schwerwiegendes Versagen im Verkehr läßt natürlich nicht ohne weiteres den Schluß auf Ungeeignetheit zu. Zeigt der Kraftfahrer aber durch ein besonders hohes Maß von technischem Nichtkönnen oder nicht ausreichender Reaktionsfähigkeit, daß er aus Mangel an kraftfahrerischen Fähigkeiten offenbar in kritischen Verkehrssituationen nicht in der Lage ist, sein Fahrzeug technisch sicher und verkehrsgerecht zu führen, so ist ein Eignungsmangel zu bejahen.[137]

e) Sich aus der Tat ergebende Ungeeignetheit

aa) Persönlichkeitswürdigung

605 Bei der Beantwortung der Frage nach der Geeignetheit des Täters ist **von der Tat auszugehen,** aus der sich nach dem Wortlaut des § 69 StGB die Ungeeignetheit ergeben muß.[138] Das bedeutet, daß die Tat die maßgebenden Anhaltspunkte für die Frage eines Eignungsmangels enthält und sich der Eignungsmangel in erster Linie aus ihr herleiten lassen muß.[139] Neben der Tat sind für die Frage der Ungeeignetheit aber auch die **Persönlichkeit** des Angeklagten, seine **bisherige Lebensführung** und alle sonstigen Umstände zu berücksichtigen, die einen Schluß auf das mangelnde Verantwortungsbewußtsein im Straßenverkehr zulassen, sofern dabei Mängel festgestellt werden, die die Tat selbst beeinflußt haben.[140] Dazu gehören auch die **bisherige Fahrweise** des Angeklagten und eventuelle **einschlägige Vorstrafen.**[141] Entgegen dem grundsätzlichen Verwertungsverbot des § 51 BZRG dürfen hierbei auch solche früheren Taten berücksichtigt werden, die im Bundeszentralregister getilgt oder zu tilgen sind, solange die Verurteilung nach §§ 28–30b StVG verwertet werden darf (§ 52 II BZRG).[142] Nach der Neufassung des § 52 II BZRG durch Änderungsgesetz vom 24.4. 1998[143] gilt dies also, abweichend von der bis zum 31.12. 1998 bestehenden Regelung, nicht mehr unbefristet, sondern nur für die Dauer der Verwertbarkeit nach den Vorschriften über das Verkehrszentralregister. Nur eine sorgfältige Abwägung aller genannten Gesichtspunkte neben der Tat selbst wird der einschneidenden Wirkung der Maßregel und ihrer erheblichen Bedeutung für den

---

136 Vgl. OLG Düsseldorf VM 66, 60 Nr. 112; 76, 52.
137 Vgl. OLG Düsseldorf VM 66, 60 Nr. 112.
138 Vgl. BGH NJW 54, 159; 54, 1167; OLG Düsseldorf NJW 61, 979.
139 Vgl. BGH NJW 54, 159; 54, 1167; OLG Düsseldorf NJW 61, 979; vgl. auch *Schendel* S. 3, 4.
140 Vgl. BGH NJW 61, 1269; DAR 95, 185 (bei *Tolksdorf*); NStZ-RR 98, 43; BayObLG DAR 90, 365 (bei *Bär*); OLG Frankfurt NZV 96, 414; OLG Düsseldorf NZV 97, 364; NJW 61, 979; OLG Zweibrücken VRS 38, 263; *Weigelt* DAR 65, 14.
141 Vgl. BGH NJW 54, 1167; OLG Hamburg NJW 55, 1080; OLG Düsseldorf NJW 61, 979; OLG Braunschweig NJW 53, 1882.
142 Vgl. OLG Düsseldorf VRS 54, 50; *Steinert* NZV 88, 37 (38).
143 BGBl I 1998, 747.

Angeklagten gerecht.[144] In der Amtlichen Begründung zu Art. 2 Nr. 1, 2 des VerkSichG vom 19. 12. 1952[145] heißt es hierzu:

»Die mangelnde Eignung zum Führen von Kraftfahrzeugen muß sich dabei aus der abgeurteilten Tat ergeben, da im Strafverfahren nur ein mit Strafe bedrohtes Verhalten Anlaß zum Entziehen der Fahrerlaubnis sein kann. Das schließt nicht aus, daß der Strafrichter neben der Tat auch in der Person des Täters liegende Gründe für seine Entscheidung heranzieht.«

Die Amtliche Begründung zum 2. VerkSichG vom 26. 11. 1964 führt aus:[146]

»Es wird also auch künftig im allgemeinen eine sorgfältige Abwägung aller Umstände, welche die Persönlichkeit des Täters mit einbezieht, unerläßlich sein.«

Das schließt allerdings nicht aus, daß im Einzelfall – auch wenn es sich nicht um eine Indiztat nach § 69 II StGB handelt – die Tat so schwerwiegend ist und unmittelbar ein solches Maß mangelnden Verantwortungsbewußtseins beweist, daß es der Heranziehung weiterer Umstände nicht bedarf.[147]

Der **Beruf des Täters** darf im Rahmen der neben der Tat zu würdigenden Umständen nur insoweit zu dessen Nachteil ins Gewicht fallen, als er Anhaltspunkte für das Ausmaß des in der Straftat offenbar gewordenen Mangels im verantwortungsbewußten Verhalten zu geben vermag. Sachwidrig wäre etwa eine sperrfristverschärfende Berücksichtigung der beruflichen und sozialen Stellung des Täters wegen daraus sich ergebender höherer Schuld, weil dann unter Verkennung des Maßregelcharakters des § 69 StGB Strafzumessungsgesichtspunkte herangezogen würden.[148] Allerdings können in Fällen, in denen charakterlich-sittliche Ungeeignetheit in Betracht kommt, Art und Grad des Verschuldens oft Schlüsse auf Art und Dauer der Ungeeignetheit zulassen, weil sie bei der Beurteilung der Täterpersönlichkeit eine wichtige Rolle spielen.[149] So hat etwa das OLG Oldenburg[150] einen Verstoß eines Taxifahrers gegen die ihm auferlegte Pflicht, sich während des Dienstes jeden Alkoholgenusses zu enthalten (er befand sich auf einer Rückfahrt *ohne Fahrgäste!*), bei der Verhängung der Maßregel zu dessen Nachteil gewürdigt.

Der im Gesetz gebrauchten Formulierung »aus der Tat« ist zu entnehmen, daß es unzulässig ist, aufgrund einer **nur aus Anlaß der Tat** vorgenommenen Prüfung der Persönlichkeit des Angeklagten und eines hierbei festgestellten – in der Tat nicht zum Ausdruck gekommenen – körperlichen, geistigen oder charakterlichen Mangels die Maßregel des § 69 StGB zu verhängen. Berücksichtigt werden dürfen nur Mängel, die die Tat selbst beeinflußt haben.[151] Das Gericht hat also nur Anlaß,

---
144 Vgl. BGH NJW 54, 159.
145 Zitiert nach *Arndt/Guelde* S. 65.
146 Bundestagsdrucksache IV/651 S. 17.
147 Vgl. BGH NJW 54, 159.
148 Vgl. LK *(Geppert)* zu § 69 Rn 74; *Geppert*, Sperrfrist, S. 93, 112; vgl. auch *Kulemeier* S. 233.
149 Vgl. *Geppert*, Sperrfrist, S. 91.
150 OLG Oldenburg NJW 64, 1333.
151 Vgl. BGH NJW 61, 1269; OLG Frankfurt NStZ-RR 96, 235; OLG Celle MDR 66, 431; OLG Düsseldorf DAR 69, 24; OLG Hamm VRS 48, 339; *Geppert* MDR 72, 280 (281); LK *(Geppert)* zu § 69 Rn 57; *Mühlhaus/Janiszewski* zu § 69 StGB Rn 8 a; *Cramer*, Unfallprophylaxe, S. 59 f., 134; Schröder-Gedächtnisschrift, S. 546 f.; *Schendel* S. 58; *Schmid* DAR 68, 1; *Weigelt* DAR 65, 14; *Kulemeier* S. 105; vgl. auch *Bieler* BA 70, 112; *Seiler* DAR 74, 260 (261).

im Rahmen der Prüfung des § 69 StGB eine Persönlichkeitswürdigung vorzunehmen, wenn *die abgeurteilte Tat* Eignungsmängel erkennen läßt.[152] Von der Unzulässigkeit einer weitergehenden Prüfung der Persönlichkeit des Täters bei der Entscheidung über die Verhängung der Maßregel geht offenbar auch der Text der Amtlichen Begründung zum 2. VerkSichG[153] aus:

»Im übrigen sei darauf hingewiesen, daß Absatz 1 als Erkenntnisgrundlage für die Frage, ob die Entziehung im Einzelfall geboten ist, nicht die Persönlichkeit des Täters, sondern nur die begangene Tat erwähnt. Das steht in Übereinstimmung mit dem geltenden Recht. Dadurch soll zum Ausdruck kommen, daß sich die Beurteilung des Eignungsmangels auf die begangene Tat und darüber hinaus grundsätzlich nur auf diejenigen Züge der Persönlichkeit des Täters stützt, die mit der Tat irgendwie zusammenhängen. Es wird also auch künftig im allgemeinen eine sorgfältige Abwägung aller Umstände, welche die Persönlichkeit des Täters mit einbezieht, unerläßlich sein. Nur ist eine Gesamtwürdigung der Täterpersönlichkeit, die sich auf alle Eigenschaften erstreckt, weder geboten noch überhaupt zulässig.«

608 Hier liegt ein wesentlicher Unterschied zwischen der Tätigkeit der Strafgerichte einerseits und der Verwaltungsbehörden andererseits. Die selbständige Gesamtwürdigung der Person nimmt nur die Verwaltungsbehörde vor,[154] wobei allerdings auch hier Gegenstand einer Eignungsbegutachtung gem. Anlage 15 zur FeV nur solche Eigenschaften, Fähigkeiten und Verhaltensweisen des Betroffenen sind, die für die Kraftfahreignung bedeutsam sind, nicht die gesamte Persönlichkeit.[155] Hätte der Gesetzgeber eine weitergehende, von der Straftat unabhängige Persönlichkeitswürdigung gewollt, so hätte es nämlich ausgereicht, die Entziehung der Fahrerlaubnis in § 69 StGB an den Nachweis der mangelnden Eignung zu knüpfen.[156] Das hätte sich jedoch nicht mit der Aufgabe des Strafrichters in Einklang bringen lassen. Denn diesem ist es nicht gestattet, eine strafrechtliche Konsequenz auf völlig tatfremde Gesichtspunkte zu stützen.[157] Nicht mit dem Gesetz in Einklang zu bringen ist somit auch die Ansicht, die Gefahrenabwehr erfordere eine umfassende Bewertung der Persönlichkeit durch den Strafrichter, wobei sämtliche im betreffenden Zeitpunkt vorliegenden Eignungsmängel zu berücksichtigen seien; die Straftat sei nur der Anlaß für die umfassende Prüfung der charakterlichen Eignung;[158] auch ein geringfügiger Verkehrsverstoß sei dazu heranzuziehen, die etwaige aus anderen Gründen bestehende Unzuverlässigkeit des Kraftfahrers im Strafverfahren festzustellen.

bb) Nach der Tat aufgetretene Mängel

609 Daraus folgt, daß Mängel, die erst **durch die Tat selbst** oder **nach der Tat** aufgetreten sind, bei der Frage der Ungeeignetheit nicht berücksichtigt werden dürfen.[159]

---

152 Vgl. OLG Celle MDR 66, 431.
153 Bundestagsdrucksache IV/651 S. 17.
154 Vgl. BVerwG VRS 75, 379 (382); VM 94, 91; *Bieler* BA 70, 112 (117); *Schendel* S. 3 ff.; vgl. Näheres hierzu in *Himmelreich/Hentschel* Bd. II Rn 16 ff., 146.
155 Näher: *Jagusch/Hentschel* zu § 11 FeV Rn 10 ff.
156 So mit Recht schon *Schmid* DAR 68, 1.
157 Vgl. auch *Schmid* DAR 68, 1.
158 So z. B. Czermak NJW 63, 1225; ähnlich *Schmidt-Leichner* NJW 53, 1849 (1850).
159 Vgl. BGH NJW 61, 1269 (erheblicher Verlust der Sehkraft nach Unfall); OLG Frankfurt NStZ-RR 96, 235; vgl. auch *Seiler* DAR 74, 260 (261); *Schendel* S. 58; *Cramer*, Unfallprophylaxe, S. 59 f.; Schröder-Gedächtnisschrift, S. 546 f.

Hierzu steht die in einem älteren Urteil des BGH[160] getroffene Feststellung nicht in Widerspruch, wonach bei der Beurteilung der Eignungsfrage auch Umstände berücksichtigt werden können, die zwischen Tat und Hauptverhandlung hervorgetreten sind.[161] Nur muß es sich um solche Tatsachen handeln, die einen Rückschluß auf die Täterpersönlichkeit zur Zeit der Tatausführung gestatten.[162]

cc) Alkoholgenuß ohne Auswirkung im Tatgeschehen

Da, wie oben[163] nachgewiesen wurde, nur solche Mängel bei der Entscheidung nach § 69 StGB Berücksichtigung finden dürfen, die die Tat selbst beeinflußt haben, kann **Alkoholgenuß**, der sich nach den Schuldfeststellungen **im Tatgeschehen nicht ausgewirkt** hat, nicht Anlaß zur gerichtlichen Entziehung der Fahrerlaubnis sein.[164]

f) Auf mehreren Taten beruhende Ungeeignetheit

Hat der Angeklagte mehrere Straftaten begangen, kann sich seine die Annahme der Ungeeignetheit rechtfertigende Unzuverlässigkeit auch aus seinem gesamten strafrechtlichen Verhalten ergeben. Die Entziehung der Fahrerlaubnis braucht daher in derartigen Fällen nicht auf eine der mehreren Straftaten gestützt zu werden. Vielmehr ist eine einheitliche Entscheidung über die Maßregel aufgrund des in dem Gesamtverhalten zum Ausdruck kommenden Eignungsmangels zulässig.[165]

g) Maßgeblicher Zeitpunkt für die Beurteilung

Nach nahezu einhelliger Ansicht genügt für die Verhängung der Maßregel des § 69 StGB nicht die Feststellung, daß sich der Angeklagte durch die Tat als ungeeignet zum Führen von Kraftfahrzeugen erwiesen hat; vielmehr muß auch geprüft werden, ob dieser **Eignungsmangel noch besteht**. Als maßgeblicher Zeitpunkt für die Beurteilung der Frage nach der Eignung des Angeklagten zum Führen von Kraftfahrzeugen werden in Rechtsprechung und Schrifttum zum Teil etwas ungenau genannt: der Zeitpunkt der Hauptverhandlung[166] oder der Tag des Urteils.[167] Maßgeblich ist, um es korrekter auszudrücken, der **Zeitpunkt der Entscheidung**, also des Urteils.[168] Um dies klar zum Ausdruck zu bringen, ist § 42 m a. F. (= § 69 n. F.) StGB durch das 2. VerkSichG dahin geändert worden, daß es nunmehr

---

160 BGH NJW 55, 557.
161 Vgl. auch *Mittelbach* S. 31, 33.
162 Vgl. BGH NJW 61, 1269; LK *(Geppert)* zu § 69 Rn 57; 75.
163 Rn 607.
164 Vgl. BayObLG DAR 93, 371 (bei *Bär);* OLG Düsseldorf DAR 69, 24; OLG Hamm VRS 48, 339.
165 Vgl. BayObLG NJW 66, 2369.
166 So z. B. BGH VRS 95, 410; DAR 95, 185 (bei *Tolksdorf);* BayObLG NJW 71, 206; OLG Köln DAR 66, 271; OLG Düsseldorf VRS 70, 137; *Warda* MDR 65, 1; *Möhl* DAR 65, 45; *Schmidt-Leichner* NJW 53, 1849.
167 So z. B. *von Schlotheim* BA 73, 69.
168 Vgl. BGH StV 99, 18; VRS 45, 177; 82, 19; NStZ 87, 546 (bei *Janiszewski);* OLG Düsseldorf NZV 91, 237; 93, 117; OLG Frankfurt VM 77, 31 Nr. 40; OLG Köln VRS 61, 118; *Schmid* DAR 68, 1; *Czermak* NJW 63, 1225; *Beine* IntVerkW 81, 206.

heißt: »Wenn sich *aus der Tat ergibt,* daß er zum Führen von Kraftfahrzeugen ungeeignet ist.« In der Amtlichen Begründung zum 2. VerkSichG[169] heißt es dazu:

»Schließlich umschreibt Absatz 1 das Erfordernis des Eignungsmangels in einer Weise, die vom geltenden Recht geringfügig abweicht. Die bisherige Fassung, ›wenn er sich durch die Tat als ungeeignet erwiesen hat‹, läßt die Auslegung zu, daß es für die Feststellung des Eignungsmangels im Gegensatz zur Rechtslage bei allen anderen Maßregeln nicht auf den Zeitpunkt der Entscheidung, sondern auf den der Tat ankomme. Die letztere Auslegung würde dem System der Maßregel der Sicherung und Besserung widersprechen. Sie soll durch die Neufassung verhindert werden.«

613 Daraus folgt, daß das Gericht prüfen muß, ob ein in der Tat zum Ausdruck gekommener Eignungsmangel möglicherweise **inzwischen weggefallen** ist. So kann etwa die bessernde Wirkung, die von der Maßregel auf das Verantwortungsbewußtsein des Angeklagten im Straßenverkehr ausgehen soll,[170] bereits durch die vorläufige Führerscheinmaßnahme (Beschlagnahme, vorläufige Entziehung),[171] insbesondere durch das Zusammenwirken solcher vorläufigen Maßnahmen mit der Teilnahme an einem Aufbauseminar für alkoholauffällige Kraftfahrer[172] erreicht sein. Die früher auch vom BGH[173] vertretene Ansicht, wonach die Ungeeignetheit des Täters ohne weitere Prüfung anzunehmen sei, wenn dieser sich durch die Straftat als charakterlich ungeeignet erwiesen habe, die Zeit zwischen der Tat und der Hauptverhandlung, während der der Angeklagte ohne Führerschein war, also nicht berücksichtigt werden dürfe,[174] ist überholt und auch vom BGH[175] ausdrücklich aufgegeben. Andererseits sind aber auch zwischen Tat und Urteilsfindung hervorgetretene, zur Annahme der Ungeeignetheit führende Umstände zu berücksichtigen,[176] sofern sie die Tat selbst beeinflußt haben. Selbst das Verhalten des Angeklagten in der Hauptverhandlung kann einen Persönlichkeitsmangel offenbaren, der die Tat entscheidend mitbestimmt hat, bisher aber verborgen geblieben ist.[177]

614 Da nicht der Tatzeitpunkt, sondern der Zeitpunkt der Entscheidung für die Eignungsbeurteilung und damit für die Frage maßgebend ist, ob die Maßregel zu verhängen ist, ist es ohne Bedeutung, ob der Angeklagte **die Fahrerlaubnis** womöglich **erst nach der Tat erworben** hat.[178]

615 Die **Begründung des Urteils** muß erkennen lassen, daß die Ungeeignetheit auch im Zeitpunkt des Urteils besteht.[179]

---

169 Bundestagsdrucksache IV/651 S. 17.
170 Vgl. dazu oben Rn 567.
171 Vgl. BayObLG NJW 71, 206; OLG Stuttgart VRS 35, 19; OLG Köln VRS 61, 118; 90, 123; OLG Saarbrücken NJW 74, 1391; OLG Frankfurt NStZ-RR 96, 235; KG VRS 60, 109; OLG Düsseldorf VRS 70, 137; DAR 94, 248; LG Saarbrücken DAR 81, 395; *Mögele* ZRP 82, 101; *Warda* MDR 65, 1.
172 Vgl. hierzu Rn 636 ff.
173 BGH NJW 54, 159; ebenso OLG Karlsruhe NJW 54, 1945.
174 So aber offenbar noch *Hruby* NJW 79, 854.
175 BGH NJW 55, 557.
176 Vgl. BGH NJW 55, 557.
177 Vgl. *Lienen* NJW 57, 1140; 57, 1750.
178 Vgl. BGH NStZ 87, 546 (bei *Janiszewski*).
179 Vgl. BGH VRS 45, 177.

aa) Berücksichtigung vorläufiger Maßnahmen

Wenn der Tatrichter zu der Auffassung kommt, der Täter sei durch die **vorläufigen** 616 **Maßnahmen** (Beschlagnahme des Führerscheins, vorläufige Entziehung der Fahrerlaubnis) bereits **so beeindruckt**, daß der bei der Tat in Erscheinung getretene Eignungsmangel jetzt nicht mehr bestehe, so ist die Fahrerlaubnis auch dann nicht zu entziehen, wenn die vorläufigen Maßnahmen noch nicht die Dauer der sich aus § 69 a I 1 oder III StGB ergebenden Mindestsperrfrist erreicht haben;[180] denn aus diesen Vorschriften ergibt sich nur das Mindestmaß der Sperre für den Fall, daß die Fahrerlaubnis entzogen wird; für die Prüfung der Frage, ob (noch) Ungeeignetheit vorliegt, sind sie ohne jede Bedeutung.[181] Insbesondere darf die Regelung des § 69 a I 1, III StGB auch nicht als Beweisregel in der Weise verstanden werden, daß eine Beseitigung eines einmal in Erscheinung getretenen Eignungsmangels vor Ablauf der dort bestimmten Mindestfristen nicht in Betracht käme.[182]

Auch die Tatsache, daß derjenige, der seinen Führerschein in der Hauptverhand- 617 lung wegen Wegfalls des Eignungsmangels zurückerhält, Vorteile gegenüber *dem* Verurteilten erlangt, der nach Ablauf einer Sperrfrist die Fahrerlaubnis neu erwerben muß,[183] rechtfertigt nicht die Auffassung, wonach die Feststellung des Gerichts, der Eignungsmangel sei durch die Dauer der vorläufigen Führerscheinmaßnahmen beseitigt, eine Ausnahme bleiben müsse und nur bei Vorliegen besonderer Umstände möglich sei.[184] Selbst wenn die lange Dauer solcher vorläufiger Maßnahmen auf **eine vom Angeklagten zu vertretende Verzögerung des Verfahrens** zurückzuführen ist, darf die Maßregel der §§ 69, 69 a StGB nicht angeordnet werden, falls der Zweck der Maßregel durch die vorläufige Entziehung der Fahrerlaubnis oder die Beschlagnahme des Führerscheins erreicht ist.[185] Insbesondere ist es entgegen einer vereinzelt in der Literatur[186] vertretenen Auffassung nicht möglich, aus schuldhaften Verfahrensverzögerungen durch den Angeklagten auf besondere Ungeeignetheit zum Führen von Kraftfahrzeugen zu schließen, und dies bei der Frage, ob und gegebenenfalls wie lange noch Ungeeignetheit anzunehmen ist, zu Lasten des Angeklagten zu berücksichtigen;[187] denn die Maßregel der §§ 69, 69 a StGB kann nur auf solche Charaktermängel gestützt werden, die sich im Umgang mit Kraftfahrzeugen in einer die Allgemeinheit gefährdenden Weise auswirken können.[188]

---

180 Vgl. BayObLG NJW 71, 206; OLG Stuttgart VRS 35, 19; LK *(Geppert)* zu § 69 Rn 96; *Lackner/Kühl* zu § 69 Rn 8; *Tröndle/Fischer* zu § 69 Rn 17; *Mühlhaus/Janiszewski* zu § 69 StGB Rn 9; *Suhren* VGT 89, 136 (139); a. M. OLG Stuttgart VRS 46, 103.
181 Vgl. BayObLG NJW 71, 206; *Gebhardt* DAR 81, 107 (111) = VGT 81, 38 (50).
182 Vgl. BayObLG NJW 71, 206; insoweit unzutreffend LG Köln ZfS 80, 381 mit ablehnender Anmerkung *Beck*.
183 Vgl. hierzu *Hentschel* MDR 76, 369; *Werner* DAR 76, 7; zur Wiedererteilung der Fahrerlaubnis siehe *Himmelreich/Hentschel* Bd. II Rn 238 ff., 268 ff.
184 So *Werner* DAR 76, 7.
185 Vgl. oben Rn 566, 567; vgl. auch OLG Köln VRS 90, 123; *Schönke/Schröder/Stree* zu § 69 a Rn 13; vgl. hierzu ausführlich: *Hentschel* DAR 76, 150.
186 Vgl. etwa *Werner* DAR 76, 7; *D. Meyer* MDR 76, 629 (632).
187 Vgl. *Hentschel* DAR 76, 150; vgl. hierzu auch OLG Koblenz VRS 59, 414.
188 Vgl. oben Rn 601.

Voraussetzungen für die Entziehung 618–619

618 Hält das **Berufungsgericht** den Angeklagten wegen der vorausgegangenen und bis zur Berufungsverhandlung andauernden vorläufigen Führerscheinmaßnahmen nicht mehr für ungeeignet, so *muß* es daher die in erster Instanz angeordnete Maßregel im Urteil aufheben.[189]

bb) Berücksichtigung unbeanstandeter Teilnahme am Kraftfahrzeugverkehr bis zur Hauptverhandlung

619 Allein der Umstand, daß dem Täter der Führerschein während des Ermittlungsverfahrens zurückgegeben worden und er **bis zur Hauptverhandlung gefahren** ist, ohne erneut aufzufallen, nötigt dagegen nicht zu einer besonderen Erörterung des Eignungsmangels.[190] Schon aus der hohen Dunkelziffer bei Verkehrsstraftaten und -ordnungswidrigkeiten folgt, daß das Fehlen weiterer Auffälligkeiten seit der Tat allein eine positive Prognose nicht rechtfertigt.[191] Trotz bestehender Kraftfahrungeeignetheit kann ein Kraftfahrer u. U. jahrelang unauffällig bleiben, obwohl sich die von ihm ausgehende latente Gefahr jederzeit realisieren kann.[192] Im übrigen ist ein etwaiges Wohlverhalten des Angeklagten in derartigen Fällen in der Regel durch den Druck des Strafverfahrens beeinflußt, so daß aus ihm weder geschlossen werden kann, der durch die Tat indizierte Eignungsmangel (vgl. § 69 II StGB) habe in Wahrheit gar nicht vorgelegen, noch, der Täter sei allein durch das Strafverfahren in der Weise gebessert, daß der Eignungsmangel behoben ist.[193] Nicht zugestimmt werden kann daher einer in der tatrichterlichen Rechtsprechung[194] teilweise vertretenen Ansicht, wonach selbst in Fällen von Trunkenheit im Verkehr bei weiterer Teilnahme am fahrerlaubnispflichtigen Straßenver-

---

189 Vgl. OLG Köln VRS 31, 353; BayObLG DAR 74, 177 (bei *Rüth*); LG Krefeld VRS 56, 283; *Mögele* ZRP 82, 101; LK *(Geppert)* zu § 69 Rn 247; *Janiszewski* DAR 89, 135 (138); a. M. *Hruby* NJW 79, 854 sowie – für die Fälle des § 69 II StGB – *Tröndle/Fischer* zu § 69 a Rn 9 a.
190 Vgl. OLG München NJW 92, 2776; OLG Düsseldorf DAR 96, 413 (abl. *Schulz* NZV 97, 63); OLG Stuttgart NZV 97, 316; OLG Koblenz VRS 67, 254; LG Hamburg BA 86, 453; vgl. auch *Schönke/Schröder/Stree* zu § 69 Rn 43; *Cramer* zu § 69 StGB Rn 39; *Menken* DAR 78, 40 (41); s. aber *Schulz* ZfS 98, 361 (362).
191 Vgl. OLG Hamm JMBl. NRW 63, 158; krit. *Schulz* ZfS 98, 361 (362) unter Hinweis auf den Zweifelssatz. Die Dunkelziffer der Teilnahme am Straßenverkehr unter Alkoholeinfluß wurde bisher bei Blutalkoholkonzentrationen von 0,8 ‰ und mehr auf 1:600 bis 700, bei 1,2 ‰ auf etwa 1:300 und bei 1,3 ‰ auf ca. 1:250 geschätzt, s. *Kunkel*, Rückfallprognose S. 122, 152; *Stephan*, Leferenz-Festschrift S. 164, 166; *Hilse* VGT 92, 304 (310 f.), *Vollrath/Kawadel* BA 97, 344 (356) – krit. Erwiderung von *Iffland* BA 98, 258 – *(woraus indessen nicht – worauf Müller* BA 79, 357 [358] zutreffend hinweist – gefolgert werden darf, daß der *einzelne* im Durchschnitt 250 mal mit 1,3 ‰ fahren muß, um einmal aufzufallen); vgl. auch *Müller* BA 82, 276; *Cramer*, Schröder-Gedächtnisschrift, S. 536, 542.
Wesentlich niedrigere Zahlen finden sich allerdings bei *Iffland* DAR 95, 269 (273); PVT 95, 195: Dunkelziffer bei 0,8 ‰ und mehr nur 1:50 bis 1:75; s. auch *Iffland* DAR 96, 301.
Zur Dunkelziffer als Bezugsgröße auf eine negative Prognose vgl. auch *Himmelreich/Hentschel* Bd. II Rn 144 a; unzutreffend daher KreisG Saalfeld MDR 93, 1224, soweit es das Fehlen weiterer Auffälligkeiten gar für einen »*Beweis*« der Eignung hält.
192 Siehe oben Rn 599.
193 Vgl. OLG Düsseldorf DAR 96, 413; VM 71, 59, Nr. 70; OLG Koblenz VRS 66, 40; 68, 118; OLG Karlsruhe VRS 68, 360; OLG Köln DAR 66, 271; LK *(Geppert)* zu § 69 Rn 71.
194 Vgl. LG Wuppertal NJW 86, 1769 (nach dem in den Gründen mitgeteilten Sachverhalt jedoch im Ergebnis möglicherweise mangels relativer Fahrunsicherheit richtig); vgl. auch LG Düsseldorf ZfS 80, 187 (Anm. *Hentschel*) sowie LG Trier VRS 63, 210.

kehr die bloße Tatsache fehlender erneuter Auffälligkeiten zu einem Absehen von der Entziehung der Fahrerlaubnis zwinge. Hat allerdings das Gericht im Hinblick auf die bisherige Dauer vorläufiger Führerscheinmaßnahmen im Urteil die Maßregel der §§ 69, 69 a StGB nicht verhängt, so kann die danach bis zur Berufungsverhandlung erfolgte unbeanstandete Teilnahme des Verurteilten am motorisierten Verkehr für die Richtigkeit der dem angefochtenen Urteil zugrundeliegenden Annahme sprechen, der Eignungsmangel sei unter Einwirkung dieser vorläufigen Maßnahmen behoben.[195]

cc) Uneinsichtigkeit in der Hauptverhandlung

Bei der Prüfung der Frage nach der Eignung des Angeklagten zum Führen von Kraftfahrzeugen kommt auch seinem Verhalten in der Hauptverhandlung entscheidende Bedeutung zu. **Uneinsichtigkeit** des Angeklagten[196] oder eine sich aus seiner Einlassung ergebende rücksichtslose Verkehrsgesinnung[197] kann einen charakterlichen Mangel offenbaren, der die Tat selbst beeinflußt hat. Zwar kann bloßes Leugnen oder bagatellisierende Sachverhaltsschilderung allein nicht zur Annahme der Ungeeignetheit führen,[198] wie auch sonst alle prozessual nicht unzulässigen Versuche, die Maßregel abzuwenden – selbst wenn sie das Verfahren verzögern –, keinen Schluß auf Kraftfahrungeeignetheit rechtfertigen.[199] Räumt aber ein Angeklagter etwa in der Hauptverhandlung ein, dem Zeugen habe zwar ein Vorfahrtsrecht zugestanden, jedoch hätte er sich eben auf ihn – den Angeklagten – einstellen und sich nach ihm richten müssen, so läßt diese Einstellung ein hohes Maß an Rücksichtslosigkeit und Egoismus erkennen, Eigenschaften, die einen Rückschluß auf die Täterpersönlichkeit auch zur Zeit der Tatausführung gestatten und die Annahme rechtfertigen, die Tat finde in dieser Einstellung ihre Ursache. Eine solche Einlassung in der Hauptverhandlung zwingt zu der Befürchtung, der Angeklagte werde in Zukunft erneut die Rechte anderer Verkehrsteilnehmer mißachten, und führt zur Annahme seiner Ungeeignetheit zum Führen von Kraftfahrzeugen.[200] Nichts anderes kann gelten, wenn der Angeklagte trotz erwiesener Schuld uneinsichtig ist, indem er dabei bleibt, sich richtig verhalten zu haben.[201]

h) In dubio pro reo

Die Frage »Gilt der Grundsatz ›in dubio pro reo‹ auch bei der Entscheidung nach § 69 StGB?« wäre in dieser Form falsch gestellt. Zumindest unkorrekt formuliert ist daher auch die These »Der Grundsatz ›in dubio pro reo‹ kann auf eine Maßregel

---

195 Vgl. OLG Saarbrücken ZfS 83, 27.
196 Vgl. OLG Hamm VM 68, 27 Nr. 38; *Cramer* zu § 69 StGB Rn 31; *Lienen* NJW 57, 1140; 57, 1750; *Mohr* NJW 57, 941; *Janiszewski* Rn 710; *Kulemeier* S. 106, 241, insoweit abweichend *Görres* NJW 57, 1428.
197 Vgl. LG Köln NJW 57, 1772; *Janiszewski* Rn 710.
198 Vgl. OLG Köln ZfS 81, 23; OLG Celle DAR 84, 93; s. dazu Rn 617.
199 Vgl. OLG Köln VRS 90, 123; OLG Celle DAR 84, 98; AG Emmerich DAR 69, 247; LK *(Geppert)* zu § 69 Rn 76; näher: unten Rn 708.
200 Vgl. LG Köln NJW 57, 1772.
201 Vgl. LK *(Geppert)* zu § 69 Rn 76; *Cramer* zu § 69 StGB Rn 31.

der Sicherung und Besserung nicht angewandt werden.«[202] Zu unterscheiden ist vielmehr zwischen den *Tatsachen*, auf die die Prognose für das Verhalten des Täters gestützt wird, und der *Prognose* selbst. Der Grundsatz »in dubio pro reo« besagt – worauf etwa *Geppert*[203] in diesem Zusammenhang zutreffend hinweist –, daß ein nicht eindeutig aufgeklärter Sachverhalt nicht zum Nachteil des Angeklagten verwendet werden darf. Er betrifft also Zweifel *tatsächlicher* Art. Solche z. B. über den rechtlichen Inhalt und Umfang einer Norm können somit nicht »in dubio pro reo« entschieden werden. Soweit Tatsachen zweifelhaft sind, die die Grundlage für die Prognose über das zukünftige Verhalten des Angeklagten im Straßenverkehr bilden – etwa die durch dieses Verhalten bewirkte Gefährdung der Allgemeinheit –, also seine Ungeeignetheit, gilt der Grundsatz »in dubio pro reo« auch bei der Entscheidung über die Maßregel.[204] Hinsichtlich der Prognose selbst gilt der Grundsatz insofern nicht, als Voraussagen über die Gefährlichkeit des Täters in der Zukunft immer mit Zweifeln belastet sind.[205] Das bedeutet, daß die Annahme der Ungeeignetheit nicht die Gewißheit voraussetzt, der Angeklagte werde die Allgemeinheit durch weitere Straftaten gefährden. Es genügt vielmehr, daß *mit Wahrscheinlichkeit ein Rückfall zu erwarten ist*.[206] Allerdings reicht die *bloße Möglichkeit* weiterer Straftaten nicht zur Annahme der Ungeeignetheit aus. Ist das Gericht daher im Zweifel, ob ein in der Tat zum Ausdruck gekommener Mangel, der die Eignung zum Führen von Kraftfahrzeugen ausschließen könnte, mit Wahrscheinlichkeit oder *nur möglicherweise* einen Rückfall erwarten läßt, so darf die Fahrerlaubnis nicht entzogen werden.[207]

i) Indizierung der Ungeeignetheit in den Fällen des § 69 II StGB

622 Die Ungeeignetheit des Täters wird durch die in § 69 II StGB aufgeführten Taten indiziert.[208] Das bedeutet, daß das Gericht immer dann, wenn einer der Fälle des § 69 II StGB vorliegt, nicht mehr unter Gesamtwürdigung aller Umstände einschließlich der Persönlichkeit des Angeklagten prüfen muß, ob sich der Angeklag-

---

202 So OLG Schleswig DAR 54, 139.
203 *Geppert*, Sperrfrist, S. 114.
204 Vgl. LK *(Geppert)* zu § 69 Rn 65; *Geppert* NJW 71, 2154 (2156); *Herlan/Schmidt-Leichner* Rn 100; vgl. auch *Bruns*, Strafzumessungsrecht, S. 174.
205 Vgl. *Geppert* NJW 71, 2154 (2156).
206 Vgl. LK *(Geppert)* zu § 69 Rn 65; *Geppert*, Sperrfrist, S. 120 sowie NJW 71, 2154 (2156); *Schönke/Schröder/Stree* zu § 69 Rn 55; *Tröndle/Fischer* vor § 61 Rn 3; *Bode* ZVS 87, 50 (58); *Bruns*, Strafzumessungsrecht, S. 174; zur Wahrscheinlichkeitsprognose vgl. *Himmelreich/Hentschel* Bd. II Rn 8, 18, 145; vgl. auch OVG Schleswig NZV 92, 379 (Trunkenheitsfahrt); zur Rückfallwahrscheinlichkeit bei alkoholauffälligen Kraftfahrern in der Bundesrepublik Deutschland vgl. *Stephan* ZVS 84, 28; s. dazu auch *Himmelreich/Hentschel* Bd. II Rn 53; zur Legalbewährung junger Alkoholstraftäter s. *Bußmann/Gerhardt* BA 84, 214.
207 Vgl. auch *Geppert*, Sperrfrist, S. 120; *Schönke/Schröder/Stree* vor § 61 Rn 9.
208 Vgl. BayObLG DAR 92, 364 Nr. 6 (bei *Bär*); OLG Düsseldorf DAR 96, 413; OLG Koblenz VRS 71, 278; OLG Stuttgart VRS 42, 357; OLG Saarbrücken NJW 74, 1391 (1393); OLG Köln DAR 66, 271; LG Zweibrücken NZV 92, 499; einschränkend *Krehl* DAR 86, 33 (36), krit. zur Auswahl der Indiztaten durch den Gesetzgeber *Kulemeier* S. 298; krit. zu der in § 69 II StGB getroffenen Regelung einer indizierten Ungeeignetheit überhaupt *Schünemann* DAR 98, 422 (430).

te durch die Tat ungeeignet zum Führen von Kraftfahrzeugen gezeigt hat.[209] Es muß vielmehr, um die Ungeeignetheit zu bejahen, nur noch feststellen, daß der Angeklagte eine der in § 69 II StGB aufgezählten Taten begangen hat und daß keine Ausnahme von der Regel dieser Vorschrift vorliegt.[210] Das heißt, es muß prüfen, ob der abzuurteilende Einzelfall Besonderheiten aufweist, die ihn hinsichtlich der Frage der Ungeeignetheit nicht als Regelfall im Sinne des Gesetzes erscheinen lassen.[211] Ist dies zu verneinen, so muß Ungeeignetheit bejaht werden.[212] In der Amtlichen Begründung zu § 42 m II a. F. (= § 69 II n. F.) StGB[213] heißt es:

»Der Entwurf geht dabei von der Überzeugung aus, daß die aufgeführten Zuwiderhandlungen in der Regel einen solchen Grad des Versagens oder der Verantwortungslosigkeit des Täters offenbaren, daß damit zugleich auch dessen Eignungsmangel feststeht.... Die praktische Bedeutung des Absatzes 2 liegt vor allem darin, daß bei Vorliegen seiner Voraussetzungen die sonst erforderliche Gesamtabwägung der Umstände, die für oder gegen die Eignung des Täters zum Führen von Kraftfahrzeugen sprechen, unterbleibt und daß an ihre Stelle die Prüfung der Frage tritt, ob ausnahmsweise besondere Gründe die Annahme der Eignung rechtfertigen.«

Im Hinblick auf den Zweck der Regelung muß § 69 II StGB uneingeschränkt auch **im Jugendstrafrecht** Anwendung finden.[214] Der Wortlaut des § 7 JGG besagt nichts Gegenteiliges.[215] Diese Bestimmung stellt nämlich nur klar, welche Maßregeln angeordnet werden dürfen, sie stellt aber nicht etwa vorgeschriebene oder für den Regelfall indizierte Maßregeln in das Ermessen des Gerichts.[216] Die gegenteilige Ansicht[217] vernachlässigt den Vorrang des Sicherungsbedürfnisses der Allgemeinheit vor den Interessen des Jugendlichen.[218] Dieses muß auch dem Erziehungsgedanken des Jugendstrafrechts jedenfalls vorgehen, soweit danach womöglich das Unterbleiben der Maßregel sinnvoll erscheinen sollte.

Die Fälle der Nrn. 1, 2 und 4 des § 69 II StGB bereiten bei der Anwendung keine Schwierigkeiten. Insbesondere folgt ohne weiteres aus Abs. I, daß die Maßregel nicht etwa auch dann angeordnet werden darf, wenn die Tat mit einem anderen als einem *Kraft*fahrzeug begangen wurde.[219] Keinem Zweifel unterliegt es auch, daß

---

209 A. M. *Krehl* DAR 86, 33 (36) entgegen der ausdrücklichen Absicht des Gesetzgebers (s. Begr. Bundestagsdrucksache IV/651 S. 17).
210 Vgl. BGH VRS 92, 204; OLG Koblenz VRS 64, 125; OLG Düsseldorf VRS 70, 137; 74, 259; OLG Köln DAR 66, 271; *Warda* MDR 65, 1; *Hartung* NJW 65, 86; *Sunder* BA 79, 65 (70); vgl. hierzu auch OLG Schleswig DAR 67, 21.
211 Vgl. OLG Düsseldorf VRS 70, 137; 74, 259; *Warda* MDR 65, 1; *Krehl* DAR 86, 33 (36 – der hierbei jedoch zu hohe, mit der sich aus der Begründung ergebenden Intention des Gesetzgebers nicht zu vereinbarende Anforderungen stellt).
212 Vgl. OLG Düsseldorf DAR 96, 413; OLG Köln – 1 Ss 367/84 –.
213 Amtliche Begründung zum 2. VerkSichG, Bundestagsdrucksache IV/651, S. 17.
214 Vgl. LK (*Geppert*) zu § 69 Rn 93; *Schaffstein/Beulke* zu § 10 III. e. (Fn.); *Janiszewski* NStZ 85, 112; 88, 543; *Molketin* BA 88, 310; *Wölfl* NZV 99, 69.
215 Vgl. *Wölfl* NZV 99, 69.
216 Vgl. BGHSt 37, 373 (zu § 63 StGB).
217 Vgl. z. B. LG Oldenburg BA 85, 186; MDR 88, 697; AG Saalfeld DAR 94, 77 (abl. *Molketin* BA 94, 270); *Eisenberg* zu § 7 Rn 6; 35; wohl auch AG Winsen (Luhe) NJW 83, 353.
218 Vgl. *Wölfl* NZV 99, 69.
219 Vgl. Rn 577.

die Nr. 2 nur den Täter eines Vergehens gegen § 316 StGB erfaßt und nicht auch den Gehilfen oder Anstifter.[220]

625 Zweifelhaft kann dagegen bei Nr. 3 insbesondere sein, was unter dem Begriff »bedeutender Schaden« im Sinne dieser Vorschrift zu verstehen ist.[221] Sicher ist, daß die für die Erfüllung des Tatbestands des § 142 StGB erforderlichen Mindestwerte hierzu nicht ausreichen, sondern der Schaden erheblich über diese Werte hinausgehen muß,[222] weil anderenfalls die von § 69 II StGB getroffene Einschränkung überflüssig wäre.[223] Zwar ist eine Parallele zu § 315 c StGB nicht in der Weise möglich, daß die Beschädigung von Sachen bedeutenden Wertes für § 69 II Nr. 3 StGB ausreichen würde, weil § 69 II Nr. 3 StGB auf den tatsächlich eingetretenen Schaden, § 315 c StGB dagegen auf die Gefährdung abstellt;[224] jedoch entspricht der Wertbegriff in § 315 c StGB insoweit dem Schadensbegriff des § 69 II Nr. 3 StGB, als die dort maßgeblichen Zahlen auch bei der Beurteilung des Begriffes »bedeutender Schaden« im Rahmen § 69 II Nr. 3 StGB zugrunde zu legen sind,[225] wobei starre Grenzen schon deswegen nicht gezogen werden können, weil die fortschreitende Entwicklung, z. B. auf dem Gebiet der Kraftfahrzeug-Reparaturkosten, und die Entwicklung der Einkommen berücksichtigt werden müssen.[226] Das LG Kassel[227] nimmt die Höhe des Sozialhilfesatzes als Bezugsgröße. Im Hinblick auf die Preisentwicklung werden Schäden von 1500 DM nicht mehr als bedeutend anzusehen sein;[228] vielmehr wird die Grenze inzwischen bei **2000 DM** zu ziehen sein.[229] Vereinzelt werden sogar höhere Summen verlangt.[230]

626 Hierbei ist zu berücksichtigen, daß »Schaden« i. S. d. § 69 II StGB nicht nur der reine Sachschaden ist. Unter Berücksichtigung des in § 142 StGB geschützten Rechtsgutes, nämlich *aller* aus dem Unfall erwachsenen *zivilrechtlichen Ansprüche* des Geschädigten,[231] umfaßt der Schaden i. S. d. § 69 II Nr. 3 StGB vielmehr **alle Kosten,** die entstehen, um den Geschädigten wirtschaftlich so zu stellen wie vor dem Unfall (Reparaturkosten bzw. Kosten für Ersatzbeschaffung, merkantiler

---

220 Vgl. OLG Koblenz DAR 87, 297.
221 Kritisch zur Regelung in § 69 II Nr. 3 StGB *Mollenkott* DAR 80, 328; *Kulemeier* S. 298.
222 Vgl. *Möhl/Rüth* zu § 69 StGB Rn 42; *Cramer* zu § 69 StGB Rn 45; *Schönke/Schröder/Stree* zu § 69 Rn 37.
223 Vgl. auch *Cramer* zu § 69 StGB Rn 45.
224 Vgl. auch *Müller* zu § 42 m StGB Rn 42.
225 Vgl. OLG Hamm DAR 74, 21; *Cramer* zu § 69 StGB Rn 45; *Schönke/Schröder/Stree* zu § 69 Rn 37; *Berr* DAR 86, 331;
a. M. OLG Schleswig DAR 84, 122.
226 Vgl. OLG Düsseldorf NZV 90, 197; 91, 237; OLG Hamm DAR 74, 21; OLG Köln DAR 92, 152; vgl. auch OLG Schleswig VRS 54, 33.
227 LG Kassel NZV 93, 124 (bei Reparaturkosten, die das 1 1/2 fache des Sozialhilfesatzes für Alleinstehende überschreiten, bejaht).
228 So noch OLG Düsseldorf NZV 90, 197; OLG Köln DAR 92, 152; NZV 92, 159; LG Köln ZfS 90, 104; LG Baden-Baden NJW 81, 1569; LG Hildesheim DAR 88, 65; LG Hamburg VRS 76, 282; LG Kassel NZV 94, 124 (eine Anhebung aber ausdrücklich verneinend).
229 So z. B. OLG Naumburg NZV 96, 204; LG Hamburg DAR 99, 280; LG Oldenburg VRS 65, 361; LG Baden-Baden NZV 89, 405 (zust. *Janiszewski* NStZ 89, 564); LG Nürnberg-Fürth MDR 90, 173; LG Bonn DAR 91, 34; LG Flensburg DAR 91, 470 (Anm. *Berr*); LG Göttingen NdsRpfl. 92, 96; LG Stuttgart NZV 93, 412; LG Köln DAR 94, 502; LK *(Geppert)* zu § 69 Rn 85; *Tröndle/Fischer* zu § 69 Rn 13; *Mühlhaus/Janiszewski* zu § 69 StGB Rn 13 a; *Notthoff* NStZ 95, 92.
230 Vgl. LG Wuppertal DAR 94, 502 (2200 DM).
231 Vgl. *Jagusch/Hentschel* zu § 142 StGB Rn 20.

Minderwert, Abschleppkosten usw.).[232] Nicht zum eigentlichen Sachschaden i. S. von § 69 II Nr. 3 gehören allerdings Gutachter- und Anwaltskosten, die bei der *Ermittlung* des »bedeutenden Sachschadens« und seiner *Regulierung* entstehen.[233] Bedeutender Schaden am vom Täter geführten, diesem aber nicht gehörenden Fahrzeug reicht für § 69 II Nr. 3 StGB grundsätzlich aus.[234]

§ 69 II Nr. 3 StGB (»wissen kann«) setzt nicht voraus, daß der Täter in der Lage war, die zur Schadensbehebung erforderlichen Kosten richtig zu schätzen, es genügt vielmehr, daß er die der Schadenshöhe zugrundeliegenden objektiven Umstände wahrnehmen konnte.[235] Hat der Täter das fremde Fahrzeug mit Zustimmung des Berechtigten geführt, so hängt die Anwendbarkeit von § 69 II Nr. 3 StGB von der Gestaltung seiner Rechtsbeziehungen zum Berechtigten ab, nämlich davon, ob dessen Feststellungsinteressen durch das Entfernen vom Unfallort beeinträchtigt wurden.[236]

Als »**nicht unerheblich verletzt**« i. S. d. § 69 II Nr. 3 StGB wird man ein Unfallopfer vor allem dann anzusehen haben, wenn nach objektiven Gesichtspunkten ärztliche Hilfe geboten ist.[237]

Sind die Voraussetzungen des § 69 II Nr. 3 StGB nicht erfüllt, so ist dennoch zu prüfen, ob Entziehung der Fahrerlaubnis nach § 69 I StGB erforderlich ist.[238]

aa) Ausnahmefälle von der Regel des § 69 II StGB

Eine **Ausnahme von der Regel** des § 69 II StGB setzt entgegen der indizierten Ungeeignetheit eine günstige Prognose und die darauf beruhende Feststellung trotz der Tat bestehender Kraftfahreignung voraus.[239] Ein Ausnahmefall kann gegeben sein, wenn besondere Umstände vorliegen, die entweder die ihrer allgemeinen Natur nach schweren und gefährlichen Verstöße in einem anderen Licht erscheinen lassen als den Regelfall[240] oder die *nach* der Tat die Eignung günstig beeinflußt haben.[241] Eine Ausnahme von der Regel des § 69 II Nr. 3 (**unerlaubtes**

---

232 Vgl. OLG Naumburg NZV 96, 204; OLG Schleswig VRS 54, 33; DAR 84, 122; OLG Stuttgart VRS 62, 123; LG Hildesheim DAR 88, 65; LG Hamburg DAR 91, 472 (jedoch nicht auch Verdienstausfall); NZV 93, 326; AG Homburg ZfS 83, 158; *Tröndle/Fischer* zu § 69 Rn 13; LK *(Geppert)* zu § 69 Rn 84; nach LG Hamburg DAR 94, 127 aber nicht auch Nutzungsausfallentschädigung; a. M. *Mollenkott* DAR 80, 328; *Bär* DAR 91, 271.
233 Vgl. LG Hamburg DAR 91, 427; 94, 127; *Mühlhaus/Janiszewski* zu § 69 StGB Rn 13 a; **abw.** *Notthoff* NStZ 95, 92.
234 Vgl. OLG Hamburg NStZ 87, 228; *Mühlhaus/Janiszewski* zu § 69 StGB Rn 13 a; a. M. LG Köln ZfS 90, 104.
235 Vgl. OLG Naumburg NZV 96, 204 (abl. *Himmelreich* DAR 97, 82).
236 Vgl. OLG Hamm NZV 90, 197 (Unfall mit Schaden an Verkehrseinrichtungen und an vom Täter geleastem Fahrzeug). Häufig wird bei Schaden am geleasten Fahrzeug mangels Feststellungsinteresses § 142 StGB ohnehin ausscheiden, s. *Jagusch/Hentschel* zu § 142 StGB Rn 23.
237 Vgl. LK *(Geppert)* zu § 69 Rn 83; *Bär/Hauser/Lehmpuhl* III 1 S. 88.
238 Vgl. Rn 603; einschränkend *Berr* ZfS 84, 316 (317).
239 Vgl. OLG Düsseldorf DAR 96, 413; *Bode* DAR 89, 444 (452).
240 Vgl. die Amtliche Begründung zu § 42 m II, Bundestagsdrucksache IV/651, S. 17; OLG Düsseldorf VRS 74, 259; 79, 103.
241 Vgl. OLG Stuttgart VRS 35, 19; OLG Koblenz VRS 66, 40; *Schulz* NJW 98, 1440 (1442); *Weigelt* DAR 65, 14 (15); vgl. auch OLG Köln VRS 41, 101.

Voraussetzungen für die Entziehung 631–632

Entfernen vom Unfallort)²⁴² kann gerechtfertigt sein, wenn sich der Täter noch am gleichen Tag freiwillig bei der Polizei meldet.²⁴³ Insbesondere, wenn Strafmilderung oder Straferlaß wegen tätiger Reue gem. § 142 IV StGB ausschließlich an der Schadenshöhe scheitert, der Täter aber die übrigen Voraussetzungen erfüllt hat, vor allem aber von einem unbedeutenden Schaden ausgehen konnte, kann das Verhalten nach der Tat für ein Absehen von der indizierten Maßregel bedeutsam sein.²⁴⁴ Auch das Bemühen des Täters um Verhaltensänderung durch Teilnahme an einem Aufbauseminar nach einem Trunkenheitsdelikt kann u. U. bei der Feststellung eines Ausnahmefalles eine entscheidende Rolle spielen.²⁴⁵

631 Ein Ausnahmefall wird in erster Linie dann vorliegen, wenn sich der Täter in einer **notstandsähnlichen Situation** befand oder der **Zweck der Maßregel** als bereits **durch vorläufige Maßnahmen** (Beschlagnahme, vorläufige Entziehung der Fahrerlaubnis) **erreicht** angesehen werden kann.²⁴⁶ Diesen auch von der Amtlichen Begründung zu § 42 m II (= § 69 II n. F.) StGB²⁴⁷ aufgeführten Beispielen ist zu entnehmen, daß an die Bejahung einer Ausnahme von der Regel des § 69 II StGB sehr strenge Anforderungen zu stellen sind.²⁴⁸ Wegen notstandsähnlicher Situation wurde z. B. in der Rechtsprechung²⁴⁹ in einem Falle die Indizierung der Ungeeignetheit verneint, in dem die plötzliche Nachricht von einem schweren Unfall des Sohnes bei einem jahrzehntelang unbeanstandet fahrenden Berufskraftfahrer zum spontan gefaßten Entschluß führte, mit dem Pkw trotz voraufgegangenen Alkoholgenusses zur Unfallstelle zu eilen.

632 Auch eine Trunkenheitsfahrt, die lediglich darin besteht, daß der Angeklagte mit seinem zuvor verkehrswidrig oder verkehrsstörend abgestellten Fahrzeug **nur wenige Meter vor- und zurückfährt**, um es ordnungsgemäß in eine Parkbucht einzurangieren, wird im allgemeinen noch nicht die Ungeeignetheit zum Führen von Kraftfahrzeugen begründen.²⁵⁰ Auch bei langsamer Fahrt über eine Strecke von 20 m auf einem Autobahnraststättengelände durch einen wegen Vollrausches Verurteilten wurde ein Absehen von der indizierten Maßregel als gerechtfertigt

---

242 Siehe dazu Rn 624 ff.
243 Vgl. LG Gera MDR 97, 381.
244 Vgl. *Schäfer* NZV 99, 190.
245 Siehe dazu Rn 635 ff.
246 Vgl. BayObLG DAR 92, 364 Nr. 6 (bei *Bär*); OLG Frankfurt NStZ-RR 96, 235; OLG Köln VRS 61, 118; 90, 123; OLG Düsseldorf VM 71, 59 Nr. 70; VRS 70, 137; KG VRS 60, 109; *Schönke/Schröder/Stree* zu § 69 Rn 52; *Lackner/Kühl* zu § 69 Rn 8; *Weigelt* DAR 65, 14 (15); *Mögele* ZRP 82, 101; hinsichtlich der zuletzt genannten Alternative einschränkend *Tröndle/Fischer* zu § 69 a Rn 9; *Hruby* NJW 79, 854.
247 Bundestagsdrucksache IV/651, S. 17.
248 Zu weitgehend daher *Krehl* DAR 86, 33 (36).
249 LG Heilbronn DAR 87, 29.
250 Vgl. OLG Stuttgart NJW 87, 142 (20 m auf öffentlichem Parkplatz, krit. *Middendorff* BA 87, 432); BayObLG DAR 74, 177 (bei *Rüth*); OLG Düsseldorf VRS 74, 259; 79, 103 (Versetzen um 60 bis 80 m abseits vom fließenden Verkehr zu nachtschlafender Zeit); LG Köln ZfS 88, 331; LG Aachen NStZ 86, 404 (bei *Janiszewski*); AG Bonn DAR 80, 52; AG Regensburg ZfS 85, 123; *Cramer* zu § 69 StGB Rn 48; *Tröndle/Fischer* zu § 69 Rn 12, ähnlich OLG Hamm VRS 52, 24; AG Wiesbaden ZfS 84, 319; *Schönke/Schröder/Stree* zu § 69 Rn 42; sehr weitgehend AG Coesfeld – 3 a Gs 59/84 –, das eine Ausnahme von der Regel des § 69 II Nr. 2 StGB in solchen Fällen selbst dann für gerechtfertigt hält, wenn das Fahrzeug ca. 100 m weit bewegt wird; einschränkend LG Dessau ZfS 95, 73.

angesehen.[251] Umstände, die ein Abweichen von der Regel der Fahrerlaubnisentziehung wegen eines Vergehens der Gefährdung des Straßenverkehrs gem. § 315 c I Nr. 2 StGB rechtfertigen können, werden bei nur fahrlässig rücksichtslosem Fahrverhalten eher in Frage kommen als bei Vorsatz.[252] Dagegen reicht der Umstand, daß der Täter während des Strafverfahrens beanstandungsfrei gefahren ist, zu einer von der Regel des § 69 II StGB abweichenden Beurteilung allein nicht aus,[253] auch nicht, wenn es sich um das **erste Versagen eines langjährigen Kraftfahrers** handelt.[254] Insbesondere wird das Wohlverhalten des Angeklagten während des Strafverfahrens in aller Regel nicht auf eine Besserung des Täters, sondern auf den Druck des Strafverfahrens zurückzuführen sein.[255] Auch der Umstand, daß der Täter nur aufgrund rückwirkender Anwendung einer geänderten Rechtsprechung zur Höhe des Beweisgrenzwertes für absolute Fahrunsicherheit bestraft werden konnte, kann für sich allein keine Ausnahme von der Regel des § 69 II Nr. 2 StGB rechtfertigen.[256] Denn schon das Herantrinken an den zur Tatzeit noch geltenden höheren Beweisgrenzwert und das anschließende Fahren trotz der erheblichen dazu erforderlichen Trinkmengen offenbaren ein hohes Maß an Verantwortungslosigkeit als Kraftfahrer; im übrigen ist eine »Dosierung«[257] der Alkoholmenge auf eine bestimmte BAK aber auch gar nicht möglich.[258]

Wirtschaftliche Nachteile als Folge der Fahrerlaubnisentziehung – selbst erhebliche (Arbeitsplatzverlust) – haben außer Betracht zu bleiben.[259] In der Straftat offenbar gewordene, zur Ungeeignetheit als Kraftfahrer führende Mängel im verantwortungsbewußten Verhalten können gerade *durch* die Einwirkung solcher Folgen wesentlich in positiver Hinsicht beeinflußt werden, während deren Ausbleiben trotz der Tat eher geeignet ist, die gefährliche Unbekümmertheit des Täters gegenüber zwingenden Geboten der Verkehrssicherheit zu fördern.

Das LG Oldenburg[260] hält die Regel des § 69 II StGB nicht für gegeben, wenn der Täter in alkoholbedingt fahrunsicherem Zustand ein Leichtmofa geführt hat. Dem kann jedoch angesichts des Wortlauts der Bestimmung in dieser Allgemeinheit nicht beigetreten werden.[261] Auch daß die Tat von einem **Jugendlichen** mit einem Mofa begangen wurde, rechtfertigt für sich allein keine Ausnahme von der Regel

---

251 Vgl. LG Gera DAR 99, 420.
252 Vgl. auch *Mollenkott* BA 85, 298.
253 Vgl. OLG Düsseldorf VM 71, 59 Nr. 70; OLG Stuttgart VRS 46, 103; OLG Köln DAR 66, 271; OLG Koblenz VRS 64, 125; 67, 254.
254 Vgl. OLG Düsseldorf VM 71, 59; KG VRS 60, 109; LG Saarbrücken BA 99, 310 (Anm. *Zabel*); *Zabel* BA 82, 269; vgl. auch LG Hamburg BA 85, 64 (66); *Kunkel* DAR 87, 38 (42); a. M. vor allem z. T. bisher die saarländische tatrichterliche Rechtsprechung; LG Saarbrücken BA 92, 398 (Anm. *Zabel*); AG Homburg ZfS 96, 354; AG St. Ingbert ZfS 98, 153; AG Esslingen BA 82, 382 mit im Ergebnis auch. Anm. *Zabel*; *Scherer* BA 83, 123; s. ferner die Nachweise bei *Zabel/Noss* BA 89, 258 (**einschränkend** insoweit aber neuerdings LG Saarbrücken ZfS 98, 152).
255 Vgl. Rn 619.
256 Vgl. auch LK *(Geppert)* zu § 69 Rn 91; a. M. LG Düsseldorf VRS 79, 301.
257 So aber LG Düsseldorf VRS 79, 301.
258 Vgl. z. B. *Heifer* BA 72, 72.
259 Vgl. OLG Stuttgart NZV 97, 316; OLG Düsseldorf DAR 92, 187.
260 LG Oldenburg DAR 90, 72.
261 Vgl. auch *Janiszewski* NStZ 90, 272.

des § 69 II Nr. 1 oder Nr. 2 StGB.[262] Allerdings soll der Ermessensspielraum für die Bewilligung einer Ausnahme von der Regel des § 69 II StGB nach teilweise vertretener Ansicht[263] bei Anwendung des Jugendstrafrechts größer sein als im Erwachsenenstrafrecht.

635 Der häufigste Fall, der die Bejahung einer Ausnahme von der Regel des § 69 II StGB rechtfertigt, dürfte derjenige sein, daß der **Zweck der Maßregel durch vorläufige Führerscheinmaßnahmen** oder durch das **Zusammenwirken** solcher Maßnahmen mit der erfolgreichen Teilnahme an einem **Aufbauseminar für alkoholauffällige Kraftfahrer**[264] erreicht erscheint. Der Richter hat nämlich auch in den Regelfällen des § 69 II StGB zu prüfen, ob der bei der Tat in Erscheinung getretene Eignungsmangel noch immer besteht oder möglicherweise entfallen ist.[265] Hierbei gelten für die Regelfälle des § 69 II StGB keine anderen Maßstäbe als in den übrigen Fällen des § 69 StGB.[266] In der Rechtsprechung werden vereinzelt bei den Regelbeispielen des § 69 II StGB für die Frage des Wegfalls der Ungeeignetheit durch vorläufige Maßnahmen strengere Anforderungen gestellt.[267] Dies läßt sich jedoch nicht begründen. Vielfach wird bei einem Ersttäter auch im Regelfall des § 69 II Nr. 1, 2 StGB der Maßregelzweck nach fast 1 Jahr vorläufiger Führerscheinmaßnahmen als erreicht anzusehen sein.[268] In Zweifelsfällen kommt Einholung eines Sachverständigengutachtens zur Eignungsfrage in Betracht.

636 Bei der Frage, wann in Fällen der Indiztaten des § 69 II Nr. 1 und 2 StGB, soweit in der Form des Fahrens unter Alkoholeinfluß begangen, ausnahmsweise von der Maßregel abzusehen ist, hat in den letzten Jahren – schon vor der ausdrücklichen Anerkennung durch den Gesetzgeber in §§ 2a, 4 StVG (s. auch §§ 36, 43 FeV) – zunehmend die Bewertung einer sog. »**Nachschulung**« an Bedeutung gewonnen. Hierbei handelt es sich um **Aufbauseminare für alkoholauffällige Kraftfahrer**. Ziel dieser Kurse ist es, den in der Straftat zum Ausdruck gekommenen Mangel der Eignung zum Führen von Kraftfahrzeugen, der in der Gefahr des Rückfalls besteht, dadurch zu beseitigen, daß die Rückfallwahrscheinlichkeit deutlich unter diejenige gesenkt wird, die im allgemeinen bei Trunkenheitstätern anzunehmen ist.[269] Man versucht, dies durch Beeinflussung der Verhaltenstendenzen des auffälligen Kraftfahrers mittels der Kursinhalte zu erreichen, indem insbesondere dessen falsche Einstellung zum Alkohol und die sog. »Pechvogel-Mentalität« besei-

---

262 A. M. AG Winsen (Luhe) NJW 83, 353, das in solchen Fällen offenbar allgemein entgegen der gesetzlichen Regelung die Verhängung der Maßregel ablehnt.
263 So etwa *Wölfl* NZV 99, 69.
264 Vgl. dazu Rn 636 ff., *Himmelreich/Hentschel* Bd. II Rn 83.
265 Vgl. OLG Köln VRS 90, 123; OLG Stuttgart VRS 35, 19; OLG Saarbrücken NJW 74, 1391; KG VRS 38, 127; OLG Düsseldorf VRS 70, 137; LK *(Geppert)* zu § 69 Rn 96; *Lackner/Kühl* zu § 69 Rn 8; *Krehl* DAR 86, 33 (37); *Suhren* VGT 89, 136 (139); *Mögele* ZRP 82, 101; *von Schlotheim* BA 73, 69.
266 Vgl. hierzu oben Rn 616.
267 Vgl. OLG Stuttgart VRS 46, 103; NZV 97, 316.
268 A. M. KG VRS 60, 109, allerdings für einen Fall, der den Verdacht extremer Alkoholgewöhnung nahelegte (BAK: 4,6 ‰!), daher im Ergebnis zutreffend.
269 Vgl. *Kunkel*, Modell Mainz 77, Heft 12 der Reihe »Mensch – Fahrzeug – Umwelt«, TÜV Rheinland 1980, S. 10; *Stephan* ZVS 86, 2.

tigt und ihm Techniken zur Verhaltenskontrolle vermittelt werden.[270] Die vor allem früher vielfach vorhanden gewesenen Unsicherheiten bei der Berücksichtigung von Nachschulungskursen im Rahmen der Eignungsbeurteilung in den Fällen des § 69 II Nr. 1 und 2 StGB und die darauf beruhende lebhafte Diskussion im Schrifttum[271] waren in erster Linie darauf zurückzuführen, daß zunächst angesichts der erst wenige Jahre praktizierten Durchführung solcher Kurse noch kein ausreichendes, zuverlässiges statistisches Material zur sog. Legalbewährung vorlag.[272] Insbesondere ein Teil des Schrifttums steht der Berücksichtigung einer Teilnahme des Angeklagten an einem Nachschulungskursus in der Weise, daß schon im Erkenntnisverfahren entgegen der Regel des § 69 II StGB von der Entziehung der Fahrerlaubnis abgesehen wird, kritisch gegenüber und sieht einen Hauptanwendungsfall der rechtlichen Berücksichtigung derartiger Kurse in erster Linie bei § 69 a VII StGB (vorzeitige Aufhebung der Sperre).[273] Zu berücksichtigen ist jedoch, daß solche Aufbauseminare inzwischen nicht nur durch die oben genannten Bestimmungen durch Gesetz- und Verordnungsgeber ausdrücklich anerkannt sind, sondern auch durch Verkürzung der Mindestfrist in § 69 a VII S. 2 StGB für die vorzeitige Aufhebung der Fahrerlaubnissperre. Diese Verkürzung erfolgte, wie der Amtlichen Begründung[274] zu entnehmen ist, ausschließlich zu dem Zweck, die Bereitschaft zur Teilnahme an Aufbauseminaren zu fördern. Zu berücksichtigen ist ferner, daß darüber hinaus seit langem Daten verfügbar sind, die einen Vergleich der Rückfallhäufigkeit bei Teilnehmern solcher Kurse und denjenigen Verurteilten zulassen, die nicht nachgeschult wurden.[275] Diese Zahlen sprechen für die Annahme, daß nicht nachgeschulte Ersttäter im Durchschnitt zwei- bis dreimal häufiger rückfällig werden als solche, die an einem Kurs nach den Modellen »Mainz 77« oder »Hamburg 79« teilgenommen haben.[276]

Teilweise ist sogar geltend gemacht worden, eine Berücksichtigung der Nachschulung **schon im Erkenntnisverfahren** mit der Folge des Absehens von der Maßre-

---

270 Vgl. *von Hebenstreit u. a.*, Kurse für auffällige Kraftfahrer, Modellversuch in der Bundesrepublik Deutschland, hrsg. v. der Bundesanstalt für Straßenwesen 1978, S. 21; *Kunkel*, a. a. O. (Fn. 269), S. 10; *derselbe* BA 79, 1 (2); *derselbe* VGT 81, 54 (56 f.); *Jensch/Spoerer* BA 82, 1; *Winkler*, BA-Festschrift 82, S. 239 (243); vgl. dazu auch *Menken* BA 79, 233 (245 f., 248 ff.); *Müller* BA 79, 357; Übersicht über Kursmodelle und Veranstalter: *Himmelreich/Hentschel* Bd. II RN 83 e.
271 Zusammenfassend: *Dittmer* BA 81, 281; *Zabel* BA 85, 115; s. auch Rn 643.
272 Vgl. *Middendorff* BA 82, 129 (133); *Schultz* BA 82, 315 (331); *Janiszewski* NStZ 82, 107, 238; *von Hebenstreit u. a.*, Kurse für auffällige Kraftfahrer, Schlußbericht, hrsg. v. der BASt 1982, S. 185, 189; *Utzelmann* BA 83, 449.
273 Vgl. z. B. *Legat* BA 81, 17; *Middendorff* BA 82, 129; *Schneble* BA 80, 290; *Seib* BA 80, 39; DRiZ 81, 161 = VGT 81, 63; *Janiszewski* NStZ 81, 469 (470); *Schultz* BA 82, 315 (333).
274 Bundesratsdrucksache 821/96 S. 96.
275 Vgl. *Stephan* ZVS 86, 2, dessen Untersuchung, bezogen auf 467 Kursteilnehmer, eine gegenüber nicht nachgeschulten Verurteilten deutlich geringere Rückfallquote ergab (bei 24 Monaten der Legalbewährung 5 % gegenüber 16,6 %), sowie *Utzelmann* BA 84, 396 (6, 2 % geringere Rückfallhäufigkeit 16,6 %); vgl. auch *Winkler u. a.* BASt 88/64, S. 30 ff., 63 f. (um 27 % geringere Rückfallhäufigkeit bei 1740 Teilnehmern an Nachschulungskursen für wiederholt alkoholauffällige Kraftfahrer in 36 Monaten gegenüber 1480 nicht nachgeschulten Wiederholungstätern); *Winkler u. a.* BA 90, 145 (zur geringeren Rückfallquote nachgeschulter Wiederholungstäter nach 60 Monaten).
276 Kritisch dazu jedoch *Ostermann* BA 87, 11; *Hundhausen* BA 89, 329 (mit Erwiderung *Stephan/Kunkel* BA 89, 347; *Utzelmann* BA 90, 106; *Winkler u. a.* BA 90, 145, 166 ff.).

gel in Fällen des § 69 II StGB sei contra legem.²⁷⁷ Da aber – wie oben dargelegt²⁷⁸ – auch in den Regelfällen des § 69 II StGB immer zu prüfen ist, ob der in der Tat in Erscheinung getretene Eignungsmangel möglicherweise wieder entfallen ist, entspricht es der Regelung in §§ 69, 69 a StGB, hierbei auch die Möglichkeit der Beseitigung des Eignungsmangels durch Nachschulung zu prüfen und bei Bejahung von der Maßregel abzusehen.²⁷⁹ Dies wird allerdings die Durchführung einer Hauptverhandlung erfordern, im Strafbefehlsverfahren dagegen in aller Regel ausgeschlossen sein.²⁸⁰ Natürlich wird die erfolgreiche Teilnahme an einem Aufbauseminar ohne gleichzeitig auf den Täter einwirkende vorläufige Führerscheinmaßnahme kaum je den Schluß auf Wegfall des Eignungsmangels rechtfertigen, vielmehr wird vor allem das **Zusammenwirken** beider Maßnahmen geeignet sein, den Mangel im verantwortungsbewußten Verhalten des Kraftfahrers in bezug auf Fahren und Alkohol zu beseitigen.²⁸¹ Nicht als Ersatz, sondern als Ergänzung der Entziehung der Fahrerlaubnis bzw. der sie vorbereitenden vorläufigen Maßnahmen (vorläufige Entziehung der Fahrerlaubnis, Führerscheinsicherstellung) ist mithin die Nachschulung bedeutsam.²⁸² Hierbei wird oft der für die Verkehrssicherheit entscheidende therapeutische Nutzen der Nachschulungsmaßnahme höher zu bewerten sein als weitere Führerscheinmaßnahmen in Form der Maßregel des § 69 StGB ohne voraufgegangene Seminarteilnahme.²⁸³

638 In der veröffentlichten **tatrichterlichen Rechtsprechung** überwiegt eine positive Einschätzung der Wirkungen, die von solchen Kursen auf den alkoholauffällig gewordenen Kraftfahrer ausgehen.²⁸⁴ Andere Gerichte erkennen den Wert der Kurse nur mit Einschränkungen und kritischer Zurückhaltung an,²⁸⁵ während teilweise die Eignung der Nachschulung als Mittel zur Beseitigung des in einer Trunkenheitsfahrt zum Ausdruck gekommenen Eignungsmangels überhaupt verneint wird.²⁸⁶ Die **obergerichtliche Rechtsprechung** erkennt die Nachschulung nahezu einhellig als eine Maßnahme an, die in besonderer Weise dazu beitragen kann, den in der Tat offenbar gewordenen Eignungsmangel zu beseiti-

---

277 Vgl. *Seib* DRiZ 81, 161 (165 f.); vgl. auch *Legat* VGT 86, 302 (316); *Hruby* NJW 79, 854.
278 Rn 635.
279 Vgl. OLG Köln VRS 61, 118; LG München I DAR 81, 229; LG Baden-Baden DAR 81, 232; AG Homburg (Saar) DAR 81, 230; ZfS 83, 283; AG Bergisch Gladbach ZfS 86, 190 (zu § 69 II Nr. 3 StGB!); *Krehl* DAR 86, 33 (37); vgl. auch *Himmelreich* BA 83, 91 (94): Es geht dabei nur um den in der Tat offenbar gewordenen konkreten Eignungsmangel, nicht dagegen um die sich aus dem körperlichen, geistigen und charakterlichen Gesamt-Erscheinungsbild ergebende Fahreignung.
280 Vgl. auch LK *(Geppert)* zu § 69 Rn 100.
281 Vgl. OLG Köln VRS 59, 25; LG Köln ZfS 80, 124 und 125; vgl. auch *Müller* BA 79, 357 (359, 361); *Kunkel* VGT 81, 54 (56); *Geppert* BA 84, 55 (57, 63); *Janiszewski* NStZ 81, 469 (470).
282 Vgl. auch *Janiszewski* NStZ 81, 469 (470); *Preisendanz* BA 81, 87; *Schultz* BA 82, 315 (332).
283 So mit Recht OLG Düsseldorf VRS 66, 347 (348) – bei einem Wiederholungstäter – im Rahmen des § 69 a VII StGB (vorzeitige Aufhebung der Sperre).
284 Siehe die Nachweise in Rn 640 Fn. 300–305 sowie in Rn 706 Fn. 72; ebenso z. B. im Schrifttum grundsätzlich *Gebhardt* DAR 81, 107 (111) = VGT 81, 38 (49 f.); *Bussmann/Gerhardt* BA 80, 117; *Kürschner* BA 81, 348; *Himmelreich* BA 85, 91; *Preisendanz* BA 81, 87; *Hentschel* DAR 81, 79 (83); NJW 79, 957 (966); 81, 1074 (1081); 82, 1073 (1081); *Janiszewski* Rn 719 a.
285 Vgl. z. B. LG Krefeld DAR 80, 63; LG Köln ZfS 80, 124 und 125; LG Dortmund DAR 81, 28; AG Frankfurt BA 81, 271; AG Hanau VRS 58, 137.
286 Vgl. LG Kassel DAR 81, 28; AG Freising DAR 80, 252 (»Ablaß-Handel«); vgl. auch *Seib* DRiZ 81, 161.

gen²⁸⁷ mit der Folge, daß sie im Rahmen der Prüfung der Frage, ob die Indizwirkung der Tat gem. § 69 II StGB durch besondere Umstände ausgeräumt ist, berücksichtigt werden muß.²⁸⁸ Ob diese Wirkung durch die Kursusteilnahme eingetreten ist, unterliegt allein tatrichterlicher Würdigung,²⁸⁹ ist also **Tatfrage**, zu deren Beantwortung das Gericht als geeignetes Beweismittel auch die Vernehmung des Kursleiters heranziehen kann.²⁹⁰ Allerdings bewirkt die Nachschulungsteilnahme weder stets noch auch nur regelmäßig ohne weiteres eine Durchbrechung des Grundsatzes nach § 69 II Nr. 1 und 2 StGB.²⁹¹ Vielmehr muß die Wirksamkeit dieser Maßnahme, also der Wegfall des Eignungsmangels aufgrund der Kursteilnahme in Verbindung mit der regelmäßig wirksam gewesenen vorläufigen Führerscheinmaßnahme, für den konkreten Fall festgestellt werden.²⁹² Dabei wird der Tatrichter häufig im Hinblick auf die Umstände der Tat, die Persönlichkeit des Täters oder die noch nicht ausreichende Wirkung vorläufiger Führerscheinmaßnahmen feststellen, daß auch das Hinzutreten der Teilnahme an einem Aufbauseminar noch nicht zum Wegfall des Eignungsmangels geführt hat.²⁹³ Andererseits kann das Gericht in einzelnen Fällen, insbesondere wenn solche vorläufigen Maßnahmen schon längere Zeit auf den Angeklagten eingewirkt haben, seine Überzeugung vom Erfolg der den Angeklagten zugleich beeinflussenden Nachschulung auch schon allein aus der Tatsache der ihm bescheinigten erfolgreichen Kursusteilnahme gewinnen.²⁹⁴

Bei nur **vorsichtiger Bewertung** der Teilnahmebescheinigung (etwa Absehen von der Maßregel nach 6 Monaten Führerscheinsicherstellung anstelle der ohne Nachschulung für erforderlich gehaltenen Fahrerlaubnissperre von weiteren 3 Monaten bzw. Verkürzung der anzuordnenden Sperre um nur 3 Monate bei fahrlässiger folgenloser Trunkenheitsfahrt) genügt **im Urteil** im allgemeinen **der Hinweis auf eine erfolgreiche Kursusteilnahme**.²⁹⁵ Anderenfalls muß der Tatrichter zur revisionsgerichtlichen Überprüfbarkeit im Urteil Feststellungen zur individuellen Auswirkung des Kurses auf den Angeklagten treffen.²⁹⁶ Der in der obergerichtlichen Rechtsprechung²⁹⁷ teilweise geäußerten Ansicht, die Kursusteilnahme allein könne noch nicht das Absehen von der gem. § 69 II StGB regelmäßig anzuordnenden Fahrerlaubnisentziehung rechtfertigen, vielmehr müßten weitere Umstände hinzukommen, ist jedenfalls insoweit beizutreten,

---

287 Vgl. OLG Köln VRS 60, 375; 61, 118; OLG Hamburg VRS 60, 192; vgl. auch OLG Köln VRS 59, 25; zurückhaltender OLG Koblenz VRS 66, 40.
288 Vgl. OLG Köln VRS 59, 25; 60, 375; 61, 118; OLG Düsseldorf VRS 66, 347.
289 Vgl. OLG Düsseldorf DAR 82, 26; OLG Köln VRS 59, 25; 61, 118.
290 Vgl. OLG Köln VRS 60, 375; vgl. auch OLG Hamburg VRS 60, 192; *Himmelreich* BA 83, 91 (103).
291 Vgl. OLG Köln VRS 60, 375; OLG Koblenz VRS 66, 40; vgl. auch *Preisendanz* BA 81, 87.
292 Vgl. OLG Hamburg VRS 60, 192; OLG Koblenz VRS 66, 40; LG Oldenburg – IV Qs 260/83 –; vgl. auch *Gebhardt* DAR 81, 107 (111).
293 Vgl. z. B. OLG Koblenz ZfS 82, 347 (allerdings im Rahmen des § 69a VII StGB); AG Mainz BA 83, 166.
294 Vgl. auch *Bode* BA 84, 31 (37, 49).
295 Vgl. OLG Köln VRS 61, 118; OLG Hamburg VRS 60, 192.
296 Vgl. OLG Hamburg VRS 60, 192 (bei Verkürzung um mehr als 5 Monate als sonst geboten); vgl. auch OLG Koblenz VRS 66, 40.
297 Vgl. OLG Köln VRS 59, 25; OLG Koblenz VRS 66, 40.

Voraussetzungen für die Entziehung 640–641

als dort[298] ausdrücklich vor allem die Auswirkungen einer vorläufigen Führerscheinmaßnahme genannt werden.[299]

640 In der tatrichterlichen Judikatur wurde die Teilnahme an einem Nachschulungskursus im Zusammenhang mit mehrmonatiger vorläufiger Führerscheinmaßnahme vielfach zum Anlaß genommen, in der Hauptverhandlung **von der Maßregel** gem. **§ 69 II StGB abzusehen**, wobei diese vorläufige Maßnahme in einigen Fällen ca. 8 Monate,[300] in anderen etwa sieben,[301] sechs[302] oder 5 Monate[303] gedauert hat. Teilweise wurden unter Berücksichtigung der Nachschulung aber auch schon geringere Zeiten der Einwirkung vorläufiger Fahrerlaubnisentziehung oder Führerscheinsicherstellung als ausreichend angesehen, nämlich ca. 4 Monate,[304] ja sogar nur 3 Monate.[305] Eine derart großzügige Handhabung der Ausnahmemöglichkeit des § 69 StGB ist indessen im Hinblick auf Sinn und Zweck dieser Regelung nicht unbedenklich, weil sie die vom Gesetzgeber zur Beseitigung des durch eine Trunkenheitsfahrt in Erscheinung getretenen Eignungsmangels für erforderlich gehaltene »bessernde« Einwirkung einer zeitweiligen Ausschaltung des Täters vom Kraftfahrzeugverkehr weitgehend ausschließt.

641 Nicht gerechtfertigt erscheinen dagegen Bedenken, die daraus hergeleitet werden, daß die Berücksichtigung der Nachschulung zu einer **Ungleichbehandlung** führe, weil diejenigen, die anwaltlich beraten und finanziell zur Bestreitung der Nachschulungskosten in der Lage sind, sich eine Vergünstigung schaffen könnten, die anderen nicht zuteil werde.[306] Eine solche Überlegung darf im Rahmen der §§ 69, 69 a StGB keine Rolle spielen, weil das Gericht nur festzustellen hat, ob sich der Täter durch die Tat zum Führen von Kraftfahrzeugen als ungeeignet erwiesen hat, und ggf., ob dieser Eignungsmangel noch besteht. Hat die Nachschulung zum Wegfall des Eignungsmangels beigetragen, ist der Angeklagte also im Zeitpunkt der Hauptverhandlung nicht mehr ungeeignet, so ist die Entziehung der Fahrerlaubnis aus Gründen der »Gleichbehandlung« rechtsfehlerhaft und unzulässig, weil die gesetzlichen Voraussetzungen nicht gegeben sind.[307] Auf die **Motivation** des Angeklagten (Streben nach möglichst rascher Wiedererlangung des Führerscheins oder Streben nach Ver-

---

298 OLG Köln VRS 59, 25.
299 Zur Frage solcher weiterer Umstände siehe auch AG Frankfurt BA 81, 271 sowie *Bode* DAR 83, 33 (39 f.) m. w. Nw.
300 LG Köln ZfS 80, 126; DAR 89, 109 (9 Monate); AG Gummersbach ZfS 80, 126; LG Baden-Baden DAR 81, 232 (bei Vorsatztat); LG Kleve DAR 78, 321; AG Homburg (Saar) BA 84, 187 (bei einem Wiederholungstäter!).
301 LG Essen ZfS 82, 63.
302 LG Krefeld VRS 56, 283 (bei einschneidenden wirtschaftlichen Folgen); LG Köln ZfS 80, 125 (bei einmaligem Versagen); LG Hanau DAR 80, 25; LG Hamburg DAR 83, 60; AG Homburg (Saar) DAR 81, 230 (unter Berücksichtigung 4 1/2 monatiger unbeanstandeter Teilnahme am Straßenverkehr mit Lkw bis zur Hauptverhandlung aufgrund entsprechender Ausnahme nach § 111 a I 2 StPO).
303 LG Köln ZfS 80, 254; AG Langenfeld DAR 80, 382.
304 LG Duisburg BA 80, 388; AG Homburg (Saar) DAR 80, 252; 91, 472; AG St. Ingbert BA 83, 168.
305 AG Bergisch Gladbach DAR 80, 23.
306 So etwa AG Neustadt am Rübenberge DAR 83, 38 (bei *Bode*); AG Würzburg VM 95, 32 (abl. *Geppert* in LK zu § 69 a Rn 88 Fn. 310).
307 Zur Unzulässigkeit der Maßregelverhängung aus Gründen der Gleichbehandlung vgl. auch AG Bad Homburg VRS 67, 22.

haltensänderung) sollte es bei der Bewertung der Nachschulung nur insoweit ankommen, als der individuelle Erfolg bei demjenigen, dem ernsthaft eine Verhaltensänderung am Herzen lag, eher festzustellen sein mag als bei anderen Teilnehmern, ein Schluß, der jedoch im Hinblick auf eine möglicherweise während der Seminarteilnahme eintretende Änderung der inneren Einstellung zu dieser Veranstaltung[308] nicht in jedem Falle zwingend ist. Im übrigen muß entscheidend bleiben, ob der Kursus dem Teilnehmer die vorgesehenen Lerninhalte vermittelt hat oder nicht, während die Motivation des Täters für die Teilnahme, wenn diese Frage bejaht wird, in den Hintergrund zu treten hat (zumal es dem Angeklagten in der Regel nicht schwerfallen wird, diese vor Gericht zu verschleiern). Der Gesichtspunkt der Beweggründe dürfte daher in der Rechtsprechung[309] zum Teil überbewertet werden.

Bei einem **Mehrfachtäter** werden strenge Anforderungen an die Feststellung eines Wegfalls des Eignungsmangels durch Teilnahme an einem Nachschulungskursus zu stellen sein.[310] Dies gilt vor allem für solche Wiederholungstäter, für die im Falle der Fahrerlaubnisentziehung die erhöhte Mindestsperrfrist des § 69a III StGB gilt.[311] Arbeitet der Träger des Kursusmodells auf **privatwirtschaftlich-gewerbsmäßiger** Ebene und unterliegen organisatorische und inhaltliche Ausgestaltung sowie die Qualität solcher gewerbsmäßig durchgeführter Nachschulungen und die Objektivität der Teilnahmebescheinigungen keiner zuverlässigen Kontrolle, so trifft den Tatrichter im Einzelfall insoweit eine besondere Prüfungspflicht.[312]

Literatur zur Nachschulung:

Bode, Berücksichtigung der Nachschulung von Alkohol-Verkehrs-Straftätern durch Strafgerichte, in: DAR 1983, 33; *derselbe*, Nachweis der Nachschulung im Strafverfahren, in: BA 1984, 31; *Dittmer*, Die Nachschulung, ein Mittel zur Behebung von Eignungsmängeln alkoholauffälliger Kraftfahrer?, in: BA 1981, 281; *Geppert*, Nachschulung alkoholauffälliger Ersttäter, in: BA 1984, 55; *Himmelreich*, Nachschulung alkoholauffälliger Kraftfahrer, in: BA 1983, 91; *derselbe*, Auswirkungen von Nachschulung und Therapie bei Trunkenheitsdelikten im deutschen Strafrecht, in: DAR 1997, 465; *Hundhausen*, Sollten Kurse für alkoholauffällige Kraftfahrer rechtsförmlich eingeführt werden?, in: BA 1989, 329 (mit Erwiderung *Stephan/Kunkel* BA 89, 347); *Jensch/Spoerer*, Nachschulung: Ein psychologisches Mittel zur Behebung von Eignungsmän-

---

308 Vgl. *Kunkel* DAR 81, 348 (353); *Utzelmann* BA 83, 449; *Stephan*, Leferenz-Festschrift, S. 163 (170, 180); *Legat* BA 85, 130 (132 f.); *Winkler u. a.* BA 90, 154 (170).
309 Vgl. z. B. LG Kassel DAR 81, 28; LG Bremen BA 81, 272; LG Krefeld DAR 80, 63; AG Bad Wildungen – 652 Js 17699/80 Ds –; siehe auch OLG Hamburg VRS 60, 192; ähnlich *Dittmer* BA 81, 291.
310 Vgl. AG Köln ZfS 81, 31.
311 Vgl. LG Köln ZfS 81, 30; vgl. aber AG Homburg (Saar) ZfS 83, 283 (Absehen von der Maßregel im Hinblick auf Nachschulung und 1jährige vorläufige Maßnahme bei Wiederholungstat nach 2¼ Jahren); AG Homburg (Saar) BA 84, 187 (Absehen von der Maßregel bei einer nur knapp 7 Monate zurückliegenden einschlägigen Verurteilung und nur etwa 8 monatiger vorläufiger Maßnahme).
312 Vgl. OLG Hamburg VRS 60, 192; LG Oldenburg DAR 96, 470; LG Heilbronn Justiz 82, 338; *Seib* DRiZ 81, 161 (169); *Kürschner* BA 81, 387 (392); *Hentschel* VGT 81, 103 (113 f.) = DAR 81, 79 (83); vgl. auch *Greißinger* VGT 92, 92 (97); kritisch gegenüber kommerziellen Kursen auch *Winkler*, BA-Festschrift 82, S. 239 (246 f.)
Die Nachschulungsmaßnahmen der Technischen Überwachungsvereine unterliegen der Fachaufsicht der Vereinigung der Technischen Überwachungsvereine (VdTÜV); vgl. die Geschäftsordnung für den VdTÜV-Fachausschuß Medizinisch-Psychologischer Arbeitsgebiete zur Wahrnehmung der Fachaufsicht über die Maßnahmen zur Nachschulung verhaltensauffällig gewordener Kraftfahrer, abgedruckt in ZVS 84, 141.

geln alkoholauffälliger Kraftfahrer, in: BA 1982, 1; *Kunkel*, »Mainz 77«, Maßnahme zur Verhaltensveränderung bei Trunkenheitstätern, in: BA 1979, 1; *derselbe*, Die Nachschulung alkoholauffälliger Kraftfahrer und die gerichtliche Praxis, in: VGT 1981, 54; *derselbe*, Zur Kontrolle der Wirksamkeit einer Nachschulungsmaßnahme bei Kraftfahrern, die erstmals durch Trunkenheit am Steuer aufgefallen sind (Modell Mainz 77), in: DAR 1981, 348; *Kürschner*, Die Berücksichtigung von Nachschulungsmaßnahmen im Strafverfahren, in: BA 1981, 387; *Legat*, Die Nachschulung: ein Kommunikationsproblem zwischen Richtern und Psychologen, in: BA 1985, 130; *Middendorff*, Nochmals: Die Nachschulung von Alkoholtätern, in: BA 1982, 129; *Ostermann*, Das Rückfallgeschehen bei Alkoholersttätern – Folgerungen für die Nachschulung, in: BA 1987, 11; *Preisendanz*, Nachschulung alkoholauffälliger Kraftfahrer und ihre Berücksichtigung im Rahmen des Verkehrsstrafrechts de lege lata und de lege ferenda, in: BA 1981, 87; *Seib*, Nachschulung als Alternative zum Fahrerlaubnisentzug, in: BA 1980, 39; *derselbe*, Die Nachschulung alkoholauffälliger Kraftfahrer und die gerichtliche Praxis, in: DRiZ 1981, 161, VGT 1981, 63; *Spoerer/Ruby*, Nachschulung und Rehabilitation verkehrsauffälliger Kraftfahrer, 1987 (Übersicht über Kursmodelle); *Stephan*, Psychologische Interventionen als kriminalpolitisches Instrument zur Bekämpfung von Trunkenheitsdelikten im Verkehr, in: Leferenz-Festschrift, S. 163; *derselbe*, Die Legalbewährung von nachgeschulten Alkoholtätern in den ersten zwei Jahren unter Berücksichtigung ihrer BAK-Werte, in: ZVS 1986, 2; *Utzelmann*, Rückfallquote von Teilnehmern nach dem Modell »Mainz 77«, in: BA 1983, 449; *derselbe*, Die Bedeutung der Rückfallquote von Teilnehmern an Kursen nach dem Modell »Mainz 77« unter neuen Gesichtspunkten, in: BA 1984, 396; *Winkler*, Die sogenannte »Nachschulung« alkoholauffälliger Kraftfahrer, in: NZV 1988, 41; *Winkler u. a.*, Wirksamkeit von Kursen für wiederholt alkoholauffällige Kraftfahrer, in: BASt 1988 H. 64; *Winkler u. a.*, Zur Langzeitwirkung von Kursen für wiederholt alkoholauffällige Kraftfahrer, in: BA 1990, 154; *Zabel*, Nachschulung für Alkoholtäter im Erst- und Wiederholungsfall, in: BA 1985, 115; *Zabel/Zabel*, Zur Fahreignung von Alkoholtätern – Eignungstest und verkehrspsychologische Nachschulung, in: BA 1991, 65.

bb) Begründung der Maßregel in den Fällen des § 69 II StGB

644 In den Fällen des § 69 II StGB bedarf es, um die Verhängung der Maßregel **im Urteil zu begründen,** lediglich der Feststellung, daß der Angeklagte eine der in diesem Katalog aufgeführten Straftaten begangen hat.[313] Sind keine Gründe ersichtlich, die eine Ausnahme von der Regel rechtfertigen könnten, so genügt es, wenn das Gericht darüber hinaus in den Urteilsgründen summarisch ausführt, daß es den Regelfall für gegeben halte.[314] Drängen sich dagegen nach dem Sachverhalt Prüfung und Erörterung der Frage geradezu auf, ob besondere Umstände vorliegen oder ob der indizierte Eignungsmangel möglicherweise wieder weggefallen ist, so muß sich den Urteilsgründen allerdings entnehmen lassen, daß sich das Gericht dessen bewußt war.[315]

645 Wird ausnahmsweise in den in § 69 II StGB genannten Fällen **nicht auf die Maßregel erkannt,** so ist dies im Urteil besonders zu begründen.[316] Das folgt schon aus

---
313 Vgl. BayObLG DAR 92, 364 Nr. 6 (bei *Bär*); OLG Koblenz VRS 55, 355; *Warda* MDR 65, 1; *Hartung* NJW 65, 86; *Schreiner* DAR 78, 271.
314 Vgl. OLG Köln DAR 66, 271; OLG Zweibrücken VRS 54, 113 (115); OLG Düsseldorf VRS 74, 259; vgl. auch BGH DAR 95, 185 (bei *Tolksdorf*).
315 Vgl. BGH VRS 92, 204; OLG Düsseldorf VRS 74, 259; OLG Köln VRS 41, 101; OLG Hamm VRS 52, 24; OLG Frankfurt VM 77, 30.
316 Vgl. OLG Koblenz VRS 71, 278; KG VRS 60, 109; OLG Köln – 1 Ss 367/84 –.

§ 267 VI 2 StPO. Hat der Täter eine so hohe BAK erreicht, daß mit extremer Alkoholgewöhnung gerechnet werden muß, so wird auch nach längerer vorläufiger Führerscheinmaßnahme bei einem Ersttäter der bloße Hinweis auf einen »günstigen Eindruck« in der Hauptverhandlung zur Begründung einer Ausnahme von der Regel des § 69 II StGB nicht ausreichen.[317]

6. Künftige Gefährdung der Allgemeinheit

a) Entbehrlichkeit einer besonderen Prüfung des Erfordernisses

Die Entziehung der Fahrerlaubnis setzt voraus, daß sie zum Schutze der Allgemeinheit vor **künftiger Gefährdung** erforderlich ist. Dies ergibt sich ohne weiteres aus ihrem Charakter als Maßregel der Besserung und Sicherung[318] und aus ihrem Zweck.[319] Das bedeutet jedoch nicht, daß das Gericht, wenn es die Ungeeignetheit des Kraftfahrers festgestellt hat, nun noch besonders prüfen müßte, ob die Entziehung der Fahrerlaubnis auch erforderlich ist, weil anderenfalls eine Gefährdung der Allgemeinheit in der Zukunft einträte.[320] Eine solche besondere Prüfung einer Gefährdung der Allgemeinheit ist entbehrlich, weil – worauf der BGH[321] überzeugend hingewiesen hat – die Feststellung, jemand sei zum Führen von Kraftfahrzeugen ungeeignet, schon begrifflich die weitere Feststellung einschließt, er gefährde die Allgemeinheit, sobald er sich an das Steuer eines Kraftfahrzeugs setzt.[322] Anderenfalls ist er nicht ungeeignet. »Die Eignung zum Führen von Kraftfahrzeugen hat nur jemand, der beim Fahren andere nicht gefährdet; wer die Eignung nicht hat und dennoch fährt, ist gefährlich ...«[323]

b) Fahrerlaubnisentziehung trotz Sicherungsverwahrung

Aus den Erörterungen zur Frage künftiger Gefährdung durch den ungeeigneten Kraftfahrer folgt, daß das Gericht, wenn es die Ungeeignetheit festgestellt hat, bei Vorliegen der übrigen Voraussetzungen des § 69 StGB die Fahrerlaubnis auch dann entziehen muß, wenn es zugleich die **Sicherungsverwahrung** anordnet (§ 66 StGB).[324]

---

317 Vgl. KG VRS 60, 109.
318 Vgl. oben Rn 565.
319 Vgl. oben Rn 566, 567.
320 Inzwischen wohl allgemeine Meinung; vgl. auch *Mittelbach* S. 33; vgl. BGH NJW 61, 683; OLG Düsseldorf VM 66, 60 Nr. 112; so schon früher: BGH NJW 54, 159; 55, 557; OLG Karlsruhe NJW 54, 1945.
321 BGH NJW 55, 557; die in einer älteren Entscheidung – BGH NJW 54, 159 – gegebene Begründung, wer sich durch die Tat als ungeeignet erwiesen habe, dessen Gefährlichkeit für die Allgemeinheit werde für die Hauptverhandlung unwiderleglich vermutet, war mit Recht auf Widerspruch gestoßen, vgl. *Hartung* JZ 54, 137; *Schmidt-Leichner* NJW 54, 159; BGH NJW 54, 1167; 54, 1536; OLG Celle NJW 54, 652.
322 Vgl. BGH NJW 61, 683; LK *(Geppert)* zu § 69 Rn 58; vgl. auch oben Rn 621.
323 BGH NJW 55, 557.
324 Vgl. BGH VRS 30, 274.

c) Fahrerlaubnisentziehung bei gleichzeitiger Strafaussetzung zur Bewährung

648 Die Bewilligung der Strafaussetzung zur Bewährung steht der gleichzeitigen Entziehung der Fahrerlaubnis nicht entgegen.[325] Die Vereinbarkeit der Strafaussetzung mit der Maßregel wird nicht dadurch ausgeschlossen, daß die Maßregel in Fällen charakterlicher Ungeeignetheit die Gefahr künftiger Verkehrsstraftaten durch den Täter voraussetzt, während umgekehrt die Strafaussetzung zur Bewährung nach § 56 StGB an die Erwartung geknüpft ist, daß der Täter in Zukunft keine Straftaten begehen werde. Daß die Entziehung der Fahrerlaubnis nicht notwendig im Widerspruch zu der gleichzeitig bewilligten Strafaussetzung zur Bewährung steht, wird deutlich, wenn man berücksichtigt, daß die Maßregel des § 69 StGB die Allgemeinheit durch den alsbald mit der Rechtskraft des Urteils wirksam werdenden Ausschluß des verurteilten Kraftfahrers vom Straßenverkehr zu schützen sucht, während das Ziel der Strafaussetzung eine erst von einer längeren Zeit der Bewährung aufgrund eines unter dem Druck der ausgesetzten Strafe allmählich eintretenden Charakterwandels zu erwartende Änderung der inneren Einstellung zu den Strafgesetzen ist.[326] Hinzu kommt, daß die nach § 56 StGB erforderliche Erwartung künftiger straffreier Führung in vielen Fällen erst unter der Voraussetzung gerechtfertigt erscheint, daß der Angeklagte durch gleichzeitige Entziehung der Fahrerlaubnis vom Straßenverkehr ausgeschlossen wird. Denn hierdurch wird zum einen die Möglichkeit zur Begehung von Verkehrsstraftaten eingeschränkt, zum anderen ist oft gerade die Verbindung der vom Verurteilten als Nachteil empfundenen Maßregel mit dem Druck der bei Nichtbewährung drohenden Strafvollstreckung geeignet, die mit der Strafaussetzung beabsichtigte positive Beeinflussung des Verurteilten zu bewirken.[327]

649 Stellt ein Gericht bei der Prüfung des § 56 StGB allerdings fest, der Täter biete die *Gewähr*, also die *Gewißheit*, daß er in Zukunft derartige Straftaten nicht mehr begehen werde, so wäre es ein Widerspruch, gleichzeitig seine charakterliche Ungeeignetheit aufgrund der abgeurteilten Straftat anzunehmen.[328] Je gewichtiger die Gründe sind, die das Gericht für die Erwartung künftiger straffreier Führung im Rahmen des § 56 StGB anführt, um so mehr kann es verpflichtet sein, in den Urteilsgründen zu erläutern, warum trotz dieser Erwartung die Entziehung der Fahrerlaubnis gleichwohl notwendig ist;[329] das hat jedenfalls für die Fälle zu gelten, in denen die Maßregel nicht durch § 69 II StGB indiziert ist. Hält das Gericht trotz Strafaussetzung zur Bewährung das Höchstmaß der Führerscheinsperre von 5 Jahren für erforderlich, so wird ebenfalls näher zu begründen sein, daß die Strafaussetzung hierzu nicht im Widerspruch steht.[330]

---

325 Vgl. BGH NJW 61, 683; VRS 19, 192 (197); 25, 426; 29, 14; OLG Düsseldorf NZV 97, 364; OLG Karlsruhe DAR 64, 344; OLG Hamm VRS 32, 17; OLG Stuttgart NJW 54, 611; OLG Braunschweig NJW 58, 679; OLG Köln NJW 56, 113; OLG Celle NJW 56, 1648; *Geppert*, Sperrfrist, S. 165, 166.
326 Vgl. OLG Stuttgart NJW 54, 611; OLG Köln NJW 56, 113.
327 Vgl. BGH NJW 61, 683; OLG Düsseldorf NZV 97, 364; OLG Koblenz VRS 45, 348; *Wimmer* NJW 59, 1513; *Geppert*, Sperrfrist, S. 165, 166.
328 Vgl. BGH VRS 25, 426.
329 Vgl. BGH VRS 29, 14.
330 Vgl. auch OLG Köln BA 81, 56.

d) Verhältnismäßigkeit

Hat das Gericht die Ungeeignetheit eines Angeklagten zum Führen von Kraftfahrzeugen festgestellt und liegen die übrigen Voraussetzungen des § 69 StGB vor, so muß es die Fahrerlaubnis entziehen, ohne daß es der weiteren Prüfung der **Verhältnismäßigkeit** dieser Maßregel bedarf (§ 69 I 2 StGB). Würde ein Kraftfahrer durch weitere Teilnahme am Straßenverkehr die Allgemeinheit gefährden, ist die Entziehung der Fahrerlaubnis niemals unverhältnismäßig, so daß weitere Feststellungen nach § 62 StGB entbehrlich sind.[331] Dies ist keine Außerkraftsetzung des tragenden Rechtsprinzips der Verhältnismäßigkeit für den Bereich der Maßregel des § 69 StGB, sondern bedeutet, daß dieses Prinzip bereits bei der Feststellung der Ungeeignetheit mit berücksichtigt ist. Ein unbedeutender Verkehrsverstoß führt eben nicht zur Feststellung der charakterlichen Ungeeignetheit des Täters zum Führen von Kraftfahrzeugen.

650

V. Begründungspflicht bei Nichtentziehung

Nach § 267 VI 2 StPO müssen die **Urteilsgründe** ergeben, weshalb die Maßregel nicht angeordnet worden ist, »obwohl dies nach Art der Straftat in Betracht kam«. Diese Pflicht betrifft nicht etwa nur die Ausnahmefälle von der Regel des § 69 II StGB. Sie richtet sich auch nicht nach der Beurteilung im einzelnen Fall, sondern danach, ob die objektiven Voraussetzungen des § 69 I und II StGB vorlagen.[332] Die Nichtziehung der Fahrerlaubnis ist also in allen Fällen zu begründen, in denen die Tat bei oder im Zusammenhang mit dem Führen eines Kraftfahrzeugs oder unter Verletzung der Pflichten eines Kraftfahrzeugführers begangen ist.[333]

651

Diese Begründungspflicht gilt auch für **Strafbefehle** (§ 409 I 3 StPO).[334]

652

Die Begründung der Nichtziehung ist deshalb von wesentlicher Bedeutung, weil die Verwaltungsbehörde an die Beurteilung der Eignungsfrage durch das Gericht gebunden ist, soweit sie denselben Sachverhalt zu beurteilen hat.[335] Fehlt die Begründung, so ist es dagegen der Verwaltungsbehörde nicht verwehrt, aufgrund desselben Sachverhalts, der zu einer strafgerichtlichen Ahndung ohne Verhängung der Maßregel nach §§ 69, 69 a StGB geführt hat, die Fahrerlaubnis mittels Verwaltungsaktes zu entziehen. Trotz dieses aus dem Begründungsmangel des Strafurteils sich ergebenden Nachteils für den Verurteilten ist allerdings eine Anfechtung des Urteils mit dem alleinigen Ziel, diesen Mangel zu beheben, ausgeschlossen. Es fehlt an der für die Zulässigkeit eines Rechtsmittels erforderli-

653

---

331 Insoweit unzutreffend AG Bad Homburg VRS 67, 22, das die vom Gesetz gebotene Fahrerlaubnisentziehung trotz festgestellter Ungeeignetheit als unverhältnismäßig ablehnt, wenn Verlust des Arbeitsplatzes droht; gegen AG Bad Homburg auch *Kürschner* ZRP 86, 305 (308); LK *(Geppert)* zu § 69 Rn 65.
332 Vgl. OLG Hamm VRS 43, 19.
333 Vgl. auch *Hartung* NJW 65, 86; vgl. hierzu auch *Warda* MDR 65, 1.
334 Kritisch zu dieser gesetzlichen Regelung: *Warda* MDR 65, 1.
335 Vgl. Näheres hierzu in *Himmelreich/Hentschel* Bd. II Rn 166 ff., 177 i. V. m. Rn 180 sowie unter Rn 305 ff.; *Jagusch/Hentschel* zu § 3 StVG Rn 28 ff.; vgl. dazu auch *Hentschel* NZV 89, 100.

chen Beschwer; denn diese muß sich immer aus dem Entscheidungssatz ergeben.[336]

VI. Verjährung

654 Gemäß § 78 I StGB schließt die Verjährung die Ahndung der Tat und die Anordnung von Maßnahmen aus, also auch die Entziehung der Fahrerlaubnis oder die Verhängung einer Fahrerlaubnissperre (§ 11 I Nr. 8 StGB).[337]

VII. Wirkung

655 Die Fahrerlaubnis – auch eine etwa bestehende Dienstfahrerlaubnis nach § 26 FeV[338] – **erlischt** mit der Rechtskraft des Urteils (§ 69 III 1 StGB), und zwar in vollem Umfang. Dies gilt auch im Falle des § 69 a II StGB. Daraus folgt, daß eine nur **teilweise Entziehung** der Fahrerlaubnis nicht möglich ist.[339] Da das Gesetz es nicht zuläßt, die Fahrerlaubnis zu entziehen, »soweit« sich die Ungeeignetheit ergibt,[340] kann die Fahrerlaubnis also nur im ganzen entzogen werden. Nicht möglich ist z. B. auch die Entziehung nur der Erlaubnis zur Fahrgastbeförderung (§ 48 FeV) nach §§ 69, 69 a StGB; diese Befugnis hat vielmehr ausschließlich die Verwaltungsbehörde.[341] Die Möglichkeit des § 69 a II StGB betrifft nur die Sperre. Das Gericht kann dem Angeklagten nicht die Führung bestimmter Kraftfahrzeugarten von sich aus gestatten.[342] Es ist vielmehr Sache der Verwaltungsbehörde, die Fahrerlaubnis in dem Umfang neu zu erteilen, in dem das Gericht bestimmte Arten von Kraftfahrzeugen von der *Sperre* ausgenommen hat.[343] Hat das Gericht gleichwohl fehlerhaft bestimmte Kraftfahrzeugarten von der *Entziehung* der Fahrerlaubnis ausgenommen, so kann dies nicht in eine Fahrerlaubnisentziehung mit entsprechender Ausnahme von der *Sperre* umgedeutet werden, weil die Entscheidung mit diesem Inhalt den Verurteilten mehr belasten würde;[344] ob die Verwaltungsbehörde nämlich eine auf die ausgenommene Kraftfahrzeugart beschränkte Fahrerlaubnis erteilt, ist ungewiß.[345]

656 Mit der in § 69 III 1 StGB bestimmten Wirkung der gerichtlichen Entziehung der Fahrerlaubnis ist es auch nicht vereinbar, die Fahrerlaubnis jeweils **für bestimmte Zeiten** des Jahres mit der Maßgabe zu entziehen, daß sie außerhalb dieser Zeit bestehenbleibt, etwa für die jährlich wiederkehrende Dauer akuter allergischer

---

336 Vgl. BGHSt 16, 374; BGH MDR 66, 200 (bei *Dallinger*); OLG Nürnberg MDR 64, 943; *Kleinknecht/Meyer-Goßner* vor § 296 Rn 11.
337 Zur bis zum 31. 12. 1974 bestehenden Rechtslage vgl. OLG Neustadt VRS 10, 132; OLG Celle NJW 65, 2113; OLG Düsseldorf DAR 67, 87.
338 Vgl. BayObLG NZV 90, 364; *Ebert* VD 85, 67, 81, 103 (84, 107).
339 Vgl. BGH NJW 83, 1744; NStZ 83, 168; OLG Karlsruhe VRS 63, 200; *Booß* NJW 54, 612.
340 Vgl. LG Mannheim VRS 31, 191.
341 Vgl. BGH MDR 82, 623 (bei *Holtz*); vgl. dazu *Himmelreich/Hentschel* Bd. II Rn 10, 62, 155.
342 Vgl. OLG Hamm NJW 71, 1193; OLG Karlsruhe VRS 63, 200.
343 Vgl. Näheres hierzu *Himmelreich/Hentschel* Bd. II Rn 308.
344 Vgl. BGH NStZ 83, 168;
  a. M. offenbar BGH NJW 83, 1744; s. dazu Rn 671.
345 Vgl. *Himmelreich/Hentschel* Bd. II Rn 308 f.; *Jagusch/Hentschel* zu § 69 a StGB Rn 19.

Beeinträchtigung eines Kraftfahrers.³⁴⁶ In derartigen Fällen erscheint es zweckmäßig, in den Urteilsgründen auf die **eingeschränkte Eignung** des Kraftfahrers hinzuweisen, damit die Verwaltungsbehörde die notwendigen Maßnahmen ergreift, indem sie von den Möglichkeiten des § 23 II FeV Gebrauch macht.³⁴⁷ Denn diese Vorschrift läßt auch zeitliche Begrenzungen in Form einer Auflage zu.³⁴⁸

VIII. Rechtsmittel

Literatur:

Hentschel, Fahrerlaubnisentziehung und Sperrfrist in der Rechtsmittelinstanz, in: DAR 1988, 330; *Janiszewski,* Sinnvollere Behandlung der Entziehung der Fahrerlaubnis, in: DAR 1989, 135; *D. Meyer,* Ist eine Berufung, die in der Hoffnung eingelegt wurde, den nach § 111 a StPO beschlagnahmten Führerschein vom Gericht zurückzuerhalten, unzulässig?, in: MDR 1976, 629; *K. Müller,* Der Beginn der Sperrfrist des § 42 m StGB, in: NJW 1960, 804; *Rödding,* Rechtsmittelbeschränkung in Verkehrsstrafsachen, in: NJW 1956, 1342; *Zabel,* Ablauf der Sperrfrist wegen Zeitablaufs – ein Erfolg der Berufung?, in: BA 1981, 71.

1. Rechtsmißbräuchliche Berufung

Ist im Zeitpunkt des Berufungsurteils eine Zeit verstrichen, die der im angefochtenen Urteil angeordneten Sperre entspricht, so wird das Berufungsgericht, wenn der Angeklagte das Rechtsmittel eingelegt hat, häufig zu dem Ergebnis kommen, daß infolge der fortbestehenden vorläufigen Führerscheinmaßnahmen (vorläufige Entziehung der Fahrerlaubnis oder Beschlagnahme des Führerscheins) der Zweck der Maßregel als erreicht anzusehen ist, Ungeeignetheit des Angeklagten zum Führen von Kraftfahrzeugen also nicht mehr festgestellt werden kann.³⁴⁹ Die Hoffnung, auf diese Weise den Führerschein in der Berufungsverhandlung zurückzuerhalten, ist vielfach der alleinige Anlaß für die Einlegung des Rechtsmittels. Hat der Angeklagte Erfolg, so umgeht er dadurch das sonst erforderliche Verfahren vor der Verwaltungsbehörde zur Wiedererteilung der Fahrerlaubnis und erlangt damit gewisse Vorteile³⁵⁰ (Nachteil allerdings: Die Punktbewertung für die Tat darf im Rahmen des § 4 StVG weiterhin berücksichtigt werden, § 4 II S. 3 StVG). Ein derartiges Verhalten mag zwar zu mißbilligen sein. Eine Möglichkeit, diesem Vorgehen wirksam zu begegnen, besteht für das Berufungsgericht jedoch in aller Regel nicht, wenn nicht alsbald Termin stattfinden kann.³⁵¹ Insbesondere darf das Berufungsgericht die Berufungseinlegung auch in solchen Fällen nicht bei der von ihm zu treffenden Entscheidung über die Maßregel zu seinem Nachteil als Uneinsichtigkeit und daraus zu folgernde Ungeeignetheit zum Führen von Kraft-

---

346 So aber AG Gießen NJW 54, 612; dagegen überzeugend *Booß* ebenda.
347 Vgl. auch *Booß* NJW 54, 612; Näheres hierzu in *Himmelreich/Hentschel* Bd. II Rn 324 ff., 334 ff., 340.
348 Vgl. Näheres hierzu in *Himmelreich/Hentschel* Bd. II Rn 327 sowie *Jagusch/Hentschel* zu § 23 II FeV.
349 Vgl. hierzu oben Rn 613, 618.
350 Vgl. hierzu *Hentschel* MDR 76, 369; *Werner* DAR 76, 7.
351 Vgl. hierzu oben Rn 616.

fahrzeugen würdigen.³⁵² Nach Ansicht des LG Berlin³⁵³ ist die Einlegung der **Berufung** jedoch dann als **rechtsmißbräuchlich** zu erachten, wenn der Angeklagte klar zum Ausdruck bringt, daß er sich im Grunde durch die in erster Instanz erfolgte Verurteilung nicht beschwert fühlt, die Berufung vielmehr *allein zwecks Umgehung der verwaltungsrechtlichen Vorschriften* zur Wiedererlangung einer neuen Fahrerlaubnis eingelegt hat.³⁵⁴ Die Berufung sei dann als unzulässig zu verwerfen.³⁵⁵

2. Beschränkung des Rechtsmittels

a) Ausklammerung der Entscheidung gem. § 69 StGB bei Anfechtung des Schuldspruchs

658 Der **Schuldspruch** wegen ein und derselben Tat kann nur einheitlich angefochten, die Entziehung der Fahrerlaubnis grundsätzlich nicht ausgeklammert werden.³⁵⁶ Wird das Urteil angefochten, so kann also nicht auf ein Rechtsmittel hinsichtlich der Entziehung der Fahrerlaubnis verzichtet werden; denn in der Regel setzt die Verhängung der Maßregel den Schuldspruch voraus (anders nur bei nicht auszuschließender Schuldunfähigkeit), so daß die Anfechtung des Schuldspruchs nicht nur den Strafausspruch, sondern auch die Verhängung der Maßregel umfaßt.³⁵⁷ Wendet sich die Staatsanwaltschaft allerdings mit dem Rechtsmittel gegen einen *rechtlich unzulässigen* Teilfreispruch (z. B. bezüglich eines Vergehens gem. § 142 StGB nach vorangegangenem Vergehen gem. § 315 c StGB)³⁵⁸, so ist eine Rechtsmittelbeschränkung in der Weise, daß die Maßregel davon ausgeklammert bleibt, möglich, weil es keiner neuen Bewertung der Tat bedarf.³⁵⁹

b) Beschränkung auf den Strafausspruch

659 Wird das Rechtsmittel auf den **Strafausspruch** beschränkt, so erstreckt sich die Prüfung in der Regel auch auf die Entscheidung nach § 69 StGB; denn immer, wenn die der Strafzumessung zugrundeliegenden Tatsachen einen wesentlichen Teil der Grundlage für die Entscheidung nach § 69 StGB bilden, kann die Entziehung der Fahrerlaubnis nach § 69 StGB von einem Rechtsmittelangriff gegen den Strafausspruch nicht ausgenommen werden.³⁶⁰ Das ist stets dann der Fall, wenn

---

352 Vgl. *Hentschel* DAR 76, 150; LK *(Geppert)* zu § 69 Rn 252; vgl. auch oben Rn 617 und unten Rn 708.
353 LG Berlin VRS 49, 276.
354 *Zweifelhaft;* a.M. *Geppert* in LK zu § 69 Rn 252 sowie in ZRP 81, 85 (89) im Hinblick darauf, daß die Beschwer aus dem Urteilstenor folge; *Kuckuk/Werny* zu § 69 StGB Rn 31.
355 Ebenso *Beine* BA 81, 427 (430);
a.M.: *D. Meyer* MDR 76, 629, 631, nach dessen Auffassung die Berufung in einem solchen Fall als *unbegründet* zu verwerfen ist.
356 Vgl. BGH VRS 25, 426; OLG Schleswig VRS 29, 266.
357 Vgl. BGH VRS 25, 426; OLG Schleswig VRS 29, 266.
358 Siehe dazu oben Rn 455.
359 Vgl. OLG Zweibrücken VRS 85, 206.
360 Vgl. BGH DAR 71, 54; BayObLG VRS 60, 103; OLG Düsseldorf VRS 63, 463; OLG Frankfurt VM 77, 30; OLG Koblenz VRS 57, 107; BA 83, 462; OLG Hamburg MDR 73, 602; OLG Schleswig MDR 77, 1039; OLG Celle VRS 44, 96; KG MDR 66, 345; VRS 32, 115; OLG Köln VRS 48, 85; *Hartung* NJW 55, 1331; 59, 1503; vgl. hierzu auch *Wimmer* NJW 59, 1513; OLG Oldenburg NJW 67, 302; zur Wechselwirkung von Strafe und Maßregel vgl. ausführlich *Bruns*, Strafzumessungsrecht, S. 221 ff.

die Ungeeignetheit zum Führen von Kraftfahrzeugen, die zur Entziehung der Fahrerlaubnis geführt hat, auf charakterlichen Mängeln beruht.[361] Überzeugend hat der BGH[362] in diesem Zusammenhang darauf hingewiesen, daß nach Rechtskraft der Maßnahmeentscheidung kaum noch genügend Raum für die umfassendere Prüfung des Strafmaßes wäre, weil der Tatrichter an die im Rahmen der rechtskräftigen Entscheidung nach § 69 StGB getroffenen Feststellungen zur charakterlichen Seite der Person aus Gründen der inneren Einheit der Gesamtentscheidung gebunden wäre,[363] so daß er die ihm obliegende Aufgabe, das gerechte Strafmaß zu finden, nicht erfüllen könnte.

Der Angeklagte muß daher die sich für ihn u. U. trotz der Regelung des § 69 a IV StGB aus dem späteren Sperrfristbeginn (§ 69 a V 1 StGB) ergebenden Nachteile, auf die die Gegenmeinung[364] hinweist, in Kauf nehmen. **660**

Besteht der geschilderte **innere Zusammenhang** zwischen Strafe und Maßregel **nicht**, etwa weil die Fahrerlaubnis wegen fahrtechnischer Ungeeignetheit, wegen körperlicher oder geistiger Mängel entzogen wurde, so ist die Ausklammerung der Entscheidung nach § 69 StGB, wenn nur das Strafmaß angegriffen wird, zulässig.[365] Das gleiche gilt bei Rechtsmittelbeschränkung auf die Tagessatz*höhe*. Denn diese ist ausschließlich nach Gesichtspunkten zu bestimmen, die von denen zur Prüfung der Eignungsfrage unabhängig sind.[366] **661**

c) Anfechtung der Entscheidung über Strafaussetzung

Hindert der enge Zusammenhang zwischen den Tatsachen, die die Grundlage der Strafzumessung bilden, und jenen, die die Entscheidung nach § 69 StGB tragen, die Teilanfechtung des Urteils in der Weise, daß der Strafausspruch ohne die Entscheidung nach § 69 StGB angegriffen wird, so gilt dies in der Regel erst recht für die Anfechtung der Entscheidung über die **Strafaussetzung zur Bewährung**.[367] Denn dort besteht ein noch in wesentlich stärkerem Maße untrennbarer Zusammenhang zwischen den Entscheidungen, weil beiden die Beurteilung des künftigen Verhaltens des Angeklagten zugrunde liegt, woraus sich eine weitgehende Verflechtung der insoweit getroffenen Feststellungen ergibt.[368] Die Beschränkung ist jedoch ausnahmsweise zulässig, wenn zwischen den Erwägungen zur Strafaussetzung und denen zur Maßregel kein unlösbarer Zusammenhang besteht.[369] Die **662**

---

361 Vgl. BayObLG NStZ 88, 267; DAR 90, 369 (bei *Bär*).
362 BGH NJW 57, 1726.
363 Vgl. auch KG MDR 66, 345; ähnlich OLG Stuttgart VRS 46, 103.
364 Vgl. z. B. BayObLG NJW 57, 511; *Rödding* NJW 56, 1342; *Müller* NJW 60, 804.
365 Vgl. BGH NJW 57, 1726; OLG Koblenz VRS 43, 420; KG MDR 66, 345;
   a. M. *Geppert* in LK zu § 69 Rn 237.
366 Vgl. BayObLG VRS 60, 103.
367 Vgl. BayObLG VRS 63, 463; OLG Karlsruhe DAR 64, 344; OLG Hamm VRS 32, 17; OLG Köln VRS 48, 85; OLG Hamburg VRS 60, 209;
   a. M. OLG Stuttgart NJW 56, 1119; *Rödding* NJW 56, 1342; ferner OLG Koblenz VRS 51, 24, wonach bei Beschränkung des Rechtsmittels auf die Entscheidung über die Strafaussetzung die Entscheidung nach §§ 69, 69 a StGB »in aller Regel« rechtskräftig wird.
368 Vgl. OLG Karlsruhe DAR 64, 344; vgl. auch OLG Köln VRS 48, 85; vgl. hierzu auch oben Rn 648.
369 Vgl. OLG Düsseldorf VRS 96, 443.

Beschränkung des Rechtsmittels auf die Frage der Strafaussetzung unter Ausklammerung der Entscheidung über Fahrerlaubnisentziehung und Sperre wird ferner dann für zulässig erachtet, wenn die für beide Fragen zu stellende Prognose so ungünstig ist, daß mangels verbleibenden Spielraums die Gefahr widersprüchlicher Entscheidungen nicht besteht.[370]

d) Beschränkung auf die Verurteilung wegen einer von mehreren Taten

663 Wird das Rechtsmittel auf die **Verurteilung wegen einer von mehreren Straftaten** beschränkt, so erstreckt es sich dann auf die Entscheidung nach § 69 StGB, wenn die Maßregel auf das sich aus allen Straftaten ergebende Gesamtverhalten gestützt wurde,[371] weil diese einheitliche Entscheidung nicht in zwei Teile zerlegt werden kann. Die Prüfung des Rechtsmittelgerichts erstreckt sich in einem derartigen Fall daher auf den einheitlichen Ausspruch über die Entziehung der Fahrerlaubnis[372] und, soweit eine enge Wechselbeziehung zwischen Maßregel und Strafzumessung besteht,[373] auf den gesamten Rechtsfolgenausspruch.[374] Das gilt auch, wenn jedenfalls nicht ausgeschlossen werden kann, daß die Verurteilung wegen des Tatbestands, den das Rechtsmittel betrifft, für die Entziehung der Fahrerlaubnis mitentscheidend war.[375]

e) Beschränkung auf die Entscheidung nach § 69 StGB

664 Die Beschränkung des Rechtsmittels auf die **Entscheidung nach § 69 StGB** ist wirksam, soweit die Frage losgelöst von den Ausführungen zur Strafzumessung beurteilt werden kann,[376] z. B., wenn die Entziehung der Fahrerlaubnis wegen körperlicher oder geistiger Mängel, mangelnder Fertigkeit, technischen Nichtkönnens oder unzureichenden Reaktionsvermögens ausgesprochen wurde.[377] Regelmäßig kann das Rechtsmittel aber nicht auf die Nichtanordnung der Maßregel beschränkt werden.[378] Andererseits gilt dies z. B. dann nicht, wenn es nur um die rechtliche Zulässigkeit der Verhängung der Maßregel geht, etwa wenn der Tatrichter von der Verhängung nur deswegen abgesehen hat, weil er der Auffassung war, sie sei unzulässig, wenn die Tat im Zusammenhang mit dem Führen eines führerscheinfreien Kraftfahrzeugs begangen wurde. Hier ist die Beschränkung der Revision der Staatsanwaltschaft auf die Nichtanwendung der §§ 69, 69 a StGB

---

370 Vgl. OLG Hamburg VRS 60, 209.
371 Zur Zulässigkeit einer derartigen einheitlichen Entscheidung über die Maßnahme nach § 69 StGB vgl. Rn 611.
372 Vgl. BayObLG NJW 66, 2369; vgl. auch BayObLG DAR 66, 270 zu der entsprechenden Frage beim Fahrverbot.
373 Vgl. Rn 644 f.
374 Vgl. BayObLG NZV 89, 242; DAR 90, 369 (bei *Bär*).
375 Vgl. OLG Koblenz VRS 53, 339.
376 Vgl. BGH VRS 92, 204; OLG Frankfurt NZV 96, 414; OLG Oldenburg NJW 69, 199; OLG Schleswig DAR 67, 21; VRS 54, 33; OLG Hamm VRS 61, 42; OLG Karlsruhe VRS 51, 204; OLG Koblenz VRS 50, 30; 50, 361; vgl. hierzu auch OLG Koblenz VRS 43, 259; 43, 420; OLG Hamm DAR 74, 21; OLG Düsseldorf VRS 70, 137; einschränkend *Hartung* NJW 55, 1331.
377 Vgl. OLG Frankfurt NZV 96, 414; OLG Koblenz VRS 50, 30.
378 Siehe dazu Rn 665.

zulässig, weil die Frage völlig unabhängig von den Erörterungen zur Strafzumessung entschieden werden kann.³⁷⁹ Das gleiche gilt, wenn der Angeklagte wegen einer der in § 69 II StGB genannten Taten verurteilt worden ist, die die Ungeeignetheit zum Führen von Kraftfahrzeugen indizieren, und sich aus den Feststellungen zum Schuldspruch keine Tatsachen ergeben, die eine Ausnahmebehandlung des Angeklagten, also das Absehen von der Entziehung der Fahrerlaubnis, hätten rechtfertigen können.³⁸⁰ Für zulässig und wirksam erachtet wurde die Revisionsbeschränkung durch den Angeklagten auf die Entziehung der Fahrerlaubnis wegen einer Indiztat i. S. d. § 69 II StGB bei Verkennung des Ausnahmecharakters des festgestellten Sachverhalts durch das angefochtene Urteil.³⁸¹ Wurde die Maßregel auf § 69 II Nr. 3 StGB gestützt, so ist die Beschränkung des Rechtsmittels auf die Anordnung der Fahrerlaubnisentziehung wirksam, wenn lediglich die Rechtsfrage zu entscheiden ist, ob »bedeutender Schaden« vorliegt.³⁸² Zu denken ist ferner an den Fall, daß das Gericht gem. § 60 StGB von Strafe abgesehen hat. Auch zwischen dieser Entscheidung und dem Ausspruch nach § 69 StGB besteht in der Regel kein untrennbarer innerer Zusammenhang, der der Beschränkung des Rechtsmittels auf die Entscheidung nach § 69 StGB und der Teilrechtskraft des Urteils im übrigen entgegenstünde.³⁸³

Nicht zulässig ist die Beschränkung auf die Entscheidung nach § 69 StGB dagegen in aller Regel, wenn deren Nachprüfung ohne ein Eingehen auf die Tatsachen, die dem Strafausspruch zugrunde liegen, nicht möglich ist, weil beide Entscheidungen ganz oder teilweise **auf denselben tatsächlichen Feststellungen** oder Erwägungen beruhen.³⁸⁴ Das ist insbesondere dann der Fall, wenn in dem angefochtenen Urteil gleichzeitig eine auf § 56 StGB beruhende Entscheidung über die Strafaussetzung zur Bewährung getroffen worden ist, weil die Voraussetzungen beider Bestimmungen (§ 56 und § 69 StGB) in untrennbarer wechselseitiger Abhängigkeit voneinander stehen.³⁸⁵ Wegen der Wechselbeziehung zwischen den die Strafzumessung tragenden Tatsachen und jenen, die für die Beurteilung der Eignungsfrage maßgebend sind, wird i. d. R. auch eine Beschränkung des Rechtsmittels der Staatsanwaltschaft auf die Nichtanordnung der Maßregel der §§ 69, 69 a StGB nicht möglich sein.³⁸⁶ Strebt der Angeklagte mit dem Rechtsmittel die Aufhebung der Maßregel im Hinblick auf ein inzwischen beendetes Aufbauseminar für alkoholauffällige Kraftfahrer an (»Nachschulung«), so kann das Rechtsmittel ebenfalls nicht auf den Maßregelausspruch beschränkt werden, weil eine durch die Nachschulung möglicherweise bewirkte Verhaltensänderung nicht nur die Frage der Kraftfahreignung, sondern auch die Strafzu-

---

379 Vgl. OLG Oldenburg NJW 69, 199.
380 Vgl. OLG Stuttgart NZV 97, 316; OLG Schleswig DAR 67, 21; vgl. auch *Kaiser* NJW 83, 2418 (2420).
381 Vgl. OLG Düsseldorf VRS 79, 103.
382 Vgl. OLG Celle VRS 64, 366.
383 Vgl. OLG Hamm VRS 43, 19.
384 Vgl. BayObLG VRS 75, 215; OLG Köln VRS 90, 123; OLG Frankfurt NZV 96, 414; OLG Stuttgart NZV 97, 316, OLG Düsseldorf NZV 91, 237; KG VRS 40, 276; OLG Koblenz VRS 50, 30; *Janiszewski* NStZ 81, 472.
385 Vgl. OLG Braunschweig NJW 58, 679; OLG Köln NJW 59, 1237.
386 Vgl. BayObLG NZV 91, 397; DAR 90, 365 (bei *Bär*); s. aber BGH NStZ-RR 98, 43.

Rechtsmittel

messung betrifft.[387] Ausnahmsweise kann jedoch selbst in Fällen, in denen die Entscheidung hinsichtlich des Strafausspruchs und diejenige über die Anordnung der Maßregel auf gemeinsamen Feststellungen beruhen, die Beschränkung des Rechtsmittels auf den Maßregelausspruch zulässig sein, wenn diese Feststellungen auch den von dem Rechtsmittel nicht angegriffenen Schuldspruch tragen (mit der Folge, daß das Rechtsmittelgericht an diese Feststellungen gebunden ist).[388]

666 Wurde die Fahrerlaubnis entzogen, obwohl der Angeklagte wegen Schuldunfähigkeit freigesprochen wurde, so unterliegt, wenn mit dem Rechtsmittel nur die Maßregel angegriffen wird, auch die Schuldfrage der Nachprüfung durch das Rechtsmittelgericht,[389] wobei allerdings das Verschlechterungsverbot zu beachten ist. Der Angeklagte kann also, wenn auf das zu seinen Gunsten eingelegte Rechtsmittel seine Schuldfähigkeit bejaht wird, nun nicht etwa bestraft werden.[390]

667 Ein auf die Maßregel nach § 69 StGB beschränktes **Rechtsmittel des Nebenklägers** ist unzulässig.[391] Das folgt nunmehr ohne weiteres aus § 400 I StPO.

668 Beschränkt der Beschwerdeführer sein Rechtsmittel wirksam auf die Entscheidung nach § 69 StGB und hat er mit diesem Rechtsmittel Erfolg, so fallen die **Gerichtskosten** unter Anwendung der Grundsätze der §§ 465 I, 467 I StPO, die **notwendigen Auslagen** des Beschwerdeführers nach § 473 III StPO der Staatskasse zur Last.[392] Ist die Beschränkung verfahrensrechtlich nicht möglich, gibt der Beschwerdeführer das begrenzte Begehren bei Einlegung des Rechtsmittels aber klar zu erkennen, und erreicht er, was er erstrebt, so folgt auch in diesem Falle aus den in §§ 465 I, 467 I StPO zum Ausdruck gekommenen Grundsätzen, daß die *Gerichtskosten* der Staatskasse aufzuerlegen sind.[393] Das gleiche gilt grundsätzlich entsprechend § 473 III StPO für die *notwendigen Auslagen* des Beschwerdeführers.[394] Soweit allerdings der Beschwerdeführer die Erreichung der angestrebten günstigen Entscheidung über die Entziehung der Fahrerlaubnis oder die Bemessung der Sperre *ausschließlich* den bis zur Entscheidung über sein Rechtsmittel fortwirkenden vorläufigen Führerscheinmaßnahmen zu verdanken hat, gilt sein Rechtsmittel gem. § 473 V StPO als erfolglos mit der Folge, daß ihn insoweit die Kosten treffen und er seine notwendigen Auslagen selbst zu tragen hat. Die Voraussetzungen des § 473 V StPO sind nicht erfüllt, wenn die Aufhebung der Maßregel oder die Verkürzung der Sperre nicht allein auf der fortwirkenden vorläufigen

---

387 Vgl. OLG Hamm VRS 61, 42.
388 Vgl. OLG Köln – 1 Ss 367/84 –; vgl. dazu auch BGH NJW 81, 589 (591).
389 Vgl. BayObLG VRS 53, 265; OLG Hamm NJW 56, 560; *Löwe/Rosenberg (Gollwitzer)* zu § 318 Rn 93.
390 Vgl. OLG Hamm NJW 56, 560.
391 So schon für die frühere Rechtslage OLG Karlsruhe VRS 33, 27.
392 Vgl. OLG Düsseldorf VRS 79, 121; OLG Frankfurt VRS 54, 202; vgl. hierzu *Löwe/Rosenberg (Hilger)* zu § 473 Rn 33; OLG Koblenz JR 74, 77.
393 Vgl. OLG Düsseldorf VRS 79, 121; OLG Celle NJW 75, 400; OLG Koblenz JR 74, 77; OLG Stuttgart Justiz 73, 215; MDR 74, 73; OLG Hamm VRS 50, 375; *Kleinknecht/Meyer-Goßner* zu § 473 Rn 22; *K. Meyer* JR 74, 77; *Hentschel* MDR 76, 369 (370); vgl. auch BayObLG DAR 70, 76; OLG Düsseldorf JMBl. NRW 70, 280.
394 Vgl. OLG Düsseldorf JMBl. NRW 70, 280; VRS 79, 121; OLG Celle NJW 75, 400; OLG Koblenz JR 74, 77; BayObLG DAR 70, 76; OLG Stuttgart MDR 76, 73; *Löwe/Rosenberg (Schäfer)* zu § 473 Rn 39; *K. Meyer* JR 74, 77.

Entziehung oder Führerscheinbeschlagnahme beruht, sondern auf anderen positiven Einflüssen auf den Eignungsmangel wie z. B. Nachschulung oder – bei fehlenden vorläufigen Maßnahmen – positiver Würdigung unbeanstandeter Teilnahme am Kraftfahrzeugverkehr bis zur Entscheidung über das Rechtsmittel.[395] Blieb ein zuungunsten des Angeklagten von der Staatsanwaltschaft eingelegtes Rechtsmittel nur wegen Zeitablaufs bei fortwirkenden vorläufigen Maßnahmen erfolglos, so bleibt es allerdings bei der Auslagenerstattungspflicht der Staatskasse nach § 473 II StPO.[396]

3. Verschlechterungsverbot

Die Entscheidung nach § 69 StGB unterliegt dem **Verschlechterungsverbot** der §§ 331, 358 II StPO.[397] Daß dieses Verbot grundsätzlich auch für Maßregeln der Besserung und Sicherung gilt, macht die seit dem 1. 1. 1975 geltende Neufassung der §§ 331, 358 II StPO deutlich (*»Rechtsfolgen* der Tat« statt früher *»Strafe«*), folgt aber auch aus §§ 331 *II,* 358 II 2 StPO, wo von dem Verbot ausdrücklich nur die Anordnung der Unterbringung in einem psychiatrischen Krankenhaus und einer Entziehungsanstalt ausgenommen werden. 669

Daraus, daß in diesen Ausnahmevorschriften die Entziehung der Fahrerlaubnis nicht genannt ist, folgt zwingend, daß eine Ausnahme auch nicht für den Fall gemacht werden kann, daß die Maßregel nicht wegen charakterlicher Ungeeignetheit angeordnet wurde. Ist zugunsten des Angeklagten ein Rechtsmittel eingelegt, so darf die Maßnahme also auch dann nicht nachgeholt werden, wenn sich der Täter **wegen körperlicher oder geistiger Beeinträchtigungen** als ungeeignet erwiesen hat.[398] 670

Uneinheitlich ist die Rechtsprechung des BGH zur Frage des Verschlechterungsverbots für den Fall, daß fälschlich – statt von der *Sperre* – **von der Entziehung der Fahrerlaubnis bestimmte Kraftfahrzeugarten ausgenommen wurden**. So vertritt der 4. Strafsenat[399] die Ansicht, hierbei handele es sich um eine offensichtliche Unrichtigkeit, deren jederzeit möglicher Berichtigung das Verschlechterungsverbot nicht entgegenstehe. Demgegenüber hat der 3. Strafsenat[400] in einem nur wenig älteren Urteil darauf hingewiesen, daß eine Umdeutung des falschen Maßregelausspruchs in eine Fahrerlaubnisentziehung mit entsprechender Ausnahme von der Sperre nicht möglich ist. Insoweit wird auf die Ausführungen in Rn 655 verwiesen. Man wird zu unterscheiden haben: Ergibt sich aus den Urteilsgründen zweifelsfrei, daß Fahrerlaubnisentziehung im ganzen gemeint ist, wobei unter Anwendung von § 69 a II StGB nur von der *Sperre* bestimmte Kraftfahrzeugarten 671

---

395 Vgl. Amtliche Begründung, Bundestagsdrucksache 10/1313 S. 42; *Rieß/Hilger* NStZ 87, 204 (207).
396 Vgl. OLG Düsseldorf VRS 86, 136; OLG Oldenburg VRS 68, 215.
397 Vgl. OLG Koblenz VRS 50, 361; so schon für die vor dem 1. 1. 1975 geltende Fassung der §§ 331, 358 II StPO: BGH NJW 54, 159; OLG Celle VRS 38, 432; OLG Karlsruhe VRS 48, 425; *Hartung* NJW 59, 1503; unzutreffend *Herlan/Schmidt-Leichner* Rn 31, 37.
398 A. M. *Cramer* NJW 68, 1764.
399 BGH NJW 83, 1744; ebenso BayObLG – 2 St 125/87 –.
400 BGH NStZ 83, 168.

ausgenommen wurden,[401] so kann die Urteilsformel – auch auf ein Rechtsmittel zugunsten des Angeklagten – berichtigt werden. War dagegen auch nach dem Inhalt der Urteilsgründe eine rechtlich nicht mögliche[402] Teilentziehung mit Ausnahme bestimmter Arten gewollt, so wird eine »Berichtigung« in der geschilderten Weise – wie aus Rn 655 folgt – regelmäßig gegen das Verschlechterungsverbot verstoßen, es sei denn, ein *Gesamtvergleich* aller zu verhängenden Sanktionen mit denen des angefochtenen Urteils ergebe eine andere Beurteilung.[403]

672 Ist ein Urteil vom *Revisionsgericht* im Strafausspruch aufgehoben worden und hat das Gericht, an das zurückverwiesen wurde, in dem neuen Urteil infolge **Irrtums über den Umfang der Aufhebung** eine Entscheidung über die früher ausgesprochene Entziehung der Fahrerlaubnis unterlassen, so kann diese wegen des Verbots der Schlechterstellung nicht mehr nachgeholt werden, wenn der Angeklagte Revision eingelegt hat.[404] Die durch den Rechtsfehler erlangte Rechtsstellung des Angeklagten kann nicht mehr zu seinen Ungunsten geändert werden.

673 Dies gilt selbst dann, wenn zwar der Urteilstenor der nach der Zurückverweisung erfolgten Entscheidung den Ausspruch über die Maßregel enthält, sich aus den Urteilsgründen aber ergibt, daß das Gericht eine neue Entscheidung über die Maßregel nicht getroffen hat, vielmehr davon ausgegangen ist, diese sei bereits rechtskräftig. Dann nämlich hat der Urteilsspruch insoweit nur deklaratorische Bedeutung mit der Folge, daß nicht erneut auf die Maßregel erkannt wurde.[405]

674 Hat das *Berufungsgericht* fehlerhaft die **Prüfung nicht auf die Maßregel nach § 69 StGB erstreckt,** so kann auch auf Revision des Angeklagten hin die Entscheidung des Berufungsgerichts zur Frage der sachlichen Berechtigung der Maßregel nachgeholt werden.[406] Das gilt z. B. für den Fall, daß das Berufungsgericht irrtümlich annimmt, die auf den Strafausspruch beschränkte Berufung erstrecke sich nicht auf die Entscheidung nach § 69 StGB, es daher unterläßt, über die Berechtigung der Maßregel zu entscheiden und die Berufung verwirft.[407] Der die Maßregel anordnende Urteilsspruch kann im Rechtsmittelverfahren nur dadurch beseitigt werden, daß das Rechtsmittelgericht ihn aufhebt (§§ 328, 353 StPO). Aus der Formel des Berufungsurteils: »Die Berufung wird verworfen« folgt aber, daß die Vorentscheidung in keinem Punkt aufgehoben ist. Das Unterlassen der Entscheidung hinsichtlich der Berechtigung des Ausspruchs über die Entziehung der Fahrerlaubnis kann einer aufhebenden Entscheidung nicht gleichgestellt werden.

675 Das gleiche gilt, wenn das Berufungsgericht in bezug auf die Strafe neu entscheidet, aber wiederum **keine Entscheidung über die** durch das Urteil der ersten Instanz angeordnete **Maßregel** trifft, sondern insoweit im Urteilsspruch schweigt,

---

401 Vgl. in diesem Zusammenhang auch Rn 335 sowie BGH VRS 16, 370 und OLG Koblenz VRS 50, 32 (34) für den ähnlich zu beurteilenden Fall, daß im Tenor versehentlich nur eine (isolierte) Sperre ausgesprochen wurde.
402 Vgl. Rn 655.
403 Vgl. BGH (3. Strafsenat) NStZ 83, 168.
404 Vgl. BGHSt 14, 381.
405 So z. B. in einem vom BGH (BGHSt 14, 381) entschiedenen Fall.
406 Vgl. BayObLG VRS 35, 260; OLG Frankfurt NJW 59, 1503.
407 Vgl. den vom BayObLG in VRS 35, 260 entschiedenen Fall.

weil es die Vorentscheidung in diesem Punkt für rechtskräftig hält.[408] Auch hier kann auf die Revision des Angeklagten hin das Berufungsurteil insoweit aufgehoben und die Sache zur Nachholung der Entscheidung über die Entziehung der Fahrerlaubnis zurückverwiesen werden, denn das Berufungsurteil ist unvollständig. Dies widerspricht nicht dem in Rn 672 Gesagten. Die dort geschilderte Situation betrifft den Fall, daß durch das Revisionsurteil auch der Ausspruch über die Maßregel aufgehoben wurde, so daß die erneute Anordnung der Maßnahme gegen das Verbot der Schlechterstellung verstoßen würde, während hier eine Aufhebung des Ausspruchs über die Maßregel nicht erfolgt ist. Die im älteren Schrifttum[409] geäußerte Auffassung, es müsse in solchen Fällen dabei sein Bewenden haben, daß nach dem Urteil des Berufungsgerichts die Entziehung der Fahrerlaubnis weggefallen sei, ist unzutreffend. Denn mangels Aufhebung der Vorentscheidung in diesem Punkt ist der Ausspruch nach § 69 StGB *nicht* weggefallen.[410] Soweit das OLG Koblenz[411] in derartigen Fällen gleichwohl von Urteilsaufhebung und Zurückverweisung jedenfalls in Anwendung des *Rechtsgedankens* des § 331 StPO absehen will, um eine erneute, mindestens dreimonatige Sperre durch das Landgericht zu vermeiden, ist darauf hinzuweisen, daß dieses das Fortwirken bestehender vorläufiger Führerscheinmaßnahmen (§§ 94, 111 a StPO) zu berücksichtigen und von der Maßregel ganz abzusehen hat, wenn hierdurch der Maßregelzweck erreicht sein sollte.[412]

4. Entscheidung nach § 69 StGB durch das Revisionsgericht

Die Entscheidung über die Entziehung der Fahrerlaubnis ist in erster Linie Sache des Tatrichters.[413] Entsprechend § 354 I StPO kann das **Revisionsgericht** nur dann über die Verhängung der Maßregel **selbst entscheiden,** wenn eindeutig erkennbar ist, in welcher Weise der Tatrichter bei gerechter Abwägung erkannt haben würde.[414] Diese Möglichkeit besteht z. B. dann, wenn der Tatrichter nur aus rechtsirrigen Erwägungen davon abgesehen hat, eine Sperre für immer auszusprechen,[415] in tatsächlicher Hinsicht aber die sachlichen Voraussetzungen für eine Maßregel der Besserung und Sicherung von absolut bestimmter Dauer rechtsirrtumsfrei festgestellt hat, so daß es keiner weiteren Ermittlungen bedarf. Das gleiche gilt, wenn etwa der Begründung des tatrichterlichen Urteils eindeutig zu entnehmen ist, welche Sperrfrist angeordnet werden sollte, im Urteilstenor jedoch infolge unzutreffender Auslegung der Vorschrift über den Beginn der Sperre (§ 69 a V StGB) eine Frist angegeben ist, die dem nicht entspricht.[416]

---

408 So ein vom OLG Frankfurt in NJW 59, 1503 entschiedener Fall.
409 Vgl. etwa *Hartung* NJW 59, 1503.
410 Vgl. oben Rn 674.
411 OLG Koblenz VRS 43, 420.
412 Vgl. oben Rn 616.
413 Vgl. dazu auch OLG Hamm BA 82, 565 (568).
414 Vgl. BGHSt 6, 398 (402); OLG Karlsruhe VRS 48, 425; OLG Stuttgart NJW 56, 1081; OLG Koblenz VRS 53, 107.
415 In einem vom OLG Stuttgart in NJW 56, 1081 entschiedenen Fall hatte dieser angenommen, auf führerscheinfreie Kraftfahrzeuge seien die §§ 69, 69 a StGB nicht anwendbar (vgl. hierzu oben Rn 577, 578).
416 Vgl. OLG Koblenz VRS 53, 107.

677 In entsprechender Anwendung des § 354 I StPO kann das Revisionsgericht auch eine Maßnahme nach § 69 StGB selbst aufheben, wenn die Entziehung der Fahrerlaubnis nach den Feststellungen des Tatrichters nicht begründet ist und weitere Feststellungen, die zu einem anderen Ergebnis führen können, nicht zu erwarten sind.[417]

IX. Wiederaufnahme des Verfahrens

678 Zweifelhaft ist, ob bei einem Antrag auf Wiederaufnahme des Verfahrens eine Maßnahme nach §§ 69, 69 a StGB durch eine Anordnung gem. § 360 II StPO **vorläufig ausgesetzt** werden kann, wenn begründeter Anlaß zu der Annahme besteht, daß die Maßregel aller Voraussicht nach im Wiederaufnahmeverfahren in Wegfall kommen wird. Obwohl die Fahrerlaubnis mit der Rechtskraft des Urteils erlischt, ohne daß es einer »Vollstreckung« bedürfte, während in § 360 II StPO von Unterbrechung der *Vollstreckung* die Rede ist, spricht zwar einerseits manches für die z. B. vom OLG Hamm[418] vertretene Auffassung, wonach es sinnvoll und zweckmäßig sei, dem Gericht die Möglichkeit einer solchen Anordnung gem. § 360 II StPO einzuräumen und den Begriff der Vollstreckung in § 360 II StPO umfassender zu verstehen. Andererseits könnte die Anordnung der »Unterbrechung der Führerscheinsperre« dem Verurteilten aber nur dann helfen, wenn ihm die Verwaltungsbehörde daraufhin alsbald eine neue Fahrerlaubnis erteilt. Dies wird indessen kaum geschehen, weil diese neu erteilte Fahrerlaubnis bei Scheitern der Wiederaufnahme nicht ohne weiteres wieder entzogen werden könnte.[419] Mit der **Anordnung der Wiederaufnahme durch Beschluß gem. § 370 II StPO** entfällt der durch die Fahrerlaubnisentziehung gem. § 69 StGB eingetretene Rechtsverlust; d. h., *ab diesem Zeitpunkt* lebt die Fahrerlaubnis wieder auf.[420] Wird das frühere Urteil dann aufgehoben und die Maßregel nicht angeordnet, so führt dies zur *rückwirkenden* Beseitigung der Fahrerlaubnisentziehung mit der Folge, daß der Verurteilte zu behandeln ist, als wäre ihm die Fahrerlaubnis nicht gem. § 69 StGB entzogen worden.[421]

---

417 Vgl. OLG Hamburg NJW 55, 1080.
418 OLG Hamm VRS 38, 39 (das die Frage jedoch im Ergebnis offenläßt).
419 Vgl. LK *(Geppert)* zu § 69 Rn 254; vgl. auch *Tröndle/Fischer* zu § 69 a Rn 15 b, die aus diesem Grunde die Anwendbarkeit von § 360 II StPO ablehnen.
420 Vgl. BayObLG NZV 92, 42.
421 Vgl. BayObLG NZV 92, 42; *Tröndle/Fischer* zu § 69 Rn 18; *Asper* NStZ 94, 171 (mit Erwiderung *Groß*);
   a. M. *Groß* NStZ 93, 221.

B. Einziehung des Führerscheins (§ 69 III 2 StGB)

I. Anwendungsbereich

Ein von einer deutschen Behörde ausgestellter Führerschein wird im Urteil **einge-** 679
zogen (§ 69 III 2 StGB). Hat der Angeklagte **mehrere** solcher **Führerscheine**
(z. B. ziviler und Bundeswehrführerschein), so erstreckt sich der Ausspruch über
die Einziehung, ohne daß dies im Urteil besonders erwähnt werden müßte, ohne
weiteres auf *alle* von einer deutschen Behörde ausgestellten Führerscheine.[1] »Einzuziehen«, nicht etwa »einzubehalten«, ist der Führerschein auch in den Fällen, in
denen er bereits sichergestellt oder beschlagnahmt ist.[2] Die Vorschrift des § 69 III 2
StGB findet keine Anwendung, wenn der Angeklagte keine Fahrerlaubnis hat,
jedoch im Besitz eines **ungültigen Führerscheins** ist. Ein solches Papier kann
aber nach § 74 I StGB der Einziehung unterliegen.[3]

II. Verlust des Führerscheins

Ist der Führerschein **verloren** oder **verlegt**, muß auch dann, wenn eine Ersatzaus- 680
fertigung noch nicht ausgehändigt worden ist, auf Entziehung der Fahrerlaubnis
(nicht etwa nach § 69 a I 3 StGB auf isolierte Sperre) und auf Einziehung des Führerscheins erkannt werden.[4] Anderenfalls bestünde keine Möglichkeit, den Führerschein aufgrund der Verurteilung einzuziehen, wenn er nachträglich aufgefun-
den wird.

III. Vollzugsmaßnahme polizeilicher Art

Die nach § 69 III 2 StGB auszusprechende Einziehung des Führerscheins ist weder 681
eine Strafe noch eine selbständige Maßregel im Sinne des § 61 StGB, sondern eine
unselbständige Vollzugsmaßnahme polizeilicher Art, die den Zweck hat, dem Täter die Zuwiderhandlung gegen die Entziehung der Fahrerlaubnis zu erschweren.[5]

IV. Verschlechterungsverbot

Aus dem Wesen der Einziehung des Führerscheins als bloßer Vollzugsmaßnahme 682
folgt, daß auch das **Verschlechterungsverbot** der §§ 331, 358 II StPO für die Einziehung nicht gilt; der Ausspruch über die Einziehung kann daher im Rechtsmit-
telzug auch dann nachgeholt werden, wenn das Rechtsmittel zugunsten des Angeklagten eingelegt ist.[6]

---

1 Vgl. AG Wuppertal DAR 61, 340; *Cramer* zu § 69 StGB Rn 57.
2 Vgl. BGH VRS 65, 359.
3 Vgl. BayObLG VRS 51, 26.
4 Vgl. OLG Köln VRS 26, 199; OLG Karlsruhe VRS 59, 111; *Mittelbach* S. 46.
5 Vgl. BGH NJW 54, 159; OLG Karlsruhe NJW 72, 1633; *Lackner/Kühl* zu § 69 Rn 13.
6 Vgl. BGH NZV 98, 211; NStZ 83, 168; OLG Karlsruhe NJW 72, 1633; OLG Köln NJW 65, 2309.

V. Vollstreckung

683 Die Einziehung des Führerscheins wird durch **Wegnahme der Urkunde** vollstreckt (§ 459 g I 1 StPO). Nach §§ 459 g I 2 StPO, 1 I Nr. 2, 6 JBeitrO hat der Verurteilte, wenn der Führerschein nicht vorgefunden wird, auf Antrag der Vollstreckungsbehörde bei dem Amtsgericht eine **eidesstattliche Versicherung** über dessen Verbleib abzugeben. Wegnahme und eidesstattliche Versicherung richten sich nach den Vorschriften des 8. Buches der ZPO. § 6 I Nr. 1 JBeitrO erklärt einige Bestimmungen des 3. und 4. Abschnittes dieses Buches für entsprechend anwendbar.[7]

---

[7] Zur Frage des zuständigen Gerichts bei Weigerung des Gerichtsvollziehers, die Führerscheinwegnahme vorzunehmen, s. LG Frankenthal Rpfleger 96, 524.

C. Sperre für die Erteilung einer Fahrerlaubnis

I. Tenorierung

Literatur:

Oske, Zur Frage der Zulässigkeit der Anschlußsperrfrist im Rahmen des § 42 n StGB, in: MDR 1967, 449.

1. Kalendermäßige Bestimmung

Die nach § 69 a StGB zugleich mit der Entziehung der Fahrerlaubnis vom Gericht zu bestimmende Sperre für die Neuerteilung einer Fahrerlaubnis darf nur nach Zeiteinheiten, niemals kalendermäßig bestimmt werden.[1] Würde das Gericht im Urteil ein bestimmtes Datum für das Ende der Sperre festsetzen, so würde dies dazu führen, daß die Dauer der Sperre nicht allein durch das Gericht bestimmt würde, sondern von Umständen abhinge, die das Gericht nicht vorausberechnen kann. Denn die Sperre beginnt mit der Rechtskraft des Urteils (§ 69 a V 1 StGB), deren Eintritt das Gericht bei der Urteilsfällung nicht kennt.[2] Etwas anderes gilt auch nicht für den Fall, daß die Fahrerlaubnis wegen **körperlicher** oder **geistiger Mängel** entzogen wird und das Gericht eine Sperre festsetzt, weil Anhaltspunkte dafür vorhanden sind, daß der Mangel ab einem bestimmten Zeitpunkt beseitigt sein werde. Hier könnte immerhin zweifelhaft sein, ob nicht ausnahmsweise die kalendermäßige Bestimmung der Sperre zulässig ist, denn in einem derartigen Fall ist die Dauer der Ungeeignetheit von der *Dauer* der Sperre unabhängig. Entscheidend ist allein der *Endzeitpunkt* der Sperre; der aber kann vom Gericht, wenn die Sperre nach Zeiteinheiten bemessen wird, nicht vorausberechnet werden, weil der Eintritt der Rechtskraft des Urteils und damit der Beginn der Sperre unbekannt ist. Man wird einem von *Geppert*[3] gemachten Vorschlag zustimmen müssen und in Fällen, in denen eine Sperre wegen geistiger oder körperlicher Mängel festgesetzt worden ist, die Vorschrift des § 69 a V 2 StGB in der Weise entsprechend anwenden, daß in die Frist die Zeit seit Verkündung des Urteils eingerechnet wird, in dem die der Maßregel zugrundeliegenden tatsächlichen Feststellungen letztmals geprüft werden konnten, auch wenn eine vorläufige Entziehung der Fahrerlaubnis nach § 111 a StPO nicht erfolgt ist.

2. Angaben über den Fristbeginn

Über den **Fristbeginn** ist angesichts der Regelung in § 69 a V 1 StGB im Urteil nichts zu sagen.[4] Die Bestimmung einer Sperre »ab heute« verstieße gegen § 69 a V 1 StGB. Eine Formulierung in der Weise, daß die Frist »ab Rechtskraft«

---

1 Vgl. BayObLG NJW 66, 2371; OLG Saarbrücken NJW 68, 459; *Uhlenbruck* DAR 67, 156; *Geppert,* Sperrfrist, S. 181.
2 Vgl. BayObLG NJW 66, 2371.
3 *Geppert,* Sperrfrist, S. 180.
4 Vgl. OLG Köln NJW 67, 361; OLG Celle DAR 65, 101.

beginne, wäre nicht nur eine überflüssige Wiederholung der in dieser Vorschrift getroffenen Regelung, sondern unter Umständen unzutreffend, weil darin nicht zum Ausdruck kommt, daß im Falle einer Revision oder der Rücknahme des Einspruchs gegen einen Strafbefehl[5] eine Einrechnung nach § 69 a V 2 StGB in Betracht kommen kann, die im Ergebnis einer Vorverlegung des Fristbeginns vor den Zeitpunkt der Rechtskraft gleichkommt.[6] Soweit das Urteil gleichwohl einen solchen Zusatz enthält, ist die Verwaltungsbehörde daran nicht gebunden.[7] Auch über eine möglicherweise nach § 69 a V 2 StGB vorzunehmende Einrechnung hat das Urteil zu schweigen.[8]

3. Kleinstmögliche Maßeinheit

686 Die für die Bemessung der Sperrfrist kleinstmögliche Maßeinheit ist diejenige, die das Gericht noch mit der nötigen Sicherheit treffen kann.[9] Theoretisch möglich wäre also eine **Bemessung der Sperre auf Tage**. Nur wird es wohl kaum einem Gericht möglich sein, so genau vorauszusagen, wann der festgestellte Mangel, der zur Ungeeignetheit geführt hat, beseitigt sein wird.

4. Anschlußsperre

687 Läuft noch eine Sperre aus einer früheren Verurteilung und liegen die Voraussetzungen für eine Gesamtstrafenbildung nicht vor, so darf die neue Sperre, die über das Ende der noch laufenden Sperre hinausreichen und das Höchstmaß von 5 Jahren erreichen darf,[10] nicht als sogenannte »**Anschlußsperre**« in der Weise angeordnet werden, daß ihr Beginn mit dem Ende der früheren Sperre zusammentrifft.[11] Auch dies folgt ohne weiteres aus § 69 a V 1 StGB. Die Anordnung einer Sperre, die mit dem Ende einer noch bestehenden Sperre zu laufen beginnen soll, ist mit der Regelung in dieser Vorschrift unvereinbar.[12] Der früher zum Teil in der Rechtsprechung vertretenen gegenteiligen Auffassung[13] kann daher nicht gefolgt werden. Bedenklich ist allerdings der in einem älteren Urteil des OLG Koblenz[14] formulierte Hinweis, die sich eventuell ergebende zeitliche Überschneidung könne durch Verlängerung der neuen Sperrfrist ausgeglichen werden. Zutreffend geht das OLG davon aus, der entscheidende Bemessungsgesichtspunkt für die Sperre sei die voraussichtliche Dauer der Ungeeignetheit. Hat das Gericht daher die vor-

---

5 Vgl. dazu Rn 726.
6 Vgl. OLG Köln NJW 67, 361; VG Köln ZfS 84, 382 (Anm. *Mollenkott).*
7 Vgl. VG Köln ZfS 84, 382.
8 Vgl. OLG Celle DAR 65, 101.
9 Vgl. auch *Geppert,* Sperrfrist, S. 182.
10 Vgl. OLG Hamburg NJW 64, 876; *Geppert* MDR 72, 280 (287).
11 Vgl. OLG Zweibrücken NJW 83, 1007; OLG Koblenz DAR 73, 137; LK *(Geppert)* zu § 69 a Rn 6; *Geppert* MDR 72, 280 (287); *Kulemeier* S. 110; *Oske* MDR 67, 449; BayObLG NJW 66, 896 on OLG Hamm NJW 64, 1285, die die Frage allerdings nicht ausdrücklich erwähnen; vgl. hierzu auch OLG Stuttgart DAR 63, 273, das jedoch nicht abschließend Stellung nimmt, sowie OLG Hamburg NJW 64, 876, das die Frage ausdrücklich offenläßt.
12 Vgl. auch *Geppert* MDR 72, 280 (287); *Oske* MDR 67, 449.
13 Vgl. z. B. BGH NJW 55, 70; OLG Hamburg VRS 10, 355; KG VRS 18, 273.
14 OLG Koblenz DAR 73, 137.

aussichtliche Dauer der Ungeeignetheit ermittelt, so hat es eine entsprechende Sperre festzusetzen, gleichgültig, ob noch eine frühere Sperre läuft oder nicht. Ein »Ausgleich« für die Zeit der Überschneidung beider Sperren durch Verlängerung der neu festzusetzenden wäre fehlerhaft. Der Richter würde nämlich unzulässigerweise Grundsätze der Strafzumessung anwenden und die Maßregel der §§ 69, 69 a StGB wie eine Nebenstrafe behandeln. Die Verlängerung würde dem Zweck dienen, den Angeklagten die alte Sperre gewissermaßen »voll verbüßen« zu lassen. Die Führerscheinsperre wird aber nicht »verbüßt«.

5. Urteilsformel

Aus den bisherigen Ausführungen über die Sperrfristbestimmung im Urteil ergibt sich, daß die **Urteilsformel** lauten muß:

»Dem Angeklagten wird die Erlaubnis zum Führen von Kraftfahrzeugen entzogen. Sein Führerschein wird eingezogen. **Vor Ablauf von ... darf keine (neue) Fahrerlaubnis erteilt werden.**«[15]

II. Mindest- und Höchstmaß

Literatur:

Möhl, Anrechnung einer vorläufigen Entziehung der Fahrerlaubnis auf die endgültige Sperre, in: DAR 1965, 45.

1. Mindestmaß (§ 69 a I 1 StGB)

Das **Mindestmaß** der Sperre beträgt 6 Monate (§ 69 a I 1 StGB).

2. Erhöhtes Mindestmaß (§ 69 a III StGB)

Das Mindestmaß erhöht sich im Falle des § 69 a III StGB auf ein Jahr. Die Vorschrift findet nur Anwendung, wenn **in den letzten drei Jahren vor der Tat** eine strafgerichtliche Führerscheinsperre angeordnet worden ist. Die Dreijahresfrist beginnt mit der Rechtskraft der Sperrfristanordnung. Wurde im Rahmen einer nachträglichen **Gesamtstrafenbildung** die in nur *einem* der einbezogenen Urteile angeordnete Sperre lediglich aufrechterhalten (§ 55 II StGB),[16] so hat die Gesamtstrafenbildung auf die laufende Dreijahresfrist des § 69 a III StGB keinen Einfluß. Wurde dagegen die Sperre im Rahmen der Gesamtstrafenbildung neu bemessen, so ist für § 69 a III StGB die Rechtskraft der die Gesamtstrafe bildenden Entscheidung maßgebend;[17] das hat jedenfalls dann zu gelten, wenn man der hier vertretenen Auffassung[18] folgt, wonach auch die Sperre in derartigen Fällen erst mit der Rechtskraft dieser Entscheidung beginnt. Wurde in einem Gesamtstrafenbeschluß

---
15 Vgl. BGH NJW 54, 1167.
16 Vgl. Rn 741, 755.
17 Vgl. auch *Schönke/Schröder/Stree* zu § 69 a Rn 7.
18 Vgl. Rn 749, 756.

Mindest- und Höchstmaß 691–692

nur deswegen von einem erneuten Ausspruch über die Maßregel abgesehen, weil die Sperrfristen sämtlicher einbezogener Urteile abgelaufen waren und der Maßregelzweck bei Beschlußfassung als erreicht angesehen wurde,[19] so beginnt die Dreijahresfrist des § 69 a III StGB mit der Rechtskraft des letzten der einbezogenen Urteile.[20] Eine entsprechende Anwendung des § 69 a III StGB auf Fälle, in denen die Fahrerlaubnis durch die Verwaltungsbehörde entzogen worden war, kommt nicht in Frage.[21]

691 Entgegen dem Wortlaut des § 69 a III StGB darf eine wegen **körperlicher** oder **geistiger Mängel** früher verhängte Sperrfrist nicht fristverlängernd berücksichtigt werden, wenn die neue Sperre wegen charakterlicher Mängel erfolgt, und umgekehrt.[22] Die Anwendung des § 69 a III StGB auch auf derartige Fälle wäre sinnwidrig. Mit dieser Vorschrift soll allein dem Umstand Rechnung getragen werden, daß die wegen eines charakterlichen Mangels früher verhängte Sperre offensichtlich nicht ausreichend bessernd auf das Verantwortungsbewußtsein des Angeklagten eingewirkt hat, wie sein rascher Rückfall zeigt. Daher erscheint im Wiederholungsfall eine längere Beeinflussung durch eine entsprechend zu bemessende Sperre geboten. Dieser Gedanke trifft aber nicht zu, wenn dem Angeklagten, der sich durch eine Straftat als *charakterlich* ungeeignet erwiesen hat, in den letzten drei Jahren vor der Tat die Fahrerlaubnis wegen eines *geistigen* oder *körperlichen* Mangels entzogen war. Denn die Beseitigung dieser Mängel geschieht – worauf z. B. *Geppert*[23] überzeugend hinweist – nicht unmittelbar durch die Maßregel selbst, weil nicht die von ihr ausgehenden Nachteile für den Angeklagten, sondern allein äußere Umstände wie ärztliche Hilfe die Heilung des Mangels herbeiführen, während es im Falle charakterlicher Ungeeignetheit gerade diese Nachteile der Maßregel sind, die zur Überwindung der Schwächen im verantwortungsbewußten Verhalten als Kraftfahrer beitragen sollen. Eine sinnvolle Auslegung des § 69 a III StGB muß daher seine Unanwendbarkeit auf Fälle der geschilderten Art ergeben, mag dies auch von dem Wortlaut des § 69 a III StGB nicht gedeckt sein.[24]

692 Als zu weitgehend und auch bei einer dem Sinn und Zweck des § 69 a III StGB entsprechenden Auslegung mit dem Gesetz nicht mehr vereinbar erscheint dagegen die Auffassung,[25] die Mindestsperrfrist erhöhe sich nach § 69 a III StGB überhaupt nur dann, wenn der frühere Eignungsmangel sich mit dem neu hervorgetretenen deckt, die frühere Entziehung also auf demselben Eignungsmangel beruht wie die neu zu verhängende Maßregel.[26] Handelt es sich, soweit § 69 a III StGB für die Entziehung der Fahrerlaubnis wegen körperlicher oder geistiger Mängel keine

---

19 Vgl. Rn 757.
20 Vgl. *Schönke/Schröder/Stree* zu § 69 a Rn 7; vgl. dazu auch BGH – 2 StR 559/75 – (unveröffentlicht); näher: *Hentschel* Rpfleger 77, 279 (284); DAR 76, 289 (291).
21 Vgl. OLG Hamm VRS 53, 342.
22 Vgl. *Geppert*, Sperrfrist, S. 138, 139; *Geppert* MDR 72, 280 (281); *Tröndle/Fischer* zu § 69 a Rn 8; *Kulemeier* S. 111.
23 *Geppert* MDR 72, 280 (281).
24 Nicht recht überzeugend sind die Ausführungen *Gepperts* (Sperrfrist, S. 137, 138) allerdings insoweit, als er nachzuweisen versucht, daß dieses Ergebnis auch dem Wortlaut des § 69 a III StGB entspreche.
25 Vgl. *Geppert*, Sperrfrist, S. 137, 138.
26 Gegen diese Auffassung z. B. auch *Schönke/Schröder/Stree* zu § 69 a Rn 7.

Sonderregelung trifft, um ein offensichtliches redaktionelles Versehen, das eine Berichtigung im Wege der Auslegung zuläßt, so erscheint eine derartige weitergehende Einschränkung der in § 69 a III StGB getroffenen Regelung allenfalls de lege ferenda diskutabel.

Im Rahmen des § 69 a III StGB muß die frühere Maßregel auch dann berücksichtigt werden, wenn die Verurteilung gem. §§ 45 ff. im Bundeszentralregister getilgt oder zu tilgen ist, solange sie nach §§ 28 bis 30 b StVG verwertet werden darf (§ 52 II BZRG).[27]

3. Verkürztes Mindestmaß (§ 69 a IV StGB)

Nach § 69 a IV StGB verkürzt sich das Mindestmaß der Sperre um die Zeit, in der eine vorläufige Entziehung der Fahrerlaubnis wirksam war. Nicht erforderlich ist, daß der Führerschein aufgrund des Beschlusses über die **vorläufige Entziehung der Fahrerlaubnis** auch sichergestellt werden konnte;[28] denn wirksam wird der Beschluß nach § 111 a StPO bereits mit seiner Bekanntgabe an den Beschuldigten.[29] Der vorläufigen Entziehung der Fahrerlaubnis stehen Verwahrung, **Sicherstellung** und **Beschlagnahme** gleich (§ 69 a VI StGB), nicht aber der tatsächliche Ausschluß vom Kraftfahrzeugverkehr aus anderen Gründen.[30] Die Verkürzung des Mindestmaßes gilt auch für die Fälle des erhöhten Mindestmaßes nach § 69 a III StGB.[31] Die im Gesetz für erforderlich erachtete längere Einwirkung der Führerscheinmaßnahmen auf den in Abs. III bezeichneten Wiederholungstäter bleibt gewährleistet, denn in einem derartigen Fall muß ja die vorläufige Entziehung der Fahrerlaubnis entsprechend länger gedauert haben, um die Mindestsperre von 3 Monaten zu ermöglichen.[32] Eine Verkürzung des Mindestmaßes der Sperre unter 3 Monate ist als eindeutiger Verstoß gegen § 69 a IV StGB in jedem Falle unzulässig.[33] Ein Verzicht auf den Ausspruch einer Sperre neben der strafgerichtlichen Entziehung der Fahrerlaubnis mit dem Ziel, dem Verurteilten den alsbaldigen Neuerwerb der Fahrerlaubnis zu ermöglichen, ist auch de lege ferenda als widersprüchlich[34] abzulehnen.[35]

§ 69 a IV StGB findet auch dann Anwendung, wenn der Angeklagte im **Besitz zweier Führerscheine** (etwa ziviler und Bundeswehrführerschein) war und nur einer dieser Führerscheine beschlagnahmt wurde.[36] Denn die Beschlagnahme eines der beiden Dokumente hindert den Angeklagten an der weiteren legalen Teilnahme am Verkehr mit fahrerlaubnispflichtigen Fahrzeugen. Fährt er mit dem

---

27 Vgl. auch oben Rn 605; durch § 52 BZRG überholt: OLG Schleswig VM 73, 56; BGH NJW 73, 523.
28 Vgl. OLG Köln VRS 52, 271.
29 Vgl. unten Rn 861.
30 Vgl. Koblenz VRS 70, 284 (Untersuchungshaft).
31 Vgl. z. B. *Geppert*, Sperrfrist, S. 131; *Herlan/Schmidt-Leichner* Rn 105; OLG Saarbrücken NJW 74, 1391.
32 A. M. *Mittelbach* S. 53 f.
33 Vgl. OLG Zweibrücken DAR 86, 232.
34 Vgl. OLG Zweibrücken DAR 86, 232.
35 Vgl. dagegen die Empfehlung des Arbeitskreises VII des VGT 1986 (VGT 86, 14).
36 Vgl. auch LK *(Geppert)* zu § 69 a Rn 72.

Mindest- und Höchstmaß 696–699

ihm verbliebenen Führerschein weiter, so macht er sich nach § 21 II 2 StVG strafbar.[37]

696 § 69 a IV StGB verpflichtet den Richter **nicht**, die Dauer der vorläufigen Entziehung der Fahrerlaubnis »**anzurechnen**«.[38] Überhaupt handelt es sich nicht um eine *Anrechnung*, sondern lediglich um eine *Berücksichtigung* der bessernden Wirkung der vorläufigen Führerscheinmaßnahmen (vorläufige Entziehung und Verwahrung, Sicherstellung oder Beschlagnahme, vgl. § 69 a VI StGB) durch Unterschreitung des in § 69 a I 1, III StGB bestimmten Mindestmaßes.[39] Durch Verkürzung des Mindestmaßes, das der Richter nicht unterschreiten darf, wird also lediglich der Ermessensspielraum des Richters nach unten erweitert,[40] ohne daß der Richter gezwungen wäre, von dieser Möglichkeit Gebrauch zu machen.[41] Insbesondere, wenn die vorläufigen Führerscheinmaßnahmen aus irgendeinem Grunde für den Angeklagten nicht fühlbar geworden sind, wird das Gericht sie bei der Bemessung der Sperrfrist unberücksichtigt lassen.[42] Dies gilt z. B. dann, wenn der Angeklagte nach Beschlagnahme seines Bundeswehrführerscheins mit dem zivilen Führerschein weiter am Kfz-Verkehr teilgenommen hat.

697 Aus der Formulierung »wegen der Tat« in § 69 a IV StGB folgt, daß eine **in einem anderen Verfahren** gegen den Angeklagten bestehende vorläufige Führerscheinmaßnahme selbstverständlich nicht zu einer Verkürzung der Mindestsperrfrist führen kann. Wenn unter Einbeziehung der Verurteilung in einem früheren Verfahren durch nachträgliche Gesamtstrafenbildung erneut eine Sperre anzuordnen ist, dürfen allerdings in entsprechender Anwendung des § 69 a IV StGB die in dem früheren Verfahren getroffenen vorläufigen Führerscheinmaßnahmen ebenso wie die aufgrund des einbezogenen Urteils erfolgte Einziehung des Führerscheins sperrfristverkürzend berücksichtigt werden.[43]

4. Höchstmaß

698 Das Höchstmaß der befristeten Sperre beträgt 5 Jahre (vgl. § 69 a I 1 StGB).

699 Während des Laufs einer bei Verhängung der Maßregel **noch bestehenden Sperrfrist** von 5 Jahren aus einer früheren Verurteilung kann eine weitere Sperrfrist verhängt werden, deren Ende in die Zeit nach Ablauf der ersten Sperrfrist fällt.[44] Dies hat zwar zur Folge, daß die Gesamtdauer der Sperren aus beiden Verurteilungen

---

37 Vgl. OLG Köln NZV 91, 360; *Janiszewski* Rn 624; *Rüth/Reinken*, KVR, Führerschein, S. 28.
38 Vgl. auch *Mittelbach* S. 53.
39 Vgl. BayObLG NZV 91, 358; DAR 93, 371 (bei *Bär*); OLG Zweibrücken DAR 86, 232; OLG Koblenz VRS 43, 420; 50, 361; OLG Bremen DAR 65, 216; OLG Schleswig VM 65, 69 Nr. 106; OLG Saarbrücken NJW 74, 1391; *Uhlenbruck* DAR 67, 156.
40 Vgl. OLG Bremen DAR 65, 216; OLG Hamm MDR 73, 777; *Uhlenbruck* DAR 67, 156; *Schönke/ Schröder/Stree* zu § 69 a Rn 12.
41 Vgl. OLG Koblenz VRS 43, 420; 70, 284; OLG Düsseldorf VM 65, 69 Nr. 105; *Schönke/Schröder/ Stree* zu § 69 a Rn 12; *Geppert*, Sperrfrist, S. 132; *Warda* MDR 65, 1; *Möhl* DAR 65, 45; dies verkennt *Mollenkott* VGT 80, 296.
42 Vgl. auch *Beine* IntVerkW 81, 206 (208).
43 Vgl. hierzu unten Rn 746; *Hentschel* Rpfleger 77, 279 (281 f.); DAR 76, 289 (291).
44 Vgl. OLG Hamburg NJW 64, 876; LK *(Geppert)* zu § 69 a Rn 32; einschränkend (aber ohne Begr.) OLG Dresden NZV 93, 402.

5 Jahre übersteigt, steht aber im Einklang sowohl mit dem Wortlaut als auch mit dem Zweck des Gesetzes. Eine andere Auffassung würde dazu führen, daß gegen einen Angeklagten, der kurze Zeit vor Ablauf einer 5jährigen Sperre erneut durch eine Straftat seine charakterliche Ungeeignetheit gezeigt hat, nur eine kurze, über das Ende der noch laufenden Sperre nicht hinausreichende Sperrfrist festgesetzt werden dürfte, obwohl gerade bei diesem Täter eine längere Einwirkung durch die Maßregel geboten erscheint, um ihn das im Straßenverkehr notwendige Verantwortungsbewußtsein als Kraftfahrer gewinnen zu lassen.[45]

5. Sperre für immer (§ 69 a I 2 StGB)

Die Eintragung einer Verurteilung, in der auf Untersagung der Erteilung der Fahrerlaubnis für immer erkannt wurde, wird im **Bundeszentralregister** frühestens nach 15 Jahren getilgt (§ 46 I Nr. 1 g, Nr. 4 BZRG), sofern die Maßregel – etwa durch vorzeitige Aufhebung der Sperre (§ 69 a VII StGB) – erledigt ist (§ 47 II BZRG).

III. Anrechnung vorläufiger Maßnahmen

Eine echte *Anrechnung* vorläufiger Maßnahmen findet nicht statt. Geboten ist nur eine *Berücksichtigung* ihrer bisherigen Dauer bei der Frage, wie die Sperre zu bemessen ist.[46] Dies folgt auch aus der Amtlichen Begründung zum 2. VerkSichG:[47]

»Die in den Absätzen 4 und 6 vorgeschlagene Regelung vermeidet eine Vorschrift, die nach dem Vorbild des § 60 StGB[48] eine Anrechnung der Dauer der vorläufigen Maßnahmen auf die Sperre vorsieht. Eine solche Vorschrift wäre aus dogmatischen Gründen bedenklich, weil sie die Anordnung einer Maßregel der Sicherung und Besserung auch mit Wirkung für die Vergangenheit voraussetzt. Das stände aber in einem unlösbaren Widerspruch zur Rechtsnatur der Maßregeln, die ausschließlich in die Zukunft gerichtet sind.«

Soweit vorläufige Maßnahmen bei der Bemessung der Sperrfrist berücksichtigt werden, hat dies in der Weise zu erfolgen, daß im Urteilstenor die **gekürzte Sperrfrist** angegeben wird.[49]

IV. Bemessungsgrundsätze

Literatur:

Dencker, Strafzumessung bei der Sperrfristbemessung?, in: Strafverteidiger 1988, 454; *Geppert*, Die Bemessung der Sperrfrist bei der strafgerichtlichen Entziehung der Fahrerlaubnis, Strafrechtliche Abhandlungen, Neue Folge, Band 3, Berlin 1968; *derselbe*, Schwierigkeiten der Sperrfristbemessung bei vorläufiger Entziehung der Fahrerlaubnis, in: ZRP 1981, 85; *Mollenkott*, Verschuldensgrad und Dauer der Führerscheinsperrfrist, in: DAR 1992, 316;

---

45 Vgl. OLG Hamburg NJW 64, 876.
46 Vgl. oben Rn 696 sowie *Brockelt* VGT 80, 285; *Hentschel* ZRP 75, 209 (211); *Geppert* ZRP 81, 85 (87).
47 Bundestagsdrucksache IV/651 S. 20.
48 = § 51 n. F.
49 Vgl. OLG Bremen DAR 65, 216; OLG Schleswig VM 65, 69 Nr. 106; OLG Köln NJW 67, 361; *Möhl* DAR 65, 45; *Uhlenbruck* DAR 67, 156.

Rieger, Sonderbehandlung bestimmter Fahrzeugarten bei der Entziehung der Fahrerlaubnis nach § 111 a StPO, §§ 42 m und 42 n StGB?, in: DAR 1967, 43.

1. Voraussichtliche Dauer der Ungeeignetheit

703 Die **Dauer der Sperre** ist danach zu bemessen, wie lange der Schutz der Allgemeinheit die Ausschaltung des Angeklagten vom Kraftfahrzeugverkehr erfordert,[50] d. h., wie lange die Ungeeignetheit des Täters zum Führen von Kraftfahrzeugen nach der Überzeugung des Tatrichters voraussichtlich bestehen wird.[51] Hierbei sind auch zwischen der Tat und dem Urteil eingetretene Umstände[52] sowie die bessernde Wirkung der zu verhängenden Maßregel auf den Täter[53] zu berücksichtigen. Dagegen dürfen **Schwere** und **Folgen der Tat nicht ins Gewicht** fallen.[54] Das schließt allerdings nicht aus, daß aus dem Grad des Verschuldens Schlüsse auf den Grad der Ungeeignetheit gezogen werden.[55] Rechtsfehlerhaft ist es, bei der Bemessung der Sperre die Dauer eines möglicherweise mehrmonatigen Verwaltungsverfahrens zur Wiedererteilung der Fahrerlaubnis in der Weise zu berücksichtigen, daß die an sich gebotene Sperre um diese Zeit verkürzt wird.[56]

2. Unterschiedliche Bemessung für einzelne Kraftfahrzeugarten

704 Die Sperre kann **für einzelne Kraftfahrzeugarten unterschiedlich** bemessen werden.[57] § 69 a I StGB sieht diese Möglichkeit zwar nicht ausdrücklich vor; dem Gesetz ist aber auch nicht zu entnehmen, daß eine entsprechende unterschiedliche Bemessung der Sperre unzulässig wäre. Daß das Gesetz abweichende Beurteilungen der Eignungsfrage für verschiedene Kraftfahrzeugarten für möglich hält, folgt aus § 69 a II StGB. Wenn es aber zulässig ist, den im übrigen ungeeigneten Kraftfahrer schon im Zeitpunkt der Hauptverhandlung hinsichtlich bestimmter Kraft-

---

50 Vgl. BGH NJW 54, 1536; 61, 1269; VM 67, 1 Nr. 1; OLG Schleswig DAR 67, 21; OLG Karlsruhe VRS 48, 425; *Geppert,* Sperrfrist, S. 63; *Schmid* DAR 68, 1; *Bieler* BA 70, 112.
51 Vgl. BGH NZV 98, 418; NStZ-RR 97, 331; DAR 87, 201; 88, 227; 89, 250 (jeweils bei *Spiegel);* 92, 244 (bei *Nehm);* NStZ 90, 225 (bei *Detter);* 91, 183; BayObLG DAR 92, 364 Nr. 6 – bei *Bär* – (auch im Sicherungsverfahren); OLG Düsseldorf NZV 93, 117; OLG Koblenz VRS 71, 431; BA 75, 273; OLG Oldenburg VRS 51, 281; *Geppert* MDR 72, 280; *Geppert,* Sperrfrist, S. 73; vgl. hierzu auch *von Schlotheim* BA 73, 69; *Hentschel* DAR 76, 289 (290).
52 Vgl. OLG Karlsruhe VRS 48, 425; zur Unzulässigkeit der Berücksichtigung nach der Tat aufgetretener Eignungsmängel vgl. Rn 705.
53 Vgl. auch *Geppert,* Sperrfrist, S. 81, 86; *Czermak* NJW 63, 1225; *Schmid* DAR 68, 1; gegen die Annahme einer wesentlichen verhaltensändernden Wirkung der Fahrerlaubnisentziehung: *Kunkel/Menken* BA 78, 431 (438 f.); *Menken,* Fahreignungsbegutachtung, S. 37, sowie BA 79, 233 (235); *Stephan* BA 88, 201 (220); DAR 89, 1 (3); vgl. dagegen aber *Müller* BA 79, 357 (359, 361); *Seib* BA 80, 43.
54 Vgl. BGH NZV 98, 418; VM 91, 17; DAR 92, 244 (bei *Nehm);* OLG Köln VRS 41, 354; *Dencker* StV 88, 454; *Kulemeier* S. 216; vgl. hierzu auch *Bruns,* Strafzumessungsrecht, S. 223, 226.
55 Vgl. oben Rn 606 sowie BGH NZV 98, 418; DAR 88, 227 (bei *Spiegel);* NStZ 91, 183; DAR 92, 244 (bei *Nehm); Mollenkott* DAR 92, 316; vgl. auch *Geppert,* Sperrfrist, S. 91; *Lackner/Kühl* zu § 69 a Rn 2.
56 Vgl. OLG Oldenburg VRS 51, 281.
57 Vgl. AG Hannover ZfS 92, 283; LG Verden VRS 48, 265; *Rieger* DAR 67, 43; *Schönke/Schröder/Stree* zu § 69 a Rn 3.

fahrzeugarten als nicht ungeeignet anzusehen, so wäre nicht einzusehen, warum dann der Richter nicht erst recht die voraussichtliche Dauer der Ungeeignetheit zum Führen bestimmter Kraftfahrzeugarten kürzer veranschlagen dürfte als für die übrigen Arten. Da – wie oben[58] dargelegt wurde – der Grundsatz der Verhältnismäßigkeit trotz der Vorschrift des § 69 I 2 StGB für den Bereich der Entziehung der Fahrerlaubnis nicht etwa außer Kraft gesetzt ist, verstieße es gegen das Übermaßverbot, wenn das Gericht eine einheitliche Sperre für alle Kraftfahrzeugarten bestimmen würde, obwohl es der Auffassung ist, daß die Ungeeignetheit des Angeklagten zum Führen einzelner Arten zu einem früheren Zeitpunkt beseitigt ist.[59] Im übrigen ist nach richtiger Ansicht auch die vorzeitige Aufhebung der Sperre nach § 69 a VII StGB, beschränkt auf bestimmte Kraftfahrzeugarten, zulässig.[60] Was durch nachträgliche Entscheidung möglich ist, muß aber, wenn die Voraussetzungen schon im Zeitpunkt der Hauptverhandlung vorliegen, auch sofort möglich sein.[61]

3. Feststellung der voraussichtlichen Dauer der Ungeeignetheit

Über die Frage, wie lange der Täter **voraussichtlich ungeeignet** sein werde, ist nach denselben Grundsätzen zu befinden wie über die Anordnung selbst.[62] Daher darf ein erst nach der Tat aufgetretener Eignungsmangel nicht sperrfristverlängernd berücksichtigt werden.[63] Das gleiche gilt für alle sonstigen vom Gericht festgestellten Eignungsmängel, sofern sie die Tat nicht beeinflußt haben oder in ihr nicht zum Ausdruck gekommen sind.[64] Der Richter hat daher in derartigen Fällen zu prüfen, wie lange die Ungeeignetheit des Angeklagten voraussichtlich dauern würde, wenn sie nur auf den in der Tat zum Ausdruck gekommenen Eignungsmängeln beruhte; alle übrigen möglicherweise nachträglich aufgetretenen oder nur bei Gelegenheit der Tat festgestellten Mängel[65] hat er unberücksichtigt zu lassen, auch wenn sie zur Annahme wesentlich länger währender oder gar dauernder Ungeeignetheit führen. Zwar wiederholt § 69 a StGB nicht die in § 69 StGB ausdrücklich getroffene Beschränkung auf sich »aus der Tat« ergebende Ungeeignetheit; die in zwei Vorschriften geregelte Entziehung der Fahrerlaubnis mit gleichzeitiger Anordnung einer Sperre ist aber als einheitliche Maßregel zu betrachten. Hat der Gesetzgeber durch die Formulierung des § 69 StGB deutlich zum Ausdruck gebracht, daß bei der Entscheidung über das Vorliegen von Ungeeignetheit Eignungsmängel, die zum Tatgeschehen nicht beitragen und die sich nicht »aus der Tat« ergeben haben, nicht berücksichtigt werden können, so folgt daraus zwingend, daß ihre Verwertung auch bei der Entscheidung über die Dauer der Maßregel unzulässig ist.[66] Daß dies nicht bedeutet, daß etwa bei der Sperrfristbemessung

---

58 Vgl. Rn 650.
59 Vgl. *Rieger* DAR 67, 43; ähnlich LG Verden VRS 48, 265.
60 Vgl. z. B. OLG Köln NJW 60, 2255.
61 Vgl. auch *Rieger* DAR 67, 43.
62 Vgl. BGH NJW 61, 1269; *Tröndle/Fischer* zu § 69 a Rn 5; ausführlich *Geppert*, Sperrfrist, S. 72.
63 Vgl. BGH NJW 61, 1269; *Geppert*, Sperrfrist, S. 72; *Schendel* S. 58.
64 Vgl. auch *Geppert*, Sperrfrist, S. 72; *Schendel* S. 58.
65 Vgl. hierzu oben Rn 607 ff.
66 Vgl. auch *Geppert*, Sperrfrist, S. 71.

überhaupt nur Umstände berücksichtigt werden dürften, die in der Tat zum Ausdruck gekommen sind, versteht sich von selbst. Vielmehr sind *alle* Umstände von Bedeutung, sofern sie einen Schluß auf die voraussichtliche Dauer des **in der Tat sich offenbarenden Eignungsmangels** zulassen.[67]

4. Berücksichtigung der Persönlichkeit des Täters

706 Da die Sperrfristbestimmung, wie in Rn 705 dargelegt, den gleichen Prinzipien unterliegt wie die Anordnung der Maßregel selbst, ist auch bei der Bemessung der Sperre in dem oben unter Rn 605 geschilderten Rahmen eine **sorgfältige Abwägung der Gesamtumstände** unter Berücksichtigung der Persönlichkeit des Angeklagten, seiner bisherigen Lebensführung, seines bisherigen Verhaltens im Straßenverkehr und etwaiger einschlägiger Vorstrafen vorzunehmen.[68] Dies gilt auch für die Fälle des § 69 II StGB.[69] Hierbei kann auch sein Bemühen um eine Verhaltensänderung, etwa die erfolgreiche Teilnahme an einem Aufbauseminar für alkoholauffällige Kraftfahrer **(Nachschulung)**, eine Rolle spielen.[70] Soweit nicht das Gericht möglicherweise sogar feststellen kann, daß der in der Tat zum Ausdruck gekommene Eignungsmangel durch den Nachschulungskursus im Zusammenwirken mit der Dauer bisheriger vorläufiger Führerscheinmaßnahmen als beseitigt anzusehen ist,[71] kann doch jedenfalls die Tatsache, daß ein Teil der spezialpräventiven Wirkungen, die von der Sperre ausgehen sollen, bereits durch die Kursusteilnahme erreicht wurde, die Festsetzung einer kürzeren Sperrfrist rechtfertigen.[72] Eine solche sperrfristverkürzende Berücksichtigung der Nachschulung kann auch bei Erlaß eines Strafbefehls erfolgen.[73] Von Bedeutung für die Beurteilung der voraussichtlichen Dauer der Ungeeignetheit sind schließlich alle Umstände in der Person des Täters, die einen Schluß auf möglicherweise vorliegende **Alkoholgewöhnung** oder gar **-abhängigkeit** nahelegen. Dazu kann etwa das Erreichen einer hohen Blutalkoholkonzentration (mehr als 2,0 ‰) bei Fehlen bedeutsamer Ausfallserscheinungen gehören oder das Vorliegen hoher BAK schon in den frühen Tagesstunden. In solchen Fällen kann die Einholung eines medizinisch-psychologischen Gutachtens erforderlich werden.[74] Jedoch ist nach rechtsmedizinischen Erkenntnissen[75] die Höhe der BAK allein kein geeigneter Indika-

---

[67] Vgl. BGH DAR 82, 203 (bei *Spiegel*).
[68] Vgl. BGH NZV 98, 418; DAR 68, 23; OLG Karlsruhe VRS 48, 425; vgl. auch OLG Köln VRS 41, 354; OLG Koblenz BA 75, 273; zur Persönlichkeitswürdigung im Verwaltungsrecht vgl. *Himmelreich/Hentschel* Bd. II Rn 19 ff.
[69] Vgl. OLG Koblenz VRS 55, 355 (357); vgl. auch *Hentschel* DAR 76, 289 (290).
[70] Vgl. zur Nachschulung Rn 636 ff., *Himmelreich/Hentschel* Bd. II Rn 83 ff.
[71] Vgl. dazu oben Rn 638 ff.
[72] Vgl. OLG Köln VRS 60, 375; LG Köln ZfS 81, 30; LG Krefeld DAR 80, 63; AG Hanau BA 80, 77; AG Passau ZfS 81, 32; AG Brühl DAR 81, 233; AG Bersenbrück DAR 82, 374; AG Hannover BA 83, 169; AG Marl ZfS 90, 213; AG Aachen DAR 92, 193.
[73] Vgl. dagegen Rn 637.
[74] Vgl. *Brockmeier* NVwZ 82, 540; *Sliwka* ZVS 83, 115; s. dazu auch Runderlaß des Verkehrsministers NRW v. 23. 12. 1981, abgedruckt in NVwZ 82, 540.
[75] Vgl. *Iffland* NZV 93, 373 f.; 94, 309; BA 94, 273, 296; *Iffland/Grellner* BA 94, 20; *Barlag u. a.* BA 94, 343 (348); *Rösler* VGT 97, 291 (292); *Heinemann u. a.* BA 98, 161; s. dagegen (aus verkehrspsychologischer Sicht) *Stephan*, Gutachten für OVG Schleswig BA 92, 285.

tor für eine bestehende Alkoholproblematik beim Fahrerlaubnisinhaber; geeignete Indikatoren sind danach vielmehr Alkoholismusmarker wie z. B. Gamma-GT-Wert (»Leberwert«), CDT-Wert (Carbohydrat Deficientes Transferrin), Methanolspiegel sowie die Summenkonzentration von Isobutanol + Aceton in der Blutprobe. Mangelnde Einsicht in die Schuld, die aus dem Bestreiten des Anklagevorwurfs hergeleitet wird, darf die Fahrerlaubnissperre nicht schärfend beeinflussen.[76]

5. Berücksichtigung des Verschuldens

Das **Ausmaß des Verschuldens** darf nur insoweit berücksichtigt werden, als es Schlüsse auf Art und vermutliche Dauer der Ungeeignetheit zuläßt.[77] Eine Berücksichtigung des Verschuldens über diese Grenze hinaus wäre sachwidrig, weil sie die unzulässige Anwendung von Grundsätzen der Strafzumessung auf die Verhängung einer Maßregel der Besserung und Sicherung bedeuten würde.[78]

6. Offensichtlich unbegründete Berufung als Anlaß für faktische Sperrfristverlängerung

Eine **offensichtlich unbegründete Berufung** rechtfertigt nicht die faktische Verlängerung der Sperre durch das Berufungsgericht. Die seit dem Urteil der Vorinstanz verstrichene Zeit der vorläufigen Entziehung darf nicht etwa nur deswegen unberücksichtigt bleiben, weil der Täter sich durch die Einlegung des Rechtsmittels uneinsichtig gezeigt habe.[79] Der früher im Schrifttum vereinzelt vertretenen gegenteiligen Auffassung[80] kann nicht gefolgt werden. Es wäre mit Sinn und Zweck der §§ 69, 69 a StGB unvereinbar, wollte man die Tatsache, daß ein Verurteilter – wenn auch unvernünftigerweise – von einem ihm nach dem Gesetz zustehenden Rechtsmittel Gebrauch macht, gewissermaßen »strafschärfend« berücksichtigen, indem man die Sperre nur aus diesem Grunde in gleicher Höhe festsetzt wie das Urteil der ersten Instanz und sie damit im Ergebnis über den Zeitpunkt der voraussichtlichen Ungeeignetheit hinaus verlängert.[81] Die gegenteilige Ansicht müßte im übrigen dazu führen, daß Angeklagte aus Furcht, sie könnten sich damit eine faktische Sperrfristverlängerung einhandeln, oft von der Einlegung auch aussichtsreicher Rechtsmittel absehen würden.[82]

---

76 Vgl. BGH DAR 87, 201 (bei *Spiegel*); vgl. auch Rn 620.
77 Vgl. BGH NZV 98, 418; DAR 87, 201 (bei *Spiegel*); 94, 179 (bei *Nehm*); VM 91, 17; NStZ 91, 183; OLG Koblenz VRS 50, 361; *Geppert*, Sperrfrist, S. 91; *Dencker*, StV 88, 454.
78 Vgl. BGH DAR 89, 250 (bei *Spiegel*); VM 91, 17; NStZ 91, 183; vgl. auch *Bruns*, Strafzumessung, S. 87; *Dencker*, StV 88, 454; so im Ergebnis auch *Mollenkott* DAR 92, 316.
79 Vgl. hierzu ausführlich *Hentschel* DAR 76, 150; vgl. auch *Geppert* ZRP 81, 85 (89) sowie in LK zu § 69 Rn 252, zu 69 a Rn 25; *Suhren* VGT 89, 136 (143); dazu, daß die Nichtberücksichtigung aus Gründen des Sicherungsbedürfnisses mit § 331 StPO vereinbar ist, vgl. unten Rn 802; zur rechtsmißbräuchlichen Berufung mit dem alleinigen Ziel, das Verfahren von der Verwaltungsbehörde zur Wiedererlangung der Fahrerlaubnis zu umgehen, vgl. oben Rn 657.
80 Vgl. etwa *Werner* NJW 74, 484; ähnlich DAR 76, 7.
81 Vgl. hierzu auch OLG Celle DAR 84, 93; OLG Hamm MDR 73, 777; *Brockelt* VGT 80, 285; *Janiszewski* DAR 89, 135 (137).
82 Vgl. auch *D. Meyer* MDR 76, 629, 632.

Bemessungsgrundsätze

7. Generalisierende Erwägungen, feste Taxen

709 Die Bemessung der Sperrfrist muß **allein nach der Persönlichkeit des Verurteilten** erfolgen; generalisierende Erwägungen oder gar feste Taxen sind mit der Rechtsnatur der Maßregel nicht vereinbar, weil sie der Maßregel den Charakter einer Nebenstrafe verleihen würden.[83] Wegen der zahlreichen Faktoren, die, wie gezeigt, die Prognose hinsichtlich der voraussichtlichen Dauer der Ungeeignetheit beeinflussen können, kommt eine **schematische Bemessung** nicht in Frage. Dessenungeachtet soll nach OLG Düsseldorf[84] **im Regelfall** alkoholbedingter absoluter Fahrunsicherheit grundsätzlich nur die gesetzliche Mindestsperrfrist anzuordnen sein (womit dem Richter jegliche sperrfristmindernde Berücksichtigung entlastender Umstände unmöglich würde). Auch der Gedanke der »Kalkulierbarkeit« einer Trunkenheitsfahrt durch den Täter hinsichtlich ihrer Rechtsfolgen oder der Gedanke der Gleichbehandlung rechtfertigt nicht die Anwendung bestimmter Schemata bei der Sperrfristbemessung, unabhängig vom allein entscheidenden Maßregelzweck.[85] Die Zunahme von Trunkenheitsfahrten im Gerichtsbezirk darf z. B. nicht zu einer Sperrfristverschärfung führen.[86] Sachwidrig ist daher auch die in der gerichtlichen Praxis bei Trunkenheitsdelikten mitunter vorgenommene rein schematische Orientierung der Länge der Sperre an der **Höhe der Blutalkoholkonzentration.**[87]

8. Wirtschaftliche Gesichtspunkte

710 Die Entziehung der Fahrerlaubnis wird denjenigen, der die Fahrerlaubnis bei der Ausübung seines Berufes benötigt, regelmäßig ungleich härter treffen als den, der von ihr nur zu privaten Zwecken Gebrauch macht. Die **wirtschaftlichen Härten**, die für den einzelnen mit der Verhängung der Maßregel verbunden sind, dürfen aber nicht dazu führen, daß das Gericht die Sperre kürzer bemißt, als der Schutz der Allgemeinheit dies erfordert. Eine Berücksichtigung wirtschaftlicher Gesichtspunkte *in dieser Weise* ist unzulässig.[88] Die Gefahr sachwidriger Rücksichtnahme auf wirtschaftliche Härten wird in der Amtlichen Begründung zum 2. VerkSichG[89] ausdrücklich erwähnt:

»Dieser Gefahr sucht der Entwurf auf zwei Wegen entgegenzuwirken. Der wirksamere besteht darin, daß bei der Entziehung der Fahrerlaubnis eine Anzahl schwerer Verkehrszuwiderhandlungen aufgeführt wird, die kraft Gesetzes den Eignungsmangel des Täters

---

83 Vgl. OLG Düsseldorf NZV 93, 117; OLG Celle VRS 44, 96; AG Bad Homburg VRS 67, 22; LK *(Geppert)* zu § 69 a Rn 17; vgl. auch *Dencker*, StV 88, 454.
84 OLG Düsseldorf VRS 91, 179.
85 Insoweit abzulehnen daher LG Hamburg BA 85, 334.
86 Vgl. OLG Celle VRS 44, 96.
87 Vgl. auch LK *(Geppert)* zu § 69 a Rn 17;
    a. M. offenbar *Zabel* BA 82, 269 (274 f.), der Berücksichtigung der BAK-Höhe bei der Eignungsbeurteilung durch die Rechtsprechung billigt; s. aber Rn 706.
88 Vgl. auch OLG Koblenz VRS 50, 361; *Tröndle/Fischer* zu § 69 Rn 9 d; zu § 69 a Rn 5; *Lackner/Kühl* zu § 69 Rn 6; *Janiszewski* GA 81, 385; zur Bedeutung wirtschaftlicher Überlegungen im Rahmen der verwaltungsbehördlichen Entziehung der Fahrerlaubnis siehe *Himmelreich/Hentschel* Bd. II Rn 120.
89 Bundestagsdrucksache IV/651 S. 12, 13.

begründen, wenn nicht besondere Umstände des Einzelfalles diese Annahme ausschließen (vgl. § 42 m Abs. 2 StGB i. d. F. des Entwurfs...«[90])

Allerdings sind wirtschaftliche Folgen für die Bemessung der Sperrfrist wegen ihrer nachhaltigen Wirkung **mittelbar von Bedeutung.**[91] Denn gerade schwere wirtschaftliche Nachteile als Folge der Fahrerlaubnisentziehung werden in besonders nachdrücklicher Weise die erstrebte abschreckende und damit bessernde Wirkung auf den Angeklagten erzielen.[92] So wird der Wegfall eines in einer Straftat zum Ausdruck gekommenen charakterlichen Eignungsmangels unter Einwirkung der Führerscheinsperre desto früher zu erwarten sein, je stärker sich die Sperre im wirtschaftlichen Bereich auf den Angeklagten auswirkt. Wirtschaftlichen Gesichtspunkten kommt daher bei der Bemessung der Sperrfrist insoweit wesentliche praktische Bedeutung zu, als durch Fahrerlaubnisentzug verursachte wirtschaftliche Härten geeignet sind, den Täter rascher positiv zu beeinflussen.[93]

9. Generalprävention

Als Maßregel der Besserung und Sicherung verfolgt die Entziehung der Fahrerlaubnis **ausschließlich Sicherungs-** und **spezialpräventive Zwecke,** nämlich den Schutz der Allgemeinheit vor dem ungeeigneten Täter, solange dessen Ungeeignetheit besteht.[94] Da sich somit die Dauer der Sperre allein nach der voraussichtlichen Ungeeignetheit des Täters richtet,[95] darf der Gesichtspunkt der **Abschreckung anderer** keine Rolle spielen.[96] Soweit in einem älteren Urteil des OLG Hamm[97] im Rahmen der Erwägungen zur Möglichkeit einer beschränkten Sperre (§ 69 a II StGB) Ausführungen über die gebotene Erhaltung des Abschreckungseffektes für den Täter *und die Allgemeinheit* enthalten sind, ist dies daher sachfremd.[98]

10. Anwendung des zeitigen Höchstmaßes

Die Anwendung des zeitigen Höchstmaßes bleibt auf Fälle vorbehalten, die eine besonders strenge Maßnahme zum Schutz der allgemeinen Verkehrssicherheit erfordern,[99] wobei im Hinblick auf das Übermaßverbot stets Voraussetzung ist, daß die Prognose eine frühere Beseitigung des Eignungsmangels nicht erwarten läßt.

---

90 = § 69 II n. F.
91 Vgl. auch *Tröndle/Fischer* zu § 69 a Rn 5; *Lackner/Kühl* zu § 69 Rn 8, zu § 69 a Rn 2; *Geppert* NJW 71, 2154; *Bieler* BA 70, 112.
92 Vgl. LG Krefeld VRS 56, 283; AG Bückeburg NJW 83, 1746 (zust. *Booß* VM 84, 8); *Geppert* NJW 71, 2154; Sperrfrist, S. 97; *Bieler* BA 70, 112; *Mögele* ZRP 82, 101; vgl. hierzu auch BGH DAR 69, 49.
93 Vgl. OLG Celle DAR 85, 90; OLG Koblenz VRS 71, 431; vgl. auch OLG Koblenz VRS 65, 362.
94 Vgl. hierzu oben Rn 566, 567.
95 Vgl. hierzu oben Rn 703.
96 Vgl. BGH NStZ 90, 225 (bei *Detter*); OLG Düsseldorf NZV 93, 117; AG Bad Homburg VRS 67, 22; LK *(Geppert)* zu § 69 Rn 3; *Janiszewski* NStZ 93, 274; *Kulemeier* S. 114, 139.
97 OLG Hamm NJW 71, 1618.
98 Insoweit zumindest unglücklich formuliert auch LG Hamburg DAR 85, 334.
99 Vgl. BGH DAR 68, 23; VRS 34, 194.

11. Sperre für immer

714 Entziehung der Fahrerlaubnis auf **Lebenszeit** ist in der Regel nur bei besonders schweren Verstößen gegen die Straßenverkehrsbestimmungen oder gegenüber besonders hartnäckigen Verkehrssündern angebracht,[100] darf also nur in Ausnahmefällen verhängt werden.[101] Insbesondere ist es unzulässig, bei der Entziehung der Fahrerlaubnis mit lebenslanger Sperre zu Lasten des Angeklagten großzügig zu verfahren, weil der Angeklagte ohnehin auf die Fahrerlaubnis verzichte.[102]

715 Die Führerscheinsperre für immer setzt einen unbehebbaren Eignungsmangel voraus, ist also nur zulässig, wenn eine Besserung nicht mehr zu erwarten ist.[103] Bei charakterlichen Mängeln wird die Voraussetzung **vor allem bei schwerster und chronischer Verkehrskriminalität** erfüllt sein. Daß es sich um solche Fälle von Kriminalität handelt, ist indessen *kein Erfordernis*, ohne daß § 69 a I 2 StGB etwa unanwendbar wäre.[104]

716 Nicht zugestimmt werden kann der Auffassung, immer dann, wenn eine Sperrfrist von 5 Jahren nicht ausreiche, sei eine Sperre für immer anzuordnen.[105] Denn dies würde bedeuten, daß die Verhängung der Maßregel über den Zeitpunkt hinaus, in dem die Ungeeignetheit beseitigt ist, möglich wäre. Das aber wäre mit Sinn und Zweck der Maßregel, insbesondere mit dem unbestrittenen Grundsatz, wonach für die Bemessung der Sperre allein die voraussichtliche Dauer der Ungeeignetheit des Angeklagten maßgebend ist,[106] und somit auch mit dem verfassungsmäßigen Übermaßverbot,[107] unvereinbar.[108] Wenn das Gericht zu der Überzeugung kommt, der Eignungsmangel werde nach 10 Jahren beseitigt sein, so darf es nicht die Sperre für immer anordnen. Nur dann, wenn der Täter nicht mehr besserungsfähig erscheint, sich seine Ungeeignetheit also als unbehebbar darstellt, ist dies möglich. Anderenfalls muß, auch wenn dies nicht ausreichend erscheint, eine Sperre von 5 Jahren verhängt werden.[109] Der Schutz der Allgemeinheit wird dadurch gewährleistet, daß die Verwaltungsbehörde nach Ablauf der 5jährigen Sperre vor Neuerteilung der Fahrerlaubnis eine umfassende Prüfung der Eignung vorzunehmen hat.[110]

---

100 Vgl. OLG Frankfurt DAR 69, 161.
101 Vgl. OLG Koblenz VRS 47, 99; OLG Köln VRS 48, 85.
102 Vgl. OLG Köln VRS 48, 85.
103 Vgl. OLG Köln VRS 41, 354; OLG Koblenz VRS 40, 96; *Geppert,* Sperrfrist, S. 104; *Jagusch/Hentschel* zu § 69 a StGB Rn 4.
104 Vgl. OLG Hamm VRS 50, 274; *Schönke/Schröder/Stree* zu § 69 a Rn 8; vgl. auch *Lackner/Kühl* zu § 69 a Rn 2;
a. M. OLG Köln VRS 41, 354; 48, 85; OLG Koblenz VRS 40, 96.
105 So z. B. NStZ-RR 97, 331; VRS 35, 416; OLG Hamm VRS 40, 11; 50, 274; OLG Koblenz BA 75, 273 in Abweichung von der früher (VRS 40, 96) vertretenen Ansicht; *Schönke/Schröder/Stree* zu § 69 a Rn 8; *Kulemeier* S. 115; *Tröndle/Fischer* zu § 69 a Rn 5, wobei allerdings OLG Hamm (VRS 40, 11), OLG Koblenz (BA 75, 273) und *Tröndle/Fischer* einräumen, dies werde *insbesondere* der Fall sein, wenn es sich um chronische Verkehrs- oder Trunkenheitsdelinquenz handele, die keine Besserung erwarten lasse.
106 Vgl. oben Rn 703.
107 Vgl. oben Rn 650.
108 Vgl. auch LK *(Geppert)* zu § 69 a Rn 39.
109 Vgl. auch *Geppert,* Sperrfrist, S. 104; *Cramer* zu § 69 a StGB Rn 20; ebenso (früher) OLG Koblenz VRS 40, 96.
110 Vgl. hierzu Näheres in *Himmelreich/Hentschel* Bd. II Rn 238 ff., 268 ff., 306 ff.

Die Fahrerlaubnis darf auch nicht für immer entzogen werden, wenn das Gericht zu der Auffassung kommt, die von ihm verhängte längere Freiheitsstrafe werde eine heilsame und erzieherische Wirkung ausüben, so daß der Angeklagte in einschlägiger Weise nicht mehr straffällig werde.[111]

Bei der Anordnung einer lebenslangen Sperre kann es auf das **Alter des Täters** nicht ankommen.[112] Entscheidend ist allein die Überzeugung des Gerichts, daß er nicht mehr besserungsfähig ist. Bei späterem, bei der Urteilsfällung nicht voraussehbarem Wegfall des Eignungsmangels besteht die Möglichkeit der vorzeitigen Aufhebung der Sperre nach § 69 a VII StGB.[113]

V. Begründung der im Urteil erkannten Sperre

Die vom Gericht bestimmte Dauer der Sperre ist **im Urteil zu begründen**.[114] Bei Entziehung der Fahrerlaubnis im Sicherungsverfahren[115] ist die voraussichtliche krankheitsbedingte Dauer der Ungeeignetheit zu begründen.[116]

Besonders ausführlich ist die Fahrerlaubnissperre zu begründen, wenn die Dauer der erkannten Sperre im Verhältnis zur ausgesprochenen Strafe besonders lang ist.[117]

Das gleiche gilt, wenn bei erstmaliger Verhängung der Maßnahme eine längere, z. B. mehrjährige Sperre angeordnet wird und der Angeklagte durch sie in seiner beruflichen Entwicklung und Betätigung einschneidend getroffen wird.[118]

Näherer Begründung bedarf auch die Anwendung des **zeitigen Höchstmaßes**.[119]

Die Begründung der Sperrfrist kann grundsätzlich nicht durch die Bezugnahme auf die sich etwa aus den Strafzumessungsgründen ergebenden »außergewöhnlichen Umstände des Falles« ersetzt werden, weil die Ausführungen zur Strafzumessung nicht geeignet sind, die Dauer der Maßregel zu begründen. Etwas anderes kann ausnahmsweise dann gelten, wenn die in Bezug genommenen Strafzumessungsgründe genügend Hinweise auf die für die Dauer der Sperre vor allem entscheidende Persönlichkeit des Täters, insbesondere seine Gefährlichkeit im Straßenverkehr, geben.[120]

Wegen der besonderen Bedeutung und der einschneidenden Wirkung in der Lebensführung des Betroffenen ist die **Entziehung der Fahrerlaubnis für immer** besonders eingehend zu begründen.[121] Insbesondere muß das Urteil darlegen,

---

111 Vgl. BGH NStZ-RR 97, 331; VRS 37, 423; OLG Köln VRS 41, 354; OLG Koblenz VRS 40, 96.
112 Vgl. BGH VRS 35, 416.
113 Vgl. Rn 788.
114 Vgl. OLG Köln VRS 76, 352; 94, 265.
115 Siehe Rn 572.
116 Vgl. BayObLG DAR 92, 364 (bei *Bär*).
117 Vgl. BGH DAR 69, 49; OLG Saarbrücken NJW 65, 2313.
118 Vgl. BGH DAR 69, 49 (zweijährige Sperre).
119 Vgl. BGH VRS 31, 106; 34, 272; DAR 68, 23; OLG Koblenz VRS 71, 431.
120 Vgl. BGH VRS 34, 272.
121 Vgl. BGH VRS 34, 194; BayObLG DAR 89, 365 (bei *Bär*); OLG Köln VRS 41, 354; OLG Koblenz VRS 40, 96; 47, 99; OLG Hamm VRS 50, 274.

warum eine Sperre von 5 Jahren nicht ausreicht.[122] Die bloße Aufführung einschlägiger Vortaten genügt nicht, vielmehr ist jede Vortat nach ihren besonderen Umständen zu würdigen, damit erkennbar wird, woraus die Annahme nicht mehr bestehender Besserungsfähigkeit hergeleitet wird.[123] Etwas anderes gilt auch nicht, wenn der Angeklagte auf die Fahrerlaubnis verzichtet.[124]

VI. Beginn und Berechnung der erkannten Sperre

Literatur:

Seib, Beginn der Sperrfrist im Strafbefehlsverfahren, in: DAR 1965, 292.

1. Rechtskraft des Urteils (§ 69 a V 1 StGB)

725 Die Sperre **beginnt** mit der Rechtskraft des Urteils (§ 69 a V 1 StGB), genauer: mit der Rechtskraft des Teils des Urteils, der den Ausspruch über die Sperre enthält.

2. Einrechnung nach § 69 a V 2 StGB

726 Nach § 69 a V 2, VI StGB wird in die Sperrfrist **die Zeit einer vorläufigen Führerscheinmaßnahme** (vorläufige Fahrerlaubnisentziehung oder Beschlagnahme des Führerscheins) **eingerechnet**, soweit sie nach Verkündung des Urteils verstrichen ist, in dem die der Maßregel zugrundeliegenden tatsächlichen Feststellungen letztmals geprüft werden konnten. Die Vorschrift ist vor allem auch in den Fällen bedeutsam, in denen die Rechtskraft des Ausspruchs über die Entziehung der Fahrerlaubnis aufgrund einer revisionsgerichtlichen Entscheidung eintritt, oder nach Verwerfung eines Rechtsmittels durch Beschluß (§§ 322 I 1, 349 StPO); sie greift ferner dann ein, wenn ein Rechtsmittel oder der Einspruch gegen einen Strafbefehl zurückgenommen wird. Das Einrechnungsgebot gilt auch in den Fällen, in denen der Angeklagte im Besitz **zweier Führerscheine** (z. B. ziviler und Bundeswehrführerschein) war und nur einer davon beschlagnahmt war.[125] Hierzu genügt auch die Beschlagnahme eines noch gültigen deutschen Internationalen Führerscheins.[126]

727 Unterläßt das Berufungsgericht trotz unbeschränkter Berufung die Prüfung zur Frage der Maßregel, so ist gleichwohl die Zeit seit Verkündung des angefochtenen Urteils nicht einzurechnen; denn das Urteil, in dem die tatsächlichen Grundlagen der Maßregel geprüft werden *konnten* (§ 69 a V 2 StGB) – und hätten geprüft werden müssen –, ist das Berufungsurteil.[127] Das **letzte Urteil in der Tatsacheninstanz** im Sinne von § 69 a V 2 StGB ist auch dann das Urteil des Berufungsgerichts, wenn die Berufung auf das Strafmaß und die Maßnahme nach den §§ 69, 69 a StGB

---

122 Vgl. BGH NStZ 91, 183.
123 Vgl. OLG Köln VRS 41, 354; OLG Koblenz VRS 47, 99.
124 Vgl. OLG Köln VRS 48, 85.
125 Vgl. hierzu auch oben Rn 695.
126 Vgl. *Hentschel* NZV 92, 500; s. aber AG Kassel NZV 92, 499.
127 Vgl. auch LK *(Geppert)* zu § 69 a Rn 73;
 a. M. AG Osnabrück Rpfleger 83, 171.

beschränkt war.[128] Zwar beruht die Verhängung der Maßregel vor allem auf den Feststellungen des erstinstanzlichen Urteils, die die Verurteilung wegen der Straftat rechtfertigen und angesichts der Beschränkung des Rechtsmittels letztmals im Urteil der Vorinstanz geprüft werden konnten. Jedoch liegen der Maßregel nach § 69 StGB diese Feststellungen *nicht allein* zugrunde.[129]

Ist die Fahrerlaubnis durch **Strafbefehl** entzogen worden, so beginnt die entsprechend § 69 a V 2 StGB einzurechnende Zeit **am Tage des Erlasses** des Strafbefehls.[130] Nach anderer Auffassung soll der Tag der Zustellung des Strafbefehls entscheidend sein.[131] Begründet wird diese Auffassung vor allem mit dem Argument, erst vom Zeitpunkt der Zustellung an könne der Strafbefehl mit einem verkündeten Urteil verglichen werden;[132] der Verkündung des Urteils entspreche die Zustellung des Strafbefehls.[133] Stellt man auf die Bekanntmachung der Entscheidung ab, so entspricht zwar sicherlich der Verkündung des Urteils die Zustellung des Strafbefehls. Bei Berücksichtigung von Sinn und Zweck des § 69 a V 2 StGB kann es aber doch nicht zweifelhaft sein, daß der Gesetzgeber die Verkündung des Urteils nicht deswegen als Fristbeginn gewählt hat, weil in diesem Zeitpunkt die Entscheidung bekanntgemacht wurde, sondern weil dies der letzte Zeitpunkt ist, bis zu dem die in § 69 a V 2 StGB genannte Prüfung noch vorgenommen werden kann;[134] denn Sinn der Regelung des § 69 a V 2 StGB ist es, daß die Dauer der Sperrfrist nicht von Zufälligkeiten abhängen soll.[135] Dieser Zeitpunkt ist aber beim Strafbefehl derjenige des Erlasses, also der Augenblick der richterlichen Unterschrift.[136] Auch der Hinweis auf § 268 III 2 StPO, wonach Urteile spätestens am 11. Tag nach Verhandlungsschluß zu verkünden sind,[137] vermag die Gegenansicht nicht zu begründen; denn die Zustellung eines Strafbefehls kann sich nicht nur um Tage, sondern u. U. um Wochen verzögern. Dies würde zu dem unbilligen Ergebnis führen, daß die Dauer der Sperre von Zufälligkeiten abhinge, die das Gericht nicht beeinflussen kann.[138] Im übrigen kann aber der Schluß der Verhandlung im Sinne des § 268 III StPO schon deswegen nicht mit dem Erlaß des Strafbefehls gleichgesetzt werden, weil der Strafbefehl – so wie das Urteil mit der Verkündung – mit dem Erlaß wirksam wird.

Im Falle wirksamer **Beschränkung des Einspruchs** gegen den Strafbefehl unter Ausklammerung der Entscheidung über die Maßregel[139] tritt hinsichtlich der

---

128 Vgl. LG Aachen DAR 68, 330; *Tröndle/Fischer* zu § 69 a Rn 13.
129 Vgl. LG Aachen DAR 68, 330.
130 Vgl. LG Köln DAR 78, 322; LG Freiburg NJW 68, 1791; AG Düsseldorf DAR 67, 51; AG Alsfeld BA 80, 466; LK *(Geppert)* zu § 69 a Rn 77; *Schönke/Schröder/Stree* zu § 69 a Rn 14; *Lackner/Kühl* zu § 69 a Rn 6; *Tröndle/Fischer* zu § 69 a Rn 13; Seib DAR 65, 209; 65, 292; *Geppert*, Sperrfrist, S. 135; *Cramer* zu § 69 a StGB Rn 13; *Kulemeier* S. 121.
131 So LG Düsseldorf NJW 66, 897; LG Coburg DAR 65, 245; KMR, 6. Aufl., zu § 409 Anm. 2; *Mittelbach* S. 54.
132 So KMR *(Müller)*, 6. Aufl., zu § 409 Anm. 2; LG Coburg DAR 65, 245.
133 So LG Düsseldorf NJW 66, 897.
134 Vgl. LG Freiburg NJW 68, 1791.
135 Vgl. AG Düsseldorf DAR 67, 51.
136 Vgl. LG Freiburg NJW 68, 1791; AG Düsseldorf DAR 67, 51; *Seib* DAR 65, 292; *Geppert*, Sperrfrist, S. 135; *Kulemeier* S. 121.
137 So aber LG Düsseldorf NJW 66, 897.
138 Vgl. *Seib* DAR 65, 292; LG Freiburg NJW 68, 1791.
139 Es gelten die gleichen Grundsätze wie bei Beschränkung des *Rechtsmittels*, s. dazu Rn 658 ff.

Sperre Teilrechtskraft ein,[140] so daß eine Neubemessung entfällt; die Sperre rechnet also ebenfalls ab Erlaß des Strafbefehls.[141]

3. Berechnung der Sperre durch Vollstreckungs- und Verwaltungsbehörde

730 Die Vorschrift des § 69 a V StGB wendet sich allein an die **Vollstreckungs-** bzw. **Verwaltungsbehörde.**[142] Das bedeutet, daß das Berufungs- oder Revisionsgericht nicht zu prüfen hat, ob nach Verkündung des Urteils der Vorinstanz die Fahrerlaubnis vorläufig entzogen oder der Führerschein beschlagnahmt war, inwieweit die bestehende Sperre nach § 69 a V 2 (VI) StGB durch Einrechnung etwaiger vorläufiger Führerscheinmaßnahmen verkürzt oder ob sie dadurch sogar abgelaufen ist.[143] Führt die Einrechnung nach § 69 a V 2 StGB dazu, daß die Sperre beendet ist, so besteht die Wirkung des Urteils darin, daß zwar die Fahrerlaubnis entzogen bleibt, die Verwaltungsbehörde jedoch sofort eine neue Fahrerlaubnis erteilen kann.[144]

731 Daraus folgt, daß die **Berechnung der Sperre** zunächst von der Vollstreckungsbehörde durchzuführen ist. Nur wenn Zweifel bestehen, ist die Entscheidung des Gerichts herbeizuführen.[145]

4. Mehrere Sperren

732 Mehrere Sperren laufen **nebeneinander.**[146] Das betrifft den Fall, daß gegen den Angeklagten eine Sperre zu einem Zeitpunkt festgesetzt wird, in dem noch eine Sperre aus einer früheren Verurteilung läuft, und die Voraussetzungen für eine Gesamtstrafenbildung nicht vorliegen. Daß in einem solchen Falle nicht eine sog. Anschlußsperre, beginnend mit dem Ende der früher angeordneten Sperre, bestimmt werden kann, wurde bereits erläutert.[147] Beide Sperren laufen in einem derartigen Fall unabhängig voneinander parallel ab Rechtskraft des jeweiligen Urteils. Rechnerisch bedeutet dies, daß eine einzige Sperre von 4 Jahren für den Verurteilten ungünstiger sein kann als das Nebeneinanderbestehen zweier Sperren von 2 und 3 Jahren.[148]

5. Beginn bei nachträglicher Gesamtstrafenbildung

733 Siehe hierzu C VIII Rn 749, 756.

---

140 Vgl. KK *(Fischer)* zu § 410 Rn 15.
141 Vgl. auch LK *(Geppert)* zu § 69 a Rn 77.
142 Vgl. OLG Celle DAR 65, 101; *Möhl* DAR 65, 45; vgl. auch OLG Karlsruhe NJW 75, 455.
143 Vgl. auch *Möhl* DAR 65, 45.
144 Vgl. auch *Möhl* DAR 65, 45.
145 Vgl. LG Coburg DAR 65, 245.
146 Vgl. BGH NJW 71, 2180; BayObLG NJW 66, 896; OLG Dresden NZV 93, 402; OLG Hamm NJW 64, 1285; *Geppert* MDR 72, 280 (287); *Mühlhaus/Janiszewski* zu § 69 a StGB Rn 3.
147 Vgl. Rn 687.
148 Vgl. OLG Hamm NJW 64, 1285.

VII. Isolierte Sperre (§ 69 a I 3 StGB)

Literatur:

Hentschel, Entziehung einer nicht vorhandenen Fahrerlaubnis?, in: DAR 1977, 212; *derselbe,* Reform der strafgerichtlichen Fahrerlaubnisentziehung durch Auslegung und Analogie?, in: DAR 1984, 248; *Krekeler,* Sperre für Erteilung einer Fahrerlaubnis bei tatsächlichem Ausschluß vom Kraftfahrzeugverkehr?, in: NJW 1973, 690; *D. Meyer,* Verkürzung des Mindestmaßes der Sperre auch bei isolierter Anordnung einer Sperrfrist?, in: DAR 1979, 157; *Mollenkott,* Wie kann die Maßregel der Entziehung der Fahrerlaubnis für die Praxis verbessert werden?, in: VGT 80, 296.

1. Voraussetzungen und Wirkung

Unter den Voraussetzungen des § 69 a I 3 StGB tritt die Anordnung der Fahrerlaubnissperre an die Stelle der Entziehung der Fahrerlaubnis und bildet die eigentliche Maßregel i. S. d. § 61 Nr. 5 StGB.[149] § 69 a I 3 StGB betrifft nur den Fall, daß der Angeklagte – im Zeitpunkt der Entscheidung[150] – keine *Fahrerlaubnis* hat. Fahrerlaubnis ist nicht gleich Führerschein. Der Führerschein ist nur das Dokument zum Nachweis der bestehenden Fahrerlaubnis. Hat der Angeklagte eine Fahrerlaubnis, den Führerschein aber **verloren** oder **verlegt**, so gilt § 69 a I 3 StGB daher nicht. Das Gericht darf sich dann also nicht darauf beschränken, die Sperre anzuordnen, sondern es hat die Fahrerlaubnis zu entziehen *und* die Einziehung des Führerscheins auszusprechen.[151] Ist dem Täter die Fahrerlaubnis **in einem früheren Verfahren bereits** rechtskräftig **entzogen,** so hat er keine Fahrerlaubnis. Nach dem klaren Wortlaut des § 69 a I 3 StGB darf daher nur die Sperre angeordnet werden.[152] Könnte in einem derartigen Fall auch – gewissermaßen aus Gründen der Sicherheit – die »Fahrerlaubnis entzogen« werden, so hätte § 69 a I 3 StGB keinen Sinn. Soweit das OLG Bremen[153] einen abweichenden Standpunkt vertreten hat, kann ihm daher nicht zugestimmt werden.[154]

Ordnet das Gericht **versehentlich im Urteilstenor nur die Sperre** an, ohne ausdrücklich die Fahrerlaubnis zu entziehen, und ergibt sich aus den Gründen, daß Fahrerlaubnisentziehung gewollt ist, so kann die Urteilsformel berichtigt werden.[155] Ging das Gericht jedoch irrig davon aus, der Angeklagte habe keine Fahrerlaubnis, so handelt es sich bei der Verhängung der isolierten Sperre nicht um ein

---

149 Vgl. OLG Zweibrücken VRS 64, 444.
150 Nicht etwa im Zeitpunkt der Tat. Bei nach der Tat erworbener Fahrerlaubnis ist nicht isolierte Sperre, sondern Fahrerlaubnisentziehung anzuordnen, vgl. Rn 614.
151 Vgl. Rn 680 mit Nachweisen.
152 Vgl. *Cramer* zu § 69 StGB Rn 50; *Schönke/Schröder/Stree* zu § 69 a Rn 23; *Lackner/Kühl* zu § 69 a Rn 1; *Hentschel* DAR 77, 212; vgl. auch *Schendel,* S. 50.
153 OLG Bremen VRS 51, 278; ebenso *Rüth* bei *Müller* zu § 42 m Rn 54 (später jedoch aufgegeben in LK10(*Rüth*) – zu § 69 Rn 56 und *Full/Möhl/Rüth* zu § 69 Rn 54).
154 Vgl. auch BGH DAR 78, 152 (bei *Spiegel*); LK *(Geppert)* zu § 69 Rn 108; *Kulemeier* S. 109 Fn 446.
155 Vgl. BGH VRS 16, 370; LG Aachen 63 Qs 107/96; so wohl auch OLG Koblenz VRS 50, 32 (34); a. M. LK *(Geppert)* zu § 69 Rn 248.

offensichtliches Verkündungsversehen, so daß eine Berichtigung ausscheidet. Die Maßregel der §§ 69, 69 a StGB ist dann *nicht* verhängt;[156] der Verurteilte bleibt also im Besitz der Fahrerlaubnis; in Fällen des § 69 b StGB wird die Aberkennung des Rechts, von der Fahrerlaubnis im Inland Gebrauch zu machen, nicht wirksam.[157] Das gleiche gilt, wenn durch Strafbefehl, der keine Entscheidungsgründe enthält, lediglich eine Sperre, nicht aber die Entziehung der Fahrerlaubnis angeordnet wird.[158]

736 Entsprechend ist die rechtliche Situation, wenn das Gericht eine isolierte Sperre angeordnet hat, die Verwaltungsbehörde aber danach, jedoch vor Rechtskraft des Urteils, eine Fahrerlaubnis erteilt hat. Nur bei Einlegung eines Rechtsmittels zuungunsten des Angeklagten könnte ohne Verstoß gegen das Schlechterstellungsverbot ein Ausspruch über die Entziehung dieser neu erteilten Fahrerlaubnis erfolgen. Anderenfalls bleibt der Verurteilte trotz der erkannten Sperre so lange im Besitz der Fahrerlaubnis, bis die Verwaltungsbehörde (oder das Gericht aufgrund einer neuen Straftat) sie ihm entzieht.[159] Der Fortbestand der im Urteil verhängten isolierten Sperre wird allerdings durch die inzwischen neu erteilte Fahrerlaubnis nicht gehindert.[160] Der Ausspruch über die Sperre bleibt z. B. bedeutsam für die Mindestsperrfrist bei einer etwaigen erneuten gerichtlichen Verhängung der Maßregel (vgl. § 69 a III StGB).

2. Anwendbarkeit von § 69 a IV und VI StGB

737 Zwar ist auch, wenn der Angeklagte keine Fahrerlaubnis hat, zu prüfen, ob eine durch die Tat in Erscheinung getretene Ungeeignetheit noch im Zeitpunkt der Entscheidung besteht.[161] Bei Anordnung einer isolierten Sperre gem. § 69 a I 3 StGB kann die zu verhängende Mindestsperrfrist jedoch **nicht in entsprechender Anwendung** von § 69 a IV und VI StGB verkürzt werden.[162] Da die Anordnung der isolierten Sperre voraussetzt, daß der Angeklagte keine Fahrerlaubnis hat, kann ihm weder die Fahrerlaubnis vorher gem. § 111 a StPO vorläufig entzogen (§ 69 a IV StGB), noch kann ein gültiger Führerschein beschlagnahmt worden sein (§ 69 a VI StGB). Die Voraussetzungen für eine Verkürzung der Mindestsperrfrist sind also in einem derartigen Fall nach dem Wortlaut des Gesetzes niemals gegeben. Dennoch kann es natürlich auch in solchen Fällen vorkommen, daß der Angeklagte wegen der Tat von der Teilnahme am Kraftfahrzeugverkehr in gleicher Weise tatsächlich ausgeschlossen war wie bei vorläufiger Entziehung der Fahrerlaubnis oder Beschlagnahme seines Führerscheins, weil es die Verwaltungsbe-

---

156 Vgl. OLG Karlsruhe VRS 59, 111; OLG Koblenz VRS 50, 32 (34); OLG Hamm VersR 78, 812; OLG Köln VM 81, 46.
157 Vgl. OLG Köln VM 81, 46.
158 Vgl. OLG Hamm VersR 78, 812.
159 Vgl. OLG Koblenz VRS 51, 96; 60, 431; OLG Bremen VRS 51, 278.
160 Vgl. OLG Bremen VRS 51, 278.
161 Vgl. OLG Saarbrücken NJW 74, 1391; OLG Karlsruhe VRS 57, 108.
162 Vgl. BayObLG bei *Rüth* DAR 74, 169 (177); 93, 371 (bei *Bär*); NZV 91, 358; OLG Zweibrücken NZV 97, 279 (abl. *Saal*); OLG Karlsruhe VRS 57, 108; OLG Koblenz VRS 55, 47 (50); OLG Hamburg VM 78, 71; *Schönke/Schröder/Stree* zu § 69 a Rn 11; *Tröndle/Fischer* zu § 69 a Rn 9; *Lackner/Kühl* - zu § 69 a Rn 5; *D. Meyer* DAR 79, 157; vgl. auch *Cramer* zu § 69 a StGB Rn 11.

hörde ablehnt, ihm bis zum Abschluß des Strafverfahrens eine Fahrerlaubnis zu erteilen, obwohl er dies beantragt oder weil er in Erwartung einer ablehnenden Entscheidung der Verwaltungsbehörde erst gar nicht einen Antrag stellt.

Es wird daher die Auffassung vertreten, dieser tatsächliche Ausschluß vom Kraftfahrzeugverkehr sei ein Sachverhalt, der in seinen Auswirkungen auf den Angeklagten den Fällen vergleichbar sei, die in § 69 a IV und VI StGB geregelt sind, so daß eine entsprechende Anwendung dieser Regelung geboten sei.[163] Diese Ansicht ist abzulehnen. Bei § 69 a IV und VI StGB handelt es sich um eine Ausnahmeregelung. Dem Gesetzgeber war die Praxis der Verwaltungsbehörden, keine Fahrerlaubnis zu erteilen, solange wegen einer Straftat der Verdacht der Ungeeignetheit besteht, bekannt. Es hätte nahegelegen, die Ausnahmevorschrift des § 69 a IV und VI StGB auf diesen Fall auszudehnen, wenn man dies für gerechtfertigt gehalten hätte. Dies ist aber bisher trotz der mit dem 2. Verk-SichG beginnenden zahlreichen Änderungen einschlägiger Vorschriften nicht geschehen. Eine entsprechende Anwendung der Ausnahmeregelung des § 69 a IV und VI StGB durch Ausdehnung auf in diesen Vorschriften nicht genannte Fälle erscheint daher nicht zulässig.[164] Im übrigen sind die in § 69 a IV und VI StGB genannten vorläufigen Führerscheinmaßnahmen aber mit einer Nichterteilung der Fahrerlaubnis durch die Verwaltungsbehörde auch nicht vergleichbar: Handelt es sich bei Sicherstellung und Beschlagnahme sowie vorläufiger Entziehung um Maßnahmen der Hilfsbeamten der Staatsanwaltschaft und des Gerichts in unmittelbarem Zusammenhang mit dem Verfahren, das schließlich zur Verhängung der Maßregel führt, gewissermaßen als Vorwegnahme der endgültigen Maßregel, so ist die Versagung der Erteilung einer Fahrerlaubnis durch die Behörde ein Verwaltungsakt, dem andere Gesichtspunkte zugrunde liegen, mag auch die Tatsache, daß gegen den Antragsteller ein Ermittlungsverfahren anhängig ist, eine Rolle spielen. Bedeuten die in § 69 a IV und VI StGB genannten Fälle einen Eingriff in die Rechte des Angeklagten, so erleidet er durch eine Versagung der Fahrerlaubniserteilung durch die Verwaltungsbehörde keinen Rechtsverlust, von dem eine der Führerscheinbeschlagnahme oder vorläufigen Entziehung der Fahrerlaubnis gleich zu erachtende Wirkung hätte ausgehen können.[165]

3. Anwendbarkeit von § 69 a V 2 und VI StGB

Aus den genannten Gründen kann auch die Vorschrift des § 69 a V 2 und VI StGB nicht entsprechend auf Fälle angewendet werden, in denen gegen den Angeklagten mangels Besitzes einer Fahrerlaubnis keine Maßnahme nach §§ 94, 111 a StPO

---

163 So LG Dortmund NJW 73, 1336; OLG Saarbrücken NJW 74, 1391; *Krekeler* NJW 73, 690; *Mollenkott* VGT 80, 296; *Geppert* NStZ 84, 264 sowie in LK zu § 69 a Rn 37; *Kulemeier* S. 112; *Saal* NZV 97, 279.
164 Vgl. OLG Zweibrücken NZV 97, 279; vgl. auch OLG Nürnberg DAR 87, 28; OLG Düsseldorf VRS 39, 259, jeweils für die Frage der entsprechenden Anwendung des § 69 a V 2 StGB; vgl. dazu auch *Hentschel* DAR 84, 248 (250).
165 Vgl. OLG Zweibrücken NZV 97, 279; OLG Nürnberg DAR 87, 28; OLG Düsseldorf VRS 39, 259; *D. Meyer* DAR 79, 157.

getroffen worden ist.[166] Dies muß hier um so mehr gelten, als die Einrechnung nach § 69 a V 2 StGB *zwingend* ist, während eine Analogie im Rahmen des § 69 a IV in dem in Rn 738 erörterten Sinne nur den Ermessensspielraum des Richters hinsichtlich der Mindestsperre nach unten erweitern, also keineswegs zur Berücksichtigung der zwischen Tat und Verurteilung verstrichenen Zeit *verpflichten* würde.[167] Eine analoge Anwendung der Ausnahmeregelung des Abs. V Satz 2 müßte dazu führen, daß auch in Fällen, in denen keinerlei Umstände auf den Verurteilten eingewirkt haben, die den in Satz 2 genannten Maßnahmen vergleichbar wären, der Sperrfristbeginn vorverlegt würde.[168] Daß bloßer Zeitablauf allein eben nicht berücksichtigt werden soll, folgt indes unmißverständlich aus der in Abs. V Satz 1 und 2 getroffenen Regelung.[169] Scheidet entsprechende Anwendung von § 69 a IV und VI sowie V 2 und VI somit zwar aus, so wäre es de lege ferenda jedoch wünschenswert, wenn durch entsprechende Änderung ein Weg gefunden würde, in besonderen Fällen unbefriedigende Ergebnisse zu vermeiden.[170]

4. Absehen von der Verhängung einer isolierten Sperre

740 Von der Verhängung einer isolierten Sperre sollte abgesehen werden, wenn der Täter bei weiterer Versagung der Fahrerlaubnis mit an Sicherheit grenzender Wahrscheinlichkeit weitere Straftaten begehen würde, indem er ohne Fahrerlaubnis Kraftfahrzeuge führt (§ 21 I Nr. 1 StVG).[171] Denn in einem solchen Falle wäre die Maßregel widersinnig. Sie dient allein dem Schutz der Allgemeinheit,[172] erreicht aber bei derartiger Sachlage das Gegenteil, nämlich die fortdauernde Gefährdung der Allgemeinheit durch weitere Teilnahme des Verurteilten am Kraftfahrzeugverkehr ohne Fahrerlaubnis. Ein solcher Kraftfahrer stellt schon deswegen eine erhebliche Gefahr dar, weil sein Verhalten im Straßenverkehr durch die ständige Furcht, gestellt und erneut bestraft zu werden, beeinflußt wird und er daher auch zu Kurzschlußhandlungen (etwa bei Verkehrskontrollen) und zur Unfallflucht neigen wird. Handelt es sich um einen Täter, dem die Fahrerlaubnis **nur wegen wiederholten Fahrens ohne Fahrerlaubnis** versagt wurde, gegen dessen Eignung zum Führen von Kraftfahrzeugen aber im übrigen keine Bedenken gerechtfertigt wären, so kann der Schutz der Allgemeinheit am sichersten dadurch erreicht werden, daß von der Verhängung einer isolierten Sperre abgesehen und damit die Möglichkeit legaler Teilnahme des Verurteilten am Kraftfahrzeug-

---

166 Vgl. OLG Nürnberg DAR 87, 28; OLG Düsseldorf VRS 39, 259; LG Gießen NStZ 85, 112 (bei *Janiszewski*); *Lackner/Kühl* zu § 69 a Rn 6; *Janiszewski* Rn 762 sowie NStZ 87, 113; *D. Meyer* DAR 79, 157;
a. M. LG Nürnberg-Fürth NJW 77, 446; LG Heilbronn NStZ 84, 263 (zust. Anm. *Geppert*); LG Stuttgart NStZ 85, 113 (bei *Janiszewski*); AG Bad Iburg NdsRpfl. 86, 21; LK *(Geppert)* zu § 69 a Rn 74; *Saal* NZV 97, 279.
167 Vgl. Rn 696.
168 Ebenso OLG Nürnberg DAR 87, 28.
169 Vgl. dazu auch *Hentschel* DAR 84, 248 (250 f.).
170 Vgl. auch *Mollenkott* VGT 80, 296 (303).
171 Vgl. AG Berlin-Tiergarten DAR 71, 21; *von Schlotheim* BA 73, 69; *Himmelreich* DAR 77, 85 (86) m. w. Nw.; ähnlich AG Köln ZfS 81, 32; im Ergebnis ebenso jedenfalls nach umfassender Eignungsprüfung durch das Gericht: *Seiler*, Diss., S. 174, 190; zweifelnd *Tröndle/Fischer* zu § 69 a Rn 2;
a. M. *Cramer* zu § 69 a StGB Rn 19; *Seiler* DAR 74, 260 (262); *Kulemeier* S. 122, 219.
172 Vgl. Rn 567.

verkehr ermöglicht wird. Hiergegen kann auch nicht eingewendet werden, eine derartige Praxis durch das Gericht verstieße gegen die Vorschriften der §§ 69, 69 a StGB, die nun einmal die Verhängung der Maßregel gegen den ungeeigneten Kraftfahrer vorschreiben. Man wird einen Angeklagten, dessen charakterliche Ungeeignetheit allein damit zu begründen wäre, daß er sich immer wieder über das Fehlen einer Fahrerlaubnis hinwegsetzt, als in dem Sinn nur bedingt ungeeignet anzusehen haben, daß der Eignungsmangel mit dem Erwerb der Fahrerlaubnis beseitigt ist.

VIII. Nachträgliche Gesamtstrafenbildung

Literatur:

Bringewat, Die Bildung der Gesamtstrafe, 1987; *Geppert,* Auswirkungen einer früheren strafgerichtlichen Entziehung der Fahrerlaubnis und der dort festgesetzten Sperrfrist auf die Bemessung einer neuen Sperrfrist, in: MDR 1972, 280; *Hentschel,* Die Führerscheinsperre bei nachträglicher Gesamtstrafenbildung, in: Rpfleger 1977, 279; *Oske,* Die Möglichkeit der Schlechterstellung des Verurteilten bei der nachträglichen Gesamtstrafenbildung (§ 460 StPO), soweit die Nebenstrafen, Nebenfolgen und Maßregeln der Sicherung und Besserung in Frage stehen, in: MDR 1965, 13.

1. Durch Urteil (§ 55 StGB)

a) »Aufrechterhalten« im Sinne des § 55 II StGB

Wird **durch Urteil** eine **Gesamtstrafe** unter Einbeziehung einer früheren Verurteilung gebildet, so ist der Entzug der Fahrerlaubnis (= Maßnahme nach § 11 I Nr. 8 StGB), auf den in der früheren Entscheidung erkannt war, mit der Sperre unverändert aufrechtzuerhalten,[173] soweit er nicht durch die neue Entscheidung »gegenstandslos« wird. »**Gegenstandslos**« im Sinne des § 55 II StGB mit der Folge, daß die Maßnahme nicht »aufrechtzuerhalten«, sondern daß über sie neu zu entscheiden ist, wird eine Maßregel aus dem früheren Urteil immer dann, wenn sie nach ihrer Wirkung in den Rechtsfolgen enthalten ist, die in dem neuen Urteil anzuordnen sind.[174] Das bedeutet, daß die Entziehung der Fahrerlaubnis, auf die in dem früheren Urteil erkannt worden ist, nur dann aufrechtzuerhalten ist, wenn bei der noch nicht abgeurteilten neuen Tat die Voraussetzungen für eine Maßregel nach § 69 StGB nicht erfüllt sind. Hat sich dagegen der Angeklagte auch durch die neu abzuurteilende Tat als ungeeignet zum Führen von Kraftfahrzeugen erwiesen, so wird der frühere Maßregelausspruch durch die erneut zu verhängende Maßregel »gegenstandslos« im Sinne des § 55 II StGB mit der Folge, daß die früher ausgesprochene Maßregel nicht »aufrechtzuerhalten«, sondern daß eine einheitliche Sperrfrist festzusetzen ist.[175]

---

173 Vgl. BGH NStZ 92, 231.
174 Vgl. OLG Düsseldorf VM 91, 31; *Lackner/Kühl* zu § 55 Rn 18; *Geppert* MDR 72, 280 (285) sowie in LK zu § 69 a Rn 60; im Ergebnis ebenso OLG Frankfurt VRS 55, 195 (197).
175 Vgl. OLG Düsseldorf VM 91, 31; OLG Frankfurt VRS 55, 195 (197); OLG Köln VRS 61, 348; *Geppert* MDR 72, 280 (285); vgl. auch OLG Köln VRS 41, 354;
a. M. *Bringewat* Rn 315, nach dessen Ansicht in solchen Fällen der Ausspruch über die Entziehung der Fahrerlaubnis als solche aufrechtzuerhalten ist, nicht aber die Sperre.

aa) Fehlen der Voraussetzungen des § 69 StGB bei der neuen Tat

742 Nach dem eindeutigen Wortlaut des § 55 II StGB kann es somit keinem Zweifel unterliegen, daß eine Neufestsetzung der Sperre unzulässig ist, wenn die Entziehung der Fahrerlaubnis **wegen der neuen Tat nicht in Betracht** kommt. Im Urteilstenor ist vielmehr ausdrücklich auszusprechen, daß die Maßregel aufrechterhalten wird mit der Folge, daß sie mit dem Inhalt fortbesteht, den sie nach der früheren Entscheidung hatte.[176] Da sich der Inhalt der aufrechterhaltenen Maßregel nach dem einbezogenen Urteil richtet (zum Beginn der Sperre vgl. Rn 744), widerspräche ein Aufrechterhalten der Maßregel auch in den Fällen, in denen die **Sperre bei Gesamtstrafenbildung** bereits **abgelaufen** ist, durchaus dem Wortlaut des § 55 II StGB, noch bedeutete es einen Nachteil für den Verurteilten (vgl. Rn 744). Zur Vermeidung von Mißverständnissen erscheint es jedoch sinnvoll, in derartigen Fällen ausdrücklich nur die Entziehung der Fahrerlaubnis, nicht aber die Sperre, »aufrechtzuerhalten«.[177]

743 **Unterbleibt die ausdrückliche Aufrechterhaltung** im Urteilstenor, ergibt sich aber aus den Gründen, daß insoweit ein Eingriff in die Rechtskraft des einbezogenen Urteils nicht erfolgen sollte, so bleibt es beim Erlöschen der Fahrerlaubnis durch das einbezogene Urteil gem. § 69 III 1 StGB.

bb) Beginn der Sperre bei Aufrechterhaltung der Maßnahme

744 Da die aufrechterhaltene Maßregel aus dem früheren Urteil mit ihrem bisherigen Inhalt bestehenbleibt, hat das die Gesamtstrafe bildende Urteil auch keinen Einfluß auf den Lauf der Sperre, d. h., die Sperre beginnt **mit der Rechtskraft des Urteils, in dem die Maßregel angeordnet wurde.**[178]

b) Neubemessung der Sperre

745 War in dem früheren Urteil die Fahrerlaubnis entzogen worden und liegen auch bei der neuen Tat die Voraussetzungen für die Entziehung der Fahrerlaubnis vor, so muß das Gericht, wenn es eine Gesamtstrafe unter Einbeziehung des früheren Urteils bildet, über die Dauer der Sperre **neu entscheiden** und eine neue einheitliche Sperre festsetzen.[179] Die in dem früheren Urteil angeordnete Maßregel verliert ihre selbständige Bedeutung.[180] Bei der Neubemessung hat das Gericht selbstverantwortlich und nach den Verhältnissen im Zeitpunkt *seiner* Entscheidung dar-

---

176 Vgl. BGH NJW 79, 2113; OLG Karlsruhe VRS 57, 111 Nr. 54; LK *(Rissing v. Saan)* zu § 55 Rn 39; vgl. auch *Löwe/Rosenberg (Wendisch)* zu § 460 Rn 30.
177 Vgl. BGH NStZ 96, 433; DAR 78, 152; 85, 192 (jeweils bei *Spiegel*); *Tröndle/Fischer* zu § 55 Rn 9; *Bringewat* Rn 317.
178 Vgl. BGH NStZ 92, 231; OLG Karlsruhe VRS 57, 111 Nr. 54; LK *(Rissing v. Saan)* zu § 55 Rn 52; *Tröndle/Fischer* zu § 55 Rn 9.
179 Vgl. BayObLG DAR 92, 365 Nr. 6 c (bei *Bär*); OLG Köln VRS 61, 348; OLG Karlsruhe VRS 57, 111, Nr. 55; OLG Stuttgart VRS 71, 275; OLG Zweibrücken NJW 68, 310; *Tröndle/Fischer* zu § 55 Rn 9 d; LK *(Geppert)* zu § 69 a Rn 62; *Cramer* zu § 69 a StGB Rn 17; *Seiler*, Diss., S. 77; vgl. hierzu auch *Hentschel* Rpfleger 77, 279 (281); DAR 76, 289 (290 f.).
180 Vgl. OLG Karlsruhe VRS 57, 111 Nr. 55; OLG Stuttgart NJW 67, 2071; *Geppert*, Sperrfrist, S. 140.

über zu befinden, in welcher Höhe die Sperre festzusetzen ist.[181] Entscheidend ist allein die **vom Zeitpunkt der Gesamtstrafenbildung** zu beurteilende voraussichtliche Dauer der Ungeeignetheit des Angeklagten, denn maßgebend ist ausschließlich das – jetzt, im Zeitpunkt der Gesamtstrafenbildung – noch bestehende Sicherungsbedürfnis.[182] Der häufig zu lesende Satz, der Gesamtstrafenrichter habe sich auf den Standpunkt des zuerst erkennenden Richters zu stellen,[183] kann daher nur mit dem Inhalt richtig sein, daß beide Taten in der Weise zu würdigen sind, wie dies der zuerst erkennende Richter hätte tun müssen, wenn er beide Taten abgeurteilt hätte. Er kann dagegen nicht bedeuten, daß etwa die Dauer der neuen Sperre rückwirkend von der früheren Entscheidung zu bemessen wäre.[184] Dies ist vor allem von *Geppert*[185] überzeugend klargestellt worden, der darauf hinweist, daß der Richter von diesem fiktiven Standpunkt aus natürlich allein nach den im Augenblick *seines* Urteils maßgebenden Umständen zu entscheiden hat.

Damit ist zugleich geklärt, daß nicht etwa die bisher abgelaufene Sperre »anzurechnen« ist.[186] Entgegen der Auffassung, wonach sich die Pflicht zur **Anrechnung** wie bei einer bereits vollstreckten Strafe aus § 51 II StGB ergebe,[187] kann aus dieser Vorschrift nichts Gegenteiliges hergeleitet werden, weil der Zweck der Strafe ein ganz anderer ist als der Zweck der Maßregel des § 69 StGB. Die Tatsache, daß die Sperre so lange dauern muß, wie der Schutz der Allgemeinheit es erfordert, verbietet jede Anrechnung einer bereits abgelaufenen Sperrfrist auf die noch gebotene neue Sperre. Der Gedanke, daß der Verurteilte ein Recht auf Anrechnung bereits verbüßter Strafe hat, trifft somit auf die Entziehung der Fahrerlaubnis, deren Dauer allein durch die Gefährlichkeit des Verurteilten in der Zukunft bestimmt wird, nicht zu.[188] Das bedeutet natürlich nicht, daß die bisher abgelaufene Sperre bei der Neubemessung nicht *berücksichtigt* werden könnte. Der Gesamtstrafenrichter hat im Gegenteil alle Umstände, die bis zu seiner Entscheidung hervorgetreten sind, bei der Beurteilung der voraussichtlichen Dauer der Ungeeignetheit zu würdigen,[189] neben dem Einfluß etwaiger Strafverbüßung[190] also insbesondere auch die bessernde Wirkung des bisherigen Ausschlusses des Täters vom Kraftfahrzeugverkehr.[191] Das kann sogar dazu führen, daß der Gesamtstrafenrichter Anlaß hat, den Wegfall der Ungeeignetheit zu einem früheren Zeitpunkt anzunehmen als der zuerst erkennende Richter mit der Folge, daß die bisherige Sperrfrist zu verkürzen ist.[192]

---

181 Vgl. *Geppert* MDR 72, 280 (285); Sperrfrist, S. 142 sowie in LK zu § 69 a Rn 62.
182 Vgl. *Dreher*, StGB, 37. Aufl., zu § 55 Rn 8.
183 So z. B. OLG Stuttgart NJW 67, 2071; OLG Zweibrücken NJW 68, 310; *Geppert*, Sperrfrist, S. 144.
184 So aber OLG Frankfurt VRS 55, 195 (199); *Tröndle/Fischer* zu § 55 Rn 9.
185 *Geppert*, Sperrfrist, S. 144.
186 Vgl. OLG Stuttgart NJW 67, 2071; *Geppert* MDR 72, 280 (285, 286); LK *(Geppert)* zu § 69 a Rn 62; *Dreher*, StGB, 37. Aufl., zu § 55 Rn 8; offengelassen von OLG Köln VRS 41, 354.
187 So *Schönke/Schröder/Stree* zu § 55 Rn 60, 69; ähnlich OLG Zweibrücken NJW 68, 310; im Ergebnis auch OLG Düsseldorf VM 91, 31; näher zu dem Meinungsstreit: Rn 749 f.
188 Vgl. OLG Stuttgart NJW 67, 2071; *Dreher*, StGB, 37. Aufl., zu § 55 Rn 8; vgl. auch OLG Koblenz VRS 50, 361; *Janiszewski* GA 81, 385 (398).
189 Vgl. auch *Geppert*, Sperrfrist, S. 142; MDR 72, 280 (286); *Bringewat* Rn 318.
190 Vgl. auch *Geppert*, Sperrfrist, S. 142.
191 Vgl. OLG Stuttgart NJW 67, 2071; *Geppert*, Sperrfrist, S. 142; MDR 72, 280 (286).
192 Vgl. auch *Geppert*, Sperrfrist, S. 143;
a. M. OLG Karlsruhe VRS 57, 111 Nr. 55; *Bringewat* Rn 318.

747 War in dem neuen Verfahren eine vorläufige Führerscheinmaßnahme i. S. d. § 69 a IV, VI StGB nicht erfolgt, weil dem Verurteilten noch nicht wieder eine neue Fahrerlaubnis erteilt worden war, so ist, wenn bei der neuen Verurteilung noch eine Sperre für erforderlich gehalten wird, § 69 a IV StGB in der Weise **entsprechend** anzuwenden, daß die in dem früheren Verfahren erfolgten vorläufigen Maßnahmen oder die seit dem einbezogenen Urteil bereits verstrichene Sperre sperrfristverkürzend berücksichtigt werden dürfen.[193]

c) Erneute Bemessung auf 5 Jahre

748 Da die in dem früheren, bei Gesamtstrafenbildung einzubeziehenden Urteil erkannte Maßregel ihre selbständige Bedeutung verliert und der Gesamtstrafenrichter selbstverantwortlich nach den Verhältnissen im Zeitpunkt seiner Entscheidung darüber zu befinden hat, wie lange die Ungeeignetheit vom Augenblick der Gesamtstrafenbildung voraussichtlich noch andauern wird, eine Anrechnung der bisher abgelaufenen Sperre aber nicht erfolgt,[194] kann der Gesamtstrafenrichter den Maßregelrahmen des § 69 a StGB voll ausschöpfen, d. h., er kann **erneut eine Sperre von 5 Jahren** (oder sogar für immer) festsetzen, wenn er zu dem Ergebnis kommt, daß der Eignungsmangel vor Ablauf von 5 Jahren, vom Augenblick seiner Entscheidung gerechnet, nicht beseitigt sein werde (bzw. überhaupt nicht mehr zu beseitigen ist).[195] Das bedeutet, daß die Sperre, gerechnet von der Rechtskraft des früheren Urteils, mehr als 5 Jahre betragen darf, wenn nur die neu festgesetzte Sperre diese Frist nicht übersteigt. Die wohl überwiegende Meinung teilt diese Auffassung allerdings nicht; danach soll die Dauer der bereits abgelaufenen Sperrfrist und die Dauer der neu festzusetzenden Sperre zusammen 5 Jahre nicht übersteigen dürfen,[196] was eben doch auf eine – wie oben[197] nachgewiesen – mit Sinn und Zweck der Maßregel unvereinbare Anrechnung hinauslaufen würde und daher abzulehnen ist.[198]

d) Beginn der Sperre bei Neufestsetzung

749 Wird nachträglich durch Urteil mit einer früheren Strafe, neben der eine Sperrfrist verhängt ist, eine Gesamtstrafe gebildet und sind auch bei der neu abgeurteilten Tat die Voraussetzungen für die Festsetzung einer Sperre gegeben, so beginnt der Lauf der neu zu bestimmenden Sperre mit der Rechtskraft *dieses* Urteils.[199] Das

---

193 Vgl. hierzu *Hentschel* Rpfleger 77, 279 (281 f.); DAR 76, 289 (291).
194 Vgl. zu diesen Prämissen Rn 745.
195 Vgl. auch *Geppert* MDR 72, 280 (286) sowie in LK zu § 69 a Rn 65; *Seiler,* Diss., S. 78; *Dreher,* StGB, 37. Aufl., zu § 55 Rn 8.
196 So z. B. BGH NJW 71, 2180; OLG Frankfurt VRS 55, 195 (199); OLG Stuttgart VRS 71, 275; OLG Düsseldorf VM 91, 31; *Bringewat* Rn 318; *Tröndle/Fischer* zu § 55 Rn 9 d.
197 Rn 745.
198 Vgl. auch LK *(Geppert)* zu § 69 a Rn 65.
199 Vgl. OLG Stuttgart NJW 67, 2071; *Geppert* MDR 72, 280 (286); Sperrfrist, S. 145; *Bringewat* Rn 313, 316; *Seiler,* Diss., S. 77; so aber offensichtlich auch OLG Köln VRS 40, 11 und OLG Zweibrücken NJW 68, 310 (für die Gesamtstrafenbildung nach § 460 StPO), die sich mit der Frage befassen, ob die bis zur Gesamtstrafenbildung abgelaufene Sperre anzurechnen ist (vgl. hierzu oben Rn 745), folglich davon ausgehen müssen, daß die neue Sperre mit Rechtskraft der Gesamtstrafenentscheidung zu laufen beginnt, weil sonst das Problem der Anrechnung nicht auftaucht.

folgt bereits aus den bisherigen Ausführungen,[200] die davon ausgehen, daß die neue Sperre nicht etwa mit Rechtskraft der früheren Entscheidung beginnt, weil die Erörterungen der Frage einer Anrechnung der seit Rechtskraft der ersten Entscheidung abgelaufenen Sperrfrist und der Neubemessung auf 5 Jahre anderenfalls gar nicht notwendig geworden wären. Nach wohl überwiegender Ansicht[201] soll dagegen die Rechtskraft der früheren Entscheidung für den Beginn der Sperre maßgebend sein. Hat aber der Gesamtstrafenrichter selbstverantwortlich und ohne Anrechnung der bisher abgelaufenen Sperre für den Zeitpunkt *seiner* Entscheidung die mit der Gesamtstrafenbildung neu zu bemessende Sperre danach festzusetzen, wie lange die Ungeeignetheit des Angeklagten noch andauern wird,[202] so ist es folgerichtig, daß diese Sperre nach § 69 a V 1 StGB mit der Rechtskraft *seiner* Entscheidung, also des die Gesamtstrafe bildenden Urteils, beginnt. Im übrigen wird durch die Bildung der Gesamtstrafe das frühere Urteil – worauf *Geppert* in diesem Zusammenhang zutreffend hinweist[203] – bekanntlich insoweit beseitigt, als es den Strafausspruch und die Maßregel betrifft. Die Führerscheinsperre kann aber nach § 69 a V 1 StGB nur mit Rechtskraft *des* Urteils zu laufen beginnen, in dem sie angeordnet wird, nicht aber mit Rechtskraft der früheren, insoweit durch das Gesamtstrafenurteil beseitigten Entscheidung.

Soweit sich das OLG Frankfurt[204] für die gegenteilige Auffassung auf die Entscheidung des BGH vom 26. 8. 1971[205] beruft, ist im übrigen zu bemerken, daß jene Entscheidung mißverständliche Formulierungen enthält. So heißt es etwa an einer Stelle: «...so darf die einheitlich neben der Gesamtstrafe zu bestimmende, *mit der Rechtskraft des früheren Urteils beginnende Sperrfrist*[206] die zeitliche Höchstdauer von 5 Jahren nicht überschreiten.« An anderer Stelle dieser Entscheidung führt der BGH jedoch aus: «...die Sperre beginnt mit der Rechtskraft des Urteils (§ 42 n Abs. 5 Satz 1 StGB). Würde das jetzt angefochtene Urteil im Ausspruch über die Festsetzung einer 5jährigen Sperrfrist Rechtskraft erlangen, so würde damit feststehen, daß dem Angeklagten auf die Dauer von 5 Jahren, gerechnet ab Eintritt der Rechtskraft *dieses*[207] Urteils, keine Fahrerlaubnis erteilt werden darf.« Würde in dem genannten Urteil des BGH tatsächlich die Auffassung vertreten, die bei Gesamtstrafenbildung im Urteil neu bestimmte Sperre liefe ab Rechtskraft der früheren, einbezogenen Entscheidung, so wären seine Erörterungen über die Höchstfrist wenig verständlich. Daß die Höchstfrist 5 Jahre beträgt, ergibt sich schließlich ohne weiteres aus dem Gesetz. Problematisch wird der Fall erst, wenn der Gesamtstrafenrichter eine ab Rechtskraft *seiner* Entscheidung laufende Sperre von 5 Jahren festsetzt und somit diese Frist zusammen mit dem bereits abgelaufenen Teil der frü-

---

200 Vgl. Rn 745 f.
201 So z. B. BayObLG DAR 92, 365 Nr. 6 c (bei *Bär*); OLG Düsseldorf VM 91, 31; OLG Stuttgart VRS 71, 275; OLG Karlsruhe VRS 57, 111 (112); OLG Düsseldorf VM 91, 31; LK *(Rüth)* zu § 69 a Rn 12; *Tröndle/Fischer* zu § 55 Rn 9 c; LK *(Rissing v. Saan)* zu § 55 Rn 57; *Lackner/Kühl* zu § 55 Rn 18.
202 Vgl. Rn 745.
203 *Geppert*, Sperrfrist, S. 144.
204 OLG Frankfurt VRS 55, 195 (199).
205 BGHSt 24, 205 (= NJW 71, 2180 = VRS 41, 424).
206 Hervorhebungen vom Verfasser!
207 Hervorhebungen vom Verfasser!

heren Sperre 5 Jahre übersteigt.[208] Daraus könnte durchaus auch gefolgert werden, daß der BGH zum Ausdruck bringen wollte, daß er eine derartige Überschreitung – *gerechnet* ab Rechtskraft des früheren Urteils – für unzulässig hält.

751 Um Zweifel auszuschließen, ist bei Gesamtstrafenbildung durch Urteil, wenn eine neue Sperre festgesetzt wird, der **Sperrfristbeginn im Urteil anzugeben.**[209]

e) Rechtsmittel zugunsten des Verurteilten und Gesamtstrafenbildung

752 Wird fälschlicherweise bei Gesamtstrafenbildung durch Urteil im Urteilsspruch die schon abgelaufene Sperrfrist angerechnet, so steht der Richtigstellung das **Verschlechterungsverbot** des § 331 StPO entgegen.[210] Dagegen hindert das Verbot der reformatio in peius nicht die Festsetzung einer neuen, längeren Sperre nach den in Rn 745 ff. geschilderten Grundsätzen in der Rechtsmittelinstanz bei ausschließlich zugunsten des Angeklagten eingelegtem Rechtsmittel; denn die Neufestsetzung beruht dann nicht auf dem Rechtsmittel, sondern auf der Notwendigkeit einer Gesamtstrafenbildung, die aber wäre ebenso im Rahmen des § 460 StPO möglich.[211]

2. Gesamtstrafenbildung durch Beschluß (§ 460 StPO)

a) Verweisung auf § 55 StGB

753 § 460 StPO verweist auf § 55 StGB, so daß zunächst **die gleichen Grundsätze** gelten wie bei nachträglicher Gesamtstrafenbildung durch Urteil.[212]

b) Fehlen der Voraussetzungen des § 69 StGB in den einzelnen Urteilen

754 Der die Gesamtstrafe bildende Richter darf die Fahrerlaubnis nicht entziehen, wenn die Voraussetzungen für diese Maßnahme **in keinem der Einzelerkenntnisse** festgestellt sind.[213]

c) Neubemessung der Sperre, Beginn der Frist

755 Da § 460 StPO nur den verfahrensrechtlichen Weg zur Gesamtstrafenbildung nach § 55 StGB eröffnet,[214] ist die Neubemessung der Führerscheinsperre nicht möglich, wenn auf die Maßregel **nur in einem der Einzelurteile** erkannt wurde.[215] Die Maßregel ist dann im Gesamtstrafenbeschluß ausdrücklich aufrechtzuerhalten.[216]

---

208 Vgl. zu dieser Frage Rn 748.
209 Vgl. OLG Stuttgart VRS 71, 275.
210 Vgl. OLG Stuttgart NJW 67, 2071.
211 Vgl. OLG Düsseldorf VRS 36, 178; siehe auch *Bringewat* Rn 282 ff. (284); vgl. aber hierzu *Maiwald* JR 80, 353.
212 Vgl. Rn 741 ff.; vgl. auch *Geppert* MDR 72, 280 (286).
213 Vgl. OLG Hamm NJW 64, 1285 und *Oske* MDR 65, 13 für den Rechtszustand vor Inkrafttreten des 1. StrRG.
214 Vgl. auch *Geppert* MDR 72, 280 (286).
215 Vgl. auch *Geppert* MDR 72, 280 (286).
216 Vgl. Rn 741, 742; OLG Frankfurt VRS 55, 195 (198).

Wird dagegen durch Beschluß eine Gesamtstrafe aus **mehreren Einzelstrafen mit** 756
je einer Sperrfrist gebildet, so ist die Fahrerlaubnis erneut zu entziehen[217] und
eine neue einheitliche Sperrfrist festzusetzen,[218] und zwar in der Höhe, die **nach
den Verhältnissen zur Zeit des Gesamtstrafenbeschlusses** geboten erscheint[219]
und ab Rechtskraft dieses Beschlusses zu laufen beginnt.[220] Insoweit wird auf die
entsprechenden Ausführungen zur Gesamtstrafenbildung durch Urteil Bezug
genommen.[221] Aus den dort dargelegten Gründen muß auch für die Gesamtstrafenbildung durch Beschluß die Auffassung abgelehnt werden, die neue Sperrfrist
beginne mit der Rechtskraft des früheren Urteils.[222]

d) Berücksichtigung der bereits abgelaufenen Sperrfrist

Wie bei Gesamtstrafenbildung durch Urteil muß der nach § 460 StPO beschlie- 757
ßende Richter die möglicherweise durch die bereits verstrichene Sperrfrist eingetretene bessernde Wirkung bei der Neubemessung berücksichtigen,[223] darf die bisher abgelaufene Sperre aber aus den dargelegten Gründen[224] entgegen einer in der
Rechtsprechung[225] teilweise vertretenen Auffassung **nicht anrechnen.** Sind die
Sperrfristen aller einbezogenen Urteile bereits **abgelaufen** und ist der Zweck der
Maßregel dadurch im Zeitpunkt der Beschlußfassung erreicht, so hat in dem
Gesamtstrafenbeschluß ein Ausspruch über die Fahrerlaubnisentziehung zu
unterbleiben. Begeht der Verurteilte in den folgenden 3 Jahren erneut eine Tat, die
zur Fahrerlaubnisentziehung führt, so findet allerdings § 69 a III StGB Anwendung, d. h., das Mindestmaß der Sperre beträgt 1 Jahr.[226] Läuft im Zeitpunkt der
Beschlußfassung noch eine Sperre aufgrund eines dieser Urteile, die jedoch ohne
die Gesamtstrafenbildung in weniger als 3 Monaten ablaufen würde, so darf der
die Gesamtstrafe bildende Richter gleichwohl keine kürzere als 3monatige Sperre
anordnen. Vielmehr beträgt die Mindestsperre auch in einem solchen Fall gem.
§ 69 a IV 2 StGB 3 Monate.[227]

e) Überschreiten des bisherigen Maßes

Nicht anders als bei Gesamtstrafenbildung durch Urteil hat auch bei Anwendung 758
des § 460 StPO die Neubemessung der Sperrfrist allein nach der Dauer der voraus-

---

217 Vgl. OLG Zweibrücken NJW 68, 310.
218 Vgl. OLG Frankfurt VRS 55, 195; *Tröndle/Fischer* zu § 69 a Rn 10 a.
219 Vgl. auch *Geppert* MDR 72, 280 (287); *Geppert*, Sperrfrist, S. 142 ff. sowie in LK zu § 69 a Rn 68;
   Tröndle/Fischer zu § 69 a Rn 10 b; *Hentschel* Rpfleger 77, 279 (282); DAR 76, 289 (291).
220 Vgl. OLG Zweibrücken NJW 68, 310; *Tröndle/Fischer* zu § 69 a Rn 10 a; *Geppert* MDR 72, 280
   (287); Sperrfrist, S. 145 sowie in LK zu § 69 a Rn 68.
221 Oben Rn 745–750.
222 So aber OLG Frankfurt VRS 55, 195 (199); *Mühlhaus/Janiszewski* zu § 69 a StGB Rn 1 b und
   offenbar auch BGH NJW 71, 2180 (zumindest für den Fristbeginn bei Gesamtstrafenbildung
   durch Beschluß).
223 Vgl. auch *Geppert* MDR 72, 280 (287).
224 Vgl. Rn 745; vgl. hierzu auch *Hentschel* ZRP 75, 209 (211); *Janiszewski* GA 81, 385 (398).
225 Vgl. OLG Zweibrücken NJW 68, 310.
226 Vgl. auch LK *(Geppert)* zu § 69 a Rn 69; vgl. dazu oben Rn 690.
227 Vgl. hierzu *Hentschel* Rpfleger 77, 279 (284); DAR 76, 289 (291).

Nachträgliche Gesamtstrafenbildung

sichtlichen Ungeeignetheit des Verurteilten zu erfolgen, die vom Zeitpunkt des Gesamtstrafenbeschlusses zu beurteilen ist.[228] Daraus folgt, daß die zu bestimmende einheitliche Sperre **über das Maß hinausgehen** darf, das in den Einzelerkenntnissen festgesetzt war.[229] Bei der Prüfung des durch die Straftaten zum Ausdruck gekommenen Ausmaßes der Ungeeignetheit des Verurteilten zum Führen von Kraftfahrzeugen muß sich der beschließende Richter auf den Standpunkt des zuerst erkennenden Richters stellen,[230] der ja, hätte er schon in seiner Entscheidung alle Einzelstraftaten zu beurteilen gehabt, möglicherweise zu einer ganz anderen Bewertung der Eignungsfrage gekommen wäre. So kann die Tatsache einer Häufung von Straftaten im Zusammenhang mit dem Führen eines Kraftfahrzeugs zu einer dem Angeklagten wesentlich ungünstigeren Beurteilung seiner Eignung und damit zur Anordnung einer längeren Sperre führen, als sie in den Einzelerkenntnissen für erforderlich gehalten wurde. Für den die Gesamtstrafe beschließenden Richter kann sich also die Überzeugung ergeben, daß die getrennt verhängten Maßregeln zum Schutz der Allgemeinheit nicht ausreichen, so daß er, um dem Zweck der Maßregel gerecht zu werden, eine längere Sperre verhängen muß.[231]

759 Der Einwand, die Regelung über nachträgliche Gesamtstrafenbildung bezwecke grundsätzlich eine Verbesserung der Lage des Verurteilten, steht dem nicht entgegen.[232] Die Gesamtstrafenregelung enthält nämlich nur insoweit eine Vergünstigung für den Täter, als sie eine Schlechterstellung vermeidet, die dadurch entstehen würde, daß mehrere Taten durch mehrere Urteile geahndet werden anstatt gem. § 53 StGB in einem.[233] Dies zeigt im übrigen auch die Regelung des § 58 II 2 StGB. Zu einem anderen Ergebnis führt auch nicht der Gedanke, Funktion und Wirkungsweise der nachträglichen Gesamtstrafenbildung seien der Sache nach auf »Berichtigung« des früheren Urteils hin angelegt[234] (denn eine Berichtigung der dort verhängten Sperre kann eben gerade in der Weise geboten sein, daß eine Sperrfristverlängerung zu erfolgen hat). Das gleiche gilt für das Verschlechterungsverbot der §§ 331, 358 II StPO, das nur für Rechtsmittel gilt und zum Ziel hat, einen Verurteilten nicht von der Einlegung eines Rechtsmittels abzuhalten, dagegen keinen das Strafverfahren allgemein beherrschenden Rechtsgrundsatz enthält, der auch für die Gesamtstrafenbildung Geltung beanspruchen könnte.[235] Daher kommt auch eine analoge Anwendung dieser Vorschriften nicht in Betracht.[236]

---

228 Vgl. Rn 745.
229 Vgl. OLG Zweibrücken NJW 68, 310 (das allerdings Anrechnung der bisher abgelaufenen Sperre für geboten hält); OLG Hamm NJW 64, 1285; LK *(Geppert)* zu § 69 a Rn 68; *Geppert*, Sperrfrist, S. 146 f.; *Cramer* zu § 69 a StGB Rn 17; *Oske* MDR 65, 13;
 a. M. OLG Frankfurt VRS 55, 195 (196, 200).
230 Vgl. OLG Hamm NJW 64, 1285.
231 Vgl. OLG Hamm NJW 64, 1285.
232 Vgl. OLG Hamm NJW 64, 1285; OLG Zweibrücken NJW 68, 310; LK *(Geppert)* zu § 69 a Rn 64; s. dazu auch BGH NStZ 88, 284 (zust. Anm. *Böttcher* JR 89, 205).
233 Vgl. *Bringewat* Rn 280.
234 So z. B. OLG Frankfurt VRS 55, 195 (199).
235 Vgl. BGH NStZ 88, 284 (zust. Anm. *Böttcher* JR 89, 205); LK *(Geppert)* zu § 69 a Rn 64.
236 Vgl. BGH NStZ 88, 284; *Geppert*, Sperrfrist, S. 147; *Bringewat* Rn 280; vgl. auch OLG Düsseldorf VRS 36, 178; vgl. dagegen OLG Frankfurt VRS 55, 195 (196, 200).

Hält der Richter, der nach § 460 StPO die Gesamtstrafe bildet, zum Schutz der Allgemeinheit eine Sperre von 5 Jahren für erforderlich, so kann er im Gesamtstrafenbeschluß daher auch eine **5jährige Sperre** anordnen, obwohl dann die Sperrfrist, rechnet man die bereits abgelaufene Zeit hinzu, insgesamt 5 Jahre übersteigt.[237]

f) Irrtümliches Unterlassen einer Entscheidung nach §§ 460 StPO, 55 II StGB

Ein Beschluß nach § 460 StPO, der nur eine neue Gesamtstrafe festsetzt, **ohne zugleich über die** neben einbezogenen Einzelstrafen verhängte **Maßregel nach § 69 StGB** zu befinden, kann, nachdem er wirksam geworden ist, nicht dahin ergänzt werden, daß diese aufrechtzuerhalten seien. Da durch die Gesamtstrafenbildung nicht nur die Strafen, sondern auch die Nebenstrafen und Maßnahmen nach § 11 I Nr. 8 StGB ihre selbständige Bedeutung verlieren, sind diese entfallen, wenn der Gesamtstrafenbeschluß keinen Ausspruch darüber enthält, gleichgültig ob dieser bewußt oder versehentlich unterblieben ist.[238]

IX. Ausnahmen von der Sperre (§ 69 a II StGB)

Literatur:

Brockelt, Wie kann die Maßregel der Entziehung der Fahrerlaubnis für die Praxis verbessert werden?, in: VGT 1980, 285; *Geppert,* Totale und teilweise Entziehung der Fahrerlaubnis, Gedanken zur Handhabung der §§ 42 m und 42 n StGB, in: NJW 1971, 2154; *Hentschel,* Nachträgliche Ausnahme für bestimmte Arten von Kraftfahrzeugen von der Führerscheinsperre, in: DAR 1975, 296; *Mollenkott,* Ausnahmen vom Entzug der Fahrerlaubnis und beim Fahrverbot, in: DAR 1982, 217; *Orlich,* Ausnahmen von der Sperrfrist zur Wiedererlangung einer Fahrerlaubnis, in: NJW 1977, 1179; *Weihrauch,* Die Ausnahmen bei der Entziehung der Fahrerlaubnis, in: NJW 1971, 829; *Zabel,* Ausnahmen vom Entzug der Fahrerlaubnis, in: BA 1980, 95; *derselbe,* Ausnahmegenehmigungen für »Trunkenheitstäter«, in: BA 1983, 477.

1. Bestimmte Arten von Kraftfahrzeugen – Begriff

a) § 6 I Satz 2 FeV

Fahrzeugart im Sinne des § 69 a II StGB ist nicht identisch mit Führerscheinklasse. Zunächst fallen alle Arten darunter, auf die nach § 6 I 2 FeV die Fahrerlaubnis beschränkt werden kann.[239] Insoweit kann zur Auslegung des Begriffes die Amtliche Begründung zum 2. VerkSichG herangezogen werden,[240] in der es heißt:

---

237 Streitig! Vgl. zu dieser Problematik Rn 748.
238 Vgl. OLG Celle MDR 65, 507.
239 Vgl. OLG Karlsruhe VRS 63, 200; OLG Celle DAR 96, 64 (zum Fahrverbot); OLG Saarbrücken NJW 70, 1052; VRS 43, 22; OLG Frankfurt NJW 73, 815; LG Frankenthal DAR 99, 374; *Weihrauch* NJW 71, 829; *Orlich* NJW 77, 1179 (1180); vgl. hierzu auch OLG Hamm NJW 71, 1193 und *Geppert* NJW 71, 2154.
240 Vgl. OLG Saarbrücken NJW 70, 1052; vgl. auch OLG Frankfurt NJW 73, 815.

»Dabei versteht der Entwurf unter ›bestimmten Arten von Kraftfahrzeugen‹ solche, auf die nach § 5 Abs. 1 Satz 2 StVZO die Fahrerlaubnis beschränkt werden kann.«[241]

Daraus folgt, daß eine Führerscheinklasse mehrere Arten im Sinne des § 69 a II StGB umfassen kann, wie die Formulierung des § 6 I 2 FeV zeigt: »Die Erlaubnis kann auf einzelne Fahrzeugarten *dieser Klassen* beschränkt werden.«[242] Unterschieden werden kann daher auch zwischen Lkw und Pkw als zwei verschiedenen Arten innerhalb der Klassen C und C1.[243]

b) Führerscheinklasse als Kraftfahrzeugart im Sinne des § 69 a II StGB

763 Nach § 69 a II StGB können auch **alle Fahrzeuge einer Führerscheinklasse** von der Sperre ausgenommen werden.[244] Das kann nicht zweifelhaft sein, denn das Gesetz macht keine Einschränkung bei der Frage, wie viele Arten einer Klasse ausgenommen werden dürfen. Also kann die Ausnahme auch sämtliche Arten einer Klasse und damit eben die gesamte Führerscheinklasse betreffen. Sollen Lkw von der Sperre ausgenommen werden,[245] so bedeutet die im Urteil verwendete Formulierung, ausgenommen seien »Kraftfahrzeuge der Fahrerlaubnisklasse C«, daß nur Lkw dieser Klasse, nicht etwa auch die von dieser Klasse ohne weiteres mitumfaßten Fahrzeuge der Klassen B, M und L[246] von der Ausnahme erfaßt werden.[247]

c) Verwendungszweck

764 Bei der Entscheidung der Frage, welche Fahrzeuge eine Kraftfahrzeugart im Sinne des § 69 a II StGB bilden, ist allein auf den **Verwendungszweck** abzustellen.[248]

d) Unzulässigkeit der Individualisierung

aa) Fabrikat

765 Da der Verwendungszweck (etwa als landwirtschaftlicher Traktor, Lastkraftwagen, Personenkraftwagen usw.) entscheidend ist, kommt eine **weitergehende**

---

241 Bundestagsdrucksache IV/651 S. 19, ähnlich auch S. 14.
242 Vgl. OLG Saarbrücken NJW 70, 1052; VRS 43, 22; OLG Stuttgart DAR 75, 305; OLG Hamm VRS 62, 124; *Geppert* NJW 71, 2154.
243 Vgl. BayObLG VRS 66, 445; OLG Saarbrücken VRS 43, 22; OLG Karlsruhe VRS 63, 200; LG Zweibrücken NZV 96, 252; LG Hannover VRS 65, 430;
a. M. LG Hamburg BA 86, 453, weil »zu unbestimmt« (nicht überzeugend, wie z. B. aus §§ 3 III StVO, 24 StVZO folgt).
244 Vgl. BayObLG 2 St 125/87; OLG Köln VRS 68, 278; OLG Celle BA 88, 196; OLG Schleswig VM 74, 14 Nr. 17; LG Dessau ZfS 98, 484; LG Kempten DAR 84, 127; LG Köln DAR 90, 112; *Weihrauch* NJW 71, 829.
245 Vgl. dazu Rn 777 ff.
246 Siehe dazu *Jagusch/Hentschel* zu § 6 FeV Rn 22.
247 Vgl. BayObLG VRS 63, 271.
248 Vgl. BayObLG 2 St 125/87; OLG Celle DAR 96, 64; OLG Brandenburg VRS 96, 233; OLG Hamm VRS 62, 124; OLG Oldenburg BA 81, 373; OLG Stuttgart DAR 75, 305; LG Frankenthal DAR 99, 374; *Zabel* BA 83, 477 (479). BayObLG VRS 66, 445 und *Rüth/Berr*, KVR, Fahrverbot; S. 28, gehen offenbar von einer anderen Bestimmung des Begriffes »Verwendungszweck« aus. A. M. AG Coesfeld BA 81, 181, das diese Abgrenzung für zu eng hält (krit. *Middendorff* BA 81, 334).

Individualisierung der von der Sperre ausgenommenen Fahrzeuge nicht in Frage. Selbstverständlich kann daher nicht ein **bestimmtes Fabrikat** von Kraftfahrzeugen nach § 69 a II StGB von der Sperre ausgenommen werden.[249]

bb) Einzelheiten konstruktiver Art

Unzulässig ist auch eine Beschränkung der Sperre nach **konstruktiven Einzelheiten** (automatisches Getriebe, Vorderradantrieb usw.) und der Antriebsart (Dieselmotor, Elektromotor usw.).[250]

cc) Fahrzweck

Fahrzweck ist nicht das gleiche wie Verwendungszweck. Ein Kraftfahrzeug, das den Verwendungszweck als Personenkraftwagen hat, kann etwa den Fahrzweck als Sanitätsfahrzeug haben. Die Ausnahme von Fahrzeugen eines bestimmten Fahrzwecks von der Sperre (z. B. Feuerwehr- und Sanitätsfahrzeuge, Dienstfahrzeuge des Blutspendedienstes) ist nicht zulässig,[251] anders, wenn die besondere Ausrüstung einen bestimmten Verwendungszweck bedingt[252] (z. B. Krankenrettungsfahrzeuge,[253] Behinderten-Transportfahrzeuge,[254] Feuerlöschfahrzeuge[255]). Ob dazu auch schon die bloße Ausstattung eines Pkw als Straßenwachtfahrzeug eines Automobilklubs ausreicht, dürfte fraglich sein.[256] Eine Ausnahme für Transporte bestimmter Art ist nicht möglich.[257] Da sich die Fahrerlaubnis zur Fahrgastbeförderung nach § 48 FeV unter Berücksichtigung der hier geschilderten Kriterien nicht auf eine bestimmte »Kraftfahrzeugart« bezieht, können **Taxis** nicht von der Sperre ausgenommen werden.[258]

dd) Halter

Ebensowenig können die Fahrzeuge eines **bestimmten Halters** (etwa einer Firma oder einer Behörde) von der Sperre ausgenommen werden.[259]

---

249 Vgl. OLG Celle DAR 96, 64 (zum Fahrverbot); OLG Hamm NJW 71, 1193; abw. AG Westerstede NdsRpfl. 93, 369.
250 Vgl. OLG Stuttgart DAR 75, 305; OLG Saarbrücken NJW 70, 1052; VRS 43, 22; *Rüth/Berr,* KVR, Fahrverbot, S. 28; *Orlich* NJW 77, 1179 (1180).
251 Vgl. OLG Frankfurt NJW 73, 815; OLG Hamm NJW 71, 1193; AG Hamburg MDR 87, 605; LK *(Geppert)* zu § 44 Rn 49; *Zabel* BA 83, 477 (482); vgl. auch *Orlich* NJW 77, 1179 (1181); so im Ergebnis auch OLG Oldenburg BA 81, 373, das weitere Unterscheidungsmerkmale der Kfz-Art verlangt, der das Feuerwehrfahrzeug angehört;
a. M. AG Coesfeld BA 81, 181 (Blutspendedienst) mit ablehnender Anm. *Zabel* und Kritik von *Middendorff* BA 81, 334.
252 Vgl. LK *(Geppert)* zu § 44 Rn 49.
253 Vgl. BayObLG NJW 89, 2959; LG Hamburg DAR 92, 191; AG Itzehoe DAR 93, 108.
254 Vgl. LG Hamburg NJW 87, 3211.
255 Vgl. BayObLG NZV 91, 397.
256 So aber LG Hamburg NZV 92, 422.
257 Vgl. OLG Celle DAR 96, 64 (zum Fahrverbot).
258 Vgl. OLG Stuttgart DAR 75, 305, das zutreffend feststellt, daß auch ein Fahrverbot nach § 44 StGB daher nicht auf das Führen von Taxis beschränkt werden kann.
259 Vgl. OLG Celle DAR 96, 64 (zum Fahrverbot); OLG Frankfurt NJW 73, 815; OLG Hamm NJW 71, 1193; OLG Saarbrücken VRS 43, 22; *Orlich* NJW 77, 1179 (1180); *Zabel* BA 83, 477 (481); a. M. möglicherweise AG Mölln ZfS 95, 314.

ee) Eigentum

769 Auch das Eigentum am Fahrzeug ist kein geeignetes Merkmal einer Kraftfahrzeugart im Sinne des § 69 a II StGB.[260]

ff) Benutzungszeit

770 § 69 a II StGB gestattet nicht, **bestimmte Zeiten der Benutzung** eines Kraftfahrzeugs von der Sperre auszunehmen.[261] Denn der Begriff »Arten von Kraftfahrzeugen« kann nicht bestimmte Zeiten beinhalten.

gg) Benutzungsort

771 Auch für den Ort der Benutzung kommt eine Ausnahme von der Sperre nicht in Betracht.[262] Die Amtliche Begründung zum 2. VerkSichG erwähnt die Frage nach Ausnahmen dieser Art ausdrücklich:

»Die Frage, ob die gleiche Auflockerung der Sperre auch für die Erteilung einer neuen Fahrerlaubnis unter bestimmten Bedingungen (z. B. Beschränkungen der Erlaubnis auf bestimmte Zeiten, Ortschaften oder Gebiete) vorgesehen werden muß, ist geprüft und verneint worden.«[263]

hh) Berufs- und Privatsphäre

772 Die Unterscheidung von Berufs- und Privatsphäre läßt allein ebenfalls keine Ausnahme von der Sperre nach § 69 a II StGB zu, es sei denn, diese Unterscheidung rechtfertigte die Ausnahme einer bestimmten Kraftfahrzeugart.[264] So kann dem Landwirt, der in Ausübung seines Berufes unbeanstandet Traktoren führt, sich aber nach Feierabend bei einer privaten Fahrt mit seinem Pkw der Trunkenheit im Straßenverkehr schuldig gemacht hat, eine Ausnahme von der Sperre für die Fahrzeugart »Traktor« bewilligt werden.[265] Dagegen ist es nicht etwa möglich, von der Sperre die Fahrzeuge (oder Traktoren) eines bestimmten landwirtschaftlichen Betriebes auszunehmen.[266] Ebensowenig kann eine bestimmte Art von Dienstfahrzeugen – selbst wenn sie eine »Kraftfahrzeugart« i. S. d. § 69 a II StGB darstellt

---

260 Vgl. OLG Frankfurt NJW 73, 815; OLG Saarbrücken NJW 70, 1052; VRS 43, 22; OLG Oldenburg BA 81, 373; BayObLG VRS 66, 445; *Weihrauch* NJW 71, 829; *Tröndle/Fischer* zu § 69 a Rn 3; *Rüth/Berr*, KVR, Fahrverbot, S. 28; *Orlich* NJW 77, 1179 (1180).
261 Vgl. BayObLG ZfS 84, 159; OLG Celle DAR 96, 64 (zum Fahrverbot); OLG Düsseldorf ZfS 83, 351; OLG Saarbrücken VRS 43, 22; *Weihrauch* NJW 71, 829; *Hartung* NJW 65, 86; *Löwe/Rosenberg (Schäfer)* zu § 111 a Rn 26; *Herlan/Schmidt-Leichner* Rn 103; *Rüth/Berr*, KVR, Fahrverbot, S. 28; *Orlich* NJW 77, 1179 (1180).
262 Vgl. OLG Düsseldorf ZfS 83, 351; OLG Hamm NJW 71, 1193; OLG Saarbrücken VRS 43, 22; *Weihrauch* NJW 71, 829; *Hartung* NJW 65, 86; *Löwe/Rosenberg (Schäfer)* zu § 111 a Rn 26; *Herlan/Schmidt-Leichner* Rn 103; *Rüth/Berr*, KVR, Fahrverbot, S. 28; *Orlich* NJW 77, 1179 (1180).
263 Bundestagsdrucksache IV/651 S. 19.
264 Vgl. OLG Hamm NJW 71, 1618; VRS 62, 124; vgl. hierzu LK *(Geppert)* zu § 69 a Rn 11; vgl. auch *Weihrauch* NJW 71, 829.
265 Vgl. LG Dessau ZfS 98, 484; LG Frankenthal DAR 99, 374; AG Wittmund DAR 87, 392.
266 Vgl. OLG Frankfurt VM 77, 30.

– von der Sperre ausgenommen werden, soweit sie »im Einsatz« geführt werden.[267] Erst recht scheidet eine Ausnahme für bestimmte Arten beruflicher Fahrten aus.[268]

ii) Ausnahme eines bestimmten Fahrzeugs von der Sperre

Nach § 69 a II StGB kann nicht ein **bestimmtes Fahrzeug** von der Sperre ausgenommen werden.[269] Das gleiche gilt für mehrere **bestimmte, besonders gekennzeichnete Fahrzeuge**.[270] Ein bestimmtes oder mehrere bestimmte Fahrzeuge bilden schon nach dem Sprachgebrauch keine »Art von Kraftfahrzeugen«. Es wird auch kaum ein Bedürfnis für eine derartige Ausnahme vorliegen. Denn wenn der Angeklagte zum Führen eines bestimmten oder mehrerer bestimmter Fahrzeuge einer Art geeignet erscheint, so wird sich diese Eignung auf die gesamte Fahrzeugart erstrecken.

2. Ausnahme der Fahrzeuge derjenigen Klasse, deren Inhaber der Täter ist

Ist der Angeklagte **Inhaber der Fahrerlaubnis nur einer Klasse**, so kann das Gericht die Fahrerlaubnis entziehen und von der Sperre alle Fahrzeugarten der Führerscheinklasse ausnehmen, die der Angeklagte bisher führen durfte.[271] Dies ist nicht unbedingt eine sinnlose und widersprüchliche Maßnahme. Das Bedürfnis zu einer derartigen Anordnung kann z. B. gegeben sein, wenn sich der Angeklagte im Zusammenhang mit dem Führen eines Pkw (Führerscheinklasse B) als ungeeignet zum Führen von Kraftfahrzeugen erwiesen hat, nur die Fahrerlaubnis der Klasse M besitzt und es unwahrscheinlich ist, daß er durch das Führen von Fahrzeugen der Führerscheinklasse M die Allgemeinheit gefährden werde.

3. Besondere Umstände – Entscheidungsgesichtspunkte

a) Art und Umfang der besonderen Umstände

Voraussetzung für die Anwendung des § 69 a II StGB ist, daß besondere Umstände die Annahme rechtfertigen, der Zweck der Maßregel werde durch die Ausnahme nicht gefährdet. Dies ist nur dann der Fall, wenn der Angeklagte *trotz der bei ihm festgestellten fehlenden Kraftfahreignung* beim Führen der von der Sperre auszunehmenden Kraftfahrzeugart für andere *nicht gefährlich* ist.[272] Art und Umfang der besonderen Umstände lassen sich nicht generell fest-

---

267 Vgl. OLG Oldenburg BA 81, 373.
268 Vgl. OLG München NJW 92, 2777.
269 Vgl. BayObLG VRS 66, 445; OLG Celle DAR 96, 64 (zum Fahrverbot); OLG Hamm NJW 75, 1983 (für das Fahrverbot des § 25 StVG); *Zabel* BA 83, 477 (481); vgl. auch *Orlich* NJW 77, 1179 (1180 f.).
270 Vgl. auch *Orlich* NJW 77, 1179 (1180 f.); OLG Frankfurt VM 77, 30; a. M. *Weihrauch* NJW 71, 829; ebenso wohl *Zabel* BA 80, 95.
271 Vgl. OLG Schleswig VM 74, 14 Nr. 17.
272 Vgl. oben Rn 567, 646; ebenso OLG Karlsruhe VRS 63, 200 (202); BayObLG – 2 St 125/87 –; VRS 63, 271; NZV 91, 397; krit. zu der vom Gesetz vorgesehenen Möglichkeit einer Ausnahmebewilligung überhaupt *Bode/Winkler* § 8 Rn 85.

Ausnahme von der Sperre (§ 69 a II StGB)

legen.²⁷³ Daß der Täter »in einer Ausnahmesituation« gehandelt hat, ist entgegen einer in der Rechtsprechung z. T. vertretenen Ansicht²⁷⁴ nicht entscheidend, wenn sich aus anderen Umständen ergibt, daß das Führen der von der Sperre auszunehmenden Kraftfahrzeugart durch den Täter keine auf dem Eignungsmangel beruhende Gefahr für andere bedeutet und die Nichtgewährung der Ausnahme somit gegen das Übermaßverbot verstieße.²⁷⁵

b) Anwendung des § 69 a II StGB bei charakterlichen Mängeln

776 Die Annahme besonderer Umstände für eine Ausnahme erfordert bei **charakterlichen Mängeln** eine besonders vorsichtige und strenge Prüfung,²⁷⁶ denn in der Regel wird sich charakterliche Ungeeignetheit, die im Zusammenhang mit einer Straftat zum Ausdruck gekommen ist, auf das Führen aller Kraftfahrzeuge erstrecken.²⁷⁷ Nur in seltenen Fällen werden Umstände vorhanden sein, die die Annahme rechtfertigen, die Allgemeinheit werde durch die Teilnahme eines im übrigen charakterlich ungeeigneten Kraftfahrers am motorisierten Straßenverkehr nicht gefährdet, wenn die Teilnahme auf eine bestimmte Kraftfahrzeugart beschränkt bleibt. Bei Fahrerlaubnisentziehung wegen eines Trunkenheitsdelikts kommt der **Höhe der BAK** insoweit Bedeutung zu, als hohe Alkoholkonzentrationen u. U. für eine gewisse Alkoholgewöhnung oder gar Alkoholabhängigkeit sprechen können, die den Täter beim Führen jeder Kraftfahrzeugart als gefährlich erscheinen lassen.²⁷⁸ Jegliche Ausnahme von der Sperre stets und ohne individuelle Prüfung ab einer BAK in bestimmter Höhe zu versagen²⁷⁹ wäre indessen mit dem Zweck des § 69 a II StGB nicht vereinbar und würde in Einzelfällen das Übermaßverbot verletzen. Auch in Fällen hoher BAK kann nämlich – etwa nach Einholung eines medizinisch-psychologischen Gutachtens – die Prüfung ergeben, daß sich der Eignungsmangel beim Führen einer bestimmten Kraftfahrzeugart nicht auswirkt, der Maßregelzweck also bei Erteilung einer Ausnahme für diese Kraftfahrzeugart nicht gefährdet wird.

777 Strenge Anforderungen sind aber bei Trunkenheitstätern immer zu stellen, wenn die Fahrerlaubnissperre durch Ausnahmegenehmigung gelockert werden soll.²⁸⁰ Dies gilt insbesondere bei Prüfung der Frage, ob von der Sperre **Lastkraftwagen** oder **Omnibusse** ausgenommen werden können, wenn ein Berufs-Lkw-(Bus-)-Fahrer mit einem privaten Pkw eine Trunkenheitsfahrt unternommen hat.²⁸¹ Im

---

273 Vgl. OLG Hamm NJW 71, 1618; vgl. hierzu *Orlich* NJW 77, 1179 (1181 ff.).
274 Vgl. OLG Düsseldorf VRS 66, 42; OLG Celle BA 88, 196; ähnlich OLG Celle DAR 85, 90.
275 Vgl. zum Grundsatz der Verhältnismäßigkeit Rn 785.
276 Vgl. BayObLG VRS 63, 271; NStZ 86, 401 (bei *Janiszewski*); OLG Brandenburg VRS 96, 233 (zu § 25 StVG); OLG Hamm VRS 62, 124; OLG Stuttgart VRS 45, 273; OLG Celle BA 88, 196; LG Osnabrück ZfS 98, 273; vgl. auch OLG Karlsruhe DAR 78, 139.
277 Vgl. OLG Celle DAR 85, 90; BA 88, 196; OLG Stuttgart VRS 45, 273; OLG Koblenz VRS 65, 34 Nr. 15; vgl. auch OLG Hamm NJW 71, 1618; LG Hamburg BA 86, 453.
278 Vgl. dazu Rn 706.
279 So aber *Zabel* BA 83, 477 (483): immer ab 2 ‰ (differenzierend weiter unten: »in der Regel«).
280 Vgl. OLG Celle BA 88, 196; *Zabel* BA 83, 477 (482).
281 Vgl. BayObLG VRS 63, 271; OLG Celle DAR 85, 90; OLG Köln VRS 68, 278; OLG Hamm VRS 62, 124; OLG Karlsruhe DAR 78, 139; OLG Koblenz BA 80, 293; LG Osnabrück ZfS 98, 273; LG Zweibrücken NZV 92, 499; vgl. auch *Geppert* NJW 71, 2154 (2155); etwas weniger restriktiv OLG Saarbrücken VRS 43, 22.

Hinblick auf die derzeitige Rechtslage, die dadurch gekennzeichnet ist, daß zwar zwischen Arten von Kraftfahrzeugen, nicht aber zwischen Berufs- und Privatsphäre unterschieden werden darf,[282] kann allein die Tatsache, daß der Eignungsmangel bei einer privaten Pkw-Fahrt in Erscheinung getreten ist, während der Täter in der Berufssphäre bisher unbeanstandet Lastkraftwagen oder Omnibusse geführt hat, zur Annahme besonderer Umstände i. S. d. § 69 a II StGB nicht ausreichen.[283] Daran ändert auch nichts die im verkehrspsychologischen Schrifttum[284] angenommene »Teilbarkeit« der Kraftfahrungeeignetheit i. S. einer geringeren Rückfallwahrscheinlichkeit beim Führen solcher Fahzeuge im Hinblick auf den Umstand, daß diese in erster Linie in der Berufssphäre gefahren zu werden pflegen; denn eine entsprechend beschränkte Fahrerlaubnis berechtigt *allgemein* zu deren Führen im Straßenverkehr, also auch privat. Hinzukommen müssen daher vielmehr weitere objektive oder subjektive Sicherheitsfaktoren, die die Annahme rechtfertigen, daß sich dieser Charaktermangel bei der Benutzung eines Lkw nicht in einer für die Allgemeinheit sicherheitsgefährdenden Weise auswirken wird.[285]

Demgegenüber wird in der tatrichterlichen Rechtsprechung teilweise das bisher unbeanstandete berufliche Führen von Lkw (oder Bussen) als ausreichend angesehen, um diese Kraftfahrzeugart von der Sperre auszunehmen, wenn die Tat in der privaten Sphäre mit einem Fahrzeug anderer Art begangen wurde.[286] Diese Rechtsprechung, die ja dazu führt, daß der Verurteilte – wie erwähnt – auch in der privaten Sphäre die von der Sperre ausgenommenen Fahrzeuge führen darf, wenn eine entsprechend beschränkte Fahrerlaubnis erteilt wird, läßt sich mit der augenblicklichen gesetzlichen Regelung kaum in Einklang bringen.[287] Eine flexiblere Regelung de lege ferenda in der Weise, daß eine Ausnahme auch für das Führen gewisser Fahrzeugarten in Ausübung bestimmter beruflicher Tätigkeiten zulässig ist, wäre jedoch zu erwägen.[288]

Immer muß jedoch der Maßregelzweck, nämlich der Schutz der Allgemeinheit, gewährleistet bleiben. Das ist sicher nicht der Fall, wenn bei einem Eignungsmangel, der sich nicht durch Fahrzeugführen nach Alkoholgenuß, sondern durch eine *Unfallflucht* offenbart hat, von der Fahrerlaubnissperre Lkw im Hinblick auf

---

282 Siehe oben Rn 72.
283 Vgl. BayObLG NStZ 86, 401 (bei *Janiszewski*); VRS 63, 271; OLG Hamm BA 82, 565; VRS 62, 124; OLG Karlsruhe VRS 63, 200; OLG Koblenz BA 80, 293; 89, 294; VRS 65, 34 Nr. 15; OLG Düsseldorf VRS 66, 42; OLG Celle DAR 85, 90; OLG Köln VRS 68, 278; LG Köln NJW 82, 396; DAR 82, 165; LG Zweibrücken NZV 92, 499; *Mollenkott* DAR 82, 217.
284 Vgl. *Stephan* DAR 89, 1 (4 f.); anders aber z. B. *Barthelmess* BA 90, 339 (345); krit. dazu auch *Jagow* DAR 97, 16; *Weigelt u. a.* NZV 91, 55 (58).
285 Vgl. OLG Düsseldorf VRS 66, 42; OLG Hamm VRS 62, 124; OLG Koblenz BA 80, 293; OLG Karlsruhe VRS 63, 200; OLG Celle DAR 85, 90; LG Osnabrück ZfS 98, 273.
286 So z. B. AG Bitterfeld ZfS 99, 402; AG Emden NZV 91, 365; AG Viersen DAR 83, 367; AG Kiel DAR 81, 395; AG Brühl DAR 81, 233; AG Ahlen DAR 81, 234; AG Bersenbrück DAR 82, 166; AG Hildesheim DAR 85, 86; AG Monschau ZfS 90, 33; AG Homburg ZfS 94, 185; AG Karlsruhe BA 83, 167; AG Soest DAR 82, 30; AG Dortmund DAR 87, 30; LG Hamburg DAR 96, 108; LG Hanau DAR 89, 472; LG Essen ZfS 82, 61; LG Nürnberg DAR 82, 26; LG Memmingen DAR 82, 373; LG Düsseldorf DAR 83, 237; LG Kempten DAR 83, 367; LG Bielefeld DAR 90, 274; LG Zweibrücken ZfS 92, 356 (Linienbus!); 95, 193; NZV 96, 252; VRS 87, 196.
287 Krit. zu dieser Rechtsprechung auch *Weigelt u. a.* NZV 91, 55 (59); vgl. zu dieser Problematik auch *Weihrauch* NJW 71, 829 (831).
288 Vgl. auch *Janiszewski* GA 81, 385 (398); DAR 89, 135 (140).

deren bisher unbeanstandetes Führen innerhalb der Berufsausübung ausgenommen werden.[289] Inwieweit sich ein solcher Eignungsmangel bei der beruflichen Teilnahme am Straßenverkehr weniger auswirken kann, dürfte sich schwerlich begründen lassen. Beruht die Ungeeignetheit des Täters auf illegalem Rauschgifttransport mit privatem Pkw, so kommt eine Ausnahme von Lkw von der Sperre in Frage, wenn es wenig naheliegend erscheint, daß der Täter künftig diese Fahrzeuge zur Beschaffung von Rauschgift einsetzen wird.[290] Am Maßregelzweck vorbei gehen alle Überlegungen rein wirtschaftlicher Art.[291] Ist die Ausschaltung des Täters vom Kraftfahrzeugverkehr ohne jegliche Ausnahme zum Schutz anderer notwendig, so widerspricht die Ausnahme einer Kraftfahrzeugart allein im Hinblick darauf, daß der Täter auf die Fahrerlaubnis für Kraftfahrzeuge dieser Art dringend angewiesen sei, ihm anderenfalls Existenzverlust drohe, sowohl dem Wortlaut als auch Sinn und Zweck des Gesetzes.[292]

780 Kaum denkbar erscheint daher auch ein Fall, in dem eine Ausnahme von der Sperre für **schwere Motorräder** vertretbar ist, wenn der Angeklagte mit einem Pkw ein Trunkenheitsdelikt begangen hat.[293] Dagegen ist eine Ausnahme für Rallye-Tourenwagen im Hinblick darauf zugelassen worden, daß diese Fahrzeuge regelmäßig nicht im allgemeinen Straßenverkehr, sondern nur im Rahmen von Rennen geführt zu werden pflegen.[294] Ebenso wurde eine Ausnahme für Panzer bewilligt, weil im militärischen Dienstbetrieb die Gefahr des Führens eines solchen Fahrzeugs unter Alkoholeinfluß weitgehend ausscheidet.[295] Für **landwirtschaftliche Traktoren** wird auch bei Trunkenheitstätern im Hinblick auf die von ihnen ausgehende weitaus geringere Gefahr für die Allgemeinheit[296] eher als für andere Kraftfahrzeugarten eine Ausnahme von der Sperre bewilligt werden können.[297] Wegen der im Verhältnis zu Fahrzeugen der Fahrerlaubnisklassen A bis C geringeren Gefährlichkeit von Zweiradfahrzeugen der Klasse M hält das LG Köln[298] auch insoweit eine Ausnahme trotz Verurteilung wegen Trunkenheit im Verkehr für gerechtfertigt, obwohl diese Fahrzeuge 45 km/h erreichen und vom Fahrer im Gleichgewicht gehalten werden müssen.

c) **Wirtschaftliche Gesichtspunkte**

781 **Wirtschaftliche Härten** können niemals besondere Umstände sein, die eine Ausnahme nach § 69 a II StGB rechtfertigen.[299] Der Gesichtspunkt etwa, der Ange-

---

289 So aber AG Ahlen DAR 81, 234.
290 Vgl. OLG Düsseldorf DAR 92, 187.
291 Vgl. unten Rn 781.
292 Vgl. OLG Karlsruhe VRS 63, 200; OLG Düsseldorf VRS 66, 42; insoweit daher unzutreffend AG Brühl DAR 81, 233; AG Kiel DAR 81, 395.
293 Vgl. hierzu OLG Stuttgart VRS 45, 273.
294 AG Alzenau DAR 81, 232.
295 Vgl. LG Bielefeld NZV 89, 366.
296 Vgl. Rn 782.
297 Vgl. LG Dessau DAR 99, 133;
    a. M. OLG Celle BA 88, 196.
298 LG Köln DAR 90, 112.
299 Vgl. BayObLG DAR 88, 364; OLG Stuttgart VRS 45, 273; OLG Karlsruhe VRS 63, 200; OLG Düsseldorf VRS 66, 42; DAR 92, 187; OLG Celle DAR 85, 90; BA 88, 196; LG Zweibrücken NZV 92, 499; *Geppert* NJW 71, 2154; *Orlich* NJW 77, 1179 (1181); einschränkend AG Homburg ZfS 94, 185.

klagte sei, wenn keine Ausnahme von der Sperre bewilligt werde, »zu hart bestraft«, weil dann seine Existenz gefährdet sei, ist im Maßregelrecht sachfremd.[300] Für die Anordnung einer Maßregel der Besserung und Sicherung ist allein das Sicherungsbedürfnis der Allgemeinheit entscheidend, so daß Überlegungen zur Strafzumessung außer Betracht zu bleiben haben.[301] Können bei der *Bemessung* der Sperre schwere wirtschaftliche Folgen wenigstens insoweit mittelbar Berücksichtigung finden, als sie geeignet sind, rascher zur Beseitigung des Eignungsmangels zu führen,[302] so besteht diese Möglichkeit im Rahmen des § 69 a II StGB nicht. Denn entweder haben die mit der möglicherweise schon lange bestehenden vorläufigen Führerscheinmaßnahme (§§ 94, 111 a StPO) verbundenen Nachteile den Angeklagten bereits so beeindruckt, daß der Zweck der Maßregel als erreicht anzusehen ist,[303] oder die Ungeeignetheit besteht nach wie vor, so daß die durch die vorläufigen Führerscheinmaßnahmen erlittenen wirtschaftlichen Einbußen allenfalls zur Anordnung einer kürzeren Sperre führen können,[304] nicht aber zur Ausnahme einer Kraftfahrzeugart von der Sperre.[305]

d) Bedeutung der von der Fahrzeugart ausgehenden Gefahr

Die Möglichkeit, von der Sperre bestimmte Kraftfahrzeugarten auszunehmen, wird in erster Linie dann in Betracht kommen, wenn von der Benutzung der freizugebenden Fahrzeugart für die Allgemeinheit eine **geringere Gefahr** zu erwarten ist.[306]

e) In dubio pro reo

Für die Frage, ob im Rahmen des § 69 a II StGB der Grundsatz »**in dubio pro reo**« Anwendung findet oder der Grundsatz »in dubio pro securitate«, kann nichts anderes gelten als für das entsprechende Problem im Rahmen des § 69 StGB.[307] Denn in beiden Fällen ist über die gleiche Frage zu entscheiden, nämlich über das Vorliegen von Ungeeignetheit bei dem Angeklagten und die daraus resultierende Gefährdung der Allgemeinheit. Daraus folgt, daß der vereinfachenden Formulierung, »bei der Prüfung der Frage einer Gefährdung der Allgemeinheit gelte der Grundsatz ›in dubio pro reo‹ nicht«,[308] in dieser Form nicht zugestimmt werden kann. Zu unterscheiden ist vielmehr auch im Rahmen des § 69 a II StGB zwischen den *Tatsachen,* die einen Schluß auf die Ungeeignetheit zulassen, und der eigentli-

---

300 Vgl. OLG Hamm NJW 71, 1618; *Geppert* NJW 71, 2154; bedenklich daher AG Brühl DAR 81, 233.
301 Vgl. auch oben Rn 707.
302 Vgl. Rn 710.
303 Vgl. Rn 616.
304 Vgl. Rn 696, 701.
305 A. M. *Orlich* NJW 77, 1179 (1182 f.).
306 Vgl. BayObLG VRS 63, 271; – 2 St 125/87 –; OLG Oldenburg BA 81, 373; OLG Hamm NJW 71, 1618; VRS 62, 124; OLG Stuttgart VRS 45, 273; OLG Karlsruhe DAR 78, 139; VRS 63, 200; OLG Köln VRS 68, 278; LG Osnabrück ZfS 98, 273; vgl. auch *Orlich* NJW 77, 1179 (1182);
 a. M. AG Aschaffenburg DAR 79, 26; AG Monschau ZfS 82, 62.
307 Vgl. hierzu Rn 621.
308 So OLG Hamm NJW 71, 1618; ähnlich LG Hamburg BA 86, 453; *Weihrauch* NJW 71, 829.

chen *Prognose*.[309] Für die Prognosetatsachen, hier also die Fakten, aus denen sich »besondere Umstände« im Sinne des § 69 a II StGB ergeben könnten, gilt der Grundsatz: im Zweifel für den Angeklagten; für die Prognose der künftigen Gefährlichkeit, bezogen auf eine bestimmte Kraftfahrzeugart, genügt die Wahrscheinlichkeit künftiger Gefährdung, um die Ausnahme zu versagen. Die völlige Gewißheit des Richters über den sicheren Eintritt einer Rechtsverletzung ist nicht erforderlich.[310] Kommt aber der Richter zu dem Ergebnis, eine künftige Gefährdung der Allgemeinheit durch den im übrigen ungeeigneten Angeklagten beim Führen einer bestimmten Kraftfahrzeugart sei nicht wahrscheinlich, sondern nur möglich, so muß er diese Kraftfahrzeugart von der Sperre ausnehmen, weil die Maßregel nicht weiter gehen darf, als ihr Zweck, der Schutz der Allgemeinheit, es erfordert.[311] Da hinsichtlich der Prognose die Wahrscheinlichkeit der künftigen Gefährdung ausreicht, hat der Satz, daß in Zweifelsfällen für die Sicherheit der Allgemeinheit zu entscheiden ist, allerdings eine gewisse Berechtigung.[312]

f) Generalpräventive Gesichtspunkte

784 Entgegen den Ausführungen in einem schon in anderem Zusammenhang[313] erwähnten älteren Urteil des OLG Hamm,[314] zu beachten sei auch, daß bei Ausnahmebewilligung der vom Entzug der Fahrerlaubnis für den Täter *und die Allgemeinheit*[315] ausgehende Abschreckungseffekt erhalten bleibe, ist mit *Geppert*[316] darauf hinzuweisen, daß jede richterliche **Generalprävention** im Fall der ausschließlich spezialpräventiv begründeten Fahrerlaubnisentziehung grundsätzlich unzulässig ist.

g) Verhältnismäßigkeit

785 Daß der Grundsatz der **Verhältnismäßigkeit** trotz der Formulierung des § 69 I 2 StGB auch für die Maßregel der §§ 69, 69 a StGB gilt, wurde bereits an anderer Stelle[317] dargelegt. Das Prinzip der Verhältnismäßigkeit der Maßnahme spielt eine entscheidende Rolle, wenn zu prüfen ist, ob eine unbeschränkte Sperre verhängt werden muß oder ob gem. § 69 a II StGB bestimmte Kraftfahrzeugarten von der Sperre ausgenommen werden können.[318]

---

309 Vgl. auch *Geppert* NJW 71, 2154 (2156).
310 Vgl. auch *Geppert* NJW 71, 2154 (2156).
311 Vgl. auch Rn 716; so im Ergebnis auch *Cramer* zu § 69 StGB Rn 54.
312 Insoweit hat daher *Stree* in *Schönke/Schröder* zu § 69 Rn 55 recht, wenn er meint, die Kontroverse zwischen dem OLG Hamm (NJW 71, 1618) und *Geppert* (NJW 71, 2154) sei um ein Scheinproblem erfolgt.
313 Oben Rn 712.
314 OLG Hamm NJW 71, 1618.
315 Hervorhebung vom Verfasser!
316 *Geppert* NJW 71, 2154; vgl. hierzu Rn 712.
317 Vgl. Rn 650.
318 Vgl. *Weihrauch* NJW 71, 829.

4. Wirkung

Wird von § 69 a II StGB Gebrauch gemacht, so **erlischt** die Fahrerlaubnis **im ganzen**, denn eine *teilweise Entziehung* der Fahrerlaubnis ist nicht möglich.[319] Nimmt das Gericht von der Sperre bestimmte Arten von Kraftfahrzeugen aus, so bleibt die Fahrerlaubnis insoweit also nicht etwa bestehen, sondern der Verurteilte darf die von der Sperre ausgenommenen Kraftfahrzeugarten erst dann wieder führen, wenn ihm die Verwaltungsbehörde eine entsprechend beschränkte Fahrerlaubnis erteilt hat.[320] Auch die Amtliche Begründung zum 2. VerkSichG[321] erwähnt dies ausdrücklich:

»Aus dieser Regelung wird deutlich, daß der Entwurf in Übereinstimmung mit dem geltenden Verkehrsrecht (§ 4 des Straßenverkehrsgesetzes) die teilweise Entziehung der Fahrerlaubnis nicht zuläßt. Diese wird vielmehr, wenn die Voraussetzungen des § 42 m StGB[322] vorliegen, stets vollständig entzogen und mit der Rechtskraft des Urteils endgültig hinfällig.«

5. Nachträgliche Ausnahme

Ist die Entscheidung rechtskräftig, so kann **nachträglich nur unter den Voraussetzungen des § 69 a VII StGB** eine bestimmte Kraftfahrzeugart von der Führerscheinsperre ausgenommen werden.[323]

X. Vorzeitige Aufhebung der Sperre (§ 69 a VII StGB)

Literatur:

Bandemer, Die Voraussetzungen einer nachträglichen Sperrzeitverkürzung im Rahmen des § 69 a VII StGB, insbesondere bei Anwendung im Jugendstrafrecht, in: NZV 1991, 300; *Bieler*, Zur vorzeitigen Aufhebung der Sperrfrist für die Wiedererteilung der Fahrerlaubnis, in: BA 1970, 112; *Eisenberg/Dickhaus*, Zu Fragen vorzeitiger Aufhebung der Sperre für die Erteilung einer Fahrerlaubnis im Jugendstrafverfahren, in: NZV 1990, 455; *Händel*, Schlußwort, in: NJW 1959, 1213; *Hentschel*, Die Abkürzung der Sperrfrist beim Entzug der Fahrerlaubnis in der Praxis, in: VGT 1979, 33 = DAR 1979, 317; *Hiendl*, Zur Aufhebung der Sperrfrist gemäß § 42 m Abs. 4 StGB nach vorangegangener Entziehung der Fahrerlaubnis, in: NJW 1959, 1212; *Seehon*, Die Abkürzung der Sperrfrist beim Entzug der Fahrerlaubnis in der Praxis, in: VGT 1979, 43 = DAR 1979, 321; *Seib*, Vorzeitige Aufhebung der Sperre nach § 42 n Abs. 7 StGB, in: DAR 1965, 209; *Winkler*, Die Abkürzung der Sperrfrist beim Entzug der Fahrerlaubnis in der Praxis aus medizinisch-psychologischer Sicht, in: VGT 1979, 48 = DAR 1979, 323; *Zabel/Zabel*, Abkürzung der Fahrerlaubnissperre bei Alkoholtätern nach verkehrspsychologischer Nachschulung, in: BA 1991, 345; *dieselben*, Vorzeitige Wiedererteilung der Fahrerlaubnis – zeitliche Grenzen gem. § 69 a Abs. 7 StGB, in: BA 1992, 62.

---

319 Vgl. Rn 655; zur entsprechenden Frage im Verwaltungsrecht s. *Himmelreich/Hentschel* Bd. II Rn 122.
320 Vgl. BGH NStZ 83, 168; OLG Oldenburg NJW 65, 1287; OLG Hamm NJW 71, 1193; LG Mannheim VRS 31, 191; über die Verpflichtung der Verwaltungsbehörde, die beschränkte Fahrerlaubnis zu erteilen, vgl. *Himmelreich/Hentschel* Bd. II Rn 308 f. und 334 ff.
321 Bundestagsdrucksache IV/651 S. 19.
322 = § 69 n. F.
323 Streitig! Vgl. hierzu unten Rn 798.

Vorzeitige Aufhebung der Sperre (§ 69 a VII StGB)

1. Zulässigkeit nach Ablauf der Mindestfristen; Zuständigkeit

788 Die **vorzeitige Aufhebung** der Sperre, die auch in den Fällen des § 69 a I 2 (Anordnung für immer) möglich ist,[324] kann frühestens nach 3 Monaten bzw. – im Falle des § 69 a III StGB – nach 1 Jahr erfolgen (§ 69 a VII 2 StGB). Durch das Gesetz zur Änderung des StVG und anderer Gesetze vom 24. 4. 1998[325], das am 1. 1. 1999 in Kraft getreten ist, wurde die Mindestfrist von 6 auf 3 Monate gesenkt. Damit soll, wie der amtlichen Begründung[326] zu entnehmen ist, für den Verurteilten ein Anreiz zur Teilnahme an einem Aufbauseminar (Nachschulung[327]) geschaffen werden. Die Entscheidung über eine vorzeitige Aufhebung der Sperre trifft das Gericht des ersten Rechtszuges ohne mündliche Verhandlung durch Beschluß nach Anhörung der Staatsanwaltschaft und des Verurteilten (§§ 462 I, II, 462 a II, 463 V StPO), in Fällen, in denen gegen den Verurteilten eine Freiheitsstrafe vollstreckt wird, die Strafvollstreckungskammer (§ 462 a I 1 StPO) bzw. der Jugendrichter als Vollstreckungsleiter (§ 82 I JGG).[328] Diese bleiben zuständig, wenn die Vollstreckung unterbrochen oder die Vollstreckung des Restes der Freiheitsstrafe zur Bewährung ausgesetzt wurde (§ 462 a I 2 StPO).[329] Das gleiche gilt gem. § 463 VI StPO für die dort genannten Fälle der Führungsaufsicht.[330] Im übrigen ist jedoch, wenn die Freiheitsstrafe verbüßt ist, das Gericht des ersten Rechtszuges zuständig,[331] ebenso nach Erlaß einer zur Bewährung ausgesetzten Freiheitsstrafe.[332] Eine entsprechende Anwendung des § 463 VI StPO (Ausdehnung der Zuständigkeit der Strafvollstreckungskammer) auf den Fall des § 69 a VII StGB findet nicht statt.[333] Wurde die Vollstreckung der Restfreiheitsstrafe **durch die Gnadenstelle** zur Bewährung ausgesetzt und war die Vollstreckungskammer auch zu keiner Zeit mit irgendeiner anderen Entscheidung i. S. d. § 462 a I 1 StPO befaßt, so ist sie nicht zur Entscheidung über einen Antrag nach § 69 a VII StGB zuständig, sondern das Gericht des ersten Rechtszuges. Aus § 462 a I 2 StPO ergibt sich nichts anderes, weil die Strafvollstreckungskammer nur zuständig »*bleiben*« kann, wenn sie schon vorher zuständig war.[334] Die nach § 69 a VII StGB zu treffende Entscheidung kann nicht gem. §§ 463 I, 462 a II 2 StPO an das Gericht des Wohnsitzes abgegeben werden, weil § 463 I StPO diese Möglichkeit nur für solche Fälle eröffnet, die der Strafvollstreckung vergleichbar sind; die nur »sinngemäße« Anwendbarkeit der Vorschrift des § 462 a II 2 StPO erlaubt eine Ausdehnung auf die Entscheidung nach § 69 a VII StGB nicht.[335]

---

324 Vgl. OLG Düsseldorf VRS 63, 273; NZV 91, 477; OLG Koblenz VRS 66, 446.
325 BGBl I 1998, 747.
326 Amtl. Begr., Bundesratsdrucksache 821/96 S. 96.
327 Siehe dazu Rn 795.
328 Vgl. dazu *Eisenberg/Dickhaus* NZV 90, 455.
329 Vgl. auch LK *(Geppert)* zu § 69 a Rn 91.
330 Vgl. OLG Hamburg MDR 88, 431.
331 Vgl. OLG Stuttgart VRS 57, 113; OLG Celle VRS 71, 432; OLG Hamm JMBl. NRW 89, 33; OLG Düsseldorf NZV 90, 237 (krit. Anm. *Eisenberg/Dickhaus* NZV 90, 455);
 a. M. OLG Düsseldorf VRS 64, 432 (jedenfalls für Fälle, in denen die Vollstreckungskammer schon während des Vollzugs mit der Frage vorzeitiger Aufhebung befaßt war, s. OLG Düsseldorf NZV 90, 237).
332 Vgl. OLG Celle VRS 71, 432.
333 Vgl. OLG Stuttgart VRS 57, 113; OLG Hamm JMBl. NRW 89, 33.
334 Vgl. OLG Hamm VRS 60, 123.
335 Vgl. BGH MDR 82, 419.

a) Einrechnung vorläufiger Maßnahmen

Im Rahmen des § 69 a VII StGB findet der Absatz IV dieser Vorschrift (Verkürzung des Mindestmaßes um die Zeit der vorläufigen Entziehung) keine Anwendung, denn § 69 a VII StGB zitiert in Satz 2, zweiter Halbsatz, nur Absatz V 2 und Absatz VI.[336] Der Gesetzgeber hat damit die **Einrechnung** der Dauer der vorläufigen Entziehung der Fahrerlaubnis und der Beschlagnahme des Führerscheins ausgeschlossen, soweit diese Zeiten vor Verkündung des Urteils bzw. vor dem Erlaß des Strafbefehls[337] liegen.[338] Einzurechnen ist daher im Rahmen des § 69 a VII StGB nur die Zeit der vorläufigen Entziehung oder Sicherstellung, soweit sie nach Verkündung des letzten tatrichterlichen Urteils (bzw. nach Erlaß des Strafbefehls) verstrichen ist (vgl. § 69 V 2 und VI StGB). Daraus folgt: Hat das Gericht auf eine Sperre von noch 3 Monaten oder im Wiederholungsfall des Abs. III auf eine solche bis zu 12 Monaten erkannt, so kommt die Aufhebung der Sperre nach § 69 a VII StGB niemals in Betracht, gleichviel wie die Eignungsfrage zu beantworten wäre. In diesen Fällen ist der Antrag auf vorzeitige Aufhebung abzulehnen, weil entweder die Mindestdauer von 3 bzw. 12 Monaten noch nicht erreicht ist oder weil die Sperre nach § 69 a V 2 StGB ohnehin abgelaufen ist.[339]

b) Zu früh gestellte Anträge

Der Verurteilte braucht mit der Antragstellung nach § 69 a VII StGB nicht bis zum Ablauf der dort bestimmten Mindestfristen zu warten. Möglicherweise sind für die Entscheidung noch gerichtliche Ermittlungen erforderlich, die die Beschlußfassung verzögern. Der Antrag kann daher auch **vor Ablauf der Mindestfrist** bei Gericht gestellt werden, ohne daß dies ohne weiteres zur Ablehnung führen müßte.[340] Das ändert nichts daran, daß der Beschluß die Sperre erst von einem Zeitpunkt nach Ablauf der Mindestfristen aufheben darf.[341] Andererseits darf der Antrag aber auch nicht so früh gestellt werden, daß dem Gericht eine Prüfung der Eignungsfrage für den Zeitpunkt des Ablaufs der Mindestfrist unmöglich gemacht wird, weil in der Zwischenzeit Umstände eintreten können, die einer positiven Entscheidung entgegenstehen.[342] Ein **zu früh gestellter Antrag** auf vorzeitige Aufhebung der Sperre ist daher abzulehnen.[343]

---

336 Vgl. OLG Koblenz VRS 71, 26; vgl. auch LG Freiburg NJW 68, 1791.
337 Vgl. AG Alsfeld BA 80, 466; dazu, daß es auf den Erlaß und nicht auf die Zustellung des Strafbefehls ankommt, vgl. Rn 728; s. dazu auch *Zabel/Zabel* BA 92, 62.
338 Vgl. OLG Koblenz BA 86, 154; vgl. auch *Seib* DAR 65, 209; *Zabel/Zabel* BA 92, 62 (68).
339 Vgl. auch *Seib* DAR 65, 209; *Gontard*, Rebmann-Festschrift, S. 211 (226).
340 Vgl. LG Köln DAR 78, 322; LK *(Geppert)* zu § 69 a Rn 80; *Kürschner* BA 81, 387 (396).
341 Vgl. auch AG Öhringen NJW 77, 447.
342 Vgl. LG Düsseldorf NJW 66, 897, wonach der Antrag in der Regel nicht früher als 1 Monat vor Ablauf der Mindestfrist gestellt werden darf.
343 Vgl. LG Düsseldorf NJW 66, 897; LK *(Geppert)* zu § 69 a Rn 80.

2. Ermittlungen des Gerichts

791 Zur Vorbereitung seiner Entscheidung kann das Gericht **neue Ermittlungen** anstellen,[344] z. B. das Gutachten einer medizinisch-psychologischen Untersuchungsstelle anfordern.[345] Lehnt der Antragsteller die notwendige Teilnahme an erforderlichen Ermittlungen (etwa die Untersuchung) ab, so kann das Gericht den Antrag auf vorzeitige Aufhebung der Sperre versagen. Der (heute wohl nicht mehr vertretenen) Gegenansicht[346] ist entgegenzuhalten, daß eine medizinisch-psychologische Untersuchung natürlich speziell auf die in der Tat zum Ausdruck gekommenen Eignungsmängel ausgerichtet sein wird[347] und daß nicht ersichtlich ist, daß dem Gericht die Anhörung von Zeugen und Sachverständigen zur Vorbereitung seiner Entscheidung nach § 69 a VII StGB untersagt ist.[348] Zu berücksichtigen ist aber insbesondere, daß dem Verurteilten, wenn er die Vergünstigung des § 69 a VII StGB erstrebt, zugemutet werden muß, die Grundlagen zu einer für ihn günstigen Entscheidung schaffen zu helfen.[349]

3. Entscheidungsgesichtspunkte

a) Entbehrlichkeit der Feststellung wieder bestehender Eignung

792 Nach dem Gesetz ist Voraussetzung für die vorzeitige Aufhebung der Sperre, daß sich **Grund zu der Annahme** ergibt, der Täter sei zum Führen von Kraftfahrzeugen nicht mehr ungeeignet. Diese Formulierung zeigt, daß nicht etwa die *sichere Feststellung* getroffen werden muß, er sei wieder geeignet.[350] Der Verurteilte muß also nicht die Beseitigung des Eignungsmangels *beweisen;*[351] vielmehr genügt das Vorliegen von Umständen, welche die der Entziehung zugrundeliegenden Feststellungen des Urteils derart aufwiegen, daß die Teilnahme des Verurteilten am Kraftfahrzeugverkehr verantwortet werden kann.[352] Bloße wirtschaftliche Interessen rechtfertigen niemals die vorzeitige Aufhebung der Sperre.[353]

b) Neue Tatsachen

793 Nach nahezu einhelliger Meinung kann eine vorzeitige Aufhebung der Sperre nur auf **neue,** d. h. solche **Tatsachen** gestützt werden, die bei der Urteilsfindung noch

---

344 Vgl. auch LK *(Geppert)* zu § 69 a Rn 91; *Bandemer* NZV 91, 300 (301).
345 Vgl. VGH Kassel VM 68, 25 Nr. 34; *Herlan/Schmidt-Leichner* Rn 129; *Händel* NJW 59, 1213.
346 Vgl. *Hiendl* NJW 59, 1212.
347 Vgl. *Händel* NJW 59, 1213.
348 Vgl. *Händel* NJW 59, 1213.
349 Vgl. VGH Kassel VM 68, 25 Nr. 34; *Händel* NJW 59, 1213.
350 Vgl. AG Alsfeld BA 80, 466; *Lackner/Kühl* zu § 69 a Rn 7; *von Schlotheim* BA 73, 69 (72); *Menken* BA 79, 233 (248); *Hentschel* VGT 79, 33 (36) = DAR 79, 317; *Seib* DRiZ 81, 161 (168); *Kürschner* BA 81, 377 (392); vgl. hierzu auch *Himmelreich/Hentschel* Bd. II Rn 8, 18 und 308 f.;
a. M. LG München DAR 80, 283; *Schendel* S. 60 ff.
351 So aber offenbar *Bieler* BA 70, 112 (115).
352 Vgl. OLG Karlsruhe NJW 60, 587; AG Alsfeld BA 80, 466; *Menken* BA 79, 233 (248); zur vorzeitigen Aufhebung der Sperre im Jugendstrafrecht: *Bandemer* NZV 91, 300.
353 Vgl. OLG Düsseldorf NZV 91, 477.

nicht bekannt waren.[354] Es muß sich um Tatsachen handeln, die eine andere Beurteilung der Eignungsfrage rechtfertigen, als sie nach den im Urteil festgestellten Tatsachen geboten war,[355] denn alle im Zeitpunkt der Urteilsfindung bekannt gewesenen Tatsachen sind bereits im Urteil berücksichtigt worden und haben sich auf die Dauer der Sperrfrist ausgewirkt.[356] Abzulehnen ist daher die in der Rechtsprechung[357] teilweise vertretene Auffassung, es sei zu eng zu fordern, der Verurteilte müsse notwendig neue Tatsachen anführen, die eine andere Beurteilung seiner Persönlichkeit rechtfertigen; es ließen sich voraussehbare Umstände denken, die mit dem Zeitablauf hinreichendes Gewicht für eine Abkürzung der Sperrfrist gewinnen könnten, ohne daß sie im strengen Sinn neu wären. Die z. B. vom OLG Köln[358] hierzu gebrachten Beispiele sind im übrigen eher geeignet, die herrschende Meinung zu unterstützen: Entlassung nach 2/3-Verbüßung, Bewährung während der Bewährungszeit. Hier handelt es sich doch um Umstände und Tatsachen, die erst nach der Urteilsfindung eingetreten bzw. entstanden sind oder auf solchen Tatsachen beruhen. Soweit das OLG Köln als weiteres Beispiel die Schwere der beruflichen Nachteile anführt, so sind diese entweder bereits bei der Bemessung der Sperre im Urteil als ein auf den Angeklagten bessernd einwirkender Faktor berücksichtigt worden[359] oder, falls sie eine andere Beurteilung als bei der Urteilsfindung rechtfertigen, eben doch schwerer als vorausgesehen und somit in dem hier umschriebenen Sinn neu.[360]

Wirtschaftliche Nachteile, die nicht in diesem Sinne als neue Tatsachen angesehen werden können, rechtfertigen eine vorzeitige Aufhebung der Sperre nicht.[361] Bloßer Zeitablauf, selbst jahrelange straffreie Führung bei Sperre auf immer (die natürlich auch vorzeitig aufgehoben werden kann[362]) ist *für sich allein* keine neue Tatsache i. S. d. § 69 a VII StGB.[363] Soweit in einer Entscheidung des OLG Düsseldorf[364] diesbezüglich ein abweichender Standpunkt vertreten wurde, ist mit OLG München[365] darauf hinzuweisen, daß dann die Anordnung einer lebenslangen Sperre ins Leere liefe und entgegen dem gesetzgeberischen Willen eben nur eine zeitige Sperre wäre.

---

354 Vgl. OLG Düsseldorf NZV 91, 477; OLG München NJW 81, 2424; OLG Karlsruhe NJW 60, 587; OLG Koblenz VRS 68, 353; 69, 28; 71, 26; LG Kassel DAR 92, 32; *Kuckuk/Werny* zu § 69 a StGB Rn 26; *Schönke/Schröder/Stree* zu § 69 a Rn 20; *Tröndle/Fischer* zu § 69 a Rn 15 a; *von Schlotheim* BA 73, 69 (75); *Bieler* BA 70, 112 (114); *Seehon* VGT 79, 43 (44) = DAR 79, 321; *Schendel* S. 60; *Bandemer* NZV 91, 300 (301).
355 Vgl. OLG Düsseldorf NZV 90, 237; LG Köln DAR 78, 322; vgl. hierzu auch *Hentschel* VGT 79, 33 (38 ff.) = DAR 79, 319 f.; DAR 75, 296.
356 Vgl. auch *Bieler* BA 70, 112 (114).
357 Vgl. OLG Köln NJW 60, 2255 (abl. *Geppert* in LK zu § 69 a Rn 83); OLG Düsseldorf VRS 63, 273; ebenso wohl VRS 66, 347.
358 OLG Köln NJW 60, 2255.
359 Vgl. Rn 710.
360 Vgl. auch OLG Koblenz VRS 65, 362; 68, 353; OLG Düsseldorf VRS 66, 347.
361 Vgl. LG Kassel DAR 92, 32; s. auch Rn 792.
362 Vgl. oben Rn 788.
363 Vgl. OLG Düsseldorf NZV 91, 477; OLG München NJW 81, 2424; vgl. auch OLG Koblenz VRS 69, 28.
364 OLG Düsseldorf VRS 63, 273.
365 OLG München NJW 81, 2424.

Vorzeitige Aufhebung der Sperre (§ 69 a VII StGB)

795 Als neue, die vorzeitige Aufhebung der Sperre rechtfertigende Tatsache kann insbesondere auch die erfolgreiche Teilnahme an einem **Aufbauseminar** für alkoholauffällige Kraftfahrer (sog. Nachschulung)[366] in Betracht kommen.[367] Davon geht auch ausdrücklich die amtliche Begründung zu der am 1.1. 1999 in Kraft getretenen Änderung des § 69a VII S. 2 StGB aus.[368] Dies gilt auch für Wiederholungstäter.[369] Ähnlich wie bei der Frage nach der Bewertung von Nachschulungskursen im Rahmen des § 69 II StGB als geeignetes Mittel zur Beseitigung des Eignungsmangels hat allerdings ein Teil der Rechtsprechung insoweit einen einschränkenden[370] oder ablehnenden[371] Standpunkt vertreten. Diese Rechtsprechung ist jedoch nunmehr insofern als überholt anzusehen, als der Gesetz- und Verordnungsgeber inzwischen die Bedeutung von Aufbauseminaren zur Wiederherstellung der Kraftfahreignung in §§ 2a, 2b II S. 2, § 4 VIII S. 4 StVG, §§ 36, 43 FeV und durch Änderung des § 69a VII S. 2[372] ausdrücklich anerkannt hat.[373] Zur Vermeidung von Wiederholungen wird im übrigen auf die Ausführungen zu § 69 II StGB[374] Bezug genommen.

796 Mit den Anforderungen des § 69a VII StGB unvereinbar wäre allerdings eine rein schematische Handhabung dieser Bestimmung durch die Gerichte in der Weise, daß in allen Fällen die bloße Vorlage einer Seminarbescheinigung gewissermaßen automatisch die Aufhebung der restlichen Sperre nach sich ziehen würde. Vielmehr muß das Gericht jeweils prüfen, ob die Seminarteilnahme im konkreten Fall, also bei dem jeweiligen Antragsteller, Grund zur Annahme einer Beseitigung des Eignungsmangels bietet[375] oder ob die Tatsache der Nachschulung für sich allein unter Berücksichtigung der Umstände der Tat und der Persönlichkeit des Täters möglicherweise noch keine von der Würdigung im Zeitpunkt des Urteils (Strafbefehls) abweichende Beurteilung der Eignungsfrage rechtfertigt.[376] Je nach Umfang der durch die vorzeitige Aufhebung erreichten Abkürzung der Sperre werden an diese Prüfung unterschiedlich strenge Anforderungen zu stellen sein; u. U. kann sich »Grund zu der Annahme« des Wegfalls des Eignungsmangels aber auch schon aus der Bescheinigung über die erfolgreiche Kursusteilnahme allein ergeben.[377] Auch andere Aufbauseminare als die speziell für alkoholauffällige Kraftfahrer

---

366 Siehe dazu Rn 636 ff.
367 Vgl. OLG Düsseldorf VRS 66, 347; LG Oldenburg DAR 96, 470; LG Hildesheim ZfS 85, 316; NdsRpfl. 87, 108; LG Hamburg MDR 81, 70; LG München I DAR 81, 229; LG Heilbronn Justiz 82, 338; AG Gummersbach DAR 96, 471; AG Recklinghausen DAR 80, 26; AG Pirmasens DAR 80, 122; AG Aschaffenburg BA 83, 170; AG Alsfeld BA 80, 466; AG Düren DAR 96, 157; ZfS 90, 429; LK (*Geppert*) zu § 69a Rn 88; *Berz* VGT 80, 305; *Preisendanz* BA 81, 87; *Gebhardt* DAR 81, 107 (111); *Bode* BA 84, 31 (36); *Zabel/Zabel* BA 91, 345 (mit umfangreichen Nachweisen aus Rspr. und Lit.); vgl. hierzu auch *Hentschel* VGT 79, 33 (39) = DAR 79, 317 (319f.).
368 Siehe Rn 788.
369 Vgl. OLG Düsseldorf VRS 66, 347.
370 Vgl. LG München DAR 80, 283; LG Dortmund DAR 81, 28 (nur als Ausnahmefall); AG Würzburg VM 95, 32.
371 Vgl. LG Kassel DAR 81, 28; LG Bremen BA 81, 272; AG Freising DAR 80, 252 (»Ablaß-Handel«).
372 Siehe oben Rn 788.
373 Siehe oben Rn 636.
374 Siehe Rn 638.
375 Vgl. LG Oldenburg – IV Qs 260/83 –; *Preisendanz* BA 81, 87 (89).
376 Vgl. OLG Koblenz ZfS 82, 347 (abgelehnt bei vorsätzlicher Trunkenheit und aggressivem Tätlichwerden gegen Polizeibeamte).
377 Vgl. LG Hildesheim ZfS 85, 316; vgl. auch *Bode* BA 84, 31 (36, 48).

durchgeführten können je nach Art des Eignungsmangels die Annahme von dessen vorzeitiger Beseitigung begründen.³⁷⁸

c) Aussetzung des Strafrestes (§ 57 StGB)

Der Umstand, daß ein Verurteilter wegen der Erwartung künftigen Wohlverhaltens gem. § 57 StGB **bedingt aus der Strafhaft entlassen** worden ist und er sich seit längerer Zeit in Freiheit befindet, rechtfertigt allein noch nicht die vorzeitige Aufhebung der Sperre.³⁷⁹ Denn die Aussetzung des Strafrestes nach § 57 StGB verlangt nicht – wie § 56 StGB – eine positive Prognose hinsichtlich des künftigen straffreien Verhaltens des Verurteilten. Sie erfordert vielmehr nur, daß »dies unter Berücksichtigung des Sicherheitsinteresses der Allgemeinheit verantwortet werden kann«, wobei das Bestehen einer reellen Chance für straffreies Verhalten des Verurteilten ausreicht.³⁸⁰ Dies allein aber kann die Voraussetzungen des § 69 a VII StGB nicht erfüllen. Im übrigen schließt – wie oben³⁸¹ dargelegt wurde – selbst die an strengere Voraussetzungen geknüpfte Strafaussetzung zur Bewährung nach § 56 StGB die gleichzeitige Annahme charakterlicher Ungeeignetheit zum Führen von Kraftfahrzeugen nicht aus.³⁸² Auch sonst kann gute Führung des Verurteilten während einiger Zeit nach der Strafverbüßung allein nicht zur vorzeitigen Aufhebung der Sperre führen.³⁸³

4. Beschränkung der vorzeitigen Aufhebung auf bestimmte Kraftfahrzeugarten

Die Eignung eines Kraftfahrers zum Führen von Kraftfahrzeugen kann, wie sich aus § 69 a II StGB ergibt, vom Gericht für verschiedene Arten von Kraftfahrzeugen unterschiedlich beurteilt werden. Daher kann die Sperrfrist auch für einzelne Kraftfahrzeugarten unterschiedlich bemessen werden.³⁸⁴ Entsprechendes gilt für die vorzeitige Aufhebung der Sperre. Das Gesetz hat den Fall nicht ausdrücklich geregelt, daß die Voraussetzungen des § 69 a VII StGB **nur für bestimmte Kraftfahrzeugarten** erfüllt sind. Aus der insoweit ausdrücklichen gesetzlichen Regelung kann nicht gefolgert werden, daß das Gericht gehindert wäre, dem jeweiligen Fall angepaßt, eine beschränkte Aufhebung der Sperrfrist zu beschließen.³⁸⁵ Ergeben neue Tatsachen also Grund zu der Annahme, daß der Eignungsmangel hinsichtlich bestimmter, nicht aber aller Arten von Kraftfahrzeugen weggefallen ist, so kann die vorzeitige Aufhebung der Sperre auf bestimmte Kraftfahrzeugarten beschränkt werden.³⁸⁶ Entgegen teilweise vertre-

---

378 Vgl. OLG Koblenz VRS 69, 28.
379 Vgl. OLG Koblenz VRS 45, 348; 66, 21; 67, 343; 68, 353; OLG München NJW 81, 2424; OLG Düsseldorf NZV 90, 237; 91, 477.
380 Vgl. auch *Schönke/Schröder/Stree* zu § 57 Rn 11; *Tröndle/Fischer* zu § 57 Rn 6.
381 Rn 648.
382 Vgl. OLG Hamm VRS 30, 93 (zu § 26 StGB a. F.).
383 Vgl. OLG Karlsruhe NJW 60, 587.
384 Vgl. Rn 704.
385 Vgl. OLG Köln NJW 60, 2255.
386 Vgl. auch *Rieger* DAR 67, 43; *Mittelbach* S. 57; *Tröndle/Fischer* zu § 69a Rn 15 b.

tener Ansicht[387] ist aber auch in derartigen Fällen immer die Frist des § 69 a VII StGB zu beachten. Der Umstand, daß das Gericht bei der Urteilsfindung die Tatsachen, die zu einer Ausnahme bestimmter Kraftfahrzeugarten von der Sperre schon im Urteil hätten führen können, unberücksichtigt gelassen hat, rechtfertigt außerhalb der von § 69 a VII StGB geschaffenen Möglichkeit keine nachträgliche Abänderung eines rechtskräftigen Urteils.[388]

5. Eintragung in das Bundeszentralregister

799 Die vorzeitige Aufhebung der Sperre wird nach § 12 I Nr. 8 BZRG in das Bundeszentralregister eingetragen.

XI. Rechtsmittel

Literatur:

Beine, Ohne Sperrfrist keine Entziehung der Fahrerlaubnis, in: IntVerkW 1981, 206; *derselbe*, Rechtsfragen bei Ablauf der Sperrfrist für die Erteilung einer Fahrerlaubnis vor Abschluß eines Rechtsmittelverfahrens, in: BA 1981, 427; *Eickhoff*, Die Bedeutung des Verschlechterungsverbots für die Bemessung von Führerscheinsperrfristen in der Berufungsinstanz, in: NJW 1975, 1007; *Gollner*, Verschlechterungsverbot bei vorläufiger und endgültiger Entziehung der Fahrerlaubnis, in: GA 1975, 129; *Hentschel*, Fahrerlaubnisentziehung und Sperrfrist in der Rechtsmittelinstanz, in: DAR 1988, 330; *Möhl*, Anrechnung einer vorläufigen Entziehung der Fahrerlaubnis auf die endgültige Sperre, in: DAR 1965, 45; *Mollenkott*, Bemessung der Führerscheinsperrfrist in der Berufungsinstanz, in: NJW 1977, 425.

1. Beschränkung auf die Sperre

800 Die **Entscheidung über die Sperre** kann nur dann selbständig angefochten werden, wenn die Begründung ihrer Dauer nicht so eng mit den für die Entziehung selbst maßgeblichen Gründen zusammenhängt, daß eine getrennte Aufhebung dieses Teils des Urteilsausspruchs nicht möglich ist.[389] In aller Regel werden allerdings die Feststellungen zur Entziehung der Fahrerlaubnis so eng mit denjenigen über die Dauer der Maßnahme zusammenhängen, daß die selbständige Anfechtung der Sperre als die Ausnahme zu gelten hat.[390] Da die Dauer der Sperre von der

---

387 Vgl. AG Wismar DAR 98, 32; AG Hagen DAR 75, 246; AG Pirmasens DAR 76, 193; AG Westerburg DAR 76, 274; AG Alzenau DAR 81, 232; AG Kempten/Sonthofen DAR 81, 234 (soweit Verurteilung durch Strafbefehl erfolgte).
388 Vgl. LG Koblenz DAR 77, 193; LG Köln – 105 Qs 568/83 – (unveröffentlicht); AG Alsfeld VM 80, 96; *Tröndle/Fischer* zu § 69 a Rn 3 a; *Lackner/Kühl* zu § 69 a Rn 7; *Schönke/Schröder/Stree* zu § 69 a Rn 22; LK *(Geppert)* zu § 69 a Rn 13, 89; *Kulemeier* S. 116; ausführlich hierzu: *Hentschel* DAR 75, 296.
389 Vgl. OLG Schleswig DAR 67, 21; KG VRS 33, 265; 40, 276; OLG Karlsruhe VRS 48, 425; OLG Köln VRS 52, 271; OLG Koblenz VRS 52, 432; vgl. auch OLG Bremen DAR 65, 216; OLG Saarbrücken VRS 43, 22; *Möhl* DAR 65, 45; vgl. hierzu auch OLG Koblenz VRS 50, 361.
390 Vgl. OLG Frankfurt NZV 96, 414; OLG Oldenburg BA 81, 373; OLG Düsseldorf VRS 66, 42; KG VRS 33, 265; 40, 276; *Beine* BA 81, 427 (434); vgl. dagegen OLG Saarbrücken VRS 43, 22 sowie *Kaiser* NJW 83, 2418 (2420), wonach die Beschränkung auf die Sperre grundsätzlich zulässig sein soll.

voraussichtlichen Dauer der Ungeeignetheit abhängt,[391] ist ihre Begründung meist von den Erwägungen, die zur Entziehung geführt haben, nicht trennbar. Dies gilt erst recht für die Überlegungen zur Frage einer Ausnahme bestimmter Kraftfahrzeugarten von der Sperre.[392] Die Beschränkung des Rechtsmittels auf die Sperre ist insbesondere auch dann nicht möglich, wenn das angefochtene Urteil zur Begründung der Sperre auf die Feststellungen Bezug nimmt, die für die Entziehung der Fahrerlaubnis maßgebend gewesen sind.[393] Dagegen ist der enge Zusammenhang z. B. nicht gegeben, wenn lediglich die rechtliche Zulässigkeit der Form des Ausspruchs über die Sperre bestritten wird, etwa wenn die Staatsanwaltschaft sich mit dem Rechtsmittel dagegen wendet, daß im Urteilstenor angeordnet wurde, die Zeit der vorläufigen Entziehung der Fahrerlaubnis sei auf die erkannte Sperre anzurechnen,[394] oder diese beginne als »Anschlußsperre«[395] nach Ablauf einer noch bestehenden früher angeordneten Sperrfrist.[396] Trennbar sind die Gründe für die Anordnung der Sperrfrist von denen, die zur Entziehung der Fahrerlaubnis geführt haben, aber auch dann, wenn in dem mit der Revision angefochtenen Urteil zur Begründung für die Dauer des Eignungsmangels allein die einschlägige Vorstrafe mit gleichzeitig angeordneter Fahrerlaubnisentziehung herangezogen, die Verhängung der Maßregel des § 69 StGB angesichts der vorliegenden Voraussetzungen des § 69 II Nr. 2 StGB dagegen nicht näher begründet ist.[397]

Ist eine **isolierte Sperre** angeordnet, so kann das Rechtsmittel dann auf die Anordnung beschränkt werden, wenn diese losgelöst vom Strafausspruch überprüft werden kann,[398] was jedoch bei Anordnung wegen charakterlicher Mängel in aller Regel nicht der Fall sein wird.[399] Die Beschränkung des Rechtsmittels auf die *Dauer* der Sperre wiederum setzt voraus, daß deren Überprüfung unabhängig von den Erwägungen möglich ist, die zur Anordnung der Sperre geführt haben.[400] Hinsichtlich der Kosten- und Auslagenentscheidung in den Fällen, in denen der Beschwerdeführer die mit dem Rechtsmittel allein bezweckte Verkürzung der Fahrerlaubnissperre erreicht, wird auf die Ausführungen in Rn 668 verwiesen.[401]

2. Verschlechterungsverbot

Aus § 331 StPO folgt, daß das Berufungsgericht bei **zugunsten des Angeklagten eingelegter Berufung** die Sperrfrist nicht verlängern darf, indem es im Urteilstenor eine längere Sperre ausspricht. Faktisch kann eine Verlängerung der Sperrfrist und damit eine Verschlechterung für den Angeklagten aber auch dann eintreten,

---

391 Vgl. Rn 703.
392 Vgl. BayObLG NZV 91, 397; OLG Düsseldorf VRS 66, 42; OLG Köln VRS 68, 278; s. aber OLG Celle BA 88, 196.
393 Vgl. KG VRS 40, 276.
394 Vgl. OLG Bremen DAR 65, 216; vgl. zur Anrechnung Rn 696, 701.
395 Vgl. dazu Rn 687.
396 Vgl. OLG Zweibrücken StV 83, 22.
397 Vgl. OLG Karlsruhe VRS 48, 425;
   a. M. *Hartung* NJW 55, 1331; *Tröndle/Fischer* zu § 69 Rn 18.
398 Vgl. OLG Hamburg VM 78, 71.
399 Vgl. OLG Köln VRS 76, 352, s. dazu auch oben Rn 664.
400 Vgl. OLG Hamburg VM 78, 71.
401 Ausführlich hierzu: *Hentschel* MDR 76, 369.

wenn das Berufungsgericht die gleiche Sperre festsetzt wie das Urteil der ersten Instanz.[402] Denn eine dem § 69 a V 2 StGB entsprechende Regelung, die eine Einrechnung der seit Verkündung des erstinstanzlichen Urteils verstrichenen Zeit der vorläufigen Entziehung der Fahrerlaubnis vorschreiben würde, fehlt. § 69 a V 2 StGB gilt bei Einlegung von Rechtsmitteln nur im Revisionsverfahren. Dagegen kann die zwischen dem Urteil der Vorinstanz und dem Berufungsurteil verstrichene Dauer einer vorläufigen Führerscheinmaßnahme nur dadurch zu einem früheren Ende der Sperre führen, daß das Berufungsgericht sie unter Nutzung des ihm in § 69 a IV StGB eingeräumten erweiterten Ermessensspielraums bei der Neubemessung berücksichtigt.

803 Dennoch verstößt es nicht gegen das Verschlechterungsverbot des § 331 StPO, wenn das Berufungsgericht die gleiche Sperre verhängt wie die Vorinstanz oder – was auch zu einer effektiven Verlängerung führt – die zwischen den Urteilen verstrichene Zeit vorläufiger Entziehung oder Beschlagnahme nur teilweise berücksichtigt.[403] Das gilt selbst dann, wenn anderenfalls die Sperre abgelaufen wäre.[404] Dies wird deutlich, wenn man einmal berücksichtigt, daß das Berufungsgericht die Berufung des Angeklagten ja auch insgesamt verwerfen kann. Auch dann würde die Sperre mit der von der Vorinstanz bestimmten Dauer erst vom Zeitpunkt des Berufungsurteils an zu laufen beginnen (§ 69 a V 1 StGB).[405] Jeder Angeklagte muß, wenn er Berufung einlegt, mit dieser sich ohne weiteres aus dem Gesetz ergebenden Möglichkeit rechnen.[406] Die Verschlechterung folgt nicht unmittelbar aus dem Tenor des Urteils, was einen Verstoß gegen § 331 StPO bedeuten würde, sondern aus dem Gesetz.[407] Ebensowenig verstößt es daher gegen das Verschlechterungsverbot, wenn nicht das Berufungsgericht, sondern der Erstrichter, der aufgrund einer Zurückverweisung zu entscheiden hat, die Sperre in der gleichen Höhe festsetzt wie im ersten Urteil.[408] Voraussetzung ist hierbei natürlich immer, daß die zu einer faktischen Verlängerung der Sperre führende Nichtberücksichtigung der seit dem angefochtenen Urteil verstrichenen Dauer vorläufiger Führerscheinmaßnahmen mit einem noch auf gleiche Dauer fortbestehenden Sicherungsbedürfnis begründet werden kann.[409] Daß dies dagegen nicht etwa als Sanktion für

---

402 Vgl. OLG Hamm NJW 73, 1891; vgl. auch OLG München DAR 75, 132; 77, 49; *Hentschel* DAR 76, 9.
403 Vgl. BayObLG DAR 74, 177 (bei *Rüth);* OLG Saarbrücken MDR 72, 533; OLG Hamm NJW 73, 1891; VRS 53, 342; OLG Hamm DAR 78, 332; OLG Karlsruhe VRS 51, 204; OLG Koblenz VRS 65, 371; 69, 130; LK *(Geppert)* zu § 69 Rn 246 f.; *Schönke/Schröder/Stree* zu § 69 a Rn 13; *Lackner/Kühl* zu § 69 Rn 8; *Löwe/Rosenberg (Schäfer)* zu § 111 a Rn 35; *Janiszewski* Rn 727; *Werner* DAR 76, 7; *Geppert,* Sperrfrist, S. 125, 126; *Kulemeier* S. 135; vgl. auch OLG Karlsruhe NJW 75, 455; zweifelnd *Geppert* ZRP 81, 85 (90);
a. M. *Eickhoff* NJW 75, 1007; *Gollner* GA 75, 129 ff.; *Gontard,* Rebmann-Festschrift, S. 211 (221); a. M. offenbar auch OLG Hamm MDR 73, 72; krit. auch *Suhren* VGT 89, 136 (142 f.).
404 Vgl. OLG Saarbrücken MDR 72, 533; OLG Karlsruhe VRS 51, 204; OLG Hamm DAR 78, 332; VRS 69, 221; OLG Frankfurt DAR 92, 187; so offenbar auch OLG Hamm VRS 49, 111; vgl. ferner hierzu OLG Hamm MDR 75, 167 (168).
405 Vgl. OLG Saarbrücken MDR 72, 533.
406 Vgl. OLG Saarbrücken MDR 72, 533; OLG Koblenz VRS 52, 432 (434).
407 Vgl. OLG Karlsruhe VRS 51, 204; *Geppert,* Sperrfrist, S. 125 f.; *Hentschel* DAR 76, 9.
408 Vgl. OLG Karlsruhe NJW 75, 455; vgl. auch *Geppert,* Sperrfrist, S. 125 f.
409 Vgl. OLG Hamm MDR 73, 777; VRS 53, 342.

die Einlegung einer offensichtlich unbegründeten Berufung möglich ist, wurde an anderer Stelle[410] nachgewiesen.

Die zum Teil in der Literatur[411] vertretene Auffassung, das Rechtsmittelgericht **804** *müsse*, um nicht gegen das Verbot der reformatio in peius zu verstoßen, die seit dem Urteil der Vorinstanz verstrichene Zeit der vorläufigen Entziehung auf die noch zu verhängende Sperre anrechnen, wird dem Maßregelcharakter der Entziehung der Fahrerlaubnis nicht gerecht. Daß sich eine »Anrechnung« nicht mit dem Zweck der Maßregel, nämlich dem Schutz der Allgemeinheit, verträgt, wurde bereits oben[412] deutlich gemacht. Jene Auffassung wäre aber auch bei konsequenter Anwendung in Einzelfällen mit dem Gesetz nicht in Einklang zu bringen. Würde nämlich die von ihnen geforderte »Anrechnung« dazu führen, daß die noch mögliche Sperre unter drei Monate sinkt, so müßte entgegen § 69 a IV 2 StGB eine Sperre von weniger als drei Monaten festgesetzt werden. Der Vorschlag, der Berufungsrichter müsse sich in derartigen Fällen über die vorgeschriebene Mindestsperrfrist hinwegsetzen,[413] kann als eindeutiger Verstoß gegen geltendes Recht keine Zustimmung finden.[414] Das gleiche gilt für den von *Gollner*[415] für richtig gehaltenen Lösungsweg, entgegen § 69 a I StGB in derartigen Fällen nur auf Entziehung der Fahrerlaubnis ohne gleichzeitige Anordnung einer Führerscheinsperre zu erkennen.[416]

3. Revision

Auch die Verhängung der **isolierten Sperrfrist** unterliegt dem Verschlechterungs- **805** verbot, denn bei ihr handelt es sich nicht, wie bei der Einziehung des Führerscheins, um ein bloßes Akzessorium, das vom Berufungsgericht nachgeholt werden könnte,[417] vielmehr tritt die isolierte Sperre nach § 69 a I 3 StGB an die Stelle der Entziehung der Fahrerlaubnis, wenn der Angeklagte keine Fahrerlaubnis hat, und bildet die eigentliche Maßregel.[418]

Die Entscheidung über die Fahrerlaubnissperre, deren Bemessung sich nach einer **806** aufgrund Persönlichkeitswürdigung zu treffenden Prognose richtet,[419] ist **in erster Linie Sache des Tatrichters.** Dies gilt vor allem für die Frage, ob »besondere Umstände« (§ 69 a II StGB) eine **Ausnahme bestimmter Kraftfahrzeugarten** von der Sperre rechtfertigen; die diesbezügliche Wertung durch den Tatrichter ist der revisionsgerichtlichen Nachprüfung weitgehend entzogen.[420]

---

410 Rn 708.
411 *Eickhoff* NJW 75, 1007; *Gollner* GA 75, 129 ff.
412 Rn 696, 701, 746.
413 So *Eickhoff* NJW 75, 1007.
414 Vgl. auch LK *(Geppert)* zu § 69 Rn 247; *Mollenkott* NJW 77, 425 (426); *Gontard*, Rebmann-Festschrift, S. 211 (222).
415 *Gollner* GA 75, 145 ff. (147).
416 Gegen *Gollner* insoweit auch *Kaiser* JR 80, 99 (100) sowie *Geppert* in LK zu § 69 Rn 247.
417 Vgl. hierzu Rn 681, 682.
418 Vgl. OLG Köln NJW 65, 2309.
419 Vgl. Rn 703 ff. (705).
420 Vgl. dazu OLG Hamm BA 82, 565 (568); BayObLG NZV 91, 397.

807 Wird die **Revision** zulässigerweise auf die Sperre beschränkt und die Sache vom Revisionsgericht zurückverwiesen, so muß das Gericht, an das zurückverwiesen wird, selbst dann, wenn es aufgrund des Zeitablaufs den Zweck der Maßregel für erreicht ansieht, eine mindestens 3monatige Sperre festsetzen. Die Möglichkeit, von der Maßregel ganz abzusehen, ist nicht gegeben, weil infolge der Beschränkung der Revision auf die Sperre der Ausspruch über die Entziehung der Fahrerlaubnis rechtskräftig ist.[421] War die Fahrerlaubnis nicht vorläufig entzogen, so muß das Gericht nach Zurückverweisung in einem derartigen Fall sogar eine mindestens 6monatige Sperre verhängen, auch wenn die im angefochtenen Urteil angeordnete Sperre ohne das Rechtsmittel abgelaufen wäre. Denn § 69 a IV StGB ist nicht anwendbar, weil es sich bei der Entziehung der Fahrerlaubnis seit Teilrechtskraft des angefochtenen Urteils nicht um eine *vorläufige,* sondern um eine endgültige handelt.[422] Diese Frist würde gem. § 69 a V StGB mit der Rechtskraft des Urteils beginnen. Eine Einrechnung nach § 69 a V 2 StGB käme nach dem Wortlaut der Vorschrift nicht in Betracht, weil danach nur die Zeit einer wegen der Tat angeordneten *vorläufigen* Entziehung eingerechnet wird.[423] Ein solches Ergebnis wäre allerdings im höchsten Grade unbillig[424] und würde das Gericht zwingen, entgegen Sinn und Zweck der Maßregel, den Angeklagten über die Dauer des Eignungsmangels hinaus von der Teilnahme am Kraftfahrzeugverkehr auszuschließen.[425] Eine entsprechende Anwendung von § 69 a IV StGB würde die Unbilligkeiten nur teilweise beseitigen. Das Gericht müßte nach Zurückverweisung immer noch die Mindestsperre von 3 Monaten verhängen, die nach § 69 a V 1 StGB mit der Rechtskraft des Urteils zu laufen begänne.

808 Geboten erscheint daher eine **entsprechende Anwendung des § 69 a V 2 StGB**,[426] um die Gesetzeslücke auszufüllen, die darin besteht, daß für den geschilderten Fall eine dem § 69 a V 2 StGB entsprechende Regelung fehlt,[427] obwohl die in § 69 a V 2 StGB geregelte Situation dem hier erörterten Fall in allen wesentlichen Punkten ähnelt.[428] Wird demnach die Revision auf die Entscheidung über die Sperrfrist beschränkt und verweist das Revisionsgericht die Sache zur erneuten Verhandlung und Entscheidung zurück, so wird in die Sperre entsprechend § 69 a V 2 StGB die Zeit seit Verkündung des angefochtenen Urteils eingerechnet. Sind seit Verkündung des angefochtenen Urteils mindestens 3 Monate verstrichen und hält das Gericht, an das zurückverwiesen wurde, den weiteren Ausschluß des Angeklagten nicht für geboten, so setzt es also eine Sperre fest, deren Dauer der Zeit seit Verkündung des angefochtenen Urteils entspricht. Die Sperre ist dann analog § 69 a V 2 StGB abgelaufen. Hält es dagegen eine weitere Sperre für erforderlich, so muß es allerdings der beabsichtigten weiteren Sperre die seit Verkündung des

---

421 Vgl. auch LK *(Geppert)* zu § 69 a Rn 75; *Cramer* zu § 69 a StGB Rn 14; *Schönke/Schröder/Stree* zu § 69 a Rn 16.
422 Vgl. OLG Bremen DAR 65, 216.
423 A. M. OLG Bremen DAR 65, 216.
424 Vgl. *Möhl* DAR 65, 45; *Cramer* zu § 69 a StGB Rn 14.
425 Vgl. auch *Möhl* DAR 65, 45.
426 Vgl. OLG Karlsruhe VRS 48, 425; *Tröndle/Fischer* zu § 69 a Rn 13; *Cramer* zu § 69 a StGB Rn 14; *Geppert*, Sperrfrist, S. 180 sowie in LK zu § 69 a Rn 75.
427 So im Ergebnis auch *Schönke/Schröder/Stree* zu § 69 a Rn 16.
428 Vgl. *Geppert*, Sperrfrist, S. 180.

angefochtenen Urteils verstrichene Zeit hinzurechnen und die sich so ergebende Sperre festsetzen. Wird z. B. eine Sperre von noch 3 Monaten für erforderlich gehalten und sind seit Verkündung des angefochtenen Urteils 6 Monate vergangen, so ist eine Sperre von 9 Monaten anzuordnen. Auf diese Berechnungsweise ist zur Klarstellung in den Urteilsgründen hinzuweisen.

Häufig wird die Revision zu einem Zeitpunkt verworfen, zu dem die durch das angefochtene Urteil ausgesprochene **Sperrfrist nach § 69 a V 2 StGB abgelaufen** ist. Obwohl damit der Zweck der Maßregel erreicht ist, kann in einem derartigen Fall die Fahrerlaubnisentziehung nicht nachträglich wegfallen mit der Folge, daß nun der Verurteilte wieder am Kraftfahrzeugverkehr teilnehmen dürfte. Anderenfalls wäre die rechtskräftig gewordene Entscheidung des Tatrichters durch das Revisionsgericht abgeändert worden. Vielmehr erlischt trotz Ablaufs der Sperre die Fahrerlaubnis mit der Rechtskraft des Urteils (§ 69 III StGB) selbst dann, wenn die vorläufige Entziehung nach Ablauf der Sperre vor Beendigung des Revisionsverfahrens aufgehoben und der Führerschein dem Angeklagten ausgehändigt worden war. Die im Urteil ausgesprochene Einziehung des Führerscheins muß also vollstreckt werden (§ 459 g StPO), und der Verurteilte muß die Neuerteilung der Fahrerlaubnis beantragen, wobei es dem pflichtgemäßen Ermessen der Verwaltungsbehörde überlassen bleibt, ob sie dem Antrag stattgibt.[429] Eines ausdrücklichen Ausspruchs im Urteilstenor, daß die Sperre erledigt ist, bedarf es nicht.[430]

4. Sofortige Beschwerde

Die Entscheidung über die vorzeitige Aufhebung der Sperre ist mit der sofortigen Beschwerde anfechtbar (§§ 462 III, 463 V StPO).

---

429 Vgl. OLG Frankfurt NJW 73, 1335; OLG Bremen DAR 73, 332; OLG Karlsruhe NJW 68, 460; 75, 455; OLG Düsseldorf VM 77, 28 Nr. 37; *Hartung* NJW 65, 86; *Kaiser* NJW 73, 493; *Möhl* DAR 65, 45.
430 Vgl. OLG Düsseldorf VM 77, 28 Nr. 37.

D. Maßnahmen nach §§ 69, 69 a StGB und internationaler Kraftfahrzeugverkehr (§ 69 b StGB)

Literatur:

Bouska, derselbe, Außerdeutsche Kraftfahrzeugführer, deren deutsche Fahrerlaubnis vorher entzogen worden war, in: VD 1980, 245; *derselbe,* Die Bedeutung ausländischer Fahrerlaubnisse für das deutsche Fahrerlaubnisrecht, in: DAR 1983, 130; *Eckhardt,* Zweifelsfälle der Anerkennung ausländischer Führerscheine, in: DAR 1974, 281; *derselbe,* Fälle aus der Praxis der Anerkennung und Umschreibung ausländischer Führerscheine, in: VD 1974, 65; *derselbe,* Der Pendler und sein Führerschein, in: PTV 1975, 321; *Heinrich,* Führerscheinmaßnahmen bei ausländischen Kraftfahrzeugführern im Fall der isolierten Sperre nach § 69 a I 3 StGB, in: PVT 1998, 27; *Hentschel,* Entziehung der Fahrerlaubnis bei ausländischen Führerscheinen, in: NJW 1975, 1350; *derselbe,* Teilnahme ungeeigneter Kraftfahrer am Straßenverkehr mit ausländischen Führerscheinen, in: NJW 1976, 2060; *derselbe,* Die Teilnahme am inländischen Kraftfahrzeugverkehr mit ausländischen Führerscheinen, in: Meyer-Gedächtnisschrift, S. 789; *derselbe,* Dürfen Inhaber ausländischer Fahrerlaubnisse entgegen § 4 IntVO unbefristet im Inland Kraftfahrzeuge führen?, in: NZV 1994, 60; *Jagow,* Geltung ausländischer Fahrerlaubnisse, in: VD 1983, 198; *Slapnicar,* Teilnahme des Inhabers eines ausländischen Führerscheins am Straßenverkehr nach Entzug der deutschen Fahrerlaubnis, in: NJW 1985, 2861; *Würfel,* Benutzung ausländischer Führerscheine nach Entziehung der Fahrerlaubnis, in: DAR 1980, 325.

I. Anwendungsbereich

811 Eine Sonderregelung gilt für die Täter, die aufgrund einer **im Ausland erteilten Fahrerlaubnis** im Inland Kraftfahrzeuge führen dürfen, ohne daß ihnen von einer deutschen Behörde ein Führerschein erteilt worden ist (§ 69 b StGB). Inhaber von Fahrerlaubnissen, die von einer Behörde der ehemaligen DDR ausgestellt worden sind, fallen nicht unter diese Sonderregelung. Soweit solche Fahrerlaubnisse gem. Anl. I Kap. XI B III Nr. 2 (3) bis (10) zum Einigungsvertrag gültig bleiben,[1] gilt ohne Einschränkung § 69 StGB.[2]

812 Die **Berechtigung** zur Teilnahme am führerscheinpflichtigen Kraftfahrzeugverkehr in der Bundesrepublik mit ausländischen Führerscheinen ist hinsichtlich der Inhaber von Fahrerlaubnissen aus Staaten der Europäischen Union oder des Europäischen Wirtschaftsraums **(EU/EWR-Fahrerlaubnis)** mit ordentlichem Wohnsitz im Inland in § 28 FeV, im übrigen, insbesondere in bezug auf **Fahrerlaubnisse aus Drittstaaten,** in Art. 41 ff. des Übereinkommens über den Straßenverkehr (ÜbStrV)[3] und in § 4 IntVO geregelt. Die Art. 41 ff. ÜbStrV finden gem. Art. 1 II des Zustimmungsgesetzes vom 21. 9. 1977 i. V. m. Art. 3 III ÜbStrV

---

1 Vgl. dazu *Jagusch/Hentschel* (34. Aufl.) zu § 5 StVZO Rn 30 ff.
2 Vgl. *Nettesheim* DtZ 91, 363 (366); zur rechtlichen Wirkung der Entziehung einer bundesdeutschen Fahrerlaubnis durch ein Gericht oder eine Behörde der DDR oder einer DDR-Fahrerlaubnis durch ein bundesdeutsches Gericht oder eine bundesdeutsche Behörde vor dem 3. 10. 1990 s. *Jagow* VD 92, 73.
3 Sog. Wiener Abkommen (vom 8. 11. 1968), ratifiziert durch Gesetz vom 21. 9. 1977, in Kraft getreten für die Bundesrepublik Deutschland am 3. 8. 1979 (vgl. BGBl II 1979 S. 932).

innerstaatlich unmittelbar Anwendung. Die in Art. 41 des Übereinkommens vereinbarte Anerkennung nationaler Führerscheine der Vertragsparteien steht nicht im Widerspruch zu den in § 4 IntVO getroffenen Einschränkungen. Die Vertragsparteien sind nämlich nicht gehindert, die Bestimmung des Art. 41 durch nähere Regelungen auszufüllen.[4] Die Anerkennung der Fahrerlaubnisse von Staaten, die dem ÜbStrV nicht beigetreten sind, ist natürlich durch dessen Art. 41 ohnehin nicht betroffen.[5] Die Gültigkeit des § 4 IntVO wird auch insoweit nicht durch das ÜbStrV berührt, als darin über die sich aus Art. 41 ÜbStrV ergebende Verpflichtung hinaus außerdeutschen Fahrzeugführern das Recht eingeräumt wird, nach Begründung eines ständigen Aufenthalts im Inland noch 6 (in Ausnahmefällen 12) Monate mit ihrem ausländischen Führerschein fahrerlaubnispflichtige Kraftfahrzeuge zu führen; denn Art. 41 VI ÜbStrV bestimmt nur, daß die Vertragsparteien nach »Verlegung des ordentlichen Wohnsitzes in das Hoheitsgebiet« einer anderen Vertragspartei hierzu nicht verpflichtet sind.[6]

Ein Kraftfahrer darf also im Sinne des § 69 b I S. 1 StGB »aufgrund einer im Ausland erteilten Fahrerlaubnis im Inland Kraftfahrzeuge führen«, wenn die **Voraussetzungen des § 28 FeV oder des § 4 IntVO** vorliegen.[7]

1. Inhaber einer EU/EWR-Fahrerlaubnis

a) Berechtigung nach §§ 4 I IntVO, 28 FeV

Hinsichtlich der Berechtigung zur Teilnahme am inländischen fahrerlaubnispflichtigen Kraftfahrzeugverkehr mit einer ausländischen Fahrerlaubnis ist zu unterscheiden zwischen Mitgliedstaaten der Europäischen Union (EU) oder Vertragsstaaten des Abkommens über den Europäischen Wirtschaftsraum (EWR) einerseits und Drittstaaten andererseits. Die im folgenden dargestellte Regelung für die Inhaber von EU- oder EWR-Fahrerlaubnissen gilt also für die **Staaten der EU und des EWR**. Dies sind folgende Staaten[8]:

(EU)

Belgien
Dänemark
Deutschland
Finnland
Frankreich
Griechenland
Großbritannien
Irland
Italien
Luxemburg

Niederlande
Österreich
Portugal
Schweden
Spanien

sowie (EWR)

Island
Liechtenstein
Norwegen

---

4 Vgl. dazu *Bouska*, Fahrerlaubnisrecht, S. 260 f.
5 Vgl. hierzu *Bouska* VD 79, 225, 227.
6 Vgl. OLG Stuttgart VRS 61, 479; *Bouska* VD 79, 228; *Hentschel*, Meyer-Gedächtnisschrift S. 791 f.; a. M. noch *Jagusch*, Straßenverkehrsrecht, 25. Aufl., 1980, zu § 15 StVZO Rn 13.
7 Vgl. OLG Karlsruhe NJW 72, 1633; KG VRS 38, 205; Näheres hierzu bei *Hentschel* NJW 75, 1350.
8 Vgl. BGBl II 94, 515; ABl. EG Nr. L 86/58.

815 Für **Inhaber von EU/EWR-Fahrerlaubnissen** gilt, solange sie keinen ordentlichen Wohnsitz i.S.d. § 7 FeV im Inland begründen, sich also nur vorübergehend hier aufhalten, ebenso wie für Inhaber von Fahrerlaubnissen aus Drittstaaten, § 4 I S. 1 IntVO, auch soweit diese Bestimmung weiter geht als § 28 FeV.[9] Sie dürfen im Umfang der Berechtigung der ausländischen Fahrerlaubnis im Inland Kraftfahrzeuge führen. **Nach Begründung eines ordentlichen Wohnsitzes** gilt § 28 FeV. Anders als Inhaber von Fahrerlaubnissen aus Drittstaaten, ist bei Inhabern von EU/EWR-Fahrerlaubnissen auch nach Wohnsitzbegründung die Berechtigung zum Führen fahrerlaubnispflichtiger Kraftfahrzeuge nicht befristet, wenn die Voraussetzungen des § 28 FeV erfüllt sind.

816 **Die Berechtigung gilt nicht,** wenn im Zeitpunkt der Erteilung der ausländischen Fahrerlaubnis ein **inländischer ordentlicher Wohnsitz** bestand (§ 28 IV Nr. 2 FeV). Im übrigen entfällt nach jener Vorschrift die Berechtigung auch, solange die **Fahrerlaubnis** im Inland rechts- oder bestandskräftig, sofort vollziehbar oder gem. § 111 a StPO vorläufig **entzogen** oder bestandskräftig **versagt** worden ist; sie entfällt ferner, wenn eine Fahrerlaubnisentziehung nur deswegen unterblieben ist, weil der Inhaber auf seine Fahrerlaubnis **verzichtet** hat (§ 28 IV Nr. 3 FeV). Bloße Anordnung einer isolierten Fahrerlaubnissperre gem. § 69 a I 3 StGB[10] ist keine *Entziehung* i. S. von § 28 IV Nr. 3 FeV, erfüllt den Ausschlußtatbestand dieser Bestimmung also, anders als dies bis zum 1. 1. 1999 in der außer Kraft getretenen »EU/EWR-FührerscheinVO« geregelt war, nicht. Eine während einer im Inland bestehenden isolierten Sperre erworbene ausländische EU/EWR-Fahrerlaubnis berechtigt also nunmehr grundsätzlich zum Führen von Kraftfahrzeugen im Inland, wenn die übrigen Voraussetzungen des § 28 FeV erfüllt sind. Schließlich gilt die Berechtigung zum Führen fahrerlaubnispflichtiger Kraftfahrzeuge im Inland mit der ausländischen EU/EWR-Fahrerlaubnis auch dann nicht, wenn und solange im ausstellenden Staat oder im Staat des ordentlichen Wohnsitzes ein **Fahrverbot** (§ 25 StVG, § 44 StGB) besteht oder der Führerschein dort **beschlagnahmt** oder sichergestellt ist (§ 28 IV Nr. 4 FeV).

b) Die Bedeutung des »ordentlichen Wohnsitzes«

817 Für die Definition des Kriteriums »**ordentlicher Wohnsitz**« gilt § 7 FeV. Danach besteht ein ordentlicher Wohnsitz im Inland, wenn der Fahrerlaubnisbewerber, im Rahmen des § 28 FeV also der Inhaber der EU/EWR-Fahrerlaubnis, wegen persönlicher und beruflicher Bindungen, die enge Beziehungen zwischen ihm und dem Wohnort erkennen lassen, gewöhnlich, d. h. **während mindestens 185 Tagen im Jahr,** im Inland wohnt. Bei fehlenden beruflichen Bindungen genügt es, daß persönliche Bindungen enge Beziehungen zum Wohnort erkennen lassen. Diese Definition beruht auf Art. 9 der »zweiten EG-Führerscheinrichtlinie«[11]

---

9 Vgl. *Jagusch/Hentschel* zu § 28 FeV Rn 4; s. auch die amtl. Begr. (VkBl. 96, 341, 343) zur am 1. 1. 1999 außer Kraft getretenen »EU/EWR-FührerscheinVO« (BGBl I 1996, 885), abgedruckt bei *Jagusch/Hentschel,* 34. Aufl. Buchteil 13.
10 Vgl. Rn 734 ff.
11 Richtlinie des Rates 91/439/EWG über den Führerschein v. 29. 7. 1991(ABl. EG 1991 Nr. L 237/1).

Ein ordentlicher Wohnsitz im Inland besteht auch, wenn sich der Fahrerlaubnisinhaber **abwechselnd in verschiedenen EU- oder EWR-Mitgliedstaaten** aufhält, aber regelmäßig an den Ort der persönlichen Bindungen im Inland zurückkehrt.

Für **Schüler und Studenten**, die sich ausschließlich zum Zwecke des Besuchs einer Schule bzw. Hochschule in einem anderen EU- oder EWR-Staat aufhalten, aber bis zum Beginn ihres Auslandsaufenthalts ihren ordentlichen Wohnsitz im Inland hatten, gilt auch im Rahmen des § 28 FeV die Fiktion des § 7 II FeV, wonach sie ihren inländischen ordentlichen Wohnsitz behalten. Dennoch dürfen sie gem. § 28 I FeV auch nach ihrer Rückkehr ins Inland unbefristet mit einer während eines solchen, mindestens sechsmonatigen Auslandsaufenthalts erworbenen EU/EWR-Fahrerlaubnis fahrerlaubnispflichtige Kraftfahrzeuge führen, weil der Ausschlußtatbestand des § 28 IV Nr. 2 FeV nach dessen Wortlaut ausdrücklich für sie nicht gilt. 818

2. Inhaber einer Fahrerlaubnis aus Drittstaaten

a) Ordentlicher Wohnsitz im Ausland

Solange der Inhaber einer ausländischen Fahrerlaubnis aus einem Staat, der nicht Mitglied der EU oder des EWR ist, im Inland **keinen ordentlichen Wohnsitz** i.S.d. § 7 FeV begründet, darf er gem. § 4 I IntVO im Umfang der Berechtigung der ausländischen Fahrerlaubnis im Inland Kraftfahrzeuge führen, soweit nicht einer der Ausschlußtatbestände des § 4 III IntVO zutrifft. Auf die Staatsangehörigkeit kommt es nicht an.[12] Die Vorschrift gilt daher auch für Deutsche mit ausländischer Fahrerlaubnis.[13] Hinsichtlich des Begriffs »ordentlicher Wohnsitz« wird auf die Ausführungen unter D I. 1 b b) Bezug genommen.[14] 819

b) Begründung eines ordentlichen Wohnsitzes im Inland

Nach Begründung eines ordentlichen Wohnsitzes im Inland gilt die Berechtigung nach Maßgabe von § 4 I S. 3 IntVO nur noch befristet. Das Zurückstellen des Interesses der Bundesrepublik an der Sicherheit des inländischen Kraftverkehrs nach den hier geltenden Anforderungen im Interesse des internationalen Kraftverkehrs ist nämlich nur deshalb vertretbar, weil es nur für eine Übergangszeit geschieht.[15] Gegenüber demjenigen, der sich ständig in der Bundesrepublik aufhält und hier mit einer nicht in einem EU- oder EWR-Staat erteilten Fahrerlaubnis Kraftfahrzeuge führt, ist dieses Zurückstellen der inländischen Interessen nicht mehr gerechtfertigt. Daher **erlischt die Berechtigung** zur Teilnahme am inländi- 820

---

12 Vgl. BGH NJW 64, 1566; OLG Zweibrücken NZV 97, 364; OLG Karlsruhe NJW 72, 1633; OLG Hamm VRS 29, 153; OLG Koblenz VRS 39, 365; KG VRS 38, 205; *Eckhardt* DAR 66, 291; 74, 281 (alle noch zur bis zum 31. 12. 1998 geltenden Fassung von § 4 IntVO).
13 Vgl. OLG Koblenz VRS 39, 365; KG VRS 38, 205; OLG Celle DAR 76, 216; OLG Düsseldorf VM 79, 85; OLG Köln VRS 67, 239; VGH München DAR 82, 239 (alle noch zur bis zum 31. 12. 1998 geltenden Fassung von § 4 IntVO).
14 Oben Rn 817.
15 Vgl. OLG Stuttgart DAR 71, 164; *Slapnicar* NJW 85, 2861 (2866).

schen fahrerlaubnispflichtigen Kraftfahrzeugverkehr grundsätzlich **nach 6 Monaten**, gerechnet ab der Begründung des ordentlichen Wohnsitzes im Inland, wenn die Fahrerlaubnisbehörde diese Frist nicht in den Fällen des § 4 I S. 4 IntVO auf 12 Monate verlängert hat. Die Berechtigung gilt auch dann, wenn der Inhaber der gültigen ausländischen Fahrerlaubnis das nach § 10 FeV vorgeschriebene **Mindestalter** noch nicht erreicht hat.[16] Unbeschadet bleiben allerdings die Vorschriften über das Mindestalter der im internationalen Straßen-Güterverkehr eingesetzten Fahrer wie etwa Art. 5 AETR; soweit hier im Ausland ein niedrigeres Mindestalter vorausgesetzt wird, sind insoweit die inländischen Bestimmungen maßgebend.

821 **Berufspendler**, die im Ausland wohnen und in Deutschland arbeiten, haben keinen ordentlichen Wohnsitz im Inland, dürfen also gem. § 4 I S. 1 IntVO, soweit die übrigen Voraussetzungen des § 4 IntVO erfüllt sind, im Inland im Umfang der Berechtigung ihrer ausländischen Fahrerlaubnis Kraftfahrzeuge führen, ohne von der 6-Monatsfrist des § 4 I S. 3 IntVO betroffen zu sein.[17] Wer auf einem Binnenschiff wohnt, dessen Heimatort im Inland liegt, und überwiegend in inländischen Gewässern fährt, hat dagegen seinen ordentlichen Wohnsitz i. S. der §§ 4 I IntVO, 7 FeV im Inland, unterliegt daher der 6-Monatsfrist des § 4 I S. 3 IntVO.[18] Für **Schüler** und **Studenten**, die sich befristet in einem nicht zur EU oder zum EWR gehörenden anderen Staat aufhalten, gilt die Fiktion des Fortbestehens eines inländischen Wohnsitzes nach § 7 II FeV nicht. Bei einem mindestens 185 Tage dauernden Auslandsaufenthalt haben sie daher ihren ordentlichen Wohnsitz gem. § 7 I S. 2 FeV im Ausland; nach Rückkehr ins Inland (also erneuter Wohnsitzbegründung) dürfen sie daher im Umfang der Berechtigung einer während ihres Auslandsaufenthalts erworbenen ausländischen Fahrerlaubnis im Inland 6 Monate lang Kraftfahrzeuge führen, sofern die übrigen Voraussetzungen des § 4 IntVO erfüllt sind.

c) Wohnsitz im In- und Ausland

822 Wer **sowohl im Inland als auch im Ausland** einen Wohnsitz unterhält, unterliegt der 6-Monatsfrist des § 4 I S. 3 IntVO, verliert also 6 Monate nach Begründung des ordentlichen inländischen Wohnsitzes seine Berechtigung zum Führen von Kraftfahrzeugen aufgrund der ausländischen Fahrerlaubnis.[19] Erst recht ist bloße formelle Beibehaltung eines ausländischen Wohnsitzes für die Anwendung von § 4 IntVO unbeachtlich; wird ein inländischer ordentlicher Wohnsitz i. S. von § 7 FeV begründet, so gilt jedenfalls die 6-Monatsfrist des § 4 I S. 3 IntVO.[20] Bei Personen, die abwechselnd im In- und Ausland wohnen, ist gem. § 7 I S. 2 FeV entscheidend,

---

16 Vgl. *Eckhardt* DAR 74, 282; *Jagow* VD 93, 171.
17 Vgl. OLG Zweibrücken NZV 97, 364; *Offermann-Clas* NJW 87, 3038; *Jagow* VD 93, 172; *Hentschel*, Meyer-Gedächtnisschrift, S. 797 f. (zur früheren Fassung); s. auch die amtl. Begr. zur Änderung von § 4 IntVO durch die 3. VO zur Änderung straßenverkehrsrechtlicher Vorschriften v. 23. 11. 1982 (VkBl 82, 595).
18 Vgl. OVG Bremen VRS 62, 393.
19 Vgl. OLG Zweibrücken DAR 91, 350.
20 Vgl. OLG Koblenz VRS 39, 365; *Slapnicar* NJW 85, 2861 (2863).

ob der Inlandsaufenthalt mindestens 185 Tage beträgt; dann besteht unter den übrigen Voraussetzungen des § 7 I S. 2 FeV ein ordentlicher Wohnsitz im Inland, mit dessen Begründung die 6-Monatsfrist zu laufen beginnt.

d) Wohnsitz im Inland zur Zeit der Erteilung der ausländischen Fahrerlaubnis

Die ausländische Fahrerlaubnis berechtigt nicht zum Führen von Kraftfahrzeugen im Inland, wenn **zur Zeit der Erteilung** dieser Fahrerlaubnis **ein ordentlicher Wohnsitz im Inland** bestand (§ 4 III Nr. 2 IntVO). Das gilt nur dann nicht, wenn es sich um eine EU/EWR-Fahrerlaubnis handelt, die während eines mindestens sechsmonatigen Aufenthalts in einem EU/EWR-Mitgliedstaat erworben wurde, und wenn dieser Aufenthalt ausschließlich dem **Schul- oder Hochschulbesuch** diente. Der Ausschlußtatbestand des § 4 III Nr. 2 IntVO verstößt nicht gegen das ÜbStrV; nach dessen Art. 41 VI a sind nämlich ausdrücklich die Vertragsparteien nicht verpflichtet, ausländische Führerscheine solcher Personen anzuerkennen, die im Zeitpunkt der Ausstellung ihren »ordentlichen Wohnsitz« im Inland hatten; sie ist auch grundgesetzkonform, verstößt insbesondere nicht gegen Art. 3 GG.[21] Die Teilnahme einer sich ständig im Inland aufhaltenden Person am Kraftfahrzeugverkehr im Inland mit einem nach Begründung eines ordentlichen Wohnsitzes in Deutschland erworbenen ausländischen Führerschein wäre eine Umgehung der deutschen Bestimmungen über den erforderlichen Nachweis der Fahrerlaubnis durch einen deutschen Führerschein.[22] Solchen »Mißbrauchsfällen« entgegenzuwirken ist nach der Amtlichen Begründung[23] auch der Zweck dieser Regelung. Eine gelegentlich von Urlaubs- oder Geschäftsreisen erworbene ausländische Fahrerlaubnis berechtigt daher nicht gem. § 4 Abs. I IntVO zum Führen von Kraftfahrzeugen im Inland. Das gilt auch, wenn sich der Erwerber einer solchen Fahrerlaubnis wiederholt für wenige Monate ins Ausland abgemeldet hatte, überwiegend jedoch im Inland wohnte. Nur dann, wenn der Inhaber einer ausländischen Fahrerlaubnis bei deren Erwerb über einen **zusammenhängenden Zeitraum von mindestens 185 Tagen** im Ausland wohnte, hatte er dort – wie der Rückschluß aus § 7 I S. 2 FeV ergibt – seinen ordentlichen Wohnsitz mit der Folge, daß ihn die ausländische Fahrerlaubnis zum vorübergehenden Führen von Kraftfahrzeugen im Inland nach Maßgabe von § 4 IntVO berechtigt.

Die Bestimmung des § 4 III Nr. 2 IntVO schießt insoweit über das ihr zugrundeliegende Ziel hinaus, als sie nach ihrem Wortlaut auch Fälle erfaßt, die keinen Mißbrauch darstellen, sondern durchaus im Rahmen des Zweckes der Regelung von § 4 I IntVO liegen: Wer bei einem vorübergehenden Auslandsaufenthalt eine ausländische Fahrerlaubnis erworben hat, später seinen ordentlichen Wohnsitz aber tatsächlich in das Ausstellerland verlegt, dürfte nach dem Wortlaut des § 4 III Nr. 2

---

21 Vgl. BVerwG VM 84, 81; VRS 66, 302.
22 Vgl. OVG Bremen VRS 34, 318; OLG Hamm VRS 29, 153; OLG Celle DAR 76, 216; OLG Köln VM 79, 29; VGH München DAR 82, 239; *Eckhardt* DAR 74, 281; vgl. dazu *Hentschel*, Meyer-Gedächtnisschrift, S. 799 ff.
23 Vgl. VkBl. 82, 496 (zur 3. VO zur Änderung straßenverkehrsrechtlicher Vorschriften v. 23. 11. 1982).

Anwendungsbereich

IntVO bei vorübergehenden Inlandsaufenthalten oder anschließender endgültiger Rückkehr in die Bundesrepublik mit dem ausländischen Führerschein nicht am fahrerlaubnispflichtigen Kraftverkehr teilnehmen. Hätte er diese ausländische Fahrerlaubnis dagegen erst während seines ständigen Aufenthalts im Ausland erworben, bliebe es bei der Berechtigung nach § 4 I IntVO. Diese durch nichts gerechtfertigte Ungereimtheit kann der Verordnungsgeber nicht gewollt haben. Man wird daher – Sinn und Zweck der Regelung entsprechend – die Ausnahmevorschrift des Absatzes III Nr. 2 auf derartige Fälle nicht anzuwenden haben.[24]

e) **Ausschluß der Berechtigung bei Fahrerlaubnisentziehung, Versagung und Verzicht, Führerscheinsicherstellung und Fahrverbot**

825 Die Berechtigung zur Teilnahme am inländischen fahrerlaubnispflichtigen Kraftfahrzeugverkehr im Umfang einer bestehenden gültigen ausländischen Fahrerlaubnis nach § 4 I IntVO entfällt gem. § 4 III Nr. 3 IntVO nach **vorläufiger Fahrerlaubnisentziehung** gem. § 111 a StPO sowie nach rechtskräftiger bzw. bestandskräftiger **Entziehung der Fahrerlaubnis** durch den Strafrichter oder die Verwaltungsbehörde. Dabei steht der Bestandskraft die sofortige Vollziehbarkeit gleich. Dasselbe gilt in den Fällen, in denen die Fahrerlaubnisentziehung nur deswegen unterblieben ist, weil der Inhaber auf sie **verzichtet** hat. Damit ist eine Umgehung der von der Fahrerlaubnisentziehung ausgehenden Wirkungen durch Verlegung des ordentlichen Wohnsitzes ins Ausland ausgeschlossen. Nach Bestandskraft oder sofortiger Vollziehbarkeit der behördlichen Maßnahme verliert der außerdeutsche Kraftfahrzeugführer so lange die Berechtigung, mit einer ausländischen Fahrerlaubnis gem. § 4 I IntVO im Inland Kraftfahrzeuge zu führen, bis ihm die Verwaltungsbehörde auf Antrag gem. § 4 IV IntVO dieses Recht wiedererteilt. Abweichend von § 4 II b) IntVO in der bis zum 31. 12. 1998 geltenden Fassung ist der Fall einer bloßen **isolierten Sperre** gem. § 69 a I 3 StGB bei den Ausschlußtatbeständen des § 4 III IntVO (n. F.) nicht mehr genannt.[25] Damit ist in solchen Fällen eine Umgehung der Folgen einer Sperrfristanordnung nunmehr wieder möglich. Der Verurteilte kann also seinen ordentlichen Wohnsitz ins Ausland verlegen und, wenn ihm dort eine Fahrerlaubnis erteilt wird, nach § 4 I IntVO bei Vorliegen der übrigen Voraussetzungen mit der erworbenen ausländischen Fahrerlaubnis am inländischen Kraftfahrzeugverkehr teilnehmen. Dagegen führen **Fahrverbot** und **Führerscheinsicherstellung** (§ 94 StPO) gem. § 4 III Nr. 4 IntVO ebenfalls zum Ausschluß der Berechtigung nach § 4 I IntVO. Im Falle des Fahrverbots ist es dabei gleichgültig, ob dieses im Inland, in dem die Fahrerlaubnis erteilenden Staat oder im Staat des ordentlichen Wohnsitzes verhängt worden ist.

---

24 Vgl. *Hentschel* JR 84, 83.
25 Vermutlich handelt es sich insoweit um ein Redaktionsversehen.

f) Fristbeginn nach § 4 I S. 3 und 4 IntVO

Nach Begründung eines inländischen ordentlichen Wohnsitzes ist die Berechtigung des § 4 I IntVO grundsätzlich auf 6 Monate, in Ausnahmefällen auf 12 Monate begrenzt (§ 4 I S. 3, 4 IntVO). Die **Frist beginnt** mit der Begründung eines ordentlichen Wohnsitzes i. S. des § 7 FeV. Zum Begriff des ordentlichen Wohnsitzes wird auf die Ausführungen unter D. I. 2 b) verwiesen.[26] Da Wohnsitzbegründung i. S. d. § 7 FeV keinen augenfälligen, den Beginn unmißverständlich vom nur vorübergehenden Aufenthalt abgrenzenden Akt voraussetzt, können sich bei der Fristberechnung Schwierigkeiten ergeben. Grenzübertritt und Wohnungsanmietung oder -erwerb – nicht immer geeignete Kriterien für die Feststellung der **Begründung eines ordentlichen Wohnsitzes** – werden oft bei der Ermittlung des Zeitpunktes hilfreich sein. Die subjektive Vorstellung des sich hier aufhaltenden Fahrzeugführers über Art und Dauer des Aufenthalts spielt eine Rolle; die Umstände des Einzelfalles lassen häufig Rückschlüsse auf diese Vorstellung zu. Ist bei bestehenden beruflichen oder persönlichen Bindungen der Inlandsaufenthalt auf Dauer oder jedenfalls mindestens 185 Tage (§ 7 I S. 2 FeV) gedacht und angelegt, so ist ein ordentlicher Wohnsitz begründet.[27] Hat sich jemand 185 Tage ununterbrochen (abgesehen von gelegentlichen Auslandsreisen) in der Bundesrepublik aufgehalten, so wird die Beurteilung regelmäßig ergeben, daß die Frist des § 4 I S. 3 bzw. 4 IntVO verstrichen ist. Dies gilt jedoch nicht zwingend. Es mag Fälle geben, in denen die Prüfung der Umstände ergibt, daß nach anfänglich auf vorübergehende Dauer angelegtem Aufenthalt erst später ein ordentlicher Wohnsitz i.S.d. § 7 FeV begründet wurde mit der Folge, daß die Gesamtdauer der Berechtigung, im Inland Kraftfahrzeuge mit ausländischer Fahrerlaubnis zu führen, 6 (bzw. 12) Monate übersteigt.[28]

Vorübergehende Aufenthalte im Ausland, sofern sie jedenfalls nicht 185 Tage oder länger dauern, unterbrechen die Frist des § 4 I S. 2, 3 IntVO nicht. Wurde z. B. mit dem ersten Grenzübertritt auch ein ordentlicher Wohnsitz im Inland begründet, so bleibt dieser in derartigen Fällen für den Fristbeginn maßgebend, wenn er trotz der Auslandsreise fortbesteht.[29] Die Frist beginnt jedoch dann neu zu laufen, wenn die Ausreise mit dem Willen und zu dem Zweck erfolgte, den Inlandswohnsitz für längere Zeit (mindestens 185 Tage) oder für immer zu beenden.[30]

3. Nicht oder nicht mehr bestehende Berechtigung nach § 4 I IntVO

Nur wenn der Angeklagte im Zeitpunkt der Hauptverhandlung aufgrund der ausländischen Fahrerlaubnis (noch) **zum Führen von Kraftfahrzeugen** im

---

26 Oben Rn 823.
27 Vgl. dazu *Bouska* DAR 83, 130 (132); 96, 276 (277), bezogen auf das frühere Merkmal des »ständigen Aufenthalts«.
28 Vgl. auch *Jagow* VD 83, 198 (202); näher: *Hentschel*, Meyer-Gedächtnisschrift, S. 806 f.; a. M. *Bouska* DAR 83, 130 (132) zum früheren Merkmal des »ständigen Aufenthalts« (§ 4 IntVO alt) sowie im Rahmen des § 15 StVZO (alt) *Offermann-Clas* NJW 87, 3036 (3038).
29 Vgl. BayObLG NZV 96, 502; NJW 72, 2193; OLG Celle MDR 68, 171; OLG Stuttgart VRS 35, 48; DAR 71, 164; *Mühlhaus/Janiszewski* zu § 2 StVG Rn 20; *Eckhardt* DAR 66, 291. Die gegenteilige Ansicht des OLG Stuttgart VersR 69, 341 ist durch § 4 IntVO n. F. *jedenfalls* überholt.
30 Vgl. BayObLG NJW 71, 336; 72, 2193; NZV 96, 502 (alle zur früheren Fassung).

Inland **berechtigt** ist, findet § 69 b StGB Anwendung.[31] Dies soll sich nach nunmehr vom BGH[32] vertretener Ansicht allerdings nur auf die in § 69 b I StGB geregelte *Wirkung* des Fahrerlaubnisentzuges beziehen. Daher sei zur Vermeidung von Täuschungsmöglichkeiten auch eine ausländische Fahrerlaubnis zu entziehen, die im Inland nicht zum Führen von Kraftfahrzeugen berechtigt.[33] Die in engem Zusammenhang stehenden Vorschriften der §§ 69–69 b StGB bezwecken und regeln aber den Entzug einer *Berechtigung*. Sinn und Zweck dieser Bestimmungen dürften daher der Entziehung einer gar nicht vorhandenen Berechtigung entgegenstehen, zumal eine solche Maßnahme keinerlei rechtliche Wirkung entfalten kann und damit (rechtlich) in Leere ginge.[34] Erfüllt der Angeklagte die Voraussetzung des § 69 b StGB nicht, »darf« er also mit der ausländischen Fahrerlaubnis nicht i. S. von § 69 b I StGB »im Inland Kraftfahrzeuge führen«, so scheidet daher nach der hier vertretenen Auffassung eine »*Entziehung*« der Fahrerlaubnis aus.[35] Hat er keine deutsche Fahrerlaubnis, so ist vielmehr nach § 69 a I 3 StGB eine isolierte Sperre zu verhängen, sofern die Voraussetzungen für die Anordnung der Maßregel vorliegen.[36]

829 Ist z. B. die **6-Monatsfrist des § 4 I S. 3 IntVO abgelaufen,** so »darf der Täter« nicht mehr »aufgrund einer im Ausland erteilten Fahrerlaubnis im Inland Kraftfahrzeuge führen, ohne daß ihm von einer deutschen Behörde eine Fahrerlaubnis erteilt worden ist« (§ 69 b I 1 StGB); also kann auch § 69 b StGB nicht angewendet werden mit der Folge, daß nach der hier vertretenen Ansicht nicht *Entziehung* der Fahrerlaubnis nach § 69 b StGB, sondern eben nur die Anordnung einer isolierten Fahrerlaubnissperre in Betracht kommt. Da § 69 b II StGB nicht isoliert von Absatz I gelesen werden darf, kommt in einem derartigen Fall allerdings auch nicht die Eintragung eines Vermerks in den im Ausland gültigen ausländischen Fahrausweis in Betracht, so daß der Verurteilte auch nach Anordnung der isolierten Sperre weiterhin die nach § 4 I IntVO nicht mehr bestehende Berechtigung, im Inland Kraftfahrzeuge zu führen, vortäuschen kann.[37]

4. In Deutschland stationierte ausländische Streitkräfte

830 Für Fahrerlaubnisse von Mitgliedern der in der Bundesrepublik stationierten **NATO-Truppen,** des zivilen Gefolges und deren Angehörigen enthält Art. 9 des Zusatzabkommens zum Nato-Truppenstatut eine Sonderregelung. Soweit diese eingreift, findet § 4 IntVO keine Anwendung.[38] Auch hinsichtlich solcher Fahrerlaubnisse gilt § 69 b StGB.[39]

---

31 Vgl. BGH NZV 96, 500 (502); 99, 47; LK *(Geppert)* zu § 69 b Rn 2; *Spendel* JR 97, 133 (134); *Schönke/Schröder/Stree* zu § 69 b Rn 2; *Lütkes/Meier/Wagner* zu § 69 b StGB Anm. 2; *Hentschel* NJW 75, 1350.
32 BGH NZV 99, 47 (Anm. *Hentschel* NZV 99, 134).
33 Anders noch BGH NZV 96, 500 (502).
34 Vgl. *Hentschel* NZV 99, 134.
35 In diesem Sinn nach wie vor auch *Lackner/Kühl* zu § 69 b Rn 1 a.
36 Vgl. BGH NZV 96, 500 (502); LK *(Geppert)* zu § 69 b Rn 2; *Lackner/Kühl* zu § 69 b Rn 1 a; *Lütkes/Meier/Wagner* zu § 69 b Rn 2; *Spendel* JR 97, 137; *Heinrich* PVT 98, 27.
37 Vgl. *Nettesheim* DtZ 91, 363 (365 Fn. 15); näher hierzu *Hentschel* NJW 76, 2060 sowie in Meyer-Gedächtnisschrift, S. 810 ff.; ebenso zu der entsprechenden Problematik beim Fahrverbot (§ 44 II StGB): *Geppert,* in: LK zu § 44 Rn 84;
  a. M. *Schönke/Schröder/Stree* zu § 69 b Rn 6.
38 Vgl. OLG Stuttgart VRS 72, 186.
39 Vgl. BGH NStZ 93, 340.

II. Voraussetzungen für die Entziehung bei Inhabern ausländischer Fahrerlaubnisse

Bis zum Inkrafttreten des 32. StrÄndG vom 1. 6. 1995[40] durfte außerdeutschen Fahrzeugführern die Fahrerlaubnis nur entzogen werden, wenn die Tat gegen Verkehrsvorschriften verstieß. Mit der genannten Änderung ist diese Einschränkung entfallen, so daß ohne Unterschied gegenüber Inhabern deutscher Fahrerlaubnisse jede »Zusammenhangstat«[41] als Grundlage für die Verhängung der Maßregel in Betracht kommt. Auch z. B. unerlaubte Schußwaffeneinfuhr kann daher nunmehr die Maßregel rechtfertigen.[42]   **831**

III. Wirkung

Die »Entziehung« der ausländischen Fahrerlaubnis durch ein deutsches Gericht im Sinne eines Eingriffs in die im Ausstellerstaat aufgrund der Fahrerlaubniserteilung bestehende Berechtigung wäre als Eingriff in fremde Hoheitsrechte unzulässig.[43] Nach § 69 b I 1 StGB hat die Entziehung der Fahrerlaubnis bei außerdeutschen Kraftfahrzeugführern daher lediglich die Wirkung einer **Aberkennung des Rechts**, im Inland von der ausländischen Fahrerlaubnis **Gebrauch zu machen**, die mit der Rechtskraft der Entscheidung eintritt (§ 69 b I 2 StGB). Die Wirkung der Entziehung entspricht also etwa derjenigen eines Fahrverbots (allerdings beschränkt auf fahrerlaubnispflichtige Kraftfahrzeuge), das gewissermaßen neben dem des § 44 StGB steht.[44] Eine vor dem 3. 10. 1990 ausgesprochene Entziehung einer **DDR-Fahrerlaubnis** behält die sich aus § 69 I 2 StGB analog ergebende (fahrverbotähnliche) Wirkung, der Bestand der Fahrerlaubnis als solcher wurde nach dem 3. 10. 1990 nicht berührt.[45] Die **Anrechnungsvorschrift** des § 51 V StGB, die ausdrücklich nur § 44 StGB erwähnt, ist auf die wie ein Fahrverbot wirkende Fahrerlaubnisentziehung des § 69 b StGB nicht analog anwendbar.[46] Dauer und Beginn unterliegen vielmehr allein den Regeln der §§ 69, 69 a StGB. Denn trotz der von § 69 III StGB abweichenden Wirkung bleibt die Entziehung nach § 69 b StGB *Maßregel* und verträgt sich daher nicht mit dem Gedanken der »Anrechnung«.[47] Ein Hinweis im **Urteilstenor** auf die sich aus dem Gesetz ergebende Wirkung als auf das Inland beschränkte Aberkennung des Rechts, von der Fahrerlaubnis Gebrauch zu machen, wäre überflüssig[48] und daher falsch. Nur der Ausspruch über die Einziehung des Führerscheins entfällt in Fällen des § 69 b II S. 2 StGB.   **832**

---

40 BGBl I S. 747; in Kraft getreten am 11. 6. 1995.
41 Siehe oben Rn 580 ff.
42 Vgl. BGH MDR 97, 80.
43 Vgl. auch *Eckhardt* DAR 74, 281.
44 Vgl. auch *Schönke/Schröder/Stree* zu § 69 b Rn 5.
45 Vgl. AG Kehlheim VD 92, 79; s. dazu auch *Jagow* VD 92, 73.
46 Vgl. LG Köln MDR 81, 954; *Hentschel* MDR 82, 107; *Schönke/Schröder/Stree* zu § 51 Rn 36.
47 Vgl. Rn 696, 701, 746; *Hentschel* ZRP 75, 209 (211).
48 Vgl. BGH NZV 96, 500 (502).

833 Hat der Angeklagte seinen ordentlichen Wohnsitz im Inland und ist der Führerschein von einem Mitgliedstaat der Europäischen Union (EU) oder des Europäischen Wirtschaftsraums (EWR) ausgestellt, so wird im Urteil – wie bei deutschen Führerscheinen – auch die Einziehung ausgesprochen (§ 69 b II 1 StGB). In den übrigen Fällen unterbleibt dieser Ausspruch. Das Urteil hat dann etwa zu lauten: »Dem Angeklagten wird die Erlaubnis zum Führen von Kraftfahrzeugen entzogen. Vor Ablauf von ... darf keine Fahrerlaubnis erteilt werden.«[49]

Ist versehentlich nur die Sperre angeordnet, so ist die Maßregel nicht verhängt, das Recht, von der ausländischen Fahrerlaubnis im Inland Gebrauch zu machen, also nicht berührt.[50]

IV. Vollstreckung

1. Inhaber von EU/EWR-Führerscheinen mit ordentlichem Wohnsitz im Inland

834 Hat der Verurteilte einen ordentlichen Wohnsitz im Inland und wurde der Führerschein von einem Mitgliedstaat der EU oder des EWR ausgestellt, so gilt § 69 b II 1 StGB, d. h., der Führerschein wird im Urteil eingezogen. Die Vollstreckung erfolgt dann in gleicher Weise wie bei deutschen Führerscheinen, nämlich durch Wegnahme des Dokuments. Wegen der Einzelheiten wird auf die Ausführungen unter B. V. Bezug genommen.[51] Der eingezogene ausländische EU/EWR-Führerschein wird gem. § 69 b II 1 StGB an die ausstellende Behörde zurückgesandt. Der Gesetzgeber knüpft – wie sich aus der amtlichen Begründung ergibt[52] – an diese Verfahrensweise die Erwartung, daß die ausstellende Behörde dann die Fahrerlaubnis aus den zur Entziehung durch das deutsche Gericht führenden Gründen ebenfalls entzieht.

2. Führerscheininhaber ohne ordentlichen Wohnsitz im Inland

a) Eintragung eines Vermerks (§ 69 b II StGB)

835 Hat der Verurteilte keinen ordentlichen Wohnsitz im Inland, so werden die Entziehung und die Sperre im ausländischen Führerschein vermerkt, gleichgültig, ob dieser in einem EU/EWR-Staat oder in einem Drittland ausgestellt worden ist (§ 69 b II 2 StGB).[53] Hierbei handelt es sich um eine bloße Vollzugsmaßnahme, die **im Urteil nicht ausdrücklich anzuordnen** ist, sondern von der Vollstreckungsbehörde in eigener Verantwortung durchgeführt wird.[54] Von der Eintragung hängt daher auch nicht der Zeitpunkt des Wirksamwerdens des Fahrverbots ab.[55] Nach Eintragung

---

49 Vgl. hierzu auch *Hentschel* NJW 75, 1350.
50 Vgl. OLG Köln VM 81, 46.
51 Oben Rn 683.
52 Bundesratsdrucksache 821/96 S. 96.
53 Hieran hat Art. 42 ÜbStrV auch im Verhältnis zu den Vertragsparteien des Übereinkommens nichts geändert; vgl. auch *Bouska* VD 79, 225 (231, 233).
54 Vgl. BayObLG NJW 79, 1788.
55 Vgl. Rn 832.

des Vermerks muß der Führerschein dem Verurteilten unverzüglich wieder ausgehändigt werden.[56] Denn die allein im Inland Wirkungen entfaltende Maßregel ist durch den Vermerk im Führerschein hinreichend deutlich, so daß es der Einbehaltung des Dokuments nicht bedarf, zumal die vom Gesetz vorgesehene Eintragung auch neben der Einbehaltung kaum sinnvoll wäre. Erlaubt die Beschaffenheit des Führerscheins die Anbringung des Vermerks nicht, wird dieser gesondert gefertigt und mit dem Führerschein nach Maßgabe von § 56 II 3 StVollstrO verbunden.[57]

b) **Beschlagnahme (§ 463 b II StPO)**

Zum Zwecke der Eintragung des Vermerks kann der ausländische Führerschein beschlagnahmt werden (§ 463 b II StPO).

V. Entsprechende Anwendung des § 69 b StGB

Die »Entziehung« der Fahrerlaubnis **entsprechend § 69 b StGB** ist zur Verhinderung von Mißbrauch geboten, wenn der Täter keine gültige Fahrerlaubnis, sondern einen ausländischen Führerschein besitzt, den er sich in seinem Heimatland dadurch erschwindelt hat, daß er die Behörde täuschte, indem er vorspiegelte, Inhaber einer gültigen Fahrerlaubnis zu sein, den Führerschein aber verloren zu haben.[58] Dieser Fall unterscheidet sich von demjenigen, daß lediglich die Frist des § 4 I IntVO abgelaufen ist, der, wie bereits an anderer Stelle[59] erörtert, nach hier vertretener Auffassung nicht zur Anwendung des § 69 b StGB führen kann. Besitzt der Täter einen auch im Ausland nicht gültigen Führerschein und benutzt er diesen mißbräuchlich im Inland zum Nachweis einer in Wahrheit nicht bestehenden Berechtigung zum Führen von Kraftfahrzeugen, so kann, weil es sich um einen ausländischen Führerschein handelt, nicht die Einziehung erfolgen, wie dies bei einem deutschen, durch Täuschung erlangten Führerschein möglich wäre. Die Eintragung eines Vermerks als geeignete und notwendige Präventivmaßnahme gegen Mißbrauch setzt aber nach § 69 b StGB die Entziehung der Fahrerlaubnis voraus. Dies rechtfertigt die »Entziehung« der nur scheinbar bestehenden Fahrerlaubnis in entsprechender Anwendung des § 69 b StGB.

Diese hat in einem solchen Fall nicht die Wirkung eines Fahrverbots (§ 69 b I 2 StGB), sondern ist eine **rein präventive Vollzugsmaßnahme** ohne rechtsbeschränkende Wirkung. Aus diesem Grunde unterliegt sie auch nicht dem Verschlechterungsverbot des § 331 StPO. Sie kann vielmehr auch noch auf die nur vom Angeklagten eingelegte Berufung hin erfolgen.[60]

---

56 Vgl. auch LK *(Geppert)* zu § 69 b Rn 15; *Schönke/Schröder/Stree* zu § 69 b Rn 6; *Cramer* zu § 69 b StGB Rn 4; *Kleinknecht/Meyer-Goßner* zu § 111 a Rn 18 für die entsprechende Frage bei der vorläufigen Entziehung;
a. M. */Tröndle/Fischer* zu § 69 b Rn 2, nach deren Auffassung es Sache der Vollstreckungsbehörde ist, ob sie den mit dem Vermerk versehenen Ausweis dem Inhaber beläßt oder bis zum Verlassen des Landes einbehält.
57 Vgl. auch LK *(Geppert)* zu § 69 b Rn 14.
58 Vgl. OLG Karlsruhe NJW 72, 1633.
59 Rn 828.
60 Vgl. OLG Karlsruhe NJW 72, 1633.

E. Vorläufige Entziehung der Fahrerlaubnis (§ 111 a StPO)

Literatur:

Cierniak, Beschwerde gegen die vorläufige Entziehung der Fahrerlaubnis und Revision, in: NZV 1999, 324; *Engel,* Vorläufige Maßnahmen gegen Täter von Verkehrsdelikten, die nicht im Besitz einer gültigen Fahrerlaubnis sind, in: DAR 1984, 108; *Hentschel,* Die vorläufige Entziehung der Fahrerlaubnis, in: DAR 1980, 168; *derselbe,* Beschwerde gegen die vorläufige Entziehung der Fahrerlaubnis – Zurückverweisung an den iudex a quo wegen nicht ausreichender Begründung?, in: DAR 1975, 265; *derselbe,* Aufhebung der vorläufigen Entziehung der Fahrerlaubnis nach § 111 a Abs. 2 StPO, in: DAR 1976, 9; *derselbe,* Fortbestand der vorläufigen Fahrerlaubnisentziehung trotz »Ablaufs« der Führerscheinsperre in der Revisionsinstanz?, in: MDR 1978, 185; *derselbe,* Fahrerlaubnisentziehung und Sperrfrist in der Rechtsmittelinstanz, in: DAR 1988, 330; *Kaiser,* Ablauf der Sperrfrist nach § 42 n Abs. 5 Satz 2 StGB vor Rechtskraft des Urteils – und was dann?, in: NJW 1973, 493; *Koch,* Die Anhörung des Beschuldigten im Rahmen des § 111 a StPO, besonders bei Alkoholdelikten, in: DAR 1968, 178; *D. Meyer,* Ist das Gericht an einen Antrag der Staatsanwaltschaft auf Aufhebung der vorläufigen Entziehung der Fahrerlaubnis gebunden?, in: DAR 86, 47; *Michel,* Vorläufige Entziehung der Fahrerlaubnis trotz Sicherstellung des Führerscheins?, in: DAR 1997, 393; *Schmid,* Zur Kollision der sog. »111 a-Beschwerde« mit Berufung und Revision, in: BA 1996, 357; *Wittschier,* Antrag der Staatsanwaltschaft auf Aufhebung der vorläufigen Entziehung der Fahrerlaubnis im Ermittlungsverfahren, in: NJW 1985, 1324.

I. Verfassungsmäßigkeit

839 Gegen die Verfassungsmäßigkeit des § 111 a StPO sind vereinzelt Bedenken erhoben worden, indem die Gesetzgebungskompetenz des Bundes angezweifelt wurde. Nach jener Ansicht ist die Vorschrift ein Fremdkörper in der Strafprozeßordnung, weil sie nicht den Gang zu einer richterlichen Erkenntnis beschreibe, sondern ohne prozessuale Funktion lediglich Sicherheitsrecht enthalte, indem sie den Richter zu nur präventiven und materiell polizeilichen Maßnahmen ermächtige. Diese Zweifel an der Verfassungsmäßigkeit sind nicht begründet;[1] sie werden, soweit ersichtlich, außer von *Seebode*[2] auch nicht geltend gemacht.[3] Das LG Heidelberg[4] lehnt die Einwände ab und bejaht die Zuständigkeit des Bundesgesetzgebers unter Hinweis auf Art. 74 Nr. 22 GG. Im Hinblick auf den von der endgültigen Maßnahme der §§ 69, 69 a StGB wesensverschiedenen Charakter der vorläufigen Fahrerlaubnisentziehung und die besonderen Gefahren durch ungeeignete Kraftfahrer für die Allgemeinheit sieht auch das BVerfG[5] keine durchgreifenden verfassungsrechtlichen Bedenken gegen die Bestimmung.

---

[1] Vgl. auch *Löwe/Rosenberg* (G. Schäfer) zu § 111 a Rn 1.
[2] *Seebode* ZRP 69, 25.
[3] Bedenken im Hinblick auf den Grundsatz der Unschuldsvermutung allerdings auch bei *Loos* JR 90, 438.
[4] LG Heidelberg NJW 69, 1636.
[5] BVerfG NStZ 82, 78.

II. Zuständigkeit

1. Sachliche Zuständigkeit

a) Grundsatz

Nach dem Text des § 111 a StPO ist »der Richter« zuständig. Das ist nach allgemeiner Meinung **das nach dem jeweiligen Stand des Verfahrens mit der Sache befaßte Gericht**,[6] das wegen des engen Zusammenhangs zwischen vorläufiger und endgültiger Entziehung der Fahrerlaubnis allein imstande ist, eine sachgerechte Entscheidung zu treffen.[7] Nur dieses Gericht ist daher nach Erhebung der öffentlichen Klage auch für eine *Aufhebung* der vorläufigen Entziehung der Fahrerlaubnis zuständig, mag auch die Anordnung der Maßnahme durch ein anderes Gericht erfolgt sein.[8] Da somit im Berufungsverfahren das Berufungsgericht für Beschlüsse nach § 111 a StPO (auch aufhebende Beschlüsse, § 111 a II StPO) zuständig ist,[9] kann dieses auch vor Erlaß seines Urteils aufgrund vom Amtsgericht abweichender Würdigung die vorläufige Entziehung aufheben.[10]

b) Revisionsinstanz

Ganz überwiegend wird die Auffassung vertreten, **im Revisionsverfahren** sei auch für die Entscheidung über Anträge auf Aufhebung der vorläufigen Entziehung der Fahrerlaubnis niemals das Revisionsgericht, sondern stets der letzte Tatrichter zuständig,[11] weil die Abwägung der weiteren Erforderlichkeit vorläufiger Maßnahmen im Bereich tatrichterlicher Würdigung liege.[12] Eine Ausnahme von diesem Grundsatz soll nur gelten, wenn das Revisionsgericht durch eigene Sachentscheidung die Entziehung der Fahrerlaubnis endgültig aufhebt[13] oder das Verfahren einstellt.[14] Von einigen Gerichten[15] wird eine weitere Ausnahme für den Fall zugelassen, daß während des Revisionsverfahrens eine der angeordneten Sperrfrist entsprechende Zeit bereits verstrichen ist, diese also infolge der in § 69 a V 2 StGB vorgeschriebenen Einrechnung – wäre das Urteil rechtskräftig – abge-

---

6 Vgl. OLG Düsseldorf VRS 72, 370; NZV 92, 202; OLG Karlsruhe VRS 68, 360; OLG Hamm NJW 69, 149; VRS 21, 83; LG München NJW 63, 1216; *Löwe/Rosenberg (G. Schäfer)* zu § 111 a Rn 41.
7 Vgl. OLG Celle NJW 61, 1417.
8 Vgl. auch *Kleinknecht/Meyer-Goßner* zu § 111 a Rn 14.
9 Vgl. OLG Frankfurt NJW 81, 1680; OLG Hamm NJW 69, 149.
10 Vgl. OLG Hamburg NJW 63, 1215.
11 Vgl. BGH NJW 78, 384; OLG Frankfurt NJW 73, 1335; DAR 73, 161; OLG Hamm VRS 21, 283; KG VRS 38, 127; OLG Zweibrücken VRS 69, 293; LG Oldenburg DAR 67, 50; *Löwe/Rosenberg (G. Schäfer)* zu § 111 a Rn 44; *Schwarzer* NZV 95, 239; *Kaiser* NJW 73, 493.
12 Vgl. LK[10] *(Rüth)* zu § 69 a Rn 31.
13 Vgl. BayObLG NZV 93, 239; *Löwe/Rosenberg (G. Schäfer)* zu § 111 a Rn 44; *Rüth* JR 75, 338; vgl. auch OLG Zweibrücken NZV 89, 442; OLG Köln – Ss 21/94–42 –; insoweit ausdrücklich offengelassen: BGH NJW 78, 384.
14 Vgl. *Rüth* JR 75, 338 sowie in LK[10] zu § 69 a Rn 3.
15 Vgl. z. B. OLG Köln ZfS 81, 188; OLG Saarbrücken MDR 72, 533; OLG Karlsruhe NJW 75, 455; OLG Zweibrücken VRS 51, 110 (aufgegeben in VRS 69, 293); OLG Frankfurt VRS 58, 419.

laufen wäre.[16] Das OLG Koblenz[17] erkennt die sachliche Zuständigkeit des Revisionsgerichts auch für die Entscheidung über einen Antrag auf Aufhebung der vorläufigen Entziehung der Fahrerlaubnis an, wenn mit einer alsbaldigen Sachentscheidung zu rechnen ist.

842 Überzeugend hat das OLG Frankfurt in einer älteren – soweit ersichtlich – unveröffentlichten Entscheidung dargelegt, daß – entgegen der h. M. – das Revisionsgericht immer dann für die Aufhebung der vorläufigen Entziehung der Fahrerlaubnis zuständig ist, wenn ohne weitere Nachprüfung festgestellt werden kann, daß die Voraussetzungen für ihre Aufrechterhaltung entfallen sind. Sein Beschluß vom 27. 3. 1969 (– 3 Ss 95/69 –) soll daher an dieser Stelle auszugsweise wiedergegeben werden:

»Zwar hat das Revisionsgericht gemäß § 352 Abs. I StPO grundsätzlich nur über die Revisonsanträge zu befinden, und aus seiner Stellung folgt, daß es auch grundsätzlich keine Entscheidung trifft, bei der es sich der Sache nach um eine tatrichterliche Entscheidung handelt. Dies gilt jedoch nicht ausnahmslos.

Die Vorschrift des § 126 Abs. III StPO eröffnet dem Revisionsgericht die Möglichkeit, einen Haftbefehl aufzuheben, wenn sich im Zusammenhang mit der Entscheidung über die Revision ›ohne weiteres‹, d. h. ohne eine weitere tatrichterliche Prüfung ergibt, daß die Voraussetzungen der Untersuchungshaft nicht mehr vorliegen ...

Die die Aufhebung des Haftbefehls betreffende gesetzliche Zuständigkeitsregelung des § 126 Abs. 3 StPO ist zumindest in ihrem Grundgedanken auch auf die Aufhebung der vorläufigen Entziehung der Fahrerlaubnis anzuwenden mit der Maßgabe, daß das Revisionsgericht auch für diese Entscheidung zuständig wird, wenn sich während des Revisionsverfahrens aufgrund einer zugunsten des Angeklagten eingelegten Revision ohne weitere Nachprüfung herausstellt, daß die Voraussetzungen für die vorläufige Entziehung der Fahrerlaubnis nicht mehr vorliegen. Dies ist aber dann der Fall, wenn die im tatrichterlichen Urteil bestimmte Sperrfrist für die Wiedererteilung der Fahrerlaubnis gemäß § 42 n Abs. V StGB vor der Entscheidung über die Revision abläuft. Denn zur Feststellung dieses Fristablaufs bedarf es noch nicht einmal einer Sachbeurteilung, sondern lediglich einer einfachen Berechnung.

Die hier vertretene Auffassung trägt auch der Tatsache Rechnung, daß der Tatrichter nach der Vorlage der Akten bei dem Revisionsgericht in aller Regel nicht mehr in der Lage sein wird, einen während des Revisionsverfahrens eintretenden Ablauf der Sperrfrist festzustellen und rechtzeitig über die Aufhebung der vorläufigen Entziehung der Fahrerlaubnis zu entscheiden. Bliebe diese Entscheidung dennoch dem Tatrichter vorbehalten, so müßte das Revisionsgericht seinerseits doch den bevorstehenden Fristablauf beachten und die Akten wieder an den Tatrichter zurückgeben. Ganz abgesehen davon, daß ein solches Verfahren weder durch die Stellung des Revisionsgerichts geboten noch sinnvoll erscheint, würde es nur zu einer vermeidbaren Verzögerung des Revisionsverfahrens führen.«[18]

---

16 Ablehnend OLG Celle NJW 77, 160 unter Hinweis darauf, daß die Entscheidung über die Aufhebung der vorläufigen Entziehung der Fahrerlaubnis nicht nur rechtliche, sondern auch tatsächliche Erörterungen erfordere; im Ergebnis ebenso OLG Zweibrücken VRS 69, 293 unter Aufgabe der in VRS 51, 110 vertretenen Auffassung.
17 OLG Koblenz MDR 86, 871.
18 Vgl. zu dieser Entscheidung auch *Kaiser,* in: NJW 73, 493, der hierzu bemerkt, diese Auffassung beruhe zwar auf einer recht weitgehenden Gesetzesauslegung, sei aber durchaus praxisnah; zustimmend auch LK *(Geppert)* zu § 69 a Rn 157; vgl. dagegen *Rüth* JR 75, 338, der die Heranziehung des § 126 StPO auf Fälle der vorläufigen Entziehung der Fahrerlaubnis für verfehlt hält.

Man wird mit dem OLG Bremen[19] die Zuständigkeit des Revisionsgerichts zur 843
Entscheidung über einen **Antrag nach § 111 a II StPO** immer dann für gegeben
erachten müssen, wenn das Verfahren zur Entscheidung über die Revision anhängig ist.[20] Hierfür spricht einmal das schon in dem zitierten Beschluß des OLG
Frankfurt angeführte Gebot der Beschleunigung, auf das auch das OLG Bremen[21]
hinweist, zum anderen aber auch die Notwendigkeit, voneinander abweichende
Entscheidungen innerhalb des Revisionsverfahrens zu verhindern.[22] Insbesondere
auch auf dieses Erfordernis stützt das OLG Bremen seine Auffassung. So könne
z. B. die Frage, ob eine Sperrfrist in der von der Tatsacheninstanz gewählten Form
angeordnet werden durfte oder bereits abgelaufen ist, sinnvollerweise nur durch
das Gericht entschieden werden, das auch über die Revision zu entscheiden hat.
Anderenfalls müßten von der Auffassung des Revisionsgerichts abweichende Entscheidungen in Kauf genommen werden.

c) Im vorbereitenden Verfahren

Im vorbereitenden Verfahren ist für die Entscheidung nach § 111 a StPO das 844
Amtsgericht zuständig,[23] und zwar (in diesem Verfahrensstadium) auf Antrag der
Staatsanwaltschaft.[24]

d) Zuständigkeit des Landgerichts

Das Landgericht kann für die Entscheidung nach § 111 a StPO, wenn bei ihm 845
Anklage erhoben oder Berufung eingelegt ist, als das **mit der Hauptsache befaßte
Gericht** zuständig sein.[25] Entzieht es im Urteil die Fahrerlaubnis, so entscheidet es
über die vorläufige Entziehung gem. § 111 a StPO in der für die Hauptverhandlung vorgesehenen Besetzung.[26] Das Landgericht ist jedoch *als Berufungsgericht*
für die Beschlußfassung gem. § 111 a StPO erst zuständig, nachdem ihm die Akte
gem. § 321 Satz 2 StPO vorgelegt worden ist;[27] bis dahin entscheidet das Amtsgericht auch nach Berufungseinlegung.[28] Das Landgericht kann aber auch als
Beschwerdegericht zuständig sein (§§ 304 StPO, 73 I GVG). Davon, ob es als das
mit der Hauptsache befaßte Gericht oder als Beschwerdegericht entscheidet,
hängt es ab, ob gegen seinen Beschluß die Beschwerde zulässig ist (vgl. § 310

---

19 OLG Bremen DAR 73, 332; ebenso *Janiszewski* DAR 89, 135 (139); LK *(Geppert)* zu § 69 Rn 157.
20 Vgl. aber OLG Karlsruhe MDR 77, 864, wonach das Berufungsgericht zuständig bleibt, wenn der
   Antrag auf Rückgabe des Führerscheins wegen Ablaufs der Sperrfrist dort eingegangen ist, bevor
   die Akten gem. § 347 II StPO dem Revisionsgericht vorgelegt worden sind.
21 OLG Bremen DAR 73, 332; vgl. auch OLG Koblenz MDR 86, 871.
22 Vgl. auch OLG Koblenz MDR 86, 871.
23 Vgl. LG Siegen NJW 55, 274; LG München NJW 63, 1216; *Löwe/Rosenberg (G. Schäfer)* zu § 111 a
   Rn 41; KMR *(Müller)* zu § 111 a Rn 19.
24 Vgl. LG Gera NStZ-RR 96, 235; *Löwe/Rosenberg (Schäfer)* zu § 111 a Rn 45.
25 Vgl. Rn 840.
26 Vgl. OLG Karlsruhe VRS 68, 360; OLG Oldenburg NZV 92, 124.
27 Vgl. OLG Hamm NJW 69, 149; VRS 49, 111; OLG Frankfurt NJW 80, 1680; OLG Düsseldorf
   NZV 92, 202; vgl. auch OLG Celle NdsRpfl. 89, 261; LK *(Geppert)* zu § 69 Rn 150.
28 Vgl. OLG Düsseldorf NZV 92, 202; *Löwe/Rosenberg (G. Schäfer)* zu § 111 a Rn 43.

Zuständigkeit

StPO).[29] Dabei kommt es nach h. M. nicht darauf an, ob der landgerichtliche Beschluß auf die gegen den Beschluß des Amtsgerichts gerichtete Beschwerde hin ergeht.[30] War gegen die im Ermittlungsverfahren vom Amtsgericht angeordnete vorläufige Entziehung der Fahrerlaubnis Beschwerde eingelegt, so entscheidet das Landgericht nicht als Beschwerdegericht, wenn im Zeitpunkt der Entscheidung bereits bei ihm Anklage erhoben war.[31]

846 Wird gegen das *Urteil* des Amtsgerichts Berufung und gegen den *Beschluß* des Amtsgerichts nach § 111 a StPO Beschwerde eingelegt, so entscheidet das Landgericht nach § 111 a StPO nur dann als Beschwerdegericht, wenn die Staatsanwaltschaft im Zeitpunkt dieser Entscheidung die Akten nach § 321 StPO noch nicht vorgelegt hatte.[32] Dann ist der landgerichtliche Beschluß nicht anfechtbar (§ 310 StPO). Hatte die Staatsanwaltschaft dagegen die Akten schon nach § 321 StPO vorgelegt, so handelt es sich bei dem Beschluß des Landgerichts auch dann nicht um eine Entscheidung über eine Beschwerde, wenn es tatsächlich auf die Beschwerde hin entschieden hat.[33] Unerheblich ist auch, ob es als Beschwerdegericht tätig werden wollte.[34] Die Beschwerde gegen den Beschluß des Amtsgerichts ist dann nur noch eine Anregung an das Berufungsgericht, die weitere Notwendigkeit der vorläufigen Entziehung der Fahrerlaubnis zu überprüfen; die Entscheidung des Landgerichts ist gem. § 304 StPO mit der Beschwerde anfechtbar.[35] Abweichend von der h. M., vertritt das OLG Stuttgart[36] dagegen die Auffassung, das Landgericht entscheide, wenn der Beschluß des Amtsgerichts über die vorläufige Entziehung der Fahrerlaubnis angefochten sei, stets als Beschwerdegericht, weil sonst die Frage der Anfechtbarkeit der vom Landgericht getroffenen Entscheidung von Zufälligkeiten (Zeitpunkt der Aktenvorlage nach § 321 Satz 2 StPO) abhänge. Diese Ansicht steht jedoch in Widerspruch zu dem Grundsatz, daß für die Entscheidung nach § 111 a StPO das nach dem jeweiligen Stand des Verfahrens mit der Sache befaßte Gericht (also auch das Berufungsgericht als solches) zuständig ist,[37] und kann u. U. dazu führen, daß statt der mit der Sache befaßten Berufungskammer eine mit dieser nicht identische Beschwerdekammer zu entscheiden hätte.[38]

---

29 Vgl. OLG Hamm NJW 69, 149; VRS 21, 283; OLG Düsseldorf VRS 72, 370; NZV 92, 202.
30 Vgl. OLG Hamm VRS 21, 283; OLG Düsseldorf VRS 72, 370.
31 Vgl. OLG Düsseldorf VRS 72, 370; *Löwe/Rosenberg (G. Schäfer)* zu § 111 a Rn 90.
32 Vgl. OLG Hamm NJW 69, 149; VRS 49, 111; LG Zweibrücken NZV 92, 499; vgl. auch *Löwe/Rosenberg (G. Schäfer)* zu § 111 a Rn 90.
33 Vgl. OLG Hamm VRS 21, 283; 49, 111; vgl. auch *Löwe/Rosenberg (G. Schäfer)* zu § 111 a Rn 90.
34 Vgl. OLG Hamm NJW 69, 149; OLG Düsseldorf NZV 92, 202.
35 Vgl. OLG Hamm VRS 21, 283.
36 OLG Stuttgart NZV 90, 122.
37 Siehe oben Rn 840.
38 Das OLG Stuttgart verweist insoweit auf die Möglichkeit entsprechend abweichender Gestaltung des Geschäftsverteilungsplans.

2. Örtliche Zuständigkeit

Ist der Führerschein sichergestellt, so ist im vorbereitenden Verfahren[39] für die vorläufige Entziehung der Fahrerlaubnis stets das Gericht **örtlich zuständig**, in dessen Bezirk die Sicherstellung erfolgt ist (§ 98 II 3 StPO).[40] In den übrigen Fällen ist die örtliche Zuständigkeit für Entscheidungen nach § 111 a StPO aus § 162 StPO zu entnehmen. Zuständig ist daher das Gericht des Ortes, an dem die Beschlagnahme vorzunehmen ist, d. h., wo sich der Führerschein befindet.[41] Entgegen einer etwa vom LG München[42] vertretenen Auffassung, das den Begriff der »Untersuchungshandlung« zu eng definiert und die Zuständigkeit daher den §§ 7, 8 StPO entnimmt, ist nämlich Untersuchungshandlung i.S.d. § 162 jede Prozeßhandlung im gesamten Strafverfahren,[43] auch soweit sie der Sicherung oder Vorwegnahme einer zu erwartenden Maßnahme dient.[44]

Der von einem **örtlich unzuständigen Gericht** erlassene Beschluß über die vorläufige Entziehung der Fahrerlaubnis ist aufzuheben.[45]

III. Entscheidungsgrundsätze

1. »Dringende Gründe«

Nach § 111 a StPO ist Voraussetzung für die vorläufige Entziehung der Fahrerlaubnis, daß »**dringende Gründe**« für die Annahme vorhanden sind, die Fahrerlaubnis werde entzogen. Die Formulierung lehnt sich an diejenige in § 112 StPO (»dringender Tatverdacht«) an. »Genügender Anlaß« (vgl. § 170 StPO) oder »hinreichender Verdacht« (vgl. § 203 StPO) reicht nicht aus. Ähnlich wie für den Erlaß eines Haftbefehls nach § 112 StPO muß daher nach dem gegenwärtigen Ermittlungsstand eine **hohe, fast an Gewißheit grenzende Wahrscheinlichkeit** dafür bestehen, daß im Urteil die Fahrerlaubnis entzogen werden wird, um die vorläufige Entziehung zu rechtfertigen.[46] Werden dem Gericht solche dringenden Gründe

---

39 Nach Anklageerhebung das mit der Sache befaßte Gericht (s. Rn 840); vgl. *Kleinknecht/Meyer-Goßner* zu § 111 a Rn 7.
40 Vgl. LG Braunschweig DAR 75, 132; LG Zweibrücken NZV 94, 293; *Löwe/Rosenberg (G. Schäfer)* zu § 111 a Rn 41; KMR *(Müller)* zu § 98 Rn 7; wohin der Führerschein nach der Beschlagnahme gelangt ist, ist ohne Bedeutung.
41 Vgl. LG Zweibrücken NZV 94, 293; AG Gemünden DAR 78, 25; *Löwe/Rosenberg (G. Schäfer)* zu § 111 a Rn 41; *Kleinknecht/Meyer-Goßner* zu § 111 a Rn 7; KMR *(Müller)* zu § 111 a Rn 19; *Full/Möhl/Rüth* zu § 111 a StPO Rn 7; *Eb. Schmidt*, Nachträge und Ergänzungen zu Teil II (StPO), 1967, zu § 111 a Rn 10;
a. M. LG Bochum VRS 78, 355 (auch Gericht des Tatorts).
Nach LG Heilbronn NStZ 82, 239 (bei *Janiszewski*) soll zu unterscheiden sein, ob die beantragte Untersuchungshandlung die Anordnung der vorläufigen Entziehung der Fahrerlaubnis (dann auch Zuständigkeit des Gerichts des Tatorts) oder die Führerscheinbeschlagnahme betrifft (krit. mit Recht *Janiszewski* a. a. O.).
42 Vgl. LG München NJW 63, 1216.
43 Vgl. *Dünnebier*, in: *Löwe/Rosenberg*, 22. Aufl., zu § 111 a Anm. 7; vgl. auch *Eb. Schmidt*, Nachträge und Ergänzungen zu Teil II (StPO), 1967, zu § 111 a Rn 10; AG Gemünden DAR 78, 25.
44 Vgl. *Kleinknecht/Meyer-Goßner* zu § 162 Rn 4; vgl. auch LG Zweibrücken NZV 94, 293.
45 Vgl. LG Braunschweig DAR 75, 132.
46 Vgl. BVerfG VM 95, 73; *Löwe/Rosenberg (G. Schäfer)* zu § 111 a Rn 13; *Mittelbach* S. 65.

erst mehrere Monate nach der Tat bekannt, und erfordert der Schutz der Allgemeinheit die vorläufige Maßnahme, so hindert ein »Vertrauen« des Beschuldigten darauf, daß eine solche nun nicht mehr erfolgen werde, den im Interesse der Verkehrssicherheit gebotenen Beschluß nach § 111 a StPO nicht.[47] Die in der tatrichterlichen Rechtsprechung zum Teil vertretene gegenteilige Auffassung[48] widerspricht dem Zweck der Vorschrift.[49] Die Dringlichkeit der im Interesse der Verkehrssicherheit gebotenen Maßnahme wird nicht dadurch beseitigt, daß die Maßnahme eigentlich schon viel früher hätte erfolgen müssen. Daß mehrmonatiges Nichtauffallen des Beschuldigten nach der Tat allein nicht gegen den Fortbestand des in der Tat offenbar gewordenen Eignungsmangels spricht, wurde an anderer Stelle dargelegt.[50]

850 Enthalten die bisherigen Ermittlungen keine anderweitigen eindeutigen Anhaltspunkte für alkoholbedingte Fahrunsicherheit (z. B. glaubhafte Angaben des Beschuldigten oder von Zeugen über den Alkoholgenuß), so reicht ein bloßer Vermerk der Staatsanwaltschaft über eine Auskunft des gerichtsmedizinischen Instituts zur Blutalkoholkonzentration für die vorläufige Entziehung der Fahrerlaubnis nicht aus. Der Antrag der Staatsanwaltschaft ist dann abzulehnen. Die Feststellung »dringender Gründe« im Sinne des § 111 a StPO ist in Trunkenheitsfällen in der Regel nur möglich, wenn dem Antrag der Staatsanwaltschaft das vorläufige Gutachten des gerichtsmedizinischen Instituts beiliegt.[51]

2. Verhältnismäßigkeit

851 Auch im Rahmen des § 111 a StPO ist der Grundsatz der Verhältnismäßigkeit zu beachten.[52] Obwohl die vorläufige Entziehung der Fahrerlaubnis stets Anlaß zu besonderer Beschleunigung des Verfahrens ist, zwingt lange Verfahrensdauer nur bei erheblicher Verzögerung und grober Pflichtverletzung zur Aufhebung der vorläufigen Maßnahme wegen Unverhältnismäßigkeit.[53]

---

47 Vgl. OLG Koblenz VRS 67, 254; OLG Düsseldorf DAR 96, 413 (jeweils nach 1 1/2jähriger unbeanstandeter Teilnahme am motorisierten Straßenverkehr zwischen der Tat und der vorläufigen Entziehung der Fahrerlaubnis); VRS 68, 118 (vorläufige Entziehung etwa 11 Monate nach der Tat durch das Berufungsgericht); VRS 73, 292; OLG Karlsruhe VRS 68, 360; OLG München NJW 92, 2776 (mehrjährige unbeanstandete Teilnahme am motorisierten Straßenverkehr); *Löwe/Rosenberg* (*G. Schäfer*) zu § 111 a Rn 22; *Kulemeier* S. 129; s. auch Rn 877.
48 So z. B. LG Ravensburg ZfS 95, 314; LG Tübingen ZfS 98, 484; LG Dresden ZfS 99, 122; LG Trier VRS 63, 210; LG Darmstadt DAR 89, 473; AG Homburg ZfS 91, 214 (krit. *Janiszewski* NStZ 91, 578, jedoch zust. in NStZ 92, 584); LG Hagen NZV 94, 334 (widersprüchlich, indem es gleichzeitig Ungeeignetheit ausdrücklich bejaht).
49 Vgl. auch LK (*Geppert*) zu § 69 Rn 129; *Hentschel* NJW 90, 1463.
50 Oben Rn 619; abzulehnen daher KreisG Saalfeld MDR 93, 1224, wonach der Täter hierdurch seine Eignung »bewiesen« (!) habe.
51 Vgl. AG Kirchheimbolanden DAR 65, 106.
52 Vgl. OLG Köln NZV 91, 243; LG Hildesheim NJW 66, 684; vgl. auch *Weihrauch* NJW 71, 829; vgl. zur Geltung des Prinzips der Verhältnismäßigkeit bei der Entziehung der Fahrerlaubnis oben Rn 650.
53 Vgl. OLG Köln NZV 91, 243.

3. In dubio pro reo

Der Grundsatz »in dubio pro reo« gilt für die Entscheidung nach § 111 a StPO in dem Sinne wie bereits bei den Erörterungen zu § 69 StGB (oben Rn 621) und zu § 69 a II StGB (oben Rn 783) erläutert,[54] jedoch mit der Besonderheit, daß im Rahmen des § 111 a StPO im Gegensatz zur »endgültigen« Entziehung der Fahrerlaubnis auch bezüglich der die Verhaltensprognose tragenden Tatsachen keine Gewißheit erforderlich ist, sondern – da »dringende Gründe« genügen – auch insoweit ein besonders hohes Maß an Wahrscheinlichkeit ausreicht.[55]   852

4. Rechtliches Gehör

Nach § 33 III StPO ist dem Beschuldigten vor der Beschlußfassung über die vorläufige Entziehung der Fahrerlaubnis **rechtliches Gehör** zu gewähren.[56] Zwar gestattet § 33 IV StPO eine Ausnahme von dem Grundsatz der Anhörung, wenn diese den Zweck der Anordnung gefährden würde; dies ist aber bei Beschlüssen nach § 111 a StPO nicht der Fall, weil eine Überraschung des Beschuldigten nicht erforderlich ist.[57] Die Anhörung muß nicht durch das Gericht erfolgen; denn darüber, wer die Anhörung vorzunehmen hat, sagt § 33 StPO nichts aus.[58] Nur muß, wenn das Gericht die Fahrerlaubnis vorläufig entziehen will, aus den Akten ersichtlich sein, daß und in welchem Umfang der Beschuldigte angehört wurde und welche Angaben er gemacht hat, damit das Gericht seine Einlassung auch berücksichtigen kann.[59] Über den Umfang der Anhörung läßt sich dem Wortlaut des § 33 III StPO unmittelbar nichts entnehmen, er richtet sich nach den Umständen des Falles.[60] Sie muß aber alle Tatsachen und Beweisergebnisse umfassen, auf die die Entscheidung gestützt wird, bei Trunkenheitsfahrten z. B. die Tatsache des Führens eines Kraftfahrzeugs unter Alkoholeinfluß, etwaige von Zeugen beobachtete Ausfallerscheinungen oder Fahrfehler und das Ergebnis der Blutuntersuchung.[61]   853

Kann den Akten nicht entnommen werden, daß der Beschuldigte in ausreichender Weise gehört worden ist, so muß das Gericht vor Beschlußfassung über die vorläufige Entziehung der Fahrerlaubnis die Nachholung der Anhörung veranlassen.[62] Auch diese braucht aber nicht das Gericht selbst vorzunehmen; die nachträgliche **Anhörung durch die Polizei** genügt.[63] Überhaupt reicht die Anhörung durch die   854

---

54 Vgl. auch *Mollenkott* DAR 78, 68; vgl. dagegen *Weihrauch* NJW 71, 829.
55 Vgl. hierzu *Hentschel* DAR 80, 168.
56 Vgl. LG Mainz NJW 68, 414; *Kleinknecht/Meyer-Goßner* zu § 111 a Rn 6; *Dahs jun.* NJW 68, 414; *H.-J. Koch* DAR 68, 178; *Kulemeier* S. 129.
57 Vgl. auch *Kleinknecht/Meyer-Goßner* zu § 111 a Rn 6; *H.-J. Koch* DAR 68, 178;
   a. M. *Löwe/Rosenberg (G. Schäfer)* zu § 111 a Rn 51, der *nachträgliche* Anhörung für geboten hält, wenn der Beschuldigte noch im Besitz des Führerscheins ist, damit dessen Beschlagnahme nicht gefährdet werde.
58 Vgl. auch *H.-J. Koch* DAR 68, 178.
59 Vgl. LG Mainz NJW 68, 414; *Dahs jun.* NJW 68, 414.
60 Vgl. auch *H.-J. Koch* DAR 68, 178.
61 Vgl. auch *Dünnebier* bei *Löwe/Rosenberg*, 22. Aufl., zu § 111 a Anm. III 6; *H.-J. Koch* DAR 68, 178.
62 Vgl. LG Mainz NJW 68, 414; *Dahs jun.* NJW 68, 414; *H.-J. Koch* DAR 68, 178.
63 Vgl. auch *H.-J. Koch* DAR 68, 178.

Polizei aus, sie ist sogar zweckmäßigerweise regelmäßig bei Sicherstellung des Führerscheins vorzunehmen, um Verzögerungen zu vermeiden,[64] vorausgesetzt, daß zu diesem Zeiptunkt die wesentlichen Tatsachen und Beweisergebnisse bekannt sind. Auch in einfach und klar gelagerten Fällen entfällt die Pflicht zur Anhörung nicht.[65] Man wird es allerdings in Trunkenheitsfällen bei klarem Sachverhalt als ausreichend ansehen können, wenn der Beschuldigte zu seiner Teilnahme am Kraftfahrzeugverkehr unter Alkoholeinfluß, seiner Fahrweise, dem eventuellen Unfallhergang und den entsprechenden Beobachtungen von Zeugen gehört worden ist, ihm das positive Ergebnis des Alcotests mitgeteilt wurde und ihm Gelegenheit zu Angaben über den Alkoholgenuß (Trinkbeginn und Trinkende, Menge, eventueller Nachtrunk) gegeben worden ist. In einem solchen Fall ist es kein Verstoß gegen § 33 III StPO, wenn der Beschuldigte nicht darüber hinaus auch noch zu dem einige Tage später ermittelten Ergebnis der Blutuntersuchung gehört wird.[66] Der bloße Vermerk der Polizei, der Betroffene sei mit der Sicherstellung seines Führerscheins einverstanden, genügt allerdings auch in einfach gelagerten Fällen nicht den Anforderungen des § 33 III StPO.[67]

5. Freiwillige Herausgabe des Führerscheins

855 Der Beschluß über die vorläufige Entziehung der Fahrerlaubnis ist eine Ermessensentscheidung (»kann«).[68] Ist die Maßnahme zum Schutz anderer geboten, so wäre allerdings eine Ablehnung ermessensfehlerhaft.[69] Andererseits erübrigt sich die vorläufige Entziehung in den Fällen, in denen die Sicherung der Allgemeinheit gegen weitere Gefährdung auf andere Weise gewährleistet ist. Dies ist insbesondere dann der Fall, wenn der Beschuldigte seinen Führerschein **freiwillig herausgegeben** hat.[70] Die aufgrund freiwilliger Herausgabe vorgenommene Sicherstellung bedarf nicht der richterlichen Bestätigung (vgl. §§ 98 II, 111 a III StPO).[71] Das Gericht kann daher einen Antrag der Staatsanwaltschaft auf vorläufige Entziehung der Fahrerlaubnis ablehnen, wenn der Beschuldigte seinen Führerschein freiwillig herausgegeben hat. Hiervon geht auch die Amtliche Begründung zum 2. VerkSichG aus, in der es heißt:[72]

»...es ist also vor allem möglich, den von einer deutschen Behörde ausgestellten Führerschein am Tatort in Verwahrung zu nehmen oder zu beschlagnahmen. Wenn im Einzelfall

---

64 Vgl. LG Mainz NJW 68, 414; *Kleinknecht/Meyer-Goßner* zu § 111 a Rn 6; *H.-J. Koch* DAR 68, 178.
65 Vgl. auch *H.-J. Koch* DAR 68, 178.
66 Vgl. LG Mainz NJW 68, 414; *Meyer* bei *Löwe/Rosenberg*, 23. Aufl., zu § 111 a Rn 25;
   a. M. *Löwe/Rosenberg (G. Schäfer)* zu § 111 a Rn 54, der regelmäßig die Übermittlung des begründeten Antrags der Staatsanwaltschaft an den Beschuldigten zur Stellungnahme für geboten hält.
67 Vgl. auch *Dahs jun.* NJW 68, 414; *H.-J. Koch* DAR 68, 178.
68 Vgl. OLG Oldenburg OLGSt zu § 111 a S. 15.
69 Vgl. OLG Karlsruhe DAR 99, 86.
70 Vgl. auch OLG Karlsruhe DAR 99, 86; LK *(Geppert)* zu § 69 Rn 130; *Kleinkencht/Meyer-Goßner* zu § 111 a Rn 3; *Michel* DAR 97, 393; *Löwe/Rosenberg (G. Schäfer)* zu § 111 a Rn 14, 65; *Kulemeier* S. 128; *Lienen* DAR 58, 261; *Vogel* NJW 54, 1921;
   a. M. *Cramer* zu § 69 StGB Rn 62.
71 Vgl. auch *Vogel* NJW 54, 1921; *D. Meyer* zu § 2 Rn 61.
72 Bundestagsdrucksache IV/651 S. 30, 31.

diese vorläufige Maßnahme nach dem geltenden Recht keiner richterlichen Nachprüfung bedarf, braucht eine Entscheidung über die vorläufige Entziehung der Fahrerlaubnis nicht herbeigeführt zu werden...«

Eine auf Entbehrlichkeit wegen freiwilliger Herausgabe des Führerscheins **856** gestützte Ablehnung vorläufiger Entziehung der Fahrerlaubnis verpflichtet nicht zur Rückgabe des Führerscheins. Anderenfalls müßte das Gericht trotz freiwillig erfolgter Abgabe des Führerscheins entgegen der hier vertretenen Auffassung dem Antrag auf vorläufige Entziehung *doch* stattgeben. § 111 a V 1 StPO bestimmt indessen ausdrücklich die Rückgabepflicht bei Ablehnung der vorläufigen Maßnahme »*wegen Fehlens der in Absatz 1 bezeichneten Voraussetzungen*«.[73] Die freiwillig erfolgte Herausgabe des Führerscheins macht die Anordnung nach § 111 a StPO allerdings nur entbehrlich, solange der Beschuldigte seinen Entschluß nicht ändert. Verlangt er später den Führerschein zurück, so ist eine gerichtliche Entscheidung nach § 111 a StPO geboten.[74]

IV. Ausnahme bestimmter Kraftfahrzeugarten (§ 111 a I 2 StPO)

Nach § 111 a I 2 StPO können von der vorläufigen Entziehung der Fahrerlaubnis **857** bestimmte Arten von Kraftfahrzeugen ausgenommen werden. Hierzu wird auf die Ausführungen zu § 69 a II StGB Bezug genommen.[75]

Ein wesentlicher Unterschied zu § 69 a II StGB besteht allerdings insoweit, als die **858** Fahrerlaubnis, wenn von § 111 a I 2 StPO Gebrauch gemacht wird, in dem Umfang *bestehenbleibt*, in dem bestimmte Arten von Kraftfahrzeugen von der vorläufigen Entziehung ausgenommen werden.[76] Es bedarf also nicht der Neuerteilung der Fahrerlaubnis in dem beschränkten Umfang, wie dies der Fall ist, wenn die Fahrerlaubnis endgültig entzogen wird, gem. § 69 a II StGB aber eine Ausnahme von der *Sperre* gemacht wird.[77] Dies zeigt ein Vergleich zwischen § 69 a II StGB und § 111 a I 2 StPO. Während es in § 69 a II StGB heißt: »Das Gericht kann von der *Sperre* bestimmte Arten ... ausnehmen ...«, gestattet § 111 a I 2 StPO ausdrücklich die Ausnahme bestimmter Kraftfahrzeugarten »von der *vorläufigen Entziehung*«.[78] Allerdings ist dem Beschuldigten von der Verwaltungsbehörde ein Führerschein mit entsprechendem Vermerk auszustellen. Darauf hat er bis zur Rechtskraft eines die Fahrerlaubnis entziehenden Urteils einen Anspruch.[79]

---

73 Vgl. auch *Löwe/Rosenberg (G. Schäfer)* zu § 111 a Rn 72; vgl. dagegen *Löwe/Rosenberg*, 23. Aufl., zu § 111 a Rn 51, wo sich *Meyer* für eine über den Wortlaut des § 111 a V 1 StPO hinausgehende Pflicht zur Rückgabe des Führerscheins in *allen* Fällen der Ablehnung einer Anordnung nach § 111 a StPO ausspricht.
74 Vgl. auch *Vogel* NJW 54, 1921.
75 Vgl. oben C IX (Rn 762–787).
76 Vgl. auch *Kleinknecht/Meyer-Goßner* zu § 111 a Rn 4.
77 Vgl. Rn 655, 786.
78 LG Mannheim VRS 31, 191 ist durch § 111 a I 2 überholt.
79 Vgl. VG Mainz NJW 86, 158.

V. Entsprechende Anwendung von § 69 a I 3 StGB

859 Ein Beschluß nach § 111 a StPO setzt voraus, daß der Beschuldigte die Fahrerlaubnis besitzt. Eine **entsprechende Anwendung von § 69 a I 3 StGB** ist nicht möglich. Das Gericht kann also nicht eine vorläufige isolierte Sperre für die Erteilung der Fahrerlaubnis anordnen.[80] Die frühere Rechtsprechung über die Anordnung einer isolierten Sperre, wenn der Angeklagte keine Fahrerlaubnis hat, ist vom 2. VerkSichG durch Einfügung des § 42 n I 3 StGB (= § 69 a I 3 n. F.) nur für die endgültige Entziehung der Fahrerlaubnis übernommen worden. Auch das EGOWiG vom 24. 5. 1968 hat § 111 a StPO zwar insoweit geändert, als eine dem § 69 a II StGB entsprechende Regelung in § 111 a StPO eingefügt wurde; es hat den § 111 a StPO dagegen nicht durch eine dem § 69 a I 3 StGB entsprechende Vorschrift erweitert. Hieraus folgt, daß der Gesetzgeber für die vorläufige Entziehung der Fahrerlaubnis keine Parallele zu § 69 a I 3 StGB will.[81]

VI. Begründung des Beschlusses nach § 111 a StPO

860 Der Beschluß über die vorläufige Entziehung der Fahrerlaubnis **ist zu begründen** (§ 34 StPO). Hierbei ist zwar die bloße Wiedergabe des gesetzlichen Wortlauts des § 111 a StPO nicht ausreichend,[82] sondern es sind die *Tatsachen* anzugeben, die die vorläufige Entziehung rechtfertigen.[83] Da die Entscheidung gem. § 111 a StPO jedoch eine vorläufige, zum Schutz der Allgemeinheit möglichst rasch zu treffende ist, reicht eine *knappe* Mitteilung der Tatsachen, aus denen sich die »dringenden Gründe« i.S.d. § 111 a StPO ergeben, aus.[84] Einer eingehenden Auseinandersetzung mit einer etwaigen Einlassung des Beschuldigten bedarf es regelmäßig nicht.[85] In Fällen des § 69 II StGB genügt zur Begründung der vorläufigen Entziehung der Fahrerlaubnis die summarische Angabe der Tatsachen, aus denen folgt, daß der Beschuldigte eine der in § 69 II StGB aufgeführten Taten begangen hat.[86] Das Beschwerdegericht muß auch dann in der Sache selbst entscheiden, wenn es die Begründung des angefochtenen Beschlusses für nicht ausreichend hält, darf sich also in einem derartigen Falle nicht darauf beschränken, den Beschluß aufzuheben und die Sache zur erneuten Entscheidung an den iudex a quo zurückzuverweisen (§ 309 II StPO).[87] Einer besonderen Begründung des Beschlusses nach § 111 a StPO bedarf es nicht, wenn er zusammen mit dem Urteil verkündet wird, in dem die Entziehung der Fahrerlaubnis angeordnet und begründet ist.[88]

---

80 Vgl. *Löwe/Rosenberg (G. Schäfer)* zu § 111 a Rn 8; *Kleinknecht/Meyer-Goßner* zu § 111 a Rn 1; a. M. LG München I DAR 56, 249; KMR *(Müller)* zu § 111 a Rn 7; *Engel* DAR 84, 108.
81 Vgl. auch *Dünnebier* bei *Löwe/Rosenberg,* 22. Aufl., zu § 111 a Anm. III 3.
82 Vgl. OLG Hamm NJW 54, 812; *Kleinknecht/Meyer-Goßner* zu § 34 Rn 4; KMR *(Paulus)* zu § 34 Rn 10.
83 Vgl. auch *Löwe/Rosenberg (G. Schäfer)* zu § 111 a Rn 49.
84 Vgl. *Kleinknecht/Meyer-Goßner* zu § 111 a Rn 6.
85 Vgl. auch *Löwe/Rosenberg (G. Schäfer)* zu § 111 a Rn 49; näher: *Hentschel* DAR 75, 265 ff.
86 Vgl. auch *Löwe/Rosenberg (G. Schäfer)* zu § 111 a Rn 49; *Hentschel* DAR 75, 265 (266).
87 Vgl. auch LK *(Geppert)* zu § 69 Rn 135, 175; *Löwe/Rosenberg (G. Schäfer)* zu § 111 a Rn 87; ausführlich hierzu: *Hentschel* DAR 75, 265 ff.; vgl. ferner hierzu BGH NJW 64, 2119; *Hanack* JZ 67, 223; a. M. für den Fall *fehlender* Begründung KMR *(Paulus)* zu § 34 Rn 15.
88 Vgl. OLG Koblenz VRS 65, 34; 73, 292.

VII. Wirksamwerden

Der Beschluß nach § 111 a StPO wird erst mit seiner **Bekanntgabe an den** 861
Beschuldigten wirksam.[89]
Für die Bekanntgabe genügt nach § 35 II 2 StPO **formlose Mitteilung.** Wegen der 862
strafrechtlichen Folgen bei Fahren trotz vorläufig entzogener Fahrerlaubnis (§ 21
I Nr. 1 StVG) empfiehlt sich jedoch die **Zustellung** nach § 35 II 1 StPO.[90] Auch die
formlose Mitteilung muß schriftlich erfolgen. Bloße Information durch Dritte
über den Erlaß des Beschlusses – etwa durch Polizeibeamte im Rahmen einer Verkehrskontrolle – genügt nicht.[91] Der Schriftform bedarf es nicht, wenn der
Beschluß durch das Gericht in der Hauptverhandlung verkündet wird.[92]

VIII. Vollstreckung

Die Wirkung der vorläufigen Entziehung der Fahrerlaubnis tritt kraft Gesetzes 863
ein. Daher bedarf der Beschluß nach § 111 a StPO – abgesehen von der in ihm gem.
Abs. II enthaltenen Beschlagnahmeanordnung – keiner Vollstreckung. Die vorläufige Entziehung ist jedoch der Verwaltungsbehörde mitzuteilen, damit diese
der Polizei im Falle von Führerscheinkontrollen Auskunft geben kann.[93]

IX. Aufhebung (§ 111 a II StPO)

Das Gericht ist an einen **Antrag der Staatsanwaltschaft** auf Aufhebung der vor- 864
läufigen Entziehung der Fahrerlaubnis nicht gebunden, kann also einen solchen
Antrag ablehnen, wenn es den Sachverhalt anders würdigt. Eine dem § 120 III
StPO entsprechende Vorschrift, wonach ein Haftbefehl auch aufzuheben ist,
wenn die Staatsanwaltschaft dies vor Erhebung der öffentlichen Klage beantragt,
fehlt in § 111 a StPO.[94] Allein die Tatsache, daß die Staatsanwaltschaft »Herrin des
Ermittlungsverfahrens« ist, kann für eine Bindung des Richters an den Aufhebungsantrag der Staatsanwaltschaft nicht herangezogen werden,[95] wie sich schon
daraus ergibt, daß auch für den Beschluß über die vorläufige Entziehung die
Zustimmung der Staatsanwaltschaft grundsätzlich nicht erforderlich ist.[96] Im
übrigen dient die vorläufige Entziehung der Fahrerlaubnis nicht der Sicherung des
Verfahrens, sondern der Verkehrssicherheit.[97] Etwas anderes gilt natürlich, wenn

---

89 Vgl. OLG Stuttgart VRS 79, 303; OLG Köln NZV 91, 360; KG VRS 42, 210; LG Frankenthal DAR 79, 341.
90 Vgl. auch *Löwe/Rosenberg (G. Schäfer)* zu § 111 a Rn 57.
91 Vgl. OLG Stuttgart VRS 79, 303; OLG Hamm VRS 57, 125; LG Hildesheim NdsRpfl. 88, 251.
92 Vgl. *Löwe/Rosenberg (G. Schäfer)* zu § 111 a Rn 57; offengelassen von LG Hildesheim NdsRpfl. 88, 251.
93 Vgl. auch *Dünnebier* bei *Löwe/Rosenberg*, 22. Aufl., zu § 111 a Anm. V.
94 Vgl. AG Münster MDR 72, 166; LK *(Geppert)* zu § 69 Rn 140; *Löwe/Rosenberg (G. Schäfer)* zu § 111 a Rn 45 a; im Ergebnis ebenso *Kleinknecht/Meyer* zu § 111 a Rn 14; *D. Meyer* DAR 86, 47.
95 So aber *Wittschier* NJW 85, 1324; gegen ihn *D. Meyer* DAR 86, 47.
96 Vgl. dagegen § 125 I StPO.
97 Vgl. auch *D. Meyer* DAR 86, 47.

die Staatsanwaltschaft das Ermittlungsverfahren eingestellt hat, weil es dann nicht mehr zur endgültigen Entziehung der Fahrerlaubnis kommen kann.

1. Wegfall des Grundes

865 Die vorläufige Entziehung der Fahrerlaubnis ist aufzuheben, wenn ihr **Grund weggefallen** ist (§ 111 a II StPO). Dies kann z. B. der Fall sein, wenn nach weiterer Aufklärung des Sachverhalts dringende Gründe für die Annahme des endgültigen Fahrerlaubnisentzugs nicht mehr vorhanden sind.

866 Wegfall des Grundes kann insbesondere auch in Betracht kommen, wenn die vorläufige Entziehung der Fahrerlaubnis **sehr lange** dauert.[98] Denn dann kann der Fall eintreten, daß der Zweck der Maßregel als durch die vorläufige Entziehung der Fahrerlaubnis erreicht anzusehen ist, so daß mit der endgültigen Entziehung der Fahrerlaubnis nicht mehr zu rechnen ist.[99] Aber auch die Tatsache, daß der einer Alkoholtat i.S.d. § 69 II Nr. 1 und 2 StGB Beschuldigte inzwischen an einem Aufbauseminar für alkoholauffällige Kraftfahrer (sog. **Nachschulung**)[100] teilgenommen hat, kann (unter Berücksichtigung der bisherigen Dauer der Führerscheinsicherstellung) u. U. die »dringenden Gründe« für die Erwartung, die Fahrerlaubnis werde gem. § 69 StGB zu entziehen sein, entfallen lassen.[101] Angesichts der im summarischen Verfahren nach § 111 a StPO nur beschränkt vorhandenen Möglichkeiten einer Prüfung der individuellen Wirksamkeit der Nachschulungsmaßnahme wird dies außerhalb der Hauptverhandlung allerdings nur in Ausnahmefällen in Betracht kommen.[102]

867 Auch bei **langer Dauer des Berufungsverfahrens** ist die vorläufige Entziehung demnach aufzuheben, wenn unter Berücksichtigung der Dauer der vorläufigen Maßnahmen zu erwarten ist, daß der Maßregelausspruch nach § 69 StGB im Urteil aufgehoben werden wird.[103] Das ist bei zugunsten des Angeklagten eingelegter Berufung allerdings nicht zwingend schon in dem Zeitpunkt der Fall, in dem die vom Amtsgericht festgesetzte Sperrfrist abgelaufen wäre, wenn das Urteil Rechtskraft erlangt hätte.[104] Denn das Berufungsgericht ist trotz § 331 StPO nicht gehindert, im Urteil die gleiche Sperrfrist festzusetzen, wenn es zu der Auffassung kommt, der in der Tat offenbar gewordene Eignungsmangel werde voraussichtlich nicht früher beseitigt sein.[105] In derartigen Fällen muß das Berufungsgericht

---

98 Vgl. OLG Düsseldorf DAR 94, 248; OLG Bremen VRS 31, 454; *Janiszewski* DAR 89, 135 (137); vgl. auch KMR *(Müller)* zu § 111 a Rn 18.
99 Vgl. Rn 616; vgl. hierzu auch *Hentschel* DAR 76, 9.
100 Siehe dazu oben Rn 636 ff.
101 Vgl. LG Hanau DAR 80, 25.
102 Vgl. LG Köln ZfS 80, 124; BA 82, 377; 80, 289; *Schneble* BA 80, 290; *Gebhardt* DAR 81, 107 (111).
103 Vgl. OLG Frankfurt DAR 92, 187; OLG München DAR 75, 132; 77, 49; KG VRS 35, 292; KMR *(Müller)* zu § 111 a Rn 18; vgl. hierzu auch *Hentschel* DAR 76, 9; *Janiszewski* DAR 89, 135 (137); a. M. *Hruby* NJW 79, 854.
104 Vgl. OLG Koblenz VRS 67, 256; OLG Düsseldorf NZV 88, 194; 99, 389; VRS 79, 23; OLG München DAR 75, 132; 77, 49; OLG Hamm VRS 49, 111;
a. M. offenbar OLG Hamm MDR 73, 72.
105 Vgl. Rn 803;
a. M. *Eickhoff* NJW 75, 1007; *Gollner* GA 75, 129.

jedoch besonders sorgfältig prüfen, ob die Ungeeignetheit entgegen der durch das erstinstanzliche Gericht getroffenen Prognose fortbesteht, mithin also weiterhin »dringende Gründe« für die Annahme vorhanden sind, die Fahrerlaubnis werde im (Berufungs-)Urteil entzogen.[106] Es darf sich dieser Prüfung nicht mit dem Hinweis darauf entziehen, »bloßer Zeitablauf«[107] habe keinen Einfluß auf die Regel des § 69 II StGB, wer Berufung einlege, müsse mit längerer Führerscheineinbuße rechnen.[108] Ist nämlich der Maßregelzweck durch die fortbestehende vorläufige Fahrerlaubnismaßnahme (nicht durch »Zeitablauf«![109]) erreicht, so verstoßen die Aufrechterhaltung der Maßnahme und eine Verhängung der Maßregel des § 69 StGB im Berufungsurteil gegen das verfassungsrechtliche Übermaßverbot.[110]

Ein Wegfall des Grundes liegt in der Regel nicht vor, wenn seit der Verkündung des erstinstanzlichen, vom Angeklagten mit der Berufung angefochtenen Urteils eine der dort festgesetzten Sperrfrist entsprechende Zeit noch nicht verstrichen ist.[111]

Hat das Verfahren so lange gedauert, daß der **Zweck der Maßregel** als durch die vorläufige Entziehung der Fahrerlaubnis **erreicht** anzusehen ist,[112] so ist die vorläufige Entziehung auch dann aufzuheben, wenn die Verzögerung des Verfahrens durch Beweisanträge des Angeschuldigten verursacht worden ist.[113] Eine Aufrechterhaltung des Beschlusses nach § 111 a I StPO, gewissermaßen als »Bestrafung« des Angeklagten für die von ihm zu vertretende Verzögerung, wäre mit dem Maßregelcharakter der Entziehung der Fahrerlaubnis unvereinbar.[114]

Die Tatsache, daß sich im Einzelfall die **vorläufige Entziehung nicht belastend ausgewirkt** hat, rechtfertigt in Fällen *charakterlicher* Ungeeignetheit ihre Aufrechterhaltung. Denn in diesen Fällen kann Grund für die Aufhebung – abgesehen von der in Rn 865 geschilderten Sachlage – nur die Annahme sein, der Eignungsmangel sei durch die vom Angeklagten als Nachteil empfundene und gerade dadurch bessernde Wirkung der vorläufigen Maßnahme entfallen,[115] so daß es nicht zur endgültigen Entziehung der Fahrerlaubnis kommen werde. Diese Annahme wird aber nicht gerechtfertigt sein, wenn die vorläufige Entziehung diese Wirkung nicht entfalten konnte.[116] In einem derartigen Fall wird das Gericht bei der Prüfung der Eignungsfrage in der Hauptverhandlung die vorläufige Maßnahme nicht berücksichtigen können mit der Folge, daß es das Fortbestehen des in der Straftat zum Ausdruck gekommenen Eignungsmangels feststellen und die Fahr-

---

106 Vgl. OLG München DAR 77, 49; *Hentschel* DAR 76, 9; 88, 330 (331 f.).
107 Ähnlich allerdings auch *Bode/Winkler* § 8 Rn 31.
108 So aber OLG Düsseldorf VRS 79, 23; vgl. auch OLG Frankfurt DAR 92, 187 (krit. *Janiszewski* NStZ 92, 584).
109 Vgl. auch BayObLG DAR 92, 364 Nr. 6 (bei *Bär*).
110 Vgl. oben Rn 616 ff.
111 Vgl. OLG München DAR 77, 49; OLG Hamburg NJW 66, 2373.
112 Vgl. Rn 616.
113 Vgl. AG Emmerich DAR 69, 247; *Janiszewski* DAR 89, 135 (137); vgl. hierzu auch *Hentschel* DAR 76, 9;
 a. M. offenbar *Werner* DAR 76, 8 (vgl. hierzu oben Rn 48, 70 a).
114 Vgl. hierzu Rn 703.
115 Vgl. Rn 567, 616.
116 Zum Beispiel auch, weil der Angeklagte sich über die Maßnahme hinweggesetzt hat, vgl. OLG Düsseldorf NZV 88, 194.

erlaubnis endgültig entziehen wird. Die in einer älteren Entscheidung vom LG Hamburg[117] vertretene gegenteilige Auffassung ist daher unzutreffend; die hierfür gegebene Begründung, auch der Ablauf der Sperrfrist werde durch die fehlende belastende Auswirkung der Maßregel nicht gehindert, ist nicht stichhaltig, weil dieser nicht zu einem Wiederaufleben der Fahrerlaubnis führt.

2. Nichtentziehung der Fahrerlaubnis im Urteil

871 Die vorläufige Entziehung ist auch aufzuheben, wenn das Gericht im Urteil die Fahrerlaubnis nicht entzieht (§ 111 a II, zweite Alternative).[118] Dagegen bedarf es nach Rechtskraft des Urteils, in dem die Fahrerlaubnis »endgültig« entzogen wird, keiner ausdrücklichen Aufhebung des Beschlusses nach § 111 a StPO, weil die vorläufige Maßnahme dann ohne weiteres erlischt.[119]

3. Entsprechende Anwendung des § 111 a II StPO

872 **Wird zugunsten des Angeklagten Revision eingelegt und ist die im letzten tatrichterlichen Urteil für die Dauer der Führerscheinsperre festgesetzte Zeit verstrichen,** bevor über die Revision entschieden ist, so stellt sich die Frage, ob die vorläufige Entziehung aufrechtzuerhalten ist. Diese Frage ist sehr umstritten. Nach nunmehr h. M.[120] soll die geschilderte Sachlage nicht zur Aufhebung der Maßnahme nötigen. Obwohl zwar nicht von einem »Ablauf der Sperre« gesprochen werden kann, weil deren Beginn Rechtskraft voraussetzt (§ 69 a V 1 StGB), ist jedoch in einem derartigen Fall die innere Berechtigung für die vorläufige Entziehung der Fahrerlaubnis entfallen, weil nach Auffassung der Vorinstanz in diesem Zeitpunkt der Eignungsmangel beseitigt ist.[121] Mit einer weiteren Sperre ist nicht mehr zu rechnen. Wird die Sache zurückverwiesen (§ 354 II StPO), so wird vom Entzug der Fahrerlaubnis in aller Regel abgesehen werden, weil der Angeklagte nicht mehr als ungeeignet erscheint.[122] Wird die Revision verworfen, so ist die Sperre nach § 69 a V 2 StGB abgelaufen. Allerdings kann § 111 a II StPO keine unmittelbare Anwendung finden. Denn im Zeitpunkt des »Ablaufs« der von der Vorinstanz verhängten Sperre vor Entscheidung über die Revision kann weder festgestellt werden, daß der Grund der vorläufigen Entziehung weggefallen ist, noch ist die zweite Alternative des Abs. II anwendbar (»wenn das Gericht im Urteil die Fahrerlaubnis nicht entzieht«). Wird die Revision nämlich verworfen,

---

117 LG Hamburg MDR 73, 1034.
118 Vgl. dazu BVerfG NJW 95, 124.
119 Vgl. *Löwe/Rosenberg (G. Schäfer)* zu § 111 a Rn 29; LK *(Geppert)* zu § 69 Rn 141.
120 Vgl. OLG Karlsruhe MDR 77, 948; OLG Schleswig DAR 77, 193; KG VRS 53, 278; OLG München MDR 79, 1042; OLG Frankfurt VRS 58, 419; OLG Hamburg DAR 81, 27 (zust. *Rüth* JR 81, 338); OLG Stuttgart VRS 63, 363; OLG Düsseldorf DAR 83, 62; OLG Koblenz VRS 71, 40; MDR 86, 871; *Kaiser* NJW 73, 493; *Löwe/Rosenberg (G. Schäfer)* zu § 111 a Rn 37; *Kleinknecht/Meyer-Goßner* zu § 111 a Rn 12; *Tröndle/Fischer* zu § 69 a Rn 13; *Schönke/Schröder/Stree* zu § 69 a Rn 17 a; vgl. zu dieser Problematik auch *Kaiser* JR 80, 99.
121 Vgl. OLG Karlsruhe NJW 68, 460; 75, 455; OLG Zweibrücken VRS 51, 110; OLG Frankfurt, Beschluß v. 27. 3. 1969 – 3 Ss 95/69 – (soweit ersichtlich, unveröffentlicht); LK *(Geppert)* zu § 69 Rn 145; *Dünnebier* bei *Löwe/Rosenberg*, 22. Aufl., zu § 111 Anm. IV 1.
122 Vgl. OLG Karlsruhe NJW 75, 455; OLG Köln – Ss 21/94–42 –; LG Oldenburg DAR 67, 50.

Entsprechende Anwendung des § 111 a II StPO

so bleibt es bei der im angefochtenen Urteil ausgesprochenen Maßregel, mag auch die Sperre nach § 69 a V 2 StGB abgelaufen sein.[123] Da die vorläufige Entziehung ihre innere Berechtigung verloren hat und die vorläufige Maßnahme in ihrer Wirkung nicht weiter gehen darf als die Anordnung der Maßregel im Urteil, wenn keine Anfechtung zuungunsten des Angeklagten erfolgt,[124] muß die vorläufige Entziehung der Fahrerlaubnis aber entgegen der überwiegend vertretenen Ansicht **in entsprechender Anwendung von § 111 a II StPO** immer dann aufgehoben werden, wenn bei zugunsten des Angeklagten eingelegter Revision die Zeit verstrichen ist, die der im letzten tatrichterlichen Urteil verhängten Sperre entspricht, bevor über die Revision entschieden ist.[125] Anderenfalls würde der Angeklagte in der Freiheit seines Entschlusses, ob Revision einzulegen ist oder nicht, dadurch beschränkt werden, daß er Gefahr läuft, eine längere Zeit auf seine Fahrerlaubnis verzichten zu müssen als bei Hinnahme des Urteils.[126]

Mit dem Hinweis auf nicht gegebene Unverhältnismäßigkeit des Fortbestehens der vorläufigen Maßnahme im Hinblick auf die Schwere der Tat[127] kann dieser – früher ganz herrschenden – Auffassung nicht überzeugend begegnet werden; denn nicht auf die Schwere der Tat oder die Bedeutung der Sache, sondern ausschließlich auf die Notwendigkeit, die Allgemeinheit vor ungeeigneten Kraftfahrern zu schützen, kommt es an.[128] Auch die Tatsache, daß der Angeklagte trotz Rückgabe des Führerscheins nach Verwerfung der Revision die Neuerteilung der Fahrerlaubnis beantragen muß, spricht nicht gegen die hier vertretene Ansicht;[129] ist doch die Möglichkeit, bis zu diesem Zeitpunkt eventuell mehrere Monate wieder am motorisierten Straßenverkehr teilnehmen zu dürfen,[130] ein Vorteil, der in Einzelfällen existenzerhaltend sein kann. Von der h. M. wird ferner geltend gemacht, daß der Ablauf der Sperre die Verwaltungsbehörde keineswegs verpflichte, dem Verurteilten die Fahrerlaubnis wiederzuerteilen. Ob der Verurteilte jemals wieder in den Besitz einer Fahrerlaubnis komme, sei daher ungewiß. Das schließe es aus, daß der Strafrichter ihn vor der Revisionsentscheidung vorübergehend wieder zum Straßenverkehr zulasse.[131]

---

123 Vgl. Rn 809.
124 Vgl. OLG Frankfurt VM 78, 47; *Hohenester* NJW 66, 2372.
125 Früher ganz überwiegende, auch in der oberlandesgerichtlichen Rspr. aber teilweise noch immer vertretene Meinung; vgl. z. B. OLG Frankfurt DAR 89, 311; VM 78, 47; NJW 73, 1335; – 3 Ss 95/69 – Beschluß v. 27. 3. 1969 (soweit ersichtlich, unveröffentlicht, teilweise abgedruckt unter Rn 842); OLG Bremen DAR 73, 332; OLG Karlsruhe NJW 68, 460; 75, 455; OLG Saarbrücken MDR 72, 533; OLG Koblenz MDR 78, 337; OLG Zweibrücken VRS 51, 110; OLG Hamburg DAR 78, 256; OLG Celle MDR 76, 949; OLG Köln VRS 57, 126; ZfS 81, 188; LG Oldenburg DAR 67, 50, das allerdings § 111 a II StPO für unmittelbar anwendbar hält; LK *(Geppert)* zu § 69 Rn 145; *Kuckuk/Werny* zu § 111 a StPO Rn 7; *Cramer* zu § 69 a StGB Rn 15; *Janiszewski* NStZ 81, 471; DAR 89, 135 (138); *Dencker* NStZ 82, 461; *Hohenester* NJW 66, 2372; eingehend hierzu: *Hentschel* MDR 78, 185; ZfS 81, 188; DAR 88, 330 (336 f.).
126 Vgl. auch *Hohenester* NJW 66, 2372.
127 So aber LG Hildesheim NJW 66, 684.
128 Vgl. Rn 703.
129 So aber *Kaiser* NJW 73, 493.
130 Vgl. auch OLG Karlsruhe NJW 75, 455.
131 Vgl. OLG Hamburg DAR 81, 27 (zust. *Rüth* JR 81, 338); OLG Düsseldorf DAR 83, 62; OLG Koblenz VRS 71, 40; MDR 86, 871; OLG Schleswig DAR 77, 193; OLG München MDR 79, 1042; *Löwe/Rosenberg (G. Schäfer)* zu § 111 a Rn 37.

Aufhebung (§ 111 a II StPO)

874 Dem ist indessen entgegenzuhalten, daß die Aufhebung der vorläufigen Entziehung der Fahrerlaubnis keinerlei Eingriff in die Befugnis der Verwaltungsbehörde bedeutet.[132] In den Fällen, in denen die Verwaltungsbehörde nach Verwerfung einer zugunsten des Angeklagten eingelegten Revision trotz Ablaufs der Sperrfrist keine Fahrerlaubnis erteilt, ist der Verurteilte ohnehin wegen der rechtskräftig gewordenen Entziehung der Fahrerlaubnis von der weiteren Teilnahme am motorisierten Straßenverkehr rechtlich ausgeschlossen.[133] Den während des Revisionsverfahrens zurückerhaltenen Führerschein muß er wieder herausgeben.[134] Der Hinweis auf die Befugnisse der Verwaltungsbehörde geht aber vor allem auch deswegen fehl, weil die vorläufige Entziehung der Fahrerlaubnis nach § 111 a StPO und deren Aufrechterhaltung ausschließlich als Vorgriff auf eine *strafgerichtliche* Maßregel dienen darf, nicht aber im Hinblick auf eine möglicherweise erfolgende verwaltungsbehördliche Entscheidung. Auch die Möglichkeit eines Mißbrauchs der Revision[135] rechtfertigt es daher allein nicht, *allgemein* trotz Ablaufs einer der im angefochtenen Urteil verhängten Sperrfrist entsprechenden Zeit den Beschluß über die vorläufige Entziehung der Fahrerlaubnis aufrechtzuerhalten. Gegen die Argumentation des KG,[136] der Tatrichter bestimme die Dauer der Sperre nur vom Beginn der Rechtskraft an, ist einzuwenden, daß er bei ihrer Bemessung ausschließlich die im Zeitpunkt seiner Entscheidung bestehenden Verhältnisse und Umstände zugrunde legt, den Eintritt der Beseitigung des Eignungsmangels also jedenfalls trotz der Regelung in § 69 a V StGB nach Ablauf der von ihm festgesetzten Frist, *gerechnet vom Zeitpunkt seines Urteils*, annimmt.[137] Daß die Argumente der auf der Gegenansicht beruhenden Rechtsprechung nicht zwingend sind, dürfte aber auch die Tatsache zeigen, daß diese Rechtsprechung zum Teil durchaus auch Ausnahmen zuläßt, indem sie z. B. die Aufhebung der vorläufigen Entziehung der Fahrerlaubnis nach »Ablauf« der vom Tatrichter angeordneten Zeit der Sperre in Fällen *außergewöhnlich* langer Dauer des Revisionsverfahrens für gerechtfertigt hält.[138] Schließlich ist mit *Janiszewski*[139] der hier abgelehnten Auffassung entgegenzuhalten, daß die von ihr für notwendig erachtete Überprüfung des Angeklagten durch die Verwaltungsbehörde doch auch in den Fällen nicht stattfindet, in denen der Tatrichter im Hinblick auf die bis dahin wirksam gewesenen vorläufigen Führerscheinmaßnahmen das Fortbestehen des Eignungsmangels nicht mehr feststellt, von der Verhängung der Maßregel daher absieht (oder diese auf die Berufung des Angeklagten aufhebt) und den Führerschein herausgibt.[140]

---

132 Vgl. OLG Frankfurt VM 78, 47; *Janiszewski* Rn 757.
133 Vgl. oben Rn 809.
134 Auf diese Tatsache weist auch das OLG Koblenz in MDR 78, 337 in diesem Zusammenhang hin.
135 Auf diese Überlegung vor allem stützt das OLG Karlsruhe (MDR 77, 948) die Aufgabe seiner früheren, der h. M. entsprechenden Auffassung.
136 KG VRS 53, 278.
137 Vgl. oben Rn 703, 705; vgl. auch Rn 612, 749, 756.
138 So z. B. OLG Stuttgart VRS 63, 363; ähnlich OLG Hamburg DAR 81, 27; OLG Hamm VRS 69, 221.
139 *Janiszewski* NStZ 83, 111.
140 Vgl. dazu Rn 616 ff., 635, 644.

X. Vorläufige Entziehung in der Rechtsmittelinstanz

Grundsätzlich darf das Berufungsgericht vor Erlaß des Berufungsurteils die Frage 875
der Kraftfahreignung bei unverändertem Sachstand **nicht abweichend von der
Vorinstanz** verneinen und **die Fahrerlaubnis** ohne gleichzeitige Aufhebung des
angefochtenen Urteils **vorläufig entziehen**, wenn dieses die Maßregel nach § 69
StGB nicht ausgesprochen hat.[141] Anderenfalls wäre die Vorschrift, wonach die
vorläufige Entziehung der Fahrerlaubnis aufzuheben ist, »wenn das Gericht im
Urteil die Fahrerlaubnis nicht entzieht« (§ 111 a II, 2. Alternative), nur wenig sinnvoll. Da nämlich nach Rechtskraft des den Entzug der Fahrerlaubnis nicht aussprechenden Urteils die vorläufige Entziehung ohne weiteres gegenstandslos
wird, hätte es für diesen Fall der Bestimmung gar nicht bedurft.[142] Bei einem
rechtskräftigen Urteil hat die Vorschrift nur deklaratorische Bedeutung; konstitutiv wirkt sie nur, wenn das Urteil, das die Fahrerlaubnis nicht entzieht, nicht
rechtskräftig ist.[143] Daraus folgt aber, daß ohne Aufhebung des Urteils der Vorinstanz die vorläufige Entziehung der Fahrerlaubnis nicht bei unverändertem Sachstand durch Beschluß erneut erfolgen darf.[144] Da die Aufhebung der vorläufigen
Entziehung der Fahrerlaubnis im Falle des § 111 a II, 2. Alternative allein auf der
Tatsache beruht, daß im Urteil die Fahrerlaubnis nicht entzogen wurde, ist es ausgeschlossen, daß dennoch später bei gleichem Sachverhalt die vorläufige Entziehung erneut angeordnet wird.[145]

Deswegen kann auch keine Ausnahme für den Fall anerkannt werden, daß das 876
»Absehen von der vorläufigen Maßnahme« (oder deren Aufhebung) »eindeutig
falsch war«.[146] Der Grundgedanke des § 111 a II, 2. Alternative ist der gleiche wie
in § 120 I 2 StPO für die Aufhebung des Haftbefehls. Nach freisprechendem Urteil
sind die Voraussetzungen für den erneuten Erlaß eines Haftbefehls weniger wahrscheinlich als zuvor; wird er nach erfolgtem Freispruch gem. § 120 I 2 StPO aufgehoben, so ist eine erneute Verhaftung nur aufgrund neuer Tatsachen oder Beweismittel zulässig. Entsprechendes muß für die erneute vorläufige Entziehung der
Fahrerlaubnis gelten, wenn im Urteil die Fahrerlaubnis nicht entzogen wird.[147]
Die gegenteilige Auffassung, wonach in der Berufungsinstanz erneute Anordnung
der vorläufigen Entziehung bei unverändertem Sachstand möglich sein soll, wird
insbesondere darauf gestützt, daß in § 111 a StPO eine dem § 120 II StPO entsprechende Vorschrift fehle, wonach durch die Einlegung eines Rechtsmittels die Frei-

---

141 Vgl. BVerfG NJW 95, 124; OLG Saarbrücken VRS 46, 137; OLG Koblenz VRS 55, 45; OLG
Karlsruhe NJW 60, 2113; OLG Köln NJW 64, 1287; OLG Oldenburg NJW 63, 826; OLG Düsseldorf VRS 41, 285; LG Heidelberg DAR 75, 334; *Löwe/Rosenberg (G. Schäfer)* zu § 111 a Rn 19;
Tröndle/Fischer zu § 69 Rn 17; LK *(Geppert)* zu § 69 Rn 152; *Schmid* BA 96, 357 (360); *Kulemeier*
S. 128; vgl. auch OLG Hamburg MDR 73, 602.
142 Vgl. BVerfG NJW 95, 124; OLG Frankfurt NJW 55, 1043; OLG Karlsruhe NJW 60, 2113; OLG
Köln NJW 64, 1287.
143 Vgl. OLG Karlsruhe NJW 60, 2113; OLG Köln NJW 64, 1287; LG Zweibrücken DAR 98, 30; vgl.
auch LG Heidelberg DAR 75, 334.
144 Vgl. BVerfG NJW 95, 124; OLG Karlsruhe NJW 60, 2113; LG Zweibrücken DAR 98, 30.
145 Vgl. auch *Dünnebier* bei *Löwe/Rosenberg*, 22. Aufl., zu § 111 a Anm. IV 2.
146 So aber OLG Koblenz VRS 55, 45; 73, 290 (abl. auch *Schmid* BA 96, 357, 361).
147 Vgl. OLG Düsseldorf VRS 41, 285; OLG Frankfurt NJW 55, 1043; OLG Karlsruhe NJW 60,
2113; LG Heidelberg DAR 75, 334; *Löwe/Rosenberg (G. Schäfer)* zu § 111 a Rn 19.

lassung des Beschuldigten nicht aufgehalten werden darf.[148] Dem ist entgegenzuhalten, daß § 120 II StPO lediglich der Klarstellung dient, indem er die Notwendigkeit des unverzüglichen Vollzugs der Aufhebung des Haftbefehls betont.[149]

877 Dagegen darf das Berufungsgericht die Fahrerlaubnis gem. § 111 a StPO (erneut) *vorläufig* entziehen, wenn es **unter Aufhebung des angefochtenen Urteils** im Berufungsurteil die Entziehung gem. § 69 StGB anordnet.[150] Entsprechendes gilt, wenn das Gericht, dessen Urteil angefochten ist, zwar keinen Beschluß nach § 111 a StPO erlassen, gleichwohl aber die Maßregel der §§ 69, 69 a StGB verhängt hat. Das Berufungsgericht – oder bei Revision der letzte Tatrichter – ist dann nicht gehindert, die Fahrerlaubnis noch während des Rechtsmittelverfahrens vorläufig zu entziehen.[151] Denn die in Rn 875 geschilderten Überlegungen treffen hier nicht zu. Andere Gründe, die das Berufungsgericht hindern könnten, sein Ermessen im Rahmen der Entscheidung nach § 111 a StPO anders auszuüben als die Vorinstanz, sind nicht ersichtlich. Insbesondere überzeugt das Argument nicht, es sei nicht einzusehen, inwiefern eine Gefährdung der Allgemeinheit zu besorgen sein sollte, wenn dem Angeklagten die Fahrerlaubnis bis zum rechtskräftigen Abschluß des Verfahrens belassen werde;[152] ergibt sich doch aus der Entscheidung nach § 111 a StPO, daß das Gericht Ungeeignetheit des Angeklagten zum Führen von Kraftfahrzeugen und damit seine Gefährlichkeit annimmt. Die Tatsache, daß der Angeklagte seit dem erstinstanzlichen Urteil mehrere Monate unbeanstandet am motorisierten Straßenverkehr teilgenommen hat, steht der vorläufigen Entziehung durch das Berufungsgericht nicht entgegen.[153] Hat das Berufungsgericht das angefochtene Urteil aufgehoben, die Fahrerlaubnis im Urteil entzogen, aber keinen Beschluß gem. § 111 a StPO erlassen, so soll es diesen nach Ansicht des OLG Oldenburg[154] bei unverändertem Sachstand nicht nachholen dürfen; die in Rn 875 geschilderten Gründe treffen hier aber nicht zu, im übrigen hätte diese Ansicht zur Konsequenz, daß bei Beschwerde der Staatsanwaltschaft entgegen § 306 II StPO keine Abhilfemöglichkeit bestünde.

XI. Rückgabe des Führerscheins (§ 111 a V StPO)

878 Wird der Antrag der Staatsanwaltschaft auf vorläufige Entziehung der Fahrerlaubnis wegen Fehlens der in § 111 a StPO bezeichneten Voraussetzungen abgelehnt, die vorläufige Entziehung aufgehoben oder die Fahrerlaubnis im Urteil

---

148 Vgl. OLG Karlsruhe NJW 57, 1247; OLG Oldenburg NJW 53, 1883, das diese Meinung jedoch später (vgl. NJW 63, 826) aufgegeben hat.
149 Vgl. OLG Karlsruhe NJW 60, 2113; OLG Saarbrücken VRS 46, 137.
150 Vgl. OLG Zweibrücken NJW 81, 775; OLG Koblenz VRS 67, 254; OLG Karlsruhe VRS 68, 360; OLG Hamburg MDR 73, 602.
151 Vgl. OLG Karlsruhe VRS 68, 361; OLG Frankfurt NJW 81, 1680; OLG Koblenz VRS 65, 34 Nr. 14; 65, 448; 71, 39; vgl. auch *Löwe/Rosenberg (G. Schäfer)* zu § 111 a Rn 16; a. M. OLG Karlsruhe VRS 59, 432; OLG Oldenburg OLGSt zu § 111 a StPO S. 5, 15; OLG Hamm JMBl. NRW 63, 158.
152 So aber OLG Hamm JMBl. NRW 63, 158.
153 Vgl. OLG Koblenz VRS 65, 448; OLG Karlsruhe VRS 68, 360; *Kulemeier* S. 129; vgl. auch OLG Koblenz VRS 68, 118; s. in diesem Zusammenhang auch Rn 619, 849.
154 OLG Oldenburg NZV 92, 124.

nicht entzogen, so ist der **Führerschein zurückzugeben** (§ 111 a V 1 StPO). Die Pflicht zur Rückgabe entfällt nicht dadurch, daß im Urteil ein Fahrverbot verhängt wird. Dies folgt aus der Ausnahmeregelung des § 111 a V 2 StPO, wonach die Rückgabe aufgeschoben werden kann, wenn der Beschuldigte nicht widerspricht. Hierdurch soll verhindert werden, daß der Führerschein in jedem Falle bis zur Rechtskraft des Urteils zurückgegeben werden muß, obwohl er sogleich nach Rechtskraft wieder in Verwahrung zu nehmen ist.[155] Dem Beschuldigten entsteht kein Nachteil, weil in einem solchen Fall die Zeit, während der der Führerschein nach dem Erlaß des nicht rechtskräftigen Urteils weiter einbehalten wird, nach § 450 II StPO auf das Fahrverbot voll angerechnet werden muß. Die Rückgabepflicht entfällt nur, wenn das Urteil sofort rechtskräftig wird und der Führerschein deshalb gem. § 44 III 2 StGB amtlich zu verwahren ist.[156]

XII. Ausländische Führerscheine

Handelt es sich um einen **EU/EWR-Führerschein** und hat der Beschuldigte einen **ordentlichen Wohnsitz im Inland,** so wirkt die vorläufige Entziehung – wie bei deutschen Führerscheinen – zugleich als Anordnung oder Bestätigung der **Beschlagnahme** (§ 111 a III 2 StPO). In **anderen ausländischen Führerscheinen** ist die vorläufige Entziehung **zu vermerken** (§ 111 a VI 1 StPO). Die Eintragung des Vermerks wird als Vollstreckungsmaßnahme (§ 36 II StPO) von der Staatsanwaltschaft veranlaßt.[157] Bis zur Eintragung dieses Vermerks kann der Führerschein **beschlagnahmt** werden (§ 111 a VI 2 StPO). Läßt die Beschaffenheit des Führerscheins die Eintragung eines Vermerks nicht zu (z. B. Plastikkarte), so ist auf einem besonderen Papier ein Vermerk zu fertigen; anschließend ist dieses Papier auf geeignete Weise – etwa nach Lochung mittels gesiegelter Schnur – mit dem Fahrausweis zu verbinden (§ 56 II 3 StVollstrO). Nur wenn auch dies nicht möglich ist, kann der ausländische Führerschein entsprechend § 111 a VI 2 StPO für die Dauer der vorläufigen Maßnahme beschlagnahmt werden.[158] Kann ein Vermerk eingetragen werden, so tritt an die Stelle der Rückgabe des Führerscheins nach § 111 a V StPO die **Tilgung des Vermerks** im ausländischen Führerschein.[159] Voraussetzung für die Eintragung des Vermerks ist nach hier – abweichend von der neueren Rechtsprechung des BGH[160] – vertretener Auffassung – immer, daß der ausländische Führerschein den Beschuldigten berechtigt, in der Bundesrepublik am fahrerlaubnispflichtigen Straßenverkehr teilzunehmen (§§ 28 FeV, 4 IntVO). Wer keine deutsche Fahrerlaubnis hat und die Voraussetzungen der genannten Bestimmungen nicht erfüllt, besitzt überhaupt keine im Inland gültige Fahrerlaubnis, so daß weder eine vorläufige noch eine »endgültige« Entziehung in Frage kommt,[161] sondern nur eine isolierte

---

155 Vgl. hierzu *Warda* MDR 65, 1.
156 Vgl. LK */Geppert)* zu § 69 Rn 168; *Warda* MDR 65, 1.
157 Vgl. KK *(Nack)* zu § 111 a Rn 19 a; *Löwe/Rosenberg (G. Schäfer)* zu § 111 a Rn 80.
158 Vgl. LG Ravensburg DAR 91, 272 (abl. Anm. *J. Meyer* MDR 92, 442); AG Homburg ZfS 95, 352 (abl. Anm. *Bode*).
159 Vgl. auch *Löwe/Rosenberg (G Schäfer)* zu § 111 a Rn 81.
160 BGH NZV 99, 47 (abl. Anm. *Hentschel* NZV 99, 134)
161 Streitig! Vgl. hierzu oben Rn 828.

Sperre (§ 69 a I 3 StGB). Zur neuerdings insoweit abweichenden Rechtsansicht des BGH wird auf die Ausführungen oben unter D. I. 3. verwiesen.[162]

XIII. Rechtsmittel

1. Beschwerde

880 Der Beschluß über die vorläufige Entziehung der Fahrerlaubnis ist, wenn er nicht von einem Strafsenat als Rechtsmittelinstanz erlassen ist (§ 304 IV StPO), von der Staatsanwaltschaft und dem Beschuldigten, der Beschluß, der die vorläufige Entziehung aufhebt, wenn er nicht durch einen Strafsenat ergeht (§ 304 IV StPO), von der Staatsanwaltschaft mit der **Beschwerde** anfechtbar (§ 304 I StPO), auch wenn er die Entscheidung eines erkennenden Gerichts ist (§ 305 Satz 2 StPO).[163] Stellt der Beschuldigte bei dem Gericht, das die Fahrerlaubnis entzogen hat, einen *Antrag auf Aufhebung der Maßnahme*, so ist zunächst zu klären, ob ein bloßer Aufhebungsantrag oder Beschwerde gewollt ist. Entscheidet das Beschwerdegericht über einen solchen Antrag, obwohl keine Beschwerde vorlag, so ist gegen dessen Entscheidung Beschwerde zulässig, ohne daß § 310 II StPO entgegenstünde.[164] Im übrigen muß das Beschwerdegericht gem. § 309 II StPO in der Sache selbst entscheiden und darf die Sache nicht etwa wegen mangelhafter Begründung des angefochtenen Beschlusses[165] oder etwaiger Beratungsmängel[166] an das Gericht, das den Beschluß erlassen hat, zurückverweisen. Ob der Verurteilte **während des Revisionsverfahrens** die Aufhebung des Beschlusses über die vorläufige Entziehung der Fahrerlaubnis durch Anfechtung mit der Beschwerde erreichen kann, ist umstritten. Mit der wohl überwiegenden Ansicht ist dies zu verneinen, weil die Voraussetzungen für eine etwa gebotene Aufhebung der vorläufigen Maßnahme nach Revisionseinlegung ausschließlich von revisionsrechtlichen Gesichtspunkten abhängen, deren Prüfung dem Strafsenat als Revisionsgericht vorbehalten ist.[167] Auch würde, worauf *Cierniak*[168] in diesem Zusammenhang hinweist, der Zweck des § 111 a StPO gefährdet, wenn der Beschwerdeführer, dessen Ungeeignetheit zum Führen von Kraftfahrzeugen später, nach Verwerfung der Revision, rechtskräftig festgestellt ist, bei erfolgreicher Beschwerde bis zu diesem Zeitpunkt wieder fahrerlaubnispflichtige Kraftfahrzeuge führen dürfte. Ist nach Erlaß des Beschlusses gem. § 111 a StPO im Zeitpunkt der Beschwerdeeinlegung inzwischen ein anderes Gericht zuständig geworden (z. B. nach Anklageerhebung oder Vorla-

---

162 Oben Rn 828.
163 Vgl. auch *Löwe/Rosenberg (G. Schäfer)* zu § 111 a Rn 82.
164 Vgl. OLG Braunschweig NZV 96, 122.
165 Vgl. oben Rn 860 mit Nachweisen.
166 Vgl. OLG Karlsruhe VRS 68, 360.
167 Vgl. OLG Düsseldorf NZV 91, 165; 95, 459; OLG Brandenburg VRS 91, 181; OLG Köln VRS 93, 348; OLG Karlsruhe DAR 99, 86; OLG Hamm MDR 96, 954 (anders allenfalls bei offensichtlichem Fehlen der rechtlichen Voraussetzungen des § 69 StGB); *Cierniak* NZV 99, 324; *Löwe/Rosenberg (G. Schäfer)* zu § 111 a Rn 88; *Kleinknecht/Meyer-Goßner* zu § 111 a Rn 19; a. M. OLG Schleswig NZV 95, 238 (abl. Anm. *Schwarzer*); OLG Koblenz NZV 97, 369; OLG Frankfurt NStZ-RR 96, 205; s. dazu auch *Schmid* BA 96, 357.
168 *Cierniak* NZV 99, 324.

ge der Akte an das Berufungsgericht),[169] so ist die Beschwerde von diesem als Antrag auf Entscheidung i.S.d. Beschwerdeführers zu behandeln;[170] die daraufhin ergehende Entscheidung ist mit der Beschwerde anfechtbar.[171]

Weitere Beschwerde ist ausgeschlossen (§ 310 StPO). Um eine unzulässige weitere Beschwerde handelt es sich auch, wenn gegen die Ablehnung der vorläufigen Entziehung der Fahrerlaubnis von der Staatsanwaltschaft erfolgreich Beschwerde eingelegt war und sich der Beschuldigte gegen die daraufhin zu seinem Nachteil ergehende Entscheidung des Beschwerdegerichts wendet.[172] Nach Aufhebung der vorläufigen Entziehung der Fahrerlaubnis durch das Beschwerdegericht darf **erneute vorläufige Entziehung** nur aufgrund geänderter Sach- oder Beweislage erfolgen.[173] Dem **Nebenkläger** steht das Rechtsmittel der Beschwerde gegen die Ablehnung oder Aufhebung der vorläufigen Entziehung der Fahrerlaubnis nicht zu.[174] Da Maßregeln der Besserung und Sicherung ausschließlich dem Schutz der öffentlichen Sicherheit und nicht eigenen rechtlich anerkannten Interessen des Nebenklägers dienen, sind sie der Nebenklage nicht zugänglich. Daher ist ein auf ihre Anordnung beschränktes Rechtsmittel des Nebenklägers unzulässig.[175]

881

Aus den gleichen Gründen, aus denen das Berufungsgericht vor Erlaß des Berufungsurteils die Fahrerlaubnis nicht abweichend von der Vorinstanz vorläufig entziehen darf,[176] ist auch das Beschwerdegericht gehindert, die Ungeeignetheit zum Führen von Kraftfahrzeugen entgegen einem inzwischen ergangenen, mit der Berufung anfechtbaren oder angefochtenen Urteil zu bejahen und auf die **Beschwerde der Staatsanwaltschaft** gegen die Ablehnung des beantragten Beschlusses nach § 111 a StPO vor der Entscheidung durch das Berufungsgericht die Fahrerlaubnis vorläufig zu entziehen.[177] **Unterbleibt eine Entscheidung** trotz Antrags auf vorläufige Entziehung der Fahrerlaubnis, so kann dies u. U. mit der Beschwerde angefochten werden;[178] kommt nämlich das Unterlassen einer zu treffenden Entscheidung einer Ablehnung gleich (handelt es sich also nicht etwa nur um eine Verzögerung), so ist das Unterlassen anfechtbar, wenn die Entscheidung selbst oder deren Ablehnung der Anfechtung unterliegt.[179]

882

Die Wirkung der vorläufigen Entziehung der Fahrerlaubnis tritt kraft Gesetzes ein, ohne daß es einer »Vollziehung« bedürfte (vgl. Rn 863). Vollziehbar ist allenfalls die damit verbundene Anordnung der Führerscheinbeschlagnahme (§ 111 a III StPO). Eine Anordnung gem. § 307 II StPO mit der rechtlichen Wirkung des

883

---

169 Vgl. oben Rn 840.
170 Vgl. *Löwe/Rosenberg (G. Schäfer)* zu § 111 a Rn 90.
171 Vgl. auch Rn 845.
172 Vgl. OLG Düsseldorf NZV 92, 202; OLG Celle MDR 96, 1284; *Löwe/Rosenberg (G. Schäfer)* zu § 111 a Rn 84; vgl. dazu auch OLG Neustadt NJW 60, 257.
173 Vgl. LG Mosbach VRS 92, 249.
174 Vgl. auch *Löwe/Rosenberg (G. Schäfer)* zu § 111 a Rn 85.
175 Vgl. LG Köln ZfS 84, 29.
176 Siehe oben Rn 875.
177 Vgl. LG Zweibrücken DAR 98, 30.
178 Vgl. LG Zweibrücken DAR 98, 30.
179 Vgl. BGH NJW 93, 1279; *Kleinknecht/Meyer-Goßner* zu § 304 Rn 3.

Wiederauflebens der Fahrerlaubnis ist daher ausgeschlossen.[180] Anderer Auffassung ist *Dencker*,[181] der unter Heranziehung eines Vergleichs mit der Regelung in § 80 I 2 VwGO (aufschiebende Wirkung der Anfechtung auch rechtsgestaltender Verwaltungsakte) § 307 II auch auf die rechtsgestaltende Entscheidung gem. § 111 a StPO anwenden möchte. Abgesehen davon, daß jedoch in § 307 II StPO eine dem § 80 I 2 VwGO entsprechende Regelung fehlt, könnte aber auch – wie schon erwähnt – allenfalls die Beschlagnahme des Führerscheins (§ 111 a III StPO) ausgesetzt werden, soweit sie noch nicht erfolgt ist.[182] In der weitaus überwiegenden Zahl vorläufiger Fahrerlaubnisentziehungen ergeht der Beschluß nach § 111 a StPO jedoch auf den Widerspruch des Betroffenen gegen eine bereits erfolgte Beschlagnahme, wendet sich die Beschwerde also gegen die gem. § 111 a III StPO erfolgte Bestätigung der durch die Polizei erfolgten Beschlagnahme des Führerscheins.[183] In solchen Fällen würde eine »Aussetzung der Vollziehung« nach § 307 II StPO, auch wenn man der von *Dencker* vertretenen Ansicht folgte, dem Betroffenen nicht helfen. Auf diesen Umstand weist *Meyer*[184] überzeugend hin, indem er auf die Tatsache aufmerksam macht, daß der Führerschein jedenfalls erst nach *Aufhebung* des Beschlusses gem. § 111 a StPO zurückgegeben werden kann und bis dahin Teilnahme am fahrerlaubnispflichtigen Kraftfahrzeugverkehr gem. § 21 II Nr. 2 StVG mit Strafe bedroht ist.

2. Auslagenerstattung

884 Die **Auslagen** des Beschuldigten für ein erfolgreiches Beschwerdeverfahren gegen die vorläufige Entziehung der Fahrerlaubnis hat die Staatskasse analog §§ 467 I, 473 StPO zu tragen, auch wenn der Beschwerdeführer später verurteilt wird.[185] Das gleiche gilt, wenn das Gericht, das den angefochtenen Beschluß erlassen hat, der Beschwerde abhalf und das Verfahren *vor* Erhebung der öffentlichen Klage eingestellt worden ist. Dem scheint zwar die Regelung des § 467 a I StPO entgegenzustehen; der Grundgedanke dieser Vorschrift, die die Erstattungspflicht davon abhängig macht, daß das dort angegebene Entwicklungsstadium des Ermittlungsverfahrens erreicht ist, trifft aber hier nicht zu. Zutreffend wendet daher etwa das LG Hamburg[186] **§ 473 StPO entsprechend** an. Bei Anordnung der vorläufigen Entziehung der Fahrerlaubnis besteht für den Beschuldigten sogleich ein anzuerkennendes Bedürfnis der Inanspruchnahme anwaltlicher Hilfe. Er muß daher die Möglichkeit haben, dies mit der Aussicht zu tun, die hierdurch entstehenden notwendigen Auslagen erstattet zu erhalten.

---

180 Vgl. LG Köln ZfS 84, 29 (einschränkend *K. Meyer*, abl. *Dencker*, jeweils a. a. O.); 86, 124; *Löwe/Rosenberg (G. Schäfer)* zu § 111 a Rn 86 (wegen des Sicherungscharakters der Maßnahme).
181 *Dencker* ZfS 84, 29.
182 Vgl. *K. Meyer* ZfS 84, 30.
183 So übrigens auch in dem von *Dencker* kritisierten Beschluß des LG Köln.
184 *K. Meyer* ZfS 84, 30.
185 Vgl. *Löwe/Rosenberg (Hilger)* zu § 473 Rn 14; ebenso für erfolgreiche Haftbeschwerde OLG Celle MDR 70, 349;
  a. M. OLG Frankfurt MDR 82, 954 (weil keine abschließende Entscheidung i.S.d. § 464 II StPO) sowie *Kleinknecht/Meyer-Goßner* zu § 464 Rn 11; insoweit offengelassen von OLG Hamm NJW 73, 1515; a. M. hinsichtlich der Auslagenerstattung bei Beschwerde gegen eine Maßnahme nach § 119 III StPO KG JR 76, 297.
186 LG Hamburg NJW 73, 719 – zustimmend *Geppert* in LK zu § 69 Rn 180.

Dagegen erfolgt **keine Auslagenerstattung** nach den Vorschriften der StPO, wenn die Staatsanwaltschaft vor Erhebung der öffentlichen Klage das Ermittlungsverfahren einstellt und der Beschuldigte lediglich erfolgreich den Antrag gestellt hat, von einer Maßnahme nach § 111 a StPO abzusehen, worauf ihm der sichergestellte Führerschein zurückgegeben wurde. Hier wäre eine entsprechende Anwendung des § 473 StPO nicht gerechtfertigt, weil kein Beschwerdeverfahren stattgefunden hat, die StPO aber, soweit über Anträge entschieden wird, die Erstattung von Auslagen des Antragstellers nur für das Rechtsmittel, nicht aber für das erstinstanzliche Verfahren vorsieht.[187] In einem solchen Fall kann sich allerdings die Pflicht zur Auslagenerstattung aus dem StrEG ergeben.[188]

885

---

187 Vgl. LG Hamburg NJW 74, 469.
188 Vgl. hierzu unten Rn 1054 ff., insbesondere Rn 1029.

F. Sicherstellung und Beschlagnahme

Literatur:

Dahs, Unzulässige Einbehaltung des Führerscheins durch die Polizei, in: NJW 1968, 632; *Fritz*, Entzug des Führerscheins durch die Polizei, in: MDR 1967, 723; *Holly*, Zur Frage der Beschlagnahme eines Führerscheins durch Polizei und Staatsanwaltschaft, in: MDR 1972, 747.

I. Rechtsgrundlage für die Führerscheinbeschlagnahme

886 Gem. § 94 I, II StPO sind für die Untersuchung bedeutsame Beweismittel, die nicht freiwillig herausgegeben werden, zu beschlagnahmen. § 94 III StPO bestimmt, daß die Absätze I und II auch für Führerscheine gelten, die der Einziehung unterliegen.[1]

II. Schlichte Sicherstellung

887 Um sog. »schlichte Sicherstellung« handelt es sich, wenn der Betroffene mit der Inverwahrungnahme einverstanden ist.[2]

888 Die schlichte Sicherstellung ist stets zulässig.[3]

III. Beschlagnahme

1. Begriff

889 Um **Beschlagnahme** im Gegensatz zur schlichten Sicherstellung handelt es sich, wenn der Betroffene nicht einverstanden ist.[4]

890 Wirksame Beschlagnahme des Führerscheins setzt **körperliche Wegnahme** der Urkunde voraus. Die bloße Anordnung oder Mitteilung der Beschlagnahme genügt nicht und ist daher nicht geeignet, eine Bestrafung nach § 21 II Nr. 2 StVG zu begründen.[5]

2. Gefahr im Verzug

891 Ein Führerschein darf durch die **Staatsanwaltschaft und ihre Hilfsbeamten** nur beschlagnahmt werden, wenn Gefahr im Verzug ist (§ 98 I StPO).

---

1 Vgl. LK *(Geppert)* zu § 69 Rn 160; vgl. dazu die Amtliche Begründung, Bundestagsdrucksache 7/550 S. 290.
2 Vgl. OLG Köln NJW 68, 666; vgl. hierzu OLG Hamm VRS 47, 201; vgl. auch *Löwe/Rosenberg (G. Schäfer)* zu § 111 a Rn 24, wo von »formloser Sicherstellung« gesprochen wird.
3 Vgl. OLG Stuttgart NJW 69, 760.
4 Vgl. OLG Köln NJW 68, 666; LG Gera NStZ-RR 96, 235.
5 Vgl. OLG Schleswig VRS 34, 460; OLG Stuttgart VRS 35, 138; 79, 303.

Der **Begriff der Gefahr im Verzug** ist, soweit es sich um die Beschlagnahme des 892 Führerscheins durch die Staatsanwaltschaft und ihre Hilfsbeamten handelt, nach h. M. nicht auf die Fälle des § 94 I StPO (Sicherstellung von Beweismitteln) und des § 94 III StPO (Verhinderung einer Vereitelung der Führerscheineinziehung) zu beschränken. Die Beschlagnahme des Führerscheins ist vielmehr nach heute ganz überwiegend vertretener Ansicht auch zulässig, wenn die Gefahr besteht, der Täter werde ohne die Wegnahme des Führerscheins weitere Trunkenheitsfahrten unternehmen oder sonst Verkehrsvorschriften in schwerwiegender Weise verletzen.[6]

Für die herrschende Meinung spricht vor allem die durch das 2. VerkSichG herbei- 893 geführte weitgehende Gleichbehandlung von Führerscheinbeschlagnahme und vorläufiger Fahrerlaubnisentziehung durch das Gesetz:[7] In § 111 a StPO wurde bestimmt, daß die vorläufige Entziehung der Fahrerlaubnis zugleich als Anordnung oder Bestätigung der Beschlagnahme wirkt. Hierdurch wird eine einheitliche Beurteilung der Anordnung der vorläufigen Entziehung und der Anordnung oder Aufrechterhaltung der Beschlagnahme des Führerscheins erreicht, indem der Beschluß über die vorläufige Entziehung die gerichtliche Entscheidung über die Maßnahmen nach § 94 StPO gewissermaßen mit enthält,[8] weswegen auch eine ausdrückliche Anordnung oder Bestätigung der Beschlagnahme im Beschluß nach § 111 a StPO überflüssig ist.[9] In § 42 n (= § 69 a n. F.) IV und VI StGB wurde die Beschlagnahme hinsichtlich der Verkürzung der Mindestsperre der vorläufigen Entziehung gleichgestellt. Das gleiche gilt für die Einrechnung nach § 69 a V 2 (= § 42 n V 2 a. F.) StGB. Diese vom Gesetzgeber vorgenommene Gleichstellung würde weitgehend ins Leere gehen, wollte man den Begriff der Gefahr im Verzug mit der Gegenmeinung so eng auslegen, daß im wesentlichen nur der seltene Fall einer drohenden Führerscheinvernichtung übrigbliebe.[10] Wäre die Beschlagnahme des Führerscheins zur Beseitigung der Gefahr weiterer Straftaten nach § 98 I StPO nicht rechtmäßig, so würde im übrigen das Gericht, wenn es auf den Widerspruch des Beschuldigten die Fahrerlaubnis vorläufig entzieht, angesichts der Regelung des § 111 a III StPO eine rechtswidrige Beschlagnahme bestätigen müssen.[11]

Die hier vertretene Auffassung findet schließlich eine Bestätigung in der seit dem 894 1. Januar 1975 geltenden Neufassung des § 94 III StPO, die die Führerscheine ausdrücklich besonders neben die nach Abs. I der Beschlagnahme unterliegenden Gegenstände stellt.

---

6 Vgl. BGH NJW 69, 1308; OLG Hamm VRS 36, 66; LG Münster NJW 74, 1008; KMR *(Müller)* zu § 111 a Rn 26; *Full/Möhl/Rüth* zu § 111 a StPO Rn 4; *Kleinknecht/Meyer-Goßner* zu § 111 a Rn 15; *Löwe/Rosenberg (G. Schäfer)* zu § 111 a Rn 63; *Seiler*, Diss., S. 38;
  a. M. OLG Köln NJW 68, 666; 69, 441; *Mittelbach* S. 74, 75; *Hruschka* NJW 69, 1310; 69, 1634; *Dahs jun.* NJW 68, 632; *Ehlers* MDR 69, 1023; *Fritz* MDR 67, 723; *Dünnebier*, in: *Löwe/Rosenberg*, 22. Aufl., zu § 111 a Anm. V 3; vgl. hierzu auch *Schweichel* NJW 68, 1486; *Holly* MDR 72, 747.
7 Vgl. BGH NJW 69, 1308; OLG Hamm VRS 36, 66; *Warda* NJW 65, 1; beide Ansichten abl., jedoch ohne eigenen Lösungsvorschlag de lege lata *Kulemeier* S. 311.
8 Vgl. auch *Warda* MDR 65, 1.
9 Vgl. auch *Löwe/Rosenberg (G. Schäfer)* zu § 111 a Rn 55, 59.
10 Vgl. BGH NJW 69, 1308; OLG Hamm VRS 36, 66.
11 So zutreffend BGH NJW 69, 1308; abl. *Hruschka* NJW 69, 1634.

3. Rechtmäßigkeit der Beschlagnahme

895 Die Beschlagnahme ist **rechtmäßig und wirksam,** wenn der Polizeibeamte davon ausgeht, es liege Gefahr im Verzug vor. Es ist Sache des Polizeibeamten, pflichtgemäß darüber zu entscheiden, ob Gefahr im Verzug ist. Ein Irrtum des Polizeibeamten in tatsächlicher oder rechtlicher Hinsicht ist ohne Einfluß auf Rechtmäßigkeit und Wirksamkeit der Beschlagnahme. Seine Erwägungen darüber, ob zur Zeit der Beschlagnahme Gefahr im Verzug war, unterliegen nicht der richterlichen Nachprüfung.[12]

4. Entscheidung nach §§ 98 II, 111 a StPO

896 Die Herbeiführung der richterlichen Bestätigung nach § 98 II (§ 111 a III StPO) ist entbehrlich, wenn der Beschuldigte **keinen Widerspruch** erhebt. Sie würde das Verfahren unnötig verzögern.[13]

897 Ein **Verstoß gegen die Fristbestimmung des** § 98 II StPO ist auf die Rechtswirksamkeit der polizeilichen Beschlagnahme des Führerscheins ohne Einfluß. Dem Gesetz ist nicht zu entnehmen, daß die Wirksamkeit von der Einhaltung der in § 98 II StPO genannten Frist für die richterliche Bestätigung abhängig wäre.[14]

5. Ausländische Führerscheine

898 Ausländische Fahrausweise dürfen **unter den gleichen Voraussetzungen** beschlagnahmt werden wie deutsche Führerscheine, wenn dies zur Verhinderung weiterer Verkehrsstraftaten erforderlich ist. Obwohl nach § 94 III StPO nur Führerscheine beschlagnahmt werden können, die der Einziehung unterliegen, und dieses Erfordernis bei den meisten ausländischen Führerscheinen nicht gegeben ist,[15] gestattet § 111 a VI StPO in der ab 1. 1. 1975 geltenden Fassung unter Bezugnahme auf §§ 94 III, 98 StPO ausdrücklich die Beschlagnahme »bis« zur Eintragung des Vermerks.[16] Ein gültiger ausländischer Führerschein darf auch dann nicht »*als Beweismittel*« gem. § 94 StPO beschlagnahmt werden, wenn er im Inland **nicht (mehr) zum Führen von Kraftfahrzeugen berechtigt** und der Inhaber einer Tat nach § 21 StVG verdächtig ist; denn das Bestehen einer ausländischen Fahrerlaubnis ist für diesen Tatbestand bei solcher Sachlage ohne Bedeutung mit der Folge, daß das Dokument nicht als Beweismittel in Betracht kommt.[17]

---

12 Vgl. OLG Stuttgart NJW 69, 760; OLG Köln NJW 68, 666; RGSt 23, 334; BGH JZ 64, 74 (für die richterliche Anordnung einer Durchsuchung zur Nachtzeit).
13 Vgl. auch *Löwe/Rosenberg (G. Schäfer)* zu § 111 a Rn 65; *Warda* MDR 65, 1; vgl. hierzu auch Rn 855.
14 Vgl. KG VRS 42, 210.
15 Vgl. Rn 811 ff. (837).
16 Vgl. dazu die Amtliche Begründung, Bundestagsdrucksache 7/550 S. 291; näher dazu: *Hentschel*, Meyer-Gedächtnisschrift, S. 808 ff.
17 **A. M.** LG München II DAR 97, 80 (abl. *Ludovisy*).

6. Aufhebung der Beschlagnahme

Ist eine vorläufige Entziehung der Fahrerlaubnis gem. § 111 a StPO nicht erfolgt, der Führerschein jedoch beschlagnahmt worden, und ist gegen das die Maßregel des § 69 StGB anordnende Urteil ausschließlich zugunsten des Angeklagten Revision eingelegt, so ist die Beschlagnahme aufzuheben, wenn nach Verkündung des angefochtenen Urteils eine Zeit verstrichen ist, die der dort angeordneten Sperrfrist entspricht, und keine Anhaltspunkte dafür bestehen, daß bei einer Zurückverweisung nochmals die Maßregel verhängt würde.[18] Die Aufhebung der Beschlagnahme kann durch das Revisionsgericht erfolgen.[19]

---

[18] Vgl. OLG Köln VRS 59, 43; str. für den Fall vorläufiger Fahrerlaubnisentziehung, vgl. dazu Rn 872.
[19] Vgl. OLG Köln VRS 59, 43; zur Zuständigkeit des Revisionsgerichts für die Aufhebung der vorläufigen Entziehung der Fahrerlaubnis vgl. Rn 841 ff.

G. Fahrverbot nach § 44 StGB

Literatur:

Bönke, Das Fahrverbot als Nebenstrafe und Nebenfolge – Aktuelle Reformvorschläge zum Fahrverbot, in: VGT 1997, 208; *Bouska,* Fahrverbot und internationaler Kraftfahrzeugverkehr, in: DAR 1995, 93; *Hentschel,* Gesetzliche Pflicht zur Verhängung symbolischer Fahrverbote?, in: DAR 1978, 102; *derselbe,* Wann beginnt die Frist für das Fahrverbot nach §§ 44 StGB, 25 StVG, wenn amtliche Verwahrung eines Führerscheins aus rechtlichen oder tatsächlichen Gründen nicht möglich ist?, in: DAR 1988, 156; *Karl,* Fahrverbot aufgrund verschiedener Verfahren, in: NJW 1987, 1063; *Königbauer/Birner,* Fristbeginn beim Fahrverbot, in: Rpfleger 1991, 491; *Kulemeier,* Fahrverbot (§ 44 StGB) und Entzug der Fahrerlaubnis (§§ 69 ff. StGB), Lübeck 1991; *Martzloff,* Vollstreckung eines gerichtlichen Fahrverbots bei gleichzeitiger behördlicher Entziehung der Fahrerlaubnis, in: DÖV 1985, 233; *D. Meyer,* Erhöhung des Tagessatzes als »Ausgleich« für den Wegfall eines an sich gebotenen Fahrverbots in der Rechtsmittelinstanz?, in: DAR 1981, 33; *Molketin,* Fahrverbot wegen fahrlässiger Tötung im Straßenverkehr – stets eine Notwendigkeit?, in: MDR 1982, 896; *Mürbe,* Vollstreckungsaufschub und Vollstreckungsunterbrechung bei der Anordnung eines Fahrverbots?, in: DAR 1983, 45; *Rüth/Berr,* Das Fahrverbot, in: KVR, Stichwort »Fahrverbot; Erläuterungen 1«; *Schäpe,* Probleme der Praxis bei der Vollstreckung von Fahrverboten, in: DAR 1998, 10; *Schulz,* Wegfall des Fahrverbots aufgrund Zeitablaufs, in: ZfS 1998, 361; *Seib,* Zur Vollstreckung des Fahrverbots bei behauptetem Führerscheinverlust, in: DAR 1982, 283; *Warda,* Das Fahrverbot gemäß § 37 StGB, in: GA 1965, 65.

I. Rechtsnatur

900 Das Fahrverbot ist eine **Nebenstrafe**.[1] In der Amtlichen Begründung zum 2. VerkSichG heißt es hierzu:[2]

»Die Vorschrift nimmt einen im Rahmen der Reform des allgemeinen Strafrechts erarbeiteten Vorschlag vorweg (vgl. § 58 E 1962). Sie sieht als neue Nebenstrafe das dem Täter neben der Hauptstrafe aufzuerlegende Verbot vor, Kraftfahrzeuge jeder oder einer bestimmten Art für die Dauer von einem Monat bis zu drei Monaten zu führen (Fahrverbot)... Der Entwurf hat das Fahrverbot als Nebenstrafe ausgestaltet, weil bei dieser Rechtsform am ehesten sachgemäße Grundsätze für seine Verhängung und die Bemessung der Verbotsfrist herausgearbeitet werden können... Die Rechtsnatur des Fahrverbots als einer Nebenstrafe wird dadurch zweifelsfrei herausgearbeitet, daß es in den Abschnitt ›Strafen‹[3] eingestellt und ausdrücklich nur neben Freiheitsstrafe oder Geldstrafe zugelassen wird. Gegenüber Jugendlichen kann es jedoch auch neben Erziehungsmaßregeln und Zuchtmitteln verhängt werden. Das ergibt sich aus § 8 Abs. 3 des Jugendgerichtsgesetzes.«

---

1 Vgl. BGH NJW 72, 1332; OLG Stuttgart DAR 98, 153; OLG Köln DAR 91, 112; 99, 87; OLG Düsseldorf NZV 93, 76; vgl. hierzu *Hartung* NJW 65, 86; *Cramer* NJW 68, 1764; *Warda* GA 65, 65.
2 Bundestagsdrucksache IV/651 S. 12, 13.
3 Das Fahrverbot war bis zum 31. Dezember 1974 in § 37 in dem Abschnitt »Strafen« geregelt. Entsprechend seiner Rechtsnatur hat es in der neuen Fassung des Allgemeinen Teils des StGB seinen Platz im dritten Abschnitt wieder unter dem Titel »Strafen« gefunden.

Als Nebenstrafe unterliegt das Fahrverbot den **allgemeinen Strafzumessungsregeln.**[4]

II. Verfahren

1. Zulässigkeit der Verhängung eines Fahrverbots

a) im beschleunigten Verfahren (§ 417 StPO)

Das Fahrverbot ist unter den Strafen und Maßnahmen, auf die nach § 417 I 2 StPO 901 nicht im beschleunigten Verfahren erkannt werden darf, nicht genannt. Die Verhängung des Fahrverbots im beschleunigten Verfahren ist somit zulässig.

b) im Abwesenheitsverfahren (§ 232 StPO)

Findet die **Hauptverhandlung** nach § 232 StPO **ohne den Angeklagten** statt, so 902 kann auf Fahrverbot erkannt werden, ohne daß auf diese Möglichkeit in der Ladung besonders hingewiesen werden muß (vgl. § 232 I 1, 3 StPO).

c) bei Entbindung von der Pflicht zum Erscheinen (§ 233 StPO)

Ist der Angeklagte von der Verpflichtung zum Erscheinen in der Hauptverhand- 903 lung entbunden, so kann auch die Nebenstrafe des § 44 StGB verhängt werden. Das Fahrverbot ist in § 233 I 1 StPO ausdrücklich erwähnt.

d) durch Strafbefehl (§ 407 II Nr. 1 StPO)

Daß das Fahrverbot durch Strafbefehl angeordnet werden kann, erwähnt § 407 II 904 Nr. 1 StPO ausdrücklich.

e) im vereinfachten Jugendverfahren (§ 76 JGG)

Auch im vereinfachten Jugendverfahren kann auf Fahrverbot erkannt werden 905 (vgl. § 76 S. 1 JGG).

2. Hinweispflicht nach § 265 StPO

Die Verhängung eines Fahrverbots nach § 44 StGB bedarf des vorherigen **Hinwei-** 906 **ses nach § 265 StPO**. Angesichts des Wortlauts des § 265 II StPO, der von Umständen spricht, die die Strafbarkeit erhöhen oder die Anordnung einer Maßregel der Besserung und Sicherung rechtfertigen, könnte dies zweifelhaft sein. Der Zweck des § 265 StPO, der den Angeklagten vor Überraschungen schützen will, erfordert aber die Hinweispflicht auch bei der Nebenstrafe des Fahrverbots, weil nicht ihre Rechtsnatur als Nebenstrafe für die Frage entscheidend ist, in welcher

---

4 Vgl. OLG Köln NZV 92, 159; DAR 92, 152; 99, 87; OLG Düsseldorf NZV 93, 76; *Lackner/Kühl* zu § 44 Rn 6; *Kulemeier* S. 75.

Weise der Angeklagte durch ihre Verhängung belastet wird, sondern ihre tatsächliche Wirkung. Nicht nur die Möglichkeit der Anordnung einer Maßregel der Besserung und Sicherung, sondern auch die der Verhängung eines Fahrverbots unterliegt daher der Hinweispflicht des § 265 StPO.[5]

907 Die Hinweispflicht entfällt, wenn der Angeklagte auf die Möglichkeit der **Entziehung der Fahrerlaubnis** hingewiesen worden ist. Denn diese ist einschneidender als das Fahrverbot. Der Angeklagte kann also seine Verteidigung auf diese Maßnahme einstellen. Die Überraschung, vor der er durch § 265 StPO geschützt werden soll, tritt dann nicht ein, wenn statt der Maßregel nur das Fahrverbot verhängt wird.[6]

III. Voraussetzungen für die Anordnung eines Fahrverbots

1. Verurteilung zu Freiheits- oder Geldstrafe

a) Unzulässigkeit bei Freispruch und Absehen von Strafe

908 Das Fahrverbot kann **nur neben Freiheits- oder Geldstrafe** verhängt werden (§ 44 I StGB). Anders als die Maßregel des § 69 StGB kann es also nicht bei **Freispruch** wegen (nicht auszuschließender) Schuldunfähigkeit oder bei **Absehen von Strafe** (§ 60 StGB) ausgesprochen werden, denn als Strafe muß es zusammen mit der Hauptstrafe die Schuld des Täters zur Grundlage haben, als Nebenstrafe setzt es begrifflich eine Hauptstrafe voraus.[7]

b) Unzulässigkeit neben Verwarnung mit Strafvorbehalt (§ 59 III StGB)

909 Da nach § 44 I StGB zur Verhängung eines Fahrverbots die Verurteilung zu Freiheits- oder Geldstrafe Voraussetzung ist, kann es neben der **Verwarnung mit Strafvorbehalt** nicht angeordnet werden (vgl. § 59 III StGB).[8] Der von *Schöch*[9] für die gegenteilige Ansicht herangezogene Vergleich mit der Strafaussetzung zur Bewährung überzeugt nicht, weil diese eine *Verurteilung* zu Freiheitsstrafe voraussetzt, während bei § 59 StGB eine solche eben gerade unterbleibt (Abs. I Nr. 1:

---

5 Vgl. OLG Hamm VRS 41, 100; OLG Düsseldorf VM 73, 14 Nr. 16; OLG Celle VRS 54, 268 (270); *Rüth/Berr*, KVR, Fahrverbot, S. 46; LK *(Geppert)* zu § 44 Rn 96; *Löwe/Rosenberg (Gollwitzer)*, 22. Aufl., zu § 265 Anm. 3 e; *Kleinknecht*, 34. Aufl., zu § 265 Rn 7; vgl. auch BayObLG DAR 79, 51, das die Frage zwar grundsätzlich offenläßt, den Hinweis aber jedenfalls dann verlangt, wenn die Verhängung eines Fahrverbots bisher von keiner Seite angesprochen war und der Angeklagte deshalb durch die Anordnung des Fahrverbots überrascht würde;
a. M. OLG Saarbrücken OLGSt zu § 265 StPO S. 15 (17); KG VRS 53, 42; *Janiszewski* Rn 667; *K. Meyer* JR 71, 518; *Kleinknecht/Meyer-Goßner* zu § 265 Rn 24; gegen das Erfordernis eines förmlichen Hinweises jedenfalls in Fällen, in denen der Staatsanwalt ein Fahrverbot beantragt hat: OLG Koblenz NJW 71, 1472 mit zust. Anm. *Händel*.
6 Vgl. OLG Düsseldorf VM 73, 14 Nr. 16; OLG Celle VRS 54, 268;
a. M. *Rüth/Berr*, KVR, Fahrverbot, S. 46; LK *(Geppert)* zu § 44 Rn 96.
7 Vgl. hierzu OLG Hamburg DAR 65, 215; *Hartung* NJW 65, 86; *Warda* MDR 65, 1; GA 65, 65 (68); *Rüth/Berr*, KVR, Fahrverbot, S. 5.
8 Vgl. BayObLG VRS 62, 264; OLG Stuttgart NZV 94, 405; *Tröndle/Fischer* zu § 59 Rn 2 a; *Janiszewski* Rn 694; *Kulemeier* S. 74.
9 *Schöch* JR 78, 74.

»auch ohne Verurteilung zur Strafe«).[10] Für die h. M. spricht im übrigen auch die Tatsache, daß das Fahrverbot in Abs. III nicht ausdrücklich genannt ist. Priorität kommt in solchen Fällen immer der Frage zu, ob Verwarnung mit Strafvorbehalt möglich und gerechtfertigt ist. Hat das Gericht diese Frage bejaht, so darf es nicht, weil es ein Fahrverbot verhängen will, von dieser Möglichkeit absehen.[11] Umgekehrt ist nur zu verfahren, wenn zu prüfen ist, ob eine Entziehung der Fahrerlaubnis in Betracht kommt; dann hat die Prüfung der Maßregel den Vorrang mit der Folge, daß, wenn die Maßregel erforderlich ist, die Möglichkeit des § 59 StGB ausscheidet.[12] Nicht möglich ist es, den Angeklagten zu verwarnen und neben der Verurteilung zu der gleichzeitig zu bestimmenden Geldstrafe auch **ein Fahrverbot vorzubehalten**. Dem Wortlaut des § 59 I 1 StGB ist vielmehr zu entnehmen, daß nur die Verurteilung zu der verwirkten Geldstrafe vorbehalten werden darf.[13] Ist ein Fahrverbot fehlerhaft neben Verwarnung mit Strafvorbehalt angeordnet worden, so führt ein zugunsten des Angeklagten eingelegtes Rechtsmittel auch dann zur Aufhebung des Fahrverbots, wenn dessen Voraussetzungen im übrigen vorliegen, aber die Erfordernisse für die Anwendung von § 59 StGB nicht gegeben sind. Gegen das in einem Urteil des BayObLG[14] für den gegenteiligen Standpunkt angeführte Argument, sachlich-rechtlich fehlerhaft sei nicht das Fahrverbot, sondern die Verwarnung mit Strafvorbehalt, das Verschlechterungsverbot solle nicht zu einer ungerechtfertigten Vergünstigung des Angeklagten führen, wendet sich überzeugend *Meyer-Goßner,*[15] indem er darauf hinweist, daß eine Rechtsfolge nicht bestehenbleiben darf, wenn deren Voraussetzungen (hier: Verurteilung zu Strafe) – sei es auch aufgrund fehlerhafter Entscheidung durch den Tatrichter – nicht gegeben sind.

c) Unzulässigkeit bei Anwendung von § 27 JGG

Entgegen einer im Schrifttum zum Teil vertretenen Auffassung[16] kann auf Fahrverbot nicht erkannt werden, wenn das Gericht **nach § 27 JGG lediglich die Schuld feststellt**.[17] Es fehlt dann an dem Erfordernis des § 44 StGB, daß der Angeklagte »zu einer Freiheitsstrafe oder einer Geldstrafe verurteilt« wurde. *Cramer*[18] macht geltend, wenn die Möglichkeit des Fahrverbots im Rahmen des § 27 JGG verneint werde, so könne der Richter zwar die Weisung erteilen, an einem Verkehrsunterricht teilzunehmen, nicht aber ein Fahrverbot aussprechen, um im Interesse des Jugendlichen und der Allgemeinheit Vorsorge zu treffen, daß der

---

10 Vgl. auch *Schönke/Schröder/Stree* zu § 59 Rn 1.
11 **A. M.** offenbar OLG Stuttgart NZV 94, 305.
12 Vgl. Rn 598.
13 Vgl. BayObLG NJW 76, 301; *Tröndle/Fischer* zu § 59 Rn 2 a.
14 BayObLG VRS 62, 264.
15 *Meyer-Goßner* NStZ 82, 258.
16 Vgl. z. B. *Stree,* in: *Schönke/Schröder* zu § 44 Rn 9; *Lackner/Kühl* zu § 44 Rn 5 sowie JZ 65, 92 (95); *Cramer* zu § 44 StGB Rn 34; ebenso LG Aachen 61 Ns/20 Js 924/85 im Wege der (verbotenen!) Analogie wegen bestehender »Regelungslücke«.
17 Vgl. auch *Tröndle/Fischer* zu § 44 StGB Rn 2; *Eisenberg* zu § 27 Rn 20; *Mühlhaus/Janiszewski* zu § 44 StGB Rn 15; *Full/Möbl/Rüth* zu § 44 StGB Rn 4; LK *(Geppert)* zu § 44 Rn 12; *Janiszewski* Rn 643, 666; *Seiler,* Diss., S. 88 Fn. 2; *Kulemeier* S. 82.
18 *Cramer* zu § 44 StGB Rn 34.

Jugendliche so lange sein Fahrzeug nicht benutzt, bis er durch den Verkehrsunterricht für eine Teilnahme am Verkehr gewappnet sei; diese Konsequenzen könnten vom Gesetz nicht gewollt sein. Dies mag unbefriedigend sein, mit dem Gesetz allerdings ist die geschilderte Auffassung kaum vereinbar.[19] Die Feststellung *Lackners*,[20] die Nebenstrafe sei auch neben Erziehungsmaßregeln, Zuchtmitteln und Jugendstrafe zulässig, dazu gehöre auch der Schuldspruch nach § 27 JGG, überzeugt nicht.[21] Beschränkt sich der Richter auf die Schuldfeststellung, so fehlt es damit am Ausspruch einer Hauptstrafe, so daß auch die Nebenstrafe nicht verhängt werden kann.[22] Zutreffend hat *Potrykus*[23] in anderem Zusammenhang darauf hingewiesen, daß das Gesetz in § 27 JGG nur die Feststellung der Schuld des Angeklagten gestattet, dagegen jegliche Ahndung dieser Schuld ausschließt und diese eventuell der Schlußentscheidung (§ 30 JGG) überläßt und daß die Zulassung einer Ahndung im Schuldspruch die Grenze zwischen Schuld- und Strafausspruch verwischen würde. Da das Fahrverbot aber nicht als Maßregel der Besserung und Sicherung behandelt werden darf,[24] sondern eben eine Nebenstrafe ist, wäre seine Verhängung eine dem Schuldspruch fremde Ahndung der nach § 27 JGG festgestellten Schuld.

d) Zulässigkeit neben Erziehungsmaßregel und Zuchtmittel

911 Obwohl § 44 I StGB als Voraussetzung für das Fahrverbot die Verurteilung zu Freiheits- oder Geldstrafe nennt, ist seine Anordnung auch neben **Erziehungsmaßregeln** und **Zuchtmitteln** zulässig.[25] Das folgt aus § 8 III JGG. Hiervon geht auch die Amtliche Begründung zum 2. VerkSichG aus.[26]

2. »Zusammenhang mit dem Führen eines Kraftfahrzeuges«

912 Soweit § 44 StGB die Verhängung des Fahrverbots davon abhängig macht, daß die Straftat »**im Zusammenhang« mit dem Führen eines Kraftfahrzeuges**« begangen ist, gelten die gleichen Grundsätze wie bei § 69 StGB.[27] Auch das Fahrverbot setzt nicht voraus, daß das Kraftfahrzeug im öffentlichen Straßenverkehr geführt wurde.[28] Auf die entsprechenden Ausführungen unter A IV. 1., 2. (Rn 577 ff.) wird Bezug genommen.

---

19 Vgl. auch *Warda* GA 65, 65 (68); *Rüth/Berr,* KVR, Fahrverbot, S. 6.
20 *Lackner* JZ 65, 92 (95).
21 Vgl. *Potrykus* JR 61, 407.
22 Vgl. auch *Rüth/Berr,* KVR, Fahrverbot, S. 6.
23 *Potrykus* JR 61, 407.
24 Darauf läuft das Beispiel *Cramers* (zu § 37 StGB Rn 34) hinaus!
25 Vgl. auch *Hartung* NJW 65, 86; *Warda* GA 65, 65 (68); *Lackner* JZ 65, 92 (95); *Rüth/Berr,* KVR, Fahrverbot, S. 5.
26 Vgl. Bundestagsdrucksache IV/651, S. 13.
27 Vgl. auch *Warda* GA 65, 65 (67); *Rüth/Berr,* KVR, Fahrverbot, S. 9; vgl. hierzu oben Rn 13 ff.; vgl. auch die Amtliche Begründung zum 2. VerkSichG, Bundestagsdrucksache IV/651, S. 13: »Wegen der Auslegung der einzelnen Merkmale dieser Voraussetzung kann auf die Rechtsprechung und das Schrifttum zu § 42 m StGB verwiesen werden.«
28 Vgl. LG Stuttgart NZV 96, 213 (krit. Anm. *Janiszewski* NStZ 96, 587).

3. Verletzung der Pflichten eines Kraftfahrzeugführers

Hinsichtlich der Alternative »Verletzung der Pflichten eines Kraftfahrzeugführers« in § 44 StGB kann auf das zu § 69 StGB Gesagte verwiesen werden, vgl. A IV. 3. (Rn 595).

4. Notwendigkeit der Anordnung zur Erreichung des Strafzwecks

Voraussetzung für die Verhängung des Fahrverbots ist, daß es **neben der Strafe** erforderlich ist, um den Strafzweck zu erreichen. Das heißt, es muß feststehen, daß der mit dieser Nebenstrafe angestrebte Erfolg mit der Hauptstrafe allein – auch mit erhöhter Geldstrafe[29] – nicht erreicht werden kann, sondern erst durch den zusätzlichen »Denkzettel« des Fahrverbots.[30] Dabei dürfen Leugnen der Tat und prozessual zulässige Versuche, eine Ahndung abzuwenden, nicht als Uneinsichtigkeit gewürdigt werden, um daraus die Notwendigkeit der Anordnung der Nebenstrafe herzuleiten.[31]

a) Spezialprävention

Das Fahrverbot ist überwiegend spezialpräventiv und hat im wesentlichen **Warnfunktion**. Es soll auf **nachlässige** oder **leichtsinnige** Kraftfahrer einwirken, die in Gefahr sind, ohne Warnung durch ein Fahrverbot in Zukunft erneut gegen verkehrsrechtliche Vorschriften zu verstoßen, und die eines nachdrücklichen Anrufs bedürfen, um zur Beachtung der Verkehrsregeln angehalten zu werden.[32] Auch das Verhalten des Täters nach der Tat kann von Bedeutung sein.[33] Liegt die Tat mehrere Jahre zurück, so wird es der zusätzlichen Einwirkung auf den Täter durch ein Fahrverbot oft nicht mehr bedürfen.[34] Dies wird aber (auch im Hinblick auf die Regelung in § 44 I 2 StGB) nicht i.d.R. schon nach Ablauf von 1 Jahr anzunehmen sein.[35] Auch werden die Gründe für die lange Dauer des Verfahrens eine wesentliche Rolle spielen. Von Bedeutung bei der Prüfung der spezialpräventiven Wirkung, aber auch der Verhältnismäßigkeit eines zu verhängenden Fahrverbots, ist auch die Frage, wie hart die Nebenstrafe den Angeklagten treffen würde.[36] Ein kurzes Fahrverbot wird einen Berufskraftfahrer regelmäßig stärker belasten als

---

29 Vgl. OLG Köln NZV 92, 159; 96, 286; OLG Stuttgart DAR 98, 153.
30 Vgl. BGH NJW 72, 1332; OLG Stuttgart DAR 99, 180; OLG Düsseldorf NZV 93, 76; OLG Köln DAR 92, 152; NZV 96, 286; OLG Bremen DAR 88, 389; OLG Saarbrücken VRS 37, 310; OLG Braunschweig VRS 31, 104.
31 Vgl. OLG Köln DAR 99, 87.
32 Vgl. BVerfG NJW 69, 1623; BayObLG VRS 58, 362; OLG Stuttgart DAR 98, 153; OLG Düsseldorf VRS 68, 262; NZV 93, 76; OLG Braunschweig VRS 31, 104; OLG Hamburg DAR 65, 215; *Hartung* NJW 65, 86; *Cramer* NJW 68, 1764; *Warda* GA 65, 65 (72, 73); *Bode* DAR 70, 57; vgl. auch Amtliche Begründung, Bundestagsdrucksache IV/651 S. 9 ff.
33 Vgl. OLG Düsseldorf NZV 93, 76.
34 Vgl. OLG Düsseldorf VRS 68, 262 (nach 5 Jahren nur bei Vorliegen ganz besonderer Umstände); NZV 93, 76; OLG Stuttgart DAR 99, 180 (3 Jahre nach der Tat); anders aber LG Stuttgart NZV 93, 412 nach 2¼ Jahren; LG Koblenz NStZ-RR 96, 117 (in einem Fall besonders schwerwiegender Tätlichkeit).
35 So aber *Schulz* ZfS 98, 361 (363).
36 Vgl. OLG Stuttgart DAR 99, 180.

ein die Höchstfrist ausschöpfendes Fahrverbot einen privaten Gelegenheitsfahrer.[37]

b) Generalprävention

916 Obwohl bei der Verhängung des Fahrverbots spezialpräventive Zwecke im Vordergrund stehen, kann auch der Strafzweck der **Generalprävention** berücksichtigt werden.[38] Denn, da das Fahrverbot eine Nebenstrafe ist, unterliegt es den gleichen allgemeinen Voraussetzungen wie die Hauptstrafe,[39] insbesondere gelten die allgemeinen Strafzumessungsregeln.[40] Vor allem die ältere Rechtsprechung hat vereinzelt Bedenken gegen die Berücksichtigung auch generalpräventiver Gesichtspunkte erhoben und teilweise angenommen, die Nebenstrafe diene ausschließlich[41] oder doch nahezu ausschließlich[42] spezialpräventiven Zwecken. Ausdrücklich offengelassen wird die Frage von *Warda*,[43] der auf die allgemeine Problematik zu der Frage verweist, ob die strafschärfende Verwertung des Gedankens der Allgemeinabschreckung überhaupt zulässig ist. Mit überzeugender Begründung hat das BayObLG die Verwertbarkeit generalpräventiver Gesichtspunkte bei der Verhängung des Fahrverbots in seinem Urteil vom 17. 1. 1967[44] bejaht: Zu den Zwecken staatlichen Strafens gehöre auch die Notwendigkeit, andere von der Begehung gleichartiger Taten abzuschrecken; dies gelte für Nebenstrafen wie für Hauptstrafen; denn der Unterschied zwischen beiden sei nur, daß die Hauptstrafe allein, die Nebenstrafe dagegen nur neben einer Hauptstrafe verhängt werden könne; eine besonders wichtige Rolle spiele die Notwendigkeit, andere abzuschrecken, im Straßenverkehr bei solchen Straftaten, die zu den häufigsten Ursachen schwerer Verkehrsunfälle gehörten. Zutreffend weist das BayObLG darauf hin, daß gerade die Nebenstrafe des Fahrverbots oft mehr als die Hauptstrafe geeignet ist, auf andere leichtsinnige Kraftfahrer abschreckend zu wirken.

c) Umfang der Pflichtverletzung

917 Im Hinblick auf die Tatsache, daß das Fahrverbot ein zu der Hauptstrafe hinzutretendes, von dem Betroffenen meist als einschneidend empfundenes Strafübel ist,[45] wird es in der Regel nur dann neben der Strafe zur Erreichung des Strafzwecks erforderlich sein, wenn es sich um eine **Pflichtverletzung von einigem Ge-**

---

37 Vgl. OLG Celle VRS 62, 38.
38 Vgl. BayObLG MDR 67, 510; OLG Hamm DAR 88, 280; *Janiszewski* DAR 70, 85; *Bode* DAR 70, 57; *Baumann* DAR 66, 311 (318); LK (*Geppert*) zu § 44 Rn 30; Schönke/Schröder/Stree zu § 44 Rn 1; *Janiszewski* Rn 650 sowie DAR 70, 85; *Bode* DAR 70, 57; *Baumann* DAR 66, 311 (318);
a. M. OLG Köln NZV 96, 286 (Anm. *Hentschel*).
39 Vgl. OLG Saarbrücken VRS 37, 310.
40 Vgl. oben Rn 900.
41 Vgl. OLG Hamm NJW 71, 1190.
42 Vgl. OLG Bamberg VRS 31, 104.
43 *Warda* GA 65, 65 (S. 74 Fn. 17).
44 BayObLG MDR 67, 510.
45 Vgl. auch *Warda* GA 65, 65 (74).

wicht[46] und bei dem Angeklagten um einen **leichtsinnigen** oder **sonst pflichtvergessenen** Kraftfahrer[47] handelt. Trotz im Einzelfall verursachter schwerer Unfallfolgen sind diese Voraussetzungen dann nicht erfüllt, wenn dem Unfallgeschehen ein Fahrfehler zugrunde liegt, der keinen Schluß auf Leichtsinn oder Pflichtvergessenheit zuläßt.[48] Das Fahrverbot wird insbesondere bei schwerwiegenden Verkehrsverstößen in Betracht kommen, die häufig Ursache für schwere Unfälle sind,[49] sowie in Fällen der Unfallflucht, weil der Kraftfahrer bei diesem Vergehen durch seine Verantwortungslosigkeit und Rücksichtslosigkeit gegenüber dem anderen Unfallbeteiligten besonders deutlich zeigt, daß ihm die rechtstreue Gesinnung fehlt, die im motorisierten Straßenverkehr unerläßlich ist.

Dagegen setzt das Fahrverbot nach § 44 StGB nicht voraus, daß der Täter die Verkehrsvorschriften **wiederholt und hartnäckig** mißachtet oder – im Falle einer einmaligen Zuwiderhandlung – sich **besonders verantwortungslos** verhalten hat.[50] Im Gegensatz zu § 25 StVG, der die Verhängung des Fahrverbots bei Ordnungswidrigkeiten regelt, enthält § 44 StGB nichts, was auf ein derartiges Erfordernis schließen ließe. Aus der Amtlichen Begründung folgt, daß der Gesetzgeber bewußt auf eine entsprechende Einschränkung verzichtet hat, indem er es unterließ, das Fahrverbot »an enge Voraussetzungen«[51] zu knüpfen, vielmehr erreichen wollte, daß es schon zulässig ist, »wenn es nach dem Sachverhalt sinnvoll ist, dem Täter eine solche fühlbare Warnung zu erteilen«.[52] Daß die Anforderungen an das Fahrverbot nach § 25 StVG vom Gesetz strenger ausgestaltet wurden, beruht auf dem geringeren Unrechtsgehalt der Ordnungswidrigkeiten. Es besteht daher kein Anlaß, diese engeren Voraussetzungen des § 25 StVG über den Wortlaut des § 44 StGB hinaus auf das Fahrverbot nach § 44 StGB zu übertragen.[53] Zu Unrecht beruft sich ein Urteil des OLG Hamm[54] für den gegenteiligen Standpunkt auf den Beschluß des BVerfG vom 16. 7. 1969,[55] denn die dort vom BVerfG im Hinblick auf den Grundsatz der Verhältnismäßigkeit geforderten Voraussetzungen für die Verhängung eines Fahrverbots betreffen ausschließlich das Fahrverbot des § 25 StVG.[56] Die in dem genannten Urteil des OLG Hamm vertretene Ansicht, nur bei wiederholter, hartnäckiger Mißachtung der Verkehrsvorschriften oder besonders verantwortungslosem Verhalten des Angeklagten dürfe nach § 44 StGB ein Fahr-

---

46 Vgl. OLG Koblenz NJW 69, 282; VRS 36, 93; 47, 416; OLG Celle NJW 68, 1101; OLG Frankfurt DAR 70, 250; OLG Saarbrücken VRS 37, 310; OLG Hamburg DAR 65, 215; *Warda* GA 65, 65 (74); MDR 65, 1;
a. M. *Tröndle/Fischer* zu § 44 Rn 2; *Janiszewski* Rn 651. S. auch LK *(Geppert)* zu § 44 Rn 7.
47 Vgl. BVerfG NJW 69, 1623; OLG Düsseldorf VRS 68, 262; OLG Koblenz NJW 69, 282; VRS 36, 93; OLG Celle NJW 68, 1101; OLG Frankfurt DAR 70, 250; OLG Hamm DAR 69, 187; *Warda* GA 65, 65 (73); MDR 65, 1; vgl. auch die Amtliche Begründung, Bundestagsdrucksache IV/651 S. 13.
48 Vgl. LG Düsseldorf r + s 82, 44 (fahrlässige Tötung); vgl. auch *Molketin* MDR 82, 896.
49 Vgl. auch *Bode* DAR 70, 57; *Lackner* JZ 65, 92 (95).
50 Vgl. BGH NJW 72, 1332; OLG Koblenz VRS 47, 97.
51 Bundestagsdrucksache IV/651, S. 13.
52 Bundestagsdrucksache IV/651, S. 13.
53 Vgl. OLG Oldenburg VRS 42, 193.
54 OLG Hamm NJW 71, 1190.
55 BVerfG NJW 69, 1623.
56 Vgl. auch BGH NJW 72, 1332.

verbot verhängt werden, würde zu einer vom Gesetz nicht gewollten und nicht zum Ausdruck gebrachten Einschränkung des Anwendungsbereichs des § 44 StGB führen und diesen weitgehend bedeutungslos machen.[57]

d) Wiederholte geringfügige Zuwiderhandlungen

919 Zwar setzt das Fahrverbot in der Regel – wenn auch nicht besonders verantwortungsloses Verhalten – Pflichtverletzungen von einigem Gewicht voraus. Es kann aber auch bei **geringfügigen Zuwiderhandlungen** dann verhängt werden, wenn es sich um mehrfache Verstöße handelt und durch die Wiederholung die Neigung des Angeklagten zu bewußter Mißachtung der Verkehrsvorschriften oder eine besonders nachlässige Pflichtauffassung und Gleichgültigkeit gegenüber den Rechten anderer Verkehrsteilnehmer hervorgetreten ist.[58]

IV. Die Regelfälle des § 44 I 2 StGB

920 § 44 I 2 StGB engt den Ermessensspielraum des Gerichts stark ein,[59] indem er bestimmt, daß ein Fahrverbot in der Regel anzuordnen ist, wenn in den Fällen einer Verurteilung nach § 315 c I Nr. 1 a, III oder § 316 StGB die Entziehung der Fahrerlaubnis nach § 69 StGB unterbleibt. Die Bestimmung gilt nicht auch in Fällen des § 315 c I Nr. 1 b (Fahrunsicherheit aufgrund geistiger oder körperlicher Mängel).[60] Ähnlich wie die in § 69 II StGB aufgeführten Taten die Ungeeignetheit des Täters zum Führen von Kraftfahrzeugen indizieren,[61] **indiziert § 44 I 2 StGB die Erforderlichkeit** eines Fahrverbots zur Erreichung des Strafzwecks neben der Hauptstrafe. Die oben unter A IV. 5. i) (Rn 622 ff.) geschilderten Grundsätze gelten daher hier entsprechend. Zur Verhängung des Fahrverbots im Falle des § 44 I 2 StGB genügt also die Feststellung, daß der Angeklagte des Vergehens nach § 315 c I Nr. 1 a, III oder § 316 StGB schuldig ist, ohne daß die Fahrerlaubnis entzogen wurde. Einer Begründung im Urteil, daß die Hauptstrafe allein zur Erreichung des Strafzwecks nicht ausreicht, sondern daß darüber hinaus die Verhängung eines Fahrverbots erforderlich war, bedarf es nicht.[62] Nur wenn besondere Umstände eine Ausnahme rechtfertigen, kann von dem Fahrverbot abgesehen werden. Drängen sich keine Gründe für die Rechtfertigung einer Ausnahme auf, so genügt es, wenn die Urteilsgründe die Feststellung enthalten, daß der Regelfall vorliegt. Dagegen ist im Falle des § 44 I 2 StGB das Absehen von der Verhängung eines Fahrverbots im Urteil besonders zu begründen.[63]

921 Unterschiedliche Meinungen werden zu der Frage vertreten, ob das Regelfahrverbot des § 44 I 2 StGB auch dann anzuordnen ist, wenn die Entziehung der Fahrerlaubnis nur deswegen unterbleibt, weil der Zweck der Maßregel bereits durch

---

57 Vgl. BGH NJW 72, 1332.
58 Vgl. auch *Warda* GA 65, 65 (75); MDR 65, 1; *Bode* DAR 70, 57; *Lackner* JZ 65, 92 (95).
59 Vgl. OLG Frankfurt VM 77, 31 (32); *Tröndle/Fischer* zu § 44 Rn 3.
60 Vgl. *Lackner/Kühl* zu § 44 Rn 7.
61 Vgl. Rn 622.
62 Vgl. OLG Köln DAR 91, 112; *Rüth/Berr,* KVR, Fahrverbot, S. 24.
63 Vgl. OLG Frankfurt VM 77, 31 Nr. 40.

die Dauer vorläufiger Führerscheinmaßnahmen (Beschlagnahme des Führerscheins, vorläufige Entziehung der Fahrerlaubnis) als erreicht anzusehen ist.[64] Nach herrschender Meinung,[65] insbesondere auch nach Auffassung des BGH,[66] kann die Annahme eines Regelfalles i.S.d. § 44 I 2 StGB nur bei Vorliegen besonderer Tat- oder Täterumstände verneint werden. Die Tatsache, daß ein Fahrverbot infolge von Anrechnung (§ 51 I, V StGB) als verbüßt anzusehen wäre, rechtfertige daher ein Absehen von der Verhängung des Fahrverbots in Fällen des § 44 I 2 StGB nicht. Die Rechtslage sei nicht anders, als wenn der Richter nach längerer Untersuchungshaft des Angeklagten schließlich eine Strafe verhänge, die die Dauer der Untersuchungshaft nicht erreiche. Eine wirksame Mahnung zur künftigen Beachtung der Gesetze und eine rechtlich begründete Warnung gehe nicht von einer *vorläufigen* Maßnahme, sondern nur von einer *endgültigen* Sanktionsfeststellung aus. Schließlich sei die Eintragung des Fahrverbots im Bundeszentralregister für die Strafzumessung im Wiederholungsfall wichtig.

Praxisgerechter sowie Sinn und Zweck des § 44 I 2 StGB eher entsprechend erscheint demgegenüber die Auffassung, wonach in derartigen Fällen ein dann **nur symbolisches Fahrverbot** nicht verhängt werden muß.[67] Zweck der Vorschrift des § 44 I 2 StGB ist es sicherzustellen, daß der Angeklagte in Fällen von Trunkenheitsstraftaten nach §§ 315 c I Nr. 1 a (III), 316 StGB, wenn schon keine Entziehung der Fahrerlaubnis erfolgt, wenigstens durch ein Fahrverbot gewarnt wird. Dieses Ziel ist jedoch in dem hier erörterten Fall bereits durch die vorläufigen Führerscheinmaßnahmen erreicht. Ein Fahrverbot könnte angesichts der Tatsache, daß es gem. § 51 I, V StGB nicht mehr vollstreckt würde, keine Wirkung mehr entfalten.[68] Daß ein nicht mehr vollstreckbares Fahrverbot allein durch seinen Charakter als »endgültige Sanktionsfeststellung« (BGH a. a. O.) noch einen ins Gewicht fallenden weitergehenden Warneffekt auszuüben vermöchte als die den Zeitraum von drei Monaten zumeist erheblich übersteigende vorläufige Führerscheinmaßnahme, muß bezweifelt werden. Was die Strafzumessung in Wiederholungsfällen betrifft, so kann sich das Gericht unschwer durch Beiziehung der Vorstrafenakten Klarheit darüber verschaffen, ob die Verhängung des Fahrverbots womöglich einmal *nicht* allein wegen dieser (in Fällen der §§ 316, 315 c I Nr. 1 a, III StGB regelmäßig wirksam gewesenen) vorläufigen Maßnahmen unterblieben ist.[69] Im übrigen ist auf die z. B. vom LG Frankfurt[70] geltend gemachten Bedenken hinzuweisen, das das Übermaßverbot für verletzt hält, wenn eine Strafe, die an sich keinerlei Wirkungen entfalten kann, zu dem alleinigen Zweck verhängt wird, »sie in ein Register eintragen« zu können.

---

64 Vgl. hierzu Rn 614, 616 f.
65 Zum Beispiel BGH VRS 57, 275; BayObLG DAR 89, 365 (bei *Bär*); OLG Frankfurt VM 76, 27; 77, 31 Nr. 40; *Tröndle/Fischer* zu § 44 Rn 3; *Lackner/Kühl* zu § 44 Rn 7; LK *(Geppert)* zu § 44 Rn 36; *Mühlhaus/Janiszewski* zu § 44 StGB Rn 8; *Geppert* ZRP 81, 85 (88); kritisch *Cramer* zu § 44 Rn 39; widersprüchlich *Kulemeier* S. 79 und S. 304 f.
66 BGH VRS 57, 275.
67 Vgl. z. B. BayObLG NJW 77, 445 (inzwischen aufgegeben: DAR 89, 365 – bei *Bär* –); LG Frankfurt StV 81, 628; *Full/Möhl/Rüth* zu § 44 StGB Rn 9; *Schönke/Schröder/Stree* zu § 44 Rn 16.
68 Vgl. AG Bad Homburg v. d. H. VRS 67, 22 (28); vgl. hierzu auch *Hentschel* DAR 78, 102.
69 Vgl. AG Bad Homburg v. d. H. VRS 67, 22 (28); ebenso *Kulemeier* S. 305 (s. aber andererseits S. 79).
70 LG Frankfurt StV 81, 628.

923 Die Beschränkung des § 44 I 2 StGB auf die Fälle der §§ 315 c I Nr. 1, III und 316 StGB zeigt, daß die Verhängung des Fahrverbots **in allen übrigen Fällen** des § 69 II StGB **besonders begründet** werden muß, auch wenn die Maßregel des § 69 StGB nicht angeordnet wird. Es gibt also keine allgemeine Regel, daß immer dann, wenn trotz Vorliegens der Voraussetzungen des § 69 II StGB die Fahrerlaubnis nicht entzogen wird, ohne weiteres ein Fahrverbot zu verhängen wäre.[71]

V. Tatmehrheit

924 Bei Tatmehrheit ist das Fahrverbot gem. §§ 53 IV, 52 IV 2 StGB **nur einmal auszusprechen**, auch wenn es wegen mehrerer der abgeurteilten Taten verhängt werden kann.[72] Auch im Falle nachträglicher Gesamtstrafenbildung darf es dann 3 Monate nicht übersteigen.[73]

925 Das gilt selbst dann, wenn ausnahmsweise (vgl. § 53 II 2 StGB) keine Gesamtstrafe gebildet wird oder eine nachträgliche Gesamtstrafenbildung nur deswegen nicht möglich ist, weil die in dem früheren Urteil ausgesprochene Hauptstrafe (nicht aber das Fahrverbot) erledigt ist.[74] Auch wenn also das Gericht von der Möglichkeit Gebrauch macht, Freiheits- und Geldstrafe nebeneinander zu verhängen und wegen beider zugrundeliegender Taten nach § 44 StGB ein Fahrverbot gerechtfertigt ist, darf es das Fahrverbot nicht mehrfach verhängen.[75] Scheitert nachträgliche Gesamtstrafenbildung allein an der inzwischen erfolgten Erledigung der früher erkannten Hauptstrafe und rechtfertigt auch die im späteren Urteil zu ahndende Tat ein Fahrverbot, so wird dieses Ergebnis dadurch erreicht, daß das neue Fahrverbot zusammen mit dem noch nicht erledigten früheren 3 Monate nicht überschreiten darf.[76]

926 Das Fahrverbot ist auch dann nur einmal zu verhängen, wenn eine **Straftat** und eine **Ordnungswidrigkeit gleichzeitig** abgeurteilt werden, hinsichtlich der Straftat die Voraussetzungen des § 44 StGB und hinsichtlich der Ordnungswidrigkeit die des § 25 StVG für seine Anordnung erfüllt sind.[77] Hier liegen die Voraussetzungen für eine Gesamtstrafenbildung nicht vor, so daß § 53 IV StGB unmittelbar nicht angewendet werden kann. *Warda*[78] vertritt die Auffassung, immer dann, wenn eine Gesamtstrafe nicht gebildet werden könne, weil die Voraussetzungen dafür nicht gegeben sind, sei es möglich, mehrere Fahrverbote auszusprechen,

---

71 Vgl. BayObLG VRS 58, 362; OLG Koblenz VRS 47, 97; 71, 278; OLG Köln DAR 92, 152.
72 Vgl. BayObLG VM 76, 57 Nr. 88; OLG Celle NZV 93, 157; *Geppert*, Sperrfrist, S. 140; *Kulemeier* S. 75; *Rüth/Berr*, KVR, Fahrverbot, S. 32; ebenso für das Fahrverbot des § 25 StVG: *Mühlhaus/Janiszewski* zu § 25 StVG Rn 16; *Widmaier* NJW 71, 1158 (1159).
73 Vgl. OLG Stuttgart NZV 96, 466.
74 Vgl. *Bringewat* Rn 303.
75 Vgl. BayObLG VM 76, 57 Nr. 88; *Schönke/Schröder/Stree* zu § 53 Rn 33; LK *(Geppert)* zu § 44 Rn 78; *Rüth/Berr*, KVR, Fahrverbot, S. 33.
76 Vgl. *Bringewat* Rn 303; s. aber *Schönke/Schröder (Stree)* zu § 55 Rn 54, der Gesamtstrafenbildung nur hinsichtlich der Nebenstrafen für möglich hält und dadurch das gleiche Ergebnis erreicht.
77 Vgl. OLG Celle NZV 93, 157; *Cramer* zu § 44 StGB Rn 41; LK *(Geppert)* zu § 44 Rn 79; *Full/Möhl/Rüth* zu § 44 StGB Rn 13;
a. M. *Tröndle/Fischer* zu § 44 Rn 17.
78 *Warda* GA 65, 65 (85, 86).

schlägt allerdings vor, in derartigen Fällen nur wegen *einer* der Taten ein Fahrverbot anzuordnen. Für die hier erörterte Fallgestaltung würde das bedeuten, daß nur die Straftat, nicht dagegen die Ordnungswidrigkeit mit einem Fahrverbot zu ahnden ist (oder umgekehrt). Diese Verfahrensweise führt allerdings zu einem ungerechtfertigten Vorteil des Angeklagten, wenn er die Verurteilung wegen derjenigen Tat erfolgreich angefochten hat, die zu dem Fahrverbot führte, und das Urteil nur wegen der anderen Tat rechtskräftig wird.[79] Der Anordnung zweier Fahrverbote stehen Sinn und Zweck der §§ 53 IV, 44 StGB entgegen, wonach in einer gerichtlichen Entscheidung nur *ein* Fahrverbot von höchstens 3 Monaten verhängt werden darf.[80] In Fällen, in denen sowohl eine Straftat als auch eine Ordnungswidrigkeit ein Fahrverbot rechtfertigen, wird daher § 53 IV StGB analog anzuwenden und ein einheitliches Fahrverbot auszusprechen sein, wobei nach der Urteilsformel auf § 44 StGB und § 25 StVG hinzuweisen ist (§ 260 V StPO).[81] In den Urteilsgründen ist dann darzulegen, daß das Fahrverbot wegen beider Taten verhängt wurde.[82]

VI. Beschränkung auf bestimmte Kraftfahrzeugarten

Von dem Fahrverbot können **bestimmte Arten** von Kraftfahrzeugen **ausgenommen** werden (vgl. § 44 I 1 StGB). Unter »Art von Kraftfahrzeugen« ist im Rahmen des § 44 StGB nichts anderes zu verstehen wie bei § 69 a II StGB.[83] Auf die entsprechende Problematik bei § 69 a II StGB, die unter C IX. 1. und 2. (Rn 762 ff.) erörtert ist, wird daher Bezug genommen. Daraus ergibt sich, daß es entgegen einer früher in der Rechtsprechung gelegentlich vertretenen Ansicht[84] nicht möglich ist, von dem Fahrverbot ein bestimmtes Fahrzeug zu bestimmten Zwecken in einem räumlich abgegrenzten Bezirk auszunehmen.[85] Die Entscheidungsgesichtspunkte für eine Ausnahme bestimmter Kraftfahrzeugarten von der Fahrerlaubnissperre[86] sind auf die Ausnahme vom Fahrverbot nicht übertragbar, vielmehr gelten hier entsprechend der anderen Rechtsnatur des Fahrverbots (Strafe statt Maßregel) Strafzumessungskriterien.[87] Daher kommt hier – anders als bei der Fahrerlaubnissperre[88] – auch dem Gesichtspunkt eines bei unbeschränktem Fahrverbot drohenden Arbeitsplatzverlustes u. U. entscheidendes Gewicht zu.[89] Können die Strafzwecke mit einem auf bestimmte Kraftfahrzeugarten beschränkten Fahrverbot erreicht werden, so verstößt die Verhängung eines unbeschränkten Fahrverbots

---

79 Vgl. auch *Cramer* zu § 44 StGB Rn 41.
80 Vgl. auch LK (*Geppert*) zu § 44 Rn 79; *Full/Möhl/Rüth* zu § 44 StGB Rn 13; vgl. hierzu auch LG Stuttgart NJW 68, 461.
81 Vgl. *Cramer* zu § 44 StGB Rn 13; *Full/Möhl/Rüth* zu § 44 Rn 13; so auch schon *Rüth* bei *Müller* zu § 37 StGB Rn 13 für den Rechtszustand vor Inkrafttreten des neuen § 260 V StPO.
82 Vgl. *Full/Möhl/Rüth* zu § 44 StGB Rn 13.
83 Vgl. OLG Brandenburg VRS 96, 233; vgl. auch Amtliche Begründung, Bundestagsdrucksache IV/651, S. 14.
84 Vgl. LG Göttingen NJW 67, 2320.
85 Vgl. OLG Hamm NJW 75, 1983; OLG Celle VRS 76, 33; OLG Brandenburg VRS 96, 233 (jeweils für das Fahrverbot nach § 25 StVG); vgl. auch *Warda* GA 65, 65 (77).
86 Vgl. Rn 775 ff.
87 Vgl. OLG Köln DAR 91, 112; *Mollenkott* DAR 82, 217 (219).
88 Vgl. Rn 777.
89 Vgl. OLG Köln DAR 91, 112; s. aber Rn 1024 (zum Fahrverbot nach § 25 StVG).

gegen das Übermaßverbot.[90] Nach Rechtskraft der das Fahrverbot anordnenden Entscheidung ist die Beschränkung der Nebenstrafe auf bestimmte Kraftfahrzeugarten nicht mehr möglich.[91] Für die Dauer des beschränkten Fahrverbots ist bei der Fahrerlaubnisbehörde ein auf die ausgenommene Fahrzeugart beschränkter **Ersatzführerschein** zu beantragen.[92]

VII. Wirksamwerden (§ 44 II 1 StGB)

928 Das Fahrverbot wird mit der **Rechtskraft des Urteils** wirksam (§ 44 II 1 StGB). Eine dem § 25 II a StVG entsprechende Möglichkeit eines Aufschubs des Wirksamwerdens bis zu vier Monaten[93] besteht hier nicht.[94] Wer infolge mangelnder Belehrung irrig annimmt, das Fahrverbot werde erst mit der Aufforderung zur Führerscheinablieferung wirksam, und nach Rechtskraft – etwa nach Rücknahme des Einspruchs gegen einen Strafbefehl – weiterhin fahrerlaubnispflichtige Kraftfahrzeuge führt, handelt i.S.d. § 21 II StVG fahrlässig.[95]

929 Da das Fahrverbot den Bestand der Fahrerlaubnis nicht berührt, wirkt es grundsätzlich nur im Inland.[96] Die **Wirkung im Ausland** richtet sich ausschließlich nach dem jeweiligen Recht des betreffenden Staates, z. B. danach, ob nach den dort geltenden Bestimmungen die Berechtigung zum Führen von Kraftfahrzeugen allein an den Bestand einer Fahrerlaubnis geknüpft ist.

VIII. Vollstreckung

1. Amtliche Verwahrung des Führerscheins (§ 44 II 2 StGB)

930 Für die Dauer des Fahrverbots wird ein von einer deutschen Behörde erteilter Führerschein **amtlich verwahrt** (§ 44 II 2 StGB), und zwar auch dann, wenn das Fahrverbot auf bestimmte Arten von Kraftfahrzeugen beschränkt ist. In diesen Fällen erteilt die Verwaltungsbehörde für die Dauer des Verbots einen Ersatzführerschein, aus dem die Beschränkung ersichtlich ist.[97] Die Prüfbescheinigung gem. § 5 IV FeV für das Führen von Mofas ist kein Führerschein i.S.d. § 44 II 2, III 1 StGB.[98]

---

90 Vgl. OLG Düsseldorf DAR 84, 122 (zu § 25 StVG); OLG Köln DAR 91, 112; OLG Karlsruhe NZV 93, 277 (zu § 25 StVG).
91 Im Ergebnis ebenso: LG Aschaffenburg DAR 78, 277.
92 Vgl. Rn 930.
93 Siehe dazu Rn 1026.
94 Gegen die Einführung einer dem § 25 II a StVG entsprechenden Regelung auch in § 44 de lege ferenda: *Fehl* NZV 98, 439.
95 Vgl. BayObLG VRS 62, 460.
96 Vgl. Bundestagsdrucksache 13/6914 S. 104, 118.
97 Vgl. LK *(Geppert)* zu § 44 Rn 46; *Janiszewski* Rn 664; *Weigelt* DAR 65, 14; vgl. auch die Amtliche Begründung zum 2. VerkSichG, Bundestagsdrucksache IV/651, S. 14.
98 Vgl. BayObLG NZV 93, 199; *Berr* DAR 83, 7, s. dazu *Laube* PVT 83, 116 (117); s. aber *Schäpe* DAR 98, 10 (12), der sich für eine Analogie ausspricht.

2. Beschlagnahme nach § 463 b I StPO

Wird der Führerschein nicht freiwillig herausgegeben, so ist er zu **beschlagnahmen** (§ 463 b I StPO). Zuständig ist die Vollstreckungsbehörde (§ 451 StPO). Sie kann zur Ausführung der Beschlagnahme die Polizeibehörden um Amtshilfe ersuchen. Die Beschlagnahmeanordnung durch die Vollstreckungsbehörde enthält zugleich die Anordnung einer erforderlich werdenden **Wohnungsdurchsuchung** beim Führerscheininhaber.[99] Eines besonderen richterlichen Beschlusses bedarf es trotz des Richtervorbehalts des Art. 13 II GG nicht; die richterliche Anordnung ist bereits in dem das Fahrverbot verhängenden Urteil oder Strafbefehl enthalten.[100] 931

3. Eidesstattliche Versicherung über den Verbleib des Führerscheins (§ 463 b III StPO)

Nach § 463 b III StPO muß der Verurteilte auf Antrag der Vollstreckungsbehörde bei dem Amtsgericht eine eidesstattliche Versicherung über den Verbleib seines Führerscheins abgeben, wenn dieser bei ihm nicht vorgefunden wird. Erklärt er, er habe den Führerschein verloren, so wird er aufzufordern sein, einen Ersatzführerschein zu den Akten zu reichen.[101] Der Beginn der Verbotsfrist hängt aber nicht davon ab, daß er sich einen Ersatzführerschein beschafft.[102] 932

4. Vollstreckungsaufschub

Ein **Aufschub der Vollstreckung** des Fahrverbots bei Antrag auf Wiedereinsetzung in den vorigen Stand (§ 47 II StPO) oder gem. § 456 StPO oder auch im Gnadenwege ist ausgeschlossen. Denn aufgeschoben werden könnten nur die notwendigen Vollstreckungsmaßnahmen, also die amtliche Verwahrung des Führerscheins. Dies hätte jedoch keinen Aufschub der nach § 44 II 1 StGB mit der Rechtskraft des Urteils eintretenden Wirkung des Fahrverbots zur Folge. Weder § 47 II noch § 456 StPO kann die Bestimmung des § 44 II 1 StGB außer Kraft setzen. Würde also das Gericht dem Verurteilten gestatten, den Führerschein zu einem späteren Zeitpunkt in amtliche Verwahrung zu geben, so könnte dies nichts daran ändern, daß er durch Teilnahme am öffentlichen Straßenverkehr mit einem führerscheinpflichtigen Fahrzeug den objektiven Tatbestand des § 21 I Nr. 1 StVG erfüllen würde. Ein Aufschub der Vollstreckungsmaßnahme nach § 44 II 2 StGB würde somit den mit Rechtskraft des Urteils erfolgenden Eintritt der Wirkung des Fahrverbots nicht hemmen können, sondern nur die Verbotsfrist verlängern (vgl. § 44 III 1 StGB).[103] Zumindest für das 933

---

99 Vgl. *Kleinknecht/Meyer-Goßner* zu § 463 b Rn 1; *Löwe/Rosenberg*[25] (*Wendisch*) zu § 463 b Rn 1.
100 Vgl. *Hentschel* NZV 96, 506; krit. zu dieser Auffassung aber z. B. KK/OWiG (*Boujong*) zu § 91 Rn 31.
101 Vgl. *Seib* DAR 82, 283.
102 Vgl. dazu Rn 943.
103 Vgl. OLG Köln VRS 71, 48 (bei Antrag auf Wiedereinsetzung, § 47 II StPO); AG Mainz MDR 67, 683; *Tröndle/Fischer* zu § 44 Rn 12; *Mürbe* DAR 83, 45; *Rüth/Berr*, KVR, Fahrverbot, S. 30, 41; *Wollentin/Breckerfeld* NJW 66, 632; *Uhlenbruck* DAR 67, 156; vgl. dagegen *Schönke/Schröder/Stree* zu § 44 Rn 20.

Vollstreckung

Gnadenverfahren sieht *Mürbe*[104] einen rechtlich gangbaren Weg, *im Ergebnis* doch zu erreichen, was mit einem Vollstreckungsaufschub nicht möglich ist. Er schlägt vor, das Fahrverbot im Gnadenwege aufzuheben und die Wirksamkeit des Fahrverbots zu einem späteren Zeitunkt neu anzuordnen. Dem dürfte indessen das Fehlen einer Grundlage für die bei einem solchen Verfahren notwendige Verhängung der Nebenstrafe des Fahrverbots durch die Gnadenstelle entgegenstehen.[105]

5. Aushändigung des Führerscheins nach Fristablauf

934 Mit **Verbotsablauf** muß der Führerschein wieder ausgehändigt sein. Das Ende des Fahrverbots hängt aber davon nicht ab; Teilnahme am fahrerlaubnispflichtigen Kraftfahrzeugverkehr nach Fristablauf, aber vor Führerscheinaushändigung, ist daher nur ordnungswidrig (§ 4 II 2 FeV). Die Einzelheiten der Führerscheinverwahrung und späteren Rückgabe sind in der **Strafvollstreckungsordnung,**[106] einer die Gerichte nicht bindenden Verwaltungsanordnung,[107] geregelt. Eine Verfügung der Vollstreckungsbehörde, daß der Führerschein nicht vor Ablauf der Frist an den Verurteilten zurückgesandt werden dürfe, sondern ab dem Tag nach Ablauf zur Abholung bereitgelegt werden solle, ist nicht rechtmäßig. Etwas anderes gilt nur, wenn sich der Verurteilte ausdrücklich bereit erklärt hat, den Führerschein nach Ende der Verbotsfrist abzuholen (vgl. § 59 a II StVollstrO).[108] Da die Rückgabe des Führerscheins keinen Einfluß auf den Ablauf der Verbotsfrist hat, ist dem Verurteilten bei der Rückgabe gem. § 59 a II 2 StVollstrO der Zeitpunkt mitzuteilen, zu dem das Fahrverbot endet. Bundeswehrführerscheine werden dem Disziplinarvorgesetzten des Verurteilten vor Ablauf der Verbotsfrist übersandt, und zwar so rechtzeitig, daß der Führerschein diesem am letzten Tag der Verbotsfrist ausgehändigt werden kann (§ 59 a II 3 StVollstrO).

6. Mehrere Fahrverbote

935 Umstritten ist die Frage, ob mehrere einander überschneidende Fahrverbote gleichzeitig ablaufen können oder ob die Verbotsfristen – wenn ein Führerschein amtlich zu verwahren ist – nacheinander beginnen. Nach früher vor allem im Schrifttum wohl überwiegend vertretener Ansicht sind mehrere Fahrverbote nacheinander, und zwar jedes in seiner vollen Dauer, zu vollstrecken. Das heißt, die Fahrverbotsfristen werden addiert. Das kann dazu führen, daß die Gesamtdauer aller nacheinander laufenden Verbotsfristen die Zeit von 3 Monaten weit übersteigt.[109] Nach anderer, inzwischen wohl überwiegender

---

104 *Mürbe* DAR 83, 45 (47).
105 *Mürbe* glaubt, dies im Hinblick auf die im Ergebnis erreichte Besserstellung des Verurteilten vernachlässigen zu können.
106 BAnz. 1956 Nr. 42; 1991, 117.
107 Vgl. *Kleinknecht/Meyer-Goßner* vor § 449 Rn 2.
108 Vgl. LG Flensburg DAR 67, 299; vgl. hierzu *Hillebrand* VD 78, 193 (zum Fahrverbot nach § 25 StVG); s. aber *Pohlmann/Jabel/Wolf* zu § 59 a Rn 6, die trotz Abs. II »Holschuld« annehmen.
109 Vgl. AG Bottrop DAR 95, 262 (abl. *Engelbrecht*); LG Flensburg NJW 65, 2309; *Full/Möhl/Rüth* zu § 44 StGB Rn 14; *Schönke/Schröder/Stree* zu § 44 Rn 26; *Pohlmann/Jabel/Wolf* zu § 59 a Rn 24; s. auch Rn 1036 (zum Fahrverbot gem. § 25 StVG).

Ansicht[110] soll dagegen die Verbotsfrist, wenn sich der Führerschein aufgrund eines schon laufenden Fahrverbots bereits in amtlicher Verwahrung befindet, **mit der Rechtskraft der das Fahrverbot aussprechenden Entscheidung** beginnen. Das »Anschlußfahrverbot« sei – ebenso wie die sog. Anschlußsperre bei mehrfach angeordneter Maßregel nach §§ 69, 69 a StGB – mit § 44 II, III StGB unvereinbar.[111] Nacheinander laufenden Verbotsfristen stehe die Tatsache entgegen, daß das Fahrverbot keiner Vollstreckung bedürfe, sondern mit Rechtskraft wirksam werde.[112]

Diese Einwände allein sind indessen nicht zwingend. § 44 I 1 StGB bestimmt eine Höchstdauer von 3 Monaten für *ein* Fahrverbot. § 44 II und III StGB regeln Beginn der Wirksamkeit und der Frist dieses einen Fahrverbots. Die amtliche Verwahrung des Führerscheins muß sich, damit nach § 44 III StGB die Verbotsfrist beginnen kann, auf das jeweils zu vollstreckende Fahrverbot beziehen.[113] Es genügt nicht irgendeine amtliche Verwahrung, die mit dem zu vollstreckenden Fahrverbot in keinem Zusammenhang steht. Nur so kann § 44 III StGB sinnvollerweise verstanden werden. Der Vergleich mit der Anschlußsperre geht fehl. Dort handelt es sich um eine Maßregel der Besserung und Sicherung, die ganz anderen Grundsätzen unterliegt als eine Strafe. Um eine Strafe (Nebenstrafe) handelt es sich aber bei dem Fahrverbot des § 44 StGB. Eine Addition der Sperren würde Sinn und Zweck der Maßregel zuwiderlaufen, indem sie zu einer Verlängerung der Maßregel über die voraussichtliche Dauer der Ungeeignetheit hinaus führen würde. Dies gilt dagegen nicht für die von der jetzt überwiegend für richtig gehaltene Addition der Fahrverbote. Es handelt sich um die volle Verbüßung zweier Strafen. Die durch mehrere Fahrverbote verfolgten Strafzwecke werden bei nur teilweiser Verbüßung nicht erreicht.[114] Diesen Standpunkt hat auch ausdrücklich der Bundesrat in seinem Änderungsvorschlag vom 19. 12. 1996 zu § 25 V StVG und § 44 StGB vertreten und eine entsprechende Klarstellung im Gesetz angeregt.[115] Daß das Fahrverbot, ohne daß es einer Vollstreckung bedarf, mit der Rechtskraft wirksam wird, spricht ebenfalls nicht gegen einen späteren Beginn der Verbotsfrist, wie die Regelung in § 44 III StGB (§ 25 V StVG) zeigt.

Der jetzt **überwiegenden Meinung** eines **Nebeneinanderlaufens der mehreren Fahrverbote** ist indessen zuzugeben, daß diese aus § 44 III und § 25 V resultierende Konsequenz insoweit unbefriedigend ist, als führerscheinlose Täter, bei denen die Verbotsfristen stets mit der Rechtskraft beginnen, dadurch bessergestellt sind.[116] Wie sich aus der Begründung zur Einfügung von Abs. II a in die Bestimmung des § 25 StVG über das Fahrverbot nach Ordnungswidrigkeiten durch

---

110 Vgl. BayObLG NZV 93, 489 (Anm. *Hentschel* DAR 94, 75); LG Münster NJW 80, 2481; *Widmaier* NJW 71, 1158 (Fn. 5); *Karl* NJW 87, 1063; *Kulemeier* S. 88; LK *(Geppert)* zu § 44 Rn 82; s. auch Rn 1036.
111 So *Widmaier* NJW 71, 1158.
112 So *Karl* NJW 87, 1063.
113 Vgl. auch *Rüth/Berr*, KVR, Fahrverbot, S. 33; *Hentschel* NZV 90, 245.
114 Vgl. LG Flensburg NJW 65, 2309; AG Bottrop DAR 95, 262.
115 Bundestagsdrucksache 13/6914 S. 104 (Ablehnung durch die Bundesregierung S. 119).
116 Vgl. BayObLG NZV 93, 489 (Anm. *Hentschel* DAR 94, 75); LK *(Geppert)* zu § 44 Rn 82; *Bönke* VGT 97, 208 (217).

Änderungsgesetz vom 26. 1. 1998[117] ergibt, geht im übrigen inzwischen auch der Gesetzgeber davon aus, daß eine Addition der Verbotsfristen nur ausnahmsweise (§ 25 II a StVG) erfolgt.[118]

IX. Frist

1. Beginn mit der amtlichen Verwahrung (§ 44 III 1 StGB)

938 Nach § 44 III 1 StGB **beginnt die Verbotsfrist** an dem Tage, an dem ein von einer deutschen Behörde erteilter Führerschein amtlich verwahrt wird. Die Art der amtlichen Verwahrung regelt § 59 a I StVollstrO. Danach wird der Führerschein bei den Strafakten oder, falls ein Vollstreckungsheft angelegt wird, bei diesem verwahrt. Eine vernünftige Auslegung des § 44 III 1 StGB ergibt allerdings, daß es dem Verurteilten nicht zum Nachteil gereichen darf, wenn der Führerschein aus justizinternen Gründen nicht sogleich am Tage des Eingangs beim Gericht oder der Staatsanwaltschaft zu den Strafakten oder dem Vollstreckungsheft genommen wird. Für den Fristbeginn ist vielmehr allein **der Eingang** des Führerscheins **bei Staatsanwaltschaft oder Gericht**[119] maßgebend. Es kommt also auf den Eingangsstempel an.[120]

939 Gibt der Verurteilte den Führerschein nicht freiwillig heraus, so ist dieser zu beschlagnahmen, wobei die Vollstreckungsbehörde zur Ausführung der Beschlagnahme die Polizei in Anspruch nehmen kann.[121] Die **Beschlagnahme durch die Polizei** begründet noch keine amtliche Verwahrung im Sinne der §§ 44 III 1 StGB, 59 a I StVollstrO. Die Zeit, die zwischen der Beschlagnahme durch die Polizei und dem Eingang bei Gericht verstreicht, kommt dem Verurteilten also hinsichtlich des Beginns der Verbotsfrist ebensowenig zugute wie die Zeit zwischen Aufgabe bei der Post und Eingang bei StA oder Gericht.[122] Denn nicht *irgendeine* amtliche Verwahrung, sondern die gem. § 44 II 2 StGB zum Zwecke der Vollstreckung bei der zuständigen Behörde erfolgende Verwahrung ist in § 44 III 1 StGB gemeint.

940 Gibt der Verurteilte seinen Führerschein schon **vor Eintritt der Rechtskraft freiwillig** zu den Akten, so kann er dadurch nicht den früheren Beginn der Verbotsfrist herbeiführen. § 44 Abs. III Satz 1 ist im Zusammenhang mit Abs. II zu lesen. »Amtliche Verwahrung« i. S. von Abs. III Satz 1 ist daher nur die in Abs. II Satz 2 *nach Rechtskraft* erfolgende. Eine entsprechende Anwendung von Abs. III Satz 1 oder von § 51 I, V StGB verbietet sich deswegen,[123] weil sich der Verurteilte –

---

117 BGBl I S. 156.
118 Vgl. Bundestagsdrucksache 13/8655 S. 14.
119 Vgl. Auch LK (*Geppert*) zu § 44 Rn 60.
120 Vgl. *Schäpe* DAR 98, 10 (11); *H.-J. Koch* DAR 66, 343; *Wollentin/Breckerfeld* NJW 66, 632; vgl. hierzu *Hillebrand* VD 78, 193 (zum Fahrverbot nach § 25 StVG).
121 Vgl. Rn 931.
122 Vgl. auch LK (*Geppert*) zu § 44 Rn 61; *H.-J. Koch* DAR 66, 343;
 a. M. *Schäpe* DAR 98, 10 (13), wonach darüber hinaus überhaupt Abgabe bei der Polizei genügen soll.
123 Vgl. *Pohlmann/Jabel/Wolf* zu § 59 a Rn 17; *Schäpe* DAR 98, 10 (11); vgl. auch *Königbauer/Birner* Rpfleger 91, 491.

anders als in den dort genannten Fällen – bei Teilnahme am fahrerlaubnispflichtigen Kraftverkehr nach freiwilliger Führerscheinabgabe vor Rechtskraft nicht gem. § 21 StVG strafbar machen, sondern nur gem. §§ 4 II 2, 75 Nr. 4 FeV ordnungswidrig handeln würde.[124] Entsprechendes gilt für das Fahrverbot des § 25 StVG. In diesem Punkt unterscheidet sich der Fall von der im übrigen vergleichbaren Situation des § 111 a V 2 (§ 450 II) StPO, bei der die ursprünglich erfolgte Sicherstellung oder Beschlagnahme fortbesteht;[125] wer der Aufschiebung der Führerscheinrückgabe nach § 111 a V 2 StPO nicht widerspricht, erfüllt, wenn er trotzdem ein fahrerlaubnispflichtiges Kraftfahrzeug führt, den Tatbestand des § 21 II Nr. 2 StVG.[126]

2. Beginn mit der Rechtskraft

Die Anordnung des Fahrverbots ist nicht davon abhängig, daß der Angeklagte eine Fahrerlaubnis hat. Sie kann durchaus sinnvoll sein, wenn die Straftat bei oder im Zusammenhang mit dem Führen eines **führerscheinfreien Kraftfahrzeugs** begangen ist. Wie für §§ 69, 69 a StGB genügt auch im Rahmen des § 44 StGB das Führen eines Kraftfahrzeugs, das nicht der Fahrerlaubnispflicht unterliegt.[127] Da in diesen Fällen ein Führerschein nicht amtlich zu verwahren ist, kann § 44 III 1 StGB keine Anwendung finden. Die Verbotsfrist beginnt dann **am Tage der Rechtskraft** des Urteils.[128] Hiervon geht auch die Amtliche Begründung zum 2. VerkSichG aus.[129]

941

3. Fristbeginn bei gleichzeitiger oder nachträglicher Entziehung der Fahrerlaubnis vor Vollstreckung des Fahrverbots

Wird **neben der Anordnung des Fahrverbots** auch die **Fahrerlaubnis entzogen**, so tritt die gleiche Lage ein, wie in Rn 941 erörtert: Der Angeklagte hat ab Rechtskraft der Entscheidung keine Fahrerlaubnis. Also beginnt die Verbotsfrist ebenfalls mit dem Tage der Rechtskraft.[130] Hat der Verurteilte nach Rechtskraft der Entscheidung über das Fahrverbot den Führerschein nicht abgegeben und **wird ihm danach die Fahrerlaubnis entzogen**, so tritt diese Situation ab Rechtskraft bzw. Unanfechtbarkeit der Fahrerlaubnisentziehung ein. Man wird daher folgerichtig den Beginn der Frist für das Fahrverbot mit diesem Zeitpunkt gleichzusetzen haben.[131] Aber auch vor Rechtskraft einer Fahrerlaubnisentziehung oder nach vorläufiger Fahrerlaubnisentziehung gem. § 111 a StPO kann eine der in Rn 941

942

---

124 Vgl. OLG Köln VRS 71, 54; *Königbauer/Birner* Rpfleger 91, 491; vgl. auch *Berz* JR 87, 513 (515).
125 Vgl. dazu Rn 949.
126 Vgl. *Jagusch/Hentschel* zu § 21 StVG Rn 22.
127 Vgl. hierzu oben Rn 577, 578.
128 Vgl. auch *Weigelt* DAR 65, 14; *Danner* VD 78, 23; *Bouska* VD 78, 99 (beide zu § 25 StVG); *Hentschel* DAR 88, 156.
129 Vgl. Bundestagsdrucksache IV/651, S. 14, 15.
130 Vgl. *Danner* VD 78, 23; *Bouska* VD 78, 99; LK *(Geppert)* zu § 44 Rn 64; a. M. *Hillebrand* VD 77, 321 (wonach das Fahrverbot als durch die Fahrerlaubnisentziehung vollstreckt gelten soll); zum Nebeneinander beider Maßnahmen vgl. Rn 968 ff.
131 Vgl. LG Köln – 105 (35) Qs OWi 1210/80 –; LK *(Geppert)* zu § 44 Rn 64; *Pohlmann/Jabel/Wolf* zu § 59 a Rn 27; s. aber *Bouska* VD 78, 99 (101), wonach in diesem Falle die Verbotsfrist mit der Ablieferung des Führerscheins (§ 69 III 2 StGB, § 3 II 3 StVG) beginnen soll.

Frist

geschilderten Rechtslage vergleichbare Situation eintreten, z. B., wenn gegen die Entziehung der Fahrerlaubnis durch die Verwaltungsbehörde zwar Widerspruch oder Anfechtungsklage erhoben, jedoch sofortige Vollziehung angeordnet ist, oder wenn vorläufige Fahrerlaubnisentziehung gem. § 111 a StPO wegen einer anderen Tat erfolgt ist.[132] Auch in diesen Fällen darf nämlich der Verurteilte, ebenso wie in Fällen, in denen er bei Verhängung des Fahrverbots keine Fahrerlaubnis hatte, ganz unabhängig vom Fahrverbot, ohnehin keine fahrerlaubnispflichtigen Kraftfahrzeuge führen, solange die aufschiebende Wirkung nicht gem. § 80 V VwGO angeordnet bzw. die vorläufige Entziehung nicht gem. § 111 a II StPO aufgehoben ist, kann also keinen Führerschein in amtliche Verwahrung geben, um die Verbotsfrist in Lauf zu setzen.[133] Im übrigen ist der Überwachungszweck der amtlichen Führerscheinverwahrung bereits durch die anderweitige Verwahrung erreicht.[134] Entgegen einer von *Martzloff*[135] vertretenen Ansicht läuft daher während dieser Zeit die Verbotsfrist des § 44 StGB; der Hinweis auf die insoweit fehlende Denkzettelfunktion der *Nebenstrafe* des § 44 StGB zwingt nicht zu einer anderen Auffassung; da die Anordnung der sofortigen Vollziehung gem. § 80 I Nr. 4 VwGO und die vorläufige Entziehung der Fahrerlaubnis *keinen Strafcharakter* haben, berühren sie die Funktion der Nebenstrafe nicht. Die in § 51 I, V StGB getroffene Regelung über *Anrechnung* vorläufiger Führerscheinmaßnahmen wegen derselben Tat auf die Verbotsfrist betrifft nicht die hier erörterte rechtliche Situation und spricht daher weder für die eine noch für die andere Auffassung.

4. Fristbeginn bei Verlust des Führerscheins

943 Hat der Verurteilte seinen Führerschein verloren und kann er auch keinen Ersatzführerschein zu den Akten reichen,[136] so müssen für den Beginn der Verbotsfrist die gleichen Grundsätze gelten wie in den bereits erörterten Fällen, in denen der amtlichen Verwahrung rechtliche Hindernisse entgegenstehen. Die Verbotsfrist beginnt also auch dann mit der Rechtskraft der das Fahrverbot aussprechenden Entscheidung, falls der Verlust in diesem Zeitpunkt schon eingetreten war, bei späterem Abhandenkommen am Tage des Führerscheinverlustes.[137] Da die Verbotsfrist von der amtlichen Verwahrung eines *erteilten* – nicht: zu erteilenden – Führerscheins abhängt (§§ 44 II S. 2 StGB, 25 II S. 2 StVG), setzt der Beginn der Verbotsfrist in Fällen des Führerscheinverlustes nicht die Beschaffung eines Ersatzführerscheins voraus.[138]

5. Verwahrung des Täters in einer Anstalt (§ 44 III 2 StGB)

944 Nach § 44 III 2 StGB wird in die Verbotsfrist nicht die Zeit eingerechnet, in welcher der Täter auf behördliche Anordnung **in einer Anstalt verwahrt** wird. Diese

---

132 Ebenso *Geppert*, in: LK zu § 44 Rn 64.
133 Näher dazu *Hentschel* DAR 88, 156.
134 Vgl. auch BayObLG NZV 93, 489; *Hentschel* DAR 94, 75.
135 *Martzloff* DÖV 85, 233.
136 Vgl. dazu Rn 932.
137 Vgl. auch *Pohlmann/Jabel/Wolf* zu § 59 a Rn 20; *Schäpe* DAR 98, 10 (13); *Hentschel* DAR 88, 157.
138 Vgl. LK *(Geppert)* zu § 44 Rn 65; *Schäpe* DAR 98, 10 (13);
 a. M. AG Paderborn 23 OWi 8/93.

Regelung war erforderlich, weil sonst die nach dem Zweck des Fahrverbots verfolgte spezialpräventive Wirkung, dem Täter »ein Gefühl dafür zu vermitteln, was es bedeutet, vorübergehend ohne Führerschein zu sein«,[139] nicht oder nicht vollständig erreicht werden könnte. Das gilt insbesondere für den Fall, daß der Verurteilte die als Hauptstrafe verhängte Freiheitsstrafe verbüßt, während sein Führerschein amtlich verwahrt wird. Während dieser Zeit könnte er ohnehin von seinem Führerschein keinen Gebrauch machen, so daß er von der Nebenstrafe nicht betroffen würde.[140] Anstaltsverwahrung i.S.d. § 44 III 2 StGB wird nicht durch gelockerten Vollzug sowie Urlaubs- und Ausgangstage unterbrochen, weil das besondere Verwahrungsverhältnis fortbesteht und jedenfalls eine umfassende und länger währende Möglichkeit des Kraftfahrzeugführens ausschließt. Diese Zeiten werden daher nicht in die Fahrverbotsfrist eingerechnet.[141]

6. Anrechnung vorläufiger Maßnahmen (§ 51 I, V StGB)

Nach § 51 I 1, V StGB werden **vorläufige Führerscheinmaßnahmen** (vorläufige Entziehung, § 111 a StPO, und Beschlagnahme oder Sicherstellung, § 94 StPO) auf die Verbotsfrist **angerechnet**. Die von *Karl*[142] insoweit vertretene Auffassung, dies gelte nicht bei neben dem Fahrverbot zugleich angeordneter Entziehung der Fahrerlaubnis, findet im Gesetz keine Stütze; die von ihm befürchtete Besserstellung gegenüber solchen Verurteilten, denen die Fahrerlaubnis nicht vorläufig entzogen wurde, findet im übrigen angesichts der in der Regel mit der vorläufigen Maßnahme verbundenen Nachteile nicht statt. Die Anrechnung nach § 51 I 1, V StGB unterliegt nicht dem Ermessen des Gerichts, sondern sie bildet den Grundsatz, während sie nur in besonderen Ausnahmefällen wegen des Verhaltens des Täters nach der Tat versagt werden kann (§ 51 I 2 StGB).[143] Daraus folgt, daß ähnlich wie im Falle der Untersuchungshaft die Anrechnung der vorläufigen Führerscheinmaßnahme auf das Fahrverbot in der Regel nicht im Urteilstenor ausgesprochen zu werden braucht. Etwas anderes gilt allerdings dann, wenn ohne ausdrücklichen Ausspruch hinsichtlich der Anrechnungsfrage Zweifel entstehen könnten.[144] Im übrigen muß – bei Vorliegen der Voraussetzungen des § 51 I 2 StGB – nur das *Unterbleiben* der Anrechnung im Urteilstenor besonders ausgesprochen werden.[145] Immer, wenn ein ausdrücklicher Ausspruch über die Frage der Anrechnung im Urteil fehlt, gilt der Grundsatz des § 51 I 1 (V), d.h. wird die vorläufige Führerscheinmaßnahme angerechnet.[146] Das gilt selbst dann, wenn sich aus den Urteilsgründen ergibt, daß die Zeit der vorläufigen Maßnahme bei der noch für

---

139 Vgl. die Amtliche Begründung zum 2. VerkSichG, Bundestagsdrucksache IV/651, S. 12.
140 Vgl. auch *Warda* GA 65, 65 (88, 89) sowie die Amtliche Begründung, Bundestagsdrucksache IV/651, S. 15.
141 Vgl. OLG Stuttgart NStZ 83, 429; OLG Frankfurt NJW 84, 812; a. M. *Kulemeier* S. 87; zur Zulässigkeit der Weisung eines Anstaltsleiters, bei Regelheimfahrten und Urlaub kein Kfz zu führen, s. OLG Stuttgart NStZ 83, 573.
142 *Karl* DAR 87, 283; zust. *Geppert*, in: LK zu § 44 Rn 69.
143 Vgl. auch *Tröndle/Fischer* zu § 51 Rn 12.
144 Vgl. BayObLG VRS 72, 278.
145 Vgl. OLG Düsseldorf VRS 39, 133; OLG Köln VRS 44, 14; vgl. auch *Rüth/Berr*, KVR, Fahrverbot, S. 35.
146 Vgl. OLG Köln VRS 44, 14.

erforderlich gehaltenen Dauer des Fahrverbots unberücksichtigt bleiben soll und dies nicht auf das Verhalten des Täters nach der Tat gestützt wird. Denn in einem solchen Fall liegen die Voraussetzungen des § 51 I 2 StGB nicht vor; das Unterbleiben der Anrechnung wäre somit gesetzwidrig.[147]

946 Nichtanrechnung kommt vor allem bei Nichtrespektierung vorläufiger Führerscheinmaßnahmen[148] sowie bei böswillig verschleppendem Prozeßverhalten in Betracht; so ist etwa Verfahrensverzögerung durch bewußte Benennung ungeeigneter Beweismittel ein »Verhalten nach der Tat«, das einer Anrechnung der dadurch verursachten Verlängerung vorläufiger Führerscheinmaßnahmen widerspricht.[149] Zur Anfechtbarkeit des nur in den Gründen, nicht aber im Tenor enthaltenen Ausspruchs über die Nichtanrechnung siehe unter G XI. 5. (Rn 966).

947 **Angerechnet** wird die Zeit **ab Bekanntgabe des Beschlusses** über die vorläufige Entziehung der Fahrerlaubnis, und zwar auch dann, wenn eine Beschlagnahme des Führerscheins zunächst nicht möglich war, es sei denn, die Voraussetzungen des § 51 I 2 StGB lägen vor,[150] etwa weil sich der Angeklagte über den Beschluß gem. § 111 a StPO hinweggesetzt hat.[151] Nach teilweise vertretener Auffassung[152] soll dagegen bei vorläufiger Entziehung der Fahrerlaubnis nur die Zeit ab dem Tag anrechnungsfähig sein, an dem die Entscheidung durch Beschlagnahme des Führerscheins tatsächlich vollzogen worden ist. Solange der Verurteilte noch im Besitz des Führerscheins gewesen sei, sei er von der Maßnahme noch nicht betroffen worden. Zwar stellt die Bestimmung des § 69 a IV StGB, die zur Begründung jener Auffassung zum Vergleich herangezogen wird, auf die Zeit ab, in der die vorläufige Entziehung »wirksam war«. Wirksam wird aber – wie bereits dargelegt[153] – der Beschluß nach § 111 a StPO nicht erst mit dem Zeitpunkt, in dem der Beschuldigte den Besitz seines Führerscheins verliert, sondern schon mit der Bekanntgabe des Beschlusses an den Beschuldigten. Von diesem Zeitpunkt an ist seine weitere Teilnahme am Kraftverkehr nach § 21 Nr. 1 StVG strafbar, auch wenn er noch im Besitz des Führerscheins ist.

948 Hat die vorläufige Führerscheinmaßnahme **fast 6 Monate** gedauert, so wird von manchen Gerichten gelegentlich, weil die Entziehung der Fahrerlaubnis auf weitere 3 Monate (vgl. § 69 a IV StGB) zu lang erscheint, von der Anordnung der Maßregel abgesehen und statt dessen ein Fahrverbot von »noch 1 (oder 2) Monat(en)« verhängt. Damit soll erreicht werden, daß die Gesamtdauer, während der der Angeklagte auf seinen Führerschein verzichten muß, doch noch 6 Monate erreicht. Diese Praxis ist mit dem Gesetz nicht vereinbar.[154] Denn, ist der Angeklagte noch zum Führen von Kraftfahrzeugen ungeeignet, so *muß* das Gericht die Fahrerlaubnis entziehen. Im übrigen ist diese Verfahrensweise auch nicht geeignet,

---

147 Vgl. OLG Köln VRS 44, 14; BayObLG – 1 Ob OWi 101/77 – v. 31. März 1977 (unveröffentlicht).
148 Vgl. LK *(Geppert)* zu § 44 Rn 75.
149 Vgl. *Tröndle/Fischer* zu § 51 Rn 12.
150 Vgl. LG Frankenthal DAR 79, 341; vgl. dazu auch BayObLG VRS 72, 278.
151 Vgl. Rn 946.
152 Vgl. *Warda* GA 65, 65 (83); *Geppert*, in: LK zu § 44 Rn 70.
153 Oben Rn 862.
154 Vgl. auch *Eickhoff* NJW 75, 1007; *Gontard*, Rebmann-Festschrift, S. 211 (222).

das angestrebte Ziel zu erreichen, daß der Angeklagte trotz Absehens von der Maßregel den Führerschein auf weitere Zeit entbehrt. Das angeordnete Fahrverbot wäre nämlich infolge der in § 51 I 1, V StGB vorgeschriebenen Anrechnung durch die vorläufige Führerscheinmaßnahme erledigt. Jede weitere amtliche Verwahrung des Führerscheins wäre wegen Ablaufs der erkannten Verbotsfrist unzulässig.[155] Die Anordnung, daß die Anrechnung ganz oder zum Teil unterbleibt (§ 51 I 2 StGB), könnte nicht weiterhelfen. Sie wäre in aller Regel unzulässig, weil sie in derartigen Fällen nicht, wie es § 51 I 2 StGB verlangt, »im Hinblick auf das Verhalten des Verurteilten nach der Tat« erfolgen würde.[156] Das Gericht kann also nur entweder die Fahrerlaubnis mit einer Sperre von mindestens weiteren 3 Monaten entziehen, wenn es zu dem Ergebnis kommt, der Angeklagte sei (noch) ungeeignet zum Führen von Kraftfahrzeugen, oder von der Maßregel des § 69 StGB absehen, wenn es feststellt, der Angeklagte sei durch die vorläufige Führerscheinmaßnahme trotz einer Dauer von weniger als 6 Monaten bereits so beeindruckt, daß der Eignungsmangel nicht mehr besteht.[157]

Wird der Führerschein nach Verkündung des Urteils, in dem die Fahrerlaubnis 949 nicht entzogen, jedoch ein Fahrverbot verhängt wird, **im Einverständnis mit dem Beschuldigten nicht zurückgegeben,** obwohl die vorläufige Entziehung der Fahrerlaubnis aufgehoben wird (vgl. § 111 a V 2 StPO) und das Urteil noch nicht rechtskräftig ist,[158] so ist die Anrechnung der Zeit, während der der Führerschein daraufhin weiter einbehalten wird, gem. § 450 II StPO zwingend. Eine dem § 51 I 2 StGB entsprechende Möglichkeit, in Ausnahmefällen das Unterbleiben der Anrechnung anzuordnen, besteht in diesem Falle also nicht. Die Regelung der §§ 111 a V 2, 450 II StPO ist nicht auf den Fall analog anzuwenden, daß der Angeklagte bei Verkündung des Urteils im Besitz des Führerscheins ist, weil keine vorläufige Führerscheinmaßnahme (§§ 94, 111 a StPO) wirksam war, den Führerschein aber vor Rechtskraft zu den Akten reicht.[159]

Die Berücksichtigung der Dauer **vorläufiger Führerscheinmaßnahmen** bei der 950 Bemessung des Fahrverbots in der Weise, daß eine entsprechend verkürzte Verbotsfrist ausgesprochen wird, weil der Angeklagte bereits durch die vorläufige Maßnahme weitgehend gewarnt sei, ist nicht möglich. Wegen der Anrechnung nach § 51 I 1, V StGB würde anderenfalls dem Angeklagten die vorläufige Führerscheinmaßnahme doppelt zugute kommen.[160] Das grundsätzliche Gebot der Anrechnung auf die erkannte Verbotsfrist zwingt das Gericht somit, die Dauer der vorläufigen Maßnahme bei der Bemessung der Verbotsfrist unberücksichtigt zu lassen, d. h. eine unverkürzte Dauer des Fahrverbots auszusprechen. Etwas anderes gilt allerdings für den Fall, daß das Gericht den Strafzweck des § 44 StGB als

---

155 Vgl. OLG Köln VRS 44, 14. Aus diesen Gründen ist auch der von *Mollenkott* (NJW 77, 426) vorgeschlagene Weg nicht gangbar, das Berufungsgericht solle, wenn es den Angeklagten noch für ungeeignet hält, eine Sperre von weniger als drei Monaten jedoch für ausreichend erachtet, ein Fahrverbot verhängen.
156 Vgl. auch *Kulemeier* S. 304.
157 Vgl. Rn 616.
158 Vgl. Rn 878.
159 Str., vgl. Rn 938.
160 Vgl. auch LK *(Geppert)* zu § 44 Rn 66; *Rüth/Berr,* KVR, Fahrverbot, S. 35.

durch die mindestens 3 Monate währende vorläufige Führerscheinmaßnahme bereits vollständig erreicht ansieht. Hier bestehen zwei Möglichkeiten: Das Gericht kann von dem Fahrverbot ganz absehen,[161] oder es kann ein Fahrverbot aussprechen, das dann allerdings nach § 51 I 1, V StGB erledigt ist; denn ein Fahrverbot kann auch dann im Urteil angeordnet werden, wenn die Anrechnung der vorläufigen Entziehung der Fahrerlaubnis oder der Sicherstellung des Führerscheins dazu führt, daß **keine Frist mehr** verbleibt.[162] Der Gesetzgeber hat die Vorschrift über die Anrechnung vorläufiger Führerscheinmaßnahmen auf das Fahrverbot als Abs. II dem früheren § 60 StGB über die Anrechnung der Untersuchungshaft angefügt. Damit hat er die Anrechnung beim Fahrverbot der gleichen Regelung unterworfen wie die Anrechnung der Untersuchungshaft,[163] wo ja auch keine restliche Strafe verbleiben muß, die Anrechnung der Untersuchungshaft vielmehr dazu führen kann, daß die Strafe als voll verbüßt gilt.[164] Daß ein solches nur noch symbolisch wirkendes Fahrverbot jedoch wenig sinnvoll ist, wurde bereits in anderem Zusammenhang ausgeführt.[165]

951 Nur *vorläufige* Fahrerlaubnismaßnahmen werden nach dem Wortlaut des § 51 V StGB auf das Fahrverbot angerechnet. War die **Entziehung der Fahrerlaubnis rechtskräftig** geworden und wird später wegen der Tat – etwa nach Wiedereinsetzung in den vorigen Stand wegen Versäumung der Einspruchsfrist bei Strafbefehl – statt der Maßregel nur ein Fahrverbot verhängt, so kommt daher eine unmittelbare Anwendung der Anrechnungsvorschrift des § 51 V StGB nicht in Frage. Da der dem § 51 StGB zugrundeliegende Rechtsgedanke jedoch auf eine derartige Situation in vollem Umfang zutrifft, muß auch die Zeit der zunächst rechtskräftigen Maßregel auf das nunmehr verhängte Fahrverbot in *entsprechender* Anwendung des § 51 V (bei Fahrverboten nach § 25 StVG in analoger Anwendung des § 25 VI StVG) angerechnet werden, soweit der Angeklagte infolge der Maßregel an einer legalen Teilnahme am fahrerlaubnispflichtigen Kraftfahrzeugverkehr gehindert war.[166] Um Zweifel auszuschließen, ist die Anrechnung in derartigen Fällen ausdrücklich im Urteil auszusprechen.[167]

7. Belehrung nach § 268 c StPO

952 Nach § 268 c StPO ist der Angeklagte über den Beginn der Verbotsfrist zu **belehren**, und zwar mündlich im Anschluß an die Urteilsverkündung oder, wenn das Urteil in Abwesenheit des Angeklagten ergeht, schriftlich. Die Pflicht zur Belehrung bei Anordnung des Fahrverbots durch Strafbefehl ergibt sich aus § 409 I 2 StPO. Die Einführung der Belehrungspflicht hat sich als notwendig erwiesen, weil

---

161 Vgl. auch *Warda* GA 65, 65 (81).
162 Vgl. OLG Düsseldorf VRS 39, 133; OLG Frankfurt VM 77, 31 Nr. 40; *Schönke/Schröder/Stree* zu § 51 Rn 36; *Warda* GA 65, 65 (82); *Keller* NJW 67, 1287; *Rüth/Berr*, KVR, Fahrverbot, S. 35; vgl. hierzu auch *Hentschel* DAR 78, 102;
a. M. LG Aachen NJW 67, 1287.
163 Vgl. OLG Düsseldorf VRS 39, 133; *Keller* NJW 67, 1287.
164 Vgl. OLG Düsseldorf VRS 39, 133; *Keller* NJW 67, 1287.
165 Siehe oben Rn 921.
166 Vgl. BayObLG VRS 72, 278 (zust. *Berz* JR 87, 513); vgl. dazu auch *Mürbe* JR 89, 1.
167 Vgl. BayObLG VRS 72, 278.

sich die Regelung des § 44 II, III StGB, wonach das Fahrverbot mit der Rechtskraft des Urteils wirksam wird, die Verbotsfrist aber erst ab dem Tage der amtlichen Verwahrung gerechnet wird, für denjenigen, der infolge von Unkenntnis den Führerschein nicht rechtzeitig abgibt, als Verlängerung der Verbotsfrist auswirkt.[168] Zum Irrtum über das Wirksamwerden siehe Rn 928.

X. Internationaler Kraftfahrzeugverkehr (§ 44 II 3, 4 StGB)

1. Außerdeutsche Fahrzeugführer

Die Anordnung des Fahrverbots bei Tätern, die gem. §§ 4 IntVO, 28 FeV berechtigt sind, fahrerlaubnispflichtige Kraftfahrzeuge ohne deutsche Fahrerlaubnis zu führen, unterliegt nach Aufhebung des früheren Abs. II des § 44 StGB durch das 32. StRÄndG vom 1. 6. 1995[169] keinen Einschränkungen mehr.

2. Vollstreckung

a) Inhaber von EU/EWR-Führerscheinen mit ordentlichem Wohnsitz im Inland

Führerscheine, die von einem Mitgliedstaat der **Europäischen Union** (EU) oder des Europäischen Wirtschaftsraums (EWR) ausgestellt worden sind,[170] werden gem. § 44 II 2 StGB behandelt wie deutsche Führerscheine, wenn der Verurteilte seinen **ordentlichen Wohnsitz im Inland** hat; sie werden also für die Dauer des Fahrverbots amtlich verwahrt. Zum Begriff des ordentlichen Wohnsitzes wird auf die Ausführungen unter D. I. 1. b) Bezug genommen.[171]

b) Inhaber ausländischer Führerscheine ohne ordentlichen Wohnsitz im Inland

aa) Eintragung eines Vermerks (§ 44 II 3 StGB)

Hat der Inhaber des ausländischen Führerscheins **keinen ordentlichen Wohnsitz im Inland,** so wird das Fahrverbot in dem ausländischen Führerschein **vermerkt,** gleichgültig, ob es sich um einen EU/EWR-Führerschein handelt oder um einen von einem Drittland ausgestellten (§ 44 II 4 StGB). Mit diesem Zeitpunkt beginnt die Verbotsfrist (§ 44 III 1 StGB).[172] Läßt die Beschaffenheit des Führerscheins die Eintragung eines Vermerks nicht zu, so wird der Vermerk auf einem besonderen Papier angebracht und dieses mit dem Führerschein verbunden. Die Einzelheiten sind in §§ 59 a, 56 II 3 StVollstrO geregelt.

---

168 Vgl. hierzu *Bode* NJW 69, 211; zum Inhalt der Belehrung vgl. OLG Celle VRS 54, 128.
169 BGBl I S. 747.
170 Liste dieser Staaten: siehe oben Rn 814.
171 Oben Rn 817.
172 Zur rechtzeitigen Eintragung des Vermerks s. *Cremer* NStZ 93, 126.

bb) Beschlagnahme (§ 463 b II StPO)

956 Zum Zwecke der Eintragung des Vermerks über das Fahrverbot läßt § 463 b II StPO die Beschlagnahme des ausländischen Führerscheins zu.

cc) Eidesstattliche Versicherung über den Verbleib des Führerscheins (§ 463 b III StPO)

957 Nach § 463 b III StPO muß auch der außerdeutsche Kraftfahrzeugführer auf Antrag der Vollstreckungsbehörde eine eidesstattliche Versicherung über den Verbleib seines Führerscheins abgeben, wenn dieser bei ihm nicht vorgefunden wird.

XI. Rechtsmittel

1. Beschränkung auf das Fahrverbot

958 Die **Beschränkung** des Rechtsmittels auf die Entscheidung über das **Fahrverbot** ist nur möglich, wenn die Frage, losgelöst von den Ausführungen zur Strafzumessung im übrigen, beurteilt werden kann.[173] Dies wird allerdings nicht grundsätzlich der Fall sein, wie etwa in einem Urteil des OLG Saarbrücken[174] angenommen wird; vielmehr wird die Entscheidung über die Verhängung eines Fahrverbots nur in Ausnahmefällen einer selbständigen Beurteilung zugänglich sein, etwa dann, wenn sich das Rechtsmittel nicht gegen die Feststellungen und Erwägungen zur engeren Strafzumessung wendet und dem angefochtenen Urteil zu entnehmen ist, daß das Gericht der Vorinstanz die Art und Höhe der Hauptstrafe völlig unabhängig von der Anordnung des Fahrverbots und seiner Dauer für erforderlich erachtet, insbesondere deren Höhe nicht im Hinblick auf die Nebenstrafe niedriger bemessen hat.[175] Im allgemeinen aber werden Haupt- und Nebenstrafe (Fahrverbot) in einem engen Abhängigkeitsverhältnis stehen, weil die Verhängung des Fahrverbots die Feststellung voraussetzt, daß die Hauptstrafe allein zur Erreichung des Strafzwecks nicht ausreicht.[176] In der Regel werden somit die Entscheidung über die Hauptstrafe und diejenige über das Fahrverbot ganz oder teilweise auf denselben tatsächlichen Feststellungen oder Erwägungen beruhen, so daß die Nachprüfung der Entscheidung über die Verhängung eines Fahrverbots ohne ein Eingehen auf die Tatsachen, die dem Ausspruch über die Hauptstrafe zugrunde liegen, nicht möglich ist.[177]

---

173 Vgl. OLG Hamm VRS 41, 183; 49, 275; OLG Saarbrücken VRS 37, 310; OLG Celle VRS 62, 38; *Rüth/Berr* KVR, Fahrverbot, S. 47.
174 OLG Saarbrücken VRS 37, 310; ebenso *Kaiser* NJW 83, 2418 (2420).
175 Vgl. OLG Hamm VRS 40, 275; OLG Frankfurt VRS 64, 12.
176 Vgl. Rn 914.
177 Vgl. OLG Düsseldorf VRS 63, 463; NZV 93, 76; OLG Köln NZV 96, 286; VRS 82, 39; DAR 92, 152; OLG Schleswig VRS 65, 386; OLG Koblenz VRS 66, 40; OLG Frankfurt VM 77, 31 Nr. 40; VRS 55, 181; OLG Oldenburg DAR 77, 137; OLG Celle VRS 62, 38; *Händel* NJW 71, 1472; *Kulemeier* S. 89; für das Fahrverbot des § 25 StVG vgl. BayObLG VRS 72, 278; OLG Frankfurt NJW 70, 1334; OLG Karlsruhe DAR 77, 247.

2. Beschränkung auf die Verurteilung wegen einer von mehreren Taten

Wird das Rechtsmittel auf die Verurteilung **wegen einer von mehreren Strafta-** 959
ten beschränkt, so erstreckt es sich dann auf die Entscheidung nach § 44 StGB,
wenn die Nebenstrafe auf das sich aus allen Straftaten ergebende Gesamtverhalten
des Angeklagten gestützt wurde, weil diese einheitliche Nebenstrafe nicht zerlegt
werden kann.[178]

3. Freispruch hinsichtlich einer von mehreren Taten in der Rechtsmittelinstanz

Wird in der Rechtsmittelinstanz **die Verurteilung wegen einer von mehreren** 960
Taten aufgehoben und der Angeklagte insoweit freigesprochen, so ist damit auch
ein allein wegen dieser Tat verhängtes Fahrverbot aufgehoben, denn die Aufhebung einer Verurteilung umfaßt den Schuldspruch, die Strafe und die Nebenstrafe.
Auch wenn das Fahrverbot also in einem solchen Fall nicht ausdrücklich aufgehoben wird, ist es damit weggefallen, weil es ein Widerspruch wäre, wenn bei einem
Freispruch eine Nebenstrafe bestehenbliebe.[179]

4. Verschlechterungsverbot

Hat das Gericht den Angeklagten wegen zweier sachlich zusammentreffender 961
Straftaten verurteilt und ein einheitliches Fahrverbot verhängt, welches auf das
sich aus beiden Straftaten ergebende Gesamtverhalten des Angeklagten gestützt
wurde, und hat der Angeklagte nur die Verurteilung wegen einer der beiden Straftaten angefochten, so verstößt es nicht gegen das **Verschlechterungsverbot** der
§§ 331, 358 II StPO, wenn das Fahrverbot aufrechterhalten wird, obwohl der
angefochtene Schuldspruch beseitigt und der Angeklagte insoweit freigesprochen
wird. Dies zeigt auch ein Vergleich mit der Verurteilung zu einer Gesamtstrafe:
Wurde der Angeklagte zu Gesamtstrafe verurteilt und auf ein zu seinen Gunsten
eingelegtes Rechtsmittel eine der zugrundeliegenden Verurteilungen mit der zugehörigen Einzelstrafe beseitigt, so kann ebenfalls ohne Verstoß gegen das Verschlechterungsverbot die vom Erstrichter ausgesprochene Gesamtstrafe aufrechterhalten werden, wenn die verbleibenden Einzelstrafen die Bildung einer Gesamtstrafe in der bisherigen Höhe ermöglichen.[180]

Grundsätzlich verstößt es nicht gegen das Verschlechterungsverbot, wenn die von 962
der Vorinstanz ausgesprochene **Geldstrafe bei gleichzeitiger Aufhebung des**
Fahrverbots erhöht wird.[181] Nur wenn man die Geldstrafe isoliert von der gleich-

---

178 Vgl. BayObLG DAR 66, 270; vgl. auch BayObLG NJW 66, 2369 zu der gleichen Frage bei der Entziehung der Fahrerlaubnis.
179 Vgl. OLG Köln VRS 36, 297.
180 Vgl. BayObLG DAR 66, 270.
181 Vgl. BayObLG MDR 76, 601; VRS 54, 45; 58, 38; OLG Hamm NJW 71, 1190; DAR 74, 21; OLG Koblenz VRS 47, 416; LG Köln NZV 99, 99; *Tröndle/Fischer* zu § 44 Rn 17; *Lackner/Kühl* zu § 44 Rn 12; *Cramer* zu § 44 StGB Rn 61 a; *Händel* NJW 71, 1472; *Kulemeier* S. 89;
a. M. OLG Oldenburg NJW 69, 2213 ohne Begründung; zur Frage der Erhöhung der Geldbuße bei gleichzeitigem Wegfall des Fahrverbots nach § 25 StVG: vgl. unten Rn 979 mit Nachweisen (Fn. 6).

zeitig verhängten Nebenstrafe des Fahrverbots sieht, ergibt sich etwas anderes. Zu richtigen Ergebnissen gelangt man aber nur, wenn man die Gesamtheit der Ahndungsmittel betrachtet. Läßt die Gesamtschau der verhängten Ahndungsmaßnahmen keine Veränderung zum Nachteil des Angeklagten erkennen, wird nicht gegen das Verbot der Schlechterstellung verstoßen.[182] Ein Ahndungsmittel kann durch ein anderes ersetzt werden, wenn dieses milder ist.[183] Das Fahrverbot ist aber gegenüber der Geldstrafe als die schwerere Unrechtsfolge anzusehen.[184]

963 Im übrigen ist ja auch die Verhängung eines Fahrverbots an strengere Voraussetzungen geknüpft als die Verhängung einer Geldstrafe, indem es in der Regel nur angeordnet werden darf, wenn es sich um eine Pflichtverletzung von einigem Gewicht und bei dem Angeklagten um einen leichtsinnigen oder sonst pflichtvergessenen Kraftfahrer handelt.[185]

964 Da nach § 43 StGB eine Erhöhung der *Zahl* der Tagessätze notwendig auch eine Erhöhung der Ersatzfreiheitsstrafe zur Folge hat, kann allerdings ohne Verstoß gegen das Verbot der Schlechterstellung bei gleichzeitiger Aufhebung des Fahrverbots nur eine Verschärfung der **Tagessatz*höhe*** erfolgen,[186] was jedoch nur dann gerechtfertigt sein kann, wenn der Wegfall des Fahrverbots zu einer anderen Beurteilung der persönlichen und wirtschaftlichen Verhältnisse des Angeklagten führt (§ 40 II StGB).[187] Zu beachten ist im übrigen immer, daß eine Erhöhung der Geldstrafe als Ausgleich für den Wegfall des Fahrverbots natürlich nur dann möglich ist, wenn nicht schon die Voraussetzungen für die Verhängung eines Fahrverbots überhaupt verneint werden.[188]

965 Umgekehrt kann es angesichts der gebotenen Gesamtschau mit dem Verbot der reformatio in peius vereinbar sein, wenn auf ein zugunsten des Angeklagten eingelegtes Rechtsmittel erstmals ein Fahrverbot angeordnet wird, die im angefochtenen Urteil verhängte Freiheitsstrafe (auch wenn Strafaussetzung zur Bewährung bewilligt war) jedoch durch eine Geldstrafe ersetzt[189] oder die Tagessatzzahl der verhängten Geldstrafe herabgesetzt wird.[190]

---

182 Vgl. BGH NJW 71, 105; OLG Hamm NJW 71, 1190; OLG Koblenz VRS 47, 416.
183 Vgl. BGH NJW 71, 105.
184 Vgl. OLG Hamm NJW 71, 1190.
185 Vgl. Rn 917.
186 Vgl. BayObLG VRS 58, 38; OLG Hamm NJW 71, 1190; LK *(Geppert)* zu § 44 Rn 109; vgl. hierzu auch OLG Koblenz VRS 47, 416;
    a. M. *Grebing* JR 81, 1 (4), wonach es für die Prüfung einer etwaigen Schlechterstellung nur auf die *primär* verhängte Strafe ankomme, Freiheitsstrafe als bloße Ersatzsanktion dagegen nicht zu berücksichtigen sei.
187 Vgl. BayObLG MDR 76, 601; VRS 54, 45; 58, 38; NStZ 88, 267; LK *(Geppert)* zu § 44 Rn 109; ausführlich *D. Meyer* DAR 81, 33; vgl. auch *Schönke/Schröder/Stree* zu § 40 Rn 23;
    a. M. (auch Erhöhung der Tagessatz*zahl* ist zulässig): *Grebing* JR 81, 1 (von seinem Standpunkt aus – siehe Fn. 186 – konsequent); *Kulemeier* S. 90; *Lackner/Kühl* zu § 44 Rn 7, der eine Erhöhung der Anzahl der Tagessätze nicht für ausgeschlossen hält und vorschlägt, die Ersatzfreiheitsstrafe entgegen § 43 StGB ausdrücklich auf die ursprüngliche Höhe festzusetzen (gegen *Lackner: Stree*, in: *Schönke/Schröder* zu § 40 Rn 23).
188 Vgl. OLG Koblenz VRS 54, 454; OLG Karlsruhe NZV 91, 278 (jeweils zur Frage der Erhöhung der Geld*buße* bei Wegfall des Fahrverbots nach § 25 StVG).
189 Vgl. BayObLG VRS 54, 45.
190 Vgl. OLG Schleswig VRS 65, 386;
    a. M. *Geppert*, in: LK zu § 44 Rn 110.

5. Anfechtung der Nichtanrechnung

Die Nichtanrechnung vorläufiger Führerscheinmaßnahmen (Beschlagnahme, vorläufige Entziehung der Fahrerlaubnis) kann **selbständig angefochten** werden, wenn die Frage der Nichtanrechnung unabhängig von den Feststellungen zur Strafzumessung und zum Fahrverbot beurteilt werden kann, etwa nur die Anwendbarkeit der Anrechnungsvorschrift überhaupt zu prüfen ist.[191] Auch dann, wenn **lediglich in den Urteilsgründen** zum Ausdruck gebracht ist, daß eine Anrechnung vorläufiger Führerscheinmaßnahmen nicht erfolgen soll, wird man dem Verurteilten wegen der dadurch entstehenden Unklarheit (Frage einer Strafbarkeit bei weiteren Gebrauchmachen von der Fahrerlaubnis) und Unsicherheit (Auslegung des Urteils durch die Vollstreckungsbehörde oder nachträgliche Berichtigung) ausnahmsweise die Möglichkeit einräumen müssen, das – im Tenor nicht ausgesprochene – Unterbleiben der Anrechnung mit einem Rechtsmittel anzugreifen.[192]

966

6. Rechtsmittelverzicht

Muß der Angeklagte aufgrund des Urteils in seiner verkündeten Form annehmen, daß die Entscheidung bezüglich des in erster Instanz verhängten Fahrverbots zu seinen Gunsten ausgefallen ist, und **verzichtet** er deshalb **auf Rechtsmittel**, so ist er hieran nicht gebunden, wenn das Urteil später im Verfahren nach § 458 StPO zu seinen Ungunsten dahin ausgelegt wird, daß das Fahrverbot nicht aufgehoben sei. Denn die Belange des Angeklagten verdienen Vorrang vor dem Gesichtspunkt der Rechtssicherheit, wenn der Angeklagte oder sein Verteidiger durch Handlungen des Gerichts in einen für den erklärten Rechtsmittelverzicht ursächlichen unverschuldeten Irrtum versetzt worden ist.[193]

967

---

191 Vgl. BayObLG VRS 72, 278.
192 Vgl. BayObLG DAR 78, 206 (bei *Rüth*).
193 Vgl. OLG Köln VRS 36, 297.

H. Das Verhältnis von § 69 StGB zu § 44 StGB

Literatur:

Cramer, Die Austauschbarkeit der Entziehung der Fahrerlaubnis gegen ein Fahrverbot, in: NJW 1968, 1764.

I. Priorität der Prüfung nach § 69 StGB

968 Um es bei einem Fahrverbot bewenden zu lassen, muß zuvor stets die **Anwendbarkeit des § 69 StGB** geprüft und verneint worden sein.[1]

II. Nebeneinander von Maßregel und Nebenstrafe

1. Grundsätzliche Unzulässigkeit gleichzeitiger Verhängung

969 Auf Fahrerlaubnisentzug und Fahrverbot kann **grundsätzlich nicht gleichzeitig** erkannt werden.[2] Das ergibt sich aus ihren unterschiedlichen Zielen und Voraussetzungen. Während die Entziehung der Fahrerlaubnis ausschließlich dem Schutz der Allgemeinheit dient,[3] hat das Fahrverbot Strafcharakter. Setzt die Maßregel nach § 69 StGB die Ungeeignetheit des Angeklagten zum Führen von Kraftfahrzeugen voraus, ohne daß der Täter schuldhaft gehandelt haben muß, so kommt das Fahrverbot dagegen nur in Betracht, wenn der Angeklagte die rechtswidrige Tat schuldhaft begangen hat. In der Amtlichen Begründung zum 2. VerkSichG heißt es dazu:[4]

»Gegenüber ungeeigneten Kraftfahrern muß die Maßregel der Entziehung der Fahrerlaubnis – im wesentlichen nach denselben Grundsätzen, die schon der geltende § 42 m StGB vorsieht – angeordnet werden. Daneben ist für ein Fahrverbot in der Regel kein Raum, weil es die Entziehung nicht sinnvoll ergänzen könnte.«

970 Nur in **Ausnahmefällen** ist die gleichzeitige Verhängung möglich.[5] Denn ausgeschlossen ist das Nebeneinander von Maßregel nach § 69 StGB und Nebenstrafe nach § 44 StGB durch das Gesetz nicht.[6]

---

1 Vgl. LG München DAR 76, 22 (das zutreffend feststellt, daß die bloße Verhängung eines Fahrverbots unzulässig ist, wenn die Möglichkeit der Ungeeignetheit zum Führen von Kraftfahrzeugen wegen Alterssabbaus besteht); *Warda* GA 65, 65 (75); *Full/Möhl/Rüth* zu § 44 StGB Rn 21; vgl. auch OLG Celle NJW 68, 1102; *Schendel* S. 6.
2 Vgl. OLG Karlsruhe VRS 34, 192; OLG Düsseldorf VM 72, 23; 70, 68 Nr. 82; LG Bonn DAR 78, 195; *Schönke/Schröder/Stree* zu § 44 Rn 2; *Tröndle/Fischer* zu § 44 Rn 2; *Warda* GA 65, 65 (66); *Geppert*, Sperrfrist, S. 160; vgl. auch *Weigelt* DAR 65, 14.
3 Vgl. oben Rn 567.
4 Bundestagsdrucksache IV/651, S. 12.
5 Vgl. OLG Karlsruhe VRS 34, 192; OLG Düsseldorf VM 72, 23; 70, 68 Nr. 82; LG Bonn DAR 78, 195; LK *(Geppert)* zu § 44 Rn 18; *Full/Möhl/Rüth* zu § 44 StGB Rn 1; *Warda* GA 65, 65 (66); *Geppert*, Sperrfrist, S. 160; *Rüth/Berr*, KVR, Fahrverbot, S. 42.
6 Vgl. *Tröndle/Fischer* zu § 44 Rn 2.

2. Ausnahmen

Eine die gleichzeitige Verhängung von Fahrerlaubnisentzug und Fahrverbot rechtfertigende Ausnahme liegt vor, wenn von der Sperre **bestimmte Arten von Kraftfahrzeugen ausgenommen** werden (§ 69a II StGB), für die aber zunächst ein Fahrverbot verhängt werden soll.[7] Hier kann die zusätzliche Verhängung der Nebenstrafe durchaus sinnvoll sein, weil der Täter einerseits insoweit nicht ungeeignet erscheint, andererseits aber gerade in diesen Fällen meistens über die Hauptstrafe hinaus zur Erreichung des Strafzwecks ein Fahrverbot erforderlich sein wird, indem dem Angeklagten zur Warnung und Besinnung zunächst auch die Führung derjenigen Kraftfahrzeuge untersagt wird, auf die sich seine Ungeeignetheit nicht erstreckt. Diesen Fall erwähnt auch die Amtliche Begründung zum 2. VerkSichG ausdrücklich:[8]

971

»Ganz ausgeschlossen ist das Fahrverbot jedoch neben der Entziehung nicht. So könnte es etwa erwogen werden, wenn der Richter die Fahrerlaubnis entzieht, von der Sperre aber bestimmte Arten von Kraftfahrzeugen ausnimmt (§ 42 Abs. 2 StGB i. d. F. des Entwurfs); hier hätte das zusätzliche Fahrverbot den Sinn, den Täter für eine kurze Zeit auch von der Führung der Kraftfahrzeuge auszuschließen, auf die sich die Sperre nicht bezieht.«

Die Verhängung eines Fahrverbots neben der Maßregel der §§ 69, 69a StGB ist ferner – aus den gleichen Gründen wie in dem erwähnten Fall des § 69a II StGB – ausnahmsweise auch dann nicht zu beanstanden, wenn Fahren mit führerscheinfreien Fahrzeugen in Betracht kommt.[9] Bei dieser Sachlage erscheint das zusätzliche Fahrverbot oft als besonders notwendig, um den Angeklagten, der ja durch die Maßregel der §§ 69, 69a StGB nicht gehindert ist, weiterhin führerscheinfreie Kraftfahrzeuge zu führen, von weiteren Verkehrsstraftaten abzuhalten. Man denke an den Täter, der wiederholt im Zustand alkoholbedingter Fahrunsicherheit ein Mofa geführt hat.

972

III. Beschränkung des Rechtsmittels auf die Nichtentziehung der Fahrerlaubnis

Wird das Rechtsmittel der Staatsanwaltschaft wirksam **auf die Nichtentziehung der Fahrerlaubnis beschränkt,**[10] so hat das Gericht, wenn es die Voraussetzungen für die Anordnung der Maßregel verneint, auch zu prüfen, ob gegen den Angeklagten nicht ein Fahrverbot zu verhängen ist. Denn, da die Frage der zusätzlichen Bestrafung durch ein Fahrverbot gegenüber derjenigen der Entziehung der Fahrerlaubnis nachgeordnet ist,[11] die Anordnung des Fahrverbots in der Regel nur bei

973

---

7 Vgl. OLG Düsseldorf VM 72, 23 Nr. 23; LG Bonn DAR 78, 195; *Full/Möhl/Rüth* zu § 44 StGB Rn 21; *Tröndle/Fischer* zu § 44 Rn 2; *Warda* GA 65, 65 (66); *Geppert*, Sperrfrist, S. 160; *Rüth/Berr*, KVR, Fahrverbot, S. 42.
8 Bundestagsdrucksache IV/651, S. 12.
9 Vgl. OLG Düsseldorf VM 70, 68 Nr. 82; LG Bonn DAR 78, 195; *Full/Möhl/Rüth* zu § 44 StGB Rn 21; *Tröndle/Fischer* zu § 44 Rn 2; *Janiszewski* Rn 670; *Warda* GA 65, 65 (66); *Rüth/Berr*, KVR, Fahrverbot, S. 42;
 a. M. OLG Düsseldorf VM 72, 23 Nr. 23; wie OLG Düsseldorf offenbar auch *Geppert*, Sperrfrist, S. 160.
10 Vgl. hierzu Rn 664.
11 Vgl. Rn 968.

Verneinung der Anwendbarkeit von § 69 StGB möglich ist,[12] besteht ein Abhängigkeitsverhältnis zwischen der Maßregel und der Nebenstrafe. Die Prüfung der Frage, ob die Verhängung eines Fahrverbots geboten erscheint, ist mit den Erwägungen zu § 69 StGB untrennbar verknüpft, so daß ein auf die Nichtverhängung der Maßregel beschränktes Rechtsmittel die Nichtanordnung eines Fahrverbots notwendig mit erfaßt.[13]

IV. Austauschbarkeit in der Rechtsmittelinstanz

1. Ersetzen des Fahrverbots durch Fahrerlaubnisentzug

974 Das Fahrverbot darf bei zugunsten des Angeklagten eingelegtem Rechtsmittel **nicht durch die Maßregel des § 69 StGB ersetzt** werden. Dies folgt aus dem Verschlechterungsverbot der §§ 331, 358 II StPO.[14] Die rechtsdogmatische Qualifikation der Entziehung der Fahrerlaubnis als Maßregel der Besserung und Sicherung gegenüber derjenigen des Fahrverbots als Strafe kann zu keinem anderen Ergebnis führen.[15] Denn im Rahmen der §§ 331, 358 II StPO kommt es auf die tatsächlichen Auswirkungen der Fahrerlaubnisentziehung und des Fahrverbots an. Da die Entziehung der Fahrerlaubnis den Angeklagten aber schwerer trifft als das »bloße« Fahrverbot, würde die Ersetzung des im Urteil der Vorinstanz angeordneten Fahrverbots durch die Maßregel des § 69 StGB gegen das Verbot der Schlechterstellung verstoßen.

2. Übergang vom Fahrerlaubnisentzug zum Fahrverbot

975 Der Übergang **von der Maßregel** des § 69 StGB **zum Fahrverbot** fällt grundsätzlich nicht unter das Verschlechterungsverbot der §§ 331, 358 II StPO,[16] und zwar selbst dann nicht, wenn gleichzeitig die **Geldstrafe** angemessen **erhöht** wird.[17] Dies könnte zweifelhaft sein, weil damit auf eine neue Nebenstrafe erkannt wird, was grundsätzlich gegen das Verbot der Schlechterstellung verstößt.[18] Entscheidend ist aber eben nicht die rechtsdogmatische Ausgestaltung von Fahrverbot und Entziehung der Fahrerlaubnis,[19] sondern ihre tatsächliche Auswirkung auf den Angeklagten. Die Maßregel des § 69 StGB tritt in ihrer praktischen Bedeutung für den Verurteilten in die Nähe der Strafe,[20] ihre Übelwirkung ist größer als diejenige

---

12 Vgl. Rn 968 f.
13 Vgl. OLG Celle NJW 68, 1102.
14 Vgl. OLG Celle VRS 38, 432; *Cramer* NJW 68, 1764; *Rüth/Berr*, KVR, Fahrverbot, S. 43.
15 Vgl. auch OLG Stuttgart NJW 68, 1792.
16 Vgl. OLG Düsseldorf NZV 91, 237; OLG Hamm DAR 74, 21; OLG Stuttgart NJW 68, 1792; OLG Frankfurt NJW 68, 1793; OLG Karlsruhe VRS 34, 192; OLG Celle VM 69, 18 Nr. 33; OLG Koblenz VRS 47, 416; *Mühlhaus/Janiszewski* zu § 44 StGB Rn 18; *Janiszewski* Rn 673; *Rüth/Berr*, KVR, Fahrverbot, S. 43.
17 Vgl. OLG Koblenz VRS 47, 416, das gleichzeitig darauf hinweist, daß allerdings eine Verschärfung der Ersatzfreiheitsstrafe mit dem Verschlechterungsverbot nicht vereinbar wäre; vgl. hierzu auch oben Rn 962 ff.
18 Vgl. OLG Karlsruhe VRS 34, 192.
19 Vgl. OLG Stuttgart NJW 68, 1792; OLG Koblenz VRS 47, 416.
20 Vgl. OLG Zweibrücken MDR 70, 434; *Hartung* NJW 55, 1331; *Wimmer* NJW 59, 1513; *Geppert*, Sperrfrist, S. 86; *Bieler* BA 70, 112; *H.-J. Koch* DAR 73, 14; vgl. auch OLG Koblenz VRS 47, 416.

der Nebenstrafe des Fahrverbots,[21] häufig sogar schwerwiegender als die Hauptstrafe.[22] Zutreffend wird daher z. B. übereinstimmend in zwei Urteilen des OLG Frankfurt[23] und des OLG Stuttgart[24] festgestellt, daß Fahrerlaubnisentzug und Fahrverbot »in ihrer praktischen und kriminalpolitischen Zielsetzung und Wirkung durchaus wesensähnlich« sind.[25] In beiden Entscheidungen wird darauf hingewiesen, daß der Gesetzgeber dies durch die Anrechnungsmöglichkeit des § 51 V StGB anerkannt hat. Wägt man die objektiven Auswirkungen der Entziehung der Fahrerlaubnis gegen diejenigen des Fahrverbots ab, so erscheint das Fahrverbot gegenüber der Maßregel des § 69 StGB als ein Minus,[26] so daß die Ersetzung der Fahrerlaubnisentziehung durch das Fahrverbot in der Regel die tatsächliche Lage des Angeklagten nicht verschlechtert.[27]

Der Übergang von der Maßregel des § 69 StGB zur Nebenstrafe des § 44 StGB fällt ausnahmsweise dann unter das Verschlechterungsverbot, wenn auf die Maßregel **wegen körperlicher** oder **geistiger Mängel** erkannt worden war, das Urteil der Vorinstanz die Ungeeignetheit also nicht aus schuldhaftem Handeln herleitete.[28] Denn in einem solchen Falle sind Fahrerlaubnisentzug und Fahrverbot in ihrer kriminalpolitischen Zielsetzung keineswegs wesensähnlich, tritt die Entziehung der Fahrerlaubnis nicht in die Nähe einer Strafe. Nicht mit §§ 331, 358 II StPO vereinbar ist die Anordnung eines Fahrverbots auf ein zugunsten des Angeklagten eingelegtes Rechtsmittel auch dann, wenn gegen ihn, obwohl er eine Fahrerlaubnis hatte, irrtümlich nur eine isolierte Sperre ausgesprochen wurde, die im Gegensatz zum Fahrverbot seine Berechtigung, fahrerlaubnispflichtige Fahrzeuge zu führen, nicht beeinträchtigt.[29] Das gleiche gilt, wenn eine isolierte Sperre auf ein zugunsten des Angeklagten eingelegtes Rechtsmittel durch ein Fahrverbot ersetzt wird, nachdem ihm inzwischen eine neue Fahrerlaubnis erteilt worden ist.[30]

---

21 Vgl. OLG Celle NJW 68, 1102; OLG Stuttgart NJW 68, 1792; OLG Koblenz VRS 47, 416; *Cramer* NJW 68, 1764.
22 Vgl. OLG Koblenz VRS 47, 416; *Geppert*, Sperrfrist, S. 14.
23 OLG Frankfurt NJW 68, 1793.
24 OLG Stuttgart NJW 68, 1792.
25 Vgl. auch OLG Hamm DAR 74, 21 (22); OLG Koblenz VRS 47, 416.
26 Vgl. OLG Stuttgart NJW 68, 1792.
27 Vgl. OLG Frankfurt NJW 68, 1793; OLG Karlsruhe VRS 34, 192; OLG Celle VM 69, 18 Nr. 33.
28 Vgl. auch *Cramer* NJW 68, 1764;
   a. M. *Rüth/Berr*, KVR, Fahrverbot, S. 43.
29 Vgl. OLG Frankfurt VRS 64, 12; vgl. dazu oben Rn 735 und 736.
30 Vgl. BayObLG DAR 89, 371 (bei *Bär*).

J. Fahrverbot nach § 25 StVG

Literatur:

Albrecht, Das neue Wahlrecht für den Antritt von Fahrverboten (§ 25 II a StVG), in: NZV 1998, 131; *Bode*, Einführung weiterer gesetzlicher Regelfahrverbote?, in: NZV 1991, 10; *Bönke*, Das Fahrverbot als Nebenstrafe und Nebenfolge – Aktuelle Reformvorschläge zum Fahrverbot, in: VGT 1997, 208; *Bouska*, Der Einfluß eines Fahrerlaubnisentzugs auf die Vollstreckung des Fahrverbots § 25 StVG, in: VD 1978, 99; *Danner*, Nochmals: Vollstreckung von Fahrverboten bei Führerscheinentzug, in: VD 1978, 23; *Deutscher*, Das »Regelfahrverbot« bei Geschwindigkeitsüberschreitungen und Rotlichtverstößen, in: NZV 1997, 18; *Engelbrecht*, Kein zwangsläufiges Fahrverbot bei Mißachtung der länger als eine Sekunde andauernden Rotphase, in: DAR 1994, 373; *Geppert*, Das ordnungsrechtliche Fahrverbot, §§ 25 StVG und 2 BKatV: Einzelfallprüfung oder schematische Anwendung?, in: DAR 1997, 260; *Heck*, Die neue Bußgeldkatalogverordnung und ihre Auswirkung auf die Anordnung von Fahrverboten, in: NZV 1991, 173; *Hentschel*, Die Bedeutung der Bußgeldkatalog-Verordnung für das Fahrverbot des § 25 Abs. 1 Satz 1 StVG, in: JR 1992, 139; *derselbe*, Rechtsprobleme bei der Anordnung des Fahrverbots nach § 25 Abs. 1 Satz 1 StVG, in: Festschrift für Salger (1995), S. 471; *derselbe*, Das Fahrverbot als Nebenstrafe und Nebenfolge, in: DAR 1997, 101; *derselbe*, Die neue Vier-Monats-Frist für das Wirksamwerden von Fahrverboten nach § 25 StVG, in: DAR 1998, 138; *Hillebrand*, Vollstreckung von Fahrverboten bei Führerscheinentzug, in: VD 1977, 321; *derselbe*, Fahrverbote der Verwaltungsbehörden und deren Vollstreckung – § 25 StVG, in: VD 1978, 193; *Hillmann*, Handhabung des Fahrverbots nach § 25 StVG, in: VGT 1991, 52; *Janiszewski*, Zur künftigen Handhabung des Fahrverbots nach § 25 StVG bei groben Pflichtverletzungen, in: DAR 1992, 90; *Jung*, Die unbefriedigende Handhabung des Fahrverbots nach § 25 I 1 StVG und ihre Gründe, in: VGT 1991, 44; *Mürbe*, Verschärfung des Fahrverbots bei Ordnungswidrigkeiten?, in: AnwBl. 1989, 640; *derselbe*, Vereinbarkeit der Fahrverbote des BKatV mit höherrangigem Recht?, in: NZV 1990, 97; *Ortner*, Das Fahrverbot nach § 25 I S. 1 StVG bei erstmaliger, fahrlässiger Geschwindigkeitsüberschreitung?, in: DAR 1985, 344; *Rüth/Berr*, Das Fahrverbot, in: KVR, Stichwort »Fahrverbot; Erläuterungen 1«; *Scheffler*, Rechtsbeugung oder Verfolgung Unschuldiger?, in: NZV 1996, 479; *derselbe*, Fahrverbot und Ordnungswidrigkeitenrecht, in: NZV 1995, 176; *derselbe*, »Grober Verstoß« bei Nichtbeachtung einer aus Lärmschutzgründen angeordneten Geschwindigkeitsbeschränkung, in: NZV 1995, 214; *Waechter*, Wohnungsdurchsuchung zwecks Vollstreckung eines Fahrverbots?, in: NZV 1999, 273; *derselbe*, Regelfahrverbot bei Augenblicksversagen?, in: DAR 1998, 157; *Widmaier*, Fahrverbot bei Tatmehrheit von Verkehrsordnungswidrigkeiten, in: NJW 1971, 1158, *Zank*, Das Fahrverbot als Nebenstrafe und Nebenfolge, in: VGT 1997, 239; – siehe im übrigen die Literaturangaben zum Fahrverbot gem. § 44 StGB, vor Rn 900.

I. Rechtsnatur

977 Das Fahrverbot des § 25 StVG ist eine **Nebenfolge**.[1]

---

1 Vgl. BayObLG NJW 72, 1770; OLG Frankfurt NJW 70, 1334; OLG Hamburg DAR 69, 330; BVerfG NJW 69, 1623.

II. Verfahren

1. Hinweispflicht entsprechend § 265 StPO

Ist die Nebenfolge des Fahrverbots im Bußgeldbescheid, der die Verfahrensgrundlage bildet,[2] nicht verhängt, so muß der Betroffene durch das Gericht, das ein Fahrverbot neben der Geldbuße anordnen will, auf diese Möglichkeit **hingewiesen** werden. Der Grundgedanke des § 265 II StPO, den Angeklagten vor Überraschungen zu schützen, trifft auch hier zu. § 265 II StPO gilt daher entsprechend. Denn erst der Hinweis auf die drohende Verhängung eines Fahrverbots nach § 25 StVG ermöglicht dem Betroffenen eine sachgerechte Verteidigung, insbesondere auch dessen Abwendung durch Rücknahme des Einspruchs.[3] Selbst in Fällen, in denen im Bußgeldbescheid ein Fahrverbot angeordnet ist, soll sich nach OLG Oldenburg[4] u. U. aus dem Gebot eines fairen Verfahrens die Pflicht des Gerichts zu einem Hinweis ergeben können, etwa, wenn das Gericht durch entsprechende Erklärungen die Erwartung hervorgerufen hat, es werde abweichend vom Bußgeldbescheid vom Fahrverbot absehen.

2. Erhöhung der Geldbuße unter gleichzeitigem Wegfall des Fahrverbots bei Entscheidung durch Beschluß und bei zugunsten des Betroffenen eingelegter Rechtsbeschwerde

Die Erhöhung der Geldbuße bei gleichzeitigem Wegfall des Fahrverbots verstößt nicht gegen das Verschlechterungsverbot des § 72 III 2 OWiG und der §§ 79 III OWiG, 358 II StPO.[5] Entsprechendes gilt grundsätzlich für gleichzeitige Herabsetzung der Fahrverbotsdauer.[6] Denn die Geldbuße ist gegenüber dem Fahrverbot das mildere Ahndungsmittel.[7] Dies folgt aus den strengeren gesetzlichen Anforderungen an die Verhängung eines Fahrverbots nach § 25 StVG[8] sowie aus der Regelung des § 79 I, II OWiG über die erleichterten Zulässigkeitsvoraussetzungen für die Einlegung einer Rechtsbeschwerde gegen die Verurteilung zu Fahrverbot (§ 79 I Nr. 2 OWiG).[9] Selbstverständlich darf dabei der Bußgeldrahmen des § 17 I und II OWiG nicht überschritten werden.[10]

---

2 Vgl. OLG Koblenz VRS 71, 209.
3 Vgl. BGH VRS 59, 128; OLG Zweibrücken ZfS 99, 359; OLG Koblenz VRS 71, 209; OLG Stuttgart VRS 44, 134; OLG Köln VRS 48, 52; OLG Hamm MDR 80, 161; OLG Düsseldorf VRS 54, 206; 87, 203; NZV 90, 38; *Rüth/Berr*, KVR, Fahrverbot, S. 46;
   a. M. OLG Saarbrücken OLGSt zu § 265 StPO S. 15.
4 OLG Oldenburg NZV 93, 278.
5 Vgl. BGH NJW 71, 105; BayObLG NJW 70, 584; OLG Celle DAR 96, 64; OLG Frankfurt VM 79, 14 Nr. 18 und 19; OLG Koblenz DAR 83, 27; OLG Hamm VRS 50, 50; ZfS 81, 258; OLG Köln VM 81, 62; OLG Karlsruhe DAR 87, 26; 90, 148; VM 81, 36 (37); ZfS 81, 258; 92, 33; OLG Stuttgart VRS 66, 467; ZfS 84, 350; DAR 85, 86; OLG Düsseldorf VRS 68, 282; 73, 142; *Mühlhaus/Janiszewski* zu § 25 StVG Rn 17; *Janiszewski* Rn 219; *Bode* DAR 70, 57; *Pawlik* NJW 71, 666; *Rüth/Berr*, KVR, Fahrverbot, S. 44; *Händel* NJW 71, 1472;
   a. M. OLG Oldenburg NJW 69, 2213.
6 Vgl. BayObLG ZfS 95, 152.
7 Vgl. BGH NJW 71, 105; *Pawlik* NJW 71, 666.
8 Vgl. BGH NJW 71, 105; BVerfG NJW 69, 1623.
9 Vgl. BGH NJW 71, 105.
10 Vgl. OLG Stuttgart VRS 70, 288; OLG Karlsruhe DAR 90, 148.

III. Voraussetzungen für die Anordnung des Fahrverbots

1. Verurteilung zu Geldbuße wegen einer Ordnungswidrigkeit nach § 24 StVG

980 Das Fahrverbot nach § 25 I 1 StVG kann grundsätzlich nur verhängt werden, wenn der Betroffene ordnungswidrig in dem in § 24 StVG umschriebenen Sinn gehandelt hat und wenn deswegen eine Geldbuße gegen ihn festgesetzt wird. Eine Verurteilung *nur* zur Nebenfolge des Fahrverbots ist daher nicht zulässig.[11] Tritt jedoch **die ein Fahrverbot rechtfertigende Ordnungswidrigkeit gem. § 21 OWiG** gegenüber einer tateinheitlich begangenen Straftat **zurück**, so ist das Gericht nicht gehindert, neben der Strafe das Fahrverbot anzuordnen, auch wenn die Voraussetzungen des § 44 StGB nicht erfüllt sind (§ 21 I 2 OWiG).[12] Auf eine Straftat, die nicht Gegenstand des Schuldspruchs ist, jedoch im Zusammenhang mit einer das Fahrverbot allein nicht rechtfertigenden Ordnungswidrigkeit begangen wurde, kann die Nebenfolge des § 25 StVG dagegen nicht gestützt werden.[13]

2. Kraftfahrzeugführer

981 Die Ordnungswidrigkeit muß eine Verletzung der Pflichten eines Kraftfahrzeugführers darstellen. Daraus folgt, daß gegen den wegen einer Verkehrsordnungswidrigkeit verurteilten Kraftfahrzeug*halter*, der das Fahrzeug nicht selbst geführt hat, kein Fahrverbot ausgesprochen werden darf.[14]

3. Grobe oder beharrliche Pflichtverletzung

a) Grobe Pflichtverletzung

982 Entsprechend dem geringeren Unrechtsgehalt der Ordnungswidrigkeiten ist das Fahrverbot nach § 25 I 1 StVG an engere Voraussetzungen geknüpft als das Fahrverbot des § 44 StGB.[15] Nicht jede Ordnungswidrigkeit im Sinne des § 24 StVG rechtfertigt die Verhängung der Nebenfolge. Der verfassungsrechtliche Grundsatz der Verhältnismäßigkeit ist vom Gesetzgeber dadurch berücksichtigt worden, daß nach § 25 I 1 StVG das Fahrverbot nur angeordnet werden darf, wenn die Ordnungswidrigkeit unter grober oder beharrlicher Verletzung der Pflichten eines Kraftfahrzeugführers begangen worden ist.[16] Dieses Erfordernis ist nur dann erfüllt, wenn der Kraftfahrer sich **besonders verantwortungslos verhalten oder wiederholt hartnäckig** Verkehrsvorschriften mißachtet

---

11 Vgl. OLG Düsseldorf VRS 86, 314.
12 Vgl. OLG Koblenz VRS 52, 447; *Janiszewski* Rn 173.
13 Vgl. OLG Koblenz VRS 50, 61. (Der Betroffene war wegen einer Verkehrsordnungswidrigkeit von einem anderen Verkehrsteilnehmer zur Rede gestellt worden und hatte diesem ins Gesicht geschlagen; der Vorwurf der Körperverletzung war aber nicht Gegenstand des Verfahrens.)
14 Vgl. BayObLG NJW 71, 770; OLG Köln VRS 85, 209; *Rüth/Berr*, KVR, Fahrverbot, S. 14.
15 Vgl. Rn 918.
16 Vgl. BVerfG NJW 69, 1623; DAR 96, 196.

hat,[17] was auch dann zu bejahen sein kann, wenn ein Regelfall nach der BKatV nicht gegeben ist.[18] In seinem Beschluß vom 24. 3. 1996 hat das BVerfG[19] zwar die in seinem früheren Beschluß aus dem Jahr 1969[20] zum Ausdruck gekommene Betonung des Ausnahmecharakters der Nebenfolge erheblich eingeschränkt, jedoch keine Zweifel daran gelassen, daß es nach wie vor die Ahndung von Ordnungswidrigkeiten mit einem Fahrverbot nur dann als mit dem Schuldprinzip und dem Übermaßverbot vereinbar ansieht, wenn die Zuwiderhandlung, abweichend von der Mehrzahl der Fälle ordnungswidrigen Verhaltens, besonders verantwortungslos erscheint.[21]

Als **grobe Pflichtverletzung** im Sinne des § 25 I 1 StVG sind solche Pflichtwidrigkeiten anzusehen, die (objektiv) immer wieder die Ursache schwerer Unfälle bilden und subjektiv auf besonders grobem Leichtsinn, grober Nachlässigkeit oder Gleichgültigkeit beruhen.[22] Da die Nebenfolge jedenfalls besondere Verantwortungslosigkeit voraussetzt,[23] genügt das objektive Gewicht oder die Gefährlichkeit des Verstoßes allein nicht;[24] hinzukommen muß vielmehr auch in solchen Fällen stets **auch subjektiv schwerwiegendes Fehlverhalten** im Sinne besonders grober Sorgfaltspflichtverletzung.[25] Davon geht ganz offensichtlich auch das BVerfG in seinem Beschluß vom 24. 3. 1996[26] aus, indem es ausdrücklich betont, der Richter habe – selbst in den Fällen, in denen ein Fahrverbot gem. § 2 BKatV indiziert ist – im Rahmen einer Gesamtwürdigung unter Abwägung der Umstände des Einzelfalles in objektiver *und subjektiver* Hinsicht zu bestimmen, ob die Verhängung eines Fahrverbots möglicherweise eine unverhältnismäßige Reaktion auf objektiv verwirklichtes Unrecht *und subjektiv vorwerfbares Verhalten* darstellt. Daß es sich um einen erstmaligen Verstoß handelt, schließt die Anordnung eines Fahrverbots nicht aus.[27]

983

---

17 Vgl. BVerfG NJW 69, 1623; BGH NJW 92, 446; NZV 97, 525; OLG Braunschweig NZV 99, 303; OLG Jena DAR 95, 209; 95, 260; 97, 455; OLG Stuttgart ZfS 84, 350; DAR 85, 86; OLG Düsseldorf VRS 85, 296; VM 93, 63; NZV 96, 39; 97, 241; 98, 384; OLG Hamm NStZ-RR 98, 117; VRS 75, 58; OLG Karlsruhe DAR 87, 26; OLG Koblenz VRS 74, 199 (200); OLG Saarbrücken NZV 93, 38; KG NZV 94, 159; *Deutscher* NZV 97, 18 (20); *Rüth/Berr*, KVR, Fahrverbot, S. 16; einschränkend für die Regelfälle der BKatV OLG Zweibrücken NZV 94, 160.
18 Vgl. OLG Düsseldorf NZV 98, 38.
19 BVerfG DAR 96, 196 (Anm. *Hentschel* DAR 96, 283).
20 BVerfG NJW 69, 1623.
21 Vgl. auch OLG Hamm NZV 99, 92.
22 Vgl. BGH NZV 97, 525; OLG Hamm NZV 98, 164; 99, 92; NStZ 99, 518; OLG Zweibrücken DAR 98, 362; OLG Düsseldorf DAR 92, 271; NZV 92, 454; VM 93, 63; OLG Karlsruhe DAR 87, 26; 99, 417; LG Düsseldorf DAR 92, 312; *Geppert* DAR 97, 260 (264); s. auch BayObLG DAR 88, 350, 351; NZV 90, 401.
23 Vgl. BVerfG NJW 69, 1623; BGH NZV 97, 525; OLG Hamm NStZ 99, 518.
24 So aber BayObLG NZV 95, 497; KG VRS 88, 473; OLG Düsseldorf VRS 92, 32; DAR 92, 271; 92, 313; VM 93, 63; OLG Koblenz DAR 94, 287; KG NZV 95, 37; s. auch die Formulierung in der Amtl. Begr. (abgedruckt bei *Jagusch/Hentschel* zu § 25 StVG Rn 2).
25 Vgl. BVerfG DAR 96, 196 (Anm. *Hentschel* DAR 96, 283); BGH NZV 97, 525; BayObLG NZV 90, 401; 94, 370; OLG Hamm DAR 95, 501; NZV 98, 164; OLG Düsseldorf NZV 94, 161; 97, 241; VRS 95, 283; OLG Jena DAR 97, 455; OLG Zweibrücken DAR 98, 362; OLG Braunschweig NZV 99, 303; OLG Saarbrücken NZV 93, 38; KG NZV 94, 159; *Engelbrecht* DAR 94, 373 (374); *Deutscher* NZV 97, 18 (20); *Zank* VGT 97, 239 (243); ebenso wohl auch BGH NZV 92, 79; vgl. dazu *Hentschel* Salger-Festschrift S. 471 (473).
26 BVerfG DAR 96, 196 (Anm. *Hentschel* DAR 96, 283; *Ludovisy* NJW 96, 2284).
27 Vgl. OLG Köln VRS 64, 49; OLG Stuttgart VRS 71, 297.

Daß das Verhalten wegen der besonderen konkreten Umstände eine Gefährdung anderer mit sich gebracht hat oder anderen hätte gefährlich werden können, ist entgegen einer vor Inkrafttreten der BKatV in der Rechtsprechung teilweise vertretenen Ansicht[28] kein Erfordernis für die Anordnung der Nebenfolge.[29]

984 Auch fahrlässige schwerwiegende Verkehrsverstöße können »grobe« Pflichtverletzungen im Sinne des § 25 I 1 StVG sein.[30] Nur **einfache Fahrlässigkeit** reicht jedoch nicht aus, um den Vorwurf besonders verantwortungslosen Verhaltens zu rechtfertigen.[31] Ein Kraftfahrer, der einen – selbst objektiv schwerwiegenden – Verkehrsverstoß nur aufgrund subjektiv geringen Versagens begeht, bedarf nicht der Erziehung durch die »Denkzettel- und Besinnungsmaßnahme«[32] des Fahrverbots; die Anordnung der Nebenfolge verstieße vielmehr gegen das Schuldprinzip und das Übermaßverbot.[33]

985 In Fällen des **Überschreitens der zulässigen Höchstgeschwindigkeit,** in denen das Fahrverbot nicht durch § 2 BKatV indiziert ist,[34] ist – jedenfalls bei nur fahrlässiger Überschreitung – in der Regel unter Berücksichtigung aller Umstände des konkreten Falles, insbesondere der örtlichen Verhältnisse, der Verkehrslage und des Ausmaßes der abstrakten Gefahr,[35] zu prüfen, ob die Geschwindigkeitsüberschreitung als besonders verantwortungsloses Verhalten des Kraftfahrers erscheint und die Nebenfolge neben einer – eventuell empfindlichen – Geldbuße notwendig macht.[36] Für die Fälle, in denen die BKatV das Fahrverbot für den Regelfall vorsieht, gelten allerdings (insbesondere für die Begründung der Nebenfolge im Urteil) weniger strenge Anforderungen; dazu wird auf die Ausführungen unter III. 6. (Rn 1002 f.)[37] verwiesen.

986 Auch in Fällen, in denen wegen des Ausmaßes der Geschwindigkeitsüberschreitung ein Fahrverbot **durch die BKatV indiziert** ist, können aber selbst bei vorsätzlicher, erheblicher Überschreitung die Umstände ein Fahrverbot entbehrlich

---

28 Vgl. z. B. OLG Düsseldorf NZV 91, 201; VRS 63, 63; 70, 22 (abl. mit Recht *Janiszewski* NStZ 86, 108); 78, 55; OLG Karlsruhe DAR 87, 26; 90, 148; OLG Frankfurt NZV 88, 75 (dagegen überzeugend *Berz* ebenda); ähnlich OLG Stuttgart ZfS 84, 350.
29 Vgl. BGH NZV 97, 525; OLG Stuttgart VRS 71, 297; OLG Köln NZV 89, 362; VRS 72, 453; OLG Hamm VRS 75, 58; *Janiszewski* NStZ 82, 369 (372); 86, 107 (108).
30 Vgl. BGH NJW 92, 446; OLG Hamm DAR 70, 110; OLG Karlsruhe NZV 94, 237; OLG Köln NZV 89, 362.
31 Vgl. OLG Hamm NStZ-RR 98, 117; NZV 98, 334; 99, 92; ZfS 95, 152 (Rotlichtverstoß); OLG Jena DAR 95, 209; 95, 260; OLG Düsseldorf NZV 94, 161; 96, 39; 97, 241; OLG Karlsruhe DAR 98, 153; OLG Zweibrücken ZfS 98, 177; OLG Celle NZV 98, 254; OLG Braunschweig NZV 99, 303; *Geppert* DAR 97, 260 (264); *Deutscher* NZV 97, 18 (20, 23); *Jung* VGT 91, 44 (47); *Hentschel* JR 92, 139 (142); Salger-Festschrift S. 471 (476 f.).
32 Vgl. die amtliche Begründung, abgedruckt bei *Jagusch/Hentschel* zu § 25 StVG Rn 1.
33 Vgl. BVerfG DAR 96, 196 (198); BGH NZV 97, 525; OLG Hamm NZV 99, 92.
34 Vgl. dazu Rn 1003.
35 Nach früher überwiegender Rspr. sogar bei erheblichen (teilweise auch vorsätzlichen) Überschreitungen; vgl. z. B. OLG Frankfurt VM 79, 14 Nr. 18 und 19; OLG Karlsruhe ZfS 81, 258; OLG Stuttgart DAR 85, 86; 85, 124; VRS 66, 467; OLG Düsseldorf VRS 52, 367; 63, 63; OLG Schleswig VM 72, 66 Nr. 84; OLG Hamm VRS 54, 146; OLG Koblenz DAR 83, 27 (krit. *Janiszewski* NStZ 83, 256, 257); OLG Saarbrücken ZfS 84, 253.
36 Vgl. OLG Stuttgart ZfS 84, 350; OLG Karlsruhe DAR 87, 26; ZfS 92, 33; OLG Köln NZV 89, 362; OLG Düsseldorf NZV 91, 201; s. dazu Rn 998 f.
37 Siehe Rn 1002 f.

erscheinen lassen (z. B. Autobahn mit geringem Verkehr und ruhender Baustelle am Sonntag).[38] Vom »Regel«-Fahrverbot kann auch abzusehen sein, wenn durch die Überschreitung aufgrund der Tatumstände der konkrete Schutzzweck der Geschwindigkeitsbegrenzung nicht gefährdet wird, etwa bei nächtlicher Nichtbeachtung eines ausschließlich dem Schutz von Fußgängern, insbesondere Kindern, dienenden 30 km/h-Zeichens in einer Wohnstraße.[39] Nicht jede fahrlässige Begehung einer Geschwindigkeitsüberschreitung ist, selbst wenn sie erheblich sein sollte, ohne weiteres als grobe Pflichtverletzung im Sinne des § 25 I 1 StVG anzusehen.[40] Das gilt z. B. für einen nur wenige Meter hinter dem Ortsschild begangenen Verstoß[41] oder für den Fall, daß der Betroffene nach längerer Fahrtunterbrechung weiterfährt und nicht mehr an die durch Verkehrszeichen angeordnete Geschwindigkeitsbegrenzung denkt.[42] Insbesondere wenn die (sei es auch hohe) Überschreitung nur auf dem **Übersehen eines Verkehrszeichens** beruht, kann es an den subjektiven Voraussetzungen für die Annahme einer groben Pflichtverletzung fehlen.[43] Zu berücksichtigen ist hierbei, daß die vom Kraftfahrer zu verarbeitenden Informationen vielfach seine Aufnahmefähigkeit übersteigen.[44] Ist die zulässige Höchstgeschwindigkeit nicht aus Gründen der Verkehrssicherheit, sondern *aus Lärmschutzgründen* begrenzt, so kann selbst bei grob fahrlässigem Übersehen des Verkehrszeichens und darauf beruhender Überschreitung eine die Nebenfolge rechtfertigende grobe Pflichtverletzung zu verneinen sein.[45] Dagegen rechtfertigt allein der Umstand nur lockerer Bebauung regelmäßig kein Absehen vom gem. § 2 BKatV indizierten Fahrverbot.[46]

Gefährdend **geringer Abstand zum Vorausfahrenden** kann – selbst bei einem aus Gedankenlosigkeit handelnden Ersttäter – ein Fahrverbot gem. §§ 25 I 1 StVG, 2 I BKatV notwendig machen.[47]

Rotlichtverstöße sind zwar häufig Ursache schwerer Unfälle; jedoch hängt es von den Umständen des Einzelfalles ab, ob sie subjektiv auf besonders grober Nachlässigkeit[48] beruhen. Trotz grobem Verschulden kann einerseits eine konkrete Gefährdung fehlen, andererseits kann der Verstoß auch bei im Einzelfall geringem Verschulden schwere Folgen nach sich ziehen. Da somit die **Gefährdung** allein nicht ausreicht, um eine grobe Pflichtverletzung zu bejahen,[49] darf auch die Bestimmung der BKatV, wonach in solchen Fällen ein Fahrverbot »in der Regel in

---

38 Vgl. OLG Saarbrücken NZV 93, 38; AG Aachen NZV 94, 450.
39 Vgl. OLG Düsseldorf NZV 96, 371 (abl. *Deutscher* NZV 97, 18 – 22 –; *Scheffler* NZV 98, 142).
40 Vgl. OLG Hamm VRS 39, 72; OLG Düsseldorf VRS 52, 367; OLG Frankfurt VM 79, 14 Nr. 18 und 19; OLG Stuttgart DAR 85, 124; OLG Köln NZV 89, 362.
41 Vgl. BayObLG NZV 95, 496; OLG Oldenburg NZV 94, 286; einschränkend OLG Oldenburg NZV 95, 288.
42 Vgl. OLG Hamm DAR 97, 161 (30-km/h-Zone).
43 Vgl. BayObLG NZV 90, 401; s. dazu Rn 1006.
44 Vgl. *Cohen* ZVS 95, 73 (75); s. auch *Jagusch/Hentschel* zu § 39 StVO Rn 36; zu § 421 StVO Rn 249.
45 Vgl. BayObLG NZV 90, 401 (zust. *Hillmann* VGT 91, 52 [56]);
   abw. für die Fälle der BKatV aber BayObLG NZV 94, 370; 94, 487 (488).
46 Vgl. BayObLG NZV 97, 89.
47 Vgl. BayObLG NZV 91, 320; OLG Saarbrücken NZV 91, 399.
48 Vgl. dazu *Jagusch/Hentschel* zu § 37 StVO Rn 64.
49 Vgl. OLG Hamm DAR 95, 501; OLG Düsseldorf NZV 97, 241.

Betracht« kommt, nicht schematisch angewendet werden; vielmehr muß auch in diesen Fällen ein subjektiv grober Verstoß festgestellt sein.[50] Dieser kann u. U. darin zu sehen sein, daß der Betroffene nicht nur das Rotlicht, sondern auch den bevorrechtigten Verkehr übersehen hat,[51] ist aber nicht allein durch die Tatsache des Unfalls schon ohne weiteres gewissermaßen indiziert.[52] Fremdes Mitverschulden kann im übrigen Nichtannahme eines Regelfalles rechtfertigen.[53]

989 Mißachtung des Rotlichts trotz schon **mehr als 1 sec dauernder Rotphase** wird oft auf grobem Verschulden beruhen (s. § 2 BKatV). Auch in solchen Fällen darf aber die Nebenfolge des Fahrverbots nicht schematisch verhängt werden; denn jedenfalls muß eine grobe Pflichtverletzung (§ 25 I 1 StVG) festgestellt sein.[54] Das Fahrverbot hat daher z. B. auszuscheiden, wenn besondere Umstände gegen verantwortungsloses Verhalten sprechen. So wird häufig in Fällen des sog. »**Frühstarts**«, in denen der Betroffene nach anfänglichem Warten trotz fortdauernden Rotlichts infolge Irritation, z. B. durch das Grünlicht einer anderen Ampel oder durch den mit dem Anfahren anderer Fahrzeuge ausgelösten »Mitzieheffekt«, losfährt, ein die Nebenfolge indizierender grober Verstoß abzulehnen sein. Dies entspricht zwar ganz überwiegender Ansicht[55] und wird im Grundsatz selbst bei Gefährdung und Unfallfolge vertreten,[56] ist aber nicht unbestritten.

990 Nach teilweise vertretener Auffassung soll diese Ausnahme nicht bei innerstädtischer mehrspuriger Kreuzung mit Fahrzeugen in allen Fahrstreifen und ungünstiger Witterung gelten,[57] oder jedenfalls nur bei Ausschluß einer Gefährdung des Querverkehrs,[58] oder sie soll vom Ampelschaltplan abhängen.[59] Vereinzelt wird die gem. § 25 StVG gebotene Feststellung eines auch subjektiv groben Fehlverhaltens in Fällen des »Frühstarts« überhaupt vernachlässigt und unter rein schematischer Anwendung der BKatV ein die Nebenfolge indizierender »qualifizierter« Rotlichtverstoß bejaht und entweder ein Absehen vom Fahrverbot abgelehnt[60] oder nur bei erheblicher Erhöhung der für den einfachen Verstoß vorgesehenen Geldbuße im Einzelfall als vertretbar erachtet.[61] Beruht allerdings der »Frühstart« auf grober Nachlässigkeit, so scheidet ein Absehen von der durch die BKatV indizierten Nebenfolge stets aus, so etwa, wenn der Irrtum auf Ablenkung durch Telefonieren zurückzuführen ist.[62]

---

50 Vgl. OLG Düsseldorf NZV 97, 241; VRS 95, 283; vgl. auch *Hentschel* NJW 94, 707.
51 Vgl. OLG Düsseldorf NZV 97, 241; VRS 96, 141.
52 So aber wohl OLG Düsseldorf VRS 96, 141.
53 Vgl. OLG Celle NZV 94, 40.
54 Vgl. OLG Hamm NZV 95, 82; ZfS 95, 152; VRS 91, 70; OLG Düsseldorf NZV 95, 328; OLG Köln NZV 94, 41; OLG Koblenz DAR 94, 287; OLG Hamburg NZV 95, 163.
55 Vgl. BayObLG NZV 94, 370; OLG Düsseldorf NZV 93, 320; 95, 328; DAR 93, 271; 96, 107; VRS 95, 432 (Linksabbieger); 96, 386; OLG Karlsruhe NZV 96, 206; DAR 96, 367; KG NZV 94, 238; OLG Köln NZV 94, 330; OLG Hamm DAR 95, 501; ZfS 95, 152; VRS 91, 70; *Deutscher* NZV 97, 18 (24 f.).
56 Vgl. OLG Hamm VRS 96, 64; NZV 95 82.
57 Vgl. BayObLG NZV 99, 216.
58 Vgl. BayObLG DAR 96, 103; OLG Hamm DAR 96, 469.
59 Vgl. OLG Oldenburg NZV 93, 408; ähnlich OLG Oldenburg NZV 94, 38; s. dagegen *Hentschel* NJW 94, 707 sowie Salger-Festschrift S. 471 (491).
60 Vgl. OLG Düsseldorf NZV 96, 117; im Ergebnis auch OLG Hamm NStZ-RR 98, 117.
61 Vgl. OLG Hamm NJW 97, 2125 (4fache Bußgeldhöhe).
62 Vgl. OLG Düsseldorf NZV 98, 335.

Die Feststellung einer groben Pflichtwidrigkeit als Voraussetzung für die Anordnung eines Fahrverbots kann ferner (auch entgegen der BKatV) ausscheiden, wenn Irritation durch **Sonnenblendung oder -reflexion** als Ursache für die Nichtbeachtung des Rotlichts nicht ausgeschlossen werden kann,[63] wobei der Tatrichter hierzu aber weitere Feststellungen zu treffen hat, die auch das konkrete, auf der möglichen Blendung beruhende Verhalten des Betroffenen umfassen.[64] Das gleiche gilt bei völligem Übersehen einer **ungünstig aufgestellten** und daher nur schwer wahrnehmbaren **Signalanlage**,[65] oder in Fällen, in denen aufgrund der örtlichen Gegebenheiten **selbst eine abstrakte Gefahr** für andere Verkehrsteilnehmer **nicht in Betracht kommt**,[66] wie z. B., wenn der Betroffene sich bei einspuriger Verkehrsführung im Baustellenbereich oder an anderen Engstellen trotz Rotlichts noch an das vorausfahrende Kolonnenende anschließt,[67] oder wenn der Verstoß bei Schrittgeschwindigkeit zu verkehrsarmer Zeit ohne abstrakte Gefahr begangen wurde.[68] Dagegen entfällt der ein Fahrverbot indizierende grobe Pflichtverstoß regelmäßig nicht allein deswegen, weil es sich um eine auf die Phasen Gelb und Rot beschränkte Fußgängerampel handelt.[69] Auch setzt das nach BKatV vorgesehene Fahrverbot bei Nichtbeachtung mehr als 1 Sekunde dauernden Rotlichts nicht etwa eine konkrete Gefährdung voraus.[70]

Soweit für die Notwendigkeit eines Fahrverbots die Zeit zwischen dem Beginn der Rotphase und dem Verstoß entscheidend ist, kommt es auf das **Überfahren der Haltlinie** an.[71] Zwar wurde früher gelegentlich von der obergerichtlichen Rechtsprechung das Einfahren in den durch die Signalanlage geschützten Bereich[72] oder das Vorbeifahren an der Signalanlage[73] als ausschlaggebend erachtet, jedoch wird dies – soweit ersichtlich – nicht mehr vertreten. Fehlt eine Haltlinie, so entscheidet der Zeitpunkt des Einfahrens in den geschützten Bereich,[74] nach anderer Ansicht das Vorbeifahren an der Ampelanlage.[75] Wird aus der Entfernung zur Haltlinie beim Phasenwechsel der Schluß gezogen, die Rotphase habe

---

63 Vgl. OLG Frankfurt VersR 93, 826 (zu § 61 VVG, nur einfache Fahrlässigkeit); abw. OLG Celle NZV 96, 327 (wenn dadurch die Ampelphase überhaupt nicht zu erkennen war); OLG Hamm NZV 99, 302 (bei Kollision mit dem Querverkehr); einschränkend auch OLG Karlsruhe DAR 97, 29.
64 Vgl. OLG Hamm VRS 91, 383.
65 Vgl. BayObLG NZV 94, 287; OLG Düsseldorf NZV 93, 409; AG Freiburg VRS 85, 51; *Hentschel* NJW 92, 1076 (1077).
66 Vgl. OLG Köln NZV 94, 330; VRS 92, 228; KG NZV 94, 238; einschränkend insoweit (bei Fußgänger-Ampeln) BayObLG NZV 97, 316.
67 Vgl. OLG Celle VM 96, 67; OLG Köln NZV 94, 41; OLG Düsseldorf NZV 95, 35; OLG Oldenburg NZV 95, 119; vgl. auch OLG Hamm NZV 94, 369.
68 Vgl. OLG Düsseldorf VRS 90, 149.
69 Vgl. BayObLG NZV 97, 84.
70 Vgl. OLG Zweibrücken NZV 94, 160; *Deutscher* NZV 97, 18 (23 f.).
71 Vgl. BGH NJW 99, 2978; BayObLG NZV 94, 200; 95, 497; OLG Köln NZV 95, 327; OLG Frankfurt NZV 95, 36; OLG Düsseldorf VRS 88, 469; 93, 462; 94, 371; DAR 97, 322; OLG Karlsruhe NZV 95, 289; OLG Celle VRS 91, 312; OLG Hamm NStZ-RR 96, 216; DAR 99, 226; KG DAR 96, 503; OLG Oldenburg VRS 92, 222; OLG Stuttgart NZV 97, 450.
72 Vgl. z. B. OLG Oldenburg NZV 93, 446.
73 Vgl. OLG Köln NZV 94, 330.
74 Vgl. BayObLG NZV 95, 497; OLG Hamm NStZ-RR 96, 216; OLG Düsseldorf DAR 97, 322.
75 Vgl. OLG Karlsruhe NZV 95, 289; OLG Düsseldorf DAR 97, 116; VRS 93, 462.

schon **länger als 1 Sekunde** gedauert (s. BKatV), so muß das Urteil Angaben zur Geschwindigkeit des Betroffenen machen.[76] Bloße Schätzungen durch Zeugen zur Dauer der Rotphase im Zeitpunkt des Durchfahrens werden häufig zur Feststellung eines qualifizierten Rotlichtverstoßes nicht ausreichen.[77] Im Bereich bis zu 2 Sekunden genügt auch Zählen (»21, 22«) i.d.R. nicht.[78] Es kann aber genügen, wenn bei gezielter, arbeitsteiliger Überwachung durch zwei Beamte weitere Umstände die Richtigkeit der Schätzung stützen.[79]

993 **Wenden** auf Autobahnen und Kraftfahrstraßen ist ein so schwerer Verkehrsverstoß, daß die Anordnung eines Fahrverbots (s. BKatV) nicht etwa vom Eintritt einer konkreten Gefährdung abhängt.[80] Das gem. § 2 BKatV indizierte Fahrverbot bei Wenden auf einer Kraftfahrstraße scheidet nicht allein deswegen aus, weil ein Stau bestand.[81] Bei bloßem Übersehen des Verkehrszeichens Nr. 331 (Kraftfahrstraße) wird aber zu prüfen sein, ob eine grobe Pflichtverletzung i.S.d. § 25 StVG vorliegt. **Autobahnfalschfahrt** (»Geisterfahrer«) indiziert zwar nicht nach der BKatV ein Fahrverbot, kann aber bei Vorliegen der subjektiven Voraussetzungen eine so grobe Pflichtverletzung sein, daß die Anordnung eines Fahrverbots neben der Geldbuße notwendig erscheint.[82]

b) **Beharrliche Pflichtverletzung**

994 Eine **beharrliche Pflichtverletzung** i.S.d. § 25 I 1 StVG ist gegeben, wenn der Täter durch Wiederholung einen Mangel an rechtstreuer Gesinnung und Einsicht in früheres Unrecht offenbart.[83] Sie setzt grundsätzlich weder in objektiver noch in subjektiver Hinsicht einen groben Verstoß voraus,[84] insbesondere auch nicht Vorsatz;[85] jedoch ist eine nur auf einem Augenblicksversagen beruhende Wiederholungstat, z. B. infolge eines daraus resultierenden Übersehens eines Verkehrszeichens, nicht geeignet, mangelnde Rechtstreue i. S. beharrlicher Pflichtverletzung festzustellen.[86] Beharrlichkeit kann u. U. auch *bei einem einzigen* über eine längere Strecke oder auf längere Zeit begangenen Pflichtverstoß angenommen werden,[87] regelmäßig aber wohl nicht bei mehreren Verstößen gegen die StVO

---

76 Vgl. OLG Köln NZV 93, 119.
77 Vgl. KG NZV 96, 503; OLG Düsseldorf VRS 88, 469; 90, 149; DAR 97, 322 (zust. Anm. *Engelbrecht*); 98, 75; OLG Hamm DAR 96, 415; NZV 98, 169; OLG Jena ZfS 99, 124; OLG Celle NZV 94, 40; s. aber OLG Düsseldorf VRS 93, 462.
78 Vgl. BayObLG NZV 95, 497; OLG Hamm DAR 96, 415;
a. M. OLG Düsseldorf VRS 93, 462.
79 Vgl. OLG Hamm NZV 97, 130.
80 Vgl. BayObLG NZV 97, 244; OLG Oldenburg NZV 92, 493.
81 Vgl. BayObLG NZV 97, 244.
82 Vgl. BayObLG NZV 97, 489.
83 Vgl. BGH NJW 92, 1397; BayObLG NZV 95, 287; 96, 37; 96, 370; DAR 95, 410; 92, 468; OLG Düsseldorf NZV 96, 78; 98, 38; DAR 98, 320; VRS 96, 66; VM 93, 63; OLG Jena DAR 97, 410; ZfS 99, 124; VRS 95, 56; OLG Hamm NZV 98, 292; OLG Braunschweig NZV 98, 420; 99, 303; OLG Karlsruhe DAR 99, 417; NZV 91, 278.
84 Vgl. BayObLG DAR 92, 468; KG NZV 91, 119.
85 Vgl. BGH NJW 92, 1397; OLG Karlsruhe DAR 99, 417; OLG Jena VRS 95, 56.
86 Vgl. OLG Braunschweig NZV 99, 303.
87 Vgl. KG NZV 91, 119; OLG Hamm VRS 51, 66 (im Ergebnis jedoch wohl zu weitgehend, soweit Beharrlichkeit schon bei Geschwindigkeitsüberschreitung auf einer Strecke von 2,5 km angenommen wurde).

(etwa Geschwindigkeitsüberschreitungen) auf *einer* Fahrt ohne jeweiliges Anhalten durch die Polizei zwecks Ahndung,[88] weil Beharrlichkeit im Sinne fehlender Einsicht in früheres Unrecht Kenntnis voraussetzt, die bei Fahrlässigkeit fehlt.[89] Mehrere Zuwiderhandlungen gegen Verkehrsvorschriften rechtfertigen den Vorwurf der Beharrlichkeit nicht, wenn die voraufgegangenen Verstöße und deren Ahndung lange zurückliegen.[90] Insoweit kommt es nicht auf die Tatzeit, sondern auf die Rechtskraft der die Zuwiderhandlung ahndenden Entscheidung an.[91] Rechtskraft der wegen der früheren Taten ergangenen Entscheidungen ist im übrigen aber nicht in jedem Falle Voraussetzung für die Annahme von Beharrlichkeit; es kann genügen, wenn jedenfalls feststeht, daß dem Betroffenen die früheren Verstöße und deren Verfolgung als Ordnungswidrigkeit vor der erneuten Tat bewußt geworden sind, etwa durch Zustellung der sie ahndenden Bußgeldbescheide.[92] Verstöße, die nur Halterpflichten betreffen, haben dabei völlig außer Betracht zu bleiben.[93] Handelt es sich um *mehrere* voraufgegangene Vorfälle in verhältnismäßig kurzen Zeitabständen, so kann zur Feststellung beharrlicher Pflichtverletzung die bloße Mitteilung früher verhängter Geldstrafen oder -bußen wegen Geschwindigkeitsüberschreitung im Urteil genügen.[94] Im übrigen begründen frühere Verstöße nur dann den Vorwurf beharrlicher Pflichtverletzung, wenn zwischen ihnen und der erneuten Ordnungswidrigkeit ein innerer Zusammenhang besteht.[95] Allerdings hat das OLG Düsseldorf[96] Beharrlichkeit bei erheblicher Geschwindigkeitsüberschreitung nur etwa 2 Monate nach der letzten von 2 Vorverurteilungen wegen *Rotlichtverstoßes* bejaht.

Ein **wiederholter Fall von Geschwindigkeitsüberschreitung** erfüllt nicht ohne weiteres die Voraussetzungen des § 25 I 1 StVG für die Anordnung des Fahrverbots.[97] Insbesondere, wenn die frühere einschlägige Ordnungswidrigkeit keinen allzu hohen Unrechtsgehalt hatte, kann im ersten Wiederholungsfall noch nicht von »beharrlicher« Pflichtverletzung i.S.d. § 25 I 1 StVG gesprochen werden.[98] Selbst drei Geschwindigkeitsüberschreitungen um 24, 25 und 35 km/h in nur 14 Monaten rechtfertigen nach OLG Düsseldorf[99] nicht ohne Kenntnis der jewei-

---

88 Vgl. auch *Mürbe* AnwBl. 89, 640.
89 Vgl. BayObLG NZV 96, 370.
90 Vgl. BayObLG DAR 91, 362 – bei *Bär* – (abgelehnt bei einem 2½ Jahre nach Ahndung der letzten Tat begangenen Verstoß); BayObLG DAR 92, 468 (abgelehnt bei mehr als 3 Jahre zurückliegender letzter Voreintragung); OLG Düsseldorf NZV 94, 445 (abgelehnt bei fast 2 Jahre zurückliegendem Verstoß).
91 Vgl. BayObLG NZV 95, 499; OLG Düsseldorf DAR 99, 324.
92 Vgl. BayObLG NZV 96, 370.
93 Vgl. BayObLG NZV 96, 37.
94 Vgl. OLG Köln VRS 40, 143; *Heck* NZV 91, 173 (174).
95 Vgl. OLG Braunschweig NZV 98, 420; OLG Düsseldorf ZfS 83, 127; OLG Karlsruhe DAR 87, 26; vgl. auch OLG Karlsruhe DAR 99, 417.
96 OLG Düsseldorf VRS 69, 50.
97 Vgl. BayObLG NZV 89, 35; DAR 89, 71; OLG Köln VRS 40, 143; OLG Frankfurt VM 79, 14 Nr. 18 und 19; OLG Düsseldorf ZfS 89, 287 (dritter Verstoß); VM 91, 61; OLG Hamm DAR 91, 392.
98 Vgl. BayObLG DAR 88, 350, 351; OLG Düsseldorf VRS 96, 66; OLG Frankfurt VM 79, 14 Nr. 18 und 19; *Beck* DAR 88, 352; *Heck* NZV 91, 173 (174); gegen die Würdigung schon erstmaliger Wiederholung als »Beharrlichkeit«: *Scheffler* NZV 95, 176 (177), der dies für eine Überschreitung der Wortlautgrenze hält.
99 OLG Düsseldorf VM 93, 63.

ligen Verkehrslage und Motivation stets für sich allein die Annahme von Beharrlichkeit.[100] Nach § 2 II BKatV ist ein Fahrverbot im Regelfall indiziert, wenn innerhalb eines Jahres seit Rechtskraft einer Bußgeldfestsetzung wegen Überschreitung um mindestens 26 km/h die zulässige Höchstgeschwindigkeit **erneut um mindestens 26 km/h überschritten** wurde,[101] vorausgesetzt, daß hinsichtlich der früheren Ahndung im Zeitpunkt der Anordnung der Nebenfolge (z. B. bei Erlaß des Urteils) noch keine Tilgungsreife eingetreten ist.[102] Aus welchen Gründen die frühere Entscheidung womöglich im Verhältnis zu der zugrundeliegenden Zuwiderhandlung erst sehr spät rechtskräftig wurde und somit nur dadurch der neue Verstoß in die Jahresfrist fällt, ist ohne Bedeutung.[103] Vorübergehende Aufhebung der Rechtskraft der früheren Entscheidung nach Begehung der erneuten Zuwiderhandlung durch Wiedereinsetzung in den vorigen Stand berührt die Anwendbarkeit von § 2 II BKatV nicht.[104] Die Bestimmung ist grundgesetzkonform, verstößt nicht gegen den Gleichheitsgrundsatz und ist auch nicht insoweit willkürlich, als sie nicht an den Zeitpunkt der Begehung der früheren Ordnungswidrigkeit, sondern an die Rechtskraft von deren Ahndung anknüpft.[105]

996 Allein die Tatsache nur fahrlässigen Verhaltens rechtfertigt in Fällen des § 2 II 2 BKatV nicht ein Absehen von einem an sich verwirkten Fahrverbot.[106] Jedoch reicht das bloße, nur auf einem Augenblicksversagen beruhende **Übersehen eines Verkehrszeichens** mit der Folge einer dadurch begangenen Geschwindigkeitsüberschreitung um mindestens 26 km/h nicht aus, um das für den Regelfall nach § 2 II 2 BKatV indizierte Fahrverbot zu rechtfertigen, weil es nicht den Vorwurf mangelnder Rechtstreue begründet.[107] Zu einer Überprüfung der inhaltlichen Richtigkeit der rechtskräftigen Voreintragung ist das Gericht bei Anwendung von § 2 II BKatV nicht verpflichtet, weil anderenfalls deren materielle Rechtskraft unterlaufen würde.[108]

997 Im übrigen kann ein Fahrverbot wegen beharrlicher Geschwindigkeitsüberschreitung auch bei **Nichtvorliegen der Voraussetzungen des § 2 II S. 2 BKatV** erforderlich sein,[109] etwa weil der zweite Verstoß noch vor Rechtskraft der den vorausgegangenen Verstoß ahndenden Entscheidung begangen wurde.[110] Denn Rechtskraft der den früheren Verstoß ahndenden Entscheidung im Zeitpunkt der weiteren Zuwiderhandlung ist nicht Voraussetzung für die Feststellung von Beharrlichkeit.[111] Das setzt allerdings voraus, daß der Betroffene von der Entscheidung

---

100 Vgl. auch OLG Jena DAR 97, 410.
101 Siehe dazu auch Rn 1002.
102 Vgl. OLG Karlsruhe ZfS 97, 75.
103 Vgl. BayObLG NZV 97, 487.
104 Vgl. OLG Düsseldorf DAR 98, 320.
105 Vgl. BVerfG DAR 96, 196.
106 Vgl. OLG Frankfurt DAR 92, 470.
107 Vgl. OLG Braunschweig NZV 98, 420; 99, 303.
108 Vgl. OLG Celle NZV 97, 488.
109 Vgl. OLG Düsseldorf NZV 98, 38.
110 Vgl. OLG Düsseldorf NZV 94, 41; 94, 239; OLG Hamm NZV 98, 292.
111 Vgl. OLG Düsseldorf DAR 98, 320; s. Rn 994.

Kenntnis hatte.[112] Außerdem muß der beharrliche Pflichtverstoß dann ein dem Fall des § 2 II S. 2 BKatV vergleichbares Gewicht haben.[113]

4. Nichtausreichen der Geldbuße allein

Entsprechend dem geringen Unrechtsgehalt einer Ordnungswidrigkeit ist das Ahndungsmittel nach dem OWiG die Geldbuße. Die einschneidendere Nebenfolge des Fahrverbots ist daher zwar nach der durch das BVerfG vorgenommenen Neubewertung[114] nicht mehr, wie früher angenommen,[115] nur in extremen Ausnahmefällen mit dem Grundsatz der Verhältnismäßigkeit vereinbar, wäre jedoch nach wie vor bei Verstößen i. S. von § 24 StVG – wie das BVerfG in seinem Beschluß vom 24. 3. 1996[116] feststellt – zumindest in der Mehrzahl der Fälle unverhältnismäßig. Daraus folgt, daß das Gericht (oder die Verwaltungsbehörde) – jedenfalls in den Fällen, in denen das Fahrverbot nicht durch § 25 I 2 StVG oder § 2 BKatV indiziert ist – zunächst prüfen muß, ob der mit der Festsetzung des im OWiG vorgesehenen Ahndungsmittels angestrebte Erfolg im Einzelfall **mit der Geldbuße allein** erreicht werden kann.[117] Selbst in den Fällen, in denen § 2 BKatV ein Fahrverbot indiziert,[118] kann die Nebenfolge u. U. unangemessen und eine erhöhte Geldbuße ausreichend sein,[119] z. B. unter Umständen dann, wenn die Zuwiderhandlung **schon sehr lange zurückliegt**,[120] insbesondere, wenn die lange Verfahrensdauer nicht auf Gründen beruht, die in der Sphäre des Betroffenen liegen. Die Anordnung der Nebenfolge setzt aber nicht stets zwingend voraus, daß feststeht, der angestrebte Erfolg könne selbst mit einer empfindlichen, im Wiederholungsfall verschärften Geldbuße nicht erreicht werden. Das BVerfG hat seinen insoweit abweichenden früheren Standpunkt inzwischen ausdrücklich für überholt erklärt.[121]

Die früher zum Teil in der Rechtsprechung vertretene Position, die Anordnung eines Fahrverbotes nach § 25 I 1 StVG setze stets die Ausschöpfung des Bußrahmens des § 17 OWiG voraus,[122] war schon vor Inkrafttreten der BKatV nicht überzeugend zu begründen und stieß sowohl in der Rechtsprechung[123] als auch im Schrifttum[124] auf Ablehnung. Eine solche Auffassung wäre im übrigen nunmehr

---

112 Vgl. OLG Hamm NZV 98, 292.
113 Vgl. BayObLG DAR 95, 410; 98, 448; OLG Düsseldorf DAR 99, 324.
114 BVerfG DAR 96, 196 (Anm. *Hentschel* DAR 96, 283; *Ludovisy* NJW 96, 2284).
115 BVerfG NJW 69, 1623.
116 BVerfG DAR 96, 196.
117 BayObLG DAR 98, 481; OLG Hamm NZV 97, 129; OLG Düsseldorf NZV 94, 445; DAR 99, 324; OLG Karlsruhe NZV 93, 359; KG NZV 94, 159; *Deutscher* NZV 97, 18 (21, 26).
118 Vgl. dazu unten Rn 1002 ff.
119 Vgl. BGH NZV 92, 286; OLG Hamm NZV 97, 129.
120 Vgl. BayObLG DAR 97, 115; OLG Stuttgart ZfS 98, 194; OLG Köln Ss 537/96 (B) – offengelassen bei 1 Jahr und 9 Monaten –; AG Schlüchtern ZfS 96, 275 (mehr als 2 Jahre); *Schulz* ZfS 98, 361 (363); s. auch Rn 915.
121 BVerfG DAR 96, 196.
122 Vgl. OLG Oldenburg NJW 69, 2213; OLG Hamburg VRS 40, 461; OLG Koblenz VRS 55, 290; OLG Hamm ZfS 81, 258; OLG Düsseldorf VRS 63, 63; 69, 50; 70, 32; ZfS 83, 127; 84, 95.
123 Vgl. OLG Hamm VRS 41, 453; 46, 381; OLG Stuttgart VRS 71, 297.
124 Vgl. *Janiszewski* DAR 70, 85; *Ortner* DAR 85, 344 (346); *Jung* VGT 91, 44 (47).

mit der durch die BKatV getroffenen Regelung auch unvereinbar. Entsprechendes gilt für die Ansicht eines Teils der älteren Rechtsprechung, wonach bei einmaliger Zuwiderhandlung *in der Regel* eine Geldbuße ausreichen werde.[125] Die Erwägung, das Fahrverbot sei *als Ausgleich* dafür erforderlich, daß die augenblicklichen **wirtschaftlichen Verhältnisse des Betroffenen** nur die Verhängung einer Geldbuße in *geringer Höhe* zuließen, vermag die Anordnung der Nebenfolge des § 25 StVG nicht zu rechtfertigen.[126] Andererseits scheitert die Verhängung eines für erforderlich gehaltenen Fahrverbots aber auch nicht daran, daß die an sich mögliche weitere *Erhöhung* einer (dem Regelsatz des Bußgeldkataloges entsprechenden) Buße im Hinblick auf die wirtschaftlichen Verhältnisse des Betroffenen unvertretbar erscheint.[127] Entsprechendes gilt für den umgekehrten Fall: Ein Fahrverbot kann nicht *allein damit* gerechtfertigt werden, daß die Geldbuße den in besonders günstigen wirtschaftlichen Verhältnissen lebenden Betroffenen nicht beeindrucke.[128] Liegen jedoch die Voraussetzungen für die Nebenfolge vor, so scheitert diese nicht schon daran, daß eine »empfindliche« Buße im Hinblick auf die außergewöhnlich guten Einkommensverhältnisse jenseits des Bußgeldrahmens liegen müßte.

1000 Gemäß den Gründen des Beschlusses des BVerfG vom 16. 7. 1969[129] hat das Fahrverbot des § 25 StVG nach der gesetzgeberischen Intention *in erster Linie* eine Erziehungsfunktion, ist es als Denkzettel- und Besinnungsmaßnahme gedacht und ausgeformt.[130] Eine genaue Definition dessen, worin der in der Entscheidung erwähnte »angestrebte Erfolg« besteht, fehlt allerdings. Zutreffend sieht die Rechtsprechung in diesem Erfolg ausschließlich die Einwirkung auf den Betroffenen, nämlich die Warnung *dieses* Betroffenen vor erneuten Verkehrsverstößen, um zu erreichen, daß er sich auf seine Pflichten als Kraftfahrer besinnen werde, also letztlich die Verhütung von Verkehrsverstößen durch den Betroffenen.[131] Man wird daher enger als das BVerfG zu formulieren haben: Das Fahrverbot des § 25 StVG hat – anders als das des § 44 StGB[132] – *ausschließlich Erziehungs- und Warnfunktion*. Es ist also **rein spezialpräventiv. Generalpräventive Gesichtspunkte** dürfen nicht berücksichtigt werden.[133] Dies folgt auch aus dem Zweck der Buße,

---

125 So z. B. OLG Düsseldorf VRS 63, 63.
126 Vgl. OLG Köln VRS 48, 225; vgl. auch OLG Hamm VRS 39, 72.
127 Vgl. OLG Hamm VRS 57, 301; OLG Köln VRS 72, 453 (455); *Berz* NZV 88, 76.
128 Vgl. OLG Frankfurt NZV 88, 75 (mit krit. Anm. *Berz*).
129 BVerfG NJW 69, 1623.
130 Vgl. die amtl. Begr., abgedruckt bei *Jagusch/Hentschel* zu § 25 StVG Rn 1; LG Düsseldorf NZV 98, 512.
131 Vgl. BayObLG NZV 94, 487 (488); OLG Frankfurt NJW 70, 1334; VRS 39, 73; OLG Hamm DAR 70, 110 (besonders deutlich: »der angestrebte Erfolg, die Verhütung von Verkehrsverstößen durch den Beschwerdeführer im Kraftverkehr«); OLG Düsseldorf NJW 70, 1937; OLG Celle NJW 69, 1187; OLG Oldenburg NJW 69, 2213; OLG Zweibrücken VRS 44, 452; OLG Hamburg VRS 40, 461; KG VRS 39, 448; vgl. auch OLG Frankfurt DAR 71, 250; OLG Düsseldorf VM 71, 72 Nr. 89.
132 Vgl. hierzu Rn 916.
133 Vgl. BayObLG DAR 78, 206 (bei *Rüth*); OLG Düsseldorf VRS 93, 226; OLG Hamm VRS 75, 58; *Deutscher* NZV 97, 18 (19); *Berr* DAR 90, 149; *Hillmann* VGT 91, 52 (59); *Hentschel* JR 92, 139 (142); vgl. auch BayObLG NZV 94, 487 (488);
a. M. BayObLG NZV 96, 464; *Janiszewski* Rn 196 a sowie DAR 70, 85; *Ortner* DAR 85, 344 (346).

der mit den Zwecken der Strafe nicht identisch ist.[134] Zweck der Buße ist nicht die Sühne einer Tat, sondern die Durchsetzung einer bestimmten Ordnung.[135] Die Buße ist eine Mahnung *an den Betroffenen,* die ordnungsrechtlichen Gebote und Verbote in Zukunft zu beachten.[136] Die Nebenfolge kann aber keinem anderen Zweck dienen als die Hauptfolge, nämlich die Geldbuße; vielmehr dient sie allein der Unterstützung der Wirkungen, die von der Geldbuße ausgehen, und darf eben deswegen grundsätzlich nur angeordnet werden, wenn der spezialpräventive Erfolg auch mit einer empfindlichen Geldbuße nicht erreicht werden kann.[137]

5. Verhältnismäßigkeit

Wie oben[138] dargelegt, darf das Fahrverbot neben der Geldbuße nur angeordnet werden, wenn die Geldbuße allein nicht geeignet ist, den angestrebten Erfolg herbeizuführen (was allerdings in den Fällen des »Regel«-Fahrverbotes gem. § 2 BKatV vom Gesetz- und Verordnungsgeber – §§ 26 a StVG, 2 BKatV – für Regelfälle ohne weiteres angenommen wird). Bereits daraus folgt, daß dem Grundsatz der **Verhältnismäßigkeit** bei der Frage, ob gem. § 25 StVG ein Fahrverbot zu verhängen ist, entscheidende Bedeutung zukommt.[139] Nur wenn keine weniger einschneidende Maßnahme ergriffen werden kann, um weiteren Verkehrsverstößen durch den Betroffenen vorzubeugen, ist das Fahrverbot mit dem Prinzip der Verhältnismäßigkeit vereinbar.[140] Auch bei der Frage, ob das Fahrverbot auf bestimmte Kraftfahrzeugarten beschränkt werden kann, ist der Grundsatz der Verhältnismäßigkeit bedeutsam. Reicht ein beschränktes Fahrverbot aus, um den Zweck der Nebenfolge neben der Buße zu erreichen, so verstößt ein Fahrverbot für Kraftfahrzeuge jeder Art gegen das Übermaßverbot.[141]

6. Bedeutung des Bußgeldkataloges für die Anordnung des Fahrverbots

a) Indizierung des Fahrverbots

Anders als die früheren Bußgeldkataloge, die nur auf unverbindlichen Absprachen der Länder beruhten und interne Weisungen für die Verwaltungsbehörden enthielten,[142] bindet die aufgrund der Ermächtigung des § 26 a StVG erlassene bundeseinheitliche **BKatV**[143] als Rechtsverordnung auch die Gerichte.[144] Die Frage,

---

134 Vgl. auch *Bode* DAR 70, 57.
135 Vgl. auch *Göhler* vor § 1 Rn 9.
136 Vgl. z. B. BayObLG NZV 91, 317; *Göhler* vor § 1 Rn 9; *Janiszewski* Rn 157.
137 Vgl. oben Rn 998.
138 Rn 998.
139 Vgl. BayObLG NZV 91, 120; 91, 199; DAR 95, 410; ZfS 91, 69; vgl. dazu auch BVerfG DAR 96, 196.
140 Vgl. BVerfG NJW 69, 1623; BayObLG NZV 91, 360; OLG Düsseldorf NJW 70, 1937; OLG Karlsruhe NZV 91, 159 (zu § 25 I 2 StVG).
141 Vgl. OLG Düsseldorf NZV 94, 407; DAR 84, 122.
142 Vgl. OLG Stuttgart ZfS 84, 350; OLG Karlsruhe DAR 77, 247.
143 BGBl I 1989, 1305.
144 Vgl. BGH NJW 92, 446; OLG Düsseldorf NZV 91, 82; 91, 398; 94, 41; DAR 91, 111; VRS 82, 463; OLG Stuttgart VRS 80, 383; DAR 91, 468; OLG Karlsruhe NZV 91, 278; 93, 277; 94, 237; BayObLG NZV 91, 360; OLG Saarbrücken NZV 91, 399; OLG Hamm DAR 91, 392; NZV 94, 79; OLG Koblenz NZV 92, 495; *Jagow* NZV 90, 13 (14); *Heck* NZV 91, 173 (177); *Janiszewski* Rn 192 sowie NStZ 83, 111; NJW 89, 3113 (3115); *Göhler* zu § 17 Rn 27, 31.

welche Bedeutung der BKatV zukommt, soweit sie in § 2 I sowie II Satz 2 bestimmt, daß in besonderen, in der BKatV hervorgehobenen Fällen ein Fahrverbot »in der Regel in Betracht kommt«, war zunächst heftig umstritten. Die eine Auffassung betrachtete die in der BKatV genannten Fälle entsprechend der in § 25 I 2 getroffenen Bestimmung als weitere *Regelfahrverbote* in dem Sinne, daß die Ahndung, abgesehen von besonderen Ausnahmefällen, regelmäßig ohne weiteres eines Fahrverbotes bedürfe.[145] Sie vernachlässigte allerdings die Tatsache, daß § 2 BKatV, anders als § 1 I in bezug auf die Bemessung der Buße, nicht ohne Grund[146] darauf verzichtet vorzuschreiben, daß bei diesen Tatbeständen ein Fahrverbot regelmäßig *anzuordnen ist*, sondern lediglich bestimmt, daß ein solches *in Betracht kommt*.[147] Die Gegenmeinung verwies auf die vom BVerfG im Beschluß vom 16.7.1969[148] verbindlich aufgestellten Grundsätze für die verfassungskonforme Anwendung des § 25 I 1 StVG und ging daher davon aus, daß eine mit dem Grundgesetz in Einklang stehende Anwendung von § 2 I und II BKatV nicht zur regelmäßigen Anordnung eines Fahrverbots in den dort genannten Fällen, sondern nur zu einer besonderen Prüfung der Frage verpflichte, ob die Verhängung einer Geldbuße ohne diese Nebenfolge ausreichend erscheint.[149] Diese Ansicht setzte sich insbesondere für das Fortbestehen des Gebotes einer individuellen Prüfungspflicht in bezug auf die Frage ein, ob der mit der Ahndung angestrebte Erfolg nicht auch ohne Fahrverbot **mit einer empfindlichen, im Wiederholungsfall verschärften Geldbuße** erreicht werden kann.[150]

1003 Die nunmehr herrschende Meinung in der Rechtsprechung beruht auf den **grundlegenden Beschlüssen des BGH** vom 28.11.1991[151] und vom 17.3.1992.[152] Die vom BGH entwickelten Grundsätze für die Anwendung von § 2 BKatV, die inzwischen von der obergerichtlichen Rechtsprechung einhellig übernommen

---

145 So z. B. OLG Hamm NZV 91, 121 (4. Strafsenat); OLG Düsseldorf DAR 91, 111; OLG Celle NZV 91, 199 (1. Strafsenat); NZV 91, 279 (jedenfalls für die Fälle des § 2 II 2 BKatV); OLG Stuttgart VRS 80, 383; 81, 129 (131); DAR 91, 468 (jedenfalls für § 2 II 2 BKatV); OLG Frankfurt NZV 91, 401; *Janiszewski* NStZ 83, 256 (257); einschränkend OLG Düsseldorf NZV 91, 398; differenzierend *Heck* NZV 91, 173 (177 f.); vgl. auch *Doller* VGT 84, 58 (62 f.) sowie die Amtliche Begründung, Bundesratsdrucksache 140/89 S. 28 f.
146 Vgl. die Amtliche Begründung, Bundesratsdrucksache 140/89, S. 27 f.; *Hentschel* JR 92, 139 (140); *Jagow*, in: Der Deutsche Verkehrsgerichtstag 1982–1991, hrsg. von der Deutschen Akademie für Verkehrswissenschaft (1991), S. 44 sowie in NZV 90, 17.
147 Vgl. BayObLG NZV 91, 120; 91, 360; OLG Celle NZV 91, 160; 91, 321; OLG Hamm DAR 91, 392; OLG Karlsruhe NZV 91, 278; OLG Düsseldorf NZV 91, 398; OLG Saarbrücken NZV 91, 393; BVerfG NJW 69, 1623.
148 Vgl. OLG Düsseldorf NZV 93, 409; BayObLG NZV 94, 287; AG Freiburg VRS 85, 51; *Hentschel* NJW 92, 1076 (1077).
149 Vgl. BayObLG NZV 91, 360; OLG Saarbrücken NZV 91, 400; nach Ansicht von *Mürbe* NZV 90, 94 (98) scheitert eine solche Auslegung von § 2 I BKatV allerdings an Abs. IV, was zur Nichtigkeit von § 2 BKatV insgesamt wegen Verstoßes gegen höherrangiges Recht führe.
150 Vgl. OLG Oldenburg VM 90, 70; DAR 91, 308; BayObLG NZV 91, 120; 91, 320; 91, 360; ZfS 91, 69; OLG Celle NZV 91, 160 (2. StrSen.); OLG Köln NZV 91, 203; OLG Düsseldorf VRS 80, 289; NZV 91, 398; OLG Saarbrücken NZV 91, 399; OLG Zweibrücken NZV 91, 391; OLG Hamm NZV 91, 321 (3. StrSen.); AG Minden DAR 91, 194 (Absehen vom Fahrverbot und erhöhte Geldbuße bei Geschwindigkeitsüberschreitung auf der Autobahn); *Beck* DAR 89, 321 (323); *Jagow* NZV 90, 13 (17); *Bode* NZV 91, 10 (11); *Berr* DAR 91, 232; *Hillmann* VGT 91, 52 (54 f.).
151 BGH NJW 92, 446 (zust. *Janiszewski* DAR 92, 90; krit. dazu *Hentschel* JR 92, 139); ähnlich schon BGH NZV 92, 79.
152 BGH NJW 92, 1397.

und fortentwickelt worden sind, werden vom BVerfG ebenso wie die Bestimmung des § 2 BKatV selbst als **grundgesetzkonform** anerkannt.[153] Die Bestimmung hält sich, wie das BVerfG festgestellt hat, im Rahmen der Ermächtigungsgrundlage des § 26 a StVG, die es dem Verordnungsgeber ermöglicht habe, bestimmte Fälle grober oder beharrlicher Verkehrsverstöße generalisierend zu umschreiben und in der Weise vorzubewerten, daß ein Fahrverbot als angemessen erscheine.

Nach der genannten Rechtsprechung, die auch insoweit vom BVerfG ausdrücklich gebilligt wird, hängt die Anordnung eines Fahrverbots in Fällen, in denen diese Nebenfolge nach § 2 BKatV regelmäßig »*in Betracht*« kommt, nicht mehr von der Feststellung ab, daß der angestrebte Erziehungserfolg im jeweiligen Einzelfall nicht auch durch eine gegenüber dem Regelfall erhöhte Geldbuße erreicht werden kann.[154] Vielmehr habe der *Gesetzgeber* weitere *Regelfahrverbote* durch die Ermächtigungsnorm des § 26 a StVG in Verbindung mit § 2 BKatV eingeführt.[155] Nach der neuen Rechtsprechung ist also bei Ordnungswidrigkeiten nach § 24 StVG in den in § 2 I BKatV genannten Fällen wie beim Regelfahrverbot des § 25 I Satz 2 StVG auch bei erstmaligen fahrlässigen Verstößen ein grober und im Falle des § 2 II Satz 2 BKatV ein beharrlicher Pflichtverstoß **indiziert,** dessen Ahndung – abgesehen von besonderen Ausnahmefällen – eines Fahrverbotes bedarf.[156] Hinsichtlich des groben Pflichtverstoßes gilt dies nicht nur für das objektive Gewicht der Zuwiderhandlung, sondern **auch für die subjektive Seite,** also die Vorwerfbarkeit, soweit nicht ausnahmsweise konkrete Besonderheiten die Verfehlung nicht als besonders verantwortungslos erscheinen lassen.[157] Andererseits hat der BGH[158] aber ausdrücklich betont, daß auch beim Vorliegen eines Regelfalles nach Maßgabe von § 2 BKatV die Anordnung eines Fahrverbotes nicht zwingend vorgesehen ist, sondern lediglich *in Betracht* kommt. Daher dürfen, wie auch das BVerfG[159] ausdrücklich betont, die **konkreten Umstände des Einzelfalles in objektiver und subjektiver Hinsicht** nicht etwa unberücksichtigt bleiben;[160] viel-

---

153 BVerfG DAR 96, 196 (Anm. *Hentschel* DAR 96, 283; *Ludovisy* NJW 96, 2284).
154 Vgl. BVerfG DAR 96, 196; BGH NJW 92, 446; 92, 1397; BayObLG NZV 95, 287; OLG Oldenburg NZV 93, 198; 93, 278; OLG Düsseldorf VRS 86, 463; 92, 386; VM 95, 94; OLG Dresden DAR 99, 413; krit. zur Vereinbarkeit dieser Rechtsprechung mit der genannten Entscheidung des BVerfG *Scheffler* NZV 95, 176; vgl. dazu oben Rn 998.
155 Vgl. BGH NJW 92, 446.
156 Vgl BVerfG DAR 96, 196; BGH NJW 92, 446; 92, 1397; 97, 525; BayObLG NZV 94, 370; 94, 487; 96, 79; OLG Hamm NZV 95, 118; 95, 498; 97, 240; OLG Zweibrücken NZV 94, 160; KG NZV 95, 37; OLG Naumburg NZV 95, 161; OLG Oldenburg NZV 92, 493; 93, 198; OLG Düsseldorf NZV 93, 37; 93, 241; 94, 117; 99, 477; VRS 92, 32; 92, 386; VM 95, 64; OLG Karlsruhe NZV 93, 359; OLG Köln NZV 94, 161.
157 Vgl. BGH NZV 97, 525; OLG Hamm NStZ-RR 98, 117; NZV 99, 92.
158 BGH NJW 92, 446.
159 BVerfG DAR 96, 196 (Anm. *Hentschel* DAR 96, 283; *Ludovisy* NJW 96, 2284).
160 Vgl. BVerfG NZV 94, 157; BGH NJW 92, 446; NZV 97, 525; BayObLG NZV 94, 370; 94, 497; 98, 212; OLG Karlsruhe NZV 96, 38; OLG Hamm NZV 97, 185; 97, 281; 98, 292; DAR 97, 161; OLG Köln NZV 94, 161; VRS 88, 392; NStZ-RR 96, 52; OLG Hamburg NZV 95, 163; OLG Düsseldorf NZV 96, 78; 97, 241; VM 95, 94; DAR 95, 167; VRS 95, 283; OLG Zweibrücken ZfS 97, 196 (Anm. *Zabel* BA 99, 22); BA 99, 70; OLG Celle VM 96, 67; OLG Jena DAR 97, 455; *Geppert* DAR 97, 260 (263); *Ludovisy* NJW 96, 2284; *Bode* ZAP F 9R S. 13 (16); *Hentschel* JR 92, 139 (140, 143); Salger-Festschrift S. 471 (485 f.); **einschränkend** insoweit BGH NJW 92, 1397; OLG Düsseldorf NZV 93, 241; VM 95, 64; OLG Karlsruhe VRS 88, 476 (478); OLG Hamm NZV 95, 366; OLG Braunschweig ZfS 96, 194.

Voraussetzungen für die Anordnung des Fahrverbots 1005

mehr müssen sich Verwaltungsbehörde und Tatrichter der Möglichkeit des Absehens vom Fahrverbot, eventuell bei gleichzeitiger Erhöhung der Geldbuße, bewußt sein und dies i. d. R. in den Entscheidungsgründen erkennen lassen.[161]

1005 Insbesondere ist die Nichtanordnung des Fahrverbotes in den besonders hervorgehobenen Fällen der BKatV nicht nur bei Verneinung eines Regelfalles, sondern auch bei Unangemessenheit möglich.[162] Dabei sind die **Voraussetzungen für ein Absehen vom Fahrverbot geringer als beim Regelfahrverbot** des § 25 I Satz 2 StVG in Fällen einer Ordnungswidrigkeit gem. § 24 a StVG. Anders als dort bedarf es insbesondere nicht *ganz besonderer Umstände* und *außergewöhnlicher Härten;* vielmehr können schon »erhebliche Härten oder eine Vielzahl für sich genommen gewöhnlicher oder durchschnittlicher Umstände«[163] ein Absehen vom »Regelfahrverbot« rechtfertigen.[164] Solche besonderen Umstände und Härten müssen um so gewichtiger sein, je schwerwiegender das vorwerfbare Fehlverhalten ist (und umgekehrt).[165] Ob danach ein Fahrverbot zu unterbleiben hat, unterliegt in erster Linie tatrichterlicher Würdigung,[166] und zwar nach OLG Hamm[167] »bis zur Grenze des Vertretbaren«. So kann z. B. das *Zusammentreffen* verschiedener Umstände[168] wie (vor allem bei Geschwindigkeitsüberschreitungen) etwa nur geringfügiges Überschreiten des »Regelbereichs« nach der BKatV, fehlende Voreintragungen, nur kurzfristige Unaufmerksamkeit, lange zurückliegende Tat ohne weitere Auffälligkeit, geringes Verkehrsaufkommen, Nachtzeit, Fehlen von Fußgängern, autobahnähnlicher Ausbau einer innerörtlichen Straße, Anpassung an den fließenden Verkehr u. ä. Anlaß für die Nichtanordnung eines wegen Geschwindigkeitsüberschreitung nach der BKatV »in Betracht« kommenden

---

161 Vgl. BGH NJW 92, 446; 92, 1397; OLG Dresden DAR 99, 413; OLG Jena DAR 97, 455; ZfS 97, 435; OLG Düsseldorf NZV 94, 117; VRS 86, 463; 87, 450; VRS 89, 224; VM 95, 94; OLG Celle ZfS 92, 427; 95, 75; NdsRpfl. 92, 290; 94, 21; OLG Köln NZV 93, 119; 98, 165; OLG Zweibrücken BA 99, 70; OLG Stuttgart DAR 93, 72; OLG Hamm NZV 93, 445 (anders ausnahmsweise, wenn Einwirkung durch weitere Bußgelderhöhung ohne weiteres ausgeschlossen erscheint); NZV 96, 77; 96, 247; 97, 129; 99, 215; VRS 95, 52; 95, 263; 96, 466; NStZ-RR 96, 216; DAR 94, 411; *Deutscher* NZV 97, 18 (29); gegen ein ausdrückliches Begründungserfordernis insoweit aber OLG Hamm JMBl. NRW 96, 248; einschränkend auch OLG Hamm DAR 97, 117.
162 Vgl. BGH NJW 92, 446; 92, 1397; BayObLG NZV 94, 370; 94, 487 (Übermaßverbot); OLG Karlsruhe DAR 92, 437; OLG Celle NdsRpfl. 92, 290; OLG Oldenburg NZV 93, 198; OLG Hamburg NZV 95, 163.
163 Vgl. BGH NJW 92, 446.
164 Vgl. BGH NJW 92, 446; BayObLG NZV 94, 487; 96, 374; OLG Hamm NZV 96, 247; 97, 185; 97, 281; VRS 92, 40; 92, 366; DAR 96, 68; OLG Karlsruhe DAR 92, 437; OLG Celle NZV 96, 117; OLG Köln NZV 94, 161; VRS 87, 40; 88, 392; NStZ-RR 96, 52; OLG Hamburg NZV 95, 163; OLG Naumburg NZV 95, 161; OLG Düsseldorf NZV 93, 446; VRS 89, 466; 91, 122; 93, 200; DAR 96, 66; OLG Dresden DAR 95, 498 (im Ergebnis zweifelhaft); *Deutscher* NZV 97, 18 (25); **abweichend** insoweit OLG Oldenburg NZV 93, 278; 95, 287; OLG Hamm NZV 95, 366; 96, 77; DAR 95, 374; 96, 325; VRS 90, 60; 90, 210; OLG Koblenz NZV 96, 373; OLG Düsseldorf NZV 96, 463; zusammenfassend *Beck* DAR 97, 32.
165 Vgl. BayObLG NZV 98, 212.
166 Vgl. BayObLG NZV 94, 327; ZfS 95, 315; OLG Oldenburg NZV 95, 288; OLG Karlsruhe VRS 88, 476; OLG Düsseldorf VRS 92, 32; OLG Hamm NZV 96, 118; 99, 394; DAR 96, 68; VRS 95, 138; OLG Köln NZV 94, 161; OLG Celle NdsRpfl. 94, 21 (wonach jedoch Fälle denkbar sind, in denen das Rechtsbeschwerdegericht das Fahrverbot selbst anordnen kann).
167 Vgl. OLG Hamm VRS 92, 40; 92, 366; 95, 138; NZV 97, 240; DAR 99, 325; 99, 416.
168 Vgl. OLG Köln NStZ-RR 96, 52.

Fahrverbots (u. U. auch ohne Erhöhung der Geldbuße) sein,[169] u. U. auch sehr lange Zeit seit der Tat bei weiterer unbeanstandeter Verkehrsteilnahme für sich allein.[170] Ferner wird Verwirklichung der Ordnungswidrigkeit aufgrund Verbotsirrtums regelmäßig ein Absehen von der Nebenfolge rechtfertigen, weil sie nicht auf besonderer Verantwortungslosigkeit beruht.[171]

Auch die neue Rechtsprechung läßt im übrigen keinen Zweifel daran, daß nach wie vor **alleinige Rechtsgrundlage für die Anordnung der Nebenfolge des Fahrverbots** nach Ordnungswidrigkeiten gem. § 24 StVG die Bestimmung des **§ 25 I Satz 1 StVG** ist, die weder durch die Ermächtigungsnorm des § 26 a StVG noch durch § 2 BKatV eine Änderung erfahren hat.[172] Verwaltungsbehörden und Tatrichter müssen also weiterhin **prüfen, ob überhaupt i.S.d. § 25 I Satz 1 StVG ein grober Pflichtverstoß**, d.h. ein besonders verantwortungsloses Verhalten, **oder eine beharrliche Pflichtverletzung** i. S. eines Mangels an rechtstreuer Gesinnung und Einsicht in früheres Unrecht **festgestellt werden kann.**[173] Wird dies verneint, so scheidet nicht nur das Fahrverbot aus, sondern es hat auch eine Kompensation durch Erhöhung der Geldbuße zu unterbleiben.[174] Vor allem bei Verkehrsverstößen, die auf dem bloßen **Übersehen eines Verkehrszeichens** infolge allenfalls leichter Fahrlässigkeit beruhen, fehlt es an diesen Voraussetzungen mit der Folge, daß trotz Vorliegens eines »Regelfalles« nach der BKatV vom Fahrverbot abzusehen ist, ohne daß eine Erhöhung der Geldbuße in Frage kommt.[175] Solange allerdings für nur leicht fahrlässiges Nichtwahrnehmen des Verkehrszeichens keine konkreten Anhaltspunkte vorhanden sind, können sowohl die Bußgeldstelle als auch der Tatrichter von der Wahrnehmung des Verkehrszeichens durch den Betroffenen ausgehen.[176] Bestreitet der Betroffene dies, so kann sich aus den Umständen (Örtlichkeit, »Geschwindigkeitstrichter«, Wiederholung des Verkehrszeichens) ergeben, daß ein

---

169 Vgl. BayObLG NZV 96, 79; OLG Karlsruhe DAR 92, 437; a. M. insoweit wohl OLG Düsseldorf VRS 91, 203.
170 Vgl. Rn 998 m. w. Nw.
171 Vgl. KG NZV 94, 159; OLG Köln VRS 95, 435.
172 Vgl. BGH NJW 92, 446; 92, 1397; NZV 97, 525; OLG Celle VM 96, 67; OLG Hamm NZV 99, 92; NStZ 99, 518; OLG Braunschweig NZV 99, 303; OLG Düsseldorf NZV 97, 241; 98, 38; DAR 98, 320; VRS 85, 296; OLG Köln NZV 94, 41; vgl. auch BVerfG DAR 96, 196.
173 Vgl. BVerfG DAR 96, 196 (Anm. *Hentschel* DAR 96, 283; *Ludovisy* NJW 96, 2284); BayObLG NZV 94, 370; OLG Celle VM 96, 67; OLG Jena DAR 95, 209; 95, 260; 97, 455; OLG Karlsruhe NZV 96, 206, 96, 372; DAR 96, 367; OLG Saarbrücken NZV 93, 38; OLG Köln NZV 94, 41; OLG Düsseldorf NZV 95, 328; 97, 241; DAR 96, 107; VRS 95, 283; ZfS 93, 429; KG NZV 94, 238; OLG Hamm NZV 95, 82; 99, 92; NStZ 99, 518; DAR 95, 501; VRS 91, 70; *Scheffler* NZV 95, 214 (215); 96, 479 (481); *Geppert* DAR 97, 260 (263 f.); *Deutscher* NZV 97, 18 (19); *Zank* VGT 97, 239 (243); *Hentschel* JR 92, 139 (143); Salger-Festschrift S. 471 (487); *Engelbrecht* DAR 94, 373.
174 Vgl. OLG Jena DAR 95, 209; OLG Hamm NZV 99, 92; VRS 97, 210; OLG Düsseldorf VRS 95, 432; *Cierniak* NZV 98, 293; *Hentschel* NZV 97, 527 (528).
175 Vgl. BGH NZV 97, 525 (Anm. *Hentschel* NZV 97, 527; *Scheffler* DAR 98, 157); BayObLG NZV 91, 360; 98, 255; OLG Düsseldorf NZV 99, 391; OLG Karlsruhe DAR 98, 153; OLG Jena DAR 95, 209; 95, 260 (abl. *Janiszewski* NStZ 95, 584); OLG Hamm NZV 98, 334; 99, 215; DAR 99, 327; VRS 97, 210; OLG Zweibrücken DAR 98, 362; OLG Celle NZV 98, 254; OLG Rostock DAR 99, 277; *Deutscher* NZV 97, 18 (20); *Hentschel* DAR 97, 101 (103); *Geppert* DAR 97, 260 (263); *Cierniak* NZV 88, 293; *Hentschel* Salger-Festschrift S. 471 (489); JR 92, 139 (143); vgl. auch Rn 985, 994.
176 Vgl. BGH NZV 97, 525; OLG Düsseldorf NZV 99, 391; OLG Karlsruhe DAR 98, 53; OLG Celle NZV 98, 254; OLG Köln VRS 95, 126; OLG Hamm NZV 99, 92; *Cierniak* NZV 98, 293; s. dazu *Scheffler* DAR 98, 157.

etwaiges Übersehen jedenfalls grob fahrlässig war.[177] Liegen die Erfordernisse des § 25 StVG vor, so muß der Tatrichter ferner jedenfalls *prüfen*, ob nicht bei Erhöhung der Geldbuße (ausnahmsweise) von dem nach der BKatV bei einem solchen Verstoß regelmäßig in Betracht kommenden Fahrverbot abgesehen werden kann.[178]

1007 Wird allerdings ein Regelfall bejaht und **das Vorliegen eines Ausnahmefalles verneint**, so bedarf es hierzu keiner ausdrücklichen näheren Feststellungen im Urteil; vielmehr ist eine weitere **Begründung des Fahrverbotes entbehrlich**,[179] soweit keine Anhaltspunkte für ein Abweichen ersichtlich sind.[180] Hierin liegt ein wesentlicher Sinn der »Regelfälle« der BKatV: **Nicht** also **die Einzelfallprüfung soll eingeschränkt werden, sondern lediglich der Begründungsaufwand**.[181] Mag den Betroffenen zwar keine Darlegungs- und Beweislast treffen,[182] so werden sich aber trotz Aufklärungspflicht für den Tatrichter Anhaltspunkte für eine Ausnahme vielfach nur nach entsprechendem **Hinweis durch den Betroffenen** ergeben.[183] Die neuerdings in der obergerichtlichen Rechtsprechung gelegentlich zu beobachtende Tendenz, entgegen der durch die BKatV geschaffenen Rechtslage bei bestimmten Berufsgruppen trotz Vorliegens eines Regelfalles im Urteil wieder nähere Ausführungen zur Berechtigung der indizierten Nebenfolge zu fordern,[184] läuft dem Ziel des § 2 BKatV[185] zuwider.[186] Eine besondere Begründung des indizierten Fahrverbots dürfte daher z. B. nicht schon allein deswegen geboten sein, weil der Betroffene angibt, niedergelassener Arzt zu sein.[187]

b) Absehen vom indizierten Fahrverbot

1008 **Kein Absehen vom indizierten Fahrverbot** rechtfertigt allein die Tatsache, daß der Verstoß von einem »Vielfahrer« begangen wurde,[188] u. U. aber im Zusammen-

---

177 Vgl. BGH NZV 97, 525; OLG Düsseldorf NZV 99, 391; OLG Zweibrücken NZV 98, 420; DAR 98, 362; OLG Celle NZV 98, 254; OLG Hamm NZV 99, 92; 99, 215; VRS 96, 388; DAR 99, 327; OLG Rostock DAR 99, 277.
178 Vgl. OLG Düsseldorf VRS 83, 352; 83, 450; 84, 46; NZV 93, 37 (38); 93, 81, 93, 320; DAR 93, 271; 95, 167; OLG Celle ZfS 92, 427; NdsRpfl. 92, 290; OLG Hamm NZV 96, 77; VRS 90, 60; DAR 94, 411; einschränkend BayObLG NZV 94, 327.
179 Vgl. BayObLG NZV 96, 374; OLG Düsseldorf NZV 93, 241; 94, 117; 99, 477; DAR 92, 189; 96, 65; VRS 89, 224; 89, 466; 92, 32; VM 95, 64; 95, 94; OLG Celle NZV 96, 117; ZfS 92, 427; 94, 21; OLG Oldenburg NZV 93, 278; OLG Hamm NZV 96, 77; VRS 88, 301; DAR 94, 411; KG NZV 95, 37; s. dazu auch *Hentschel* JR 92, 139 (141).
180 Vgl. BGH NJW 81, 1397; BayObLG NZV 98, 212; OLG Celle NZV 94, 40; OLG Düsseldorf NZV 99, 477; VRS 93, 366; OLG Köln NZV 98, 165; VRS 95, 126; OLG Jena VRS 95, 56.
181 Vgl. BGH NJW 92, 446; 97, 525; OLG Jena DAR 97, 455; OLG Düsseldorf DAR 98, 320; OLG Celle ZfS 92, 427; 95, 75; NZV 94, 40; OLG Köln NZV 94, 161; NStZ-RR 96, 52; OLG Hamm NZV 93, 445; OLG Hamburg NZV 95, 163; *Geppert* DAR 97, 260 (264 f.).
182 Vgl. OLG Köln NStZ-RR 96, 52.
183 Vgl. OLG Jena VRS 95, 56; *Geppert* DAR 97, 260 (264); vgl. auch *Nehm* DAR 96, 432 (437).
184 Vgl. etwa OLG Hamm DAR 98, 281; OLG Köln NZV 98, 293; OLG Stuttgart DAR 98, 205.
185 Vgl. dazu BGH NJW 92, 446; 92, 1397; BVerfG DAR 96, 196.
186 Vgl. *Cierniak* NZV 98, 293; *Deutscher* NZV 99, 114; *Hentschel* NJW 99, 697.
187 Vgl. *Cierniak* NZV 98, 293; *Deutscher* NZV 99, 114; a. M. OLG Köln NZV 98, 293.
188 Vgl. BVerfG DAR 96, 196; BayObLG NZV 94, 327; 94, 487; OLG Düsseldorf NZV 93, 37; 93, 445; VRS 89, 218; 89, 466; 91, 203; 93, 200; DAR 96, 66; ZfS 96, 356; OLG Hamm NZV 96, 247; 99, 394; OLG Köln VRS 87, 40; OLG Naumburg NZV 95, 161.

wirken mit weiteren Besonderheiten des Falles.[189] Im Gegensatz zu der etwa vom OLG Saarbrücken[190] vertretenen Ansicht wird selbst jahrzehntelange unbeanstandete Teilnahme am motorisierten Straßenverkehr allein überwiegend nicht als ausreichend für ein Absehen vom »Regel«-Fahrverbot anerkannt.[191] Auch die Teilnahme an einer Nachschulung genügt allein nicht.[192] **Berufliche oder wirtschaftliche Schwierigkeiten,** die bei einer Vielzahl von Berufen in aller Regel die Folge des Fahrverbotes sind, begründen für sich allein zumeist ebenfalls kein Absehen von der Nebenfolge.[193] In aller Regel ist es dem Betroffenen zuzumuten, für die Dauer eines einmonatigen Fahrverbots Urlaub zu nehmen und insoweit **rechtzeitig zu planen.**[194] Daß dies grundsätzlich verfassungsrechtlich unbedenklich ist, hat das BVerfG[195] ausdrücklich festgestellt. Unterläßt er es, schon bei Erhalt des Bußgeldbescheides sich auf das Fahrverbot einzustellen, so wird er vielfach in der Hauptverhandlung mit dem Hinweis auf berufliche Härten nicht mehr gehört werden können.[196] Diesem Gesichtspunkt kommt in den Fällen des § 25 IIa StVG (Viermonatsfrist für das Wirksamwerden des Fahrverbots) besondere Bedeutung zu.[197] Auch die Tatsache, daß der Betroffene **Berufskraftfahrer** (z. B. Taxifahrer) ist, führt nicht ohne weiteres zu einem Verzicht auf das indizierte Fahrverbot; anderenfalls schiede die Nebenfolge bei dieser Berufsgruppe praktisch aus.[198] Das gilt insbesondere, wenn der Betroffene den beruflichen Auswirkungen durch entsprechende Urlaubsplanung hätte begegnen können.[199] Bei einem selbständigen Taxiunternehmer mit nur *einem* von ihm selbst geführten Fahrzeug kann aber ein Absehen von der Nebenfolge gerechtfertigt sein,[200] vor allem, wenn weitere besondere Umstände oder Härten hinzukommen.[201] Würde die Anordnung des Fahrverbots eine ganz erhebliche Härte bedeuten, etwa den **Verlust des Arbeitsplatzes** oder der wirtschaftlichen Existenz nach sich ziehen, so kann eine Ausnahme gerechtfertigt sein; die Nebenfolge ist dann auch in den Regelfällen der BKatV jedenfalls näher zu begründen.[202] Dabei soll nach

---

189 Vgl. OLG Köln NZV 94, 161.
190 Vgl. OLG Saarbrücken ZfS 96, 113.
191 Vgl. OLG Hamm VRS 91, 67; NZV 97, 240; OLG Düsseldorf VRS 93, 200; 94, 282; *Geppert* DAR 97, 260 (266).
192 Vgl. BayObLG NZV 96, 374; OLG Düsseldorf VRS 93, 226.
193 Vgl. BayObLG NZV 94, 487 Nr. 18; OLG Hamm VRS 95, 138; 95, 232 (235); 96, 466; 95, 374; 97, 117; OLG Düsseldorf VRS 89, 231; 89, 466; 93, 200; ZfS 96, 356; OLG Köln VRS 88, 392; OLG Karlsruhe VRS 85, 467 (469); 88, 476 (480); OLG Braunschweig ZfS 96, 194; OLG Zweibrückern VRS 91, 197; OLG Frankfurt NZV 94, 77; ZfS 94, 109; OLG Celle NZV 94, 332.
194 Vgl. BayObLG NZV 97, 89; OLG Köln VRS 88, 392 (394); DAR 96, 507; OLG Düsseldorf DAR 96, 66; VRS 91, 203; 93, 202; OLG Celle NZV 96, 117; OLG Hamm NZV 96, 247; VRS 96, 466; vgl. auch OLG Karlsruhe VRS 88, 476 (480); OLG Zweibrücken VRS 91, 197; BVerfG NJW 95, 1541.
195 BVerfG DAR 96, 196.
196 Vgl. BayObLG NZV 96, 374; 97, 89; *Deutscher* NZV 97, 18 (27).
197 Vgl. OLG Hamm VRS 96, 566.
198 Vgl. OLG Hamm NZV 95, 498; 97, 446; DAR 97, 117.
199 Vgl. OLG Hamm DAR 97, 117; OLG Düsseldorf NZV 96, 463; VRS 87, 450 (krit. *Booß* VM 95, 14).
200 Vgl. OLG Oldenburg NZV 95, 405.
201 Vgl. BayObLG NZV 98, 212.
202 Vgl. BayObLG NZV 98, 212; OLG Düsseldorf VRS 89, 466; 91, 203; DAR 96, 66; OLG Dresden ZfS 95, 477; DAR 98, 401; OLG Hamm NZV 96, 77; OLG Celle NZV 96, 117; ZfS 96, 35; OLG Braunschweig ZfS 96, 194; OLG Zweibrücken VRS 91, 197; OLG Oldenburg NZV 93, 198; 93, 278; ZfS 95, 34; OLG Frankfurt ZfS 94, 109; vgl. auch BVerfG NZV 94, 157; s. auch OLG Dresden DAR 95, 498 (im Ergebnis zweifelhaft).

OLG Celle[203] die rechtliche Zulässigkeit einer *tatsächlich* drohenden Kündigung ohne Bedeutung sein.

1009 Insbesondere bei Berufskraftfahrern besteht also eine besondere **Prüfungspflicht**, ob nicht **erhebliche Härten** ein Absehen vom Fahrverbot bei Erhöhung der Geldbuße rechtfertigen.[204] Jedoch dürfte es dem Inhalt von § 2 BKatV und den damit verfolgten Zielen widersprechen, für den Fall, daß die Prüfung zu keinem für den Betroffenen günstigen Ergebnis geführt hat, Ausführungen im Urteil darüber zu fordern, warum das indizierte Fahrverbot *keine* unverhältnismäßige Härte bedeutet.[205] Insgesamt ist bei der Frage eines Absehens vom nach § 2 BKatV indizierten Fahrverbot aus beruflichen Gründen zu beachten, daß nach den mit dieser Regelung verfolgten Zwecken ein Verzicht auf die indizierte Nebenfolge selbst bei Erhöhung der Geldbuße häufig auszuscheiden haben wird.[206] Das Gericht muß Angaben des Betroffenen, die die Annahme einer besonderen Härte rechtfertigen, wie etwa drohender Arbeitsplatzverlust, kritisch prüfen und die Gründe für seine Erwägungen hinsichtlich der **Glaubhaftigkeit** dieser Angaben im Urteil darlegen.[207]

1010 Schwere **Gehbehinderung** reicht allein nicht aus, um vom indizierten Fahrverbot Abstand zu nehmen.[208] Jedoch kann die Nebenfolge bei einem querschnittgelähmten Rollstuhlfahrer eine erhebliche Härte bedeuten, die ein Absehen rechtfertigt.[209] Die in der tatrichterlichen Rechtsprechung[210] vereinzelt vertretene Auffassung, ein »beweiserleichterndes« **Geständnis** des Betroffenen rechtfertige ein Absehen vom indizierten Fahrverbot, ist im Hinblick auf Inhalt, Sinn und Zweck von § 2 BKatV nicht begründbar.[211]

1011 Daß die Grenze der ein Fahrverbot indizierenden **Geschwindigkeit** nur knapp überschritten wurde, reicht allein ebensowenig.[212] Das gleiche gilt für den Umstand, daß die Geschwindigkeitsüberschreitung auf einer Autobahn begangen wurde.[213]

1012 Wird von der Anordnung eines Fahrverbotes in den Fällen des § 2 BKatV abgesehen, so ist dies im Hinblick auf § 2 BKatV **näher zu begründen**.[214]

---

203 OLG Celle NZV 96, 291 (zust. *Deutscher* NZV 97, 18, 27).
204 Vgl. OLG Celle NdsRpfl. 92, 290.
205 So aber wohl OLG Köln Ss 709/97 (B) – 400 B –.
206 Vgl. OLG Düsseldorf NZV 96, 463; VRS 89, 466; 93, 202; DAR 96, 65; OLG Celle NZV 96, 117; OLG Zweibrücken VRS 91, 197; OLG Hamm DAR 96, 325; 95, 232 (236); OLG Koblenz NZV 96, 373; DAR 99, 227; einschränkend OLG Brandenburg VRS 94, 114.
207 Vgl. OLG Stuttgart NZV 94, 371; OLG Düsseldorf NZV 99, 477; vgl. auch Rn 1017.
208 Vgl. OLG Frankfurt NZV 94, 286 (anderenfalls »Freibrief« für zu schnelles Fahren).
209 Vgl. OLG Frankfurt DAR 95, 260; AG Hof NZV 98, 388.
210 Zum Beispiel AG Bielefeld ZfS 97, 234 (zust. *Bode*).
211 Vgl. OLG Düsseldorf NZV 89, 228.
212 Vgl. OLG Naumburg NZV 95, 201; OLG Hamm VRS 88, 301; OLG Düsseldorf VRS 94, 282; 94, 288.
213 Vgl. OLG Naumburg NZV 95, 201; OLG Düsseldorf VRS 94, 288.
214 Vgl. BGH NZV 92, 286; BayObLG NZV 94, 487; 96, 374; OLG Karlsruhe VRS 88, 476 (478); OLG Koblenz NZV 96, 373; OLG Hamm VRS 93, 215; 95, 138; OLG Düsseldorf DAR 93, 445; 96, 366; 96, 413; VRS 83, 352; OLG Oldenburg NZV 92, 493; OLG Köln NZV 94, 161; VRS 87, 40; 88, 392; NStZ-RR 96, 52; OLG Naumburg NZV 95, 161; *Janiszewski* NJW 89, 3113 (3118); NStZ 89, 568; *Jagow* NZV 90, 13 (17); *Mürbe* NZV 90, 94 (97); *Deutscher* NZV 97, 18 (30); vgl. auch die Amtliche Begründung, Bundesratsdrucksache 140/89 S. 28; »besonders eingehend«: OLG Karlsruhe DAR 95, 337; OLG Hamm NZV 99, 394; OLG Düsseldorf NZV 92, 573; VRS 93, 200.

c) Fahrverbot bei gem. § 21 I S. 1 OWiG subsidiärer Ordnungswidrigkeit

Tritt eine Ordnungswidrigkeit i.S.d. § 24 StVG gem. § 21 I S. 1 OWiG gegenüber einer tateinheitlich begangenen Straftat zurück, so kann zwar gleichwohl gem. § 21 I S. 2 OWiG auf die Nebenfolge erkannt werden. Soweit gem. §§ 25 I 1 StVG, 2 BKatV ein Fahrverbot »*in Betracht*« kommt, ist aber zu berücksichtigen, daß diese Bestimmung in Verbindung mit der Anlage zur BKatV (Bußgeldkatalog) die Fälle einer Ahndung mit Geld*buße* betrifft, und daher nicht ohne weiteres anzuwenden ist, wenn die Tat mit einer das Höchstmaß der Geldbuße erheblich überschreitenden Geld*strafe* geahndet wird.[215]

7. Das Regelfahrverbot nach § 25 I 2 StVG

Verfassungsrechtliche Bedenken erscheinen nicht gerechtfertigt, soweit § 25 I 2 StVG bestimmt, daß in der Regel ein Fahrverbot anzuordnen ist, wenn gegen den Betroffenen wegen einer **Ordnungswidrigkeit nach § 24 a StVG** eine Geldbuße festgesetzt wird. Diese Ordnungswidrigkeit hebt sich in ihrem Unrechtsgehalt und ihrer Gefährlichkeit deutlich von den Ordnungswidrigkeiten des § 24 StVG ab, was auch in der höheren Bußandrohung und der längeren Verjährungsfrist zum Ausdruck kommt.[216] Wer mit der in § 24 a StVG bezeichneten Alkoholbeeinflussung im Straßenverkehr ein Kraftfahrzeug führt, macht sich einer Pflichtverletzung schuldig, die erfahrungsgemäß besonders häufig Ursache schwerster Verkehrsunfälle ist, und zeigt ein besonders hohes Maß an Gleichgültigkeit und Verantwortungslosigkeit.[217] Mit Recht weist *Janiszewski*[218] in diesem Zusammenhang darauf hin, daß das Regelfahrverbot des § 25 I 2 StVG anders als das mit ihm nicht identische Fahrverbot nach § 25 I 1 StVG, das für die übrigen unter »grober oder beharrlicher« Pflichtverletzung begangenen Verkehrsordnungswidrigkeiten gilt, von einem besonders groben Verstoß ausgeht[219] und somit den vom BVerfG[220] aufgestellten Grundsätzen Rechnung trägt, soweit dieses das Vorliegen besonders verantwortungslosen Verhaltens verlangt. Anders als bei der Anordnung der Nebenfolge nach §§ 25 I Satz 1 StVG, 2 BKatV nach Ordnungswidrigkeiten gem. § 24 StVG braucht der Tatrichter bei Verhängung des Regelfahrverbots nach § 25 I Satz 2 (§ 24 a StVG) auch nicht in den Urteilsgründen besonders zum Ausdruck zu bringen, daß er sich der Möglichkeit eines Absehens von der Nebenfolge bewußt war.[221]

In den Fällen des § 25 I 2 StVG genügt zur Anordnung des Fahrverbots die Feststellung, daß der Betroffene eine Ordnungswidrigkeit nach § 24 a StVG begangen hat. Besondere Feststellungen über den Charakter des Verstoßes als grobe oder beharrliche Pflichtverletzung sind entbehrlich.[222] Es gelten die gleichen Grundsät-

---

215 Vgl. OLG Köln NZV 96, 286 (Anm. *Hentschel*); s. aber Rn 1015.
216 Vgl. OLG Hamm VRS 47, 451; NJW 74, 1777; vgl. hierzu auch oben Rn 514 ff.
217 Vgl. OLG Hamm NZV 95, 496; VRS 47, 451; NJW 74, 1777; *Janiszewski* BA 74, 312 (314).
218 *Janiszewski* BA 74, 155 (164 ff.).
219 Vgl. OLG Düsseldorf VRS 96, 228; vgl. auch OLG Hamm NJW 74, 1777; BA 75, 212; OLG Koblenz VRS 48, 125; *Janiszewski* BA 74, 312 (314).
220 BVerfG NJW 69, 1623; DAR 96, 196.
221 Vgl. OLG Hamm NZV 96, 246.
222 Vgl. OLG Düsseldorf VRS 68, 282; 96, 228; DAR 93, 479.

ze wie bei § 69 II StGB;²²³ d. h., das Gericht (bzw. die Verwaltungsbehörde) beschränkt sich auf die Prüfung der Frage, ob außergewöhnliche Umstände eine Ausnahme von der Regel der Anordnung eines Fahrverbots rechtfertigen.²²⁴ Hohe, knapp unter 1,1 ‰ liegende BAK schließt eine Ausnahme nicht von vornherein aus.²²⁵ Wird eine Geldbuße nur deswegen nicht festgesetzt, weil gem. § 21 I OWiG nur Verurteilung wegen einer tateinheitlich begangenen Straftat erfolgt, so gilt § 25 I 2 StVG gleichwohl, sofern dessen Voraussetzungen im übrigen erfüllt sind (§ 21 I 2 OWiG); das Fahrverbot ist dann also regelmäßig anzuordnen.²²⁶

1016 An die Feststellung, es liege ein **Ausnahmefall vor, sind** *strenge Anforderungen* zu stellen.²²⁷ Nach der Begründung des Regierungsentwurfs zu § 25 I 2 StVG ist das Fahrverbot bei Verstößen gegen § 24 a StVG

»in jedem Fall anzuordnen..., wenn nicht ganz besondere Umstände vorliegen, die einen Verzicht auf die Anordnung rechtfertigen...«²²⁸

Die Umstände des ordnungswidrigen Verhaltens müssen derart aus dem Rahmen üblicher Begehungsweise fallen, daß es sich um eine Tat handelt, auf die die Vorschrift über das Regelfahrverbot offensichtlich nicht zugeschnitten ist.²²⁹ Das kann vor allem dann der Fall sein, wenn nach den besonderen Umständen der Verstoß nicht geeignet war, eine Gefährdung anderer zu bewirken,²³⁰ z. B. bei Umsetzen des Fahrzeugs um wenige Meter nachts auf menschenleerem Tankstellengelände abseits stärker befahrener Straßen²³¹ oder bei kurzer Fahrt auf nächtlichem Parkplatz abseits vom fließenden Verkehr und anschließendem Abstellen des Fahrzeugs mit dem Ziel, dieses stehenzulassen.²³² Das gleiche gilt u. U. bei kurzer Fahrt auf nächtlicher Nebenstraße in der Absicht, einen am folgenden Tag eintretenden verkehrsstörenden Zustand zu verhindern.²³³

1017 Dagegen genügen (auch bei lange Zeit unbeanstandetem Fahren²³⁴) erhebliche berufliche oder wirtschaftliche Nachteile regelmäßig nicht,²³⁵ es sei denn, die Anordnung des Fahrverbots würde in dieser Hinsicht eine **Härte ganz außerge-**

---

223 Vgl. Rn 622, 644.
224 Vgl. OLG Hamm NZV 95, 496; VRS 48, 224; OLG Koblenz VRS 70, 224; *Janiszewski* BA 74, 312 (314); *Rüth* DAR 74, 57 (61); einschränkend OLG Karlsruhe NZV 91, 159.
225 Vgl. OLG Schleswig BA 92, 77.
226 Vgl. OLG Koblenz VRS 52, 447; *Göhler* zu § 21 Rn 14; *Janiszewski* Rn 173 sowie BA 74, 155 (168); *Hentschel* NZV 96, 287 (288).
227 Vgl. OLG Düsseldorf DAR 93, 479; VRS 96, 228; OLG Koblenz VRS 48, 125; OLG Hamm VRS 48, 451; 49, 446; OLG Bremen DAR 90, 190.
228 Bundestagsdrucksache 7/133, S. 6.
229 Vgl. BayObLG NZV 89, 243; OLG Düsseldorf VRS 92, 266; OLG Hamm NZV 95, 496; ZfS 96, 316; BA 82, 190; OLG Karlsruhe NZV 93, 277; OLG Köln NZV 94, 161; NStZ-RR 96, 52.
230 Vgl. OLG Düsseldorf VRS 59, 282; DAR 93, 479; OLG Hamm DAR 88, 63.
231 Vgl. OLG Düsseldorf VRS 59, 282.
232 Vgl. OLG Düsseldorf VRS 73, 142; OLG Celle DAR 90, 150 (zust. Anm. *Berr*); vgl. auch OLG Köln NZV 94, 157.
233 Vgl. OLG Hamm DAR 88, 63.
234 Insoweit einschränkend OLG Saarbrücken ZfS 96, 114.
235 Vgl. BayObLG NZV 89, 243; OLG Düsseldorf VRS 68, 228; 96, 228; OLG Hamm NJW 75, 1983; VRS 48, 451; 49, 446; 75, 312; OLG Koblenz VRS 48, 125; bedenklich daher AG Köln – 814 OWi 21127/80 – (Absehen vom Regelfahrverbot im Hinblick auf »relativ geringe Fahrlässigkeit« und Fehlen öffentlicher Verkehrsmittel).

wöhnlicher Art bedeuten.²³⁶ Das kann z. B. bei Verlust des Arbeitsplatzes oder Existenzverlust eines Selbständigen als unausweichliche Folge eines Fahrverbotes der Fall sein, wobei die Annahme einer solchen Folge im Urteil im einzelnen nachprüfbar unter Mitteilung aller Anknüpfungstatsachen begründet werden muß.²³⁷ Drohender Arbeitsplatzverlust kommt aber z. B. dann nicht als außergewöhnliche Härte in Betracht, wenn die Möglichkeit besteht, während der Dauer des Fahrverbots Urlaub zu nehmen.²³⁸ Auch die Tatsache, daß das Fahrzeug zur Erreichung des Arbeitsplatzes benötigt wird, vermag regelmäßig keine Ausnahme zu begründen.²³⁹ Ebensowenig ist es eine ganz außergewöhnliche Härte, wenn ein Geschäftsreisender bei Benutzung öffentlicher Verkehrsmittel nicht immer am selben Tag seinen Heimatort erreichen kann.²⁴⁰ Bei einem Beinamputierten mit hoher jährlicher Fahrleistung ohne Voreintragungen hat das OLG Karlsruhe²⁴¹ allerdings ungünstige Verkehrsverbindungen für ein Absehen vom Regelfahrverbot bei erhöhter Geldbuße ausreichen lassen.²⁴²

Umstände, die eine Ausnahme vom Regelfahrverbot rechtfertigen könnten, sind – abgesehen von den in Rn 1016 geschilderten Fällen – auch nicht allein darin zu erblicken, daß die Tat mit einem Moped begangen wurde²⁴³ oder mit einem Mofa,²⁴⁴ daß der Betroffene nur eine kurze Strecke gefahren²⁴⁵ oder daß zwischen Trinkende und der Fahrt ein Zeitraum von mehreren Stunden verstrichen ist.²⁴⁶ Die Umstände, die zum Trinken geführt haben, rechtfertigen regelmäßig ebensowenig eine Ausnahme²⁴⁷ wie eine nur knapp über dem für das Regelfahrverbot maßgebenden Gefahrengrenzwert liegende BAK²⁴⁸ oder die Tatsache, daß die BAK zur Tatzeit auf Restalkohol vom Vortage beruht.²⁴⁹ Das gleiche gilt für den Umstand, daß die Tat schon mehr als 1 Jahr zurückliegt.²⁵⁰ Die Frage, ob ausnahmsweise vom Regelfahrverbot abzusehen ist, unterliegt im wesentlichen **tatrichterlicher Würdigung.**²⁵¹

1018

---

236 Vgl. OLG Hamm NJW 75, 1983; VRS 49, 446; 75, 312; BayObLG DAR 89, 371 (bei *Bär*); 91, 305; NZV 89, 243; OLG Koblenz VRS 71, 209; OLG Oldenburg DAR 90, 150; OLG Düsseldorf DAR 93, 479; OLG Karlsruhe NZV 93, 277; OLG Köln NZV 94, 161; OLG Celle NZV 89, 158.
237 Vgl. BayObLG NZV 89, 243; 91, 436; DAR 90, 362 (bei *Bär*); OLG Koblenz NZV 96, 48; OLG Hamm ZfS 96, 316; OLG Düsseldorf VRS 96, 228; OLG Karlsruhe NZV 93, 277; OLG Stuttgart NZV 94, 371; OLG Schleswig BA 92, 77.
238 Vgl. BayObLG DAR 85, 237 (bei *Rüth*); 89, 363 (bei *Bär*); OLG Karlsruhe DAR 90, 148.
239 Vgl. OLG Hamm NZV 95, 496; OLG Koblenz VRS 54, 142.
240 Vgl. BayObLG DAR 91, 305.
241 OLG Karlsruhe NZV 91, 159.
242 Siehe aber Rn 1008.
243 Vgl. OLG Düsseldorf VRS 92, 266.
244 Vgl. OLG Düsseldorf NZV 97, 83.
245 Vgl. OLG Hamm NJW 75, 1983; VRS 48, 450; BA 75, 213.
246 Vgl. OLG Düsseldorf VRS 65, 390; 96, 228; ZfS 83, 287; OLG Hamm VRS 53, 207.
247 Vgl. OLG Hamm VRS 48, 224.
248 Vgl. OLG Hamm NZV 95, 496; BA 75, 213; OLG Düsseldorf VRS 65, 390; 96, 228; DAR 93, 479; BayObLG NZV 89, 243.
249 Vgl. OLG Düsseldorf NZV 90, 240; VRS 96, 228.
250 Vgl. OLG Düsseldorf DAR 93, 479.
251 Vgl. OLG Brandenburg DAR 96, 289.

8. Bemessung der Fahrverbotsdauer und ihre Begründung im Urteil

1019 Eine gegenüber der **BKatV** verlängerte Fahrverbotsdauer setzt voraus, daß die beabsichtigte Erziehungs- und Warnfunktion mit der Regeldauer nicht erfüllt würde.[252] Soweit der Bußgeldrahmen es zuläßt, ist zunächst zu prüfen, ob nicht statt einer längeren Fahrverbotsdauer die Erhöhung der Buße ausreicht.[253] Ist ein Fahrverbot aufgrund der BKatV nach mehreren tateinheitlich oder tatmehrheitlich begangenen Tatbeständen oder wegen groben und zugleich beharrlichen Pflichtverstoßes indiziert, so dürfen die in der BKatV vorgesehenen Verbotsfristen nicht ohne weiteres addiert werden; wird eine Verbotsdauer für notwendig erachtet, die die in der BKatV für jeden der Tatbestände angegebene Frist überschreitet, so ist dies näher zu begründen.[254]

1020 Eine nur knapp unter dem Beweisgrenzwert für absolute Fahrunsicherheit liegende BAK rechtfertigt allein nicht eine abweichend von der BKatV erhöhte Fahrverbotsdauer, weil kein Regelfall mehr vorliege.[255] Bei erstmaliger Anordnung wegen beharrlichen Pflichtverstoßes ist die Verbotsfrist im Hinblick auf § 2 II S. 1 BKatV i. d. R. auch dann auf 1 Monat zu bemessen, wenn die Nebenfolge nicht auf die BKatV gestützt werden kann, sondern unmittelbar auf § 25 StVG beruht.[256] Entsprechendes gilt bei Fehlen besonderer erschwerender Umstände regelmäßig auch, wenn die Nebenfolge zwar schon früher verhängt worden war, die zugrundeliegende Tat aber schon mehrere Jahre zurückliegt.[257] Sieht die BKatV bei grobem Verstoß für den Regelfall ein Fahrverbot von 1 Monat vor, so darf es bei erstmaliger Anordnung nur dann länger bemessen werden, wenn besondere erschwerende Umstände die Feststellung rechtfertigen, es liege kein Regelfall mehr vor;[258] das Ausmaß einer ein Fahrverbot jedenfalls indizierenden Geschwindigkeitsüberschreitung allein bildet i.d.R. kein Kriterium für eine längere Verbotsdauer.[259] Der Umstand, daß ein Fahrverbot im Einzelfall für den Betroffenen keine nennenswerten Nachteile zur Folge hat, darf nicht zu einer Verlängerung der in der BKatV vorgesehenen Dauer führen.[260]

1021 Die Festsetzung einer den Sätzen der BKatV nicht entsprechenden Fahrverbotsdauer bedarf einer näheren **Begründung**.[261] Wird auf das **Höchstmaß** von drei Monaten Fahrverbot erkannt, so kann eine ausführliche Begründung erforderlich sein. Einer eingehenden Begründung bedarf es vor allem dann, wenn das Gericht ein dreimonatiges Fahrverbot bei fahrlässig begangener Ordnungswidrigkeit eines verkehrsrechtlich noch nicht in Erscheinung getretenen Betroffenen für geboten erachtet.[262] Aber auch bei Mehrfachtätern ist es näher zu begründen,

---

252 Vgl. BayObLG NZV 94, 487; ZfS 95, 152.
253 Vgl. BayObLG ZfS 95, 152.
254 Vgl. OLG Stuttgart NZV 96, 159.
255 Vgl. OLG Köln NZV 89, 404 (zur Rechtslage vor Inkrafttreten der BKatV).
256 Vgl. OLG Düsseldorf NZV 98, 38.
257 Vgl. BayObLG DAR 99, 221 (Tat: mehr als 4 Jahre, Ahndung: über 3 Jahre).
258 Vgl. OLG Düsseldorf NZV 98, 384.
259 Vgl. OLG Düsseldorf NZV 98, 384.
260 Vgl. BayObLG NZV 94, 487 Nr. 18.
261 Vgl. oben Rn 1019.
262 Vgl. OLG Koblenz VRS 49, 445 für den Fall eines dreimonatigen Fahrverbots bei fahrlässigem Verstoß gegen § 24 a StVG durch einen Ersttäter.

wenn bei einem erstmals verhängten Fahrverbot sogleich das Höchstmaß für erforderlich gehalten wird.[263]

IV. Tatmehrheit

Bei Tatmehrheit (§ 20 OWiG) ist nur *ein* Fahrverbot von höchstens 3 Monaten zu verhängen. Das gilt nicht nur dann, wenn erst die Gesamtheit der begangenen Ordnungswidrigkeiten die Anordnung des Fahrverbots rechtfertigt, sondern – trotz des Kumulationsprinzips des § 20 OWiG – auch in den Fällen, in denen mehrere der abzuurteilenden (oder in *einem* Bußgeldbescheid zu ahndenden) Ordnungswidrigkeiten für sich allein zur Verhängung der Nebenfolge ausreichen.[264] Der Fall ist nicht anders zu behandeln, als wenn Straftat und Ordnungswidrigkeit zusammentreffen und beide allein schon die Voraussetzungen für die Anordnung des Fahrverbots erfüllen.[265]

Dagegen ist eine entsprechende Anwendung der **Grundsätze über die nachträgliche Gesamtstrafenbildung** nicht möglich. Nach Auffassung von *Widmaier*[266] soll der Grundsatz des § 55 StGB jedoch in der Weise Anwendung finden, daß die Gesamtdauer der Fahrverbote 3 Monate nicht überschreiten dürfe, wenn ein Fahrverbot bereits rechtskräftig verhängt ist und ein weiteres wegen einer vor dem früheren Ausspruch der Nebenfolge begangenen Tat anzuordnen ist. Diese Ansicht *Widmaiers* wird, soweit ersichtlich, in Rechtsprechung und Schrifttum nirgends geteilt. Der Gesetzgeber hat im Bereich des OWiG eine »Gesamtbußenbildung« nicht vorgesehen, so daß der Vorschlag *Widmaiers* mit dem Gesetz unvereinbar erscheint. Die vorgeschlagene Analogie würde auch, wie *Widmaier* einräumt, nur in den Fällen durchführbar sein, in denen die Situation der in § 55 StGB geregelten Sachlage entspricht, nicht aber in den mit § 460 StPO vergleichbaren Fällen. In mehreren Bußgeldentscheidungen kann also jeweils ein Fahrverbot bis zu drei Monaten verhängt werden mit der Folge, daß die Addition der Fahrverbote die Höchstdauer von drei Monaten überschreitet.[267]

V. Beschränkung auf bestimmte Arten von Kraftfahrzeugen

Hinsichtlich der Beschränkung des Fahrverbots auf bestimmte Arten von Kraftfahrzeugen gelten die gleichen Grundsätze wie bei dem Fahrverbot nach § 44 StGB. Auf die entsprechenden Ausführungen unter G VI. (Rn 927) wird verwiesen. Insbesondere in Fällen besonderer wirtschaftlicher Härte als Auswirkung eines Fahrverbots kann es gerechtfertigt sein, das Fahrverbot auf bestimmte Kraft-

---

263 Vgl. OLG Karlsruhe VRS 53, 54; NZV 93, 277.
264 Vgl. BayObLG VM 76, 57; OLG Stuttgart NZV 96, 159; OLG Brandenburg ZfS 97, 277; OLG Düsseldorf NZV 98, 512; DAR 98, 113; Rpfleger 85, 455; *Widmaier* NJW 71, 1158; *Rüth/Berr*, KVR, Fahrverbot, S. 33.
265 Vgl. hierzu oben Rn 926.
266 *Widmaier* NJW 71, 1158.
267 Zur Vollstreckung mehrerer Fahrverbote siehe unten Rn 1036 f.

fahrzeugarten zu beschränken.[268] Bei Fahrverboten wegen Ordnungswidrigkeiten gem. § 24 StVG (z. B. Geschwindigkeitsüberschreitung mit einem Pkw) kann eine Ausnahme vom Fahrverbot für Kleinkrafträder oder Fahrräder mit Hilfsmotor in Frage kommen.[269] Eine Ausnahme von Lkw und Bussen vom Regelfahrverbot des § 25 I 2 StVG kommt i. d. R. auch dann nicht in Frage, wenn die Tat mit einem Pkw in der Privatsphäre begangen wurde.[270]

VI. Wirksamwerden (§ 25 II 1, II a StVG)

1025 Die Vorschrift des § 25 II 1 StVG, wonach das Fahrverbot grundsätzlich mit der **Rechtskraft der Bußgeldentscheidung** wirksam wird, entspricht der Regelung des § 44 II 1 StGB. Zum Irrtum über das Wirksamwerden siehe Rn 928.

1026 Abweichend von § 44 StGB enthält § 25 II a StVG eine **Ausnahmeregelung** in bezug auf den Zeitpunkt des Wirksamwerdens der Nebenfolge für solche Betroffenen, gegen die weder in den letzten zwei Jahren vor Begehung der Ordnungswidrigkeit noch bis zur Bußgeldentscheidung ein Fahrverbot verhängt worden ist.[271] Sind die Voraussetzungen von § 25 II a StVG gegeben, so bestimmt die Verwaltungsbehörde oder das Gericht, ohne daß es eines besonderen Antrags bedürfte, im Tenor der Entscheidung[272], daß das Fahrverbot erst wirksam wird, wenn der Führerschein nach Rechtskraft der Entscheidung in amtliche Verwahrung gelangt, spätestens jedoch **nach Ablauf von vier Monaten** ab Rechtskraft. Die Zweijahresfrist beginnt mit der **Rechtskraft des früheren Fahrverbots.**[273] Das ist allerdings streitig. Nach Ansicht des OLG Karlsruhe[274] soll für den Fristbeginn nicht die Rechtskraft der früheren Entscheidung, sondern deren Erlaß maßgebend sein; dies ergebe ein Vergleich mit § 2 II S. 2 BKatV, wo, anders als in § 25 II a StVG, ausdrücklich auf die »*rechtskräftige*« Festsetzung einer Geldbuße abgestellt werde. Hiergegen spricht allerdings nicht nur die zweijährige Tilgungsfrist bei Entscheidungen wegen einer Ordnungswidrigkeit (§ 29 I S. 1 Nr. 1 StVG),[275] sondern auch die Entstehungsgeschichte der Vorschrift.[276] Wie die amtliche Begründung[277] zeigt, hat der Gesetzgeber nämlich im wesentlichen den Inhalt einer Beschlußempfehlung des Ausschusses für Verkehr des Deutschen Bundestages vom 10. 6.

---

268 Vgl. BayObLG NStZ 88, 120 – bei *Janiszewski* – (Ausnahme von Radbaggern nach privater Pkw-Fahrt mit 0,9 ‰); NZV 91, 161; OLG Bremen DAR 90, 190; OLG Düsseldorf NZV 94, 407 (landwirtschaftliche Traktoren); ZfS 96, 356 (Ausnahme von Lkw bei Geschwindigkeitsüberschreitung mit Pkw); OLG Celle NdsRpfl. 92, 290 (»Regel«-Fahrverbot gem. BKatV wegen Geschwindigkeitsüberschreitung bei Fernfahrer); AG Eisenach ZfS 95, 196 (Ausnahme von Lkw bei Geschwindigkeitsüberschreitung mit Pkw).
269 Vgl. AG Lüdinghausen DAR 92, 231.
270 Vgl. OLG Celle NZV 89, 158 (krit. *Janiszewski* NStZ 89, 568); OLG Karlsruhe NZV 93, 277; s. aber OLG Bremen DAR 90, 190; BayObLG NZV 91, 161; AG Krefeld ZfS 92, 320.
271 Näher dazu *Albrecht* NZV 98, 131; *Hentschel* DAR 98, 138.
272 Vgl. OLG Hamburg DAR 99, 226.
273 Vgl. BayObLG VRS 96, 69; *Schäpe* DAR 99, 372.
274 OLG Karlsruhe VRS 96, 138 (zust. *Deutscher* NZV 99, 114; 99, 189).
275 Vgl. BayObLG VRS 96, 69.
276 Vgl. BayObLG VRS 96, 69; *Schäpe* DAR 99, 372; s. dazu auch *Hentschel* DAR 98, 138.
277 Bundestagsdrucksache 13/8655 S. 13, abgedruckt bei *Jagusch/Hentschel* zu § 25 StVG Rn 5.

1997[278] – modifizierte Fassung eines SPD-Entwurfs vom 6. 2. 1996[279] – übernommen. In jener Beschlußempfehlung wird aber auf die innerhalb von zwei Jahren vor der Tat eingetretene *Rechtskraft* der früheren Entscheidung Bezug genommen. Die amtliche Begründung zu der schließlich Gesetz gewordenen Fassung enthält, worauf das BayObLG[280] zutreffend hinweist, keinerlei Hinweis darauf, daß mit der geänderten sprachlichen Formulierung eine sachliche Änderung beabsichtigt war.

Ob es sich bei dem früheren Fahrverbot um ein solches gem. § 25 StVG oder um die Nebenstrafe des § 44 StGB handelt, ist für den **Ausschluß dieser Ausnahmeregelung** gleichgültig.[281] Jedoch scheitert die Ausnahmeregelung des Abs. II a nur im Falle eines innerhalb der Zweijahresfrist angeordneten *Fahrverbots*, während Entziehung der Fahrerlaubnis insoweit unschädlich ist.[282] Dabei handelt es sich entgegen der Ansicht des OLG Dresden[283] wohl nicht um ein Redaktionsversehen. Vielmehr trägt die Nichteinbeziehung einer Fahrerlaubnisentziehung in die Ausnahmeregelung dem Umstand Rechnung, daß von der sehr viel schwerwiegenderen und längeren *Maßregel* Wirkungen erwartet werden können, die von einem bloßen früheren Fahrverbot nicht ausgehen.[284] Enthält die Entscheidung der Verwaltungsbehörde oder des Gerichts den Ausspruch gem. § 25 II a S. 1 StVG, so ändert sich an der Privilegierung des Betroffenen in bezug auf die Möglichkeit, das Wirksamwerden des Fahrverbots bis zu vier Monaten hinauszuzögern, auch dann nichts zu seinen Lasten, wenn sich später, nach Rechtskraft der Entscheidung, herausstellt, daß entgegen der Annahme der Verwaltungsbehörde oder des Gerichts die **Erfordernisse der Ausnahmeregelung** gar **nicht erfüllt** waren, weil innerhalb des in § 25 II a S. 1 StVG genannten Zeitraums schon ein früheres Fahrverbot angeordnet war.

1027

Die durch § 25 II a StVG getroffene Regelung ist zwingend; ein Ermessen der Verwaltungsbehörde oder des Gerichts besteht nicht.[285] Versäumt das Gericht trotz Vorliegens der Voraussetzungen des § 25 II a S. 1 StVG, dies im Urteil ausdrücklich zu bestimmen, so kann das Urteil mit der Rechtsbeschwerde angefochten werden, die auf die **unterbliebene Entscheidung** nach § 25 II a StVG beschränkt werden kann.[286] Anderenfalls bleibt es trotz § 25 II a StVG bei der Regelung nach Abs. II, d. h. beim Wirksamwerden des Fahrverbots mit der Rechtskraft des Urteils.[287]

1028

Wird nach Rechtskraft der Entscheidung ein weiteres Fahrverbot verhängt, so gilt für die Berechnung der Verbotsfristen die besondere Regelung des § 25 II a S. 2 StVG (s. dazu Rn 1036).

1029

---

278 Bundestagsdrucksache 13/7888 S. 25.
279 Bundestagsdrucksache 13/3691 S. 4.
280 BayObLG VRS 96, 69.
281 Vgl. BayObLG VRS 96, 69.
282 Vgl. OLG Dresden DAR 99, 222.
283 OLG Dresden DAR 99, 222.
284 Vgl. *Hentschel* DAR 99, 138 (139); *Bönke* NZV 99, 433.
285 Vgl. OLG Düsseldorf VRS 95, 288.
286 Vgl. OLG Düsseldorf VRS 96, 68.
287 Vgl. *Katholnigg* NJW 98, 568; *Hentschel* DAR 98, 138 (139).

1030 Auf **Inhaber ausländischer Fahrerlaubnisse** kann § 25 II a StVG unmittelbar keine Anwendung finden, soweit der ausländische Führerschein nicht amtlich verwahrt (§ 25 II 3 StVG), sondern mit einem Vermerk versehen wird (§ 25 III StVG). Da aber kein Grund erkennbar ist, sie gegenüber Inhabern deutscher Fahrerlaubnisse insoweit schlechter zu stellen, muß angenommen werden, daß es sich bei der Nichtberücksichtigung in der Fassung des § 25 II a StVG um ein Versehen des Gesetzgebers handelt. Eine entsprechende Anwendung der Bestimmung erscheint daher geboten, und zwar in der Weise, daß der amtlichen Verwahrung die Eintragung des Vermerks gleich zu erachten ist.[288]

VII. Vollstreckung (§ 25 II, IV StVG)

1. Amtliche Verwahrung des Führerscheins (§ 25 II 2 StVG)

1031 Zur amtlichen Verwahrung eines von einer deutschen Behörde erteilten Führerscheins für die Dauer des Fahrverbots vgl. oben G VIII. 1. (Rn 930). Zur amtlichen Verwahrung ausländischer Führerscheine siehe unten Rn 1047.

2. Beschlagnahme (§ 25 II 4 StVG)

1032 Die Regelung über die Beschlagnahme eines nicht freiwillig herausgegebenen Führerscheins in § 25 II 3 StVG entspricht der Vorschrift des § 463 b I StPO, der auf das Fahrverbot nach § 44 StGB Anwendung findet. Bei Anordnung des Fahrverbots durch gerichtliche Entscheidung ist die Staatsanwaltschaft Vollstreckungsbehörde, bei Verhängung der Nebenfolge durch Bußgeldbescheid die Verwaltungsbehörde.[289] Einer gerichtlichen Bestätigung der Beschlagnahmeanordnung bedarf es in beiden Fällen nicht.[290]

1033 Wurde das Fahrverbot durch eine gerichtliche Entscheidung ausgesprochen, so umfaßt die Beschlagnahmeanordnung der Vollstreckungsbehörde zugleich auch die Anordnung einer etwa erforderlich werdenden **Wohnungsdurchsuchung;** es bedarf also insoweit keines besonderen richterlichen Beschlusses.[291] Die gem. Art. 13 II GG notwendige richterliche Entscheidung ist bereits in dem zugrundeliegenden Titel, also dem das Fahrverbot anordnenden Urteil oder Beschluß, enthalten. Wurde die Nebenfolge durch rechtskräftigen Bußgeldbescheid von der Verwaltungsbehörde verhängt, so setzt eine Wohnungsdurchsuchung stets einen besonderen richterlichen Beschluß voraus.[292] Dabei beschränkt sich die Prüfung des Richters regelmäßig auf das Vorliegen eines rechtskräftigen Bußgeldbescheides.[293] Die

---

288 So im Ergebnis auch *Albrecht* NZV 98, 133.
289 Vgl. *Göhler* zu § 91 Rn 2; zu § 90 Rn 2.
290 Vgl. *Göhler* zu § 90 Rn 29; *Rebmann/Roth/Herrmann* zu § 90 Rn 41.
291 Vgl. *Göhler* zu § 91 Rn 7;
 a. M. *Rebmann/Roth/Herrmann* zu § 91 Rn 17; KK/OWiG (*Boujong*) zu § 91 Rn 31; *Waechter* NZV 99, 273 (274).
292 Vgl. *Göhler* zu § 90 Rn 12; *Rebmann/Roth/Herrmann* zu § 90 Rn 41.
293 Vgl. *Göhler* NZV 96, 508; KK/OWiG (*Boujong*) zu § 91 Rn 31; *Rebmann/Roth/ Herrmann* zu § 90 Rn 39; näher: *Hentschel* NZV 97, 506;
 a. M. AG Berlin-Tiergarten NZV 96, 506; AG Leipzig DAR 99, 134.

Durchsetzung der gesetzlich vorgeschriebenen Beschlagnahme des Führerscheins durch Vornahme einer Wohnungsdurchsuchung ist dann in der Regel nicht unverhältnismäßig.[294] Denn zum einen liegt der Nebenfolge keine Bagatellordnungswidrigkeit zugrunde, sondern stets eine grobe oder beharrliche Pflichtwidrigkeit (§ 25 I 1 StVG); zum anderen ist die Maßnahme zur Erschwerung strafbaren Kraftfahrzeugführens trotz Fahrverbots notwendig.[295]

3. Eidesstattliche Versicherung über den Verbleib des Führerscheins (§ 25 IV StVG)

Wie bei dem Fahrverbot nach § 44 StGB gem. § 463 b III StPO, so hat der Betroffene gem. § 25 IV StVG auf Antrag der Vollstreckungsbehörde bei dem Amtsgericht eine eidesstattliche Versicherung über den Verbleib des Führerscheins abzugeben, wenn dieser bei ihm nicht vorgefunden wird.[296] 1034

4. Aushändigung nach Fristablauf

Mit **Ablauf des Fahrverbots** muß der Führerschein dem Betroffenen wieder ausgehändigt sein. Vgl. hierzu G VIII. 5. (Rn 934). 1035

5. Mehrere Fahrverbote

Bei **mehrfacher Anordnung** von Fahrverboten nach § 25 StVG gilt das gleiche wie für Fahrverbote nach § 44 StGB. Nach früher vor allem im Schrifttum vorherrschend vertretener Ansicht sind sie nacheinander, und zwar jedes Fahrverbot in seiner vollen Dauer, zu vollstrecken.[297] Nach anderer, inzwischen wohl **überwiegender Auffassung**[298] soll die Verbotsfrist, wenn sich der Führerschein des Betroffenen bereits in amtlicher Verwahrung befindet, stets mit der Rechtskraft der Bußgeldentscheidung beginnen, eine Addition der Verbotsfristen soll also grundsätzlich nicht zulässig sein. Zum Meinungsstand wird auf die entsprechenden Erörterungen zu § 44 StGB unter G VIII. 6. (Rn 935) Bezug genommen. 1036

Unabhängig von dem geschilderten Meinungsstreit hat eine **Addition der Fahrverbotsfristen** jedenfalls in den Fällen des § 25 II a S. 2 StVG zu erfolgen. Diese Bestimmung darf nicht isoliert gelesen werden, gilt vielmehr nur in den in § 25 II a S. 1 StVG genannten Fällen, in denen in der das Fahrverbot anordnenden Entscheidung ausdrücklich bestimmt ist, daß der Betroffene innerhalb von vier Monaten ab Rechtskraft den Zeitpunkt des Wirksamwerdens selbst bestimmen kann. Diese Regelung soll der Möglichkeit von Mißbrauch der Ausnahmevor- 1037

---

294 Vgl. auch *Waechter* NZV 99, 273 (274).
295 Vgl. auch *Waechter* NZV 99, 273 (274).
296 Zur Behauptung des Führerscheinverlustes s. Rn 932.
297 Vgl. AG Bottrop DAR 85, 262 (abl. *Engelbrecht*); vgl. auch *Rüth/Berr*, KVR, Fahrverbot, S. 33; *Hillebrand* VD 77, 321 (323 f.); *Danner* VD 78, 23 (29); *Bouska* VD 78, 99 (105).
298 Vgl. BayObLG NZV 93, 489 (Anm. *Hentschel* DAR 94, 75); AG Frankfurt ZfS 94, 227; AG Rothenburg ZfS 96, 156; AG Münster DAR 97, 364; AG Aurich MDR 98, 903; AG Paderborn ZfS 99, 219; AG Augsburg NZV 90, 244 (abl. Anm. *Hentschel*); *Zank* VGT 97, 239 (246); *Deutscher* NZV 98, 139; *Widmaier* NJW 71, 1158 (Fn. 5); *Karl* NJW 87, 1063.

schrift des § 25 II a S. 1 StVG durch solche Mehrfachtäter entgegenwirken, gegen die kurz hintereinander mehrere Fahrverbote angeordnet werden.[299] Sie verhindert ein »Zusammenlegen« der mehreren Fahrverbote durch den Betroffenen. Dadurch benachteiligt sie jedoch zugleich diejenigen Betroffenen, gegen die noch kein Fahrverbot verhängt worden war, gegenüber den Mehrfachtätern, auf die § 25 II a StVG wegen früherer Anordnung der Nebenfolge keine Anwendung finden kann (sofern man der Ansicht folgt, daß bei ihnen keine Addition der Verbotsfristen stattfindet[300]).

VIII. Frist

1. Beginn mit der amtlichen Verwahrung (§ 25 V I StVG)

1038 Die **Verbotsfrist beginnt** – wie nach § 44 III 1 StGB bei dem dort geregelten Fahrverbot – an dem Tag, an dem ein von einer deutschen Behörde erteilter Führerschein amtlich verwahrt wird (vgl. § 25 V 1 StVG). Hinsichtlich der Einzelheiten hierzu wird auf die entsprechenden Ausführungen zu § 44 StGB unter G IX. 1. (Rn 938) verwiesen. Der Führerschein wird bei den Bußgeldakten der Verwaltungsbehörde oder – im Falle gerichtlicher Anordnung – bei den Straf- oder OWi-Akten der Staatsanwaltschaft bzw. des Gerichts (s. §§ 59 a, 87 II a StVollStrO)[301] verwahrt. Wird der Führerschein nach Einspruchsrücknahme beim Gericht oder bei der StA abgegeben, so beginnt damit die Verbotsfrist, auch wenn sich die Akte zunächst noch bei dem Gericht oder der Staatsanwaltschaft befindet.[302] Wegen der teilweise bestehenden Schwierigkeiten für den Betroffenen, etwa bei Erlaß des Bußgeldbescheides durch die Bußgeldstelle einer weit entfernt gelegenen Behörde, ist vorgeschlagen worden, für den Fristbeginn die Abgabe des Führerscheins auch bei einer an sich unzuständigen Behörde genügen zu lassen.[303]

2. Beginn mit der Rechtskraft

1039 Ist der Betroffene **nicht im Besitz einer Fahrerlaubnis** oder wird sie ihm später – aber noch vor Inverwahrunggabe des Führerscheins – entzogen, so beginnt die Verbotsfrist, wenn gegen ihn ein Fahrverbot verhängt wird, mangels eines anderen Anknüpfungspunktes mit dem Tage der **Rechtskraft** der Bußgeldentscheidung bzw. der Entziehung der Fahrerlaubnis. Vergleiche hierzu oben G IX. 2. bis 4. (Rn 941 bis 943).

---

299 Vgl. die Begründung zu § 25 II a StVG, Bundestagsdrucksache 13/8655 S. 14.
300 Siehe dazu oben Rn 351.
301 BAnz. 1956 Nr. 42; 1991 Nr. 117.
302 Vgl. *Bönke* VGT 97, 208 (218); vgl. auch AG Nürtingen DAR 94, 503 (wonach auch Abgabe bei der Polizei genügt); siehe auch Rn 938.
303 Vgl. *Zank* VGT 97, 239 (247); *Schäpe* DAR 98, 10 (14); ebenso die Empfehlung des 35. VGT (VGT 97, 11);
  a. M. (im Hinblick auf die Regelung in § 25 II a StVG) *Albrecht* NZV 98, 131 (134).

3. Verwahrung des Täters in einer Anstalt (§ 25 V 2 StVG)

Die Vorschrift des § 25 V 2 StVG enthält für das Fahrverbot nach § 25 StVG bei **1040**
Verwahrung des Täters in einer Anstalt die gleiche Regelung wie § 44 III 2 StGB
für das im Strafgesetzbuch vorgesehene Fahrverbot. Aus den oben unter G IX. 5.
(Rn 944) geschilderten Gründen wird die Zeit, in welcher der Täter auf behördliche Anordnung in einer Anstalt verwahrt wird, nicht in die Verbotsfrist eingerechnet.

4. Anrechnung vorläufiger Maßnahmen (§ 25 VI StVG)

Die **Anrechnung vorläufiger Führerscheinmaßnahmen** wie vorläufige Entziehung und Beschlagnahme ist für das Fahrverbot des § 44 StGB in § 51 I 1, V StGB **1041**
geregelt. Dieser Vorschrift entspricht für das Fahrverbot des § 25 StVG diejenige
des § 25 VI StVG. Danach ist die Anrechnung der Grundsatz, während nur ausnahmsweise angeordnet werden kann, daß die Anrechnung unterbleibt. Daraus
folgt, daß die Entscheidung über das Fahrverbot – soweit nicht Zweifel zu
befürchten sind[304] – keinen Ausspruch über die Anrechnung zu enthalten braucht,
wenn diese erfolgen soll. Dagegen ist die Anordnung der Nichtanrechnung ausdrücklich in den erkennenden Teil der Entscheidung aufzunehmen.[305] Kommt
lediglich in den Urteilsgründen zum Ausdruck, daß die Anrechnung unterbleiben
soll, so ist dies unbeachtlich.[306]

Nach § 25 VI StVG wird die Zeit ab *Wirksamwerden des Beschlusses nach § 111 a* **1042**
StPO – also ab Bekanntgabe[307] – angerechnet. früher im Schrifttum gelegentlich
vertretenen Ansicht,[308] wonach bei vorläufiger Entziehung der Fahrerlaubnis nur
die Zeit ab dem Tage anrechnungsfähig ist, an dem der Beschluß nach § 111 a StPO
durch Beschlagnahme des Führerscheins tatsächlich vollzogen worden ist, kann
nicht gefolgt werden. Wegen dieser Frage wird auf die Ausführungen zum gleichen Problem bei § 44 StGB unter Abschnitt G IX. 6. (Rn 947) Bezug genommen.
Zur Anrechnung einer **rechtskräftig gewordenen Fahrerlaubnisentziehung** auf
ein nach Wiedereinsetzung in den vorigen Stand angeordnetes Fahrverbot wird
auf Rn 951 verwiesen.

Nach § 111 a V 2 StPO kann die **Rückgabe des Führerscheins** an den Angeklagten **1043**
im Einverständnis mit diesem **aufgeschoben** werden, wenn im Urteil ein Fahrverbot nach § 44 StGB verhängt wird. Die entsprechende Möglichkeit sieht § 25 VII 1
StVG für den Fall vor, daß im Strafverfahren ein Fahrverbot nach § 25 StVG angeordnet wird. Nach § 25 VII 2 StVG ist die Anrechnung der Zeit, während der daraufhin der Führerschein weiter einbehalten wird, zwingend vorgeschrieben. Die
Möglichkeit des § 25 VI 2 StVG, das Unterbleiben der Anrechnung anzuordnen,
besteht also nicht. Dies entspricht der Vorschrift des § 450 II StPO für das Fahrver-

---
304 Siehe oben Rn 945.
305 Vgl. OLG Düsseldorf VRS 39, 133.
306 Vgl. BayObLG v. 31. 3. 1977 – 1 Ob OWi 101/77 – unveröffentlicht; zur Zulässigkeit eines Rechtsmittels gegen den Ausspruch in den Urteilsgründen siehe Rn 966.
307 Vgl. Rn 861.
308 Vgl. *Warda* GA 65, 65 (83) für das Fahrverbot nach § 37 a. F. = § 44 n. F. StGB.

bot des § 44 StGB. Zur freiwilligen Abgabe des Führerscheins vor Rechtskraft des Fahrverbots siehe im übrigen Rn 938.

1044 Die Anordnung eines Fahrverbots nach § 25 StVG wird nicht dadurch ausgeschlossen, daß die Dauer der anzurechnenden vorläufigen Entziehung der Fahrerlaubnis diejenige des ausgesprochenen Fahrverbots erreicht oder gar übersteigt.[309] Vergleiche zu dieser Frage oben G IX. 6. (Rn 950).

5. Belehrung nach § 25 VIII StVG

1045 Die Vorschrift des § 25 VIII StVG betreffend die Belehrung des Betroffenen über den Beginn der Verbotsfrist entspricht dem § 268 c StPO, der die gleiche Regelung für das Fahrverbot des § 44 StGB trifft. Vergleiche hierzu oben G IX. 7. (Rn 952).

IX. Internationaler Kraftfahrzeugverkehr (§ 25 II 3, III StVG)

1. Anwendungsbereich

1046 Hinsichtlich der Verurteilung von Inhabern ausländischer Fahrerlaubnisse, die gem. §§ 28 FeV, 4 IntVO im Umfang der Berechtigung ihrer ausländischen Fahrerlaubnis im Inland Kraftfahrzeuge führen dürfen, ohne daß sie eine deutsche Fahrerlaubnis besitzen, sind die Vorschriften des § 25 II 3 und III StVG anzuwenden. Es gilt das gleiche wie für den Anwendungsbereich des § 44 II 3 StGB. Auf die Erörterungen unter G X. 1. und D I. (Rn 953, 811 und 828 f.) wird verwiesen.

2. Vollstreckung

a) Inhaber von EU/EWR-Führerscheinen mit ordentlichem Wohnsitz im Inland

1047 Darf der Verurteilte aufgrund einer ausländischen Fahrerlaubnis gem. §§ 28 FeV, 4 IntVO im Inland Kraftfahrzeuge führen, so ist – wie in Fällen des Fahrverbots nach § 44 StGB – zu unterscheiden zwischen Inhabern von EU/EWR-Führerscheinen mit ordentlichem Wohnsitz im Inland und Inhabern ausländischer Führerscheine, die im Inland keinen ordentlichen Wohnsitz haben, gleichgültig, ob ihr Führerschein von einem EU/EWR-Staat oder einem Drittland ausgestellt wurde. **EU/EWR-Führerscheine** werden gem. § 25 II 3 StVG wie deutsche Führerscheine behandelt, wenn der Verurteilte seinen **ordentlichen Wohnsitz im Inland** hat, d. h., sie werden amtlich verwahrt. Der Begriff des ordentlichen Wohnsitzes ist oben unter D I. 2. d) erläutert.[310]

---

309 Vgl. OLG Düsseldorf VRS 39, 133.
310 Oben Rn 823.

b) Inhaber ausländischer Fahrerlaubnisse ohne ordentlichen Wohnsitz im Inland

aa) Eintragung eines Vermerks (§ 25 III 1 StVG)

Hat der zu Fahrverbot verurteilte Inhaber einer zum Kraftfahrzeugführen im Inland berechtigenden ausländischen Fahrerlaubnis keinen ordentlichen Wohnsitz im Inland, so wird sein Führerschein auch dann nicht für die Dauer des Fahrverbots amtlich verwahrt, wenn dieser von einem EU- oder EWR-Staat ausgestellt ist. Entsprechend der in § 44 II 3 StGB getroffenen Regelung für das Fahrverbot des § 44 StGB bestimmt § 25 III 1 StVG, daß in diesen Fällen das Fahrverbot im ausländischen Führerschein vermerkt wird. Erst mit der Eintragung des Vermerks beginnt die Verbotsfrist zu laufen (§ 25 V 1 StVG). Kann der Vermerk wegen der Beschaffenheit des Führerscheins auf diesem nicht angebracht werden, so gilt § 87 II a StVollstrO i. V. m. §§ 59 a III 2, 56 II 3 StVollstrO.[311]

bb) Beschlagnahme (§ 25 III 2 StVG)

Zum Zwecke der Eintragung des Vermerks über das Fahrverbot kann der ausländische Fahrausweis gem. § 25 III 2 StVG beschlagnahmt werden. Die Vorschrift entspricht dem § 463 b II StPO für das Fahrverbot des § 44 StGB.

X. Rechtsmittel

1. Beschränkung auf das Fahrverbot

Aus den Darlegungen über die Voraussetzungen für die Anordnung des Fahrverbots nach § 25 StVG als einer zur Erreichung des angestrebten Erfolges selbst neben empfindlicher Geldbuße zusätzlich erforderlichen Nebenfolge[312] wird deutlich, daß die Bemessung der Geldbuße und die Frage, ob darüber hinaus ein Fahrverbot anzuordnen ist, in aller Regel in einer derartigen Wechselwirkung zueinander stehen,[313] daß im allgemeinen ein *untrennbarer Zusammenhang* zwischen beiden Entscheidungen besteht, so daß beide Folgen der von dem Betroffenen begangenen Ordnungswidrigkeit nicht unabhängig voneinander, sondern nur gemeinsam beurteilt werden können.[314] Das Rechtsmittel kann daher in der Regel **nicht auf die Entscheidung nach § 25 StVG beschränkt** werden.[315] Dies gilt

---

311 Siehe dazu Rn 955.
312 Vgl. Rn 998 ff.
313 Vgl. BGH DAR 71, 54; BayObLG NZV 96, 37; VRS 72, 278; 97, 210; OLG Karlsruhe DAR 87, 26; 90, 148; OLG Düsseldorf VRS 84, 46; 85, 379; 87, 450; 95, 432; NZV 94, 117.
314 Vgl. OLG Düsseldorf NJW 70, 1937; OLG Oldenburg NJW 69, 2213; DAR 77, 139; OLG Hamburg VRS 40, 461; OLG Bremen DAR 90, 190; OLG Frankfurt NJW 70, 1334; DAR 71, 250; VRS 39, 73; OLG Hamm VRS 57, 301; vgl. auch OLG Hamm VRS 48, 450.
315 Vgl. BGH DAR 71, 54; BayObLG VRS 72, 278; NZV 89, 280; 96, 37; OLG Koblenz NZV 89, 242; VRS 78, 362; OLG Düsseldorf DAR 96, 107; VRS 91, 122; 91, 136 (jeweils Absehen vom Fahrverbot); 95, 432; Karlsruhe DAR 77, 247; 87, 26; 90, 148; OLG Hamm VRS 57, 301; 97, 210; OLG Schleswig BA 92, 77; OLG Celle NJW 69, 1187; OLG Oldenburg NJW 69, 2213; DAR 77, 139; OLG Zweibrücken VRS 44, 452; OLG Hamburg VRS 40, 461; *Kaiser* NJW 83, 2418 (2420).

nicht nur für das Fahrverbot als Nebenfolge einer Ordnungswidrigkeit gem. § 24 StVG, sondern ebenso für das Regelfahrverbot des § 25 I 2 StVG nach Verstößen gegen § 24 a StVG.[316] Wird es, obwohl eine getrennte Beurteilung von Geldbuße und Nebenfolge nicht möglich ist, dennoch auf die Entscheidung über die Nebenfolge des Fahrverbots beschränkt, so muß es daher als gegen den gesamten Bußausspruch gerichtet angesehen werden mit der Folge, daß der Prüfung des Beschwerdegerichts die Bemessung der Geldbuße *und* die Entscheidung über das Fahrverbot unterliegen.[317] Nur in den seltenen Ausnahmefällen, in denen eine Nachprüfung der Entscheidung über die Verhängung des Fahrverbots unabhängig von den Erwägungen über die Bemessung der Geldbuße möglich ist, kommt eine wirksame Beschränkung des Rechtsmittels auf die Entscheidung über die Nebenfolge in Frage.[318] Die Beschränkung auf das Unterlassen der Entscheidung gem. § 25 II a StVG ist möglich.[319]

2. Verschlechterungsverbot

1051 Enthält die erstinstanzliche Entscheidung keine Anordnung eines Fahrverbots, so verstößt die Verhängung dieser Nebenfolge auf eine zugunsten des Betroffenen eingelegte Rechtsbeschwerde gegen das Verbot der Schlechterstellung gem. §§ 79 III OWiG, 358 II StPO, und zwar auch dann, wenn die Geldbuße gleichzeitig ermäßigt wird.[320] Im Hinblick auf die gebotene Gesamtschau bedeutet es aber nach Ansicht des OLG Düsseldorf[321] u. U. selbst dann keinen Verstoß gegen das Verschlechterungsverbot, wenn Geldstrafe und ein Fahrverbot von einem Monat als Nebenstrafe wegen einer Straftat durch Geldbuße und ein Fahrverbot gem. § 25 StVG von drei Monaten wegen Ordnungswidrigkeit ersetzt werden. Zur Zulässigkeit der **Erhöhung der Geldbuße bei gleichzeitigem Wegfall des Fahrverbots** vgl. oben unter J II. 2. (Rn 979).

3. Anfechtung der Nichtanrechnung

1052 Zur Zulässigkeit eines nur gegen die Nichtanrechnung von Fahrerlaubnismaßnahmen auf das Fahrverbot gerichteten Rechtsmittels siehe oben G XI. 5. (Rn 966).

---

316 Vgl. OLG Düsseldorf VRS 68, 65, 73, 142; OLG Koblenz VRS 78, 362.
317 Vgl. OLG Frankfurt DAR 71, 250; VRS 39, 73; OLG Düsseldorf VRS 95, 432; PVT 96, 63; OLG Celle NJW 69, 1187; OLG Oldenburg NJW 69, 2213; OLG Hamburg VRS 40, 461; OLG Karlsruhe DAR 77, 247.
318 Vgl. BayObLG VRS 72, 278; OLG Koblenz NZV 96, 373 (Absehen vom »Regel«-Fahrverbot gem. § 2 BKatV); OLG Düsseldorf NJW 70, 1937; OLG Celle NJW 69, 1187; OLG Zweibrücken VRS 44, 452; OLG Hamm DAR 74, 250; *Rüth/Berr*, KVR, Fahrverbot, S. 47.
319 Vgl. Rn 1025.
320 Vgl. OLG Karlsruhe NZV 93, 450; zur entsprechenden Frage bei § 44 StGB s. aber Rn 995.
321 OLG Düsseldorf NZV 93, 123.

K. Entschädigung für vorläufige Führerscheinmaßnahmen

Literatur:

Händel, Zur Anwendung des Gesetzes über die Entschädigung für Strafverfolgungsmaßnahmen, in: BA 1972, 281; *derselbe*, Die Rechtsprechung zum Gesetz über die Entschädigung für Strafverfolgungsmaßnahmen, in: BA 1975, 238; *derselbe*, Zur Anwendung des Gesetzes über die Entschädigung für Strafverfolgungsmaßnahmen im Verkehrsstrafrecht, in: VOR 1973, 243; *Kurz*, Die Entschädigungspflicht nach einer erfolgreichen Berufung des Angeklagten, in: BA 1976, 250; *Löwe*, Keine Entschädigung bei vorläufiger Entziehung der Fahrerlaubnis für den Kfz-Nutzungsentgang als solchen, in: DAR 1972, 272; *D. Meyer*, Wann ist bei Trunkenheitsfahrten grobe Fahrlässigkeit im Sinne des § 5 Abs. 2 StrEG anzunehmen?, in: DAR 1976, 67; *derselbe*, Ausschluß der Entschädigung nach dem StrEG bei einem Wegfall der Strafbarkeit im Laufe des Verfahrens, in: MDR 1978, 367; *derselbe*, Zum Ausschluß der Strafrechtsentschädigung bei Alkohol am Steuer, in: BA 1979, 276; *derselbe*, Die Entwicklung des Rechts auf Strafrechtsentschädigung nach dem StrEG, in: JurBüro 1987, 1601; *derselbe*, Der Entschädigungsanspruch im Strafbefehlsverfahren, in: MDR 1992, 219; *Nickel*, Nutzungsentschädigung bei vorläufiger Entziehung der Fahrerlaubnis, in: DAR 1972, 181; *H. Schmidt*, Der Kostenerstattungsanspruch nach dem Strafhaftentschädigungsgesetz, in: NJW 1973, 1167; *Schulte*, Umfang der Entschädigungsansprüche nach dem Strafverfolgungs-Entschädigungsgesetz, in: AnwBl. 1974, 135; *Seebode*, Verzicht auf Haftentschädigung?, in: NStZ 1982, 144; *Sieg*, Teilweiser Ausschluß der Entschädigung nach dem StrEG bei leicht fahrlässiger Verursachung von Strafverfolgungsmaßnahmen?, in: DAR 1976, 11.

Es würde den Rahmen dieses Buches sprengen, die gesamte auch im Zusammenhang mit der Entschädigung für vorläufige Führerscheinmaßnahmen bedeutsam werdende Problematik des Gesetzes über die Entschädigung für Strafverfolgungsmaßnahmen (StrEG) zu erörtern. Denn dieses Gesetz regelt vor allem die Entschädigung für Urteilsfolgen bei Fortfall oder Milderung einer Verurteilung im Wiederaufnahmeverfahren und die Entschädigung für andere Strafverfolgungsmaßnahmen als die vorläufige Entziehung der Fahrerlaubnis und die Sicherstellung des Führerscheins. Im folgenden sollen daher nur einige besonders wichtige, bei der Entscheidung über die Entschädigung für vorläufige Führerscheinmaßnahmen auftauchende Fragen zum StrEG sowie solche Probleme behandelt werden, die ausschließlich Führerscheinmaßnahmen betreffen. Im übrigen wird auf das einschlägige Schrifttum und die Rechtsprechung zum StrEG verwiesen.

I. Grundsatz der Entschädigungspflicht nach § 2 StrEG

Eine entschädigungspflichtige Sicherstellung nach § 2 I StrEG liegt auch dann vor, wenn der Beschuldigte seinen Führerschein **freiwillig herausgibt**, damit aber lediglich der anderenfalls zu erwartenden zwangsweisen Sicherstellung nach §§ 94, 98 StPO zuvorkommt.[1] Das gleiche gilt, wenn der Beschuldigte den Führerschein zwar nicht freiwillig aushändigt, gegen seine Sicherstellung aber keine Ein-

---

1 Vgl. BGH NJW 75, 348; OLG Hamm NJW 72, 1477; VRS 47, 201; LG Bochum NJW 72, 502; *D. Meyer* zu § 2 Rn 22.

wände geltend macht (sog. schlichte Sicherstellung, vgl. oben F II., Rn 887), es insbesondere unterläßt, Widerspruch zu erheben oder die richterliche Entscheidung nachzusuchen (§ 94 II StPO).[2] Die Entschädigungspflicht nach § 2 I StrEG entfällt auch nicht dadurch, daß der Beschuldigte im Rahmen einer späteren verantwortlichen Vernehmung sein Einverständnis zum weiteren Verbleib des Führerscheins in amtlichem Gewahrsam bis zu einer gerichtlichen Entscheidung gibt. Ein Verzicht des Beschuldigten auf Entschädigungsansprüche kann in einem solchen Verhalten nicht erblickt werden.[3] Die vorläufige Entziehung der Fahrerlaubnis gem. § 111 a StPO oder die Beschlagnahme eines Führerscheins kann jedoch immer nur dann einen Anspruch auf Entschädigung nach § 2 I StrEG begründen, wenn der Beschuldigte Inhaber einer Fahrerlaubnis war. Ist der Beschuldigte im Besitz mehrerer Führerscheine, so genügt die Sicherstellung *eines* Führerscheins zur Begründung eines Entschädigungsanspruchs, weil die ihm verbleibenden dann nicht mehr zum Führen von Kraftfahrzeugen berechtigen;[4] dies gilt auch für die Sicherstellung eines noch gültigen deutschen Internationalen Führerscheins.[5] Besitzt der Beschuldigte trotz rechtskräftig entzogener Fahrerlaubnis noch einen Führerschein, so führt dessen Beschlagnahme in einem späteren Verfahren niemals zur Entschädigung.[6]

II. Ausnahmen

1055 Das Gesetz sieht drei **Ausnahmen von der Regel des** § 2 vor:
Entschädigung **nur nach Billigkeit** (§§ 3, 4),
Ausschluß der Entschädigung (§ 5),
Versagung der Entschädigung (§ 6).

1. Entschädigung nur nach Billigkeit (§§ 3, 4 StrEG)

1056 Die Entschädigung **nach Billigkeit** ist insofern eine Ausnahme von der Regel, als § 2 grundsätzlich zur Entschädigung verpflichtet, wohingegen die Entschädigung nach Billigkeit eine Ermessensentscheidung ist.[7] Während § 3 insoweit eine Sonderregelung für die Fälle der Einstellung nach Ermessen trifft und den Grundsatz des § 2 einschränkt, eröffnet allerdings § 4 eine Möglichkeit zur Entschädigung über den Grundsatz des § 2 hinaus, indem er im Gegensatz zu § 2 die Gewährung von Entschädigung trotz Schuldspruchs vorsieht, wenn sie der Billigkeit entspricht. Unbillig ist die Entschädigung gem. § 3 StrEG wegen einer nur kurze Zeit währenden Führerscheinbeschlagnahme, wenn das Verfahren gem. § 154 II StPO wegen einer anderen, wenige Tage nach Führerscheinrückgabe begangenen Tat eingestellt wurde, die ihrerseits Ungeeignetheit zur Führen von Kraftfahrzeugen offenbart hat.[8] Die Gewährung einer Entschädigung nach § 4 I Nr. 2, II StrEG

---

2 Vgl. LG Memmingen NJW 77, 347; *Händel* BA 72, 281.
3 Vgl. LG Bochum NJW 72, 502.
4 Vgl. *Jagusch/Hentschel* zu § 21 StVG Rn 22.
5 Vgl. auch LK *(Geppert)* zu § 69 Rn 187; näher *Hentschel* NZV 92, 500; a. M. AG Kassel NZV 92, 499.
6 Vgl. OLG Zweibrücken VRS 54, 203.
7 Vgl. *D. Meyer* zu § 3 Rn 38; *Händel* BA 72, 281.
8 Vgl. LG Flensburg BA 85, 184.

kann z. B. der Billigkeit entsprechen, wenn dem wegen einer Verkehrsstraftat Angeklagten die Fahrerlaubnis vorläufig entzogen worden war, dann aber nur Verurteilung wegen Ordnungswidrigkeit gem. § 24 StVG erfolgt, oder nach Führerscheinbeschlagnahme und späterer Verurteilung wegen fahrlässiger Tötung ohne Anordnung der Maßregel, weil die Tat keinen Eignungsmangel offenbarte. Dagegen kann entgegen einer in einem älteren Urteil des LG Köln[9] vertretenen Ansicht eine Entschädigung nach Billigkeit nicht erfolgen, wenn das Berufungsgericht ohne weitere tatsächliche Feststellungen zu dem Ergebnis kommt, daß – etwa im Hinblick auf die Teilnahme an einem Nachschulungskursus – die im angefochtenen Urteil angenommene Ungeeignetheit zum Führen von Kraftfahrzeugen schon im Zeitpunkt dieses Urteils nicht mehr vorlag. Dem steht nämlich § 5 Nr. 3 StrEG ausdrücklich entgegen, der in solchen Fällen die Entschädigung ausschließt.[10] Ausschließungs- und Versagungsgründe nach §§ 5, 6 StrEG stehen aber einer Entschädigung nach § 4 StrEG stets entgegen.[11]

Auch bei nur **um eine Woche verspäteter Rückgabe des Führerscheins** kann es in Ausnahmefällen der Billigkeit entsprechen, nach § 4 I Nr. 2 StrEG eine Entschädigung zuzubilligen.[12] Die Frage der Gewährung von Entschädigung nach § 4 StrEG hängt auch in einem derartigen Fall von den konkreten Umständen ab.[13] Setzt die Entschädigung nach § 4 I Nr. 2 StrEG zwar ein Mißverhältnis voraus, das bei geringfügigen Abweichungen nicht anzunehmen ist, so kann die Frage, ob ein solches Mißverhältnis vorliegt, doch niemals numerisch bestimmt werden.[14] Entscheidend sind vielmehr die Auswirkungen der vorläufigen Maßnahme auf den Betroffenen nach dessen Persönlichkeit und Lebensumständen.[15]

2. Ausschluß der Entschädigung (§ 5 StrEG)

a) Ausschluß bei Nichtanrechnung der vorläufigen Entziehung der Fahrerlaubnis auf ein Fahrverbot (§ 5 I Nr. 1 StrEG)

Die Vorschrift des § 5 I Nr. 1 StrEG betrifft den Fall, daß die Anrechnung der vorläufigen Entziehung der Fahrerlaubnis auf das nach § 44 StGB verhängte Fahrverbot gem. § 51 I 2 StGB ausnahmsweise im Hinblick auf das Verhalten des Verurteilten nach der Tat unterbleibt, und schließt eine Entschädigung gem. § 4 StrEG – also aus Gründen der Billigkeit – aus.

---

9 LG Köln ZfS 80, 254 (abl. *D. Meyer* zu § 4 Rn 44).
10 Vgl. auch *D. Meyer* zu § 4 Rn 44; *Schätzler* zu § 5 Rn 20; einschränkend BayObLG VRS 71, 386; s. dazu Rn 1059.
11 Vgl. OLG Düsseldorf NStZ 89, 232 (Anm. *Schätzler*).
12 Im Ergebnis abw. OLG Frankfurt DAR 73, 161.
13 Vgl. auch *D. Meyer* zu § 4 Rn 47.
14 Vgl. auch *Schätzler* zu § 4 Rn 12.
15 Vgl. auch *Schätzler* zu § 4 Rn 12.

b) Ausschluß bei endgültiger Verhängung der Maßregel oder Absehen von der Maßregel nur wegen Wegfalls ihrer Voraussetzungen (§ 5 I Nr. 3 StrEG)

1059 Da die Entziehung der Fahrerlaubnis nach § 69 StGB im Falle erwiesener oder nicht auszuschließender Schuldunfähigkeit auch bei Freisprechung des Angeklagten möglich ist,[16] mußte für diesen Fall im StrEG eine Sonderregelung getroffen werden. Nach § 5 I Nr. 3, 1. Alternative ist daher die Entschädigung ausgeschlossen, wenn die **Entziehung der Fahrerlaubnis endgültig angeordnet** wird, auch wenn der Angeklagte freigesprochen wird. Die 2. Alternative des § 5 I Nr. 3 betrifft den Fall, daß der Zweck der Maßregel des § 69 StGB als durch die vorläufige Maßnahme (§§ 94, 111 a StPO) allein oder im Zusammenhang mit sog. Nachschulung (Aufbauseminar) erreicht angesehen werden kann, die durch die Tat in Erscheinung getretene Ungeeignetheit des Angeklagten zum Führen von Kraftfahrzeugen damit entfällt und dadurch die Voraussetzungen für die endgültige Entziehung der Fahrerlaubnis nicht mehr vorliegen.[17] Eine trotz Verurteilung etwa nach § 4 StrEG in Betracht kommende Entschädigung scheidet dann also aus.[18] Dies gilt auch, wenn das Berufungsgericht feststellt, daß »die Sperrfrist durch die vorläufigen Maßnahmen (vorläufige Entziehung der Fahrerlaubnis, Sicherstellung des Führerscheins) erledigt ist« und daher die vom Amtsgericht angeordnete Fahrerlaubnisentziehung aufhebt.[19] Auch in solchen Fällen ist die Entschädigung nach § 5 I Nr. 3, 2. Alternative StrEG ausgeschlossen,[20] und zwar selbst dann, wenn die Voraussetzungen für die Entziehung schon im Zeitpunkt des angefochtenen Urteils nicht mehr vorlagen.[21] Dagegen findet § 5 I Nr. 3, 2. Alternative keine Anwendung in Fällen, in denen das Berufungsgericht nur durch das Verschlechterungsverbot an der Verhängung der Maßregel gehindert ist.[22]

c) Ausschluß bei vorsätzlicher oder grob fahrlässiger Verursachung der Maßnahme (§ 5 II 1 StrEG)

1060 Die Ausschluß- und Versagungsgründe der §§ 5 II 1, III und 6 I Nr. 1 StrEG sind **aus der Sicht des § 254 BGB** zu verstehen und anzuwenden, auf dessen Grundgedanken sie beruhen, wonach nämlich derjenige, der den Eintritt des eigenen Schadens voraussieht und diesen Erfolg in seinen Willen aufnimmt oder der die Sorgfalt außer acht läßt, die nach Lage der Sache erforderlich erscheint, um sich selbst vor Schaden zu bewahren, den Verlust oder die Kürzung seines Schadensersatzanspruchs hinnehmen muß.[23] **Ändert sich die Rechtsprechung** in der Weise, daß ein

---

16 Vgl. Rn 597.
17 Vgl. *Händel* BA 72, 281 (283).
18 Siehe Rn 1056; einschränkend jedoch BayObLG VRS 71, 386.
19 Vgl. hierzu Rn 618.
20 Vgl. BayObLG bei *Rüth* DAR 74, 169 (177).
21 Vgl. Rn 1056;
 a. M. LG Köln ZfS 80, 254 (abl. *D. Meyer* zu § 4 Rn 44).
22 Vgl. OLG Stuttgart MDR 77, 338.
23 Vgl. OLG Hamm MDR 73, 72; BA 74, 128 (130); OLG Zweibrücken VRS 69, 287; LG Münster NJW 74, 1008; *Händel* BA 72, 281 (294); *Löwe* DAR 72, 272; vgl. auch BGH NJW 75, 350; OLG Hamm DAR 72, 165.

früher als strafbar erachtetes Verhalten nicht mehr als tatbestandsmäßig angesehen wird, und beruht die Führerscheinmaßnahme auf der aufgegebenen Rechtsprechung, so kann dem Betroffenen nicht vorgeworfen werden, er habe aufgrund der ihm bekannten früheren Rechtsauffassung mit der Maßnahme rechnen müssen; vielmehr ist er zu entschädigen.[24]

aa) Begriff der Fahrlässigkeit in § 5 II StrEG

Der Begriff der Fahrlässigkeit in § 5 II StrEG ist nicht im Sinne des materiellen Strafrechts zu verstehen. Da der Vorschrift der Gedanke des § 254 BGB zugrunde liegt, gilt die **Definition des § 276 BGB**.[25]

Fahrlässigkeit im Sinne des § 5 II StrEG bedeutet die Außerachtlassung derjenigen Aufmerksamkeit und Sorgfalt durch den Betroffenen, die ein ordentlicher und verständiger Rechtsgenosse in gleicher Lage aufwenden würde, um sich vor Schaden aus Maßnahmen der Strafverfolgung zu bewahren.[26]

bb) Grobe Fahrlässigkeit

Entgegen einer z. B. in älteren Beschlüssen des OLG Schleswig[27] vertretenen Ansicht ist eine Entschädigung nicht nur dann gem. § 5 II StrEG ausgeschlossen, wenn der Täter die Strafverfolgungsmaßnahme *mißbräuchlich oder sonst in unlauterer Weise* veranlaßt hat.[28] Eine derart einengende Auslegung des Begriffs der groben Fahrlässigkeit ist insbesondere auch nicht deswegen geboten, weil anderenfalls die Unschuldsvermutung des Art. 6 II MRK berührt würde,[29] zumal es bei der Frage nach der groben Fahrlässigkeit i.S.d. § 5 II StrEG in erster Linie um bürgerlich-rechtliche Erwägungen geht.[30]

Grob fahrlässig im Sinne des § 5 II StrEG handelt also nicht nur, wer die Strafverfolgungsmaßnahme mißbräuchlich oder sonst in unlauterer Weise veranlaßt hat,[31] sondern auch derjenige, der die unter Abschnitt aa) (Rn 1061, 1062) näher

---

24 Vgl. OLG Düsseldorf NZV 89, 204 (Motoranlassen durch alkoholbedingt Fahrunsicheren); LK *(Geppert)* zu § 69 Rn 195; s. dazu *Hentschel* JR 90, 32 (33);
a. M. offenbar OLG Frankfurt NZV 90, 277.
25 Vgl. BayObLG NJW 94, 23; OLG Oldenburg VRS 91, 77; OLG Zweibrücken VRS 69, 287; OLG Düsseldorf NZV 89, 364; 94, 490; VRS 81, 399; OLG Hamm MDR 73, 72; BA 74, 128 (130); OLG Karlsruhe MDR 75, 251; LG Münster NJW 74, 1008; *D. Meyer* zu § 5 Rn 44 sowie NJW 73, 2040; *Händel* BA 75, 238 (241); JR 74, 388; *Schätzler* zu § 5 Rn 39.
26 Vgl. OLG Oldenburg VRS 91, 77; OLG Frankfurt NJW 78, 1017; OLG Zweibrücken VRS 69, 287; OLG Düsseldorf NZV 89, 364; VRS 81, 399; *Schätzler* zu § 5 Rn 41; *D. Meyer* NJW 73, 2040; vgl. auch KG VRS 64, 373.
27 OLG Schleswig bei *Händel* BA 72, 281 (285, 286).
28 Vgl. BayObLG NJW 73, 1938; *Händel* BA 72, 281 (293 f.); *D. Meyer* NJW 75, 1791 (1792); vgl. auch *Händel* BA 75, 238 (241).
29 So aber OLG Schleswig BA 72, 281 (287) bei *Händel;* dagegen überzeugend BayObLG NJW 73, 1938.
30 Vgl. OLG Karlsruhe VRS 94, 268; *Händel* BA 72, 281 (293); *D. Meyer* vor §§ 5 und 6 Rn 7.
31 Dies ist z. B. der Fall, wenn der unter Alkohol stehende Beifahrer gegenüber der Polizei wahrheitswidrig erklärt, *er* habe das Fahrzeug geführt (auch wenn er irrtümlich annimmt, der von ihm genossene Alkohol sei weitgehend abgebaut) und sein Führerschein daraufhin sichergestellt wird, vgl. OLG Frankfurt NJW 75, 1895.

Ausnahmen 1065–1066

umschriebene Sorgfalt in besonders hohem Maße verletzt oder »das unbeachtet läßt, was im gegebenen Fall jedem einleuchten mußte«.[32]

1065 Teilweise wird die Auffassung vertreten, eine **unter dem Gefahrengrenzwert des § 24 a I Nr. 1 StVG (0,8 ‰) liegende Alkoholaufnahme** stelle für sich allein, ohne Hinzutreten schuldhaft verkehrswidrigen Verhaltens, keine grob fahrlässige Verursachung der Sicherstellung dar.[33] Nach Ansicht einiger Gerichte[34] soll dies selbst dann gelten, wenn der Betroffene ein Fahrverhalten gezeigt hat, das auf alkoholbedingte Fahrunsicherheit hindeutete. Zur Begründung wird im wesentlichen ausgeführt: Dem Kraftfahrer sei vom Gesetz nicht jeglicher Alkoholgenuß verboten.[35] Vielmehr dürfe er, sofern er dadurch nicht fahruntüchtig werde, bis zur Höhe des in § 24 a StVG bestimmten Grenzwertes (i.S.d. § 24 a StVG) Alkohol zu sich nehmen, ohne straf- oder bußgeldrechtliche Sanktionen befürchten zu müssen.[36] Bei niedrigeren Werten, jedenfalls solchen **unter 0,8 ‰**, sei dem Betroffenen nicht nachzuweisen, daß er im Falle einer Kontrolle mit der Einbehaltung seines Führerscheins rechnen mußte.[37]

1066 Indessen spricht vieles gegen diese Ansicht: Wer so viel trinkt, daß ein Alcotest mittels Prüfröhrchens oder ein Atemalkoholtest mittels Vortestgerätes auf eine BAK von 0,8 ‰ oder mehr hinweist,[38] muß mit der Sicherstellung seines Führerscheins bei einer Kontrolle durch die Polizei rechnen.[39] Nimmt er dennoch am motorisierten Straßenverkehr teil, so verstößt er in so hohem Maß gegen seine eigenen Interessen, daß er die Führerscheinmaßnahme grob fahrlässig verursacht,[40] indem er es – wie *D. Meyer*[41] treffend feststellt – »geradezu provoziert«, daß sein Führerschein bis zur Feststellung der tatsächlichen BAK einbehalten wird. Soweit von der Gegenmeinung geltend gemacht wird, daß das Gesetz dem Kraftfahrer nicht jeglichen Alkoholgenuß verbiete, hat schon das LG Essen in einem 1975 ergangenen Beschluß[42] mit Recht darauf hingewiesen, daß die Nicht-

---

32 Vgl. BayObLG NZV 93, 285; OLG Oldenburg VRS 91, 77; OLG Köln DAR 76, 81; OLG Hamm NJW 75, 790; 75, 2033; MDR 73, 72; BA 74, 128; KG VRS 64, 373; LG Neuruppin NJW 97, 2532; LG Krefeld DAR 75, 25; LG Münster NJW 74, 1008; *Schätzler* zu § 5 Rn 42; *D. Meyer* DAR 76, 67; vgl. auch BayObLG NJW 73, 1938; OLG Düsseldorf NZV 94, 490; *D. Meyer* zu § 5 Rn 47 sowie NJW 73, 2040.
33 So z. B. OLG Hamm NJW 75, 790; OLG Zweibrücken VRS 53, 284; OLG Köln DAR 76, 81; LG Aachen DAR 77, 219; LG Hamburg DAR 81, 157; AG Osnabrück DAR 84, 94; *Kulemeier* S. 131; vgl. auch LG Memmingen NJW 77, 347; *Sieg* NJW 75, 1163; *Kleinknecht/Meyer-Goßner* zu § 5 StrEG Rn 12; *Schätzler* zu § 5 Rn 50.
34 Vgl. z. B. LG Frankfurt DAR 75, 306; LG Düsseldorf DAR 78, 166.
35 So z. B. OLG Hamm NJW 75, 790; OLG Köln DAR 76, 81; LG Memmingen NJW 77, 347; LG Aachen DAR 77, 219; LG Düsseldorf DAR 78, 166.
36 Vgl. OLG Hamm NJW 75, 790.
37 Vgl. LG Frankfurt DAR 75, 306.
38 Zum Thema Alcotest vgl. auch oben Rn 51 ff., 121 f.
39 Vgl. LG Krefeld DAR 75, 25; LG Göttingen DAR 76, 166; LG Essen NJW 75, 2257; LG Osnabrück DAR 78, 380 (381); vgl. auch OLG Celle NJW 71, 2322; *Bode* NJW 73, 2039; *D. Meyer* zu § 5 Rn 62 sowie JurBüro 87, 1601 (1608).
40 Vgl. LG Bochum NJW 72, 502; LG Krefeld DAR 79, 337; *Händel* BA 72, 281 (294); 75, 238 (247); VOR 73, 243 (254); *Schneble* BA 77, 267; *Kürschner* ZRP 86, 305 (307); ausführlich *D. Meyer* BA 80, 276; in diesem Sinne auch die Empfehlung des VGT 1986 (Arbeitskreis VII).
41 *D. Meyer* NJW 73, 2040; ebenso LG Krefeld DAR 75, 25.
42 LG Essen NJW 75, 2257.

einbeziehung von Blutalkoholkonzentrationen unter dem in § 24 a StVG genannten Wert in die straf- und ordnungsrechtliche Ahndung bei nicht nachgewiesener Fahrunsicherheit zwar *negativ* die fehlende Sanktion zur Folge hat, nicht aber ohne weiteres *positiv* den Schutz vor berechtigten Verfolgungsmaßnahmen bezwecke. Im übrigen kommt es im Rahmen des § 5 II StrEG nicht auf den *Nachweis* der Straftat an, sondern darauf, daß der Betroffene grob fahrlässig Verdachtsgründe dafür geschaffen hat.[43]

Ergeben sich keine Anhaltspunkte für eine fehlerhafte Durchführung, so hat daher ein positiver Alcotest, der den Verdacht einer BAK von 0,7 bis 0,8 ‰ nahelegt, regelmäßig den Ausschluß der Entschädigung für die Sicherstellung des Führerscheins gemäß § 5 II StrEG zur Folge, und zwar unabhängig von der Höhe der später ermittelten BAK und ohne das Erfordernis des Hinzutretens weiterer Umstände.[44] Etwas anderes gilt allerdings in Fällen, in denen der geringe Grad der später festgestellten BAK auch unter Berücksichtigung der möglicherweise bis zur Blutentnahme erfolgten Alkoholelimination **Zweifel hinsichtlich der ordnungsgemäßen Durchführung** des Alcotests oder des einwandfreien Zustands des verwendeten Gerätes rechtfertigt. In solchen Fällen ist die Entschädigung nicht allein deswegen gem. § 5 II StrEG ausgeschlossen, weil in der Anzeige angegeben ist, der Alcotest sei positiv ausgefallen, es sei denn, der Betroffene hat die fehlerhafte (etwa in zu kurzem Abstand nach Trinkende erfolgte) Durchführung des Alcotests[45] oder der Atemalkoholmessung[46] selbst durch wahrheitswidrige Angaben über seinen Alkoholkonsum zu vertreten.

Zu erwägen wäre, ob Verursachung einer Führerscheinsicherstellung oder einer vorläufigen Entziehung der Fahrerlaubnis in Hinblick auf die Herabsetzung des Grenzwertes für ordnungswidriges Verhalten durch Einfügung der Nummer 2 in § 24 a StVG (0,5 ‰) auch schon dann als grob fahrlässig im Sinne des § 5 Abs. 2 S. 1 StrEG anzusehen ist, wenn der durch die Polizei durchgeführte Alcotest auf eine **BAK von jedenfalls 0,5 ‰** hindeutet. Dabei ist allerdings zu berücksichtigen, daß bei Fehlen weiterer Beweisanzeichen für Fahrunsicherheit damit zunächst wohl nicht ohne weiteres auch ein dringender Verdacht einer *Straftat* nach § 316 StGB gegeben ist, sondern eben nur der einer Ordnungswidrigkeit. Da der Wert von 0,5 ‰ den Beweisgrenzwert von 1,1 ‰, der zur Verurteilung wegen einer *Straftat* mit indizierter Kraftfahrungeeignetheit (§ 69 Abs. 2 Nr. 2 StGB) führt, um immerhin mehr als die Hälfte unterschreitet, eine Ordnungswidrigkeit nach § 24 a Abs. 1 Nr. 2 StVG aber nicht nur eine Entziehung der Fahrerlaubnis gem. § 69 StGB ausschließt, sondern nach derzeitiger Gesetzeslage nicht einmal zu einem Fahrverbot führt, erscheint es durchaus zweifelhaft, auch in solchen Fällen die dennoch erfolgte Sicherstellung des Führerscheins oder die vorläufige

---
43 Vgl. LG Göttingen DAR 76, 166; *D. Meyer* NJW 75, 1791.
44 Vgl. LG Krefeld DAR 75, 25; 79, 337; LG Göttingen DAR 76, 166; LG Düsseldorf DAR 91, 272 (zust. *D. Meyer* DAR 92, 235); *Händel* BA 72, 281 (294); 75, 238 (247); JR 74, 388; *D. Meyer* NJW 73, 2040; 75, 1791; BA 80, 276; DAR 76, 67; *Schneble* BA 77, 267; *Legat* VGT 86, 302 (308); vgl. auch LG Essen NJW 75, 2257; LG Bochum NJW 72, 502; AG Alzenau BA 78, 380 (das allerdings eine BAK von mindestens 0,5 ‰ zur Zeit der Blutentnahme verlangt).
45 Vgl. hierzu z. B. *Althoff/Leymann* BA 81, 83.
46 Siehe dazu oben Rn 125.

Ausnahmen 1069–1071

Fahrerlaubnisentziehung als durch den Angeklagten grob fahrlässig verursacht anzusehen.

1069 Grob fahrlässige Verursachung der Führerscheinmaßnahme ist auch dann anzunehmen, wenn der Betroffene nach Alkoholgenuß **durch seine Fahrweise alkoholverdächtig aufgefallen** ist.[47]

1070 In der Rechtsprechung wurde **grobe Fahrlässigkeit** nach einem auf mindestens 0,8 ‰ hinweisenden Vortest (Prüfröhrchen, Atemalkohol-Testgerät) auch ohne Auffälligkeiten des Betroffenen selbst in Fällen **bejaht**, in denen die Blutuntersuchung eine BAK von nur 0,6 ‰ oder weniger zur Tatzeit oder im Zeitpunkt der Blutentnahme ergab.[48] Grob fahrlässige Verursachung der Führerscheinmaßnahme wurde ferner bei Blutalkoholkonzentrationen in diesem Bereich angenommen, wenn Fahrfehler oder andere auf Alkoholbeeinflussung hindeutende Ausfallerscheinungen hinzukamen.[49] Auch Tatzeitwerte zwischen 0,7 und 0,8 ‰ BAK,[50] erst recht aber solche zwischen 0,8 ‰ und dem Beweisgrenzwert für absolute Fahrunsicherheit führten zur Feststellung des Entschädigungsausschlusses nach § 5 II StrEG.[51] Andererseits haben andere Gerichte **Entschädigungsausschluß** durch grobe Fahrlässigkeit gem. § 5 II StrEG bei Tatzeit-Blutalkoholkonzentrationen von nur 0,5 ‰[52] oder solchen von jedenfalls weniger als 0,8 ‰[53] **verneint**, zum Teil selbst in Fällen, in denen der Betroffene ein Fahrverhalten gezeigt hatte, das auf alkoholbedingte Fahrunsicherheit hindeutete.[54]

1071 Grob fahrlässig verursacht hat der Kraftfahrer auch dann die vorläufige Führerscheinmaßnahme, wenn er sich, obwohl er – etwa wegen eines Unfalls – mit polizeilichen Ermittlungen rechnen muß, durch **Nachtrunk** in einen alkoholisierten Zustand versetzt, der zu einem positiven Alcotest führt.[55] Grob fahrlässiges Verhalten ist in derartigen Fällen nicht nur anzunehmen, wenn der Nachtrunk zu einem »hochgradig alkoholisierten Zustand«[56] oder zu einer Blutalkoholkonzentration in der Nähe des Beweisgrenzwertes für absolute Fahrunsicherheit[57]

---

47 Vgl. OLG Hamm BA 74, 128; OLG Düsseldorf NZV 91, 282; LG Flensburg DAR 79, 78; *Händel* BA 72, 281 (294); JR 74, 388; *Bode* NJW 73, 2039.
48 Vgl. LG Göttingen DAR 76, 166; AG Alzenau BA 78, 380; LG Osnabrück DAR 85, 94; LG Essen NJW 75, 2257; LG Münster NJW 74, 1008; LG Düsseldorf DAR 91, 272.
49 Vgl. LG Flensburg DAR 79, 80; 80, 281; OLG Düsseldorf MDR 77, 866; LG Hamburg DAR 81, 157.
50 Vgl. LG Mainz MDR 75, 601; LG Flensburg MDR 76, 945; LG Nürnberg-Fürth NJW 73, 1661 (mit abl. Anm. *H. Schmidt*); vgl. auch *Bode* NJW 73, 2039.
51 Vgl. BayObLG NJW 73, 1938; DAR 89, 427; OLG Düsseldorf NZV 91, 282; OLG Hamm DAR 72, 165; MDR 75, 167; NJW 72, 1477; OLG Celle VRS 45, 375; NJW 71, 2322; KG VRS 44, 122; vgl. auch *Bode* NJW 73, 2039.
52 Vgl. Düsseldorf DAR 74, 334.
53 Vgl. OLG Hamm NJW 75, 790; OLG Köln DAR 76, 81; OLG Zweibrücken VRS 53, 284; OLG Düsseldorf MDR 77, 866; LG Aachen DAR 77, 219; AG Osnabrück DAR 84, 94 (0,57 ‰ bei Blutentnahme).
54 Vgl. LG Frankfurt DAR 75, 306.
55 Vgl. OLG Braunschweig VRS 42, 50; OLG Stuttgart MDR 72, 539; OLG Hamm BA 74, 353; VRS 58, 69; KG VRS 44, 122; OLG Köln VRS 65, 217; LG Flensburg BA 82, 287; 84, 89; LG Waldshut bei *Händel* BA 72, 281 (293); so für den Regelfall auch OLG Stuttgart Justiz 73, 182.
56 So OLG Braunschweig VRS 42, 50.
57 So z. B. OLG Stuttgart MDR 72, 539; OLG Hamm NJW 75, 790; BA 74, 353; KG VRS 44, 122; so im Anschluß an OLG Stuttgart MDR 72, 539 offenbar auch *Händel* BA 75, 238 (244).

geführt hat. Vielmehr genügt es, daß der Nachtrunk so erheblich ist, daß ein Alcotest positiv verläuft. Denn ein Kraftfahrer handelt in ungewöhnlich hohem Maße seinen eigenen Interessen zuwider, wenn er, obwohl er im Hinblick auf sein vorangegangenes Verhalten (Beteiligung an einem Unfall oder auffälliges Fehlverhalten im Straßenverkehr) mit polizeilichen Ermittlungen rechnen muß, selbst den Verdacht auf sich lenkt, in alkoholbedingt fahrunsicherem Zustand am motorisierten öffentlichen Straßenverkehr teilgenommen zu haben. Ausnahmsweise hat das OLG Stuttgart[58] nur (leicht) *fahrlässiges* Verhalten in einem Fall angenommen, in dem der Betroffene zu Hause, nachdem er erheblich verletzt seinen Hausarzt nicht erreichen konnte, wegen seiner Schmerzen zwei doppelte Schnäpse zu sich nahm. Wer **Haschisch** so kurz vor Fahrtantritt konsumiert, daß in der Blutprobe THC festgestellt wird, verursacht vorläufige Führerscheinmaßnahmen grob fahrlässig.[59]

Ein unter Alkoholeinfluß stehender Kraftfahrer, der verdächtigt wird, einen Unfall aufgrund alkoholbedingter Fahrunsicherheit verursacht zu haben (§ 315 c I Nr. 1 a, III StGB), handelt grob fahrlässig, wenn er diesen Verdacht durch **unerlaubtes Verlassen der Unfallstelle** verstärkt.[60] Einen Kraftfahrer, der sich dadurch dem Verdacht des unerlaubten Entfernens vom Unfallort aussetzt, daß er infolge körperlicher Beeinträchtigung seiner Aufmerksamkeit (Übermüdung) und übermäßiger Radiolautstärke Unfallgeräusche nicht wahrnehmen kann, trifft der Vorwurf grober Fahrlässigkeit bezüglich der darauf beruhenden Maßnahme nach § 111 a StPO.[61] Auch wer durch eine besonders schwerwiegende Verletzung der Sorgfaltspflicht den dringenden Verdacht auf sich lenkt, sich der Gefährdung des Straßenverkehrs durch **grob verkehrswidriges und rücksichtsloses Verhalten** i.S.d. § 315 c I Nr. 2 StGB schuldig gemacht zu haben, hat die daraufhin erfolgende Sicherstellung seines Führerscheins oder vorläufige Entziehung der Fahrerlaubnis grob fahrlässig verursacht.[62] **Unleserlichkeit einzelner Führerscheinangaben** rechtfertigt auch bei gültigem *ausländischen* Führerschein nicht den Vorwurf fahrlässig verursachter Sicherstellung wegen Verdachts der Urkundenfälschung.[63]

Wer sich bewußt **wahrheitswidrig selbst belastet,** führt die daraufhin angeordnete Führerscheinbeschlagnahme grob fahrlässig herbei.[64] Der gleiche Vorwurf mit der Folge des Entschädigungsausschlusses trifft denjenigen, der sich, unter erheblicher Alkoholwirkung stehend, grob fahrlässig – etwa durch entsprechende Erklärungen – dem Verdacht aussetzt, ein Kraftfahrzeug im öffentlichen Straßenverkehr geführt zu haben, während der Fahrer in Wahrheit eine andere Person war,[65] oder der trotz des Verdachts, selbst gefahren zu sein, zwar behauptet, eine andere Person habe das Fahrzeug geführt, deren Namen aber nicht nennt, obwohl

---

58 OLG Stuttgart Justiz 73, 182.
59 Vgl. BayObLG NZV 94, 285 (Anm. *Daldrup* BA 94, 394); OLG Düsseldorf NZV 94, 490.
60 Vgl. KG VRS 64, 373.
61 Vgl. OLG Düsseldorf NZV 89, 364.
62 Vgl. OLG Stuttgart VRS 50, 376.
63 Vgl. LG Neuruppin NJW 97, 2532.
64 Vgl. OLG Zweibrücken VRS 69, 287.
65 Vgl. hierzu LG Flensburg MDR 76, 689.

Ausnahmen

ihm dies zumutbar ist.[66] Nichts anderes gilt im Falle einander **widersprechender und lückenhafter Einlassungen** des Beschuldigten,[67] insbesondere, wenn die vorläufige Führerscheinmaßnahme darauf beruht, daß während des Verfahrens die **Einlassung** über Menge und Zeitpunkt von Alkoholgenuß und Medikamenteneinnahme **mehrfach gewechselt** wird. Auch eine derartige Verhaltensweise ist grob fahrlässig im Sinne des § 5 II StrEG, denn durch sie mindert der Betroffene seine eigene Glaubwürdigkeit.[68] Ebenso kann das **Verschweigen wesentlicher entlastender Tatsachen** (Versagungsgrund gem. § 6 I Nr. 1 StrEG) die Annahme grober Fahrlässigkeit rechtfertigen, es sei denn, der Beschuldigte habe sich überhaupt nicht zur Sache geäußert (§ 5 II 2 StrEG).[69] Wer z. B., nachdem er im übrigen Angaben zur Sache gemacht hat, durch Verschweigen eines Nachtrunks den Verdacht der Fahrunsicherheit auf sich lenkt, veranlaßt eine daraufhin erfolgende vorläufige Führerscheinmaßnahme grob fahrlässig.[70] Dieser Vorwurf trifft auch denjenigen, der – eines Diebstahls und einer Trunkenheitsfahrt beschuldigt – der Polizei gegenüber wahrheitswidrig einen unglaubhaft umfangreichen Nachtrunk angibt und im übrigen erklärt, ein unbekannter Dritter habe das Fahrzeug geführt.[71] Auf etwa unterbliebene Belehrungen kommt es dabei nicht an.[72] Soweit sich der Beschuldigte durch solche Verhaltensweisen selbst belastet, schützt ihn etwaige Unzurechnungsfähigkeit dann nicht vor dem Vorwurf grober Fahrlässigkeit, wenn diese auf dem Alkoholgenuß beruht.[73]

1074 In Fällen des **§ 323 a StGB** (Vollrausch) erfordert die Annahme grob fahrlässiger Verursachung nicht, daß der Volltrunkene durch subjektiv vorwerfbares Verhalten auch dazu beigetragen hat, den Verdacht der Begehung einer rechtswidrigen Tat zu erhärten. Anderenfalls wäre, wie in einem Beschluß des OLG Oldenburg[74] zutreffend festgestellt wird, der Ausschlußtatbestand des § 5 II StrEG in Fällen der Volltrunkenheit unanwendbar. Es genügt daher für den Ausschluß der Entschädigung nach § 5 II StrEG, daß sich der Betroffene grob fahrlässig in den Rauschzustand versetzt und im übrigen Handlungen vorgenommen hat, die objektiv geeignet sind, den Verdacht zu begründen, er habe im Zustand der Schuldunfähigkeit eine rechtswidrige Tat begangen.[75]

cc) Ausschluß der Entschädigung nur bis zu dem Zeitpunkt, bis zu dem den Beschuldigten der Vorwurf überwiegender Verursachung trifft

1075 Wird der Führerschein während der Tatermittlung **über den Zeitpunkt hinaus** sichergestellt oder bleibt die vorläufige Entziehung der Fahrerlaubnis über den

---

66 Vgl. LG Flensburg VRS 68, 46; vgl. auch LG Aachen MDR 92, 288 (Versagung gem. § 6 I Nr. 1 StrEG).
67 Vgl. OLG Karlsruhe VRS 94, 268; OLG Zweibrücken VRS 55, 200.
68 Vgl. OLG Hamm BA 74, 128; LG Flensburg BA 84, 89; *D. Meyer* zu § 5 Rn 68.
69 Vgl. OLG Karlsruhe VRS 94, 268.
70 Vgl. OLG Frankfurt NJW 78, 1017; vgl. auch KG VRS 72, 380 (das allerdings trotz des Vorrangs von § 5 II – siehe Rn 1082 – § 6 StrEG anwendet).
71 Vgl. LG Flensburg BA 82, 287.
72 Vgl. OLG Karlsruhe VRS 94, 268.
73 Vgl. OLG Zweibrücken VRS 69, 287; LK *(Geppert)* zu § 69 Rn 207.
74 OLG Oldenburg MDR 72, 349.
75 Vgl. auch LG Verden MDR 74, 512.

Zeitpunkt hinaus aufrechterhalten, **bis zu dem den Beschuldigten der Vorwurf überwiegender Verursachung trifft**, so ist der Beschuldigte von diesem Zeitpunkt an zu entschädigen, sofern, abgesehen von den Ausschlußgründen des § 5 StrEG, ein Entschädigungsanspruch gegeben ist.[76] Dies folgt nicht nur aus dem Grundgedanken des § 254 BGB, der dem Ausschlußtatbestand des § 5 II StrEG zugrunde liegt,[77] sondern auch aus der Formulierung des Gesetzes »wenn und *soweit* der Beschuldigte die Strafverfolgungsmaßnahme vorsätzlich oder grob fahrlässig verursacht hat«. Von dem Zeitpunkt, in dem eine Maßnahme oder aber das Unterlassen einer notwendigen Maßnahme der Strafverfolgungsbehörden allein oder ganz überwiegend ursächlich für den Fortbestand der Strafverfolgungsmaßnahme geworden ist, setzt also die Entschädigungspflicht wieder ein.[78] Hierbei hat der Beschuldigte allerdings gewisse, nicht immer vermeidbare Verzögerungen in Kauf zu nehmen, etwa die infolge von Erkrankung eines Richters um einen Monat verzögerte Führerscheinrückgabe.[79]

Ein Fall wieder eingetretener Entschädigungspflicht trotz grob fahrlässiger Verursachung der vorläufigen Maßnahme liegt z. B. vor, **wenn** nach dem Ergebnis der Blutuntersuchung **feststeht, daß mit der Verurteilung** des Beschuldigten **nicht gerechnet werden** kann, die vorläufige Führerscheinmaßnahme aber dennoch aufrechterhalten wird.[80] Dagegen entfällt das ursächliche Verschulden des Betroffenen für den Fortbestand der vorläufigen Führerscheinmaßnahme nicht ohne weiteres schon dadurch, daß das Gericht die Maßnahme nach einer schriftsätzlichen nicht widerlegbaren Einlassung zunächst bis zur Hauptverhandlung aufrechterhält, auch wenn diese Einlassung schließlich nur zur Verurteilung nach § 24 a StVG führt. Ist eine Klärung erst in einer Hauptverhandlung möglich, so bleibt die Entschädigung in derartigen Fällen auch für die Zeit bis zur Hauptverhandlung ausgeschlossen.[81] Trotz grob fahrlässig verursachter Führerscheinmaßnahme endet der Ausschluß der Entschädigung im Zeitpunkt der Hauptverhandlung auch dann, wenn die Fahrerlaubnis unter Aufrechterhaltung der vorläufigen Maßnahme gem. § 69 II StGB entzogen wird, obwohl aufgrund des Ergebnisses der Hauptverhandlung erkennbar war, **daß ein Regelfall nach § 69 II StGB wegen des Ausnahmecharakters der Tatumstände nicht vorlag**.[82]

Ebenso setzt die Entschädigungspflicht wieder ein, wenn das Ergebnis der Blutuntersuchung dazu führt, daß es nach den Umständen des Falles **gänzlich offen** ist, ob der Beschuldigte würde überführt werden können, der Führerschein aber gleichwohl nicht zurückgegeben wird.[83] War die Fahrerlaubnis gem. § 111 a StPO

---

76 Vgl. OLG Hamm MDR 73, 72; 75, 167; OLG Celle VRS 45, 375; OLG Stuttgart MDR 77, 338; LG Krefeld DAR 75, 25; LG Bochum NJW 72, 502; *Händel* BA 72, 281 (295); 75, 238 (250); vgl. auch OLG Hamm NJW 72, 1474; MDR 75, 167.
77 Vgl. Rn 1060.
78 Vgl. OLG Hamm MDR 73, 72; 75, 167; BA 76, 290; OLG Stuttgart MDR 77, 338; LG Krefeld DAR 75, 25.
79 Vgl. OLG Düsseldorf JMBl. NRW 82, 184 = MDR 82, 870.
80 Vgl. LG Krefeld DAR 75, 25; LG Flensburg MDR 76, 954; *D. Meyer* MDR 76, 954; vgl. auch *Händel* BA 72, 281 (295).
81 Vgl. OLG Zweibrücken VRS 55, 200.
82 Vgl. OLG Stuttgart NJW 87, 142.
83 Vgl. LG Bochum NJW 72, 502.

Ausnahmen 1078–1079

vorläufig entzogen worden, so sind in einem solchen Falle keine »dringenden Gründe« mehr für die Annahme vorhanden, daß die Fahrerlaubnis gem. § 69 StGB entzogen werden wird. Die vorläufige Entziehung der Fahrerlaubnis ist also gem. § 111 a II StPO aufzuheben.[84] Die weitere Aufrechterhaltung des Beschlusses nach § 111 a StPO ist daher, auch wenn der Beschuldigte die Führerscheinmaßnahme zunächst grob fahrlässig verursacht hat, die überwiegende Ursache für ihren Fortbestand, so daß der Beschuldigte für den von diesem Zeitpunkt an eintretenden Schaden zu entschädigen ist.

1078 Nicht anders zu beurteilen ist der Fall, daß der Führerschein bei **zugunsten des Angeklagten eingelegter Berufung**, die zum **Freispruch** führt, nach Ablauf der im erstinstanzlichen Urteil festgesetzten Sperrfrist weiter einbehalten wurde, obwohl zweifelhaft erschien, ob über diesen Zeitpunkt hinaus charakterliche Ungeeignetheit zu bejahen sein würde.[85] Zwar kann auch bei zugunsten des Angeklagten eingelegter Berufung das Berufungsgericht die im erstinstanzlichen Urteil festgesetzte Sperrfrist erneut bestimmen, ohne die zwischen den Urteilen verstrichene Zeit vorläufiger Entziehung zu berücksichtigen, selbst wenn anderenfalls die Sperre abgelaufen wäre; ein Verstoß gegen das Verschlechterungsverbot liegt hierin nicht.[86] Wie oben[87] erörtert, ist jedoch Voraussetzung, daß das noch auf gleiche Dauer fortbestehende Sicherungsbedürfnis der Allgemeinheit die erneute Festsetzung der im erstinstanzlichen Urteil erkannten Sperre erfordert. Ist aber nach Ablauf der im angefochtenen Urteil festgesetzten Sperre zweifelhaft, ob dies der Fall sein wird, so liegen dringende Gründe für die Annahme, daß die Fahrerlaubnis entzogen werden wird (§ 111 a I StPO), nicht mehr vor mit der Folge, daß die vorläufige Entziehung der Fahrerlaubnis gem. § 111 a II StPO aufzuheben ist. Wird diese nach § 111 a II StPO notwendige Maßnahme verabsäumt, so beruht der Fortbestand der vorläufigen Führerscheinmaßnahme ganz überwiegend auf diesem Unterlassen und nicht auf dem vorangegangenen grob fahrlässigen Verhalten des Angeklagten, das zu dem Verdacht führte, er habe sich durch eine Straftat als charakterlich ungeeignet zum Führen von Kraftfahrzeugen erwiesen. Der in der Berufungsinstanz freigesprochene Beschuldigte ist bei einer derartigen Sachlage also jedenfalls für die Zeit zu entschädigen, während der die vorläufige Entziehung der Fahrerlaubnis nach Ablauf der im erstinstanzlichen Urteil festgesetzten Sperrfrist aufrechterhalten blieb.[88]

1079 Wird der wegen einer Straftat verurteilte Angeklagte **im weiteren Rechtszug aufgrund der im wesentlichen gleichen tatsächlichen Feststellungen freigesprochen oder nur wegen Ordnungswidrigkeit nach § 24 a StVG verurteilt**, so ist zweifelhaft, ob ihm die durch ihn grob fahrlässig verursachte vorläufige Führerscheinmaßnahme über den Zeitpunkt seiner Verurteilung in erster Instanz noch zuzurechnen ist. Das erstinstanzliche Urteil war der Zeitpunkt, in dem im Rah-

---

84 Vgl. Rn 865.
85 Vgl. OLG Hamm MDR 73, 72; *Sieg* MDR 75, 515; *D. Meyer* zu § 5 Rn 74; vgl. auch OLG Hamm MDR 75, 167 (168).
86 Vgl. hierzu Rn 802.
87 Rn 802.
88 Vgl. auch *D. Meyer* zu § 5 Rn 74.

men einer umfassenden Würdigung aller Umstände erstmals festgestellt werden konnte, ob sich der Verdacht, den der Angeklagte grob fahrlässig gegen sich lenkte, bestätigte. Dies spricht für Entschädigung ab diesem Zeitpunkt.[89] Wäre nämlich schon das Gericht des ersten Rechtszugs aufgrund dieser Feststellungen zu dem auf den gleichen Feststellungen beruhenden Ergebnis der Berufungsinstanz gekommen, daß die ermittelten Tatsachen die Maßregel nicht rechtfertigen, so hätte es die vorläufige Entziehung der Fahrerlaubnis aufheben müssen. Daher wird in einem Beschluß des OLG Celle[90] der Standpunkt vertreten, daß es mit dem Zweck des Gesetzes über die Entschädigung von Strafverfolgungsmaßnahmen, die sog. Unschuldsklausel zu beseitigen, schwer vereinbar wäre, wenn dem Betroffenen wegen seines vorangegangenen grob fahrlässigen Verhaltens das volle Risiko der Sicherstellung und der vorläufigen Entziehung der Fahrerlaubnis bis zum rechtskräftigen Abschluß des Verfahrens aufgebürdet würde.

Nach wohl überwiegender Ansicht[91] ist dagegen in solchen Fällen das Ergebnis der Beweiswürdigung im zweiten Rechtszug nicht auf den Zeitpunkt des ersten Urteils zurückzuprojizieren. Vielmehr könne als Beurteilungsgrundlage für die Entschädigungsfrage nur der Sachverhalt in Betracht kommen, wie er sich im Zeitpunkt der Anordnung oder Fortdauer der vorläufigen Maßnahme darstellte. Entscheidend sei, bis zu welchem Zeitpunkt bei *sachgemäßer Ermittlungstätigkeit* die der Maßnahme zugrundeliegenden Verdachtsgründe gegeben waren. Diese Auffassung erkennt allerdings an, daß die Frage anders zu beurteilen ist, wenn im Vorverfahren oder in der Vorinstanz etwa grobe Fehler in der Beweiswürdigung zu einem offensichtlich unrichtigen Schuldspruch geführt haben und sich ein Freispruch bzw. die Außerverfolgungsetzung oder die Einstellung des Verfahrens schon zu einem früheren Zeitpunkt hätte abzeichnen müssen. Keinem Zweifel unterliegt es, daß die Entschädigung jedenfalls dann ausgeschlossen bleibt, wenn der Freispruch in der Berufungsinstanz auf einer früher von dem Angeklagten nicht vorgetragenen Einlassung beruht. Ist es auf ein Verhalten des Angeklagten zurückzuführen, daß er erst in zweiter Instanz *nicht* verurteilt worden ist, so ist ihm eine grob fahrlässig verursachte vorläufige Führerscheinmaßnahme über den Zeitpunkt der Verurteilung in erster Instanz hinaus stets zuzurechnen.[92]

dd) Bedeutung leichter Fahrlässigkeit

Hat der Betroffene die vorläufige Führerscheinmaßnahme nur **leicht fahrlässig** verursacht, so hat dies keinen Einfluß auf den Entschädigungsanspruch. Der 3. Zivilsenat des BGH[93] hat in einem Urteil vom 31. 10. 1974 die Auffassung vertreten, im Hinblick auf die fundamentale Bedeutung des § 254 BGB sei es dem Straf-

---

89 Vgl. OLG Celle VRS 45, 375; *Sieg* MDR 75, 515; *Hentschel* VM 76, 64; vgl. auch *Händel* VOR 73, 243 (255); str., vgl. dazu *D. Meyer* zu § 5 Rn 72 f.
90 OLG Celle VRS 45, 275; vgl. auch *Sieg* MDR 75, 515, der in diesem Zusammenhang darauf hinweist, daß nur eigenes Verhalten des Beschuldigten zum Verschulden gereichen könne.
91 Vgl. BayObLG DAR 89, 427 (krit. Anm. *Loos* JR 90, 438); OLG Koblenz VRS 50, 303; OLG Stuttgart VRS 50, 376; OLG Hamm NJW 72, 1477; MDR 75, 167; BA 76, 290; VRS 52, 435; 58, 69; LK (*Geppert*) zu § 69 Rn 197; *Kurz* BA 76, 250; *D. Meyer* zu § 5 Rn 72 ff (73).
92 Vgl. OLG Hamm BA 76, 290; vgl. auch *Sieg* MDR 75, 515; *Hentschel* VM 76, 64.
93 BGH NJW 75, 350 (351).

Ausnahmen

richter nicht verwehrt, bei leichter Fahrlässigkeit nur eine teilweise Entschädigung zu bewilligen. Diese Ansicht hat vereinzelt Zustimmung gefunden.[94] Indessen wird man die in §§ 4 bis 6 StrEG genannten Ausnahmen von dem Grundsatz der vollen Entschädigungspflicht als abschließende Regelung zu betrachten haben, die weitere Einschränkungen des Entschädigungsanspruchs unter Heranziehung von Vorschriften außerhalb des StrEG nicht erlaubt.[95]

3. Vorrang der Prüfung nach § 5 StrEG gegenüber § 6 StrEG

1082 Die Vorschrift des § 5 StrEG hat gegenüber der Bestimmung des § 6 StrEG, welche die Versagung der Entschädigung in das Ermessen des Gerichts stellt, den **Vorrang**. Erst wenn feststeht, daß eine Entschädigung nicht schon nach § 5 StrEG gesetzlich ausgeschlossen ist, bleibt Raum für die Erwägung, ob die Entschädigung aus Ermessensgründen nach § 6 StrEG vom Gericht zu versagen ist.[96] Unrichtig ist daher auch nach Annahme grob fahrlässigen Verhaltens i.S.d. § 5 II StrEG die Feststellung, außerdem sei die Entschädigung nach § 6 I Nr. 1 StrEG zu versagen.[97] Eine Entschädigung, die kraft Gesetzes ausgeschlossen ist, kann nicht mehr durch das Gericht versagt werden.

4. Versagung der Entschädigung (§ 6 StrEG)

1083 Auch **im Rahmen des § 6 StrEG** kommt es darauf an, ob und inwieweit der Fortbestand einer vorläufigen Führerscheinmaßnahme überwiegend durch den Betroffenen oder durch Maßnahmen oder unterlassene Maßnahmen der Strafverfolgungsbehörden verursacht worden ist.[98] Denn auch den Versagungstatbeständen des § 6 StrEG liegt der Gedanke des § 254 BGB zugrunde.[99] Eine Entschädigung kann nach § 6 StrEG daher nur für den Zeitraum versagt werden, für welchen den Beschuldigten der Vorwurf überwiegender Verursachung trifft.[100] Hat er den wirklichen Fahrzeugführer erst spät während des Strafverfahrens benannt, so ist die Entschädigung jedoch auch über diesen Zeitpunkt hinaus zu versagen, wenn der Verdacht gerechtfertigt war, es handele sich um eine unwahre Schutzbehauptung.[101]

1084 Nicht zuletzt auch wegen möglicherweise nach dem StrEG entstehender Entschädigungsansprüche besteht für die Strafverfolgungsbehörden die Pflicht, mit der gebotenen Beschleunigung zu arbeiten. Soweit allerdings in einem Beschluß des

---

94 Vgl. z. B. OLG Hamm NJW 75, 2033; LG Düsseldorf DAR 78, 166.
95 Vgl. auch *Schätzler* zu § 5 Rn 43; *Kleinknecht/Meyer-Goßner* zu § 5 StrEG Rn 13; *D. Meyer* zu § 5 Rn 5; NJW 76, 761; MDR 78, 367 (368); *Sieg* DAR 76, 11.
96 Vgl. BGH MDR 80, 417 (jedenfalls für die Fälle der Einstellung wegen Verjährung); OLG Düsseldorf MDR 88, 887; OLG Karlsruhe MDR 77, 1041; LG Flensburg VRS 68, 46; *D. Meyer* vor §§ 5, 6 Rn 17 ff. (19); MDR 78, 367 (368); *Schätzler* zu § 5 Rn 8;
a. M. OLG Schleswig NJW 76, 1467; BA 72, 281 (285) – bei *Händel*.
97 So aber OLG Hamm MDR 73, 72.
98 Vgl. KG VRS 44, 122.
99 Vgl. oben Rn 1060.
100 Vgl. KG VRS 44, 122;
a. M. *D. Meyer* zu § 6 Rn 15.
101 Vgl. OLG Bremen NStZ 89, 259 (bei *Janiszewski*); LK *(Geppert)* zu § 69 Rn 209.

KG vom 17. 11. 1972[102] dieses Gebot dadurch als verletzt angesehen wurde, daß das Gericht einen Termin zur Hauptverhandlung wegen der Inhaftierung des einzigen Belastungszeugen abgesetzt hat, statt dessen Aussage nach § 251 II StPO zu verlesen, gibt dies Anlaß zu Bedenken. Eine Prüfung der Frage, ob eine Zeugenaussage zu verlesen oder ob abzuwarten ist, bis der Zeuge vor Gericht erscheinen kann, könnte, wenn sie unter dem Gesichtspunkt des zu vermeidenden Entschädigungsanspruchs erfolgt, leicht zu unsachgemäßen Entscheidungen über den Verlauf des Verfahrens führen. Der notwendige Blick auch auf etwa entstehende Entschädigungsansprüche des Beschuldigten darf nicht dazu führen, daß eine Sache übers Knie gebrochen wird.[103]

III. Umfang des Entschädigungsanspruchs (§ 7 StrEG)

1. Wirtschaftliche Nachteile durch Ausschluß vom fahrerlaubnispflichtigen Verkehr

Für die **vorläufige Entziehung der Fahrerlaubnis als solche** entsteht kein Schadensersatzanspruch unter dem Gesichtspunkt, daß der Führerscheininhaber dadurch gehindert war, sein Kraftfahrzeug selbst zu benutzen. Voraussetzung ist vielmehr, daß er infolge der fehlenden Möglichkeit, das Fahrzeug legal persönlich zu führen, Aufwendungen – etwa für die **Heranziehung eines Fahrers** oder für die **Inanspruchnahme anderer Verkehrsmittel** – machen mußte.[104] Die durch Nichtbenutzung des eigenen Fahrzeugs ersparten Kosten sind dabei im Wege der Vorteilsausgleichung abzuziehen.[105] Im übrigen kann eine abstrakt berechnete, pauschalierte Entschädigung nicht verlangt werden, sondern nur Ersatz der finanziellen und wirtschaftlichen Nachteile, die durch die vorläufige Führerscheinmaßnahme konkret und adäquat verursacht worden sind.[106] Die von der Rechtsprechung entwickelten Grundsätze über den Schadensersatz bei Nutzungsausfall eines Kraftfahrzeugs führen nicht zu einem anderen Ergebnis.[107]

Dagegen ist in der Literatur[108] vereinzelt angenommen worden, entsprechend der Rechtsprechung zum Nutzungsausfall sei auch hier **der reine Nutzungsentgang** ersatzfähig, der darin liegt, daß der Beschuldigte für die Dauer der vorläufigen Führerscheinmaßnahme sein Fahrzeug nicht selbst lenken durfte. Diese Auffassung ist abzulehnen, denn sie bedeutet in Wahrheit nicht eine Übertragung der Rechtsprechung zum Nutzungsausfall bei Beschädigung eines Kraftfahrzeugs auf

---

102 KG VRS 44, 122; vgl. auch LG Krefeld DAR 75, 25 und *Händel* BA 75, 238 (250).
103 Vgl. auch *D. Meyer* zu § 2 Rn 15.
104 Vgl. BGH NJW 75, 347; 75, 2341; VersR 75, 257; OLG Celle NdsRpfl. 73, 103; LG Stuttgart NJW 73, 631; LG München DAR 73, 98; *Kleinknecht/Meyer-Goßner* zu § 7 StrEG Rn 4; *Löwe* DAR 72, 272.
105 Vgl. LG Flensburg DAR 99, 279.
106 Vgl. BGH VersR 75, 257; OLG Schleswig VersR 99, 200; vgl. auch BGH NJW 75, 347; 75, 350; 75, 2341; VersR 75, 763.
107 Vgl. BGH NJW 75, 347; OLG Celle NdsRpfl. 73, 103; LG Stuttgart NJW 73, 631; LG München DAR 73, 98; *D. Meyer* zu § 7 Rn 17 a; *Löwe* DAR 72, 272; *Händel* VOR 73, 243 (259); *Schulte* AnwBl. 74, 135 (136).
108 Vgl. *Nickel* DAR 72, 181.

den Umfang der Entschädigung nach § 7 StrEG, sondern sie stellt die Nutzung eines Kraftfahrzeugs und die dazu entwickelten Grundsätze der Nutzung einer Fahrerlaubnis gleich, indem sie der Fahrerlaubnis als solcher einen Vermögenswert zubilligt. Eine Entschädigung für den Nutzungsausfall eines Kraftfahrzeugs kommt nur in Betracht, wenn die Nichtbenutzbarkeit auf einer objektiven Beeinträchtigung der Gebrauchsfähigkeit des Fahrzeugs beruht,[109] also entweder Folge einer Einwirkung auf den Nutzungsgegenstand selbst ist[110] oder auf anderen den Gebrauch des Kraftfahrzeugs schlechthin ausschließenden Gründen beruht.[111] Vorläufige Führerscheinmaßnahmen beeinträchtigen jedoch nicht die Gebrauchsmöglichkeit des Kraftfahrzeugs selbst, sondern nur die Dispositionsfreiheit des Führerscheininhabers, der für die Dauer der Maßnahme das Fahrzeug nicht *selbst* führen darf.[112]

1087 Ein nach § 7 StrEG zu ersetzender Vermögensschaden liegt daher auch dann nicht vor, wenn ein Arbeitnehmer, dem der Arbeitgeber einen Pkw zur ausschließlichen, auch privaten Nutzung überlassen hat, infolge einer zeitweiligen Sicherstellung des Führerscheins ohne tatsächliche finanzielle Mehraufwendungen oder sonstige wirtschaftliche Nachteile vorübergehend nicht in der Lage war, das Fahrzeug selbst zu führen.[113] Ist der Betroffene persönlich haftender **Gesellschafter** einer KG, so kann allerdings ein nach § 7 StrEG ersatzfähiger Vermögensschaden darin begründet sein, daß er sich während der Dauer der vorläufigen Führerscheinmaßnahme von seiner bei der KG beschäftigten Sekretärin fahren ließ, sofern sich die Zweckentfremdung von deren Arbeitskraft bei dem Gesellschafter als Verlust ausgewirkt hat.[114] Der geschäftsführende Alleingesellschafter einer GmbH kann den der GmbH durch die vorläufige Maßnahme entstandenen Schaden als eigenen Schaden geltend machen.[115]

1088 **Verlust des Arbeitsplatzes** als Folge der vorläufigen Führerscheinmaßnahme kann ein nach StrEG ersatzfähiger Schaden sein, vorausgesetzt, die Kündigung beruht auf der durch die Maßnahme entfallenen Einsatzfähigkeit des Arbeitnehmers als Kraftfahrer.[116]

2. Anwaltskosten

1089 Nach inzwischen herrschender Meinung umfaßt der Anspruch auf Entschädigung nach § 7 StrEG auch den Ersatz der Auslagen, die für die Aufhebung einer Strafverfolgungsmaßnahme notwendig waren, soweit diese nicht schon nach §§ 465 ff.

---

109 Vgl. BGH NJW 75, 347; OLG Celle NdsRpfl. 73, 103; näher: *Jagusch/Hentschel* zu § 12 StVG Rn 40 ff.
110 Vgl. OLG Stuttgart NJW 73, 631; *Löwe* DAR 72, 272.
111 Vgl. BGH NJW 75, 347; LG München DAR 73, 98.
112 Vgl. BGH NJW 75, 347; 75, 2341; OLG Celle NdsRpfl. 73, 103; LG Stuttgart NJW 73, 631; LG München DAR 73, 98; *Löwe* DAR 72, 272; *Händel* VOR 73, 243 (259); *Schulte* AnwBl. 74, 135 (136).
113 Vgl. BGH NJW 75, 2341.
114 Vgl. BGH VersR 79, 179 = DAR 79, 171.
115 Vgl. BGH VR 91, 678 (auch bei geringfügiger Beteiligung eines Dritten am Gesellschaftskapital).
116 Vgl. BGH NJW 88, 1141.

StPO zu erstatten sind.[117] Hierzu gehören vor allem die dem Betroffenen **für die Inanspruchnahme anwaltlicher Hilfe entstandenen Kosten.**

IV. Verfahren

1. Zuständigkeit des das Verfahren abschließenden Gerichts (§ 8 I 1 StrEG)

Nach § 8 I 1 StrEG entscheidet über die Verpflichtung zur Entschädigung von Amts wegen, ohne daß es eines entsprechenden Antrags bedürfte,[118] das **Gericht, welches das Verfahren abschließt.** Das kann auch das Revisions-(Rechtsbeschwerde-)Gericht sein. Das **Revisions-(Rechtsbeschwerde-)Gericht** hat jedoch nur dann über die Entschädigungspflicht zu entscheiden, wenn es nach § 354 I StPO (§ 79 VI OWiG) in der Sache selbst erkennt oder sonst besonderen Anlaß hat.[119] § 7 II StrEG (Schaden von mehr als 50,– DM) bleibt in diesem Stadium des Verfahrens außer Betracht.[120]

2. Entscheidung in dem Urteil oder dem Beschluß, der das Verfahren abschließt (§ 8 I 1 StrEG)

Nach § 8 I 1 StrEG erfolgt die Entscheidung über die Verpflichtung zur Entschädigung grundsätzlich nicht durch besonderen Beschluß, sondern **in dem das Verfahren abschließenden** Urteil[121] oder Beschluß. Kein das Verfahren abschließender und somit zur Entscheidung über die Entschädigungspflicht Anlaß bietender Beschluß ist die vorläufige Einstellung nach § 154 II StPO.[122]

3. Entscheidung durch isolierten Beschluß (§ 8 I 2 StrEG)

Nur **ausnahmsweise,** wenn die Entscheidung in der Hauptverhandlung nicht möglich ist, entscheidet das Gericht nach Anhörung der Beteiligten **außerhalb der Hauptverhandlung** durch Beschluß: § 8 I 2 StrEG. Diese Vorschrift erfordert aber für die Zulässigkeit eines isolierten Beschlusses **keine absolute Unmöglichkeit** der Entscheidung in der Hauptverhandlung. Es genügt, daß noch Feststellungen erforderlich sind, die den Abschluß der Hauptverhandlung verzögern wür-

---

117 Vgl. BGH NJW 75, 2341; 77, 957; OLG Schleswig VersR 99, 200; OLG Nürnberg NJW 75, 352; LG Köln MDR 73, 607; LG Braunschweig NJW 73, 1661; LK *(Geppert)* zu § 69 Rn 213; *D. Meyer* Einleitung Rn 62 f., zu § 7 Rn 19; DAR 92, 235 (236); *Schätzler* zu § 7 Rn 22; *Kleinknecht/Meyer-Goßner* zu § 7 StrEG Rn 5; *Schulte* AnwBl. 74, 135 (136 f.); *H. Schmidt* NJW 73, 1167;
a. M. z. B. OLG München MDR 76, 56; GStA Nürnberg MDR 73, 160; LG München NJW 73, 2305; *Händel* VOR 73, 243 (259); *Stoll* JZ 76, 281 (284).
118 Vgl. OLG Düsseldorf VRS 97, 146;
119 Vgl. OLG Frankfurt DAR 73, 161; *Schätzler* zu § 8 Rn 17.
120 Vgl. AG Münster MDR 73, 249; *Händel* BA 75, 238 (252).
121 Der Strafbefehl steht insoweit einem Urteil gleich, s. *D. Meyer* MDR 92, 219.
122 Vgl. KG GA 73, 243; *Schätzler* zu § 2 Rn 19, § 3 Rn 13; ebenso, jedenfalls bei Einstellung im Hinblick auf eine zu erwartende oder noch nicht rechtskräftige Verurteilung: OLG Bremen NJW 76, 2357; OLG Stuttgart MDR 92, 499;
a. M. OLG Düsseldorf VRS 73, 457; LG Hamburg NJW 74, 373; *Sieg* NJW 75, 1397; *Kleinknecht/Meyer-Goßner* zu § 8 StrEG Rn 2; differenzierend *D. Meyer* zu § 3 Rn 16 b ff.

den.¹²³ Obwohl jedoch die Entscheidung außerhalb der Hauptverhandlung nach dem Sinn des § 8 I StrEG die Ausnahme bleiben muß,¹²⁴ legt die Praxis die Bestimmung des § 8 I 2 StrEG häufig recht extensiv aus und macht von der Möglichkeit der Entscheidung durch besonderen Beschluß auch dann Gebrauch, wenn zwar keine weiteren Feststellungen getroffen werden müssen, die Entscheidung in der Hauptverhandlung jedoch wegen der besonderen Schwierigkeiten des Falles zu Verzögerungen führen würde und daher untunlich erscheint. Diese Praxis ist von der höchstrichterlichen Rechtsprechung mit Recht gebilligt oder doch für vertretbar erklärt worden.¹²⁵ So führt etwa ein Beschluß des OLG Düsseldorf vom 11. 5. 1973¹²⁶ aus, ein isolierter Beschluß könne auch in anderen Fällen als denen der Unmöglichkeit einer Entscheidung in der Hauptverhandlung ergehen; die Vorschrift des § 8 I 2 StrEG beschränke seine Zulässigkeit entgegen ihrem Wortlaut nicht auf die Fälle, in denen eine Entscheidung in der Hauptverhandlung nicht möglich ist.¹²⁷ In einem Beschluß des OLG Hamm¹²⁸ heißt es, die angefochtene Entscheidung sei zwar entgegen der Vorschrift des § 8 I 1 StrEG durch Beschluß der Kammer in anderer Besetzung außerhalb der Hauptverhandlung ergangen; der Senat trage jedoch keine – durchgreifenden – Bedenken gegen dieses Verfahren, da es jedenfalls (wenn auch unter einer Einschränkung) gem. § 8 I 2 des Gesetzes ausdrücklich vorgesehen sei und daher – zumindest aus praktischen Erwägungen heraus – hingenommen werden könne. Zutreffend weist das OLG Stuttgart¹²⁹ darauf hin, daß das Gesetz eine praktischen Bedürfnissen entsprechende Auslegung in dem Sinne zuläßt, daß »nach Möglichkeit«, »tunlichst« in der Hauptverhandlung zu entscheiden ist, das Gericht aber, wenn es eine Entscheidung in der Hauptverhandlung ohne größere Verzögerungen nicht für möglich hält, nach seinem pflichtgemäßen Ermessen aus Gründen der Zweckmäßigkeit auch noch außerhalb der Hauptverhandlung über die Entschädigungsverpflichtung befinden darf.

1093 Über die Verpflichtung zur Entschädigung kann auch dann im isolierten Beschlußverfahren entschieden werden, **wenn die das Verfahren abschließende Entscheidung außerhalb der Hauptverhandlung ergangen ist.** Dies hat das OLG Hamm¹³⁰ für einen Fall entschieden, in dem das Verfahren außerhalb der Hauptverhandlung gem. § 153 II StPO eingestellt worden war, ohne daß der Einstellungsbeschluß einen Ausspruch über die Entschädigungspflicht enthielt. Hindernisse, die eine Entscheidung über die Verpflichtung zur Entschädigung in einem besonderen Beschluß rechtfertigen, können, worauf das OLG Hamm in dem erwähnten Beschluß hinweist, auch dann bestehen, wenn keine Hauptverhandlung stattgefunden hat. Die Notwendigkeit, z. B. eine Entscheidung über die

---

123 Vgl. auch *D. Meyer* zu § 8 Rn 19; *Schätzler* zu § 8 Rn 13; *Naton* NJW 73, 479.
124 Vgl. auch LK *(Geppert)* zu § 69 Rn 219; *Schätzler* zu § 8 Rn 13; *Naton* NJW 73, 479.
125 Vgl. OLG Stuttgart Justiz 72, 327; OLG Düsseldorf NJW 73, 1660; OLG Hamm BA 74, 353; zustimmend *Händel* BA 75, 238; *Kleinknecht/Meyer-Goßner* zu § 8 StrEG Rn 7;
   a. M. LG Bautzen NStZ 96, 446; *D. Meyer* zu § 8 Rn 17 ff.
126 OLG Düsseldorf NJW 73, 1660.
127 Ebenso OLG Düsseldorf VRS 97, 146.
128 OLG Hamm BA 74, 353.
129 OLG Stuttgart Justiz 72, 327.
130 OLG Hamm NJW 74, 374; vgl. auch *Händel* BA 75, 238 (239).

Einstellung bis zu einer möglichen Klärung der Entschädigungsfrage zurückzustellen, sei nicht überzeugend zu begründen, zumal es die Fürsorgepflicht des Gerichts gegenüber dem Beschuldigten gebiete, ihn bei Entscheidungsreife der Hauptsache nicht weiter im ungewissen über den Ausgang des Verfahrens zu lassen.

Ist die Entscheidung über die Entschädigungspflicht in dem das Verfahren abschließenden Urteil oder Beschluß **versehentlich unterblieben,** so kann sie stets nachgeholt werden.[131] Das Schweigen der abschließenden Entscheidung ist **keine stillschweigende Ablehnung** der Entschädigung.[132] Nach anderer Meinung[133] soll dagegen das Unterlassen des Entschädigungsausspruchs in der das Verfahren abschließenden Entscheidung als stillschweigende Ablehnung anzusehen sein, die der sofortigen Beschwerde nach § 8 III StrEG unterliege. Dem ist entgegenzuhalten, daß, anders als § 464 StPO für die Kosten- und Auslagenentscheidung, § 8 StrEG nicht bestimmt, daß jede Sachentscheidung zugleich einen Ausspruch über die Entschädigungsfrage enthalten muß, diese Vorschrift vielmehr ausdrücklich die Möglichkeit des isolierten Beschlußverfahrens vorsieht.[134] Die Beteiligten können die Nachholung einer unterbliebenen Entscheidung über die Verpflichtung zur Entschädigung durch Antrag, notfalls durch sofortige Beschwerde, erreichen.[135] Auch wenn im Urteil **teilweise über die Entschädigung entschieden** ist (z. B. hinsichtlich vorläufiger Festnahme), kann wegen anderer Maßnahmen (z. B. vorläufige Führerscheinmaßnahmen) nachträglich durch Beschluß entschieden werden.[136]

4. Verfahren nach Einstellung durch die Staatsanwaltschaft (§ 9 StrEG)

§ 9 StrEG regelt das Verfahren über die Entschädigungsentscheidung bei Einstellung des Verfahrens durch die Staatsanwaltschaft. Danach entscheidet auf Antrag des Beschuldigten grundsätzlich das Amtsgericht am Sitz der Staatsanwaltschaft. Dieses darf den Antrag nicht unter Hinweis auf § 7 II StrEG ablehnen, weil ein Vermögensschaden von mehr als 50,- DM nicht nachgewiesen sei; denn diese Vorschrift betrifft nicht den *Grund* des Entschädigungsanspruchs, sondern dessen Höhe, die erst später im Verfahren nach § 10 StrEG durch die Landesjustizverwaltung zu prüfen ist.[137]

---

131 Vgl. OLG Düsseldorf NZV 94, 490; VRS 97, 146; **a. M.** LG Bautzen NStZ 96, 446.
132 Vgl. OLG Karlsruhe StV 84, 474; OLG Koblenz GA 85, 461; OLG Düsseldorf NJW 73, 1660; OLG Hamm NJW 74, 374; OLG Stuttgart Justiz 72, 327; OLG Zweibrücken VRS 47, 443; LG Braunschweig NJW 73, 210; LG Bonn MDR 75, 76; *Kleinknecht/Meyer-Goßner* zu § 8 StrEG Rn 7; *D. Meyer* zu § 8 Rn 26; MDR 92, 219; *Schätzler* zu § 8 Rn 16; *Händel* BA 75, 238; VOR 73, 243 (256).
133 Zum Beispiel *Naton* NJW 73, 479; ihm folgend *Seier* GA 80, 405 (409).
134 Vgl. OLG Karlsruhe StV 84, 474; LG Braunschweig NJW 73, 210; *Schätzler* zu § 8 Rn 16.
135 Vgl. OLG Düsseldorf VRS 73, 457; LG Braunschweig NJW 73, 210; LG Flensburg DAR 82, 338; *Händel* BA 75, 238; *D. Meyer* MDR 92, 219 (220).
136 Vgl. LG Bonn MDR 75, 76; *D. Meyer* zu § 8 Rn 20.
137 Vgl. AG Münster MDR 73, 249; *Händel* BA 75, 238 (252).

5. Verzicht des Betroffenen

1096 Nach überwiegender Auffassung[138] hat eine Entscheidung über die Verpflichtung zur Entschädigung selbst dann zu ergehen, wenn der Beschuldigte ausdrücklich erklärt, er verzichte auf Entschädigung. Diese Meinung wird damit begründet, daß auch im Falle eines wirksamen Verzichts des von der Strafverfolgungsmaßnahme unmittelbar Betroffenen gem. § 11 StrEG Ersatzansprüche gesetzlich Unterhaltsberechtigter bestehen könnten. Da das Betragsverfahren jedoch erst beginnen könne, nachdem das den Strafgerichten obliegende Verfahren über die Feststellung der Entschädigungspflicht rechtskräftig abgeschlossen sei, müsse es ausgeschlossen sein, daß ein Beschuldigter durch einen im Verfahren nach § 8 StrEG ausgesprochenen Verzicht auf den möglicherweise bestehenden Anspruch jedem Antragsrecht der Personen, denen er kraft Gesetzes unterhaltspflichtig ist, von vornherein die Grundlage entzieht. Diese Überlegung wäre zutreffend, wenn eine Entschädigungsentscheidung, die in dem das Verfahren abschließenden Urteil oder Beschluß unterblieben ist, obwohl sie möglich war, nicht nachgeholt werden könnte. Da eine Nachholung jedoch im isolierten Beschlußverfahren immer möglich ist,[139] werden Ansprüche Unterhaltsberechtigter durch eine auf den Verzicht des Beschuldigten unterbliebene Entscheidung über die Entschädigungsfrage nicht blockiert. Es ist daher der Ansicht zuzustimmen, wonach ein Verzicht des Beschuldigten die Entscheidung nach § 8 StrEG zunächst entbehrlich macht.[140]

6. Betragsverfahren

1097 Das sog. Betragsverfahren ist in § 10 StrEG geregelt. Danach entscheidet die Landesjustizverwaltung über die Höhe des Ersatzanspruchs auf Antrag des Betroffenen. Wird der Zahlungsanspruch ganz oder teilweise abgelehnt, so kann der Betroffene innerhalb von drei Monaten nach Zustellung der Entscheidung Klage beim Landgericht (Zivilkammer) erheben (§ 13 StrEG).[141] Unvollständige Rechtsbehelfsbelehrung des ablehnenden Bescheides hindert den Fristbeginn nicht.[142] Das Zivilgericht darf, wenn das Strafgericht die uneingeschränkte Entschädigungspflicht nach § 8 StrEG festgestellt hat, im Verfahren über die Höhe des zu ersetzenden Schadens die Verursachung der vorläufigen Führerscheinmaßnahme durch den Betroffenen nicht erneut im Rahmen des § 254 BGB berücksichtigen. Die Berücksichtigung der Mitverursachung unter Anwendung des § 254 BGB ist vielmehr dem Strafgericht vorbehalten.[143]

---

138 Vgl. BGH NJW 90, 1000; OLG Düsseldorf VRS 97, 146; OLG München NJW 73, 721; KG VRS 72, 380; *Händel* BA 75, 238 (239); *Kleinknecht/Meyer-Goßner* zu § 8 StrEG Rn 3 sowie *Seebode* NStZ 82, 144 (146), soweit ein Fall des § 11 StrEG nicht auszuschließen ist.
139 Vgl. hierzu Rn 1092–1094.
140 So z. B. *D. Meyer* vor §§ 1–6 Rn 13 ff. (18, 19) sowie JurBüro 87, 1601 (1608); *Schätzler* zu § 8 Rn 11; *Händel* VOR 73, 243 (257 f.); OLG Stuttgart MDR 92, 897 (jedoch nur, wenn Unterhaltsberechtigte nicht vorhanden sind).
141 Zur Bedeutung der im Betragsverfahren zu wahrenden Fristen s. BGH DAR 89, 294.
142 Vgl. BGH DAR 83, 293.
143 Vgl. BGH NJW 75, 350; VersR 75, 257.

7. Rechtsmittel

Die Entscheidung des Gerichts über die Verpflichtung zur Entschädigung ist mit **1098** der **sofortigen Beschwerde** anfechtbar (§§ 8 III, 9 II StREG), und zwar auch dann, wenn die Hauptentscheidung kraft Gesetzes (z. B. § 153 II 4 StPO) oder aber mangels Beschwer (z. B. § 206 a StPO) nicht anfechtbar ist. Kommt das Unterlassen der gebotenen Entscheidung einer Ablehnung gleich, so kann auch dies mit der sofortigen Beschwerde angefochten werden.[144]

Soll das angefochtene Urteil in bezug auf die Entschädigungsfrage auch für den **1099** Fall überprüft werden, daß die Hauptentscheidung – sei es auch mit anderer Begründung – bestehenbleibt, so bedarf es hierzu der **gesonderten Anfechtung mit der sofortigen Beschwerde**. Die Berufung oder Revision ergreift nicht zugleich die Entscheidung über die Entschädigungspflicht.[145] Insoweit gilt das gleiche wie bei der Entscheidung über Kosten und Auslagen.[146] Eine Umdeutung der Berufung oder Revision in eine gleichzeitige sofortige Beschwerde gegen die Entscheidung nach § 8 StREG ist daher nicht möglich.[147] Das gegen das Urteil gerichtete Rechtsmittel kann vielmehr nur dann zugleich als sofortige Beschwerde gegen die Entscheidung über die Entschädigungspflicht behandelt werden, wenn innerhalb der Beschwerdefrist zum Ausdruck kommt, daß auch diese Entscheidung angegriffen werde.[148] Denn das gegen ein Urteil eingelegte Rechtsmittel ergreift dieses nur insoweit, als für die Anfechtung einzelner Nebenentscheidungen keine speziellen Rechtsmittel gegeben sind.[149]

Ändert das Rechtsmittelgericht entgegen diesen Grundsätzen, obwohl es das **1100** Rechtsmittel hinsichtlich der Hauptentscheidung verwirft, das angefochtene Urteil, soweit es die Entschädigungspflicht betrifft, so steht dem dadurch Beschwerten dagegen die sofortige Beschwerde zu, ohne daß dem die Vorschrift des § 310 II StPO entgegenstünde.[150]

Eine nach Revisionseinlegung zwar **innerhalb der Revisionsrechtfertigungs- 1101 frist**, aber **nach Ablauf der Frist des § 311 II StPO** eingelegte sofortige Beschwerde gem. § 8 III StREG ist verspätet. Es ist nicht möglich, nach Ablauf der Frist des § 311 II StPO wirksam zu erklären, das Rechtsmittel solle zugleich als sofortige Beschwerde gegen die Entscheidung über die Entschädigung behandelt werden.[151] In einem 1972 ergangenen Beschluß hat das BayObLG[152] einen abweichenden Standpunkt vertreten mit dem Bemerken, die Ansicht, wonach innerhalb der Frist

---

144 Vgl. OLG Düsseldorf VRS 97, 146.
145 Vgl. BGH NJW 73, 336, allerdings für die Kosten- und Auslagenentscheidung; BayObLG VRS 43, 282; OLG Celle VRS 50, 122; OLG Karlsruhe NJW 72, 2323; OLG Frankfurt NJW 74, 202; OLG Düsseldorf JMBl. NRW 88, 33; LK *(Geppert)* zu § 69 Rn 223; *Schätzler* zu § 8 Rn 42; *Kleinknecht/Meyer-Goßner* zu § 8 StREG Rn 18.
146 Vgl. BayObLG VRS 43, 282; OLG Celle VRS 50, 122.
147 Vgl. OLG Karlsruhe NJW 72, 2323 (krit. *Geppert* in LK zu § 69 Rn 223).
148 Vgl. OLG Frankfurt NJW 74, 202; LK *(Geppert)* zu § 69 Rn 223.
149 Vgl. OLG Karlsruhe NJW 72, 2323; vgl. hierzu *Seier* GA 80, 405 (414 ff.).
150 Vgl. OLG Celle VRS 50, 122.
151 Vgl. BGH NJW 73, 336 (für die Kosten- und Auslagenentscheidung); OLG Frankfurt NJW 74, 202; vgl. hierzu auch OLG Celle VRS 50, 122.
152 BayObLG VRS 43, 282.

des § 311 II StPO zum Ausdruck gebracht werden müsse, daß auch die Nebenentscheidung angefochten sein solle, sei schwerlich mit dem Rechtsgedanken des § 300 StPO vereinbar. Der Auffassung des BayObLG widersprechen der BGH[153] und das OLG Frankfurt[154] mit dem zutreffenden Hinweis auf die Fristvorschrift des § 311 II StPO, mit der die Meinung des BayObLG unvereinbar ist.

1102 Ein in der **Hauptsache ganz oder teilweise erfolgreiches Rechtsmittel** führt allerdings auch dann immer zur Aufhebung des Ausspruchs über die Entschädigungspflicht, wenn gegen diesen Ausspruch keine sofortige Beschwerde eingelegt worden ist.[155] Denn die Entscheidung nach § 8 StrEG ist wie die Entscheidung über die Kosten und Auslagen eine Annexentscheidung, die nicht bestehenbleiben kann, wenn die Hauptentscheidung, die ihre Grundlage bildet, ganz oder teilweise aufgehoben wird.[156]

1103 Die **Wertgrenze des § 304 III StPO** gilt im Verfahren nach dem StrEG nicht. Eine entsprechende Anwendung der Vorschrift auf die sofortige Beschwerde nach § 8 III StrEG kommt nicht in Betracht.[157]

8. Kosten und Auslagen

1104 Die Entscheidung nach § 8 StrEG über die Verpflichtung zur Entschädigung ist Teil des Hauptverfahrens, und zwar auch dann, wenn sie außerhalb der Hauptverhandlung durch isolierten Beschluß ergeht. Sie ist daher keiner selbständigen Entscheidung über Kosten und Auslagen zugänglich.[158]

---

153 BGH NJW 73, 336.
154 OLG Frankfurt NJW 74, 202.
155 Vgl. BayObLG VRS 43, 369; 43, 282; NZV 94, 285; OLG Düsseldorf NZV 98, 383.
156 Vgl. BayObLG VRS 43, 369; NZV 94, 285.
157 Vgl. OLG München NJW 73, 721; KG JR 81, 524; LK *(Geppert)* zu § 69 Rn 222; *Kleinknecht/ Meyer-Goßner* zu § 8 StrEG Rn 20;
   a. M. OLG Düsseldorf JMBl. NRW 78, 170; *Schätzler* zu § 8 Rn 30.
158 Vgl. OLG Bremen MDR 75, 602.

Anhang

Feststellung von Alkohol-, Medikamenten- und Drogeneinfluss bei Straftaten und Ordnungswidrigkeiten; Sicherstellung und Beschlagnahme von Führerscheinen[1]

1. **Allgemeines**

2. **Atemalkoholprüfung**
2.1 Verfahren bei der Atemalkohlmessung
2.1.1 Belehrung
2.1.2 Gewinnung der Atemprobe
2.1.3 Messprotokoll
2.2 Löschung der personenbezogenen Daten

3. **Körperliche Untersuchung und Blutentnahme**
3.1 Rechtliche Grundlagen
3.1.1 Beschuldigte und Betroffene
3.1.2 Andere Personen
3.1.3 Verstorbene
3.2 Gründe für die Anordnung
3.2.1 Regelfälle für die Anordnung
3.2.2 Verkehrsordnungswidrigkeiten
3.2.3 Unklare Verdachtslage
3.2.4 Verdacht auf Medikamenten- und Drogeneinfluss
3.3 Verzicht auf die Anordnung
3.3.1 Privatklagedelikte, leichte Vergehen, Ordnungswidrigkeiten, Ergebnis der Atemalkoholprüfung
3.3.2 Ausnahmen
3.4 Zuständigkeit für die Anordnung
3.5 Verfahren bei der Blutentnahme
3.5.1 Entnahme der Blutprobe
3.5.2 Protokoll
3.5.3 Anordnung/Anwendung von Zwang
3.5.4 Zweite Blutentnahme
3.5.5 Sicherung der Blutproben
3.6 Verfahren bei der Untersuchung

4. **Urinproben**

5. **Haarproben**

6. **Vernichtung des Untersuchungsmaterials**
6.1 Untersuchungsproben
6.2 Untersuchungsbefunde

7. **Sicherstellung/Beschlagnahme von Führerscheinen**
7.1 Voraussetzungen
7.1.1 Atemalkohlprüfung
7.1.2 Weigerung
7.2 Verfahren
7.2.1 Abgabe an die Staatsanwaltschaft
7.2.2 Rückgabe an Betroffene
7.2.3 Ausländische Führerscheine

8. **Bevorrechtigte Personen**
8.1 Angeordnete
8.2 Diplomatinnen, Diplomaten u. a.
8.3 Stationierungsstreitkräfte
8.3.1 Grundsätze
8.3.2 Erlaubnisse zum Führen dienstlicher Kraftfahrzeuge
8.3.3 Erlaubnisse zum Führen privater Kraftfahrzeuge

9. **Kosten**

10. **Inkrafttreten**

---

[1] Von den Bundesländern vereinbarte Richtlinien, in der für Niedersachsen in NdsRpfl. 99, 332 veröffentlichten Fassung v. 18. 10. 1999.

1. Allgemeines

Bei Verdacht einer unter der Einwirkung von Alkohol oder anderen, allein oder im Zusammenwirken mit Alkohol auf das Zentralnervensystem wirkenden Stoffen (Medikamente, Drogen) begangenen Straftat oder Ordnungswidrigkeit ist zu prüfen, ob eine Atemalkoholprüfung, eine körperliche Untersuchung, eine Blutentnahme, eine Urinprobe oder eine Haarprobe in Betracht kommen. Besonders wichtig sind diese Maßnahmen bei Verdacht schwerwiegender Straftaten und Verkehrsstraftaten, bei denen zudem eine Sicherstellung oder Beschlagnahme von Führerscheinen (Nr. 7) in Betracht kommen kann, sowie bei Ordnungswidrigkeiten nach § 24 a StVG.

2. Atemalkoholprüfung

Die Atemalkoholprüfungen (Vortest und Atemalkoholmessung) sind keine körperlichen Untersuchungen im Sinne des § 81 a StPO. Eine rechtliche Grundlage für ihre zwangsweise Durchsetzung besteht nicht. Sie können daher, und weil sie ein aktives Mitwirken erfordern, nur mit Einverständnis der betroffenen Person durchgeführt werden und sollen die Entscheidung über die Anordnung einer Blutentnahme erleichtern. Die Atemalkoholmessung mittels Atemalkoholmessgeräts dient darüber hinaus auch der Feststellung, ob die in § 24 a Abs. 1 StVG genannten Atemalkoholwerte erreicht oder überschritten sind. Wird die Atemalkoholprüfung abgelehnt oder das Test- bzw. Messgerät nicht vorschriftsmäßig beatmet, sind bei Verdacht auf rechtserheblichen Alkoholbeeinflussung eine körperliche Untersuchung und die Blutentnahme anzuordnen. Für die Belehrung gilt Nr. 2.1.1 entsprechend auch für den Vortest.

2.1 Verfahren bei der Atemalkoholmessung

Die Verwertbarkeit der Atemalkoholmessung als Beweismittel hängt entscheidend davon ab, dass Fehlmessungen zu Lasten der betroffenen Person sicher ausgeschlossen werden. Deshalb darf die Atemalkoholmessung nur unter Beachtung der folgenden Regeln durchgeführt werden.

2.1.1 Belehrung

Vor Durchführung der Atemalkoholmessung ist die betroffene Person ausdrücklich darüber zu belehren, dass die Messung nur mit ihrem Einverständnis durchgeführt wird. Der betroffenen Person ist dabei zu eröffnen, welche Straftat oder Ordnungswidrigkeit ihr zur Last gelegt wird. Ablauf und Zweck der Messung sind zu erläutern, und auf die Folgen einer Weigerung oder einer nicht vorschriftsmäßigen Beatmung des Messgerätes ist hinzuweisen.

2.1.2 Gewinnung der Atemprobe

Zur Atemalkoholmessung dürfen nur von der Physikalisch-Technischen Bundesanstalt Braunschweig und Berlin zugelassene und von den zuständigen Eichbehörden gültig geeichte Atemalkoholmessgeräte verwendet werden. Die Messung muss von dazu ausgebildeten Personen unter Beachtung des in DIN VDE 0405 Teil 3 beschriebenen Verfahrens und der für das jeweilige Messgerät gültigen Gebrauchsanweisung durchgeführt werden.

Der Messvorgang, der sich aus zwei Einzelmessungen zusammensetzt, darf frühestens 20 Minuten nach Trinkende erfolgen (Wartezeit).

Das Messpersonal achtet dabei besonders auf Umstände, durch die der Beweiswert der Messergebnisse beeinträchtigt werden kann, vergewissert sich, dass die Gültigkeitsdauer der Eichung nicht abgelaufen ist, die Eichmarke unverletzt it, das Messgerät keine Anzeichen einer Beschädigung aufweist und stellt namentlich sicher, dass die Daten der betroffenen Person ordnungsgemäß in das Messgerät eingegeben werden, das Mundstück des Messgerätes gewechselt wurde und die betroffene Person in einer Kontrollzeit von mindestens 10 Minuten vor Beginn der Messung keine Substanzen aufnimmt, also insbesonder nicht isst oder trinkt, kein Mundspray verwendet und nicht raucht. Die Kontrollzeit kann in der Wartezeit enthalten sein. Während der Messung ist auf die vorschriftsgemäße Beatmung des Messgerätes zu achten. Nach der Messung hat sich das Messpersonal davon zu überzeugen, dass die im Anzeigefeld des Messgerätes abgelesene Atemalkoholkonzentration mit dem Ausdruck des Messprotokolls übereinstimmt. Zeigt das Messgerät eine ungültige Messung an und liegt die Ursache in einem Verhalten der zu untersuchenden Person, so ist bei der Wiederholungsmessung auf eine Vermeidung zu achten.

2.1.3 Messprotokoll

Die Einhaltung des für die Atemalkoholmessung vorgeschriebenen Messverfahrens (vgl. Nr. 2.1.2) ist mittels Messprotokoll und durch Unterschrift des Messpersonals zu dokumentieren. Für Rückfragen ist neben der Unterschrift auch der Familienname und die Dienststelle der den Test durchführenden Person anzugeben. Das Protokollblatt ist zu den Ermittlungsakten zu nehmen.

2.2 Löschung der personenbezogenen Daten

Nach Durchführung der Messungen und Ausdruck des Messprotokolls sind die personenbezogenen Daten aus dem Messgerät zu löschen.

3. Körperliche Untersuchung und Blutentnahme

3.1 Rechtliche Grundlagen

3.1.1 Beschuldigte und Betroffene

Bei Beschuldigten und Betroffenen sind ohne ihre Einwilligung die körperliche Untersuchung sowie die Blutentnahme zur Feststellung von Tatsachen zulässig, die für das Verfahren von Bedeutung sind, wenn kein Nachteil für ihre Gesundheit zu befürchten ist (§ 81 a Abs. 1 StPO, § 46 Abs. 1 OWiG). Betroffene haben jedoch nur die Blutentnahme und andere geringfügige Eingriffe zu dulden (§ 46 Abs. 4 OWiG).

3.1.2 Andere Personen

Bei anderen Personen als Beschuldigten oder Betroffenen ist ohne ihre Einwilligung

- die körperliche Untersuchung nur zulässig, wenn sie als Zeuginnen und Zeugen in Betracht kommen und zur Erforschung der Wahrheit festgestellt werden muss, ob sich an ihrem Körper eine bestimmte Spur oder Folge einer Straftat oder einer Ordnungswidrigkeit befindet (§ 81 c Abs. 1 StPO, § 46 Abs. 1 OWiG);
- die Blutentnahme nur zulässig, wenn kein Nachteil für ihre Gesundheit zu befürchten und die Maßnahme zur Erforschung der Wahrheit unerlässlich ist (§ 81 c Abs. 2 StPO, § 46 Abs. 1 OWiG).

In diesen Fällen können die Untersuchung und die Blutentnahme aus den gleichen Gründen wie das Zeugnis verweigert werden; beide Maßnahmen sind ferner unzulässig, wenn sie der betroffenen Person bei Würdigung aller Umstände nicht zugemutet werden können (§ 81 c Abs. 3, 4 StPO, § 46 Abs. 1 OWiG).

3.1.3 Verstorbene

Bei Leichen sind Blutentnahmen zur Beweissicherung nach § 94 StPO zulässig.

3.2 Gründe für die Anordnung

3.2.1 Regelfälle für die Anordnung

Eine körperliche Untersuchung und eine Blutentnahme sind in der Regel anzuordnen bei Personen, die verdächtig sind, unter der Einwirkung von Alkohol und/oder von sonstigen auf das Zentralnervensystem wirkenden Stoffen (Medikamenten, Drogen)

eine **Straftat** begangen zu haben, namentlich

- ein Fahrzeug im Straßenverkehr geführt zu haben mit 0,3 Promille oder mehr Alkohol im Blut oder einer Alkoholmenge im Körper, die zu einer solchen Blutalkoholkonzentration führt, wenn es infolge des Alkoholkonsums zu Ausfallserscheinungen, einer verkehrswidrigen Fahrweise oder einem Verkehrsunfall gekommen ist;
- ein Kraftfahrzeug im Straßenverkehr geführt zu haben mit 1,1 Promille oder mehr Alkohol im Blut oder einer Alkoholmenge im Körper, die zu einer solchen Blutalkoholkonzentration führt;

Richtlinien »Alkohol- und Drogeneinfluß«

- ein Fahrrad im Straßenverkehr geführt zu haben mit 1,6 Promille oder mehr Alkohol im Blut oder einer Alkoholmenge im Körper, die zu einer solchen Blutalkoholkonzentration führt;
- ein Schienenbahn- oder Schwebebahnfahrzeug, ein Schiff oder ein Luftfahrzeug geführt zu haben, obwohl aufgrund der Gesamtumstände angenommen werden muss, dass sie nicht in der Lage waren, das Fahrzeug sicher zu führen;

eine **Ordnungswidrigkeit** begangen zu haben, namentlich

- im Straßenverkehr ein Kraftfahrzeug unter der Wirkung eines in der Anlage zu § 24 a StVG genannten berauschenden Mittels geführt zu haben (§ 24 a Abs. 2 StVG);
- ein Wasserfahrzeug geführt zu haben mit einer Blutalkoholkonzentration von 0,8 oder mehr Promille oder einer Alkoholmenge im Körper, die zu einer solchen Blutalkoholkonzentration führt, sofern Schifffahrtspolizeiverordnungen entsprechende Bußgeldtatbestände enthalten;
- nach § 3 Abs. 3 und § 61 Abs. 1 Nr. 1 SeeSchStrO i.V.m. § 15 Abs. 1 Nr. 2 Seeaufgabengesetz oder § 7 Abs. 1 Binnenschifffahrtsaufgabengesetz;
- nach § 8 Abs. 3 Nr. 1, Abs. 4, 5 und § 45 Abs. 2 Nrn. 2 a, 3 a und 4 a BOKraft i.V.m. § 61 Abs. 1 Nr. 4 PBefG;
- nach § 1 Abs. 3 und § 43 Nr. 3 LuftVO i.V.m. § 58 Abs. 1 Nr. 10 LuftVG.

3.2.2 Verkehrsordnungswidrigkeiten

Bei Personen, die ausschließlich verdächtig sind, eine vorsätzliche oder fahrlässige Verkehrsordnungswidrigkeit nach § 24 a Abs. 1, 3 StVG begangen zu haben, kann entsprechend Nr. 3.3.1 statt der körperlichen Untersuchung und Blutentnahme eine Atemalkoholmessung (Nr. 2.1) durchgeführt werden.

Bei anderen Bußgeldtatbeständen, die entweder ebenfalls Atemalkoholgrenzwerte enthalten oder die keinen dem Wert nach bestimmten Grad der Alkoholisierung bei den Betroffenen verlangen (bspw. § 45 Abs. 2 Nrn. 2 a, 3 a und 4 a BOKraft i.V.m. § 61 Abs. 1 Nr. 4 PbefG), gilt dies entsprechend.

3.2.3 Unklare Verdachtslage

Eine körperliche Untersuchung und eine Blutentnahme sind in der Regel auch anzuordnen

- bei unter Alkoholeinwirkung oder der Einwirkung sonstiger auf das Zentralnervensystem wirkender Stoffe (Medikamente, Drogen) stehenden Personen, die sich in oder auf einem Fahrzeug befinden oder befunden haben, wenn die das Fahrzeug führende Person nicht mit Sicherheit festzustellen und der Tatverdacht gegen sie, das Fahrzeug geführt zu haben, nicht auszuschließen ist;
- bei unter Alkoholeinwirkung oder unter der Einwirkung sonstiger auf das Zen-

tralnervensystem wirkender Stoffe (Medikamente, Drogen) stehenden anderen Personen (z. B. Fußgängerinnen und Fußgänger, Beifahrerinnen und Beifahrer), wenn sie im Verdacht stehen, den Straßenverkehr gefährdet zu haben und wenn dadurch andere Personen verletzt oder an fremden Sachen bedeutender Schaden entstanden ist;

- bei Verstorbenen, wenn Anhaltspunkte für die Einwirkung von Alkohol oder sonstigen auf das Zentralnervensystem wirkenden Stoffen (Medikamente, Drogen) vorhanden sind (z. B. Alkoholgeruch, Zeugenaussage, Art des zum Tode führenden Geschehens), es sei denn, ein Fremdverschulden ist auszuschließen;

- bei schwerwiegenden Straftaten und bei schweren Unfällen, die sich anhand örtlicher oder tageszeitlicher Bedingungen, aufgrund der Straßen- und Witterungsverhältnisse oder durch übliche Fehlverhaltensweisen nicht oder nicht ausreichend erklären lassen;

- wenn eine Atemalkoholprüfung nicht durchgeführt werden kann (vgl. Nr. 2 Satz 5).

3.2.4 Verdacht auf Medikamenten- und Drogeneinfluss

Anhaltspunkte für das Einwirken sonstiger auf das Zentralnervensystem wirkender Stoffe (Medikamente, Drogen) sind insbesondere typische Ausfallserscheinungen oder unerklärliche Fahrfehler, die trotz auszuschließender Alkoholeinwirkung bzw. nicht eindeutiger oder ausschließlicher Alkoholbeeinflussung (z. B. nach vorhergegangenem Atemalkoholtest) festgestellt werden. Als weitere Anhaltspunkte kommen das Auffinden von Medikamenten, Drogen oder Gegenständen, die dem Konsum von Betäubungsmitteln dienen, sowie die positive Kenntnis früherer Verstöße gegen das Betäubungsmittelgesetz (BtMG) in Betracht.

3.3 Verzicht auf die Anordnung

3.3.1

Eine körperliche Untersuchung und eine Blutentnahme sollen grundsätzlich unterbleiben,

- bei den **Privatklagedelikten** des Hausfriedensbruchs (§ 123 StGB), der Beleidigung (§§ 185 bis 189 StGB) und der einfachen Sachbeschädigung (§ 303 StGB);

- **bei leichten Vergehen und bei Ordnungswidrigkeiten**, mit Ausnahme der unter Nr. 3.2.1 genannten **Regelfälle**, es sei denn, dass Anhaltspunkte dafür bestehen, dass der Täter oder die Täterin schuldunfähig oder vermindert schuldfähig sein könnte (§§ 20, 21, 323 a StGB, § 12 Abs. 2, § 122 OWiG);

- wenn im Rahmen der **Atemalkoholprüfung** bei vorschriftsmäßiger Beatmung

des elektronischen Atemalkohlprüfgerätes (Vortest- oder Atemalkoholmessgerät) weniger als 0,25 mg/l (oder 0,5 Promille) angezeigt werden;
- wenn die entsprechend Nr. 2.1 durchgeführte Atemalkoholmessung einen Atemalkoholwert unter 0,55 mg/l ergeben hat und lediglich der Verdacht einer vorsätzlichen oder fahrlässigen Verkehrsordnungswidrigkeit nach § 24 a Abs. 1 Nr. 1 oder 2 StVG besteht.

3.3.2 Ausnahmen

Die Maßnahmen müssen auch in diesen Fällen angeordnet werden
- falls sie nach pflichtgemäßer Überprüfung wegen der Besonderheiten des Einzelfalles (Schwere oder Folgen der Tat, Verdacht auf Medikamenten- oder Drogeneinfluss, relative Fahruntüchtigkeit) ausnahmsweise geboten sind;
- falls das Testergebnis zwar einen unter 0,25 mg/l (oder 0,5 Promille) liegenden Atemalkohlwert ergibt, der Test aber erst später als eine Stunde nach der Tat durchgeführt werden konnte und

  - äußere Merkmale (z. B. gerötete Augen, enge oder weite Pupillen, Sprechweise, schwankender Gang) oder

  - die Art des nur durch alkoholtypische Beeinträchtigung erklärbaren Verkehrsverhaltens

  auf eine Alkoholbeeinflussung zur Tatzeit hindeuten;
- auf Weisung der jeweils zuständigen Staatsanwaltschaft an die Polizei.

3.4 Zuständigkeit für die Anordnung

Die Anordnung einer körperlichen Untersuchung sowie eine Blutentnahme steht der Richterin oder dem Richter, bei Gefährdung des Untersuchungserfolges durch Verzögerung auch der Staatsanwaltschaft, deren Hilfsbeamtinnen oder Hilfsbeamten und den Verfolgungsbehörden zu. Sollen Minderjährige oder Betreute, die nicht beschuldigt oder betroffen sind, körperlich untersucht oder einer Blutentnahme unterzogen werden, so kann ausschließlich die Richterin oder der Richter die Maßnahme anordnen, falls die gesetzliche Vertreterin oder der gesetzliche Vertreter zustimmen müsste, aber von der Entscheidung ausgeschlossen oder an einer rechtzeitigen Entscheidung gehindert ist (§ 81 a Abs. 2, § 81 c Abs. 3 und 5, § 98 Abs. 1 StPO, § 46 Abs. 1 und 2, § 53 Abs. 2 OWiG).

3.5 Verfahren bei der Blutentnahme

3.5.1 Entnahme der Blutprobe

Blutentnahmen dürfen nur von Ärztinnen oder Ärzten (einschließlich solcher im Praktikum) nach den Regeln der ärztlichen Kunst durchgeführt werden. Ersuchen um Blutentnahmen sind an Ärztinnen oder Ärzte zu richten, die dazu rechtlich verpflichtet oder bereit sind.

Da die Richtigkeit der bei der Untersuchung auf Alkohol sowie Drogen und Medikamente gewonnenen Messwerte wesentlich von der sachgemäßen Blutentnahme abhängt, ist dabei grundsätzlich wie folgt zu verfahren:

– Das Blut ist möglichst bald nach der Tat zu entnehmen.

– Es ist durch Venen-Punktion mittels eines von der zuständigen Landesbehörde zugelassenen Blutentnahmesystems zu entnehmen, bei dem die Verletzungs- und Kontaminationsgefahr minimiert ist. Die Einstichstelle ist mit einem geeigneten nichtalkoholischen Desinfektionstupfer, der luftdicht verpackt gewesen sein muss, zu desinfizieren. Die Punktion ist in der Regel aus einer Vene der oberen Extremitäten vorzunehmen. Zumindest für die jeweiligen Nadelsysteme und Tupfer sind geeignete Entsorgungsgefäße vorzuhalten.

– Bei Leichen ist das Blut aus einer durch Einschnitt freigelegten Oberschenkelvene zu entnehmen. Dabei ist darauf zu achten, dass keine Spuren vernichtet werden. Falls bei einer Obduktion die Blutentnahme aus der Oberschenkelvene nicht möglich ist, müssen die Entnahmestelle und die Gründe für ihre Wahl angegeben werden.

3.5.2 Protokoll

Die polizeiliche Vernehmung/Anhörung über die Aufnahme von Alkohol, Drogen oder Medikamenten sowie die körperliche Untersuchung sind nach Maßgabe der hierzu verwendeten Formblätter vorzunehmen. Sie sind möglichst umgehend nach der Tat durchzuführen, um den zur Zeit der Tat bestehenden Grad der alkohol-, drogen- oder medikamentenbedingten Einwirkung festzustellen. Das Protokoll ist zu den Ermittlungsakten zu nehmen. Sofern eine Ausfertigung der Untersuchungsstelle übersandt wird, ist sie in der Weise zu anonymisieren, dass zumindest Anschrift, Geburtstag und Geburtsmonat nicht übermittelt werden.

3.5.3 Anordnung/Anwendung von Zwang

Beschuldigte oder Betroffene, die sich der körperlichen Untersuchung oder Blutentnahme widersetzen, sind mit den nach den Umständen erforderlichen Mitteln zu zwingen, die körperliche Untersuchung und die Blutentnahme zu dulden.

Gegen andere Personen als Beschuldigte oder Betroffene (vgl. Nr. 3.1.2) darf unmittelbarer Zwang nur auf besondere richterliche Anordnung angewandt werden (§ 81 c Abs. 6 StPO, § 46 Abs. 1 OWiG).

3.5.4 Zweite Blutentnahme

Eine zweite Blutentnahme ist im Hinblick auf den Grundsatz der Verhältnismäßigkeit nur in Ausnahmefällen und unter Berücksichtigung der besonderen Umstände des Einzelfalles anzuordnen. Dazu besteht z. B. Anlass, wenn

- Anhaltspunkte für die Annahme gegeben sind, dass Beschuldigte oder Betroffene innerhalb einer Stunde vor der ersten Blutentnahme Alkohol zu sich genommen haben;
- sich Beschuldigte oder Betroffene auf Nachtrunk berufen oder Anhaltspunkte für einen Nachtrunk vorliegen.

Die zweite Blutentnahme soll 30 Minuten nach der ersten Blutentnahme erfolgen.

3.5.5 Sicherung der Blutproben

Die die körperliche Untersuchung und Blutentnahme anordnende oder eine von ihr zu beauftragende Person soll bei dem gesamten Blutentnahmevorgang zugegen sein. Sie hat darauf zu achten, dass Verwechselungen von Blutproben bei der Blutentnahme ausgeschlossen sind.

Die bei der Blutentnahme anwesende Person ist auch für die ausreichende Kennzeichnung der Blutprobe(n) verantwortlich. Zu diesem Zweck sollen mehrteilige Klebezettel verwendet werden, die jeweils die gleiche Identitätsnummer tragen.

Die für die Überwachung verantwortliche Person hat die Teile des Klebezettels übereinstimmend zu beschriften. Ein Teil ist auf das mit Blut gefüllte Röhrchen aufzukleben. Der zweite Abschnitt ist auf das Untersuchungsprotokoll aufzukleben, das der Untersuchungsstelle übersandt wird. Ihm ist zugleich der dritte Abschnitt lose anzuheften. Er ist nach Feststellung des Blutalkohol- bzw. Drogengehalts für das Gutachten zu verwenden. Der vierte Teil des Klebezettels ist in die Ermittlungsvorgänge einzukleben. Bei einer zweiten Blutentnahme ist auf den Klebezetteln die Reihenfolge anzugeben. Die Richtigkeit der Beschriftung ist von der Ärztin oder dem Arzt zu bescheinigen.

Die bruchsicher verpackten Röhrchen sind auf dem schnellsten Weg der zuständigen Untersuchungsstelle (Anlage) zuzuleiten. Bis zur Übersendung sind die Blutproben möglichst kühl, aber ungefroren zu lagern.

3.6 Verfahren bei der Untersuchung

Die Untersuchungsstelle hat die erforderlichen Maßnahmen zu treffen, um sicherzustellen, dass Verwechselungen von Blutproben ausgeschlossen werden. Die Aufzeichnungen über die Kennzeichnung der Proben und die Ergebnisse der Bestimmung von Blutalkohol und/oder von berauschenden Mitteln und deren Abbauprodukten sind für die Dauer von sechs Jahren aufzubewahren, damit sie ggf. dem Gericht oder der Verfolgungsbehörde vorgelegt werden können.

Die Blutalkoholbestimmung für forensische Zwecke ist nach den vom Bundesgesundheitsamt aufgestellten Richtlinien durchzuführen.

Wird die rechtlich zulässige Variationsbreite überschritten, muss die Analyse wiederholt werden. Dem Gutachten sind dann nur die Ergebnisse der zweiten Untersuchung zugrunde zu legen. Tritt ausnahmsweise auch bei dieser eine Überschreitung der zulässigen Variationsbreite ein, so ist dies im Gutachten zu erläutern.

Weichen Sachverständige im Einzelfall von den vorstehenden Grundsätzen ab, so haben sie dem Gericht oder der Verfolgungsbehörde darzulegen, ob hierdurch die Zuverlässigkeit des Untersuchungsergebnisses beeinträchtigt wird.

Die Untersuchungsstellen haben zur Gewährleistung einer gleichbleibenden Zuverlässigkeit ihrer Ergebnisse laufend interne Qualitätskontrollen vorzunehmen und regelmäßig an Ringversuchen teilzunehmen.

Das Gutachten der Untersuchungsstelle ist umgehend der Behörde zuzuleiten, die die Untersuchung veranlasst hat, sofern diese nicht die Übersendung an eine andere Stelle angeordnet hat.

Die Blutprobenreste sollen gekühlt, das Blutserum muss tiefgekühlt aufbewahrt werden.

4. Urinproben

Ergeben sich Anhaltspunkte für die Einnahme von Medikamenten oder Drogen, ist im Fall des Verdachts einer Straftat oder einer schwerwiegenden Ordnungswidrigkeit (z. B. nach § 24 a Abs. 2 StVG) neben der Blutentnahme auf die Abgabe einer Urinprobe hinzuwirken. Die Entscheidung trifft die die Blutentnahme anordnende Person grundsätzlich nach ärztlicher Beratung. Eine solche Maßnahme ist jedoch nur mit Einwilligung der betroffenen Person möglich. Diese ist hierüber zu belehren; die Belehrung ist aktenkundig zu machen. Für die Untersuchung der Urinprobe sollte Urin in ausreichender Menge (möglichst 50 bis 100 ml) zur Verfügung stehen.

Gibt die betroffene Person eine Urinprobe nicht ab, ist bei der Blutentnahme darauf zu achten, dass nicht nur die für die Alkoholfeststellung übliche Blutmenge (ca. 8–10 ml) entnommen wird. In diesen Fällen sollen im Hinblick auf weitergehende Untersuchungen mindestens 15 ml Blut der betroffenen Person entnommen werden.

Bis zur Übersendung sind Urinproben möglichst kühl zu lagern. Sie müssen in dicht schließenden Behältnissen sowie festem Verpackungsmaterial ggf. gemeinsam mit gleichzeitig entnommenen Blutproben auf schnellstem Weg der zuständigen Untersuchungsstelle zugeleitet werden. Dabei sollen mit der Blutprobe gleichlautende Identitätsnummern verwendet werden. Die Untersuchungsstelle hat die Urinprobe, soweit sie nicht einer sofortigen Untersuchung unterzogen wird, zur Sicherung einer gerichtsverwertbaren Untersuchung auf berauschende Mittel unverzüglich tiefzufrieren und tiefgefroren aufzubewahren.

Forensisch relevante Analyseergebnisse sind durch Einsatz spezieller Methoden abzusichern. Der hierzu erforderliche Standard ist durch regelmäßige interne und externe Qualitätskontrollen zu gewährleisten. Für die Entnahme von Urinproben bei Verstorbenen gilt Nr. 3.1.3 entsprechend.

5. Haarproben

Daneben kommt die Sicherung einer Haarprobe durch Abschneiden in Betracht, wenn die länger dauernde Zufuhr von Medikamenten und Drogen in Frage steht. Die Entnahme einer Haarprobe stellt eine körperliche Untersuchung dar und darf gegen den Willen des Beschuldigten nur von der Richterin oder dem Richter, bei Gefährdung des Untersuchungserfolges durch Verzögerung auch durch die Staatsanwaltschaft und ihre Hilfsbeamtinnen oder Hilfsbeamten angeordnet werden (§ 81 a Abs. 2 StPO).

Die Haarprobe kann durch Angehörige des Polizeidienstes entnommen werden.

Bei der Probenahme ist folgendes zu beachten:

- Die Probenahme, das Verpacken und Versenden darf nicht in der Nähe von Rauschmittelasservaten stattfinden.

- Die Entnahme sollte in erster Linie über dem Hinterhauptshöcker erfolgen. Ist dies nicht möglich, muss die Entnahmestelle entsprechend dokumentiert werden.

- Die Probe sollte aus einem mindestens bleistift- bis kleinfingerdicken Strang bestehen.

- Die Haare sind vor dem Abschneiden mit einem Bindfaden, möglichst 2–3 cm von der Kopfhaut entfernt, fest zusammenzubinden.

- Die zusammengebundenen Haare sind möglichst direkt an der Kopfhaut abzuschneiden. Sollte dies nicht möglich sein, ist die Länge der zurückgebliebenen Haarreste zu dokumentieren.

- Die entnommene Haarprobe ist fest in Papier oder Aluminiumfolie einzurollen. Die Probenbeschriftung mit Probenkennung, Bezeichnung der Entnahmestelle, Kennzeichnung von kopfnahem Ende und Haarspitze sowie Angaben zur Länge der verbliebenen Haarreste ist auf dem Bogen zu vermerken.

Für die Sicherung der Qualität der Untersuchung gilt Nr. 4 Abs. 4 entsprechend.

6. Vernichtung des Untersuchungsmaterials

6.1 Untersuchungsproben

Die den Betroffenen entnommenen Untersuchungsproben einschließlich des aus ihnen aufbereiteten Materials und der Zwischenprodukte sind unverzüglich zu vernichten, sobald sie für das betreffende oder ein anderes anhängiges Straf- bzw. Ordnungswidrigkeitenverfahren nicht mehr benötig werden, im Regelfall nach rechtskräftigem Abschluss des oder der Verfahren. Etwas anderes kann sich im Einzelfall insbesondere dann ergeben, wenn Anhaltspunkte für das Vorliegen von Umständen vorhanden sind, welche die Wiederaufnahme des Verfahrens oder die

Wiedereinsetzung in den vorigen Stand wegen Versäumung einer Frist rechtfertigern können. Die Entscheidung über die Vernichtung hat diejenige Stelle zu treffen, der jeweils die Verfahrensherrschaft zukommt.

6.2 Untersuchungsbefunde

Die Untersuchungsbefunde sind zu den Verfahrensakten zu nehmen und mit diesen nach den dafür geltenden Bestimmungen zu vernichten.

7. Sicherstellung/Beschlagnahme von Führerscheinen

7.1 Voraussetzungen

Liegen die Voraussetzungen für eine vorläufige Entziehung der Fahrerlaubnis (§ 111 a Abs. 1, 6 StPO, §§ 69, 69 b StGB) vor, so ist der Führerschein sicherzustellen oder zu beschlagnahmen (§ 94 Abs. 3, § 98 Abs. 1, § 111 a Abs. 6 StPO).

7.1.1 Atemalkoholprüfung

Ist ein Kraftfahrzeug geführt worden, so hat dies jedenfalls dann zu erfolgen, wenn bei vorschriftsmäßiger Beatmung des elektronischen Atemalkoholprüfgerätes (Vortest- oder Atemalkoholmessgerät) 0,55 mg/l (oder 1,1 Promille) und mehr angezeigt werden oder Anhaltspunkte für eine relative Fahruntüchtigkeit bestehen.

7.1.2 Weigerung

Der Führerschein ist auch dann sicherzustellen oder zu beschlagnahmen, wenn von einer relativen oder absoluten Fahruntüchtigkeit auszugehen ist oder die beschuldigte Person sich weigert, an der Atemalkoholprüfung mitzuwirken und deshalb eine Blutentnahme angeordnet und durchgeführt wird.

7.2 Verfahren

7.2.1 Abgabe an die Staatsanwaltschaft

Der sichergestellte – auch freiwillig herausgegebene – oder beschlagnahmte Führerschein ist unverzüglich mit den bereits vorliegenden Ermittlungsvorgängen der Staatsanwaltschaft zuzuleiten oder – bei entsprechenden Absprachen – dem Amtsgericht, bei dem der Antrag nach § 111 a StPO oder Antrag auf beschleunigtes Verfahren nach § 417 StPO gestellt wird. Die Vorgänge müssen vor allem die Gründe enthalten, die eine vorläufige Entziehung der Fahrerlaubnis erforderlich erscheinen lassen.

7.2.2 Rückgabe an Betroffene

Steht fest, dass lediglich eine Ordnungswidrigkeit in Betracht kommt und befindet sich der sichergestellte oder beschlagnahmte Führerschein noch bei der Polizeidienststelle, ist seine Rückgabe an die betroffene Person unverzüglich im Einvernehmen mit der Staatsanwaltschaft zu veranlassen.

7.2.3 Ausländische Führerscheine

Nummern 7.2.1 und 7.2.2 gelten auch für von einer Behörde eines Mitgliedstaates der Europäischen Union oder eines anderen Vertragsstaates des Abkommens über den Europäischen Wirtschaftsraum ausgestellte Führerscheine, sofern die Inhaberin oder der Inhaber ihren oder seinen ordentlichen Wohnsitz im Inlan hat. Handelt es sich um andere ausländische Führerscheine, die zum Zwecke der Anbringung eines Vermerkes über die vorläufige Entziehung der Fahrerlaubnis sichergestellt oder beschlagnahmt worden sind (§ 111 a Abs. 6 StPO), gelten sie mit der Maßgabe, dass diese Führerscheine nach der Anbringung des Vermerkes unverzüglich zurückzugeben sind.

8. Bevorrechtigte Personen

8.1 Abgeordnete

Soweit von Ermittlungshandlungen Abgeordnete des Deutschen Bundestages, der Gesetzgebungsorgane der Länder oder Mitglieder des Europäischen Parlaments aus der Bundesrepublik Deutschland betroffen sind, wird auf das Rundschreiben des Bundesministers des Innern vom 10. 1. 1983 (P II 5–640180/9, GMBl. S. 37) verwiesen.

Danach ist es nach der Praxis der Immunitätsausschüsse in Bund und Ländern zulässig, nach Maßgabe von Nrn. 191 Abs. 3 Buchst. h, 192 b Abs. 1 RiStBV Abgeordnete zum Zwecke der Blutentnahme zur Polizeidienststelle und zu einer Ärztin oder einem Arzt zu bringen.

Die sofortige Sicherstellung oder Beschlagnahmung des Führerscheines eines oder einer Abgeordneten ist, sofern nicht die Durchführung von Ermittlungsverfahren durch die jeweiligen Parlamente allgemein genehmigt ist,* nicht zulässig. Die Staatsanwaltschaft ist unverzüglich fernmündlich zu unterrichten.

Mitglieder des Europäischen Parlaments aus anderen Mitgliedstaaten der Europäischen Union dürfen im Bundesgebiet weder festgehalten noch gerichtlich verfolgt werden.

---

* In Niedersachsen genehmigt (Landtagsbeschluss vom 10. Juni 1998 – Drs. 14/75).

8.2 Diplomatinnen, Diplomaten u. a.

Bei Personen, die diplomatische Vorrechte und Befreiungen genießen, sind Maßnahmen nach §§ 81 a, 81 c StPO und die Beschlagnahme des Führerscheins nicht zulässig (§§ 18, 19 GVG). Bei Angehörigen konsularischer Vertretungen sind sie nur unter gewissen Einschränkungen zulässig; danach kommt eine Immunität von Konsularbeamtinnen, Konsularbeamten und Bediensteten des Verwaltungs- und technischen Personals nur dann in Betracht, wenn die Handlung in engem sachlichen Zusammenhang mit der Wahrnehmung konsularischer Aufgaben steht (z. B. nicht bei Privatfahrten). Soweit eine Strafverfolgung zulässig ist, werden bei Verdacht schwerer Straftaten gegen die zwangsweise Blutentnahme aufgrund einer Entscheidung der zuständigen Justizbehörde keine Bedenken zu erheben sein (vgl. Rundschreiben des Bundesministers des Innern vom 17. 8. 1993 – P I 6 – 640 005/1 –, GMBl. S. 589 sowie Nrn. 193 bis 195 RiStBV).

8.3 Stationierungsstreitkräfte

8.3.1 Grundsätze

Bei Mitgliedern der Stationierungsstreitkräfte und des zivilen Gefolges sowie deren Angehörigen sind Maßnahmen nach §§ 81 a, 81 c StPO grundsätzlich zulässig (vgl. Art. VII NATO-Truppenstatut), soweit die Tat

- nach deutschem Recht, aber nicht nach dem Recht des Entsendestaates (dessen Truppe hier stationiert ist) strafbar ist, oder

- sowohl nach deutschem Recht als auch nach dem Recht des Entsendestaates strafbar ist, jedoch nicht in Ausübung des Dienstes begangen wird und sich nicht lediglich gegen das Vermögen oder die Sicherheit des Entsendestaates oder nur gegen die Person oder das Vermögen eines Mitgliedes der Truppe, deren zivilen Gefolges oder anderer Angehörige richtet, und die deutschen Behörden nicht auf die Ausübung der Gerichtsbarkeit verzichten.

In allen anderen Fällen ist von der Anwendung der §§ 81 a, 81 c StPO abzusehen, da das Militärrecht verschiedener Stationierungsstreitkräfte die Blutentnahme gegen den Willen der Betroffenen für unzulässig erklärt.

8.3.2 Erlaubnisse zum Führen dienstlicher Kraftfahrzeuge

Auf Führerscheine, die Mitgliedern der Stationierungsstreitkräfte oder des zivilen Gefolges von einer Behörde eines Entsendestaates zum Führen dienstlicher Kraftfahrzeuge erteilt worden sind, ist § 69 b StGB nicht anwendbar (Art. 9 Abs. 6 a und b NTS-ZA). Eine Sicherstellung oder Beschlagnahme eines Führerscheines ist deshalb nicht zulässig. Jedoch nimmt die Polizei den Führerschein im Rahmen der gegenseitigen Unterstützung (Art. 3 NTS-ZA) in Verwahrung und übergibt ihn der zuständigen Militärpolizeibehörde.

8.3.3 Erlaubnisse zum Führen privater Kraftfahrzeuge

Führerscheine zum Führen privater Kraftfahrzeuge, die Mitgliedern der Stationierungsstreitkräfte oder des zivilen Gefolges und deren Angehörigen im Entsendestaat oder von einer Behörde der Truppe erteilt worden sind, können ausnahmsweise in den Fällen, in denen die deutschen Gerichte die Gerichtsbarkeit ausüben, nach Maßgabe des § 69 b StGB entzogen werden (Art. 9 Abs. 6 b NTS-ZA). Bis zur Eintragung des Vermerks über die vorläufige Entziehung der Fahrerlaubnis kann der Füherschein sichergestellt oder nach § 111 a Abs. 6 Satz 2 StPO auch beschlagnahmt werden. Die Beschlagnahme ist jedoch nur anzuordnen, wenn die Militärpolizei erklärt, keine Ermittlungen führen zu wollen. Erscheint die Militärpolizei nicht oder nicht rechtzeitig, so ist unverzüglich eine Entscheidung der Staatsanwaltschaft über die Beschlagnahme einzuholen.

9. Kosten

Die Kosten der körperlichen Untersuchung, der Blutentnahme und -untersuchung sowie der Urin- und Haarprobe und deren Untersuchung sind zu den Akten des Strafverfahrens oder des Bußgeldverfahrens mitzuteilen. Über die Pflicht der Kostentragung wird im Rahmen des Strafverfahrens oder des Bußgeldverfahrens entschieden. Eine vorherige Einziehung unterbleibt.

10. Inkrafttreten

Der Gemeinsame Runderlass tritt am 1. November 1999 in Kraft.

Formblatt für Polizei-Protokoll zur Blutentnahme*

Kreispolizeibehörde (Telefon / Nebenstelle)	Zutreffendes bitte ankreuzen [X] oder ausfüllen	Interne Registriernummer (BKZ, TTMMJJ, Uhrzeit)
		Tagebuchnummer / VNR-Nummer
		Raum für Klebezettel

Protokoll und Antrag

zur Feststellung von

	Alkohol	Drogen	Medikamenten / anderen berauschenden Mitteln
	im Blut	im Urin	im Haar

Nur für Zeugen: Belehrung nach § 81 c StPO ist erfolgt.

Maßnahmen angeordnet durch: Name, Amtsbezeichnung

A	Polizeibericht	Alco-Test	Ergebnis o/oo	abgelehnt	nicht möglich		
1	Name, Vorname					Geburtsjahr (JJJJ)	männlich / weiblich

2 Anlaß der Untersuchung

	Verkehrsstraftat/-ordnungswidrigkeit	Verkehrsunfall	mit Sachschaden	mit Personenschaden	mit Getöteten	mit Unfallflucht
	beteiligt als	Fußgängerin Fußgänger	Fahrerin Fahrer	Beifahrerin Beifahrer	Fahrzeugart: Bezeichnung	
	andere Straftat/ Ordnungswidrigkeit					

Zeitpunkt des Vorfalls (Wochentag / Datum / Uhrzeit)

3 a Belehrung

als Beschuldigte(r) nach § 163a Abs. 4, § 136 Abs. 1 S. 2–4 StPO	als Betroffene(r) nach § 55 OWiG
als Zeugin / Zeuge nach § 52 Abs. 3, § 55 Abs. 2 StPO	nicht erfolgt, weil

b Angaben über die Aufnahme von Alkohol, Drogen, Medikamente usw. in den letzten 24 Stunden vor dem Vorfall

von (Datum, Uhrzeit)	bis (Datum, Uhrzeit)	Art und Menge

c Angaben über die letzte Nahrungsaufnahme

von (Datum, Uhrzeit)	bis (Datum, Uhrzeit)	Art und Menge

d Angaben über die Aufnahme von Alkohol, Drogen, Medikamenten usw. nach dem Vorfall | Ist d. zu Untersuchende eindringlich über einen Genuß von Alkohol, Drogen, Medikamenten usw. nach dem Vorfall befragt worden?

ja	nein	ja	nein

von (Datum, Uhrzeit)	bis (Datum, Uhrzeit)	Art und Menge

Bemerkungen

4 Urinprobe

	Belehrung über die Freiwilligkeit ist erfolgt.
	Name, Amtsbezeichnung / Datum, Uhrzeit
abgegeben an:	
abgelehnt	nicht ausgeführt, weil

5 Das Untersuchungsergebnis und die Rechnung senden an:

Ort, Datum — Unterschrift, Name, Amtsbez. d. protokollführenden Beamtin / Beamten

---

* Ministerialblatt NRW 1996, Seite 1842.

Ärztlicher Bericht zur Blutentnahme*

Zutreffendes bitte ankreuzen [X] oder ausfüllen

Interne Registriernummer (BKZ, TTMMJJ, Uhrzeit)

Nicht mit Alkohol, Äther, Karbolsäure, Lysol, Sagrotan, Jodtinktur oder anderen organischen Flüssigkeiten desinfizieren.

B 1 Ärztlicher Bericht

Name, Vorname | Geburtsjahr (JJJJ) | männlich / weiblich

a Blutprobe
- 1. Entnahme — Datum, Uhrzeit — Kontroll-Nr. — Blutröhrchen für: Alkohol □ Drogen □
- 2. Entnahme

Bei Leichen: Todeszeit (Datum, Uhrzeit)
Fäulniserscheinung: □ keine □ leicht □ stark

Blutentnahme (c. 8 ccm) mit Venüle R oder Venüröhrchen aus der freigelegten Oberschenkelvene (nicht aus dem Herzen, aus Wunden oder Blutlachen)

Datum, Uhrzeit der Leichenblutentnahme, Art der Vene

b Urinprobe □ ja — Datum, Uhrzeit

c Haarprobe □ ja — Datum, Uhrzeit, Entnahmestelle

2 Befragung (a bis e bezogen auf die letzten 24 Stunden)

a Blutverlust □ ja — Menge ___ ccm □ Schock □ Erbrechen — Datum, Uhrzeit

b Hat vor der Blutentnahme Narkose stattgefunden? □ ja — Datum, Uhrzeit — Narkosemittel

c Transfusion □ ja — Datum, Uhrzeit — Menge

d Infusion □ ja — Datum, Uhrzeit — Art und Menge

e Sind Medikamente oder Drogen verabfolgt oder eingenommen worden? □ ja — Datum, Uhrzeit — Art und Menge

f Von dem jetzigen Vorfall unabhängige Krankheiten oder Leben: □ Diabetes □ Epilepsie □ Geisteskrankheit □ frühere Schädel-/Hirntraumen

3 Untersuchungsbefund

- Körpergewicht ___ kg — Körperlänge: ___ cm — □ gewogen □ gemessen □ geschätzt
- Konstitution: □ hager □ mittel □ fettleibig
- Bestehende Verletzungen (auch Verdacht auf Schädel-/Hirntrauma) □ ja — Art
- Gang (geradeaus) □ sicher □ schwankend □ torkelnd □ schleppend
- plötzliche Kehrtwendung nach vorherigem Gehen: □ sicher □ unsicher
- Drehnystagmus (zu Untersuchende(n) mit offenen Augen 5mal in 10 Sek. um die Vertikalachse drehen, anhalten (Dauer des Augenzuckens bei Fixieren des vorgehaltenen Zeigefingers in Sekunden): □ feinschlägig □ grobschlägig □ Auslenkung schnell □ Auslenkung langsam — Dauer: ___ Sekunden
- Finger-Finger-Prüfung □ sicher □ unsicher — Nasen-Finger-Prüfung □ sicher □ unsicher
- Sprache □ deutlich □ verwaschen □ lallend
- Pupillen □ unauffällig □ stark erweitert □ stark verengt — Pupillenlichtreaktion □ prompt □ verzögert □ fehlend
- Bewußtsein □ klar □ benommen □ somnolent □ bewußtlos □ verwirrt
- Störung der Orientierung □ ja — Störung der Erinnerung an den Vorfall □ ja — Art
- Denkablauf □ geordnet □ sprunghaft □ perseverierend □ verworren
- Verhalten □ beherrscht □ redselig □ distanzlos □ abweisend □ aggressiv □ verlangsamt □ lethargisch
- Stimmung □ unauffällig □ depressiv □ euphorisch □ stumpf □ gereizt
- Die / der Untersuchte scheint äußerlich □ nicht meßbar □ leicht □ deutlich □ stark □ sehr stark
- unter □ Alkoholeinfluß □ Drogeneinfluß □ Medikamenteneinfluß zu stehen.
- Gesamteindruck (z.B. Vortäuschung/Übertreibung, sonstige Auffälligkeiten) ___

4 Versicherung der Ärztin / des Arztes

Die Desinfektion der Haut erfolgte mit □ Oxicyanid-Tupfer □ ___

Röhrchen und Protokoll sind in meiner Gegenwart mit gleichlautend numerierten Klebezetteln versehen worden.

Ort, Datum — Unterschrift und Name der Ärztin / des Arztes

---

* Ministerialblatt NRW 1996, Seite 1843.

Stichwortverzeichnis

Die Zahlen bezeichnen die Randnummern im Text. Die Randnummern 1–564 betreffen den 1. Teil (Trunkenheit), die Randnummern 565–1104 den 2. Teil (Fahrerlaubnisentziehung, Fahrverbot). Fettgedruckte Zahlen geben an, daß dort das Stichwort ausführlich behandelt ist.

A

AAK siehe **Atemalkoholkonzentration**
Abbauwert 76, **93 ff.**, **260 ff.**
–, Einfluß von Leberkrankheiten 97
–, gleichbleibender – 94, 96 f.
–, höchstmöglicher – 93, 118, **261 f.**
–, individueller – 76, **97**, 261
–, Mindestwert 96, 103
Abgeordnetenimmunität 23
Abkürzung der Sperre (siehe **vorzeitige Aufhebung** der Sperre)
Ablauf der in dem angefochtenen Urteil festgesetzten Sperre in der Revisionsinstanz 807 ff., 872 f.
Abrollenlassen
–, absolute Fahrunsicherheit bei – 149 f.
–, Führen eines Kfz durch – 349, 579
Abschleppen 149 f., 356 f., 516
Abschreckung siehe **Spezialprävention** und **Generalprävention**
Absehen
–, vom Fahrverbot 922, 1005, **1008 ff.**
–, von der Verhängung einer isolierten Sperre 740
Absehen von Strafe
– bei Trunkenheitsstraftaten 508
–, Beschränkung des Rechtsmittels auf die Entscheidung nach § 69 StGB bei – 664
–, Fahrerlaubnisentziehung bei – 596
–, Fahrverbot bei – 908
absolute Fahrunsicherheit 4, 87 ff., **145 ff.**
– (siehe auch **absolute Verkehrsunsicherheit**)
–, Anpassung der Rechtsprechung zum allgemeinen Beweisgrenzwert an neue wissenschaftliche Erkenntnisse 169 ff.
–, Bedeutung der Anflutungsphase 154 ff.
–, Begriff 4, 145

–, bei Abrollenlassen des Fahrzeugs 149 f., 349
–, bei Fahren ohne Motorkraft 149 ff., **348 ff.**
– des Führers eines abgeschleppten Fahrzeugs 149 f., 356 f.
– des Führers eines geschobenen Fahrzeugs 149 f., **351 ff.**
– des Kraftfahrers **146 ff.**, 348 ff.
– des Kraftradfahrers 159 f.
– des Mofafahrers 161 f.
– des Mopedfahrers 159 f., 350
– des Radfahrers 164
–, Fahren unter erschwerten Bedingungen 167
–, Gegenbeweis 146
–, Hinzutreten leistungsmindernder Umstände in der Person des Kraftfahrers 168
– nach Schluß-Sturztrunk 154 ff.
–, Sicherheitszuschlag 87 ff.
–, sonstige Verkehrsteilnehmer 166
absolute Verkehrsunsicherheit
– (siehe auch **absolute Fahrunsicherheit**)
– des Fußgängers 165
– des Soziusfahrers 166
Abwesenheitsverfahren
–, Fahrerlaubnisentziehung im – 570
–, Verhängung eines Fahrverbots im – 902
actio libera in causa 233 ff., 459, 542
–, Ausschluß der Anwendung von §§ 20, 21 StGB durch – 233 f.
– bei Ordnungswidrigkeiten 542
–, fahrlässige – 245 ff.
–, keine – bei bestimmten Verkehrsstraftaten 235 f.
–, Tateinheit zwischen – und § 323 a StGB 258 f.
– und unerlaubtes Entfernen vom Unfallort als Rauschtat (§ 323 a StGB) 459
–, verminderte Schuldfähigkeit im Zeitpunkt der vorverlegten Schuld 257

463

ADH-Verfahren

–, Vorhersehbarkeit der Fahrunsicherheit 249
–, Vorhersehbarkeit der Fahrzeugbenutzung 249 ff.
–, Vorhersehbarkeit einer durch die Fahrt eingetretenen Gefährdung oder etwaiger Unfallfolgen 255
–, Vorkehrungen gegen die Fahrzeugbenutzung im Zustand der Schuldunfähigkeit 253 f.
–, vorsätzliche – 237 ff.
ADH-Verfahren 56 ff.
Alcotest 51 ff., 121, 1065 ff.
alkoholbedingte Fahrunsicherheit siehe **Fahrunsicherheit**
Alkoholgenuß
– durch Omnibus- oder Taxifahrer 606
– ohne Auswirkung im Tatgeschehen 610
Alkoholgeruch als Anlaß für Blutprobe 7
Alkoholgewöhnung 284
Alkoholismusmarker 706
Alkoholkonzentration siehe **Blutalkoholkonzentration**
Alkoholkrankheit, Schuldunfähigkeit infolge von – 392
Alkoholkurve 99, 106, 147, 155, 379, 514
alkoholverdächtige Fahrweise 1069
Alter des Täters 718
altersbedingte Fahruntüchtigkeit 597
amtliche Verwahrung des Führerscheins 930, 938, 1031, 1038
analoge Anwendung siehe **entsprechende Anwendung**
Analysenmittelwert 79 ff., 526
Anflutungsphase 147, 155, 514
Angriff auf andere Verkehrsteilnehmer 585 f., 590, 602
Anhörung des Beschuldigten siehe **rechtliches Gehör**
Anknüpfungstatsachen
–, Mitteilung der – im Urteil 137 ff.
Anlassen des Motors 340 ff.
Anordnung
– der Beschlagnahme des Führerscheins siehe **Beschlagnahme**
– der Inbetriebnahme eines vorschriftswidrigen Fahrzeugs 589
Anrechnung
– abgelaufener Sperrfrist bei nachträglicher Gesamtstrafenbildung 746, 757
– der Freiheitsbeschränkung zum Zwecke der Blutentnahme 23
– nach § 69 a V 2 StGB siehe **Einrechnung**
–, Richtigstellung bei irrtümlicher – der bereits abgelaufenen Sperre 752
– vorläufiger Führerscheinmaßnahmen auf das Fahrverbot 878, 945 ff., 966, 1041 ff., 1052
– vorläufiger Führerscheinmaßnahmen auf die Sperre 696, 701, 789
– vorläufiger Führerscheinmaßnahmen bei vorzeitiger Aufhebung der Sperre 789
Anschieben 351 ff.
Anschleppen 357, 516
Anschlußsperre 687
Anstalt, Verwahrung des Täters in einer – 944, 1040
Anstiegsgradient 158
Anstiegsphase 91 f., 147, 155, 379, 514
Anstiegssteilheit 157 f.
Anstiftung siehe **Teilnahme**
Antrag
– der Staatsanwaltschaft auf vorläufige Entziehung der Fahrerlaubnis 844, 864
Antriebsart 766
Anwaltskosten, Entschädigung für – nach § 7 StrEG 1089, 1104
Anzahl der erforderlichen Blutuntersuchungen 63, 69, **70 f.**
arithmetisches Mittel siehe **Analysenmittelwert**
Arten von Kfz 1070
– (siehe auch **Kraftfahrzeugarten**)
Arzt
–, Berücksichtigung des -berufes bei der Strafzumessung 476
–, die Blutprobe entnehmender – siehe **Entnahmearzt**
–, freiberuflicher – 9
–, Medizinalassistent 25
–, Vorführung des Beschuldigten vor den nächsten – 13, 17
ärztliche Hilfspflicht 359 f.
Atemalkoholanalyse 51, 120 ff.
–, Anforderungen 124 f., 528
–, Fehlerquellen 121
–, forensische Verwertbarkeit 124, 528

Atemalkoholbestimmung siehe **Atemalkoholanalyse**
Atemalkoholkonzentration 51 ff., 120 ff., 528
–, Feststellung von Fahrunsicherheit 122 f.
–, keine Konvertierbarkeit in BAK 121 f.
–, Ordnungswidrigkeit gem. § 24 a StVG 528 f.
–, Rückrechnung 127
Atemalkoholmeßgerät 51, 120 ff., 528
–, Bauartzulassung durch die Physikalisch-Technische Bundesanstalt 126
Aufbauseminar siehe **Nachschulung**
auffälliges Fahrverhalten 1070
Aufhebung
– der Entscheidung nach § 69 StGB durch das Revisionsgericht 677
– der Sperre siehe **vorzeitige Aufhebung** der Sperre
– der vorläufigen Entziehung der Fahrerlaubnis 840 ff., **864 ff.**
Aufklärungspflicht nach § 244 II StPO 86
Aufrechterhalten der Maßnahme bei nachträglicher Gesamtstrafenbildung 741 ff.
Aufrundung des festgelegten Analysenmittelwertes
– auf 0,8 ‰ 526
– auf 1,1 ‰ 151 ff.
Aufschieben der Rückgabe des Führerscheins nach § 111 a V 2 StPO 949, 1043
Aufwendungen des Beschuldigten infolge vorläufiger Führerscheinmaßnahmen 1085
Ausfallerscheinungen
– (siehe auch **klinischer Befund**)
– beim Gehen 204
– beim Sehvermögen 205
–, Feststellung von – des Verkehrsteilnehmers 10, 34 ff., 214 ff.
–, Schuldunfähigkeit trotz Fehlens von – 285
Aushändigung des Führerscheins nach Fristablauf bei Fahrverbot 934, 1035
Auslagen des Angeklagten 561
– (siehe auch **Kosten**)
Auslagenerstattung bei vorläufiger Entziehung der Fahrerlaubnis 884 f.

ausländische Fahrerlaubnis siehe **internationaler Kfz-Verkehr**
ausländische Führerscheine siehe **internationaler Kfz-Verkehr**
Ausnahme
– bestimmter Kfz-Arten von der Sperre 762 ff., 786 f., 806
– bestimmter Kfz-Arten von der vorläufigen Entziehung der Fahrerlaubnis 857 f.
– vom Regelfahrverbot des § 25 I 2 StVG 1016
– von der Entschädigungspflicht 1055 ff.
– von der Regel des § 69 II StGB 624 ff.
– von der Sperre 762 ff., 806, 971
Ausnutzung
– der durch die vorausgegangene Fahrt geschaffenen Lage 583
– der Straftat 582
Ausschaltung ungeeigneter Kraftfahrer vom Verkehr 566
Ausschluß der Entschädigung 1058 ff.
außerdeutscher Fahrzeugführer
–, (siehe auch **internationaler Kfz-Verkehr**)
–, Begriff 812, 828
Aussetzung
– des Strafrestes 797
–, vorläufige – einer Maßnahme gem. § 69 StGB bei Wiederaufnahme des Verfahrens 678
Austauschbarkeit von Fahrerlaubnisentziehung und Fahrverbot in der Rechtsmittelinstanz 974 ff.

B

Bagatellverstöße 919
Bagger 345, 515, 537
bedeutender Schaden i.S.d. § 69 II Nr. 3 StGB 625
bedeutender Wert 405 ff.
bedingte Entlassung siehe **Aussetzung des Strafrestes**
Beeinflussung des Täters durch Fahrerlaubnisentziehung 567, 648, 711
Beförderung von Fahrgästen siehe **Fahrgastbeförderung** und **Taxifahrer**
Befundtatsachen 143
Beginn der Frist bei Fahrverbot 935, 1038

Beginn der Sperre 725 ff., 744, 749, 756
- bei Fahrerlaubnisentziehung durch Strafbefehl 728
- bei nachträglicher Gesamtstrafenbildung 744, **749**, 756

Begleitalkohole 109

Begründung
- der Entscheidung über das Fahrverbot gem. § 25 StVG 1004, 1007, 1012, 1017, 1019
- der Fahrverbotsdauer im Urteil 1017
- der Nichtentziehung der Fahrerlaubnis im Strafbefehl 652
- des Beschlusses nach § 111 a StPO 860

Begründung des Urteils
- , Angaben über Vorliegen der Ungeeignetheit im Zeitpunkt des Urteils 615
- bei Anordnung einer Sperre für immer 724
- bei Nichtentziehung der Fahrerlaubnis **651**, 653
- hinsichtlich der Dauer der Sperre 719 ff.
- hinsichtlich der Fahrverbotsdauer 1021
- in den Fällen des § 44 I 2 StGB 920
- in den Fällen des § 69 II StGB 644 f.

beharrliche Mißachtung der Verkehrsvorschriften 918 f., 982

beharrliche Pflichtverletzung i.S.d. § 25 StVG 982 ff.

Beifahrer, tätlicher Angriff auf einen anderen Verkehrsteilnehmer durch den – 590

Beihilfe siehe **Teilnahme**

Bekanntgabe der vorläufigen Entziehung der Fahrerlaubnis an den Beschuldigten 861 f.

belastende Auswirkung der vorläufigen Entziehung der Fahrerlaubnis 870

Belehrung
- des Beschuldigten bei Vornahme von Tests 37
- gem. § 265 I StPO 369, 432
- über Fahrverbot 952, 1045

Bemessung der Sperre
- , Begründung im Urteil 719 ff.
- , Berücksichtigung der Lebensführung des Angeklagten 706
- , Berücksichtigung der Persönlichkeit des Täters 706
- , Berücksichtigung des Verschuldens 707
- , Berücksichtigung einschlägiger Vorstrafen 706
- , Berücksichtigung offensichtlich unbegründeter Berufung 708
- , Berücksichtigung vorläufiger Führerscheinmaßnahmen 696 f., 701
- , erneute Bemessung auf 5 Jahre bei nachträglicher Gesamtstrafenbildung 748, 760
- , feste Taxen 709
- , generalisierende Erwägungen 709
- , Generalprävention 712
- in der Berufungsinstanz 802
- nach der Höhe der Alkoholkonzentration 706, 709
- nach Zurückverweisung 803
- , Neubemessung bei nachträglicher Gesamtstrafenbildung 745 f., 755 ff.
- unterschiedliche – für einzelne Kfz-Arten 704
- , voraussichtliche Dauer der Ungeeignetheit 703 ff.
- , wirtschaftliche Gesichtspunkte 710
- , wirtschaftliche Härten 710

Benutzung eines Kfz, Zusammenhang zwischen Straftat und – 588

Benutzungsort 771

Benutzungszeit 770

Berechnung der Sperre 730 f.

Berücksichtigung vorläufiger Führerscheinmaßnahmen bei Bemessung der Sperre 696 f., 701

Beruf des Angeklagten
- als Strafzumessungsgrund 476
- Berücksichtigung im Rahmen der §§ 69, 69 a StGB 606

Berufskraftfahrer 710
- , (siehe auch **Fahrgastbeförderung, Taxifahrer** und **wirtschaftliche Gesichtspunkte**)

Berufssphäre 772

Berufung
- , Bemessung der Sperre in der Berufungsinstanz 802 ff.
- , Beschränkung auf das Strafmaß 727
- , erneute vorläufige Entziehung der Fahrerlaubnis in der Berufungsinstanz 875 f.
- , offensichtlich unbegründete – als Anlaß für faktische Sperrfristverlängerung 708, 802

bewußt verkehrswidrige Fahrweise

–, rechtsmißbräuchliche – 657
Berufungsgericht
–, Aufhebung der Maßregel nach § 69 StGB durch das – bei Wegfall des Eignungsmangels 49
–, erneute vorläufige Entziehung der Fahrerlaubnis durch das – 875 f.
–, Zuständigkeit für Entscheidungen nach § 111 a StPO 840, 845
Berufungsverfahren
–, erneute vorläufige Entziehung der Fahrerlaubnis im – 875 f.
–, ungewöhnlich lange Dauer des – 867 f.
–, Verzögerung des – durch den Angeklagten 869
Beschlagnahme des Führerscheins 886 ff., 931, 956, 1032, 1049
–, (siehe auch **vorläufige Führerscheinmaßnahmen**)
–, Aufhebung der – 899
–, ausländische Führerscheine 836, 898, 956, 1049
–, Begriff 252 f.
– bei Fahrverbot 931, 938, 1032, 1049
–, Berücksichtigung bei der Prüfung der Eignungsfrage 616 f.
– durch die Polizei 891 ff.
–, Entbehrlichkeit einer ausdrücklichen Anordnung oder Bestätigung der – im Beschluß nach § 111 a StPO 893
–, Entschädigung für – siehe **Entschädigung** für vorläufige Führerscheinmaßnahmen
–, Gefahr im Verzug 891 ff., 895
–, Gefahrenabwehr 892 f.
–, Inverwahrungnahme (siehe auch **Verwahrung**, amtliche) 887
–, Irrtum des Polizeibeamten über das Vorliegen von Gefahr im Verzug 895
–, Neufassung des § 94 StPO durch das EGStGB 886, 894
–, Rechtmäßigkeit der – 895
–, Rechtswirksamkeit der – 897
–, richterliche Bestätigung (§§ 98 II, 111 a III StPO) 893, 896 f., 1054
–, richterliche Nachprüfung der Rechtmäßigkeit der – 893, 895, **896 f.**
–, Widerspruch gegen – 896 f., 1054
–, Wirksamkeit der – 897
– zum Zwecke der Eintragung eines Vermerks 836, 879

– zur Verhütung weiterer Straftaten 892 ff., 898
beschleunigtes Verfahren
–, Fahrerlaubnisentziehung im – 569
–, Verhängung eines Fahrverbots im – 901
beschränkte Fahrerlaubnis 786
Beschränkung der Sperre 762 ff.
Beschränkung des Einspruchs gegen den Strafbefehl 729
Beschränkung des Fahrverbots auf bestimmte Kfz-Arten 927 ff., 1024
Beschränkung des Rechtsmittels siehe **Rechtsmittel**
Beschwer 653, 657
Beschwerde
– gegen die Anordnung eines Trinkversuchs 49
– gegen die vorläufige Entziehung der Fahrerlaubnis 845, 860, 880 ff.
Besitz eines Kfz, Zusammenhang zwischen Straftat und – 585 f., 592
besondere Umstände i.S.d. § 69 a II StGB 775
besonderer Beschluß nach § 8 I 2 StrEG 1092 ff.
besonders verantwortungsloses Verhalten 918
bessernde Wirkung vorläufiger Führerscheinmaßnahmen 612 ff., 696
Besserung des Täters durch Fahrerlaubnisentziehung 565, 567, 711
bestimmte Fahrzeuge, Ausnahme von der Sperre für – 773
bestimmte Zeiten, Fahrerlaubnisentziehung für – 656
Beta-Rezeptorenblocker 97
Beteiligung (bei § 24 a StVG) 533
Betragsverfahren (§ 10 StrEG) 1097
Betriebsart 766
Betriebsgefahr des Fahrzeugs, Steigerung der – 582
Betriebsgefährlichkeit eines Fahrzeugs 578
Betrug 591
Bewährung siehe **Strafaussetzung** zur –
Beweisantrag zur Feststellung der Analyseneinzelwerte 86
Beweisanzeichen für relative Fahrunsicherheit 184 ff.
bewußt verkehrswidrige Fahrweise 3, 197

Beziehung

Beziehung des Führens eines Kfz zur Tat 582 f.
Billigkeit, Entschädigung nach – 1056 f.
Bindung der Verwaltungsbehörde an Strafbefehl 653
Blutalkoholbestimmung 56 ff.
–, ADH-Verfahren 56 ff.
–, Analysenmittelwert **79 ff.**, 526
–, Anforderungen an die Untersuchungsmethoden 63 f., 187
–, Aufrundung des Analysenmittelwertes **151 ff.**, 526
–, Fehlerbreite 77, 81, 521
–, gaschromatographische Methode **65 ff.**, 84
–, Kosten 554 ff.
–, Nachuntersuchung 72
–, ohne Blutuntersuchung 116 ff.
–, Rückrechnung auf die Tatzeit siehe **Rückrechnung** auf die Tatzeit
–, Sicherheitszuschlag siehe **Sicherheitszuschlag**
–, Verwertbarkeit einer nicht den Anforderungen entsprechenden – 187
–, verzögerte – 54
–, Widmark-Verfahren 56 ff.
–, zweite Blutprobe 74 ff.
Blutalkoholgehalt siehe **Blutalkoholkonzentration**
Blutalkoholkonzentration
–, Bedeutung der – für Fahrlässigkeit 374 ff.
–, Bedeutung der – für Vorsatz 363
–, Berücksichtigung bei der Bemessung der Sperre 706, 709
–, Berücksichtigung bei der Bußgeldbemessung 547
–, Berücksichtigung bei der Strafzumessung 472
–, Diskrepanz zwischen – und Zeugenaussagen oder klinischem Befund 43, **134 ff.**
–, Ermittlung aus der Blutprobe 56 ff.
–, Ermittlung ohne Blutuntersuchung 116 ff.
–, Feststellung der – 7 ff.
–, für § 24 a StVG entscheidende – 519 ff.
–, regelmäßig zur Fahruntüchtigkeit führende – 5
–, zur absoluten Fahruntüchtigkeit führende – 146 ff.
–, zur relativen Fahruntüchtigkeit führende – 183
–, zur Schuldunfähigkeit führende – 277 ff.
–, zur verminderten Schuldfähigkeit führende – 270 ff.
Blutentnahme
–, Anwendung von Zwang 11 ff.
– bei Abgeordneten 23
– bei Verdacht einer Ordnungswidrigkeit nach § 24 a StVG 535
–, Duldungspflicht des Beschuldigten 11 ff.
– durch approbierten Arzt 8
– durch Medizinalassistenten 25
– durch Nichtärzte 24 ff.
–, Fragen an den Beschuldigten bei Gelegenheit der – 40
–, Freiheitsbeschränkung bei – 16 ff.
– in den Räumen der Polizei 18 f.
–, Nachteile für die Gesundheit des Beschuldigten 15
– ohne Einwilligung des Beschuldigten 8
–, rechtliche Grundlage für – 7, 508
–, Untersuchungen und Tests bei Gelegenheit der – 34 ff.
–, unverhältnismäßige Eingriffe gelegentlich einer – 14
–, Verbringung des Beschuldigten zur Polizei oder zum Arzt 17 ff.
–, Verpflichtung des freiberuflichen Arztes zur – 9
Bluter 15
Blutprobe
– (siehe auch **Blutentnahme**)
–, alsbaldige Untersuchung 54
–, Ermittlung der BAK aus der – 56 ff.
–, Nachuntersuchung 72
–, Verwechslung der – 144
–, Verwertbarkeit bei Verstoß gegen § 81 a StPO 27 ff.
–, zweite – 74 ff.
Blutprobenentnahme siehe **Blutprobe; Blutentnahme**
Blutuntersuchung (siehe auch **Blutalkoholbestimmung**)
–, Identitätsgutachen 144
–, Kosten der – 554 ff.
–, zur Feststellung von Begleitstoffen 109
Bundeszentralregister

–, Eintragung der vorzeitigen Aufhebung der Sperre in das – 799
–, Verwertbarkeit getilgter oder tilgungsreifer Eintragungen 605
Bußgeldbemessung
–, Berücksichtigung der Umstände des Einzelfalles 543
–, Bußgeldkataloge 544 ff.
–, Grundlage für die Zumessung 543
–, Höhe der BAK 547
–, wirtschaftliche Verhältnisse des Betroffenen 548
Bußgeldkataloge 544 ff., 1002 f.

C

charakterliche Mängel
–, Beschränkung der Sperre bei – 776
–, Fahrerlaubnisentziehung wegen – 567, **601 f.**
–, Ungeeignetheit aufgrund charakterlich-sittlicher Mängel 601 f.

D

Datum für das Ende der Sperre 684
Dauer
– der vorläufigen Entziehung der Fahrerlaubnis 866 ff.
– des Berufungsverfahrens 867 f.
–, voraussichtliche – der Ungeeignetheit 703 ff.
DDR, ehemalige 811, 832
Diabetiker 61, 385
Doppelblutentnahme 74 ff.
Drehnachystagmus 220 ff.
»dringende Gründe« i.S.d. § 111 a StPO 849 f.
Dunkelheit 167
Durchführung der Straftat, Kfz als Mittel zur – 582

E

Egoismus des Angeklagten 620
eidesstattliche Versicherung
– gegenüber dem Amtsgericht über den Verbleib des Führerscheins nach Anordnung eines Fahrverbots 932, 957, 1034
– gegenüber dem Amtsgericht über den Verbleib des Führerscheins nach Verhängung der Maßregel des § 69 StGB 683
eigenhändiges Führen eines Kfz 587 ff.
Eigensinn des Angeklagten 620
Eigentum am Fahrzeug 769
Eignungsmangel
–, (siehe auch **Ungeeignetheit**)
–, nach der Tat aufgetretener – **607**, 705
–, nicht in der Tat zum Ausdruck gekommener – **607, 705**
–, Wegfall des – 612 ff., 631 ff., 792, 1059
Einatmen von Alkohol- oder Lösungsmitteldämpfen 373
Einlassung des Beschuldigten 1073
einmaliges Versagen im Verkehr 604
Einrechnung entsprechend § 69 a V 2 StGB bei Ablauf der im angefochtenen Urteil festgesetzten Sperre vor Abschluß des Revisionsverfahrens 808
Einrechnung nach § 69 a V 2 StGB 684 f., **726 ff.**, 808
–, Angaben im Urteil über – 685
– bei körperlichen oder geistigen Mängeln 684
Einstellung des Verfahrens
– durch die Staatsanwaltschaft, Entschädigung für vorläufige Führerscheinmaßnahmen nach – 1095
– nach § 153 II StPO, Entschädigung für vorläufige Führerscheinmaßnahmen nach – 1093
Eintragung
– eines Vermerks in den Führerschein siehe **Vermerk**
– in das Bundeszentralregister siehe **Bundeszentralregister**
Einverständnis mit der Inverwahrungnahme des Führerscheins (siehe auch **Verwahrung, amtliche Verwahrung**) 887, 1054
Einwilligung des gefährdeten Mitfahrers in Fällen des § 315 c StGB 418 ff., 485
Einziehung des Kraftfahrzeugs 512
Einziehung des Führerscheins 679 ff.
–, Geltung des Verschlechterungsverbots (§§ 331, 358 II StPO) 682
– im Urteil trotz Verlust 734

–, mehrere Führerscheine 679
–, Rechtsnatur der Einziehung nach § 69 III 2 StGB 681
–, Vollstreckung (§ 459 g I StPO) 683
empfindliche Geldbuße 999
Ende der Sperre 684
Entbindung von der Pflicht zum Erscheinen
–, Fahrerlaubnisentziehung bei – 571
–, Verhängung eines Fahrverbots bei – 903
Enthemmung
– als Beweisanzeichen für relative Fahrunsicherheit 197 f., 201
–, Fahrunsicherheit bewirkende – 3
Entnahmearzt
– als Sachverständiger 9, 45 f.
– als Zeuge 10, 45, 219
Entschädigung für vorläufige Führerscheinmaßnahmen 1053 ff.
–, Absehen von der Maßregel des § 69 StGB wegen Wegfalls ihrer Voraussetzungen 1059
–, Alcotest 1065 f.
–, alkoholverdächtige Fahrweise 1069
–, Anwaltskosten 1089, 1104
–, auffälliges Fahrverhalten 1069
–, Aufhebung der Entscheidung nach dem StrEG bei erfolgreichem Rechtsmittel in der Hauptsache 1102
–, Aufrechterhaltung der vorläufigen Entziehung der Fahrerlaubnis nach Ablauf der im erstinstanzlichen Urteil angeordneten Sperrfrist 1078
–, Aufwendungen infolge vorläufiger Führerscheinmaßnahmen 1085
–, Ausnahmen von der Entschädigungspflicht 1055 ff.
–, Ausschluß der – 1058 ff.
– bei Einverständnis des Beschuldigten mit der Beschlagnahme 1054
– bei freiwilliger Herausgabe des Führerscheins 1054
– bei »schlichter Sicherstellung« 1054
– bei verspäteter Rückgabe des Führerscheins 1057
–, Beschluß nach § 8 I 1 StrEG bei vorläufiger Einstellung nach § 154 II StPO 1091
–, besonderer Beschluß 1092 ff.
–, Betragsverfahren (§ 10 StrEG) 1097
–, Einlegung der sof. Beschwerde nach Ablauf der Frist des § 311 II StPO

innerhalb der Revisionsrechtfertigungsfrist 1101
–, Entbehrlichkeit der Entscheidung bei Verzicht 1096
–, Entscheidung außerhalb der Hauptverhandlung 1092 ff.
–, Entscheidung durch das Gericht, welches das Verfahren abschließt 1090 ff.
–, Entscheidung in dem das Verfahren abschließenden Urteil oder Beschluß 1091
–, Fahrlässigkeit i.S.d. § 5 II StrEG 1061 ff.
–, Fahrweise des Beschuldigten 1069 f.
–, fehlerhaftes Aufrechterhalten der Führerscheinmaßnahme 1076 ff.
–, Freispruch des Angeklagten im zweiten Rechtszug 1079
–, grob fahrlässige Verursachung der Führerscheinmaßnahme 1063 ff.
–, Grundsatz der Entschädigungspflicht nach § 2 StrEG 1054
–, isolierter Beschluß 1092 ff.
–, Kosten und Auslagen 1089, 1104
–, leicht fahrlässige Verursachung der vorläufigen Führerscheinmaßnahme 1081
– nach Einstellung des Verfahrens gem. § 153 II StPO 1093
–, Nachholung der Entscheidung über – 1094
–, Nachtrunk 1071
–, Nichtanrechnung der vorläufigen Entziehung der Fahrerlaubnis auf das Fahrverbot 1058
– nur nach Billigkeit 1056 f.
–, Nutzungsentgang 1086
–, positiver Alcotest 1065, 1070 f.
–, Rechtsmittel 1098 ff.
–, Schweigen der das Verfahren abschließenden Entscheidung über – 1094
–, sofortige Beschwerde 1098 ff.
–, trotz fehlenden Widerspruchs gegen die Beschlagnahme 1054
– trotz Schuldspruchs 1056
–, überwiegende Verursachung der Führerscheinmaßnahme durch den Beschuldigten 1075 ff.
–, überwiegende Verursachung der Führerscheinmaßnahme durch die Strafverfolgungsbehörde 1075 ff., 1083

Fahrerlaubnisentziehung

- –, Umfang des Entschädigungsanspruchs 1085
- –, Unmöglichkeit der Entscheidung in der Hauptverhandlung 1092
- –, Unschuldsvermutung 1063
- –, Verfahren 1090 ff.
- –, Verfahren nach Einstellung durch die Staatsanwaltschaft 1095
- –, Verkehrsordnungswidrigkeiten unter Alkoholeinfluß 1070
- –, Versagung der – 1082, **1083 f.**
- –, versehentliches Unterlassen einer Entscheidung 1094
- –, Verzicht auf – 1054, 1096
- –, Vollrausch 1074
- –, Vorrang der Prüfung nach § 5 StrEG gegenüber § 6 StrEG 1082
- –, vorsätzliche Verursachung der Führerscheinmaßnahme 1060
- –, Wechseln der Einlassung durch den Beschuldigten 1073
- –, Wertgrenze des § 304 III StPO 1103
- –, zeitliche Begrenzung von Ausschluß und Versagung der Entschädigung 1075 ff., 1083 f.

entsprechende Anwendung
- des § 53 III StGB bei Fahrverbot wegen Straftat und Ordnungswidrigkeit 926
- des § 69 a I 3 StGB im Rahmen des § 111 a StPO 859
- des § 69 a IV StGB bei Ablauf der im angefochtenen Urteil festgesetzten Sperre vor Abschluß des Revisionsverfahrens 807
- des § 69 a IV StGB bei nachträglicher Gesamtstrafenbildung 696, 747
- des § 69 a IV, VI StGB bei isolierter Sperre 739
- des § 69 a V 2 StGB bei Ablauf der im angefochtenen Urteil festgesetzten Sperre vor Abschluß des Revisionsverfahrens 808
- des § 69 a V 2 StGB bei Fahrerlaubnisentzug durch Strafbefehl 728
- des § 69 a V 2 StGB bei körperlichen oder geistigen Mängeln 684
- des § 69 a V 2, VI StGB bei isolierter Sperre 739
- des § 69 b StGB 837
- des § 111 a II StPO 872

Entziehung der Fahrerlaubnis siehe **Fahrerlaubnisentziehung**

erhöhtes Mindestmaß der Sperre 690 ff.
Erhöhung
- der Ersatzfreiheitsstrafe bei gleichzeitigem Wegfall des Fahrverbots 964
- der Geldbuße bei gleichzeitigem Wegfall des Fahrverbots 962, 979, 1051
- der Geldstrafe bei gleichzeitigem Wegfall der Fahrerlaubnisentziehung 975

Erinnerungslücken 288
Erkältungskrankheiten 380
Erkennbarkeit der Fahrunsicherheit für den Angeklagten 363 ff., **370 ff.**
Ermittlungen des Gerichts bei Antrag auf vorzeitige Aufhebung der Sperre 791
Ermöglichung der Straftat, Kfz als Mittel zur – 582
Ermüdung
- als zusätzliches Beweisanzeichen für relative Fahrunsicherheit 225
- –, Zusammenwirken von Alkohol und – 225, 230

erneute vorläufige Entziehung der Fahrerlaubnis in der Berufungsinstanz 875 f.
Ersatzfreiheitsstrafe, Erhöhung der – bei gleichzeitigem Wegfall des Fahrverbots 964
Ersetzen
- der Fahrerlaubnisentziehung durch ein Fahrverbot in der Rechtsmittelinstanz 975 f.
- des Fahrverbots durch Fahrerlaubnisentziehung in der Rechtsmittelinstanz 974

Erziehungsmaßregel, Fahrverbot neben – 910 f.
Existenzgefährdung, Berücksichtigung der – 710, 781

F

Fabrikat des Fahrzeugs 765
Fahren
- trotz Fahrerlaubnisentziehung 602, 740
- trotz Fahrverbots 602

Fahrerlaubnisentziehung
- als Strafe 1
- –, Aufhebung der Entscheidung über – durch das Revisionsgericht 677

471

Fahrfehler

—, ausländische Fahrerlaubnis   811 ff., 828, 831
—, Austauschbarkeit von – und Fahrverbot in der Rechtsmittelinstanz 974 ff.
– bei Absehen von Strafe   596
– bei »bedeutendem« Sachschaden i.S.d. § 69 II Nr. 3 StGB   625
– bei Entbindung von der Pflicht zum Erscheinen   7
– bei gleichzeitiger Strafaussetzung zur Bewährung   648 f.
– bei Nichtverurteilung   596
– bei Schuldunfähigkeit des Täters 572, 597
– bei Verhandlungsunfähigkeit des Täters   8
– bei Verwarnung mit Strafvorbehalt 598
—, Berücksichtigung der – bei der Strafzumessung   481
—, Beschränkung des Rechtsmittels auf die Entscheidung über –   664 ff., 973
– durch das Revisionsgericht   676
– durch Strafbefehl   568, 728
—, Ersetzen der – durch Fahrverbot in der Rechtsmittelinstanz   975 f.
—, Ersetzen des Fahrverbots durch – in der Rechtsmittelinstanz   974
—, Fahren trotz –   602, 740
– für bestimmte Zeiten   656
—, Hinweispflicht nach § 265 StPO 576
– im Abwesenheitsverfahren   570
– im beschleunigten Verfahren   569
– im Jugendverfahren   573
– im Sicherungsverfahren   572
—, Nebeneinander von – und Fahrverbot   969 ff.
—, Rechtsnatur   565
—, teilweise –   655, 786
– trotz Freispruchs   597
– trotz Sicherungsverwahrung   647
—, Verhältnis von § 69 zu § 44 StGB 968 ff.
—, Verschlechterungsverbot   669 ff., 974
—, Wirkung bei ausländischen Führerscheinen   832
—, Wirkung der –   655 f.
– zur allgemeinen Verbrechensbekämpfung   582
Fahrfehler   193 ff.

Fahrgastbeförderung, Entziehung der (besonderen) Fahrerlaubnis zur –   655
Fahrgeschwindigkeit
– und Fahrunsicherheit als gleichwertige Unfallursachen   322 ff.
Fahrlässigkeit
—, einfache, kein Fahrverbot   984
– i.S.d. § 5 StrEG   1061 f.
fahrlässige Körperverletzung   322 ff.
fahrlässige Tötung   322 ff.
Fahrlehrer   476
Fahrrad   siehe **Radfahrer**
Fahrrad mit Hilfsmotor   579
Fahrunsicherheit, Fahruntüchtigkeit (alkoholbedingte)   1 ff.
—, absolute –   siehe **absolute Fahrunsicherheit**
—, Begriff   1 ff.
—, Erkennbarkeit der – durch den Angeklagten   363 ff., 370 ff.
—, Fahrlässigkeit hinsichtlich der – 370 ff.
—, Hinzuziehung eines Sachverständigen zur Feststellung der –   163   (siehe auch **Sachverständiger**)
—, Nachweis der –   4, **7 ff.**
—, relative –   siehe **relative Fahrunsicherheit**
—, Überprüfung der festgestellten – durch das Revisionsgericht   6
—, Ursächlichkeit des Alkoholgenusses für –   228 ff.
—, Vorsatz hinsichtlich der –   362 ff.
Fahrverbot nach § 44 StGB und § 25 StVG   900 ff., 877 ff.
—, Absehen vom indizierten –   922, 1005, **1008 ff.**
—, Abstand, zu geringer –   987
—, amtliche Verwahrung des Führerscheins   930, 938, 1031, 1038
—, Anordnung durch Strafbefehl   904, 952
—, Anordnung zur Vermeidung weiterer Führerscheinsperre   948
—, Anrechnung vorläufiger Führerscheinmaßnahmen   878, 945 ff., 966, 1041 ff., 1052
—, Aufschieben der Rückgabe des Führerscheins nach § 111 a V StPO 949, 1043
—, ausländische Führerscheine   953 ff., 1030, 1046 ff.

Fahrverbot

- –, Ausnahme vom Regelfahrverbot des § 25 I 2 StVG 1016
- –, Austauschbarkeit von – und Fahrerlaubnisentziehung in der Rechtsmittelinstanz 974 ff.
- –, Beginn der Frist 938 ff., 955, 1038
- –, Begründung der – Dauer im Urteil 1021
- –, Begründung der Entscheidung über das Fahrverbot gem. § 25 StVG 1004, 1007, 1012, 1017, 1019
- –, Begründung des – im Urteil in Fällen des § 44 I 2 StGB 920
- –, beharrliche Pflichtverletzung i.S.d. § 25 StVG 982 ff.
- – bei Absehen von Strafe 908
- – bei außerdeutschen Kfz-Führern 953 ff., 1046
- – bei Entbindung von der Pflicht zum Erscheinen 903
- – bei führerscheinfreien Kfz 941
- – bei Rotlichtverstoß 988 ff.
- – bei Schuldunfähigkeit 908
- – bei Tatmehrheit 924 ff.
- – bei Überschreiten der zulässigen Höchstgeschwindigkeit 985, 994 ff.
- – bei Verwarnung mit Strafvorbehalt 909
- – bei Wenden auf der Autobahn 993
- – bei Zurücktreten der Ordnungswidrigkeit gem. § 21 I 1 OWiG 1013
- –, Belehrung 952, 1045
- –, Berücksichtigung vorläufiger Führerscheinmaßnahmen 950
- –, Beschlagnahme des Führerscheins 931, 939, 1032, 1049
- –, Beschränkung auf bestimmte Arten von Kfz 927 ff., 1024
- –, Beschränkung des Rechtsmittels auf das – 958, 1050
- –, besonders verantwortungsloses Verhalten 918
- –, Bußgeldkatalog 1002 ff.
- –, eidesstattliche Versicherung über den Verbleib des Führerscheins 932, 957, 1034
- –, einfache Fahrlässigkeit, kein Fahrverbot 984
- –, Eintragung eines Vermerks in den Führerschein 955 f., 1048 f.
- –, Entbehrlichkeit der Anordnung eines »symbolischen« – 921
- –, Erhöhung der Ersatzfreiheitsstrafe bei gleichzeitigem Wegfall des – 964
- –, Erhöhung der Geldbuße bei gleichzeitigem Wegfall des – 962, 979, 1051
- –, Erhöhung der Geldstrafe oder Geldbuße bei gleichzeitigem Wegfall des – 962 f., 979, 1051
- –, Ersetzen der Fahrerlaubnisentziehung durch – 975 f.
- –, Ersetzen des – durch Fahrerlaubnisentziehung 974
- –, Erziehungsfunktion 915, 1000
- –, Fahren trotz – 602
- –, Freispruch wegen einer von mehreren Taten in der Rechtsmittelinstanz 960
- –, Frist 938 ff., 955, 1036 ff., 1044
- –, Fristablauf 934, 1035
- –, Generalprävention 916, 1000
- –, geringfügige Zuwiderhandlungen 919
- –, Gesamtstrafenbildung 924 f., 1023
- –, Geschwindigkeitsüberschreitung 985 f., 995 f.
- –, grobe Pflichtverletzung i.S.d. § 25 StVG 982 ff.
- –, hartnäckige Mißachtung der Verkehrsvorschriften 918, 982 ff.
- –, Hinweispflicht nach § 265 StPO 906 f., 978
- –, Höchstmaß 1021
- – im Abwesenheitsverfahren 902
- – im vereinfachten Jugendverfahren 905
- –, Indizierung des Fahrverbots 920, 1002 ff.
- –, internationaler Kfz-Verkehr 953 ff., 1030, 1046 ff.
- –, Irrtum über Wirksamwerden 928
- –, mehrere – 924 ff., 935, 1022 f., 1036
- –, mehrfache Anordnung 924 ff.
- –, nach § 25 StVG bei Subsidiarität der Ordnungswidrigkeit 980
- – neben Erziehungsmaßregel 910 f.
- – neben isolierter Sperre 972
- – neben Schuldfeststellung nach § 27 JGG 910
- – neben Zuchtmittel 910 f.
- –, Nebeneinander von Fahrerlaubnisentziehung und – 941, 969 ff.
- –, Nichtausreichen der Geldbuße allein 998 ff., 1015

473

Fahrweise

–, Notwendigkeit zur Erreichung des Strafzwecks 914
–, Rechtsmittel 958 ff., 1050 f.
–, Rechtsmittelverzicht 967
–, Rechtsnatur 900, 977
–, Regelfahrverbot des § 44 I 2 StGB 920 ff.
–, Regelfahrverbot des § 25 I 2 StVG 1014 ff.
–, Rotlichtverstoß 988 ff.
–, Rückgabe des Führerscheins nach Fristablauf 934, 1035
–, Spezialprävention 915, 944
–, Übersehen eines Verkehrszeichens 986, 996, 1006
–, Umfang der Pflichtverletzung 917 ff., 1000
–, Unzulässigkeit der Anordnung eines Fahrverbots bei Ordnungswidrigkeit des Halters 981
–, Urteilstenor 945
–, Verhältnis von § 69 zu § 44 StGB 968 ff.
–, Verhältnismäßigkeit 998 ff., 1014
–, Verhängung eines – bei Beschränkung des Rechtsmittels auf die Nichtentziehung der Fahrerlaubnis 973
–, Verletzung der Pflichten eines Kfz-Führers 913, 982 ff.
–, Verlust des Führerscheins 932, 943
–, Verschlechterungsverbot 961 ff., 974 f., 979, 1051
–, Verwahrung des Täters in einer Anstalt 944, 1040
–, Viermonatsfrist für das Wirksamwerden 1026 ff.
–, Vollstreckung 928 ff., 955 ff., 1031, 1036, 1048
–, Voraussetzungen für die Anordnung des – 908 ff., 980 ff.
–, Vorbehalt eines – nach § 59 I 1 StGB 909
–, Warnfunktion 915, 1000
–, Wiedereinsetzung in den vorigen Stand 933, 951
–, wiederholte Mißachtung der Verkehrsvorschriften 918 f., 982 ff.
–, Wirksamwerden 928, 1025 ff.
–, Wirkung der Fahrerlaubnisentziehung nach § 69 b StGB als – 832
–, Wirkung im Ausland 928
–, Zusammenhang mit dem Führen eines Kfz 912

–, Zusammentreffen von Straftat und Ordnungswidrigkeit 926
Fahrweise 191, 193 ff.
Fahrzeugart 762 ff.
Fahrzeughalter siehe **Halter**
Fahrzweck 767
Falscher Führerschein 594
Fehlerbreite bei der Blutalkoholbestimmung 77, 81, 521
Festnahmerecht 16, 22
Fingerprobe 218
Fixationsnystagmus 220
Flucht als Beweisanzeichen für relative Fahrunsicherheit 202
Folgen der Tat, Berücksichtigung bei Bemessung der Sperre 703
Fortsetzungszusammenhang 445
Fragen an den Beschuldigten bei Blutentnahme 40
freiberuflicher Arzt 9
Freiheit
–, Beschränkung der – 14, **16 ff.**, 20 f.
Freiheitsstrafe 478 ff.
Freispruch
– des Angeklagten im zweiten Rechtszug 1079
–, Fahrerlaubnisentziehung trotz – 597
freiwillige Herausgabe des Führerscheins
–, Entbehrlichkeit einer Entscheidung nach § 111 a StPO bei – 855 f.
–, Entschädigungspflicht trotz – 1054
Frist bei Fahrverbot 935, **938 ff.**, 955, 1038 ff., 1044
Fristablauf bei Fahrverbot 934, 1035
Fristbeginn bei Führerscheinsperre
–, (siehe auch **Sperre** und **Beginn der Sperre**)
–, Angaben über – im Urteil 685
Fristbeginn nach § 5 IntVO 826 ff.
Führen eines Fahrzeugs
–, Abrollenlassen 349, 516
–, Abschleppen 356 f.
–, Anlassen des Motors 340 ff.
–, Anschieben 351 ff., 355, 516
–, arbeitsteiliges – 347, 357
–, Bagger 338 f.
–, eigenhändiges – eines Kfz 587 f.
– eines Kfz bei Gelegenheit einer Straftat 583
– eines Kfz durch den Mittäter 588
– eines Kfz trotz Fahrverbots 602

Gefährdung des Straßenverkehrs (§ 315 c StGB)

- eines Kraftfahrzeugs i.S.d. §§ 44, 69 StGB (Begriff) 579
- eines Kraftfahrzeugs i.S.d. § 24 a StVG 516 f.
- eines Mopeds oder Mofas durch Treten der Pedale 350, 516
- , Führen von Kraftfahrzeugen 348 ff.
- , Pferdefuhrwerk 339
- , Schieben 353 f., 516
- , unbeabsichtigtes Rollen 346
- , vergebliche Versuche 342
- , vorbereitende Handlungen 340 ff.
- , Vorkehrungen beim Verlassen des Fahrzeugs 346
- , willentliches Handeln 346

Führerschein
- , amtliche Verwahrung des – 930, 938, 1031, 1038
- , Aufschieben der Rückgabe des – nach § 111 a V 2 StPO (§ 25 VII 2 StVG) 949, 1043
- , Aushändigung nach Fristablauf bei Fahrverbot 934, 1035
- , ausländischer – (siehe **internationaler Kfz-Verkehr**)
- , Beschlagnahme des – 616 f., 631, 886 ff., 931, 956, 1032, 1049
- , eidesstattliche Versicherung über den Verbleib 683, 932, 957, 1034
- , Einziehung des – 679 ff., 734
- , falscher – 594
- , freiwillige Herausgabe des – 855 f., 1054
- , mehrere – 679, 695, 696, 731
- , Rückgabe des – siehe **Rückgabe des Führerscheins**
- , Sicherstellung des – 886 ff.
- , ungültiger – 679
- , Verlust des – bei Fahrerlaubnisentziehung 680, 734
- , Verlust des – bei Fahrverbot 932, 943, 957, 1034
- , Vorlage zu Betrugszwecken 591
- , Wegnahme des – aufgrund der allgemeinen Generalermächtigung zur Gefahrenabwehr 892 f.
- , Wegnahme nach Verhängung der Maßregel des § 69 StGB 683

Führerscheinbeschlagnahme siehe **Beschlagnahme** des Führerscheins
Führerscheinfälschung 594
führerscheinfreie Fahrzeuge 578, 941, 972

Führerscheinklasse als Kfz-Art i.S.d. § 69 a II StGB 762, **763**, 774
Führerscheinmaßnahmen siehe **vorläufige Führerscheinmaßnahmen**
Führerscheinsperre siehe **Sperre**
Fußgänger
- , Verkehrsunsicherheit eines – im Straf- und Ordnungswidrigkeitenrecht 165

G

Garantenpflichten
- , strafrechtliche Verantwortlichkeit des Gastwirts oder privaten Gastgebers 330 a

Gaschromatographische Methode
- , Analysenmittelwert 84
- , Zulässigkeit und Zuverlässigkeit 65 ff.

Gastgeber (privater), Haftung aus vorangegangenem Tun 330
Gastwirt, Haftung aus vorangegangenem Tun 330
Gebühren siehe **Kosten**
Gefahr
- im Verzug 891 ff.
- weiterer Trunkenheitsfahrten 892 ff.

Gefährdung der Allgemeinheit (siehe auch **Verkehrsteilnehmer**) 646
Gefährdung des Straßenverkehrs (§ 315 c StGB) 395 ff.
- , als Dauerstraftat 333
- , äußerer Tatbestand 396 ff.
- , Belehrung nach § 265 I StPO 432
- , Einwilligung des gefährdeten Mitfahrers 418 ff.
- , Fahrlässigkeit 433 ff.
- , Fortsetzungszusammenhang 445
- , fremde Sachen von bedeutendem Wert 405 ff.
- , Führen siehe **Führen** eines Fahrzeugs
- , Gefährdung 399 ff., 431
- , innerer Tatbestand 430 ff.
- , Leib oder Leben eines anderen Menschen 404
- , mehrere Begehungsformen des § 315 c 441 f.
- , mehrere Verstöße gegen § 315 c I Nr. 1 a (III) 443 ff.
- , Rechtswidrigkeit 417 ff. (siehe auch **Rechtswidrigkeit**)

475

Gefahrenabwehr

–, Straßenverkehr 396
–, Teilnahme 437
–, unbedeutende Sachgefährdung 413
–, unmittelbare Gefahr 400 ff.
–, Ursächlichkeit der Fahrunsicherheit für die Gefährdung 14 ff.
–, Verhältnis zu anderen Tatbeständen siehe **Konkurrenzen**
–, Versuch 436
–, vom Täter geführtes Fahrzeug als gefährdete Sache 410 ff.
–, Vorsatz hinsichtlich der Gefährdung 431
Gefahrenabwehr 892 f.
Gefahrengrenzwert (0,5 bzw. 0,8 ‰) 514 ff.
Gehen, Ausfallerscheinungen beim – 204
geistige Mängel 565, 684, 691, 976
Geldbuße
–, empfindliche – 999, 1015
–, Erhöhung der – bei gleichzeitigem Wegfall des Fahrverbots 962, 979, 1051
–, Nichtausreichen der – allein 998 ff., 1015
–, Verhältnis zum Fahrverbot 962
–, verschärfte – 999, 1015
Geldstrafe
–, Erhöhung der – bei gleichzeitigem Wegfall der Fahrerlaubnisentziehung 915
–, Erhöhung der – bei gleichzeitigem Wegfall des Fahrverbots 962 f.
Generalprävention
– als Strafzumessungsgesichtspunkt 482
– durch Fahrverbot 916, 1000
generalpräventive Gesichtspunkte
– bei Bemessung der Sperre 712
– bei Beschränkung der Sperre 784
Genuß alkoholischer Getränke 228
geringfügige Zuwiderhandlungen 919
Gesamtpersönlichkeit siehe **Persönlichkeitswürdigung**
Gesamtstrafenbeschluß siehe **nachträgliche Gesamtstrafenbildung**
Gesamtstrafenbildung siehe **nachträgliche Gesamtstrafenbildung**
Gesamtverhalten, Ungeeignetheit aufgrund des – des Täters **611,** 663 (siehe auch **Persönlichkeitswürdigung**)

Gesamtwürdigung der Persönlichkeit 607 (siehe auch **Persönlichkeitswürdigung**)
Geschwindigkeitsüberschreitung 985 f., 999
gestaffelte Rückrechnung 95 f.
Gewalt
–, Anwendung von – bei Blutentnahme 11 ff.
Glatteis 167
gleichzeitige Anordnung von Fahrerlaubnisentziehung und Fahrverbot 969 ff.
Goslar (Verkehrsgerichtstag) 467 f.
Grad des Verschuldens, Berücksichtigung im Rahmen des § 69 StGB 606
Grenzübertritt 826
Grippe 380
grobe Fahrlässigkeit i.S.d. § 5 II StrEG 1063 ff.
grobe Pflichtverletzung i.S.d. § 25 StVG 982 ff.
Großstadtverkehr 167
Gutachten, medizinisch-psychologisches 791

H

HAK siehe **Harnalkoholkonzentration**
Halter
–, Anordnung der Inbetriebnahme eines vorschriftswidrigen Fahrzeugs durch den – 589
–, Ausnahme der Fahrzeuge eines bestimmten – von der Sperre 768
–, tätlicher Angriff auf einen anderen Verkehrsteilnehmer durch den – 590
–, Unzulässigkeit der Anordnung eines Fahrverbots bei Ordnungswidrigkeit des – 981
–, Verantwortlichkeit nach §§ 229, 222 StGB 331
–, Verantwortlichkeit nach § 2 FeV 540
–, Verantwortlichkeit nach § 31 II StVZO 541
Hämophilie 15
Harnalkoholkonzentration 108, 128
Harnprobe 107
hartnäckige Mißachtung der Verkehrsvorschriften 918 f.

Hauptverhandlung
- als maßgeblicher Zeitpunkt für die Prüfung der Eignungsfrage 612 ff.
- –, Uneinsichtigkeit des Angeklagten in der – 620

Hehlerei
- –, Ungeeignetheit zum Führen von Kfz bei – 584
- –, Zusammenhang zwischen Führen eines Kfz und – 584

Hehlergut 584
heimlich zugeführter Alkohol 374 ff., 532
Hemmungsvermögen
- –, Beeinträchtigung der Schuldfähigkeit durch Herabsetzung des – 270 f., 274, 285, 287

Heuschnupfen 656
Hinwegsetzen (beharrliches) über Verkehrsvorschriften 918, 982
Hinweispflicht nach § 265 StPO
- bei Entziehung der Fahrerlaubnis 576
- bei Fahrverbot 906 f., 978

Höchstgeschwindigkeit, Überschreiten der zulässigen – 985 ff.
Höchstmaß der Sperre 698 f., 713, 722
höchstmöglicher Abbauwert 93, 118, 261 f.

I

Identitätsgutachten hinsichtlich des untersuchten Blutes 144
Immunität 23
Im Zweifel für den Angeklagten siehe **in dubio pro reo**
in dubio pro reo
- –, Anwendbarkeit im Rahmen des § 69 StGB 621
- –, Anwendbarkeit im Rahmen des § 69 a II StGB 783
- –, Anwendung bei Entscheidung nach § 111 a StPO 852

in dubio pro securitate 783
Indizierung der Ungeeignetheit (§ 69 II StGB) 622 ff.
- –, Ausnahmen 631 ff.
- –, Begründung der Maßregel im Urteil bei – 644 f.

Internationaler Führerschein 726, 811 ff.

internationaler Kfz-Verkehr
- –, Anwendungsbereich der §§ 44 II, 69 b StGB 811 ff., 828, 953
- –, außerdeutscher Fahrzeugführer, Begriff 812, 828
- –, Ausschluß der Berechtigung zum Kfz-Führen mit ausländischer Fahrerlaubnis 816, 825
- –, Bedeutung des Wohnsitzes 815 ff.
- –, Berechtigung zum Kfz-Führen mit ausländischer Fahrerlaubnis 812 ff.
- –, Berufspendler 821
- –, Beschlagnahme ausländischer Führerscheine 836, 898, 956, 1049
- –, durch Täuschung erlangter ausländischer Führerschein 837
- –, Eintragung eines Vermerks 835, 879, 955, 1048
- –, entsprechende Anwendung des § 69 b StGB 837
- –, Erwerb eines ausländischen Führerscheines nach Fahrerlaubnisentziehung im Inland 816, 825
- –, EU/EWR-Fahrerlaubnisse 814 ff., 834
- –, Fahrverbot 953 ff., 1046
- –, formelle Beibehaltung des ausländischen Wohnsitzes 822
- –, Fristbeginn nach § 4 I IntVO 826 ff.
- –, Grenzübertritt 826
- –, Mindestalter 820
- –, Schüler und Studenten 818, 821
- –, Staatsangehörigkeit 819
- –, Urteilstenor bei Fahrerlaubnisentziehung nach § 69 b StGB 833
- –, Vollstreckung bei Fahrerlaubnisentziehung nach § 69 b StGB 834
- –, Vollstreckung des Fahrverbots 930 ff., 955 ff., 1031 ff., 1036, 1048 f.
- –, vorläufige Entziehung der Fahrerlaubnis 879
- –, vorübergehender Aufenthalt im Ausland 827
- –, Wohnsitz (Begriff) 817
- –, Wohnsitzbegründung 826
- –, Wohnsitz im Inland und im Ausland 822
- –, Wohnsitz im Inland zur Zeit der Ausstellung des ausländischen Führerscheins 816, 823

Invasionsgipfel 147
Inverwahrungnahme des Führerscheins 887, 930, 938

477

Irrtum
- des Berufungsgerichts über den Umfang des Rechtsmittels 674 f.
- des Polizeibeamten über das Vorliegen von Gefahr im Verzug 895
- über den rechtlich relevanten BAK-Grenzwert 178 ff.
- über den Umfang der Aufhebung eines Urteils 672 f.
- über Wirksamwerden des Fahrverbots 928

isolierte Sperre 734 ff.
- –, Absehen von der Anordnung einer – 740
- –, Beschränkung des Rechtsmittels 801
- –, entsprechende Anwendung des § 69 a IV, VI StGB 738
- –, entsprechende Anwendung des § 69 a V 2, VI StGB 739
- –, Erteilung einer Fahrerlaubnis trotz – 736
- –, Fahrverbot neben – 972
- – nach bereits rechtskräftiger Fahrerlaubnisentziehung in einem früheren Verfahren 734
- –, verkürztes Mindestmaß 737
- –, versehentliche Anordnung nur einer – 735

isolierter Beschluß nach § 8 I 2 StrEG 1092 ff.

J

Jugendliche 573, 575, 634
Jugendrichter, Zuständigkeit für Fahrerlaubnisentziehung 574
Jugendstrafrecht 550 ff.
Jugendverfahren
- –, Fahrerlaubnisentziehung im – 573
- –, Fahrverbot im vereinfachten – 905

K

kalendermäßige Bestimmung der Führerscheinsperre 684
Kausalität siehe **Ursächlichkeit**
kleinstmögliche Maßeinheit der Sperre 686
klinischer Befund 42 ff., **214 ff.**
- – als Beweisanzeichen für relative Fahrunsicherheit 214 ff.

- –, Drehnachnystagmus 220 ff.
- –, erheblicher Unterschied zwischen – und Ergebnis der Blutalkoholbestimmung 43 f., **134 ff.**
- –, Ermüdung 225
- –, Fingerprobe 218
- –, negativer – 42 ff.
- –, Pupillenerweiterung 223
- –, Pupillenreaktion 223
- –, Pupillenverengung 223
- –, Romberg-Test 218, 224

Konkurrenzen
- –, actio libera in causa und unerlaubtes Entfernen vom Unfallort als Rauschtat (§ 323 a StGB) 459
- –, fortdauernder Vollrausch 464
- –, Fortsetzungszusammenhang 445
- –, mehrere Begehungsformen des § 315 c StGB 441 f.
- –, mehrere Taten i.S.d. § 264 StPO bei einer Trunkenheitsfahrt 448
- –, mehrere Verstöße gegen § 315 c I Nr. 1 a (III) StGB 443 ff.
- –, natürliche Handlungseinheit 439, 443 f.
- –, Polizeiflucht **439 f.**, 457
- –, Rechtsmittelbeschränkung auf die Entscheidung über das Vergehen nach § 142 StGB 460 ff.
- –, Tateinheit zwischen actio libera in causa und § 323 a StGB 258 f.
- –, Verhältnis der Tatbstandsalternativen in § 24 a StVG 530
- –, Tateinheit zwischen § 323 a und § 316 StGB 465
- –, Verhältnis zwischen § 315 c und § 315 b StGB 447
- –, Verhältnis zwischen § 316 und § 315 c StGB 446
- –, Verhältnis zwischen §§ 316, 315 c StGB und § 142 StGB 449 ff.

konstruktive Einzelheiten des Fahrzeugs 766
Körpergewicht 116 ff., 142
körperliche Mängel 565, 684, 691, 976
körperliche Untersuchung 7 ff., **34 ff.**

Kosten
- –, Anwalts-, Entschädigung nach § 7 StrEG 1089, 1104
- – der Blutuntersuchung 554 ff.
- –, durch Hinzuziehung eines Sachver-

ständigen in der Hauptverhandlung entstandene – 560
–, Nebenklage – 563 f.
– und Auslagen bei Beschränkung des Rechtsmittels auf die Maßregel nach §§ 69, 69 a StGB 668
Kosten und Auslagen 554 ff. (siehe auch **Kosten; Auslagen**)
Kraftfahrer
–, absolute Fahrunsicherheit des – 146 ff.
Kraftfahrzeug
– als Mittel zur Vorbereitung, Durchführung, Ermöglichung, Verdeckung oder Ausnutzung der Straftat 18
–, Arten von – 762 ff.
–, Begriff in § 24 a StVG 515
–, Begriff in § 69 StGB 577
–, Benutzung eines – 588
–, Führen eines – 348 ff., 579, 588
–, Führen durch den Mittäter 588
–, führerscheinfreie – 578, 941, 972
–, Ungeeignetheit zum Führen von – 599 ff.
Kraftfahrzeugarten
–, Ausnahme bestimmter – von der Sperre 762 ff.
–, Begriff i.S.d. § 69 a II StGB 762 ff.
–, Beschränkung der vorzeitigen Aufhebung der Sperre auf bestimmte – 798
–, Beschränkung des Fahrverbots auf bestimmte – 927 ff., 1024
–, unterschiedliche Bemessung der Sperre für einzelne – 704
Kraftfahrzeugführer
–, Fahrverbot nach § 25 StVG gegen – 981
–, Pflichten eines – 595
Kraftfahrzeughalter siehe **Halter**
Kraftradfahrer
–, (siehe auch **Moped-, Motorradfahrer**)
–, absolute Fahrunsicherheit des – 1, 59 ff.
–, relative Fahrunsicherheit des – 192
Krankenschwester 24, 26

L

Lagerung der Blutprobe 54
Landgericht, Zuständigkeit für Entscheidungen nach § 111 a StPO 840, 845
langsame Fahrweise 199
Lastkraftwagen siehe **Lkw**
Lebensführung des Angeklagten
–, Berücksichtigung bei Bemessung der Sperre 706
–, Berücksichtigung im Rahmen des § 69 StGB 605
lebenslange Sperre siehe **Sperre**
Lebenszeit, Sperre auf – siehe **Sperre**
Leberkrankheiten 97
Leib oder Leben eines anderen Menschen 404
Leichenblut 55
leicht fahrlässige Verursachung einer vorläufigen Führerscheinmaßnahme 1081
Leichtmofa 161, 164, 515, 579, 634
leichtsinnige Fahrweise 198
leichtsinnige Kraftfahrer 915 ff.
letzte Tatsacheninstanz 727
Leugnen des Angeklagten 620
Lkw als Kfz-Art i.S.d. § 69 II StGB 762, 777

M

Magenfüllung 99
Mängel
– nach der Tat aufgetretene – 607, 705
maßgeblicher Zeitpunkt für die Beurteilung der Eignung 612 ff.
Medikamente 168, 225, 230, 243, 247, 264, 282, 309, 311, 370, 381, 387 f.
–, actio libera in causa bei Zusammenwirken von Alkohol und – 247
–, Erkennbarkeit der alkoholbedingten Fahrunsicherheit nach Einnahme von – 381
–, Fahrunsicherheit durch Zusammenwirken von Alkohol und – 168, 225, 230
–, Schuldunfähigkeit durch Zusammenwirken von Alkohol und – 282
–, Vollrausch (§ 323 a StGB) bei Zusammenwirken von – und berauschenden Mitteln 311
Medizinalassistent 25
– medizinisch-psychologisches Gutachten 791
medizinisch-technische Assistentin 24, 26

479

mehrere Fahrverbote 924 ff., 935, 965, 1022 f., 1036
mehrere Führerscheine 679, 695, 696, 726, 731, 1054
mehrere Sperren 732
mehrere Taten
–, Beschränkung des Rechtsmittels auf die Verurteilung wegen einer von – 663
–, Ungeeignetheit aufgrund – 611
mehrere Teilnehmer an einer Straftat 588
mehrfache Anordnung des Fahrverbots 924 ff.
Melissengeist 373 f., 532
Mindestmaß der Sperre 689 ff.
–, bei nachträglicher Gesamtstrafenbildung 697, 747, 757
–, erhöhtes – 690 ff.
–, verkürztes – 694 ff., 737
Mitfahrer
–, Einwilligung des gefährdeten Mitfahrers im Rahmen des § 315 c StGB 418 ff., 485
Mittäter 588
Mitteilung des Beschlusses nach § 111 a StPO an die Verwaltungsbehörde 863
Mittelwert 79 ff., 526
Mitwirken des Beschuldigten bei Untersuchungen 34 ff.
Mofa 161 f., 515, 578 f. (siehe auch führerscheinfreie Fahrzeuge, Mofafahrer)
Mofafahrer
–, Fahrunsicherheit (Verkehrsuntüchtigkeit) eines – 161 f.
Moped
– (siehe auch Mopedfahrer)
–, Führen eines – durch Treten der Pedale 350
Mopedfahrer
–, absolute Fahrunsicherheit des – 159 f.
Motorkraft, Fahren ohne – 149 ff.
Motorräder, Ausnahme von der Sperre 780
Motorradfahrer (siehe Kraftradfahrer)

N

nach der Tat aufgetretene Mängel 607, 705

Nachholung
– der Entscheidung nach § 69 StGB bei Revision des Angeklagten 672 ff.
– des Ausspruchs über die Einziehung des Führerscheins bei Rechtsmittel des Angeklagten 682
nachlässige Kraftfahrer 915, 919
Nachschulung
– als Anlaß für vorzeitige Aufhebung der Sperre 795
– als Ausnahme von der Regel des § 69 II StGB 635, 636 ff.
–, Bedeutung im Rahmen der Strafzumessung 480, 493, 500
–, Berücksichtigung bei der Sperrfristbemessung 706
–, Berücksichtigung im Erkenntnisverfahren 637
–, Berücksichtigung im Rahmen des § 111 a II StPO 866
–, Beseitigung des Eignungsmangels durch – 612, 635, 636 ff.
–, Entschädigung nach StrEG 1056, 1079
–, Feststellungen im Urteil bei Berücksichtigung der – 639
–, Legalbewährung 636
–, Literatur zur – 643
–, Mehrfachtäter 642
–, Motivation des Kursusteilnehmers 641
–, obergerichtliche Rechtsprechung zur – 638 f.
–, privatwirtschaftlich-gewerbsmäßige Kursusveranstalter 642
–, Rechtsmittelbeschränkung bei – 665
–, tatrichterliche Rechtsprechung zur Nachschulung 638, 640
–, Ziel der Kurse 636
nachträgliche Ausnahme bestimmter Kfz-Arten von der Sperre 787, 798
nachträgliche Ergänzung des Gesamtstrafenbeschlusses 761
nachträgliche Gesamtstrafenbildung 741 ff.
–, Anrechnung bereits abgelaufener Sperrfrist 745, 757
– auf Rechtsmittel des Verurteilten 752
–, Aufrechterhalten der Maßnahme 741 ff., 755
–, Beginn der Sperre bei – 744, 749, 756

– beim Fahrverbot 924, 925
–, Berücksichtigung bereits abgelaufener Sperrfrist 697, 746, 747, 757
– durch Beschluß 753 ff.
– durch Urteil 741 ff.
–, entsprechende Anwendung der Grundsätze über – bei Fahrverbot nach § 25 StVG 1023
–, entsprechende Anwendung von § 69 a IV StGB 697, 747
–, erneute Bemessung der Sperrfrist auf 5 Jahre 748, 760
–, Fehlen der Voraussetzungen des § 69 StGB bei der neuen Tat 742
–, Fehlen der Voraussetzungen des § 69 StGB in den einzelnen Urteilen 754
–, irrtümliches Unterlassen einer Entscheidung nach §§ 460 StPO, 55 II StGB 761
–, Mindestsperre 697, 747, 757
–, nachträgliche Ergänzung des Gesamtstrafenbeschlusses 761
–, Neubemessung der Sperre 745 f., 755 ff.
–, Neufestsetzung der Sperre 741 ff.
–, Richtigstellung bei irrtümlicher Anrechnung der bereits abgelaufenen Sperre 752
–, Überschreiten des bisherigen Maßes der Sperre bei – 758
–, Verschlechterungsverbot 759
Nachtrunk
– als Strafschärfungsgrund 478
– Ausschluß der Entschädigung nach StrEG 1071
–, Ermittlung der BAK bei behauptetem – 107 ff., 112, 139
Nachuntersuchung der Blutprobe 72
Narkose, Einfluß auf die BAK 115
Nato-Truppen 830
natürliche Handlungseinheit 439, 443 f.
natürlicher Vorsatz 320 f.
Naturwissenschaftliche Erfahrungssätze 170
Nebel 167
Nebeneinander
– mehrerer Sperren 687, 699, 732
– von Fahrerlaubnisentziehung und Fahrverbot 969 ff.
Nebenklagekosten 563 f.

Nebenkläger, Rechtsmittel des – 667, 881
neue Tatsachen
– bei vorzeitiger Aufhebung der Sperre 793
– für erneute vorläufige Entziehung der Fahrerlaubnis in der Berufungsinstanz 877
Neufestsetzung der Sperre bei nachträglicher Gesamtstrafenbildung 741 ff.
Nichtanrechnung der vorläufigen Entziehung der Fahrerlaubnis auf das Fahrverbot 1058
Nichtausreichen der Geldbuße allein 998 ff., 1015
Nichtentziehen der Fahrerlaubnis
–, Begründung im Strafbefehl 652 f.
–, Begründung im Urteil 651, 653
– im Urteil 871
Nichtverurteilung, Fahrerlaubnisentziehung bei – 596
normaler Trinkverlauf 99 ff., 260
Notstand 359
Notwehr 361

O

öffentlicher Straßenverkehr siehe **Verkehr**
offensichtlich unbegründete Berufung 708, 802
Omnibus als Kfz-Art. i.S.d. § 69 a II StGB 777
Omnibusfahrer
–, (siehe auch **Fahrgastbeförderung**)
–, Trunkenheit eines – 606
–, verkehrswidriges Verhalten eines – 606
Ordnungswidrigkeit nach § 2 FeV 536 ff.
–, Anwendungsbereich 536
–, Teilnahme am Verkehr 537 ff.
–, Verantwortlichkeit des Halters 540
Ordnungswidrigkeit nach § 24 a StVG 514 ff.
–, Alkoholkonzentration 519 ff.
–, Aufrundung des Mittelwertes 526
–, Beteiligung 533
–, Blutentnahme 535
–, Fahrlässigkeit 532
–, Fahrverbot 549
–, Feststellung der BAK 520 ff.

Ordnungswidrigkeit nach § 31 II StVO

–, Führen eines Kfz im Straßenverkehr 516 f.
–, innerer Tatbestand 531 ff.
–, Kraftfahrzeug 515
–, Motive für die Konstruktion des § 24 a StVG 514
–, objektiver Tatbestand 515 ff.
–, Rückrechnung 527
–, Sicherheitszuschlag 521 ff.
–, Verjährung 634
–, Vorsatz 531
Ordnungswidrigkeit nach § 31 II StVZO 541
Ordnungswidrigkeiten 514 ff.
–, actio libera in causa und Vollrausch 540
–, Bußgeldbemessung siehe **Bußgeldbemessung**
–, Fahrverbot 549
– nach § 24 a StVG siehe **Ordnungswidrigkeit nach § 24 a StVG**
– nach § 2 FeV siehe **Ordnungswidrigkeit nach § 2 FeV**
– nach § 31 II StVZO 541

P

Parkhaus 335
– pathologischer Rausch 304
Personenkraftwagen siehe **Pkw**
Persönlichkeitswürdigung
– aus Anlaß der Tat 607
– bei Bemessung der Sperrfrist 706
– bei Prüfung der Ungeeignetheit zum Führen eines Kfz 605 ff., 622
–, Gesamtwürdigung der Person 608
–, von der Straftat unabhängige – 608
Pferdefuhrwerk 339
Pflichten eines Kfz-Führers 595, 913, 982 ff.
Pflichtverletzung
–, beharrliche – i.S.d. § 25 StVG 982 ff.
–, grobe – i.S.d. § 25 StVG 982 ff.
–, Umfang der – bei Anordnung des Fahrverbots 917 ff., 982 ff.
Phobie 15
Pkw als Kfz-Art i.S.d. § 69 a II StGB 762
planmäßiges Verhalten 287 f.
Plateaubildung 77, 106
Polizei, Beschlagnahme des Führerscheins durch die – 891 ff., 895
Polizeibeamte

– als Hilfsbeamte der Staatsanwaltschaft 12
–, Anwendung von Zwang durch – 11 ff.
Polizeiflucht 333, **439 f.**, 457
Polizeiwache 18 f.
positiver Alcotest 1065, 1070 f.
Privatsphäre 772
Prozeßverhalten des Angeklagten 617, 620
Prüfbescheinigung (§ 5 FeV) 930
psychische Schäden durch Blutentnahme 15

R

Radfahrer
–, Fahrunsicherheit (Verkehrsuntüchtigkeit) eines – 164
Rallye-Fahrzeug, Ausnahme von der Sperre 780
Rauschgift, Transport von – mit Kfz 584, 603
Rauschtat siehe **Vollrausch**
Reaktionsvermögen, mangelndes – 604
Rechtfertigungsgrund
–, ärztliche Hilfspflicht 359 f.
–, Einwilligung als – 418 ff.
–, Notstand als – 359 f.
–, Notwehr 361
rechthaberisches Verhalten des Angeklagten 620
rechtliches Gehör vor Entscheidung nach § 111 a StPO 853
Rechtmäßigkeit der Beschlagnahme des Führerscheins 895
rechtsmißbräuchliche Berufung 657
Rechtsmittel
–, Ausklammerung der Entscheidung gem. § 69 StGB bei Anfechtung des Schuldspruchs 658
–, Beschränkung auf das Fahrverbot 958, 1050
– Beschränkung auf das Strafmaß 513
– Beschränkung auf den Strafausspruch 659 ff., 727
– Beschränkung auf die Entscheidung nach § 69 StGB 664 ff., 973
– Beschränkung auf die Entscheidung über das Vergehen nach § 142 StGB 460 ff.

relative Fahrunsicherheit

–, Beschränkung auf die Entscheidung über Strafaussetzung 662
–, Beschränkung auf die Sperre 800 f., 807
–, Beschränkung auf die Verurteilung wegen einer von mehreren Taten 663, 959
– Beschwer 653, 657
– des Nebenklägers 667
–, Entscheidung nach § 69 StGB durch das Revisionsgericht 676 f.
–, Festsetzung der Sperre nach Zurückverweisung durch das Revisionsgericht 807
–, Freispruch wegen einer von mehreren Taten in der Rechtsmittelinstanz bei Fahrverbot 960
– gegen die Entscheidung nach dem StrEG 1098 ff.
– gegen die Entscheidung über die vorzeitige Aufhebung der Sperre 810
– gegen die Nichtanrechnung vorläufiger Führerscheinmaßnahmen auf das Fahrverbot 966, 1052
–, Irrtum über den Umfang der Aufhebung des Urteils 672 f.
–, Kosten und Auslagen bei Beschränkung des Rechtsmittels auf die Fahrerlaubnisentziehung 668
–, Nachholung der Entscheidung nach § 69 StGB bei Revision des Angeklagten 672 ff.
–, Nachholung des Ausspruchs über die Einziehung des Führerscheins bei – des Angeklagten 682
–, rechtsmißbräuchliche Berufung 657
–, revisionsgerichtliche Nachprüfbarkeit der Entscheidung über die Maßregel 676, 806
–, Schweigen des Berufungsurteils über die Maßregel nach § 69 StGB 675
–, Verwerfung der Revision nach Ablauf der Sperre 809
– wegen fehlender Begründung der Nichtentziehung der Fahrerlaubnis im Urteil 653
–, zugunsten des Verurteilten und Gesamtstrafenbildung 752
Rechtsmittelbeschränkung siehe **Rechtsmittel**
Rechtsmittelverzicht bei Fahrverbot 967

Rechtswidrigkeit (Ordnungswidrigkeitenrecht) 342 ff.
–, ärztliche Hilfspflicht 359 f.
–, Einwilligung des gefährdeten Mitfahrers 418 f.
–, Notwehr 361
–, rechtfertigender Notstand 359 f.
Rechtswirksamkeit der Führerscheinbeschlagnahme 897
Reduktionsfaktor »r« 110, 117, 142
reformatio in peius siehe **Verschlechterungsverbot**
Regelfahrverbot
– des § 44 I 2 StGB 920 ff.
– des § 25 I 2 StVG 1014 ff.
regelwidrige Fahrweise 193 ff.
relative Fahrunsicherheit 4, 182 ff.
–, Ausfallerscheinungen beim Gehen 204
–, Ausfallerscheinungen beim Sehvermögen 205
–, Begriff 182
–, bei BAK-Werten nahe bei 1,1 ‰ 185
–, Berücksichtigung der Verkehrsaufgaben 188 f.
–, Beweisanzeichen für – 184 ff.
–, Beweisanzeichen für – außerhalb der Fahrweise 201 f.
–, bewußt verkehrswidrige Fahrweise 197
– des Kraftradfahrers 192
–, Enthemmung als Beweisanzeichen für – 197 f., 201, 207
–, Fahrweise 191, **193 ff.**
–, Feststellung – bei nicht den Anforderungen entsprechender Blutuntersuchung 187
–, Feststellung der – ohne Kenntnis der BAK 226
–, Feststellung der –, Sache des Tatrichters 184
–, Flucht als Beweisanzeichen für – 202
–, Gedankenlosigkeit 201
–, Gesamtwürdigung aller Umstände 188 f.
–, Hinzuziehung eines Sachverständigen 203
–, klinischer Befund 214 ff.
–, Kritiklosigkeit 207
–, langsame Fahrweise 199
–, leichtsinnige Fahrweise 198
–, Mindest-BAK 183

483

Resorption

–, reaktionsloses Verhalten an Ampel 200
–, regelwidrige Fahrweise 193 ff.
–, riskante Fahrweise 191
–, Sturztrunk 207 ff.
–, Trinkverhalten des Angeklagten 206 ff.
–, Vergleich zwischen dem Verhalten in nüchternem Zustand und nach Alkoholgenuß 190 ff., 194
–, Verwirrung 201
–, vorsichtige Fahrweise 199
Resorption 90 ff., **98 ff.**
–, Abschluß der – 98 ff.
–, forciertes Trinken 106
–, Magenfüllung 99
–, normaler Trinkverlauf 99 ff.
–, Plateaubildung 106
–, resorptionshemmende Einflüsse 99, 101
–, Sturztrunk auf vollen Magen 106
–, Trinkende 99
–, Trinkgeschwindigkeit 99
–, Zusammenfallen von Resorptionsende und Trinkende 105
Resorptionsdefizit 119
Resorptionsphase
– (siehe auch **Resorption**)
–, Ausfallerscheinungen in der – 147
–, Bedeutung der – für die Rückrechnung 90 ff., 98 ff.
–, Berücksichtigung bei der Strafzumessung 471
Restalkohol 382 ff.
Revision
–, Ablauf der in dem angefochtenen Urteil angeordneten Sperre in der Revisionsinstanz 807 f., 872 ff.
–, Beschränkung der – auf die Sperre 807
–, Nachholung der Entscheidung nach § 69 StGB bei – des Angeklagten 672 ff.
–, Nachprüfbarkeit der Entscheidung über die Maßregel 676, 806
–, Verwerfung nach Ablauf der Sperre 809, 872
Revisionsgericht
–, Aufhebung der Entscheidung nach § 69 StGB durch das – 677
–, Entscheidung nach § 69 StGB durch das – 676

–, Zurückverweisung durch das – bei Beschränkung des Rechtsmittels auf die Sperre 807
–, Zuständigkeit für Entscheidungen nach § 111 a StPO 841 f.
Revisionsverfahren
–, Überprüfung der festgestellten Fahrunsicherheit im – 6, 184
richterliche Absprachen und Empfehlungen 467 ff.
richterliche Bestätigung der Führerscheinbeschlagnahme 893, 896 f.
richterliche Entscheidung gem. Art. 104 II GG 20
richterliche Nachprüfung der Führerscheinbeschlagnahme 893, 895, 896 f.
riskante Fahrweise 191
Romberg-Test 218, 224
Rotlichtverstoß 988 ff.
Rückfallquote (siehe **Rückfallwahrscheinlichkeit**)
Rückfallwahrscheinlichkeit 636
Rückgabe des Führerscheins
–, Aufschieben der – nach § 111 a V 2 StPO 949, 1043
– nach Eintragung eines Vermerks 835
– nach Fristablauf des Fahrverbots 934, 1035
– nach vorläufiger Entziehung der Fahrerlaubnis 878, 1043
–, verspätete – 1057
Rückrechnung auf die Tatzeit 90 ff., 127, 260 ff., 527
–, Abbauwert 93 ff.
–, Abschluß der Resorption 98 ff.
–, Atemalkoholkonzentration 127
–, Bedeutung von Resorptions- und Eliminationsphase 90 ff., 98 ff.
–, Berücksichtigung der ersten 2 Stunden nach Trinkende 101 ff., 260
– durch das Gericht 111 f.
–, Einfluß von Verletzungen, Blutverlust, Schock, Narkosen 115
–, Entbehrlichkeit der – 148
–, gestaffelte – 95 f.
–, Hinzuziehung eines Sachverständigen 94, 97, 104, 111 f.
–, Hochrechnung 90, 98
–, höchstmöglicher Abbauwert 93, 118

484

- im Rahmen des § 24 a StVG 527
- zur Feststellung der Schuldfähigkeit 260 ff.
Rücksichtslosigkeit 620
Rückwirkung der Rechtsprechung zum Beweisgrenzwert für absolute Fahrunsicherheit 171 ff.

S

Sachverständigengutachten
- –, (siehe auch **Sachverständiger**)
- –, Abweichen vom – durch das Gericht 140, 267
- –, Anforderungen an die Grundlagen des – 131
- –, Befundtatsachen 143
- –, Mitteilung der Anknüpfungstatsachen im Urteil 137 ff., 266 f., 276
- –, Prüfung durch das Gericht 139 f., 265 f.
- über BAK 129 ff.
- über Blutidentität 143
- über Schuldfähigkeit 264 ff., 276
- –, Vernehmung des Gutachters 130
- –, Zugrundelegung der in einem fremden Gutachten festgestellten Werte durch den Sachverständigen 132 f.

Sachverständiger
- (siehe auch **Gutachten**)
- –, durch Hinzuziehung eines – in der Hauptverhandlung entstandene Kosten 560
- –, Entnahmearzt als – 45 f.
- –, Ernennung zum – 9
- –, Hinzuziehung bei der Rückrechnung 94, 97, 104, **111 f.**
- –, Hinzuziehung in Fällen von Restalkohol 383
- –, Hinzuziehung zur Feststellung der Fahrunsicherheit eines Mofafahrers 163
- –, Hinzuziehung zur Feststellung fahrlässiger Unkenntnis der Fahrunsicherheit 377
- –, Hinzuziehung zur Feststellung der Schuldfähigkeit **264 ff.**, 279
- –, Hinzuziehung zur Feststellung relativer Fahrunsicherheit 163, **203**
- –, Hinzuziehung zur Feststellung von Fahrlässigkeit im Rahmen des § 24 a StVG 532

Scheinernüchterung 42

Schieben eines Fahrzeugs 351 ff.
Schienenfahrzeug 166
schlichte Sicherstellung 887 f.
Schluß-Sturztrunk
- –, Bedeutung für die absolute Fahrunsicherheit 154 ff.
- –, Bedeutung für die Konstruktion des § 24 a StVG 514
- –, Bedeutung für die relative Fahrunsicherheit 207 ff.
- –, Begriff 209 ff.

Schock, Einfluß auf die BAK 115
Schuldfähigkeit
- –, actio libera in causa 233 ff. (siehe **actio libera in causa**)
- –, Beeinträchtigung der – durch Alkohol 233 ff.
- –, Herabsetzung des Hemmungsvermögens 270 f., 274
- –, Rückrechnung im Rahmen der Prüfung der – 260 ff.
- –, Sachverständigengutachten 264 ff., 276 (siehe auch **Sachverständiger, Sachverständigengutachten**)
- –, Schuldunfähigkeit siehe **Schuldunfähigkeit**
- –, verminderte – siehe **verminderte Schuldunfähigkeit**

Schuldfeststellung nach § 27 JGG, Fahrverbot bei – 910
Schuldspruch, Anfechtung des – 658
Schuldunfähigkeit 277 ff.
- bei Alkoholgewöhnung 279, 284
- bei BAK unter 3 ‰ 280 ff.
- bei BAK von 2,5 ‰ 282
- bei BAK von weniger als 2,5 ‰ 283
- –, Fahrerlaubnisentziehung bei – 572, 597
- –, Fahrverbot bei – 908
- infolge von Alkoholkrankheit 392
- –, maßgeblicher Zeitpunkt für Beurteilung in Fällen des § 315 c I Nr. 1 a (III) StGB 429
- –, regelmäßiges Vorliegen ab 3 ‰ 277 ff.
- trotz Fehlens von Erinnerungslücken 288
- trotz hervorragender Fahrleistungen 286
- trotz planmäßigen Verhaltens 287 f.
- –, Vollrausch siehe **Vollrausch**

Schweigen des Berufungsurteils über die Maßregel nach § 69 StGB 675

Schwere der Tat, Berücksichtigung bei
  Bemessung der Sperre 703
Sehvermögen 205
Sicherheitszuschlag 71, 77, 82, **87 ff.**,
  521
–, Bedeutung, Sinn und Zweck des –
  87 ff.
– beim Beweisgrenzwert für absolute
  Fahrunsicherheit 87 ff.
–, erhöhter – bei nicht ausreichender
  Anzahl von Analysen 71
– im Rahmen des § 24 a StVG 521 ff.
Sicherstellung des Führerscheins
  886 ff.
–, (siehe auch **Beschlagnahme** des Führerscheins)
–, Entschädigung nach § 2 III StrEG
  1054
–, schlichte Sicherstellung 887 f., 1054
Sicherung des Straßenverkehrs 18
Sicherungsverfahren, Fahrerlaubnisentziehung im – 572, 719
Sicherungsverwahrung, Fahrerlaubnisentziehung trotz – 647
sofortige Beschwerde
– gegen die Entscheidung nach dem
  StrEG 1098 ff.
– gegen die Entscheidung über die vorzeitige Aufhebung der Sperre 810
soziale Stellung des Angeklagten
–, Berücksichtigung bei der Strafzumessung 475
–, Berücksichtigung im Rahmen des § 69
  StGB 606
Soziusfahrer 166, 538
Sperre für die Erteilung einer Fahrerlaubnis
–, Ablauf der im angefochtenen Urteil
  angeordneten – in der Revisionsinstanz 807 f., 872 ff.
–, Ablauf der im erstinstanzlichen Urteil
  festgesetzten – in der Berufungsinstanz 867 f., 1078
–, Angaben über Fristbeginn 685
–, Anrechnung vorläufiger Führerscheinmaßnahmen auf die – 696,
  701
–, Anschlußsperre 687
–, Ausnahme bestimmter Kfz-Arten
  von der – 762 ff., 806, 971
–, Beginn der – 725 ff., 744, 749,
  756
–, Begründung im Urteil 719 ff.

– bei Entziehung der Fahrerlaubnis
  durch Strafbefehl 568, 728
–, Bemessung der – 696 f., 701, **703 ff.**
–, Bemessung nach der Höhe der Alkoholkonzentration 706, 709
–, Bemessung nach Tagen 686
–, Bemessung nach Zurückverweisung 803
–, Berechnung der – 730 f.
–, Berücksichtigung der Dauer des Verwaltungsverfahrens zur Wiedererteilung der Fahrerlaubnis 703
–, Berücksichtigung der Lebensführung
  und Persönlichkeit des Täters bei
  Bemessung der – 706
–, Berücksichtigung der Schwere der Tat
  bei Bemessung der – 703
–, Berücksichtigung des Verschuldens
  bei Bemessung der – 707
–, Berücksichtigung einschlägiger Vorstrafen bei Bemessung der – 706
–, Berücksichtigung offensichtlich
  unbegründeter Berufung bei Bemessung der – 708
–, Berücksichtigung vorläufiger Führerscheinmaßnahmen bei Bemessung der
  – 696 f., 701
–, Berücksichtigung wirtschaftlicher
  Härten bei Bemessung der – 710
–, Beschränkung der – 762 ff.
–, Beschränkung des Rechtsmittels auf
  die 800, 807
–, bestimmtes Datum für das Ende der
  – 684
–, Ende der – 684
–, erhöhtes Mindestmaß 690 ff.
–, Festsetzung der – in der Berufungsinstanz 802
– für immer 700, **714 ff.**, 724
–, Generalprävention 712
–, Höchstmaß 698 f., 713
–, isolierte – 734 ff., 801, 805, 972
–, kalendermäßige Bestimmung 684
–, kleinstmögliche Maßeinheit 686
–, mehrere – 732
–, Mindestmaß 689 ff.
–, nachträgliche Gesamtstrafenbildung 741 ff.
–, Nebeneinander zweier – 687, 699
–, Neubemessung bei nachträglicher
  Gesamtstrafenbildung 745 f., 755 ff.
–, Neufestsetzung bei nachträglicher
  Gesamtstrafenbildung 741 ff.

Strafzumessung

–, Tenorierung 684 ff.
–, unterschiedliche Bemessung für einzelne Kfz-Arten 704
–, verkürztes Mindestmaß 694 ff., 737
–, Verlängerung in der Berufungsinstanz 802
–, Verwerfung der Revision nach Ablauf der – 809
–, vorzeitige Aufhebung der – 788 ff.
–, wirtschaftliche Gesichtspunkte bei Bemessung der – 710
Sperrfrist siehe **Sperre**
Spezialprävention
– bei Verhängung der Maßregel des § 69 StGB 565 ff., 712
– durch Fahrverbot 915, 944, 1000
Spritzenphobie 15
Staatsangehörigkeit (siehe **internationaler Kfz-Verkehr**)
Standardabweichung 85, 89
Strafaussetzung zur Bewährung
–, Anfechtung der Entscheidung über – 662
– bei Trunkenheitsstraftaten 499 ff., 553
–, Beschränkung des Rechtsmittels auf die Entscheidung nach § 69 StGB bei – 665
–, Fahrerlaubnisentziehung bei gleichzeitiger – 648 f.
Strafausspruch, Anfechtung des – 659 ff., 727
Strafbefehl
–, Begründung der Nichtentziehung der Fahrerlaubnis im – 652 f.
–, Berücksichtigung einer Nachschulung im Strafbefehlsverfahren 637, 706
–, Fahrerlaubnisentziehung durch – 568, 728
–, Sperrfristbeginn bei Fahrerlaubnisentziehung durch – 728
–, Verhängung eines Fahrverbots durch – 904, 952
Strafmaß, Beschränkung des Rechtsmittels auf das – (siehe **Rechtsmittel**)
Strafvollstreckungsordnung 835, 879, 934, 1038
Strafzumessung 268, **466 ff.**
–, Absehen von Strafe 508
–, Anstieg von Trunkenheitsdelikten 490 ff.
–, Bedeutung der von der Fahrt ausgehenden Gefahr 474
–, Begehung schwerwiegender Straftaten zur Verhinderung der Strafverfolgung wegen der Trunkenheitsfahrt 506
– bei Vollrausch 509 ff.
–, Berücksichtigung der BAK-Höhe 472
–, Berücksichtigung der »Einwilligung« des Verletzten 485
–, Einfluß der Fahrerlaubnisentziehung 481
–, Einziehung 512
–, Fahren während der Resorptionsphase 471
–, folgenlose Trunkenheitsfahrt eines Ersttäters 496
–, Freiheitsstrafe 488 ff.
–, Geltung der allgemeinen Strafzumessungsregeln für Trunkenheit im Verkehr 466
–, Geltung des § 47 I StGB 489
–, Generalprävention 482
–, leichte Unfallfolgen 498
–, mehrfach rückfälliger Täter 494
–, Nachschulung 480, 493
–, Nachtrunk 478
–, Rechtsmittelbeschränkung auf das Strafmaß 513
–, richterliche Absprachen und Empfehlungen 467 ff.
–, schwere Unfallfolgen 497, 503
–, soziale Stellung und Beruf des Angeklagten 475 f.
–, Strafaussetzung zur Bewährung 499 ff.
–, strafschärfende Berücksichtigung des Alkoholgenusses bei Bestrafung wegen anderer Straftaten 486 f.
–, Tatbegehung innerhalb einer Bewährungszeit 495, 502
–, tateinheitliches Zusammentreffen eines Trunkenheitsdelikts mit anderen Tatbeständen 483
–, Trinken in Fahrbereitschaft 473
–, Verhalten nach der Tat 477 ff.
–, verminderte Schuldfähigkeit als Bestandteil der – 268
–, Verteidigung der Rechtsordnung 490, 492, 503 f.
–, vorsätzliche Trunkenheit im Verkehr (§ 316 I StGB) 484

Straßenverkehr

–, Widerruf der Strafaussetzung   507
–, Wiederholungstäter   493 ff., 500 f.
Straßenverkehr   396   (siehe auch **Verkehr**)
Straßenverkehrsgefährdung   siehe **Gefährdung des Straßenverkehrs**
Sturztrunk
– als Beweisanzeichen für relative Fahrunsicherheit   207 ff.
– auf vollen Magen   106
–, Rückrechnung bei –   111
–, Schluß –   154 ff., 207 ff., 514
»symbolisches« Fahrverbot   921

T

Tabletteneinnahme   siehe **Medikamente**
Tankstelle   335
Tankstellenbetrug   591
Tateinheit   siehe **Konkurrenzen**
tatfremde Gesichtspunkte, Berücksichtigung im Rahmen des § 69 StGB   607
tätlicher Angriff auf andere Verkehrsteilnehmer   585 f., 590, 602
Tatmehrheit
–, (siehe auch **Konkurrenzen**)
–, Fahrverbot bei –   924 ff., 1022
Tatsacheninstanz, letzte –   727
tatsächlicher Ausschluß des Täters vom Kfz-Verkehr   737
Taxi
–, Ausnahme von der Sperre   767
Taxifahrer
–, Strafzumessung   476
–, Trunkenheit eines –   606
technisches Nichtkönnen   604
Teilanfechtung   (siehe **Rechtsmittel**)
Teilnahme
– am Verkehr (i.S.d. § 2 FeV)   537 ff.
– zu § 315 c StGB   437
– zu § 316 StGB   393
– zu § 24 a StVG   533
Teilnehmer als Gefährdeter i.S.d. § 315 c StGB   404
teilweise Entziehung der Fahrerlaubnis   655, 786
Tenor des Urteils   siehe **Urteilstenor**
Tenorierung bei Führerscheinsperre   684 ff.
Tests bei Gelegenheit der Blutentnahme   34 ff.

–, Belehrung des Beschuldigten   37
–, Verwertbarkeit bei fehlender Belehrung   38 f.
–, Vornahme durch Nichtärzte   41
Treibstofferlangung auf strafbare Weise   593
Trinkende   99
Trinkgeschwindigkeit   99
Trinkverhalten als Beweisanzeichen für relative Fahrunsicherheit   206 ff.
Trinkverlauf   99
Trinkversuche   47 ff.
Trunkenheit im Verkehr (§ 316 StGB)   333 ff.
–, alkoholbedingte Fahrunsicherheit siehe **Fahrunsicherheit**
– als unechtes Unterlassungsdelikt   392
–, Angabe der Schuldform im Urteil   390 f.
–, äußerer Tatbestand   334 ff.
–, Belehrung gem. § 265 I StPO   369
–, Dauerstraftat   333
–, Erkältungskrankheiten   380
–, Erkennbarkeit der Fahrunsicherheit   363 ff., 370 ff.
–, Fahrlässigkeit   370 ff.
–, Fahrlässigkeit bei Zusammenwirken von Alkohol und anderen Ursachen   385 ff.
–, Fahrlässigkeit bei Zusammenwirken von Alkohol und Medikamenten   387 f.
–, Führen eines Fahrzeugs im Verkehr siehe **Führen** eines Fahrzeugs
–, Genuß unbekannter Getränke   373
–, gesetzliche Überschrift   390
–, heimlich zugeführter Alkohol   374 ff.
–, innerer Tatbestand   362 ff.
–, Rechtswidrigkeit   359 ff.
–, regelmäßig vorliegende Fahrlässigkeit   389
–, Restalkohol   382 ff.
–, Tabletteneinnahme   381
–, Teilnahme   393
–, Verhältnis zu anderen Tatbeständen siehe **Konkurrenzen**
–, Verkehr i.S.d. § 316 StGB   334 ff.
–, Vorsatz   362 ff.
–, Wahlfeststellung   394 ff.

Trunkenheitsdelikte, Ausschluß der Kraftfahreignung 602

U

Überlassen des Kfz an betrunkenen Fahrer 540 f.
Übermaßverbot siehe **Verhältnismäßigkeit**
Überschneidung zweier Sperren 687
Überschreiten des bisherigen Maßes der Sperre bei nachträglicher Gesamtstrafenbildung 758
Überschreitung der zulässigen Höchstgeschwindigkeit 985 f., 999, 1002 f.
Umfang der Pflichtverletzung bei Anordnung eines Fahrverbots 917 ff.
Umfang des Entschädigungsanspruchs nach dem StrEG 1085
unbeanstandete Fahrweise bis zur Hauptverhandlung 619, 632
–, langjährige – 632
unbewußte Alkoholaufnahme 374 ff., 532
Uneinsichtigkeit des Angeklagten 620, 708
unerlaubtes Entfernen vom Unfallort
– als Rauschtat 321
–, Ausschluß der Kraftfahreignung 625 ff., 630
–, Rechtsmittelbeschränkung auf die Entscheidung über das Vergehen nach § 142 StGB 460 ff.
–, Verhältnis zu §§ 316, 315 c StGB 449 ff.
Unfallflucht siehe **unerlaubtes Entfernen vom Unfallort**
Ungeeignetheit zum Führen eines Kfz 599 ff.
–, Arten der – 600
–, auf bestimmte Zeiten beschränkte – 656
–, aufgrund mehrerer Taten 611
– aufgrund technischen Nichtkönnens 604
–, bedingte – 740
–, Begriff der – 599
–, Berücksichtigung späteren Wohlverhaltens 619
–, Beurteilung der – 605 ff.
–, Feststellung der voraussichtlichen Dauer der – 705

–, Indizierung der – 622 ff.
–, nicht in der Tat zum Ausdruck gekommener Eignungsmangel 607 ff., 705
–, sich aus der Tat ergebende – 605 ff.
–, voraussichtliche Dauer der – 703 ff.
–, vorübergehende – 656
–, Wahrscheinlichkeit 621, 648, 849
–, Zeitpunkt (maßgeblicher) für Beurteilung der Eignung 612 ff.
ungültiger Führerschein 679
Unschuldsklausel 1079
Unschuldsvermutung 1063
Unterlassen (§ 13 StGB) 392
unterschiedliche Bemessung der Sperre für einzelne Kfz-Arten 704
Untersuchungen bei Gelegenheit der Blutentnahme 34 ff. (siehe auch Tests)
Urkundenfälschung als Straftat im Zusammenhang mit dem Führen eines Kfz 594
Ursächlichkeit
– der berauschenden Mittel für die Schuldunfähigkeit bei § 323 a StGB 296 ff.
– der Fahrunsicherheit für die Gefährdung (§ 315 c StGB) 414 ff.
– der Trunkenheit für den Unfall (§§ 229, 222 StGB) 322 ff.
– des Alkoholgenusses für die Fahrunsicherheit 228 ff.
Urteilsfindung als maßgeblicher Zeitpunkt für die Eignungsfrage 612
Urteilstenor
– bei Fahrerlaubnisentziehung nach § 69 b StGB 833
– bei Fahrverbot 298
– bei nachträglicher Gesamtstrafenbildung 742
– bei Verhängung der Maßregel des § 69 StGB 688

V

Veränderung des rechtlichen Gesichtspunktes 369, 432
Verantwortungslosigkeit 918
Verbotsfrist bei Fahrverbot 1038 ff., 1044
Verbotsirrtum 179 f., 1005
Verbrechensbekämpfung, Fahrerlaubnisentziehung zur – 582

Verbringung des Beschuldigten zum Arzt oder zur Polizei

Verbringen des Beschuldigten zum Arzt oder zur Polizei   17 ff.
Verdeckung der Straftat, Kfz als Mittel zur –   582
vereinfachtes Jugendverfahren, Fahrverbot im –   905
Verfahrensverzögerung durch den Angeklagten   617
Verhältnis der Tatbestände zueinander   siehe **Konkurrenzen**
Verhältnis von § 69 zu § 44 StGB   968 ff.
Verhältnismäßigkeit
– der Blutprobenentnahme   13 ff.
– der Maßregel des § 69 StGB   650, 704
– der vorläufigen Entziehung der Fahrerlaubnis   851
– des Fahrverbots   998 ff., 1014
–, Geltung des Grundsatzes der – bei Beschränkung der Sperre   785
Verhandlungsunfähigkeit des Täters, Fahrerlaubnisentziehung bei –   572
Verjährung
– der Ordnungswidrigkeit nach § 24 a StVG   534
–, keine Fahrerlaubnisentziehung   654
Verkehr (öffentlicher)   334 ff.
–, Begriff des öffentlichen Verkehrsraumes   334
–, Bestimmung des Geländes zum –   336 f.
–, Eigentumsverhältnisse   334
–, Parkhaus   335
–, Privateigentum   334
–, Straßengraben   336
–, Tankstellengelände   335
Verkehrsgerichtstag (Strafzumessungsempfehlungen)   467 f.
Verkehrspolizist   476
Verkehrsrichter   476
Verkehrsstaatsanwalt   476
Verkehrsuntüchtigkeit (alkoholbedingte)   siehe **Fahrunsicherheit**
Verkehrsvorschriften
–, Hinwegsetzen (beharrliches) über –   918 f., 982
verkehrswidrige Fahrweise
– als Beweisanzeichen für relative Fahrunsicherheit   193 ff.
–, bewußt –   3, 197
verkürztes Mindestmaß der Sperre   694 ff., 737

Verlängerung der Sperre in der Berufungsinstanz   802
Verlesung des Sachverständigengutachtens   129
Verletzung der Pflichten eines Kfz-Führers   595, 913, 982 ff.
Verletzungen, Einfluß auf die BAK   115
Verlust des Führerscheins
–, bei Fahrerlaubnisentziehung   680, 734
–, bei Fahrverbot   932, 957, 1034
–, Fristbeginn bei Fahrverbot   943
–, Vollstreckung des Fahrverbots   932
Vermerk (in ausländischen Führerscheinen)
– der vorläufigen Entziehung der Fahrerlaubnis   879
– nach Fahrerlaubnisentziehung gem. § 69 b StGB   835 ff.
– nach Fahrverbot gem. §§ 44 II StGB, 25 III StVG   955 ff., 1048 f.
verminderte Schuldfähigkeit   257, 264, 268 ff.
–, Berücksichtigung der Umstände des Einzelfalles   269
–, Bestandteil der Strafzumessung   268
–, Feststellung ohne Sachverständigengutachten   264
– im Zeitpunkt der vorverlegten Schuld   257
–, Naheliegen – ab 2 ‰   270 ff.
Vernehmung des Entnahmearztes als Zeuge   10, 45, 219
Versagung der Entschädigung nach StrEG   1082, **1083 f.**
verschärfte Geldbuße   999
Verschlechterungsverbot
–, Geltung bei nachträglicher Gesamtstrafenbildung   758 f.
–, Geltung für das Fahrverbot   961 ff., 975, 979, 1051
–, Geltung für den Ausspruch über die Einziehung des Führerscheins   682
–, Geltung für die Entscheidung nach § 69 StGB   669 ff.
–, Geltung für die Entscheidung über die Sperre   802 ff.
–, Nachholung der Entscheidung nach § 69 StGB bei Revision des Angeklagten   672 ff.

Vorläufige Einstellung nach § 154 II StPO

Verschulden
–, Berücksichtigung des – bei Bemessung der Sperre 703, 707
–, Berücksichtigung im Rahmen des § 69 StGB 606
–, Nichterforderlichkeit bei Entziehung der Fahrerlaubnis 572, 597
Verschweigen wesentlicher entlastender Tatsachen 1073
versehentliches Unterlassen der Entscheidung über Entschädigung nach dem StrEG 1094
Versuch zu § 315 c StGB 436
Verteidigung der Rechtsordnung 490, 492 f., 504 f.
Verurteilung als Voraussetzung für Fahrerlaubnisentziehung 596
Verwahrung (amtliche) **des Führerscheins** 930, 938, 1031, 1038
Verwahrung des Täters in einer Anstalt 944, 1040
Verwarnung mit Strafvorbehalt
–, Unzulässigkeit des Fahrverbots neben – 909
–, Unzulässigkeit neben Fahrerlaubnisentziehung 598
–, Vorbehalt eines Fahrverbots 909
Verwendungszweck des Fahrzeugs 764
Verwerfung der Revision nach Ablauf der Sperre 809, 872
Verwertbarkeit
– der Blutprobe bei Verstoß gegen § 81 a StPO 27 ff.
– einer nicht den Anforderungen entsprechenden Blutalkoholbestimmung 187
– von Antworten des Beschuldigten bei Befragung durch den Entnahmearzt 40
– von Testergebnissen ohne Belehrung des Beschuldigten 38 f.
Verwertungsverbot nach dem BZRG 605, 693
Verwirrung 201
Verzicht
– auf Entschädigung 1054, 1096
– des Angeklagten auf die Fahrerlaubnis 724
Vollrausch (§ 323 a StGB) 289 ff.
– als Hinweis auf mangelnde Reife Heranwachsender 550
–, Auffangtatbestand 289 ff.

–, Bedeutung für Ansprüche nach dem StrEG 1074
– bei Ordnungswidrigkeiten 542
–, fortdauernder – 464
–, geschütztes Rechtsgut 318
–, Medikamenteneinfluß 309
–, natürlicher Vorsatz 320 f.
–, Nebenklagekosten bei Verurteilung wegen – 564
–, Rauschtat als objektive Bedingung der Strafbarkeit 312 ff.
–, Strafzumessung bei – 509 ff.
–, Tateinheit mit § 316 465 a
–, Unfallflucht als Rauschtat 321, 459
–, Vorhersehbarkeit der Rauschtat 316, 319
–, Vorsatz hinsichtlich der Rauschtat 320 f.
–, Vorsatz und Fahrlässigkeit hinsichtlich des Tatbestands des § 323 a StGB 305 ff.
–, »Zurüstungen« gegen die Rauschtat 316, 319
–, Zusammenwirken berauschender Mittel mit anderen Ursachen 296 ff., 309
Vollstreckung
– der Fahrerlaubnisentziehung nach § 69 b StGB 834 ff.
– des Ausspruchs über die Einziehung des Führerscheins 683
– des Beschlusses nach § 111 a StPO 863
– des Fahrverbots 930 f., 955 ff., 1031 ff., 1036, 1048 f.
Vollstreckungsaufschub bei Fahrverbot 933
Vollstreckungsheft, amtliche Verwahrung des Führerscheins im – 938
Volltrunkenheit 1074
voraussichtliche Dauer der Ungeeignetheit 703 ff.
»Vorausrechnung« 114
vorbereitendes Verfahren, Zuständigkeit für Entscheidungen nach § 111 a StPO im – 844
Vorbereitung der Straftat, Kfz als Mittel zur – 582
Vorläufige Aussetzung einer Maßnahme gem. § 69 StGB bei Wiederaufnahme des Verfahrens 678
Vorläufige Einstellung nach § 154 II StPO 1091

491

vorläufige Entziehung der Fahrerlaubnis 616, 631, 839 ff.
–, (siehe auch **vorläufige Führerscheinmaßnahmen**)
–, Angaben der Staatsanwaltschaft über Alkoholkonzentration 850
–, Anrechnung auf das Fahrverbot 878, 945 ff., 1041 ff.
–, Antrag der Staatsanwaltschaft 844, 864
–, Aufhebung 840 ff., 864
–, Auslagenerstattung bei Beschwerde 884
–, Auslagenerstattung bei Einstellung des Ermittlungsverfahrens 885
–, Ausnahme bestimmter Kfz-Arten 857 ff.
–, Begründung des Beschlusses nach § 111 a StPO 860
– bei ausländischen Führerscheinen 879
– bei Trunkenheitsdelikten 850
–, Bekanntgabe an den Beschuldigten 861 f.
–, belastende Auswirkung für den Beschuldigten 870
–, Berücksichtigung bei der Prüfung der Eignungsfrage 612 f., 631
–, Beschwerde 845, 860, 880 ff.
–, Dauer der – 866 ff.
–, »dringende Gründe« 849 f.
– durch örtlich unzuständiges Gericht 848
–, Entbehrlichkeit der – 855 f., 897
–, Entscheidungsgrundsätze 849 ff.
–, entsprechende Anwendung des § 69 a I 3 StGB 859
–, entsprechende Anwendung des § 111 a II StPO 872
–, erneute – in der Berufungsinstanz 875 f.
–, freiwillige Herausgabe des Führerscheins 855 f.
–, in dubio pro reo 852
–, lange Dauer des Verfahrens 869
–, Mitteilung an die Verwaltungsbehörde 863
–, neue Tatsachen für – 877
–, Nichtanrechnung auf das Fahrverbot 945, 1058
–, Nichtentziehung der Fahrerlaubnis im Urteil 871
–, örtliche Zuständigkeit 847 f.

–, rechtliches Gehör 853
–, Rückgabe des Führerscheins 878, 949, 1043
–, sachliche Zuständigkeit 840 ff.
–, ungewöhnlich lange Dauer des Berufungsverfahrens 867 f.
–, Verfassungsmäßigkeit 839
–, Verhältnismäßigkeit 851
–, Vollstreckung 863
–, Wegfall des Grundes 865 ff.
–, wenn der Beschuldigte keine Fahrerlaubnis besitzt 859
–, Wirksamwerden 861 f.
–, Zuständigkeit 840 ff.
–, Zuständigkeit des Berufungsgerichts 840, 845
–, Zuständigkeit des Landgerichts 840, **845**
–, Zuständigkeit des Revisionsgerichts 841 f.
–, Zuständigkeit im vorbereitenden Verfahren 844
–, Zustellung an den Beschuldigten 861 f.
vorläufige Führerscheinmaßnahmen
–, Anrechnung auf das Fahrverbot 878, 945 ff., 1041 ff.
–, Anrechnung auf die Sperre 696, 701, 789
–, Berücksichtigung bei Bemessung der Sperre 696 f.
–, Berücksichtigung bei der Prüfung der Eignungsfrage 616 f., 866 ff., 948
–, Berücksichtigung bei Fahrverbot 950
–, bessernde Wirkung – 612 ff., 696
–, Einrechnung nach § 69 a V 2 StGB 685, 726 ff.
–, Entschädigung für – siehe **Entschädigung** für vorläufige Führerscheinmaßnahmen
–, fehlerhaftes Aufrechterhalten der – durch die Strafverfolgungsbehörde 1076 f.
Vorstrafen
–, Berücksichtigung einschlägiger – bei Bemessung der Sperre 706
–, Berücksichtigung einschlägiger – im Rahmen des § 69 StGB 605
vorübergehender Aufenthalt im Ausland 827
vorverlegte Verantwortlichkeit siehe **actio libera in causa**

vorzeitige **Aufhebung** der Sperre 788 ff.
–, Anrechnung vorläufiger Maßnahmen 789
–, Beschränkung auf bestimmte Fahrzeugarten 798
–, Eintragung in das Bundeszentralregister 799
–, Ermittlungen des Gerichts 791
–, medizinisch-psychologisches Gutachten 791
–, neue Tatsachen 793
–, Rechtsmittel 810
–, Verfahren 788
–, Wegfall des Eignungsmangels 792
–, zu früh gestellte Anträge auf – 790

W

Wahlfeststellung
–, Verurteilung nach §§ 229, 222 StGB aufgrund alternativer Sachverhaltsfeststellung 332
– zwischen § 315 c I Nr. 1 a und § 21 I Nr. 2 StVG 394, 438
– zwischen § 316 StGB und § 21 I Nr. 2 StVG 394
– zwischen § 316 StGB und Anstiftung dazu 394
Wahrscheinlichkeit (überwiegende) der Ungeeignetheit 621, 648, 949
Warnfunktion des Fahrverbots 915, 1000
Wechseln der Einlassung durch den Beschuldigten 1073
Wegfall des Eignungsmangels 612 ff., 631 ff., 792, 1059
–, Aufhebung der Maßregel nach § 69 StGB durch das Berufungsgericht bei – 618
– bei lebenslanger Sperre 718
– bei vorzeitiger Aufhebung der Sperre 792
– durch vorläufige Führerscheinmaßnahmen 616 f., 1059
Wegfall des Grundes für die vorläufige Entziehung der Fahrerlaubnis 865 ff.
Wegnahme des Führerscheins nach Verhängung der Maßregel des § 69 StGB 683
Weisung an den Jugendlichen, den Führerschein zu den Akten zu reichen 575
Wenden auf der Autobahn 993
Wertgrenze des § 304 III StPO 1103
Widerspruch gegen Führerscheinbeschlagnahme 896, 1054
Widmark-Formel 116 ff.
Widmark-Verfahren 56 ff.
Wiederaufnahme des Verfahrens, vorläufige Aussetzung einer Maßnahme nach § 69 StGB 678
Wiedereinsetzung in den vorigen Stand 933, 951
wiederholte Mißachtung der Verkehrsvorschriften 918, **919**, 982 ff.
wiederholte Trunkenheitsfahrt siehe **Gefahrerhöhung; Wiederholungstäter; Strafzumessung**
Wiederholungstäter 493 ff., 500 f.
Wirksamkeit der Führerscheinbeschlagnahme 897
Wirksamwerden
– der vorläufigen Entziehung der Fahrerlaubnis 861 f.
– des Fahrverbots 928, 1025 ff.
Wirkung
– der Beschränkung der Sperre nach § 69 a II StGB 786
– der strafgerichtlichen Entziehung der Fahrerlaubnis 655 f., 832
– der strafgerichtlichen Fahrerlaubnisentziehung bei ausländischen Führerscheinen 832
wirtschaftliche Gesichtspunkte
– bei Bemessung der Sperre 710
– bei Beschränkung der Sperre nach § 69 a II StGB 781
– bei Entziehung der Fahrerlaubnis 631
– bei vorzeitiger Aufhebung der Sperre 792
– wirtschaftliche Verhältnisse des Betroffenen 548
Wohnsitz
–, Bedeutung im Rahmen des § 69 b StGB 815 ff.
–, Begriff im Fahrerlaubnisrecht 817
–, formelle Beibehaltung des ausländischen – 822
– im Inland und im Ausland 822
– im Inland zur Zeit der Ausstellung

des ausländischen Führerscheins 816, 823
Wohnungsdurchsuchung 931, 1033
Wundbehandlung, Einfluß auf die BAK 115
Würdigung der Gesamtpersönlichkeit (siehe **Persönlichkeitswürdigung**)

Z

Zechprellerei 591
zeitiges Höchstmaß siehe **Höchstmaß der Sperre**
Zeitpunkt, maßgeblicher – für die Beurteilung der Eignung 612 ff.
Zeuge
–, Blutprobe entnehmender Arzt als – 10, 45, 219
–, Diskrepanz zwischen -aussagen und BAK 134 ff.
Zeugnisverweigerungsrecht 10
zielgerichtetes Verhalten 287 f.
Zuchtmittel, Fahrverbot neben – 910, 911
Zunahme von Trunkenheitsfahrten 709
Zurückverweisung
– bei Beschwerde gegen die Entscheidung nach § 111 a StPO 860, 880
–, Bemessung der Sperre nach – 803, 807
– nach Ablauf der im letzten tatrichterlichen Urteil verhängten Sperre 872
»**Zurüstungen**« gegen Rauschtat 316, 319
Zusammenhang
–, äußerer – zwischen Straftat und Führen eines Kfz 580

–, innerer – zwischen Straftat und Führen eines Kfz 580
– mit dem Führen eines Kfz 580 ff., 588 f., 912
–, zeitlicher – zwischen Straftat und Führen eines Kfz 580
– zwischen Führerscheinfälschung und Führen eines Kfz 594
– zwischen Straftat und Benutzung eines Kfz 591
– zwischen Straftat und Besitz eines Kfz 591
– zwischen Treibstofferlangung durch strafbare Handlung und Führen eines Kfz 593
Zusammentreffen von Straftat und Ordnungswidrigkeit, Fahrverbot bei – 926
Zusammenwirken
– der berauschenden Mittel mit anderen Ursachen bei § 323 a StGB 296 ff., 309
– von Alkohol und anderen Ursachen 229 ff., 385 ff.
– von Alkohol und Ermüdung 225, 230
– von Alkohol und Krankheit 385
– von Alkohol und Medikamenten 230, 247, 282, 387 f.
Zustellung des Beschlusses nach § 111 a StPO 862
Zwang
–, Anwendung von – bei Blutentnahme 11 ff.
–, Anwendung von – bei Untersuchungen und Tests gelegentlich der Blutentnahme 35 ff.
Zweck
– der Maßregel des § 69 StGB 566
zweite Blutprobe 74 ff.

Verkehrsrecht

Becker
Alkohol im Straßenverkehr
Führerschein weg – was nun? Ihre Rechte
372 Seiten, 29,80 DM
ISBN 3-472-03664-8

Jetzt können Sie etwas tun!
Der leicht verständliche Ratgeber zu allen Fragen rund um Alkohol, Drogen und Führerschein. Von der ersten Kontrolle bis zu den Rechtsmitteln gegen ein Urteil.

Von Oberamtsanwalt Klaus-Peter Becker

Koch
Das neue Fahrlehrerrecht
556 Seiten, 68,– DM
ISBN 3-472-03663-X

Ausführliche Kommentierung des neuen Fahrlehrer-Gesetzes, seiner Durchführungsverordnung sowie aller Ausbildungs- und Prüfungsordnungen.

Von dem für Fahrlehrerrecht zuständigen Dezernatsleiter Peter Koch

Stegmann/Meth-Kolbe
Formularbuch Verkehrsunfall
(Der Verkehrsunfall Band 2)
2. Auflage, 288 Seiten, inkl. Diskette, 68,– DM
ISBN 3-472-03320-7

Komplette Musterschriftsätze für die Korrespondenz.
Mit KH-, Kasko-, Unfall- und Sozialversicherungen.
Zu jedem Brief wird die materiell-rechtliche Seite ausführlich erläutert.

Von den Rechtsanwälten Otto Stegmann und Martina Meth-Kolbe

Ferner
Der neue Bußgeldkatalog
7. Auflage, 292 Seiten
nur 12,80 DM
ISBN 3-472-03708-3

Mehr als „nur" der Bußgeldkatalog:
- Erläuterung der BKatV und der Geschwindigkeitsmeßverfahren
- Schriftsatzmuster
- Bußgeld-ABC
- Verwarnungsgeldkatalog
- die wichtigsten Urteile in Bußgeldangelegenheiten
- Auszüge aus den relevanten Gesetzen und Verordnungen

Von Rechtsanwalt und Fachanwalt für Strafrecht Wolfgang Ferner

Zu beziehen über Ihre Buchhandlung oder direkt beim Verlag

Luchterhand Verlag
Postfach 2352 · 56513 Neuwied
Tel.: 02631/801-329 · Fax: /801-210
info@luchterhand.de
http://www.luchterhand.de

VON PROFI ZU PROFI

Univ.-Buchhandlung Ziehank
69117 Heidelberg

Hentschel: Trunkenheit, Fahrerlaubnis
Werner
WWSBEST04 / 921708
1005013000/VLG

ISBN 3804120903

148.00 DM

WG 14406